세종평전 - 대왕의 진실과 비밀

2019년 10월 23일 초판 1쇄 인쇄
2019년 10월 23일 초판 1쇄 발행
2021년 10월 9일 초판 2쇄 발행

저 자 한영우
발행인 김영준
발행처 경세원
편집책임 김세희

등록일 1978. 12. 14. No.1-57
주 소 경기도 파주시 회동길 77-4
전 화 031) 955-7441~3
팩 스 031) 955-7444
홈페이지 kyongsaewon.co.kr
이메일 kyongsae@hanmail.net

ISBN 978-89-8341-117-4

값 38,000원

세종평전

대왕의 진실과 비밀

한 영 우 지음

경세원

들어가면서

지금 한국인이 가장 사랑하고 존경하는 역사적 위인을 들라면 세종대왕을 첫 번째로 꼽는 데 이의가 없을 것이다. 그 다음이 이순신 장군이 아닐까. 이 두 인물이 우리의 화폐에 들어 있고, 서울의 상징 거리인 광화문대로에 우뚝 서 있는 것도 이런 이유일 것이다.

오늘날 한국인이 세종을 사랑하고 존경하는 가장 큰 이유는 '한글'을 만든 업적 때문일 것일 것이다. 그가 한글을 만들지 않았다면 우리는 문자도 없는 민족으로 살아갔을 것이라고 생각하면 마음이 아찔해진다. 아마도 중국과 똑같은 한자를 쓰는 민족이 되었을런지도 모른다. 더구나 한글이 세계적으로 우수한 문자라는 평에는 이론이 없지 않은가. 백성들이 쉽게 배울 수 있고, 무슨 소리든지 다 표현할 수 있고, 조상이 물려준 친숙한 전통 도형글자를 응용한 글자를 가져야 한다는 신념을 가지고 만든 것이 훈민정음이었다. 세종이 모방했다는 고전古篆은 한자가 아니고, 바로 우리의 전통 도형글자(원방각; ○□△)를 가리킨다고 본다.

그러나 한글은 세종이 이룩한 업적의 일부일 뿐이다. 지금 국토가 반으로 잘렸지만 압록강과 두만강 국경선을 만들어준 사람이 누구인가? 세종이 아니었다면 함경도와 평안도가 중국 땅으로 되어 있을지도 모른다. "조상이 물려준 땅은 한 치도 양보할 수 없다."는 신념을 가지고 여진을 제압하여 북방을 개척하고, 왜구를 복종시키고 순치한 것이 세종이었다.

특히 조상이 물려준 땅은 고려 때 윤관尹瓘이 개척한 두만강 이북 700리가 경계선이라고 일관되게 주장한 것과, 명나라가 여진 편을 들지 않고 조선 편을 들게 만든 뛰어난 대명 사대외교가 북방영토를 회복하는 데 크게 기여했음을 잊어서는 안된다. 윤관이 세워놓은 선춘령비先春嶺碑를 찾아내어 그 위치를 확인하고, 이 사실을 틈만 있으면 명나라에 주지시켰다.

그리고 남쪽으로는 대마도가 본래 우리 땅이라는 것을 세종은 수시로 신하들과 왜인들에게 주지시켰다. 또 구주九州 북쪽의 최강 토호인 야마구치山口 지역의 대내전大內殿도 스스로 백제 왕실의 후손이라고 주장하면서 조선에 조공을 바치는 것을 당연한 일로 여겼다. 그럼에도 대마도 왜인이 살기가 어려워 도적질로 사는 것을 안타까워하여 이들을 채찍과 당근을 가지고 길들였다.

우리가 배워야 할 세종의 업적은 여기서 끝나지 않는다. 더 크고 더 넓은 세종의 바다가 있다. 세종은 토론과 여론을 존중하는 소통정치의 달인이고, 신분과 국적을 초월하여 인재를 발탁한 개방적 인사정치의 달인이고, 사회적 약자인 노비, 서얼, 죄수, 노인, 고아, 여성의 인권을 높인 복지정책의 달인이고, 천문, 역법, 수학 등 과학기술문화를 진작시킨 과학의 달인이고, 중국 음악과 민족 음악을 조화시킨 음악의 달인이고, 경학과 역사학에 통달한 인문학의 달인이고, 법률에 정통한 법학의 달인이고, 집현전을 통해 인재를 길러낸 교육의 달인이고, 우리식 농업을 개발한 농학의 달인이고, 우리 땅의 약초를 개발한 의약의 달인이었다.

세종은 실제로 10학十學을 동등하게 발전시키기 위해 엘리트 청년들이 이것을 배우게 하고, 세종 자신도 경연經筵에서 10학을 직접 배웠다. 그 10학이 바로 유학儒學, 무학武學, 이학史學, 역학譯學, 음양풍수학陰陽風水學, 의학醫學, 자학字學, 율학律學, 산학算學, 악학樂學이다. 유학은 경학經學(철학)과 사학史學을 말하며, 무학은 군사학軍士學이고, 이학은 외교문서학이자 언어학이고, 역학은 중국어, 여진어, 일본어, 몽골어 등을 말하고, 음양풍수학은 천문학과 지리학을 합친 학문이고, 의학은 문자 그대로 의학이고, 자학은 서체 등을 연구하는 문자학文字學이고, 율학은 법학이고, 산학은 수학이자 역학曆學이고, 악학은 음악학이다. 요즘 말로 한다면, 10학은 인문학, 사회과학, 법학, 의학, 군사, 자연과학, 예술학 등을 포괄하는 종합대학의 학문과 비슷하다. 세종이 10학에 통달했다는 것은, 굳이 비유하자면 오늘날 종합대학의 박사학위를 10개쯤 가졌다는 것과 비슷하지 않을까?

그러면 세종의 비범함은 어디서 온 것인가? 세종은 체력상으로는 매우 병약한 임금이었다. 어떤 의학자는 세종을 일러 '종합병동'이라고 말했다. 없는 병이 없다는 뜻이다. 그 병의 시초는 지나친 독서와 운동부족, 어려서부터 태종이 사냥하여 잡은 짐승을 먹으면서 생긴 육식의 식생활 습관, 양녕대군에 대한 심리적 갈등, 과도한 업무량 등이 복합된 것으로 보인다.

그런 병든 몸을 이끌고 온몸을 던져 33년간 내치와 외교에 헌신한 이유는 두 가지 투철한 신념이 있었기 때문이었다. 하나는 '신당기로 이일유후身當其勞以逸遺後'요, 또 하나는 '거안사위居安思危'였다. 앞은 "내가 고통스러운 일을 감당하여 뒷사람에게 편안함을 주겠다."는 뜻이고, 뒤는 "편안할 때 위험을 준비해야 한다."는 뜻이다. 바꿔 말하면, 내가 지금 당장은 욕을 먹는 궂은 일이라도 미래에 도움이 된다면 이를 피하지 않고 해결하여 후세인들을 편안하게 만들겠다는 멸사헌신滅私獻身 정신이고, 지금 태평하다고 안주하지 말고 미래의 위험을 미리미리 대비해야 한다는 유비무환有備無患 준비정신이다. 참으로 새겨들어야 할 명언이다.

세종은 4군 6진을 개척하고 하삼도 사람들을 북방으로 이주시킬 때나, 훈민정음을 만들 때나, 〈공법貢法〉을 제정하여 토지세 제도를 혁신할 때나, 사회적 약자층의 인권을 개선할 때나, 신분과 국적을 초월하여 인재를 등용할 때마다 신하들과 심각한 갈등을 일으켰고, 하삼도 백성들을 북방으로 이주시킬 때는 백성들에게 원망도 많이 샀다. 그러나 세월이 지나면서 그 일들이 나라와 백성을 위하여 크게 도움이 되는 일이었다는 것을 뒤늦게 알 수 있었다. 세종은 살아 있을 때보다도 죽은 뒤에 인기가 더 높았다.

후세인들이 바라보는 세종은 한결같이 '해동의 요순堯舜'이었다. 성군聖君이라는 뜻이다. 그러나 세종은 살아 있을 때 한 번도 자신이 성군聖君이 되겠다고 자처한 일도 없고, 항상 좋은 뜻을 가지고 일을 하고 나서 후회만 하는 무능한 임금이라고 스스로 한탄했다. 세종은 만년에 자신의 정치를 회고하면서, 젊었을 때에는 몇 년 안에 큰 업적을 내어 나라를 편안하게 할 수 있을 것이라고 자신만만했으나, 세월이 지나고 보니 하나도 제대로 된 일이 없다고 개탄했다.

　　자만심이 없고 겸손하기에, 세종은 중대한 안건을 결정할 때에는 절대로 자신의 독단으로 일을 처리하지 않고 항상 대신들의 중론衆論을 모아 지혜를 빌리고, 합의에 이를 때까지 끝장토론을 계속하게 한 뒤에 일을 결정했다. 이를 위해 육조에서 임금에게 올리는 건의사항은 반드시 의정부 대신들이 먼저 검토한 뒤에 임금에게 아뢰는 이른바 의정부 서사제署事制를 재위 18년에 부활시켰다. 이렇게 의정부 대신을 존중하는 권력구조를 만들어 놓고, 사안이 중대할 때에는 의정부의 건의를 다시 중신회의에 넘겨 끝장토론을 하도록 만든 것이다.

　　임금이 이렇게 끝장토론을 선호하는 이유는 좋은 지혜를 얻기 위함이기도 하지만, 그렇게 해야 뒷말이 생기지 않고, 불평불만으로 인한 갈등이 생기지 않기 때문이었다. 다수결을 따라서 소수의견을 묵살하지 않았다. 소수의견 가운데에도 좋은 것이 있고, 그것이 묵살되면 반드시 반발이 생기기 때문이었다.

　　임금은 대신들과 논의할 때 자유로운 분위기를 만들기 위해 안건을 제안하면서 "이렇게 하면 어떨까?" 하고 질문하는 형식을 취하거나, 아니면 "이렇게 하면 이런 문제가 생길 수 있고, 저렇게 하면 저런 문제가 생길 수 있는데 어떻게 하는 것이 좋을까?"라고 하면서 다양한 선택이 있다는 유보적인 태도를 보였다. 또 대신들이 임금의 마음에 들지 않는 발언을 하더라도 일단 "그대의 말이 참으로 옳다."고 인정하고 나서, 마지막에 가서 그 말을 부드럽게 비판했다. 이런 임금의 독특한 화법話法을 잘못 읽으면, 임금이 소신 없이 우왕좌왕하는 듯 보이기도 하고, 앞에서 "그대의 말이 참으로 옳다."고 한 말을 가지고 임금의 진심이라고 오해할 수도 있다. 임금의 이런 화법은 상대방을 최대로 존중하여 하고 싶은 말을 숨김 없이 하게 만들려는 배려가 담긴 것이다. 세종은 참을성이 많은 외유내강한 인물이었다.

　　세종이 가장 싫어하는 신하는, 여러 대신들이 모여 의논할 때 입을 다물고 눈치를 보면서 말하지 않는 신하, 누가 의견을 선창하면 무조건 부화뇌동하는 신하, 그리고 회의에서는 합의해놓고 뒤에 가서 언행을 바꾸는 신하였다. 세종은 이런 신하를 경멸했다.

세종은 대신들의 의견도 최대로 존중했지만, 일반 백성들의 여론도 못지 않게 존중했다. 특히 백성의 이해와 직결되는 조세제도인 〈공법貢法〉을 만들 때에는 먼저 시안을 만들고 전국 각계각층을 대표하는 17만 명을 대상으로 찬부 국민투표를 했다. 우리나라 역사상 최초의 국민투표였다. 그 결과 찬성이 더 많았다. 다수결로 하면 이미 통과된 셈이다.

그러나 세종은 그 뒤로 일부 지역에서 실험한 결과를 토대로 반대론자들이 제기한 문제점을 계속 수정보완하다가 14년 뒤인 세종 26년에 가서야 최종적인 결정을 내렸다. 이렇게 해서 만든 '전분6등 연분9등'의 〈공법〉이 그 뒤 몇 백년 간 이어진 것이다. 세종은 졸속행정을 싫어했다.

후세 사람들은 세종의 이런 통치방식을 임금과 신하가 함께 정치를 이끌어 가는 이른바 '군신공치君臣共治'의 모범으로 칭송했다. 이것은 임금이 독재하는 정치도 아니고, 임금이 허수아비가 되는 신권중심의 통치도 아니기 때문이었다. 그러나 세종 뒤로 세종만큼 절묘한 군신공치를 하는 임금은 별로 없었다.

세종시대에는 신하들 가운데 권력투쟁이 단 한 건도 없었고, 한 사람도 반역하다가 죽은 신하가 없었다. 세종은 손에 피를 묻히지 않은 임금이었다. 신하들의 자율성과 인격을 최대로 보장해 주었기 때문에 신하들이 더욱 무거운 책임감을 느끼고 능동적이고도 헌신적으로 일했다. 그래서 '태평성대', 또는 '해동의 요순'이라고 후세인들이 칭송한 것이다.

세종의 뛰어난 정치는 여기서 끝나지 않았다. 일반 백성의 인권과 사회적 약자인 노비, 죄수, 서얼, 노인, 고아, 그리고 여성의 인권보호 정책에서 애민정신이 확연하게 빛났다. 훈민정음이 백성을 위한 문자임은 두말할 나위도 없다. 다음에 몇 가지 사례를 들어보겠다.

첫째, 일반 백성들의 인권을 보호한 것 가운데 하나는, 수령의 잘못으로 재산이나 노비를 빼앗기는 등 억울한 일을 당했을 때 이를 관에 고소하여 잘못된 판결을 시정하게 한 일이었다. 처음 세종 2년에는 예조판서 허조許稠가 하극상을 염려하여 부민部民이 수령을 고소하는 것을 금지시키는 법을 만들게 했는데, 당시 상왕이던 태종에게 울면서 애원하여 태종이 재가한 법이었다. 그래서 이 법이 마땅치 않으면서도 받아들일 수밖에 없었다.

그러나 세종은 이런 법을 세우면 백성들이 억울한 일을 호소하지 못하게 되고, 또 수령들이 오만해져서 백성을 함부로 취급하는 폐단을 염려했다. 그래서 이를 시정하기 위해 처음에는 감찰監察을 지방에 보내 수령의 비행을 적발하게 하다가, 그것만으로 부족하여 세종 15년에는 백성들이 수령의 일반적인 비행을 고발하는 것은 금지하되, 자기와 관련된 억울한 일만은 고소를 허락하여 수령의 잘못을 판결하게 했다. 허조의 집요한 반대 때문에 수령의 잘못이 있어도 죄를 주지 않는 법으로 바꾸었다. 허조가 죽고 나서 세종 29년에 이르러서는 수령의 잘못이 드러나면 수령을 파면하도록 법을 바꾸었다. 이로써 부민고소금지법은 껍데기만 남고 실제로는 백성들이 억울한 일을 호소하면 이를 심판하여, 잘못이 드러난 수령을 파면할 수 있는 법을 만들었다.

둘째, 세종은 죄수에 대한 인권보호에 각별한 관심을 쏟았다. 우선 죄인에 대한 형벌은 반드시 법규정을 준수하도록 엄명하여 한 대의 태笞나 장杖을 때리더라도 규정을 어기지 않도록 관청의 벽에 지침을 써서 걸어놓게 했다. 태나 장을 신체의 특정한 부분에 때리지 않으면 죄수가 매를 맞다가 죽거나 병드는 것을 막기 위함이었다.

특히 임금은 감옥 시설 개선에 비상한 관심을 쏟았다. 감옥은 죄를 다스리는 곳이지 죄수를 병들거나 죽게 하는 곳이 아니라고 강조하는 교지를 수시로 형조에 내렸다. 그래서 여름에는 물동이를 감옥에 넣어주어 정기적으로 목욕을 시키고, 더위와 추위가 심할 때는 임시 방면하고, 또 감옥 앞에 나무를 심어 시원한 그늘을 만들어 주고, 겨울에는 따뜻한 깔개를 넣어주게 했다. 또 〈삼한법三限法〉을 만들어 미결수의 경우, 죄의 경중에 따라 죄수를 재판하는 기한을 최고 90일에서 최하 30일을 넘기지 말도록 법으로 정해 놓고, 이를 지키지 않는 관료를 처벌했다.

셋째, 노비의 인권이다. 세종은 "하늘이 백성을 낼 때 본래 귀천貴賤이 없었다."고 하면서 노비도 하늘이 낸 천민天民이라고 입버릇처럼 선언했다. 그런데 노비의 인권 보호에서 가장 중요한 것은 주인이 사노비를 함부로 죽이는 것을 막는 일이었다. 주인이 노비를 죽이는 일이 발각되면 임금은 고관대작이라도 가차없이 곤장을 때리는 엄벌을 내렸다. 그런 사례는 셀 수 없이 많다.

또 주인이 노비의 재산을 빼앗는 것을 막는 일도 중요하게 여겼다. 그런 일이 발각되어 노비가 고발하면 주인을 중형에 처하여 노비의 재산을 보호했다. 노비가 상속, 매매되었다고 하여 마치 노비는 재산도 없고 인권도 없는 노예처럼 생각하는 것은 잘못이다.

또 세종은 노비가 신문고申聞鼓를 치는 것을 관료가 방해하자 그 관료를 즉각 파면시킨 일도 있었다. 노비가 주인을 고발하는 것은 법으로는 막았으나, 실제로는 막지 않고 들어주었다. 세종처럼 노비를 적극 보호한 임금이 없었다.

노비의 인권을 보호하기 위해서는 출산하는 관비官婢와 그 아기의 건강도 중요하다고 여겨, 종전에 산후 7일간 주던 휴가제도를 바꾸어 산전 한 달, 산후 100일의 휴가를 주고, 그 남편 종에게도 산후 한 달 휴가를 주었다. 다만 사노비에 대해서는 주인이 따로 있으므로 관여할 수 없었다.

또 여비女婢가 양인良人과 결혼하여 낳은 아이가 노비가 되느냐, 양인이 되느냐도 중요한 문제였다. 신하들은 대부분 그 아이가 노비가 되기를 바랐다. 그래야 노비인구가 늘어날 것이기 때문이다. 그러나 임금은 정반대로 생각했다. 노비인구를 줄이고 양인을 늘리기 위해서 그 아이를 아비를 따라 양인으로 만들어 주었다. 그러자 여종이 거짓말로 노비와 결혼하고서도 양부良夫라고 속이는 일이 생기자, 신하들의 주장을 따라 잠시 〈노비종모법奴婢從母法〉으로 돌아가기도 했지만, 결혼을 신고제로 바꾸어 거짓말을 못하게 한 뒤에 다시 〈종부법從父法〉으로 되돌렸다.

노비는 80세 이상의 노인이 되면 노인직老人職을 그 부부에게 주었고, 그 자식들을 시정侍丁으로 만들어 모시게 하고 신역을 면제시켜 주었으며, 80세 이상의 노인에게는 해마다 가을에 양로연養老宴을 베풀어 주었는데, 남자노인은 임금이 주관하고, 여자노인은 왕비가 주관했다. 노비가 고관대작들과 함께 궁궐에 가서 양로연에 참여하는 세상이 된 것이다. 또 지방에서도 똑같은 양로연이 시행되었다. 이런 양로연은 오직 세종 때만 있었고, 그 뒤로 폐지되었다. 또 90세 이상의 노비는 신역을 면제시켰다.

기생妓生도 일종의 천인이지만, 이들을 수령이나 벼슬아치들이 성노예로 삼아 간통하면 발각되는 대로 벼슬아치를 즉각 파면시켰다. 《춘향전》에 나오는 변학도가 세종 때 있었다면 즉각 파면되었을 것이다. 기생은 관청 행사에서 춤과 노래를 제공하는 연예인일 뿐이지 성노예는 아니었다. 물론 기생을 첩으로 두는 것은 허용되었다. 임금 자신이 궁궐의 여종을 후궁으로 삼았다. 신빈김씨가 바로 그렇다. 첩은 가족의 일원이지 성노예가 아니었기 때문이다.

세종이 북방을 개척하면서 변방에서 근무하는 군사들의 노고를 위로하기 위해 한때 기생을 보내준 일이 있는데, 이는 요즘 일선장병들을 위문하기 위해 연예인을 보내는 것과 비슷했다. 결코 성노예로 보낸 것이 아니었다. 이들을 일제 강점기의 군위안부처럼 보는 것은 잘못이다.

넷째, 정처正妻를 소박하는 것을 엄하게 다스렸다. 첩을 둔 자가 정처를 소박하는 것이 발각되면 고관대작이라도 가차없이 즉각 파면시키고, '칠거지악七去之惡' 보다는 '삼불거三不去'를 적용하여 함부로 부인을 내쫓지 못하게 했다. 그런 사례는 무수히 많다.

조선시대 여성이 '칠거지악' 때문에 아들을 못낳았거나 질병에 걸리면 모두 쫓겨난 것처럼 오해하고 있으나, 세종은 아들을 못낳았다고 부인을 쫓아낸 고급 벼슬아치를 벌주고 다시 합쳐 살라고 명했다. '삼불거'를 더 중요하게 여겼다. 삼불거는 (1) 시집 와서 3년간 시부모의 제사를 지낸 경우, (2) 처음에 가난했다가 시집온 뒤에 부귀가 높아진 경우, (3) 집에서 쫓겨나면 갈 곳이 없는 경우에는 아내를 쫓아낼 수 없다는 것이다.

다섯째, 세종시대는 요즘 말로 하면 흙수저 출신의 전성시대였다. 세종의 인사정책은 신분의 고하를 가리지 않고 능력있는 인재는 노비든, 서얼이든, 무사든, 잡직기술직에 속하는 사람이든, 귀화인이든 가리지 않고 중용했다. 서얼 출신으로 알려진 황희黃喜가 24년간 정승자리에 있으면서 훌륭한 재상으로 이름을 떨친 것이 상징적으로 이를 말해준다. 그는 도량이 넓은 인물로 갈등을 중재하는 능력이 탁월하고, 노비나 서얼에 대해서도 매우 관대한 태도를 보여 임금과 코드가 잘 맞는 재상이었다.

장영실蔣英實의 경우는 귀화한 중국인의 아들로서 관노였던 사람이었으나 그 천재성을 인정하여 신하들의 반대를 무릅쓰고 종3품의 벼슬을 주었는데, 그가 과학기술 발전에 기여한 공로는 이루 다 말할 수 없다. 여진 귀화인 마변자馬邊者는 종2품, 잡직雜職 종6품으로 제한된 화원 안견安堅이 정4품에 오르고 그 아들도 문과에 급제했다. 의원 노중례盧重禮가 당상관의 벼슬을 받았다. 고려 말 위구르에서 귀화한 설손의 손자 설순偰循은 집현전 부제학에 올라 학자로 맹활약하고, 야인 귀화인은 화살을 만들고, 왜인 귀화인은 칼을 만들고, 유구국 귀화인은 배를 만드는 데 참여했다.

세종시대 성리학자로서 성균관의 사성司成을 지내면서 수많은 인재를 길러낸 세 사람의 김씨가 있었다. 김구金鉤, 김말金末, 김반金泮이 그들로서, 세상에서는 '관학삼김館學三金'으로 불렀다. 그 가운데 김반은 뒤에 강서김씨江西金氏의 시조가 될 만큼 집안이 한미했고, 김말은 《의성김씨족보》에 계보가 보이지 않는다. 세종의 대군시절 스승으로서 이조판서에 오른 이수李隨는 봉산이씨鳳山李氏의 시조가 되었고, 집현전 학자 김문金汶은 어머니가 무당이었고, 일본을 수십 차례 사신으로 왕래했던 일본 전문가 이예李藝는 울산의 아전으로 종2품에 올랐고, 향리 출신 윤상尹祥은 성균관 대사성에, 집현전 학자 이선로李善老는 안평대군 가노家奴였다가 문과에 급제하여 집현전 부교리에 오르고 뒤에 강흥이씨江興李氏 시조가 되었다. 전흥田興은 노비였다가 형조참판에 올랐다. 이선李宣은 이성계 서녀의 아들로서 문과에 급제하여 예문관 대제학(정2품)에 올랐다. 궁궐의 춤꾼인 정재呈才(기생)의 아들 손효문孫孝文도 문과에 급제했다. 세종조 문과 급제자

가운데 시조가 된 사람만 9명이다. 신분이 낮은 급제자가 33%를 차지했다.[1]

지금까지 세종시대의 밝은 면을 주로 부각시켜 소개했으나, 세종의 말년은 매우 불행했다. 무엇보다 사랑했던 가족 셋을 재위 26~28년 사이에 차례로 잃었기 때문이다. 재위 26년 12월에 총애하던 다섯째 아들 광평대군廣平大君을 20세로 잃었고, 한 달 뒤인 재위 27년 1월에 애지중지하던 일곱째 아들 평원대군平原大君이 천연두를 앓다가 19세로 요절했다. 다음 해인 재위 28년 3월에는 금슬이 좋았던 왕비 소헌왕후昭憲王后 심씨가 또 향년 52세로 세상을 떠났다.

이때는 이미 임금이 세자에게 대리청정을 시키고 있던 처지였으므로 궁궐을 떠나 대군의 집이나 별궁을 전전하면서 거처하고 있었으나, 세 가족을 연이어 잃은 슬픔을 이겨내지 못해 손을 떠는 수전증까지 생겨 명나라에 보내는 외교문서에 수결手決(싸인)도 하지 못할 만큼 심신이 탈진했다. 어머니와 두 동생을 떠나보낸 수양대군과 안평대군의 슬픔도 극에 달했다. 세종을 따뜻하게 감싸줄 사람이 주변에 없었다.

그 슬픔의 틈을 뚫고 들어온 것이 불교였고, 이를 매개한 사람이 집현전 출신 학자 김수온金守溫과 그의 형이자 승려인 신미信眉였다. 임금보다도 수양과 안평이 더욱 적극적으로 신미를 따르면서 불사佛事를 크게 벌이기 시작했다. 사자死者의 명복을 빌고, 산 자의 마음을 위로받기 위해서였다. 복선화음福善禍淫과 인과응보因果應報라는 부처의 가르침이 산 자의 가슴을 파고들었다. 김수온과 수양대군은 공자의 가르침이 부처의 가르침에 비해 하늘과 땅만큼의 차이가 있다고 드러내놓고 말하면서 왕비를 위한 불당佛堂 건설을 임금에게 촉구했다.

그동안 사사전寺社田을 혁파하고 불교를 견제해 왔던 임금도 대군들의 주장을 따라 세종 30년에 왕비를 위한 불당佛堂을 경복궁 뒤 언덕에 건설했다. 지금 청와대 자리다. 모든 신하들이 궁궐을 내려다보는 자리에 불당을 짓고 승려들이 궁궐을 드나드는 것은 용납할 수 없는 일이라고 하면서 들고 일어났다. 또

---

1) 이에 대해서는 한영우, 《과거, 출세의 사다리(제1권)》(지식산업사, 2013)에 자세한 설명이 있다.

임금이 숭불을 하면 전국민이 따라서 불교에 빠질 것이라고 우려했다. 임금은 사면초가에 빠졌다.

풍수가들도 들고 일어나서 불당 자리가 세자에게 불행을 가져올 수 있는 흉지凶地라고 비판했다. 백악산白岳山(북악산)의 내맥來脈이 흘러내리는 곳에는 절대로 사찰을 지으면 안된다고 말했다. 불행하게도 풍수가의 예언은 그대로 맞아 세자가 임금이 된 지 얼마 되지 않아 단명하였다. 그리고 그 아들 단종마저 비명에 죽었다. 지금 청와대의 풍수가 문제가 있다는 주장이 이때부터 나온 것이다. 고종 때는 이 자리에 경무대景武臺를 짓고 무사들이 군사훈련하고 무과 시험을 치르는 곳으로 이용했다가 일제시대에는 총독 관저를 지었다. 총독은 경복궁을 발아래로 굽어보면서 쾌재를 불렀을 것이다.

이성적으로 보면 신하들의 말이 옳았다. 임금이 제정신이 아닌 것으로 보였다. 그러나 인간 세종의 아픈 마음을 누구도 따뜻하게 이해하지 못했다. 실제로 세종은 거의 이성을 잃다시피 하였다. 물론 임금은 불당에 가서 절을 하거나 향을 올리지는 않았다. 그저 아들들의 불사를 지켜보면서 위로를 받을 뿐이었다.

임금은 특히 그동안 키워놓은 집현전 학자들의 비판을 가장 아프게 여겼다. 그들을 일러 현실을 모르는 '우유迂儒(오활한 선비)', 심지어 '더벅머리 유자들〔竪儒〕'이라고 부르면서 감정적으로 거세게 비난했다. 임금의 이런 모습은 전에는 상상도 할 수 없는 일이었다. 저희들도 집에 가면 부처를 믿으면서 임금의 불사만 반대한다고 공박했다.

그러나 임금은 자신의 이런 모습을 스스로 부끄럽게 여기면서 이런 말을 하기도 했다.

"내가 감정을 조절하지 못하고 있어서 주변 사람들에게 화를 내는 버릇이 생겼다. 그래도 지금은 그렇게 하고 있는 것을 스스로 알고 있는 것이 다행이다만, 나중에는 그것을 알지 못할 때가 올지 모르니 신하들은 마음을 준비하라.”

임금은 이성과 감정 사이에서 우왕좌왕하고 있었던 것이다. 임금의 말을 들으면, 임금 스스로도 감정을 다스리지 못하고 있었던 것을 알았던 것이다. 슬픔이 이성을 마비시키고 병적인 상태에까지 빠져 있었던 것으로 보인다. 오죽했으면 손을 떠는 수전증까지 생겼겠는가?

세종은 불당을 지은 지 2년 뒤인 세종 32년 2월 17일에 막내 아들 영응대군永膺大君 집 별당에서 숨을 거두었다. 향년 54세였다. 이보다 3일 전인 2월 14일에 그동안 임금이 아파서 밀린 안건을 가지고 승정원이 결재를 청하자, 임금이 마치 물 흐르듯이 꼼꼼하게 챙기면서 처결했는데 평상시와 똑같았다.

그런데 이날 밤부터 임금이 병이 악화되어 다음 날에 의원의 치료를 받았으나 효험이 없었다. 무리하게 밀린 정사를 처리한 것이 과로를 가져온 것으로 보인다. 임금은 죽음 직전까지도 최선을 다하여 정사를 보살피다가 떠났다. 죽음이 알려지자 백성들이 모여들어 땅을 치며 통곡했다.

그로부터 600여 년이 지난 지금에 이르기까지 세종의 향기가 스러들지 않고 피어오르고 있는 것을 보면, 세종은 이땅에 사는 중생의 가호를 받으면서 거듭 거듭 태어나고 있다. 금년은 세종(1397.4.10~1450.2.17)이 태어난 지 622년, 임금에 오른 지 601년, 가신 지 569년이 되는 해이다.

특히 세종의 진실을 이해하는 데 가장 힘들었던 것은 훈민정음 창제와 관련된 의문들이었다. 그동안 수많은 연구가 축적되었지만 아직도 더 물어야 할 비밀의 공간이 많다고 느꼈다. 나는 세종이 비밀을 유지하기 위해 집현전 학자들을 참여시키지 않았고 정의공주와 광평대군의 도움을 크게 받은 것에 주목하고, 세종 23년에 두 사람과의 빈번한 만남을 유심히 추적했다.

또, 지금 전하고 있는 《훈민정음해례》가 훈민정음의 제자원리制字原理를 이해하는 데 큰 도움을 주지만 세종의 진심과는 어느 정도 거리가 있다고 여겼다. 특히 ‘역학易學’이라는 성리학이 지나치게 강조되고, 고조선 이래의 독자적인 천지인합일天地人合一 사상과 음양오행의 전통이 무시되고 있는 점이 가장 아쉬웠다.

태극사랑이 중국 성리학이 들어오기 이전부터 토착화된 전통문화로서 조선시대에 국기國旗로 사용되었듯이 훈민정음의 바탕이 된 천지인합일사상과 음양오행사상도 이미 '단군신화'에 확고하게 뿌리내린 전통문화였다.

《훈민정음해례》는 분명히 국보적 가치를 지닌 훈민정음 해설서임에 틀림없지만, 그보다 더 넓은 시야에서 훈민정음의 정체성이 조명되어야 할 것이다.

끝으로 나는 이 책을 쓰면서 기본적으로 편년체를 따라 서술했으나, 각 시기의 주요사건을 주제로 부각시켜 정치·외교·국방·과학·경제·사회·문화 등 전 분야를 빠짐없이 망라했다.

이 책이 세종의 진실과 그 비밀을 좀더 넓은 시야에서 새롭게 이해하는 데 도움이 된다면 다행이겠다.

2019년 10월

낙성대 호산재에서 한영우 쓰다

제1장
-
양녕세자 폐위되다

1. 태종의 여러 아들

조선시대를 통틀어 왕위계승자로 책봉된 세자가 왕위를 얻지 못하고 폐출된 사례는 네 차례 있었다. 첫 사례가 태조의 계비 강씨康氏의 둘째 아들 방석芳碩이다. 태조와 정도전 일파의 추대를 받아 세자가 되었으나, 첫째 왕비 한씨韓氏의 다섯째 아들 방원芳遠(태종)에 의해 죽임을 당해 비운을 맞이한 것이다. 본인의 잘못 때문이 아니라, 정도전일파가 서얼자손을 끼고 한씨왕자들을 죽이려 했다는 것이 이유였다. 이방원은 둘째 형인 방과芳果(정종)를 임금으로 세웠으나 정종定宗은 2년 만에 실권자인 이방원에게 왕위를 넘겨주어 태종太宗의 시대가 열렸다. 이 일로 태조와 태종의 관계가 극도로 나빠졌으나, 태종은 불효자의 불명예를 극복하면서 새 왕조의 기틀을 잡는 데 기여했다.

두 번째 사례는 태종의 맏아들이었던 양녕세자讓寧世子(이제)이다. 정실 왕비의 맏아들이 세자가 되어야 한다는 이유로 양녕을 세자로 삼았으나, 세자가 된 뒤에 모친과 외삼촌이 세자를 빨리 임금으로 만들어 권력을 잡으려 하고, 또 세자의 행실이 좋지 않아 신하들이 반발하여 셋째 아들인 충녕대군忠寧大君(이도)을 세자로 삼아 뒤를 잇게 했는데, 이가 바로 세종世宗이다.

세 번째는 인조의 맏아들인 소현세자昭顯世子로서 병자호란 때 청나라 심양瀋陽으로 인질로 잡혀갔다가 돌아온 뒤에 청나라에 우호적인 태도를 취한 것이 인조의 미움을 받아 독살당하고, 세자와 함께 인질로 잡혀갔다가 돌아온 그 아우 봉림대군鳳林大君이 왕위에 올라 효종孝宗이 되었다. 개인적인 비행보다는 인조와 정책노선의 차이로 비운을 맞이했다.

네 번째 사례는 뒤주에 갇히는 형벌을 받고 목숨을 잃은 비극의 주인공 사도세자思悼世子이다. 영조의 서자庶子였던 그는 양녕세자와 비슷하게 행실이 좋지 않은 것이 이유가 되었지만 죽음에까지 이르게 된 것은 반역죄가 추가되었기 때문이었다. 그 뒤를 이은 임금이 바로 그 아들 정조正祖이다.

본인의 잘못이 있든 없든 죽임을 당했거나 쫓겨난 세자의 처지는 개인적으로는 불행한 사건이다. 그러나 결과를 놓고 보면, 불행한 세자의 뒤를 이은 임금들이 큰 업적을 쌓아 왕조의 기반을 튼튼하게 만든 것은 사실이다. 특히 세종과 정조의 업적은 누구도 부인할 수 없는 사실이다.

세종은 왕조의 전성시대를 열었고, 300년 뒤의 정조는 왕조의 중흥시대를 열었다. 그 이유는 후계자 선택을 잘했기 때문이기도 하지만, 후계자가 된 동생과 아들이 불행한 형이나 아버지에 대하여 잠재적인 죄의식을 지니고 있었을 뿐 아니라, 자신을 임금으로 만들어준 선왕先王에 대하여 무거운 부담감을 안고 있었기 때문이다. 바로 그러한 여건이 그들을 더욱 분발하게 만든 것인지도 모른다. 세종이 54세의 길지 않은 생애를 마감하고, 정조가 49세에 요절한 이유도 뛰어난 업적을 내기 위해 지나치게 자신을 혹사한 데에 있을 것이다. 이를테면 과로사인 셈이다.

이제 세종과 그 시대를 깊이 알아 보고자 하는 이 책에서는 세종의 시대가 열리는 서막序幕으로서 양녕세자와 세종, 그리고 그런 정치판을 만든 태종의 3자 관계부터 들여다 보는 것이 순서일 것이다. 특히 태종은 왕위를 세종에게 물려준 뒤에도 5년간 섭정을 했기 때문에 세종이 33년간 재위했지만, 실제로 자신의 본색을 드러낸 통치기간은 28년간에 지나지 않는다. 이런 이유로 세종은 《태종실록》을 편찬할 때 태종이 섭정했던 5년간²의 기록은 《태종실록》에 넣으라고까지 말했다. 이는 신하들의 반대로 무산되었지만, 세종 초기 5년간의 업적을 연구할 때 조심해야 될 부분이다.

그러면 양녕은 왜 세자의 지위에서 쫓겨났는가? 후대인들은 대부분 양녕이 스스로 세자의 지위를 세종에게 양보한 것으로 알고 있으나 실제는 그렇지 않다. 물론, 양녕이 세종의 집권을 크게 방해하거나 무력으로 도전한 일이 없었을 뿐 아니라 세종이 임금이 된 뒤에도 두 형과의 관계를 워낙 좋게 관리했기 때문에, 후세 사람들이 두 형들을 좋게 평가하는 것은 크게 사실을 왜곡하는 것

---

2) 태종은 세종 4년에 세상을 떠났는데, 여기에 즉위년을 보태면 실제 집권기간은 5년이다.

은 아니다.

양녕(1394~1462)은 태조 3년(1394)에 태어났다. 태종이 임금이 되기 6년 전이다. 감수성이 가장 예민한 시기인 유년기를 양녕은 왕자가 아닌 평범한 종실의 아이로 자라났다. 태종은 양녕이 태어나기 전에 세 아들을 두었으나 모두 어려서 요절했다. 양녕도 죽을까 두려워서 외가인 민씨네 집에 보내 키웠다. 2년 뒤인 태조 5년에 효령孝寧(1396~1486)을 낳았는데, 태어난 지 열흘도 못되어 병이 나서 홍영리洪永理의 집에 보내 키웠다.

1년 뒤인 태조 6년에 충녕忠寧(1397~1450)을 낳았는데, 이번에는 윤저尹柢의 집에 보내 그 부인 오씨吳氏가 키웠다. 윤저는 태종을 따르던 무인이었다. 왜 윤저의 집으로 보냈는지는 이유를 알 수 없다. 당시 정도전과 사병私兵 폐지문제로 심각한 갈등을 벌이고, 다음해에는 정도전일파를 제거하는 정변이 있어서 피난시키기 위함인지, 아니면 피접避接을 위해서인지 알 수 없다. 막내 아들 성녕誠寧은 8년 뒤에 출생했는데 14세에 요절했다.

태종의 여러 아들 가운데 유년기에 외갓집에서 자란 사람은 양녕뿐이니, 자연스럽게 외삼촌들과 친한 사이가 되었다. 민무구閔無咎, 민무질閔無疾, 민무휼閔無恤, 민무회閔無懷 등이 외삼촌이다. 세종은 재위 20년 12월 7일에 도승지 김돈金墩에게 양녕대군의 어린 시절과 외삼촌인 민무구 형제들과의 관계를 이렇게 회고했다.

"양녕대군이 외가에서 자랐는데, 여러 외삼촌들이 모두 양녕에게 마음을 쏟았다. 그때는 양녕의 실덕失德한 일이 드러나지 않았으나, 여러 아우들에게 퍽 시기하는 마음이 있어서 말하는 데도 드러났으므로 태종께서 화를 내시기도 했다. 하륜河崙이 나의 외조부[민제]와 매우 교분이 두터웠으므로 매양 민씨를 옆에서 도와주었는데, 여러 외숙들이 광패하고 건방지고 무도하므로 이숙번李叔蕃이 힘써 민씨를 배척했다. 그래서 하륜과 이숙번이 붕당을 나누어 맞섰던 것이다."

양녕이 외가에서 자라 외삼촌들의 사랑을 크게 받았는데, 양녕은 아직 어려서 큰 실덕失德은 없었지만 아우들을 매우 시기하고, 말로도 그런 모습을 드러내어 태종이 자주 화를 내셨다는 것이다. 그리고 정승 하륜河崙이 민씨 형제들과 매우 가까웠는데 민씨 형제들은 사람됨이 매우 광패하고 건방지고 무도했다는 것이다.

이 말은 양녕이 똑똑한 아우 세종을 어려서부터 미워했다는 것이고, 또 뒷날 민씨 형제들과 어머니 민씨[원경왕후]가 한 패가 되어 태종을 밀어내고 양녕을 임금으로 세워 권력을 독점하려다가 일망타진된 사건이 일어났을 때 하륜이 그 배후에 있었다는 것을 암시하는 말이다. 그리고 이숙번이 민씨와 가까운 하륜을 미워하여 서로 붕당을 만들어 싸웠다는 것이다.

세종의 회고담은 왜 태종이 민무구 형제들을 대거 숙청하고, 또 왕비 민씨와도 사이가 나쁘고, 양녕까지 폐위하게 되었는지를 가정사를 통해서 증언하고 있는 것이다.

태종의 왕비가 된 민씨는 태종보다 나이가 2세가 위인데다 성격이 매우 괄괄하고 권력에 대한 욕심이 많은 여인이었다. 그래서 이방원이 친형 방간芳幹과 싸울 때나 정도전일파를 제거할 때, 민씨는 "내가 창을 들고 나가 싸우겠다."고 말할 정도로 적극성을 보였고, 실제로 동생들과 더불어 힘을 합하여 태종을 적극 도와 임금을 만들었다.

태종이 임금이 되자 민씨 형제들은 모두 공신으로 책봉되고, 요직을 장악했다. 왕비 민씨는 양녕이 세자로 봉해진 뒤에 점차 장성하자, 장차 세자가 임금이 되면 대비의 지위에서 동생들과 함께 세도정치를 운영할 꿈을 꾸고 있었다. 이런 기미를 알게 된 태종은 외척세도정치의 출현을 우려하여 네 처남들을 차례로 죽이거나 유배보냈다. 민비는 그렇지 않아도 태종이 첩을 많이 거느리고 있는 것을 질투하여 별거생활에 들어갈 정도로 사이가 나빴는데 친정집이 멸족이 되다시피하자 더욱 사이가 멀어졌다.

양녕의 처지에서 보면 자기를 극진히 사랑했던 외갓집이 멸족이 되는 것이 마음에 들지 않았을 것이다. 아버지가 너무나 잔인한 사람으로 보였을 것이다. 그렇지 않아도 어려서부터 아버지가 태조가 사랑하던 세자 방석과 정도전일파를 죽여 태조와 극도로 사이가 나빠진 것을 알았고, 또 친형과 싸우고, 또 어머니와도 여자 문제로 다투어 별거하는 모습 등을 보고 자랐으니, 이래저래 아버지를 감성적으로 존경하기 어려웠을 것이다. 감수성이 예민한 유소년기에 아버지의 처사가 국가와 왕실을 위한 대의大義였다는 것을 어떻게 이해할 수 있었겠는가?

더욱이 양녕은 유년기에 제대로 교육을 받지 못했다. 맏아들로서의 사랑만 받고 자라다가 7세 때에 비로소 태종이 임금이 되자 왕자王子가 되고, 11세 되던 태종 4년(1404)에 세자로 책봉되어 후계자 수업을 받기 시작했다. 그러나 이미 말 타고 활 쏘고 사냥하는 아버지를 따라다니면서 자라다가 갑자기 학문을 하게 되니 적응하기 어려웠을 것이다. 체격도 우람하고 성격상으로도 호방하고 과격한 무인기질을 타고난 양녕이 어떻게 학문이 깊고 어진 성군聖君 교육을 감내할 수 있었겠는가?

여기에 14세 되던 태종 7년(1407) 이후에는 네 사람의 외삼촌이 차례로 어린 양녕세자를 끼고 권력을 잡으려 했다는 죄로 죽임을 당하거나 유배되는 사건이 일어났다. 어린 양녕이 믿고 따르던 외삼촌들이 이렇게 불행한 일을 당했으니, 그 충격이 얼마나 컸을까? 또 네 형제들을 모두 잃은 민씨의 비통한 모습을 바라본 양녕이 과연 아버지의 가르침을 고분고분 따를 수 있었을까? 양녕의 행동을 보면 고의적인 어깃장 같은 것이 보이고, 유소년기에 몸에 밴 활 쏘기, 말 타기, 사냥, 음악, 여색 등이 이미 체질화되어 있음이 엿보인다.

빗나간 행동으로 태종의 꾸지람을 들어도 양녕은 거의 반성하지 않고 죄의식을 느끼지도 않았다. 아버지 태종에게 고통을 주는 것을 오히려 즐기는 듯한 모습을 보였다. 학문을 열심히 하여 장차 성군聖君이 되려는 의욕 자체가 없는 듯했다. 만약 권력에 대한 욕구가 컸다면, 마치 사도세자처럼 칼을 들고 아버지를 해치려 했거나, 자신을 대신하여 임금이 된 아우 충녕을 해치려고 했을지도 모른다. 그러나 양녕은 세자에서 폐위된 뒤에도 그런 행동은 보이지 않았다. 그렇다고 세종을 칭찬하지도 않았고 좋아하지도 않았다. 그저 불도佛徒가 된 아우 효령과 임금이 된 충녕을 모두 놀려대고 풍자하면서 한량閑良처럼 살다가 세조 8년(1462)에 향년 69세로 세상을 떠났다.

그가 양녕대군으로 불리게 된 것은 세자의 자리를 스스로 양보했다는 뜻이 담겨 있지만, 실제로 스스로 물러난 것은 아니고 쫓겨난 것이다. 그렇지만 세자의 자리에 그다지 연연하지도 않았으므로 반쯤은 자의自意요, 반쯤은 타의他意로 물러났다고 볼 수 있다. 그러니 '자의 반 타의 반'이라고나 할까?

한편, 왕비 민씨는 불행한 일생을 살다가 만년에는 오랫동안 병을 앓다 대비로서의 영화도 누리지 못하고 세종 2년(1420)에 56세를 일기로 세상을 떠났다. 시호가 원경왕후元景王后이다.

그러면 충녕대군이 임금이 된 것은 무슨 이유인가? 충녕은 타고난 자질도 영특했지만, 양녕처럼 외가에서 살지 못하고 윤저尹抵라는 무인집안에서 그 부인 오씨吳氏에 의해 양육되었으니[3] 유년기에는 아버지나 어머니의 사랑을 듬뿍 받은 것 같지 않다. 부모의 사랑이 맏아들에게 쏠린 것을 보면서 외로움도 느꼈을 법하다. 그러나 세상에 조금 눈을 뜨기 시작한 4세 때 아버지가 임금이 되었으므로, 아버지의 모습이 손에 피를 묻힌 야성적인 모습으로 보이지 않고 인정仁政을 펴면서 민생을 위해 헌신하는 임금의 모습으로 다가왔을 것이다.

유년기에 어머니 품 안에서 자라지 못한 충녕은 어머니의 애틋한 사랑을 느끼지 못했을 것이다. 그러다가 4세 때 아버지가 임금이 되면서 궁으로 돌아왔지만, 어머니 민씨는 셋째 아들 충녕보다는 세자로 책봉된 맏아들 양녕에 대

---

3) 윤저는 본래 무인으로서 이성계를 섬기다가 개국이 된 뒤에 상장군에 오르고, 고려 왕족들을 강화해협에 수장水葬시키는 일에 앞장섰으며, 이방원이 형 방간과 싸울 때에는 이방원을 적극 도와 난을 평정하는 데 큰 공을 세워 좌명공신에 오르고 벼슬이 찬성사贊成事(종1품)에까지 올랐다가 태종 12년에 세상을 떠났다. 충녕을 키워준 유모 오씨는 세종 26년에 세상을 떠났는데, 세종은 임금이 된 뒤에 과부로 살고 있는 그녀를 극진히 우대했으며, 그녀가 죽자 부의로 종이 150권, 정포[베] 50필, 흰 모시 10필, 그리고 쌀과 콩 70석을 하사했다. 이런 후대는 매우 파격적인 특례에 속한다. 유모에 대한 고마움을 그렇게 표현한 것이다.

한 관심과 사랑이 더 컸다. 권력욕이 강한 그녀의 성격상 그런 추정이 가능하다. 개인적으로 본다면 충녕은 양녕보다도 더 외로운 유소년기를 보낸 셈이다.

그러다가 4세 이후로 왕자가 되어 유학교육을 받기 시작하면서 조금씩 정치에 눈을 뜨게 되었다. 충녕을 가르친 사람은 기록상으로는 이수李隨와 김토金土 두 사람뿐이다. 세종 14년 10월 14일에 세종은 자신을 가르친 사람으로 위 두 사람을 지적하고, 김토를 4품에서 전농시典農寺 판사判事(3품)로 임명하면서 이렇게 말하고 과전科田 30결을 하사했다.

> "내가 잠저潛邸(私家)에 있을 때 판서 이수李隨(1373~1430)는 오가면서 진강進講했을 뿐이었으나, 김토金土는 나와 더불어 종일토록 강론하여 그의 성품이 정직함을 깊이 알고 있기 때문이다. 집정대신의 추천으로 이 사람을 쓴 것이 아니다. … 김토는 나이가 이미 70이니, 벼슬할 날도 적을 것이므로 이 직임을 제수했다가 내년에는 그를 집에 돌아가게 하여 그의 여생을 보존해 주고자 한다."

그러니까 어린 세종을 가장 많이 가르친 사람은 이수보다도 김토였는데, 김토는 본관도 모르고, 생년과 몰년도 모르며, 문과에 급제한 사실도 없었다. 그는 본래 의관醫官이었다고 하니 아마도 의학으로 잡과에 급제한 듯하다. 세종 14년에 나이가 70이라고 한 것으로 보아 1362년(공민왕 11) 무렵 출생한 것으로 보인다. 그저 의술이 뛰어나 태종 때 약을 잘 쓴 공으로 전의서 주부注簿(종6품)와 전의감승典醫監丞(종5품)으로 승진했다가 세종 1년에 경창부 소윤少尹(정4품)으로 있었는데, 숙직을 하지 않은 죄로 사헌부의 탄핵을 받아 파면당해 전원생활을 보냈다. 임금은 그가 어리석고 우졸迂拙한 것을 알고 구원하려고 했으나 법에 따라 처리할 수밖에 없었다고 한다. 그러다가 세종 14년에 이르러 그를 불쌍하게 여겨 전농시 판사로 승진시킨 것이다.

한편 이수는 생원시에 장원급제하여 세종의 스승이 되었는데 뒤에 문과에 급제하여 벼슬이 세종 때 이조판서(정2품)에까지 올랐는데, 세종 12년에 향년

57세로 세상을 떠났다. 그는 황해도 봉산鳳山 사람으로 뒤에 봉산이씨의 시조가 되었으니, 그의 집안이 얼마나 한미寒微했던가를 알 수 있다.[4] 이렇게 본다면 세종을 유소년기에 길러주고 가르친 사람은 한결같이 신분이 낮은 사람들인 것을 알 수 있다. 아마도 이런 환경이 세종을 서민적인 임금으로 만든 것이 아닌가 짐작된다.

왕자들에 대한 유학 교육은 《소학》과 《대학》을 주로 가르치는데, 《대학》은 바로 수신修身, 제가齊家, 치국治國, 평천하平天下를 가르치는 정치학이다. 이런 교육을 받아 대군大君이 되면 비록 임금이 되지 않더라도 정치를 할 수 있다. 대군의 지위는 영의정보다도 위에 있기 때문이다.

유학을 공부하면서 정치와 권력을 알아가고 있을 때, 세자 양녕이 공부를 게을리하고 비행을 저질러 임금의 꾸지람을 수없이 듣고 있는 모습을 보면서 충녕은 세자 형님에게 직언하여 충고를 해주고, 또 세자의 비행을 수시로 임금에게 알려드렸다. 그것은 형을 바른 길로 인도하기 위한 충심에서 나온 것이지만, 결과적으로는 세상 사람들이 양녕과 충녕을 대비시켜 바라보게 하는 결과를 가져왔다.

태종이 뒤에 양녕을 버리고 22세 된 충녕을 세자로 선택한 것은 충녕의 착한 심성과 뛰어난 학문열과 일 처리능력에 감동을 받은 까닭이다. 하지만, 그것말고 또 한 가지 고려한 것이 있었다. 충녕에게 장대하고 똑똑한 아들이 있다는 점이었다. 충녕에게는 5세 된 맏아들 이향李珦(문종)과 2세 된 이유李瑈(세조)가 있었는데, 맏아들 이향이 아버지를 닮아 영특함이 드러나서 장차 충녕을 이을 후계자로 생각하고 있었다. 태종은 왕실의 만년대계를 위하여 유능한 손자까지 고려하여 충녕을 선택한 것이다.

그러면 태종의 둘째 아들 효령은 왜 세자로 선택되지 않았는가? 나이로 보

---

4) 《세종실록 지리지》를 보면, 이씨는 봉산군의 토성土姓으로 되어 있다. 토성은 군현에 오래전부터 토착세력을 이루고 있던 성씨를 가리킨다. 그러나 《봉산이씨족보》를 보면 이수의 조상 이름이 전혀 보이지 않는다. 평민 출신임을 알 수 있다.

면 양녕보다 두 살 아래이고, 충녕에게는 한 살 위다. 양녕이 폐위될 때 효령도 후보자가 될 수 있었음에도 태종은 효령을 세자로 책봉하지 않았다. 태종은 그 이유를 이렇게 말했다.

"효령대군은 자질이 미약하고, 또 성질이 심히 곧아서 자세하게 일을 조목조목 처리하지 못한다. 내 말을 들으면 그저 빙긋이 웃기만 할 뿐이므로 나와 중궁은 효령이 항상 웃는 것만을 보았다. 충녕대군은 천성이 총명하고, 민첩하고 자못 학문을 좋아하여 비록 몹시 추운 때나 몹시 더운 때라도 밤새도록 글을 읽었으므로, 나는 병이 날까 두려워하여 항상 밤에 글 읽는 것을 금지했다. 그러나 나의 큰 책을 모두 청하여 가져갔다. 또 정치체제를 잘 알아서 매양 큰 일에 의견을 내는 것이 진실로 합당하고, 또 뜻밖의 의견이 많았다. 중국 사신을 접대할 때에는 신채身彩와 언어동작이 모두 예禮에 합당했다. 술을 마시는 것이 비록 무익하지만 중국 사신을 접대하면서 주인으로서 한 모금도 마실 수 없다면 어찌 손님에게 권하여 그 마음을 즐겁게 할 수 있겠는가. 그런데 충녕은 술을 잘 마시지는 못하나 적당히 마시고 그친다. 또 아들 가운데 장대壯大한 놈이 있다. 효령대군은 술을 한 모금도 마시지 못하니, 이것도 또한 불가하다. 충녕이 대위大位를 맡을 만하니 나는 충녕으로 세자를 정하겠다."

효령대군과 충녕대군을 비교한 태종의 말이 매우 흥미롭다. 충녕은 무서운 독서광이고, 일처리를 조목조목 따져서 자세히 처리하고, 정치체제를 잘 알고, 풍채가 좋고, 예의가 바를 뿐 아니라 술도 적당히 마실 줄 알아서 중국 사신을 접대하는 것도 매우 잘한다는 것이다. 그런데 이에 비하여 효령은 바탕이 나약하고, 성질이 단순하고 일처리가 치밀하지 못하고, 말을 거의 하지 않고 부모가 말을 하면 그저 빙긋이 웃고만 있다는 것이다. 그래서 아버지와 어머니는 그저 항상 효령이 웃는 것만 보았다는 것이다. 게다가 효령이 술을 전혀 마시지 못하는 것도 임금이 되는 데 단점으로 여겼다.

그래도 효령이 정치적 야심이 전혀 없었던 것은 아니었다고 한다. 그는

92세까지 장수하다가 성종 17년(1486)에 세상을 떠났는데, 《성종실록》에 실린 그의 〈졸기卒記〉를 보면, 세자가 충녕으로 돌아가자 낙담하여 독실한 불교신자로 전향했다는 것이다. 그러나 효심이 매우 두텁고, 불교공부를 많이 하고, 활을 잘 쏘았다고 한다. 그래서 시호가 '정효靖孝'로 된 것이다.

〈졸기〉에는 또 그의 장단점을 지적했다. 만년에 겨우 무릎이나 움직일 정도의 초라한 떼집을 짓고 살았는데, 겉으로는 청렴한 것 같으면서도 속으로는 탐욕하여 거짓 문서를 만들어 남의 노비를 빼앗은 일이 많았고 죽은 뒤에는 여러 아들이 재산을 다투어 화목하지 못했다고 한다.

양녕은 효령의 사찰생활을 그다지 탐탁하게 여기지 않은 듯했다. 효령이 양주 회암사檜巖寺[5]에서 불사佛事를 거행하고 있을 때 양녕이 그 지역에서 사냥을 하다가 사냥개와 매를 거느리고 그 절에 들어가서 사냥에서 잡은 여우와 토끼를 낭자하게 절 안에다 풀어놓고 고기를 구워먹었다. 이 모습을 보고 놀란 효령이 양녕에게, "형님은 지옥이 두렵지도 않습니까?" 하고 불평했다. 그러자 양녕은 "살아서는 국왕의 형이 되었고, 죽어서는 보살의 형이 될 것이니, 내 어찌 지옥에 떨어질 이치가 있겠는가?" 했다. 좋게 해석하면 양녕은 심술궂으면서도 풍자가 능한 인물이었다.

양녕은 뒷날 호탕한 성격의 조카 세조와는 사이가 매우 좋았는데, 가끔 임금을 놀리는 풍자를 하여 세조를 즐겁게 해 주었다고 하는 일화가 성현成俔의 《용재총화慵齋叢話》와 서거정徐居正의 《필원잡기筆苑雜記》에 전한다.

세종은 임금이 된 뒤에 신하들의 반대를 무릅쓰고 양녕대군에게 우애를 보였고, 또 효령대군이 하는 불사를 적극 지원하여 신하들의 비난을 수없이 받았으나 이를 모두 물리치고 끝까지 두 형님을 우애로 받들었다. 신하들의 의견을 세종처럼 존중한 임금이 없었으나, 두 형님에 관한 신하들의 비판은 고집스러울만큼 따르지 않았다.

---

5) 회암사는 태조가 왕위를 물러난 뒤에 지은 사찰로서 거의 왕궁처럼 규모가 큰 사찰이었다. 지금 그 터가 발굴되어 그 규모를 알 수 있다.

2. 양녕의 학문 태만, 민무구 형제들의 반역사건

양녕은 9세 되던 해인 태종 2년(1402) 4월에 원자元子(맏아들)로 책봉되었다. 그러니까 임금의 맏아들임을 공식적으로 인정받은 것이다. 원자가 되자 학덕이 있는 관리들에게 교육을 받기 시작했는데, 성과가 매우 부진했다. 다음해인 태종 3년 9월에 임금은 10세 된 원자가 학문에 관심을 갖고 있는가를 알아보기 위해 이렇게 물어보았다.

"내 나이 거의 40이 되어 귀밑 털이 희뜩희뜩하지만, 아침저녁으로 조금도 게을리하지 않고 부지런히 글을 읽고 있다. 네가 이 뜻을 아는가?"

원자가 임금의 뜻을 모르겠다고 대답하자, 임금이 원자의 스승 김과金科를 돌아보고 말했다.

"딱하구나. 저 아이여! 내가 말을 해도 캄캄하여 알지 못하니. 슬프다! 언제나 이치를 알 것인가?"

원자의 대답에 실망한 태종은 원자교육을 게을리한 요속僚屬들을 꾸짖고 벌을 내렸다. 그래도 임금은 기대를 가지고 11세가 되는 태종 4년(1404) 8월 6일에 원자를 세자世子로 책봉하여 왕위 계승권을 인정해 주었다. 세자책봉을 전국에 알리는 교서를 반포했는데, 그 글에 임금은 이렇게 적었다.

"원자가 이제는 적장嫡長의 지위에 있고, 남보다 빼어난 자질이 있다. 그러나 예의禮義와 겸양謙讓을 알지 못하니 장차 어찌 어진 이와 친하겠으며, 옛사람의 가르침을 익히지 못하니 또한 장차 어찌 정치를 보필하겠는가? 그래서 배움에 나아가게 한 지가 여러 해가 되었다. … 종친과 대신들의 여론에 못이겨 세자로 삼았다. …"

이 교서를 보면 세자를 봉하면서도 교서의 글에 무언가 불만스러움이 엿보인다. 세자에게 예의와 염치가 부족하고, 학문이 미진하다는 것, 그럼에도 종친과 대신들의 강청에 못이겨 책봉했다는 것이다. 매우 의미심장한 말이다.

태종이 세자 양녕을 불신하게 된 결정적인 사건이 태종 6년(1406) 8월에 일어났다. 이해 태종은 갑자기 왕위를 13세 된 양녕에게 넘기고 은퇴하겠다고 선언하고 옥새를 세자에게 물려주었다. 그러나 그것은 진심이 아니었다. 13세 된 세자가 어떻게 나라를 이끌어갈 수가 있는가? 이 갑작스런 임금의 행동에 신하들은 충격을 받고, 울면서 적극 만류하여 가까스로 선위를 정지시켰다. 태종까지 하야를 한다면 당시 살아 있는 상왕上王이 세 사람이 된다. 태조, 정종, 태종이다. 13세의 어린 임금 위에 세 사람의 상왕이 있다면 나라꼴이 무엇인가. 신하들은 중국의 비웃음을 산다고 하면서 선위를 거두라고 거듭 간청했는데, 임금이 그것을 모르고 선위를 하겠는가?

태종 6년의 선위파동은 민무구, 민무질 등 처남들이 효령과 충녕을 제거하고 세자를 빨리 임금으로 세워 민씨세도정권을 세우려고 한다고 의심한 태종이 저들의 반응을 떠보기 위해 벌인 정치쇼였다. 태종이 양위를 거두자 민무구와 민무질 형제 그리고 왕비 민씨가 실망한 반응을 보였다. 태종은 마침내 저들의 야심을 확인하고, 두 처남을 역적으로 몰아 제주도로 유배를 보내고, 태종 10년에 사약을 내려 스스로 목숨을 끊게 했다. 외척세도를 차단시켜야 왕권이 안정된다고 믿은 태종의 정치쇼에 민씨들이 말려들어 역적의 죄명을 쓰고 제거된 것이다.

가깝게 지내던 두 외삼촌이 실각한 것을 본 세자는 태종을 마음속으로 원망하게 되고, 임금도 점점 세자를 믿지 않게 되었다. 이런 가운데 태종 9년(1409) 9월 4일에 임금은 의정부 찬성사 이천우李天祐, 세자의 장인 김한로金漢老, 병조판서 이응李膺, 지신사[도승지] 황희黃喜, 세자를 가르치는 빈객 조용趙庸과 김과金科를 불러 놓고, 매우 중대한 발언을 했다.

"… 내가 두어 자식이 있는데, 민무구 등이 또 이들을 해치려고 하기 때문에 지난 병술년(태종 6년)에 왕위를 사퇴하여 피하려고 했었다. 그러나 신하들의 저지를 받아 이를 행하지 못했는데, 민무구의 분노한 기색이 안색에 나타났었다."

왕비 민씨의 남동생인 민무구와 민무질 등이 태종 6년(1406)에 효령과 충녕을 해치려고 하여 양녕에게 선위禪位하고 물러나려고 했었는데 신하들의 반대로 실행하지 못했다는 것, 그리고 이때 민무구가 불쾌한 노기를 얼굴에 띠었다는 것이다. 민무구가 효령과 충녕을 제거하고, 또 임금을 물러나게 한 뒤에 양녕을 임금으로 앉히려고 하다가 실패하자 분통을 터뜨렸다는 것이다.

또 이날 임금은 빈객 김과를 보고 이렇게 말했다.

"내가 즉위할 때 효령과 충녕의 나이가 겨우 4세와 5세였는데, 네가 두 사람을 가리켜 말하기를, '이 작은 왕자가 장長을 다투는 마음이 있다.'고 했고, 또 태종 6년에도 이 두 자식을 가지고 말을 했었는데 언사가 매우 불쾌했었다. 만일 내가 이 말을 누설했다면 네가 어찌 편안하겠는가? 네가 만일 숨긴다면 내가 선포하여 말하겠다."

그러자 김과가 "진실로 그렇게 말했다."고 실토했다. 임금은 이어, 김과가 세자를 가르칠 때 외척이 오만방자하면 화禍를 받는다는 《대학연의》의 구절을 빼고 가르쳤는데, 이것은 외척 민씨세력이 무서워서 그렇게 한 것이라고 힐책하면서 눈물을 흘렸다. 임금은 또 눈물을 흘리면서 이런 말도 했다. "임금의 자식은 오직 맏아들만 남기고 그 나머지는 모두 죽어야 하느냐?"

태종의 이야기를 종합해 보면, 이미 태종이 임금이 된 직후부터 민씨 형제들이 맏아들 양녕을 세자로 세우고, 경쟁자인 두 아우를 죽이려고 했다는 것이다. 이렇게 민무구, 민무질 등이 장차 양녕이 임금이 되면 권력을 민씨일족이 잡겠다는 야심을 품고 있었음이 사실로 드러나자 태종 7년(1407)부터 민무구 형제들을 유배보냈다가 사약을 내려 자결하게 한 것이다.

　　그러면 왕비 민씨도 민무구 형제들과 함께 뜻을 같이하여 참말로 효령과 충녕을 죽이려고 했던가? 태종은 왕비도 같은 마음을 가지고 있었다고 믿었다. 태종 9년(1409) 5월 19일, 그러니까 임금이 앞에 대신들을 만나 민무구 사건을 이야기하기 5개월 전에 있었던 일이다. 임금은 아들 4형제를 모아 놓고 형제간에 화목하라는 당부를 하면서 눈물을 주르륵 흘렸다. 4형제는 16세 양녕, 14세 효령, 13세 충녕, 그리고 5세 된 막내 성녕誠寧이다. 성녕은 태종 5년(1405)에 뒤늦게 막내로 태어났기 때문에 태종이 즉위할 당시에는 민씨 일파의 제거대상이 될 수 없었다. 성녕은 총명하고 의젓하여 태종의 사랑을 받았으나 홍역을 앓다가 14세에 요절했다.

　　그러면 임금은 왜 4형제를 모아놓고 화목을 당부하면서 눈물을 흘렸을까? 이 날짜 《실록》을 보면, 왕비 민씨가 [두 아들을] 전제剪除(베어버림)할 뜻을 가진 것에 임금이 마음이 상하여 그랬다고 하면서, 임금이 지신사 황희黃喜에게 "너는 구신舊臣이니 나의 뜻을 미루어 알 것이다."라고 말하니, 이 말을 들은 4형제들이 모두 눈물을 흘렸다고 기록했다. 황희는 헤어지면서 세자에게 당부하는 말을 했는데, "오늘 부왕께서 일깨워주신 뜻을 잊지 않으면 조선 만세의 복이 될 것입니다."라고 했다.

　　위 기록에서 가장 주목할 대목은, "민씨가 '전제'할 뜻을 가졌다."는 대목이다. 여기서 '민씨'가 민무구 형제들만을 가리키는 것인지, 아니면 왕비 민씨까지도 포함하는 것인지는 확실하지 않다. 다만, 왕비도 방간芳幹이 난을 일으켰을 때, 동생들과 힘을 합쳐 음으로 양으로 태종을 지원한 것이 사실이고, 민씨 형제들도 함께 참여하여 뒤에 공신功臣이 되었으므로, 그 공을 믿고 양녕이 임금이 된 뒤에 외척정권을 세우려고 한 것은 사실이다. 더욱이 왕비는 권력욕이 남달리 높고, 성격도 매우 과격했을 뿐 아니라 양녕의 성격도 또한 과격했기 때문에 태종은 3명 왕자들의 장래에 대하여 극도로 불안한 마음을 가졌던 것이다. 그래서 4형제를 불러놓고 화목을 부탁한 것인데, 실은 양녕에게 아우를 해치지 말라는 경고를 보낸 것이었다. 태종이 효령, 충녕, 성녕을 보호하고자 한 것은 순수한 자식 사랑이기도 하겠지만, 마음 속으로는 양녕을 대신할 아들을 보호할 필요를 느꼈던 것으로 보인다. 특히 효성스럽고 영특하고 학문을 사랑하는 충녕에 대한 기대가 시간이 지날수록 커져갈 수밖에 없었다. 하지만, 그렇다고 양녕을 쉽게 버릴 수도 없지 않은가? 그래서 시간을 두고 양녕을 더 교육시키면서 관찰하는 길을 택했다. 세자를 폐위시키려면 결정적인 과오를 찾아야 하기 때문이었다.

태종 4년에 11세 양녕을 세자로 봉한 직후 경승부敬承府라는 관서를 설치하여 세자의 건강과 교육 관리를 강화하게 했다. 그런데 세자가 12세가 되던 태종 5년 6월에 사간원에서는 세자의 학문이 날로 진보하기는 하지만, 환관들과 놀이하기를 즐기고, 학문에 부지런하지 않다고 하면서 세자의 강학을 한층 강화하기를 청했다.

세자가 강학에 게으르다는 소식을 들은 임금은 어느 날 세자를 불러 글을 외우라고 명했다. 세자가 외우지 못하자, 두 명의 환관을 시켜 종아리를 때리라고 명했다. 그러면서 "만일 후일에도 또 이와 같으면 서연관書筵官을 벌하겠다."고 말했다. 글을 가르치는 선생을 벌주겠다는 것이다. 그래도 효과가 없자 임금은 세자궁에서 세자를 시중드는 환관 노분盧犇의 볼기를 때렸다. 그러자 노분은 세자에게 가서 "이것이 어찌 소인의 죄입니까?" 하면서 세자의 분발을 촉구했다. 이 소리를 들은 세자는 매우 불쾌한 표정을 지었다고 한다. 그러니까 아버지를 원망하고 있는 것이다.

환관 노분이 볼기를 맞았다는 소문을 들은 권근權近을 비롯한 서연관들은 세자에게 이렇게 훈계했다.

"세자께서 마땅히 알아야 할 것은 효도이고, 마땅히 힘써야 할 것은 학문인데, 지금 만일 부지런히 배우지 아니하여 주상의 심기를 불편하게 한다면 불효가 막심합니다. … 보통 사람은 비록 한 가지 재주만 능해도

입신할 수 있지만, 임금이 되려면 배우지 않고는 정치를 할 수가 없고, 정치를 하지 않으면 나라는 망합니다."

그 뒤로 세자는 임금이 글을 외우게 한다는 말을 듣고 밤을 새워 글을 읽었다고 한다. 하지만 세자는 그날 또 임금에게 또 꾸지람을 들었다. 세자가 임금과 함께 식사를 하는데 예에 맞지 않는 행동이 많자 임금이 이렇게 꾸짖었다.

"내가 젊었을 때 편안히 놀기만 하고 배우지 아니하여 거동이 절도가 없었다. 지금 백성의 임금이 되었지만 백성들의 기대치에 합하지 못하니 마음 속으로 스스로 부끄럽다. 네가 비록 나이는 적지만 그래도 맏아들이다. 언어와 거동이 어찌하여 절도가 없는가. 서연관이 일찍이 가르치지 않더냐?"

임금의 꾸지람을 들은 세자는 부끄러워하고 또 두려워했다. 그러나 반성도 잠시일 뿐, 세자는 전에 배운 것을 복습한다고 핑계대고 일과日課를 폐하기가 일쑤여서 또 그 일로 임금의 꾸중을 들었다.

3. 양녕과 황녀와 혼사 시도, 명나라에 사신으로 가다

태종 2년(1402)에 9세 된 양녕이 원자元子로 봉해지고, 다음해 10세에 이르자 혼사문제가 관심사로 떠올랐다. 이 무렵 명나라 성조 영락제成祖 永樂帝의 딸들이 아직 미혼이라는 정보를 입수했다. 일부 대신들은 양녕을 황녀皇女와 결혼시켜 명과 조선이 혈연으로 맺어지면 조선의 내우와 외환이 크게 감소될 것으로 여겼다. 명나라가 적극적으로 우리나라를 보호할 것이므로 감히 왕권을 넘겨다 보는 반란도 일어나지 않을 것이며, 여진족을 방어하면서 북방영토를 확장하는 데도 유리할 것으로 예견했다. 원元나라 때 고려가 원나라 황실의 부마

[사위]가 되면서 나라가 안정된 전례도 있다고 했다.

　　양녕과 영락제의 황녀를 부부로 맺어주려는 발상은 그럴만한 이유가 있었다. 태조 때 대명관계가 극도로 악화되어 태조 3년에 정총鄭摠을 사신으로 보내 임명장에 해당하는 고명誥命과 인신印信을 달라고 청했으나 거절당했다. 명나라는 태조 이성계에게 그저 '권지국사權知國事'라는 직함만을 내렸다. 권지국사는 임시로 나라를 다스리는 사람이라는 뜻이다.

　　그 다음 정종定宗 때에도 고명과 인신을 청했으나 거절당하여 건국한 지 10여 년이 지났어도 중국의 승인을 받지 못했다. 중국은 오히려 태조 3년에 보낸 조선 사신에게 "조선 국왕이 간사하고, 교활하고, 사특하므로 고명을 줄 수 없다."고 거부하고, 이어 조선에서 올린 표전문表箋文의 글이 경박하고 중국을 능멸하고 있다고 트집을 잡으면서, 사신을 억류하고, 표전문을 짓고 교정한 당사자인 정도전鄭道傳을 '조선의 화근禍根'이라고 지목하고, 그를 잡아서 중국으로 보내라고 압박했다. 그러나 정도전은 나이가 많고 각기병을 앓고 있다는 이유를 들어 가지 않으니 대명관계가 더욱 악화되었다.

　　조선의 외교문서가 설혹 마음에 들지 않더라도 사신을 억류하고 집필자를 잡아 보내라는 것은 있을 수 없는 일이다. 그럼에도 명나라가 이런 태도를 보인 것은 정도전鄭道傳 일파가 태조와 합의하여 요동정벌운동을 벌인 것에 대한 반발이었다. 요동의 여진 땅을 되찾아 고구려의 영토를 회복하겠다는 야심찬 계획이었으니 명이 이에 반발한 것은 당연한 일이었다. 그래서 표전문을 트집 잡아 정도전을 제거함으로써 요동을 넘보지 못하게 하려 한 것이었다.

　　그러다가 이방원이 정도전 일파를 제거하고 나서 임금이 되자 명은 드디어 태종 3년(1403) 4월에 환관 황엄黃儼을 사신으로 보내 고명誥命과 금인金印을 보내주어 비로소 양국관계가 정상화되기 시작했다. 정도전을 제거한 것에 대한 보상이기도 했다. 하지만 태종도 여진족을 몰아내고 북방영토를 확장시키고자 하는 정책을 추구했기 때문에 명나라와 다시 충돌할 가능성은 여전했다.

　　여진족은 이제 명나라 인민이 되었으므로 우리가 여진과 충돌할 때 명이 여진 편을 든다면 우리의 꿈은 수포로 돌아갈 수밖에 없었다. 그래서 명나라를 우리 편으로 끌어들이기 위한 방책으로 사대事大를 지성으로 추진할 수밖에 없었다. 사대정책의 배경에는 이러한 국가적 이해관계가 담겨 있었다.

명나라 황실과 혼사를 맺자는 일부 대신들의 의견은 압록강 북쪽의 건주위建州衛 야인들을 압박하기 위한 현실적인 이해관계에서 나왔으므로 태종도 그 주장을 긍정적으로 받아들였다. 그리하여 태종 3년 4월에 황엄이 고명과 금인을 가지고 왔을 때, 황엄에게 넌지시 혼사문제를 이야기했더니 황엄이 매우 좋다고 대답하고 돌아갔다. 그런데 그 뒤 황엄이 다시 조선에 왔을 때 아무런 말도 하지 않아 혼사문제가 무위로 돌아간 것으로 알고, 그 일을 뒤늦게 후회했다.

세자가 14세가 되자 혼사가 급해졌으므로 태종 7년(1407)에 임금은 김한로金漢老(1358~?)[6]의 딸을 세자빈으로 정해 놓았다. 그러나 아직 가례嘉禮를 치르지는 않았다. 그런데 혼사가 한창 진행되고 있던 태종 7년 6월에 황엄이 또 다른 일로 사신으로 왔다. 임금은 황엄을 만나자 양녕의 혼사가 정해졌다고 알리면서, 임금을 대신하여 세자를 명나라에 보내 황제를 알현시키겠다고 말했다. 황엄은 "대단히 좋은 일"이라고 화답했다. 임금은 명과의 혼사를 포기한 대신 세자를 명에 보내 황제의 환심을 얻으려고 시도한 것이다. 세자가 가서 알현하는 것은 임금이 가서 알현하는 것과 거의 비중이 같아 황제의 신뢰를 얻는 데 매우 효과적인 방법이었다.

그런데 임금과 의논하지도 않은 가운데 일부 신하들이 김한로 딸과의 혼사를 중단시킨 다음 황녀와의 혼사를 다시 추진하는 일을 벌였다. 한성부윤 공부孔俯가 가장 먼저 앞장서서 다른 대신들을 설득했다. 공부는 황녀皇女와의 혼사가 좋은 이유를, 북으로 건주建州 여진의 압박을 막을 수 있고, 서쪽으로는 왕구

---

6) 김한로는 광산김씨로 우왕 9년에 이방원과 함께 문과에 급제하여 두 사람이 친한 사이가 되었다. 이것이 인연이 되어 그의 딸을 세자빈으로 맞이했다. 그러나 양녕이 어리란 여인에 반하여 궁궐에 출입시켰는데 이를 알고서도 묵인한 죄로 탄핵을 받아 그 아들 김경재金敬哉와 함께 유배당하고, 세자도 이천으로 유배당하자 그와의 인연이 끊어졌다. 세종이 즉위한 뒤에 풀어주었는데 세종 7년에《태종실록》을 편찬할 때 사초史草를 분실하여 바치지 못한 죄로 속전贖錢을 바치는 동시에 자손금고형을 받았다.

아王狗兒(요동 장수)의 군대가 있더라도 두려워할 필요가 없다는 데서 찾았다. 조박趙璞, 하륜河崙 등 일부 대신들이 이에 동의했다. 좌의정 하륜은 태종의 장인 민제閔霽를 만나 황녀와의 혼사가 좋은 이유를 이렇게 말했다.

> "만일 대국大國의 원조를 받는다면, 누가 감히 반란을 일으키겠습니까? 난신적자亂臣賊子가 나오지 못할 것입니다. 고려 때 원元나라 공주公主를 시집오게 하여 100년 동안 내외의 근심이 없었으니, 이것이 지난날의 경험입니다."

조박과 하륜은 고려가 원나라의 부마국이 된 것처럼 조선도 명나라의 부마국이 되는 것이 국가의 안전에 도움이 된다고 믿었다. 그러나 영의정 성석린成石璘과 우의정 조영무趙英茂 등은 반대했다. 특히 조영무는 "이미 혼사가 정해졌는데 다른 의론이 있을 수 없다."고 말하면서 반대했다.

일부 대신들이 황녀와의 혼사에 대한 의논을 모아가자 그 소문이 김한로에 들어가고, 김한로가 병조판서 윤저尹柢에게 알리고, 윤저가 이숙번李叔蕃에게 알려 드디어 임금의 귀에 들어갔다. 임금은 노하여 이들을 순금사에 가두어 심문하라고 명하면서 이렇게 말했다.

> "중국과 결혼하는 것은 나의 소원이었다. 그러나 부부가 뜻이 맞는 것이 인정상 어렵다는 것이 걱정스럽다. 또 그렇게 되면 중국 사신이 끊이지 않고 내왕할 것이니 우리 백성들을 도리어 시끄럽게 흔들어 놓을 것이다. 옛적에 기씨奇氏가 [원나라에] 들어가서 황후皇后가 되었다가 그 일문이 남김없이 살육되었으니, 어찌 능히 보존할 수 있겠는가? 군신君臣이 한 몸이 되어야 나라가 다스려지고 편안해지는 것이다. 지금 조박趙璞 등이 사사로이 모여서 이같은 큰 일을 의논하고 나에게 알리지도 않았으니, 내가 누구와 더불어 다스리겠는가? 더욱이 내가 황엄에게 세자가 이미 장가들었다고 분명히 알렸는데, 어떻게 추후에 고칠 수가 있는가?"

임금이 이렇게 말하면서 눈물을 흘리니 이숙번 등도 땅에 엎드려 울었다. 태종은 명나라와 혼인을 맺으면 명나라의 보호와 지원을 더 크게 받을 수 있다는 장점 때문에 그것을 바라고 있었던 것도 사실이지만, 다른 한편으로는 명나라의 내정간섭과 조공이 늘어나 백성의 고통이 커지는 부작용을 동시에 우려하고 있었던 것이다. 그래서 처음에 찬성했다가 뒤에는 후회했던 것이다. 이렇게 양녕세자와 황녀의 혼사는 물거품으로 돌아가고, 이해 7월 13일에 양녕은 드디어 김한로金漢老의 딸과 가례를 거행했다.

한편, 양녕을 명나라에 사신으로 파견하는 일은 이해[태종 7년] 9월에 이루어졌다. 세자의 행차는 다음해 1월에 황제에게 신년하례를 올리기 위한 것이므로 3개월 전에 떠난 것이다. 사절단은 100여 명에 이르렀는데, 이런 규모는 평상시 행차에 비해 두 배나 큰 것이었다. 세자의 조회를 받은 성조 영락제成祖 永樂帝는 세자를 기특하게 여기고 후하게 대접하여 돌려 보냈다. 서울에 돌아온 것은 다음해인 태종 8년(1408) 4월 2일이었다. 왕복 7개월이 걸리는 긴 여행이었으나 세자는 이를 잘 견뎌냈고, 그 사이에 키가 훨씬 커져서 돌아와 임금이 깜짝 놀랐다. 세자의 나이 15세가 되었다.

세자가 명에 간 시기를 전후하여 민무구 형제들에 대한 탄핵과 숙청이 계속적으로 이루어졌다. 세자의 처지에서 보면 자신과 밀접한 민씨일가에 대한 탄압이 달가운 일이 아니었을 것이다. 임금은 세자의 불만을 달래기 위하여 잔치를 베풀기도 하고, 함께 교외에 나가서 매사냥을 하기도 했다. 언관들은 임금이 세자의 학문을 독려하지 않고 오히려 놀이에 빠지게 하는 것을 비판하고 나서기도 했다.

임금은 세자의 학문에 대해서는 본인의 불성실한 태도뿐 아니라, 스승의 교육태도에도 큰 문제가 있다고 보았다. 서연관들이 세자의 비위를 맞추기 위해 부모에게 불효하고 형제간에 우애하지 못한 역사적 인물들을 많이 가르치고 있다고 한탄하며 그들을 벌주었다. 그러면서 몇 년에 걸쳐 민씨세력과 그 여당 세력을 정리하는 일에 더 많은 노력을 기울였다. 민무구, 민무질을 죽인 뒤에 또 그 아우인 민무휼閔無恤과 민무회閔無悔 형제와 그 가족들도 차례로 먼 곳으로 내쫓았다.

　민씨일가와 그 여당, 그리고 세자의 서연관에 대한 태종의 강경정책이 강화될수록 세자와 임금의 관계는 더욱 멀어지고 세자는 더욱 학문을 멀리하면서 빗나간 행동에 빠져들었다. 태종은 그에 비례하여 양녕을 버리고 충녕을 보호하면서 세자를 바꾸는 일을 조금씩 조금씩 준비해가고 있었다.

4. 양녕과 충녕대군의 비교

　양녕은 나이가 들수록 학문보다 놀이에 더 깊이 빠져 들었다. 궁 안에 매와 악기들을 감추어 놓고 사냥을 하거나, 기생들을 불러들여 노래를 시키거나 하는 일들이 빈번해졌다. 임금은 세자와 서연관, 그리고 세자를 관리하는 경승부 관리들을 계속 감시하면서 비행을 막지 못하는 관리들을 처벌했다. 그러나 언관들은 계속적으로 세자의 비행을 막지 않고 오히려 방조하는 관원들을 처벌하라고 다그치는 일이 비일비재했다.

　그런데 세자가 19세 되던 태종 12년(1412) 12월 5일에 세자우빈객世子右賓客 이래李來는 8년 동안 세자를 열심히 감시하고 가르쳤으나 아무런 효험이 없고, 밤낮으로 세자가 소인배小人輩들처럼 못하는 짓이 없는 것을 보고 한탄하여 임금에게 상서했다. 그 요지는, 세자가 학문에 전념하지 못하고 제대로 효도하지 못하는 이유로 세자가 거처하는 궁저宮邸(경승부)가 대궐에서 멀고 여염집과 가깝기 때문이라고 하면서 궁궐 가까이에 세자궁을 새로 짓고, 감시를 강화해 달라고 청했다.

　그러자 임금은 이렇게 답했다.

　"만약 학문을 좋아하지 않는다면 비록 한 궁궐 안에 함께 있다 할지라

도 이를 어찌 하겠느냐? 또 세자가 이미 장년壯年의 나이다. 만약 늘 사람
을 시켜 정찰하게 한다면 어찌 서로가 해침이 없겠느냐?"

임금은 세자의 학문에 이미 기대를 갖지 않고 있었기 때문에 이렇게 자포
자기하는 듯한 대답을 한 것이다.

세자가 20세 되던 태종 13년(1413) 8월에는 세자가 충녕에게 부탁하여 사냥
하는 매를 청하니 충녕이 갖다 주었다. 또 세자는 다른 집에서도 좋은 매나 개
가 있으면 부탁하여 가져오게 했다. 이런 일이 임금에게 알려지자 임금이 노하
여 "매나 개 같은 애완물을 금절했는데 어찌하여 군부의 명령을 어기느냐."고
꾸중하니, 세자가 임금이 몸이 편찮은데도 문안하기를 거부했다. 임금은 세자에
게 매를 구해다 바치는 환관들을 궁에서 내쫓고 궐문을 지키는 파수꾼도 매를
때렸다.

태종 13년 12월에는 서연관들이 《효행록》에서 글을 뽑고 그림을 그려 넣
어 병풍을 만들어 주었다. 세자가 글귀를 알지 못하여 충녕대군에게 해석하라
고 하자, 충녕대군이 즉시 풀이해 주었는데, 그 뜻이 매우 곡진했다.

세자가 21세가 되던 태종 14년(1414) 9월에는 세자가 과부집에서 기르던 개
를 빼앗아다가 궁에다 두었는데, 임금이 알고 격노하여 말했다.

"요즘 세자가 궐에 나오면 효령, 충녕과 경사經史를 강론하여 내가 기
뻐했더니, 이제 보니 겉으로는 학문을 좋아하는 듯이 꾸미고 실상은 본심
이 아니었다."

또 이해 10월에는 임금의 사위 이백강李伯剛이 어버이 상을 당했으므로 여
러 대군들이 이백강을 위로하기 위해 그의 집에서 연회를 베풀어 주었다. 그런
데 이날 밤 세자는 밤이 깊도록 기생을 끼고 공주[누이]의 대청으로 가서 술을
마시고 즐기다가 공주에게 말하기를 "충녕은 보통 사람이 아니다."라고 말했다.
충녕이 기생을 멀리하는 것을 보고 한 말이다. 임금은 이 소식을 듣고 또 화를

냈다. "[상가집에 가서] 예를 갖추고 오는 것이 옳은데 어찌하여 방종하게 즐겼느냐"라고 했다. 세월이 지날수록 세자와 충녕은 서로 극렬하게 대비되는 행동을 보였다.

이보다 앞서 세자가 20세 되던 태종 13년(1413) 4월에 왕비가 편찮아서 세자와 효령, 충녕이 함께 문안을 갔다. 그때 왕비의 두 동생 민무휼과 민무회가 문안하러 왔는데, 세자를 보자 민씨가문이 패망했다고 불평했다. 세자가 말하기를, "민씨가문이 교만방자하여 화를 입는 것이 당연하다."고 했다. 그러자 민무회가 말하기를, "세자는 우리 가문에서 자라지 않았습니까?" 하고 항의했다.

그런데 세자는 이 사실을 임금에게 말하지 않고 있다가 2년이 지난 태종 15년(1415) 6월에 이르러 비로소 임금에게 그 사실을 알려드리면서, "민씨가 아직도 반성하는 마음이 없고, 또 원망하는 말이 있으므로 감히 아룁니다."라고 말했다. 이 말을 들은 임금은, "늙은 왕비가 당堂에 있기 때문에 차마 법으로 처치하지 못하고 있다."고 말하고, 언관을 불러 이 사실을 일러주었다. 세자도 다른 언관에게 이 사실을 전해주었다. 대간이 민무휼 형제를 탄핵하도록 유도한 것이다. 드디어 대간들이 민무휼 형제의 처벌을 주장하고 나섰으나 임금은 왕비가 아프기 때문에 처벌할 수 없다고 말했다.

세자가 외삼촌 민무휼 형제와의 대화를 2년이 지난 뒤에 임금과 언관에게 알려 두 형제를 처벌하도록 유도한 이유가 무엇인지는 알 수 없다. 아마도 이를 끝까지 숨기려고 하다가 임금이 이미 알고 있다는 것을 알고 자수를 한 듯하다. 또 자신이 임금의 미움을 받고 있는 터에 이를 만회하려고 자수했는지도 모른다. 그러나 임금은 병을 앓고 있는 왕비에게 미안함을 느껴 처벌을 미루어 두었다가 언관이 또 다른 죄를 찾아내어 탄핵하자 외방으로 유배를 보냈는데, 두 사람이 스스로 자결했다. 그리하여 민씨 4형제가 모두 죽음을 당하는 비운을 맞이했다.

태종 15년 12월 30일에 충녕대군이 의령부원군 남재南在(1351~1419)의 집에 가서 잔치를 베풀어 주었다. 남재는 정도전 일파에 속했던 남은南誾의 형으로서 남은과 함께 개국공신이 되었던 인물이다. 남은은 정도전과 함께 이방원에 의해 살해당했으나, 남재는 초연하여 태종과 가까운 사이가 되었다. 태종 15년 당시 남재의 나이는 75세의 고령이었다. 그런데 충녕을 만난 남재는 충녕대군에게 의미심장한 말을 건넸다.

"옛날에 주상[태종]께서 잠저에 계실 때 내가 학문을 권하니, 주상께서 말하기를, '왕자王子는 참여할 데가 없는데, 학문을 하여 무엇하겠느냐?'고 하기에, 내가 말하기를, '군왕의 아들이 누군들 임금이 되지 못하겠습니까?' 했는데, 지금 대군이 학문을 좋아하는 것이 이와 같으니, 내 마음이 기쁩니다."

뒤에 태종이 이 말을 듣고 크게 웃으며, "그 늙은이가 과감하구나."라고 했다. 사실 세자를 바꾸려면 원로대신들의 추대가 절대로 필요한 절차인데 남재가 그 길을 터주었으니, 태종의 마음이 어찌 기쁘지 않았겠는가? 당시 세자의 나이는 22세요, 충녕대군의 나이는 19세였는데, 3년 뒤에 양녕이 폐위되고 충녕이 세자로 되었으니, 남재는 3년 뒤의 일을 이미 예견하고 있었던 셈이다.

세자가 23세가 되던 태종 16년(1416) 1월 9일에 세자가 임금과 함께 종묘에 제사하기 위해 성장盛裝을 하고 나서 옆에 모시고 있던 시종꾼을 보고 말했다. "내 풍채가 어떠냐?" 하고 물었다. 그때 옆에 있던 충녕대군이 말하기를, "먼저 마음을 바로잡은 뒤에 용모를 닦으시기 바랍니다." 하니, 시종꾼이 듣고 탄복하여 말했다. "대군의 말씀이 정말 옳습니다. 저하께서는 이 말씀을 잊지 마시기를 바랍니다." 했다. 세자가 이 말을 듣고 부끄러워했다. 뒤에 세자는 왕비를 만나보고 말했다. "충녕의 어짊은 우연한 것이 아닙니다. 장차 국가의 큰일을 함께 의논하겠습니다." 왕비가 이 말을 임금에게 전하니, 임금이 듣고 마음이 편치 않았다고 《실록》에 기록되어 있다.

여기서 왕과 왕비가 동상이몽의 생각을 품고 있음을 엿볼 수 있다. 왕비는 양녕이 당연히 임금이 된다는 생각을 가지고 충녕을 칭찬한 것인데, 그 소리를 들은 임금의 마음이 편치 않았다는 것은 무엇을 의미하는 것일까? 두말할 필요도 없이 임금의 마음은 이미 충녕에게 가 있음을 보여주는 것이 아닌가.

이해 2월 9일에는 임금이 충녕대군이 양녕보다 한층 영특함을 노골적으로 비교하는 말을 했다. 임금이 충녕대군에게 말했다. "집에 있는 사람이 비를 만나면 반드시 길 떠난 사람의 고생을 생각해야 한다."고 했더니, 충녕대군이 대답했다. 《시경》에 이르기를, '황새가 언덕에서 우니, 부인이 집에서 탄식한다.'고 했습니다." 임금이 기뻐하여 "세자가 따를 수가 없다."고 말했다.

그런데 이보다 앞서 양녕이 충녕을 깎아 내리는 말을 임금에게 하자, 임금이 충녕을 변호하여 반박하는 말을 하기도 했다. 어느 날 세자가 임금 앞에서 사람의 문무文武를 논하다가 "충녕은 용맹하지가 못합니다." 하니, 임금이 받아서 말하기를, "비록 용맹하지 못한 듯하지만, 큰일을 만나면 대의大義를 결단하는 데에는 우리 시대에 견줄 사람이 없다."고 했다. 이 대화를 보면 양녕은 의식적으로 충녕을 견제하고 있는 반면에, 임금은 의식적으로 충녕을 대변하는 태도를 그대로 드러내고 있는 것을 볼 수 있다.

양녕과 충녕의 충돌도 시시각각으로 커져갔다. 태종 16년 3월 20일에 임금과 세자, 종친들이 상왕 정종定宗의 관저인 인덕궁仁德宮에 가서 문안하니, 상왕이 술자리를 베풀었다. 연회가 파하자 세자가 매부 이백강의 첩인 기생 칠점생七點生을 데리고 궁으로 가려고 했다. 그러자 충녕대군이 만류하기를, "친척끼리 이처럼 하는 것이 어찌 옳겠습니까?" 했다. 두 번이나 말을 하니 양녕이 마음속으로 불쾌하게 여겼으나 애써 충녕의 말을 따랐다. 그 뒤로 양녕은 충녕과 길이 서로 달라 마음으로 매우 꺼려했다. 임금이 두 사람의 충돌을 염려하여 여러 대군의 시종하는 사람 수를 줄였다.

태종 16년 7월 18일에 임금이 충녕대군을 칭찬하면서 세자를 나무라는 일이 또 일어났다. 이날 경회루에서 상왕[정종]을 모시고 세자와 종친이 참석한 가운데 술잔치가 벌어졌다. 이 잔치에 이어 원로 문무대신을 위한 잔치가 벌어져 여러 신하들이 시를 지어 주고받으면서 즐겼는데, 말이 노성老成한 사람을 버릴 수 없다는 대목에 이르자, 충녕대군이 거들고 나섰다. "《서경書經》에 이르기를, '늙고, 경험 많고, 뛰어난 사람이 그에 걸맞는 직책에 있어야 한다.'고 했습니다."라고 했다. 이 말을 들은 임금이 감탄하고서, 세자를 돌아보고 말했다. "너는 어째서 학문이 이만 못하냐?" 세자와 충녕의 학식의 차이가 공개적으로 분명해지면서 민심의 추이는 갈수록 세자에게 불리하게 전개되었다.

세자와 충녕의 행동거지와 학문의 차이는 하루가 멀다 하고 드러났다. 하루는 세자궁에서 사냥하는 매 소리가 나서 필선弼善 정초鄭招가 내보내라고 청하니, 세자는, "내가 이 매를 가지고 말을 달려 다니는 것이 아니고, 다만 보기만 할 뿐이니 빈객 변계량卞季良과 이래李來 등에게 말하지 말라."고 말했다. 빈객 변계량과 이래 등은 충녕대군의 학문이 높은 것을 시샘하여 서연에서 충녕대군을 칭찬하여 세자를 자극시켜 격려했다. 그러면서 충녕대군이 지금 읽고 있는 책이 무엇인지를 알아보고 나서는 반드시 칭찬하고 탄미했다.

태종 16년 9월 19일에는 양녕대군이 충녕대군에게 꾸지람을 들었다. 두 사람이 흥덕사興德寺에 가서 태조비 신의왕후 한씨의 제사를 드렸는데, 제사를 마치고나서 세자가 바둑두는 사람 두세 명을 불러서 바둑을 두었다. 이를 본 충녕대군이 가만히 있을 리가 없었다. "세자의 지존至尊으로서 간사한 소인배들과 놀음놀이를 하는 것도 이미 불가한데, 더구나 제사를 지내는 날이 아닙니까?" 그러자 세자는, "너는 관음전에 가서 잠이나 자라."고 일렀다. 내 일에 간섭하지 말라는 뜻이었다.

충녕대군은 세자의 빗나간 행동을 볼 때, 이런 말도 했다. "조물주는 이빨을 주고, 뿔을 없애고, 두 발을 주는 등 차이를 두었으며, 성인군자聖人君子와 야인野人의 분수를 다르게 밝혔습니다. 이렇게 다른 자연법칙을 어지럽히면 안됩니다. 어찌 잗다란 사람들과 잗다란 오락을 즐길 수 있습니까?" 세자는 이런 말을 들을 때마다 매우 언짢아했다.

5. '어리 사건'과 양녕의 폐위

세자가 충녕대군과 비교되면서 임금은 물론이요, 신하들의 관심은 급속도로 충녕대군에게로 쏠렸다. 그러나 이미 놀이를 좋아하고 학문을 멀리하는 양녕의 습성은 몸에 배어서 고쳐지지 않았다. 이렇게 양녕이 임금과 신하들의 신망을 잃어가던 가운데, 도저히 세자의 지위를 지킬 수 없는 큰 사건이 세자가 24세 되던 태종 17년(1417) 2월에 터졌다. 이른바 '어리 사건'이다.

전 중추원사였던 곽선郭璇이 어리於里라는 첩을 두었는데, 자색姿色과 재예才藝가 뛰어나다는 소문이 자자했다. 세자가 잘 아는 천인 악공樂工 이오방李五方이 몰래 궁에 들어가서 세자에게 어리에 관한 이야기를 들려주니, 세자가 바로 이오방을 시켜 어리를 데리고 오도록 일을 꾸몄다. 이오방은 곽선의 생질녀의 남편인 소윤小尹 권보權堡를 찾아가서 부탁하니, 권보가 첩 계지桂枝를 시켜 어리에게 가서 뜻을 전하게 했다. 그러나 어리는 응하지 않았다. 그러자 악공 이법화李法華가 선물을 보내라고 세자에게 말하여, 어린 환자宦者를 보내 비단주머니를 주었으나 받지 않자 억지로 두고 왔다.

어리는 이 일을 곽선의 양자인 판관 이승李昇에게 알리고 그 집에 가서 지냈다. 이 소식을 들은 세자는 어린 환관 김기金奇를 데리고 대궐 담을 넘어가서 이오방과 함께 이승의 집을 찾아가서 어리를 만나게 해달라고 이승을 압박했다. 드디어 세자는 어리를 궁중으로 데려왔다. 이승이 이 일을 관부에 알리려고 했으나 세자의 협박으로 그만두었다. 임금이 김한로의 가노家奴로부터 어리에 대한 이야기를 듣고 크게 노하여 판관 이승을 불러 일의 전말을 알게 되었다. 임금은 이승, 권보, 이오방, 김기 등을 붙잡아 태종 17년(1417) 2월 15일에 의금부에 가두고 죄를 다스렸다.

그런데 이 사건은 이때 갑자기 일어난 것이 아니었다. 1년 전인 태종 16년부터 시작되었다. 세자가 음률音律과 잡기雜技를 좋아하는 것을 이용하여 세자에게 아부하여 풍성한 상품을 받거나 뒷날의 영화를 누리려는 악공樂工과 벼슬아치들이 세자를 유혹하기 시작한 것이다. 이 일에 앞장선 것은 평소 세자 곁에서 기생과 더불어 가무歌舞를 제공했던 이오방李五方과 이법화李法華로서, 비파를 잘 타고 춤을 잘 추는 참판 구종지具宗之와 그 아우인 구종수具宗秀와 구종유具宗猷 등을 끌어들여 세자를 유혹했다.

세자는 이들의 유혹에 빠져 날마다 이들과 더불어 강변에 나가서 술마시며 가무를 하면서 놀기도 하고, 혹은 구종수의 집에 가서 자기도 했는데, 그럴 때마다 황주黃州 기생 초궁장楚宮粧이 늘 따라다녔다. 구종지가 비파를 타면 구종유는 일어나 춤을 추고, 초궁장이 노래를 부르고, 이법화는 가야금을 타고, 이오방은 피리를 불었다. 이렇게 놀면서 밤을 새다가 새벽이 되면 세자가 초궁장을 데리고 궁으로 들어갔다.

세자는 궁에 들어와서도 밤에 구종수, 이오방 등이 몰래 궁궐 담을 넘어 들어오게 하여 밤새도록 함께 놀았다. 그리고 그들에게 후한 상賞을 내렸다. 임금은 이런 일들을 이미 알고 있었으나 세자가 반성하는 태도를 보여 용서하고, 나머지 방조자들을 처벌하여 구종수를 함길도로 유배보내고, 이오방은 관노官奴로 만들었다.

그런데 세자가 다음해인 태종 17년 2월에 전보다 더 심한 '어리 사건'을 일으킨 것이다. 임금은 세자의 교육을 맡고 있던 변계량 등 대신들을 불러놓고 그 처리방법을 의논하면서, "어떻게 조선 만세의 치욕을 씻을 것인가?" 하고 탄식했다. 대신들은 세자가 본래 자질이 좋으므로 개과천선할 것이라고 좋게 말하고, 그 방조자들은 극형에 처할 것을 청했다. 임금은 결국 구종수 3형제들과 이오방 등을 모두 극형에 처하여 죽였다. 임금은 이미 마음속으로 세자를 폐위시키기로 작정했지만, 대신들의 동의가 필요하고, 또 세자를 다른 사람으로 바꿀 경우에는 대신들의 추천이 반드시 필요했기 때문에 쉽게 결정을 내리지 못했다.

임금은 이미 충녕대군을 세자로 봉할 생각을 진작부터 가지고 있었고, 많은 신하들의 분위기도 이미 충녕대군에게로 쏠려 있었지만, 세자교육을 맡았던 변계량 등 일부 대신들은 세자에 대한 용서를 구하면서 여전히 양녕 편을 들고 있기 때문에, 충녕대군에 대한 신하들의 지지도를 높이기 위한 일이 필요하다고 느꼈다.

'어리 사건'이 터진 두 달 뒤인 태종 17년 4월 15일에 개성에 가 있던 임금이 서울로 잠시 돌아와서 창덕궁 인정전에서 3공신과 그들의 적장자를 불러 잔치를 벌였다. 3공신이란 개국공신, 정사공신, 좌명공신을 말한다. 개국공신은 태조의 창업을 도운 공신이고, 정사공신은 이방원이 정도전일파와 방석을 죽일 때 공을 세운 공신, 그리고 좌명공신은 방간의 난(제2차 왕자의 난)을 진압하는 데 공을 세운 공신을 가리킨다. 그러니까 이들은 최고 원로에 속하는 인물들로서 나이도 많고, 국가의 대사를 자문하는 위치에 있었다.

그런데 이날 좌정승 박은朴블이 일어나 춤을 추니, 임금은 충녕대군에게 명하여 대무對舞를 추게 했다. 박은이 굳이 사양했으나 임금이 강요하여 춤을 추었다. 또 정승을 지낸 80세 원로대신 성석린成石璘이 일어나 춤을 추니 또 충녕에게 마주 서서 춤을 추라고 명했다. 세자가 참석했음에도 세자를 제쳐놓고 충녕대군에게 대무를 추게 한 임금의 의도가 무엇일까? 내가 세자보다 충녕을 더 기대하고 있다는 것을 국가원로들에게 보여준 것이 아니겠는가?

춤이 끝나고 나서 임금이 일어서자 공신과 적장자들이 머리를 조아리며 눈물을 흘렸다. 세자 양녕이 술잔을 올리니 맛만 보고 세자에게 먹으라고 했다. 세자의 술을 마시지 않겠다는 뜻이다. 그러고 나서 임금이 나라의 큰 기틀을 세자에게 가르쳐주고 눈물을 줄줄 흘리니 박은이 세자의 손을 잡고 말했다. "저하는 주상께서 눈물을 흘리는 뜻을 아십니까?" 하고 우니, 세자도 따라서 울었다. 성석린이 나아가 국가의 대체大體를 말하고, 겸하여 세자의 일을 아뢰니, 임금이 말했다.

"공公의 이 말을 들으니, 내 마음이 탁 트여서 떠오르는 해를 보는 것 같소."

아마도 성석린이 세자의 행동거지를 잘하라고 꾸중을 한 듯했다. 세자가 참석자들에게 모두 술을 권하다가 박은에 이르니, 박은이 또 세자에게 말하고 또 울었다.

"저하께서 부왕의 가르침을 따르지 않으시니 큰 잘못입니다. 이 술을 마십시오. 제가 불행하여 세자의 스승이 되었습니다."

박은은 이보다 앞서 충녕대군의 장인 심온沈溫에게 말하기를, "충녕대군이 어질어서 중외의 마음이 쏠리니 충녕대군에게 여쭈어서 처신할 바를 스스로 알게 하시오."라고 넌지시 암시했다. 그러나 심온은 충녕대군에게 말하지 않았다. 너무나 조심스런 일이었기 때문일 것이다. 자칫하면 역적으로 몰릴 수도 있는 일이 아닌가?

이날의 모임은 형식적으로는 임금이 공신들을 위로하는 잔치였지만 내막상으로는 세자의 하야와 충녕대군의 등장을 원로들로부터 암암리에 인준받는 모임이 된 셈이다.

다음해인 태종 18년 1월 26일에 충녕대군의 8세 아래 막내 아우인 성녕대군誠寧大君이 등과 허리에 심한 창진瘡疹을 앓아 위독한 상태에 빠졌다. 이때 청성군 정탁鄭擢이 《주역》으로 점을 쳐서 임금에게 올리자, 충녕대군이 나와서 이를 분명하게 풀이하니, 세자가 마음으로 감복하고, 좌우신하들이 모두 감탄하여 칭찬했다. 충녕은 의원을 데리고 성녕 곁에서 온갖 정성을 다하여 치료했으나 성녕은 병마를 이기지 못하고 2월 4일에 세상을 떠났다. 나이 14세였다.

임금은 의원 양홍달楊弘達에게 치료를 맡기고, 맹인을 시켜 점을 쳐보고, 가이加伊 등 무녀巫女들을 시켜 기도를 올리기도 했으나 모두 효험이 없었다. 태종이 우리 가문의 얼굴을 바꾸어 놓았다고 말할만큼 성녕은 얼굴이 잘 생겼고, 영특하고 행동거지가 공순하여 뭇사람의 사랑을 받다가 떠났다. 그런데 성녕이 죽던 날 세자는 궁에서 활 쏘는 놀이를 하여 임금이 대노했다.

임금은 세자가 계속하여 사고를 내고, 사랑하는 막내 아들까지 잃게 되자, 2월 13일에 한양을 떠나 개성 유후사로 피방避方을 떠났다. 세자는 속만 썩이고, 사랑하는 막내아들은 세상을 떠나서 마음을 붙일 데가 없다고 신하들에게 하소연했다. 그리하여 이곳에서 여름철을 보냈다. 모든 관원들이 개성으로 갈 수는 없어서 각 관청에서 한 사람씩만 따라가서 시위했다. 세자와 충녕대군도 따라갔다. 세자와 어리를 갈라놓으려는 목적도 있었던 것 같으나 분명한 기록은 없다.

어리 사건이 터진 뒤로 세자는 다소 반성하는 모습을 보여 임금이 함께 밖에 거둥하기도 하고, 활을 쏘기도 했다. 그러다가 임금이 쫓아낸 어리를 세자가 다시 궁으로 불러들이고, 아이까지 낳았다는 소식을 들었다. 바로 세자의 장모인 김한로金漢老 부인이 어리를 딸[세자빈]의 종인 것처럼 위장하여 데리고 궁으로 들어가서 아이를 갖도록 한 다음, 아이를 밖에서 낳게 한 뒤에 다시 궁으로 들여보냈다는 사실을 알고 노여움이 폭발했다. 임금이 내쫓은 어리를 다시 궁에 들여놓아 세자에게 아부한 김한로 부부와, 이런 사실을 알고도 임금에게 알리지 않은 그의 딸, 세자빈에 대한 분노가 컸다.

임금은 이해 3월 초에 '어리 사건'을 우선 지신사[도승지] 조말생趙末生에게 은밀하게 알려주었다. 그리고 나서 이렇게 말하면서 눈물을 비오듯 흘렸다.

> "세자가 어려서 체모體貌가 장대하여 장차 학문이 이루어지면 종묘사직을 부탁할 만하다고 생각하여 항상 가르치고 깨우치는 일을 부지런히 했는데, 이제 이미 수염이 나고 자식까지 생겼으나 학문을 좋아하지 않고 황음荒淫하기가 날로 심하다. 역대의 임금 중에는 태자太子를 개인적인 생각으로 바꾼 이도 있었고, 참언讒言을 써서 폐한 이도 있었는데, 나는 이를 거울 삼아 그런 짓을 하지 않겠다고 맹세했다. 그러나 세자의 행동이 이와 같으니, 어찌하겠는가? 태조께서 큰 그릇으로 개국한 지가 오래 되지 않았는데, 그 손자에 이르러 이와 같은 자가 있으니 장차 어찌하겠는가?"

임금의 말을 들은 조말생은 "세자가 학문을 일삼지 않고 소인을 가까이하여 대소 신료들이 실망하지 않음이 없습니다. 김한로를 죄주어서 뒷사람을 경계하소서."라고 말했다. 임금은, "세자의 불의한 행동 때문에 죄를 받은 자가 한둘이 아니니 내가 참으로 부끄럽다. 우선 학문을 가르쳐서 새 사람 되기를 기다리고, 이 일을 누설하지 말도록 하라."고 당부했다. 임금의 말 가운데에는 세자를 더 가르쳐 보다가 안되면 바꿀 수밖에 없다는 뜻이 암시되어 있었다. 그래서 임금이 충녕대군을 원로대신들 앞에서 춤을 추게 하여 눈도장을 찍게 만든 것이다.

태종 18년 5월 10일에 개성에 있던 임금은 변계량을 불러 세자를 잘못 가르친 것에 대하여 깊은 유감을 전하고, 어리 사건을 임금에게 알리지 않은 세자빈[김한로의 딸]을 궁에서 내쫓아 감한로 집으로 보냈다. 그러나 그가 낳은 맏딸과 맏아들은 그대로 궁에서 살게 했다. 또 그 아비 김한로를 개성으로 불러들여 임금을 배신하고 세자에게 아부한 죄를 크게 질책했다. 그는 뒤에 지방으로 유배되었다. 그러나 개성에 와 있던 세자를 당장 죄주지는 않았다. 세자를 유혹한 자들의 죄가 크고 세자의 죄는 크지 않다고 보았다.

6. 세자의 저항과 폐위

어리 사건으로 임금과 세자의 관계가 악화되었어도 임금은 세자를 강하게 압박하지는 않고, 세자를 잘못 인도한 주변 인물들을 꾸짖고 벌주는 데 머물렀다. 그러나 세자는 어리를 내쫓은 임금의 처사에 분노를 품고 있었다. 그러던 중 세자를 더 이상 용서할 수 없는 사건이 5월 30일에 일어났다.

그보다 앞서 태종 18년(1418) 5월 11일에 임금은 개성에 와있던 세자에게 혼자서 말을 타고 서울로 돌아가라고 명했다. 그리고 서연관과 세자숙위사는 세자궁에 들어가지 말라고 명했다. 아마도 세자가 서울에 가서 무슨 일을 하는

지를 관찰하기 위해서인 듯하다. 그런데 서울로 가는 도중에, 마침 성녕대군의 무덤 옆에 지은 대자암大慈菴에서 성녕을 위해 불공을 드리고 개성으로 돌아가려던 충녕대군이 노상에서 세자를 만났다. 세자는 충녕을 보자 노하여 말하기를, "어리의 일을 틀림없이 네가 임금에게 아뢰었을 것이다." 하니 충녕이 대답을 하지 않았다.

세자가 충녕과 헤어져 4~5리쯤 가는데 별감이 말을 타고 달려와서 세자에게 다시 개경으로 돌아오라는 임금의 명령을 전했다. 세자가 개경으로 돌아와서 임금을 뵈니, 임금이 다시 세자를 크게 책망했다. 세자가 물러나왔다가 분이 나서 다시 들어가 하소연하고자 했는데, 말투가 매우 불손하여 충녕대군이 힘써 만류했다. 세자가 따르지 않고 꼭 들어가서 하소연하고자 하니, 충녕이 세자의 소매를 잡고 거듭 달래고 깨우쳐주니 세자가 드디어 그만두었다. 충녕은 세자의 과격한 언사에 불길한 예감을 느끼고 있었다.

임금은 이틀 뒤인 5월 13일에 세자에게 다시 서울로 가라고 명했다. 그런데 이번에는 세자의 죄가 적으니, 의장儀仗과 시위侍衛를 예전처럼 제대로 갖추고, 서연관書筵官과 경승부敬承府를 다시 세우라고 명했다. 이틀 사이에 임금의 태도가 이렇게 달라진 이유가 무엇인지 알 수 없다. 세자가 너무 분노한 모습을 보고 달래기 위함으로 보인다.

임금의 명을 받아 5월 13일에 개성을 떠난 세자는 5월 15일에 서울에 도착했는데, 세자궁으로 가지 않고 곧바로 김한로 집으로 달려가서 부인과 어리를 만났다. 부인보다는 어리를 보기 위해서 간 것이다. 이 소식을 들은 임금은 또다시 노하여 사람을 보내 세자를 꾸짖었다. 그러자 세자는 더욱 분노하여 병을 핑계로 서연書筵 참석을 거부하면서 민가民家에 가서 살고 싶다고 주변 사람들에게 말했다. 세자 지위를 포기하겠다는 듯한 말이다.

하지만, 세자의 말은 진심이 아니라 주변 사람들에게 임금에 대한 분노를 표출한 말에 지나지 않았다. 그래서 임금은 그 말이 임금의 처사에 저항하는 매우 불공不恭한 말이라고 받아들였다. 변계량도 "세자가 하늘을 속이고, 종묘를 속이고, 아버지를 속이고, 임금을 속일까 두려워하여 스스로 원망하고 스스로 꾸짖다가 한 말"이라고 해석했다. 세자가 진정으로 물러날 생각이 있었다면 정식으로 임금에게 자신의 잘못을 뉘우치고 세자를 면해달라고 말해야 옳다고 보았다.

임금은 그래도 세자를 달래기 위해 5월 23일에 세자빈을 다시 궁으로 들어오게 했다. 세자빈은 세자의 뜻을 따랐을 뿐이니 죄가 큰 것은 아니라고 말했다. 그러나 어리를 풀어주지 않은 것에 대한 세자의 분노는 조금도 풀리지 않고 있었다. 그래서 임금의 명령과 서연관의 간청에도 불구하고 병을 핑계로 계속 서연 참석을 거부했다.

5월 30일에 세자는 드디어 자신의 분노한 감정을 직접 편지로 써서 환관을 통해 개성에 있는 임금에게 전했다. 그 내용은 임금에 대한 강력한 분노와 항의를 담은 편지였다. 임금은 궁중에 많은 시첩侍妾을 두고 있으면서 밖으로 내치지 않고 있는데, 이것은 그들이 나가서 사는 것이 어려운 것을 불쌍히 여기고, 또 밖으로 내치면 임금의 명예가 실추될 것을 염려해서 그런 것이 아니냐고 힐난했다. 자기의 첩은 내치지 않으면서 세자의 여러 첩은 밖으로 내쳐서 울음소리가 사방에서 들리고 원망이 나라 안에 가득차게 하니, 왜 임금은 자신을 반성하지 않고 세자의 잘못만 질책하느냐고 따졌다.

또 세자의 첩을 내친 것은 얻는 것보다 잃는 것이 많을 것이라고 협박했다. 앞으로 임금이 영원히 첩을 금지할 수 없을 것이니 잃는 것이 크다는 것이다. 또 자신이 지금 불효해도 장차는 임금에 효도할 것을 왜 모르는가도 따졌다. 또 장인 김한로는 임금의 오랜 친구인데 그를 죄주면 공신들의 반발을 받을 것이며, 세자빈이 지금 아이를 가졌는데, 죽도 먹지 않고 있으니 죽기라도 한다면 어떻게 하겠느냐고 겁을 주었다.

이 편지를 받은 임금은 크나큰 충격을 받고 몸을 떨었다. 세자의 언행은 이제 어버이에 대한 불효不孝와 아울러 임금에 대한 불충不忠을 그대로 보여주었기 때문이다. 세자의 과격한 성격으로 보아 그 이상의 불측한 행동도 능히 할 수 있는 위험성이 담겨 있었다. 임금은 가문의 수치라고 여겨 신하들에게 공개하기를 주저하다가, 하는 수 없이 대언[승지]과 변계량에게 보여주면서 말했다.

> "이 말은 모두가 나를 욕하는 것이다. 이른바 '아비가 올바르게 하지 못한다.'는 말인데, 내가 만약 부끄러움이 있다면 어찌 감히 그대들에게 이 글을 보이겠느냐? …"

그러고 나서 변계량에게 답서를 쓰라고 명했다. 그러나 변계량은 답서 쓰기를 거부했다. 세자의 망령된 짓인데, 답서를 쓰지 말고 대신을 보내 꾸짖는 것이 좋다고 말했다. 임금은 다음 날 좌의정 박은朴訔 등 서연관들에게 말을 전했다.

> "내가 세자의 편지를 보니 몸이 떨려 가르치기 어렵겠다. … 이 아이는 비록 마음을 고친다 해도 그 말투의 기세를 본다면 정치를 하게 되는 날에는 사람들에 대한 화복禍福을 예측하기 어려우니, 관용을 베풀어 그 여자[어리]를 돌려주고, 서연관들이 잘 가르치고, 그래도 마음을 고치지 않으면 고례古禮에 의하여 이를 처리하겠다."

임금은 어리를 돌려주어 세자의 마음을 달래고, 서연관들이 다시 훈계하여 마음을 고치도록 더 노력해보고, 그래도 마음을 고치지 않으면 세자를 폐위하겠다고 말한 것이다. 임금은 또 세자의 편지를 가지고 온 환관 박지생朴枝生을 시켜 세자에게 유시諭示를 전했다. 그 요지는 이렇다. 김한로가 스스로 죄를 인정했는데도 왜 죄가 없다고 하는가? 또 세자빈은 이미 궁으로 돌아오게 했으니 비록 죽더라도 아까울 것이 없다고 했다.

이 날짜 《실록》을 보면 세자가 그동안 보여준 비행을 낱낱이 상세하게 기록해 놓았다. 아마도 후세인들이 세자의 비행과 불효불충을 분명하게 알 수 있도록 하기 위해 실록을 편찬하던 사관史官의 붓을 통해 세상에 선포한 것으로

보인다.[7]

5월 30일에 세자가 임금에게 보낸 편지는 임금에 대한 노골적인 저항인 동시에 협박이라고 해도 좋을 것이다. 세자의 편지사건을 계기로 임금은 더 이상 세자를 용서할 수 없는 막다른 골목에 이르렀다. 임금은 이제 이 문제를 공론화公論化하여 세자를 폐위하기로 마음먹었다.

마침내 6월 2일에 임금은 영의정 유정현柳廷顯, 좌의정 박은朴블, 우의정 한상경韓尙敬, 육조, 삼군三軍, 대간臺諫 등에게 교지를 전했다.

> "세자 이제李禔가 간신의 말을 듣고 함부로 여색女色에 혹란하여 불의를 자행했다. 만약 후일에 생살여탈生殺與奪의 권력을 마음대로 한다면 형세를 예측하기가 어려우니, 여러 재상들은 이를 자세히 살펴서 나라에서 바르게 시행하는 것이 마땅하다."

---

7) 세자의 비행을 총정리한 글은 다음과 같다. 세자의 사람됨이 광포狂暴하고, 미혹迷惑하고, 음란하고, 오락을 즐기고, 말 달리기를 좋아하고, 유생儒生을 좋아하지 않고, 학문을 일삼지 않았다. 매양 서연書筵에는 병을 핑계로 나오지 않다가 서연관이 두세 번 청한 뒤에야 간혹 나왔다. 강론하는 스승이 전에 한 말과 지나간 행동을 되풀이하여 타일러도 마음을 다하여 듣지 않았다. 그가 좋아하는 사람은 활 쏘고, 말 타는, 힘센 무사 아니면, 반드시 아부하는 신하나 광대 등이었다. 일찍이 임금이 강무講武하려 평강에 거둥했을 때 무슨 연고를 핑계로 나오지 않아서 도성문에서 배웅하는 예를 하지 않았는데, 그날 소인배들을 데리고 몰래 금천, 부평 등지에 가서 말을 달려 사냥하고, 매를 놓고, 배를 띄워서 즐기다가 3일 만에 돌아왔다. 또 임금이 중국 사신을 연회하던 날에 세자에게 참석하라고 하니, 창기娼妓에 빠져서 병이라고 핑계하고 나오지 않았다. 함길도 감사가 훌륭한 매를 바친다는 소문을 듣고 사람을 시켜 길에서 빼앗고, 다른 매를 대신 바치게 했다. 4월 8일 밤에 궁궐 담장을 넘어 간사한 소인배들과 더불어 탄자彈子를 가지고 등을 쏘는 놀이를 했다. 일찍이 아첨배 구종수, 이오방 등과 몰래 결탁하여 담장을 넘어서 궁에 들어오게 하여 바둑을 두고 술을 마시면서 저녁까지 이르렀고, 혹은 달밤에 담장을 넘어 나가서 소인배들과 길에서 놀고, 비파를 타면서 놀았다. 또 이오방 등과 구종수의 집에 가서 술에 취하여 새벽녘까지 이른 적이 두 번 있었다. 그 일이 발각되자 구종수와 이오방이 복주되었다. 세자가 잘못을 뉘우치는 글을 지어서 종묘에 고했으나, 얼마 안되어 어리於里를 김한로의 집에 숨겨두고 다시 궁전에 들였다가 일이 또 발각되니, 임금이 종사의 대계를 위하여 통절히 꾸짖고, 김한로를 외방으로 귀양보냈다. 세자가 도리어 원망하고 분개하는 마음을 품고 드디어 글을 올렸는데, 사연이 심히 패만悖慢하고, 또 큰 글씨로 특별히 써서 2장이나 되었는데, 심히 무례했다. 이에 임금이 조말생에게 명하여 세자의 글을 가지고 영의정 유정현柳廷顯, 좌의정 박은朴블 등에게 보이고 말했다. "세자가 여러 날 동안 불효했으나 집안의 부끄러움을 바깥에 드러낼 수가 없어서 나는 그 잘못을 덮어두고자 했다. 다만, 그 잘못을 직접 말하여 뉘우치고 깨닫기를 바랐는데, 이제 도리어 원망하는 마음을 가지고 미워함이 이와 같은 지경에 이르렀다. 내가 어찌 감히 숨기겠는가?"

이 교지는 세자의 폐위를 의논하라는 뜻이다. 그리하여 이에 응하여 의정부와 3공신, 그리고 육조, 삼군도총제부, 각사의 신료들이 연합하여 세자를 폐하라고 청하는 상소를 올렸다. 상소의 요지는 이렇다.

"신하된 자의 직분은 충효忠孝에 있고, 충효가 없으면 사람이 될 수 없는데 하물며 세자이겠습니까? 지난번에 세자가 역신逆臣 구종수 등과 사통하여 불의를 자행했으니 즉시 폐廢하여 추방하는 것이 합당한데, 전하께서 적장嫡長이라 하여 차마 갑자기 폐하지 못했습니다. … 세자는 일찍이 허물을 뉘우치고 새로워지려는 뜻이 없고, 간신奸臣 김한로의 음모를 듣고 다시 전날의 잘못을 저질렀음이 너무 심합니다. 그 죄가 하늘을 속이고, 종묘를 속이고, 임금을 속이고, 아버지를 속이는 데 이르렀으니, 그가 종사宗社를 이어받아 제사를 주장할 수 없음이 더욱 분명합니다. … 대소 신료들이 분하고 답답하게 여기지 않음이 없으니 일의 중요성을 돌아보아 감히 말씀을 드리는 것입니다. 이제 세자는 … 도리어 원망하고 노여운 마음을 일으켜 오만하게 상서하여 그 사연이 패만悖慢하고 조금도 신자臣子의 뜻이 없으니, … 바라건대 전하는 태조의 초창初創한 어려움을 생각하고, 종사 만세의 대계大計를 생각하여 … 세자를 폐하여 외방으로 내치도록 하시면 공도公道에 심히 다행하겠으며, 종사에 심히 다행하겠습니다."

모든 백관들의 합의를 모아 세자를 폐하라는 이 상소에 따라 다음 날인 6월 3일에 임금은 대신들에게 말하기를, "백관들의 소장疏狀을 보니 몸이 떨렸다. 이것은 천명天命이 이미 떠나가 버린 것이므로 내가 이를 따르겠다." 하고, 3정승 이하 40여 명의 대소 신료들에게 교지를 내렸다.

"세자의 행동이 지극히 무도하여 종사를 이어받을 수 없다고 대소신료들이 청했기 때문에 이미 폐廢했다. … 나라의 근본을 정하지 않는다면 인심이 흉흉해질 것이다. 옛날에는 적실장자嫡室長子를 세우는 것이 고금의 변함없는 법식이었다. 이제李禔는 두 아들이 있는데, 장자는 나이가 다섯 살이고, 차자는 세 살이니 나는 이제의 아들로서 대신시키고자 한다.
장자長子가 유고하면, 그 동생을 세워 후사로 삼을 것이니, '왕세손'이라
칭할는지, '왕태손'이라 칭할는지 고제古制를 상고하여 의논해서 아뢰라."

임금은 세자를 폐하고, 5세 된 그 맏아들을 후계자로 세우겠다는 것이다.
그리하여 임금이 불참한 가운데 조계청朝啓廳에서 백관회의가 열렸다. 우의정 한
상경韓尙敬 이하 몇 명의 신하가 이제의 아들을 세우는 것이 옳다고 했다. 그러
나 영의정 유정현柳廷顯이 말하기를, "신은 배우지 못하여 옛일을 모릅니다. 그
러나 권도權道와 상경常經이 있으니, 어진 사람을 택하는 것이 마땅합니다." 하
고, 좌의정 박은朴訔이 유정현의 의견에 동의를 표했다. 이어 조연, 김구덕, 심온
등 15명이 어진 사람을 택하는 데 찬성했다. 어진 사람을 택하자는 의견은 충
녕대군을 택하자는 뜻이었다.

한편, 이조판서 이원李原은 "옛사람들은 국가에 큰일이 있으면 거북등점을
쳐서 결정했으니, 점을 쳐서 결정하자."고 제안했으나 동조자가 없었다. 그 나
머지 신하들은 무슨 발언을 했는지 기록이 없다. 그리하여 어진 사람을 택하자
는 의견이 가장 많았다. 대신들의 의견이 어진 이를 택하는 쪽으로 기울어져
있다는 소식을 들은 임금이 마지막으로 왕비를 찾아가서 소식을 전하니, 왕비
는 "형을 폐하고 아우를 세우는 것은 화란禍亂의 근본입니다."라고 하면서 반대
했다. 그러니까 충녕대군을 반대한 것이다. 5세 된 손자가 임금이 된다면 대비
로서 수렴청정하면서 정권을 장악하게 될 것을 기대했던 것으로 보인다. 왕비
는 권력에 대한 기대를 끝까지 잃지 않고 있었다.

임금은 처음에 양녕의 5세 된 아들을 제안했다가, 이원이 점치는 방법을
제안하니, 이를 따르겠다고 했다가, 나중에는 중론을 따라 어진 사람을 택하겠
다고 결론을 내려 대신들에게 알렸다. 그러면서 누가 어진 사람인지 택하여 아
뢰라고 명했다. 대신들은, 어진 사람을 택하는 것은 임금이 가장 잘 알 것이라
고 하면서 공을 임금에게 넘겼다. 임금은 이렇게 답변했다.

"효령대군은 자질이 미약하고, 또 성질이 매우 곧아서 자세하게 일을 처리하지 못한다. 내 말을 들으면 빙긋이 웃기만 할 뿐이므로, 나와 중궁中宮은 효령이 항상 웃는 것만을 보았다. 충녕대군은 천성이 총명하고 민첩하고, 자못 학문을 좋아하여 비록 몹시 추운 때나 몹시 더운 때를 만나더라도 밤이 새도록 글을 읽으므로 나는 그가 병이 날까 두려워 항상 밤에 글 읽는 것을 금지했다. 그러나 나의 큰 책은 모두 청해서 가져갔다. 또 정치체제를 잘 알아서 매양 큰 일에 의견을 내는 것이 매우 합당하고, 또 뜻밖의 의견이 많았다. 중국 사신을 접대할 때에는 풍채와 언어동작이 두루 예禮에 딱맞고, 술을 마시는 것이 비록 무익하지만 중국 사신을 대하여 주인으로서 한 모금도 마실 수 없다면 어떻게 손님에게 권하여 그 마음을 즐겁게 할 수 있겠는가. 충녕은 비록 술을 잘 마시지는 못하나, 적당히 마시고 그친다. 또 그 아들 가운데 장대壯大한 놈이 있다. 효령대군은 한 모금도 마시지 못하니, 이것도 또한 불가하다. 충녕대군 이도李祹가 대위大位를 맡을 만하니, 나는 충녕으로서 세자를 정하겠다."

임금은 드디어 자신의 속마음을 솔직하게 대신들에게 털어놓았다. 영의정 유정현이 "신등이 이른바 어진 사람을 택하자는 것도 충녕대군을 가리킨 것입니다." 하여 의논이 이미 정해지자, 임금이 통곡하여 흐느끼다가 목이 메었다. 임금은 비서실장에 해당하는 지신사 조말생趙末生 등에게 말하기를, "이같은 큰 일은 시간을 끌면 반드시 사람을 다치게 한다. 너는 빨리 임금의 명령을 전하여 하례賀禮를 올리도록 하는 것이 중요하다."고 말하고, 장천군 이종무李從茂를 서울로 보내 종묘에 고하게 하고, 상호군 문귀文貴와 최한崔閑을 서울로 보내 백관들이 세자를 폐하기를 청한 소장을 양녕대군에게 보여주고, 임금이 세자를 폐했다는 유시諭示를 전해주라고 명했다.

유정현은 양녕이 무슨 돌발적인 행동을 할지 모르니 서울에 두지 말고 속히 춘천春川으로 내치라고 청했다. 그러나 임금은 왕비가 양녕과 그 아이들을 가까운 거리에 두고 보고자 한다 하여 서울에서 가까운 광주廣州로 내보냈다. 양녕이 내려간 광주는 지금의 서울 동작구와 관악, 서초구 등지에 해당한다.

양녕대군의 무덤이 지금 동작구 상도동에 있다.

6월 3일에 백관들의 청에 따라 세자가 폐위되고, 충녕대군이 새로운 세자로 결정되었으므로 6월 5일 임금은 정식으로 세자를 폐하여 양녕대군으로 강등시키고, 충녕대군을 세자로 봉하고, 그 부인 심씨를 경빈敬嬪으로 봉했다.[8] 또 그동안 세자를 잘못 교육시킨 변계량卞季良, 조용趙庸, 김여지金汝知, 탁신卓愼 등 서연관들을 모두 파직시키고, 한상경韓尙敬(1360~1423)[9]을 영의정으로, 이원李原(1368~1429)[10]을 우의정으로, 이지李枝(1349~1427)[11]를 좌의정으로 임명하여 내각을 혁신했다. 또, 새로운 세자교육을 맡을 빈객賓客으로 유관柳寬, 맹사성孟思誠, 이지강李之剛, 권우權遇를 임명하고, 필선에 정초鄭招, 문학에 이수李隨 등을 임명했다.

다음 날인 6월 6일에는 문귀文貴가 개성에서 서울로 와서 양녕대군을 만나 폐위된 사실과 광주廣州로 추방한다는 사실을 구두로 전달하고, 아울러 임금의 교지를 전달했다. 교지는 다음과 같다.

　　"너는 비록 광패狂悖했으나 새 사람이 되기를 바랐는데, 어찌 뉘우치지 않고 개전하지 않아서 이 지경에 이르리라고 생각했겠는가? 백관들이 지금 너의 죄를 가지고 폐하기를 청하기 때문에 부득이 이에 따랐으니, 너는 그리 알라. 네가 화禍를 자초했다. 나와 너는 부자父子이지만 군신君臣의 도리가 있다. 내가 백관의 청請을 보고 나의 몸도 또한 떨렸다. 네가 옛날에 나에게 말하기를, '나는 자리를 사양하고 시위侍衛하고 싶습니다.'라고 했는데 내가 불가하다고 대답했다. 이제 너의 자리를 사양하는 것은 네

---

8)　충녕대군을 새로운 세자로 책봉하고 부인 심씨를 경빈敬嬪으로 책봉한 날짜가 태종 18년 6월 17일이라는 기록도 보인다. 아마 6월 5일에 결정하고, 6월 17일에 정식으로 교명을 내린 것으로 보인다. 그 뒤 충녕대군이 임금이 되자 경빈은 다시 공빈恭嬪으로 책봉되었다.

9)　한상경은 본관이 청주로 호부상서 한공의韓公義의 손자이자 한수韓脩의 아들로서 고려 말 문과에 급제하여 벼슬아치가 되었다가 이성계를 임금으로 추대하여 개국공신이 되었다. 태종 때 우의정을 거쳐 세종 때 영의정에 올랐다.

10)　이원은 본관이 고성固城으로 고려 때 수문하시중 행촌 이암李嵒의 손자이자 밀직부사 이강李岡의 아들이다. 고려 말에 문과에 급제하여 이방원을 도와 좌명공신에 오르고, 벼슬이 세종 때 좌의정에 이르렀다.

11)　이지는 이성계의 종제從弟로서 위화도회군에 참여하고, 태종 때 우의정, 좌의정을 거쳐 영의정까지 올랐다.

가 평소에 바라던 바이다. 효령대군은 바탕이 나약하나, 충녕대군은 고명高明하기 때문에 백관의 청으로 세자를 삼았다. 너는 옛날에 나에게 고하기를, '내가 충녕을 사랑하기를 매우 돈독히 하여 비록 조그만 물건이라도 더불어 같이 먹고자 생각합니다.'라고 했으니, 이제 충녕으로서 너의 자리를 대신하게 했으니, 반드시 너를 대접하는 생각이 두터울 것이다.

회안군懷安君(태조 제4자 방간)이 무기를 들고 나를 해치고자 했으나, 내가 두텁게 대접하여 평안히 평생을 보전했는데, 하물며 네가 충녕에게 무슨 죄가 있겠느냐? 일생을 평안히 누릴 것을 알 수 있다. 신하들이 모두 너를 먼 지방에 안치하라고 청했으나 중궁中宮(왕비)이 울면서 나에게 청하기를, '이제[양녕]가 어린 아이들을 데리고 먼 지방으로 간다면 안부를 통하지 못할 것이니, 빌건대 가까운 곳에 두소서.' 하고, 나도 또한 목석이 아닌데, 어찌 무심하겠는가? 이에 신하들에게 청하니, 신하들도 잠정적으로 따랐으므로, 너를 광주廣州에 안치하는 것이다. 네가 백관의 소장疏狀을 보면, 너의 죄를 알고, 또 나의 부득이한 정을 알 것이다. 여종은 13인을 거느리되 네가 사랑하던 자들을 모두 거느리고 살라. 사내종은 장차 적당히 헤아려서 다시 보내겠다. … 네가 가졌던 탄궁彈弓(활)과 그 나머지 것들은 모두 전殿에 두라. 너의 생활물자와 식량은 부족함이 없게 하겠다. … 지금 부모가 살아 있을 때까지는 좋은 이름이 들리면 좋겠다."

문귀가 세자를 만나고 돌아와서 아뢰었다.

"신들이 세자에게 전하의 말씀을 전하고, 또 백관의 소장疏狀을 보이니, 세자가 이를 보고, '분노'란 두 글자에 이르러 말하기를, '이것은 내 마음에 가졌던 것이 아니다. 옛날에 사양하기를 청했으나 허락을 얻지 못하다가 오늘에 죄를 입은 것이다.' 하고, 또 말하기를, '고금천하에 자식으로서 신하가 되어서 나와 같은 자는 세상에 살아 있었던 적이 없었다.'고 했습니다. …"

여기서 태종은 세자의 하야를 '자의 반 타의 반'으로 해석하여 세자의 체면을 세워주면서 위로하고, 세자도 스스로 사양하고자 했으나 임금이 허락하지 않았다고 말하여 '자의 반 타의 반'임을 주장하고 있는 것이 눈길을 끈다. 그러나 세자가 진정으로 충녕에게 자리를 넘겨주려고 했다는 명백한 증거는 없다. 만약 세자가 그런 생각을 가졌다면 무엇 때문에 25년 동안 임금과 갈등을 일으키면서 살아왔겠는가? 어리 사건으로 분노가 치밀어 민가民家에 가서 살고 싶다고 말했지만, 그것은 임금에게 분노를 표출하는 불공不恭한 말이었지, 진정으로 세자를 사양한다는 말은 아니었다.

세자를 폐위한다는 교지를 받은 다음 날 새벽에 양녕은 세자빈과 함께 광주로 떠났는데, 양녕은 교지를 받을 때나 광주로 떠날 때나 한 번도 눈물을 흘리지 않았고, 슬픈 모습을 조금도 보이지 않았다. 그 소식을 들은 임금은 "그와 같기 때문에 그와 같이 되었다. 어찌 허물을 뉘우치겠는가?" 하고서 여종 13인, 시녀侍女 4인, 첩 어리於里, 어린 첩 2인, 환관 4인을 광주로 보냈다. 그런데 남자종을 금방 보내지 않은 것은 양녕이 혹시 불측한 행동을 일으킬 것을 우려했기 때문으로 보인다.

7. 태종의 선위와 세종의 즉위

충녕대군이 세자로 책봉된 지 2개월 뒤인 태종 18년 8월 11일에 태종은 왕위를 충녕에게 물려주고 상왕으로 은퇴했다. 조선왕조 건국 이후 세 번째로 임금이 살아서 왕위를 물려주는 선양禪讓이 이루어진 것이다. 그러나 선양의 조건은 각기 달랐다. 태조는 사랑하는 세자 방석과 총애하는 신하 정도전을 잃은 데 대한 불만으로 왕위를 둘째 아들 방과에게 물려주어 정종定宗이 등극한 것이고, 정종은 자신에게 왕위를 양보해준 아우 이방원에게 진 빚을 갚기 위해 왕위를 물려준 것이다.

이에 비해 태종이 세종에게 왕위를 물려준 것은 뜻이 달랐다. 비록 왕위를 물려주지만 병권을 비롯한 실권을 장악하여 북로남왜北虜南倭의 위태로운 국방문제를 직접 해결하고, 양녕으로부터 세종을 보호하여 왕권을 안정시키겠다는 깊은 뜻이 있었다. 또 자신이 즐겨하는 사냥도 마음껏 하면서 여생을 즐기겠다는 뜻도 있었던 것으로 보인다. 그만큼 양녕에 대한 불안감을 떨치지 못했다. 태종은 뒷날 상왕이 된 뒤에 자신이 병권을 장악한 이유에 대하여, "내가 병권을 쥐고 있는 것은 왕위王位를 마음에 두고 있는 것이 아니라, 주상主上을 위하여 무슨 사고가 있을 경우에 후원하기 위함이다."라고 솔직하게 말했다.

태종은 충녕이 세자가 된 직후부터 세자에게 왕위를 물려줄 생각을 갖고 있다가 8월 8일에 갑자기 옥새를 들고 경회루慶會樓 아래에 나아가서 지신사[도승지] 이명덕李明德 등에게 명하여 옥새를 세자에게 갖다 주라고 일렀다. 의정부, 육조, 공신, 삼군총제, 대언代言(승지) 등 신하들이 깜짝 놀라 통곡하며 옥새를 잡아당겨 드리지 못하게 막으면서 통곡했다. 태종이 언성을 높여 임금의 명령을 따르라고 호통을 치자, 이명덕이 세자를 불러 임금 앞에 대령했다. 임금이 옥새를 주자 깜짝 놀란 세자가 옥새를 받지 않고 엎드려 일어나지 않자 태종이 세자의 옷소매를 잡아 일으킨 뒤에 옥새를 주고 급히 안으로 들어갔다.

세자는 옥새를 상 위에 올려놓고 임금 뒤를 따라 들어가서 옥새를 다시 거두기를 간청했으나, 태종은 뿌리치고 연화방蓮花坊에 있는 옛 세자전世子殿으로 가버렸다. 연화방은 지금 종로구 원남동 일대이다. 세자가 세자전까지 따라가서 밤중까지 사양했으나, 태종이, "내 뜻을 이미 두세 번이나 말했거늘 어찌 나에게 효도할 것을 생각하지 않고 이다지 요란하게 구느냐?" 하고 꾸짖어 하는 수 없이 지신사가 옥새를 받아들고 경복궁으로 돌아왔다. 그러나 신하들의 통곡은 그 다음 날에도 세자전에서 이어졌다. 세종은 8월 10일에 전箋을 올려 거듭 사양했으나, 태종은 세종에게 익선관翼善冠을 직접 씌워주고 경복궁에 가서 즉위식을 가지라고 명했다.

태종은 이날 하교하는 교지教旨를 사람을 시켜 대신들에게 전했다.

"주상이 아직 장년이 되기 전에는 군사軍事는 내가 친히 청단할 것이

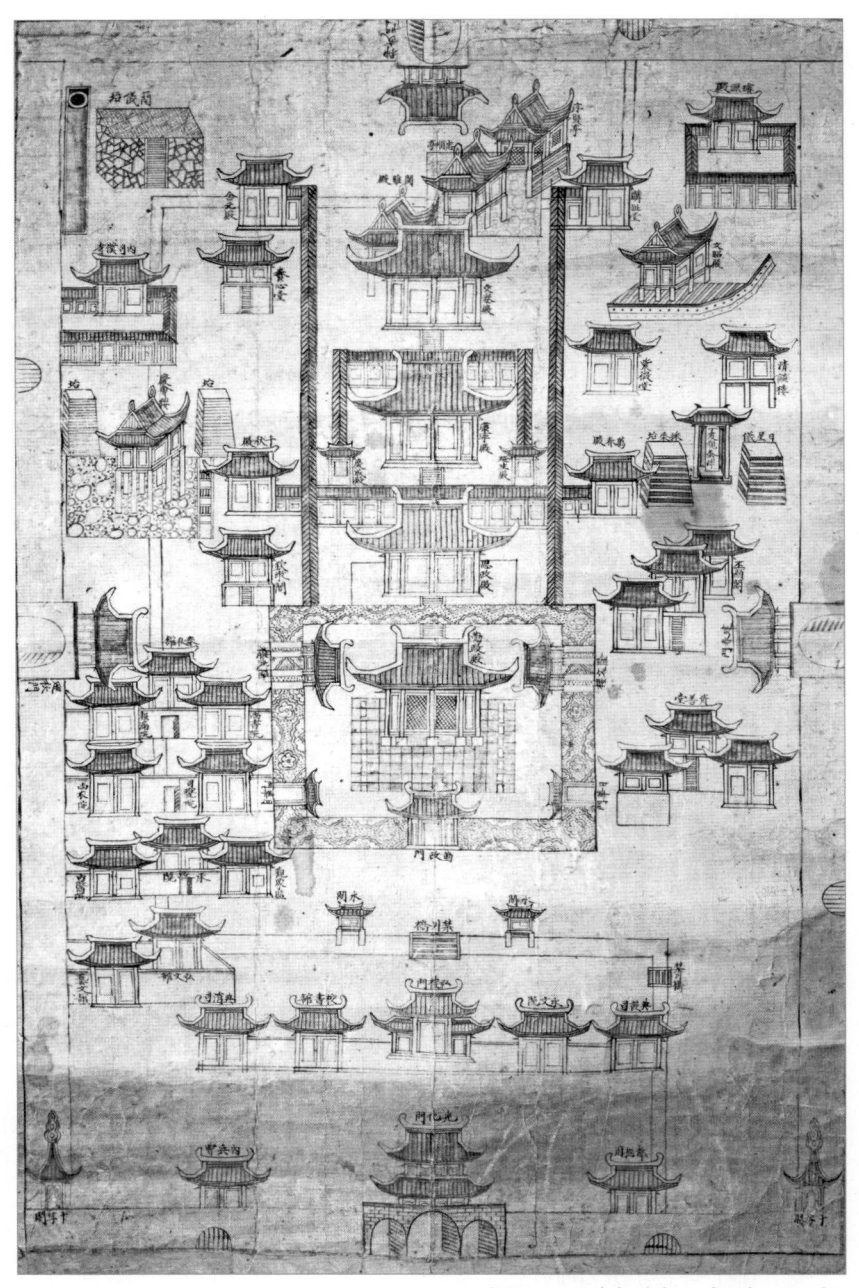

경복궁도 15세기 배치도, 남문현 교수 제공

고, 국가에 결단하기 어려운 일이 있을 때에는 정부와 육조로 하여금 함께 그 가부를 의논하게 할 것이며, 나도 또한 함께 의논하겠다."

태종이 군사軍事를 비롯하여 국가의 중대사를 직접 관리하겠다는 말에 신하들은 비로소 안도했다. 태종은 근정전에 나아가 양위교서를 반포했다. 그러고 나서 세종이 즉위식을 가졌다. 백관들이 뜰에 나와서 반열대로 늘어서서 하례하고, 성균관 학생, 회회노인回回老人, 승도들도 참여했다. 회회노인은 태종 7년에 처자를 데리고 와서 귀화한 위구르 승려 도로都老라는 사람이다. 다음 날인 8월 11일에 세종은 다시 근정전에서 즉위교서를 반포했다.

당시 세종은 22세, 상왕上王으로 추존된 태종은 52세였다. 대비 민씨는 54세였으나 세종 2년에 향년 56세로 세상을 떠났다. 노상왕老上王으로 추존된 정종은 62세였는데 다음해 세상을 떠났다. 상왕 태종은 세종 4년에 향년 56세로 서거했는데, 세종 즉위년을 합치면 5년간 섭정攝政을 한 셈이다.

태종이 상왕으로 5년 동안 섭정한 시대에 세종의 왕권은 극히 미약했다. 상왕은 세자전에서 창덕궁 수강궁壽康宮으로 들어와서 정사를 보고, 세종도 창덕궁으로 이어하여 가까운 거리에서 정사를 협의했다. 세종은 매일같이 수강궁에 가서 문안을 드리고, 국가의 대사大事나 군무軍務는 모두 상왕에게 보고했다. 상왕이 군사를 맡고 국가 중대사를 직접 챙기겠다고 했기 때문에 실제로 이 시기에 이루어진 중요한 사건은 대부분 상왕이 결정한 것이고, 세종이 처결한 일도 실제로는 상왕과 의논하여 처결했기 때문에 엄밀하게 말하면, 아직은 세종의 시대가 열리지 않은 셈이다. 이 점을 고려해야 세종 4년까지의 정치사를 제대로 이해할 수 있다.

세종은 태종이 세상을 떠난 뒤인 세종 6년 12월 1일에 상왕 섭정시대를 회고하면서 대신들에게 이렇게 말하니, 대신들이 모두 옳다고 말했다.

"내가 즉위하던 기해년부터 임인년(세종 4년)까지 내가 비록 임금의 자리에 있었지만, 그동안 국정은 모두 태종에게 말한 뒤에 시행하고, 내가 마음대로 한 일은 없으니, 그 4년 동안의 사초史草는 모두 수납하여 《태종실록》에 기재하는 것이 어떠냐?"

물론, 세종 4년의 사초가 《태종실록》에 수록되지는 않았지만, 세종이 거의 허수아비 임금이었던 사정을 말해준다. 비단 군사나 중대한 국사만이 아니라 그 밖의 사소한 일들에 이르기까지 세종이 결정을 내린 듯이 보이는 정책들도 사실은 상왕이 결정했다는 점을 꼭 알아두어야 할 것이다.

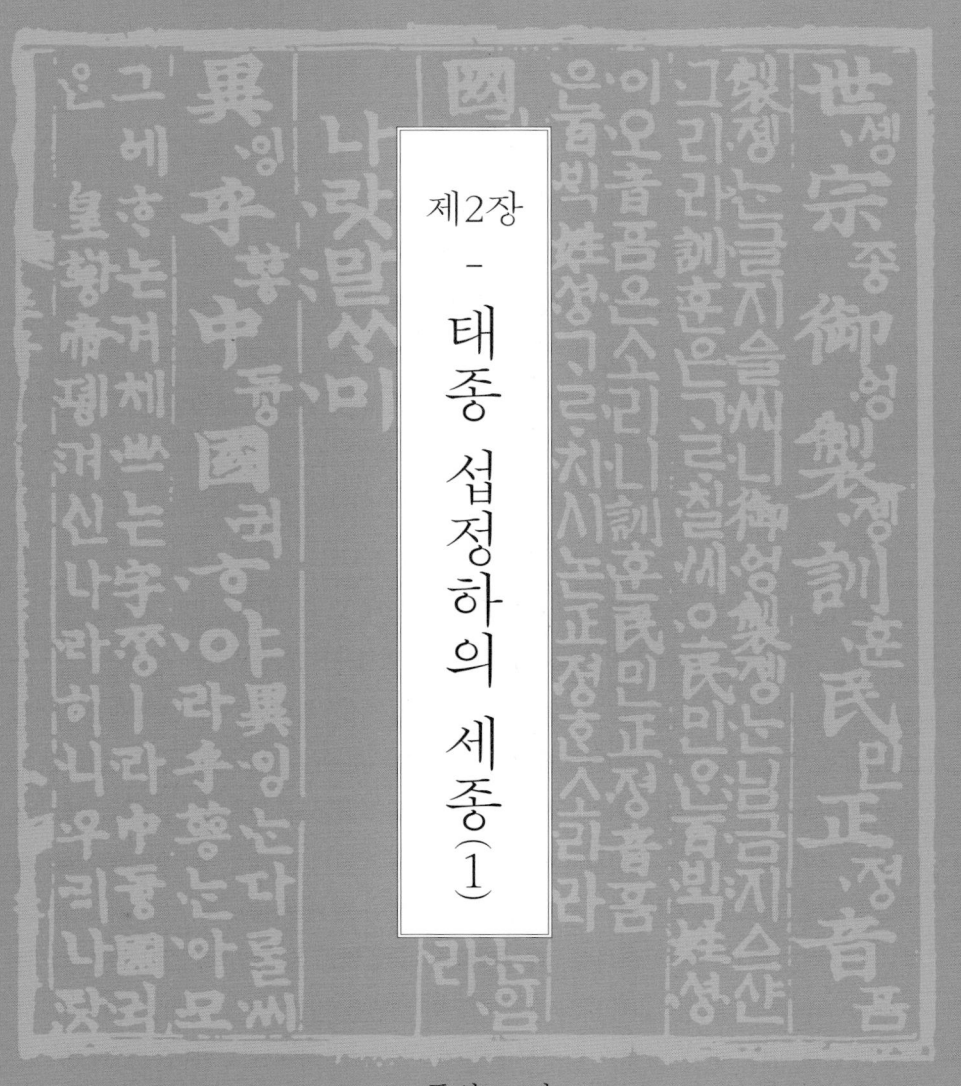

제2장
-
태종 섭정하의 세종(1)

즉위~1년
(22~23세)
1418~1419년

1. 취각령을 정하다

태종이 상왕으로서 병권을 가진 이유는 국방을 위한 것이었지만, 직접적으로는 쫓겨난 양녕으로부터 세종을 보호하기 위함이었다. 그러기 위해서는 도성의 군사를 즉각적으로 비상소집할 수 있는 제도를 만드는 것이 중요했다. 그래서 세종이 즉위한 지 7일이 지난 8월 18일에 상왕은 〈취각령吹角令〉을 정하라고 명했다. 상왕전上王殿이나 대전大殿(임금)에서 뿔로 만든 나팔인 각角을 불면, 삼군三軍이 즉각 궁궐로 달려와서 진陣을 치는 훈련이다.

이 제도는 태종 때 만든 것이지만, 그때는 임금이 한 사람이었으나 지금은 상왕과 임금이 모두 취각령을 가지게 한 것이 다르다. 태종 때에는 두 차례 왕자의 난을 경험한 태종이 자신을 보호하기 위해 만든 제도였지만, 지금은 두 임금을 함께 보호할 필요로 옛날 제도와 다른 명령체계가 필요했던 것이다.

그런데 즉위년 11월에 이르러 상왕의 병권을 견제하려는 일부 신하들이 나타났다. 병조판서 박습朴習과 병조참판 강상인姜尙仁 등이 군사업무를 임금에게만 보고하고 상왕에게는 보고하지 않은 일이 일어났다. 그 이유는 병권이 임금에게 모아져야 한다는 것이었다. 상왕은 이들을 반역죄로 몰아 그 주동자인 강상인 등을 극형으로 처단하고, 그 부자 형제들까지 유배보냈다.

그런데 이들을 취조하는 과정에서 그 배후에 임금의 장인 심온沈溫(1375~1418)[12]이 있다는 것이 밝혀졌다. 심온이 병권을 잡기 위해 그런 일을 사주했다고 보았다. 당시 심온은 영의정에 올라 명나라에 사신으로 가 있었기 때문에 12월에 귀국하자마자 사약을 내려 죽이니 향년 44세였다. 상왕은 권력에 도전하는 자는 가차없이 숙청했다.

---

12) 심온은 태조 이성계와 더불어 고려 말에 왜구토벌에 큰 공을 세우고, 위화도회군을 함께 한 명장 심덕부沈德符의 다섯째 아들이었다. 그의 동생 심종沈淙은 태조의 부마가 되었다. 이를 계기로 청송심씨는 왕실의 척족으로 크게 성장했다.

당시 영의정이던 유정현柳廷顯(1355~1426)[13]은 태종의 반대를 무릅쓰고 연좌제를 강력하게 주장하여 심온의 아내 안씨安氏를 관비官婢로 삼고, 심온의 형제들도 모두 관노로 만들었다. 임금의 장인이 반역죄로 죽고 장모가 종이 되었으니, 왕비 공비恭妃의 처지가 무사할 리 없었다. 신하들은 왕비가 죄인의 딸이라는 이유로 폐위하자는 주장을 하고 나섰다. 그러나 상왕은 연좌제를 반대하고 왕비가 착한 점을 들어 막았다. 사실은 왕비 심씨가 이미 왕자를 셋이나 출산한 점을 고려했을 것이다.[14]

세종은 재위 8년 5월에 장모 안씨를 노비안奴婢案에서 풀어주고 직첩을 돌려주어 만년에는 편안하게 살다가 세상을 떠났다. 왕비의 동생 심회沈澮는 예종~성종대에 정승이 되었다. 태종이 군사업무를 세종에게만 보고한 사람들을 처단한 것은 세종에 대한 강한 경고의 뜻도 있었다. 세종은 군사에 관한 현황을 수시로 상왕에게 보고했다. 전국의 병마兵馬 수를 기록한 마적馬籍과 군대 수를 기록한 군적軍籍을 상왕에게 올리고, 아울러 전곡錢穀의 회계會計도 상왕에게 올렸다. 전곡은 녹봉이나 구휼사업에도 필요하지만 군자곡軍資穀의 용도가 있기 때문이었다.

2. 양녕대군의 거취

양녕은 세자에서 폐위되어 광주廣州로 유배당한 뒤에 어떻게 지냈을까? 의식주의 공급은 국가에서 넉넉하게 해주어 부족함이 없었지만 광주를 벗어나지 못하게 하고, 세자의 동정을 광주 수령이 감독하도록 했다. 왕비가 가까운 곳에

---

13) 유정현은 본관이 문화로서 첨의중찬 유경柳璥의 현손이며, 유진柳鎭의 아들이다. 음보로 벼슬길에 나아가 태조 때 여러 판서직을 거쳐 태종 때 좌의정에 올랐는데, 양녕대군을 폐위하고 어진 이를 추대하자고 선창하여 태종의 신뢰를 얻었다. 세종 원년에는 대마도 정벌에 앞장서기도 했다.

14) 심온이 죽음을 맞이했을 당시 왕비 심씨는 이미 이향(뒤의 문종), 이유(뒤의 세조), 이용(안평대군) 등 세 사람의 왕자를 출산했다.

살게 하여 아들과 손자를 볼 수 있게 해달라고 간청하여 광주로 내보낸 것이지만, 그 광주가 지금의 관악구, 동작구, 서초구, 송파구 등 서울과 거리가 가까운 지역이기 때문에 상왕은 항상 불안을 느꼈다. 그래서 세종 1년 1월 14일에, 광주보다 조금 더 먼 양근楊根으로 옮기려고 하여 그가 살 집을 지으라고 대신들에게 명했다.

그런데 이해 1월 30일에 광주에서 급한 소식이 전해졌다. 양녕이 지난밤에 편지를 써서 봉해 놓고 담을 넘어 도망갔다는 것이었다. 상왕은 혹시 반역을 일으킬까 걱정이 되어 경기도 관찰사에게 급히 도내에서 수색하여 잡으라고 명했다. 양녕대군을 시중들던 사람들이 어리於里 때문에 양녕이 도망갔다고 소문을 내자, 어리가 분함을 이기지 못하여 1월 30일 밤에 스스로 목을 매어 죽었다. 사실은 어리 때문에 도망간 것이 아니고, 연금생활이 답답하여 도망간 것인데, 그 책임을 어리에게 뒤집어 씌운 것이다. 아무 죄도 없는 어리는 이렇게 하여 비극적인 생애를 마감했다.

일찍이 양녕은 어리를 궁으로 데려올 때를 추억하며 그녀의 아름다움을 충녕에게 극구 칭찬했다.

> "내가 어리의 집에 가서 강제로 데리고 나올 때, 머리에 녹두분이 묻고, 세수도 하지 않았으나 한 번 봐도 미인임을 알 수 있었다. … 그날 밤 광통교 가에 있는 오두막집에서 자고 이튿날 머리를 감고 연지분을 바르고 저물녘에 말을 타고 내 뒤를 따라 함께 궁으로 들어오는데, 어렴풋이 비치는 불빛 아래 그 얼굴을 바라보니 잊으려 해도 잊을 수 없이 아름다웠다."

양녕이 어리의 미모에 얼마나 반했는지를 잘 보여준다. 어리는 일찍이 재상 곽선의 첩이 되었다가 강제로 양녕에게 끌려가서 영화도 누리지 못하고 죽었다.

그런데 2월 1일에 양녕의 소식이 들어왔다. 양녕이 도망하여 한강을 건너 아차산에 올라가 하루를 보내고, 밤에 평구역에 사는 내수사 노비 집에 들렀는데, 신발이 해어져서 발이 나왔다고 한다. 노비가 와서 임금에게 이 사실을 보고한 것이다. 상왕은 즉시 옷과 신발, 술을 가지고 사람을 보내 양녕을 궁으로 데려와서 만났다. 상왕은 노기를 감추고 조용히 타일렀다. 상왕의 훈계를 들은 양녕은 방으로 들어가서 비파를 탔는데, 전혀 회개하는 기색이 없어, 내시들이 "천성을 고치기 어려움이 이와 같구나." 하면서 탄식했다.

2월 3일에 상왕은 대신과 병조판서를 옆에 앉히고 양녕에게 말했다. 앞으로 양녕이 잘못을 저지르면 관리들이 법대로 처리해도 관여하지 않겠다는 것, 다만 명절에 부모를 보고자하여 대궐을 찾아온다면 불러서 보겠다는 것, 병이 나서 죽을 지경이 되면 나에게 알리라는 것, 주상의 우애가 지극하니 걱정하지 않는다는 것, 내가 눈물을 흘리는 것은 너를 위한 것이 아니라 나라의 수치이기 때문이라는 것, 어리는 죄가 없고 죽어서 불쌍하다는 것이었다. 훈계가 끝나자 매 2마리와 말 4필을 주어 보내면서 사냥이나 하라고 일렀다. 다만 광주목사를 반드시 수행하라고 단서를 달았다. 양근에 집짓는 일은 정지시켰다.

상왕은 양녕이 광주를 탈출한 것이 반역을 도모하려 한 것이 아닌 것을 그나마 다행으로 여겨 양녕에게 사냥을 허락한 것이다. 그 뒤에는 임금이 사냥할 때 동행하기도 하고, 가끔 술과 고기도 내려보내고, 또 가끔 궁으로 불러 왕비를 만나게 했다.

그런데 12월 20일에 광주목사로부터 또 불쾌한 소식이 전해졌다. 양녕이 매사냥을 다니다가 광주목 아전衙前의 첩을 빼앗으려고 밤에 두 사환을 데리고 담을 넘어갔는데, 그 집에서 굳게 거절하여 뜻을 이루지 못했다는 것이다. 상왕은 노하여 신하를 시켜 양녕에게 "네가 개과하지 못함이 이와 같으니, 앞으로 나는 다시 만나고 싶지 않다. 나를 보고 단속하지 않았다고 하지 말라."는 훈계를 내렸다. 그리고 사냥하라고 준 매 세 마리 가운데 두 마리를 회수하여 한 마리만 남았는데, 앞으로는 주지 말라고 지신사[도승지] 원숙元肅에게 일렀다.

세종 2년 1월에 또 양녕이 사고를 쳤다. 한 마리 남은 매가 병들었다고 하면서 그 매를 사람을 시켜 궁으로 보냈다. 상왕은 양녕을 아차산 부근의 낙천정樂天亭으로 불러들여 훈계를 하고 돌려보냈다.

상왕은 양녕을 먼 곳으로 보내기 위해 세종 2년 3월에 경기도 이천利川에다 40칸 이하의 집을 지은 후 양녕을 이천으로 보냈다. 그리고 그곳에 사패지賜牌地(과전)를 주어 농사를 짓게 했다. 그러나 세종은 관청에서 감시하는 것을 풀어주고, 집에서 거느리고 있는 환관이 감시하게 했다. 사냥을 위해 바깥에 출입할 때에는 관인을 보내 따라가게 하지 말고, 잡인이 그 집에 출입할 때에는 동리사람이 고발하게 하여 체포하라고 명했다. 상왕보다 감시를 느슨하게 풀어준 것이다.

상왕은 양녕을 수시로 낙천정에 불러 사냥도 함께 하면서 위로해 주고 돌려보내기를 자주 했다. 대신이나 종친들을 낙천정에 불러 잔치를 할 때에는 양녕을 반드시 불러 참석하게 했다. 또 술과 말린 고기, 조기 등을 수시로 내려보냈다. 한편으로 엄하게 훈계하고, 다른 한편으로는 어르고 달래는 방법을 쓰면서 과격한 행동을 하지 못하도록 길들여 갔다.

대비 민씨가 사망하고, 또 이어서 상왕이 세상을 떠나는 상황에서는 양녕을 불러오지 않을 수 없었다. 부모와 자식의 정을 끊을 수는 없었기 때문이다. 하지만 그가 궁에 와서 오래 머무는 것을 신하들이 매우 불안하게 여겨 빨리 양녕을 내려보내라는 상소를 올렸다. 상왕이 세상을 떠난 뒤에는 더욱 불안하게 여겼다. 그러나 세종은 신하의 청을 듣지 않고 형제간의 우애를 돈독하게 이어가려고 노력하여 수시로 양녕을 서울로 불러들였다.

세종은 재위 13년 5월 4일에 임금의 비서인 좌대언 김종서金宗瑞에게 양녕에 대한 자신의 속마음을 이렇게 털어놓았다.

"경이 일찍이 언관이 되어 양녕의 일을 말하고 덮어두지 않았으나, 나의 본의를 헤아리지 않고 감히 말한 것이다. 양녕의 과실은 여색女色에 방탕하고 소인小人 무리들과 가까이 지내 광패한 행동을 한 것에 불과하다. 가르침을 따르지 않고, 뉘우치고 고치지 않아서 임금이 될 수 없었기 때문에 태종께서 대의大義를 위하여 폐한 것이다. 이밖에는 아무런 다른 허물과 악행이 없다. 천륜의 중요함을 말한다면, 양녕이 마땅히 대위大位에 올라야 하고, 내가 오를 차례가 아닌데, 그 대신으로 그 자리에 있어 일국의 낙을 누리고 있는 것이다. 생각이 이에 미치면 어찌 마음속 깊이 부끄럽지 않겠느냐? 더군다나 나를 해칠 마음이 없는데, 어찌 불충한 사람이 외방에 폐출된 것처럼 서로 만나보지 않을 수 있겠는가? 필부匹夫라 하더라도 자기 형을 위해서는 허물을 숨기고 착함을 드러내어 허물이 없는 것처럼 하고, 불행히 죄에 걸리면 뇌물을 바친다든가 애걸까지 하면서 죄를 면하게 하려는 것은 사람의 지극한 정이다. 내가 일국의 임금이 된 처지에서 오히려 필부만도 못하게 형의 과실을 벗겨주지 않아서야 될 말인가? 경은 이 뜻을 알아서 여러 사람들을 타이르도록 하라. 나는 앞으로 양녕을 서울에 불러두고 언제나 만나 보면서 형제의 도리를 다하겠다."

세종은 장차 지방에 유폐된 양녕을 서울 집으로 불러와서 살게 하겠다고 하면서 김종서가 신하들을 설득시켜 주기를 당부한 것이다. 그러나 신하들의 반대가 워낙 강경하여 세종 20년 1월에 이르러서야 서울집으로 불러들이는 데 성공했다. 하지만 그 뒤에도 신하들의 반대와 탄핵은 끊이지 않고 일어났으나 임금은 아예 탄핵상소를 받아들이지도 않았다.

상왕이 세상을 떠난 뒤의 상황은 뒤에 다시 알아보기로 한다.

3. 10학의 실학을 진흥시키다

1) 사학史學을 진흥시키다

세종이 신하들의 건의를 받아들여 채택한 정책 중에는 10학의 존중이 있었다. 세종 즉위년 12월에 예조는 태조 때부터 추진되어온 10학十學을 골고루 더욱 장려하자는 건의를 했는데 세종이 이를 주저없이 가납했다. 10학이란 유학儒學, 무학武學, 이학吏學(외교문서), 자학字學(문자연구), 역학譯學, 음양풍수학陰陽風水學, 산학算學, 율학律學, 화학畵學, 악학樂學을 말한다.

세종이 십학의 첫 번째인 유학儒學을 진흥시키기 위해 학술기관으로 집현전集賢殿을 부흥시켰음은 잘 알려진 사실이다. 세종은 신하들의 권유에 따라 경연經筵에서 진덕수眞德秀의 《대학연의大學衍義》를 읽기 시작하고, 이어 《사서四書》(논어, 맹자, 중용, 대학), 《근사록近思錄》 등을 주로 읽었다. 《대학연의》는 성의정심誠意正心에서 출발하여 수신修身, 제가齊家, 치국治國, 평천하平天下의 길을 차례로 설명한 성리학적 정치학의 필수교재이다. 《근사록》은 주자와 여조겸呂祖謙(東萊)이 북송대 학자인 주돈이周敦頤(濂溪), 장재張載(橫渠), 정호程顥(明道), 정이程頤(伊川) 등의 어록을 뽑아서 정리해 놓은 성리학 입문서이다.

또 세종은 성리학을 발전시키기 위해 명나라에서 편찬한 《성리대전性理大全》과 《사서오경대전四書五經大全》을 얻어오기도 했다. 이런 서적들을 바탕으로 성균관에서 유학교육을 강화하여 이른바 '관학 삼김館學三金'으로 불리는 김구金鉤, 김말金末, 김반金泮 등 관학 경학자經學者들이 배출되기도 했다.

그러나 임금은 유학의 또 한 축을 이루는 사학史學을 경학經學에 못지않게 중요한 학문으로 여겼다. 경학은 정치의 원론을 제시한 학문이지만, 정치의 현실 경험에서 교훈을 얻으려면 사학史學에서 배우는 것이 더 낫다고 여겼다. 사학을 배우면 정치를 잘하고 못한 것이 현실적으로 환하게 증명되고 있기 때문이다. 지나치게 원론에만 치우치면 국가건설에 필요한 실용적 지혜를 얻기가 어렵다고 본 것이다.

세종은 사학을 진흥시키기 위해 집현전 학자인 윤회尹淮에게 말하기를, "내가 집현전 유신들에게 모든 사서史書를 나누어 주어 읽게 하고자 한다."고 말했다. 그러자 윤회가 반대하면서, "옳지 않습니다. 대체로 경학經學이 우선이고, 사학史學은 그 다음이오니, 오로지 사학만을 닦아서는 안됩니다."라고 말했다. 임금은 고집을 꺾지 않고 이렇게 반박했다.

"내가 경연에서 《좌전左傳》, 《사기史記》, 《한서漢書》, 《강목講目》(자치통
감강목), 《송감宋鑑》에 기록된 옛일을 물으니 다 모른다고 말했다. 만약 한
사람에게 읽게 한다면 고루 볼 수 없을 것이 분명하다. 지금의 유신들은
말로는 경학을 한다고 하나, 이치를 궁극적으로 밝히고 마음을 바르게 가
진 인사가 있다는 것을 아직 듣지 못했다."

세종은 경학을 한다는 유신들이 실제로는 경학도 깊이 있게 모를 뿐 아니
라, 마음도 바르게 가지고 있지 않다고 비판했다. 그러면서 사학에 대한 지식
이 너무나 부족한 것을 개탄했다. 임금은 사학을 발전시킬 필요를 절감하고 재
위 7년 11월 29일에 대제학 변계량卞季良에게 사학史學을 공부할 사람을 뽑아서
올리라고 명했다. 그러자 변계량이 집현전 학자인 직집현전 정인지鄭麟趾, 집현전
응교 설순偰循, 인동현감 김빈金鑌을 추천하자 즉시 수찬 벼슬을 제수했다. 그리
고 이들에게 모든 사서를 나누어 읽게 하고, 임금의 고문에 대비하게 했다.

임금은 집현전 학자뿐 아니라 일반 신하들에게도 사마천의 《사기》를 비롯
한 여러 역사책을 간행하여 널리 나누어 주기도 했다. 세종은 자신의 해박한
역사지식을 활용하여 제도를 바꾸고 실용적인 정치와 국방, 그리고 외교를 펴
는 데 큰 도움을 받았다.

세종이 비록 재위 기간에 완성을 보지는 못했지만, 정도전이 편찬한 《고려
국사》를 새로 편찬하는 데 힘을 기울이고, 《역대세년가歷代世年歌》, 《동국세년가
東國世年歌》, 사마광의 《자치통감훈의資治通鑑訓義》, 주자의 《자치통감강목훈의資治
通鑑綱目訓義》, 《치평요람治平要覽》, 《명황계감明皇戒鑑》, 《용비어천가龍飛御天歌》 등의
역사책을 편찬한 이유가 여기에 있었다. 세종은 조선왕조 역대 임금 가운데 가
장 역사를 선호한 임금이었다.

(2) 유학 이외의 기술학도 진흥시키다

세종은 사학을 진흥시켰을 뿐 아니라, 기술학技術學에 속하는 나머지 학문

도 유학에 못지 않게 진흥시켰으며, 또 그 방면의 최고 전문가이기도 했다. 기술학을 발전시키기 위해 재능있는 자는 신분을 초월하여 파격적으로 등용하여 우대했을 뿐 아니라, 우수한 양반자제들을 뽑아 배우게 하고, 나아가 일반 유신 儒臣과 집현전 학자들에게도 기술학을 겸해서 공부하도록 권장했다.

그 결과 노중례盧重禮 같은 의관醫官이 파격적으로 당상관(정3품)에 오르고, 장영실蔣英實 같은 관노官奴를 발탁하여 종3품 벼슬까지 주었고, 안견安堅과 같은 화원이 4품의 높은 벼슬을 받고, 최경崔涇 같은 염부鹽夫 아들이 성종대에 당상관에 오르게 만들었다. 세종시대가 아니고는 상상할 수 없는 일들이다. 이러한 임금의 파격적인 인사정책에 반대하는 신하들이 많았으나, 임금은 고집을 꺾지 않았다.

또 정초鄭招, 이순지李純之, 정흠지鄭欽之 같은 일반 유신들이 천문역학天文曆學에 밝아 임금의 총애를 받고, 집현전 학자들 중에도 기술학을 겸비한 학자들이 적지 않았는데, 정인지, 유효통兪孝通, 김돈金墩, 김담金淡, 김빈金鑌, 신숙주申叔舟, 성삼문成三問, 박팽년朴彭年, 이개李塏, 하위지河緯地, 양성지梁誠之 등이 그렇다.

세종이 기술학을 좋아하고 존중한 몇 가지 예를 들면 다음과 같다.

임금은 재위 12년에 집현전 부제학 정인지로부터 직접 《계몽산啓蒙算》(일명 算學啓蒙)이라는 수학책을 경연에서 배웠다. 이 책은 원나라 학자 주세걸朱世傑이 1299년경에 지은 것으로 지금의 중고등학교의 수학책 수준이라고 한다. 임금은 정인지에게 이렇게 말했다.

> "산학算學을 배우는 것이 임금에게 필요가 없을 듯하지만, 이것도 성
> 인聖人이 제정한 것이므로 나는 이것을 배우고자 한다."

산학도 성인聖人이 만든 학문이라는 것이다. 또 세종은 재위 13년 3월 2일에 정초鄭招에게 역법曆法에 관하여 이야기하면서 역법의 기초가 되는 산학算學에 대한 전문가가 없는 것을 개탄하여 이렇게 말하면서 김한金汗, 김자안金自安, 김빈金鑌, 우효강禹孝剛 등을 선발하여 산학을 배우도록 명했다.

"우리나라 사람으로서 산학算學에 밝아서 방원법方圓法[15]을 상세히 아
는 자가 드무니, 내가 문자를 해득하고 한음漢音에 능통한 자를 택하여
중국에 보내 산법을 익히게 하려고 하는데 어떤가? … 산법算法이란 유독
역법曆法에만 쓰는 것이 아니라 만약 병력兵力을 동원한다든지, 토지土地
를 측량하는 일이 있다면, 이를 버리고 다른 방도가 없다."

임금은 산학을 발전시키기 위해 젊고 총민한 유생들을 명나라에 유학시키
려고까지 했으나, 중국이 거절하여 수포로 돌아갔다. 세종 때 우수한 천문의기
天文儀器를 수없이 만들고, 또 새로운 전세제도인 〈공법貢法〉을 만든 것은 이러한
산학의 발전을 토대로 하여 이루어진 것이다.

세종이 또 역학譯學과 악학樂學을 얼마나 중요하게 여겼는가를 알려주는 자
료가 세종 5년 12월 23일의 《실록》에 보인다. 세종은 일찍이 신하들에게 이런
말을 한 일이 있었다.

"내가 한역漢譯(중국어)을 배우는 것은 다름이 아니라 명나라 사신을 만
났을 때 미리 그 말을 알면 그 대답할 말을 빨리 생각하여 준비할 수 있
기 때문이다."

그러니까 중국 사신과 대화할 때 역관譯官이 통역하기 전에 중국 사신의 말
을 직접 알아들으면 대답할 말을 빨리 생각할 수 있기 때문에 훨씬 대화가 편
해진다는 말이다. 비유하자면 요즘 영어를 쓰는 외국인과 우리나라 대통령이
대화할 때 그 말을 직접 알아듣고 대화하는 것과 통역을 통해서 알아듣고 대화
하는 것 가운데 어느 쪽이 더 편하고 더 정확하겠는가?

중국어를 잘해야 하는 것은 비단 임금만이 아니라 전문적인 역관譯官의 경
우도 마찬가지다. 중국과의 외교가 국가의 운명을 좌우하던 당시로서는 당연한

---

15)　방원법은 오늘날의 구면삼각법球面三角法과 같은 것으로, 원圓의 반지름이 1일 때 한 면이 둥근
　　삼각형의 변邊의 길이를 각도角度로 변환하는 방법이다. 다시 말하면 구면삼각형의 각도의 크
　　기와 변의 길이의 관계를 삼각함수를 이용하여 나타내는 방법이다.

일이었다. 그런데 역관들이 중국어 발음을 제대로 몰라 통역이 미숙한 것을 늘 안타깝게 여겼다. 그래서 '훈민정음'이 창제된 뒤에 중국어발음 사전인《동국정운東國正韻》을 편찬한 것이다.

세종이 음악에 대해서도 얼마나 깊은 관심을 가졌는가를 단적으로 보여주는 사례가 있다. 중국 최고의 음악서인《율려신서律呂新書》를 세종 12년 8월 23일부터 경연에서 배웠다는 사실이다. 임금이 경연에서 악서를 읽은 것은 조선 역사상 이것이 처음이다.

《율려신서》는 송나라 학자 채원정蔡元定(1135~1198)이 중국 역대 음악을 정리한 것인데, 세종 1년에 중국에서 들어온 이 책에 대해 아는 사람이 거의 없었다. 세종 3년에 임금이《율려신서》가 무슨 책이냐고 신하들에게 물었더니 아무도 대답하는 사람이 없었다. 박연朴堧이 이 책을 많이 알고 있었으나, 임금 자신이 직접 배우고 싶어서 세종 12년에 경연에서 공부하기 시작한 것이다.

세종 12년 윤12월 1일에 정인지가 쓴《아악보雅樂譜》서문을 보면 "주상께서 금년 가을부터 경연에서 채씨의《율려신서》를 공부하시면서 그 법도가 매우 정밀하며, 높고 낮은 것이 질서가 있음에 감탄하여 음률音律을 제정하실 생각을 가지셨으나, 다만 황종黃鐘을 급작히 구하기가 어려워 … 마침내 신등에게 옛 음악을 수정하게 하셨다."는 기록이 보인다.《아악보》는 바로 그러한 임금의 음악에 대한 조예를 바탕으로 만들어진 책이다.

《율려신서》를 공부하고 나서 세종이 느낀 것은 중국 음악도 완벽한 것이 아니라는 점과, 우리나라 음악이 부끄러운 것도 아니라는 것이었다. 왜냐하면 중국도 역사적으로 음악이 다르기 때문에 꼭 어느 것이 표준음악이라고 단정하기 어렵다는 것과, 음악도 종국적으로는 풍토에 따라 다르다는 것을 깨달았기 때문이다. 그래서 박연을 시켜 중국 아악雅樂을 참고하여 우리나라 아악을 정리하면서도 우리나라 풍토에 맞는 음악을 만들려고 노력했다. 세종이 뒤에 우리나라의 고유음악인 향악鄕樂에 매력을 느끼고 발전시킨 이유가 여기에 있었다.

또 세종이 음악을 공부하면서 배운 것은 음률音律에 대한 깊은 지식이었다.

세종은 성음聲音의 청탁淸濁과 고하高下도 한 번 귀에 들어가면 그 이치를 깊이 있게 연구했는데, 그 총명함과 예지가 뛰어났다고 정인지가 말했다.

세종이 이렇게 악학樂學에 일가를 이루고, 그 소리의 고저, 청탁, 장단에 대한 뛰어난 감각을 가진 것은 뒷날 '훈민정음'을 창제하고, 이를 이용하여 중국어의 소리를 정확하게 기록한 한음사전漢音辭典인《동국정운》을 편찬하는데 큰 도움을 주었던 것으로 보인다.

세종시대에 자격루自擊漏, 흠경각欽敬閣 등 최고 수준의 각종 물시계, 해시계, 그 밖의 천문기구들이 만들어진 것도 산학算學과 음양학을 비롯한 기술학의 힘이 아니고 무엇인가?《칠정산내외편七政算內外篇》등 우수한 역서曆書가 편찬된 것도 마찬가지다.

아악雅樂이 정리되고, 향악鄕樂이 발전하고,《향약집성방鄕藥集成方》과《의방유취醫方類聚》등 우수한 의약서가 편찬된 것도 악학과 의학 발전의 성과물이다. 주화走火, 신기전神機箭 등 화포무기가 비약적으로 발전한 것도 무학武學의 발전을 말해주는 것이고,《대명율大明律》이나《무원록無寃錄》을 사용하다 보니 율학律學의 필요성이 커진 것이다.

10학에 포함된 학문은 오늘날 인문학, 사회과학, 자연과학, 공학, 예술학, 군사학 등을 모두 망라한 종합 대학의 학문과 비슷하다. 세종이 10학에 정통했다는 것은 박사학위를 10개쯤 받았다는 말과 비슷하지 않을까?

위 10학이 구체적으로 어떻게 발전했는가는 뒤에 하나씩 하나씩 다시 살펴가게 될 것이다. 다만, 아쉬운 것은 조선 중기 이후로 유학을 제외한 나머지 기술학을 천한 잡학雜學으로 멸시하면서 이런 학문을 하는 사람들을 중인中人으로 불렀는데, 그 결과 과학기술이 낙후되고 국제경쟁에서 뒤지게 된 것이다. 그래서 세종시대의 편중되지 않은 10학의 발전이 더욱 적극적으로 평가될 필요가 있다.

4. 명나라 황엄이 두 차례 오다, 사리를 가져가다 [세종 1년]

세종이 즉위한 뒤 새 임금에 대한 임명장인 고명誥命을 청하는 사신을 보냈다. 이에 응하여 세종 1년 1월 19일에 명나라 성조 영락제成祖 永樂帝는 태감 황엄黃儼을 고명사신으로 보내 이날 서울에 도착했다. 당시 명나라는 환관을 우대하여 환관이 실권을 장악하고 있어서 사신도 환관을 보내는 것이 관례가 되었다. 황엄도 환관으로서 이미 태종 때 여러 차례 사신으로 와서 태종의 고명을 가져오기도 하고, 황실의 시녀로 봉사할 조선 처녀를 뽑아가기도 하고, 수십 명의 어린 환관을 징발하여 데려가기도 했으며, 그 밖에 사냥할 매를 바치게 하기도 했다.

황엄은 또 소와 말을 1만 필씩 사가기도 했다. 소는 요동지방에서 농우로 쓰기 위함이고, 말은 북방 달달족과 싸우기 위한 군마軍馬로 쓰기 위함이었는데, 형식은 값을 치르고 사가는 것이었지만 그 값이 매우 낮아서 조선에게는 무척 고통스러운 일이었다. 이런 것들은 황제의 명에 따른 것이었지만, 황엄이 무식하고 탐욕스러워서 사적으로 청구하여 받아가는 물건이 헤아릴 수 없이 많아서 조선은 황엄을 마음속으로 매우 경멸했다. 태종은 황제와 황엄의 행태를 보고 "약소국의 비애"라는 말을 신하들에게 자주 했다.

그 황엄이 세종 1년 1월 19일에 또 세종의 임명장인 부절符節과 고명誥命을 가지고 왔는데, 황제의 명으로 한확韓確(1400~1456)[16]과 함께 왔다. 한확은 그 누님이 태종 17년(1417)에 공녀貢女로 명나라 황실 시녀로 뽑혀가서 황제의 총애를 받아 후궁[麗妃]이 되었는데, 그 공으로 광록시소경光祿寺少卿이라는 벼슬을 명으로부터 받았다. 그래서 그를 중국으로 불러들였다가 황엄과 함께 조선으로 가

---

16) 한확은 본관이 청주로, 음서로 벼슬길에 나갔는데, 누님이 명나라 성조 영락제의 후궁이 되고, 누이동생이 또 선종 선덕제의 후궁이 되어 명나라에서 광록시소경光祿寺少卿의 벼슬을 받았고, 사신으로 명나라에 가서 금은세공의 면제를 받아왔다. 세조가 집권할 때 공을 세워 정란공신靖亂功臣으로 책봉되고 벼슬이 좌의정에까지 올랐으며, 그 딸은 덕종德宗의 비가 되었는데 뒤에 아들 성종이 즉위하자 인수대비仁粹大妃로 명성을 날리다가 연산군 때 세상을 떠났다.

게 했던 것이다.

명에서 사신이 올 때에는 그들을 접대하는 의식이 있었다. 경복궁 앞에 채붕綵棚[17]을 매고 광대들의 잡희雜戱를 베풀어 환영하고, 임금이 모화관慕華館에 가서 부절과 고명을 받은 뒤에 경복궁으로 돌아와서 다시 의식을 치렀다. 황엄은 화자火子(어린 고자) 20명과 불경을 인쇄할 종이 2만 장을 황제의 명으로 청구했다.

황엄 일행은 의식을 마치고나서 태평관太平館에 가서 휴식을 취했다. 사신은 자기 취향에 따라 한강에서 뱃놀이를 하거나, 목멱산에 올라가 경치를 내려다보거나, 또는 서울에 있는 절에 가서 불공도 드리고, 경우에 따라서는 금강산을 다녀오기도 하다가 떠나는 것이 관례였다. 환관들은 모두가 불교신자들이었다.

조선이 명나라와 사대조공관계를 맺은 것은 명나라에도 이득이 있고, 조선도 세계 최강대국가를 우방국으로 삼았으므로 나라를 지키는 큰 안전판이 생기기 때문이었다. 특히 조선은 당시 북로남왜北虜南倭 침략을 당하고 있어서 위급한 상황이 생기면 명나라의 도움을 받을 수 있는 힘을 얻게 되었다.

조선은 비록 명나라 황제의 아들인 친왕親王과 동등한 대우를 받았지만, 아시아세계 전체를 놓고 보면 서열 2위의 위상을 지니고 있었다. 그래서 여진족과 왜인, 그리고 유구, 자바, 섬라[태국] 등 먼 나라에서도 조선을 '황제국'으로 바라보고 조공을 바쳤을 뿐 아니라, 명과 조선을 동등한 수준의 문화대국으로 인정했다.

그러면, 황엄이 와서 무슨 일을 했는가를 더 알아보기로 한다. 1월 21일에 상왕 태종이 태평관에 가서 사신을 위해 잔치를 베풀면서 왜인과 여진족의 위험한 동향을 말해 주었다. 사신이 화포火砲를 보여달라고 하여 밤에 화붕火棚을 설치하고 화약을 터뜨리자 사신들이 깜짝 놀라는 모습을 보였다. 사신들은 통역관인 통사通事를 통해 담비가죽옷, 담비가죽신, 인삼, 삼베, 모시, 명주, 면포,

---

17) 채붕綵棚은 나무로 산 모양을 만들고 비단으로 나무와 신선神仙과 새를 여러 개 만들어 화려하게 장식하고, 아래에 바퀴를 달아 끌고 갈 수 있게 만든 것이다. 말하자면 신선이 사는 선경仙境을 형상화한 것이다. 그리고 채붕 옆에서는 광대들이 줄타기를 하고, 재주를 넘는 등 곡예를 연출한다.

각종 돗자리와 방석, 석등잔石燈盞, 종이 등을 요구하여 두 사신에게 주었는데 그 수량이 무척 많았다.[18] 그들은 2월 4일에 푸짐한 선물을 말에 싣고 북경으로 떠났다.

그런데 황엄은 다시 이해 8월 17일에 사신으로 또 왔다. 목적은 태종의 선양禪讓을 허락하고 세종의 즉위를 축하하는 잔치를 열어준다는 것이었다. 그러나 이미 부절과 고명을 준 처지에 잔치를 다시 베풀어준다는 것은 명분이 미약했다. 사신의 진짜 목표는 다른 것에 있었다. 첫째, 부처의 사리舍利를 가져가고, 태종 10년에 정윤후鄭允厚의 딸이 시녀로 가서 황제의 황비皇妃가 되었는데, 정윤후가 세종 1년 2월 14일에 죽자, 황제와 황비가 그에게 제사를 지내기 위한 목적이 있었다.

황엄이 이런 목적을 띠고 가지고 온 물건은 생견生絹 300필, 표리옷감 30필, 양[羊] 1천 마리, 그리고 불교서적인 《음즐서陰騭書》[19] 100권이었다. 양은 중국에서는 매우 흔한 가축으로서 양털을 가지고 옷감을 짜거나 젖을 짜고 식용으로 쓰는 것이 일반화되어 있었지만 조선에는 아직 양이 보편화되지 못했다. 황제가 1천 마리의 양을 보낸 것은 명분상으로는 임금의 축하연에 쓸 비용으로 보낸다고 했지만 사실은 조선의 부처 사리를 몽땅 가져가는 데 대한 보상의 뜻이 있었다.

임금은 양들을 각 관청과 2품 이상의 관원에게 나누어주어 기르게 했는데, 1품에게는 2마리, 2품에게는 1마리를 주고, 새끼 2마리를 낳으면 1마리는 국가에 바치라고 명했다. 불교서적인 《음즐서》를 보낸 것은 황제의 취향이었다. 명나라는 유교국가이면서도 황제나 환관들은 오히려 불교에 빠져 있었다. 임금은

---

18) 정사 황엄에게 준 선물: 모시 15필, 삼베 15필, 인삼 50근, 20승 모시 10필, 11승 모시 10필, 만화침석滿花寢席 6장, 차茶 3두, 후지厚紙 600장, 석등잔 1개, 염주 100꿰미, 극세교직포極細交織布 3필, 명주 2필.
부사 유천劉泉에게 준 선물: 모시 15필, 삼베 15필, 인삼 50근, 20승 모시 10필, 11승 모시 10필, 만화침석 6장, 차 3두, 후지 600장, 석등잔 1개, 염주 100꿰미.
두목에게 준 선물: 모시, 삼베, 옷 등.

19) 《음즐서》는 《위선음즐서》라고도 부르는데, 하늘이 은미하게 사람에게 복을 내리게 한다는 내용을 담은 불교서적이다. 세종은 이 책들을 서울과 지방의 사찰에 나누어 주었다.

《음즐서》를 별로 환영하지 않고 서울과 지방의 사찰에 나누어주었다.

황제가 세종의 즉위를 축하해주는 연회는 8월 20일 경복궁에서 열렸다. 황엄이 임금과 상왕을 초대하여 술과 음식을 올렸다. 말이 황제가 내리는 잔치이지, 모든 음식은 조선이 준비한 것이다. 다만 그 비용은 사신이 가지고 온 물건으로 대신하게 했다.

8월 25일에 황엄은 정윤후의 집에 가서 제사를 직접 행하고, 황제와 황비가 지은 제문祭文을 올렸다.

이보다 앞서 8월 22일에 황엄은 황제의 명령으로 "전국에 있는 사리舍利를 모두 구해오라." 하셨으니 빨리 달라고 했다. 황엄이 조선에 온 진짜 목적이 비로소 드러난 것이다. 그러나 정말 황제의 명인지는 알 수 없었다. 아무리 황제가 불교를 숭상한다 하더라도 조선의 사리를 몽땅 가져오라고 했다는 것은 믿어지지 않는 일이었다. 황엄 자신이 독실한 불자佛者이므로 개인적인 용도로 황제의 명령을 가탁했을 가능성이 컸다.

대체로 황제가 어떤 물건을 요청할 때에는 칙서에다 밝히는 것이 관례인데, 사리를 달라는 내용은 없었기 때문에 더욱 황엄의 태도가 의심스러웠다. 그러나 의심스럽다고 거역하면 사신이 돌아가서 온갖 방법으로 조선을 헐뜯어 보복하기 때문에 싫어도 들어줄 수밖에 없었다. 임금은 전국에 관리를 보내 사리를 구해오게 하여 태조의 어진御眞(영정)을 모신 창덕궁 내 문소전의 내불당內佛堂에 모아두었다. 그 수효가 550개에 이르렀다. 그러나 그것이 모두 진짜 부처 사리는 아닐 가능성이 크고, 또 모든 사찰에서 사리를 내놓았을 것 같지도 않다.

태조가 일찍이 신라 때 자장慈藏 스님이 서역에서 가져다가 통도사通度寺에 두었던 부처 사리를 흥천사興天寺 사리탑 안에 넣어 두었다. 태종 때 태조와 신의왕후 한씨의 영정을 모신 문소전文昭殿을 창덕궁 옆에 지으면서 그 옆에 불당佛堂을 지었는데, 태종이 흥천사 사리탑의 사리를 불당으로 옮겨놓고, 사리탑에는 다른 사리를 두었다. 불당으로 옮긴 것은 부처의 이빨 위에 났던 4개의 사리이고, 다른 사리는 부처의 정수리뼈에서 나온 4개의 사리였다고 한다.

그런데 명나라에서 이미 이런 사리가 있다는 것을 알고 있었으므로 임금이 흥천사 사리를 진헌하지 않을 수가 없어서 진헌하겠다고 황엄에게 말했다. 그러자 황엄이 흥천사에 가서 공양드리고, 직접 사리를 열어보고 봉해놓고 돌아왔다. 황엄이 이 사리의 내력을 지신사[승지] 원숙元肅에게 물으니, 그가 대답하기를, "신라 승려 자장慈藏이 서역에 가서 얻어다가 양산 통도사通度寺에 두었던 것을 태조께서 가져다 놓은 것"이라고 거짓말을 했다.

그런데 임금과 상왕은 황제를 속이는 것은 부당하다고 생각하여, 원숙이 사실을 잘못 알고 말했다고 황엄에게 솔직하게 알렸다. 그리하여 두 종류의 사리를 태평관에 갖다 놓았는데 부사副使 왕현王賢이 몰래 사리 4개를 빼내어 임금에게 돌려주면서 황엄에게 알리지 말라고 부탁했다. 이 4개의 사리는 진짜 사리였다.

황엄은 흥천사 사리 4개와 지방에서 올려보낸 550개의 사리를 가지고 9월 14일에 서울을 떠났다. 거의 한 달 만에 떠난 것이다. 다만 사리만은 원숙이 직접 가지고 북경에 가서 황제에게 바치기로 하여 그를 보내고, 아울러 황제의 명에 따라 558개의 사리를 바친다는 내용을 담은 주문奏文을 만들어 함께 가지고 갔다.

이렇게 주문과 사리를 가지고 직접 우리 사신이 간 것은 이유가 있었다. 사신들이 황제의 명령을 가탁하여 개인적으로 필요한 물건을 받아가는 일이 많다는 것을 황제가 알도록 하기 위해서 일부러 그렇게 한 것이었다. 황제는 뒤에 사신들이 칙명을 가탁하여 물품을 마음대로 받아낸다는 사실을 알고 노하여, 칙서에 적지 않은 물건은 사신에게 내주지 말라는 칙서를 보내기도 했다. 그 뒤로는 사신이 요구하는 칙서 이외의 물건은 사신에게 내주지 않았다.

이번 사리의 경우도 황제의 명인지, 황제의 명을 가탁한 황엄의 장난인지는 확인되지 않았으나, 황엄은 그 뒤로 더 이상 사신으로 오지 않았다. 그 이유가 사리 때문인지, 아니면 나이가 많아서 보내지 않은 것인지는 알 수 없었다.

사신이 머무는 동안 황엄과 왕현, 그리고 8명의 두목들이 달라고 요구하여 준 선물이 매우 많았는데, 황엄은 주어도 주어도 끊임없이 물건을 요구했다.[20] 중국 사신들이 가장 탐하는 물품은 각종 포목, 돗자리, 가죽제품, 인삼, 잣, 종이, 석등잔 등이었다. 심지어는 어물이나 젓갈류도 탐했다. 세종과 상왕은 그들의 탐욕을 마음속으로 멸시했으나, 요구대로 들어주었다. 그 밖에 공식적으로 영락황제에게 바치는 토산물[공물]은 따로 있었다.[21] 공식적으로 바치는 물건은 따로 물품 목록을 글로 적어서 보내기 때문에 사신들이 가로챌 수가 없었다.

5. 명나라에서 《성리대전》, 《사서오경대전》 등을 보내다 [세종 1년]

세종 1년 6월 6일에 북경에 성절사로 보낸 이지숭李之崇이 돌아왔다. 성절사는 영락황제의 생일[4월]을 축하하는 사절이다. 황제가 임금에게 《위선음즐서爲善陰騭書》 600권을 기증하고, 상왕에게는 나귀와 노새 각 10마리를 하사했다. 전에 원민생이 북경에 사신으로 갔을 때 말 6필을 가지고 가서 나귀와 노새로 바꾸기를 요구하자, 황제가 이를 알고 하사한 것이다. 나귀와 노새는 값도 싸고, 말보다 덩치가 작아 먹이가 적게 들면서도 힘이 세고, 번식도 빠르며, 짐을 나르거나 서민들이 타고 다니기에 편리했으나 우리나라에는 없었다. 그래서 기회가 있을 때마다 중국에서 들여와 번식시키고 있었다.

---

20) 정사 황엄에게 준 선물: 옷, 갓, 신, 안구마 3필, 흰 숫돌, 고래수염, 송이버섯, 담비가죽 100장, 12승 모시 10필, 12승 베 10필, 11승 베 10필, 섞어 짠 비단 14필, 가는 명주 16필, 고운 면포 16필, 모시 20필, 베 20필, 옷옷, 담비가죽 주머니, 담비가죽 모자, 무릎덮개, 가죽신, 인삼 60근, 만화석滿花席 6장, 만화침석滿花寢席 6장, 석등잔 3개, 두꺼운 종이 1,000장, 차 3두, 염주 등
　　부사 왕현에게 준 선물: 12승 모시 3필, 12승 베 3필, 모시 10필, 베 10필, 옷옷 1벌, 인삼 25근, 돼지가죽 모자, 무릎덮개, 가죽신, 만화석 4장, 만화침석 2장, 석등잔 1개, 염주, 차 1두 등
　　두목 8명에게 준 선물: 10승 모시 각 5필, 베 각 5필, 옷옷, 털모자, 가죽신
　　요리사 2명에게 준 선물: 11승 모시 각 1필, 11승 베 각 1필, 베 각 2필
21) 황제에게 바친 토산물: 희고 가는 모시 100필, 검고 가는 베 300필, 무명과 베를 섞어서 짠 것 10필, 노란 꽃무늬 돗자리 40장, 꽃방석 40장, 꽃주렴 10장, 여러 가지 색깔로 짠 돗자리 각 40장, 인삼 400근, 잣 400근, 석등잔 6개, 담비가죽 400장, 잡색말 60필

《음즐서》와 나귀, 노새를 보내준 데 대한 보답으로 조흡曹恰과 이흥발李興發
을 사은사謝恩使로 보냈는데, 이때 토산물을 진헌했다. 그 품목은 노란 가는 모
시 30필, 가는 모시 30필, 검고 가는 삼베 50필, 만화석 20장, 노란 꽃무늬 돗
자리 20장, 여러 가지 색깔의 꽃무늬 돗자리 20장, 인삼 100근, 잣 300근이었
다. 그 밖에 황태자에게도 토산물을 바쳤는데, 품목은 위와 같으나 수량을 모시
와 삼베를 모두 10필씩으로 줄이고, 돗자리도 10장으로 줄이고, 인삼은 50근,
잣은 100근으로 줄였다.

세종 1년 8월 25일에는 앞서 황엄이 8월에 와서 임금의 즉위를 축하하여
황제가 잔치를 베풀어주고, 겸하여 황비의 아비 정윤후에게 제사를 올리기 위
하여 온 데 대한 답례로 임금의 이복동생인 경령군 이비李裶[22]를 사은사로 보냈
는데, 12월 7일에 귀국했다. 황제는 옛날에 양녕이 갔을 때처럼 15세 된 이비
를 어루만지며 별나게 총애하고 후대하여 보냈다. 왕자에 대한 대접은 일반 사
신보다는 한층 격이 높았다.

이비가 돌아올 때 황제는 어제서문御製序文이 붙은 《신수성리대전新修性理大
全》과 《사서오경대전四書五經大全》, 그리고 황금 100냥, 백금 500냥, 색비단[色段
羅], 채색비단[綵絹] 각 50필, 생명주[生絹] 500필, 말 12필, 양 500마리를 하사하
여 보냈다. 이밖에 《음즐서》 22궤, 《명칭가곡名稱歌曲》[23] 30궤, 꿀에 담근 용안龍
眼(약용 과일) 두 항아리, 담근 호초 두 항아리 등의 물품도 하사받았다. 특히 황
금과 백금을 하사한 것은 매우 이례적인 일이다. 또 《성리대전》을 하사한 것도
조선왕조에 들어와서 처음 있는 일이다. 세종이 이 책을 활자로 다시 찍어서
전국에 보급하여 성리학이 발달하는 데 크게 기여했다.

황제로부터 후한 선물을 받은 데에 대한 답례로 이해 12월 15일에 평양군
조대림趙大臨을 사은사로 보냈다. 조대림은 개국공신 조준趙浚의 아들로서 태종

---

22) 경령군 이비는 태종의 후궁인 효빈김씨가 낳은 아들로 세종의 이복동생이다.
23) 《명칭가곡》은 《제불여래명칭가곡諸佛如來名稱歌曲》이라고도 부르는데, 여러 부처를 찬양하는 노
    래이다. 세종 1년 12월 12일에 임금은 승과僧科에 응시하는 승려들이 반드시 이 책을 외워야
    만 응시하도록 했다.

의 사위이기도 했다. 황제에게 진헌하는 토산물의 목록은 전에 바쳤던 품목과
거의 같았다.[24]

6. 유구, 자바, 섬라 사신이 조공을 바치다

이미 고려 말부터 우리나라와 통교한 나라 가운데 유구국琉球國[25]이 있었다.
여러 섬으로 이루어진 유구열도에는 작은 부족국가들이 세워졌는데, 14세기 말
에 이르러 남산南山, 중산中山, 북산北山의 세 왕조가 세워져 서로 싸웠는데 중산
왕국이 가장 힘이 강하여 1429년(세종 11)에 삼국을 통일하고 나하에 도읍을 두
었다. 그 왕족이 상씨尚氏다. 이렇게 3국이 서로 대립하고 있을 때, 그리고 통일
된 뒤에도 명나라와 조선에 조공을 바치러 왔다.

그들이 우리나라에 처음 온 것은 고려 말 창왕 때(1389)로서, 왜구에게 잡혀
갔다가 유구로 팔려 간 고려인을 보호하여 돌려보낸 것이 처음이었다.

조선왕조에 들어와서는 태조 때 7차에 걸쳐 사신이 왔는데, 태조 1년(1392)
에 세 차례에 걸쳐 중산왕中山上 찰도察度가 스스로 신하라 일컬으면서 사신을
보내 조회에 참여하고 토산물을 조공으로 바쳤다. 그때 그 사신은 동반 5품 아
래에 서게 했다. 그러니까 중간급 신하로 대접한 것이다. 그들은 조선을 중국과
버금하는 대국으로 바라보고 조선 임금을 '황제'로 부르기도 했다.

태조 3년(1394)에도 두 차례 사신이 와서 조회하고 예물을 바쳤으며, 포로
12명을 데리고 왔다. 그들은 중산왕과 싸우다가 쫓겨나서 조선으로 망명한 산

---

24) 진상한 토산물은 다음과 같다. 노란색 가는 모시 20필, 희고 가는 모시 30필, 검고 가는 삼베
100필, 만화석 10장, 황화석 10장, 잡채화석 10장, 인삼 100근, 잣 200근, 잡색말 30필이
다.
25) 유구국은 1609년(광해군 1년)에 일본 살마번薩摩藩(사쓰마번)의 번주인 도진島津(시마즈)의 침공
을 받기 전까지는 우리나라에 조공을 바쳤으나, 그 뒤에는 일본에 조공을 바치다가 1879년
[고종 16]에 일본에 강제로 병합되어 오키나와현[沖繩縣]으로 되었다. 통일 독립국가를 세운 지
450년 만에 망했으나, 언어가 일본과 다르고, 문화도 중국 및 조선과 수백 년간 교류하며 유
교문화를 받아들여 불교 중심의 일본문화와 달랐다.

남왕山南王(남산왕)의 아들 승찰도承察度를 돌려달라고 청하기도 했다. 또 왕세자 무찰武察도 조선 왕세자에게 편지와 예물을 따로 바쳤다. 태조 6년에도 전문箋文과 토산물을 바치고, 포로된 자와 표류한 자 9명을 데리고 왔다.

태조 7년(1398) 2월에는 유구국 산남왕 온사도溫沙道가 중산왕에게 축출되어 15인을 데리고 우리나라에 망명하여 경상도 진양晉陽에서 우거했는데, 나라에서 그들을 불쌍하게 여겨 옷과 식량을 주어 구호했다. 온사도는 자손이 없이 살다가 사망했다.

그 뒤 정종 2년(1400)에는 중산왕이 사신을 보내 전문箋文[26]과 토산물을 바치고, 또 왕세자에게도 예물을 바쳤다. 또 그 나라 세자 무령武寧도 왕세자에게 예물을 바쳤으며, 좌정승과 우정승에게도 예물을 바치자 그들에게 후하게 회사품을 내려주었다.

유구국은 태종 때에도 4차에 걸쳐 사신을 보내 토산물을 바쳤는데, 태종 9년(1409)에는 중산왕 사소思紹가 조부 찰도察度와 아비 무령武寧에 이어 임금이 되어 사신을 보내 자문咨文을 올리고 토산물을 바쳤다. 토산물은 호초 100근, 상아象牙 2벌, 백반白礬 500근, 소목蘇木 1천 근이었다. 또 왜구에 잡혀갔다가 유구로 팔려 간 나주 지방의 부녀자 3명을 데리고 왔다.

유구로 팔려 간 조선인이 많다는 것을 알게 되자 유구국에 사신을 보내 데려오기로 하여 태종 16년(1416) 1월 27일에 호군護軍 이예李藝(1373~1445)[27]를 보냈는데, 신하들은 바닷길이 험하다는 이유로 반대했으나 태종은 "고향을 그리워하는 것은 귀천貴賤이 다름이 없는데, 만약 귀척貴戚 사람이 포로된 자가 있다면 어찌 번거롭고 비용이 드는 것을 따지겠느냐?"고 질책하면서 사신을 보냈다.

---

26) 전문箋文은 신하가 임금에게 바치는 글을 가리킨다. 유구국은 조선을 상국上國으로 생각하고 조공품을 바쳤다.

27) 이예는 학성이씨鶴城李氏(울산)로 본래 울산 향리였으나, 태조 5년에 지울산군사 이은李殷 등이 왜구에 잡혀 일본으로 갈 때 몰래 숨어 따라간 공으로 향리역이 면제되어 벼슬을 받기 시작했다. 그 후 40여 차례나 일본을 왕래하면서 포로로 잡혀간 조선인을 송환하고, 회례사로 다녀오면서 대일외교에 큰 공을 세웠다. 벼슬이 동지중추원사(종2품)에까지 이르렀다. 개천에서 용이 난 인물이다. 지금 대마도에는 그의 업적을 기리는 기념비가 세워져 있다.

이예는 6개월이 지난 7월 23일에 돌아왔는데, 조선인 44명을 데리고 왔다. 그 가운데 경상도 함창 사람 전언충全彦忠은 태조 4년(1395)에 14세로 잡혀갔다가 22년 만에 돌아오니 부모가 모두 죽었다. 국가에서 불쌍히 여겨 옷과 면포 10필, 미두米豆 15석을 주어 위로했다.

세종 때에도 유구국 사신이 계속적으로 왔다. 세종이 즉위한 지 3일 뒤인 8월 14일에 유구국 국왕의 둘째 아들 하통련賀通連이 사람을 보내 좌의정과 우의정에게 편지를 전하고, 토산물인 단목丹木 500근, 백반白磻 500근, 금란金襴 1단, 청자기靑磁器 10개, 심황深黃 50근, 천궁川芎 50근, 곽향藿香 50근, 청자화병靑磁花甁 1개, 침향沈香 5근을 예물로 바쳤다. 그들이 바친 토산물은 대부분 약재였다. 우리나라에서는 그 회답으로 9승 흰 모시 20필, 검은 베 30필, 흰 명주 20필, 7승 면포 40필, 6승 면포 111필, 5승 면포 200필을 주었다. 모두 옷감들이다. 또 예조판서가 답서를 보냈다. 대체로 회사품의 수량은 받은 물품의 값을 계산하여 책정하는 것이 관례였다.

예조에서는 유구국 국왕에게 답서를 보냈다.

> "사신이 이르러 보내준 글을 받아보고 존체가 평안하시고 다복하심을 알았습니다. 보낸 예물을 임금께 바쳤습니다. 험난한 바닷길을 건너와 국교를 돈목하게 하니 기쁩니다. 돌아가는 사신 편에 우리 토산물을 보내는 데 변변치 못하여 부끄럽습니다."

세종 즉위년에 사신을 보낸 바 있는 유구국은 그 뒤에도 조선과의 교류가 200여 년간 계속되었다. 공식적으로 사신을 서로 보내기도 하고, 그 밖에 풍랑을 만나 표류해온 유구인이 자주 발생하여 조선에서 이들을 보호하다가 돌려보내는 일이 비일비재했다. 또 풍랑을 만나 유구국에 표류하여 살고 있는 조선인도 수백 명에 이르렀다.

세조 8년에 조선에 온 사신 보수고普須古와 채경蔡璟 등에게는 《대장경》을 주어 보냈으며, 그들과 오랫동안 대화하면서 그 나라의 정치, 경제, 풍속 등을 자세히 물어서 〈문견사목聞見事目〉을 만들기도 했다. 실록에 실려 있는 이 글은 당시 유구국의 실정을 아는 데 큰 도움이 되는 자료이다.

한편, 유구국 부근에 있는 조와국爪蛙國(자바, 지금 인도네시아)에서도 태조와 태종 때 우리나라에 왔는데, 조선은 그 나라를 유구국의 별종別種으로 알고 있었으나, 그들은 조선을 황제국으로 생각하고 조공을 바쳤다.[28] 또 태조~태종대에는 유구국 외에도 동남아 나라로서 조선에 사신을 보내 조공을 바친 나라 가운데 지금의 태국인 섬라暹羅(Siam)도 있었다.[29] 이들 나라들은 명나라와 조선을 대국으로 이해하고 교류를 하려고 노력했으나, 유구국을 제외하고는 바닷길이 너

---

28) 조와국 사람이 처음 온 것은 태조 3년(1394)에 온 진언상陳彦祥으로서, 조선은 그에게 조봉대부(종4품) 서운부정書雲副正의 높은 벼슬을 주었다. 진언상은 그 뒤 태종 6년(1406) 5월 22일에 또 왕명을 받고 토산물을 큰 배에 싣고 조와국을 떠나 윤7월 1일에 전라도 군산도群山島 앞바다에 도착했다. 그런데 그때 왜구 15척을 만나 싸우다가 21명이 죽고, 60명이 잡혀가고, 40명 만이 살아남아 상륙했다. 이들 가운데 17명이 9월 1일에 서울에 도착하자 옷, 갓, 신 등을 하사했고, 배에 남은 사람들에게도 의복과 식량을 주었다. 이들이 가지고 온 토산물은 대부분 약탈당하고, 겨우 남은 공작, 앵무, 앵가(잉꼬) 등 조류, 침향沈香, 용뇌, 호초, 소목, 향 등 약재, 그리고 번포蕃布(토산직물) 등을 조공으로 바쳤다. 진언상 일행은 후한 회사품을 받고 9월 16일에 조와국으로 떠났다. 큰 배는 사공이 부족하여 그대로 조선에 두고 작은 배를 대신 받아 떠났다. 그로부터 6년이 지난 태종 12년(1412) 4월에 진언상은 손자 실숭實崇을 보내 태종 6년에 도와준 은혜를 감사하고, 토산물을 바쳤다. 진언상은 자신이 오지 못하고 손자를 보내게 된 연유를 편지로 써 의정부에 보냈다. 그 내용은 이렇다. 6년 전에 조선에서 내준 배를 타고 조와국으로 가던 중 풍랑을 만나 일본 해안에 표류했는데 일본 국왕이 배를 빌려주어 본국으로 돌아갔다. 조와국왕이 감사의 뜻으로 진언상을 일본에 사신으로 보냈는데, 또 풍랑을 만나 본국으로 되돌아왔다, 금년 7월 안으로 일본 박다博多에 도착하여 내년 1~2월에 일본 수도에 도착하게 될 예정이다. 이런 사정으로 황은皇恩에 직접 사례하지 못하고 손자를 보내게 되었다는 것이다. 조선은 사신이 가지고 온 토산직물 10필을 사주었는데 이들은 5월 25일 조선을 떠났다.

29) 섬라국 사람이 처음 온 것은 태조 2년(1393) 6월 16일로서 내乃라는 벼슬을 가진 장사도張思道 등 20인이 와서 소목蘇木 1천 근, 속향束香 1천 근, 토인土人 2명을 바쳤는데, 토인은 대궐문을 지키게 했다. 장사도 일행은 회례사回禮使로 가는 배후裵厚 및 통사 이자영李子瑛과 함께 섬라국으로 떠났는데, 그해 12월에 일본 왜구에게 겁탈당하여 다시 조선으로 돌아와서 배 한 척을 달라고 부탁하면서 칼, 갑옷, 구리그릇, 토인 2명을 바쳤다. 태조 3년 7월 5일에 태조는 장사도를 조회의 반열班列에 나오게 하고, 8월 7일에는 그에게 예빈경禮賓卿의 벼슬을 내렸다. 그 뒤 배후와 이자영은 다시 섬라국에 갔다가 섬라국 사신 임득장林得章 등과 함께 조선으로 돌아오다가 전라도 나주 앞바다에서 이자영과 임득장이 왜구에게 사로잡혀 갔는데, 이자영이 태조 5년 7월 11일에 조선으로 돌아오고, 임득장 등 6인도 태조 6년 4월 23일에 도망하여 조선으로 왔다. 조선에서는 임득장 등에게 옷 등을 주어 보호했다. 이들은 이해 4월 26일에 임금의 조회에 참예했는데, 서반 8품 뒤에 서게 했다. 섬라국 사신은 바닷길이 너무 멀고 또 항상 왜구에 붙잡히는 사고 때문에 더 이상 조선에 오지 못하고 중국에만 조공을 바쳤다.

무 멀고 험하여 자주 오지 못했다.

7. 왜인들이 조공을 바치다

(1) 일본의 호족들

세종조 당시 일본은 통일국가를 이루지 못하고 있었다. 가장 큰 정치세력은 막부幕府였는데, 가마쿠라兼倉(동경 부근)에 세워진 막부가 1333년(충숙왕 2)에 망하고, 족리씨足利氏(아시카가 또는 源氏)가 경도京都(교토)의 실정室町(무로마치)에 1338년(충숙왕 7)에 새로 막부를 세웠는데, 이를 '족리막부', 또는 '실정막부'라고 부른다. 막부의 최고 권력자는 장군將軍(쇼군)으로 불러 국왕과 비슷한 위치에 있었으나, 그 권력이 강하지 못하여 지방에는 수많은 토호 세력들이 각기 성城을 쌓고 웅거하여 거의 독립된 정치세력을 형성하고 있으며 막부와는 느슨한 주종관계를 맺고 있었다. 말하자면 일본은 봉건국가였다. 천황天皇은 아무런 권력이 없는 상징적 존재였을 뿐이었다.

강력한 중앙집권체제를 이루고 전국을 체계적인 관료들이 통치하고 있던 조선의 처지에서 보면 일본의 장군을 왕으로 부르기도 어렵고, 막부를 국가라고 부르기도 어려운 처지였다. 막부는 그저 여러 토호 가운데 가장 큰 토호에 지나지 않았고, 무사와 승려들이 통치하는 나라였다. 그래서 조선은 하나의 정치집단을 상대로 교류하지 못하고, 흩어져 있는 여러 토호세력과 개별적으로 상대해야 하는 어려움이 있었다.

토호세력이 강한 지역은 대부분 지금의 경도京都(교토)의 서부지방과 남부지방으로서 고대에 한반도의 삼국인들이 이주하여 수많은 소국小國을 건설하고 있던 지역이기도 했다. 따라서 이 지역의 토호들도 거의 한반도인들이었다.

그런데 이들 토호세력 가운데 한반도와 가장 가까운 지역인 대마도對馬島,

일기도一岐島, 구주九州의 장기현長崎縣(나가사키), 좌하현佐賀縣(사가), 복강현福岡縣(후쿠오카), 대분현大分縣(오이타), 웅본현熊本縣(구마모토), 살마현薩摩縣(사쓰마), 궁기현宮崎縣(미야자키), 그리고 본주本州의 서부지역인 도근현島根縣(시마네), 서남부 지역인 산구현山口縣(야마구치)과 광도현廣島縣(히로시마), 그 동부지역인 강산현岡山縣(오카야마) 등 지역 왜인들이 주로 조선에 사신을 보내 활발하게 교류했다.

일본의 국왕을 포함하여 호족 가운데 가장 큰 호족이 아홉이 있었는데, 이들을 '9전九殿'으로 불렀다.[30] 그 가운데 조선과 친교를 맺고 있던 호족은 국왕전國王殿(막부), 산구현山口縣(야마구치)의 대내전大內殿, 좌무위전左武衛殿(막부의 군사담당), 우무위전右武衛殿(막부의 군사담당), 복강현福岡縣(후쿠오카) 지역의 소이전小二殿 등이었다.

위 9전 이외에도 작은 토호들이 많이 있었는데, 그 가운데 가장 조선을 괴롭힌 것은 대마도, 일기도 등 조선과 가장 가까운 섬지역 사람들이었으며, 이들은 농업이 불가능하여 주로 장사와 도적질을 하면서 살아갔기 때문에 왜구로 불렸다.

그러나 구주지역의 토호들인 지금 대분현大分縣(오이타)과 궁기현宮崎縣(미야자키) 지역의 대우전大友殿과 풍주豐州 호족, 살마주薩摩州(사쓰마) 호족, 살마주 동부의 대우주大隅州, 좌하현佐賀縣(사가)과 웅본현熊本縣(구마모토) 지역의 비주肥州 호족, 복강현福岡縣(후쿠오카) 지역의 축주筑州 호족 등은 농업으로 자급자족하면서 살았기 때문에 생활도 비교적 풍족하고 조선과도 매우 우호적인 관계를 맺으면서 조선을 상국上國 또는 대국大國으로 부르면서 토산물을 조공으로 바치고, 조선에 상품을 가지고 와서 공무역公貿易에 종사했다.

또 구주 왜인들은 모두 불교를 믿고 있었기 때문에 수시로 '불경佛經'을 요구하고, 조선으로부터 받는 회사품 가운데는 포목류를 선호했다. 베나 면포 등 포목류는 옷감으로도 쓰였지만, 배의 돛으로도 쓰였다.

---

30) 9전의 이름은 다음과 같다. 1) 국왕전國王殿, 2) 전산전畠山殿, 3) 대내전大內殿, 4) 경극전京極殿, 5) 세천전細川殿, 6) 좌무위전左武衛殿, 7) 우무위전右武衛殿, 8) 갑비전甲斐殿, 9) 소이전小二殿 등이다.

시즈오카 静岡

기후岐阜

아이치愛知

미에 三重

시가 滋賀

교토 京都

나라 奈良

오사카 大阪

와카야마 和歌山

효고 兵庫

돗토리鳥取

오카야마 岡山

가가와香川

도쿠시마 德島

고치高知

운주雲州

시마네島根

히로시마 広島

에히메 愛媛

풍후豊後

풍전豊前

일향日向

석견石見

오이타 大分

대내전大內殿

미야자키 宮崎

장문長門

야마구치山口

구마모토 熊本

대우大隅

적간관赤間關

시모노세키下關

후쿠오카福岡

다자이후太宰府

가고시마 鹿兒島

울산 염포

대마도對馬島

축전筑前

구마모토

살마薩摩

부산 부산포

일기도一岐島

비전肥前 소이전小二殿

사세보佐世保

나가사키長崎

비후肥後

창원 내이포

거제도

축후筑後

사가佐賀

시마바라島原

　구주 토호 가운데 가장 우호적인 세력은 자신의 뿌리가 백제왕실이라고 주
장하고 있던 산구현山口縣(야마구치)과 광도현廣島縣(히로시마) 그리고 구주의 동북부
의 풍주豊州를 지배하고 있던 대내전大內殿[31]이었는데, 뒤에는 구주 일대를 정복
하여 더 큰 세력으로 성장했다.

　이수광의 《지봉유설》을 보면, 대마도의 토호인 종씨宗氏(소우씨)도 한국인 송
씨宋氏라고 하며, 대내전大內殿도 백제가 망하자 배를 타고 일본으로 도망간 임
정태자臨政太子의 후손이라고 한다.[32] 또 19세기 초 정약용丁若鏞은 대마도의 일본
이름인 '쓰시마'는 우리 말의 '두 섬'에서 나왔다고 했다. 태종과 세종은 항상 대
마도는 본래 계림鷄林(경주; 신라)에 속했던 우리 땅으로서 목마장牧馬場으로 사용
하다가 농사에 쓸모가 없어서 본토로 돌아왔는데, 뒤에 일본 본토에서 쫓겨난
왜인들이 살게 되었다고 여러 차례 공언했다.

　조선 초기에 대마도와 일기도 등지의 왜구들은 조선의 지속적인 토벌정책
으로 도적질이 어렵게 되자 별것도 아닌 토산물을 가지고 와서 회사품으로 식
량과 포목을 받아가는 조공무역에 종사하면서 매년 수백 명의 조공사신이 조선
을 찾아오고, 장사하러 오는 왜인은 수천 명에 이르렀다. 이들이 가장 갈망하는
조선의 회사품은 식량이고, 그 다음이 각종 포목류이고, 가끔 불경을 요구하기
도 했다. 조선이 매년 내려주는 식량이 많은 경우에는 수만 석에 이르러 이들
은 거의 전적으로 조선에 의존하여 살아갔다.

　조선은 평화적으로 찾아오는 왜인들에게는 후한 회사품을 주어 따뜻하게
포용하고, 변방을 침략하여 약탈과 살인, 납치를 저지르는 왜인은 무력으로 응
징하는 강온양면 정책을 지속적으로 추진했다.

　한편, 구주와 그 북방 야마구치 지역의 토호들도 그 뿌리는 한국인들이 많

---

31)　대내전은 스스로 백제 성명왕聖明王(26대 聖王, 재위 523~554)의 셋째 아들인 임성林聖의 후손이
　　라고 자처했다. 성왕은 세 아들이 있었는데, 두 아들은 각각 27대 위덕왕威德王(재위 554~598)
　　과 28대 혜왕惠王(재위 598~599)이 되었고, 셋째 아들 임성은 30대 무왕武王(재위 600~641) 때
　　인질로 일본으로 들어가서 대내大內에 있는 다다량多多良 해변에 도착하여 살았기 때문에 성姓
　　을 다다량으로 정하고, 그 씨족을 대내씨大內氏로 부르게 되었다고 한다.
32)　한영우, 《실학의 선구자 이수광》(경세원, 2007) 238~239쪽 참고.

기 때문에 한반도에 돌아와서 살고 싶다는 욕망을 가지고 있어, 임진왜란 때나 명치유신(메이지유신) 이후로 조선침략에 앞장선 인물이 많았다. 그러나 조선 초기에는 우호적인 관계를 맺으면서 부지런히 조선에 조공을 바쳐왔다.

그러면 족리막부[실정막부]와 조선의 관계는 어떠했는가? 막부의 국왕인 장군將軍이 조선에서 가장 바라는 물품은 불경佛經 특히 《대장경》이었다. 그런데 사찰이 자주 불타고, 또 새로운 사찰이 계속적으로 늘어나면서 《대장경》에 대한 요청이 끊임없이 이어졌다. 저들은 이런 이유로 조선에 여러 차례 사신을 보냈고, 조선은 문화적인 교류의 필요성을 느끼지 못해 오직 무력에만 강한 저들의 동향을 파악하고 가능한 한 평화관계를 맺기 위한 필요에서 사신을 보냈다.

막부나 토호들이 보내오는 토산물은 주로 부채, 나무그릇, 칼, 약재, 유황, 상아, 물소뿔, 납, 쇠 등이었고, 간혹, 원숭이나 코끼리 같은 동물도 보냈다. 그러나 대마도 왜인들은 바칠 만한 토산물이 별로 없어서 그저 칼 한 자루나 부채 몇 개를 바치는 것이 고작이었다. 조선이 내려주는 회사품은 주로 각종 포목류와 각종 화문석 돗자리, 인삼, 잣, 꿀, 호피虎皮와 표피豹皮 등 각종 가죽, 각종 불경佛經이었다. 특히 《대장경》은 세종 때만 해도 여러 차례 내려주었고, 막부 사신은 아예 《대장경판목》을 달라고 떼를 쓰고, 주지 않으면 군대를 동원하여 가져가겠다고 협박까지 하고 나서 양국관계가 악화되기도 했다. 또한 일본에는 호랑이나 표범 등 맹수가 없어서 호피와 표피를 매우 선호했다.

(2) 세종 즉위년~세종 1년의 대일관계

그러면 세종 즉위년부터 세종 1년에 두 나라 관계는 어떠했던가? 이를 구체적으로 살펴보면 다음과 같다.

세종 즉위년 11월 29일에는 본주本州의 미작美作(岡山지방) 태수 정존淨存이 사람을 보내 토산물을 바치고 출입허가증인 도서圖書를 요청하자 만들어 주고, 명주 10필과 면포 133필을 하사했다. 또 이때 농주濃州(岐阜) 태수 판창평종수板

倉平宗壽가 사람을 보내 토산물을 바치고 모시와 베를 요청하므로 추포[거친 포목] 7필, 면포 360필, 모시 10필, 베 10필을 주었다. 이 지역들은 대마도 왜인에 비해 왜구로 활동하는 자가 상대적으로 적었다.

같은 날 대마도 만호 좌위문대랑左衛門大郎이 사람을 보내 임금의 즉위를 하례하고 토산물을 바치므로 추포 10필, 면포 100필을 회사했다. 또 구주九州 도원수 원도진源道鎭이 사람을 보내 토산물을 바치므로 추포 10필, 면포 150필을 주었다.

그로부터 4일 뒤인 즉위년 12월 3일에 대마도 수호守護(島主) 종정성宗貞盛이 사람을 보내 토산물을 바쳤다. 이해 12월 29일에는 구주의 축전주筑前州(후쿠오카福岡) 태수 장친가藏親家가 사람을 보내 소목蘇木 200근, 백반 100근, 유황 300근, 육계肉桂 10근, 호초 5근, 침향沈香 2근, 침황沈黃 50근, 백랍白蠟 20근, 양향良香 10근, 치매목緇梅木 100근을 바치니, 흑색 세마포細麻布 20필과 면포 120필을 하사했다. 이상 조선에서 즉위하던 해 하사한 물품 가운데 면포만 합치면 863필이다. 하사품의 수량에 차등을 둔 이유는 바친 토산물의 가격 차이를 고려한 것이다.

세종 원년(1419)에도 왜인의 내조來朝는 계속 이어졌다. 주로 대마도 왜인들이 하루가 멀다 하고 와서 토산물을 바치고 식량을 요구했다.

1월 1일은 새해 첫날로서 임금이 백관을 거느리고 중국 황제에게 신년하례를 하고 신하들의 하례를 받는 의식을 치르는 날이었다. 이날 귀화한 회회인回回人(위구르인)과 왜인들이 반열에 참가하고 임금에게 하례를 올렸다.

1월 3일에는 대마도 좌위문대랑이 사람을 보내 토산물을 바치고, 1월 6일에도 대마도 도만호 표아시表阿時 등이 와서 토산물을 바치고, 대관代官 종준宗俊(종정무의 아들, 종정성의 아우)이 와서 전에 조선에 항복하여 귀화한 왜인 30여 명을 돌려달라고 청하여 돌려보냈다. 대마도는 토호가 여러 명이 있어서 각자 사람을 보내 토산물을 바치고 회사품을 받아가는 것이 관행을 이루고 있었다. 이는 많은 회사품을 받기 위해서였다.

2월 25일에는 대마도 도주 종정성[33]이 사람을 보내, 전에 납치해 간 조선인 2명을 돌려보내니, 임금이 면포와 명주 각 10필씩을 하사했다. 2월 29일에는 대마도 인위군주 종만무宗萬茂가 와서 백반白礬 68근을 바치고 곡식을 달라고 요구하여 쌀 20석을 하사했다.

3월 1일에는 대마도 종정성이 사람을 보내 토산물을 바치니 쌀 40석을 주어 보냈다. 같은 날 대마도 정흔正欣이 사람을 보내 토산물을 바치고 곡식을 빌려달라고 하여 20석을 주고, 같은 날 대마도 종정성의 아우 종준宗俊이 토산물을 바치자 명주 10필, 베 8필, 면포 42필을 주었다. 3월 4일에는 종준이 또 사람을 보내 조선에 거주하는 왜인 23명을 돌려달라고 하여 돌려보냈다. 3월 7일에는 구주 도원수 원도진源道鎭[34]이 사람을 보내 토산물을 보내 《대반야경》 1질을 달라고 하여 주고, 명주 10필, 면포 70필, 마포 20필을 주었다.

4월 4일에는 구주의 비주肥州(사가佐賀) 태수 길견원창청吉見源昌淸이 사람을 보내 토산물을 바치고 절을 중창할 자본을 청하자 쌀 30석을 주고, 장주長州(야마구치山口) 태수 대장선종大藏禪種이 토산물을 바치자 쌀 20석, 대마도 도만호 수조승守助丞이 토산물을 바치자 쌀 30석을 주었다.

5월 23일에는 구주에서 정우正祐 등 4인을 보내 토산물을 바쳤는데, 정우는 승려로서 조선에 머물면서 도를 배우고자 하여 흥천사興天寺에 머물게 했다. 흥천사는 태조가 죽은 강비康妃를 위해 지은 원찰로서, 그 무덤이 있는 정릉貞陵 옆에 세운 절이었다. 지금 덕수궁 바로 뒤쪽에 있는 미국 대사관저 일대이다.

6월 1일에는 축전주筑前州(후쿠오카福岡) 석성부관사 평만경平萬景이 사람을 보내 토산물을 보내고 도장을 만들어달라고 부탁하여 들어주고, 호랑이와 표범 가죽 각 2장, 화문석 돗자리 10장, 명주 10필, 면포 50필을 주어 보냈다. 이어

---

33) 원문에는 종정성宗貞盛이 아니라 도도웅와都都熊瓦(또는 都雄瓦)로 나오는데 모두 같은 사람이다. 도도웅와는 종정성의 아명兒名이다. 종정성은 종정무宗貞茂의 아들이다.

34) 원도진의 직함은 구주절도사九州節度使, 구주총관九州摠管 등 여러 가지로 불리고 있는데, 국가에서 공식적으로 받은 직함이 아니기 때문에 정확한 직함이 없다. 다만 그가 구주지역에서 가장 강한 군사력을 보유하고 있기 때문에 조선에서 그렇게 부른 것이다.

6월 2일에는 구주총관 우무위 원도진源道鎭이 토산물을 바치니, 호랑이와 표범 가죽 각 1장, 화문석 15장, 명주와 베 각 10필, 면포 80필을 회사했다.

이해 5월 말까지 왜인에게 준 포목류를 제외하고 미두는 모두 합쳐 160석이었다.

8. 대마도를 정벌하여 항복을 받아내다 [세종 1년]

세종 원년(1419) 5월 초에 비교적 평온했던 조일관계를 악화시키는 사건이 일어났다. 갑자기 왜구 39척이 명나라 절강성에 가서 약탈하고 돌아오는 도중에 우리나라 서해안에 이르러 충청도 비인[서천] 지방과 황해도 해주지역을 침략하는 사건이 일어났다. 이들은 모두 대마도 왜인으로서 식량이 모두 떨어져 약탈에 나섰다고 스스로 말했다. 비인 지방에서는 이들을 막으려는 조선 군대와 충돌이 벌어져 수백 명의 군인과 민간인들이 목숨을 잃었다.

상왕은 이 소식을 듣고 크게 분노하여 즉각 대마도를 정벌하여 항복을 받아내고 버릇을 고쳐주기로 결심했다. 대마도 정벌에 앞서 조선에 와서 각 포구浦口에 머물러 있는 왜인과 장사하는 왜인을 모두 잡아다가 여러 도의 관청에 나누어 주어 관노비로 만들고, 대신들에게도 노비로 주었다. 6월 4일자 영의정 유정현柳廷顯의 보고를 보면, 경상도에 배치된 왜인이 355명, 충청도에 203명, 강원도에 33명으로 모두 합하면 591명이다. 그런데 이들을 수색하여 잡아들일 때 물에 빠져 죽거나 자살한 자가 136명이나 되었다.

당시 조선에 와 있던 왜인들은 대부분 대마도인이었기 때문에 이들이 혹시 대마도정벌 소식을 듣고 난동을 부릴 것을 우려하여 미리 여러 지역에 분산시켜 놓은 것이다. 하지만 그전에 자발적으로 귀화한 왜인도 상당수 있었는데, 이들은 대마도를 정벌할 때 그쪽 왜인들을 설득시키는 데 활용했다.

모든 출정준비를 마치고 나서 6월 9일에 상왕은 전국에 대마도정벌을 알리는 교유敎諭를 내렸다. 그 요지는 이렇다.

"병력을 기울여 무력을 행하는 것은 성현聖賢이 경계한 것이다. 그러나 죄 있는 자를 다스리고 군사를 일으키는 것은 제왕帝王으로서 부득이한 일이다. … 대마도는 본래 우리나라 땅인데, 다만 궁벽하게 막혀 있고, 좁고 누추하므로 왜노倭奴들이 살게 놔두었더니, 개처럼 도둑질하고, 쥐처럼 훔치는 버릇을 가지고 태종 10년부터 변경에서 뛰놀기 시작하여 마음대로 군민軍民을 살해하고, 남자들을 잡아가고, 그 집에 불을 질러서 고아와 과부가 바라보고 우는 일이 해마다 없는 때가 없다. 그리하여 뜻있는 선비와 착한 사람들이 팔뚝을 걷어부치고 탄식하며, 그 살점을 씹고, 그 가죽을 깔고 자기를 생각한 것이 여러 해이다. …

태조 5년에 동래를 침략하고, 태종 6년에 전라도를 침략하고, 태종 8년에 충청도 등지를 노략했으나, 내가 도리어 넓게 포용하여 더러움을 참고, 배고픈 것도 구제하고, 통상을 허락하고, 온갖 구하는 물건을 주지 않은 것이 없고, 함께 살기를 기약했었다. 그런데, 뜻밖에 이제 또 우리나라의 허실을 엿보고, 비인庇仁에 몰래 들어와 인민을 죽이고 잡아간 것이 거의 300인이 넘고, 배를 불사르고, 장사將士를 해치고, 황해를 거쳐 평안도에까지 이르러 우리 백성들을 소란하게 하며, 장차 명나라까지 범하고자 하니, 그 은혜를 잊고 의리를 배반하며, 천도天道를 어지럽게 함이 너무 심하다. …"

이렇게 출정선포를 한 뒤 6월 17일에 이종무李從茂(1360~1425)[35]를 삼군三軍 도체찰사로 삼고, 그 아래에 9명의 절제사를 거느리고 거제도를 떠나 대마도로 향하게 했다. 병선兵船은 모두 227척이고, 서울에서 내려간 군사가 669명이고, 그 밖에 지방에 있던 갑사, 별패, 시위패, 영진營鎭 소속군, 잡색군, 수군 등을 합하여 모두 1만 7,285명이었다. 잡색군 중에는 향리, 노비, 승려 등도 끼어 있었다. 이들은 군사들의 뒷바라지 일을 맡았다. 또 대마도 사정을 잘 아는 귀화

---

35) 이종무는 본관이 장수長水이고, 전투를 잘하여 벼슬길에 올라 태종의 집권을 도와 좌명공신이 되고, 그 공으로 벼슬이 찬성사(종1품)에까지 올랐다.

왜인도 데리고 갔다.

그런데 대마도로 가는 도중에 바람이 거꾸로 불어 포기하고 다시 거제도로 돌아왔다. 그 뒤 6월 19일 아침 10시경에 다시 출발하여 12시경에 10여 척을 먼저 대마도에 보냈다. 주민들이 이를 보고 왜구들이 물건을 많이 약탈하여 돌아오는 줄 알고 술과 고기를 준비하고 환영을 나왔다가 우리 대군이 뒤이어 대마도 남쪽 섬의 포구인 두지포豆知浦에 정박하니 모두 혼비백산하여 도망가서 숨어버렸다. 약 50여 명 정도의 왜인이 나와서 싸웠다.

먼저 귀화 왜인에게 항복하라는 편지를 주어 수호守護 종정성에게 전하니, 대답하지 않았다. 이에 우리 군사가 상륙하여 길을 나누어 수색에 나서 배 129척을 빼앗아 쓸 만한 배 20척을 남겼다가 가져오고, 나머지는 모두 불태워버렸다. 또 가옥 1,939채를 불지르고, 밭 곡식을 베어버리고, 포로로 잡혀온 중국인 131명을 데려와서 뒤에 중국으로 보냈다. 왜인 114명의 목을 베고, 21명을 사로잡아 데려왔다. 우군右軍 절제사 이순몽李順蒙(1386~1449)[36]이 가장 용감하게 싸워 이런 공을 세웠다.

중국인들에게 대마도 사정을 물으니, 지금 기갈飢渴이 심한데다 양식 1~2두만 가지고 도망가서 오래 버티지 못하고 굶어 죽을 것이라고 말했다. 그리하여 시간을 끌기 위해 훈내곶訓乃串에 목책木柵을 세워 진지를 구축하고 7일 정도를 쉬었다가 6월 26일에 다시 싸우기 위해 군대를 하륙시켰다.

그런데 3군을 모두 하륙시키지 않고 제비를 뽑아 좌군左軍 절제사 박실朴實 부대만 나가서 싸우게 했다. 왜인들이 험한 곳에 숨어 있다가 박실 군대가 이르자 갑자기 나타나서 돌격해 와서 사상자가 많이 생기자 후퇴하여 배로 돌아왔다. 그러나 적이 계속하여 추격해 오니, 전사하거나 언덕에서 떨어져 죽거나 한 자가 180명에 이르렀다. 이종무가 우군右軍과 중군中軍을 하륙시켜 좌군을 도와주지 않아 좌군이 패전하게 된 것이다.

---

36) 이순몽은 본관이 영천永川이고, 호조판서 이응李膺의 아들이다. 무과에 급제하여 벼슬이 영중추부사에까지 올랐다. 전투를 잘하는 무인이었으나 무식하고 탐욕스럽다는 평판을 받았다.

대마도정벌은 죽인 자보다 죽은 자가 더 많았으므로 인명피해는 우리가 더 많았다. 그러나 민간인의 피해는 대마도가 더 컸다. 수호 종정성은 7월이 되면 풍랑이 심하니 조선군은 빨리 돌아가는 것이 좋다고 편지로 연락해 왔다. 대마도 토벌이 어려운 것은 그 지형 때문이다. 워낙 가파른 산들이 많고 숲이 울창하여 숨을 곳이 많아서 적들을 수색하여 잡기가 매우 어려운 곳이다. 그래서 한 사람을 잡으려면 수십 명의 희생자를 내야 한다. 대마도 현지를 가보면 이런 사정을 금방 알 수 있다.

6월 29일에 이종무는 더 이상 싸우지 않고 사람을 보내 상왕에게 승전勝戰했다고 보고했다. 상왕도 7월이 되면 바람과 풍랑이 심할 터이니 오래 머물지 말고 돌아오라고 명했다. 그러나 종정성은 항복하지 않았다. 결국 항복을 받지 못한 가운데 이종무 부대는 7월 6일에 거제도로 돌아왔다. 이종무는 의정부 찬성사로 승진하고, 이순몽은 좌군총제로 승진되었다. 뒤에 이종무의 잘못을 알게 되었으나 이미 준 상을 취소하지 못했다.

그런데 이 무렵 새로운 사건이 또 터졌다. 중국을 침략했던 왜구 30여 척이 7월 3일에 황해도 소청도小青島에 이르고, 7월 4일에는 충청도 태안 앞바다 안흥량으로 와서 우리 배 9척을 빼앗아 대마도로 향했다는 보고가 들어왔다. 이에 상왕은 7월 7일에 다시 이종무에게 3군과 65척의 병선을 거느리고 바다에 나가서 돌아오는 왜구를 맞아 싸우고, 이어 대마도를 다시 치라고 명했다. 시기가 나쁘니 출정을 미루자는 의견도 있었으나, 좌의정 박은의 주장을 따라 재출정을 명령했다. 그러나 상왕은 7월 12일에 마음을 바꾸어 대마도 토벌을 중지하고, 그 대신 경상도와 전라도 요해처로 돌아와서 대기하고 있다가 돌아오는 왜구들을 바다에서 추격하여 잡으라고 삼군도통사 영의정 유정현柳廷顯에게 명했다.

이렇게 하여 대마도 토벌은 일단 끝났다. 근 2만 명의 대부대와 227척의 병선이 조그만 대마도를 에워쌌으니, 왜인에게 겁을 준 효과는 매우 컸다. 출정의 목적이 항복을 받아내어 신하로 복종시키고, 형식상 대마도를 우리 영토로 만들되, 직접 가서 다스릴 필요는 없다고 생각했다. 그곳으로 들어가서 살고자 하는 우리 백성이 없기 때문이다. 그렇다고 대마도 왜인들을 모두 우리 땅으로 이주시켜 다스리는 것도 위험한 일이었고, 또 저들을 모두 대마도에서 쫓아 본토로 돌아가게 하는 것도 쉬운 일이 아니었다.

전투가 끝났지만 종정성은 항복을 하지 않고 버텼다. 그러자 상왕은 7월 17일에 대마도에 최후통첩을 보내 항복을 촉구했다. 그 요지는 다음과 같다.

"… 대마도는 경상도의 계림鷄林에 예속했으니 본래 우리나라 땅이라는 것이 문적文籍에 실려 있어 분명히 확인할 수 있다. 다만 그 땅이 매우 작고, 또 바다 가운데 있어서 왕래가 막혀 우리 백성이 살지 않은 까닭에, 그 나라에서 쫓겨나서 갈 곳 없는 왜인들이 와서 함께 모여 살아 소굴을 삼은 것이다. 때로는 도적질로 나서서 우리 백성을 위협하고, 전곡錢穀을 약탈하고, 마음대로 고아, 과부, 처자를 학살하며 집을 불사르니 흉악무도함이 여러 해가 되었다. … 비록 공손하지 못한 일이 간혹 있어도 오히려 도도웅와[종정성]의 아비 종정무宗貞茂가 의義를 사모하고 정성을 다한 것을 생각해서 … 통신하는 사신을 후대하고, 이利를 꾀하는 상선商船의 교통도 허락했으며, 경상도 미곡을 대마도로 운송한 것이 해마다 수만 석이 넘으니,[37] 그것으로 굶주림을 면하고 양심을 키워서 도적질하는 것을 부끄럽게 여겨 천지 사이에 삶을 같이 할까 했다. … 그런데 뜻밖에도 배은망덕하고, 스스로 화근禍根을 만들며 망함을 자초하고 있지만, 귀화한 자, 이利를 얻으려고 장사하는 자, 항복한 자는 모두 죽이지 않고 여러 고을에 나누어 두고서 먹을 것, 입을 것을 주어 생활하게 했던 것이다.

또 변방 장수에 명하여 병선兵船을 이끌고 나가서 섬을 포위하고 모두 휩쓸어 와서 항복하기를 기다렸더니, 지금까지도 섬사람들이 망설이고 깨닫지 못하니 내 심히 민망하게 여긴다. 섬사람들이 수천 명에 불과

---

37) 해마다 조선에서 대마도에 내려주는 곡식이 수만 석이라고 되어 있으나, 9월 20일자 기록에는 허조許稠가 1만여 석이라고 말했다. 해마다 주는 곡식이 조금씩 차이가 있기 때문에 기록의 차이가 생긴 것이다.

하니,[38] 그 생활을 생각하면 참으로 측은하다. 그 땅이 거의 석산石山이고, 비옥한 땅이 없다. 농사로 살 수 없어서 틈만 있으면 도적질하거나, 남의 재물과 곡식을 훔치려는 죄악이 가득 차 있다. 고기 잡고, 미역 따서 파는 일은 생활의 자료가 될 뿐이다. …

만약 너희들이 확실히 깨닫고, 다 휩쓸어 와서 항복하면, 종정성宗貞盛에게는 좋은 벼슬과 무거운 녹을 줄 것이며, 나머지 대관代官들도 평도전平道全의 예와 같이 대우할 것이며, 나머지 사람들도 옷과 양식을 넉넉히 주고, 비옥한 땅에서 살게 하여 … 우리 백성과 똑같이 보고 똑같이 사랑할 것이다. …

이 계책으로 나가지 않는다면 차라리 무리를 다 이끌고 [너의] 본국으로 돌아가는 것도 옳은 일이다. 만약 본국으로 돌아가지도 않고, 우리에게 항복도 아니하고, 아직도 도적질할 마음만 품고 섬에 머문다면 마땅히 병선兵船을 크게 갖추어 군량을 많이 싣고 섬을 에워싸서 오랜 시일이 지나면 반드시 스스로 다 죽고 말 것이다. 또 용사 10여만 명을 뽑아서 방방곡곡으로 들어가서 치면, 주머니 속에 든 물건처럼 오도가도 못하여 어린아이와 부녀까지 하나도 남지 못할 뿐 아니라 육지에서는 까마귀와 소리개의 밥이 되고, 물에서는 물고기와 자라의 배를 채우게 될 것이다. 아, 어찌 불쌍한 일이 아닌가. …"

이 항복촉구 문서를 보면, 먼저 대마도는 본래 우리 땅임을 명시하고, 우리 백성들이 그곳에서 살기가 어려워 떠나자 일본 내지에서 쫓겨난 왜인들이 들어와서 살게 되었는데, 역시 살기가 어려워지자 도적질이나 장사를 일삼게 되었는데, 그 피해를 우리가 보게 되었다는 것, 그러나 조선은 너그럽게 저들을 포용하여 요구하는 물자를 후하게 내려주었으나 배은망덕하게도 다시금 우리나라에 들어와서 군사와 민간인을 죽이고 불태우는 등의 만행을 저질렀기 때문에 부득이 정벌할 수밖에 없으니, 모두 항복하여 조선으로 오든가, 아니면 모두 본국으로 들어가라고 했다. 만약 그 어느 것도 거부하면 대군을 보내 모두 죽게

---

38) 세종은 대마도 인구를 수만 명으로 보아 숫자상의 차이가 있다. 세종의 말이 사실에 가까운 것으로 보인다.

만들겠다고 겁주었다.

　상왕은 이 글을 귀화한 왜인 5명에게 주어 대마도로 보내는 한편, 7월 18일에 삼군도통사 유정현과 여러 장수들을 서울로 불러들여, 만약 저들이 항복을 거부하면, 9~10월에 다시 대마도를 정벌할 준비를 하라고 이르고, 병선兵船을 제작하고 군대를 강화하는 일에 박차를 가했다. 이 명령은 실제로 다시 정벌하겠다는 것보다도 소문을 퍼뜨려 적을 겁나게 만들려는 전략이 숨어 있었다.

　상왕의 항복 촉구문서를 받아본 종정성宗貞盛은 드디어 두 달이 지난 9월 20일에 사람을 보내 예조판서에게 편지를 보내 항복하기를 빌고, 토산물을 바치고, 인신印信(입국허가증)을 내려달라고 청원했다.

　그러면 대마도의 항복은 진심일까? 일은 상왕이 벌여놓았지만 장기적으로 그 뒷수습을 할 책임은 세종에게 있기 때문에 세종은 9월 21일에 대신들과 이 문제를 놓고 의논했다. 먼저 임금이 말했다.

> "대마도는 지금 비록 궁박한 정도가 심해서 항복하기를 빌고 있지만,
> 속마음은 거짓말일 것이다. 만약 온 섬이 통틀어 항복해온다면 좋겠지만,
> 그들이 오지 않는다면 어찌 믿을 수 있겠는가?"

　그러자 정승 이원李原이 대답했다. "비록 온 섬이 통틀어서 항복해 온다 하더라도 그것을 처치하는 것 또한 어렵습니다." 하니 임금이 다시 말했다.

> "[인구가] 수만에 지나지 않는데 그 정도를 처치하는 것이 무엇이 어렵겠는가?"

　이원이 다시 응답했다. "저들은 궁박한 정도가 심해서 겉으로 우호적 교제를 허락하기를 바랄 뿐입니다. 온 섬이 통틀어서 투항해 오지는 않을 것입니다."하니 임금이 "그렇다."고 대꾸했다. 예조판서 허조가 앞으로의 대책을 말했다.

"처음에는 일본 사신이 적더니 근년에 와서는 칼 한 자루를 바치는 자까지도 사신이라 칭하고서 물건을 팔려고 하고, 그들이 가지고 온 물화가 길에 잇닿아 있어서 역리驛吏들이 고통스럽고, 가끔 예조에까지 와서 성내어 소리치는 자까지 있습니다. 국가에서 매년 이들에게 하사하는 양곡이 1만여 석이나 됩니다. 그들의 내왕을 허락한다면 도성 밖에다 왜관倭館을 지어 머물게 하고, 종정성이나 종준 등이 문서를 가지고 오면 예로써 대접하고, 매매하는 물건을 저들이 스스로 운반하게 하고, 그 밖에 등차랑藤次郎 등이 보내는 사신은 왕래를 제한해야 합니다."

임금이 "내왕을 하게 되면 그렇게 하는 것이 좋겠다."고 답했다. 세종과 대신들이 의논한 것은 종정성의 항복에 대한 답서는 아니었다. 그 권한은 상왕이 가지고 있었다.

상왕은 10월 11일에 종정성에 대한 답서를 보내기 위해 영의정 유정현을 비롯한 대신들을 불러 저들을 설유說諭하는 방책을 의논했다. 모두들 다음과 같은 내용을 담는 것이 좋겠다고 말했다.

"너희 섬사람들이 처음에는 도적질하는 것을 일삼아 우리 땅을 침범하여 노략질을 하다가 그 후 종정무宗貞茂가 항복하겠다고 빌기에, 우리는 차마 그를 끊어 버릴 수 없어 그가 하고자 하는 대로 따른 지가 여러 해가 되었다. 그런데 지금 또 도적질을 하여 사단을 일으켰기에 병선兵船을 보내 처자들을 잡아오게 명했더니, 너희들은 명령에 항거하여 제각기 험한 곳을 이용하여 싸웠다. 이 싸움은 양쪽이 다 불리했다. 만약 병선을 다시 1천 척 내지 5~6백 척을 보내 드나들며 공격하면 스스로 굶주림과 곤란을 겪게 되어 모두 죽게 될 것이다. 지금 네가 수호하기를 빈다마는 어찌 믿을 수 있겠는가? 만약 종준宗俊(종정성의 아우)[39] 등이 친히 와서 투화投化한다면 그때에는 항복하는 것을 허락해주고, 벼슬을 주거나 우리 백성이 되게 하여 너희들이 원하는 바를 들어주어 생업에 안정하게 해줄

---

39) 죽은 대마도 수호 종정무宗貞茂는 여러 아들을 두었는데, 종정성이 장남이고, 그 아래에 종준宗俊, 종무직宗茂直, 종무수宗茂秀, 종무세宗茂世, 종언륙宗彦六, 종언칠宗彦七 등이 있었다.

것이다. … 11월까지 보고해 오지 않으면 영영 투화해 오지 않는 것으로 생각하겠다."

대신들의 의견을 들은 상왕은 "좋다."고 말했다. 그리하여 위와 같은 의견을 참작하여, 10월 18일에 다음과 같은 선지宣旨(태종의 명령을 선지라고 불렀다)를 만들어 돌아가는 종정성의 사신 편에 보냈다.

> "… 대마도는 돌산으로 땅이 척박하여 농사가 어려워 미역이나 물고기를 잡아서 팔고, 해초와 풀뿌리를 먹고 사니 굶주림을 면하지 못해 양심을 버리고 도적질을 하기에 이르렀다. 나는 이를 심히 불쌍하게 여긴다. 종정성의 아비 종정무는 사려깊고 침착하며 지혜가 있어 성의를 다해 필요한 것이 있으면 청해 오지 않는 것이 없었다. 일찍이 진도珍島와 남해南海 등의 섬을 청하여 그 무리들이 모두 옮겨 와서 살기를 원했는데 … 나는 이를 가상히 여겨 그의 청을 들어주려고 하던 차에 종정무가 세상을 떠났으니, 아 슬프구나.
>   종정성이 내 마음을 체득하고 아비의 계획을 생각하여 그 무리들을 타일러 항복해 온다면 틀림없이 큰 작위를 주고, 인신印信을 주고, 후한 녹봉을 주고, 토지와 집을 주어 대대로 부귀의 즐거움을 누리게 해줄 것이요, … 이를 원한다면 12월에 일 관리하는 자를 보내 와서 내 지휘를 받도록 하라. …"

상왕은 대마도 왜인이 투항해 온다면 토지와 집과 벼슬과 녹봉 등을 주어 안심하고 살게 해 주겠다고 하면서, 12월까지 사람을 보내와서 구체적인 실천 계획을 의논하자고 제안했다. 그러나 종정성은 12월까지 사람을 보내지 않고 있다가, 다음해인 세종 2년 1월 25일에 사람을 보내 토산물만 바치고, 다시 윤1월 10일에 부하 시응계도時應界都를 보내 항복문서를 보내왔다. 그 요지는 다음과 같다.

"대마도는 토지가 척박하고 살기가 힘듭니다. 바라옵건대, 섬 사람들을 가라산加羅山 등 섬에 보내어 주둔하게 하여 밖에서 귀국을 호위하며, 백성들은 섬에 들어가서 안심하고 농사에 종사하게 하고, 그 땅에서 세금을 받아 우리들에게 나누어주어 쓰게 하소서. 나는 일가 사람들이 수호守護의 자리를 빼앗으려고 하는 것이 두려워 나갈 수가 없사오니, 만일 대마도를 귀국 영토 안의 주군州郡으로 명칭을 정해주고 인신印信을 주신다면, 신하의 도리를 지켜 시키시는 대로 따르겠습니다. 앞서 [조선의] 도두음곶都豆音串에 침입했던 해적의 배 30척 가운데 싸우다가 없어진 것이 16척이며, 나머지 14척은 돌아왔는데, 그중 7척은 일기도一岐島 사람으로 그곳으로 돌아갔고, 7척은 대마도 사람으로 선주는 싸우다가 죽고 노젓는 격군格軍만 돌아왔습니다. 각 배의 두목 한 사람씩 잡아들여 그 처자까지 잡아 가두고 그들의 재산과 배를 몰수했사오니, 빨리 관원을 보내 처리하시기 바랍니다."

항복문서의 핵심내용은, 대마도인을 우리나라의 가라산加羅山 곧 거제도 등 섬에 이주하게 하거나, 아니면 대마도를 조선의 주군州郡으로 편입해 달라는 것, 종정성 자신은 수호의 자리를 일가에게 빼앗길까 두려워 조선으로 투화하지 못한다는 것, 그리고 앞서 해적질한 왜구들의 배 14척 가운데 7척은 일기도一岐島로 돌아가고, 나머지 7척은 대마도 배인데 그 두목과 처자를 잡아두었으니, 조선이 빨리 처리해 달라는 것이었다. 항복문서를 보낸 나흘 뒤인 윤1월 14일에 종정성은 또 사람을 보내 토산물을 바쳤다.

종정성의 항복문서에 대한 답서는 세종 2년 윤1월 23일에 예조판서 허조의 이름으로 보냈는데 그 요지는 이렇다.

"사람이 와서 편지를 받아보고 족하足下가 진심으로 뉘우치고 깨달아서 신하가 되기를 원하는 뜻을 자세히 알았으며, 돌려보낸 사람과 바친 예물은 이미 자세히 위에 아뢰어 윤허하심을 받았으니, 실로 온 섬의 복이라고 생각한다. 족하가 요청한 여러 고을에 나누어 배치한 사람들에게는 이미 의복과 식량을 넉넉히 주어서 각기 그 생업에 안심하고 종사하게 했는데,

섬 안에 먹을 것이 부족하니 돌아간다면 반드시 굶주릴 것이다.

또 대마도는 경상도에 소속되어 있으니, 모든 보고나 또는 문의할 일이 있으면 반드시 경상도 관찰사에게 보고하여, 그를 통해서 보고하고, 직접 예조에 올리지 말도록 할 것이다. 겸하여 청한 도장의 전자篆字와 하사하는 물품을 돌아가는 사절에게 부쳐 보낸다. 근래 족하의 관할 지역에 있는 대관代官과 만호萬戶가 각기 제 마음대로 사람을 보내 글을 바치고 성의를 표시하니, 그 정상은 비록 지극하나 체통에 어그러지는 일이다. 지금부터는 반드시 족하가 친히 서명한 문서를 받아가지고 와야만 비로소 예의로 접견함을 허락하겠다."

이 글을 보면, 대마도는 이제 경상도에 소속시키고, 대마도주는 조선의 신하가 되어 그 증거로서 임명장에 해당하는 인신印信을 주겠다고 했다. 그리고 대마도에 있는 여러 대소 관원들이나 호족들이 개별적으로 와서 토산물이니 글을 바치는 일은 막아달라고 명했다.

하지만 조선의 수령이 직접 가서 통치하는 것은 아니기 때문에 완전히 조선의 영토로 편입된 것은 아니어서, 반쯤은 예속되고, 반쯤은 독립된 모습으로 되었다. 실제적으로는 대마도 주민에 대한 조선의 책임과 부담은 오히려 더 커졌다. 다만 확실한 것은 일본 국왕은 대마도에 대하여 이 정도의 지배권과 영향력을 행사하지 못하고 있었다는 사실이다. 우리가 대마도를 정벌할 때에도 일본 국왕은 아무런 대응을 하지 않았다.

9. 일본 막부가 《대장경》을 청구하고, 토호들이 조공을 바치다

[세종 1년]

대마도 정벌이 끝난 뒤로 대마도 및 그 밖의 지역의 왜인과의 관계는 어떠했는가?

대마도 정벌이 있기 전, 세종 1년 3월에 구주九州 원도진源道鎭이 사신을 보내《대반야경》을 요청하고, 4월에 비주肥州(佐賀) 태수 길견원창청이 사찰 중창에 필요한 자본을 요청한 것, 5월에 구주 정우正祐가 와서 흥천사에 머문 것, 6월에 구주 축전주筑前州 석성부관사 평만경平萬景이 사람을 보내온 것 등은 이미 앞에서 설명했다.

세종 1년 6월 2일에는 일본 서해도의 병권을 가진 구주총관 우무위 원도진源道鎭이 또 사람을 보내 토산물을 바치고, 남만선南蠻船(유구 사신)이 조선으로 조회하러 가다가 도적에게 약탈당했으니, 도적에 대한 방비를 잘하라고 알려주었다. 조선은 이를 기특하게 여겨 호랑이 가죽과 표범 가죽 각 1장, 잡채화문석 15장, 면주와 마포 각 10필, 면포 80필을 주어 보냈다. 이해 11월 24일에는 우무위 원공원신原公元臣과 농주濃州(岐阜 남쪽) 태수 평종수平宗壽가 사람을 보내 세등細藤 80여 개와 석유황石硫黃(약재) 1,060근, 환도環刀 2자루를 진상하자 명주 40필과 면포 170필을 하사했다.

세종 1년 11월 20일에는 드디어 일본 실정막부室町幕府(무로마치 막부)의 국왕 원의지源義持(足利義持, 아시카가 요시모치)가 보낸 사신 승려 양예亮倪 일행과 구주 총병관이 보낸 사신이 경상도 부산포에 도착했다. 이들은 앞서 왜인에게 사로잡혔던 4명의 조선인을 데리고 왔다고 말하여 임금에게 보고하자 관리를 보내 위로해 주었다. 국왕 사신은 12월 14일에 서울에 도착하여, 12월 17일에 대궐에 들어와서 서계書契(국왕문서)를 올리고 토산품을 바쳤다. 서계의 내용은 이렇다.

"우리나라와 귀국은 바다를 격한 가까운 나라이나 큰 물결이 험한 데가 많아서 때때로 소식을 이어가지 못하니 이것은 게으른 것이 아닙니다. 이제 중 양예를 보내 기거를 문안하고, 겸하여《석전釋典》7천 축을 구하오니, 윤허하시어 이 나라 사람들이 길이 좋은 인연을 맺게 하시면 그 이익이 넓지 않겠습니까? 이것을 용납하시기를 엎드려 빌면서 변변치 못한 토산물을 서계 끝에 기록했습니다."

서계의 핵심은 《대장경》을 청하는 것인데, 서계의 끝에 '왕王'이라고 쓰지 않았다. 그 이유는 명나라 황제가 그를 왕으로 봉했으나 그가 받아들이지 않고 스스로 '정이대장군征夷大將軍'이라고 자처했기 때문이었다. 실제로 막부의 권력자는 '왕'이 아니라 '장군將軍'(쇼군)으로 부르고 있었는데, 조선에서 편의상 왕으로 부른 것이다. 그의 아버지 족리의만足利義滿(아시카가 요시미쓰)은 명나라 황제의 국왕책봉을 받았으나, 그 아들은 책봉을 거부했던 것이다. 그렇다고 서계에다 감히 '정이대장군'이라고 쓰지는 않았고, 다만 '일본국 원의지'라고만 써서 보냈다. 직함을 쓰지 않은 것이다. 조선에 대하여 저자세를 보인 것이다.

일본 국왕이 바친 토산물의 목록이 기록에 보이지 않는데, 그 이유를 알수 없다. 아마도 목록이 매우 빈약했기 때문인 듯하다. 막부는 그 뒤에도 사신을 조선에 보낼 때 토산물을 아주 빈약하게 보내는 것이 관례로 되었다. 그들은 예물禮物에 대한 관념이 없었다. 오히려 지방 토호가 바치는 토산물과 비슷한 수준이었다.

나중에 송희경宋希璟이 회례사回禮使로 가서 원의지를 만나고 와서 그들의 사정을 자세히 알게 되었는데, 원의지는 조선이 명과 함께 일본을 정벌할 것으로 잘못 알고서 송희경 일행을 푸대접했다. 그러니까 조선에 대하여 악감정을 가지고 있으면서 《대장경》 때문에 사신을 보냈을 뿐이었다. 그들은 그 뒤 《대장경》 대신 아예 그 목판木板을 달라고 두 번이나 사신을 보냈으나 거절당했다.

양예는 다음해인 세종 2년 1월 6일에 부하를 거느리고 대궐에 나아가서 조회에 참석했는데, 이들을 서반西班 종3품 반열에 서게 했다. 동반東班이 아닌 서반에다 위치를 배정한 것은 일본 국왕 사신을 낮게 평가한 것이다. 조회가 끝나자 임금이 그들을 전상殿上에 오르게 하여 대화를 나누었다.

임금이 "바람과 물이 험한 길에 수고롭게 왔구나" 하니, 양예가 엎드려 "임금의 덕택을 말로써 다 하기 어렵습니다."라고 대답하자, 임금이 "그대들이 바라는 것이 무엇인가?" 하니, 양예가 "대장경뿐입니다." 하고 대답했다. 임금이 "대장경은 우리나라에도 희귀하나, 1질은 주겠다." 하니, 양예가 머리를 조아리며, "우리나라에서 받은 임금님의 은혜는 이루 말할 수 없습니다."라고 했다. 임금이 "그대들이 하고 싶은 말이 있으면 말하라." 하니, 양예가 "말로써는 다 할수 없으므로 시詩를 지어 충성을 보여 드리겠습니다." 하고 품 속에서 시를 꺼내 보였다. 그 시는 이렇다.

> "넓게 개척한 산천은 우공禹貢(우임금 땅)에 들어가고
> 높이 달린 일월은 요천堯天(요임금 하늘)에 걸려있네
> 무엇으로 성조聖朝의 황화皇化에 감사할는지
> 공손히 두 손 모으고 만만세萬萬歲 세 번 부르네"

이 시는 조선을 성인聖人 우禹 임금의 땅과 요堯 임금의 하늘에 비유하여 칭송하고, 황제의 교화에 감사하여 만세를 부른다는 뜻이다. 조선 국왕을 '황제'로 묘사한 것이다. 세종은 두 나라가 영구히 화친하기를 바란다는 뜻을 전하고, 지난해에 대마도를 친 연유를 말했다. 사신은 이에 대하여 아무 말도 하지 않았다. 대마도를 자기 나라로 보았다면 그렇게 무심할 수는 없었을 것인데, 그 땅에 대하여 얼마나 무관심하고 무력했는지를 보여준다.

양예는 세종 2년 윤1월 6일에 전에 온 구주九州 사신 승려 정우正祐와 함께 조회에 참석하여 예를 행하고 나서 귀국했다. 떠나기 전에 양예 등이 까치, 흰비둘기, 오리를 청하자, 비둘기와 오리는 각각 두 쌍, 까치는 다섯 쌍을 잡아서 하사했다. 원래 일본에는 까마귀는 많으나 까치가 없었다. 일본 국왕이 보낸 사신은 언제나 승려였다. 무사국가이자 불교국가이므로 사신으로 보낼 만한 문사文士가 없었던 것이다.

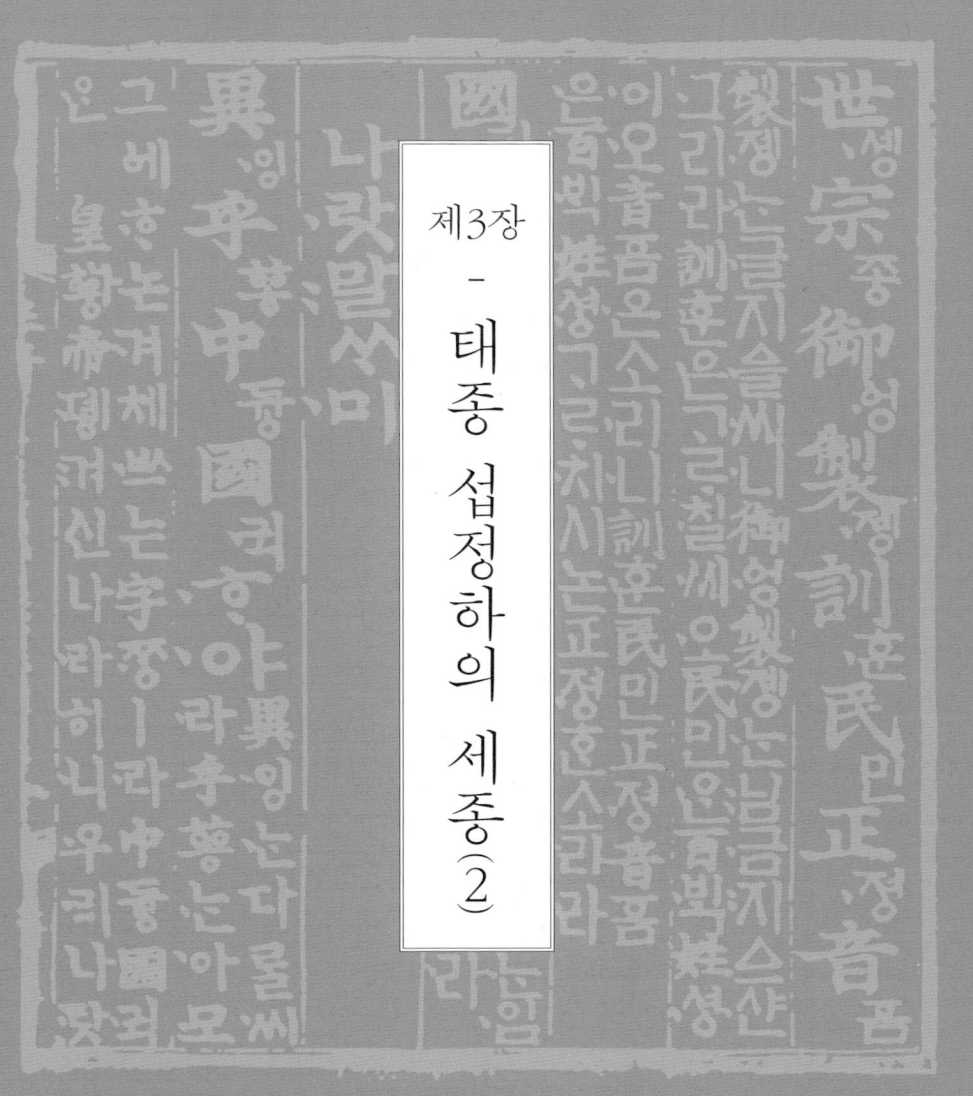

제3장
-
태종 섭정하의 세종(2)

세종 2~3년
(24~25세)
1420~1421년

1. 집현전을 부활시키다 [세종 2년]

태종이 상왕으로서 병권과 정권을 잡고 국가의 중대사를 섭정하고 있던 5년 동안, 세종은 임금노릇을 제대로 하지 못하고 있었다고 세종 자신이 술회했음은 앞에서 이미 설명한 바 있다. 세종은 그저 상왕을 정성으로 섬기는 효자의 모습을 벗어나지 못했고, 더욱이 상왕이 다섯 군데의 이궁離宮을 돌아다니며 사냥에 몰두할 때 항상 상왕을 문안하고 모시고 다녔기 때문에 궁에 앉아서 정사를 볼 기회도 거의 없었다. 어찌 보면 대원군 섭정하의 고종과 비슷했다.

그래도 5년 동안 상왕과 의논하여 이룩한 업적이 전혀 없는 것은 아니었다. 가장 중요한 업적은 집현전集賢殿을 부활시킨 것이다. 집현전은 원래 중국 당나라 때 만든 기구로서 학사學士들을 모아 임금의 경연에 나가 경전을 강론하고, 서적 필사, 서적 보관, 서적 편찬, 그리고 황제의 칙지 작성 등의 일을 맡았다.

이 제도가 우리나라에 도입된 것은 고려시대 유학이 크게 진흥되었던 12세기 인종仁宗 때로서 처음에 연영전延英殿이라 했다가 뒤에 집현전으로 이름을 바꾸었는데, 당나라 집현전과 비슷한 기능을 맡았다. 인종 때 송나라 사신 서긍徐兢이 사신으로 왔다가 돌아가서 쓴 《고려도경高麗圖經》을 보면, "궁중에 보관된 서적이 수만 권이고, 숙유宿儒와 석사碩士들이 학문을 연구하고 있다."고 한 것이 바로 집현전을 가리킨 것이다.

그러나 무신정변 이후로 집현전 기능이 유명무실해지다가 조선왕조에 들어와서 정종定宗 1년 3월에 대사헌 조박趙璞이 집현전의 부활을 건의하여 조준, 권중화, 조박, 권근, 이첨 등 학자들을 제조로 삼고, 그 아래에 교리校理(5~6품), 설서說書(7~8품), 정자正字(9품)를 두었다. 이해 4월에는 집현전에서 김반金泮 등 문신 33인을 과거로 뽑았다. 하지만 정종이 재위 2년 만에 하야하여 제 기능을 하지 못했다.

그 다음 임금인 태종은 왕자의 난으로 하야한 부왕 태조와의 갈등에 이어

처가인 민씨세력과의 권력투쟁으로 여념이 없어서 집현전 운영을 하지 못했다. 태종 10년 11월에 사헌부에서 집현전을 개설하여 유사儒士를 뽑아 경사經史를 강론하라고 건의했으나 받아들이지 않았다. 태종 17년 1월에도 사간원에서 다시금 집현전을 창립하라는 다음과 같은 상소를 올렸다.

> "인재는 국가의 그릇이므로 미리 양성하지 않을 수 없는데, 지금 수문전, 집현전, 보문각은 이름만 있고 실상이 없으니, 바라건대 나라 안에 집현전을 창립하고 관각館閣(예문관, 춘추관, 교서관 등)의 제학提學 중에 글을 잘하는 몇 명을 택하여 제조提調로 삼고, 3품 이하의 문신으로 젊고 자질이 뛰어난 자를 선택하여 그 정원을 정하고 벼슬하게 하되, 제조는 항상 집현전에 모여 경사를 강독하고, 혹은 제술製述하여 문풍文風을 진작시키소서."

그러나 육조에서 의논한 결과 채택되지 않아 시행되지 않았다. 집현전 설치가 다시 논의된 것은 세종 1년 2월 16일이었다. 이날 좌의정 박은朴訔이 집현전 설치의 필요성을 강조하면서 "문신을 선발하여 집현전에 모아 문풍을 진작시키자."라고 상소하니, 임금이 아름답게 여기고 받아들였다. 그러나 이해는 대마도 정벌과 명나라 사신의 접대 등으로 어수선하여 별다른 조치를 취하지 못했다. 다음해인 세종 2년 2~3월에는 상왕이 여러 차례 임금과 함께 두 달간이나 경기도, 황해도, 강원도 등지에서 사냥에 참가하여 정사를 볼 겨를이 없었다.

세종 2년 3월 15일에 임금이 환궁하여 다음 날인 3월 16일에 집현전 직제職制를 만들었다. 집현전을 상징적으로 총괄하는 영집현전사領集賢殿事는 2명을 두고 정1품이 맡게 했다. 그러니까 의정부의 두 정승이 겸직했다. 다음으로 대제학大提學이 2명으로 정2품인데 역시 겸직이다. 그 다음 제학提學이 2명으로 종2품 관원이 겸직했다.

집현전에는 겸직이 아닌 전임직 학사學士들이 따로 있었는데, 정3품 부제학副提學, 종3품 직제학直提學, 정4품 직전直殿, 종4품 응교應敎, 정5품 교리校理, 종

5품 부교리副校理, 정6품 수찬修撰, 종6품 부수찬, 정7품 박사博士, 정8품 저작著作, 정9품 정자正字가 전임학사들이다. 부제학이 집현전의 실질적인 수장이었다.

집현전 관원은 모두 임금의 학문과 자문을 맡은 경연관經筵官을 겸직하게 했다. 각품의 정원은 2명을 넘지 못하고, 품계를 따라서 승진했다. 학사들은 같은 품계를 가진 다른 관원들과의 서열에서 첫머리에 속하게 하여 우대했다. 이해 4월에는 집현전에 10명의 서리書吏를 두어 7품에 이르면 거관去官하도록 했다. 이들은 잗다란 실무를 보좌하는 아전들이었다.

영집현전사는 당시 의정부 좌의정 박은朴訔(1370~1422)[40]과 우의정 이원李原이 겸임하고, 대제학은 유관柳寬(1346~1433)[41]과 변계량卞季良(1369~1430)[42]이 겸임하고, 탁신卓愼(1367~1426)[43]과 이수李隨(1374~1430)[44]가 제학을 겸임했다. 이수는 세종이 임금이 되기 전에 교육을 맡았던 인물이다. 부제학은 임명하지 않았다가 세종 3년 7월 4일에 직제학 신장申檣(1382~1433)[45]을 승진시켜 임명했다. 직제학에는 신장申檣과 김자金赭(?~1428)[46]를, 직전은 비워두었다가 뒤에 김상직金尙直을 임

---

40) 박은은 본관이 반남潘南으로 고려 말 유학자이자 판전교시사를 지낸 박상충의 아들이다. 문음으로 출사했다가 우왕 때 문과에 급제한 후 벼슬길에 나아갔는데, 태종이 집권할 때 도움을 주어 정사공신과 좌명공신이 되었고, 47세의 젊은 나이에 파격적으로 우의정에 올랐다가 좌의정에 이르렀다.

41) 유관은 본관이 문화文化로서 초명은 유관柳觀이었으나 뒤에 유관柳寬으로 개명했다. 고려 말 문과에 급제하여 벼슬이 세종 때 예문관 대제학을 거쳐 우의정에까지 올랐다. 《고려사수교》에 참여했다. 생활이 청백하여 청백리에 녹선되었다. 동대문 밖 초가집에서 살 때 집에 비가 새자, 부인과 우산을 들고 앉아서, "이런 날 우산이 없는 사람은 어떻게 지낼까?" 하면서 걱정했다는 일화가 있다.

42) 변계량은 본관이 밀양으로 검교판중추원사 변옥란卞玉鸞의 아들이다. 이색과 권근의 문인으로 고려 말 문과에 급제하여 조선조에 들어와서 예문관 대제학, 성균관 대사성 등을 지내고 집현전이 설치되자 대제학을 겸임했다. 문집 《춘정집春亭集》이 전한다.

43) 탁신은 본관이 광주光州로서 좌간의대부를 지낸 탁광무의 아들이다. 문과에 급제하여 언관을 지내다가 세종 때 예문관 제학을 거쳐 벼슬이 의정부 참찬(정2품)에까지 올랐다가 세종 8년에 향년 60세로 세상을 떠났다. 경학에 밝고 청렴결백하여 집안이 매우 가난하게 살았다.

44) 이수는 황해도 봉산鳳山의 산야에 살던 평민으로 생원시에 장원급제하여 발탁되고, 문과에 급제하여 세종의 스승이 되었는데, 뒤에 봉산이씨의 시조가 되었다.

45) 신장은 본관이 고령高靈이고, 공조참의 신포시申包翅의 아들이다. 문과에 급제하여 벼슬이 대제학과 참판(종2품)에 이르렀으며 유학에 밝았다. 아들이 신숙주申叔舟와 신말주申末舟이다.

46) 김자는 본관이 언양彦陽으로 김취려金就礪의 후손이며, 동지밀직사사 김수익의 아들이다. 문과에 급제하여 벼슬이 좌대언에 이르렀다가 요절했다. 유학에 밝았다.

명했다. 응교에는 어변갑魚變甲(1381~1435)⁴⁷과 김상직金尙直⁴⁸을, 설순偰循(?~1435)⁴⁹과 유상지兪尙智(?~1432)⁵⁰를 교리로, 유효통兪孝通(?~?)⁵¹과 안지安止(1384~1464)⁵²를 수찬으로, 김돈金墩(1385~1440)⁵³, 최만리崔萬理(?~1445)⁵⁴를 박사로 임명했다. 그 아래 저작과 정자는 뒤에 임명했다. 집현전은 궁중에 관청을 설치하고, 문신 가운데 나이가 젊고 재주가 있는 자를 가려서 임명했다.

그러나 세종 원년에서 4년에 이르는 동안 집현전은 제도를 연구하는 데 그치고 별다른 사업을 이룩하지는 못했다. 세종 2년 5월 25일에 대제학 유관과 변계량이 집현전에 모여 아래 관원들에게 시詩를 시험했다. 시는 중국 사신 중에 유식한 사신이 왔을 때 서로 시를 주고받으면서 접대하기 위함이었는데, 아직 그런 사신이 온 일이 없었다. 대부분 무식한 환관들이었기 때문이다. 세종 3년 10월 16일에는 세자[뒤의 문종] 교육이 시작되자, 부제학 신장, 직제학 김자, 직전 김상직, 교리 설순을 세자 교육을 맡는 직책에 임명했다.

---

47) 어변갑은 본관이 평안도 함종咸從으로 목사 어연魚淵의 아들이다. 문과에 급제하여 벼슬이 집현전 직제학에 이르렀으나, 어머니 봉양을 위해 벼슬을 버리고 함안咸安으로 은퇴하여 생애를 마쳤다. 그 아들이 어효첨魚孝瞻(판중추원사)이고, 손자가 어세겸魚世謙(좌의정)이다.
48) 김상직은 본관이 상주로서 참의 김겸金謙의 아들이다. 생몰년은 알 수 없다. 생원시에 급제하여 집현전 학사가 되었고 벼슬이 참의(정3품)에까지 이르렀다.
49) 설순은 본관이 경주이다. 원나라 간섭기에 위구르[지금의 新疆省] 고창古昌에서 살다가 귀화한 설손偰遜의 손자이다. 설손의 큰 아들은 설장수偰長壽이고, 둘째 아들은 설미수偰眉壽이며, 제4남이 설경수偰慶壽이고, 설경수의 아들이 설순이다. 문과에 급제하여 벼슬길에 올랐는데 특히 역사에 밝았다.
50) 유상지는 본관이 창원昌原으로 전서典書 유귀생의 아들이다. 문과에 급제하여 집현전 학사가 되었다가 뒤에 부대언副代言(정3품)으로 세상을 떠났다.
51) 유효통은 본관이 고려시대 호장戶長을 역임한 집안인 기계杞溪 유씨로서 전서典書를 지낸 유현兪顯의 아들이다. 생몰년을 알 수 없다. 문과에 급제하여 홍문관을 거쳐 집현전에 들어가 부제학에 이르고, 예문관 제학과 참의에 이르렀다. 의관 노중례와 더불어《향약집성방》을 편찬했다.
52) 안지는 본관이 탐진耽津(전남 강진)으로 찬성 안사종의 아들이다. 문과를 거쳐 집현전 학사가 되고 정인지와 더불어《용비어천가》를 편찬했다. 벼슬이 공조판서와 영중추부사(정1품)에 이르렀다.
53) 김돈은 본관이 안동으로 김방경의 후손이고, 참의 김후金厚의 손자이다. 문과에 급제한 후 집현전을 거쳐 벼슬이 도승지(정3품)와 인순부윤에 이르렀는데, 경학과 천문학에 능통하여 보루각과 흠경각 건설에 참여했다. 어머니는 제주도 사람이다.
54) 최만리는 본관이 해주로서 해동공자로 불린 최충崔冲의 12대손이다. 문과에 급제하여 집현전에 들어가 25년간 근무했다. 세종이 훈민정음을 창제하자 이를 비판하여 임금과 불편한 관계를 맺고 있다가 세상을 떠났다.

집현전의 젊은 유신들이 성장하는 데 도움을 준 것은 세종 8년부터 시행된 사가독서제賜暇讀書制였다. 지금의 교수들에게 연구년을 주는 제도와 비슷하다. 세종은 재위 8년 12월 11일에 집현전 부교리 권채權採(1399~1438)[55]와 저작랑 신석조辛石祖(1407~1459)[56], 정자 남수문南秀文(1408~1442)[57] 등을 불러 다음과 같이 명했다.

> "내가 그대들에게 집현관을 제수한 것은 나이가 젊고 장래가 있어서, 다만 글을 읽게 하여 실효實效를 얻고자 함이었다. 그러나 각각 직무로 인하여 아침저녁으로 독서에 전심할 겨를이 없으니, 이제부터는 집현전에 출근하지 말고 집에서 전심으로 글을 읽어 성과를 내어 나의 뜻에 부응하라. 글 읽는 규범에 대해서는 변계량卞季良의 지도를 받도록 하라."

이 말은 이제부터 집현전관이 직무를 떠나 독서에만 전심하도록 하여 학자로 키우겠다는 뜻이다. 그래서 처음에는 집에서 독서하라고 명했는데, 뒤에는 주기적으로 휴가를 주어 서울 근교의 진관사津寬寺 등 사찰에 보내 독서에 전념하게 하기도 했다. 이들에 대한 세종의 사랑과 지원은 각별했으며, 지방에 내려갈 때는 역마驛馬를 이용할 수 있는 특전을 주기도 했다.

집현전 관원의 정원도 차츰 늘려가서 처음에는 10명이었다가, 세종 4년(1422)에 15명, 세종 8년(1426)에는 16명, 세종 17년(1435)에는 22명, 그해 7월에는 다시 32명으로 늘었다가 세종 18년(1436)에 20명으로 줄었는데 이 수치가 그대로 고정되었다. 사업이 많을 때는 정원을 늘리고, 사업이 적을 때는 줄였다. 전임관들은 처음에 낮은 관직에서 출발하여 직제학 또는 부제학까지 승진

---

55) 권채는 본관이 안동으로 제학 권우權遇의 아들이다. 권근權近의 조카인 동시에 권제權踶의 종제이다. 집현전을 거쳐 벼슬이 승지(정3품)에 이르렀다. 《향약집성방》 편찬에 참여했다.

56) 신석조는 본관이 영산靈山으로 병조판서 신인손辛引孫의 아들이다. 첫이름은 석견石堅이었으나 뒤에 석조石祖로 바꾸었다. 문과를 거쳐 집현전 학사가 되고, 벼슬이 개성유수와 한성판윤에 이르렀다.

57) 남수문은 본관이 고성固城으로 공조참판 남금의 아들이다. 문과를 거쳐 집현전 학사가 되어 죽을 때까지 근무했으며, 세종 때 《통감훈의》와 《고려사》 편찬에 참여했다.

했다가 육조의 장관이나 승정원의 비서직으로 승진해 나가는 것이 보통이었다.

집현전의 기능은 여러 가지가 있었다. 처음에는 모두 임금의 경연經筵을 맡게 했다가 뒤에 세자가 책봉되자, 관원의 절반은 세자의 서연書筵에 참석하게 하여 임금과 세자와 더불어 학문의 강론을 돕고 자문했다. 세종 5년 6월 24일에는 춘추관의 사관史官이 혼자서 조계朝啓에 참석하여 사초史草를 기록하는 것이 무리라고 판단하여 집현전 관원에게 기록하는 임무를 맡기고, 바로 신장, 김상직, 어변갑, 정인지, 유상지에게 춘추관의 사관을 겸직하라고 명했다.

또 종친들 교육기관인 종학宗學이 설치되자 교관으로 참석시켰다. 그 밖에 중국에 보내는 표전문表箋文[58]이나 자문咨文을 작성하기도 하고, 명나라 사신을 접대하는 일도 많았다. 무식한 환관宦官이 사신으로 올 때에는 일반 관료들이 접대했으나, 유식한 학자관료들이 사신으로 올 때에는 그들을 접대하면서 시를 주고 받고, 학문을 토론하면서 접대하는 일을 맡았다. 그 밖에 임금의 명령을 작성하는 지제교知製敎의 기능, 과거시험 때 시관試官의 기능, 그리고 10학十學과 관련한 다양한 편찬사업과 연구사업에 참여했다.

세종 8년 10월 26일에는 집현전 수찬에게 경복궁의 각 문과 다리의 이름을 짓도록 명했다. 홍례문弘禮門, 광화문光化門, 일화문日華門, 월화문月華門, 건춘문建春文(동문), 영추문迎秋門(서문), 영제교永濟橋 등의 이름이 이때 지어졌다.

임금은 어떤 제도를 개혁하고자 할 때에는 항상 옛날 제도를 먼저 참고하기 위해 학사들에게 수시로 고제古制를 연구하여 보고하라고 명했다. 그 고제는 주로 중국의 제도이지만 우리나라의 옛 제도도 함께 연구하여 우리의 현실에 맞게 시행했다. 이런 제도연구는 개혁을 반대하는 대신들의 주장을 억제하는 수단으로도 이용되었다. 다만, 민생과 관련되는 중요한 제도의 개혁은 집현전에만 맡기지 않고, 따로 상정소詳定所를 만들어서 대신들도 함께 참여한 가운데 추

---

58) 황제에게 올리는 글을 표문表文이라하고, 황태자에게 보내는 글을 전문箋文이라고 불렀다. 그리고 중국의 관청에 보내는 실무적인 글을 자문咨文이라 한다.

진했다. 예를 들어 〈공법貢法〉과 같은 세금제도를 새로 만들 때에는 전제상정소田制詳定所에서 주관했다.

　　세조 때 집현전이 폐지될 때까지 집현전 학사의 면모를 소개하면 다음과 같다. 괄호 안의 지명은 본관이다. 윤회尹淮(茂松), 정인지鄭麟趾(河東), 김자金赭(彦陽), 신장申檣(高靈, 신숙주 부친), 김상직金尙直(尙州), 안지安止(康津), 유상지兪尙智(昌原), 김돈金墩(安東), 김조金銚[초명 金鑌(金海)], 유효통兪孝通(杞溪), 어변갑魚變甲(咸從), 설순偰循(慶州), 이선제李先齊(光山), 최만리崔萬理(海州), 권제權踶[초명 權蹈(安東)], 권채權採(安東), 박서생朴瑞生(比安), 이보흠李甫欽(永川), 김문효金文孝(?), 김효정金孝貞(善山), 이선李宣(全州), 신석조辛石祖[초명 辛碩堅(靈山)], 남수문南秀文(固城), 배윤裵閏(星州), 이명겸李鳴謙(碧珍), 유의손柳義孫(全州), 이사철李思哲(全州), 김예몽金禮蒙(光山), 김말金末(義城), 김구金鉤(慶州), 김문金汶(彦陽), 이맹균李孟畇(韓山), 전순全淳(?), 김담金淡(禮安), 안완경安完慶(廣州), 이영서李永瑞(平昌), 허조許慥(河陽), 이선로李善老[초명 李賢老(江興)], 이극감李克堪(廣州), 김신민金新民(慶州), 이석형李石亨(延安), 정창손鄭昌孫(東萊), 김수온金守溫(永同), 이예李芮(陽城), 한혁韓奕(淸州), 한처령韓處寧(?), 강희안姜希顔(晋州), 성삼문成三問(昌寧), 박팽년朴彭年(順天), 신숙주申叔舟(高靈), 이개李塏(韓山), 유성원柳誠源(文化), 하위지河緯地(晋州), 이계전李季甸(韓山), 한계희韓繼禧(淸州), 최항崔恒(朔寧), 조석문曹錫文(昌寧), 노숙동盧叔仝(豊川), 조근趙瑾(楊州), 서거정徐居正(大邱), 양성지梁誠之(南原), 노사신盧思愼(交河), 권람權擥(安東), 송처관宋處寬(淸州), 이승소李承召(陽城), 서강徐岡(利川), 홍응洪應(南陽), 이파李坡(韓山), 박기년朴耆年(順天) 등이다.[59]

───────────

59)　김상직은 《상주김씨보》를 보면 조부 이전의 가계가 끊어져 있고, 할아버지 정鼎은 증직을 받았고, 아버지 겸謙은 참의參議로 되어 있으나 이는 경주김씨이지 상주김씨가 아니다. 안지는 《강진안씨보》를 보면 안지 한 사람만 외따로 기록되어 있어 가계가 보이지 않는다. 그는 스스로 초야에서 외롭게 살다가 과거에 급제했다고 한다. 집이 매우 가난하고 쓸쓸하여 비바람을 막지 못할 정도였다고 한다. 한처령, 한혁, 김문효, 전순은 본관을 알 수 없는 인물이고, 설순은 할아버지가 중국 위구르에서 귀화하여 경주를 본관으로 정한 사람이고, 김말金末은 《의성김씨보》에 가계가 끊어진 채 혼자만 기록되어 있고, 김문은 어머니가 무당이고, 이선로는 안평대군의 가노家奴 출신으로 뒤에 강흥이씨江興李氏의 시조가 되었고, 이선은 태조가 임금이 되기 이전의 서얼 출신이고, 김구는 어렸을 때 집이 가난하여 몸소 산에서 나무하고 물을 길어다가 부모를 봉양했던 사람이다. 이보흠은 본관이 영천이나 《청구씨보靑丘氏譜》의 〈영천이씨보〉에는 아버지 이현보李玄寶 윗대의 가계가 끊어져 있고, 《씨족원류氏族源流》의 〈영천이씨보〉에는 그의 가계가 보이지 않으며, 《만성대동보萬姓大同譜》의 《영천이씨보》에는 이보흠의 아버지가 안안安案으로 되어 있어서 전혀 사실과 맞지 않는다.

세종에서 성종대까지 조선초기 문물제도를 완성시킨 사람들이 바로 이들이다. 그런데 위 집현전 관원 가운데에는 신분이 낮은 사람들이 13명 정도가 보여 신분에 구애되지 않고 발탁되었음을 알 수 있다.

집현전 학사들이 왕명으로 참여하여 편찬한 대표적인 서적을 들면, 역사책으로는《치평요람治平要覽》,《자치통감훈의資治通鑑訓義》,《자치통감강목훈의資治通鑑綱目訓義》,《정관정요주貞觀政要註》,《역대병요歷代兵要》,《장감박의將鑑博議》,《역대세년가歷代世年歌》,《명황계감明皇戒鑑》,《고려사》,《고려사절요》등이다. 훈민정음과 관련된 책으로는《훈민정음해례》,《운회언역》,《용비어천가》,《동국정운》,《사서언해》등이 있다. 또 윤리서인《효행록》,《삼강행실》,《오례의주상정》등이 있다. 그밖에도 다수의 서적들이 있으나, 이 책들에 대한 자세한 내용은 편찬된 시기를 따라 다시 설명하겠다.

이렇게 세종의 사랑과 비호를 받으면서 성장한 학사들은 세종 말년에 이르면 세종과 자주 충돌을 일으켰다. 세종 25년에 세종이 '훈민정음'을 창제하자 최만리가 극력 반대하는 상소를 올리고, 세종이 두 아들을 연이어 잃고 왕비마저 세상을 떠나자 실의에 빠져 불당佛堂을 짓는 등 숭불에 기울자 집현전 학사들이 맹렬히 반대하고 나선 일들이 그렇다.

이제 학사들은 정치세력으로 성장했을 뿐 아니라, 유교의 순혈주의에 빠지면서 이단에 대한 비판과 불의에 대한 저항정신이 더욱 커졌다. 세조의 정권찬탈에 저항하다가 사육신으로 순절한 것도 또 하나의 예이다. 그리고 성종대에는 이들이 훈구대신으로 성장하여 새로운 신진세력인 사림의 비판을 받기도 했다.

세종의 집현전과 정조의 규장각奎章閣[60]은 여러모로 비슷하다. 인재를 양성하여 문화정치의 전성시대를 연 것이 그렇거니와, 정조가 말년에 정치세력으로 성장한 규장각 출신 관원들과 갈등을 일으키는 모습도 어쩌면 세종과 많이 닮았다.

---

60) 규장각에 대해서는 한영우,《문화정치의 산실, 규장각》(지식산업사, 2008) 및《정조평전: 성군의 길》(지식산업사, 2017) 참고

2. 주인 고발한 노비, 노비 죽인 주인에 대한 처벌, 〈부민고소금지법〉

[세종 2년]

세종 2년 9월 13일에 예조판서 허조許稠(1369~1439) 등이 하극상의 좋지 않은 풍속을 바로잡기 위해 아랫사람이 윗사람을 고발하면 처벌할 것을 아뢰었다. 특히 이와 관련하여 두 가지 법을 제기했다. 하나는 노비가 상전上典을 고발하면 고발을 받지 말고 즉시 노비의 목을 베라는 것이다. 허조는 그 예로 당 태종이 상전의 모반을 고발한 노비의 목을 벤 사실을 들었다. 모반은 여러 사람이 하기 때문에 스스로 발각되므로 구태여 노비까지 나서서 고발할 필요가 없다는 것이다.

다른 하나는 부사서도府史胥徒[61]가 그 관청의 상관이나 품관品官을 고발하거나, 향리와 백성이 수령이나 관찰사를 고발하는 자가 있으면, 비록 그 고발내용이 사실이라 하더라도 그 잘못이 국가의 안위를 해치거나 불법적인 살인에 관계되는 일이 아니라면, 윗사람에게 벌을 주지 말고, 고발한 내용이 사실이 아니라면 고발한 아랫사람을 보통 사람보다 더 무겁게 벌주어야 한다고 주장했다. 그러면서 옛날 주자朱子도 송나라 효종에게 그런 말을 했다고 했다.

세종은 이를 받아들였다. 얼핏 보면 세종이 자율적으로 결정한 것처럼 보이지만, 실은 태종의 지시를 따른 것이었다. 그 과정을 살펴보면 이렇다.

위 두 가지 사안 가운데, 특히 〈부민고소금지법府民告訴禁止法〉은 사안이 중대하다고 여겨 임금이 의정부와 형조에 내려 다시 논의해 보라고 명했다. 그랬더니 영의정 유정현柳廷顯과 좌의정 박은朴訔, 우의정 이원李原이 극력 그르다고 하면서, "이렇게 한다면 수령들은 더욱 거리낌이 없어져서 백성들이 감내하기 어려울 것이다."라고 말했다.

그러자 예조판서 허조許稠가 말하기를, "수령의 행위는 천만인의 이목耳目에

---

61) 부사서도는 각 관청의 장관 아래에서 물품을 관리하고 문서를 작성하는 하급 벼슬아치, 곧 아전들을 말한다.

드러나게 되므로 비록 향리나 백성들이 고발하지 않더라도 어찌 폭로되지 않겠는가?"라고 하면서, 상왕을 찾아가서 말하기를, "신은 이미 늙었습니다. 만약 성상의 윤허를 받는다면 눈을 감고 죽을 수 있을 것입니다." 하면서 눈물을 흘렸다. 그러자 상왕이 그 말에 감동하여 받아들였다고 한다. 이는 세종 4년 2월 3일자 기록에 보인다.

그러니까 이 법은 세종이 결정한 일이 아니고 사실은 태종이 허조의 의견을 받아들여 결정한 일로서 세종이 형식적으로 재가한 것이다.

그러나 뒤에 세종은 이 법을 시행하면 수령들이 백성을 두려워하지 않고 마음대로 부정한 일을 행하는 부작용이 생길 것을 크게 걱정하여 수시로 찰방察訪이나 감찰監察 등 조관朝官을 지방에 내려 보내 수령들을 감시하고 죄를 주었다.

그러면, 주인을 고발하는 노비를 목을 베게 하는 법은 어찌 되었는가? 이 법도 역시 허조의 강력한 건의를 상왕 태종이 받아들여 임금이 허락한 것인데, 세종 3년 12월 26일에 이르러 노비가 주인을 고발하면 목을 베라는 앞서의 조치에 대하여 형조가 이의를 제기하고 나섰다.

> "비부婢夫와 노처奴妻가 장획藏獲에 속하지만 장획에도 차이가 있으니 똑같이 죄를 주는 것은 적당치 못합니다. 비부婢夫(종의 남편)와 노처奴妻(종의 아내)가 주인을 고발한 자는 본율本律에 차등을 두어 논죄하소서."

형조의 문제제기는 바로 노비가 기본적으로 장획藏獲(재산)에 속하지만, 장획에도 두 종류가 있으므로 죄를 주는 데 차별을 두어야 하니, 똑같이 죄주는 것은 부당하다는 것이다. 그러자 임금은 이렇게 답했다. "처음에 깊이 따지지 않아서 그렇게 된 것인데, 만약 정률正律이 있다면 마땅히 그 법을 따라야 할 것이다."

그러니까 임금이 그때 깊이 생각하지 않고 엉겁결에 승낙한 일이니, 형조에서 정률正律 곧 《대명률》을 좀 더 조사하여 다시 결정하라고 명했다. 다시 말하면 허조가 상왕에게 하소연하여 승낙을 얻어낸 일이기 때문에 임금이 깊이 따지지 않고 재가했으니, 다시 깊이 따져보라고 형조에 명한 것이다.

형조는 왕명을 받아 《대명률》과 태조 7년의 수교受敎를 자세히 고찰한 다음, 세종 4년 2월 3일에 다시 상소했다. 형조는 다음과 같은 수정안을 내놓았다.

> "신등이 자세히 조사해 살펴보니, … 《대명률》에는, '노비가 가장家長을 고발하면 장杖 100대에 도徒[62] 3년의 형벌을 내리는데, 다만 무고誣告한 경우에는 교형絞刑(목매달아 죽임)에 처하고, 고공雇工(머슴)은 1등을 감한다.'고 했습니다. 태종 7년에 의정부에 내린 교지에도, '각기 따로 사는 비부婢夫는 고공雇工과 같이 논죄한다.'고 했습니다. 지금 노비와 비부婢夫와 노처奴妻를 모두 참형斬刑(칼로 목벰)으로 논죄하니, 시왕時王의 제도에 어긋남이 있습니다. 하지만 노비와 주인의 명분이 엄한 것은 강상綱常(삼강오륜)에 관계되니, 원컨대 이제부터는 노비가 주인을 고발한 자는 그 고발을 받지 말고, 무고율誣告律에 의하여 교형에 처할 것이며, 그 비부婢夫나 노처奴妻가 주인을 고발한 것도 받지 말고, 장杖 100대에 유流 3천 리의 죄를 주소서."

하니, 임금이 받아들였다. 곧 《대명률》을 보면, "노비가 주인을 고발하면 곤장 100대에 도형徒刑 3년을 처한다. 다만 그 고발내용이 거짓임이 드러나면 노비를 교형絞刑에 처한다. 그리고 고공인雇工人(머슴)은 1등을 감한다."고 되어 있다는 것이다. 또 태조 7년에 의정부에 내린 교지에도, "각기 떨어져 살고 있는 비부婢夫는 고공인雇工人으로 논한다."고 되어 있다는 것이다. 그래서 형조는 위 두 법을 참고하여 노비 및 비부婢夫와 노처奴妻를 구별하여 죄를 주기로 했다. 곧 노비의 경우는 그 고발을 받아들이지 말고 무고율誣告律에 의하여 참형斬

---

62) 도徒는 오형五刑 곧 다섯 가지 형벌 가운데 하나로서 강제노동을 시키는 법을 말한다. 오형은 태笞(나뭇가지로 볼기를 때림), 장杖(긴 막대기로 볼기를 때림), 도徒(강제노동), 유流(유배), 사死(사형)를 말한다. 뒤로 갈수록 형벌이 무겁다.

刑 대신 교형絞刑에 처하고, 따로 사는 비부婢夫와 노처奴妻는 고공인雇工人의 예를 따라서 곤장 100대에 유流 3천 리를 처하도록 바꾸었다. 그러니까 노비를 두 종류로 나누어, 솔거노비가 주인을 고발하면 교형絞刑(목매달아 죽임)에 처하고, 따로 살고 있는 외거노비는 고공인雇工人과 동등하게 대우하여 죽이지 않고 곤장과 유형流刑으로 처벌하자는 것이다. 이는 허조가 2년 전에 주장한 법을 대폭 수정한 것이다.

그러면 2년 전에 허조가 건의하여 임금이 받아들인 〈부민고소금지법〉은 어떻게 되었는가? 이날 형조는 다음과 같이 말했다.

"부사서도府史胥徒가 관리와 품관品官을 고발하고, 향리나 백성들이 수령이나 관찰사를 고발하는 자는 받아들여 다스리되, 고발한 내용이 사실인가 허위인가를 알아낸 다음에 [고발내용이 사실이라 하더라도] 윗사람은 논하지 않고, 고소한 자만 처벌하는 것은 불편합니다. 청컨대 앞으로는 국가의 안위나 불법으로 살인한 경우가 아니면 고소를 받아들이지 말고, 장杖 100대에 유流 3천 리로 처벌하소서."

하니, 임금이 받아들였다. 이 내용은 앞서 정해진 규정의 일부를 바꾼 것인데, 고발 내용이 국가의 안위나 불법살인의 경우에는 예전대로 고발을 받아들여 고발당한 윗사람을 처벌하되, 그 밖에 자질구레한 일을 고발하면 고발 자체를 받아들이지 말고 고발자를 처벌하자는 것이다.

이렇게 하여 〈부민고소금지법〉을 약간 수정했지만, 세종은 내심으로 그 법을 못마땅하게 여겼다. 그러나 당시에는 이 법을 허용한 상왕 태종이 아직 생존해 있었으므로 불만스러운 점이 있어도 참을 수밖에 없다. 다만, 그 부작용을 염려하여 다시 보완책을 마련했다. 그 보완책이 바로 조관을 지방에 파견하여 수령의 비행을 철저히 조사하여 처벌하는 일이었다.

그리하여 세종 5년 7월 3일에 임금은 앞으로 조관을 파견한다는 뜻을 전국에 알리는 교지를 내렸다. 그리고 계속적으로 조관을 내려 보내 비리가 적발된 수령은 가차없이 벌을 내렸다. 임금의 이런 조치에 대하여 허조가 반대했으나, 임금은 이를 강행했다. 따라서 〈부민고소금지법〉은 형식상 그대로 유지되었지만 실질적으로는 유명무실해졌다.

이렇게 조관을 내려보내 수령의 비행을 감시하던 세종은 마음에 들지 않은 이 법을 세종 13년에 허조의 반대를 무릅쓰고 드디어 폐지시켜 버렸다. 이에 대해서는 뒤에 자세히 설명하겠다. 세종은 이 법이 허조가 건의하여 태종이 가납한 법으로서 자신이 주동하여 만든 법이 아니라고 하면서 폐지한 것이다.

그러면 주인을 고발하는 노비를 죽이는 제도는 그대로 시행되었는가? 실제로 노비가 주인을 고발하는 것은 흔한 일이 아니었다. 간혹 실례가 있지만 세종은 노비를 죽이지 않았다.

세종 20년 5월 15일에 있었던 일이다. 서가이西加伊라는 여자종이 박구朴荀라는 사람의 아내 이씨에게 구타당하여 죽은 사건이 일어났다. 그러자 서가이의 어머니 부가이孚加伊가 너무 억울하여 주인을 관에 고발했는데, 이씨의 딸들도 구타에 가담했다고 주장했다. 관에서는 구타한 주인 이씨를 장杖 60대에 도徒(강제노동) 1년의 벌을 내렸다. 그리고 고발한 내용 가운데 이씨가 때려죽인 것은 사실이지만 이씨의 딸들이 합세했다는 것은 거짓이라고 판단하여 부가이에게 장杖 90대에 도徒 2년 반을 내렸다. 그리고 모두 여자이기 때문에 실형 대신 속전贖錢(죄를 면하기 위해 바치는 돈)을 내게 했다.

위 사건에 대한 처리를 보면, 노비를 때려죽인 주인도 벌을 받고, 고발한 노비도 벌을 받았는데, 주인을 무고誣告한 부분에 대해서만 벌을 받아 곤장 90대에 도徒 2년 반이라는 가벼운 처벌을 받고, 그 벌을 돈으로 대신하게 했던 것이다.

이와 같은 예는 더 많지만 줄인다. 세종이 상왕이 승하한 뒤에 주인을 고발한 노비를 죽이는 법을 무효화시킨 것을 알 수 있다.

노비의 인권과 관련하여 또 하나 중요한 것이 있다. 주인이 임의로 노비를 죽였을 경우에 주인에게 두 종류의 처벌이 법으로 정해져 있었다. 노비가 죄가 있어서 죽인 경우와 죄가 없는 노비를 죽였을 경우가 서로 달랐다. 먼저 죄가 있는 노비를 죽였을 경우에는 주인에게 곤장 100대를 때리고, 죄가 없는 노비를 죽였을 경우에는 주인에게 곤장 60대를 때리고, 여기에 추가로 도형徒刑 1년에 처했다. 도형은 관청에 소속시켜 땔감을 준비하거나, 청소하거나, 소금을 굽거나, 종이를 만들거나, 관청을 지키는 등 노예처럼 노역勞役을 시키는 노동 형벌로서 매우 치욕적인 벌이다.

또 주인이 노비를 죽인 사실을 그 이웃 사람이 고발하지 않으면, 그 지역의 관령管領(행정책임자)에게 죄를 주도록 했다. 세종은 《육전》에 실려 있는 법을 엄하게 지킬 것을 세종 22년 6월 19일에 윤허했으며, 실제로 노비를 죽인 주인을 처벌한 사례는 일일이 소개하기 어려울 정도로 많았다. 여기에 대해서는 뒤에 다시 소개할 것이다.

3. 회례사를 일본에 보내다 [세종 2년]

일본 국왕 사신 양예亮倪가 다녀간 뒤에 조선은 그 답례로 첨지승문원사 송희경宋希璟(1376~1446)[63]을 세종 2년 윤1월 15일에 회례사回禮使로 보냈다. 일본 사신이 왔을 때 그 답례로 가는 사신을 '회례사'라고 부르고, 우리가 먼저 사신을 보낼 때는 '통신사'라고 불렀다.

송희경은 일본 국왕에게 보내는 《대장경》과 국왕의 서계에 대한 답서, 그리고 토산물을 가지고 갔다. 토산물의 목록은 《대장경》 전부, 말 안장 1벌, 베, 모시, 명주 각 10필, 잣 500근, 인삼 50근, 오미자 50근, 꿀 15말, 표범가죽 5벌, 잡채화문석 10장, 만화방석 10장, 돼지가죽 10장 등이다. 우리로서는 저들

---

63) 송희경은 본관이 충청도 신평新平으로 문과에 급제하여 벼슬이 목사(정3품)에 이르렀는데, 소윤少尹으로 있을 때 일본에 회례사로 다녀온 뒤 견문록으로 《노송당일본행록老松堂日本行錄》을 저술했다. 송순宋純은 그의 고손자이다.

의 내막을 아직 모르고 있었으므로 큰 성의를 보인 것이다.

송희경은 이해 10월 25일에 귀국하여 복명復命했다. 떠난 지 9개월 만이다. 일본 국왕의 서한을 받아 왔는데 《대장경》과 각종 선물을 받아 감사하다는 간단한 내용이었다. 아울러 부채 100자루를 보내왔다. 국왕의 답례 선물이 고작 부채뿐이었다. 송희경은 뒤에 《노송당일본행록老松堂日本行錄》이라는 일본 견문기를 썼는데 주로 시로써 표현했다. 사신의 일본 견문기는 이것이 처음이다.

그런데 송희경이 귀국하기에 앞서 통사 윤인보尹仁甫가 10월 8일에 먼저 와서 복명하고 일본 국내 사정을 보고했다. 그 내용은 뜻밖이었다.

"신등이 처음에 일본에 도착하니 대우가 매우 박하며, 국도國都에 들어오지 못하게 하고, 30리쯤 떨어진 곳에 거처를 정해 주었는데, 병사를 시켜 감시하고, 그 나라 사람들과 통하지 못하게 했습니다. 중 혜공惠珙이 와서 묻기를, '앞서 명나라가 일본에 조칙을 내렸는데, 만약 신하로서 명나라를 섬기지 않으면 조선과 함께 일본을 토벌하겠다고 했는데, 그것이 사실인가?' 라고 묻기에 '모른다.'고 대답했습니다.

그 국왕이 어소御所 밖에 있는 보당사寶幢寺에서 신등을 만났는데, 머리를 깎고, 집사하는 사람들이 10여 명에 불과했는데 모두 중이었습니다. 만나고 나서 다른 절에 옮겨주었는데 대우가 조금 나아졌습니다. 혜공과 주송周頌이 다시 와서 말하기를, '국서國書에 왜 일본의 연호를 쓰지 않고 중국 연호를 썼느냐? 그 때문에 어소御所에서 싫어하여 경도에서 사신을 접견하지 않았다.'고 했습니다. 또 어떤 사람은 '어소가 초라하여 남에게 보이기 싫어서 국도에 들어오지 못하게 했다.'고 말했습니다. 또 국토가 모두 강성한 종족宗族(영주領主)들에게 조각조각 나누어져 있어 국왕의 뜻대로 되지 않는다고 합니다.

구주절도사 부자父子는 우리를 성심으로 대우했고, 축전筑前(후쿠오카福岡) 태수 등만원藤滿員과 일기도주一岐島主는 모두 원망하는 말을 했고, 소이전小二殿(후쿠오카 남부 다자이후)은 '지난해 조선이 우리 대마도에 쳐들어 왔으니, 우리가 병선 2~3백 척을 청하여 조선 해안 몇 고을을 쳐부숴야 우리 마음이 쾌하겠다.'고 하며, 대마도 종정성의 아우 도도웅수都都熊壽

는 '내가 그대들을 가두어서 대마도 사람으로 너희 나라에 붙잡혀 가 있는 것처럼 하고 싶으나, 본국과 더불어 통호通好하고 있기에 그렇게 못하니, 그 사람들을 빨리 돌려보내라.'고 하더이다."

이 보고를 보면, 일본 국왕 원의지의 세력은 지방 토호 정도의 수준을 벗어나지 못하면서도 '정이대장군征夷大將軍'을 자처하고, 일본 연호를 쓰지 않았다고 트집잡고 있었다. 국제사회와 교류도 하지 않고, 주변 국가에서 존경도 받지 못하고 도적떼로 손가락질 받고 있는 처지에 자존망대하고 있었다.

또 구주지역의 소이전小二殿과 대마도 왜인들이 조선의 대마도 정벌로 조선에 대하여 악감정을 가지고 있음이 드러났다. 소이전은 당시 일본의 아홉 개 토호세력 가운데 하나로서 지금의 후쿠오카(福岡) 남쪽에 있는 다자이후(太宰府)[64] 지역이다. 당시 아홉 개 토호세력을 구전九殿[65]으로 불렀는데, 막부는 이들을 제대로 통제하지 못하고 있었다.

통사 윤인보의 보고를 받은 상왕은 크게 노하여 대마도를 다시 정벌하는 계획을 세워야 한다고 하면서 대신들을 불러 의논했다. 좌의정 박은과 우의정 이원은 상왕의 의견에 동조했으나, 예조판서 허조는 정벌을 반대하면서 저들이 원하는 대로 각 관청에 나누어 준 왜인들을 모두 돌려보내면 왜변이 없을 것이라고 말했다.

상왕은 세종 2년 10월 27일에 다시 대신들을 불러 "내가 병선兵船을 다시 모으려고 하는 것은 왜적을 치려는 것이 아니고, 그들이 와서 항복하기를 기다리자는 것이고, 불의의 변에 대비하려는 것이다."라고 하면서 한 발 물러섰다. 그러고 나서 병조판서와 예조판서가 구주절도사가 보내온 사자使者와 대마도에

---

64) 태재부(다자이후)에는 천만궁天滿宮이라는 신궁神宮이 있는데, 여기에 모셔진 귀신은 백제계 왜인 스가와라노 미치자네菅原道眞이다. 이 사람은 8세기 말 헤이안시대에 우대신에까지 올랐으나 태재부로 좌천되어 태재권수太宰權帥가 되었다. 죽은 뒤에 '학문의 신'으로 추앙되어 신궁에 모셔졌다.

65) 9전九殿은 다음과 같다. 국왕전國王殿, 소이전小二殿(구주 태재부), 갑비전甲斐殿(山梨縣), 대내전大內殿(山口縣), 전산전畠山殿, 경극전京極殿, 세천전細川殿, 좌무위전左武衛殿, 우무위전右武衛殿이다.

서 온 사자를 불러 우리의 뜻을 말해 주었다. 구주 사자는 조선의 뜻을 구주절
도사에게 전하겠다고 말하고, 대마도 사자는 "지금 종정성은 구주로 가서 돌아
오지 않았고, 도도웅수는 나이가 어리고, 종준은 관직에서 쫓겨나서 섬의 일을
주장할 사람이 없으니, 내가 돌아가서 도주에게 전달하겠다."라고 말했다. 구주
절도사는 대마도나 소이전과는 사이가 나쁘고, 조선에 대해서는 매우 우호적이
었다.

그런데 송희경이 귀국하기 전에 조선에 우호적인 구주 왜인들이 잇달아 와
서 조선에 억류 중인 왜인들을 돌려 달라고 청했다. 세종 2년(1420) 1월 4일에
경도京都의 소조하상하小早河常賀, 구주총관[도원수] 원도진源道鎭, 농주태수 평종수
平宗秀 등이 또 사람을 보내 토산물을 바쳤다. 윤1월 28일에도 구주총관 평종수
가 토산물을 보냈다. 평종수는 원도진의 아들로서 구주총관을 물려받았다.

세종 2년 2월 25일에는 전 구주총관 원도진과 비주肥州(사가佐賀) 태수 길견
원창청吉見源昌淸이 토산물을 보내왔는데, 원도진에게 면포 500필, 원창청에게
350필을 하사했다.

세종 2년 5월 11일에는 왜인 삼미다라三未多羅가 사람을 보내 연전에 빼앗
아온 배와 나누어 배치한 왜인 삼미삼보라三未三甫羅 등 왜인을 돌려달라고 청했
다. 상왕은 이들이 대마도 사람이 아니고 구주 사람이므로 돌려주라고 명했다.
구주 왜인들은 대마도 정벌 전에 국내에 와 있던 수백 명의 왜인들을 각 관청
과 대신들에게 노비로 만든 사람들 가운데 구주 왜인을 돌려 달라는 것이었다.
그러나 그들이 정말 구주 왜인들인지 확인이 어려워 선뜻 돌려주지 못하고 있
었다.

이해 5월 19일에는 전 구주총관 원도진源道鎭이 또 사람을 보내 토산물을
보내고, 우리나라 사람으로 왜인에게 잡혀간 2명을 돌려보내고, 편지를 통해 구
주 왜인 도림道林 등 10인을 돌려보내 달라고 요구했다. 또 이날 구주도독 원의
준源義俊, 서해로[축전주筑前州(복강현福岡縣)] 민부소보民部少輔 평만경平滿景, 예주豫州 태수 다다
량만세多多良滿世, 좌문다라左門多羅 등도 역시 토산물을 바치고 도림道林 등 9인

을 돌려달라고 청했다. 그러자 상왕은 이들이 만약 참으로 구주 사람이라면 돌려보내 주는 것이 좋다고 말했다.

세종 2년 7월 6일에 예조는 구주총관 원도진, 구주도독 원의준, 그리고 평만경에게 답서를 보내, 앞으로는 구주총관의 서신을 가진 자만을 예로써 대우하겠다고 말했다. 8월 2일에는 예주태수 다다량만세에게 답서를 보내, 신원이 확인된 7인을 먼저 돌려보내고 나머지는 조사가 끝나는 대로 돌려보내겠다고 약속했다.

8월 2일에 구주 비전주肥前州(佐賀縣)의 전평우진田平寓鎭, 준주목駿州牧(靜岡) 원성源省이 사람을 보내 토산물을 바치고, 체류 중에 있는 왜인을 돌려보내 주기를 청했으나, 임금이 정부와 의논하여 허락하지 않았다. 사신의 신분확인이 어려웠기 때문이다. 이어 8월 9일에는 전 구주도원수가 사람을 보내 토산물을 바쳤다.

이렇게 구주지역과 그 밖의 지역 왜인들이 잇달아 와서 조선에 잡혀온 왜인들을 돌려달라고 요구하던 무렵에 송희경 일행이 귀국하여 일본 내의 분노한 여론을 전달하게 된 것이고, 대신들의 의견이 다시 정벌하자는 파와 왜인들을 돌려보내자는 파로 나뉘어진 것인데, 상왕이 정벌을 하지 않는 대신 방비를 강화하는 쪽으로 결론을 내린 것이다.

그러면 대마도 왜인은 세종 2년 윤1월 10일에 항복한 후 어떤 태도를 보였는가? 나흘 뒤인 윤1월 14일에 종정성[도도웅와]이 사람을 보내 토산물을 바치고, 다시 5월 23일에는 종정성이 또 사람을 보내 토산물을 바쳤다. 그런데 이해 11월 15일의 기록을 보면, 이때 바친 토산물은 단목丹木 400근, 호초 150근, 필발篳發(조미료) 50근, 물소뿔 1개였는데, 우리가 받지도 않았고 회사하지도 않았다고 한다. 그들의 출입을 거부한 것이다.

그 뒤 종정성은 구주로 들어가서 소이전小二殿 밑에 들어가서 돌아오지 않았고, 도주 종준宗俊은 자리를 뺏기고 있었으며, 새로 도주가 된 도도웅수都都熊壽는 나이가 어리면서도 조선에 대하여 보복할 마음만 품고 있었음을 송희경 일행의 보고로 알게 된 것이다. 종정성이 구주의 소이전에게 간 것은 아마도 구주세력과 손잡고 왜인들을 돌려받는 운동을 하기 위함으로 추측된다. 구주에서 사신들이 잇달아 와서 왜인의 쇄환을 요구한 것이 그런 정황을 뒷받침해준다.

그러나 구주절도사 원도진만은 진심으로 조선과의 교류를 원했던 것으로 보인다. 특히 그는 면포를 원했는데, 이는 의복자료와 배의 돛으로 원했던 것으로 보인다. 그는 세종 2년 10월 26일에 또 사람을 보내 토산물을 바치므로, 면포 400필을 하사했다. 앞서도 그에게 500필을 주었으니 매우 후한 대접이다. 그가 구주지역의 병권을 쥐고 있으므로 그를 통해 대마도 왜구의 난동을 억제해 보려는 의도가 있었던 것이다. 말하자면 이이제이以夷制夷의 전략이다. 그런 의도를 잘 보여주는 기록이 있다.

세종 2년 11월 1일에 세종은 대신들과 대마도 문제를 상의하면서 이렇게 말했다.

> "대마도 왜인이 이다지 무례한데, 그들이 바치는 물품을 받는 것이 불가하지 않겠는가? 나는 그 물품을 물리치고 그 사자使者를 박대하고, 한편으로 구주절도사의 사자만 후대하여 은혜와 신의를 차별하려고 한다."

임금의 말에 좌의정 박은이 찬성을 보이자 임금은 이런 뜻을 상왕에게 아뢰겠다고 말했다. 그리고 나서 11월 3일에 병조판서와 예조판서가 구주절도사 사자를 불러 위로해주고, 대마도 사자에게는 최근에 대마도가 구주의 소이전과 연계하여 조선에 보복하려고 시도하는 무례를 크게 질책하면서 앞으로 너희들의 태도를 보아서 다시 정벌하겠다고 경고했다. 11월 15일에는 구주절도사에게 보내는 답서를 사자에게 전달했다. 그 요지는 이렇다.

> "… 사람을 보내 문안하고, 우리나라 사람으로 포로된 사람까지 돌려보냈으니 어찌 고마운 줄을 모르겠는가? 또 '도적놈들을 엄중하게 금하도록 꾸짖었다.'고 했는데, 어찌하여 근일에 도적 배들이 우리나라 추자도

에서 인민을 겁탈하고 노략질하여 일기도에 팔아먹었는가? 또 명나라에서 정벌한다는 일은 들어보지도 못했다. … 이제 두 나라는 사이좋게 지낼 것이다. 다만 대마도 하나가 오로지 도적질로 직업을 삼고 있다. 과거 종정성의 조부 영감靈鑑과 아비 종정무宗貞茂는 귀순하여 우리도 저들의 충성을 가상히 여겨 여러 해 동안 무릇 구하는 것은 다 들어주었다. …

종정성은 그 조부가 귀순한 참뜻을 모르고, 우리가 키워준 은혜도 저버리고 무역을 칭탁하고 탐정이나 하여 지난 여름에는 변방을 침범하여 병선을 불태우고 인민을 죽이고 물건을 약탈했다. 그래서 그 장사하는 자들을 잡아다가 여러 고을에다 나누어 두고, 장수를 보내 정벌하려 했는데, 종정성이 오히려 관군에게 항거하여, 하는 수 없이 그들의 소굴을 소탕하려고 했다. 그러나 종정성이 귀순하겠다고 애걸하므로 통신왕래를 허가하고 수군절도사를 혁파했다. 그런데 종정성이 감히 그 주인 등만정藤滿貞에게 의탁하고서, 우리 사신 송희경에게 무례한 짓을 하고, 그 아우 도도웅수도 광패한 말을 했다. … 종정성이 이제 비록 공물을 헌납한다 해도 예로써 대접할 수 없어서 가지고 온 토산물을 돌려보냈다. 그래서 정부에서는 다시 군비를 준비하여 저들의 태도를 보아 모두 죽여 없애고 말 것이다. … 족하足下가 이미 일본의 서해총관이 되었으니 가까운 섬의 흉한 무리가 방자하게 도적질만 하여 아름답지 못한 소리가 천하에 들리게 된다면 어찌 그대의 부끄러움이 아니겠는가? … 이들을 반드시 징계하여 영구히 사이좋게 지낸다면 다행한 일이다. …"

조선은 그 뒤 군비를 강화하기 위해 왜선倭船보다 더 빠른 배를 새로 만들어 한강에서 훈련도 했다.

구주九州와 본주本州 서남방 왜인들과의 우호적인 교류는 그 뒤에도 계속되었다. 세종 2년 11월 25일에는 구주총관 원의준源義俊이 사람을 보내 유황 2천근, 소목 500근, 구리 200근을 바치니 그 회답으로 마포 30필, 면포 474필을 주었다.

또 농주濃州(岐阜) 태수 평종수平宗壽, 축주筑州(福岡) 석성관사 민부소보 평만경平滿景, 석성 상인 종금宗金 등이 각기 토산물을 바치니, 평종수에게는 세마포

20필과 면포 280필을 주고, 평만경에게는 세마포 20필과 면포 380필을 주고, 종금에게 면포 70필을 하사했다. 11월 28일에는 비주肥州(사가佐賀) 태수 원창청源昌淸이 토산물을 바치니 면포 190필을 하사했다.

세종 2년 12월 2일에는 방주防州(山口縣), 장주長州(山口 북서부), 풍주豊州(오이타현大分縣 북부) 3주의 도호都護이며 대내전大內殿(宮崎)의 조카인 다다량만세多多良滿世가 칼 4자루, 유황 3,500근, 전황剪黃 2근, 단목丹木 300근, 백반 150근을 바치니 세마포 40필, 면포 260필을 주었다. 12월 8일에는 구주도원수 원도진源道鎭이 토산물을 바치고 《대장경》과 대종大鐘을 청구하니, 대종은 이미 여러 지역에서 가져가서 거의 없어 줄 수 없다고 했다. 그 대신 세마포 30필과 면포 330필을 하사했다. 이날 구주총관 산하의 전평전田平殿 원성源省도 토산물을 바쳤다. 12월 9일에는 구주총관 원의준源義俊과 일향주日向州(宮崎) 자사 등원구藤元久 등이 토산물을 바쳤다.

4. 금은세공 면제를 위한 사신을 보냈으나 실패하다 [세종 2년]

세종 즉위년 12월에 임금이 《대학연의》를 읽다가 경연관 정초鄭招와 탁신卓愼이 백성의 어려움을 살펴야 한다고 건의하자, 임금은 "나는 궁중에서 나고 자라서 민생의 고통을 다 알지 못한다." 하고 한탄했다. 그러자 정초가 "소민小民들을 찾아서 물으면 알 수 있을 것입니다."라고 했다. 그러자 임금이 "그렇다."고 대답했다. 세종이 겸손한 자세로 배우면서 백성의 고통을 알고자 하는 진심이 엿보인다.

중국에 정기적으로 진헌하는 물품 중 백성들이 가장 고통스러워하는 것 가운데 하나는 금은金銀 세공이었다. 매년 정월 초하루에 황제에게 새해 인사를 드리는 사신 곧 정조사正朝使와 황제의 생일에 하례를 드리는 성절사聖節使, 황태자의 생일에 하례를 드리는 천추사千秋使가 갈 때마다 금은그릇을 바치는 일이 바로 금은세공이었다. 그러나 당시 조선은 금광개발이 미숙하여 금은조달에 큰 어려움을 겪고 있었다.

신라시대의 금으로 만든 관冠이나 귀고리, 팔찌, 허리띠 등이 많이 출토되어 우리나라가 마치 황금의 나라인 것처럼 알고 있지만, 그 금은 주로 개울에서 채취한 사금砂金이었다. 그러니 금을 채취하기가 얼마나 힘들었겠는가? 그래도 한 번 만든 물건들은 오래 두고 사용했기에 금의 수요가 그다지 많은 것은 아니었다.

그런데 명나라에 바치는 금은은 해마다 세 차례씩 바쳐야 하니 그 수요가 끊어지지 않았다. 세종은 즉위하던 해 세공을 바칠 금은이 없어서 다급한 나머지 황제가 내려준 '권서국사權署國事'라는 금도장까지 녹여서 바쳤다. 권서국사는 정종이 황제의 정식 고명을 받지 못한 가운데 임시로 국사를 맡으라는 도장으로 황제가 내려준 것이다. 이때 녹인 금도장은 바로 정종이 받았던 것이었다. 오죽 금은이 부족했으면 이런 일을 했을까?

이렇게 금은세공의 어려움이 심각해지자 세종 원년 1월 6일에 금은그릇을 관청이나 민간에서 사용하지 말라는 교서를 내렸다. 다만, 중요한 국가의 의식용이나 기생의 머리에 꽂는 꾸미개만 금은 사용을 허락했다. 그 뒤에 예조에서 쌀을 주고 민간에서 사용하는 금은그릇을 사들이자고 하여 허락했다. 이런 정책 때문에 금은그릇이 거의 사라지고 도자기와 놋그릇이 크게 유행하게 된 것이다.

금은세공을 지속하자면, 금은광을 시급히 개발할 필요가 있었다. 세종은 금광개발에 박차를 가하여 세종 2년 3월에 함길도 안변安邊, 화주和州, 단천端川 등지에서 금을 캤는데, 1천여 명의 역군을 부려서 한 달 동안 121냥을 얻었다. 이해 8월에는 공조에서 금은이 생산되는 지역을 조사하여 보고했는데, 은이 생산되는 곳으로 황해도 곡산, 봉산, 평안도 태천, 은산, 가산을 보고하고, 금이 생산되는 곳으로 함길도 단천, 안변, 화주, 정평, 강원도 회양, 낭천[화천], 춘천, 정선 등지를 보고하여 채취하도록 명했다.

세종 3년 3월에는 금이 거의 소진되어 함길도에서 다시 금을 채취하고, 또 안변에서는 매년 66냥, 화주에서는 매년 80냥, 단천에서는 매년 54냥을 국가에 공납하라고 명했다. 이를 합치면 매년 200냥을 의무적으로 바치게 한 것이다. 이 지역 주민들이 금을 캐기가 얼마나 힘들었겠는가를 짐작할 수 있다. 그러나 이것만으로 수요를 감당할 수 없어서 금이나 은이 산출되는 곳을 보고하는 자에게는 관직을 주는 제도까지 만들었다.

세종은 금은세공을 항구적으로 이어가는 것이 무리라고 판단하여 드디어 금은세공을 면제해 달라고 청원하는 사신을 명나라에 보냈다. 세종 2년 1월 25일에 예조참판 하연河演과 광록소경光祿少卿 한확韓確을 주문사奏聞使로 파견했다. 여기서 특히 21세밖에 안된 한확이 사신으로 선정된 것은 그의 누님이 태종 17년에 공녀貢女로 선정되어 가서 영락제의 사랑을 받아 후궁[麗妃]이 되었기 때문에 그의 요청을 황제가 들어줄 것으로 기대했기 때문이었다. 그가 받은 광록소경이라는 벼슬도 황제가 내려준 것이었다.

그런데 이번 사행은 실패로 끝났다. 황제에게 올린 주문奏文에 실수로 날짜를 기록하지 않아 황제가 화를 냈기 때문이었다. 그래서 금은세공을 면제해 달라는 말도 꺼내지 못하고 돌아왔다. 그러나 몇 년 뒤에 다시 보내 드디어 금은세공의 면제를 받는데 성공했다. 이는 대명외교에서 큰 성과를 거둔 것 중의 하나이다. 이에 대해서는 뒤에 다시 설명할 것이다.

5. 명나라 사신이 정종 제사를 위해 오다 [세종 2년]

세종 1년 9월 26일에 노상왕老上王 정종定宗이 향년 63세로 훙서했다. 이해 12월 27일에 발인하여 다음해 1월 3일에 개성 후릉厚陵에 안장했다. 태조의 둘째 아들로서 태조 7년 9월에 선양을 받아 42세에 임금이 되었는데, 후궁 소생은 많았으나 왕비 사이에 후사가 없어 아우 이방원을 세제世弟로 책봉했다가 재위 3년 만에 이방원에게 양위하고 물러났다. 태종 때 상왕이 되고, 세종이 즉위하자 노상왕이 되었다가 세상을 떠난 것이다.

그런데 세종 2년 4월 8일에 정종에게 공정왕恭靖王이라는 시호를 내리는 동시에 제사를 올리기 위해 명나라 사신 조양趙亮 일행이 서울에 왔다. 조양은 예부 원외랑員外郞이고, 부사 이절易節은 행인行人(승려)이었다. 이번에는 황제가 환관을 보내지 않고 관료를 보낸 것이 특이했다. 그 이유는 알 수 없으나, 환관황엄이 황제의 명령을 가탁하여 물품을 뜯어낸 사실을 알고 예부의 관료를 보낸 것으로 추측된다. 그는 서울로 오는 도중에 원접사遠接使가 여러 가지 선물을 주자 받지 않으면서 이렇게 말했다.

> "… 음식물을 주시는 것은 … 감히 사양하지 않겠으나, 돈이나 재물은 실 한 오라기, 털 한 가닥이라도 어찌 감히 받겠습니까? 몰래 받고서 황제께 아뢰지 않으면 이것은 곧 황제를 속이는 것이 되오. 만약 재상이 주는 것이라면, 그것은 친구의 정의로 주는 것이니 받아도 무방하오. … 황제께서 처음에는 환관을 보내시다가 다시 조관朝官 중에서 간택하여 보내시게 했으니, … 어찌 감히 공경하고 근신하지 않겠소. … 조선은 황제께서 가장 사랑하시는 바이므로 우리들이 이번 길에 모든 일을 황제께 반드시 아뢸 것이니, 더욱 더 황공한 일이요."

이 말을 잘 음미해 보면, 환관들이 함부로 황제의 명을 가탁하여 물품을 받는 것을 알고, 비교적 교양이 높은 조관을 가려서 보냈다는 것이 암시되어 있다. 아마도 황엄에 대한 불신감에서 사신을 바꾼 것 같다. 그런데 조양의 말에 묘한 함정이 보인다. 임금이 주는 물건은 받을 수 없지만, 재상宰相이 주는 물건은 친구의 정의情誼로 주는 것이므로 받겠다는 것이다. 참으로 간교한 인물이다. 그는 이런 잔꾀를 써서 황엄보다도 더 많은 물품을 청구하여 받아갔다.

또 정종 제사에 올린 제물祭物도 이상했다. 4월 12일에 혼전魂殿에 올린 제물이 모두 30여 그릇인데, 기린, 코끼리, 사자, 사슴, 새우, 개의 형상을 밀가루로 만든 것이 있고, 마른 나물을 썰어 침향沈香으로 삼고, 색종이로 폐백幣帛을 삼았다. 이것은 《예전禮典》에 기록된 제물과 같지 아니하여 의아심을 자아냈다.

조양은 압록강을 넘으면서부터 물품을 요청했다. 가장 먼저 접부채를 청구하여 전라도에서 300자루를 만들어 주었다. 또 가지고 온 궁초宮綃 비단을 놋쇠동이와 자라모양의 숟가락, 젓가락, 주발로 바꾸게 해 달라고 요청했다. 부사이절은 주물로 만든 도금한 관음보살상을 하나만 달라고 청했다. 그러나 서울에 도착한 뒤로 임금이 하사하는 안구마, 의복, 갓, 신 등은 일체 받지 않고, 영접도감에서 주는 물품은 모두 받고 더 청구했다. 총채, 향나무로 만든 염주念珠, 구리거울, 은으로 장식한 대모대玳瑁帶, 개 2마리, 침석寢席 2장, 꽃무늬가 있는 금띠, 글씨와 그림 족자, 화초를 그린 병풍, 녹비鹿皮 40장, 담비가죽 100장, 검은 색 사피斜皮 2켤레, 자주색 사피 3켤레, 각궁角弓 2벌, 각종 종이를 잇달아 청구하여 주었다. 그리고 가지고 온 궁초 수십 필을 수시로 베와 모시로 바꾸어 달라고 청했다. 국가에서는 개인이 주는 형식으로 많은 선물을 따로 주었다.[66]

조양 등 사신은 4월 19일에 서울을 떠났다. 이에 대한 감사의 표시로 세종 2년 4월 15일에 사은사를 북경에 보내고, 황제와 황태자에게 각각 토산물을 올렸다.[67]

6. 태종의 소일, 태종비 민씨가 서거하다 [세종 2년]

왕위를 세종에 물려주고 상왕上王으로 물러난 태종은 여전히 군권을 장악하

---

66) 정사 조양에게는 백세저포 10필, 흑세마포 30필, 인삼 30근, 옷 1벌, 만화석 6장, 흑사피 1켤레, 차 2두, 도금한 부채 2개, 놋주발 2벌, 놋젓가락 42벌, 놋숫갈 2개, 망건 21벌, 부사 이절에게도 조양과 똑같은 선물을 주었다. 숙수들에게는 모시와 삼베 각 2필과 신 1켤레를 주었다.

67) 황제에게는 황세저포 50필, 백세저포 50필, 흑세마포 50필, 황화문석 10장, 만화석 10장, 잡채 화문석 10장, 인삼 100근, 잣 200근, 잡색말 30필을 진헌했다. 황태자에게는 백세저포 20필, 흑세마포 20필, 만화석 6장, 잡채화문석 6장, 인삼 50근, 잣 100근, 잡색말 4필을 보냈다.

고 국가의 중대사를 스스로 결정하고 있었다. 세종 원년 여름에 단행한 대마도 정벌도 상왕이 주도하여 이루어졌음은 앞에서 이미 설명했다. 그 밖에 군권을 가진 상왕이 관심을 쏟은 일은 양녕대군을 감시하는 일이었다. 군권을 유지하기 위해 하는 일이 또 있었다. 수시로 강무講武하면서 군사들을 훈련시키고 사냥도 즐기는 일이 일상화되었다.

상왕은 강무를 할 때마다 왕자, 종친들, 그리고 대신들과 어울리는 술잔치를 베풀었다. 이런 일들을 위해서 교외에 따로 휴식처인 이궁離宮을 여러 군데 만들었다. 그 이궁 가운데 가장 먼저 만든 것은 아차산 아래에 지은 낙천정樂天亭[68]이었다. 언덕 위에 정자를 짓고 낮은 곳에 행궁을 지었다. 그 위치는 지금 서울 광진구 자양동 지역으로서 뒤에 아차산이 있고 앞에는 한강이 눈앞에 펼쳐져 있는 곳이었다. 경치도 좋지만 매를 놓아 사냥도 하고, 살곶이에서 물고기 노는 것도 구경할 수 있는 휴식처였다. 태종은 세종 2년에 이곳에 돌다리를 놓게 했다. 이것이 지금까지 남아 있는 살곶이다리다.

상왕은 낙천정 이궁을 지은 데 이어 다시 세종 원년 11월 24일에는 풍양豊壤[69]과 포천抱川에도 이궁離宮을 지으라고 명했다. 이곳은 강무장講武場과 가까워 사냥하기 좋았기 때문에 이궁을 지은 것이다. 세종 2년에 풍양 이궁이 완공되자 상왕은 수시로 그곳에 머물면서 사냥했다. 세종은 풍양 이궁에도 자주 가서 문안을 드리고 왔는데, 거리가 멀어 고생이 많았다.

그런데 상왕은 또 서울의 동쪽에만 이궁이 있고 서쪽에는 이궁이 없다는 이유로 세종 2년 1월 2일에 원래 태조가 궁궐터로 만들려고 했던 연희방의 모악母岳 아래 명당에 100칸 정도의 규모로 이궁을 더 지으라고 명했다. 이곳이 바로 지금 연세대학 자리다. 그리하여 이궁이 네 곳으로 늘어났다. 그러나 이궁은 이것으로 끝나지 않았다. 세종 3년 5월에 동부東部 연화방蓮花坊에 또 이궁을

---

68) 지금 광진구에서 낙천정을 복원해 놓았는데, 잘못 복원되어 문화재로 등록되지 못했다. 그 위치는 자양동 673번지에 해당한다.

69) 풍양은 지금 남양주시 진전읍에 해당한다. 세조릉인 광릉光陵 인근이다.

지었다. 그 위치는 창경궁 동쪽으로 지금 종로구 연건동에 해당한다. 세종 4년 3월에는 다시 동부東部 천달방泉達坊(지금의 동숭동)에 신궁을 지었다. 그러니까 모두 합쳐 6개처의 이궁을 건설한 셈이다.

상왕의 사냥은 봄과 가을에 정기적으로 행하는 대규모의 강무講武가 있고, 그 밖에 수시로 행하는 소규모 사냥이 있었는데, 거의 하루가 멀다하고 사냥으로 세월을 보냈다. 상왕은 강무장講武場을 더욱 확대하여 경기도의 광주, 양근, 철원, 안협, 그리고 강원도의 평강平康, 이천伊川, 횡성橫城 등지를 강무장으로 정하고, 이 지역에서는 백성들이 땅을 개간하거나, 나무를 베거나, 사냥하는 것을 금했다. 그러니 강무장의 규모가 얼마나 큰지 알 수 있다.

사냥은 바로 강무를 위한 것이고, 또 여기서 잡은 짐승을 종묘의 제사에 쓰기 때문에 반드시 필요한 행사이지만, 문제는 너무 자주 가고 그 규모가 너무 크고 날씨가 추울 때 하는 것이 문제였다. 예를 들면 세종 원년 11월 3일에 시작된 가을철 사냥에는 군사가 약 2천 명, 말이 약 1만 필, 몰이꾼이 9천여 명이었는데, 몰이꾼은 지방에서 올라온 시위패들이었다. 임금과 양녕대군, 효령대군, 그 밖에 의정부 대신과 병조판서 등이 수행하여 강원도 평강 등지에서 사냥했다. 열흘 뒤인 11월 13일에 서울로 돌아왔는데 사냥에서 잡은 날짐승은 종묘에 바치고, 사슴과 노루 등은 의정부와 육조의 대신들에게 보냈다. 그런데 날씨가 너무 추워 몰이꾼들과 군사들의 원망이 매우 컸다.

세종 2년 2월 1일 떠난 봄 강무는 경기도와 황해도 그리고 강원도에 걸쳐 거행되었는데, 2월 19일에 상왕이 풍양 이궁으로 돌아오고 임금은 2월 22일에 환궁했다. 그러니까 강무기간이 20일이 넘었는데 거의 매일같이 재상들과 술잔치를 벌였다. 2월 8일에는 황해도 해주海州 부근에서 상왕이 매를 날리는 사냥을 하다가 말이 넘어져 말에서 떨어지는 사고가 일어나기도 했지만 사냥을 멈추지 않았다. 이때 참가한 군사는 몰이꾼만 3천 명이었다. 2월 12일에는 내수사 노비들이 호랑이를 잡아 상왕에게 바치기도 했다. 이 무렵 대비 민씨는 병이 나서 낙천정 또는 풍양 이궁 등지에 피접하며 몸을 요양하고 있었다.

그런데 환궁한 지 8일이 지난 세종 2년 2월 30일에[70] 상왕이 또 임금과 함께 철원, 평강 등지로 사냥을 떠났다가 3월 7일에 임금이 환궁하고, 상왕은 낙천정으로 갔다. 이때 잡은 짐승은 노루, 사슴, 멧돼지 등이었는데 상왕도 활을 쏘아 노루를 잡았다. 사냥에서 잡은 노루를 대비와 왕비에게 보냈다. 상왕은 사냥을 즐기는 것에 중독된 듯했다. 상왕은 3월 11일에도 낙천정 부근 살곶이에서 매 사냥을 구경하고, 3월 12일에는 마전포麻田浦(지금의 잠실 삼전동)에서 매 사냥을 구경하고, 3월 13일, 14일에도 광주, 이천 등지에서 매 사냥을 했다. 임금도 수행했는데, 상왕은 매일 낮에 대신들과 술잔치를 벌였다. 3월 15일에 환궁했다. 그러니까 2월과 3월을 사냥으로 보낸 셈이다.

세종은 상왕의 명령을 어길 수 없고, 효도를 바치기 위해 늘 모시고 다녔다. 그러나 이런 일들이 막대한 경비를 소비하여 국고를 어렵게 만들고, 군사들의 원망을 사고, 민폐를 끼치는 것을 걱정했다. 상왕은 낙천정에도 수시로 거둥하여 해청海靑으로 불리는 매를 날려 사냥을 하기도 했는데, 임금이 반드시 동행했다. 임금은 상왕이 가는 곳을 일일이 수행하거나 문안을 드리면서도 또 정사를 보아야 하기 때문에 눈코 뜰 새 없이 바빴다.

세종 2년 5월 16일에 임금은 상왕의 생일을 축하하여 낙천정에 가서 헌수하는 잔치를 열었다. 양녕대군과 효령대군 등 종친과 대신들도 참석했다. 이날 상왕은 변계량에게 세종을 칭찬하는 말을 했다.

"자식이 임금이 되어 지극한 정성으로 봉양하고, 그 아비가 되어 누리게 되니, 이런 일은 고금에 드물 것이다. … 무엇을 근심하고 무엇을 더 구하겠는가? 주상은 참으로 문왕文王 같은 임금이다. 만일 부인[대비 민씨]의 말을 들었더라면 큰일을 그르칠 뻔했다. … 내가 나라를 부탁해 맡김에 사람을 잘 얻었으니, 산수간에 한가로이 노니기를 이처럼 걱정이 없는 자는 천하에 오직 나 하나뿐이다. … 내 어찌 천하에 하나뿐이랴, 고금에도 나 한 사람뿐일 것이다."

---

70) 실록의 기록은 모두 음력으로, 음력으로는 2월이 30일까지 있는 해가 있다.

양녕이 옆에서 듣고 있는데도, 세종이 주나라 문왕文王보다도 효성스럽다고 칭찬하면서 대비민씨의 반대를 무릅쓰고 세종을 임금으로 삼은 것을 잘했다고 대신들에게 말하고 있는 것이다.

대비 민씨는 세종 2년에 이르러 건강이 점점 나빠지기 시작했다. 사랑하는 폐세자 양녕이 이천利川으로 멀리 떠나가 살고 있어서 더욱 마음고생이 많았던 것 같다. 상왕은 대비의 병을 치료하기 위해 낙천정이나 풍양 이궁으로 피접하여 요양하게 했는데, 이해 5월 27일에 이르러 학질병에 걸려 건강이 급속도로 악화되었다. 세종은 대비가 양녕을 그리워하는 것을 알기에 급히 연락하여 함께 대비를 모시고 피접을 떠났다.

우선 세종 2년 6월 6일 밤에 임금은 양녕과 함께 술사術士의 둔갑법遁甲法과 부처님께 기도하는 방법을 써서 치료하기로 마음먹고 지금의 동구릉東九陵 앞에 있는 개경사開慶寺로 피접했다. 상왕의 이궁인 낙천정에서 거리가 가까운 편이었고, 또 대비가 평소 독실한 불교신자임을 고려하여 부처님께 기도드리고자 함이었다.

개경사에서 정성껏 불공을 올렸으나 효험이 없자, 6월 10일에 양녕 및 효령과 더불어 대비를 모시고 도가승道家僧에게 부탁하여 둔갑술遁甲術을 행하게 하고, 이어 풍양 남촌의 주부注簿 최전崔詮의 집을 찾아가서 머물면서 기도했다. 피접할 때에는 일부러 신하들의 집을 찾는 것이 당시의 관행이었다. 그래도 효험이 없자 6월 21일 밤에 또 다른 도가승의 인도를 받아 세종이 몰래 대비를 모시고 풍양 남쪽 2리쯤 되는 풀밭에 모시고 가서 자리를 잡았다. 6월 23일에는 임금이 다시 대비를 모시고 갈마골로 행차했다가 밤에 또 건원릉 길가로 옮겼다. 모두가 도가의 둔갑술을 따른 것이다. 둔갑술은 귀신을 불러 몸을 숨기고 변신시키는 치료법인데 마지막 단계에서 쓰는 비상수단이다. 그러나 이런 사실을 신하들은 모르고 있었다.

6월 24일 세종은 다시 대비를 모시고 송계원松溪院(지금의 중랑구) 냇가에 행차했는데, 병이 조금 나았다. 또 다른 둔갑술 도사道士가 합류했다. 6월 26일에는 선암繕巖 아래 냇가로 모시고 가서 무당을 불러 굿을 했다. 다음 날 새벽에 임금이 대비를 모시고 가만히 동소문으로 들어와서 흥덕사興德寺에 머물렀다. 흥덕사는 태조가 서대문 밖 연희방에 지은 것으로 새로 지은 이궁과 가까운 곳이었다. 임금의 정성어린 피접으로 대비의 병이 많이 나았다. 그래도 안심이 되지 않아 다시 대비를 모시고 매일같이 잘 아는 신하의 집으로 거처를 옮겼다.

임금이 정사를 하지 못하고 매일 대비를 모시고 피접다니는 것을 안타깝게 여긴 상왕은 대비를 모시고 창덕궁 서쪽 별실로 옮기라고 명하여 7월 3일에 이곳으로 이어했다. 그러나 7월 7일에 대비의 병이 다시 악화되자 상왕이 장례준비를 하라고 신하들에게 명했다. 대비가 7월 10일 세상을 떠났다. 향년 56세였다. 대비는 세종이 임금이 되는 것을 탐탁치 않게 여겼으나, 세종의 극진한 효도를 받다가 눈을 감았다.

세종이 대비의 원묘原廟를 짓고 돌아가신 분의 영정을 그리게 하여 봉안하겠다고 하니 상왕이 적극 반대하여 그만두었다. 그 대신 임금은 대비가 평소 요절한 성녕대군誠寧大君의 능 옆에 대자암大慈菴(고양시 소재)을 짓고자 하다가 못했던 것을 이제 이루겠다고 하면서 드디어 대자암을 건설했다. 그러고 나서 3개월장을 치러 9월 17일에 광주군 대모산 아래에 안장했다. 법적으로는 5개월장을 치르게 되어 있었으나 상왕이 3개월장으로 바꾸었다. 제사도 3년상을 버리고 1년상으로 바꾸었다. 대비에 대한 상왕의 대접이 각박한 것을 알 수 있다. 대비의 무덤이 바로 헌릉獻陵으로서, 태종이 2년 뒤에 세상을 떠나자 여기에 합장했다. 지금 서울 서초구 내곡동 국가정보원 옆에 있다.

산릉 조성에 동원된 군인이 모두 1만 4천 명에 이르렀다. 상여가 한강의 마전도麻田渡(三田渡)를 건널 때 박자청朴子靑이 배다리 부교浮橋를 놓고 건너자고 하자 사람들이 모두 불가능하다고 반대했으나 상왕이 이를 허락하여 만들었는데, 마치 평지를 걷는 듯 평탄했다고 한다. 정조 때 한강에 배다리를 놓고 사도세자 능인 현륭원에 참배한 일이 있었는데, 배다리의 원조는 바로 400년 전의 박자청이었음을 알 수 있다.

7. 도성을 다시 수축하다 [세종 3년]

태조 때 한양으로 도읍을 옮기면서 도성都城을 쌓았는데, 흙으로 쌓은 구역과 돌로 쌓은 구역이 섞여 있었다. 세월이 지나자 양쪽 다 허물어진 곳이 많았다. 그래서 도성수축이 불가피한 상태에 이르렀다. 이 문제를 먼저 꺼낸 것은 상왕이었다.

세종 3년 10월 13일에 상왕이 임강현으로 가서 사냥하다가 쉬면서 종친 및 대신들과 잠시 술자리를 가졌는데, 이 자리에서 눈물을 흘리면서 말했다. "도성을 수축하지 않을 수 없는데, 큰 공사工事가 일어나게 되면 사람들이 원망하게 될 것이다. 하지만 잠깐 수고로움이 없고서는 오랫동안 편할 수 없을 것이다. 내가 그 괴로움을 담당하고 편한 것을 주상에게 내려주는 것이 좋은 일이 아니겠는가?" 하니 정승들이 모두 찬성하여 바로 도성수축도감都城修築都監을 설치하고, 도제조, 제조, 부사, 판관 등을 임명했다.

도성수축을 하게 되면 백성들이 세종을 원망하게 될 것을 걱정하여 상왕이 그 책임을 맡겠다는 것이다. 이상할 정도로 태종은 눈물이 많은 임금이었다. 그런데 그 눈물은 아무 때나 흘리는 것이 아니라, 반드시 양녕대군의 일이나 세종에 관련된 일을 말할 때만 흘렸다. 맏아들을 쫓아내는 어버이의 마음이 얼마나 아팠겠는가? 임금으로서는 맏아들을 버렸지만 어버이로서의 부정父情이 왜 없었겠는가? 그래서 애증이 교차하여 무수히 눈물을 흘렸을 것이다.

또 그런 아픔을 안고 임금을 만든 세종이 백성의 원망을 듣는 임금이 된다면 또 얼마나 가슴이 아프겠는가? 그래서 궂은 일들과 원망받을 일들은 가급적 아비가 뒤집어쓰고 세종만은 손에 피를 묻히지 않는 성군聖君을 만들어보겠다는 아비의 또 하나의 애틋한 마음, 바로 그것이 상왕 태종의 마음이었다. 그래서 또 눈물을 흘렸다. 태종은 외강내유外剛內柔한 사람이었다. 그런데 이상하게도 세종은 정반대로 외유내강外柔內剛한 사람이었다. 부드러우면서도 강인한 성품, 그것이 태종의 시대와 세종의 시대를 갈라놓는 본질이었다.

그런데 태종이 생각하는 도성수축은 무너진 곳을 보수하자는 것이었으나, 세종은 흙으로 쌓은 곳을 돌로 새로 쌓자는 대신들의 의견을 따라 상왕을 설득시켜 윤허를 받았다. 공사는 더욱 커질 수밖에 없었다. 토성을 석성으로 바꾸는 데 들어간 인력은 매 척尺마다 1명의 인부가 필요하고, 석성을 수리하는 데에는 매 척마다 5명의 인부가 필요하여 모두 계산하니 약 40만 4천 명이 필요했다. 그러나 실제로는 10만 명을 감하여 군사 32만 2,400명에다 석공石工 2,211명이 징발되었다.

위 인력을 8도에 인구비례로 모집하여 구역별로 배정했는데, 인구가 많은 경상도에서 가장 많은 인력을 차출했다. 공사기간은 40일로 정하고, 모두 식량을 싸가지고 오도록 했다. 도성수축이 끝난 것은 다음해 1월 중순이었는데, 추운 겨울에 공사를 다그치다 보니, 도망하는 자, 얼어 죽는 자, 병자 등이 수없이 나왔다. 그렇지만 농번기에는 인력을 차출할 수 없으니 부득이한 일이었다. 상왕은 얼어죽는 사람이 없게 하라고 명했지만 감독관들은 기한 안에 공사를 마치기 위해 야간에도 횃불을 켜놓고 공사를 강행했다. 무리하게 공사를 강행한 관리들이 처벌을 받기도 했고, 병자들은 정부에서 치료했다.

한편, 도성 안의 개천開川에 돌벽을 쌓는 공사도 병행했다. 개천이라는 말도 인공적으로 만들었다는 뜻이 담겨 있다. 지금은 개천을 청계천淸溪川으로 부르고 있지만 조선시대에는 개천으로 불렀다. 세종은 다음해 조세를 모두 중앙에 바치지 말고 주군州郡에 바쳐 쓰게 하라고 명했다. 지방민들을 위로하기 위해서였다.

그런데 도성만 수축한 것이 아니라 세종시대에는 지방 주군에 수많은 읍성邑城을 쌓았고, 북쪽으로 여진족을 막아내기 위해 수많은 석보石堡와 읍성 그리고 수천 리에 걸친 행성行城까지 쌓아 전국이 요새화되었다. 예나 지금이나 나라를 지키는 일이 얼마나 백성을 힘들게 하는가를 여실히 보여준다. 읍성 건축에 가장 열성적인 인물은 최윤덕崔潤德이었고, 세종은 그를 매우 신임했다.

8. 사찰을 선교 양파로 정리하고, 사사전을 재분배하다 [세종 3년]

태종 때 사찰의 폐단을 시정하기 위해, 전국의 사사寺社를 대대적으로 혁파하고, 사사에서 소유하고 있던 노비들을 몰수하여 관노비로 넘겨주었다. 그 결과 승려들의 수가 크게 줄어들고, 사찰에서 농사를 지을 인력도 크게 감소되었다. 그러나 사사에 소속되었던 1만 1,100여 결의 토지는 혁파하지 않고 그대로 두었으며, 승려를 시험으로 뽑는 제도와 승직僧職도 그대로 있었다.

세종은 사사전寺社田 등을 혁파하자는 신하들의 청원을 받아들여 세종 3년 3월에 사사전의 혁파를 명령했다. 다만 꼭 필요한 사찰과 그 토지는 그대로 두기로 했다. 또 세종 6년 4월 5일에는 예조의 건의를 받아들여 모든 불교 종파를 크게 선파禪派와 교파敎派로 양분하고, 선파 사찰 18개소, 교파 사찰 18개소를 합하여 36개소의 사찰만 남겼다. 또 승려의 명단을 관리하는 승록사僧錄司도 아울러 혁파하기로 했다. 그리하여 선파에 속한 종파는 조계종曹溪宗, 천태종天台宗, 총남종摠南宗으로 여기에 속한 18개소 사찰의[71] 전지田地는 총 4,250결이고, 승려는 모두 1,970명이었다. 선파를 총괄하는 도회소는 서울의 흥천사興天寺[72]로 삼았다.

위 18개소 선파사찰들을 살펴보면, 절반 정도가 태조가 창건했거나 관련을 맺었던 사찰들이고, 태종이 요절한 왕자 성녕대군을 위하여 지은 사찰[대자암]도 포함되어 있었다.

한편, 교파에 속한 종파는 화엄종華嚴宗, 자은종慈恩宗, 중신종中神宗, 시흥

---

71) 선파에 속한 18개 사찰은 다음과 같다. 밑줄을 그은 것은 왕실에서 세운 사찰이다. 흥천사(서울), 숭효사(개성), 연복사(개성), 관음굴(개성), 승가사(양주), 개경사(양주), 회암사(양주), 진관사(고양), 대자암(고양), 계룡사(공주), 단속사(진주), 기림사(경주), 화엄사(구례), 흥룡사(태인), 유점사(고성), 각림사(원주), 정곡사(은률), 석왕사(안변).
72) 흥천사는 태조가 죽은 강비康妃의 무덤이 있던 서울 정동貞洞 옆에 세운 원찰이다.

宗始興宗으로 여기에 소속된 사찰은 18개소로서,[73] 전지는 3,700결이고, 승려는 1,800명이었다. 그리고 도회소는 서울의 흥덕사興德寺[74]로 삼았다. 교파가 선파보다 토지와 승려가 적었다.

선파와 교파를 모두 합치면, 사찰은 모두 36개소이고, 전지는 모두 7,950결이고, 승려는 3,770명이다. 이를 평균적으로 계산하면 매 사찰마다 전지 약 221결, 승려 약 110명이다. 그러나 실제로는 사찰의 규모에 따라 전지와 승려의 숫자를 달리했다. 이들 사찰의 전지는 원래 소속된 전지보다 모두 더 보태주었다. 폐지된 사찰의 전지를 옮겨준 것이다. 원래 사찰에 소속되었던 전지가 모두 1만 1천여 결이었으므로, 몰수된 전지는 3천여 결에 지나지 않는다.

9. 명나라에서 말 1만 필을 구매하다 [세종 3년]

세종 3년(1421) 9월 21일에 명나라 사신 해수海壽 일행이 서울에 들어왔다. 해수는 환관으로 태종 때에도 황엄을 따라 몇 차례 왔던 인물로서 오만하고 탐욕스럽다는 악명을 지닌 인물이었다. 임금과 상왕이 모화루에 가서 칙서를 맞이했다. 칙서의 내용은 말 1만 필을 보내면 국용으로 사용하고, 그 값을 치러주겠다는 것이었다. 명나라가 국용으로 쓰겠다는 것은 당시 몽골 유민인 달달족韃靼族이 요동, 광녕, 산해위, 그리고 북경 이북 지역에 침입하여 영락황제가 직접 군마를 이끌고 정벌하려는 계획 때문이었다. 황제는 임금에게 50필의 비단을 내리고 왕비에게 25필의 각종 비단을 선물로 보냈다. 임금은 그 비단을 고위 관료들에게 1필씩 나누어 주었다.

---

73) 교파에 속한 18개 사찰은 다음과 같다. **흥덕사(서울)**, 광명사(개성), 신암사(양주), 감로사(개풍), 연경사(해풍), 영통사(송림), 장의사(양주), 소요사(양주), 속리사(보은), 보련사(충주), 견암사(거제), 해인사(합천), 서봉사(창평), 경복사(전주), 표훈사(회양), 월정사(문화), 신광사(해주), 영명사(평양).

74) 흥덕사는 태조가 서울 동부 연화방에 지은 사찰이다.

명나라에서 말을 사간 것은 태조 때부터 시작된 것인데, 그때 수천 필을 사갔고, 태종 때에는 1만 필을 사갔는데, 그 값을 비단과 면포로 받아서 말 주인에게 돌려주고 나머지 1만 6천 필을 국고에 환원시킨 일이 있었다. 그런데 이번에 또 말 1만 필을 청구한 것이다.

정부에서는 즉시 진헌관마색進獻官馬色이라는 임시관청을 설치하고 서울과 각 도에 말을 배당하여 바치게 했다.[75] 각 지역에서는 배당받은 말을 모든 전현직 品官品官에게 배정하고, 부족하면 일반 백성들로부터 받아들이라고 명했다. 국가에서 직영하는 목장의 말은 제외하고 개인의 말을 바치기로 한 것이다. 당시 국목장國牧場에서 기르는 말은 제주도에만 1만여 필이 있었고 그 밖에도 목장이 많아 이를 합치면 수만 필이 있었다. 그러나 국목장에서 기르는 말은 바치지 않았다. 우리나라에 말이 귀하다는 것을 보여주기 위함이었다.

상왕이 관청 말 10여 필을 견본으로 사신에게 보여주니, 사신이 "이 말을 타다가는 발이 땅에 닿겠다."고 하면서 큰 말을 바치라고 했다. 그러자 상왕이 "본국에는 큰 말이 없다."고 대답했다. 그래도 사신 해수는 재상들이 타고 다니는 큰 말을 바치라고 말했다. 해수는 탐욕이 많아서 무엇이든지 주면 사양하지 않고 받았으며 청구하는 것이 그침이 없었다.[76] 해수는 태종 때에도 황엄을 따라 몇 차례 왔던 인물인데, 준비가 허술하다고 하며 우리나라 관원들을 채찍으로 때리고 물품을 끝없이 청구하여 이미 악명이 높은 사람이었다. 그런데 이번에는 정사로 온 것이다. 명나라 사신들의 자질이 나쁘다는 것이 이번에도 또 드러났다. 그는 10월 5일 서울을 떠났다.

진헌마는 이해 10월 2일에 1차로 300필을 요동에 바치고, 10월 7일부터는 500필 또는 600필, 또는 700필씩 나누어 바쳐, 10월에만 15차례 바쳤고, 세

---

75) 각 지역에 배당된 말의 수효는 다음과 같다. 서울에 2,047필, 개성에 240필, 경기도에 660필, 충청도 1,203필, 전라도 1,808필, 경상도 2,172필, 황해도 894필, 함길도 546필, 평안도 856필, 강원도 1,042필이었다.

76) 해수에게 준 선물을 다음과 같다. 안장갖춘 말 2필, 가죽신발, 세마포 80필, 세모시 40필, 인삼 60근, 채화석 12장, 차 5말, 석등잔 4벌, 담비가죽옷 2벌, 털모자, 귀가리개, 무릎덮개, 매 2마리, 개 1마리이다. 그 밖에 8명의 두목에게도 각각 몇 필의 마포와 모시를 주었다.

종 4년 1월 13일에 1만 필 수송을 모두 마쳤다. 그런데 요동의 관리들이 말을 검사하고 작고 부실하다는 것을 이유로 퇴짜를 놓아 우리나라 관료와 옥신각신 다툼이 일어났다. 우리나라에는 본래 큰 말이 없고, 먼 길을 오는 도중에 병이 들어서 부실해지는 경우가 많다는 것이 우리 사신들의 변명이었다. 결국, 중국에서 퇴짜를 놓은 말이 처음에는 매우 많았으나, 우리가 항의한 결과 241필로 줄어들었는데, 세종 4년 1월 14일에 요동으로 다시 보냈다.

세종 4년 12월 12일에 진헌마를 모두 요동에 보내고 돌아온 구경부仇敬夫는 귀국하여 보고하기를, "달달韃靼(또는 達達, 타타르) 군사 40만 명이 심양로에 진을 치고 있어서 요동 성문을 낮에도 열지 않고 있으며, 요동 군사가 우리가 인계한 말을 거느리고 북경으로 가다가 도중에 400여 필을 달달에게 빼앗겼다."고 했다. 사실, 명나라가 우리나라에 말을 사간 것은 달달을 방어하기 위한 군마로 쓰기 위함이었다.

진헌마는 그 뒤 세종 5년에도 또 1만 필을 요청하여 보냈는데, 뒤에 다시 설명하겠다.

10. 대일관계 [세종 3년]

대마도 정벌 후 사람을 보내지 않고 있던 대마도주 종정성宗貞盛과 도만호 좌위문대랑左衛門大郞은 세종 3년 4월 1일에 이르러 오랜만에 사절을 보내 토산물을 바쳤다. 그러나 물품을 받지 않고 사인도 접대하지 않았다. 그 이유는 4월 6일에 종정성이 또 구리안仇里安을 보내 예조판서에게 글을 올렸는데 그 글이 공손하지 않은 까닭이었다. 그 요지는 이렇다.

"저의 부덕한 소치로 백성을 제대로 단속하지 못하여 대국의 변경을 침범했으니 대국이 용서할 수 없는 일입니다. 비록 죽임을 당해도 거리

낄 것이 없습니다. 그러나 사신으로 갔거나 장사하러 간 300여 명이 모
두 구류당하고 있어서 그 가족들이 울부짖고 있습니다. … 이들은 대국을
침범한 자들도 아닌데 대국에서는 옥과 돌을 구별하지 않고 죄없는 사람
에게 노여움을 푸셨으니, 어진 임금이 먼 곳 사람을 애휼하는 마음이 과
연 이러합니까? … 또 '대마도가 경상도에 예속되었다.'고 했는데, 역사서
적을 조사해 보거나 노인들에게 물어보아도 근거할 만한 것이 없습니다.
그러나 대왕께서 훌륭한 덕을 닦고 은혜를 베푸신다면 누가 감히 귀의하
지 않겠습니까? … 반드시 일본 소속으로 있을 필요는 없습니다. …"

이 글은 자신들의 침략을 사죄하면서도 다른 한편으로는 조선을 원망하고
항의하는 내용을 담았다. 억류된 왜인 300여 명은 아무 죄도 없으니 그 가족들
을 생각하여 보내달라는 것이고, 대마도가 본래 조선 땅이라는 것도 근거가 없
다는 것이다. 그러나 임금이 덕과 은혜를 베푼다면 귀의하겠다는 것이다. 상왕
이 예조에 명하여 구리안에게 말하기를, "네가 가지고 온 글이 공손치 못하여
임금께 올릴 수 없다. 그러나 만약 성심으로 귀의하고 순종하면 옛날과 다름없
이 대우할 것이다."라고 부드럽게 타이르고, 그들이 가지고 온 물품은 팔아가지
고 돌아가게 했다.

4월 16일에 대마도 도만호 좌위문대랑이 또다시 사람을 보내 용뇌龍腦 4냥,
물소뿔 2개, 필발蓽發 80근, 육두구肉荳蔲 30근을 바치니, 면포 70필을 하사했
다. 건방진 서신을 보낸 종정성의 사람과 물품은 받지 않았지만 도만호의 사람
과 물품은 받아 조금씩 다시 문을 연 것이다. 그는 세종 3년 7월 13일에도 편
달鞭撻 50개를 경상도 도안무사에게 바치니, 호랑이 가죽 2장과 돗자리 10장을
주어 보냈다. 그는 8월 3일에도 유황 500근, 물소뿔 1쌍, 단목 300근을 바쳤다.
예조좌랑이 답서를 보내고, 면포 160필을 회사했다.

좌위문대랑은 10월 18일에도 유황 1천 근, 단목 200근, 주홍朱紅 10근을 보
내고 편지를 보냈는데, 앞서 종정성이 말한 것과 비슷했다. 그래도 정성껏 조공
을 바치는 좌위문대랑과는 달리 도주 종정성은 4월에 공손하지 못한 편지를 보

낸 뒤로 몇 달간 아무런 소식이 없자, 10월 4일에 상왕이 그에게 교지를 내렸다. "너희들이 말로만 귀순한다고 하고, 실은 성실한 성의를 보이지 않으니 우리는 경상도에 여러 병선과 수군을 모두 거제도에 모이게 하여 변란을 수비하게 하고, 각 포구에 있는 수군도 시위패로 대신하겠다."라고 했다. 다시 대마도와 싸울 준비를 하겠다는 것이다.

그런데 이 무렵 경상도와 전라도 해안지역에 왜선倭船이 자주 출몰하여 관리와 백성이 잡혀가는 일이 생겼다. 종정성은 조선이 좌위문대랑의 조공은 받으면서 자신이 보내는 토산물은 받지 않는 것을 원망하고 조선을 자극하는 행동을 보인 것이다.

그리하여 10월 22일에 예조좌랑이 며칠 전에 조공을 바친 대마도 좌위문대랑에게 면포 200필을 하사하면서 답서를 보냈다. 종정성의 편지가 무례하여 그렇게 한 것이지 나라에서 절교하는 것은 아니니, 지성으로 충성을 보이면 후히 받아주겠다고 했다.

좌위문대랑은 세종 4년 3월 8일에도 토산물을 바치고, 억류된 대마도 왜인을 돌려달라고 청하고, 3월 27일에도 토산물을 바치니, 예조좌랑이 답서를 보내 "대마도 종언륙宗彦六이 지성으로 귀부한다면 예로서 접대하겠다."고 말했다. 좌위문대랑이 지위가 낮으므로 예조좌랑이 답서를 보낸 것이다. 구주총관에 대한 답서는 예조판서가 하는 것과 대조를 보인다.

한편, 일기도一岐島 왜인들도 꾸준히 조공을 바쳤다. 세종 2년 11월 22일에는 일기도 만호 다라고라多羅古羅가 토산물을 바치자 명주 10필과 면포 110필을 하사했다.

세종 3년 8월 3일에는 일기도 태수 원중源重이 유황 1,040근, 기린향 8근, 소유蘇油 50근, 물소뿔 1쌍을 바쳤다. 이어 8월 6일에는 일기도 만호 도영道永이 단목 100근과 육두구 20근, 조개상자 1개, 기린피 10냥쭝, 빈랑檳榔 15근을 바쳤다. 예조좌랑이 도영에게 답서를 보내고, 면포 230필을 회사했다.

9월 9일에도 일기도 태수 원중이 토산물을 바치니, 예조참의가 답서를 보내고, 면포 450필을 회사했다. 일기도 만호 도영은 세종 4년 3월 8일에도 토산물을 바쳤다.

한편, 구주 왜인들의 조공행렬도 세종 3년에 계속 이어졌다. 세종 3년 6월 10일 구주총관 원의준源義俊이 예조판서에게 글을 보내고, 유황 1,500근, 구리 990근, 소목 1천 근, 명반明礬 10근, 침향沈香 3근 14냥, 천궁川芎 19근 9냥, 파두芭豆 17근 8냥을 바쳐 원경왕후의 상사喪事를 조문하고, 또 억류당한 대마도 왜인의 송환을 요청했다. 예조판서가 이에 응하여 답서를 보내고, 왜인 2인을 돌려보내고 면포 800필을 회사했다.

세종 3년 7월 5일에는 축주부筑州府(福岡) 석성관사 민부소보 평만경平滿景이 사람을 보내 유황 1천 근, 구리 100근, 토황 10근, 향목 3근, 부채 20자루를 바치고, 원경왕후의 상을 조문하니, 예조참의가 답서를 보내고 면포 300필을 회사했다. 종금도 토산물을 바치니 면포 50필을 주었다.

8월 15일에는 구주 전 총관 우무위 원도진源道鎭이 태종비 원경왕후의 상을 조문하고 유황 1천 근, 구리 200근, 소목 200근, 호초 20근, 백동 60근을 바치니, 예조판서가 답서를 보내고, 면포 340필을 회사했다. 이날 웅주자사熊州刺史 (구마모토熊本) 원창청源昌淸도 토산물을 바쳐 조문하니, 예조참의가 답서를 보내고 면포 120필을 회사했다.

9월 9일에는 평만경이 또 소목 1천 근, 소합향蘇合香 5근, 기린교麒麟膠 1근을 바치니, 면포 370필을 회사했다.

세종 3년 11월 6일에 구주 원도진이 의정부에 서신을 보내고, 유황 1,200근, 단목 1천 근, 명반 200근, 상아 2본, 물소뿔 3본, 장뇌 5근, 도자기 그릇 5개, 손상자 2개, 밥바구리 1개, 사탕 100근을 바쳤다. 그 편지의 요지는 이렇다.

> "저는 이미 병마兵馬를 맡은 자리에서 떠나서 한가로이 있는데, 대국에서 여러 번 호의를 두터이하여 그 전의 예를 마침내 버리지 못하여 사자를 보내 은근한 뜻을 전합니다. 요즘 유구국 상선商船이 대마도 적에게

요격당하여 죽은 사람이 양편에서 수백 명이나 되었으며, 배를 불사르고 사람과 물건을 노략질했습니다. 유구국이 근래 우리나라에 공헌하는 까닭으로 그들의 죄를 묻고자 합니다. 대마도 적賊은 얼굴은 사람이나 마음은 짐승과 다름이 없으니, 귀국에서도 연해 주군의 방비를 엄히 하여 변고에 대비해야 할 것입니다. 삼가 살피소서."

원도진은 조선을 대국大國으로 부르고 대마도 왜인을 인면수심人面獸心으로 매도하면서 조심하라고 진심어린 충고를 하고 있다. 구주 왜인과 대마도 왜인의 사이가 나쁜 것을 알 수 있다. 이날 평종수平宗壽도 왕후의 서거를 조문하고, 유황 800근, 침향 30근, 소향蘇香 500근, 비제錍提 2구, 감초 10근, 물소뿔 2본, 손상자 1개를 바쳤다.

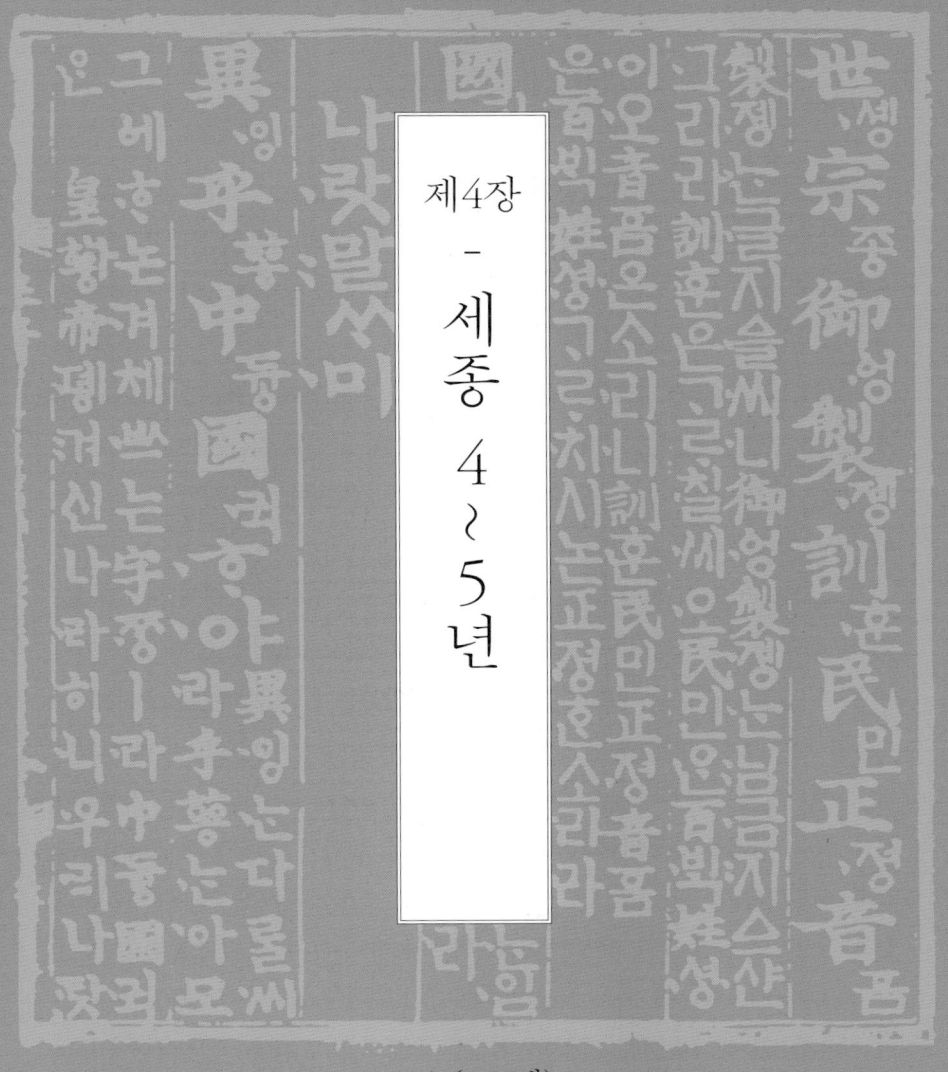

제4장
-
세종
4
~
5
년

(26~27세)
1422~1423년

1. 태종이 서거하다 [세종 4년]

세종 2년에 왕비 민씨의 장례를 치르고 나서 일본을 다녀온 송희경의 귀
국 보고로 다시금 대마도를 정벌할 계획을 세우는 데 여념이 없었던 상왕은 다
음해 세종 3년 봄이 오자 다시 사냥에 나섰다. 왕비의 상이 1년 가까이 지났기
때문이지만, 왕비에 대한 예우는 아니었다.

4월 18일 상왕은 임금을 대동하고 떠나 철원鐵原과 평강平康 등지에서 사냥
하고 나서 4월 23일에는 삭령朔寧으로 들어갔는데 밤중에 길을 잃어 큰 고생을
겪었다. 4월 24일에 영평永平을 거쳐 4월 25일에 풍양 이궁에 도착하고, 임금은
4월 26일에 환궁했다.

그로부터 며칠이 지난 5월 3일에 상왕은 병조에 명하여 돌팔매꾼인 척석꾼
擲石軍 수백 명을 모집하라고 명하고, 5월 4일에 서울 종로에서 석전石戰을 벌이
게 했다. 상왕은 석전도 무예라면서 구경을 사양하는 임금을 대동하고 종친, 대
신들과 함께 종루鐘樓에 올라가 술판을 벌이고 구경했다. 왼편에는 완전 무장한
방패防牌 300명을 세우고, 오른편에는 150명의 척석꾼을 세워 놓고 지휘자가
북을 치니, 함성을 지르면서 달려들어 싸우는데, 번번이 방패가 패배하여 도망
갔다. 하경복河敬復 등 장수들을 시켜 말을 타고 나가서 싸우게 했는데, 역시 패
하고 하경복이 돌에 맞아 땅에 넘어졌다가 싸움이 그친 뒤에 일어났다.

방패가 패한 원인을 묻자 석양 빛 때문이라고 하자 임금이 방향을 서로 바꾸
어 싸우게 했는데 이번에도 인원이 더 많은 방패가 졌다. 태조 때 경상도에 들어
온 왜구를 몰아낼 때 척석꾼의 도움이 컸을 만큼, 척석꾼의 위력이 대단하다는 것
이 증명되었다. 돌멩이의 위력이 창과 칼 그리고 방패의 위력을 능가한 것이다.

상왕은 여기서 그치지 않고 5월 5일에 다시 종로의 종루에 올라 취각령吹
角令을 발동하여 군사들을 비상 소집했다. 임금은 창덕궁에서 각角을 불도록 하
여 상왕과 서로 호응하게 했다. 임금이 창덕궁에 모인 군사들을 거느리고 종로
에 가니 상왕이 맞이했다. 두 임금이 종루에 올라 또 석전을 관람했다. 척석꾼

을 청군[우군]과 백군[좌군]으로 나누어 200보의 거리를 두고 공격하게 했는데, 청
군이 백기白旗를 먼저 빼앗아 이겼다. 다시 또 싸우게 하여 이번에는 백군이 이
겼다. 돌에 맞은 부상자들이 속출했다. 싸움이 끝나자 척석꾼들에게 술과 고기
를 주어 격려하고, 면포 400필, 베 200필을 상으로 나누어주었다.

상왕은 석전을 구경한 이틀 뒤인 5월 7일에 다시 포천抱川에 가서 사냥하고
영평으로 가려고 하다가 날씨가 더워 풍양 이궁으로 돌아와서 대신들과 술잔치
를 벌였다.

상왕을 따라 사냥과 돌싸움을 구경하는 등 오랫동안 궁을 비웠던 임금은
5월 11일에 오랜만에 정사를 보았다. 그런데 풍양 이궁에 있는 상왕에게 문안
을 드리고 탄신일을 기념하여 헌수를 드리기 위해 5월 15일 풍양궁으로 가서
다음 날 잔치를 벌였다. 종친, 부마, 대신들이 모두 모여 헌수하고, 5월 18일에
상왕을 모시고 낙천정으로 와서 삼군三軍 군사들의 진법陣法 연습을 열병했다.
임금은 5월 19일에 환궁했다가 다시 5월 26일에 풍양 이궁으로 가서 문안하고
5월 28일에 환궁했다. 서울에서 100여 리나 되는 이궁을 수시로 가서 문안하느
라 정사를 제대로 볼 겨를이 없었다.

세종 3년 9월 12일에 임금은 상왕에게 높은 칭호를 올려드렸다. 상왕에서
태상왕太上王으로 호칭을 바꾸고, 그 앞에다 성덕신공盛德神功을 덧붙여 '성덕신공
태상왕'으로 불렀다. 이 무렵부터 태상왕은 체력이 떨어져 먼 지방의 사냥을 그
만두고, 주로 낙천정 일대의 근교에서 사냥을 했으며, 겨울에는 사냥이 어려우
므로 천달방에 지은 신궁의 뜰에서 임금 및 대군이나 왕자들과 함께 거의 매일
타구打毬를 하는 것을 즐겼다. 타구는 골프 비슷한 놀이로서 두 패로 나뉘어 뛰
어다니면서 막대기로 공을 쳐서 승부를 겨루는 놀이다.[77] 말을 타고 공을 치는

---

77) 《실록》에 타구에 대한 설명이 보인다. 치는 몽둥이는 숟가락처럼 생기고, 크기는 손바닥만하며,
물소 가죽으로 만들었다. 막대기는 두꺼운 대나무를 합하여 만들었다. 공의 크기는 달걀만한데
마노瑪瑙 또는 나무로 만들었다. 땅에다 주발처럼 깊이 구멍을 팠는데, 이름을 와아窩兒라고 한
다. 와아는 섬돌 위나 또는 평지에 만든다. 공을 치는 사람은 꿇어 앉기도 하고 혹은 서기도 하
여 공을 치는데, 구멍 있는 곳을 향하여 친다. 공이 구멍에 들어가면 점수를 얻게 된다.

격구擊毬보다는 규모가 작은 놀이었다.

세종 4년 3월부터 태상왕이 병환이 나서 주로 천달방[동숭동] 신궁新宮에 머물렀는데, 그래도 아픈 몸을 이끌고 3월 28일에 철원鐵原 등지로 사냥을 떠났다. 물론 임금과 대신들이 수행했다. 3월 29일에 태상왕은 활을 쏘아 노루 5마리와 산돼지 2마리를 잡았다. 4월 1일에도 고석정高石亭 등지에서 노루와 산돼지를 각각 1마리씩 잡았다. 4월 2일에는 갈마재에서 또 사슴 2마리를 잡고, 4월 4일에는 불록산에서 산돼지 1마리를 잡고, 4월 5일에는 양주 종현산에서 산돼지와 사슴 각 1마리를 잡고, 4월 6일에 천달방 신궁으로 돌아왔다.

4월 11일에는 임금과 함께 풍양 이궁으로 거둥하여 4월 12일에 포천과 영평 등지에 가서 또 사냥에 나섰다. 500여 명의 몰이꾼이 수행했다. 임금은 대비의 상중이라 활을 잡고 살생하지 않았다. 그저 따라다니면서 구경만 했다. 사냥을 마치고 태상왕은 4월 15일에 천달방 신궁으로 돌아왔다. 그러나 태상왕은 4월 18일에 또 임금과 함께 동교에 거둥하여 매 사냥을 구경하고 왔다.

그런데 4월 20일에 큰 바람이 불고 우레와 번개가 치고, 큰 비와 우박이 쏟아졌다. 이날 풍양 이궁의 수각水閣이 무너졌다. 이 수각은 이궁 서편에 인공으로 연못을 파고 물을 끌어들인 다음 그 가운데에 정자를 지은 것인데, 이날 정자의 기둥이 태풍에 뽑혀서 날아가 버렸다. 물론 태상왕은 서울 신궁에 있었으므로 이런 일을 보지 못했지만 매우 불길한 일이었다. 태상왕은 4월 22일에 임금과 함께 동교에 가서 매 사냥을 구경하고 신궁으로 돌아왔는데, 태상왕의 병환이 갑자기 악화되어 임금과 종친, 부마, 대신들이 날마다 숙직하면서 간호했다.

임금은 소격서와 전국 사찰과 명산에 기도드리게 하고, 양녕대군도 불러오고, 점쟁이를 불러 점을 쳐보기도 했다. 또 죄가 가벼운 죄수들을 모두 풀어주었다. 5월 4일에 병환이 조금 나아졌으나 5월 8일에 다시 악화되어 연화방[원남동] 신궁으로 피접했는데, 임금은 밤에도 옷을 벗지 않고 극진히 간호했다. 그러나 임금의 정성어린 간호도 보람 없이 5월 10일 향년 56세를 일기로 훙서했다.

왕비와 수壽가 같았다.

태종은 임금이 되기 전부터 첩을 들이고, 임금이 되고 나서도 후궁을 많이 맞아들여 그 수효가 10명을 넘어섰다. 후궁들은 일찍 죽기도 하고, 또 나이가 들기도 하고, 아들을 낳지 못하기도 했다. 대비가 세상을 떠난 뒤 후궁 의빈권씨懿嬪權氏,[78] 명빈김씨, 신령궁주 신씨辛氏 등 셋이 있었으나, 명빈김씨[79]는 태종이 본가로 내보냈다. 상왕을 돌보는 사람은 신씨 뿐이었다.[80] 그래서 세종 4년 1월에 이직李稷의 딸로서 과부가 된 이씨[33세]와 또다른 과부 이씨[이운로의 딸]를 후궁으로 맞이했다. 또 이해 2월에 상호군 조뢰趙賚의 딸을 후궁으로 정했는데, 궁으로 맞아들이기 전에 태종이 세상을 떠났다.

태상왕의 장례는 5개월장을 치러 9월 4일에 발인하여 9월 6일에 헌릉獻陵(서울 서초구 내곡동)에 합장했다. 대비를 장사할 때도 그랬듯이 이번에도 상여가 한강 마전포麻田浦(삼전도)를 건널 때 부교浮橋를 놓고 걸어서 건넜다. 세종도 죽은 뒤에 헌릉 옆에 묻혔으나, 뒤에 지금의 여주 영릉英陵으로 천장한 것이다.

세종에게 전위한 뒤로 5년간 태종의 생활은 효자 세종의 정성어린 효도를 받으면서 실질적으로 정치를 주도하고, 다른 한편으로는 사냥과 잔치, 타구 등을 마음껏 즐기면서 지내다가 여한 없이 세상을 떠났다. 이제 비로소 세종은 태종의 그늘에서 벗어나 자신의 시대를 열기 시작했다.

2. 양녕을 이천에서 청주로 옮기다

상왕 태종이 세종 4년 5월 10일에 세상을 떠나고, 9월 6일에 장례를 치른

---

78) 의빈권씨는 태종이 죽은 뒤에 머리를 깎고 여승이 되었다.

79) 명빈김씨明嬪金氏는 김점金漸의 딸로서 김점이 장물죄로 처벌받자 궁에서 쫓겨났다.

80) 신령궁주 신씨辛氏는 본래 대비 민씨의 몸종이었으나, 태종 14년에 함녕군 이인李裀을 임신하여 세종 4년에 신령궁주로 승진했다. 그녀는 태종이 죽자 머리를 깎고 여승이 되었다. 슬하에 3남 6녀를 두었다.

뒤로 국정은 오로지 세종이 운영하는 시대가 열렸다. 임금의 나이 26세였다. 정치분위기가 일신되었다. 그 많던 사냥이나 잔치 등이 거의 없어지고 임금은 국정에만 전념했다. 조회朝會, 시사視事, 경연經筵 등이 규칙적으로 이루어졌다. 여기에 세종 7년 6월 이후로는 전에 없던 윤대輪對가 하나 더 추가되었다. 시사는 주로 승정원의 승지들로부터 처리된 국정을 보고받는 모임이었고, 윤대는 동반 4품 이상, 서반 2품 이상 관원이 매일 참여하여 정사를 보고하는 제도였다.

그러나 세종이 당면한 일들이 만만치 않았다. 양녕대군의 처리문제가 급선무로 등장했다. 장례 때문에 서울로 올라온 양녕이 이천으로 내려가지 않고 그대로 서울에 머물러 있자 신하들이 양녕을 속히 내려보내라고 간청했다. 상왕이 없어진 상황에서 양녕이 무슨 일을 저지를지 몰랐기 때문이다. 양녕은 조정의 분위기가 심상치 않음을 느끼고 6월 6일에 일단 이천으로 내려갔다. 임금은 식량 등을 내려 보내면서 극진히 돌보아 주었다.

이천으로 내려간 양녕의 나쁜 행실이 또 보고됐다. 국상國喪 중인데도 슬퍼하는 기색이 전혀 없고, 태종이 세상을 떠난 지 겨우 20일 만에 사람을 불러 밭에 김을 매면서 〈농부가農夫歌〉를 부르게 하고 즐겁다고 말했으며, 사냥을 위하여 하인을 시켜 남의 집 좋은 개를 훔쳐다가 들판을 달리면서 사냥하고, 사람에게 술을 너무 먹여 죽게 하고, 동네 사람들을 시켜 돌을 실어다가 집을 꾸몄다. 그러자 이천현감이 마을 사람들을 불러다가 문초하니, 양녕이 임금에게 편지를 보내 현감을 죄주라고 요청했다. 그러면서 "만약 청을 들어주지 않으면 나와 전하의 사이가 이로부터 멀어질 것이다."라고 했다. 임금을 협박한 것이다.

대간들은 끊임없이 불효불충不孝不忠한 양녕을 죄주고 멀리 보내라고 요청했으나 임금은 번번이 이를 물리쳤다.

다음해인 세종 5년 1월 9일에 병조에서는 군대를 비상소집하는 〈취각령사목〉을 다시 만들어 임금에게 보고했다. 전과 달라진 것은 군사들이 모이는 장소를 궁궐로 하지 않고 도성 위로 올라가게 한 것, 지방에 가 있는 절도사도 서울에 올라와서 도성 위에 올라가서 돌아다니면서 사람들을 감시하도록 한 것, 서울 안에 상주하는 시위패와 별패를 다시 재구성하여 구역별로 재정비하고, 각角을 불면 각기 소속된 곳에서 빨리 성에 올라가서 명령을 듣게 하고, 각 면의 절도사는 군사들이 도착했는지 여부를 기록하여 병조에 올리도록 한 것이다.

세종이 즉위한 직후에 태종이 취각령을 만든 것은 그 목적을 분명하게 밝히지는 않았지만 양녕으로부터 세종을 보호하기 위한 것이었는데, 이제 그 제도를 다시 정비한 것도 같은 목적으로 보인다. 다만, 군사들이 모이는 장소를 궁궐문 앞에서 성 위로 바꾼 것은 높은 곳에서 도성 안 전체를 감시하는 것이 더욱 효과적인 것으로 판단한 듯하다.

뒤이어 이해 2월 16일에는 의정부 정승과 2품 이상의 고관들이 연명으로 봉장封狀을 올려 양녕이 그동안 지은 죄를 10가지로 나누어 소상하게 밝히면서 법대로 죄를 주라고 간청했다. 그 뒤에도 대간들이 잇달아 상소하여 양녕의 목을 베라고 청했다. 이런 과격한 요구는 처음 있는 일이다.

신하들의 성화 같은 요청에 못이겨 임금은 이해 2월 25일에 전에 주었던 300결의 과전科田을 몰수하는 대신 월봉月俸으로 바꾸고, 노비를 줄이고, 잡인들의 출입을 막았다. 과전 경영 때문에 사람들이 모이는 것을 막기 위함이었다. 그러나 대신들은 양녕을 더 먼 곳으로 보내야 한다면서 성城이 견고하고 감시하기가 좋은 청주淸州로 보내라고 하여 임금이 그렇게 하기로 결정했다. 그러자 양녕은 도망하여 숨고자 한다는 소식이 들려왔다. 임금은 3월 11일에 사헌부에 교지를 내려, 양녕이 다른 곳으로 가면 잘 접대하고, 즉시 그가 간 곳을 임금에게 보고하라고 명했다.

세종 5년 3월 13일에 양녕을 청주로 옮기고 잡인의 출입을 금하고, 집 주변에 담장을 2중으로 쌓아 도망하지 못하게 했다. 이렇게 거주의 자유를 제한했으나, 각종 약재藥材와 술 등을 하사하고, 해마다 술쌀 30석, 밀 10석을 대주라고 명했다. 9월 19일에도 술쌀 30석과 술독 20개를 하사하라고 명했다. 그러니까 대우는 잘해주면서 감시를 강화한 것이다.

양녕만이 아니라 그의 장인 김한로金漢老도 위험인물로 지목되었다. 몇 년

전에 어리於里를 보호하면서도 이를 임금에게 알리지 않은 죄로 유배간 곳이 청주와 매우 가까운 충청도 연기燕岐라는 것이 문제되고, 또 배를 타고 북방으로 가서 야인들을 유혹하여 반란을 꾀한다는 소문도 나돌았다. 그래서 김한로를 죽산竹山으로 옮겼다.

그러나 세종 6년 2월 18일에 이르러 신하들의 반대를 무릅쓰고 양녕을 다시 경기도 이천利川으로 되돌아오게 했다. 그리고 나서 술쌀 30석, 콩 30석, 탄炭 25석을 내려보내 생활을 돌보아주고, 그 뒤로는 수시로 술과 음식, 사냥하는 매와 활, 궁시 등을 내려주어 사냥을 즐기도록 했다. 그럴 때마다 신하들이 반대했으나 임금은 고집을 꺾지 않았다.

그 뒤에는 양녕을 서울의 옛집으로 돌아오게 했는데, 이에 대해서는 뒤에 다시 설명하겠다.

3. 백성을 굶어 죽게 한 수령은 곤장 100대를 때리다
신민과 소통하다

세종은 백성을 위한 정치를 펴는 것을 국정의 최우선으로 삼았다. 그리하여 백성의 생활안정과 인권 신장, 백성의 언로 확대에 큰 업적을 낸 임금이었다. 특히 생활안정은 급선무 가운데 급선무로 여겼다. 그래서 수령이 부임할 때마다 반드시 만나보고 백성의 생활안정에 최선을 다할 것을 신신당부했다.

세종이 민생을 중요시한 이유를 수령들에게 이렇게 말했다.

"옛날에는 백성들에게 예의와 염치를 가르쳤는데, 지금은 의식衣食이 부족하니 어느 겨를에 예의를 다스리겠느냐? 의식이 넉넉하면 백성들이 예의를 알게 되어 형벌에서 멀어질 것이다. 그대들은 나의 지극한 마음을 본받아 백성들을 편안하게 기르는 일에 힘쓰라."

이 말은 맹자孟子가 강조한 말이다. "백성들이 항산恒産이 없으면 항심恒心을 갖지 못하게 되고, 항심이 없으면 무슨 짓이든지 한다."고 하고, 또 "창름倉廩(곡식 창고)이 가득 차야 백성들이 염치廉恥를 알게 된다."고 하여 경제생활의 안정이 왕도정치의 첫걸음이라고 갈파했다. 세종은 이런 성현의 말을 누구보다도 절실하게 받아들여 실천한 임금이었다.

백성의 생활을 위협하는 가장 무서운 재난은 흉년이었다. 한재旱災가 와도 흉년이 되고, 수재水災가 와도 흉년이 되는데, 이상하게도 세종이 임금이 된 뒤로 잇달아 흉년이 이어졌다. 그래서 흉년에 대한 대비책을 단단히 준비하여 한 사람이라도 굶어 죽는 사람이 없게 하는 데 총력을 기울였다.

특히 세종 3년(1421)과 4년(1422)에는 유례없는 흉년이 들었다. 세종 3년에는 6월 내내 큰 비가 와서 서울 장안이 물바다가 되고, 하삼도에도 수재水災로 벼농사가 흉년이 되었다. 세종 4년에도 5월 이후로 계속하여 장맛비가 내려 보리와 밀 등 밭곡식이 모두 썩었다. 그러더니 7월 초부터는 폭염이 계속되어 곡식들이 타들어갔다. 수재와 한재가 겹친 것이다. 기청제祈晴祭를 지내던 것이 이제는 기우제祈雨祭로 바뀌었다. 세종은 뒷날 이해를 회고하면서 '임인년 흉년'이 가장 힘들었다고 회고했다. 거기에 태종이 홍서하여 국상國喪까지 겹쳤으니 얼마나 힘들었겠는가?

임금은 만약 굶어 죽는 사람이 한 사람이라도 생기면 수령을 처벌하겠다고 선포했다. 굶어 죽지 않게 하는 방법은 국가에서 보유하고 있는 의창곡義倉穀을 풀어서 나누어주고, 그것이 부족하면 군자곡軍資穀을 임시로 빌려주어 먹게 했으며, 그 다음해 종자곡까지 주게 했다. 실제로 국가에서 비축한 곡식은 상당한 여유가 있어서 수령들이 제대로만 노력하면 굶어 죽는 사람이 없게 하거나 줄일 수 있었다. 그래서 수령들에게 한 사람이라도 굶어 죽는 사람이 나오면 큰 벌을 내리겠다고 선언하고 다그친 것이다.

그런데 실제로 진제賑濟를 잘못하여 굶어 죽은 사람이 나오자 해당 지역 수령을 잡아다가 곤장 100대를 때렸는데, 이렇게 처벌받은 수령이 한두 명이 아니었다.

굶주리는 백성을 구휼하는 방법은 의창곡을 환자遠上(환곡)로 나누어주고, 다음해의 종자곡을 미리 주는 것만 아니라 조세와 공납이나 진상을 면제해 주고, 병자를 치료하고, 금주령을 내리는 등 다양한 방법이 동원되었다.

임금이나 왕실의 생활도 대폭 절약했다. 원래 세종은 육류肉類가 없으면 식사를 하지 못하는 식습관이 있었다. 세종의 지병인 당뇨병이나 풍증風症도 어쩌면 이런 식생활습관과 관련이 있어 보인다. 이런 식습관은 사냥을 즐기면서 육식을 많이 했던 태종의 영향을 많이 받은 때문으로 보인다. 그동안 국상 중이라 육류를 오랫동안 먹지 못했지만 흉년까지 겹치니 육류를 먹기가 미안하여 채소를 주로 먹었더니 몸이 야위고 얼굴빛이 꺼멓게 변하여 신하들이 임금의 건강이 걱정되어 이구동성으로 육류를 드시라고 강권하자 마지 못해 육류를 들기 시작했다.

흉년이 들었다 해도 전국이 모두 실농하지는 않았다. 대체로 중부 이북지역보다 충청, 경상, 전라도 등 이른바 하삼도는 비교적 농사가 양호했다. 그래서 1만 명 이상의 북방지역 사람들이 하삼도 지방으로 흘러들어와서 구걸하기도 하면서 살아가고, 또 하삼도 지역의 곡식을 북방으로 운반하여 구제하기도 했다. 이렇게 하여 이해의 흉년을 넘겼다.

세종 5년에 들어와서도 5월까지 비가 오지 않아서 여러 가지 방법으로 기우제를 올렸다. 대체로 기우제는 순서가 있었다. 먼저 종묘와 사직에 빌고, 그 다음에 저자를 여항으로 옮기고, 다음에 승려와 무당을 불러 비를 빌게 하고, 그 다음에 아이들을 모아 도롱뇽을 연못에 넣게 하고, 불을 상징하는 남대문을 잠그고 물을 상징하는 북문을 열고, 호랑이 머리를 한강 등에 담그고, 동서남북중의 5룡五龍에 비를 비는 등의 순서를 따른다. 그런데 이번에는 저자를 옮긴 뒤인 5월 6일부터 비가 내리기 시작하여 기우제를 중단했다. 가을에도 특별한 재난이 없어서 이해는 농사가 비교적 잘된 해였다.

세종은 흉년이 들 때마다 그 책임이 정치를 잘못한 임금에게 있다고 보고,

여러 신하들에게 좋은 정책이 무엇인지를 숨기지 말고 건의하라고 명하여 좋은 의견이 올라오면 이를 모두 채택하여 정책에 반영했다. 세종시대의 좋은 정책은 임금의 생각으로 이루어진 것도 적지 않았지만, 그보다는 여론의 힘으로 이루어진 것이 더 많았다. 세종은 권력도 나누어 갖기에 힘썼지만, 신민臣民과의 소통을 누구보다도 존중한 임금이었다. '훈민정음訓民正音'도 신민과의 소통을 위해서 창제된 것 중의 하나가 아닌가?

4. 여자종을 의녀로 양성하다

《예기禮記》를 보면, "남녀가 7세가 되면 같은 자리에 앉지 않으며, 먹는 것을 같이 하지 않는다."는 말이 보인다. 이른바 '남녀칠세 부동석男女七歲 不同席'이다. 이 원리를 따른다면 여성이 병이 났을 때 남자 의원이 여성의 몸을 만지고 주무르면서 치료하는 것은 예의에 어긋날 뿐 아니라 여성으로서는 크나큰 수치심을 느끼게 된다. 특히 지체가 높은 왕비라든가 종실의 여자들이 병을 치료할 때에는 더욱 남자 의원은 기피의 대상이 될 수밖에 없었다. 그래서 할 수 없이 남자 의원의 치료를 받기도 하지만, 이를 끝까지 기피하여 병을 치료하지 못하고 요사夭死하는 경우도 적지 않았다.

여성의 질병 치료를 예의에 맞게 치료하기 위해 만든 제도가 여의女醫였다. 여의는 의녀醫女로 불리는 경우가 더 많았다. 이 제도가 처음으로 생긴 것은 태종 때이다. 의녀가 기록에 처음 나오는 것은 태종 13년(1413)이지만 처음 설치된 해가 태종 몇 년인지는 알 수 없다. 세종 5년 11월 28일의 《실록》을 보면, 의정부 참찬 허도許衜가 상서한 글 가운데 이런 기록이 보인다.

> "태종조에 여러 여의女醫를 둘 것을 청하여 즉시 서울 의사醫司(제생원)에 명하여 각 관청에서 나이 어린 비자婢子를 뽑아서 의술醫術을 가르치

게 했는데, 임금께서 또 그 인원수를 늘리고 무겁게 가르치어, 이로 인하여 서울에 있는 병자는 한갓 존귀한 집만이 아니라 사족士族과 평민平民의 집 여자들도 모두 치료를 힘입었습니다. 그러나 외방의 부녀자들만이 홀로 그 어진 은택을 입지 못하고 있으니, … 원컨대 외방 각 도의 감영監營에 있는 관비官婢 가운데 영리한 여자 아이를 택하여 서울로 보내 침구술鍼灸術과 약품제조법을 가르쳐서 … 도로 그 관청으로 보내면 그 지역 부녀자들의 병을 고칠 수 있을 것입니다. …"

즉 태종 때 관비官婢 가운데 어리고 영리한 여자 아이를 뽑아 의술을 가르쳐서 여의女醫를 만들고, 또 그 인원수를 늘려 교육을 더욱 강화하여 귀족, 사족, 평민의 부녀자들이 치료를 받는 혜택을 입었다는 것이다. 그러니 앞으로는 지방에도 의녀를 두자고 건의한 것이다.

태종 때 의녀醫女의 수를 늘린 것은 바로 태종 18년 6월 21일로서, 제생원濟生院의 요청을 받아 예조에서 임금에게 건의하여 7명이던 의녀를 10명을 더 늘려 17명을 두었다. 그 선발 대상은 역시 각 관청의 여자종 가운데 나이가 13세 이하인 아이를 뽑았고, 이들을 훈련시켜 여러 곳에 나누어 보냈다. 제생원은 바로 서울에 있는 병원으로서 신분을 가리지 않고 병자를 치료하는 의료기관이었다.

세종 때에 이르러서 의녀가 임금으로부터 상을 받는 일이 생겼다. 세종 4년 8월에 왕비 공비恭妃(심씨)가 병환이 위중했는데, 의녀가 의원과 함께 왕비를 열심히 치료하여 병이 조금 나아지자 의원과 의녀에게 상을 내린 것이다. 의녀가 왕비를 치료하는 데까지 참여했다는 것은 놀라운 일이다. 아마도 이것이 처음 있는 일로 보인다. 의녀가 진맥이나 침과 뜸, 약처방까지 관여했는지, 아니면 의원의 보조원 즉 간호사 역할만 했는지는 알 수 없으나, 그렇더라도 의녀의 간호를 받은 왕비의 마음은 한층 편했을 것이다.

의녀가 왕비를 치료한 일은 세종 22년에도 있었다. 이해 4월에 왕비가 풍병風病으로 온천에 가서 목욕하고 아주 나았는데, 임금은 이해 4월 10일에 이것이 목욕의 효험인 동시에, 의원과 의녀가 약을 먹인 공효라고 하면서 의원 양홍수楊弘遂와 노중례盧重禮에게는 내구마內廐馬를 하사하고, 의녀 소비召非에게는 쌀 6석을 하사했다. 쌀 6석은 상당히 큰 상이다.

세종은 의녀의 치료 효과에 자극을 받았는지, 세종 4년 11월 14일에 교지를 내려 의녀교육을 한층 강화할 것을 지시했다. 제생원의 훈도관訓導官이 부지런한지 태만한지, 의녀의 학습한 바가 능숙한지 아닌지를 예조와 승정원에서 심사하고 조사하라고 명했다.

세종은 이어 재위 5년 3월 17일에 또 교지를 내렸다. 제생원의 의녀 가운데 나이 젊고 총명한 여자 3~4인을 뽑아서 교육을 더욱 강화하여 문리文理를 통하게 하라고 명하고, 의영고부사義盈庫副使 박연朴堧을 훈도관으로 임명했다. 박연은 음악에 조예가 깊은 인물로서 뒷날 음악을 정리하는 데 큰 공을 세운 사람인데, 의술에도 재능이 있어서 그에게 의녀교육을 맡긴 것이다. 여기서 의녀에게 문리를 통하게 가르치라는 세종의 명은 본격적으로 한문을 배우고 의서醫書를 읽어서 약 처방이나 침구鍼灸(침과 뜸) 등의 이론까지 배우게 하라는 것이다.

그러면 구체적으로 의녀들은 무슨 책을 읽었는가? 세종 5년 12월 27일에 예조에서 올린 보고를 보면 이렇다.

> "제생원의 의녀들은 반드시 먼저 글을 읽게 하여 글자를 안 뒤에 의방醫方을 읽어 익히도록 하고 있습니다. 지방에서 선발하여 올려 보내려고 하는 의녀들도 또한 그 고을의 관원이 먼저 《천자千字》, 《효경孝經》 〈정속편正俗篇〉 등의 서책을 가르쳐서 문자를 대강 해독하게 한 다음에 올려 보내도록 하소서."

곧 의녀들은 본격적인 의서醫書를 읽기 전에 《천자문》부터 가르치고, 이어 《효경》 등을 가르친다는 것이다. 《효경》을 가르치는 것은 의술醫術을 인술仁術의 차원에서 바라보고 있음을 암시한다.

의녀 교육의 강화를 지시한 그 무렵, 즉 세종 5년 11월 28일에 위에 언급한 참찬 허도가 의녀에게 침구술과 약품조제법을 가르치고, 또 지방에서도 의녀를 키워야 한다고 임금에게 건의한 것이다. 임금은 허도의 건의를 받아들여 예조에서 검토하여 아뢰라고 명했다. 왕명을 받은 예조에서는 이해 12월 4일에 검토한 결과를 임금에게 보고했다. 먼저 충청도, 경상도, 전라도 감영監營에 소속된 관비官婢 가운데 나이 10~15세의 영리한 소녀 각 2명씩을 선택하여 선상여기選上女妓의 예를 따라서 봉족奉足을 주어 제생원으로 보내, 제생원 의녀와 함께 한 곳에서 교육을 받게 하고, 그 의술이 성취하면 도로 지방으로 보내도록 하자고 건의하니, 임금이 그대로 따랐다.

서울뿐 아니라 지방에도 의녀를 두도록 결정한 세종은 여기서 한 걸음 더 나아가서 보름 뒤인 세종 5년 12월 19일에 의녀에게 또 다른 임무를 맡겼다. 서울에서 거주하는 군사가 부모의 병을 이유로 휴가를 받아 고향으로 내려갈 때, 삼군진무三軍鎭撫가 질병 유무를 심사한 뒤에 휴가를 주자고 병조가 건의하자, 임금은 "그 군사의 어머니가 사대부 아내라면 진무가 심사하는 것은 옳지 않으니, 그 지방 의녀가 심사하게 하라."고 명했다. 그러니까 사대부 여자의 질병 유무를 판단하는 권한을 의녀에게 넘겨준 것이다. 사대부 여자의 수치심을 덜어주기 위한 배려에서다.

세종은 12년 12월 15일에 또 예조에 새로운 교지를 내렸다. 앞으로 4맹삭(봄, 여름, 가을, 겨울의 각 첫 달)마다 의원을 시험하여 뽑을 때나, 의녀를 매달 시험 볼 때 《산서産書》도 아울러 시험과목에 넣으라고 명했다. 《산서》는 요즘 말로 산부인과 의학을 말한다. 그러니까 여성이 아이를 낳을 때도 의녀가 참여하라는 뜻이다. 아마도 왕실 여성이나 사대부 여성의 출산에도 의녀가 참여함으로써 그들의 수치심을 줄이려는 배려가 커진 것이다.

질병 유무를 판단하는 의녀의 기능은 그 뒤에도 계속 확대되어 세종 16년 1월 21일에는 종학宗學에서 공부하는 종친들이 부모나 처자의 질병을 이유로 조퇴하는 경우에도 의원과 의녀에게 진위를 살피게 했다. 종친들이 공부를 꺼려 거짓말로 이유를 대고 조퇴하는 것을 막기 위함이었다. 그러니까 부모나 처

자가 남자인 경우는 의원에게, 여자인 경우는 의녀에게 질병의 진위를 판정하
도록 한 것이다. 또 이해 5월 6일에도 종친의 어머니나 아내의 질병이 있으면,
의녀가 의원과 함께 가서 진찰하여 진위를 판정하고 치료하도록 했다.

　의녀의 기능이 확대되면서 의녀의 임무는 갈수록 커졌다. 공부도 해야 하
고 치료도 해야 하니 얼마나 바빴겠는가? 그러자 예조는 세종 16년 7월 25일에
의녀에 대한 대우를 개선할 것을 임금에 청했다. 그 말을 들어보자.

> "제생원 의녀들은 날마다 제생원에 출근하여 의서醫書를 읽고 익히
> 며, 병을 보고, 침과 뜸을 합니다. 맑은 날이나 비오는 날을 가리지 않고
> 있으니, 임무의 괴로움이 갑절이나 무겁습니다. 여기女妓의 예를 따라서
> 1년에 두 번씩 쌀을 하사하소서."

　의녀들이 제생원에 날마다 출근하여 의서를 읽고, 환자를 돌보고, 침과 뜸
도 시술하고 있어서 그 부담과 고통이 매우 크다는 것이다. 원래 관노비는 관
청에서 일정한 월료月料를 받고 있었는데 종이 화폐인 저화楮貨를 받고 있다가
세종 4년 7월에 흉년으로 쌀을 주었으나, 그것은 임시조치였다. 그런데 저화 값
이 갈수록 폭락하여 관노비의 고통이 컸다. 의녀도 신분이 관청노비였으므로
저화를 월료로 받았을 것이다. 그래서 이를 불쌍하게 여긴 예조가 1년에 두 번
씩 쌀을 주자고 건의하니 임금이 받아들였다. 그 쌀의 수량은 알 수 없으나 다
른 시대의 기록을 보면 한 번에 쌀 1석을 주었다고 한다.

　의녀 제도는 그 후 왕조 말기까지 지속하였는데, 중국에는 없는 조선만의
제도였다. 다만 그들의 지위가 기생妓生과 동등하게 취급되었다는 것이 아쉬운
점이었다.

5. 재인과 화척을 신백정으로 편입하다 [세종 5년]

조선시대 하층민 가운데 재인才人과 화척禾尺이 있었다. 이들은 원래 고려 때 거란족이나 여진족 출신 유목민들이 들어와서 농업을 하지 않고 떠돌아다니면서 소나 말을 도살하거나, 말 타고 다니며 사냥하거나 도적질하고, 버들고리나 가죽 등을 만들어 팔거나 하면서 살아가는 유랑민들이었다. 또 훗날 광대廣大나 기생妓生으로 불리는 연예인들도 그 뿌리는 이들이었다. 비유하자면 서양의 '집시'와 비슷한 특수계층이었다.

그들의 재주는 때에 따라서는 뛰어난 유기柳器나 가죽 제품을 잘 만들기도 하고, 말을 잘 타고 활을 잘 쏘는 등 무예가 뛰어나 군인도 될 수 있고 연예인도 될 수 있어서 도움이 되는 측면도 있었지만, 도적질이나 도살업 같은 일은 국가에 해를 끼쳤다. 가축을 잡는 것을 국가에서 금지했기 때문이다. 그래서 이들을 농업인으로 만들고, 군역을 지게 하고, 평민과 혼인시켜 정착하도록 할 필요가 있었다.

세종 5년 10월 8일에 드디어 재인과 화척들을 양민으로 만드는 대책이 발표되었다. 우선 그 이름을 '백정白丁' 또는 '신백정新白丁'으로 부르게 하고, 농경지를 주어 농업에 종사하게 하고, 무예가 있는 자들을 시위패侍衛牌나 갑사직甲士職을 주도록 했다. 그리고 일반 평민과의 혼인을 장려했다.

이런 정책으로 상당수의 백정이 평민으로 정착하기도 했지만, 생활이 어려워지면 도살업을 계속하고 도적의 본성을 드러내는 일이 많았다. 세종 시대에 흉년이 들면 떼를 지어 곳곳에 말을 타고 돌아다니면서 불을 지르고 도적질하는 방화범과 강도범을 잡으면 대부분 이들이었다. 이들은 대부분 하삼도보다는 개성과 황해도, 평안도 등 북방지역에 많이 살았다.

하지만 국가의 꾸준한 양민화 정책으로 재인과 화척의 수효는 점차 줄어들었다.

6. 일본 토호들의 조공이 폭주하다

(1) 세종 4년

세종 4년에 들어와서도 구주 왜인의 조공은 계속 이어졌다. 원도진의 아들로서 구주절도사가 된 원의준源義俊이 1월 24일에 사람을 보내 토산물을 바치고, 억류된 대마도 왜인을 돌려보내 주기를 청했다. 또 이날 살마주薩摩州의 등원뢰藤原賴와 비주肥州(좌하현佐賀과 웅본현熊本)의 전평전田平殿 원성源省 등이 사람을 보내 토산물을 바치고, 억류된 대마도 왜인의 송환을 청했다. 살마주는 구주 서남쪽에 있는 지역으로서 태종 때에는 자주 조공을 바쳤으나, 세종이 즉위한 뒤로는 처음 와서 조공을 바쳤다. 3월 8일 예조좌랑은 송환요구에 답서를 보내, 원하는 사람을 찾아보았으나 찾지 못했다고 답변했다.

위에 언급한 원의준, 등원뢰, 원성 등 세 사람은 세종 4년 2월 26일에도 또 사람을 보내 토산물을 바쳤으므로 면포를 차등 있게 회사했다. 원의준은 3월 5일에도 토산물을 바치고 대마도 왜인의 송환을 요청했다. 그리고 그 아비 전 총관 원도진源道鎭도 이날 토산물을 바쳤다. 구주총관 원의준 등은 3월 26일에 또 토산물을 바치므로 면포를 회사했다. 예조판서는 4월 11일에 원도준과 원의준에게 답서를 보내 억류된 사람 가운데 몇 사람을 돌려보낸다고 답변하고, 그 나머지 사람들은 대마도 종언륙宗彦六이 진심으로 귀순한 뒤에 돌려보내겠다고 말했다.

세종 4년 7월 5일, 그러니까 태종이 세상을 떠난 후에도 왜인의 조공은 계속 이어졌다. 태종이 승하한 직후에 대내전大內殿으로서 방주防州(야마구치현山口縣 동부), 장주長州(야마구치현山口縣 북서부), 풍주豊州(오이타현大分縣 북부) 3주의 태수인 다다량도웅多多良道雄이 토산물을 바쳤는데, 왕, 왕비, 세자, 그리고 좌우 정승에게까지 바쳤다. 대내전은 일본의 9개 토호세력인 9전九殿 가운데 하나로서 지금의 야마구치현山口縣과 히로시마현廣島縣 지역을 중심으로 하여 구주의 동북부 지역을 지배하는 큰 세력이었다. 그들은 스스로 백제왕의 후손임을 자처하면서 조선에 매우 호의적인 태도를 보였다.

다다량도웅의 사신에 대하여 예조에서 답서를 보내기를, "좌우 정승에게 사적으로 보낸 토산물은 받을 수 없으나, 다만 그대가 우리나라를 공손히 섬겨서 성의가 돈독하므로 당상관에게 아뢰어 받아들이고, 토산물을 돌아가는 인편에 부친다."고 말했다. 우리나라는 공적인 거래만 허용하고 사적인 거래는 법으로 막았는데, 저들은 공사公私를 구별하는 나라가 아니었다. 같은 날 대마도 좌위문대랑도 토산물을 바쳤다. 그는 7월 22일에도 토산물을 바쳤다. 태도가 공손치 못한 도주의 사신은 박대했지만, 좌위문대랑만은 후대하여 숨통을 열어 주었다.

7월 6일에는 전 구주도원수 원도진源道鎭이 사람을 보내 상왕의 죽음을 조문하고 토산물을 바치면서 대마도 왜인의 송환을 청했다. 그는 7월 22일에도 토산물을 바쳤다. 원도진은 구주지역 전체를 군사적으로 지배하는 도원수였으나 지금은 은퇴하여 아들 원의준에게 그 직을 넘겼지만 조선에 대하여 가장 열성적으로 조공을 바쳐온 인물이었다. 그래서 예조판서가 답서를 보냈다. "조문하는 정성을 바친 것에 감사하지만, 대마도는 만일 종언륙宗彦六이 정성을 다하여 조공하면 청하는 바를 들어주겠다."고 답했다.

같은 날 구주 축주부筑州府 민부소보民部小輔 평만경平滿景도 사신을 보내 구리 500근, 유황 1천 근, 소목 300근을 바치고 대마도 왜인을 보내달라고 청했다. 평만경은 7월 23일에도 토산물을 바쳤다. 축주부는 지금 구주 복강福岡(후쿠오카) 지방의 토호였다.

7월 12일에는 구주절도사[도원수] 원의준이 토산물을 바치고 대마도 왜인을 보내달라고 청했다. 그는 또 7월 22일에도 토산물을 바쳤다. 그런데 이 무렵 왜선이 남해안에 들어와서 노략질하고 수십 명의 조선인을 사로잡아가는 사건도 함께 일어나서 해안 방비를 강화했다.

7월 23일에는 일기도一岐島 상만호上萬戶 도영道永과 대마도 도도웅수都都熊壽, 구주상사九州上使 평만소조천平滿少早川, 본주本州의 미작주美作州(오카야마岡山 북부 지역) 전사前司 입도상가入道尙嘉 등이 사람을 보내 토산물을 바쳤다.

4년 9월 12일에는 대마도 수호守護 종언륙宗彥六과 그 어미가 사람을 보내 토산물을 바쳤다. 종언륙의 태도가 공손해졌으므로 후하게 접대하고 답례품도 후하게 회사했다. 11월 18일에도 종언륙과 등차랑藤次郎, 우위문대랑 등이 사람을 보내 토산물을 바치고 태종의 국상을 조문했다.

(2) 세종 5년

세종 5년에도 왜인들의 조공행렬은 끊이지 않고 이어졌다. 이해 1월 1일에 구주총관 원의준源義俊이 토산물을 바치고, 예조에 글을 올렸다. 그 글에는 상왕의 죽음을 극진하게 애도하고 예물과 제물로 바칠 토산물의 목록을 적었다. 예물은 소목 1천 근, 물소뿔 3본, 곽향藿香 40근, 정향피丁香皮 20근, 유황 5천 근, 명반 400근, 절부折敷 20매, 소향유蘇香油 2근, 금란金襴 1단, 감초 20근, 붉은 색 그릇[朱盆] 2개, 당주唐朱(물감) 1근이다. 제물로 바친 토산품은 소면素麵 30근, 갈분葛粉(칡가루) 15근, 침향 2근, 밀랍초[蠟炬] 50개, 온주귤溫州橘 1천 개였다.

원의준은 여기에 머물지 않고 또 따로 토산물을 바치고 예조에 글을 올려, 사로잡아온 왜인을 돌려달라고 청했다. 토산물은 유황 2,500근, 소목 2천 근, 곽향 10근, 물소뿔 2본, 백단白檀 30근, 향 8근, 구리 200근, 천궁川芎 30근, 파두巴豆 30근, 육두구肉豆寇 20근이다. 사신들은 태종의 위패를 모신 광효전에 가서 직접 제사를 올리기도 했다.

원의준이 지성으로 조공하고 조문한 것에 대하여 예조판서가 감사하다는 답서를 보내고, 아울러 정포 1,630필을 회사했다. 지금까지 회사한 물품 가운데 가장 많은 양이다.

1월 4일에는 축주筑州(후쿠오카福岡) 민부소보 평만경平滿景이 보낸 사람이 아무런 제물도 없이 개인적으로 향을 올리고자 했으나 허락하지 않았다. 평만경은 1월 12일에 다시 토산물을 바치고, 서신을 보냈다. 그 서신은, "선고先考 황제께서 돌아가셨다는 말을 듣고 하늘을 우러러 통곡하고 땅에 엎드려 몸을 던져 울었다."고 하면서 태종을 황제로 부르고 극진한 애도를 표했다. 보낸 토산물은 용뢰 50전, 소향유 2근, 당주唐朱 2근, 황연위黃練緯 2필, 유황 2천 근, 곽향 10근, 기린혈 2근, 감초 20근, 부채 20개였다. 예조참의가 답서를 보내 감사의 뜻을 표하고, 정포 470필을 회사했다.

1월 12일에 구주의 동남부 지역인 일향日向(휴가, 미야자키宮崎 북부), 대우大隅(살마주 동부지역), 살마薩摩(구주 서남부) 등 3주의 태수 원구풍源久豊이 사람을 보내 유황 3천 근, 대도大刀 10자루, 물소뿔 2본, 금란金欄 1단, 백단향 10근, 침향 10근, 백예白銳 10근, 감초 10근, 소목 1천 근, 부채 20자루를 보내자, 예조판서가 고맙다는 답서와 아울러 정포 540필을 하사했다.

세종 5년 1월 28일에는 전 구주총관 원도진이 또 서신을 보내 사로잡힌 사람을 돌려보내준 데 대하여 감사하고, 범종梵鐘을 청구하면서 토산물을 바쳤다. 예조에서는, 범종을 예전에 많이 가져가서 거의 없어 줄 수 없다고 답서하고, 바친 토산물에 대한 답례로 정포 1,450필을 회사했다. 원도진이 보낸 토산물은 유황 5천 근, 단목 500근, 감초 50근, 물소뿔 2본, 꽃자기 술병 2개, 상아 약그릇 2개, 비파재枇杷栽(비파나무 묘목) 5본, 비파엽 5근이었다.

이날 본주本州의 준주駿州(시즈오카靜岡) 태수 원성源省이 예물로 토산물을 바쳤는데, 유황 6천 근, 물소뿔 8본, 단목 500근, 백단 4근 3냥, 호초 2근, 단목 100근이다. 예조좌랑이 감사하다는 답서와 정포 1,010필을 회사했다.

또 이날 구주의 비주肥州(사가佐賀) 태수 원창청源昌淸이 조문하고 예물을 바쳤는데, 곽향 10근, 정향피 10근, 대황大黃 10근, 황기黃耆 5근, 섬반贍礬 1근, 물소뿔 1본, 택사澤瀉 10근, 구리 200근, 소목 500근, 자백 자라磁白羅 300개, 자백 소발小鉢 10개, 대도 2자루, 유황 2천 근이다. 예조참의가 감사하다는 답서와 정포 400필을 회사했다.

2월 5일에는 대마도 좌위문대랑이 토산물을 바치고, 또 소조하상가小早河常嘉가 예조에 글을 올려 태종의 승하를 극진하게 애도하고 토산물을 바쳤다. 토산물은 향 70근, 물소뿔 8본, 소목 500근, 백련위 1단, 진피陳皮 80근, 파두

10근, 당귀 2근, 상산 5근, 연교連翹 2근, 기린혈 2근, 유황 2천 근이다. 예조좌
랑이 답서를 보내고 정포 380필을 회사했다.

이날 전 구주총관 원도진이 또 토산물로 곽향 50근, 봉아목蓬莪木 20근, 백
단 37근, 호초 10근, 백지白芷 20근, 황금黃芩 20근, 정향피 20근, 초과草果 2근,
축사縮砂 10근, 부자附子 1근, 당사唐絲 3근, 비파엽 20근, 백계白鷄 20근, 소목
1천 근, 상아 30근, 유황 3천 근을 보냈다. 예조에서 회사로 정포 760필을 하사
했다. 또 그는 예조에 서신을 보내 태종의 승하를 극진하게 애도하고 추모하면
서 토산물로 단목 300근, 창자槍子 20본, 유황 1,500근을 따로 바쳤는데, 회사로
5승포 26필을 보냈다.

이날 대마도 좌위문대랑이 토산물로 단목 1천 근, 유황 9천 근을 바치니,
정포 1,220필을 회사했다.

세종 5년 2월 12일에는 대마도 왜인 변삼보라邊三甫羅와 만시라萬時羅 등
24명이 한 배를 타고 해운포海雲浦에 이르러 말하기를, "대마도는 농지는 좁은
데 부세는 무거워서 살기가 매우 어려우니, 인정仁政을 펴는 조선에 귀화하여
직업을 얻어 편안히 살고자 합니다."라고 했다. 정부에서는 이들을 전라도에 안
치하여 토지를 주어 농사짓고 살도록 하고, 전세는 3년간, 요역은 10년간 면제
해 주었다. 이들이야말로 자발적인 귀화왜인들이었다.

이해 2월 26일에는 구주 비전주肥前州(사가佐賀)의 하송포下松浦 지좌志佐와 일
기도 태수 원중源重이 사람을 보내 위문하고, 소목 800근, 유황 2,300근, 소향유
2근 5냥을 바치자 정포 470필을 주었다.

3월 4일에는 일향日向(미야자키宮崎縣) 태수 원구풍源久豊이 또 조선 출신 왜인
김원진金元珍의 부탁을 받아들여 왜구에게 사로잡힌 조선인들을 돌려보냈다. 예
조판서는 원구풍에게 감사의 편지를 보내고, 그에게 호랑이 가죽, 꽃방석, 면주,
모시, 마포, 인삼, 잣 등의 물품을 주고, 김원진에게도 푸짐한 선물을 주어 보냈
다. 호랑이는 일본에 없는 짐승이기 때문에 호랑이 가죽은 왜인들이 매우 귀하
게 여기는 물품이었다.

4월 11일에는 대마도 왜인 파지나사문波知羅螺沙門이 본인과 일가에서 종으로 부리던 조선인 여러 명을 조선으로 보내주었다.

5월 19일에 전 구주총관 원도진의 아우 원준신源俊臣(源俊信)이 축주 석성筑州石城 식부소보로서 처음으로 토산물을 바치고, 예조에 글을 올려 형의 의리를 계승하겠다고 말했다. 토산물은 유황 1,500근, 단목 500근, 주봉朱鋒 10묶음, 사탕 100근, 양강良薑 30근, 연철鉛鐵 15근, 밀랍초 200자루, 호초 10근, 찻잔茶盞 4개, 아불약阿佛藥 5근, 적동赤銅 300근을 바쳤다. 예조참의가 답서를 보내 사례하고 정포 300필을 회사했다.

5월 25일에는 원도진의 아들인 구주 도원수 원의준源義俊이 토산물로 유황 1천 근, 단목 1천 근, 동철銅鐵 200근, 대도大刀 2자루를 바치자, 정포 370필과 면주 30필을 회사했다.

같은 날 구주의 축주筑州(후쿠오카福岡) 석성관사石城管事(민부소보) 평만경이 토산물로 유황 2,500근, 단목 500근, 사탕 50근, 곽향 10근, 동철 200근, 황랍 30근, 파두 10근, 침향 2근을 바치니, 정포 160필과 면주 60필을 회사했다.

같은 날 본주本州의 작주作州(오카야마岡山) 전 자사刺史 평상가平常嘉가 유황 2천 근, 단목 500근, 곽향 20근, 감초, 천궁, 향백정 각 10근, 소향유 2근, 광명주光明珠 1근, 물소뿔 1본, 자단紫檀 1본을 바치니, 정포 140필과 면주 60필을 주었다.

같은 날 전 구주총관 원도진이 유황 1천 근, 단목 400근, 동철 1천 근, 부채 60자루, 물소뿔 3본, 소향유 1근, 곽향 20근, 아선약阿仙藥 10근을 바치니 정포 380필을 회사했다.

6월 15일에 대마도 좌위문대랑이 유황 2,300근, 동철 300근, 호초 20근, 봉출蓬朮 17근을 바치자 정포 470필을 주면서, 그가 종으로 부리고 있는 조선 사람을 돌려보내라고 요구했다.

6월 21일에는 왜인들이 무더기로 와서 조공을 바쳤다. 평만경平滿景이 단목 1천 근, 유황 1,900근, 향 37근, 동철 500근, 그릇 500개, 칼 15자루, 물소뿔

2본, 상산 3근, 노감석爐甘石 5근, 울금 20근, 필발蓽撥 20근, 진피 5근, 상아 향
합 5개, 침향 10냥을 바치자, 정포 380필을 회사했다.

원도진이 단목 1천 근, 감초 10근, 유황 3천 근, 부채 10자루, 동철 200근,
호초 10근, 침향 10근, 대도 10자루를 바치자, 정포 380필을 회사했다. 이날 원
의준이 동철 1천 근, 대도 15자루, 장도長刀 5자루, 진피 50근, 주반朱盤 50편,
소면素麵 200근, 건매乾梅 1천 개, 사탕 50근, 칡가루 30근, 유황 200근을 바치
니 정포 350필을 회사했다. 이날 원준신이 동철 600근, 단목 100근, 반盤 50편,
대도 10자루, 소면 100근, 칡가루 30근, 동과銅鍋 10개, 건매 乾梅 1천 개를 바
치자 정포 170필을 회사했다. 이날 상가常嘉가 유황 1천 근, 개鎧 1냥, 대도자大
刀子 10자루, 소목 500근, 동철 1천 근, 밀랍초 100자루, 기린혈 5근을 바치자
정포 170필을 회사했다.

그런데 이날 본주의 준주駿州(시즈오카靜岡) 태수 원성源省이 보낸 중 수령秀嶺
이 예조에 편지를 보내 말하기를, 원성이 보낸 유황 중에 품질이 나쁜 것이 있
어서 부산포에 보류되어 있는데, 원성이 대국의 위엄을 두려워하여 전전긍긍하
면서 대국에 충성하려고 바친 것이니, 품질이 좀 나쁘더라도 받아주기를 바란
다고 하소연했다.

왜인의 조공사신이 폭주하자 그 조공품을 운송하는 일에 어려움이 생겼다.
부산에서 서울까지 육로로 운반하는 것이 너무 힘들어, 6월 26일에 가장 무겁
고 중요한 진상물인 구리, 단목, 유황은 배로 운반하고, 개인적으로 가지고 온
물건은 서울로 가져오지 말고 배가 정박하는 곳에서 팔도록 조처했다.

6월 26일에는 대마도 대관代官 야마다로중구野馬多老重久가 단목 1,200근과
구리 520근, 감초 15근, 물소뿔 3본을 바치니, 정포 320필을 회사했다.

7월 11일에 구주총관 원의준이 토산물을 바치고, 예조에 서한을 보내 국왕
이 청구한 《대장경》과 황태후가 청구한 《대장경》을 아울러 기증한 것에 대하여,
"너무 기뻐서 발을 구르며 춤이 나와도 모를 지경"이라고 하면서 극구 사례하
고, 그 보답으로 토산물을 바친다고 했다. 토산물은 유황 5천 근, 소목 1천 근,

금란 2단, 화단자 1단, 소향유 3근, 물소뿔 1본, 칡줄상자 1개, 흑칠상 1개, 빗 10편, 호초 10근, 정향피 10근, 진피 10근, 상아자 1개, 먹 100정, 담반 1근이었다. 예조판서가 답서를 보내고 정포 300필을 회사했다.

이날 축주 평만경도 예조에 서한을 보내, 《대장경》을 준 것에 대해 사례하고, 그 보답으로 토산물을 바쳤다. 유황 3,500근, 검은 건시 90근, 향 25근, 구리 500근, 연위 2필, 납鑞 100근, 부채 20자루, 대도 2자루, 밀랍초 300정, 견 2필인데, 예조참의가 답서를 보내고 정포 160필을 회사했다.

7월 17일에는 대마도 좌위문대랑이 토산물 단목 1천 근을 바치니 정포 220필을 회사했다.

이해 8~9월은 중국에서 사신이 오는 일로 정신이 없어서 왜인을 받지 않았는데, 9월 18일에 이르러 구주 전 총관 원도진이 예조에 편지를 보내고 토산물을 바쳤다. 그 내용은 《대장경》을 보내준 것에 대한 감사를 다시 하고, 회례사가 4월 4일에 축주 석성의 냉천진에 도착했음을 알리는 것이었다. 그러면서 감사의 뜻으로 토산물을 바쳤다. 부채 150자루, 연위 2필, 물소뿔 2본, 토황 10근, 금란 1단, 기린혈 1근반, 진피 100근, 정향 5근반, 초과 10근, 사紗 2필, 황금黃芩 10근, 곽향 30근, 소향유 5근, 구리 500근, 소목 1천 근, 유황 600근이다. 예조판서가 답서를 보내고, 정포 680필을 회사했다.

이날 축주 석성관사 평만경도 예조에 서간을 보내고 토산물을 바쳤는데, 글의 내용은 장주長州(야마구치山口)에 살던 왜인이 조선에서 귀양가 있는데, 80세 된 그의 노모가 밤낮으로 슬피 울고 밥도 먹지 않고 있으니 돌려보내주기를 청했다. 토산물은 연위 2필, 연鉛 50근, 소목 1천 근, 구리 500근, 축사 10근, 장뇌 5근, 침향 5근, 화분禾盆 2편이었다. 예조좌랑이 답서하여, 귀양간 왜인에 대해서는 임금께 아뢸 수 없다고 말하고, 정포 440필을 회사했다.

9월 24일에는 축주부(후쿠오카福岡) 태수 등원만정藤源滿貞이 사람을 보내 서간을 올리고 토산물을 바쳤다. 서간은 회례사를 태재부太宰府에서 관선官船으로 호송한다는 내용이고, 토산물은 유황 2,500근, 단목 4,500근, 청자분 70개, 백자완

20개, 양향 13근, 진피 16근, 정향피 65근, 벼루 2개, 금화수협金華手篋 1개, 화근火筋 2쌍, 의상倚箱 1개, 부태상付太箱 화근 2쌍, 패도佩刀 5개, 구리 150근이다. 예조참의가 답서를 보내 감사를 표하고 정포 1,650필을 회사했다.

이날 태수 등원만정 막하의 비주자사肥州刺史 대장씨종大藏氏種이 서간과 토산물을 바쳤다. 서간 내용은 태수 밑에서 일하면서 조선의 아름다운 풍화風化에 감동을 받고 우러러 보고 살아왔는데, 태수가 사신을 보낸다기에 자기도 예물을 올리겠다는 것이었다. 토산물은 단목 400근, 유황 400근, 장도 4자루, 곽향 8근, 주석 27근, 주완朱椀 70개, 패도 4개이다. 예조좌랑이 답서하고, 정포 150필을 회사했다.

또 이날 태수 막하인 좌위문대랑도 토산물을 바쳤다. 단목 300근, 호초 110근, 유황 1천 근, 빈랑자 50근, 연소鉛燒 8근이다. 예조좌랑이 답서하여 식량 100석을 보내니 회례사에게 전달해 달라고 부탁하고, 정포 180필을 회사했다.

10월 4일에는 오랜만에 대마도 태수 종정성宗貞盛이 토산물을 바치고 예조에 글을 올렸다. 글은 두 가지를 담았는데 하나는 태종의 죽음을 애도하는 글이고, 다른 하나는 세종의 즉위를 축하하는 글이었다. 토산물도 두 가지로 나누어 보냈다. 태종의 서거를 조문하는 예물은 향 7근, 기린혈 13근, 빈랑 126근, 단목 379근이고, 세종의 즉위를 축하하는 예물은 호초 100근, 용뢰 1근 4냥, 청사반青沙槃 44개, 청사통青沙桶 1개, 등 182본이다. 예조참의가 답서하여, 아비 종정무宗貞茂의 뜻을 이어받았음을 고맙다고 말하고, 정포 150필과 170필을 각각 회사했다.

10월 10일에는 준주駿州(시즈오카靜岡) 태수 원성源省이 김원준을 시켜, 살마주 태수 원구풍源久豊이 찾아낸 조선인 포로 9명을 데리고 조선으로 오니, 그들이 살던 고향으로 돌아가게 했다.

또 이날 세 곳의 토호가 사람을 보내 토산물을 바쳤다. 하나는 전 구주총관 원도진의 조카 원만직源滿直이 토산물을 바쳐 정포 390필을 회사했다. 이로써 원도진과 그 아들, 그 아우, 그 조카 등 4명이 조선에 조공을 바치게 되었다.

또 한 사람은 구주의 우위문좌대 장씨만종莊氏滿種이 토산물을 바쳐, 정포 320필을 회사했다. 마지막 한 사람은 일기도 수호대守護代 원조신源朝臣과 중 광수光秀 등이 사람을 보내 토산물을 바쳤는데, 정포 290필을 회사했다.

10월 15일에도 두 토호가 보낸 왜인들이 왔다. 하나는 야마구치현 다다량덕웅多多良德雄이 예조에 서신을 올리고 토산물을 바쳤다. 서신의 내용은, 지난해 서거한 태상황太上皇(태종)의 죽음을 극진히 애도하고 부의를 올린다는 것이다. 토산물은 붉은 천으로 딴 금단자 1필, 백필금단자 1필, 유황 1천 근, 붕사 1근, 소향유 2근, 홍련견 1필, 구리 500근, 장뇌 10근, 향백지 10근, 은지부채 20개, 붉은 칠을 한 다반茶柈 50매, 황금黃芩 20근, 토황 20근, 두충杜沖 3근, 부자附子 3근, 파두 10근, 물소뿔 5본, 마황麻黃 30근, 소목 1천 근, 자단 50근, 백단향 50근, 소향 23근, 밀랍초 100정이다. 종류가 매우 많다. 예조판서가 답서를 보내 감사를 표하고 답례로 정포 1,360필과 면주 20필을 회사했다.

이날 토산물을 올린 또 한 사람의 토호는 축주[후쿠오카福岡] 석성관사 평만경平滿景이었다. 전부터 수십 차례 조공을 바쳤던 인물이다. 말안장을 청구하고, 토산물은 구리 300근, 유황 500근, 물소뿔 2본, 패모貝母 10근, 장뇌 5근, 소목 1천 근, 진피 50근, 곽향 30근, 정향피 100근, 마황 20근, 파극巴戟 10근, 백자다완 10개, 청자다완 30개, 청자반 30개를 바쳤다. 예조좌랑이 답서하여 말안장은 만드는 데 시간이 걸린다고 답하고, 정포 690필을 회사했다.

사흘 뒤인 10월 18일에 구주총관 원의준源義俊, 평상가平常嘉, 원창청源昌淸 등이 토산물을 바쳤다. 원의준은 유황 5천 근, 소목 3천 근, 구리 500근, 소향유 5근, 물소뿔 3본, 곽향 30근, 정향피 50근, 백단향 14근을 바쳤는데, 정포 770필을 회사했다.

평상가는 소향유 3근, 단향 8근, 천궁 10근, 호초 10근, 검은 건시 150근, 구리 200근, 단목 1천 근, 유황 5천 근을 바치니, 정포 250필을 회사했다.

원창청은 소향유 3근, 물소뿔 3근 6냥, 곽향 30근, 빈자 30근, 구리 500근, 소목 2천 근, 유황 5천 근을 바치니, 정포 500필을 회사했다.

7일 뒤인 10월 25일에 원의준, 평만경, 원성, 좌위문대랑 등이 또 토산물을 바쳤다. 원의준은 유황 3천 근, 구리 300근 등을 바치자, 정포 340필을 회사하고, 평만경은 유황 3천 근, 부채 100자루 등을 바치자 정포 350필을 회사했다. 원성은 유황 1만 근, 단목 1천 근, 물소뿔 5본 등을 바치자 정포 910필을 회사했다. 좌위문대랑은 유황 6천 근, 호초 100근 등을 바치자 정포 290필을 회사했다.

이틀 뒤인 10월 27일에는 구주의 일향日向(미야자키宮崎縣), 대우大隅(살마주 동부), 살마주(구주 서남부) 태수 수리대부장작 원구풍源久豊과 그의 아들 원귀구源貴久가 토산물을 바치고, 원구풍이 좌우 정승에게 서한을 보냈다. 그 서한의 내용은, 태종의 서거를 조문하는 뜻에서 예물을 올린다고 했다. 예물은 유황 8천 근, 금란 2단, 소목 7천 근, 사탕 100근, 호초 100근, 녹비 50장, 백랍 100근, 백단향 50근, 어린 녹비 10장, 귀어피 10장, 물소뿔 3본, 보사寶砂 반 근, 지채紙彩 4둘레, 술병 5개였다.

원구풍은 또 예조에도 따로 서한을 보내, 포로된 조선인 10인을 찾아서 돌려보낸다고 말했다. 예조에 바치는 토산물은 유황 1천 근, 백은 부채 30자루 붉은 장창長槍 2개, 소목 100근이었다. 예조판서가 답서를 보내 감사를 표하고, 정포 1,516필을 회사했다.

원귀구가 보낸 토산물은 유황 5천 근, 백랍 50근, 소목 2천 근, 백단향 25근, 장도 2개, 대도 5개였다. 예조좌랑이 답서를 보내고, 약간의 토산물을 회사했다.

11월에 들어와서도 왜인의 조공사신은 끊어지지 않았다. 11월 17일에 구주총관 원의준源義俊이 《대장경》을 청구하고, 유황 5천 근, 구리 200근, 감색직 금단자 1필, 단목 500근, 호초 20근, 등 200본, 곽향 20근, 마황 10근을 바쳤다. 예조에서 정포 210필을 회사했다. 《대장경》에 대해서는 무슨 답을 주었는지 알 수 없다.

같은 날, 축주 평만경平滿景이 단목 4천 근, 염증炎蒸 20근, 진피 50근, 장뇌 10근, 구리 200근, 물소뿔 2본을 바치니 정포 780필을 회사했다.

같은 날, 일기도 수호대守護代 원조신源朝臣이 《대반야경》을 요구하고, 포로된 왜인을 돌려보내줄 것을 청하면서, 대도 2자루, 연자硯子 2면, 유황 7천 근, 진피 30근, 곽향 5근, 고량강高良薑 10근, 소목 400근을 바쳤으므로 정포 60필을 회사했다. 《대반야경》에 대해서는 무슨 답을 주었는지 알 수 없다.

그로부터 7일 뒤인 11월 24일에 전 구주총관 원도진이 토산물 유황 5천 근, 구리 100근, 소목 300근, 마황 10근, 천궁 5근, 황금 5근, 나한석 10근, 육종용肉從容 1근, 양강 10근, 물소뿔 3본, 상아 1본을 바치자, 정포 160필을 회사했다. 전보다 회사품이 줄어들고 있다.

이날, 축주 평만경이 또 예조에 서한을 올리고, 토산물을 바쳤다. 편지의 내용은 회례사가 4월 24일에 석성을 출발하여 경도로 향하고 있다는 보고였다. 토산물은 유황 5천 근, 양강 20근, 육두구 10근, 용뢰 3냥, 소목 200근, 마황 10근, 금강사 100근, 물소뿔 1본, 황금 3근, 정향피 5근이었다. 예조에서 정포 80필을 회사했다. 역시 회사품의 수량이 대폭 줄었다.

11월 27일에는 대마도 종무세宗茂世가 보낸 사람이 서간을 들고 왔는데 서간의 글이 격식에 어긋난다고 하여 되돌려 보냈다.

이해 12월 25일에 대마도 좌위문대랑左衛門大郎이 사람을 보내 토산물로 단목 1,600근과 호초 70근, 유황 1천 근을 바치고, 앞서 조선에 있다가 대마도로 돌아간 등차랑藤次郎도 호초 20근과 단목 200근을 바치니 정포를 회사했다. 수량은 알 수 없으나 소량인 듯하다.

세종 5년에 마지막으로 조공을 바친 사람은 구주 전 도원수 원도진으로서 12월 28일에 유황 1만 3천 근, 대도 20자루 소목 1천 근, 침향 2근, 구리 300근, 호초 30근을 바치자, 예조에서 정포 370필을 회사했다.

이해 일본 토호들에게 회사한 정포[베]는 모두 합하여 대략 2만 4,607필에 이르렀다. 저들이 가지고 온 물품 수량이 많아서 회사품도 그에 준하여 준 것이 많아졌다. 세종 5년은 왜인들이 가장 많이 토산물을 바치고 회사품도 가장 많았던 해라고 할 수 있다.

7. 일본 국왕 사신이 《대장경》 동판을 청구하다 실패하다 [세종 4년]

일본 족리막부는 불교를 숭상하여 세종 1년에 사신을 보내 《대장경》을 구해 갔음은 앞에서 이미 설명했다. 그런데 세종 4년 11월 13일에 구주도원수 원의준이 일본국 황태후의 명령을 받아 사람을 보내 토산물을 바치고, 《대장경》을 또 청구했다. 그런데 3일 뒤인 11월 16일에 일본 국왕 원의지源義持(아시카가 요시모치足利義持)와 태후가 중 규주圭籌 등을 사신으로 보내와서 서간을 전하고 토산물을 바치면서 《대장경》을 또 청구해 왔다. 국왕이 보내온 서간의 요지는 이렇다

"바닷길이 멀어 소식이 오래 끊어졌습니다. … 존후께서 만복을 받으시기를 삼가 기원합니다. 예전에 귀국 사신이 우리나라에 왔을 때 국사國師 지각보명智覺普明이 사신을 후히 대접했는데, 뒤에 그의 제자 주당周棠이 귀국에 유람차 갔는데, 선왕先王께서 화공을 시켜 국사의 화상畵像을 그리고, 문신 이색李穡으로 하여금 찬贊을 짓게 하여 주당이 돌아올 때 보내셨으니 … 이로 말미암아 보건대 귀국과 우리 국사와는 인연이 없다 할 수 없습니다.

탑원塔院에서 《대장경》을 안치하고, 아침저녁으로 읽어 … 그러나 그 책을 구할 수 없어 귀국에 가서 이를 구하려고 하는데, … 그 간절한 뜻을 불쌍히 여겨 경전 7천 권을 보내주시면 나도 함께 그 혜택을 받으려고 합니다. 그리하면 두 나라의 우호가 더욱 영구히 나아갈 것입니다. 변변치 못한 토산물을 별폭에 적었사오며, 감히 편안히 복을 받으시기를 진심으로 축원합니다."

이 서간을 보면 고려 말기에 있었던 일까지 끌어다가 두 나라의 우호관계를 회고하면서 《대장경》 전질을 요청하고 있다. 사신 규주 등이 대궐에 와서 불교식으로 합장만 하고 말려고 하자 조선 관리가 군신君臣의 예로써 절을 하라고 강요하자 억지로 절했다. 일본 승려는 유교식 예절을 몰랐던 것이다.

세종 4년 11월 26일에 임금은 인정전에 나아가 호위를 성대하게 펼치고, 국왕 사신 규주와 태후의 사신을 불러보고 "날씨가 추운데 먼 길에 바다를 건너오느라 매우 수고했다."고 위로하자, 규주가 대답하기를, "제가 전에 봉명 사신으로 두 번 왔을 때 상왕께서 대우가 심히 후하여 이번에 다시 성용聖容을 뵙게 될 것으로 기뻐했더니, 대마도에 이르러 승하하셨다는 소식을 듣고 슬퍼함을 이기지 못했습니다. …"라고 했다.

태후 사자가 말하기를, "태후께서 새로 절을 짓고《대장경》을 청구하고자 하나 부녀라 친히 여쭙지 못하다가 구주절도사를 통해 조선국에 이 뜻을 여쭈라 하셨습니다."

규주는 또 이런 말도 했다. "대마도 종정무宗貞茂(전 도주)의 아내가 저에게 말하기를, '예전에 남편이 죽었을 때 전하께서 제祭를 내리시고 부의까지 주시니, 그 은덕을 감사하여 마지 않으며, 이제 들으니 상왕께서 승하하셨다고 하니 슬픔을 이길 수 없습니다. … 이제 본국 사신을 통하여 위문의 말씀을 올리고 부의를 올립니다.'라고 했습니다."

임금은 12월 16일에 인정전에서 다시 규주 등을 불러보고《대장경》을 회례사回禮使에게 보내겠다고 약속했다. 규주는 말하기를, "신들이《대장경》동판銅板이 있다는 말을 듣고 글월을 받들고 와서 청구했으나, 이것은 참으로 없는 것입니다. 이 뜻을 답서에 아울러 써주시기를 청합니다."라고 했다. 그들은《대장경》동판이 있다는 잘못된 정보를 가지고 왔다가 진실을 알게 된 것이다.

8. 회례사를 일본에 보내다 [세종 4~5년]
일본 사신이《대장경판》을 요구하면서 단식하다 [세종 5~6년]

일본 막부가 사신을 보내 왔으므로 조선에서도 그 답례로 회례사를 일본에 파견한 것은 일본에서 온 사신 규주를 만난 지 4일 뒤인 세종 4년 12월 20일이었다. 박희중朴熙中(1364~1446)[81]을 정사로 삼고, 이예李藝를 부사로, 서장관에 오경지吳敬之, 통사에 윤인보尹仁甫를 임명했다. 임금이 일본 국왕에게 보낸 국서國書는 다음과 같다.

　　"조선 국왕은 일본 국왕 전하에게 회답합니다. … 보낸 사신 편에 주신 글월을 받고 편안함을 알게 되고, 또 좋은 선물을 받게 되어 기쁨과 감사함이 매우 깊습니다. 말씀한 《대장경》은 어찌 좇지 않겠습니까? 또 태후가 구주도원수를 시켜 귀한 선물을 주시고 겸하여 《대장경》을 청하니, 또한 마땅히 좇아야 할 것입니다. 이제 신하 박희중, 이예 등을 보내서 가서 후의를 사례하고, 상세한 것은 별록에 갖추었으며, 온 사신이 말한 《대장경》 동판은 우리나라에 없는 것이니, 양해하시기 바랍니다. …"

　여기서 임금이 《대장경》 두 질을 보냈다는 것이 확인된다. 하나는 국왕에게 보낸 것이고 다른 하나는 태후에게 보낸 것이다. 다만 일본 사신이 가지고 온 토산물이 무엇이고, 우리가 보낸 토산물이 구체적으로 무엇인지는 기록이 없어서 알 수 없다. 과거의 예를 보면 국왕이 보내는 선물은 토호들이 바친 선물보다도 빈약한 편이었다. 그리고 우리도 여기에 맞추어 빈약한 답례품을 보낸 듯하다. 그래서 기록하지 않았을 것이다.

　회례사가 갈 때, 3년 전에 대마도를 정벌할 당시 포로로 잡아왔던 대마도 왜인 좌위문삼랑左衛門三郞과 등차랑藤次郞 등 2명을 함께 돌려보냈다. 그동안 왜인들의 줄기찬 요청에 따라 몇 사람을 보낸 것이다. 이들은 대마도의 호족이어서 서울에 불러들여 집을 주고, 양갓집 딸을 아내로 삼게 하고, 모든 생활용품을 지급했다. 좌위문삼랑은 아들 둘을 낳았다. 임금은 이들 두 사람을 보내면서 "너희 두 사람이 다시 돌아오든지 말든지는 너희들 마음대로 하라."고 말하고, 좌위문삼랑에게는 "너의 두 아들은 내가 잘 보호해줄 것이니 걱정하지 말라."고

---

81)　박희중은 본관이 진원珍原(장성)으로 현감 박온朴溫의 아들이다. 태종 때 문과에 급제하여 예문관 지제교와 영암군수를 거쳐 회례사로 일본에 다녀오고, 뒤에 예문관 직제학에 올랐다.

하면서 의복, 신, 모자, 각종 포목, 그리고 쌀 30석씩을 하사했다.

대마도로 돌아간 두 왜인 가운데 등차랑은 그 어미가 감사의 뜻으로 사람을 보내 토산물을 바치자 정부에서 정포 220필을 회사하고, 등차랑도 토산물을 바치자 정포 200필을 회사했다. 삼미삼보라三味三甫羅도 이때 단목 300근과 유황 1천 근을 바치자 정포 300필을 주었다.

그러면 4년 12월 20일에 보낸 회례사는 언제 귀국했는가? 꼭 1년이 지난 다음해인 세종 5년 12월 4일에 귀국하여 복명했다. 그런데 일본으로 갈 때 구주의 박다博多(하카타)에 이르러 일본 승려 두 사람이 작은 분을 참지 못하고 우리나라 선군船軍 김정金貞을 때려 죽이는 사건이 일어났다. 그래서 회례사가 돌아올 때 그 추장을 힐책하고, 그 승려 2명을 잡아가지고 귀국하여 창원 감옥에 수감했다. 이런 일 때문에 시일이 많이 지체되었다.

회례사 일행이 귀국할 때, 일본 국왕[將軍]은 또 지난해 왔던 상사 규주圭籌, 부사 범령梵齡, 선주船主 구준久俊 등을 보내 16척의 배에다 523명의 사람을 싣고 왔다. 그 가운데 135명이 서울로 들어왔는데, 《대장경판大藏經板》을 달라고 청했다. 조선이 《대장경판》을 2벌을 가지고 있으니 그 가운데 하나를 달라는 것이었다. 지난해 규주가 왔을 때 《판목》이 하나밖에 없다는 사실을 알고 갔는데도, 일본 국왕은 2벌이 있다고 하면서 한 벌을 요구한 것이다. 523명의 대규모 인원을 보낸 것도 경판을 실어가기 위해서 보낸 것이었다.

당시 일본 국왕은 족리의지足利義持(아시카가 요시모치)에서 족리의량足利義量(아시카가 요시카즈)으로 바뀌었으나, 실권은 족리의지가 쥐고 있어서 새 국왕은 허수아비와 같았다. 족리의량은 세종 7년 5월에 죽었다.

일본 사신들은 세종 5년 12월 25일에 대궐에 나아가 토산물을[82] 바치고 임금을 알현했다. 임금이 규주와 범령에게 여러 섬에 억류되어 있던 조선인 포로들을 일본 국왕이 찾아서 돌려보내준 것에 대해 감사하다는 말을 했다. 그러고

---

82) 일본 사신이 바친 토산물은 《경사유제經史類題》 20권, 백련위白練緯 50단, 침향 30근, 백단 50근, 단목 1천 근, 호초 30근, 감초 50근, 곽향 20근, 구리 250근이었다.

나서《대장경판》은 줄 수 없다고 하면서 이렇게 말했다.

"국왕이 요구한《대장경판》은 우리나라에 오직 1본밖에 없으므로 요청에 응하기 어렵다. 다만《밀교대장경판密敎大藏經板》과《주화엄경판註華嚴經板》과《한자대장경漢字大藏經》을 전부 보내려고 한다."

《대장경판》을 주지 못하는 대신에 다른 불경판목과 불경을 주겠다는 것이다. 그러자 규주 등이 말했다.

"우리 임금이 해마다 사람을 보내《대장경》을 청하는 것을 번거롭게 여기고 있으니, 한 번《경판經板》을 하사하시면 뒤에는 경전을 청구하는 번거로움이 없을 것입니다. 밀자密字는 우리 임금이 읽지 못하니, 만일 한 자본을 하사하신다면 우리 임금이 진심으로 감사하고 기뻐하실 것입니다. …"

규주는《밀교대장경》[83]은 읽을 수 없다고 거절하고, 한자 대장경을 요구했다. 임금은 처음에는《대장경판》을 주려고 했는데, 여러 대신들이 반대했다. 앞으로 계속 왜인들이《대장경》을 요구할 때 판목이 없으면 줄 수 없게 된다는 것이 이유였다.

이렇게 임금이《대장경판》의 증여를 거절했음에도 규주 등은 이틀 뒤에 다시 예조에 글을 올려, 만일《대장경판》을 가지고 돌아가지 않으면 견책을 받을 것이라고 호소하면서 규주와 범령이 개인적으로 가지고 온 물건을 바쳤다.[84]

다음해인 세종 6년 1월 1일 신년 조회 때 규주 등 60여 인이 대궐에 나와 절을 올리니, 규주에게 정포 260필, 범령에게 190필, 선주 구준에게 780필, 그

---

83) 밀교는 티베트에서 발달한 불교로서 그 글자도 티베트어로 되어 있었다.
84) 규주가 바친 선물은 기린혈 1근, 향 5근, 침속과 백단 각 13근, 물소뿔 2본, 혁피상漁皮箱 1개, 연위練緯 1단, 대모분玳瑂盆 1개, 구리 200근, 단목 100근, 호초 10근, 감초 10근이다. 범령이 바친 선물은 5색채화 유리배 1개, 침속향 5근, 환도 20자루, 물소뿔 1본, 백단 30근, 구리 100근, 감초 10근, 곽향 5근, 호초 10근이다.

리고 압물관에게는 80필을 하사했다. 그러나 규주 등은 《대장경판》을 얻지 못한 것에 한을 품고, 빈손으로 돌아가면 죽음을 면치 못할 것이라고 하면서 1월 2일부터 단식하기 시작했다. 임금은 1월 6일에 관원을 시켜 규주를 이렇게 나무랐다.

> "너희들이 《대장경판》을 얻지 못한다 하여 음식을 끊고 먹지 않으나, 《대장경판》을 얻지 못하는 것이 음식을 먹고 먹지 않는 데에 달린 것이 아니다. 너희들이 사신이 되어 한 가지라도 뜻에 맞지 않으면 경솔하게 굶주림을 참으며 트집을 하려 하니, 어찌 사신된 체통이라 하겠느냐?"

그러고 나서 먹을 것을 주게 했더니 그제서야 먹었다. 임금은 그들을 달래기 위해 금자金字로 쓴 《화엄경》을 추가로 더 주겠다고 약속했다.

그런데 1월 18일에 규주 등이 데리고 온 반인 가하加賀를 결박하여 방안에 가두고 죽이려고 하는 소동이 벌어졌다. 규주 등이 일본 국왕에게 병선兵船 수천 척을 보내 《대장경판》을 약탈하여 돌아가는 것이 어떤가를 묻는 편지를 작성했는데, 이를 본 가하가 이를 훔쳐서 통사 이춘발李春發에게 알리자, 이춘발이 임금에게 보고했기 때문이다.

그런데 이보다 먼저 일본에 포로되었다가 돌아온 조선인도, 일본 국왕이 "만약 《대장경판》을 주지 않는다면 침략하는 방법을 쓸 것이니, 대마도에서도 전함戰艦을 수리하여 따르라."고 한 것을 들었다고 했다. 또 일본 국왕의 서신에서도 경판을 주지 않으면 두 나라 사이가 좋지 않을 것이라고 했으므로, 규주가 그런 편지를 만든 것은 사실이었다.

세종은 우선 통사 이춘발과 윤인보 등을 구속하고, 가하와 대질시키는 등 사건의 진실을 조사했다. 사건이 커지자 가하도 이춘발이 거짓으로 고발했다고 잡아떼고, 규주도 자신이 그런 편지를 만든 일이 없다고 잡아떼면서, 가하를 결박한 것은 그가 도적질을 하는 등 나쁜 일을 하여 벌주려고 그런 것이라고 거짓말을 했다. 정부에서는 거짓말을 잘 하는 그들의 말을 믿지 않았으나 왜국 사신을 핍박할 수 없어서 덮어두기로 했다. 또 경판 대신 보내는 물건의 가치를 일본이 알지 못하여 침략할 마음을 가졌을 것으로 이해했다.

일이 무마되자 1월 25일에 규주와 범령은 가지고 있던 〈산수도山水圖〉와 〈도호道號〉에 대하여 찬讚과 시詩를 써달라고 요구했다. 도호道號는 〈관음도觀音圖〉를 말하는 것이다. 일본에서 가져온 것인데 조선에서 글을 받고 싶었던 것이다. 그런데 사신 가운데에는 당시 화승畵僧으로 이름이 높은 주문周文이라는 사람이 따라왔다. 〈산수도〉와 〈관음상〉은 주문이 그린 그림일 가능성이 크다. 그는 조선의 화풍을 일본에 소개한 화가로 알려져 있다.[85]

사신의 부탁을 받아 집현전 관원 어변갑魚變甲, 유상지兪尙智, 유효통兪孝通, 신장申檣, 김상직金尙直, 안지安止 등이 시와 찬을 써주었다. 〈관음상〉에 대한 찬은 안지가 썼다. 〈산수도〉에 대한 시를 보면, 눈 덮인 산 속에 사찰과 누각들이 있고, 설매雪梅가 보이고, 강에는 배가 있는 풍경임을 알 수 있다. 또 〈관음상〉에 대한 찬讚을 보면, 흰옷을 입은 관음이 미소짓는 모습이 물처럼 맑고 달처럼 밝은데, 그 뒤에는 천첩으로 되어 있는 돌벼랑 사이에 푸른 물줄기가 그려져 있다고 한다. 그러니까 바로 〈수월관음도水月觀音圖〉일 것이다.

임금은 왜인들에게 각종 포물布物을 후하게 주어 1월 28일에 돌려보내고, 곧 회례사를 보내겠다고 약속했다. 일본 사신이 돌아갈 때 범령의 요청을 따라 밀양 폐사찰에 있던 124근짜리 범종을 주고, 선주 구준에게는 고성固城에 있던 313근짜리 범종을 하사했다.

---

85) 안휘준, 《한국 미술사 연구》(사회평론아카데미, 2015) 참고.

9. 명나라 사신이 태종을 조문하고,
또 와서 세자책봉을 승인하고 말 1만 필을 청구하다 [세종 5년]

세종 5년 4월 6일에 명나라 내관 유경劉景과 예부낭중 양선楊善이 상왕 태종에 대하여 조문하고, 공정恭定이라는 시호諡號를 내리기 위하여 왔다. 태종이 서거한 지 1년이 지나서 온 것은 황제가 북방족 달달족을 토벌하기 위해 출정했다가 돌아오느라 늦어졌다고 했다.

사신이 가지고 온 물건은 모두가 제물祭物이라는 이름으로 보낸 것인데, 궤짝이 40개, 돼지가 2수레, 양이 2수레이고, 따라온 사람은 두목頭目 5명, 사인舍人 33명, 기군旗軍 304명이나 되었다. 양, 돼지, 닭, 기러기가 각각 2마리이고, 그 밖에 술, 과일, 폐백幣帛, 지전紙錢, 생초生綃 500필, 마포 500필, 단향檀香 1주, 전향箋香 3근 등이었다. 폐백이 1천 필이나 되는 것은 제물이라기보다는 뒤에 말 1만 필을 청구하기 위한 뇌물의 의미가 있었다.

임금이 모화관에 가서 사신을 맞이했다. 사신은 오자마자 관례대로 각종 물품을 청구하기 시작했다. 주로 담비가죽, 그 가죽으로 만든 주머니, 모자, 신발, 각종 장식물과 놋그릇, 말안장 등이었는데, 워낙 숫자가 많아서 이를 제작하는 데 시간이 걸리기 때문에 미리 주문한 것이다.

우리쪽에서는 그들이 요청하지 않은 물건을 또 따로 기증했는데, 안장 갖춘 말, 석등잔石燈盞, 세저마포, 인삼, 표지表紙, 만화침석滿花寢席, 만화석滿花席 등 돗자리 따위를 두 사람의 사신과 두목 등에게 골고루 차등을 두어 주었다. 이런 물건들은 중국 사신들이 매우 좋아하는 조선의 토산품이었다.

4월 13일에 사신은 태종의 위패를 모신 사당 광효전廣孝殿에 가서 제례祭禮를 올리고, 4월 15일에는 광효전에서 시호를 내리는 의식을 치렀다. 이들이 서울을 떠난 것은 4월 24일이었으니, 18일간 서울에 머문 셈이다.

4월 18일에는 조선에서 황제에게 감사를 드리는 사은사謝恩使를 파견하고 토산물을 황제와 황태자에게 진헌했다.[86]

그런데 이해 8월 1일에 명나라 내관 해수海壽와 예부낭중 진경陳敬이 세자 [뒤의 문종]의 책봉을 승인하고, 달달을 정벌하기 위한 말 1만 필을 청구하기 위해 온다는 소식이 들어왔다. 세종 3년 겨울에도 말 1만 필을 바친 일이 있는데, 2년 만에 또 1만 필을 청구하겠다는 것이다. 태종 때에도 1만 필을 가져간 일이 있으므로, 명나라의 말 요구는 이제 상습적인 일이 되어 버렸다. 물론 형식상으로는 공짜로 가져가는 것이 아니라 각종 폐백을 주고 사 가는 형식이었지만, 그 보상금액이 얼마나 공정한 것인지는 알 수 없다.

조선으로서는 매우 고통스러운 일이었다. 1만 필의 말을 가져가는 것은 1만 명의 기병騎兵이 줄어드는 것을 의미하기 때문이다. 또 이를 요동에까지 운반하는 일이 매우 고통스런 일이었다. 물론 제주도 목장에는 1만여 필의 말을 기르고 있고, 그 밖에 전국의 목마장에도 수천 필의 말을 기르고 있어서 근본적으로 말이 부족하지는 않지만 제주의 말은 운송이 어려워 손댈 수가 없었고, 그 나머지 말들도 군마로 남겨두어야 했다. 그래서 개인의 말을 모아서 보냈던 것이다. 그런데 그 말들을 요동까지 끌고가는 동안 먹일 사료로 콩 수만 석이 필요한 것이 더 큰 문제였다. 또 그 말 값으로 받아오는 비단과 포목을 요동에서 실어오는 것도 보통일이 아니었다.

그래서 이 문제를 놓고 대신들과 의논했는데, 모두가 수량을 반으로 감하고, 또 내년에 보내자고 건의했다. 또 예조판서 허조는 이런 말도 했다.

"지금 황제가 하는 모든 일이 도리가 아닌 것이 많습니다. 북적北狄이 크게 소란하여 전쟁이 그치지 않게 되면 작은 우리나라로서 어떻게 그 한정 없는 요구에 응하겠습니까? 만일 천명天命이 다하여 이 무리들이 뜻대로 된다면 끝까지 명나라에게 신하의 예를 지킬 수 없으니, 이를 계승한 나라도 반드시 이 수효로써 청구하기를 마지 않을 것입니다. … 지금

---

86) 황제에게 올린 토산물은 황세저포 50필, 백세저포 50필, 흑세마포 10필, 사마겸직포 20필, 황화석, 만화석, 잡채화석 등 각종 돗자리 각 10장, 인삼 100근, 잣 200근, 잡색말 30필이고, 황태자에게 바친 물건은 백세저포 20필, 흑세마포 20필, 만화석 및 잡채화석 각 6장, 인삼 50근, 잣 100근, 잡색말 10필이었다.

주청하여 감하지 않으면 만세의 걱정이 될 것입니다."

허조는 명나라가 망한 뒤에 북방족이 왕조를 이어갈 수도 있음을 내다보면서, 나쁜 관례를 만들지 말자고 청했다. 어쩌면 200년 뒤에 청나라의 등장을 예견한 듯한 발언이다. 아마도 명나라의 태도가 지나간 원나라 때의 조공방식을 그대로 답습하고 있는 것을 알고 한 말일 것이다. 환관과 여자까지 조공 받는 태도가 바로 원나라의 답습이었다.

허조의 말에 모든 대신들이 동의하면서도, 세종이 임금이 된 지 오래지 않았는데, 황제의 총은寵恩이 이미 지극하니 그 명령에 따르지 않을 수 없다고 말했다. 그래서 임금도 중론을 따르기로 했다.

사신이 오기 전에 미리 말을 준비해야 했다. 그래서 바로 진헌마색進獻馬色이라는 임시관청을 설치하고, 각 도에 말을 배당했다. 서울에 2,050필, 개성에 250필, 경기도 650필, 경상도 2,200필, 전라도 1,350필, 충청도 1,200필, 강원도 800필, 황해도 800필, 함길도 500필, 평안도 600필, 도합 1만 400필이다. 400필의 여유를 둔 것은 장차 퇴짜 맞을지도 모를 말을 충당하기 위함이었다.

드디어 사신 일행이 8월 18일에 서울에 도착했다. 임금이 모화루에 가서 사신을 맞이하고 칙서를 받으니, 맏아들 이향李珦을 세자로 삼는 것을 윤허한다고 말하고, 이어 말 1만 필을 바쳐서 국용을 도우라고 말했다. 그러고 나서 조선에 하사하는 물품 목록을 적었는데, 두 가지로 나누어서 하사했다. 하나는 지난번 말을 바친 데 대한 상품이고, 또 하나는 이번에 바치는 말에 대한 상품이었는데, 수량이 똑같았다. 그 목록을 합하여 적으면 다음과 같다.

> 은銀 … 2천 냥 / 저사紵絲(모시베) … 300필 / 직금織金 … 40필 /
> 암세화暗細花 … 60필 / 소素(생명주) … 200필 / 선라線羅 … 300필 /
> 소素 … 280필 / 숙소견熟素絹 … 800필
> 합계: 은 2천 냥, 비단 1,980필

그러나 이 물품이 말 값은 아니었다. 그런데 이날 해수는 칙서에 없는 황제의 명령을 구두로 전했는데, 어린 환자宦者(환관)를 30~50명을 보내라는 것이었다. 태종 때에도 여러 차례 환자를 보낸 일이 있는데, 이번에 또 환자를 보내라고 했다. 그러니까 이번에 보내온 물품은 환자를 보내는 데에 대한 보상인 셈이었다.

그러자 임금이 대언代言(승지)들을 시켜 해수에게 말하기를, "태종 때의 환자들은 이미 나이가 모두 늙어서 부릴 수 없고, 그 가운데 나이가 어린 자도 또한 모두 어리석어 부릴 수 없습니다." 하고, 각 도에서 화자 30인을 선발하여 그 가운데 17명을 해수에게 보였다. 그러자 해수는 이들을 직접 보고나서 "이무리들은 미혹하고 나이가 어려 쓸 수 없으니 모두 집으로 돌려보내라."고 말했다. 우리 관원이 환자를 구하기가 어렵다고 하면서 항의하자, 해수는 14인을 뽑아서 직접 데리고 갔으며, 그 뒤 24인을 더 뽑아서 9월 9일에 우리 관원이 데리고 중국으로 갔는데, 41명을 보낸 셈이다. 모두 11세에서 21세에 이르는 청소년들이었다.

해수는 또 개인적으로 가지고 온 소견小絹 420필 등을 다른 물건으로 바꾸어 달라고 청했는데 후지厚紙, 인삼, 장도粧刀, 개, 석등잔, 담비가죽옷, 각종 돗자리, 포목, 털모자, 심지어 볍씨까지 청구했다. 또 누룩 만드는 법과 술 만드는 법도 가르쳐 달라고 요구했다.

8월 21일에 해수는 또 임금에게 유청단자柳青段子 2필, 초록단자 1필, 생소견生小絹 3필을 바치고, 왕비에게도 남색단자, 초록단자, 주황단자 각 1필, 자초紫綃 3필을 바치고, 세자에게도 남색단자, 초록단자 각 1필과 생초生綃 3필을 바쳤다. 부사 진경陳敬도 세자에게 비단과 접부채, 수건 등을 바쳤다. 그리고 이날 각종 식품을 청구했는데, 해채海菜(미역), 마른 은구어[은어], 마른 송이버섯, 마른 연어, 마른 문어를 청했다. 그러니까 임금, 왕비, 세자에게 바친 비단은 이런 음식물에 대한 보상도 되었다. 황제가 좋아하는 음식물을 청구한 것이다.

명나라 황제들은 조선의 처녀[후궁], 화자[고자], 각종 식품, 각종 공예품, 그리

고 사냥매인 해청海靑, 사냥개 등을 좋아하고, 뒤에는 음식 만드는 집찬비執饌婢
와 노래부르는 창가비唱歌婢도 청구했다. 좋게 해석하면 우리나라의 인물과 산물
에 반했다고도 볼 수 있는데, 나쁘게 해석하면 지나친 수탈이었다.

임금은 사신에게도 따로 송이 1상자, 연어알젓 1항아리를 선사했다. 부사
진경이 또 지신사 조서로趙瑞老와 총제 원민생元閔生에게 비단 2필씩을 바치자,
임금이 제용감에게 답례물을 주라고 명했다. 그 밖에도 두 사신은 개인적으로
가지고 온 비단으로 각종 물품을 바꾸어 달라고 요구했는데, 수도 없이 청구했
다. 이런 일은 전에도 있어서 이미 악명이 높은 인물이었다.

조선은 황제가 내린 하사품에 대한 감사의 뜻으로 8월 27일에 사은사를 보
내고 토산물을 황제와 황태자에게 바쳤다.[87]

해수는 9월 6일 서울을 떠났는데, 의주까지 가는 도중에도 가지고 온 물건
을 강제로 팔고, 말을 따르지 않는 변방 장수를 결박하여 곤장을 때리기도 하
는 등 온갖 횡포를 부리다가 돌아갔다. 임금은 그 소식을 듣고 이렇게 말했다.

> "나는 정성으로써 저들을 대접하여 무릇 청구한 물건은 빠짐없이 다
> 주어서 증여한 물건이 모두 천백 가지가 되는데, 지금 나의 변장邊將을
> 욕보이니, 그의 탐욕이 많고 부끄러움을 모르는 것이 이런 지경에까지 이
> 르렀다. 중국에서 조신朝臣을 보내지 않고 환시宦侍들을 전적으로 맡기는
> 것은 무슨 이유인가? 내가 이 일을 명나라에 말하고자 하니, 자문咨文을
> 보내는 것이 어떤가?"

임금은 명나라가 무식하고 탐욕스러운 환관들을 사신으로 보내는 것을 개
탄하면서 자문咨文을 보내 항의할 뜻을 비치자, 좌의정 이원李原은, "중국 사신

---

87) 황제에게 바친 토산물은 밀치, 고삐, 말다래, 등자, 피체, 한체, 안롱, 채찍 등을 갖춘 고급 말
안장 1세트, 황세저포, 백세저포 각 50필, 흑세마포 250필, 세주細紬 30필, 황화석 40장, 만
화석, 만화방석, 잡채화석 각 20장, 인삼, 잣 각 200근, 오미자 50근, 석등잔 6개, 잡색말
50필이고, 황태자에게 바친 토산물은 백세저포 50필, 흑세마포 100필, 세주 10필, 인삼, 잣
각 100근, 만화석, 만화방석, 잡채화석 각 10장, 석등잔 3개, 잡색말 6필이다.

의 무례한 행동은 그가 청구하는 것을 따르지 않음이 없기 때문입니다. 옛날에 하륜河崙이 사신이 요구하는 것을 거절하고 따르지 않았는데, 진실로 까닭이 있었습니다. 자문 보내는 것은 다시 의논하소서." 하고 만류했다. 그러니까 중국에 항의할 것이 아니라, 지나치게 사신의 청을 들어주지 말자는 말이다. 임금은 앞으로는 사신을 접대하는 음식이나 장식 등을 검소하게 바꾸기로 방침을 바꾸었다.

1만 필의 말을 바치는 것은, 8월 20일에 1차로 700필을 요동으로 보내고, 8월 26일에 2차로 1천 필, 9월 2일에 3차로 1천 필, 4차로 9월 8일에 1천 필, 9월 14일에 5차로 1천 필, 9월 23일에 6차로 1천 필, 9월 26일에 7차로 1천 필, 10월 3일에 8차로 1천 필, 10월 8일에 9차로 1천 필, 10월 15일에 10차로 1천 필, 그리고 며칠 뒤에 11차로 300필을 보냈다. 그러나 퇴짜를 맞아 돌아온 말이 2,342필이나 되었다. 그래서 다음해 봄에 5차에 걸쳐 나누어 다시 보냈다.

10월에 말 1만 필을 요동으로 보내자, 명나라에서 말 1필에 생초生絹 3필과 면포 2필로 값을 매겨, 지난 세종 3년에 보낸 1만 필과 합하여 2만 필의 말 값을 보낸다고 연락이 왔다. 이를 모두 합친다면 생초비단은 6만 필, 면포는 4만 필로서 이를 다시 합치면 10만 필이 되었다.

그런데 실제로 세종 6년 2월 17일에 요동에 가서 받아온 말값은 포布와 견絹을 합하여모두 8만 8,290필이었다. 말에 등급을 매겨 값을 달리했기 때문이었다. 포견을 다시 분류하면 다음과 같다.

생대견生大絹 … 4만 9,865필 / 홍견紅絹 … 1,601필 /
남견藍絹 … 301필 / 초록견草綠絹 … 903필 /
청견青絹 … 304필 / 대면포大綿布 … 3만 5,306필

이 포견을 운반하는데 동원된 인력이 1만여 명에 이르렀는데, 수로를 통해서 서울로 운반했다.

명나라 영락황제는 이해 7월에 직접 군사를 이끌고 고비사막 북쪽 오이라트 지역을 정벌하여 달달 국왕 야선토간也先土干의 항복을 받고 돌아왔는데, 이는 제3차 정벌이다. 이 사실을 세종 5년 11월 5일에 통사 주양선朱揚善이 요동으로부터 칙서를 베껴 가지고 돌아와서 임금에게 아뢰었다. 세종 3년에 보낸 말 1만 필이 이번 원정에 쓰인 것을 짐작할 수 있다.

조선은 11월 13일에 명나라의 북방정벌을 축하하는 사신을 파견하고 아울러 토산물을 바쳤다. 그러나 명나라를 전성기로 이끌었던 영락황제는 1년 뒤인 세종 6년 7월 18일에 향년 65세로 세상을 떠났다. 명나라 사신은 황제가 달달과 싸우다가 전사했다고 말하고, 두목은 황제가 전쟁터에서 패전을 근심하다가 죽었다고 전했다. 어느 것이 맞는지 알 수 없다. 그 뒤를 맡아들인 인종仁宗 홍희제洪熙帝가 이었으나 재위 1년 만에 죽고, 그 아들 선종宣宗 선덕제宣德帝가 뒤를 이어 10년간 통치했다.

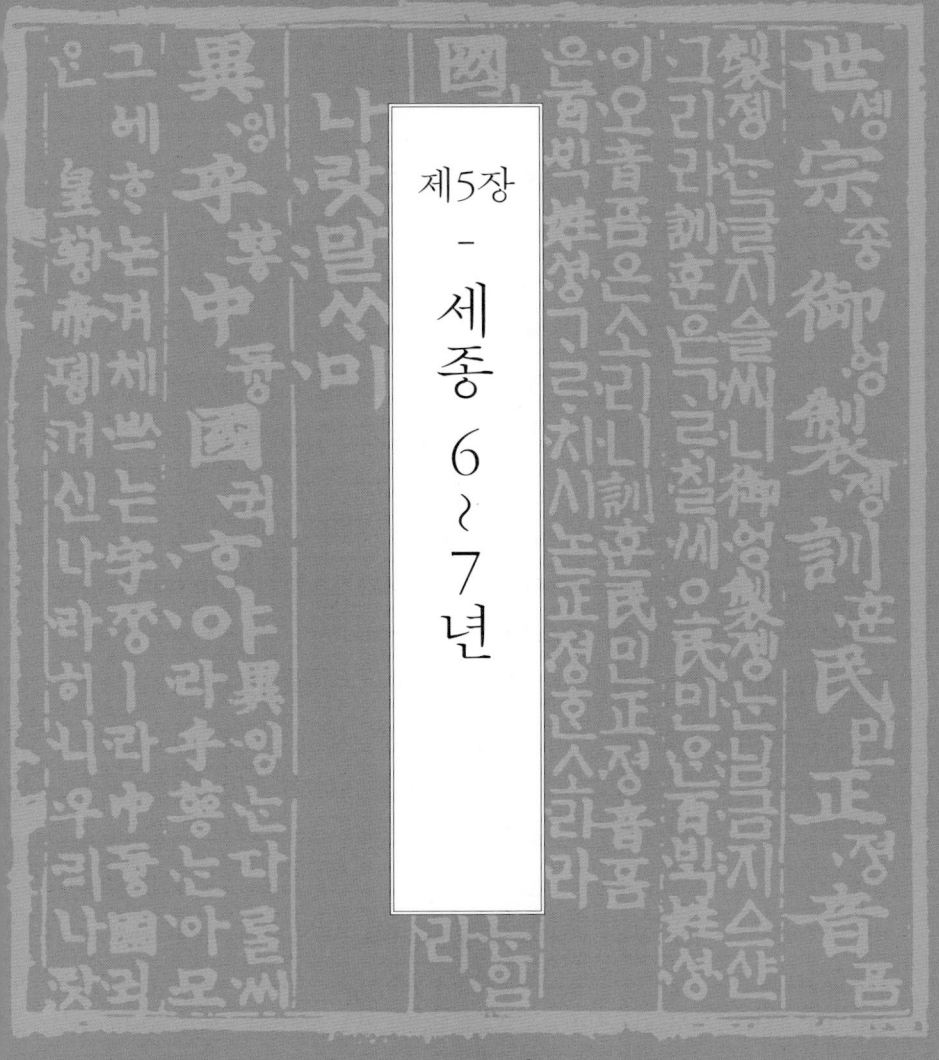

제5장
-
세종 6~7년

(28~29세)
1424~1425년

1. 동전을 유통시키다 [세종 6년]

태조 때에는 따로 화폐가 없이 포목布木(면포)을 가지고 화폐로 대용하게 했다. 면포는 누구나 가지고 있으며 옷감으로 쓰이기 때문에 실용적 가치가 컸다. 다만 부피가 너무 커서 운반하는 일이 매우 힘들었다. 또 면포를 잘라서 화폐로 사용하는 것도 불편했다. 정부에서 세금으로 면포를 받는 것도 매우 번거로워 이를 대신하는 화폐를 만든 것이 태종 때 유통시킨 종이화폐인 저화楮貨였다. 저화는 종이이므로 이동이 편리하여, 특히 국가에서 죄인으로부터 속전贖錢을 받을 때 편리했다.

그러나 일반 백성들은 상품을 사고 파는데 저화를 기피하고 여전히 실물가치가 있는 면포를 화폐로 이용했다. 저화는 실물가치가 없었기 때문이다. 국가에서 저화를 강제로 유통시키기 위해 저화를 사용하지 않는 사람을 잡아서 처벌하자 자살하는 사람까지 나타났다. 본래는 큰 장사치인 부상대고富商大賈를 처벌하는 것이 목적이었으나, 실제로는 가난한 백성들만 처벌받는 현상이 나타났다.

세종시대에는 이런 문제점을 시정하기 위해 저화의 대안으로 동전을 만들어 유통시키기로 했다. 동전은 실물가치가 저화에 비해서는 크기 때문이다. 그래서 세종 6년 1월부터 '조선통보朝鮮通寶'로 불리는 동전을 주조하기 시작했는데, 국가에서 가지고 있는 구리가 약 3만 6천여 근, 생동生銅이 약 6만 4천여 근, 납이 2,479근, 노감철爐甘鐵이 약 5천여 근이었다. 그러나 이것으로 크게 부족하여 구리광산을 개발하기도 하고, 또 민간에서 쓰고 있는 구리그릇을 사들여 보태기도 했다. 왜인들이 조공품으로 바치는 물품 가운데 항상 구리가 들어 있고, 또 일본 상인들이 구리를 가지고 와서 팔기도 하여 다소 도움이 되었지만 그것만으로는 부족했다.

구리를 조달하는 데 가장 도움이 되는 것은 사찰이었다. 사찰마다 구리그릇, 범종, 구리부처, 구리로 만든 당간지주가 없는 곳이 없어서, 이미 혁파되어 폐허가 된 사찰의 구리제품을 수집하여 주전에 이용하기로 방침을 세우고, 돈을 주조하는 주전소鑄錢所도 사찰이 많은 전라도와 경상도에 두기로 했다. 그 밖에 경기도 양근과 남양 등지에도 주전소를 설치했다.

그러나 세종은 경주 봉덕사奉德寺 대종大鐘(속칭 에밀레종)과 개성 연복사演福寺의 대종은 헐지 말라고 했다. 그래서 이 두 종이 지금까지 남아서 국보로 지정되었다. 자칫하면 없어질 뻔한 국보가 다행히 살아남게 된 것이다. 세종은 재위 7년에 정동貞洞에 있는 흥천사興天寺의 대종을 숭례문에 옮겨 걸게 했는데, 그 이유는 알 수 없으나 대종을 절에 두는 것보다 실제로 사용하려고 한 것이 아닌가 짐작된다.

사찰의 구리를 이용해도 수십만 냥의 동전을 만들기에는 부족하여 세종 6년 8월부터 벼슬아치들에게 강제로 구리를 배당하여 거둬들이기로 했다. 각 품品마다 수량에 차등을 두었는데, 1품은 10근, 2품은 9근, 이런 식으로 수량을 줄여 9품과 권무는 1근으로 정했다. 또 전직관료도 최고 9근에서 최하 8냥으로 차등을 두었고, 그 밖에 무당, 경사經師 등에게 구리를 바치게 했다. 이렇게 구리를 바친 자에게는 1근마다 동전 50문文을 보상했다. 그러나 구리 1근으로 동전 130~150문을 만들도록 했으므로, 그 보상은 대략 3분의 1에 지나지 않았다.

세종 6년 12월까지 주조한 동전은 모두 1만 921관貫이었는데, 이것만으로는 수요를 충당할 수 없어서 세종 7년에도 계속하여 동전을 주조하여 세종 7년 4월 현재 약 3만 관을 주조했다.

동전을 처음으로 사용하기 시작한 것은 세종 7년 2월 18일부터였다. 동전을 각 관청에 나누어 주고, 백성들이 구리나 잡물을 가지고 와서 동전을 사 가도록 했다. 또 백성들에게 저화楮貨를 주고 쌀을 사서 의창곡으로 넘겨, 저화와 동전을 병용하게 했다. 다만 포화布貨를 사용하는 자는 법으로 엄격하게 다스리기 시작했다. 동전을 사용하지 않는 자는 곤장 100대를 때리고 수군水軍에 충당시키는 벌을 내리고 가산家産을 몰수했다.

그런데 저화와 동전과 면포와 쌀 사이의 교환가치가 수시로 바뀌었다. 저화 1장을 처음에는 동전 1문으로 정하고, 동전 1문을 쌀 1되로 정했다가 동전의 가치가 점점 떨어지면서 저화 1장을 동전 40문으로 올리고, 동전 1문을 쌀 0.25되로 정했다. 국가에서 정한 교환가치와 시장가격이 차이가 크게 났기 때문이다. 동전의 가치가 시간이 지날수록 떨어지자, 종전에 저화로 받던 세금을 동전으로 바꾸어 받을 때 큰 혼란이 야기되어 수시로 교환 비율을 바꾸었다. 백성의 입장에서 보면 실물가치가 높은 면포나 쌀을 사용하지 못하고, 교환가치가 떨어지는 동전으로 각종 세금을 바치게 되고, 일상용품도 동전으로 사게 되니 생활이 점점 더 어려워졌다. 그리하여 세종 7년 9월 1일부터 소량의 물품을 살 때에는 쌀이나 면포를 사용하는 것을 허용했다. 임금은 이렇게 말했다.

"동전은 처음 만들 때부터 백성들의 원망을 들었다. 그러나 국가의 중대한 일이므로 비록 가뭄을 만났을지라도 역시 중지할 수 없었다. 두승斗升 이하의 매매를 일절 금하기로 한 명령은 내가 처음부터 불가하다고 했으나, 여러 대신들이 논의한 것이기 때문에 그대로 따랐던 것인데, 이제 다시 생각해 보니, 형편상 시행할 수 없다. 9월 1일부터 매매금령을 정지하라."

이 명령이 내려지자 백성들이 모두 기뻐했다. 그러나 그렇다고 동전 사용을 정지한 것은 아니었다. 그리하여 동전은 계속 주조했다.

이렇게 동전과 저화를 병용하면서 포화와 저화를 줄여나갔으나, 오랜 관행으로 자리잡은 포화를 근본적으로 근절시키지는 못했다.

2. 《수교고려사》를 편찬하다 [세종 6년]

왕조가 바뀌면 이전 왕조의 역사를 편찬하는 것이 관례이다. 고려 초기에 《삼국사》를 편찬하고, 고려 중기에 김부식金富軾 등이 《삼국사기》를 기전체 정사 紀傳體正史로 편찬했음은 널리 알려진 일이다. 조선왕조 건국 직후인 태조 4년에 정도전鄭道傳이 정총鄭摠과 더불어《고려국사高麗國史》를 편찬했는데, 이는 37권의 편년체 역사였다. 이 책은《고려실록》과 이제현李齊賢의《사략史略》, 이색李穡과 이인복李仁復이 찬술한《금경록金鏡錄》등을 참고하여 만든 것이다.

《고려국사》는 세 가지 큰 특징이 있었다. 하나는 고려시대의 정치를 이끌어간 주역을 임금보다는 재상의 역할에 중심을 두고 서술했다. 이는 정도전의 정치사상이 재상중심체제를 지지했기 때문이기도 하지만, 실제로 고려시대는 재상의 자율권이 매우 높았던 시대였기 때문이다.

또 하나의 특징은 고려시대에는 비록 송나라나 거란, 또는 금나라를 대국으로 섬기기는 했지만 거의 대등한 관계를 유지하여 임금과 관련되는 칭호를 모두 황제와 동격으로 사용하고 있었다. 그런데 정도전의《고려국사》에서는 이런 칭호들 가운데, 특히 몽골에 항복한 원종元宗 이후에는 고려가 자주성을 잃었음에도 황제의 칭호를 사용한 것은 참람하다고 여겨 제후의 용어로 바꾸어 기록했다. 예를 들면 '종宗'은 '왕'으로 고쳐 쓰고, 임금의 생일인 '절일節日'은 '생일'로, '짐朕'은 '여予'로, '조詔'는 '교敎'로 고쳐 썼다.

세 번째 특징은, 정도전 자신과 관련되는 기록을 좋게 썼다. 예를 들면, 아버지 정운경鄭云敬을 별도의 전傳을 만들어 드러냈으며, 정도전의 출신을 비하한 김진양金震陽 등을 비판적으로 서술했다.

그런데 정도전이 지은《고려국사》에 대하여 불만을 품고 이를 개찬하려고 시도한 것은 태종이었다. 태종 14년에 임금은 하륜河崙, 이숙번李叔蕃, 변계량卞季良 등에게 개찬을 명하면서, 고려 말기 공민왕대 이후의 역사가 잘못 기술되었다고 말했다. 특히 태조에 대한 기술이 사실과 다르다고 지적했다. 조선왕조 건국에 깊이 관여했던 태종으로서는 조선왕조 건국의 주역을 태조나 이방원에 두지 않고, 개국공신을 중심에 두고 서술한 것이 당연히 마땅치 않았을 것이다.

그러나 태종 때《고려사》개찬은 중도에 중단되고 말았다. 이숙번이 귀양가고, 양녕세자의 문제 등 등 복잡한 정치적 사건들이 잇달아 발생했기 때문이었다. 그래서 태종은 세종이 즉위한 뒤에 그 임무를 세종에게 지시한 것으로 보인다.

세종은 즉위한 지 몇 달 안 된 즉위년 12월 25일에 경연을 하면서 경연관 변계량卞季良과 정초鄭招 등에게 정도전의 《고려국사》에 대하여 불만을 토로하면서 고려 말기 공민왕 이후의 역사가 잘못 기술되어 "없는 것만 같지 못하다."고 혹평하면서 개찬의 필요성을 역설했다. 이런 중대한 일은 상왕 태종의 동의나 지시 없이는 쉽게 제기할 수 있는 일이 아니었다.

임금의 말을 들은 변계량과 정초는 "만약 [고려사가] 끊어져 버려 후세에 전하지 않는다면, 정도전이 직필直筆을 보태고 빼고 한 것을 전하께서 미워하셨다는 것을 후세에 누가 알겠습니까? 문신에게 명하여 고치소서." 하고 동의를 표했다.

세종은 다시 재위 1년 9월 20일에 예문관 대제학 유관柳觀(뒤에 柳寬으로 개명), 의정부 참찬 변계량에게 《고려사》를 개찬하라고 명했다. 그리하여 세종 3년 1월 30일에 유관과 변계량이 개찬한 《고려사》를 임금에게 바쳤다. 이것이 제1차 고려사 개찬이다.

그런데 이 책이 또 문제가 되었다. 유관과 변계량 사이에 의견차이가 있었다. 유관은 주자朱子의 《자치통감강목》을 따라 편집하려고 했는데, 변계량은 이를 반대하면서 "고려사가 이미 이인복, 이색, 정도전의 손을 거쳤으니, 경솔하게 고칠 수는 없다."고 말했다. 그러면서 태자太子라고 쓴 것을 세자世子로, 태자빈太子嬪을 세자빈世子嬪으로, 제制를 교敎로, 사赦를 유宥로, 주奏를 계啓로 그대로 썼다. 임금의 지시와는 다르게 한 것이다. 그 이유는 명분을 바로잡아야 한다는 것이었다.

그러자 당시 춘추관의 젊은 사관史官이던 이선제李先齊, 양봉래梁鳳來, 정사鄭賜, 강신康愼 등이 "명분을 바로잡는다고 하지만 사실대로 써야 한다."고 하면서 변계량에게 항의했다. 그러나 변계량은 물러서지 않고 자신의 뜻을 윤회尹淮 (1380~1436)[88]에게 말하여 윤회가 임금에게 보고했던 것이다.

---

88) 윤회는 본관이 전라도 무송茂松으로, 고려 말기 조준 등과 더불어 전제개혁 상소를 올려 이름을 떨친 윤소종尹紹宗의 아들이다. 문과에 급제하여 집현전 학사가 되고 뒤에 예문관 대제학과 병조판서에까지 올랐다.

윤회의 보고를 들은 임금은 다음과 같은 요지의 말을 했다.

"공자孔子는 《춘추春秋》를 지으면서 오吳나라나 초楚나라가 [주(周)나라에] 참람하게 용어를 썼는데, 공자가 이를 필삭筆削하여 바꾸어 썼다. 그런데 좌씨[左丘明]가 나와서 《춘추좌전春秋左傳》을 지으면서 오吳나라 월越나라들이 썼던 용어를 다시 되살려 놓았다. 주자가 지은 《자치통감강목》도 비록 춘추필법을 본받았지만, 각주脚註에는 사실대로 그대로 기록해 놓았다. … 따라서 오늘날 사필史筆을 잡은 자가 성인聖人이 필삭한 본뜻을 엿보지 못할 바엔 차라리 사실史實을 그대로 써서 놓으면 찬미할 것과 비난할 일이 스스로 나타나서 후세인들이 믿을 수 있을 것이니, 경솔히 고쳐 써서 사실을 은폐할 필요는 없다."

세종이 이렇게 사실의 직필을 고집하자, 변계량이 임금에게 아뢰었다.

"정도전이 참람한 것을 고쳤지만, 그것은 정도전 때 처음 고친 것이 아니고, 이제현李齊賢, 이색李穡 등이 이미 그렇게 고친 것이고, 또 주자도 《강목》에서 그렇게 했기 때문에 신도 정도전과 주자의 뜻을 본받아 썼습니다. … 사실을 그대로 쓴다는 것은 신의 생각으로는 타당치 않은 것으로 압니다."

변계량은 어디까지나 유교적 명분을 세우는 역사서술을 강조한 것이다. 그러자 임금이 다음과 같은 요지의 반론을 제기했다.

"경의 말에 내가 의혹을 풀지 못하겠다. 주자의 《강목》은 경이 쓴 《고려사》와 다르다. 주자의 《강목》은 〈대강大綱〉에서는 명분을 바로잡아 칭호를 고쳐 썼으나, 〈세목細目〉에서는 사실대로 썼다. 그런데 지금 이 책은 대강과 세목의 구분이 없으니, 명분만 세우고 사실을 쓰지 않은 것이다. …"

《고려사》 개찬에 참여한 유관柳觀도 자기의 뜻을 임금에게 말했다. 그 요지
는 이렇다.

　"… 고려조에서 송나라를 본받아 역대 임금이 모두 '종宗'을 썼는데,
이는 참람한 일입니다. 그러나 혜종惠宗과 정종定宗이 모두 묘호廟號인데,
이를 혜왕惠王, 정왕定王이라고 개칭한다면 묘호廟號를 시호諡號로 삼는
것이므로 진실을 잃을 것 같습니다. … 태조의 시호는 신성대왕神聖大王
이고, 혜종의 시호는 의공대왕義恭大王이고, 정종 이하도 모두 시호가 있
습니다. … 고종高宗에 이르러서 원元나라에서 충헌왕忠憲王이라는 시호
를 내리고, 원종元宗을 충경왕忠敬王이라는 시호를 내렸으며, 충렬왕忠烈王
이하도 모두 원나라의 시호를 받았습니다. 따라서 바라건대, 태조를 신성
왕, 혜종을 의공왕으로 고치고, 정종 이하도 시호를 써서 왕으로 고치면,
사실을 속이지 않게 될 것입니다. …"

　유관의 주장은, '종宗'이라는 묘호廟號를 쓰는 것은 참람하므로 임금의 묘호
를 쓰지 말고, 시호諡號를 써서 왕으로 기록하자는 것이며, 몽골에 항복한 고종
高宗 이하는 원나라에서 내린 시호를 그대로 기록하면 사실을 잃지 않게 된다는
말이었다. 변계량보다는 조금 더 사실에 접근한 말이지만, 묘호를 쓰지 말자는
것은 아직도 명분을 존중하는 태도를 보인 것이다.

　위와 같은 논쟁을 거쳐 임금이 드디어 세종 5년 12월 29일에 변계량을 빼
고 유관과 윤회에게 두 번째 개찬을 명했다. 그러면서 임금은 또 윤회에게 천
재지변天災地變에 관한 기록을 모두 《실록》에서 찾아서 필사하여 올리라고 명했
다. 윤회가 천재지변을 필사한 단자單子와 위에 소개한 유관의 글을 임금께 올
리자, 임금은 이렇게 말했다.

　"이렇게 미세한 별의 변화 같은 것은 기록하지 말라. 《고려실록》에 기
록된 천재지변으로서 《정사正史》에 실리지 않은 것은 예전대로 두고 다시
첨가하여 넣지 말라. 그리고 임금의 시호는 모두 《실록》에 의거하여 '태

조신성왕', '혜종의공왕'으로 써서 묘호와 시호를 모두 사실대로 써라. 태
자, 태후 등도 그대로 써라. 다만, '대사천하大赦天下'라고 한 것은 '천하'
두 글자만 지우고, '천하'를 '경내境內'로 바꾸지는 말라."

　　임금의 주장은, 묘호와 시호를 다 쓰라고 했으므로, 묘호를 빼고 시호만 쓰
자는 유관의 주장과도 다른 것을 알 수 있다. 다만 '천하'라는 말은 천자만이 쓸
수 있는 용어이므로 지우라고 명했다.

　　세종은 다시 재위 5년 12월 29일에 지춘추관사 유관柳觀과 동지춘추관사
윤회尹淮에게 고려사를 다시 개찬하라고 명했다. 변계량을 제외한 것이다. 임금
은 명분보다는 사실직필을 존중하는 태도를 끝까지 버리지 않고, 그 방침을 따
라 고려사를 다시 개찬하라고 유관과 윤회에게 명한 것인데, 사실은 임금과 의
견이 다른 유관보다는 임금의 명령을 충실히 따르는 윤회에게 이 일을 주도하
도록 맡겼다.

　　왕명을 받은 윤회는 다음해인 세종 6년 8월 11일에 편찬을 끝내고 임금에
게 올렸다. 이 책을 속칭《수교고려사讎校高麗史》로 부른다. 그러면 이 책으로 고
려사 개찬은 완성되었는가? 아니다. 또 문제가 생겼다. 이에 대해서는 뒤에 다
시 설명하겠다.

3. 명나라 사신이 여비 한씨 모친 제사를 위해 오다 [세종 6년]

　　세종 6년 6월에 명나라 사신 왕현王賢이 영락황제의 후궁인 여비麗妃 한씨
의 모친 김씨 제사를 위해 의주에 도착했다. 여비는 바로 한확韓確의 누님으로
태종 17년에 공녀貢女로 갔다가 황제의 사랑을 받아 황비皇妃가 된 여인이다. 그
래서 이번 제사는 황제와 한씨가 함께 제문을 올렸다.

　　그런데 영락제가 7월 18일에 죽자, 여비 한씨도 24세의 나이로 순사殉死했

다. 목매달아 죽인 것이다. 한씨 뿐 아니라 황제의 후궁을 모두 그렇게 죽여서 황제의 무덤에 함께 순장하는 것이 관례였다. 이때 한씨는 죽기 직전에 조선으로 돌아가서 노모를 봉양하게 해달라고 새 임금 인종仁宗에게 애원했으나 들어주지 않았다. 한씨는 드디어 "어머니, 나는 갑니다. 어머니, 나는 갑니다." 하고 애절하게 외치고 죽었다. 이때 후궁 최씨崔氏도 함께 죽었다. 이때 죽은 궁인宮人들이 모두 30여 명에 이르렀다.

황제가 죽으면 궁인들을 목매달아 죽여 아무도 그들을 범하지 못하게 하기 위한 것이지만 너무나 잔인한 제도였다. 한씨는 사신을 보내 어머니 제사를 올리고 며칠만에 죽은 것이다. 이 참혹한 순장제도는 영종 정통제 이후로 폐지되었다.

영락제가 죽기 전에도 참혹한 치정사건이 궁중에서 일어났다. 중국 상인의 딸 여씨呂氏라는 후궁이 조선인 후궁 여씨呂氏를 질투하여 조선인 후궁 권비權妃가 죽자 여씨가 독약을 타서 죽였다고 무고하여 황제가 여씨와 궁인, 환관 등 수백 명을 죽였다.

또 조선인 후궁 어씨魚氏가 환관과의 간통사건으로 자살했다. 그 뒤 황제는 중국인 후궁이 무고하여 사건을 일으킨 것을 알고, 이 일에 연좌된 2,800여 명을 또 죽였다. 이때 우리나라에 수차례 사신으로 와서 악명을 떨쳤던 황엄이 이 사건의 장본인이라는 것이 밝혀져서 그의 죄를 물어 부관참시剖棺斬屍하는 극형을 내리고, 그의 가족들을 모두 종으로 만들었다. 또 이때 조선 여인 후궁 임씨任氏와 정씨鄭氏는 자살하고, 황씨黃氏와 이씨李氏는 참형을 받았다.

그리하여 공녀로 간 여인들이 자살하거나 순사하거나 참형을 당하여 모두 세상을 떠났다. 이 사건은 당시에 조선에 알려지지 않았다가 뒤에 윤봉尹鳳이 사신으로 왔을 때 말하고, 한씨의 유모 김흑金黑이 조선으로 돌아와서 알게 되었다. 성조 영락제를 뒤이은 인종 홍희제도 죽을 때 후궁 5명이 순장당했다.

한확은 세종 9년에 선종宣宗 선덕제宣德帝가 또 조선 처녀를 보내라고 요청했을 때, 그의 막내 여동생마저 보냈다. 명나라 사신이 그녀를 보내라고 하여

할 수 없이 따른 것이다. 그러나 그녀의 생사는 어찌 되었는지 기록이 없다. 그 뒤 한확은 자신의 딸을 세조의 맏아들 덕종德宗에게 시집보냈는데, 덕종의 아들 이 바로 성종成宗이다. 성종이 13세에 임금이 되자, 그녀는 대비로 수렴청정했 는데, 유명한 인수대비仁粹大妃가 바로 그다. 인수대비는 《내훈內訓》이라는 여성 교과서를 쓴 덕성 높은 인물로 알려지고 있다.

세종은 재위 21년 윤2월 13일에 신하들과 경연을 하다가 영락제에 관하여 이런 말을 했다.

> "한漢 나라 명제明帝가 형벌로 사람을 많이 죽이고, 명나라 태조도 사 람 죽이기를 좋아했고, 명 태종[영락제]도 1년 동안에 죽인 궁녀가 수천 명 에 이르렀다. 불쌍하다."

태종 영락제가 1년 동안에 수천 명의 궁녀를 죽였으니, 죽은 자들이 불쌍 하다는 이 말 속에는 영락제가 조선인 후궁들을 죽인 것도 포함되어 있을 것이 다. 세종은 중국이 환관의 횡포 때문에 왕조가 오래 가지 못했다고 말한 일도 있고, 황제가 신하들을 노예처럼 다루는 것도 비난하는 등 내심으로 중국 정치 에 대한 멸시감을 수시로 드러냈다. 여기에 더하여 명나라 사신에 대해서도 멸 시감을 토로하는 일이 비일비재했으니, 명나라를 존경하여 사대외교를 하는 것 이 아니었다.

명나라 조문 사신 왕현王賢이 왔을 때, 원접사가 의주에 가서 7월 초에 태 종의 신주를 종묘에 봉안하는 행사 때문에 사신접대가 어려우니 7월 중순쯤 서 울에 입경해 달라고 요구했으나 왕현이 일정이 바쁘다고 거절하고 곧바로 서울 에 들어와서 7월 4일에 한씨 집에 가서 여비의 어머니 김씨의 제사를 올렸다. 황제의 후궁은 모두 비참하게 세상을 떠났으나, 그 집안 사람들에게는 벼슬을 주기도 하고, 죽으면 제사를 지내주는 등 후하게 대접해 주었다.

그런데 왕현이 온 목적은 제사만이 아니었다. 가지고 온 비단을 팔아 각종 건어물을 구입하고, 황제에게 바칠 처녀 2명과, 또 음식과 술을 잘 만드는 시비侍婢 5~6명을 뽑아서 데려가려는 것이었다. 황제가 나이가 들어 입맛이 없어서 조선 음식을 먹고 싶어 한다는 것이 이유였다. 황제는 또 지난번에 세종이 부리던 화자火者를 보내라고 명했는데도, 세종이 다른 내시들을 보냈다고 하면서 "죽은 태종은 나[영락제]를 지성으로 받들었는데, 세종은 나를 지성으로 섬기지 않는다."고 사신을 시켜 힐책하기도 했다. 이 말을 들은 세종은 이렇게 말했다.

> "지난번 화자火者에 대한 일은 내가 황제가 노할 것을 모른 것이 아니었다. 그런데, 이제 그 말을 하는 것은 처녀를 얻고자 하여 한 말이 아니겠느냐."

위 대화를 보면 세종은 영락제의 본심을 환하게 꿰뚫어 보면서 내심으로 경멸하고 있음이 보인다. 그러나 어쩌겠는가? 미워도 그 말을 따를 수밖에 없는 것이 현실이 아닌가? 황제와 맞서서 얻는 것이 무엇이 있겠는가?

겉으로만 보면 세종은 황제의 명령을 지나치게 고분고분 따르는 듯 보인다. 그러나 그 속을 들여다 보면, 황제의 요구가 지나친 것은 적당하게 조절했다. 예를 들면 말 1만 필을 보낼 때도 좋은 말을 보낸 것은 아니었다. 그런데 우리나라 사신이 중국에 가서 술김에 "우리가 보낸 말은 모두 똥 치는 말"이라고 떠들다가 돌아와서 크게 문책을 당한 일이 있었다.

우선 황제가 요구하는 처녀를 구하기 위해 진헌색進獻色이라는 임시기구를 설치하고, 여자종과 양반 처녀를 전국에서 감사가 조사하여 명단을 올리라고 명했다. 그리고 처녀를 데리고 갈 시비侍婢와 화자火者도 선발했다. 처녀들이 가다가 병이 나서 죽는 경우도 있어서 처녀를 돌봐 줄 시비와 화자가 필요했던 것이다. 처녀들을 데려갈 때에는 가마에 태워서 데려갔다. 황제의 후궁이 될 사람을 함부로 다루지는 않았다.

한편, 중국 사신이 요구한 건어물은 은구어, 연어, 문어, 광어, 대하, 새우젓, 소어蘇魚(밴댕이) 등이었다. 생선은 운송 도중에 썩어버리므로 말린 생선이나 젓갈류를 가져갈 수밖에 없었다. 사신들은 황제가 요구한 물건만이 아니라 개인적으로도 수많은 물품을 요구했다. 그 댓가로 임금과 왕비, 세자에게 비단 등을 갖다 바쳤다. 또 대신들에게도 비단 등을 뇌물로 주었다.

그런데 이렇게 각종 진헌물을 준비하던 중, 9월 1일에 요동으로부터 갑자기 영락제가 7월 18일에 달달을 정벌하던 진중에서 죽었다는 급보가 들어왔다. 평생 동안 북방족과 싸우다가 세상을 떠난 것이다. 향년 65세였다. 대외정복에 힘쓰다 보니 군마가 필요하여 여러 차례에 걸쳐 조선에 1만 필의 말을 청구하여 조선을 괴롭게 하고, 또 조선의 처녀와 시비侍婢, 환관, 그리고 식품까지 탐하여 가장 조선을 힘들게 한 황제 가운데 하나이다.

영락제가 죽자 세종은 선발해둔 처녀와 화자를 즉각 집으로 돌려보냈다. 그러나 영락제가 요구한 건어물 1만 근은 160개의 궤짝에 담고, 수만 장의 종이도 158개의 궤짝에 담아 보냈다.

영락제의 뒤를 이은 것은 제4대 인종仁宗 홍희제洪熙帝로서 나이 47세에 황제가 되었다.

그런데 내치에 힘쓰면서 전쟁을 뒷수습하던 새 황제도 1년도 채 안 된 세종 7년 6월에 세상을 떠나고, 그 아들이 황제에 오르니 제5대 선종宣宗 선덕제宣德帝이다. 나이 27세였다. 그도 재위 10년 만에 세상을 떠나고, 제6대 영종英宗 정통제正統帝가 즉위했는데, 나이 9세로서 황제의 조모인 인종의 황후가 섭정을 했다. 조선으로서는 나이 어린 황제가 들어선 것이 황제의 간섭을 벗어날 수 있는 절호의 기회였다. '훈민정음'이 영종제 통치기간에 창제된 이유가 여기에 있었다.

영종 정통제도 북방 달달족을 토벌하러 갔다가 세종 31년(1449)에 토목土木에서 포로로 잡히는 수모를 당했다. 이를 '토목의 변變'이라고 부른다. 그는 풀려나서 돌아왔다가 세조 3년(1457)에 다시 황제에 올랐다. 세종은 32년 치세 동안에 4명의 황제를 상대했는데, 황제에 따라 정책이 조금씩 달랐다.

영락제의 부음을 들은 세종은 새 황제의 등극을 축하하는 사신을 9월 19일에 북경에 파견하고, 관례에 따라 토산물을 황제와 황후에게 보냈다.

4. '칠거지악' 보다 '삼불거'를 존중하고, 본처소박을 죄주다 [세종 7년]

《소학小學》에는 부인이 일곱 가지 흠이 있을 때에는 부인을 내쫓을 수 있다는 도덕률이 있다. 이른바 '칠거지악七去之惡'이다. 시부모에 대한 불순[不順], 아들을 낳지 못하는 것[無子], 바람피우는 것[淫行], 남편을 질투하는 것[嫉妬], 나쁜 질병이 있는 것[惡疾], 말을 함부로 많이 하는 것[口舌], 도둑질하는 것[竊盜]이다.

그런데 '칠거지악'이 있더라도 세 가지 조건이 있으면 부인을 내쫓을 수 없다는 도덕률이 있었다. 이를 '삼불거三不去'라고 불렀다. 시집 와서 3년 동안 시댁 제사를 함께 지낸 부인[與共三年喪], 가난할 때 함께 고생하다가 뒤에 부귀하게 된 경우[前貧賤 後富貴], 쫓겨나면 돌아가 의지할 곳이 없는 경우[有所取 無所歸]가 그것이다. 칠거지악이 여자에게 불리한 남존여비 사상의 반영이라면, 삼불거는 여자를 보호하는 사상이다.

그러면 세종시대의 현실은 어떠했으며, 세종은 이를 어떻게 처리했는가?

세종 7년 7월 7일에 성균관 사성(종3품) 이미李敉가 아내와 더불어 3년상을 함께 치렀으나, 아내가 아들을 낳지 못하자 새 장가를 들었다. 아들을 낳지 못한 것은 칠거지악에 속하지만, 3년상을 치른 것은 삼불거에 해당했다. 그래서 쫓겨난 부인의 아비가 사헌부에 고발했는데, 사헌부는 삼불거를 이유로 내세워 이미가 버린 아내를 다시 데려와 살아야 한다고 임금에게 상소하니, 임금이 받아들였다. 이 사건은 삼불거를 충실히 따라 여성을 보호한 사례이다.

그런데 이미가 이에 불복하고 임금에게 상소했다. 아내가 아들을 못 낳은 것은 조상에 대한 불효이므로 용서해 달라고 청했다. 그러나 임금은 이미의 청을 끝까지 받아들이지 않고, 곤장 90대를 때리게 했다. 이 사건만이 아니라 실제로 칠거지악으로 이혼당하는 경우는 거의 찾아볼 수 없었다.

또 아내를 보호하는 제도장치가 있었다. 첩妾을 얻어 사랑하고, 본처本妻 곧 정처正妻를 소박하는 것이 발각되면 곤장 90대를 때리게 하는 법이 있었다. 이런 사례는 무수히 많아서 일일이 거론하기도 어렵다. 비록 첩제도를 인정했지만, 그렇다고 정처를 소박해서는 안된다는 것이 국가의 정책이었다. 서얼庶孽을 차대한 것도 인권유린으로 볼 수 있지만, 달리 보면 정처를 보호하고자 한 데서 발생한 제도이다. 또 서얼차대는 첩의 신분이 대부분 노비였기 때문에 생긴 것이었다. 그러나 세종대에는 첩의 자식도 제한적으로 벼슬을 주었다.

5. 명나라 사신 윤봉이 가죽제품을 사기 위해 오다 [세종 7년]

세종 7년 2월 11일에 명나라 사신 윤봉尹鳳과 박실朴實이 또 서울에 왔다. 데리고 온 두목이 33명, 궤짝이 50짝, 호송 군졸이 625명이었다. 궤짝에 실은 것은 임금과 왕비에게 내리는 비단과 각종 가죽제품을 사기 위한 비단이었다. 두 사람은 모두 조선 출신 환관으로 황제의 총애를 받고 있던 인물이었다. 그가 온 목적은 겉으로는 각종 가죽제품을 사기 위함이었다. 그래서 황제가 임금에게 저사紵絲 20필, 융금絨錦 6단, 채견綵絹 20필 등 비단을 보내고, 왕비에게도 그 절반 정도의 비단을 하사했다. 두 사신도 따로 임금과 왕비에게 비단을 바쳤다.

명이 사고자 하는 가죽제품은 초피貂皮(담비가죽) 665장, 청서피靑鼠皮(청설모가죽) 3,640장, 여우가죽 225장이었다. 그리고 사신이 개인적으로 사고자 하는 가죽제품도 같은 물건이었는데, 역시 비단을 주고 샀다. 윤봉은 청설모 가죽 650장, 여우가죽 90장을 샀다. 또 박실은 청설모 가죽 500장, 여우가죽 50장을 샀다. 이 물건들을 가지고 가서 중국에서 팔아서 이득을 취하기 위함이었다.

그러나 사신들은 그 밖에 따로 각종 물건을 청구했다. 양도검兩刀劍, 단인도

單刃刀, 병풍지, 녹비鹿皮(사슴가죽), 안롱鞍籠(가마를 덮는 우비), 사기沙器, 금웅피金熊皮, 인삼, 세포細布, 구리주발, 국자, 주전자, 흑마포, 백저포, 만화방석, 만화침석, 석등잔 등 이루 헤아릴 수 없을 정도로 많았다. 어떤 물건은 많은 양을 요구했다. 그래서 《실록》에는 이루 다 기록할 수가 없다고 썼다.

윤봉은 또 자기의 친척과 친지들에게 벼슬을 달라고 요구하고,[89] 고향인 황해도 서흥瑞興을 행정적으로 높여달라고 요구하여 모두 들어주었다. 그들은 자신들을 박대하면 황제에게 조선에 대하여 불리한 조치를 취하게 하겠다고 수시로 협박했다. 이들은 선배 내관들이 조선에 와서 탐욕스럽게 물품을 뜯어간 사실을 잘 알고 있어서 그들과 동등한 대우를 해달라고 요구하고 협박했다. 이렇게 갖은 횡포를 부리다가 그들은 3월 2일에 서울을 떠났다. 임금은 언제나 명나라 사신이 오면 우는 아기에게 떡 하나 더 주는 심정으로 그들의 사소한 청을 모두 들어주었다.

그런데 윤봉 일행이 서울을 떠난 다음달인 4월 18일에 임금이 평안도 감사에게 전지傳旨하여, 지금 가고 있는 사직司直(정5품) 장영실蔣英實[90]이 말하는 것을 들어주어 대중소 30개의 석등잔石燈盞을 준비하라고 명했다. 이 기록은 앞뒤 문맥이 없이 등장하여 무슨 말인지 모호하다. 아마도 윤봉이 중국으로 가는 길에 장영실을 뒤따라 보낸 것으로 추측된다. 장영실이 30개의 석등잔을 가지고 어디를 갔겠는가? 석등잔은 중국인이 가장 좋아하는 조선 토산물이니, 이를 가지고 중국에 가서 로비하여 모종의 은밀한 것을 배워오라는 밀명을 준 것으로 보

---

89) 윤봉의 요청으로 벼슬을 받은 사람은 모두 7명으로 본래 벼슬이 있던 자는 한 사람이고, 나머지는 모두 벼슬이 없는 자들이었다. 이들에게 군직軍職을 내려주었는데, 7품 이하의 낮은 산직散職이었다.

90) 장영실은 본래 그 아비가 원나라 때 소주蘇州와 항주杭州 사람이었는데, 우리나라에 귀화하여 기생을 아내로 삼아 장영실을 낳았다. 장영실은 기생의 아들이라 동래東萊의 관노가 되었는데, 솜씨가 공교하고 머리가 영특하여 태종이 보호했고, 세종도 그를 보호하여 세종4~5년에 그에게 왕실의복을 만드는 상의원의 별좌別坐(정5품)를 주었다. 그러다가 장영실이 솜씨만 뛰어난 것이 아니라 머리가 영특한 것을 아껴 임금이 강무할 때에는 항상 곁에 데리고 다니면서 왕명을 전달하는 일도 맡겼다. 내시보다 똑똑했기 때문이다. 뒤에 세종 15년에 자격루自擊漏를 만들자 호군護軍(정4품)의 벼슬을 내렸다. 당시 영의정이던 황희黃喜가 벼슬 주는 것을 적극 찬성했다.

인다. 윤봉이 조선인이므로 임금이 그를 따라 가도록 주선한 듯하다.

6. 명나라 사신이 권영균을 제사하러 오고,
   인종의 죽음과 선종의 등극을 알리러 또 오다 [세종 7년]

윤봉 일행이 돌아간 지 한 달 뒤인 세종 7년 4월에 또 명나라 사신 김만 金滿이 지난해 12월 27일에 죽은 광록시 대경光綠寺 大卿 권영균權永均에게 제사를 올리기 위해 왔다. 권영균의 여동생이 태종 8년에 명나라에 공녀貢女로 가서 영락제의 후궁 현인비顯仁妃가 되었다가 영락제가 죽자 순사殉死당했다. 여비麗妃 한씨와 함께 죽은 것이다. 권영균은 여동생이 후궁이 된 뒤에 갑자기 부귀를 누리게 되자 교만하게 행동하고 주색을 즐기다가 일찍 죽었다고 한다.

김만 일행은 4월 22일에 의주에 도착하고, 5월 15일에 서울에 입경했다. 두목 11명을 거느리고, 궤짝 25개와 양, 돼지, 닭, 기러기 등을 가지고 와서 먼저 임금과 왕비에게 비단을 바쳤다. 김만은 달달족 출신으로 무식한 자였는데, 오자마자 고급 신발 등 물품을 청구하기 시작했다.

5월 26일에 김만은 권영균의 집에 가서 제사를 올렸다. 제문은 인종 홍희제가 올린 것이다.

김만도 오자마자 가렴주구를 시작했다. 구리그릇, 석등잔 5개, 개, 해달가죽을 요청하여 주고, 그와 별도도 임금이 마포 70여 필을 주었다. 또 권영균의 아내가 모시와 베 각 20필을 주었다. 그는 6월 12일에 서울을 떠났다.

김만이 떠난 지 두 달이 지난 윤7월 19일에, 이해 6월에 세상을 떠난 인종 仁宗 홍희제洪熙帝의 죽음을 알리는 사신 내관 제현齊賢 일행이 서울에 도착하고, 사흘 뒤인 윤7월 22일에 선종宣宗 선덕제宣德帝의 등극을 알리는 사신 예부낭중 초순焦循 일행이 서울에 왔다. 임금은 석등잔 8개를 만들어 평양감사에게 보내고, 사신이 요청하는 물건은 이것으로 끝내라고 명했다. 그 이상은 사신이 청구하더라도 주지 말라는 것이다.

임금은 제현 일행을 모화관에서 맞이했는데 두통과 이질이 겹쳐 얼굴빛이 파리하고 검게 변하여 신하들이 보고 깜짝 놀랐다. 3일 뒤에 도착한 초순 일행은 12세 된 세자가 대신 모화관에서 맞이했다. 제현을 따라온 중국 의원에게 임금의 진찰을 부탁하니, 의원이 이렇게 말했다.

> "전하의 병환이 상부는 성盛하고 하부가 허虛한 것은 정신적으로 피로한 때문입니다. 그래서 … 오른쪽 맥은 활活하고 왼쪽 맥은 허虛합니다. 담이 횡격 사이에 쌓여서 기가 유통하지 못하고, 수화水火가 오르내리지 못하니, 먼저 담을 삭이는 약을 먼저 복용하고, 다음에 비위를 따뜻하게 할 약을 드셔야 합니다. …"

중국 의원의 말은 임금이 정신적인 피로에서 생긴 병이라고 한다. 당시 임금의 나이는 29세밖에 되지 않았는데, 수시로 몸이 불편하여 사신을 맞이하지 못하는 때가 많았다. 세종은 병으로 중국 사신을 맞이하지 못하고 세자에게 맡기는 경우가 많았는데, 병 때문이기도 하지만 병을 핑계대고 만나지 않는 경우도 적지 않았다.

사신이 임금과 왕비, 세자에게 각각 각종 비단을 바쳤다. 임금은 네 사신에게 그 댓가로 옷, 신발, 갓, 백저포 5필, 흑마포 20필, 인삼 30근, 만화방석 4장, 만화침석 4장, 석등잔 1개씩을 주고, 두목 6명에게도 저포 2필, 마포 2필씩 주었다. 또 제현에게 따로 저포와 마포 각 8필, 표범가죽 1벌, 담비가죽 50벌을 주었다. 세자도 네 사신에게 저포와 마포 각 9필씩 주었다. 사신들은 8월 2일 서울을 떠났다.

임금은 윤7월 23일에 새 황제의 등극을 축하하는 하등극사賀登極使를 파견하고 관례에 따라 토산물을 바쳤다. 토산물의 수량은 전보다 줄였다. 또 윤7월 28일에는 인종 홍희제의 서거를 위문하는 진향사進香使를 보내고 아울러 토산물을 황제, 황태후, 황후에게 바쳤다. 사신이 연속해 왔기 때문에 경비를 줄이기 위하여 토산품의 수량을 줄이고, 사신이 개인적으로 청구하는 물품도 주지 않았다.

하등극사와 진향사는 세종 7년 10월에 귀국하여 복명했는데, 인종 홍희제의 장례 때 후궁 5명이 순장殉葬되었다고 보고했다. 순장된 후궁 중에 조선인은 없었다.

임금은 병을 치료하기 위해 윤7월 28일에 궁 밖에 있는 잠저로 이어했으며, 사신들을 전송하지도 않고 세자가 대행하게 했다. 8월 9일에 임금은 신하들에게 "내가 병을 앓기 시작한 지 50여 일이 되었고, 아주 심하게 앓던 것도 열흘은 되었으나, 차차 나아가고 있다."고 말하고, 지금 가고 있는 사신에게 그 사실을 알려주라고 명했다.

7. 여종과 양인남자의 자식은 양인으로 만들다

조선시대 최하층민은 노비였다. 노비는 개인이 소유한 사노비와 관청에 소속된 관노비로 구별되는데, 일상적으로는 '종從' 또는 '장획臧獲', 또는 '창두적각蒼頭赤脚'으로 불리기도 했다. '장'은 남자종을 가리키고, '획'은 여자종을 가리켰다. 창두는 남자종이 머리를 깎아서 붙여진 이름이고, 적각은 여자종이 짧은 치마를 입은 데서 붙여진 이름이다. 노비는 물건처럼 매매도 되고 상속도 되었기 때문에 사람대접을 받지 못했다고 여겨지지만, 그래도 노비는 사유재산을 가지고 있었으며, 국가에서는 노비를 '천민天民' 곧 하늘이 만든 백성으로 여겨 그들을 학대하거나 죽이는 경우에는 죄를 주었다.

노비는 고대로 올라갈수록 인구의 절대다수를 차지하고 있었지만, 시대가 내려오면서 점차적으로 양민으로 승격되어 그 인구가 갈수록 줄어들다가 1801년에 관노비가 해방되고, 1886년(고종 21)에 사노비 세습제가 무너지고, 1894년 갑오경장 때 노비 자체가 사라졌다.

우리나라의 노비는 우선 인종 자체가 다르지 않아 피부색이나 문화가 같고, 노비와 주인관계를 군신관계君臣關係나 부자관계父子關係로 여겨 상전에 대한 충성과 노비에 대한 자애를 함께 강조했다. 또 노비는 가족이 함께 살고, 성씨가 있어서 조상을 제사하기도 했으며, 주인과 함께 사는 솔거노비를 제외한 외거노비와 관노비는 모두 자기의 경작지를 가지고 살아서 부유한 노비도 적지 않았다. 노비 중에 위상이 가장 높은 것은 관노비이고, 그 다음이 사노비 가운데 외거노비이고, 솔거노비가 가장 지체가 낮았다.

또 노비는 악공樂工이나 공장工匠이 되어 국가로부터 일정한 벼슬과 녹봉을 받기도 하고, 의녀醫女가 되기도 하고, 양반의 첩이 되어 부귀를 누리기도 했다. 태종과 세종은 노비를 후궁으로 삼기도 했다. 노비의 매매가 가능하다고 해서 서양처럼 노예시장에 내다 놓고 팔지도 않았다. 따라서 노비가 많다 하여 마치 서양의 노예처럼 보고 노예제 사회로 부르는 것은 옳지 않다.

그러면 세종시대의 노비정책은 어떠했는가? 우선 주인이 노비를 죽이면 주인이 큰 벌을 받았음은 앞에서 이미 설명했다. 세종은 양로연養老宴을 할 때마다 반드시 노비도 참여시켰고, 나이 많은 노비에게는 노인직老人職을 주기도 하고, 노인 노비를 모실 시정侍丁을 주기도 했다.

또 여자종이 양인 남자와 결혼하여 아이를 낳으면 남자를 따라 양인으로 만들어주었다. 이를 종부위량從夫爲良으로 부른다. 그 결과 노비인구가 줄고 양민이 확대되었다. 이 제도는 태종 때부터 시행되어 세종 때에도 그대로 이어졌다. 그러나 여종이 가끔 남편종을 양인인 것처럼 속이는 일이 발생하여 한때는 그 자식을 종으로 만들기도 했지만, 큰 흐름은 양인으로 만든 것이었다.

8. 선상노비 지위를 개선하다 [세종 7년]

관노비는 서울과 지방의 관청에 소속되어 각종 일을 도와주었는데, 60세 이상이 되면 노역奴役에서 해방되도록 《육전六典》에 법으로 규정되어 있었다. 그들은 자신의 농토로 돌아가서 농사를 지으면서 매년 신공身貢으로 남자는 포목 1필과 저화 2장을 바치고, 여자종은 매년 포목 1필과 저화 1장을 역시 신공으로 바치게 했다.

그런데 관노비 가운데 선상노비選上奴婢가 있었다. 서울의 관청은 일이 너무 많아 그곳에 소속된 관노비만으로는 일을 감당하기 어려워, 지방 관청의 노비 가운데 재산이 많은 노비를 뽑아서 중앙관청으로 보내 일정한 기간 동안 일을 시키는 것을 말한다. 이 경우 선상노비에게는 2명의 노비를 봉족奉足으로 붙여주어 선상노비의 생계를 지원하도록 했다. 그것은 마치 양민에게 군역을 지울 때 봉족을 주는 제도와 같았다.

그런데 아전들이 농간을 부려 여러 가지 폐단이 일어나서 이를 시정하는 조치가 세종 7년 11월 17일에 내려졌다. 이날 형조는 선상노비의 폐단을 구제하라는 임금의 명령을 받들어 다음과 같은 개혁안을 올렸다.

① 노비를 선상選上할 때 아전들이 농간을 부려 가난한 자를 뽑아 정역正役으로 올리고 부유한 자를 봉족奉足으로 삼는 것을 막고, 선상된 자의 잡역을 면제할 것.
② 입역기간을 혹 1년으로 하기도 하고 혹 3개월로 하기도 하는데, 1년은 너무 길어 노비의 식량조달이 어렵고, 3개월은 너무 짧아 가고 오는데 피로하니, 6개월로 정할 것.
③ 6개월간 입역하는 자의 신공身貢은 반액으로 하고 있으나, 6개월 입역하는 동안 농사를 지을 수 없으니, 전액을 면제할 것.
④ 입역기간 동안 노비를 함부로 매질하여 도망가게 만드니, 앞으로 이런 일을 하는 자는 벌을 내릴 것.
⑤ 입역기간에 도망하는 자는 신공 전액을 받게 할 것.

이상 선상노비의 부담을 크게 줄이는 조치를 취했다.

세종 8년 11월 5일에는 한 걸음 더 나아가 선상노비의 수를 크게 감축했다. 인수부, 인순부, 내자시, 내섬시, 전농시, 예빈시, 봉상시, 장흥고, 제용감, 의영고, 상의원 등에 소속되었던 선상노비 900명을 530명으로 감축한 것이 그것이다. 이런 조치들은 그 뒤에도 계속 이어졌다.

세종 10년 1월 4일에 이르러 선상노비의 지위를 개선하는 또다른 조치가 시행되었다. 그동안 선상노비의 생활을 뒷받침하던 봉족奉足을 남자종으로 하던 것을, 부자형제를 제외하고는 모두 여자종으로 바꾸었다. 남자가 하는 일은 원래 농사일이 많은데 서울에서는 농사일이 거의 없고 주로 여자가 할 일이 많아서 선상노비의 대부분이 여자로 바뀌었기 때문이다. 그래서 봉족도 여자종에게 맡기게 된 것이다. 또 남자종은 대개 부유하여 일부러 봉족이 되기를 희망하여 항상 밖에서 편하게 거처하고 있고, 가난한 남자종이 번番을 들고 있어서 매번 고생스러워 도망자가 속출한 것도 원인이 되었다.

9. 관비의 출산휴가를 대폭 늘리다 [세종 8년]

세종의 노비 배려를 보여주는 획기적인 조치가 세종 8년 4월 17일에 이루어졌다. 그동안 관청 소속의 여자종인 관비官婢는 출산할 때의 출산 휴가로 7일을 주던 것을 바꾸어 100일로 늘려주는 획기적인 조치가 이루어지고 이를 항식恒式으로 삼으라고 명했다.

이 조치는 그 뒤 더욱 확대되어 세종 12년 10월 19일에는 출산 전에도 한 달간 휴가를 더 주도록 했다. 이날 임금은 비서인 대언代言들에게 이렇게 말했다.

"옛적에는 관청의 노비가 아이를 낳으면 반드시 출산하고 나서 7일 이후에 복무하게 했다. 이것은 아이를 버리고 복무하면 어린 아이가 해롭게 될까봐 염려한 것이다. [나는] 일찍이 100일간의 휴가를 더 주게 했다. 그러나 산기産期에 임박하여 복무하다가 몸이 지치면 곧 미처 집에까지 가기도 전에 아이를 낳는 경우가 있다. 만일 산기에 임하여 1개월간의 복무를 면제해 주면 어떻겠는가? 가령 그가 속인다 해도 1개월까지야 넘을 수 있겠는가? 그러니 상정소詳定所에 명하여 이에 대한 법을 제정하게 하라."

그러자 상정소에서 왕명을 받아 의논한 결과를 임금에게 보고했다.

"관청에서 복무하는 여자종이 아이를 낳을 달과, 아이를 출산한 후 100일 동안은 복무를 면제하게 하소서."

임금은 그대로 따랐다. 이로써 산전産前 1개월간의 휴가가 다시 추가된 것이다. 관비官婢의 출산휴가에 대한 세종의 조치는 여기서 끝나지 않았다. 세종 16년 4월 26일에 임금은 또 다음과 같이 형조에 명을 내렸다.

"서울과 지방의 여종들이 아이를 배어 낳을 달에 이른 자와 아이를 낳은 후 100여 일 안에는 일을 시키지 말라 함은 일찍이 법으로 세웠다. 그러나 그 남편에게는 전혀 휴가를 주지 아니하고 그 전대로 일을 하게 하여 산모産母를 구호할 수 없게 되니, 한갓 부부가 서로 구원救援하는 뜻에 어긋날 뿐 아니라, 이 때문에 혹 목숨을 잃는 일까지 있다. 진실로 가엾다 할 것이다. 이제부터는 역役을 지고 있는 사람의 아내가 아이를 낳을 때에는 그 남편에게도 만 30일이 지난 뒤에 일을 시키도록 하라."

여종의 남편도 산후 한 달간 휴가를 주어 아내와 아기를 돌보도록 하라는 것이다. 이런 정도의 배려는 요즘 세상에도 흔치 않은 일이 아닌가? 참으로 출산하는 여종과 그 아이의 건강에 대한 세종의 배려는 놀라움을 금할 수 없다.

10. 일본에 갔던 회례사 박안신이 돌아오다 [세종 6년]

세종 5년 12월에 일본 국왕이 규주圭籌 등을 사신으로 보내 《대장경판》을 청구했다가 얻지 못하고 다음해인 세종 6년 2월에 돌아간 사실은 이미 앞에서 설명했다. 청구한 물품을 얻지 못한 사신이 단식투쟁을 벌이고, 일본 국왕에게 군선軍船 수천 척을 보내 경판經板을 약탈해 가자고 요청하는 편지를 보내려다가 발각되어 소동이 벌어진 일도 있었다.

조선은 오직 하나뿐인 《대장경판》을 주지 못하는 대신 여러 가지 불경과 경판을 대신 보내주었는데 경판의 분량이 105바리나 되었다. 경판은 범어梵語(산스크리트어)로 씌어진 《밀교대장경판》, 《주화엄경판》이고, 불경은 《대장경》(인쇄본), 그리고 금자金字로 쓴 《화엄경》, 금자로 쓴 《인왕호국반야바라밀다》, 금자로 쓴 《아미타경》, 금자로 쓴 《석가보》 등이었다. 그 가운데 《금자화엄경》은 고려시대 대각국사大覺國師가 송나라에서 어렵게 구해온 것이었다. 이것들은 지금 남아 있으면 국보로 지정되었을 만한 귀중한 문화재들이다. 그나마 《대장경》 경판을 주지 않은 것만도 천만다행이다.

일본 사신 일행은 2월 4일에 서울을 떠났다. 그들에게 각종 옷감을 선물로 주고, 그들이 타고온 배 16척에 523명의 선원이 떠나는데 한 달간의 양식을 청구하자, 이를 깎아 보름간의 양식 104석을 주어 보냈다.

조선의 회례사도 함께 떠났는데, 상호군(정3품) 박안신朴安臣(1369~1447)[91]이 정사, 대호군(종3품) 이예李藝가 부사로 갔다. 국왕에게 보내는 국서國書와 선물로 붉은색 옷에 푸른 비단으로 장식한 가사袈裟 1벌, 장삼長衫 1벌, 흑세마포 15필, 홍세저포 15필, 백세저포 15필, 만화석 35장, 잣 500근, 인삼 100근, 청밀 20두, 표범가죽 5장, 호랑이가죽 5장, 각색 사피斜皮(담비가죽) 10장, 자색 사피 가죽신발 1켤레를 보냈다. 일본이 무례하기 짝이 없는 행동을 보였지만, 조선은

---

91) 박안신은 본관이 상주尙州로 판사재감사 박문로의 아들이다. 문과에 급제하여 벼슬길에 올라 일본에 다녀온 뒤 이조판서와 예문관 대제학을 겸임했다.

예의지국으로서의 자신감과 포용력을 발휘하여 너그럽게 대해주었다.

또 회례사 편에 사신왕래를 도와준 공을 인정하여 대내전大內殿 다다량덕웅多多良德雄과 이미 죽은 전 대마도주 종정무宗貞茂의 처자, 좌위문대랑, 구주절도사 원의준源義俊, 소이전小二殿의 등원만정藤源滿貞, 종정성宗貞盛, 종언륙宗彦六 등에게 하사하는 물품을 보냈다.[92]

회례사는 세종 6년 12월 17일에 귀국하여 복명했다. 왕복 10개월이 걸렸다. 귀국보고 내용은 이러하다. 회례사가 적간관赤間關(시모노세키下關)에 이르러 규주가 국서를 등사하여 국왕에게 보냈으나 55일 동안 회답이 없었다. 통사를 시켜 사태를 정탐했더니 사람들이 말하기를, "회례선을 이곳에 구류시키고, 배 100여 척을 무장하여 조선으로 보낸다."고 하는 등 여러 말이 있었다. 얼마 뒤에 대내전大內殿이 국왕의 명령을 받아가지고 왔는데, "경판과 《대장경》, 금자불경 등은 다른 배로 실어서 경도로 가져오라."고 했다고 전했다. 그러나 우리 사신이 "국서와 예물 등은 어떻게 처리하라는 것인가." 하고 항의하면서 따를 수 없다고 말했다.

대내전이 사신의 항의를 국왕에게 전하자, 15일 뒤에 다시 경도로 오라는 소식이 왔다. 5월 21일에 경도에 도착하여 《대장경》 및 다른 불경의 목판은 상국사相國寺에 보관하고,[93] 6월 25일에 국왕을 도성 북편 등지사等指寺에서 만났다. 왕은 금자경金字經만 받고 예물은 받지 않으려고 했다. 사신들이 예의에 어긋난다고 항의했으나 끝내 받지 않았다. 며칠 후 중들이 와서 말하기를, 《대장경판》을 얻기 위해 다시 조선에 사신으로 갈 예정이라고 말했다. 사신들은 개국 이후 한일관계가 서로 신의를 바탕으로 이루어져 왔음을 설명하고, 이번에 가지고 온 《금자화엄경》은 대각국사가 송나라에서 어렵게 구해온 귀중한 책이라고

---

92) 대내전에게는 표범가죽 1장, 호랑이가죽 2장, 면주, 저포, 채화석 10장 등을, 종정무 처자에게는 쌀 30석과 면주를, 좌위문대랑에게는 소주 30병, 저포, 면포 310필 등, 종언륙에게는 명주와 저포 각 10필, 채화석 10장을 보냈다. 나머지 사람들에게는 세종 4년의 예를 따라 물건을 주었다.

93) 상국사는 그 뒤 화재가 났다고 알려 왔다. 이때 목판들이 어찌 되었는지는 알 수 없다.

설명했다. 또 우리들을 이렇게 대접하면 앞으로 우리도 일본 사신을 이렇게 대접해도 좋으냐고 따졌다. 국왕 주변 사람들이 왕을 설득하여 마침내 예물을 모두 받아들이고 돈 100관을 주면서 노자로 쓰게 했다.

그리하여 경도京都에 72일간 머물렀다가 8월 6일에 구주에 이르러 구주절도사 원의준源義俊을 보고 말했다. "그대가 1년에 보낸 사자가 20여 차례나 되니, 이들이 모두 그대가 보낸 사신인가? 대부분 상인商人들이다. … 이들을 다 후하게 대접하려면 민폐를 감당하기 어렵다. 앞으로 사신과 상인을 부험符驗을 구별하여 보내면 접대에 차등을 두어 영구히 수호하게 하겠다."고 말했다. 그러자 원의준은 대답하기를, "좋습니다. 매년 봄과 가을에 한 번씩 사람을 보내 문안하겠는데, 반드시 새로 만든 도서를 찍어 보내고, 다른 긴요한 일이 있기 전에는 사람을 보내지 않겠습니다." 하고 약속했다.

회례사가 일기도一岐島에 이르렀을 때 위험한 사태가 벌어질 뻔 했다. 전에 일기도와 대마도의 배들이 고기를 잡으러 전라도에 들어갔다가 조선 병선에 붙잡혔는데, 그 친척들이 조선 사신이 오면 복수하겠다고 하면서 300여 명을 무장시켜 기다리고 있었다. 마침 대마도의 좌위문대랑이 보낸 박다博多의 배 2척과 구주절도사가 보낸 호송선이 무장하여 변고에 대비하고, 또 그들을 달래어 해산시켰다.

사신이 대마도에 이르니 좌위문대랑이 말하기를, 조선이 종정무宗貞茂가 대마도 도주였을 때에는 후하게 대해주다가 세종이 임금이 된 뒤부터는 내이포와 부산포에만 왕래하도록 제한하는 등 제약을 많이 하고 있다고 불평했다. 이에 대하여 회례사는, 너희들이 변경을 침범하고 도적질을 하여 군대를 보내 정벌을 한 지 겨우 두어 해밖에 되지 않았는데 어느 겨를에 위문할 수 있느냐고 타일렀다.

회례사의 귀국 보고는 대강 위와 같다. 회례사는 이어 일본 국왕의 답서를 가져왔는데, 그 내용은 이렇다.

"일본 국왕은 조선 국왕에게 절하고 답합니다. … 답서와 별폭을 받았는데, 여러 가지 아름다운 선물은 감명하여 마지 않습니다. 그러나 나에게 필요한 것은《대장경판》이요, 그 나머지 진귀한 물건은 산처럼 쌓였다해도 소용이 없습니다. … 다음부터는 사신이 내왕할 때 토산물을 예물로보낼 필요는 없고 다만 교린의 친목만 닦아서 상호간 국가의 비용을 절약하는 것이 좋지 않겠습니까? … 다음에 사신을 보내 다시 … 만일《대장경판》을 우리나라에 유전流轉시킨다면 무엇을 준들 이보다 좋은 것이있겠습니까. …"

답서의 핵심은 역시《대장경판》을 달라는 것이고, 또 사신을 보내 다시 요청하겠다는 것이다. 참으로 예의가 없고 뻔뻔스러운 태도가 아닐 수 없다. 임금은 일기도에서 좌위문대랑과 구주절도사가 도와준 일을 고맙게 생각하고, 앞으로 일본과의 교린은 한 세대에 한두 번을 넘지 않는 것이 좋겠다고 하면서, 다시 회례할 필요가 없다고 말했다.

11. 막부 사신이 또《대장경판》을 청구하다 [세종 7년]

세종 7년 2월 24일에 경상도감사가 예조에 급보하기를, 1월 27일에 일본 국왕 사신이 대마도에 도착했다고 보고했다. 예조에서는 임금에게 일본 사행 가운데 40~50명만 제한하여 서울로 오게 하자고 건의하여 임금이 승낙했다. 또 사신 일행 가운데 뱃사공을 제외한 사람들에게는 양식을 주지 말기로 결정했다.

또 4월 1일에는 전국의 폐사廢寺와 중이 없는 절에 비치해 두었던 금은으로 쓴 사경寫經이나 인쇄된 불경佛經, 그리고 경판經板들을 조사하여 목록을 만들어 바치게 했다. 무식한 자들이 훔쳐가거나 파손하는 것을 막고, 일본에서 청구하는 것에 대응하기 위한 조치였다

4월 10일에는 예조에서 왜국 사신이 궁궐에 들어와서 임금에게 절하는 절

차를 다시 자세하게 만들었다.

　이번 사신은 지난해 일본 막부 국왕[쇼군]이 말한대로 《대장경판》을 다시 청
구하기 위해 보낸 것이다. 우리가 한 벌밖에 없어서 줄 수 없다고 이미 거절했
는데도 막무가내로 떼쓰기 위해 온 것이다. 참으로 예의도 염치도 없는 집단임
을 다시 보여준 것이다.

　일본 사신 정사 서당西堂과 부사 범령梵齡 등은 모두가 승려로서 4월 12일
에 대궐에 나가 임금에게 숙배하고 국왕의 서신을 바치고, 은도금 부채 100자
루와 칼 50개, 비단 15필을 바쳤다. 예상했던 대로 《대장경판》을 달라는 것이
다. 범령은 벌써 세 번이나 왔던 사람으로 세종 6년에 《대장경판》 문제로 단식
까지 했던 인물이다.

　4월 23일 부사 범령이 예조에 글을 올렸다. 그 내용은 조선에 억류되어 있
는 왜인 몇 사람을 그 가족이 애타게 기다리고 있으니 돌려달라는 것과, 자신
이 살고 있는 방에 '송천유처松泉幽處'라는 당호를 지었는데, 세종 4년에 조선에
왔을 때 정척鄭陟으로부터 전자篆字를 받아가지고 가서 지금 보배로 여기고 있
으나, 아직 시詩를 받지 못했으니, 글 잘하는 선비로부터 시를 받게 해달라는
청이었다. 임금은 그 청을 따라 왜인들을 찾아 돌려보내고, 시는 예문관에서 써
주라고 일렀다. 명에 따라 집현전 수찬 권채權採, 이직李稷, 권홍權弘, 정이오鄭以
吾 등 수십 명이 글을 써주었다.

　5월 1일에는 사신 상관인上官人 중태中兌가 사사로운 청을 올렸다. 대마도
왜인 14명의 이름을 대고 이들을 데리고 가게 해 달라고 부탁했다. 임금이 돌
려보내라고 명했다. 그런데 억류된 왜인 가운데는 자원하여 귀화한 사람도 적
지 않았는데 모두 노비가 되었다.

　5월 11일에 드디어 일본 사신 40여 명이 근정전에 나아가 절하고 하직
을 고하고, 정사 서당과 부사 범령이 근정전 안에 들어와 엎드리니, 임금이
말했다.

　"이웃과 좋게 지냄이 이미 오래 되었는데, 구하는 경판經板을 줄 수 있

으면 어찌 두 번 청하기를 기다리겠는가? 그것은 조종 때로부터 전래하
는 것이기에 내 감히 마음대로 할 것이 못된다. 그 뜻을 답서에 갖추어
적었다."

하니, 사신들이 "삼가 교지대로 복명하겠습니다."라고 답했다. 임금은 중태
에게 호랑이 고기와 쓸개, 뼈를 하사했다. 중태가 청구한 것을 들어준 것이다.
일본 국왕에게 전한 선물은 흑마포, 홍저포, 세명주 각 15필, 인삼 100근, 호랑
이가죽과 표범가죽 각 5장, 잡채화석 20장, 만화석 15장, 각색 담비가죽 10장이
었다. 일본이 보낸 예물이 빈약하여 답례품도 많이 주지 않았다.

12. 일본 토호들의 조공행렬 [세종 6~7년]

(1) 세종 6년

일본 막부와의 교류는 앞에서 이미 설명한 바와 같이《대장경판》청구 문
제로 매우 개운치 않은 결과를 가져왔다. 그러나 세종 6~7년에도 일본 지방 토
호들의 조공행렬은 끊이지 않고 이어졌다. 정치적인 목적보다는 상품교역의 목
적이 더 컸기 때문이다. 그러나 억류된 대마도 왜인의 송환에 대한 청원은 그
치지 않았다. 세종 원년에 대마도 토벌을 하기 전에 삼포에 와 있던 수백 명의
왜인을 미리 전국 각지에 분산시켜 관노비로 만든 바로 그 왜인들을 말한다.

세종 6년 5월 11일에는 대마도 좌위문대랑이 토산물을 바치고 정포 540필
을 얻어갔으며, 6월 16일에는 구주도원수 원의준이 토산물을 바치고,[94] 정포
500필을 받아갔다. 같은 날 구주 축주筑州의 석성관사石城管事 평만경平滿景이 토

---

94) 원의준이 바친 조공품은 부채 100자루, 소목 2천 근, 금란 1단, 구리 500근, 물소뿔 2본, 주
   절부 20편, 견 10필, 사금 1봉지, 단사 4근, 빈랑자 10근이다.

산물[95]을 바치면서 예조에 글을 올리고, 정포 80필을 받아갔다. 예조에 올린 글은 억류된 왜인 중 한 사람을 보내달라는 것이었는데, 찾아보겠다고 예조좌랑이 답했다.

석성관사 평만경이 11월 23일에도 또 토산물을[96] 바치니, 정포 550필을 회사했다.

6월 20일에는 본주의 작주作州(오카야마岡山) 전 자사刺史 조하평상가早河平常嘉가 토산물을 바치고 면포 840필을 얻어갔다. 조하평상가는 8월 21일에도 토산물[97]을 바치고, 정포 340필을 받아갔다.

6월 20일에는 대마도 수호守護 종정성宗貞盛이 토산물을 바치고, 예조에 글을 올려 평장군 도전道全을 돌려보내 달라고 애원했다. 예조에서는 답서를 보내, 그가 조선에서 벼슬하다가 국법을 어겨 귀양가 있으므로 돌려보낼 수 없다고 답했다. 그 대신 억류된 왜인 11명을 돌려보내고, 정포 240필을 회사했다. 종정성은 7월 14일에도 억류된 왜인을 돌려 달라고 청원하여 31명을 찾아내어 내이포로 내려 보냈는데 머물러 살기를 원하는 자는 보내주지 않았다.

7월 2일에는 대마도 종언륙宗彦六의 모친이 쌀과 콩을 하사한 것에 사례하고 토산물을 바치니, 정포 80필을 회사하고, 좌위문대랑이 감귤나무 50주를 보내왔다.

8월 21일에 구주 태재부太宰府 종우마宗右馬(宗貞茂의 아우)와 근강수 종무세宗茂世가 토산물을 바쳤다. 같은 날 축주자사筑州刺史 등원만정藤原滿貞이 토산물을[98]

---

95) 평만경이 바친 토산물은 투구 1벌, 긴 칼 2자루, 생견 5필, 호초 30근, 장뇌 4근, 토황 10통, 단목 500근, 구리 200근이었다.

96) 평만경이 이때 바친 토산물은 금란 1단, 단목 500근, 물소뿔 4본, 축사 10근, 구리 300근, 부채 100자루, 장뇌 20근, 납 50근, 반盤 20개, 천궁 10근, 봉아출蓬我朮 10근, 청피 10근, 명반 500근, 감초 10근이다.

97) 조하평상가가 바친 토산물은 소목 1천 근, 유황 1천 근, 정향 50근, 곽향 30근, 백단 15근, 물소뿔 3본, 금란 1필, 상아 1개, 구리 200근, 납 20근이다.

98) 등원만정이 바친 토산물은 금란 1필, 비단 1필, 광견 2필, 생초 10필, 부채 100자루, 빈랑자 10근, 호초 10근, 물소뿔 2본, 주반 40편, 구리 500근, 소방 150근, 홍초 1필, 큰 칼 10자루, 황단 5근이다.

바치니, 정포 550필을 회사했다.

10월 6일에 일기도 태수 원중源重이 토산물[99]을 바치니, 정포 150필을 회사했다. 11월 13일에 구주 축주筑州 종상사무씨경宗像社務氏經이 토산물을 바치고 정포를 회사했다.

12월 3일에 전 구주절도사 원도진源道鎭이 토산물을 바치니, 정포 330필을 회사했다.

이해 일본 토호들에게 회사한 정포[베]는 모두 합하여 3,860필에 이르렀다.

(2) 세종 7년

세종 7년에도 왜인들의 조공은 계속 이어졌다.

1월 6일에 구주 축주 종금宗金이 토산물을 바치자 정포 190필을 회사했다. 같은 날 구주도원수 원의준源義俊이 토산물을[100] 바치고, 예조에 글을 올려 조선 회례사가 그 지방을 통과할 때 배를 내어 호송했다고 보고했다. 조선에서 정포 800필을 회사했다.

1월 9일에는 전 구주도원수 원도진[원의준의 아비]이 토산물을 바치고, 인삼, 저포, 마포, 호랑이가죽, 표범가죽을 청구하자, 정포 660필과 백저포, 흑마포 각 10필, 채화석 10장, 인삼 50근, 호랑이가죽과 표범가죽 각 2장씩 하사했다. 같은 날 석성관사 평만경, 대마도 좌위문대랑, 종언칠宗彦七, 축주 평방식부승 행길行吉 등이 토산물을 바치자 평만길에게 정포 280필, 좌위문대랑에게 정포 140필, 종언칠에게 정포 70필, 행길에게 12필을 회사했다.

세종 7년 3월 25일에 일기도 지주知州 원조신중源朝臣重이 토산물을 바치자 정포 130필을 회사했다. 같은 날 구주 전 절도사 원도진이 토산물을 바치고

---

99) 원중이 바친 토산물은 소목 800근, 식롱 1구, 기린피 1근, 물소뿔 1본, 부채 10자루, 등자藤
   子 50본이다.
100) 원의준이 바친 토산물은 유황 3천 근, 구리 1천 근, 단목 1천 근, 납 100근, 진피, 청피, 양
   강, 봉아출, 감초, 곽향, 광견, 부채, 물소뿔, 주반 등이었다.

《대반야경》을 청구하자 정포 190필과 《대반야경》 1본을 주었다.

이해 5월 14일에는 대마도 좌위문대랑이 토산물을 바치고, 호랑이가죽과 돗자리를 청구하고, 일본 국왕이 죽었다고 보고했다. 정포 50필을 회사했다. 죽은 왕은 허수아비 장군이었던 족리의량足利義量(아시카가 요시카즈)이었으므로 다시 전왕인 족리의지足利義持(아시카가 요시모치)가 집권했다.

7월 15일에 축전주筑前州 태재太宰 종정징宗貞澄이 큰 칼과 산수화도山水畫圖, 병풍, 구리, 주전자, 물소뿔, 단목, 유황, 그 밖에 여러 가지 약재를 바치자, 정포 170필을 회사했다.

세종 7년 9월 19일에 전 구주 도원수 원도진이 토산물을 바치자 정포 220필을 회사했다. 이날 대마도 종정성이 토산물을 바치자 정포 85필을 회사했다.

10월 8일에는 준주駿州 태수太守 원성원省의 처 융선融仙이 토산물을 바치고, 포로된 왜인을 돌려 달라고 청하니, 정포 200필을 회사하고 왜인을 돌려보냈다. 같은 날 구주 전 도원수 원도진과 평상가平常嘉, 종금宗金이 토산물을 바쳤다.

11월 1일에 원도진이 또 토산물을 바치니 정포 130필을 회사했고, 축주筑州의 평방식부승 선행宣行이 토산물을 바치니 정포 90필을 회사했다.

11월 14일에는 구주 축주 평만경이 토산물을 바치니 정포 380필을 회사하고, 같은 날 비주肥州(사가佐賀) 원창청이 토산물을 바치니 정포 140필을 회사했다.

이해 일본 토호들에게 회사한 정포[베]는 모두 합하여 3,937필이었다. 지난해와 비슷한 수치이다.

13. 무릉도[울릉도]를 탐사하다, 요도를 찾아라

(1) 태조~태종대의 무릉도와 우산도

함길도와 강원도 동쪽 바다 가운데에는 무수한 암초 섬들이 솟아 있는데, 그 가운데 가장 큰 섬이 무릉도武陵島(혹은 茂陵島)와 우산도于山島이다. 그 두 섬을 지금은 울릉도鬱陵島와 독도獨島로 부르고 있다. 무릉도는 원래 독립된 왕국이었는데 신라 지증왕 때 이사부異斯夫를 보내 우산도를 정복하여 영토로 삼았는데, 당시에는 무릉도를 우산도라고 불렀다.

고려 태조 때에는 우산도 사람들이 토산물을 바쳤다. 고려 의종 때에는 심찰사 김유립金柔立 등을 보내 그 섬을 조사했는데, 가운데 큰 산이 있고, 7개의 촌락터가 있으며, 돌부처, 돌탑, 쇠북 등이 있고, 미나리, 호본藁本, 석남초石南草 등이 많이 난다고 보고했다.

이렇게 그때까지는 무릉도[울릉도]를 우산도라고 부르고 있었는데, 태종 3년 8월 11일에 이르러 강릉도에 속한 우산도를 '무릉도茂陵島'라 부르면서, 임금이 거주민을 육지로 나오도록 하라고 경상도 감사에게 명령했다.

그런데 태종 7년 3월 16일에 대마도 도주 종정무宗貞茂가 사람을 보내 토산물을 바치면서 대마도 주민을 그곳으로 데리고 가서 살게 해 달라고 청했으나, 임금이 거절했다. 일본 국왕이 반역인叛逆人들을 불러들였다고 하여 두 나라 사이에 틈이 생길 우려가 있어서였다.

그 뒤 태종 12년 4월 15일에 유산국도流山國島의 백가물白加勿 등 12인이 강원도 고성高城 어라진에 와서 정박하고 이렇게 말했다.

> "우리들은 무릉도에서 생장했는데 그 섬에 11호戶에 60여 명이 살고 있는데, 지금은 본도로 와서 살고 있습니다. 이 섬의 동서와 남북의 길이가 모두 2식息[101] 거리이고, 둘레가 8식息 거리입니다. 소와 말이 없으나, 콩 1두를 심으면 수확이 20석 혹은 30석이 나오고, 보리 1석을 심으면 50여 석이 나옵니다. 대나무가 큰 서까래 같고, 해산물과 과목果木이 모두 있습니다."

정부에서는 이들이 도망가지 못하게 여러 곳에 나누어 두었다. 여기서 유산국도는 어디를 말하는지 확실치 않으나 아마도 '우산국섬' 곧 무릉도를 그렇

---

101) 한 번 쉬는 거리를 1식一息이라 한다. 2식은 두 번 쉬는 거리라는 뜻이다.

게 부른 것 같다. 무릉도가 옛날 우산국이기 때문에 토박이 사람들은 스스로 '우산국섬'으로 부르고 있었는지도 모른다. 백가물 등은 그곳에서 생장했다고 하므로 필시 무릉도의 토착인들로 보인다.

태종 16년 9월 2일에 호조참판 박습朴習이 임금에게 무릉도를 다시 조사하자고 청하면서 무릉도의 실상을 이렇게 설명했다.

> "그 섬의 둘레가 7식息이고, 그 곁에 작은 섬이 있으며, 전지田地가 50여 결이 되고, 들어가는 길이 좁아서 한 사람이 겨우 걸어갈 수 있으며, 예전에 방지용方之用이란 자가 15가를 이끌고 가서 살았다고 하는데 왜구를 가장하고 도적질을 했다고 합니다. 그 섬을 잘 아는 자가 삼척에 있으니, 그를 보내 조사하게 하소서."

그래서 태종은 무릉도를 잘 아는 삼척 사람 전 만호 김인우를 불러 그 섬의 사정을 묻고, 또 이만李萬을 불러 의논했다. 김인우가 말하기를, "군역을 피하는 자들이 혹 도망해 들어가므로 만일 이 섬에 주민이 많아지면 왜적들이 와서 도적질할 것이고, 마침내는 강원도까지 침로할 것입니다."라고 했다. 그러자 태종은 김인우를 안무사로 삼고 이만을 반인伴人으로 삼아 병선 2척에다 4명을 싣고, 화통, 화약 등 무기를 싣고 가서 주민을 데려오게 했다.

그 뒤 태종 17년 2월 5일에 김인우가 우산도[무릉도]에서 돌아와 큰 대나무, 물소가죽, 목화씨, 생저生苧, 검백목 등 토산물을 바치고, 가호家戶가 15호이고, 인구가 86명이라고 보고했다.

사흘 뒤인 2월 8일에 임금은 대신들을 불러 우산도와 무릉도의 주민을 데려오는 것이 좋은지 나쁜지를 의논했다. 대신들은 모두 말하기를, "주민들은 데려오지 말고, 오곡五穀과 농기農器를 주어 생업을 안정시키고, 수령을 보내 그들을 위무하고, 공납을 바치도록 하는 것이 좋을 것입니다." 했다.

그러나 공조판서 황희黃喜만이 홀로 "빨리 데려오자."고 하자, 임금이 그 말을 따라 김인우에게 병선 2척을 주고, 천호와 만호를 함께 보내 모두 데려오라고 명했다.

이렇게 주민을 데려올 것을 결정하고, 김인우에게 병선 2척과 만호와 천호 가운데 유능한 자를 뽑아 함께 보내기로 했다. 그리고 데려온 주민 3명에게 옷을 하사했다. 김인우는 강원도 평해平海 사람으로 우산도와 무릉도에 들어가서 살던 김을지, 이만, 김울금 등을 모두 데리고 나왔다.

그 뒤 태종 17년 8월 6일에 울릉도에 대한 보고가 들어왔는데, 왜적이 우산도于山島와 무릉도茂陵島에서 도적질을 했다고 했다.

(2) 세종의 무릉도, 우산도 정책

그러면 세종은 무릉도와 우산도에 대하여 어떤 정책을 썼는가? 세종은 무릉도와 우산도를 왜구로부터 적극적으로 보호하면서 그 땅과 주민을 지켜야 한다는 정책을 계승했다. 그러나 처음에는 무릉도와 우산도가 하나의 섬을 가리키는지, 두 개의 섬을 가리키는지는 확실히 모르고 있었다. 고려시대 이후로 무릉도는 섬이 크고 사람들이 살고 있었기 때문에 확실한 정보를 가지고 있었지만, 그밖의 섬들은 모두 무인도이고 큰 암초섬이기 때문에 탐사할 필요가 없었다. 그래서 막연하게 무릉도와 우산도를 함께 묶어서 혹시 또 다른 유인도가 있는지를 알아보는 정책을 취했다.

세종이 동해 섬들에 대하여 관심을 가진 이유는, 만약 유인도에 사는 백성들이 흉년을 만나면 굶주리게 될 것을 염려하여 데려와서 편안하게 살게 하려는 데 있었다. 그러나 신하들의 생각은 조금 달랐다. 그들이 국가의 역을 피하여 도망한 죄인들이기 때문에 데려와서 벌을 주어야 한다는 것을 강조했다. 그러나 유인도를 더 찾아 보아야 한다는 데에는 의견이 일치했다.

세종 1년 3월 29일에 노비 원단元湍 등이 무릉도에 가서 숨어 살기로 모의하다가 발각되자 의금부에서 체포하여 곤장 100대를 때렸다. 이어 4월 1일에는 김인우가 데리고 온 무릉도의 주민 17명이 경기도 평구역平丘驛에 당도하자 임금이 그들에게 빨리 양식을 주어 굶주리지 않게 하라고 명했다.

세종 5년에 이르러 김을지 등 남녀 28명이 다시 무릉도로 도망가서 살다가 세종 7년 5월에 김을지 등 7인이 아내와 자식은 섬에 두고 작은 배를 타고 몰래 강원도 평해군平海郡[102] 구미포에 왔다가 발각되었다. 강원도 감사가 이들을 잡아 가두고 급히 중앙에 보고하자 정부에서는 세종 7년 8월 8일에 김인우에게 군인 50명을 주어 섬으로 가서 주민들을 데려오게 했다. 주민들이 굶주림을 견디지 못하여 본토로 온 것이기 때문에 나머지 주민들도 데려오려고 한 것이다.

세종 7년 10월 20일에 김인우金麟雨를 우산무릉于山武陵 등지 안무사로 보내자 요역을 피해 들어간 남녀 20여 명을 데려와서 임금에게 보고했다. 그런데 병선 2척을 거느리고 가다가 선군船軍 46명이 탄 배 한 척이 바람을 만나 일본쪽으로 표류했다고 말했다. 임금은 20여 명을 데려오다가 40여 명을 잃었으니, 무엇이 유익하냐고 말했다. 신하들은 데려온 사람들을 죄주자고 청했으나, 임금은 죄주는 것을 반대하고 충청도 산골에 보내 살게 하면서 3년간 요역을 면제해 주었다. 벌을 주자는 신하의 주장과 구호해 주자는 임금의 생각이 엇박자를 냈지만 세종은 뜻을 굽히지 않았다.

그런데 뜻밖에도 표류했던 일부 수군들이 이해 12월 28일에 일본으로부터 귀국하여 이렇게 보고했다.

> "무릉도를 향해 가다가 갑자기 태풍을 만나 36인이 익사하고 저희들 10인은 작은 배에 옮겨 타고 표류하여 일본 석견주石見州(지금의 시마네현)의 장빈長濱(나가하마)에 도착했습니다. 언덕에 올라갔으나 굶주리고 피곤하여 걸을 수 없어서 기어서 5리 남짓한 곳에 이르렀을 때 샘을 만나 물을 마시고 강가에 쓰러졌는데, 한 왜인이 우리를 어느 절로 데리고 가서 음식을 먹인 뒤에 순도로順都老에게 데리고 갔습니다. 그가 우리들의 옷을 보고 '조선 사람이로구나' 하고 양식과 옷가지를 주었습니다. 30일 동안 머물렀는데 떠날 때 큰 잔치를 베풀고 술을 권하면서 말하기를, '그대

---

102) 지금은 평해군이 경상북도에 속해 있다.

들을 후하게 위로하는 것은 조선의 전하를 위해서요.'라고 하면서 식량 100석을 주고, 20인을 보내 호송했습니다. 대마도에 이르러 또 1개월을 머물렀는데 도만호 좌위문대랑左衛門大郎이 세 차례 연회를 열어 위로하면서 말하기를, '그대들을 위해서가 아니라 전하를 존경하여 이렇게 하는 것이요.'라고 하고, 또 사람을 보내 호송해 주었습니다."

조선 수군들은 일본 시마네현에 표착하여 후한 대접을 받고, 다시 대마도에 가서 또 후한 대접을 받았는데, 모두가 조선 국왕을 존경하여 후하게 위로해 준다고 말했다. 석견주와 대마도는 바로 조선에 열심히 조공을 바치고 후한 회사품을 받아갔던 처지로서 그 은혜를 갚은 것이다.

조선 수군들이 돌아올 때 석견주 장빈의 인번수因幡守가 조선 수군을 구조한 사실을 알리는 글을 예조에 올리면서, 아울러 환도環刀 2자루, 단목 100근, 주홍색 네모반 20개, 호초 10근을 바쳤다. 대마도의 좌위문대랑도 글을 올려 수군을 호송한 사실을 보고했다.

역사적으로 보면 석견주 지역은 고대에 한반도 이주민들이 대화국大和國보다도 먼저 작은 나라를 세웠던 곳이었다. 《일본서기》를 보면 일본 건국 시조인 천조대신天照大神(아마테라스 오오미카미)의 동생이 신라의 소시모리[牛頭村(춘천)]에서 살다가 일본의 시마네 지방에 가서 살았다는 이야기가 전한다. 석견주 호족들의 뿌리는 한반도 사람들로서, 살기가 어려울 때에는 왜구로 변하여 무릉도 등지를 약탈하고 살다가 조선왕조 건국 이후로는 조공을 바치고 평화적으로 교류하면서 조선의 은혜를 입고 있었던 것이다. 대마도 역시 그런 사정은 똑같았다. 일본 호족과의 교류는 이렇듯 역사적으로 애증이 교차하는 특수관계였다.

그로부터 11년이 지난 세종 18년에 강원도 감사 유계문柳季聞이 무릉도를 현縣으로 만들자고 건의하여 임금이 옳게 여기고 대신들에게 물은 결과 모두들 말하기를, "거리가 너무 멀고 바람과 파도가 매우 심하여 헤아릴 수 없는 환난을 겪을 것이니, 군현을 설치하지 않는 것이 좋다."고 하면서 반대하여 무산되었다.

유계문은 다음해인 세종 19년에 다시 임금에게 상소하여, 무릉도를 공도空島로 만들면 왜인들이 와서 살게 되므로 현을 설치하여 번성한 섬으로 만들기를 재차 요청하자 임금이 또 옳게 여겼다. 그러나 대신들의 반대로 뜻을 이루지 못하고, 그 대신 "매년 사람을 보내 섬을 탐색하고 토산물을 채취하고 말 목장을 만들면 왜노들이 대국의 땅이라고 여겨 몰래 점거할 생각을 내지 못할 것"이라고 하면서, "옛날에 왜노들이 들어와서 산 때가 언제이며, 바람과 파도가 순조로운 때가 언제이며, 들어갈 때 어떤 장비가 필요하며, 배의 수효가 어느 정도까지 가능한지를 조사하여 보고하라."고 명했다.

그 다음해인 세종 20년 4월 21일에 세종은 무릉도에서 이상한 물건이 많이 나오고, 토지도 비옥하여 살기가 좋다는 것을 알게 되고 나서 사람을 다시 보내 섬을 조사해 보기로 했다. 그러나 가려는 사람이 없어서 자원자를 모집한 결과 전 호군 남회南薈와 부사직 조민曹敏이 응모하여 이 두 사람을 경차관으로 삼아 보냈다.

7월 15일에 남회와 조민이 무릉도에서 돌아와 복명하고, 남녀 66명을 데려오고, 그곳에서 산출되는 사철沙鐵(철광석), 종유석鐘乳石, 생모生鮑(전복), 대죽 등 선물을 바치고 아뢰었다.

> "배타고 떠난 지 하루낮과 하루밤을 지나 도착하여 날이 밝기 전에 인가를 덮쳤는데 항거하는 사람이 없었고 모두 본국인이었습니다. 그들은 '이곳 땅이 비옥하다는 말을 듣고 몇 년 전에 도망해 왔다.'고 했습니다. 사면이 돌로 되어 있고, 잡목과 대나무가 숲을 이루고 있으며, 서쪽 한 곳에 배가 정박할 만했고, 동서는 하루 길이고, 남북은 하루 반만의 노정이었습니다."

무릉도가 생각과 달리 땅이 비옥하고 물산이 많다는 것을 보고한 것이다. 그런데 이날 의정부에서는 병조의 건의를 받아들여 임금에게 보고했는데, 그 내용은 이렇다.

"무릉도가 비록 우리나라의 땅이긴 하지만, 바다 가운데 멀리 외딴 곳
에 위치하고 있으므로 나라에서 현읍縣邑을 설치하지 않은 지 오래입니
다. 그러나 온 가족이 도피하여 숨어 있는 자는 나라를 배반한 것과 다름
이 없으니, 그 정상을 국문하소서."

의정부는 남회와 조민이 데리고 온 주민 66명을 모두 국가를 배신한 자로
간주하여 벌을 주어야 한다고 주장했다. 임금은 일단 의정부의 건의를 받아들
였으나, 강원도 감사에게는 의정부의 의견과는 좀 다른 교지를 내렸다.

"무릉도에서 잡아온 사람들에게 그 도피한 죄만을 추궁하고서, 위로와
온정을 가하지 않는다면 혹 무더위에 상하여 질병이 생기거나 기아와 피
곤에 빠질까 염려된다. 경은 극진한 구제와 보호를 가하도록 하라."

신하들은 일방적인 처벌만 강조하고 있으나, 임금은 따뜻한 온정을 베풀 것
을 아울러 감사에게 다짐하고 있다. 이런 태도가 바로 세종과 신하의 차이였다.

세종대에는 이렇게 무릉도에 대한 지식은 정확하게 가지고 있었으나, 우산
도에 대해서는 울릉도의 별칭으로 보기도 하고 별개의 섬으로 보기도 하다가,
《세종실록 지리지》의 울진현조蔚珍縣條에서는 무릉도[울릉도]와 우산도를 별개의
섬으로 인식하고 다음과 같이 기록했다.

"우산于山과 무릉武陵 두 섬이 현의 정동正東 바다 가운데 있다. 두 섬
이 서로 거리가 멀지 아니하여 날씨가 맑으면 가히 바라볼 수 있다."

이렇게 쓰고 나서 무릉도[울릉도]의 역사와 크기, 산물 등을 자세히 기록했다.

여기서 울릉도가 강원도 울진현에 소속된 조선의 영토임을 확실하게 해놓
았고, 또 우산도于山島에 대해서도 울릉도와 거리가 멀지 않고 날씨가 맑으면 바
라 보인다고 하여 울릉도와 우산도를 함께 묶어서 울진현 소속으로 기록한
것은 매우 중요한 의미가 있다. 그 우산도가 지금의 독도獨島를 가리킨다는 점

도 분명하다. 울릉도에서 날씨가 좋을 때 보이는 섬이 독도이기 때문이다. 물론 울릉도 바로 옆에 죽도竹島가 있지만, 그 위치는 10리도 안되는 거리이기 때문에 날씨가 맑아야 보이는 섬이 아니다.

세종시대에 계속적으로 무릉도를 탐사하면서 마침내 그곳에서 보이는 우산도를 찾아내어 무릉도의 부속섬으로 자리매김한 것이다. 그리하여 《세종실록 지리지》에 오늘날의 독도를 우산도로 기록하여 독도는 오래도록 우산도로 기록되어 왔다.

그러나 일상적으로 동해 바다에서 고기잡이를 하던 어부들은 이 섬의 명칭을 모르고 그저 '돌섬'으로 부르기도 하고, '돌'의 토속어인 '독섬'으로 부르기도 하고, '석도石島'라고 부르기도 하고, 또 다른 호칭으로도 불러 통일된 명칭이 없었다. 원래 '우산도'라는 말도 고유명사가 아니라 그저 '우르뫼' 곧 '큰 산'이라는 보통명사였다. 울릉도에도 큰 산[성인봉]이 있고 우산도도 큰 산이기 때문에 그렇게 부른 것이다. 그래서 울릉도, 무릉도 등의 호칭도 '우르뫼'에서 시작하여 '울릉도'와 '무릉도' 등으로 변화되었다가 뒤에 울릉도로 정착된 것이다. '우르'는 우리의 토속어로서 '크다.'는 뜻이다.

지금 일본이 독도를 '다케시마'로 부르는 것도 '독섬'을 일본말로 옮긴 것에 불과하다. 일본인들은 '독'을 '도쿠'로 발음하고, '섬'을 '시마'로 발음한다. 그리하여 두 발음을 합치면 '도쿠시마'가 되는데, 이를 한자로 표기한 것이 '다케시마竹島'이다. 그러나 독도에는 대나무가 없다. 대나무는 울릉도 바로 옆에 있는 죽도竹島에 많다. 죽도는 섬이름과 대나무가 일치하지만, 일본이 주장하는 '다케시마' 곧 '죽도'는 섬이름과 대나무가 아무런 관련이 없다. 그럼에도 저들이 독도를 자신의 땅이라고 주장하는 것은 아무런 근거가 없다. 일본 어부들이 옛날에 가끔 울릉도와 독도에 와서 고기잡이도 하고 도적질을 할 때 맺었던 인연을 가지고 1905년에 강제로 독도를 시마네현에 합쳐 놓은 것 뿐이다.

그러나 1897년에 근대국가인 대한제국이 성립된 뒤로 모든 섬들을 확실히 행정적으로 편제할 필요에서 1900년에 '우산도'를 '석도石島'로 부르고, 울릉군의 속도屬島로 행정적으로 편입시켜 놓았다. 그러니까 일본이 독도를 시마네현에 복속시키기 전에 이미 대한제국이 확실한 우리나라의 영토로 만들어 놓은 것이다.

(3) 요도蓼島를 찾아라 [세종 11년]

우산도(독도)와 관련하여 한 가지 살피고 넘어가야 할 일이 있다. 세종 때 일어난 요도蓼島 조사 사건이다.

세종 때 동해 바다 가운데 요도라고 불리는 이상한 섬이 있다는 소문이 널리 퍼졌다. 세종은 요도에 대하여 비상한 관심을 가지고 재위 기간 내내 이 섬을 찾아보라고 신하들에게 명했다. 이 섬이 동해 가운데 있다면 당연히 우리 강역에 속하는 섬이고, 또 혹시 이 섬에 우리 백성들이 살고 있다면, 흉년에 굶주리고 있지 않을까 걱정하여 찾게 한 것이다.

요도는 글자로 풀이하면 '여뀌섬'이다. 여뀌는 해초海草의 일종인데, 그 섬에 여뀌가 많아서 붙인 이름으로 보인다. 그런데 요도를 보았다는 사람이 함길도 함흥咸興, 길주吉州, 홍원洪原, 경성鏡城, 그리고 강원도 양양襄陽, 삼척三陟 등지에서 나타났다. 이들 가운데에는 요도를 직접 가 보았다는 사람도 있으나, 육지의 높은 곳에서 바라다 보았다는 사람이 더 많았다. 또 무릉도에 갔다가 보았다는 사람도 나타났다. 그러나 누구도 요도의 실체를 정확하게 말하는 사람은 없었다.

세종은 재위 11년 12월 27일에 봉상시윤 이안경李安敬을 강원도에 보내 요도를 방문하라고 명했다. 이안경이 다음해 1월 26일에 돌아오자 임금이 곧바로 함길도 감사에게 다음과 같은 교지를 보냈다.

"과거 요도에 가본 적이 있는 사람이나 이 섬의 상황을 전부터 보고 들은 사람을 모두 찾게 했더니, 함흥부 포청사에 사는 김남련金南連이 일찍이 이 섬에 갔다가 돌아왔다고 한다. 그 사람에게 … 이 섬의 생김새와 주민들의 생활은 어려운지 넉넉한지, 의복, 언어 등의 사정은 어떤지를 자세히 물어 보고하라."

함흥부 사람이 요도를 다녀왔다고 하니 그에게 요도의 사정을 자세히 물어서 보고하라는 것이다.

다음해인 세종 12년 4월 3일에 임금은 함길도 관찰사에게 다시 교지를 내려 경성鏡城의 무지곶과 홍원洪原의 보청사에 올라가 보면 요도를 볼 수 있을 것이니 찾아보라고 명하고, 다음 날에는 상호군 홍사석洪師錫을 강원도에 보내 요도를 찾아보라고 명했다. 또 이틀 뒤에는 신인손辛引孫을 함길도에 보내 요도를 찾아보라고 명했다.

그로부터 6개월 뒤인 세종 12년 10월에 임금은 다시 강원도와 함길도 관찰사에 다음과 같은 교지를 또 내렸다.

"요도가 강원도 양양부襄陽府 청대青臺 위에서나 통천현通川縣 당산堂山에 올라가 보면 북쪽에 있고, 함길도 길주吉州나 홍원洪原에서 바라보면 남쪽에 있으니, 찾아보라."

함길도 감사가 왕명에 따라 네 사람을 시켜 길주吉州 무지곶에 올라가 바다 가운데를 바라보게 했다. 그랬더니 동쪽과 서쪽에 두 봉우리가 섬처럼 생겼는데, 하나는 약간 높으며, 다른 하나는 약간 작으며, 중간에는 큰 봉우리가 하나 있는데, 표標를 세워 측량해 보니 바로 북쪽에 해당한다고 보고했다. 그러니까 산봉우리가 3개가 있다는 뜻이다. 그런데 이때 길주에서 보았다는 요도는 어떤 섬인지 알 수 없다.

그 뒤로 요도는 양양부襄陽府 동쪽에 있는 섬이라는 새로운 정보가 들어왔다. 세종은 재위 20년 7월 26일에 강원도 감사에게 탐방을 계속해 보라고 명하고, 이어 재위 23년 7월 14일에는 함길도 감사와 절제사에게도 요도를 찾아보라고 명했다. 그러나 끝내 요도를 찾지 못했다.

요도를 찾기 위한 노력을 10여 년 이상 해 왔으나 수포로 돌아가자 임금은 거의 포기하기로 마음먹었다. 그런데 세종 27년 6월에 이르러 내섬시 영사令史

김만金滿이 또 임금에게 고하기를, "양양부 사람 김연기金延奇가 일찍이 말하기를, '양양부 동쪽으로 바닷길 백여 리 되는 곳에 요도가 있다.'"고 말하자, 임금이 6월 12일에 강원도 감사에게 김연기 등에게 물어서 자세히 갖추어 보고하라고 명했다.

여기서 양양부 동쪽 100여 리에 요도가 있다는 백성 김연기金延奇의 말은 매우 구체적이다. 그러나 실제로 100여 리 지점에는 섬이 없다. 아마도 울릉도를 보고 그렇게 한 말인지도 모른다. 양양에서 어찌 천여 리 밖에 있는 독도가 보이겠는가?

두 달 뒤인 세종 27년 8월 17일에 공조참판 권맹손權孟孫이 임금에게 아뢰기를, "전 사직 남회南薈가 신에게 말하기를, '요도가 삼척부三陟府 바다 가운데 있어서 바라다 보인다.'고 했습니다. 지금 만일 남회를 보내면 혹 얻을 수 있을 것입니다."라고 했다. 이제는 삼척부 바다에 요도가 있다는 것이다. 그러자 임금이 남회를 강원도에 보내면서 강원 감사에게 그동안의 과정을 설명하는 긴 유시를 보냈다.

"세상에 전하기를, '동해 가운데 요도가 있다고 한 지가 오래고, 또 그 산 모양을 본 자도 많다. 내가 두 번이나 관원을 보내 찾아보았으나 찾지 못했는데, 지금 감사甲士 최운저崔雲渚가 말하기를, '일찍이 삼척三陟 봉화현烽火縣에 올라가 바라보고, 그 뒤 무릉도에 가다가 또 이 섬을 바라보았다.'고 하고, 또 남회南薈는 말하기를, '연전에 [삼척] 동산현洞山縣 정자 위에서 바다 가운데 산이 있는 것을 바라보고 현리縣吏에게 질문했더니, 대답하기를, '이 산은 예전부터 있었다.'고 하기에 그 아전을 시켜 종일토록 바라보게 했더니 구름 기운이 아니고 실제 산이라고 했습니다.'라고 했다. … 내가 이 섬을 찾는 것은 토지를 넓히자는 것이 아니고, 또 그 백성을 부리자는 것도 아니다. 의지할 데가 없는 무리들이 바다 가운데 모여 살아서 창고와 식량의 준비가 없으니 한 번 흉년을 만나면 반드시 굶어 죽게 될 것이다. 그것을 누가 구제하겠는가?

도내 백성들이 바다 가운데 들어가서 고기잡이로 살아가니, 그 중에 어찌 그 섬을 본 사람이 없겠는가? 또 어느 곳에 있는지를 자세히 아는 자가 없겠는가? 다만 개인적으로 간 죄를 두려워하여 서로 숨기고 있는 것이다. 백성의 일을 국가에서 죄주지 않겠다. 만일 고하는 자가 있으면, 양민良民은 등급을 올려서 상을 주고, 공노비는 평생 면역시키고 면포 50필을 상으로 줄 것이며, 사노비는 면포 100필을 상으로 주고, 향리鄕吏나 역리驛吏는 역을 면제하고, … 경은 이 뜻으로 두루 효유曉諭하고, 남회의 말을 들어 최선을 다하여 찾으라."

임금은 여러 사람들이 요도를 보았다고 말하므로 요도가 분명히 있을 것이고, 어부들이 분명히 보았을 터인데, 개인적으로 갔다는 죄가 두려워 고하지 않고 있으니, 만일 고하는 자가 있으면 죄를 묻지 않고 후한 상을 내리겠다고 약속했다. 그러나 임금의 간곡한 당부에도 불구하고 끝내 요도를 찾지 못했다.

이상 요도에 관한 기록을 종합해 보면, 함길도에서도 보고, 강원도에서 보았다고 하므로 하나가 아니라 여러 개의 요도가 있다는 결론이 나온다. 또 누구도 사람이 살고 있는 요도를 발견하지 못했다는 것이다. 그 이유는 모두 사람이 살지 않는 암초들이기 때문일 것이다. 그러나 강원도 양양이나 삼척 사람들이 보았다는 요도, 특히 갑사甲士 최운저가 무릉도에 가다가 보았다는 요도는 독도일 가능성이 크다. 다만, 그것을 본 사람들이 거리감각이 미숙하여 육지에서도 보인다고 과장하여 말한 것이 아닐까 추측된다.

결과적으로, 우산도 곧 오늘날의 독도를 본 사람들은 매우 많았다고 할 수 있다. 다만 우산도와 요도를 하나로 합쳐서 인식하지 못하고 따로따로 본 것인데, 그 이유는 정착하여 사는 사람이 없는 무인도 암초이므로 큰 관심을 가질 필요가 없었기 때문일 것이다. 그래도 세종이 그 섬을 찾으려고 무던히 노력했기에 《세종실록 지리지》에 무인도 암초인 우산도를 기록해 놓은 것이다.

성종 때에는 동해에 삼봉도三峰島라는 섬이 있는데, 이곳에 피역자들이 많이 도망가서 산다고 하여 군대를 보내 토벌하려고 시도하기도 했는데, 그 섬을 찾지 못하고 실패했다. 삼봉도 역시 울릉도나 독도를 보고 누군가 이름을 그렇게 붙인 것 같다. 한 개의 섬이 여러 이름으로 불린다는 사실을 모르고 그 섬을 찾다가 실패하기를 반복했던 것이다.

흔히 조선시대에는 섬에 살지 못하도록 섬을 무인도로 만드는 공도정책空島政策을 썼다고 믿고 있으나, 그 말은 과장된 것이다. 역을 도피한 사람들이 많이 모여 사는 울릉도에서 사람들을 데려오긴 했지만, 그렇다고 울릉도를 무인도로 만들지는 않았다. 특히 세종조에는 연해의 가까운 섬들을 오히려 말과 소를 키우는 목장으로 적극적으로 개발하여 유인도로 만들어갔다는 것을 잊어서는 안 된다.

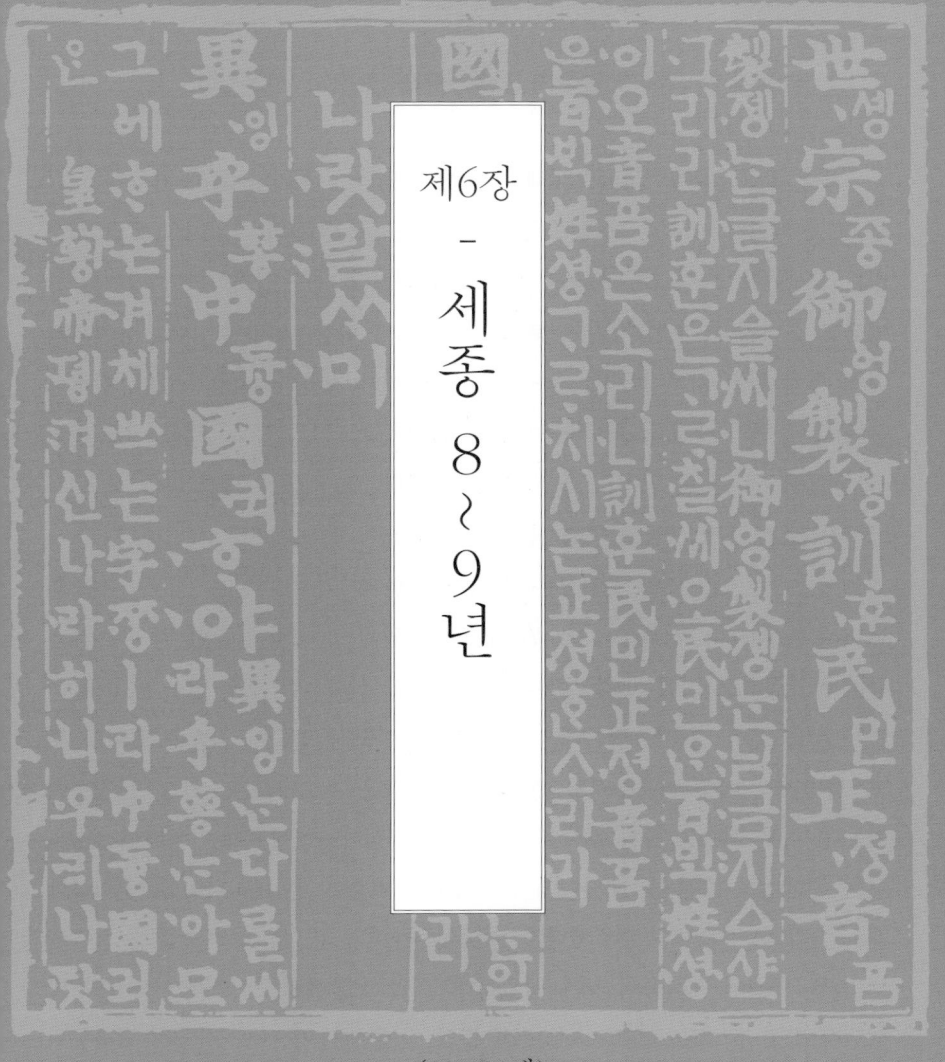

제6장
-
세종 8~9년

(30~31세)
1426~1427년

1. 서울에 큰 화재가 발생하고, 도적이 횡행하다 [세종 8년]

세종 8년(1426)에 임금은 30세가 되었다. 임금은 해마다 봄과 가을에는 강무講武를 떠났다. 이것은 법으로 규정되어 있는 군사훈련의 하나여서 그만둘 수 없는 행사였다. 다만 세종은 강무의 규모를 전보다 대폭 간소화하여 민폐를 줄이려고 노력했다. 우선 경기도 북부와 강원도의 평강平康과 횡성橫城 등지까지 넓게 걸쳐 있는 강무장을 축소하여 백성들에게 농지를 나누어 주었고, 강무하는 동안 주변의 수령과 관찰사들이 예물을 가지고 와서 바치는 것을 대폭 줄이고, 강무에 참여하는 군사의 인원도 축소시켰다. 또 세종은 직접 활을 잡고 사냥하지 않고, 그저 사냥을 구경하는 데 그쳤다.

세종 8년 2월 13일에 임금은 종친, 의정부 및 각사의 일부 관원을 거느리고 강무를 떠났다. 서울은 13세 된 세자에게 맡기고, 궁궐에 관한 일은 32세의 왕비가 관할하도록 했다. 강무할 때에는 종친과 신하들이 모두 말을 타고 달리면서 활을 쏘아 짐승을 잡는데, 수천 명의 몰이꾼 군인들이 짐승을 몰아다 주고, 사냥개와 매를 이용하기도 했다. 잡은 짐승은 주로 노루와 사슴, 날짐승이었는데, 잡은 짐승은 종묘 제사에 쓰기도 하고 신하들에게 나누어 주기도 했다. 쉬는 동안에는 종친 및 대신들에게 술자리를 베풀어 친목을 다지고, 군사들에게도 술과 고기를 먹여 위로했다.

2월 15일에 서북풍이 세게 불었는데, 이날 서울에서 큰 화재가 잇달아 발생했다. 인순부仁順府(세자에 소속된 관청) 종의 집에서 불이 나서 지금의 탑골공원 옆에 있던 경시서京市署(시전을 관리하던 관청)와 시전행랑市廛行廊 116칸, 중부中部 민가 1,630호, 남부南部 민가 350호, 동부 민가 190호가 모두 불탔다. 인명 피해는 32명으로 공식 확인되었지만, 그 밖에 어린아이와 노약자로서 타죽은 사람은 여기에 포함되지 않았다.

불이 나자 왕비가 모든 관원들에게 급히 전교하여 "종묘와 창덕궁을 힘을 다하여 구하라."고 명령했다. 그리하여 종묘와 창덕궁은 가까스로 보존되었다. 대신들은 화재소식을 강무 중에 있던 임금에게 급히 보고했다. 세종은 이렇게 말했다.

"이번 길은 본시 내가 오고 싶지 않았고, 또 어제 폭풍이 심히 불고 몸이 불편하여 돌아가려고 했으나 경들이 굳이 청하므로 돌아가지 않았는데, 천심天心에 맞지 않아서 일어난 재변으로 깊이 후회한다."

세종은 급히 사냥을 중지하고 군사들을 돌려 보낸 뒤 서울로 향했다. 그런데 다음 날인 2월 16일에 또 화재가 발생했다. 지금의 중구 서린동에 있는 전옥서典獄署 부근에서 불이 일어나 전옥서가 불타고, 종루鐘樓에까지 미쳤는데, 종루는 백관들이 힘을 다하여 가까스로 구조했으나, 그 동쪽의 시전 행랑에 붙어 있던 민가 200여 호가 불탔다.

이틀간의 큰 화재에 도둑이 일어나 화재를 당하지 않은 집도 집을 비우고 피난했다가 재산을 모두 도둑맞았다. 임금은 아직도 돌아오지 못했으나 급히 명을 내려 식량을 공급하고 화상을 입은 환자를 치료하고 죽은 사람의 장례비용을 주라고 명했다. 임금은 2월 19일에 환궁하여 화재 복구 사업에 총력을 다하라고 명했다.

2월 20일에 임금은 다시 명을 내렸다. 시전 행랑에 방화담장을 쌓고, 도로를 넓히고, 궁성이나 창고 근처에 가까이 있는 집을 철거하고, 시전은 10칸마다 우물을 파고 민가는 5칸마다 우물을 파며 각 관청마다 2개의 우물을 파고 종묘, 대궐, 종루 등에는 불을 끄는 기계를 배치했다가 끄게 하는 등 신속한 방화대책을 명했다. 말하자면 서울의 도시계획을 크게 바꾸기 시작한 것이다.

이해 4월 5일에 한성부는 도로를 확장하는 안을 만들어 임금의 재가를 받았는데, 그 내용은 이렇다. 원래 태종 15년에 만든 교지에 이미 도로의 크기가 정해졌는데, 남북으로는 제후의 법도에 따라 7개의 수레가 다닐 수 있게 하고, 그 둘레에는 5개의 수레가 다닐 수 있게 하고, 들에서는 3개의 수레가 다닐 수 있게 만든다는 것이었다.

그런데 당시의 도로는 남북대로와 둘레길은 그 법대로 되었으나, 중로中路

와 소로小路가 법대로 되지 않았다. 그래서 중로는 2개의 수레가, 소로는 1개의 수레가 다닐 수 있게 하되, 그 양쪽에 있는 수구水溝는 계산에 넣지 않았다. 그러니까 수구까지 계산하면 길은 더 넓어진다. 수레의 넓이는 지금으로 치면 소형 자동차의 크기와 같으니, 말하자면 대로는 7차선 도로, 둘레길은 5차선 도로, 골목길은 2차선 또는 1차선 도로가 된 셈이다. 그런데 도로를 넓히자면 자연히 민가를 철거해야 하기 때문에 임금은 그 점을 강조하면서 인정에 얽매이지 말라고 일렀다.

또 임금은 새로운 수레를 만들어 보급했다. 수레는 으레 소나 말이 끄는 수레밖에 없고 사람이 끄는 수레가 없었는데, 사람이 끄는 수레로서 '강주杠輈'라는 것을 만들어 보급했다. 이것은 바퀴가 두 개인데 앞과 뒤에 자루를 만들어 한 사람이 앞에서 끌고, 또 한 사람이 뒤에서 미는 수레였다. 이것은 지게보다는 힘이 덜 들고, 무거운 것을 운반할 수 있는 장점이 있었으나, 도로가 평탄하지 못한 우리나라 지형에 맞지 않아 널리 보급되지는 못했다. 그래서 뒤에는 강주 보급을 중단했다.

국가에서 범인을 수색한 결과 이번 화재는 방화범의 소행으로 알려졌다. 숯을 피워 고의로 불을 냈다는 것이 밝혀졌다. 이 무렵 서울과 그 인근 지역에는 말 타고 활을 든 무장 도적들이 떼를 지어 불 지르고 재물을 약탈하는 일이 빈번하게 발생하여 방화범과 도적을 잡는 일이 큰 고민거리로 등장했다.

2월 25일에 병조에서는 도둑방지책을 만들어 임금에게 올렸다. 밤마다 파수를 보는 일을 강화하고, 방화범을 잡는 자에게는 벼슬을 내리고, 천민은 양민으로 만들어주고, 면포 200필을 주기로 했다. 또 금화도감禁火都監을 설치하여 화재를 예방하고 화재를 진압하도록 했다. 여기에 동원되는 사람은 주로 군인과 노비들이었다.

임금은 여기에서 그치지 않고 방화의 원인을 근본적으로 막는 대책을 강구하여 건의하라고 신하들에게 일렀다. 그 결과 백성들이 동전銅錢을 사용하지 않고 쌀이나 포목 등 현물을 사용하여 매매하면, 가산을 몰수하거나 수군水軍에 보충되는 등 가혹한 형벌을 내리고 있어서 이에 대한 불만이 매우 큰데, 그것이 화재의 원인이 되고 있으므로 동전과 현물을 자유롭게 사용하되, 국가에 세금을 바치거나 국가의 물품을 살 때에는 반드시 동전을 사용하도록 했다. 또 절도범을 막기 위해 세 번 이상 절도하는 자는 인두로 이마에 도적이라는 글자를 새겨 넣는 자자刺字를 하기로 했다.

서울에 큰 불을 일으키고 도적질한 범인들이 일부 잡혀 그들의 신원이 드러났는데, 화적火賊과 노비, 백성, 역자驛子들이 공모한 것이었다. 그리하여 3월 15일에 이들을 모두 능지처사凌遲處死하고, 그 가족은 모두 남자는 관노官奴, 여자는 사노私奴로 삼았다. 그러나 화적이 모두 잡힌 것은 아니었다. 일부는 강화도 등지로 도망갔는데, 이들은 이름을 바꾸고, 여자나 장님 또는 거지 등 여러 가지 모습으로 변장하기도 하고, 삭발하여 중처럼 문중 시주를 받기도 하고 사찰에 숨어 있기도 했다.

정부에서는 이들을 단순한 도적으로 보지 않고 '역적'으로 부르면서 끝까지 추적하여 2명을 잡아 거열車裂하여 죽였다. 이들은 함길도, 평안도의 산속으로 도주하거나 배를 타고 섬으로 도망갈 가능성이 있다고 보았다. 뒤에도 도적들이 계속 횡행하여 그들의 신원이 밝혀졌는데 대부분 신백정으로 편입된 재인才人과 화척禾尺들이 주동자가 되고, 노비 등 하층민이 가세한 것으로 밝혀졌다.

2. 부정축재한 대신과 효령대군의 종들을 처벌하다

세종이 등용한 대신 가운데에는 태종이 총애했던 신하가 적지 않았다. 영의정 유정현柳廷顯(1355~1426)[103], 병조판서 조말생趙末生(1370~1447)[104]은 그 대표적인

---

103) 유정현은 본관이 문화文化로서 고려시대 첨의중찬을 지낸 유경柳璥의 현손이고 문화군 유진柳鎭의 아들이다. 음보로 벼슬길에 올라 태종 때 여러 판서직을 거쳐 영의정에까지 올랐다.

104) 조말생은 본관이 양주楊州로 서운관정 조의趙誼의 아들이다. 문과에 장원급제하여 지신사, 병조판서와 예문관 대제학 등을 지내고 영중추원사에 이르러 향년 78세로 세상을 떠났다.

인물이었다.

유정현은 세종 1년 대마도를 정벌할 때 영의정을 지내면서 삼군을 지휘하는 도통사의 일을 맡았고, 그보다 앞서 양녕을 폐위할 때에는 새로운 세자는 어진 사람으로 해야 한다고 먼저 주장하여 태종의 총애를 받았다. 말하자면 양녕을 버리고 세종을 선택하는 데 앞장선 인물이었다. 이런 인연이 있어서 세종도 그를 우대하고 있었는데, 항상 개인적으로 장리長利를 하면서 재산을 늘려, 가을이 되면 종들을 보내 각박하게 빚쟁이들을 독촉하여 원성을 많이 듣고 있었다.

오죽하면 사람들이 말하기를, "굶어 죽을지언정 유정현의 장리는 받지 않겠다."고 말했다. 어느 해인가 임금이 유정현에게 올해의 농사가 어떠냐고 물었더니, 유정현이 우리집에서 장리를 빌려가지 않는 것으로 보아 농사가 잘된 것 같다고 말하여 신하들이 실소를 금하지 못했다. 사람들이 그의 장리를 얼마나 증오하면서 기피하고 있었는지를 모르고 있었던 것이다.

세종은 평판이 좋지 않은 유정현을 재위 8년 5월 13일에 좌의정으로 좌천시켜 물러나게 했는데 며칠 뒤에 향년 72세로 세상을 떠났다.

조말생은 어려서부터 총명하고 학문에 힘써서 문과에 장원급제한 뒤로 태종의 극진한 총애를 입어 요직을 두루 거치면서 승승장구하고, 그 아들이 태종의 딸과 혼인하여 더욱 위세가 높았다. 그러나 요직에 있을 때마다 토지와 노비 등 뇌물을 많이 받고 매관매직하여 세종 8년 3월에 이르러 대간의 탄핵을 계속 받았다. 대간은 그가 받은 뇌물을 돈으로 계산하면 780관貫이나 된다고 하면서 형률로 따지면 교형絞刑(목매달아 죽임)에 해당한다고 주장했다.

세종은 대간의 탄핵을 들으면서 대신들에게 조말생의 일을 이렇게 말했다.

"옛적에, 오랫동안 정권을 잡고 있으면 안 된다는 말을 한 사람이 있었다. 이제 생각하니 이해가 간다. 임금은 관원을 쓸 때 사람을 잘 알지 못하므로 대신에게 위임하는데, 대신들은 전부터 잘 아는 사람을 쓰게 된다. 그래서 정무를 오래 잡고 있으면 그가 정실을 행사한다고 사람들이 의심하는 것이 자연스럽다. 지신사[뒷날 도승지]로부터 병조판서까지 10여 년간이나 오랫동안 정무를 잡은 사람은 조말생처럼 오래된 사람이 없더니, 과연 오늘날과 같은 사건이 터지고 말았다."

임금은 태종이 지나치게 조말생을 신임하여 장기간 인사권을 맡겼기 때문에 그가 뇌물죄에 빠지게 되었다고 정확하게 보면서 안타까워했다. 하지만 그의 학문과 행정능력, 그리고 왕실의 인척임을 고려하여 죽이지는 않고 외방으로 귀양보내고 장물臟物은 관에서 몰수했다. 그러다가 뒤에 그를 다시 불러들여 중추원사와 예문관 대제학 등의 벼슬을 내렸는데, 끝내 정승의 자리는 주지 않았다. 세종 29년에 향년 78세로 세상을 떠났다. 세상 사람들은 그가 장죄臟罪로 정승이 되지 못한 것을 옥의 티라고 생각했다.

세종은 친형 효령대군의 가신家臣과 가노家奴들이 저지른 부정행위도 용서하지 않았다. 세종 8년 10월 3일에 사헌부가 상서하여 효령대군의 가신家臣과 노비들이 충주의 여러 절에 있던 토지 15여 결을 빼앗고 중들이 저축한 보리 37석을 빼앗은 일을 아뢰고, 이들을 처단하라고 청하자 임금이 즉각 처리하고, 나아가 이를 감독하지 못한 충주목사도 파면했다.

또 세종 10년 1월 16일에는 효령대군 가노家奴들이 효령대군의 과전科田의 조세를 받으면서 부당하게 쌀 10석, 콩 7석, 종이 50권 그리고 잡물을 매우 많이 거둔 사건이 발생하자 이들을 의금부에 가두어 국문했다. 얼핏 생각하면 과전은 벼슬아치들에게 준 사전私田이므로 전주田主가 마음대로 조세와 잡물을 거두어 갈 수 있을 것으로 믿기 쉽지만, 임금의 친형이 받은 과전에서도 조세 이외의 물건을 받아가는 것은 벌을 받고 있었다는 것을 알 수 있다.

3. 단군과 기자에 대한 재평가, 삼국의 시조를 제사하다

조선왕조의 국호를 '조선'으로 정할 때 태조는 자신의 고향인 '화령和寧'과 '조선'을 후보로 정하고, 둘 가운데 어떤 것이 좋은지를 명나라에 물었다. 명나라는 기자가 주 무왕周 武王의 명을 받고 [고]조선에 와서 임금이 되어 〈팔조교八條教〉를 베풀고, 〈정전제井田制〉를 시행하고, 시서예악을 가르쳐서 조선을 문명국으로 만들었으니, 그 뜻이 아름답다고 하면서 '조선'이 좋다고 하여 그렇게 결정했다.

이 사실을 그대로 인정하면 조선왕조의 국호는 명나라가 만들어주고, 명나라가 기자를 숭배하여 '조선'을 선택한 것으로 보인다. 그러나 그 내막을 알아보면 조선왕조의 치밀한 외교전략이 담겨 있었다. 우선 '조선'을 우리가 먼저 후보의 하나로 결정했다는 사실이 중요하다. 당시 집권층이 조선을 후보로 정한 것은 고려 말 일연의 《삼국유사》와 이승휴의 《제왕운기》 등에서 단군조선, 기자조선, 위만조선의 3조선을 우리 역사의 시발점으로 서술한 데서 얻은 지식이다.

그 전까지는 기자조선이 있는 것만 알았고, 또 고구려 때부터 평양에는 기자사당이 있어서 고려 때에도 계속해서 기자사당에 제사해 왔다는 사실만 알고 있다가, 기자보다도 1,200여 년이나 앞서 중국의 요堯 임금 때 천손天孫인 단군이 처음으로 조선을 세웠다는 사실을 비로소 알게 된 것이다. 우리나라 역사가 중국 역사와 같은 시대에 시작되었다는 사실이 얼마나 충격적이고 자랑스러운 일인가.

또 은殷나라가 주周나라에 망하자, 주나라를 섬기지 않고 조선으로 도망와서 임금이 된 뒤에 여러 가지 시책을 펴서 조선을 문명국으로 만든 기자도 매우 존경했다. 그래서 조선이라는 존재는 단군도 자랑스럽고 기자도 자랑스럽기에 국호의 후보로 선정하여 명나라에 자문을 구한 것이다. 그런데 단군의 존재를 모르는 중국은 오로지 기자만을 내세워 '조선'이 아름다운 이름이라고 말하여 최종 결정된 것이다. 그러니 '조선'이라는 이름을 바라보는 시각이 우리와 중국이 달랐던 것이다.

그러면 왜 굳이 중국의 의견을 들어 국호를 결정했을까? 여기에도 교묘한 외교적 전략이 숨어 있었다. 명나라는 이성계가 임금이 되기 전부터 위험인물로 간주하고 있었다. 고려 공민왕 때 요동의 동령부東寧府를 정벌하고 돌아온 일이 있고, 또 우왕 때 비록 압록강에서 회군하긴 했지만 요동정벌에 나섰던 인물이기 때문이었다. 그런 인물이 임금이 되어 다시 정도전 일파와 손잡고 바로 요동정벌운동을 벌이기 시작했으니 얼마나 위협적이었겠는가? 그래서 임금으로 인정하는 황제의 임명장인 고명誥命과 인신印信을 내리지 않았던 것이다.

태조에 대한 명나라 황제의 불신은 조선으로서는 매우 곤혹스러운 일이었다. 명나라와 우호관계를 맺기 위한 외교술이 절실히 필요했던 것이고, 그 방법의 하나가 국호 결정을 상의한 것이다.

그러면 국호가 결정된 뒤로 단군과 기자에 대한 조선의 정책은 어떠했는가? 멀리 고구려 때부터 동맹東盟 제천 행사를 할 때마다 천신天神과 기자, 별에 대한 제사를 올렸는데, 천신은 환인, 환웅, 단군 등 삼신三神이었다. 그런데 토착귀신 가운데 기자가 있는 것이 흥미롭다. 기자가 중국에서 왔기 때문에 숭배한 것이 아니라 고조선의 지혜로운 임금이었다는 사실에서 숭배한 것으로 보인다. 또 황해도 구월산에도 삼신三神(환인, 환웅, 단군)을 제사하는 삼성사三聖祠라는 사당이 있었는데 그 전통이 고려로 이어져 내려와서 기자사당에는 국가에서 제사하고, 삼성사는 민간인들이 가서 제사했다. 조선시대에 들어와서도 여전히 평양에는 기자사당이 있었고 구월산에는 삼성사가 있었는데 기자사당에는 평양부로 하여금 제사지내게 했다.

명나라 사신이 평양에 들어오면 기자사당을 찾아 참배하는 것이 관례가 되었다. 조선이라는 나라가 기자가 세운 나라이고, 기자가 중국 황제의 명을 받아 조선의 임금이 되었다는 것을 조선인에게 강조하려는 뜻이 담겨 있었다. 조선은 중국 사신이 기자에게만 참배하는 것이 마땅치 않아 태종 12년 6월 6일에 하륜河崙이 건의하여 기자사당에 단군위패를 함께 모시게 했다. 이것이 국가에서 단군을 제사지낸 처음이었다. 다만, 기자위패를 북쪽에서 남향하게 하여 주신主神으로 모시고, 단군은 동쪽에서 서쪽을 바라보게 배치하여 그 위상이 기자보다 낮게 만들었다.

평양 기자사당의 단군위패가 잘못되었다는 것을 처음으로 지적한 사람은 사온서 주부 정척鄭陟(1390~1475)[105]이었다. 그는 우연히 평양에 갔다가 기자사당에 가서 단군위패가 기자위패보다 낮게 배치된 것을 보고 세종 7년 9월 25일에 임금에게 상서하여 이를 시정해 달라고 요청했다. 그 이유는 다음과 같다. 단군이 기자보다 1,230여 년이나 앞서서 나라를 세웠는데도 기자위패보다 낮게 배치한 것은 역사적 사실에 맞지 않는다는 것이다. 또 〈향단군진설도亨檀君陳設圖〉를 보더라도 단군위패는 북쪽에서 남향하도록 되어 있는데 이를 따르지 않았다고 했다. 그러니까 태종 때 만든 제사규범은 본래 단군을 남향하도록 했는데, 무슨 이유인지 모르게 바뀌게 된 것이다. 또 정척은 단군위패를 기자사당에 모신 것도 잘못이라고 지적하면서 단군사당을 따로 세우자고 건의했다.

세종은 정척의 건의를 따라서 시행하라고 예조에 명했다. 그런데 세종은 단군과 기자의 제사뿐 아니라, 삼국의 시조에 대한 제사도 반드시 해야 한다고 생각하여 사당을 세우라고 예조에 명했다. 그러나 세종 8년 11월 5일에 예조판서 신상申商이 다음과 같은 다른 의견을 제시했다.

"주周나라 말년에 7국이 자웅을 다투어 법을 정하지 못했었는데, 우리 동방도 통일되기 전까지는 삼국의 아귀다툼이 마치 주나라 7국시대와 같지 않았습니까?"

그러자 임금이 이렇게 반박했다.

"그렇지 않다. 옛일을 상고해보면 우리 동방은 삼국의 시조가 있기 전에는 12한韓과 9한韓이 있어서 나라의 경계가 분분했으나, 삼국의 시조가 다소 이를 합쳐 놓은 것은 그 공로가 진실로 적지 않다. 마땅히 의사義祠를 세워서 그 공을 보답해야 할 것이다."

---

105) 정척은 본관이 진주晉州로서 정씨는 진주의 토성土姓 가운데 하나이다. 조상 3대가 모두 정척으로 인하여 증직을 받았을 뿐 실직을 알 수 없다. 그는 태종 때 문과에 급제하여 세종 때 예조참판을 지내고 왕명으로 《양계지도兩界地圖》를 만들어 바쳤다. 세조 때에는 양성지와 더불어 《동국지도》를 만들어 바쳐 지도 전문가로 이름을 날렸다. 벼슬이 지중추원사(정2품)에 이르렀다가 향년 58세로 세상을 떠났다.

다시 말해 주나라 말기의 전국7웅은 통일국가를 분열시킨 나라들이지만, 우리나라의 삼국은 12한 또는 9한으로 분열되었던 나라를 세 국가로 통합시켰다는 것이다. 그러니까 삼국 이전의 삼한시대에 수많은 소국들이 있었음을 세종은 정확히 알고 있었으며, 이를 3국으로 통일시킨 시조들의 공로를 기려야 한다고 생각했다.

세종은 재위 9년 8월 21일에 다시 한 번 단군, 기자 및 삼국 시조의 제사에 관한 고제古制를 연구하여 보고하라고 예조에 명했다. 그리고 이해 9월 4일에는 변계량이 단군과 삼국의 시조도 따로따로 제사하지 말고 한 제단祭壇에 모아서 제사하자고 주장하자 임금이 반대했다. "삼국의 시조를 단군과 합하여 제사지낸다면, 이는 자기 나라를 버리고 다른 나라로 가는 것이니 옳지 못하다."

그러자 변계량이 또 말하기를, "단군은 우리나라에서 모두 제사를 지냈으니, 합쳐서 제사지내는 것이 무방합니다." 하니, 임금이 다시 말하기를, "단군이 삼국을 통일했다는 말을 듣지 못했다. 그렇지만 서울에 모아서 한 집에 설치하여 제사해도 무방할 듯하다."

그러나 이것으로 제사문제가 확정된 것은 아니었다. 단군사당을 어디에 세우고, 삼국시조 사당을 어디에 세울 것인가, 그리고 단군과 기자의 호칭을 어떻게 설정할 것인가도 결정되지 않았다.

세종 9년 3월 13일에 예조판서 신상申商은 임금에게 말하기를, "삼국의 시조묘始祖廟는 각기 도읍한 곳에 세우겠습니다. 신라는 경주이고, 백제는 전주이나, 고구려는 도읍을 알지 못하겠습니다."라고 했다. 백제의 수도를 전주라고 말한 것도 잘못이고, 고구려 수도를 모른다고 한 것도 무식한 말이었다.

임금은 그 말을 듣고, "상고해보면 알기가 어렵지 않을 것이다. 비록 도읍에 세우지 못하더라도 각기 그 나라에 세우면 될 것이다."라고 말했다. 그러자 이조판서 허조許稠가 거들고 나섰다. "우리 왕조의 전장典章과 문물이 신라의 제도를 증감했으니, 다만 신라시조에 제사지내는 것이 어떻겠습니까?" 그러자 임금이 허조의 주장을 비판했다. "삼국이 정립대치鼎立對峙하여 서로 막상막하였으니, 이것을 버리고 저것만 취할 수는 없다."

예조판서 신상의 말은 너무 역사지식이 부족하고, 허조의 말은 신라만을 높이자고 한 데 반하여 임금은 삼국이 대등한 나라로서 막상막하의 힘을 가진 나라이므로 신라만 제사해서는 안된다고 보았다. 임금의 역사지식이 가장 정확한 것을 알 수 있지만, 이를 집행할 대신들의 역사지식이 너무나 부족했다. 좀더 시간을 두고 논의할 필요가 있었다.

단군과 기자의 위상을 어떻게 설정하느냐도 간단치 않았다. 그러던 중 세종 10년 6월 14일에 우의정을 지낸 유관柳寬이 황해도 문화현 구월산九月山에 있는 삼성당三聖堂이라는 사당에 관하여 임금에게 보고했다. 이 사당에는 '단웅천왕檀雄天王', '단인인왕檀因仁王', '단군천왕檀君天王' 등 세 위패가 모셔져 있다는 것이다. 그리고 '구월산'의 이름이 원래는 '아사달산'인데 신라 때에는 '궐산闕山'으로 불렀는데, '궐산'을 길게 발음하여 '구월산'이 되었다고 했다. 또 문화현 동쪽에 장장藏壯이라는 땅이 있는데, 노인들이 단군의 도읍터라고 주장한다고 보고했다. 또 단군이 기자보다 1천여 년 전에 나라를 세웠는데, 어떻게 기자묘와 합사할 수 있느냐고 항의했다.

임금은 유관의 보고를 보류해 두라고 명했다. 좀 더 논의해 보기로 한 것이다. 유관은 청백리로 이름을 떨친 재상임은 앞에서 이미 소개한 바 있다.

4. 여종을 죽게 한 집현전 학자 권채를 파면하다 [세종 9년]

세종의 노비 사랑을 보여주는 또 하나의 사례가 있었다. 세종 9년 8월 20일에 형조판서 노한盧閈이 길을 가다가 우연히 어느 노복奴僕이 지게에다 여자 시체를 지고 가는 것을 보았는데 뼈와 가죽만 남아서 놀라서 물어 보았더니, 집현전 응교 권채權採의 집종이라고 말했다. 이상하게 여긴 노한이 이 사실을 임금에게 말하니, 임금이 깜짝 놀라 "권채가 그렇게 잔인한 사람인지 몰랐다. 반드시 권채가 아내에게 제어당하여 그렇게 된 것일 터이니 끝까지 조사하라."고 명했다.

8월 24일에 형조는 그 여종의 죽음에 관한 사실을 조사하여 임금에게 보고했다. 그 여종의 이름은 덕금德金인데, 권채의 첩이었다. 그 여종이 병든 조모를 문안하기 위해 휴가를 권채 부인 정씨에게 요청했으나 얻지 못하자 몰래 가서 문안했다. 그러자 부인 정씨가 권채에게 "덕금이 바람이 나서 도망갔다."고 거짓말을 했고, 권채가 여종의 머리털을 자르고 매질하고 왼쪽 발에 고랑을 채워 방 속에 가두었다.

정씨가 덕금을 죽이려고 칼을 가니, 다른 여종 녹비가 말하기를, "덕금을 죽이면 여러 사람이 알게 될 터이니, 고통을 주어 저절로 죽게 하는 것이 좋을 것입니다."라고 하니, 정씨가 그 말대로 음식을 적게 먹이고, 스스로 똥과 오줌을 먹게 했다. 그러다가 똥과 오줌에 구더기가 생기니 덕금이 먹지 않으려 하자 바늘로 항문을 찔러 덕금이 하는 수 없이 그것을 먹었다. 이러기를 수개월 동안 하다가 드디어 죽게 되었다고 보고했다.

그러면서 형조는 권채를 파면하고, 부인 정씨도 함께 국문하여 징계하라고 임금에게 건의했다. 임금은 이 사실을 알고 매우 격노하여 권채와 정씨를 모두 의금부에서 국문하라고 명했다. 8월 29일에 의금부에서 두 사람을 국문한 결과를 아뢰면서 두 사람이 모두 실정을 고백하지 않는다고 말하자, 임금은 이렇게 말했다.

"임금의 직책은 하늘을 대신하여 만물을 다스리는 것이니, 만물이 그 처소處所를 잃어도 마음이 아플 것인데, 하물며 사람일 경우에야 어떠하겠는가? 진실로 차별없이 다스려야 할 임금이 어찌 양인良人과 천인賤人을 차별하여 다스릴 수 있겠는가? 녹비가 나타나서 일의 증거가 더욱 명백해졌는데도 권채가 기어코 죄를 자복하지 않는다면 마땅히 형벌로서 신문할 것이다."

세종은 만물을 차별없이 다스려야 한다고 하면서, 더구나 사람을 다스리면서 양천良賤을 구별하는 것은 안된다고 말했다. 임금의 명을 받은 의금부는 9월 3일에 형률에 의거하여 권채는 장 80대, 부인 정씨는 90대에 해당한다고 아뢰었다. 그러자 임금은 권채의 직첩을 회수하여 외방으로 귀양보내고, 부인 정씨는 곤장을 돈으로 보상하라고 명했다. 권채는 권근의 조카로서 집현전 학사였지만, 임금이 그 죄를 용서하지 않았다.

그런데 다음 날 이조판서 허조가 임금의 결정을 비판하면서 "권채의 직첩을 회수하고 외방에 귀양보낸 일은 강상綱常의 문란함이 여기서부터 시작될까 두렵습니다."라고 말했다. 허조는 세종 2년에 상왕 태종에게 주인을 고발하는 노비를 목 베게 하자고 주장하여 윤허를 받은 일이 있는 인물이었기에 이번 사건도 노비를 죽인 일로 상전을 벌주는 일은 삼강오륜을 무너뜨리는 일로 보았던 것이다.

그러나 세종은 이렇게 말했다.

> "비록 계집종일지라도 이미 첩妾이 되었으면 마땅히 첩으로서 대우해야 될 것이다. 그 아내도 마땅히 가장家長의 첩으로서 대우해야 할 것인데, 그 잔인포악함이 이 정도이니, 어떻게 그를 용서하겠는가?"

임금은 허조의 말을 반박했다. 지신사 정흠지鄭欽之가 "권채의 죄는 가벼운 것 같습니다."라고 말하니 임금이 권채의 관직만 파면하고 귀양은 취소했다. 이로써 이 사건은 일단락되었는데, 노비의 인권에 대해서도 세종이 얼마나 깊은 애정을 가지고 있었는지를 또 한 번 보여준 사건이다.

5. 두만강 연안을 지키고, 여진족으로부터 조공을 받다

조선왕조는 건국 직후부터 고구려의 옛 강토였던 만주지방을 수복하려는 의지를 가지고 북진정책을 추진했다. 가장 먼저 관심을 두었던 것은 요동지방

으로서 태조가 정도전鄭道傳과 더불어 요동정벌을 준비했으나 명 태조 홍무제가
이를 알고 정도전을 잡아오라고 압박하고, 태조의 고명誥命과 인신印信을 주지
않았다.

그래서 태종이 정도전 일파를 죽이고 지성으로 명나라에 사대하여 비로소
고명을 받았던 것이다. 결국 요동수복은 수포로 돌아가고, 명나라는 압록강 이
북지역에 3개처의 건주위建州衛를 설치하여 이 지역 여진족을 복속시켰다.

압록강 이북지역의 여진족은 이렇게 명나라에 복속했으나, 두만강 지역은
형편이 달랐다. 이 지역에 대한 조선과 명, 여진족의 시각과 이해관계는 서로
달랐다.

조선은 고려 때 윤관尹瓘이 두만강 이북 지역에 쌓았던 9성을 우리 영토로
바라보고 이를 수복하는 것을 장기적인 전략목표로 삼았다. 그러나 단기적으로
는 두만강 이남 지역을 우선적으로 영토로 만드는 일에 총력을 기울였다. 이
지역은 이성계의 4대조인 목조穆祖 이후로 대대로 원나라의 다루가치[達魯花赤]를
지내면서 그 지역과 여진족을 관할하고 있었다. 또 여진족과 혼인관계도 맺어
이성계의 고모가 여진족에게 시집가기도 하고, 이성계는 여진 추장 퉁두란[뒤에
이두란으로 개명]과 의형제를 맺어 그가 개국에 힘을 보태주기도 했다. 그래서 이
지역 여진족과는 서로 친화감이 두터워 태조 때부터 조선에 내조하여 귀화하는
추장들이 매우 많았다.

조선이 두만강 연안에 경흥慶興과 경원慶源을 일찍기 부府로 설치한 것은 목
조가 예전에 이 지역을 관할했던 것을 추모하여 그 이름도 '경사가 일어난 곳',
'경사의 뿌리'라는 뜻으로 붙인 것이다. 태조 때 정도전이 먼저 가서 함길도 남
부지역을 행정편제하고, 뒤이어 여진 추장 출신 이지란李之蘭이 또 함길도에 가
서 두만강 연안지역까지 행정편제에 박차를 가할 수 있었던 것은 이성계 집안
과 여진족과의 오랜 친화관계 때문에 가능했다.

그런데 태종 때 명나라에서 성조 영락제가 집권한 이후로 이 지역 여진족
에게도 조공을 강요하면서 적극적으로 회유하자 여진사회가 흔들리기 시작했다.

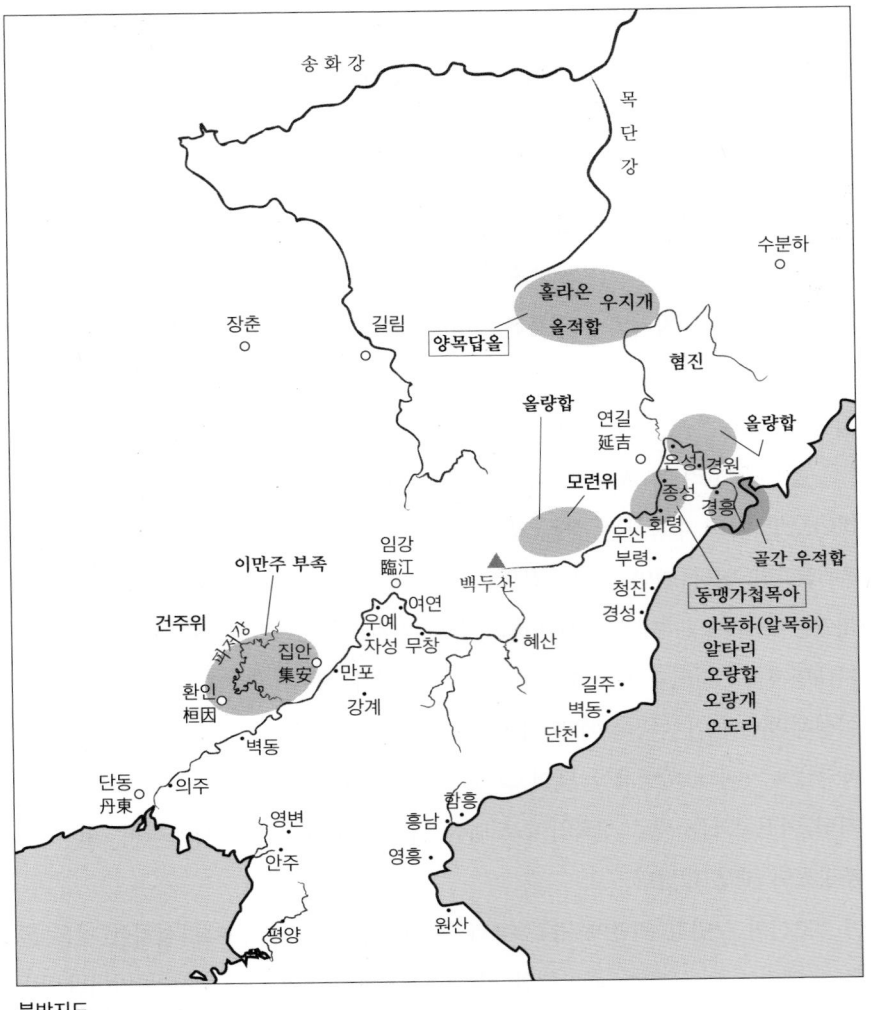

북방지도

여진 추장들이 조선에 등을 돌리고, 명나라에 가서 조공을 바치고 관직을 받아 가지고 오자, 마침내 명은 백두산 동쪽에 모련위毛憐衛를 설치하고 여진족 통제를 한층 강화했다.

　명나라의 강경책에 위기를 느낀 조선은 이에 맞서 여진족에 대한 회유와 압박에 박차를 가했다. 태종 10년 2월에는 저들이 경원부를 습격한 것을 계기로 1,150명의 군사를 보내 160여 명을 죽이고 27명을 생포하여 돌아왔다. 조선의 힘을 과시하여 복종시키기 위함이었다. 그 뒤로는 겁을 먹고 조선에 와서 조공하는 자들이 대폭 늘어났다. 그러나 이들은 명나라와 조선 두 나라에 조공하면서 두 나라의 벼슬과 회사품을 챙기는 이중적인 행태를 보였다. 그래도 여진족이 조선을 적대하지 못하는 이유는 거리가 가까운 조선의 도움이 필요했기 때문이었다. 특히 소금, 농기구, 옷감, 식량 등 생필품의 교역이 필요했다.

이제 명과 조선은 여진족을 놓고 서로 줄다리기를 하는 모양새가 되었다. 여진은 조선이 자신들을 토벌하여 탄압하고 있다고 명에 호소하고, 조선은 여진이 먼저 도발하여 응징한 것에 불과하다고 하면서 저들이 거짓말을 하는 것이며 우리가 오히려 피해자임을 명에 호소했다. 치열한 외교전이 벌어졌다. 명은 여진 편을 들었다가, 조선 편을 들었다가 하면서 조선과 여진을 동시에 격려하고 견제함으로써 조선과 여진의 충성경쟁을 유도했다. 이른바 이이제이以夷制夷 정책을 폈다.

조선은 명나라의 '이이제이' 정책에 대응하여 명과 여진족을 이간시키는 정책을 썼다. 명에 대한 사대정책을 충실하게 수행하여 명의 신임을 확보하는 동시에, 여진족에게 사로잡혀갔다가 도망쳐 온 중국인을 계속 중국으로 돌려보내여진족의 만행을 명에 알리면서 명의 호감을 얻는 '일석이조'의 효과를 거두었다. 바꿔 말하면 조선은 명을 이용하여 여진을 견제하는 정책을 편 것이다.

명과 조선 그리고 여진이 서로 자신들의 국익을 챙기기 위해 치열한 외교전을 전개한 결과 조선이 외교전에서 승리하여 4군과 6진을 개척하여 압록강과 두만강 이남을 영토로 확보하는 성과를 거두게 되었을 뿐 아니라, 여진족을 조선의 신하로 만들어 조공을 받고, 나아가 일본과 유구琉球, 그리고 거리가 멀어 자주 오지는 못했지만 섬라[태국]와 자바[인도네시아]까지도 조선을 대국으로 섬기면서 조공을 바쳐 조선은 중국과 더불어 조공을 받는 국가의 위상을 갖게 되었다. 그리하여 중국과 조선을 중심축으로 하는 새로운 동아시아 국제질서가 형

혼일강리역대국도지도 164×148cm, 태종 2년 이회가 제작, 우리나라 남쪽에 일본이 작게 그려져 있다. 이찬 교수가 제작한 모사본으로 서울대학교 규장각 한국학 연구원에 있다.

성된 것이다.

흔히 조선은 중국에 사대외교를 하고, 일본 및 여진과는 인국隣國으로서 동등한 외교를 한 것으로 알려져 왔지만 이는 사실과 다르다. 일본의 각 지방 토호[영주]들은 명백하게 조선을 대국大國 또는 황제국皇帝國으로 부르면서 조공을 바쳤고, 족리막부[무로마치 막부]의 국왕[쇼군] 사신들도 조선을 일본과 대등한 나라로 보지 않고, 상국으로 인식하고 있었다.

만약 조선이 명나라의 과도한 조공요구를 거부하고 적대관계를 갖게 되었다면 조선은 명과 여진의 협공을 받아 멸망했을지도 모른다. 우리는 이런 점을 폭넓게 고려하면서 태종과 세종시대의 사대외교의 본질을 정확하게 평가할 필요가 있다. 대명 사대정책은 조선으로 하여금 조공을 받는 강대국으로 만드는데 크게 기여했다.

6. 세종 초기 여진족의 조공 행렬

세종은 즉위한 뒤로 더욱 적극적인 여진정책을 폈다. 세종은 재위 9년 7월 7일에 예조참의 김효손金孝孫에게 이렇게 말했다.

"함길도 도절제사 하경복河敬復이 경원慶源에서 외적을 방어하는데 고생스러운 폐단을 여러 번 말하고 있다. 그러나 내가 생각하기에, 공험公嶮 이남은 조종의 강토인데, 과인 때에 이르러 지키지 못하고 이를 버리는 것은 옳지 못하다."

세종은 대체로 신하들의 의견을 따르는 정치를 했는데, 대신들의 의견을 따르지 않고 고집스럽게 밀고 나가는 정책이 몇 개 있었다. 그 하나가 북방정책이다. 신하들은 북방의 방어가 너무나 힘들다고 하면서 전초기지를 두만강 연안의 경원慶源에서 후방인 용성龍城으로 옮기기를 줄기차게 요청했으나, 임금은 이를 절대로 용납하지 않았다. 그 이유가 바로 고려 때 윤관尹瓘이 두만강 이북까지 밀고 들어가서 비를 세우고 돌아온 선춘령先春嶺과 공험진公嶮鎭 이남을 우리 땅으로 지켜야 한다는 굳은 신념 때문이었다. 공험진의 위치에 대해서는 후세에 이르러, 두만강 이북이 아니라 함길도 길주吉州로 보는 이도 있었지만, 세종을 비롯한 당시 식자들은 두만강 이북으로 확신하고 있었다.

《용비어천가》를 보면, 윤관이 공험진의 선춘령先春嶺에 세운 비碑가 발견되었는데, 그 위치는 두만강 북쪽 700리라고 하며, 그 비석에 고려의 국경선이라고 씌여 있다고 되어 있다.

그런데 이때 경원부를 포기하자는 대신들의 주장을 정면으로 반박하고 나선 신하가 있었다. 전 좌군동지총제였던 박초朴礎(1367~1454)[106]였다. 그는 9월 8일에 소를 올려 다음과 같이 말했다.

"지금 의논하는 사람들이 말하기를, '경원은 … 읍邑을 만들 수가 없으니 물러나서 용성에 배치하는 것이 좋다.'고 하지만, 신은 그렇지 않다고 생각합니다. 예로부터 임금이 천명을 받게 되면 토지와 인민을 앞 임금에게 받아서 그 경계를 엄하게 수비하고, 적자赤子(백성)를 보전하기를 그치지 않으면 날로 나라를 100리나 개척하게 됩니다. 조종이 전한 땅을 다른 나라의 소유로 맡겨서 몹시 탐내고 엿보는 마음을 내게 한다는 말은 듣지 못했습니다. …

우리나라의 북쪽 변방은 고려의 상신相臣 윤관尹瓘이 개척하여 비碑를 세운 것이 경계가 되었습니다. 고려 중세에 이르러 공주孔州로 한계를 옮겼다가, 우리 왕조에 이르게 되고, 또 옮겨 경원慶源이 되었습니다. 만약 옛날 모양대로 돌아가고자 한다면 반드시 비를 세웠던 땅에 경계를 만들 것이며, 그렇지 않으면 공주성孔州城에 이르러 읍을 만들어야 합니다. 두 번이나 옛땅을 줄여서 지금의 경원부를 만든 것도 오히려 부끄러운데, 또 다시 그 땅을 줄여서 용성으로 물러나서 배치하여 야인의 웃음거리가 되는 것이 옳겠습니까? …

의논하는 사람들이 땅을 줄이는 것으로 의논을 올리니, 그들이 과연 국가를 위하여 생각함이 깊다고 할 수 있겠습니까? … 생각함이 이와 같다면 비록 용성으로 옮겨도 걱정이 생기지 않겠습니까? 실을 정리하지 않고 헝크는 것과 같습니다. 만약 용성으로 경계를 삼는다면 경원부는 적의 소굴이 될 것이므로 입술이 없으면 이가 시리게 될 것입니다[脣亡齒寒]. …"

---

106) 박초는 본관이 함양咸陽으로 공양왕 때 배불排佛 상소를 올려 파장을 일으켰고, 조선왕조에 들어와서 태종 때 회례사로 일본에 다녀오고, 벼슬이 병조참의에 이르렀다. 향년 88세로 세상을 떠났다.

박초는 이렇게 말하면서 경원과 경성鏡城을 방어하는 방책으로 경원에 성을 쌓는 등의 일을 건의했다. 뒤에 임금은 그를 강계절제사로 임명하여 북방을 방어하게 했다.

따라서 세종이 뒤에 6진을 모두 개척한 공로는 하경복河敬復이나 김종서金宗瑞 등의 노력의 결과이기도 하지만, 무엇보다도 세종 자신의 확고한 신념이 없었다면 불가능했을 것이다. 특히 김종서는 세종과 의견이 맞아서 그에 대한 임금의 신임이 매우 두터웠다.

세종의 적극적인 방어정책과 여진족 회유정책으로 여진족 추장의 내조는 한층 많아졌다. 세종 1년에는 임금의 즉위를 축하하기 위해 여러 종족의 추장들이 내조하고, 세종 4년에 태종이 세상을 떠나자 또 태종의 서거를 애도하는 추장들이 줄을 이었다. 여진족의 내조가 급증한 것이다.

그러다가 세종 6년에 명나라의 가장 강력했던 제3대 황제 영락제가 죽고, 4대 인종 홍희제가 등극했다가 1년 만에 죽고, 5대 선종 선덕제가 세종 7년에 등극했는데, 황제의 권위가 전보다 추락하면서 조선과 여진족의 운신을 한층 자유롭게 만들었다. 또 여진족은 영락제가 강제로 달달을 토벌하는 데 여진족을 참여시키자 달달의 보복이 두려워 명나라와 거리를 두고자 했다. 그들은 이제 조선에 기대는 모습으로 돌아섰다.

이런 추세 속에서 영락제의 위력에 눌려 두만강 연안에 살다가 압록강 이북의 건주위 지방으로 이동했던 여진 추장들이 다시 두만강 연안으로 되돌아왔다. 세종 5년에 강력한 추장이었던 '동맹가첩목아童猛哥帖木兒'가 돌아온 것이 그 대표적인 사례였다. 이때 두만강 연안에 살던 또 하나의 강력한 추장이던 이만주李滿住는 반대로 건주위의 파저강[혼강, 동가강] 쪽으로 이주하여 명나라에 충성을 바치자, 조선이 교류를 단절시켰다. 그는 고립을 탈피하기 위해 뒷날 조선에 다시 내조하기를 희망했으나 조선이 거부했다. 그는 국제정세를 잘못 판단한 것이다.

두만강 연안의 여진 추장들이 세종 7년 무렵 이후로 떼를 지어 조공을 바쳐오자 조선은 오히려 이들을 접대하는 것이 부담스러워졌다. 그들이 바치는

조공품은 짐승가죽이나 말이었고, 우리가 회사하는 물품은 주로 면포였다.[107]

그들은 정월 초하루에 새해 인사를 하기 위해, 그리고 동짓날에 하례를 올리기 위해 몰려오기도 했는데, 일본 토호들이나 국왕이 보낸 사신들까지 함께 참석하고, 이미 귀화하여 조선에 정착하고 있는 회회인回回人(위구르인)들까지 조회에 참석하여 세종 8년 12월 29일에는 그들의 서열을 정하는 규정을 만들어 일본사신은 동반東班에 서게 하고, 여진 추장은 서반西班에 서게 했다. 이 규정은 그 뒤 더 구체화되어 일본사신은 동반 5품 반열에, 여진 추장은 서반 5품 반열에 서도록 했다. 여진 추장보다 일본사신을 조금 위로 대접한 것이다. 여진은 아직 독립된 국가를 세우지 못한 반면, 일본은 독립국임을 고려한 것이다.

그런데 여진 추장들의 내조하는 인원이 갈수록 늘어나자 그들을 서울까지 데려오고, 서울에서 먹이고, 또 데리고 가는 일이 매우 힘들었다. 그래서 세종 9년 4월에는 여진추장 가운데 직급이 정4품에 해당하는 지휘指揮 이상인 자만을 서울로 보내고, 정5품인 천호千戶와 백호百戶는 오지 못하게 했으며, 인원도 1년에 100명 이하로 제한하기도 했다.

세종대 32년 전체를 보면, 여진인의 내조는 총 486회로서 1년 평균 15.2회에 이르렀다. 종족별로 보면 먼 지방인 송화강 유역의 올적합兀狄哈이 195회로 가장 많고, 두만강 연안지역에 사는 올량합兀良哈이 127회, 회령會寧 지역에 사는 알타리가 113회, 건주여진이 23회, 그 밖에 함길도에 사는 토착여진이 22회, 종족을 모르는 야인이 6회였다.[108] 만주 북쪽에 사는 여진족이 가장 적극적으로 내조한 것을 알 수 있다.

---

107) 세종 8년 1월 7일에 말을 바치는 여진 추장에게 회사하는 면포의 수량을 정했다. 큰 말 상등은 45필, 중등은 40필, 하등은 35필, 중질 말 상등은 30필, 중등은 25필, 하등은 20필, 작은 말 상등은 15필, 중등은 10필, 하등은 6필이다.

108) 조선시대 여진과의 관계에 대한 가장 최근의 연구는 박정민,《조선시대 여진인 내조연구》(경인문화사, 2015)를 참고할 것

7. 명나라 사신이 처녀, 집찬비, 매를 청구하고 군마 5천 필을 무역하다
진헌사가 《사서오경대전》, 《성리대전》, 《자치통감강목》 등을 받아오다

세종 8년 3월 12일에, 지난해 봄에도 왔던 명나라 사신 윤봉尹鳳과 백언白彦 등이 칙서를 가지고 서울에 또 왔다. 칙서의 내용은 임금에게 선물을 내린다는 것이었다. 임금에게 저사 20필, 융금 6단, 채견 20필을 보내고, 왕비에게도 저사 10필, 융금 4단, 채견 10필을 보냈다.

그러나 진짜 사신을 보낸 목적은 윤봉이 말로써 전달했다. 나이 어린 처녀와 음식을 잘 만드는 여종, 곧 집찬비執饌婢를 보내라는 것이었다. 칙서에 쓰기에 어려워 말로써 전달한 것이다. 다만 데려가는 것은 내년 봄이라고 말했다. 또 해동청海東靑 등 사냥하는 매도 청구했다. 이때는 인종 홍희제가 죽은 지 1년밖에 안 되어 새 황제 선종 선덕제宣宗 宣德帝[109]가 아직 상중喪中이었는데도 벌써 이런 일을 벌이고 있었으니, 조선 같으면 난리가 날 수 있는 일이었다. 황제의 부도덕함이 또 드러났다. 혹시 윤봉이 제멋대로 청구한 것인지도 알 수 없다.

세종은 특히 매를 보내라는 일에 대하여 불편한 심기를 드러내면서 대신들을 불러 의논했다.

> "… 황제가 3년상이 나기도 전이고, 또 황제의 지시도 없는데 내시의 말만 듣고 바치는 것은 옳지 않다. 또 중국에서 우리나라는 예의가 있다고 하는데, 지금 진헌한다면 중국에서 어찌 비난하는 사람이 없겠느냐? 어떻게 해야 하겠는가?"

상중에 황제가 사냥하기 위해 매를 청구하고, 또 처녀를 구하니, 예의를 존중하는 우리나라가 이를 따르는 것이 곤란하다는 것이었다. 대신들이 모두, "만일 사신들이 다시 요청하거든, 이 물건들은 구하기 힘든 것인데, 구하면 반드시

---

109) 선종 선덕제는 제5대 황제로서 27세에 황제로 등극하여 1435년(세종 17)에 향년 37세로 사망했다.

바치겠다고 하소서." 하고 건의했다. 임금은 이 말을 따랐다.

윤봉과 백언은 또 개인적으로 가지고 온 비단과 양羊 등을 임금과 왕비, 세자에게 바쳤다. 각종 선물을 뜯어내기 위한 목적이 있었기 때문이다. 그것을 알고 있는 임금은 받은 물건 값에 상응하는 물건을 포목 등으로 회사했다. 그러나 윤봉 등은 이에 만족하지 않고, 황제가 요청한 물건이라고 칭탁하면서 각종 물품을 청구하기 시작했다.

이들이 청구한 물품은 고급 등자鐙子를 비롯하여 고급 다리꼭지[가발], 고급 가죽신발, 구리그릇, 초립, 활집, 화살통, 각궁角弓, 석등잔, 건어물, 돗자리, 표지와 도련지 등 각종 종이, 표범가죽, 담비가죽, 수달피가죽, 각종 포목 등인데 이루 다 헤아릴 수가 없을 정도였다. 사신들은 용무가 끝나면 돌아가는 것이 마땅하지만, 이들은 7월에 돌아가겠다고 하면서 한강의 노량진, 양화진, 흥천사 등지를 다니면서 유람했다. 5개월 동안 머물겠다는 것이다. 윤봉이 비록 조선 사람이지만 무식한 환관의 본성이 그대로 드러난 것이고, 그런 사람을 사신으로 보내는 중국의 정치 수준도 한심하기는 마찬가지였다

윤봉은 이미 여러 차례 사신으로 다녀갔지만, 백언은 처음이었다. 그는 수원水原 사람으로 25년 전에 중국으로 들어가서 환관이 된 사람이었는데 윤봉을 흉내내어 친지들에게 벼슬을 달라고 청하여 들어주었다. 그러나 수원을 격상시켜 달라는 요청은 거부했다.

윤봉은 지난번에 왔을 때 친지들에게 벼슬을 달라고 청하고, 고향인 황해도 서흥瑞興을 도호부로 승격시켜 달라고 청하여 모두 들어주었는데, 이번에는 자기의 조상 3대를 추증해 달라고 청하여 들어주었다. 아비는 가정대부(종2품) 경창부윤, 할아비는 통정대부(정3품 당상관) 공조참의, 증조는 통훈대부(정3품 당하관) 판사재감사를 추증했다. 욕심이 한이 없는 사람이었다.

황제가 청한 처녀와 그를 호송할 화자火者들을 뽑기 위해 진헌색進獻色을 설치하고, 8도 관찰사에 명하여 후보자 명단을 올리게 하고, 이들을 임금이 직접 편전에 불러들여 면접을 보아 최종적으로 7명을 선발하고 나서, 이해 7월 1일

에 우선 5명의 처녀들에 대한 생년월일, 아비의 직업, 이름, 본관, 현주소 등 신원사항을 기록하여 우리나라 사신을 통해 황제에게 보냈다.[110] 그리고 같은 날 음식 만드는 여자 6명은 내년에 보내겠다고 전했다.

드디어 다음해인 세종 9년 4월 21일에 처녀와 음식 만드는 여자를 데려가기 위한 명나라 사신 일행이 서울에 도착했다. 임금은 모화루와 경복궁에서 사신을 맞이하는 의식을 치른 다음, 그 다음 하마연下馬宴이나 익일연翌日宴 등의 행사는 모두 14세 된 세자가 대신하게 했다. 임금은 몸이 아픈 것을 이유로 내세웠으나, 실은 하기가 싫었던 것이다. 임금은 전부터 그렇게 해왔다.

이번에 온 사신은 환관 창성昌盛이 정사로 오고, 작년에 왔던 윤봉과 백언이 그를 수행했다. 그런데 칙서를 받아 보니, 말 5천 필을 사겠다는 내용이 들어 있었다. 또 달달을 정벌하는 데 쓸 군마를 사겠다는 것이다. 세 번째로 군마를 청구한 것이다. 선덕제는 이번에도 각종 비단을 임금과 왕비에게 선물로 보냈다.[111]

또 사신 세 사람이 각자 임금, 왕비, 세자에게 비단을 비롯한 각종 물건을 바쳤다. 이런 선물들은 자신들이 필요한 물품을 청구하기 위해서 가지고 온 것이기 때문에 오자마자 도금한 구리 주전자와 구리잔, 쇠가죽 옷농, 도금한 구리 부처, 말안장, 각종 가죽제품 등을 청구하기 시작했다. 임금은 그들이 바친 물품에 대한 댓가로 각종 포목과 돗자리, 인삼, 잣, 잡색말, 담비가죽, 여우가죽 등을 하사했다. 사신들은 흥천사, 목멱산[남산] 등을 구경다니고, 종루鐘樓에 올라가서 석전희石戰戲를 구경하기도 하고, 금강산에 다녀오기도 했다.

이번 사신이 온 목적 가운데 하나는 처녀와 음식 만드는 여성, 그리고 그

---

110) 1차로 선발된 5명의 처녀는 다음과 같다. ① 상호군 김중균金仲鈞의 딸로서 16세, 12월 14일생, 본관은 광주光州, 현주소는 한성부. ② 경력소 경력 박안명朴安命의 딸로서 나이는 14세, 3월 27일생, 본관은 순천順天, 현주소는 한성부. ③ 부사정 최미崔瀰의 딸로서 나이는 13세, 2월 16일생, 본관은 화순和順, 현주소는 김포. ④ 부사직 노종득盧從得의 딸로서 나이는 11세, 9월 28일생, 본관은 교하交河, 현주소는 한성부. ⑤ 부사정 오척吳倜의 딸로서 나이는 11세, 10월 26일생, 본관은 보성寶城, 현주소는 진천鎭川이다. 모두가 양반집 딸이다.

111) 임금에게 보낸 것은 백은白銀 1천 냥, 저사紵絲 50필, 사絲 15필, 융금絨錦 5단, 두라면兜羅綿 25단, 채견綵絹 50필이고, 왕비에게 보낸 것은 저사 15필, 사 10필, 나羅 10필, 융금 4단, 두라면 15단, 채견 25필이다.

들을 호송할 화자火者들을 데리고 가는 것이었으므로 4월 25일에 임금이 세 사신을 궁궐에 불러 7명의 처녀를 다시 보이고, 음식 만드는 집찬비執饌婢 10명을 보여주고, 4월 26일에는 화자 12명을 보여주니, 그 가운데 10명을 선택했다.

이번에 뽑힌 7명의 처녀는 작년에 보낸 처녀 명단과는 차이가 있었다. 김중균과 박안명의 딸이 탈락하고, 노종득, 오척, 최미의 딸은 그대로이지만, 나머지 4명은 새로 간택되었다. 총제 성달생成達生의 딸, 목사 차지남車指南의 딸, 판관 정효충鄭孝忠의 딸, 부사정 안복지安復志의 딸이 새로 간택된 것이다. 그 가운데 성달생은 판서까지 지낸 고관이었으니, 그 딸은 처녀 가운데 가장 지체가 높다고 할 수 있었다. 명에서도 그를 특별 대우를 했다.

세종 9년 7월 14일에 처녀들이 명으로 갈 때 타고 갈 가마의 좌석 차례를 정했다. 성달생의 딸을 맨 윗자리로 정하고, 그 다음에는 차씨, 안씨, 오씨, 정씨, 최씨, 노씨의 순으로 정했다. 아버지의 벼슬 등급을 고려한 것이다.

이어 7월 18일에는 왕비가 처녀들을 궁으로 불러 전별연을 베풀었다. 처녀의 가족들도 참석하고, 집찬비 10명, 그리고 처녀들의 시중을 드는 여종이 성씨와 차씨는 각 3명씩, 그 나머지 처녀는 2명씩 배정되어 모두 16명이 되었다. 잔치를 하던 날 밤 이들의 울음 소리가 궁궐 밖까지 들렸는데 이를 듣는 사람들이 슬퍼하지 않은 사람이 없었다. 임금은 이들 처녀의 어미에게 노비 3명과 식량 40석씩을 내려주고, 그 아비는 벼슬을 높여주었다.

7월 20일에 드디어 처녀들이 궁궐에서 가마를 타고 떠났는데 성씨만 가마에 혼자 타고, 나머지는 두 사람이 한 가마에 타고 떠났다. 집찬비와 시중드는 여종들은 모두 말을 타고 떠났다.[112] 국가에서는 이들 처녀[113]와 집찬비, 수종비隨

---

112) 몇 년 전에 어떤 사극 드라마에서는 공녀들이 목에 밧줄을 매고 회초리를 맞으면서 끌려가는 모습으로 만들었는데, 이것은 사실과 너무나 다르다. 황제의 후궁이 될 사람을 어떻게 그렇게 노예처럼 끌고 갈 수가 있는가?

113) 이번에 새로 뽑힌 네 처녀의 신원은 다음과 같다. ① 성달생의 딸은 나이 17세, 8월 17일생, 본관 창녕, 현주소 한성부, ② 차지남의 딸은 나이 17세, 10월 21일생, 본관 연안, 현주소 한성부, ③ 안복지의 딸은 나이 11세, 윤5월 12일생, 본관 죽산, 현주소 한성부, ④ 정효충의 딸은 나이 14세, 12월 29일생, 본관 청주, 현주소 한성부.

從婢(처녀를 시중드는 여종), 그리고 화자의 이름을 기록하여 함께 보냈다. 다만 집찬비와 수종비는 비婢라고 쓰지 않고, 집찬비는 부녀婦女, 그리고 수종隨從은 여사女使라고 써서 보냈다. 황제의 체면을 고려한 것이다. 국가에서는 처녀들에게 각각 금으로 만든 비녀 1개와 부채 27자루를 주었다.

처녀들은 두 달 뒤인 9월 26일에 북경에 도착했는데, 나이가 어린 처녀들은 밖에서 거처하게 하고, 17세 된 성씨와 차씨만 먼저 10월 18일에 별전別殿에서 단장하게 하여 황제를 만나게 했다. 이런 소식은 함께 따라간 성달생이 귀국하여 임금에게 보고하여 알게 된 것이다.

그로부터 2년 뒤인 세종 11년 4월 12일에 중국에 갔던 한확韓確이 귀국하면서 일곱 처녀들이 보낸 편지와 겹주머니에 담은 깎은 머리칼을 가지고 왔다. 편지의 내용은 모두가 고생하면서 지내며 생활한다는 내용이었으므로 어버이와 형제들이 이를 보고 말하기를, "평생토록 상견相見할 것은 다만 이 머리털뿐이다."라고 하니, 좌우에 있던 사람들이 얼굴을 가리고 울며 크게 한숨을 지었다. 일곱 처녀들은 세종 17년 1월에 선덕제가 죽으면서 모두 순장당했다. 가장 나이가 많은 성씨와 차씨가 불과 25세에 세상을 떠난 것이다.

그런데 창성과 윤봉이 한확의 막내 여동생이 미인이라고 황제에게 아뢰어 황제가 그녀를 요청하여 5월 1일에 한씨가 추가되었다. 그때 한씨는 병이 났는데 오라비 한확이 약을 주자 먹지 않고 이렇게 말했다. "누이 하나를 팔아서 부귀가 이미 극진한데, 무엇을 위하여 약을 쓰려 합니까?" 하면서 칼로 자기의 침구寢具를 찢고서, 거기에 담아두었던 재물을 모두 꺼내 친척들에게 나누어 주었다. 그 침구는 장차 시집가려고 준비해 두었던 혼수였다.

한씨는 언니가 이미 영락제의 후궁으로 있다가 순장당한 것을 알고 있었는데, 이제 자기까지 선덕제의 후궁이 되어 장차 순장당하게 만든 사람들이 너무나 원망스러웠던 것 같다. 하지만 한확의 처지에서 보면 황제의 명을 거절하기도 어려웠을 것이다. 또 그가 시집가려고 혼수까지도 준비해 놓고 있던 처지였으니, 그의 집안에서도 공녀로 보낼 생각은 처음부터 없었던 것이 확실하다. 따지고 보면 이 비극적인 사건을 만든 장본인은 한확이나 그 아비 한영정韓永矴이 아니라 황제에게 잘 보이려고 그녀를 황제에게 추천한 창성과 윤봉이었다.

그런데 한씨는 이미 선발은 되었으나, 몸이 아픈 관계로 이번에는 가지 않았다가 뒤에 떠났다. 사신은 임금에게 한씨가 명나라로 갈 때 한두 명의 처녀를 더 뽑아서 함께 보내달라고 요청했으나, 임금은 "황제의 칙지가 없어서 그렇게 못한다."고 하면서 거절했다.

한씨는 다음해인 세종 10년 10월 4일에 사신을 따라서 북경으로 떠났다. 오라버니 한확도 함께 갔다. 이때 도성 안 사람들이 한씨의 행차를 바라보고 탄식하며 말하기를, "그의 언니가 영락제의 궁인宮人이 되었다가 순장당한 것만도 애석한 일인데, 이제 또 가는구나." 하면서 눈물을 흘리는 자도 있었으며, 이때 사람들이 이를 '생송장生送葬'이라고 했다. 살아 있는 사람을 장례지낸다는 뜻이다.

임금은 처녀들을 보내고 나서 다음 날인 7월 21일에 신하들에게 자신의 안타까운 심정을 이렇게 털어놓았다.

> "어제 처녀들이 갈 때 어미와 자식이 이별하게 되니, 그 원통한 것은 이루 다 말할 수 없다. 그러나 이 일은 국내의 일에만 관계된 것이 아니라 외국과 관계되어 중국 조정의 신하들과는 달라서 황제에게 간諫할 수가 없으니 오직 영승을 따를 뿐이다. 만약 이 일이 국가의 이해에 관계된다면 부득이 주달奏達했을 것이다. 사신이 7명의 처녀를 4개의 교자에 나누어 태우기를 고집하면서 말하기를, '각기 넣으면 7개의 교자가 길게 늘어서서 20여 리까지 이르게 될 것이니, 매우 옳지 못하다.' 라고 했다. 내가 생각하기에는 그 말이 우리나라의 폐단을 덜어주는 것 같으나 사실은 중국의 이목이 두려워서 천자에게 아첨하려고 하는 것이다."

세종은 처녀를 데려가는 것이 원통한 일로서 이를 황제에게 간諫하고 싶어도 할 수 없는 현실을 개탄하면서 황제에게 아첨하는 사신들을 원망했다. 임금은 9월 29일에도 황제에게 간할 수 있는 의리義理가 없는 것을 또 개탄했다. 세종은 이해 11월 11일에 지신사 정흠지鄭欽之가 사신이 요구하는 해청海靑을 천천히 바치자고 임금에게 건의하니, 이렇게 말했다.

　　"비록 처녀와 수만 필의 말도 오히려 마지못하여 바치거늘, 하물며 이미 잡은 해청을 어찌 바치지 않겠느냐?"

　　처녀와 수만 필의 말도 마지못해 바치고 있는데, '해청' 두 마리 정도를 가지고 실강이를 벌일 처지가 아니라는 뜻이다. 세종으로서는 명나라의 요구 가운데 가장 가슴아픈 일을 처녀와 수만 필의 말에 대한 공납으로 여기고 있었던 것이다.

　　대체로 공녀를 선발할 때 대부분의 양반집 부모들은 이를 기피하여 억지로 열 살된 여자아이를 미리 시집보내기도 하고 숨기기도 했기 때문에 자발적으로 응한 경우는 거의 없었다. 국가에서는 고의적으로 기피하는 부모들을 적발하여 벌을 내리기도 했다. 하지만 일단 공녀로 들어가면 그 집안은 황제의 친척으로서 황제의 각별한 보살핌을 받았고, 국가에서도 그 집안을 각별히 우대하여 부귀영화를 누릴 수 있었다.

　　음식을 만드는 집찬비執饌婢는 원래 음식을 잘 만드는 과부를 보내달라고 했는데, 조선에서 여자종을 보냈기 때문에 집찬비라는 명칭을 얻게 된 것이다. 집찬비로 뽑힌 여종들도 갈 때 통곡을 그치지 않았다고 한다. 비록 죽으러 가는 것은 아닐지라도 부모를 떠나 머나먼 타국으로 가는 것이 어찌 슬프지 않겠는가? 이들은 뒤에 다시 조국으로 돌아오기도 했다.

　　그러면 5천 필의 군마는 어찌 되었는가? 이번에는 말을 각 품관에게 배당하지 않고 국가에서 보유하고 있는 말을 즉각 보내기 시작했다. 사신이 온 지 한 달도 채 안 된 5월 11일부터 1차로 600필을 보낸 데 이어, 8차에 걸쳐 600필씩 나누어 보내고, 마지막으로 6월 16일에 249필을 보냈다. 49필은 퇴짜맞은 말을 보충한 것이었다. 한 달여 만에 5천 필을 보낸 것이다. 세종은 사신이 요구한 매는 열심히 잡아서 바치도록 독려했다. 다만 '해동청海東靑' 또는 '송골松鶻'로 불리는 매도 일곱 종류가 있어서 가장 좋은 것이 '옥해청玉海靑'(貴松鶻)으로 불리는 것인데,[114] 그 수효가 많지 않아 그만 못한 것들도 잡아서 보냈다. 매는 특히 함경도 지방에 많아서 그 지역에서 매를 잡아오는 사람들에게는 후한 상금이나 벼슬을 내렸다. 명나라가 처녀와 매를 요구하는 것은 원나라 때와 똑같았다.

세종 8년 7월 1일에 조선은 상호군 김시우金時遇를 진헌사進獻使로 북경에 보내 진헌할 처녀 5명의 명단과 집찬비를 내년에 보낸다는 주문奏文을 황제에게 바쳤는데, 11월 24일에 김시우가 귀국하여 임금에게 보고했다. 그런데 김시우가 가지고 온 칙유에 조선에서 청구한 《사서오경대전四書五經大全》과 《성리대전性理大全》을 합친 120권, 《자치통감강목》 14권을 하사한다고 했다. 이 책들은 사신 윤봉尹鳳이 중국으로 돌아갈 때 임금이 그에게 부탁한 책들이었다.

《사서오경대전》과 《성리대전》은 세종 1년(1419)에 경녕군 이비李裶가 북경에 갔을 때에도 하사받은 일이 있었으니, 이번은 그 두 번째 하사품이었다. 《사서오경대전》과 《성리대전》(전 70권)은 성조 영락제가 호광胡廣 등 42명의 학자들을 동원하여 송나라 성리학자들을 비롯한 120여 명 학자들의 학설을 집대성한 책이다. 이 책이 완성된 것은 영락 13년(1415)인데, 세종 1년에 이 책을 조선에 보낸 것은 책이 완성된 지 4년 뒤의 일이다.

영락제가 이 두 책을 편찬한 것은 성리학을 존숭하는 처지에서 만들었다기보다는 성리학을 포용하는 듯한 모습을 보여주기 위함이었다. 실제로 명나라는 태조 홍무제부터 독실한 불교신도로서, 신하의 자율성을 강조하는 성리학은 황제의 독재체제에 잘 맞지 않아서 장려하기보다는 오히려 통제하는 정책을 폈다. 그래도 관료들을 채용하는 과거시험에서는 성리학으로 뽑을 수밖에 없었기 때문에 성리학을 완전히 배제하지는 않았다.

---

114) 세종 9년 2월 21일에 7종매에 관한 기록이 보인다.

황제의 숭불정책은 역대 황제들에게 계승되어 모든 황제가 불교를 숭상하고, 조선에 보내는 내관 사신들도 대부분 불교도들이었다. 영락제도 마찬가지여서 조선의 부처사리를 수백 개나 가져가지 않았던가.

명나라와 달리 조선은 성리학을 국교로 내세워 건국된 나라였고, 세종도 마찬가지였다. 임금은 이 책을 곧바로 인쇄하여 신하들에게 널리 반포했다. 《성리대전》은 세종 9년 7월 18일에 경상도 감영에서 인쇄하게 하여 세종 10년 윤4월 1일에 50질을 바치니, 임금은 이를 2품 이상의 문신과 6명의 대언代言에게 나누어 주고, 춘추관과 성균관에 각각 1질씩 주어 보관하게 했다.

《사서오경대전》은 세종 9년 10월 28일에 전라도 감영에서 인쇄하여 바치라고 명하고, 그 뒤에 세종 10년 1월 26일에도 강원도에서도 나누어 간행하여 임금에게 바쳤다. 그리고 《자치통감강목》은 세종 9년 11월 3일에 주자소에 명하여 왜지倭紙 959첩을 내려주고 인쇄하라고 명했다. 이 책들의 간행으로 성리학이 크게 진흥되는 계기가 되었다.

임금은 12월 7일에 서적을 하사한 것에 감사하는 사은 및 진하사를 북경으로 보내고, 토산물을 바쳤다.

8. 명 사신이 와서 세자의 알현을 중지하라고 전하다

세종 9년 10월에 이르러 임금은 세자를 황제에게 알현시키기 위해 세자 일행을 중국으로 보내기로 결정하고 만반의 준비를 마쳤다. 세자가 황제를 알현하는 일은 전부터 있었던 관례로서 황제로부터 친왕親王(황제의 아들)에 준하는 9장복章服을 얻어오는 것을 중요하게 여겼다. 9장복은 세자가 중국의 공후公侯나 정1품 관리보다 높은 친왕과 동등한 지위를 얻는 것이 되기 때문이다. 그래서 이번 행차는 규모가 매우 커 짐싣는 말이 145필이고, 짐꾼이 356명이나 필요했다.

그런데 10월 18일에 평안도 감사가 급보를 알려왔다. 세자의 조현을 정지

하라는 칙서를 가진 사람이 요동에 와서 요동의 지휘 범영范榮과 천호 유정劉禎
등에게 그 칙서를 넘겨 주어 그들이 이미 10월 15일에 압록강에 이르렀다는 것
이었다.

지위가 낮은 요동 지휘가 정사로 오는 경우는 처음이기에 조정에서는 그들
에 대한 접대를 낮추어 하기로 정했다. 범영 등이 10월 25일에 서울에 도착하
니, 임금이 모화루와 근정전에서 칙서를 맞이하는 의식을 행했다. 그 칙서는 이
러했다.

> "세자가 와서 조근朝覲하고자 한다는 말을 들으니 이미 왕 부자父子의
> 충경한 마음을 알겠다. 그러나 세자는 이제 부지런히 공부할 나이를 만났
> 고, 더구나 먼 길에 산 넘고 물 건너는 것이 쉽지 않으니 오는 것을 그만
> 둘 것이고, 만일 이미 떠났더라도 돌아가게 하라."

그런데 범영은 오자마자 기생 세 사람과 술을 마시겠다고 청하고, 사냥개
를 달라고 했다. 정부에서는 사사로운 청은 들어줄 수 없다고 거절했다. 범영은
또 삼도자三刀子와 붉은색과 백색으로 된 사슴가죽을 달라고 했다. 그는 임금에
게 단자 3필, 생광견 10필을 올리고, 세자에게도 금피錦被 1단과 단자 2필, 중초
10필을 올렸다. 유정도 임금과 세자에게 비단을 바치니 그 회답으로 토산물을
주었다.

11월 3일에 사신이 떠났다. 이보다 앞서 10월 30일에 임금은 조계朝啓에
참석한 여러 신하들에게 이렇게 말했다.

> "그 사신의 몸가짐으로 보아 그 마음을 알 수 있다. 사신의 불초不肖함
> 이 어찌 이번에 온 범영 등과 같을 수 있겠는가? 황제가 내관을 보내지
> 않고 이들을 보낸 것은 폐를 덜기 위함인데, 이들은 그 뜻을 모르고 조그
> 마한 이익을 위하여 여러 번 입을 여니, 참으로 저잣거리의 경박한 무리
> 같구나."

임금은 중국 사신이 올 때마다 실망감을 나타냈는데, 이번 사신은 그 가운데 최악으로 본 것이다. 오자마자 기생을 청한 사신은 아직 없었다. 이조판서 허조許稠가 임금의 말을 받아 이렇게 말했다.

"조선이 본래 도적이 없었는데, 요동과 연접한 변경에는 항상 영향을 받아 점점 물들어 도적이 생겼다고 《사기》에 적혀 있습니다. 요동 사람은 대체로 탐욕스럽고 인색한 것이 옛날부터 그랬습니다."

하니, 임금도, "그렇다. 나도 옛 《사기》에서 말한 것을 안다."고 받았다. 이 말은 한사군 이후로 고조선의 풍속이 나빠졌다는 기록을 말하는 것이다.

세종은 명나라에 지성으로 사대하면서도 사신들에 대해서는 언제나 경멸감을 감추지 않았다. 이런 생각은 그런 자들을 보낸 황제에 대한 불신을 간접적으로 드러낸 것이기도 하다.

9. 일본 토호들의 조공, 대내전과 소이전이 전쟁을 벌이다.

(1) 삼포를 개항하다 [세종 8년]

매년 1월 1일은 임금이 대궐에 나와서 신하들의 신년 조회를 받고, 또 황제가 있는 중국을 바라보고 새해 인사 이른바 망궐례望闕禮를 올리는 날이었다. 그런데 이때 임금은 왜인, 야인, 회회승도回回僧徒[115]들로부터 새해 인사를 함께 받기도 하는 것이 자주 있었다. 우리나라에 조공을 바치는 이웃나라로부터는 우리가 상국上國이자 대국大國으로 인정을 받아 중국 다음의 위상을 지니고 있었다.

그러면 세종 8년과 9년에 왜인들의 조공은 어떠했던가?

---

115) 회회승도들은 의복이 다르고 또 기도하는 의식 등으로 평민들이 결혼하기를 꺼려하여 세종 9년 4월 4일에 의관과 기도하는 의식을 금하게 했다.

　　세종 8년 1월 1일에도 똑같은 예가 행해져서 왜인들이 신년 하례식에 참석했다. 비록 이날 참가하지 못하더라도 왜인과 야인들은 1월에 조공을 바치러 오는 자가 많았다. 1월 3일에는 대마도의 남녀 14명이 창원 내이포乃而浦에 와서 살기를 요청하자 들어주었다. 1월 4일에는 구주 비주肥州(사가佐賀) 태수 원창청源昌淸이 토산물을 바치고 정포 140필을 얻어가고, 작주作州(오카야마岡山) 자사 조하평상가早河平常嘉도 이날 토산물을 바치고 정포를 얻어갔다.

　　이해 1월 18일에는 대마도 도만호 좌위문대랑이 삼미삼보라三未三甫羅를 보내 예조에 글을 올려, 거제도에 농토 한 자락을 주어 농사짓게 해달라고 요청하고, 상선商船이 와서 정박하는 곳을 창원 내이포와 동래 부산포 이외에 더 늘려달라고 청했다. 이에 예조좌랑이 답서하여 울산의 염포鹽浦를 허락한다고 답했다. 그리고 술과 과일, 식량을 보내주었다. 이리하여 삼포三浦[116]가 개항되었다. 1월 21일에는 살마주薩摩州의 수온도로愁溫都老, 등원뇌구藤原賴久, 원조신귀구源朝臣貴久 등이 토산물을 바치고 정포 240필을 얻어 갔다.

　　2월 12일에 임금은 대호군 이예李藝를 대마도와 석견주石見州(시마네현)에 보내 새해 선물을 가지고 가서 두루 선물을 주라고 명했다. 대마도 종언칠宗彦七에게 선물을 주고,[117] 도만호 좌위문대랑에게도 선물을 보냈다.[118] 대마도 태수 종정성宗貞盛에게도 어미와 할미가 죽은 것을 위문하고 선물을 보냈다.[119] 이예는 대마도를 16차례나 다녀온 일본통 장군이었다. 또 이날 석견주의 장빈長濱 인번수因幡守에게 보내는 선물과 편지를 좌위문대랑이 보낸 사신 편에 보냈다.[120] 풍파

---

116) 삼포의 현재 위치는 다음과 같다. 염포는 지금 울산시 북구 염포동, 내이포는 진해시 웅천동, 부산포는 부산시 동구에 있었다.

117) 종언칠과 그 어미, 할미에게 보낸 선물은 조미 40석, 곶감 20첩, 건대구 200마리, 소주 10병, 건청어 300마리, 꿀 3말, 잣과 밤, 대추 각 15말, 다식과 계糁 각 2근이다.

118) 좌위문대랑에게 보낸 선물은 백세면주 10필, 백세마포, 흑세마포 각 5필, 소주 30병, 곶감 30첩, 잣과 밤 각 30말, 건대구 200마리, 건청어 500마리이다.

119) 종정성에게 보낸 선물은 조미 100석, 콩 50석, 종이 200권, 백세면주와 백세저포 각 10필, 곶감 50첩, 잣 3석, 대추와 밤 각 2석이다.

120) 인번수에게 보낸 선물은 백세면주, 백세저포, 흑세마포 각 20필, 정포 65필, 만화침석 10장, 청사피 5장, 자사피 3장, 호랑이가죽 3장, 표범가죽 2장, 인삼 20근, 잣 500근, 꿀 5말, 말린 호랑이고기 등이다.

를 만난 우리나라 사람을 구호하여 돌려보낸 데 대한 보답이었다.

이예는 5월 21일에 귀국하여 임금에게 보고했다. 도주 종정성은 선물을 받고 매우 기뻐하면서 각별하게 이예를 대접했으며, 지난 7~8년 동안 대마도를 떠나 있어서 조공을 바치지 못한 것을 사과하고, 앞으로 지성으로 귀화하겠다고 약속했다고 했다. 또 좌위문대랑과 등차랑도 똑같이 선물을 받고 감격했다고 전했다.

이해 6월 1일에는 대마도 좌위문대랑과 종언륙이 토산물을 바치므로 각기 정포 20필과 12필, 소주 등을 회사했다. 좌위문대랑은 7월 7일에 감사의 글을 올리고 토산물을 바치고, 이어 부산포에서 배를 만드는 것을 허락해 달라고 청하자 들어주고, 정포 65필과 조미 20석을 하사했다. 8월 10일에는 왜인 마다화지麻多和知가 귀화하고, 8월 23일에는 대마도 왜인 3명이 또 귀화했다.

그 뒤로 왜인의 왕래가 뜸했다가 세종 8년 11월 1일에 구주의 석성관사 종금宗金(藤宗金)이 토산물을 바치고,[121] 정포 240필을 받아갔다. 이날 축전주筑前州(후쿠오카福岡) 태재 소이少貳 등원만정藤原滿貞이 인질로 잡힌 왜인 평노전平奴田 형제 등을 돌려달라고 청하고 토산물을 바쳤다.[122] 예조에서는 평노전 형제가 죄를 입어 유배중이므로 돌려줄 수 없다고 회답하고, 정포 430필을 회사했다. 또 이날 종정성과 좌위문대랑이 평도전平道全을 돌려달라고 글을 보냈으나 유배중이라고 대답했다. 평도전은 평안도 양덕에 딸과 함께 살고 있었다.

11월 16일에 축전주 냉천진 평방식부위 행길行吉이 그 아들을 시켜 토산물을 바치자 정포 39필을 회사하고, 이날 구주 전 총관 원도진源道鎭이 토산물을 바치고 호랑이 가죽, 표범가죽, 인삼, 돗자리를 청구하자, 정포 65필과 호랑이가죽 2장, 표범가죽 2장, 인삼 50근, 잡채화석 20장을 주었다.

---

121) 종금이 바친 토산물은 접부채 100자루, 장뇌 5근, 큰 칼 10자루, 물소뿔 1개, 울금 20근, 구리 200근, 곽향 20근, 유황 1천 근이다.
122) 등원만정이 보낸 토산물은 큰 칼 5자루, 천산갑穿山甲 1장, 장뇌 1근, 초과 10근, 비단 2필, 쟁반 100개, 자완磁椀 1천 개, 소향유 3근, 소가죽 10장, 구리 300근, 단목 500근, 유황 1천 근, 정향피 3근, 납 100근이다.

11월 26일에 대마도 종정성은 예조에 글을 올렸다. 그 내용은 근래 대마도 어선 2~3척이 조선 근해에서 사로잡혔는데, 조선에 해가 되는 일은 하지 않았으니 앞으로는 이런 일이 없기를 바란다는 것이었다. 예조참의가 답서를 보내, 3월에 왜선이 우리 군인 4명을 죽였고, 4월에도 우리 군인 3명을 죽였으므로 잡았고, 8월에는 왜선 2척과 싸웠으나 이기지 못했는데, 그 배 안의 장비를 빼앗아 보니 절반이 조선 물건이었다고 하면서 우리의 잘못이 없고, 간사한 무리들이 저지른 일이라고 나무랐다. 그러면서 천아天鵝(고니) 5마리, 청어 600마리, 대구어 40마리, 소주 30병을 회사했다.

11월 28일에는 석견주石見州(시마네현島根縣) 주포 인번자사 등관심藤觀心이 사람을 보내 물품을 하사한 것에 감사하고 토산물을 바치자,[123] 정포 29필, 저마포 10필, 만화석 10장, 호랑이가죽과 표범가죽 각 2장, 인삼 20근, 잣 20말, 소주 20병을 회사했다. 이날 종정성도 사람을 보내 장막帳幕 등 잡물을 하사한 것에 감사하고, 억류된 왜인 4명을 돌려보내 달라고 청하여 찾아서 보냈다.

세종 8년 12월 6일에 예조는 임금에게 아뢰기를, "왜인들이 바치는 단목丹木은 저들이 남만南蠻(동남아시아)에서 사 가지고 온 것인데, 지금 면주 1필을 단목 20근으로 계산하는 것은 너무 무거우니 앞으로는 면주 1필을 단목 15~16근으로 계산하자."고 건의하여 임금이 그대로 따랐다. 단목은 붉은색과 노란색 물감과 약재로 사용하는 나무였다.

12월 14일에 구주 전 도원수 원도진이 토산물을 바치자,[124] 정포 315필을 회사했다. 이날 비주태수肥州太守 길견원창청吉見源昌淸이 토산물을 바치니,[125] 정포 84필을 회사했다. 이날 또 축주부 석성현 종금宗金이 토산물을 바치니, 정포 80필을 회사했다. 원창청과 종금이 보낸 왜인들은 이해 제야에 궁궐에서 가진

---

123) 등관심이 바친 조공품은 주완朱梡 201개, 녹칠漉漆 10통, 납촉 50자루이다.
124) 원도진이 바친 토산물은 화전華氈 1장, 연위 2필, 해매海梅 5매, 곽향 10근, 상아 1개, 소목 300근, 자완 1천 개, 구리 300근, 장뇌 5근, 소합유 2근, 큰 칼 5자루이다.
125) 길견원창청이 바친 토산물은 초자와 착자捉子 2벌, 분홍비단과 황색비단 각 1필, 납 50근, 소목 200근, 감청 1근이다.

화산대火山臺(불꽃산대놀이)에 참석하여 야인들과 함께 구경했는데, 왜인은 동반, 야인은 서반에 있게 하여 왜인을 야인보다 약간 우대했다.

(2) 대내전과 소이전이 싸우다 [세종 9년]

세종 9년 1월 1일의 신년 조회에 왜인, 야인, 회회인들이 관례대로 대궐에 와서 임금에게 하례를 올렸다. 1월 13일에는 일기도 지주知州 원조신중源朝臣重이 《반야경》을 구하고 토산물을 바치니,[126] 《반야경》 1부와 정포 83필을 회사했다. 같은 날 대마도 좌위문대랑이 아들을 보내 토산물을 바치니,[127] 정포 300필을 회사했다. 또 같은 날 비전주(사가佐賀) 송포松浦에 사는 원신창명源臣昌明이 토산물을 바쳤으나, 개인자격이므로 회사품을 주지 않았다.

1월 19일에는 구주 남부 살마주薩摩州 이집원 우진 등원뇌구藤原賴久가 토산물을 바치자,[128] 면포 30필과 정포 90필을 회사했다. 같은 날, 살마주 태수 원구귀源久貴가 토산물을 바치자,[129] 정포 268필을 회사했다. 같은 날 구주순무사 작주作州 전 자사 조하평상가早河平常嘉가 토산물을 바치고, 구주 석성관사 민부소보 평만경平滿景이 토산물을 바쳤다. 이해 2월 2일에는 평만경이 사로잡혀 간 조선 여자 1명을 돌려보내고, 등원뇌구가 사로잡혀 간 조선 여자 3명을 돌려보내자 여자 1인당 면포 10필씩 하사했다. 이 여인들은 나이가 이미 70~80세에 이르렀다.

이해 3월 27일에는 대마도 좌위문대랑이 예조에 서신을 보내 조선 변경을 침범하는 대마도인을 목베었다고 보고하고, 아울러 고기를 잡고 장사하는 것을 내이포와 부산포에만 허락하여 생계가 어려우니 고성固城의 구라량을 열어달

---

126) 원조신중이 바친 토산물은 유황 2천 근, 단향 100근, 용뇌 5냥, 황금黃芩 5근, 진피 10근, 빈랑 3근, 적동 50근, 큰 칼 5자루이다.
127) 좌위문대랑이 바친 토산물은 유황 1천 근, 단목 500근, 물소뿔 8개, 오매목 500근, 감초 10근, 목향 2근, 백단향 2근, 진피 3근, 주홍 1근, 침향 2근, 사발 100개이다.
128) 등원뇌구가 바친 토산물은 유황 1천 근, 단목 200근, 큰 칼 3자루, 긴 창 2자루, 오금烏金 30근, 물소뿔 1본이다.
129) 원구귀가 바친 토산물은 유황 3천 근, 단목 500근, 칠 35근, 큰 칼 5자루이다.

라고 청하면서 토산물을 바쳤다. 예조가 답서하여 요청한 것을 허락하고, 정포 59필, 소주 20병, 잣 2석을 회사했다. 같은 날 대마도 종우마宗右馬, 종언륙宗彦六, 종정성宗貞盛이 토산물을 바치니, 정포 70필과 미두 200석, 호랑이가죽과 표범가죽 각 2장, 저포 20필, 잡채화석 30장, 소주 30병, 잣 5석을 회사했다.

그런데 이해 3월 이후로 6월에 이르기까지 왜인의 조공이 끊어졌다. 그 이유는 야마구치 지방과 구주 동북부의 가장 큰 토호세력인 대내전大內殿과 후쿠오카 다자이후 지역의 소이전小二殿 사이에 전쟁이 일어났기 때문이었다. 소이전은 그 서쪽의 비주肥州(사가佐賀)와 대마도, 일기도 등을 그 관할에 두고 있었다. 조선과 거리가 가까워서 조공을 가장 자주 바치던 지역이다.

두 세력 간의 싸움에 전체 구주지역 토호들이 두 패로 갈라져 싸웠기 때문에 조선에 오는 조공사신이 뜸해졌던 것이다. 그러나 식량사정이 어려워 궁지에 빠진 대마도 왜인들은 6월 29일에 이르러 대마도 수호 종언륙宗彦六이 토산품을 바치고, 종정징宗貞澄도 굶주림을 호소하면서 토산물을 바치자, 종언륙에게는 정포 106필을 내려주고, 종정징에게는 정포 40필과 미두 100석, 면주, 저포 각 10필, 소주 20병을 회사했다.

이해 7월 1일에는 대마도 도만호 좌위문대랑이 보낸 사신이 와서 자세한 구주 소식을 전했다. 대내전과 소이전의 싸움에 대마도가 소이전 편을 들어 싸우느라 굶주리고 피곤해진 군사들이 앞으로 조선 연안을 침략할 위험이 있으니, 방비를 엄하게 해 달라고 말했다. 그러니까 추장들도 그 아래 군사들의 행동을 막지 못하고 있었던 것이다.

10. 유감동, 동자, 금음동 여인의 간통사건, 양녕대군의 간통사건

세종 9년 8월 17일에 조정에서는 음란한 행위를 저지른 유감동兪甘同이라는 사족 여인을 의금부에 가두는 사건이 일어났다. 이날부터 시작된 이 사건으로 그녀와 관계를 맺은 사람들을 줄줄이 조사하여 이 사건의 전모가 드러났다.

유감동은 본래 검교 한성윤 유귀수兪龜壽의 딸로서 당당한 양반집안의 규수였다. 그녀는 평강현감 최중기崔仲基에게 시집갔는데, 최중기가 무안군수가 되자 아내를 데리고 함께 갔다. 그런데 유감동이 병을 이유로 서울로 올라와서 스스로 관청 창기倡妓라고 일컬으면서 음란한 행위를 하자 최중기가 그녀를 버렸다.

유감동이 음란한 행동을 하게 된 데에는 까닭이 있었다. 병마사 김훈金訓의 아들인 김여달金如達이라는 자가 어두운 밤에 무뢰배들을 이끌고 거리와 마을을 휩쓸고 다니다가 피병하러 가던 유감동을 만나자 순찰한다고 핑계대고 협박하여 끌고 가서 강간하고, 그 뒤에도 최중기의 집에까지 가서 만나고 마침내 그녀를 데리고 도망까지 했다.

이 사건이 계기가 되어 유감동은 자학에 빠져서인지 모르나 수십 명의 벼슬아치들과 놀아났는데, 그 가운데에는 고관대작, 공신의 자손, 정승의 아들들까지 연관되어 있었다. 9월 16일에 이르러 마침내 사헌부가 죄에 연관된 사람들의 이름과 죄명을 낱낱이 고하면서 해당하는 벌을 결정하여 상신했다. 그 결과 유감동은 변방의 관비官婢를 삼고, 그와 관계한 사람들 가운데 일부는 참형을 당하고, 일부는 사죄赦罪 이전이라 하여 벌을 받지 않고, 일부는 관직을 파면당하고, 매를 맞고 유배를 당했다. 벼슬아치들이 유감동의 신원을 알고 있으면서 관계했다는 것이 더 크게 문제가 된 것이다.

유감동 사건이 터졌던 무렵에 또 다른 사족 부녀의 간통사건이 일어났다. 세종 9년 9월 4일에 사헌부가 음녀淫女 금음동今音同과 동자童子, 그리고 조상曹祥이라는 남자를 고문하라고 상언하니 임금이 허락했다. 두 여인이 간통奸通한 죄를 지었다는 것이 그 이유였다. 그러나 임금은 간통이란 지극히 은밀하게 이루어지는 것이므로, 반드시 현장에서 잡아 명백한 증거를 가진 것이 아니면 함부로 죄를 다스리기 어렵다고 말하면서 신중하게 처리하라고 일렀다. 그러니까 강간强奸인지 화간和奸인지 판단하기가 어렵다는 것이다.

한편, 동자는 사정司正 양웅楊雄의 딸인데, 처녀로서 임득성林得成의 아내 민씨 집에 도망해 들어갔다가 그 아들 임견수林堅守 및 그 아우 임일林逸과 서로 간통한 죄를 지었는데 임견수가 그녀를 유혹했다는 것이다. 또 그녀는 이성異姓 시마친總麻親인 조상과도 간통했다고 한다. 시마친은 2개월간 상복을 입는 8촌에 해당하는 이성 친족이다.

금음동은 소윤 조민경曹敏卿의 딸인데, 처녀로서 역시 이성 시마친總麻親인 양자부楊自敷와 간통한 죄를 지었다는 것이다.

임금은 이들이 나이가 든 처녀로서 시집을 가지 못하여 이런 일이 일어났다고 개탄하고, 앞으로 처녀들이 시집가는 나이에 한계를 두어 제때 시집가게 하는 법을 만들어야 한다고 말했다. 실제로 그 뒤 30세 이상 된 처녀가 시집을 가지 못했을 때는 국가에서 혼수를 도와주는 법이 제정되었다.

그런데 당사자인 임견수, 조상, 양자부 등이 모두 죄를 자복했는데, 임금은 강제로 형벌을 써서 자백을 받아내는 경우도 있다는 점을 지적하면서 역시 신중한 처리를 당부하고, 이 문제를 대신들과 상의했다. 대부분의 의논은 사족부녀이기에 죄가 더욱 무겁다고 하면서 먼 지방의 관비官婢로 만들어야 한다고 주장했다.

사헌부는 9월 16일에 동자와 임견수는 곤장 100대, 동자와 임일은 합의하여 간통했으니 곤장 80대, 금음동과 양자부는 곤장 100대에 도형徒刑(노동형) 3년을 주자고 건의했다. 그런데 뒤에 사헌부가 다시 상서하여 금음동과 양자부를 변방의 노비로 삼으라고 청하여 임금이 윤허했다. 일반 평민들은 간통사건이 더 많았어도 크게 문제되지 않았으나 지체가 높은 사족 부녀이기에 죄를 받은 것이다. 다만 누가 이 사건을 관에 고발한 것인지는 알 수 없다. 당사자들은 아닐 것이다.

세종 10년 1월 12일에는 양녕대군이 병이 나자, 임금이 양녕의 아들 순성군 이개李譮, 내의內醫 노중례, 환관 이귀를 시켜 약을 가지고 이천利川으로 보냈다. 그런데 양녕이 병이 난 이유는 군비軍婢 김윤이金閏伊라는 여인과 몰래 간통한 사건이 발각되어 김윤이와 그 어미 기매其每가 의금부에 갇혔다는 소식을 듣고 근심하고 번민하여 생긴 것이었다.

그런데 양녕이 김윤이와 간통한 것은 이보다 훨씬 전 일이었다. 우선 김윤이의 인적상황은 이렇다. 그는 칠원부원군 윤자당尹子當의 비첩婢妾이었는데, 윤자당이 세종 4년에 세상을 떠나자 의산군 남휘南暉(태종의 사위)가 윤자당이 죽은 지 100일도 안되어 상복을 입고 있던 윤이를 첩으로 삼았다. 세종 6년 7월에 윤이가 4촌 언니 집으로 돌아가자 남휘가 격노하여 그 집으로 쫓아가서 그 언니와 그 남편을 거의 죽을 지경으로 구타했다. 이 소식을 들은 세종은 누이동생의 남편인 남휘를 불러 호되게 꾸짖고, 한동안 집안에 가두었다.

임금은 일이 커질 것이 두려워 윤이를 처벌하지 않고, 좌군도사 최징을 불러 그녀에게 고역을 시키라고 명했다.

그런데 궁궐의 차비差備로 있던 별감 정반야鄭般若가 몰래 양녕대군에게 사냥 매를 갖다 주는 등 내통하고 있었는데, 양녕대군이 반야에게 윤이의 미모에 대하여 물었다. 양녕이 그에게 여자종 2명과 황금 20냥을 주자, 반야는 궁중 별감인 김불로金佛老를 양녕에게 보냈다. 양녕은 세종 9년 6월에 불로를 시켜 진주를 산다고 핑계하고 윤이의 집을 찾아가서 면포 7필을 주고, 또 뒤에 몇 번에 걸쳐 윤이 집에 가서 비단 등을 주면서 "너의 산업은 내가 도모해줄 것이며, 위에 이야기하여 천역賤役을 면제시켜 주겠다."고 꾀었다. 드디어 밤에 윤이를 양녕에게 데려왔다가 다음 날 돌려보내기를 반복했다. 그녀에게 여자종 2명, 비파, 미두 등을 주고 계속하여 왕래하게 했다.

임금은 양녕이 개인과 사통하지 말라는 금령을 어기고 윤이와 사통하고 있는 사실을 알고 10년 1월에 윤이와 그 어미를 의금부에 가둔 것이다. 양녕은 윤이를 알게 된 것이 태종 16년부터라고 거짓말로 변명하면서, 임금에게 편지를 써서 "전하와 영원히 이별하겠다."고 말했다.

양녕이 패악한 편지를 보냈다는 소식을 들은 대간과 대신들은 들고 일어나서 양녕을 법으로 다스리고, 그 아들 이개와 함께 먼 지방으로 유배보내라고 요청했으나, 임금이 듣지 않았다. 세종은 양녕이 원래 문사文辭가 부족하여 그렇게 말한 것이지 특별한 뜻이 없다고 변명했다. 그러나 윤이는 먼 지방의 관비官婢로 내보내고, 그 어미도 그렇게 했다. 그리고 윤이의 아비 김천용金泉湧이 여전히 양녕이 준 두 여종을 거느리고 살자 그들을 모두 본 주인에게 돌려주었다.

이 사건은 이것으로 일단락되었으나, 세종은 그 뒤에도 계속하여 양녕에게 음식을 내려보내고 궁중에도 불러들여 잔치에 초대하기도 하는 등 형제간의 우애를 이어갔다.

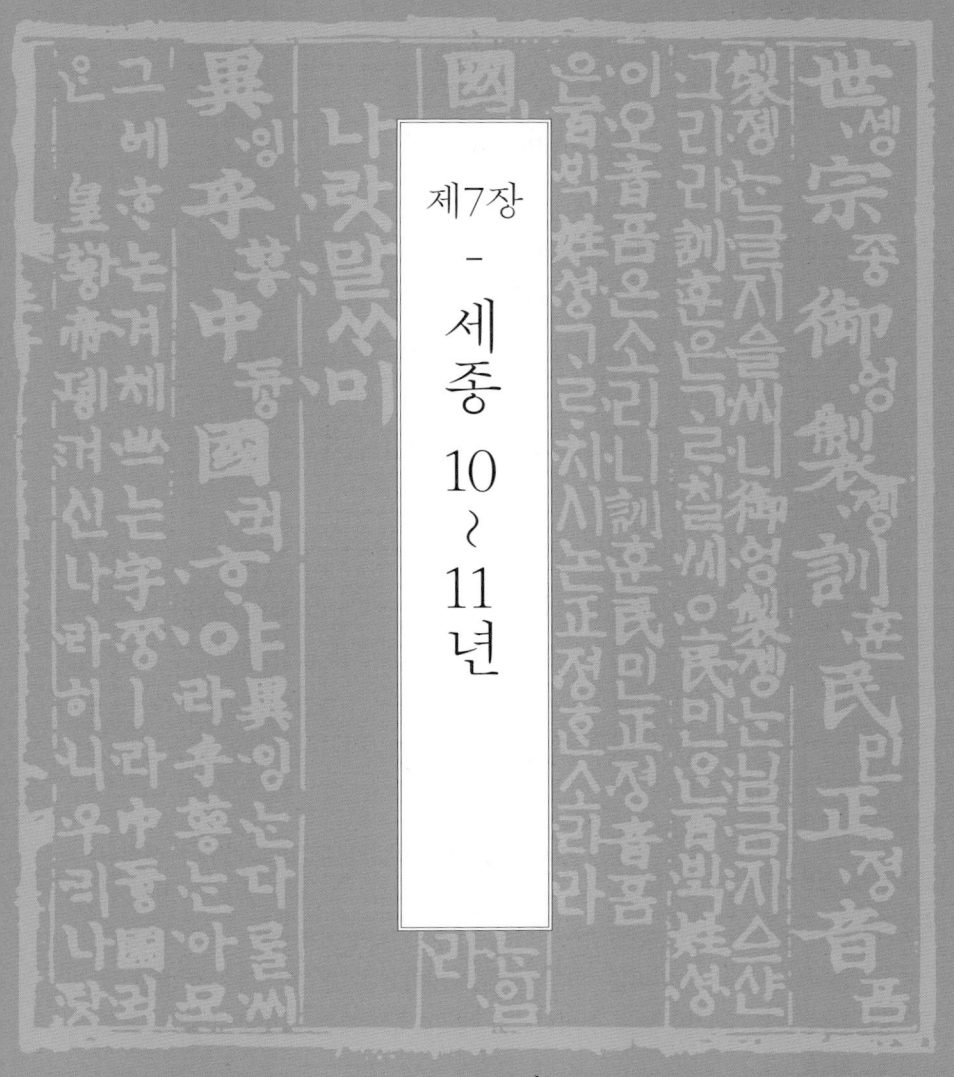

제7장
-
세종
10~11년

(32~33세)
1428~1429년

1. 여종의 신문고 허용, 종의 재산을 보호, 〈천자종모법〉은 천리에 맞지 않는다

노비를 사랑하는 세종의 마음은 간절했다. 관비의 건강을 염려하여 세종 8년 4월 17일에 출산하는 관비官婢에게 출산 후 7일을 주던 휴가를 100일로 늘려주는 파격적인 조치를 취했음은 이미 앞에서 설명한 바 있다. 그것도 부족하여 임금은 세종 12년에 산전 한 달 휴가를 더 주고, 세종 16년에는 여종의 남편에게도 산후 한 달의 휴가를 주고 이를 항식恒式으로 삼으라고 결정했는데, 이는 뒤에 다시 설명하겠다.

세종 10년 5월 24일에는 여자종이 신문고申聞鼓를 치지 못하게 막은 의금부 관원을 사헌부에서 국문하라고 명했다. 여자종 자재自在라는 여인이 이날 광화문에 걸린 종鍾을 치고 자신의 억울한 일을 호소하자 승정원에서 그 까닭을 물었더니, "의금부 당직원이 신문고 치는 것을 금하기 때문에 종을 쳤다."고 말했다. 이 사실을 승정원이 임금에게 보고하자 임금은 이렇게 말했다.

"신문고를 설치한 것은 사람들이 마음대로 칠 수 있게 하여 아랫백성들의 사정이 위에 통할 수 있게 하려는 것이다. 무슨 까닭에 금했는가? 만약 진술한 말이 사실이 아니라면 죄는 그 사람에게 있는 것이니, 북을 관리하는 사람에게 무슨 상관이 있겠느냐마는 이와 같이 금지를 당한 사람이 반드시 많이 있을 것이니, 그 의금부 당직자를 사헌부에 내려 국문하라."

임금은 이렇게 명하고 드디어 의금부 당직원 김중성金仲誠과 유미柳渼를 파면시켰다. 여자종이 신문고 치는 것을 막은 의금부 관원이 두 사람이나 파면당했다는 것은 신문고가 신분을 가리지 않고 칠 수 있도록 개방된 것을 말해준다. 세종은 노비도 당당한 하늘이 낸 백성으로 대접했기에 신문고 호소를 막지 못하게 했다.

이 사건이 있은 다음 날에 또 벼슬아치가 노비의 재산을 빼앗는 일이 발생하자 임금이 이를 막았다. 사직司直 정득훤鄭得萱의 여자종 연덕延德이 딸 무해無害가 죽었다고 거짓으로 말하고, 그 딸을 태조의 후궁인 성비誠妃 원씨에게 바쳐 시녀侍女가 되게 했다. 그런데 연덕이 죽자 연덕의 주인 정득훤 형제가 후사가 없는 종의 가산家産이라고 하면서 연덕의 유산을 빼앗으려 했다. 그러자 연덕의 딸 무해가 성비誠妃에게 이를 호소했다. 성비가 이 일을 세종에게 아뢰니, 임금이 정득훤을 의금부에 내려 추국하게 했다.

임금은 자기 종의 재산을 빼앗으려고 한 벼슬아치 정득훤에게 죄를 주고, 여자종의 재산을 주인이 빼앗지 못하게 한 것이다. 얼핏 생각하면 죽은 종의 재산을 주인이 가져도 될법하다고 여길지 모르나 세종은 이를 용납하지 않고 그 재산이 딸 무해에게 돌아가게 했다.

그러나 후사가 없이 죽은 종이 자기 소유 노비나 가산家産을 죽기 전에 타인에게 주었다면 어떻게 처리했을까? 태종 14년 7월 12일에 정한 법에는 "노비가 후사가 없이 죽었을 경우, 만일 그가 부리던 노비가 있으면 본주本主가 부리도록 허락하되, 다만 다른 사람에게 기증한 문계文契가 있을 경우에는 본주가 소유할 수 없다."고 했다. 다시 말해 노비도 자기가 소유했던 노비를 다른 사람에게 기증하면 주인이 빼앗을 수 없게 한 것이다.

세종 10년 11월 14일에 한성부는 임금에게 아뢰기를, "사노비로서 후사가 없는 자가 그 가산家産을 이미 타인에게 주었음에도 불구하고 본주인이 이를 빼앗으려고 한다."고 보고하자, 세종은 위에 말한 태종 14년의 법령에 따라 처리하라고 명했다. 그러니까 죽은 노비가 이미 자기 재산을 남에게 준 문서가 있을 경우에는 본주인이 빼앗지 못하게 했다. 노비의 재산을 노비 스스로 처분할 수 있도록 보호해주고 있는 것이다.

여자종의 인권과 관련하여 비첩婢妾의 지위도 무시할 수 없다. 세종시대 비첩의 수가 얼마나 되는지는 알 수 없으나, 비첩을 갖지 않은 사람이 거의 없을 정도이니 그 수가 엄청나게 많았을 것이다. 그런데 태종 14년에 2품 이상의 비첩이 낳은 아들은 영원히 양민良民이 되게 하고, 5품을 한도로 벼슬을 주는 법이 만들어졌다.

세종은 재위 10년 10월 30일에 말하기를, "고려시대에는 천첩賤妾 아들이 모두 노비와 다를 바 없었는데, 우리 조종에서 비로소 각품 관원의 천첩 소생에게 관직을 제수하는 법을 세웠는데, … 다만 품계에 한계가 있다."고 하면서 고려시대보다 조선왕조에 들어와서 천첩 소생의 지위가 한층 높아진 사실을 자랑스럽게 말했다. 그런데 이 법은 세종 14년에 이르러 더욱 확충되어 2품 이상의 아들뿐 아니라 평민의 비첩소생에 대한 처우도 법제화되었다. 이 점은 뒤에 다시 설명하겠다.

첩이 되지 않고 양민 남자와 결혼하는 여자종도 많았는데, 그 자식들을 아버지 신분을 따라 양민이 되게 하는 법이 이미 태종 14년 6월에 만들어졌다. 이를 〈비자종부위량법婢子從夫爲良法〉 또는 〈천자종부법賤者從父法〉으로 불렀다. 이 법은 비첩 소생을 양민으로 만들어주는 법과 더불어 노비인구를 급속히 감소시키는 결과를 가져왔다. 그러자 신하들이 장차 노비가 모두 없어질 것을 걱정하는 논의를 제기했다.

여자종이 이 법을 악용하여 이미 남자종에게 시집간 사람도 양민 남자와 간통하고서 거짓으로 그 남자가 아들의 아비라고 주장하여 양민으로 만드는 일도 있었다. 세종 11년 7월 25일에 우의정 맹사성孟思誠이 임금에게 이런 현상을 보고하면서, 특히 사비私婢의 경우는 그 주인이 이를 막고 있지만 공비公婢의 경우는 이를 막을 사람이 없어서 장차 10년 이내에 관노비는 모두 양민이 되어버려 남는 자가 없게 될 것이라고 걱정했다. 이를 막기 위해서는 앞으로 일정한 연한을 정하여 여자종이 양민 남자에게 시집가지 못하게 하자고 건의했다.

대사헌 김효손金孝孫도 고려시대에는 노비는 모두 어미를 좇는 〈종모법從母法〉이 있었다고 하면서 〈종모법〉으로 돌아가자고 주장했다.

세종은 대신들의 주장을 듣고 이렇게 말했다.

　"조종에서 법을 세운 본뜻은 양민이 날로 증가하게 하고자 한 것이다. 만약 그런 법[종모법]을 세운다면 조종의 법을 세운 본뜻과는 거리가 있어서 조종의 법을 고치는 것이 된다. 그런 법을 세우기보다는 차라리 〈천자수모법賤者隨母法〉이라는 고려조의 법을 복구하는 것이 나을 것이다."

　세종은 내심으로 양민을 증가시키는 〈천자종부법賤者從父法〉을 강력하게 지지하면서, 대신들의 주장을 무시할 수 없어서 고려시대의 〈종모법〉을 부활시키는 것이 차라리 낫지 않겠느냐고 말한 것이다. 그러나 세종은 정말로 〈종모법〉을 복구하자는 뜻이 아니고 〈종모법〉을 반박하기 위해서 한 말이었다. 오히려 3년 뒤인 세종 14년 3월 25일에 이르러 임금은 다시 〈천자종부법〉이 만세의 아름다운 법이라고 하면서 이런 말을 덧붙였다.

　"하늘이 백성을 낳을 때 본래 귀천의 차별이 없는 것이다. 고려에서 〈천자수모법〉을 세운 것은 하늘의 이치에 맞지 않는다. 태종께서 〈천자종부법〉을 세운 것이 만세의 아름다운 법이다."

　여기서 하늘이 백성을 만들 때 귀천의 차별을 두지 않았다고 한 것은 노비도 엄연한 천민天民임을 인정한 것이다. 그러면서 세종은 앞으로 여자종이 양부良夫에게 시집갈 때, 사비私婢는 이정里正에게 신고하게 하여, 거짓으로 양부에게 시집갔다고 속이는 자는 모두 공노비로 만들라고 말했다. 그러니까 정식으로 양부에게 시집간 자의 아들은 양민으로 만들되, 거짓말로 속인 자는 공노비로 만들자는 것이다.

　그러자 맹사성이 또 반대의견을 제시했다. 그렇게 하면 여비女婢들이 모두 양부와 간통하여 그 자식들을 공노비로 만들려고 할 것이라고 했다. 왜냐하면 사노비보다는 공노비의 처지가 낫기 때문에 양민이 되지 못할 바에는 공노비라도 되고자 한다는 것이다. 그러면서 양천良賤이 서로 통간한 자의 자식은 모두 주인에게 돌려주게 하자고 했다. 그러니까 〈천자수모법〉으로 돌아가자는 것이다. 임금은 맹사성이 맹렬히 반대하자 이틀 뒤에 전일의 의논을 따르겠다고 말했는데, 그것이 〈종모법〉인지 〈종부법〉인지는 알 수 없다.

어쨌든 임금은 언제나 노비를 줄이고자 하는 정책을 지지했으나, 신하들은 언제나 노비인구의 감소를 막으려고 하여 계속적인 충돌이 일어났다.

임금은 양천교혼良賤交婚 소생의 자식에 대하여 유리한 조치를 또 하나 시행했다. 재위 11년 7월 6일에 여자종이 양민 남자에게 시집가서 낳았거나, 남자종이 양민 여자에게 장가가서 낳았거나 간에, 만약 그 자식이 5~6명일 경우에는 그 가운데 한 사람은 신역을 면제하여 부모를 모시도록 했다.

2. 《농사직설》을 편찬하다 [세종 11년]

백성을 위한 정책 가운데 농정農政은 가장 중요하다. 세종은 "백성은 먹는 것이 하늘"이라고 입버릇처럼 말했다. 농업은 의식주衣食住를 해결하는 1차 산업이기 때문이다. 세종은 우선 백성들이 소유하는 농지農地를 늘리기 위해 북방 영토를 확장하고, 강무장講武場을 축소하여 농민에게 돌려주고, 관둔전官屯田 등도 농민에게 돌려 주었으며, 벽골제, 눌제 등 수리시설도 확충했다.

곡식생산량을 높이는 데에는 농사기술을 개선하는 일도 중요한 일이었다. 중국에서 들여온 《제민요술齊民要術》,《사시찬요四時纂要》,《농상집요農桑輯要》 등의 '농서農書'[130]들을 민간에 널리 보급했는데, 중국의 농서는 주로 중국 화북지역의 자연환경에 맞는 농법으로서 우리나라의 농업에도 큰 도움이 되기는 했으나, 우리나라의 토양과 기후환경에 맞지 않는 점이 있어 우리나라 현실에 맞는 농법을 발전시키기 위해 노력했다. 특히 토지가 비옥하고 비가 많은 하삼도 즉

---

130) 《제민요술》은 6세기 경에 북위北魏에서 만든 농서이고,《사시찬요四時纂要》는 당나라 말기인 996년에 편찬된 농서이며,《농상집요》는 원나라 때인 1286년에 편찬되었는데 고려 말기 이암李嵒이 중국에서 수입하여 강시姜蓍가 1372년에 합천에서 간행하여 보급했다.

경상도, 전라도, 충청도에 비해 평안도, 함길도, 강원도, 황해도 등 북방지역은 농법이 미숙하여 늘 걱정이었다.

세종 10년 윤4월 13일에 임금은 하삼도의 발전된 농법을 북방지역에 보급하기 위해 경상도 감사에게 명하여 그 지역의 농법을 늙은 농부에게 자세히 물어서 책을 만들어 올리라고 했다. 이어 경상도만이 아니라 다른 도의 감사에게도 명하여 우리나라 전국 각 지역의 노농老農들의 경험을 수집하여 농법 책을 만들라고 했다.

그에 따라 세종 11년 5월 16일에 총제 정초鄭招(?~1436),[131] 변효문卞孝文 등이 책을 만들어 올리니, 이를 《농사직설農事直說》이라고 불렀다. 그 서문의 내용은 다음과 같다.

> "우리 주상께서는 명군[태종]을 계승하여 … 오방五方의 풍토가 같지 아니하여 곡식을 심고 가꾸는 법이 각기 적성이 있어 옛글과 다 같을 수가 없다고 하셨다. 그리하여 여러 도의 감사에게 명하여 주현州縣의 노농 老農들을 방문하게 하여 이미 시험한 증험證驗에 따라 갖추어 보고하게 하고, 또 신 정초에게 명하여, 그 까닭을 보태게 하여 신이 종부소윤 변 효문卞孝文과 더불어 낱낱이 살피고 참고하여 중복된 것은 버리고, 절요한 것만 뽑아서 찬집하여 책을 만드니, 이름하여 《농사직설》이다. 이 책을 주자소에서 인쇄하여 중외에 반포하여 민생을 후하게 하고 집집마다 사람마다 풍족하게 하는 데 이르도록 할 것이다. …"

이 책은 중국 농서의 내용이 우리의 자연환경과 맞지 않는 점이 있다는데서 출발하여, 우리 땅에서 오랫동안 농사를 지으면서 경험을 쌓은 노농老農들의 농법을 모은 것이다. 그 내용을 요약하면 다음과 같다.

이 책에서는 논작물인 벼, 밭작물인 기장, 조, 수수, 피, 콩, 팥, 녹두, 보리,

---

131) 정초는 본관이 하동河東으로 사헌집의 정희鄭熙의 아들이다. 태종 때 문과에 급제하여 언관직을 거쳐 공조판서, 예문관 대제학, 집현전 대제학을 겸했다. 유학은 물론 역산曆算과 복서卜筮에도 통달하여 세종의 총애를 받으면서 《칠정산내편》, 《삼강행실도》 편찬에도 참여했다.

밀, 메밀, 참깨, 그리고 옷감작물인 삼 등을 다루었다. 밭작물을 더 많이 배려한 이유는, 우리나라 기후가 우량이 적어 당시 전국 농지의 70~80%가 밭이었으므로, 농민의 식생활에도 쌀보다는 오히려 밭곡식의 비중이 더 크다는 점을 고려한 것이다. 세종은 일찍부터 메밀, 기장, 조, 피 등과 같은 작물의 씨앗 가운데 생산량이 많은 우량종자를 계속 발굴하여 보급시켜 왔다. 쌀은 가장 좋은 식품이지만, 주로 국가에서 거둬들이는 조세의 기능이 더 크다고 보았다.

먼저, 벼에 대해서는 파종하는 방법을 네 가지로 제시했다. 논에다 볍씨를 뿌려 그대로 키우는 직파법直播法, 처음에는 밭에다 파종하여 밭벼로 키우다가 장마 이후에 물을 담아 논벼로 키우는 건답법乾畓法, 못자리에 벼를 심었다가 논에 옮겨 심어 키우는 묘종법苗種法(일명 이앙법移秧法), 산악지대에서 밭에다 벼를 키우는 산도법山稻法이 있다.

이 네 가지 방법은 각기 장단점이 있었다. 직파법은 노동력이 적게 드는 것이 장점이지만 수확량이 적은 것이 단점이다. 반대로 묘종법은 두 땅의 지력을 이용하기 때문에 생산량이 많지만, 봄에 비가 오지 않으면 묘종이 불가능한 위험이 있고, 또 노동력이 많이 드는 것이 단점이다. 그래서 국가에서는 위험도가 높은 묘종법은 되도록 억제했다. 또 지역적으로 보면 비가 많고 수리시설이 상대적으로 좋은 남방지역에는 적합하지만, 산악이 많고 물이 적은 북방지역에는 불리했다. 산도법은 산악이 많은 지역에 적합한데 생산량이 떨어졌다.

한편, 밭작물의 파종은 고랑을 파고 씨를 뿌리는 조파條播, 막 뿌리는 산파散播, 몇 개 종류의 씨앗을 섞어서 뿌리는 혼파混播 등을 들었다. 경작방식으로는 2년에 3번 농사짓는 2년 3작법, 해마다 농사짓는 단작법單作法, 1년에 두 번 짓는 2모작, 지력을 키우기 위해 1년이나 2년 동안 농사를 짓지 않는 휴한법休閑法 등을 제시했다. 이런 방식은 땅의 비옥도에 따라 선택하는데, 고려시대에는 휴한농법이 많았다가 조선왕조에 들어와서는 휴한농법이 줄어들었다.

거름으로는 인분, 소똥, 말똥, 재, 녹비綠肥(풀이나 나무 잎을 썩힌 거름), 외양간 거름 등을 들었다. 논과 밭을 가는 방법은 계절에 따라 다르게 보았다. 봄에는 얕게 가는 천경淺耕이 좋고, 가을에는 깊게 가는 심경深耕이 좋다.

국가에서는 세종 12년에 《농사직설》을 인쇄하여 서울과 지방에 대량으로 보급하여 농법발전에 이바지했다. 그러나 《농사직설》만으로 농업의 모든 문제를 해결할 수는 없어서 《농상집요》와 《사시찬요》 등도 적극적으로 권장하여 병충해를 막거나 하는 데 활용했다.

우리나라의 농사에서 가장 어려운 점은 기후조건이었다. 해마다 봄에는 가물고, 여름에는 자주 홍수가 와서 한재와 수재가 한꺼번에 겹치는 해가 많았다. 1년 강우량이 평균적으로 적기 때문에 이런 자연조건을 근본적으로 극복하기는 어려워서 풍년이 드는 해보다 흉년이 더 많아서 항상 흉년구제에 대한 대책이 필요했다. 국가는 최소한 3년 동안 먹을 양식을 비축하려고 노력하고, 곡식낭비를 줄이기 위해 금주정책을 쓰거나 종교행사에 들이는 비용을 줄이는 정책을 폈다.

3. 과전지급을 억제하다

세종은 민생과 직결된 토지제도에 대하여 어떤 정책을 추구했는가? 이 문제는 크게 두 가지 방향으로 전개되었다. 하나는 토지의 생산력을 높이는 정책이고, 다른 하나는 소득분배구조를 농민에게 유리한 방향으로 만들어가는 일이었다. 농업생산력을 높이기 위한 방법은 농지개간, 수리시설 확충, 농업기술 개발로 전개되었다.

북방으로 4군과 6진이 개척되고, 남방에서 왜구가 격퇴되면서 연해지방이 개발되고, 여기에 수리시설이 확충되면서 농지면적이 약 152만 결에 이르렀는데, 이 수치는 고려 말기에 비해 2배 이상 늘어난 것이다. 전체 인구는 정확히 파악되지 않았으나 대략 호수戶數는 약 85만 호에 인구는 400만 명 내외로 추산되고 있다.

그러나 국가에서 파악하고 있는 인구는 전체 인구의 20% 내외에 지나지 않았다.[132] 세종은 인구의 정확한 파악을 위해 호패제도를 시행하려고 했으나 역役과 세금을 피하려는 벼슬아치와 백성들의 완강한 반대로 뜻을 이루지 못했다. 따라서 국가가 파악하고 있는 약 22만 호[인구 약 70만 명][133]를 기준으로 계산하면 매 호당 농지면적은 약 7결에 이르고, 실제호수 약 85만 호[인구 약 400만 명]를 기준으로 계산하면 매 호당 보유 토지는 약 1.8결에 이른다. 그래서 국가에서는 1~2결 가진 자를 가난한 농민으로 간주했다.

그런데 그보다 더 어려운 문제는 분배구조의 개선이었다. 다시 말해 조세정책이었다. 이와 관련하여 세종이 추구한 목표는 두 가지였다. 하나는 농민생활의 안정이고, 또 하나는 국고의 안정이었다. 국고는 크게 네 가지 용도가 있었다. 하나는 왕실재정, 둘은 벼슬아치 녹봉, 셋은 군자곡軍資穀, 넷은 빈민구제용인 의창곡義倉穀이었다.

그 가운데 벼슬아치의 녹봉과 관청경비로 지출되는 것은 1년에 20만 석에 지나지 않아 크게 문제가 되지 않았다. 문제는 군자곡과 의창곡이었다. 군자곡은 언제 터질지 모르는 전쟁에 대비한 식량이고, 의창곡은 흉년에 빈민들에게 환자곡還上穀을 빌려주기 위한 곡식이었다.

전쟁과 흉년은 그 정도를 예측하기 어려우므로 군자곡과 의창곡은 많을수록 좋았다. 가장 이상적인 곡식 보유량은 9년간 모든 백성이 먹을 수 있는 식량을 비축하는 것이었다. 만약 6년간 먹을 수 있는 곡식을 비축하면 나라가 위급해진다고 여겼다. 그리고 3년간 먹을 수 있는 비축곡이 없으면 이미 그 나라는 나라가 아니라고 여겼다. 그래서 최소한 3년을 지탱할 수 있는 비축곡을 확

---

132) 《세종실록 지리지》를 보면, 호적에 빠진 사람이 10명 가운데 8~9명이라는 기록이 있고, 또 세종 22년 2월 23일 기록을 보면 10명 가운데 6~7명이 호적에 빠졌다는 기록도 있다. 이 둘을 합쳐서 계산하면 대략 누락인구가 75% 정도가 된다. 한편 양성지는 당시 호수가 70만 ~100만 호라고 말했다. 1호당 5명으로 계산하면 총인구는 350만~500만 명이 된다. 그 평균치는 약 430만 명이다.
133) 이 수치는 《세종실록 지리지》의 기록에 의한 것이다.

보하는 것이 지상과제였고, 그 수량은 수백만 석이었다. 다만 곡식은 쌀과 잡곡을 합친 수치이다. 국가의 재정정책은 대략 수입의 3분의 2를 소비하고, 3분의 1을 저축해 나가면 9년 뒤에는 3년의 저축이 가능해진다고 여겼다.

세종시대 당시 벼슬아치나 관청에서 세금을 징수할 수 있는 사전私田이나 공해전公廨田, 아록전衙祿田, 사사전寺社田, 별사전別賜田 등을 제외하면 국가에서 직접 징수할 수 있는 공전公田은 대략 80만 결 내외였다. 여기서 해마다 매 결당 최고 30두에서 최하 16두에 이르는 전조田租를 받는데, 최하 16두를 기준으로 계산해도 1년 수입은 대략 130만 석이 된다. 그러나 흉년이 심한 경우에는 물론 국가수입이 그보다 더 낮아졌다. 예를 들어 흉년이 들었던 세종 16년의 조세수입은 60만 석에 지나지 않았다. 이는 1결당 평균 7.5두 정도를 거두었다는 뜻이니, 엄청나게 낮은 세율이다.

그러면 국고를 확보하면서 농민생활을 안정시킬 수 있는 방법은 무엇인가? 세종은 그 방법을 두 가지로 풀어나갔다. 하나는 사전私田 특히 과전科田을 점진적으로 줄이면서 혁파하는 것이고, 다른 하나는 조세법을 합리적으로 개선하는 일이었다.

먼저 사전私田에 대하여 알아보자. 원래 사전에는 세 종류가 있었다. 공신에게 지급한 공신전功臣田, 국가의 특별한 공로자에 지급하는 별사전別賜田, 그리고 벼슬아치에게 지급하는 과전科田이 그것이다.

공신전과 별사전은 태조와 태종대에 개국공신開國功臣, 정사공신定社功臣, 좌명공신佐命功臣에게 지급된 공신전이 거의 2만 결에 이르렀으나, 대부분의 공신들이 범죄를 짓고 숙청되고 공신전이 몰수되었으므로 세종대에는 약 3천 결로 축소되었다. 따라서 세종대에 남아 있는 사전은 주로 과전이었는데, 약 7만 결이었다. 이 사전들은 모두 경기도에 배당되었는데, 《세종실록 지리지》를 보면 경기도의 총 전지는 대략 15만 결이므로 경기도 전지의 약 절반이 사전私田으로 배당되어 국가에서 조세를 받지 못했다.

그런데 이미 태조 때부터 과전지급을 줄이는 정책을 펴기 시작하여 태조

3년에 〈과전법〉이 개정되었는데, 각 품마다 5~10결 정도를 줄였다.[134] 태종과 세종도 과전 억제 정책을 계승했다. 태종은 재위 17년에 사전의 3분의 1을 하삼도인 경상, 전라, 충청도에 이급移給한 일이 있었다. 이때 서울에서 가장 먼 경상도와 전라도에 각각 40%씩을 이급하고, 서울과 가까운 충청도에는 20%를 보냈다.

　　하삼도 이급의 표면적인 이유는 하삼도의 공전公田에서 받아들이는 전조田租의 조운漕運이 어려워 이를 완화시키겠다는 것이었다. 다시 말해 사전의 일부를 하삼도로 이급하여 그 전조를 곡식 대신 포백布帛으로 받아들이면 하삼도에서 조운하는 곡식이 크게 줄어든다는 것이다. 그러나 실제로는 사전을 먼 곳으로 보내 사전에 대한 전주田主들의 지배력을 약화시켜 사전의 경작농민을 보호하고자 하는 뜻이 더 컸다. 세종은 바로 태종의 사전억압정책을 계승했다.[135]

　　세종도 과전이 공전公田을 침식하여 국고를 축낼 뿐 아니라, 전주인 벼슬아치들이 경작농민을 과도하게 수탈하여 민폐를 끼치고 있는 점을 고려하여 이를 점차 줄이면서 혁파하는 정책을 폈다. 세종은 우선 과전을 개인 소유의 농장으로 만드는 것을 엄격하게 금지했다. 과전을 개인 소유지로 만들려다가 파면된 벼슬아치가 적지 않았다. 예를 들어 세종 18년 9월 2일에 과전을 개인 농장으로 만든 부평부사 이효례李孝禮를 파면시킨 것이 그렇다.

　　세종은 궁극적으로 과전을 없애는 대신 은사미恩賜米라는 이름으로 해마다 2만 석을 관료들에게 지급하려고 했으나 뜻을 이루지 못했다는 기록이 《성종실록》 성종 4년 7월 30일조에 보인다. 이날 정인지, 정창손, 최항, 김질, 윤자운, 성봉조 등이 이런 말을 아뢰었다.

---

134)　태조 3년의 〈과전법〉 개정은 《용비어천가》에 보인다.

135)　태종조와 세종조의 사전 억제책에 대해서는 한영우, 〈태종~세종조의 대사전시책〉 《조선전기 사회경제 연구》(을유문화사, 1983)를 참고할 것. 태종대에 하삼도로 이급된 3분의 1의 사전은 경상도와 전라도에 각기 5분의 2가 이급되고, 충청도에는 5분의 1이 이급되었다. 그러니까 서울에서 가장 먼 경상도와 전라도에 80%의 사전을 옮긴 것이다.

"태조가 사전私田을 혁파한 뒤에 부득이 〈과전법科田法〉을 만들었는데 과전지급이 균등하지도 못하고, 또 백성을 탐학하는 폐단까지 생겨서 점차로 혁파하려는 뜻을 보였습니다. 그래서 세종이 과전지급을 모두 없애버리고, 2만 석을 가지고 관료들에게 은사미恩賜米라는 이름으로 지급하려고 했으나, 장성長城 수축, 북방사민北方徙民, 〈공법貢法〉 제정 등의 큰일들이 한꺼번에 일어나서 마침내 실현하지 못했습니다."

정인지는 바로 세종이 가장 신임하던 중신으로서 세종의 뜻을 받들어 〈공법貢法〉 등을 제정하는데 누구보다도 중요한 일을 맡았던 인사이기 때문에 세종의 뜻을 잘 알고 있어서 이런 말을 한 것이다.

그러나 과전을 갑자기 혁파하는 것이 어려우므로 세종은 과전을 점차로 줄이기 위해 새로운 벼슬아치가 생겨도 공전公田에서 과전을 지급하는 것을 중지하고, 이미 있던 과전을 다시 회전시키거나 공한지空閑地를 찾아서 지급하는 정책을 폈다. 그 결과 과전을 받지 못한 벼슬아치들이 점점 늘어나자, 가장 오래된 벼슬아치부터 순서대로 과전을 주되, 현직자와 산관散官에게 모두 품계에 따라 주던 것을 실직實職을 기준으로 주는 것으로 차츰 바꾸어가고, 그것도 전액을 주지 않았다.[136] 말하자면 〈직전제職田制〉[137] 방향으로 나간 것이다.

4. 과전에서 수탈을 막고, 손실답험을 위관에게 맡기고, 〈공법〉을 논의하다

세종은 과전을 축소시키는 것과 병행하여 과전의 전주田主들이 토지 소유주인 경작민을 과도하게 수탈하는 횡포를 막는 데도 적극성을 보였다. 전주들이 과전을 마치 사유지인 것처럼 생각하고, 법으로 정한 전조田租 이외로 볏짚 등

---

136) 세종 14년 당시 승지 김종서金宗瑞는 정3품이므로 고려 말의 과전법을 따르면 105결, 태조 3년의 개정된 과전법을 따르면 85결을 받아야 하는데 실제로는 60결밖에 받지 못했다고 말했다.
137) 세조 12년에 현직 관리에게만 토지를 지급한 제도

여러 가지 물품을 수탈하여 농민을 괴롭히는 것이 발각되면 그 땅을 몰수하고, 수탈한 물건을 다시 본 주인에게 돌려주는 정책을 폈다.

세종은 이미 즉위년 10월 3일에, 태종 17년에 하삼도로 이급된 과전科田에서 전주들이 함부로 경작민을 착취하면 경작민이 관에 고발하게 하여 그 땅을 몰수하도록 하는 법을 만들었다.

세종이 과전의 전주로부터 경작농민을 보호하려는 마음이 얼마나 컸던가를 여실히 보여주는 상징적인 사건이 세종 10년 1월 16일에 터졌다. 이날 임금의 친형인 효령대군의 서리書吏 2명과 가노家奴들이 효령대군의 과전에서 전조田租 이외로 쌀 10석과 콩 7석, 종이 50권, 그리고 잡물 등을 받은 죄가 드러나자 임금은 사헌부에 명하여 그들을 국문하라고 지시했다. 사헌부에서 국문하여 죄를 보고하자 세종은 이해 2월 19일에 서리 신유정은 공신의 아들임에도 직첩을 회수하고, 서리 장예생은 장 60대를 치고, 가노들은 태 40대를 치게 했다. 그리고 부당하게 거둬들인 곡식과 잡물들은 농민에게 돌려주었다. 이는 바로 친형 효령대군에게 벌을 내린 것이나 마찬가지였다.

임금이 자신의 친형의 과전에 있어서도 이토록 전주의 횡포를 벌주고 농민을 보호하려고 했으니, 다른 과전에 있어서야 말할 필요가 없을 것이다.

세종은 과전 전주의 횡포를 막는데 그치지 않고, 과전과 공전에서의 조세법租稅法 자체를 전반적으로 개정하여 농민을 보호하고 국고수입을 늘리는 정책을 폈다. 종전의 조세법에서 가장 문제가 되는 것은 〈손실답험법損實踏驗法〉이었다. 해마다 추수기에 정부에서 경차관敬差官이나 위관委官을 직접 현장에 내려보내 풍흉의 정도를 살펴서 흉년이 든 정도에 따라 전조를 감면해 주는 제도이다. 그리하여 손실損失이 10%이면 1결당 30두의 전조를 10% 감액하고, 손실이 80%이면 전액을 면제했다.

이 제도는 이론상으로는 좋은 제도이지만, 실제로는 현장의 수확량을 판단하는 위관이나 서원書員들이 인정에 끌리거나 뇌물을 받거나, 또는 전주의 압박을 받아 사실대로 심사하지 못하여 권세가나 부자는 오히려 손실損失을 높게 평가하여 전조를 낮추어 주고, 가난하고 힘없는 자는 거꾸로 전조를 높여 원망을 크게 들었다.

세종은 이 제도를 바로잡기 위해 단기적으로는 위관이 엄정하게 심사하도록 감시와 처벌을 강화하고, 나아가서는 아예 이 제도를 철폐하고 정액세에 가깝게 바꾸는 이른바 〈공법貢法〉을 동시에 추진하기 시작했다.

그런데 〈손실답험법〉의 문제는 공전公田보다도 과전의 경우가 더욱 문제였다. 원래는 공전이든 사전이든 위관이 함께 심사하도록 법을 만들었지만, 과전의 전주들은 자기들이 직접 심사하기를 요청했다. 그래야 자기들에게 유리한 심사를 할 수 있기 때문이었다. 그러나 세종이 이를 용납하지 않고 법대로 시행하도록 하면서 신하들과 충돌이 일어났다.

세종 1년 7월 19일에 경기감사가 금년의 과전 손실답험을 모두 종전과 같이 위관이 모두 하게 하자고 하니 임금이 허락했다. 그런데 의정부 참찬 변계량卞季良이 반대하고 나섰다. 흉년에는 공전과 과전을 함께 위관이 답험하고, 풍년에는 전주가 과전을 답험하는 것이 좋겠다고 말했다. 그러나 그 이유는 말하지는 않았다. 그러자 병조판서 조말생趙末生이 반대하고 나섰다. 풍년에 전주가 직접 답험하면 오히려 횡렴橫斂이 생길 것이라고 하면서 공전, 사전을 모두 위관委官이 답험하는 것이 좋다고 말했다. 세종의 뜻을 따른 것이다.

그런데 이날 지신사 원숙元肅은 이런 말을 했다. 공전과 사전이 나란히 붙어 있는 경우, 전조의 수량이 공전과 사전이 너무 달라서 경작민이 원망하고 있지만 이를 관에 고발하지 못하고 그대로 따르고 있다고 했다. 임금은 이 말을 듣고 "그렇다."고 대꾸했다. 원숙의 말은, 전주의 횡포를 관에 고발하는 제도가 제대로 실행되고 있지 않다는 뜻이다.

그로부터 두 달 뒤인 세종 1년 9월 19일에 형조판서 김점金漸이, 공전과 사전의 답험을 모두 위관이 하도록 한 조치에 대하여 항의를 하고 나섰다. 지난해 과전을 답험한 위관이 풍작을 모두 흉작으로 평가하여 전주인 벼슬아치들의 전조수입이 줄어들고 그래서 서울의 쌀값이 올라갔다고 했다. 그러니 과전의 답험을 전주에게 맡기는 것이 가장 좋은 법이지만, 부득이 하다면 풍년만이라도 전주에게 맡기자고 했다. 김점은 그 딸이 태종의 후궁이 된 것을 빌미로 뇌물을 많이 받아 장물죄로 처벌을 받은 인물이었는데, 그 탐욕이 과전 답험을 전주가 맡아야 한다는 주장으로 다시 나타난 것이다. 임금은 김점의 주장을 이렇게 반박했다.

> "공전이나 사전이나 모두가 나라의 땅이므로 손실을 답험하는 데 차이를 두어서는 안된다. 내가 듣건대, 예전에 공전을 경차관敬差官에게 답험했더니 허술한 것이 많았다. 또 사전을 전주에게 맡겼더니 각박함이 많았다. 금년에는 공전과 사전을 모두 경차관에게 맡겼는데, 그들이 지방으로 내려갈 때 공정히 일을 하라고 거듭거듭 당부했으니 어찌 사전에서만 유독 허술하게 하겠는가? 하물며 주현에는 위관委官이 많지 않은데도 부적격자가 있는데, 과전을 받은 벼슬아치들이 노예奴隷들을 시켜서 심사하면 어찌 민폐를 끼치지 않는다고 보증할 수 있는가? 만세도록 고치지 않을 법을 만들려면 경차관이 가서 답험하는 것보다 더 좋은 법이 없다. 법과 제도를 만드는 것은 오래 이어지는 것이 중요한데, 풍년과 흉년을 어찌 다르게 볼 수가 있는가? 만약 금년에 쌀값이 비싸진다면 이는 흉년 때문이지, 사전의 전조수입이 적어져서 그렇게 되는 것은 아닐 것이다."

임금의 말은 정확하고도 명쾌했다. 김점은 더 이상 할 말을 잃었다. 그러나 벼슬아치들의 불만은 사라지지 않았다. 세종 2년 7월 30일에 여러 감사들이 공전과 사전을 경차관이 함께 답험하는 것의 불편함을 아뢰자 호조가 이를 임금에게 보고했다. 그러나 임금은 물러서지 않고 이렇게 말했다.

> "공전만 경차관이 심사하는 것은 옳지 않다. 전에도 이 문제로 논의가 시끄러웠지만 심사숙고하여 결정한 것이다. 그 뒤에 경차관이 공정하게 답험하지 못하니 과전을 함께 심사해서는 안된다고 여러 차례 정승들이 말했다. 그러나 과전을 위관이 심사하지 못한다면 내자시內資寺나 내섬시內贍寺의 땅도 과전과 같은 부류이니 본사의 관리가 가서 심사해야 하겠

는가? 과전과 공전을 함께 심사하자는 것이 어찌 벼슬아치들의 전조田租
를 박하게 받게 하여 가난하게 만들자는 것이겠느냐? 공사公私가 모두 편
하게 하고자 하는 것뿐이다. 경차관이 모두 심사하게 하라."

세종은 농민을 보호하기 위해서는 그래도 전주보다는 위관들이 과전을 심
사하는 것이 낫다는 뜻을 굽히지 않았다. 세종은 재위 10년 1월 16일에 과전의
답험을 전주가 하자는 신하들의 주장이 끊이지 않자 새로운 제안을 내놓았다.

"전일에 각품 과전科田은 전주로 하여금 손실을 살펴서 조租를 받아들
이자고 의논했는데, 이것은 미편未便한 것 같다. 허술한 지경에 이르지 않
게 하려면 하삼도下三道의 과전科田을 경기로 도로 옮기는 것이 어떻겠는
가? 또 〈공법〉이 비록 아름답긴 하지만 손실답험損實踏驗이 조종의 성헌
成憲이니, 경솔하게 고칠 수는 없다. 〈공법〉을 시행한다면 풍년에 많이 받
는 걱정은 면할 수 있지만, 흉년에는 반드시 근심과 원망을 면할 수 없으
니 어찌하면 좋은가?"

임금은 먼저 전주가 과전의 손실을 심사하는 것은 좋지 않다고 거듭 말했
다. 심사가 허술해진다는 것이 이유였다. 그러면서 과전의 허술한 답험심사를
막으려면 태종 17년에 하삼도로 이전했던 과전을 경기도로 다시 옮기자고 제안
한 것이다. 또 세종은 새로운 조세제도인 〈공법貢法〉을 거론하면서, 풍년에는 백
성들에게 유리하지만 흉년에는 불리할 염려가 있으니 어찌하면 좋으냐고 대신
에게 물었다.

세종은 1년 전인 세종 9년 3월 16일에 문과시험을 치르면서 책문策問의 제
목으로 〈공법〉을 물은 일이 있었다. 그러니 〈공법〉에 대한 관심이 이미 이때부터
있었는데, 세종 10년에 이 문제를 정식으로 대신들과 의논하기 시작한 것이다.

여기서 〈공법〉이란 기본적으로 전조田租를 말썽이 많은 손실답험을 폐지하
고, 정액세定額稅에 가깝게 바꾸는 제도라는 점에서 획기적인 변화를 의미한다.
이 〈공법〉이 풍년에는 농민에게 유리하다는 말은, 정액세의 상한선을 평균적인

수확량에 기준을 두고 정하기 때문에 과거 최고 30두를 기준으로 정한 것보다는 훨씬 낮아지게 된다. 그러니 아무리 풍년이 들어도 30두를 내는 일은 없어진다. 반면에 흉년에는 농민에게 불리할 수도 있다는 말은, 토지의 등급이 높은 땅에서는 아무리 흉년이 들어도 전조를 거둘 수도 있기 때문이다. 그래서 〈공법〉의 부작용을 없앨 방도를 찾아 보자는 것이다.

　　세종의 의견을 들은 좌의정 황희黃喜가 이렇게 말했다.

　　　"과전을 경기로 다시 옮기면 경기의 고통이 배나 더하게 될 것입니다. 또 전주田主도 원하지 않을 것입니다. 신이 들으니 … 〈손실법損實法〉은 전세의 가볍고 무거움이 위관委官과 서원書員의 손에 달려 있어 매우 공평하지 못하다고 합니다. 신은 원컨대 〈공법〉을 따라서 수확의 많고 적은 것의 중간을 알아보고, 전지田地 몇 부負에서 쌀 몇 말이 나오는지 그 수량을 미리 정하고, 추수기마다 각 고을에서 농사의 풍흉을 살펴서 3등으로 나누어 보고하게 하고, 이에 따라 세를 징수하는 것이 옳을 것입니다."

　　황희는 과전을 경기로 옮기는 것은 경기농민을 더욱 어렵게 만들 뿐 아니라 전주도 원하지 않을 것이라고 하면서 반대했다. 여기서 전주가 원하지 않는다는 말이 매우 의미심장하다. 즉 전주에게 불리하다는 말이니, 이는 바꿔 말하면 과전의 경작농민에게는 유리하다는 뜻이다. 그러니 경기농민이 더욱 어렵게 된다는 황희의 지적은 앞뒤가 맞지 않는다.

　　그러나 황희는 〈공법〉에 대해서는 찬성하는 발언을 했다. 다만 수확의 평균 수치를 미리 조사하여 전세의 수량을 정하고, 농사의 풍흉을 3등급으로 나누어 전세수량을 결정하자고 제안했다. 그러니까 정액제로 하되, 그 정액을 정할 때 수확량의 평균치를 따르자는 것과, 풍흉을 3등급으로 나누어 정액의 차등을 두자고 했다. 다만 황희는 토지의 등급에 대해서는 언급하지 않아 논의가 미숙했다.

그런데 세종이 태종 17년에 사전私田의 3분의 1을 하삼도인 경상, 전라, 충청도로 옮긴 것을 다시 경기도로 환급하자는 주장은 이날 비록 황희의 반대로 중지되었지만, 세종 13년 1월 19일에 세종이 먼저 제의하고 1월 24일에 대신들이 찬성하여 경기도로 환급하는 조치가 내려졌다. 이때의 논의를 보면 다양한 이유가 제기되고 있는데, 임금은 두 가지 이유를 들었다. 하나는 서울의 쌀값이 오르는 것을 막기 위함이고, 또 하나는 태종 때 중국이 쳐들어온다는 잘못된 정보 때문에 사전을 하삼도로 이급했다고 했다. 그러나 그것은 전주들을 위로하기 위한 핑계일 뿐이었다.

한편 신하들은 태조 때 원칙대로 하는 것이 좋다는 의견, 또는 외방 사전에서 다시 겸병이 이루어지고 있다는 의견, 또 경기도에 과전을 두어야 통제가 가능하다는 의견 등이 다양하게 제시되었지만, 어쨌든 경기환급에는 모두 찬성했다.

여기서 임금이 서울의 쌀값을 걱정하여 옮기자는 주장이나 태종 때 잘못된 정보 때문에 사전을 옮겼다는 주장은 사실과도 다르고 본심도 아니었다. 아마도 본심은 사전을 멀리 보낸 결과 일어난 전주田主의 겸병兼倂을 막자는 것이었는데, 실제로는 겸병이 나타났기 때문에 경기로 옮겨 강력한 통제를 가하겠다는 것이 복심이었던 것으로 보인다. 그 이유는 바로 경기환급을 제기했던 바로 1월 19일에 임금은 과전을 지급하는 〈지급법支給法〉을 임금이 통제하는 방법으로 바꾸고 있기 때문이다.

원래 과전을 받은 자가 후손이 없이 죽거나, 부인이 재가再嫁하면, 그 땅을 제3자가 관청에 고발하도록 하여 다른 사람에게 지급하게 했는데, 고발자가 떼거리로 몰려들어 이 제도는 윤리상 문제가 있다고 하여 태종 17년 3월에 이 법을 바꾸어 족친이 호조에 신고하게 하여 호조에서 제3자에게 지급하게 했다. 그런데 이 〈호조지급법〉도 문제가 있었다, 호조에서 권세가의 친구 등에게 우선적으로 지급하는 폐단이 나타난 것이다.

세종 7년 12월에 호조판서 안순安純이 그 아들 안숭선安崇善이 한때 사헌부 감찰監察을 지냈는데 과전의 전액을 주어 사람들의 빈축을 받았다. 그 소문을 들은 임금은 12월 22일에 안순을 불러 "벼슬한 지 오래 되었으면서도 과전을 받지 못한 사람이 많은데, 이들에게 최우선적으로 과전을 절급하라."고 명했다. 임금이 호조판서를 꾸짖은 것이다.

이 사건을 계기로 임금은 재위 12년 9월 27일에 과전지급의 권한을 호조가 독자적으로 행하지 못하게 하고, 1년에 두 번씩 벼슬아치들이 받은 과전의 액수를 기록하여 바치게 하고, 공한전空閑田이 나오면 돌아가면서 주도록 하되, 반드시 임금의 재가를 거쳐 주도록 하는 새로운 〈급전법〉을 만들었다. 그러면서 임금은, 신하들이 간혹 임금이 급전給田과 같은 자질구레한 일에 관여해서는 안 된다고 말하지만 내가 하는 일이 모두 세세한 일들인데 어찌 급전만은 안된다고 하느냐고 책망했다.

이렇게 세종은 재위 12년 9월에 과전지급에 관한 강력한 통제권을 이미 확보한 상태에서 위에 말한 과전 경기환급을 다음해 초에 결정한 것이다. 이 조치는 하삼도에 형성된 과전 겸병을 혁파하는 동시에 경기로 돌아온 과전을 임금이 강력하게 통제하는 1석 2조의 효과를 가져온 것이다.

그러면 세종이 재위 10년 1월에 좌의정 황희와 가볍게 논의한 〈공법〉은 그 뒤 어떻게 되었는가? 세종은 다음해인 세종 11년 11월 16일에 정사를 보는 자리에서 좌우 대언代言들에게 〈공법〉을 다시 환기시키며 다음과 같이 말했다.

"연전에 〈공법〉의 시행을 논의했으나, 아직 결정하지 못했다. 그러나 우리나라의 인구가 점점 번식하고 토지는 날로 줄어들어 의식衣食이 넉넉하지 못하니 슬픈 일이다. 만일 이 법을 세운다면 반드시 백성들에게 좋게 되고, 나라에서도 일이 간편하게 될 것이다. 또 손실답험損實踏驗할 때 그 폐단이 막심하니, 〈공법〉을 시행하여 1~2년간 시험해 보는 것이 옳을 것이다. 가령 토지 1결에 쌀 15두를 받는다면 1년 수입이 얼마나 되며, 10두를 받는다면 얼마나 된다는 것을 호조에서 계산하여 보고하도록 하라. 또 신하와 백성들에게 아울러 그 가부를 논의하여 올리도록 하라."

임금이 〈공법〉의 가부를 신하와 백성들에게 물어서 보고하라고 한 왕명에 따라서 약 17만 명에 달하는 신민臣民의 가부를 물은 결과가 세종 12년 8월에 임금에 보고되었다. 오늘날의 국민투표와 비슷한 여론조사가 이루어진 것이다. 이 점에 대해서는 뒤에 다시 설명하겠다.

5. 세자빈 휘빈김씨를 폐위하다

세종의 세자[뒤의 문종]는 15세 되던 해인 세종 10년 4월에 안동김씨 김오문金五文의 딸을 세자빈으로 맞이했다. 이가 휘빈徽嬪이다. 그는 인물은 그다지 뛰어나지 않았는데, 나이는 세자보다 많았다고 하나 정확한 나이는 알려지지 않았다. 그런데 세자빈이 세자의 사랑을 받지 못하자 압승술壓勝術이라는 미신적인 방법을 쓰다가 발각되어 다음해인 세종 11년 7월에 폐비되었다.

세종은 세자빈을 폐위하게 된 이유를 재위 11년 7월 20일에 다음과 같이 하교했다.

> "… 내가 지난해에 세자를 책봉하고, 김씨를 누대 명가의 딸이라고 하여 … 세자빈을 삼았더니 뜻밖에도 김씨가 미혹시키는 방법으로 '압승술'을 쓴 단서가 발각되었다. … 궁인을 보내 심문하게 했더니 김씨가 대답하기를, '시녀 호초胡椒가 가르쳐 주었습니다.'라고 했다. 그래서 곧 호초를 불러 그 사유를 물으니, 호초가 말하기를, '지난해 겨울에 주빈主嬪(휘빈)께서 부인이 남자에게 사랑을 받는 술법을 묻기에 모른다고 대답했으나, 주빈께서 강요하므로 소인이 드디어 가르쳐 드리기를, 남자가 좋아하는 여자의 신을 베어다가 불에 태워서 가루를 만들어 가지고 술에 타서 남자에게 마시게 하면 내가 사랑을 받게 되고, 저쪽 여자는 멀어져서 배척을 받는다 하오니, 효동孝童과 덕금德金 두 시녀의 신을 가지고 시험해 보는 것이 좋겠습니다.'라고 말했다. 두 여인은 김씨가 시기하는 여자이다. 김씨는 즉시 두 여인의 신을 가져다가 자기 손으로 베어내어 스스로 가

지고 있었다. 이렇게 하기를 세 번이나 하여 그 술법을 써 보고자 했으나 틈을 얻지 못했다고 한다.

호초가 말하기를 '그 뒤에 주빈께서 '그 밖에 또 무슨 술법이 있느냐?' 고 하기에 제가 또 가르쳐 드리기를, '두 마리 뱀이 서로 교접交接할 때 흘린 정기精氣를 수건으로 닦아서 차고 있으면 반드시 남자의 사랑을 받는다.'고 했습니다. 앞의 방법은 박신朴信이 버린 첩 중가이重加伊에게서 전해 들은 것이고, 뒤의 방법은 정효문鄭孝文의 기생첩 하봉래下蓬萊에게서 전해 들었습니다.'라고 했다.

또 세자궁에 순덕順德이라는 시녀가 있는데, 본래 세자빈의 집종이었다. 일찍이 김씨의 약주머니 속에 베어 넣은 가죽신의 껍질이 있는 것을 보고 이상하게 여겨 호초에게 보이며 말하기를, '우리 빈께 이런 짓을 하라고 가르친 자는 누구냐?'고 하고, 즉시 그것을 꺼내어 감춰버렸다 한다.

과인은 이 말을 듣고 즉시 순덕을 불러다가 거듭 물으니, … 또 순덕이 말하기를, '소인이 주빈의 어머니 집에 가서 가죽신의 껍데기를 내보이며 그 까닭을 말했습니다. 그 가죽신이 아직도 소인에게 있습니다.' 하면서 꺼내서 바쳤다. …"

세종은 대략 위와 같은 휘빈의 잘못을 신하들에게 알려주고 바로 이날 가례색嘉禮色을 설치하고 처녀들의 금혼령禁婚令을 내려 새 세자빈 간택에 들어갔다. 그리하여 세종 11년 10월 15일에 두 번째로 간택된 세자빈이 강화봉씨 봉려奉礪의 딸 순빈純嬪이다. 그러나 그마저 궁녀와의 동성애가 발각되어 7년 뒤인 세종 18년 10월 26일에 폐출되고, 이해 12월 28일에 세 번째로 간택된 세자빈이 안동권씨 권전權專의 딸로서, 단종은 바로 그의 아들이다. 24세 되던 세종 23년 7월 23일에 단종을 출산하고 아깝게도 다음 날 세상을 떠났다. 뒤에 세자가 임금이 되자 권씨를 현덕왕후顯德王后로 추숭했다. 단종은 세종의 후궁인 혜빈양씨惠嬪楊氏가 맡아서 키웠다.

순빈과 현덕왕후에 관한 일을 뒤에 다시 설명하겠다. 어쨌든 두 사람의 세자빈이 소박을 맞고 비행을 저지르다가 폐출된 일은 처음 있는 일이다. 그 책임이 세자에게 있는지 세자빈에게 있는지는 딱히 알 수 없으나, 세종이 맏며느리복이 없었던 것은 사실이다. 그뿐 아니라 문종도 재위 3년 만에 세상을 떠나고 단종마저 비운으로 세상을 떠났으니, 세종의 적장자와 적장손이 모두 비운의 주인공이 되었다.

6. 명나라 사신이 몇 차례 오고 횡포가 극에 이르다 [세종 10~11년]

(1) 황태자 책봉을 알리는 사신이 오다 [세종 10년]

세종 10년(1428)은 명나라 사신의 횡포가 극에 달한 시기였다. 이해 4월 8일에는 황태자의 책봉을 알리는 사신으로 홍로시 소경 조천趙泉과 병부 원외랑 이약李約이 서울에 왔다. 이때 책봉된 황태자가 세종 17년에 등극한 영종英宗 정통제正統帝이다. 이에 따라 황태자 책봉을 하례하고, 토산물을 선종 선덕제와 황태후, 중궁[황후], 황태자에게 바치는 사신을 4월 12일에 파견했다.

4월 16일에 임금은 직집현전 김돈金墩에게 명하여 통사를 데리고 가서 《성리대전어록性理大全語錄》을 두 사신에게 묻게 했다. 두 사신이 모두 무식한 내관이 아니고 과거를 통해 등용된 유신들이기 때문에 궁금한 것들을 물어보게 한 듯하다. 그러자 두 사신은 대답하지 못하고, "선생들은 허물하지 마시오. 감히 망령되이 말할 수 없습니다."라고 대답했다. 두 사신이 《성리대전》에 대하여 깊이 알고 있었다면 그렇게 입을 다물고 있지는 않았을 것이다. 성리학에 대한 그들의 무식함이 그대로 드러난 것이다.

두 사신은 4월 18일에 서울을 떠났다. 열흘 만에 서울을 떠났으니, 매우 짧은 기간 머물렀고 아무런 폐단도 일으키지 않았다. 탐욕스러운 내관과는 다른 모습을 보여주었다.

(2) 가죽 등을 수탈하는 사신이 오다 [세종 10년]

그런데 세종 10년 7월 19일에 태감太監 창성昌盛과 윤봉尹鳳, 그리고 내사內史 이상李相 등이 칙서를 가지고 또 서울에 왔다. 창성과 윤봉은 세종 9년에 와서 처녀 등을 데리고 간 바로 그 사람들이었다. 칙서의 내용은, 백소자기白素磁器 10탁卓과 백자청화대반白磁靑華大盤 5개, 소반小盤 5개를 보내니 받으라는 것이었다. 특별한 용건이 없이 백자그릇을 준다는 것 뿐이었다. 그러나 황제가 요구하는 물품이나 기타 요구는 글로 쓰지 않고 사신이 말로써 청구했다. 우선 관염주貫念珠와 사슴가죽 300장을 준비하라는 것이었다. 그러나 그것이 전부는 아니었다.

7월 21일에 윤봉은 한확의 집에 가서 그의 누이동생 한씨를 만났다. 지난해 처녀로 선발되었으나 병이 나서 가지 못했기 때문에 이번에 데리러 온 것이다. 또 사냥에 쓸 매와 개를 가지러 온 것이다. 황제가 요구한 것은 그것이지만, 사신들은 개인적으로 물건을 팔기도 하고, 또 임금에게 요구하여 얻어가고자 하는 것이 황제의 요구보다도 훨씬 더 많았다. 임금은 지난해 이들의 탐욕과 횡포를 경험한 바 있으므로, 7월 25일에 개성 유후사와 황해도, 평안도 감사에게 창성이 돌아갈 때 구하기 어려운 물건을 요구하면 들어주지 말라고 미리 명령했다.

사신들은 10월 4일에 서울을 떠났다. 서울에 들어온 이후 3개월을 체류한 것이다. 이들은 임금과 왕비, 세자에게 비단 등을 바치니, 그 값에 해당하는 포목을 즉시 회사했다. 그러나 개인적으로 요구하는 물품은 이루 다 기록할 수가 없을 정도로 많았다. 구리로 만든 각종 그릇, 사슴가죽, 담비가죽, 여우가죽 등 각종 가죽과 가죽신, 돗자리, 인삼 등이었는데, 특히 사슴가죽을 100장이나 청했다. 이상은 자기 고향인 서산瑞山을 승격시켜 달라고 했으나 거절했다. 읍의 크기에 따라 승격 여부가 결정되는 것인데 서산은 읍이 크지 않아서 불가능하다고 했다. 이해 8월 7일에 임금은 정승들에게 이렇게 말했다.

"태종 때 온 사신 황엄은 욕심나는 대로 요구하여 사람들이 '욕심쟁이 [貪]'라고 말했다 … 지금 창성은 욕심껏 구하기를 그치지 않아서 사신들이 청하는 것이 매우 많다. 먼저 청구한 것을 다 주기도 전에 또다시 새로운 것을 청한다. 어제는 족제비털과 종이를 받고서 오늘은 또 사슴가죽 100장을 요구하니, 이런 태도로 보아 구하기 어려운 물건도 반드시 요구할 것이니 마침내는 그 요구에 응하기 어렵게 될 것이다. 비록 처녀와 매와 개를 얻어갈 목적으로 왔지만 실상은 모리謀利하기 위해 온 것이며, 탐내고 욕심부리는 것이 윤봉보다 심하다."

우의정 맹사성이 임금의 말을 듣고, "사슴가죽은 10장만 주소서." 하니, 임금이 또 이렇게 말했다.

"이 사람은 처음에 올 때, '이 나라에 와서 많아야 1~2일 동안 머무르면서 매와 개만 가지고 바로 요동으로 가겠다.'고 하더니, 우리나라에 온 뒤에 사사로이 물건을 많이 가지고 와서 욕심껏 무역하고 있으며, 매와 개는 이미 보냈는데도 가지 않고 있으며, 무역하는 일을 이미 마치고서도 돌아가지 않고 중도에서 머물고 있으니, 황제를 속이고 사사로운 짓을 하는 사람이 이같은 자가 없을 것이다. 이 자는 본래 자식도 없고, 또한 염치마저 없으니, 참으로 비루한 자이다."

임금은 창성을 노골적으로 비루한 자로 매도하고 있다. 그러자 좌의정 황희黃喜가 거들었다.

"지금 창성이 올 때 황제가 상사품賞賜品으로 보낸 궤는 다만 6개뿐인데, 자기의 궤는 100여 개나 되니, 사람들이 말하기를, '황엄은 욕심이 많았다.'고 했지만, 그래도 그가 사사로이 가지고 온 궤는 많아도 30~40개에 불과했습니다. 창성의 궤는 황엄보다 몇 배나 되니 사신으로서 이익을 탐하는 것이 이 사람과 같은 사람은 없을 것입니다."

창성은 악명 높았던 황엄보다도 더 탐욕스런 인물로 각인되어 있었다. 창성은 8월 16일에 요동으로 떠났는데, 장사하기 위해서였다. 임금은 그가 요동에서 돌아올 때 평안도와 황해도에서 잔치를 베풀어주지 말라고 명했다. 그는 9월 17일에 요동에서 비단을 많이 가지고 와서 팔기 시작하고, 비단 판매에 협조하지 않는 영접도감 관리를 매질하려고 하다가 저지당했다.

10월 3일에 사신이 요구한 화자火者 3인을 먼저 중국으로 보내고, 세 사신은 10월 4일에 처녀 한씨[한확의 누이동생]를 데리고 화자 2명과 함께 서울을 떠났다. 한씨가 떠날 때 사람들이 '생송장生送葬'(산 사람을 장례하다)이라고 하면서 울부짖었음은 앞에서 이미 설명했다.

사신이 떠난 지 한 달 뒤인 11월 4일에 통사通事가 요동에서 귀국하여 황제의 조서詔書를 임금에게 바쳤다. 그 내용은 선종 선덕제가 군사 3천 명을 이끌고 친정하여 달달족 군사 1만여 명을 목베고, 그 추장 100여 명을 사로잡아 변경을 안정시키고 돌아왔다는 것이었다. 이에 황제의 승전을 축하하여 11월 8일 절일사節日使(正朝使) 한혜韓惠를 중국에 보내면서 말린 연어 2천 마리, 말린 대구어 1천 마리, 연어알 10병, 큰 문어 300마리를 가지고 가서 바치게 했다.

뒤이어 11월 12일에는 상호군 이열李烈을 진응사進鷹使로 보내 해청 3마리, 진응 2마리, 말린 연어, 관포, 연어 각 1천 마리, 연어알 10병을 바치게 했다.

이해 12월 7일에는 진하사進賀使 원민생元閔生이 칙서를 가지고 귀국했는데, 그 내용은 세자에게 '육양관六梁冠'을 내린다는 것이었다. 양관은 일명 금관金冠으로도 부르는데, 6개의 금색 줄을 넣은 것을 6양관이라 한다. 중국 황제의 아들인 친왕親王의 양관과 동등하므로 조선의 세자를 친왕과 동등한 지위로 인정한 것이다. 임금은 12월 21일에 양관을 내려준 것에 감사하는 진하사은사進賀謝恩使를 보내고 토산물을 황제, 황태후, 중궁, 태자에게 바쳤다.

(3) 황제 후궁 아비의 제사를 위해 오다 [세종 10년]

세종 10년 12월 26일에는 명나라 사신 김만金滿이 홍로시 소경(5품) 최득비崔得靆에게 내리는 제문祭文과 제물祭物을 가지고 서울에 또 왔다. 이해 세 번

째 사신이다. 최득비는 원래 수원부의 아전이었는데, 그 딸이 태종 8년에 처녀
로 가서 명나라 영락제의 후궁이 되었다가 황제가 죽자 순장되었다. 최득비는
명나라의 소경小卿 벼슬을 받았는데, 세종 10년 5월 25일에 죽자 선종 선덕제가
김만을 보내 제사를 올리게 한 것이다.

　　세종 7년에도 광록시경 권영균權永鈞의 제사를 위해 왔던 김만은, 세종
11년 1월 1일부터 각종 가죽제품, 구리그릇, 돗자리, 종이, 포목, 석등잔, 개, 화
약 등 물품을 요구하기 시작했으나 값비싼 만화석滿花席 돗자리만은 황제에게
바치는 것 말고는 시장에 없다고 하면서 거절했다. 또 석등잔石燈盞도 황제가 요
구한 것이 아닐 것으로 믿었으나 2개를 주었다. 임금은 대신들에게 김만에 대
해 이렇게 말했다.

　　　"김만은 우리나라를 위하여 온 것이 아닌데도 청구하는 것이 매우 많
　　으니, 만약 우리나라를 위해서 사명을 받들고 왔다면 창성보다도 더욱 심
　　할 것이다. … 석등잔을 자신이 가지고 가서 바치겠다고 하므로, 내가 '이
　　를 주본奏本에 기록하겠다.'고 하니 그가 '내가 스스로 바치겠다.'고 하니,
　　이는 곧 석등잔을 자신이 갖고 싶은 것이다. 이미 구하기 어렵다고 이야
　　기했으니, 2개 이상 더 줄 수는 없다."

　　김만은 환관이 아니라 예부시 관리였는데도 탐욕스럽기가 환관과 똑같았
다. 명나라가 얼마나 부패한 나라인가를 여실히 보여준 것이다.

　　김만은 1월 20일에 최득비의 집에 가서 제사했다. 1월 27일에 그가 임금,
왕비, 세자, 세자빈, 그리고 진양대군[수양대군]과 안평대군, 임영대군에게도 각종
비단을 바치자 그 회답으로 베, 모시 등을 회사했다.

　　김만은 세종 11년 1월 28일에 서울을 떠났는데, 가다말고 갑자기 되돌아와
서 "내가 데리고 놀던 기생은 어디 있느냐?"고 물었다. 그녀가 개성에 가서 기
다리고 있다고 하자 그제야 다시 떠났다. 그의 비루한 모습이 또 드러났다.

　　김만이 떠난 지 4개월 뒤인 세종 11년 5월 2일에 창성昌盛과 윤봉尹鳳 등이

또 칙서를 가지고 서울에 왔다. 황제에게 아첨하여 신임을 받아 또 조선에 온 것이다. 칙서에는, 백금 300냥, 저사 30필, 나羅 10필, 채견 30필, 백자영양차종白磁羚羊茶鐘 30개, 백자파다병吧茶瓶 15개를 보내니 받으라는 것이었다. 임금은 그에 대한 답례로 사은사를 즉각 보내 토산물을 바쳤다.

창성과 윤봉 등은 개인적으로 임금, 왕비, 세자, 진양대군, 안평대군, 임영대군에게 각종 비단을 바쳤다. 칙서에는 임금에게 보내는 상사품賞賜品만 적었었지만, 창성이 황제에게 바칠 진헌물목進獻物目을 따로 가지고 왔다. 그 내용은 소내사小內史(火者) 8명, 가무녀歌舞女 5명, 음식 만드는 대여아大女兒 20명, 소주 10병, 잣술 15병, 황주黃酒 15병, 이화주梨花酒 15병, 석등잔 10개, 큰 개 50마리, 조응[매] 6마리, 농아골籠鵝鶻 10마리, 새끼 아골 10마리, 농황응籠黃鷹 30마리, 새끼황응 30마리, 나황응 40마리, 잣 50석, 여러 가지 해채海菜, 해어海魚, 어해魚蟹 등이었다. 그러니까 모두가 황제가 잔치하고 향응을 벌이고 노는 데 필요한 사람과 물건과 음식을 보내라는 것이다. 선종 선덕제가 얼마나 놀이와 방탕에 빠진 황제인가가 나타난다.

사신 윤봉도 지난해 왔을 때 선종 선덕제를 멸시한다고 말한 일이 있었다. 하지만 그런 황제에게 직언하지 않고, 오히려 그런 행태를 이용하여 개인적인 출세와 영달을 추구하고 있었으니, 그런 황제 밑에 그런 신하들이 명나라를 이끌어가고 있었다.

임금은 창성의 요구가 앞뒤가 맞지 않는 것이 많다고 대신들에게 말했다. 예를 들면 가무歌舞하는 여자는 중국에 가서 가무를 배우게 하겠다고 말했는데, 중국에도 가무하는 아이들이 얼마든지 있을 터인데, 굳이 우리나라에서 데려가는 것은 위로는 황제에게 아첨하고 아래로는 자기의 능력을 과시하려는 것이라고 말했다. 또 음식을 만드는 집찬비執饌婢도 이미 수십 명을 보냈는데도 또 수십 명을 보내라고 말하자, 임금이 "미리 음식 만드는 법을 가르치지도 않은 사람을 갑자기 보내면 어찌 되겠는가?"라고 말하니 창성이 "비록 음식 만드는 것을 배우지 않았더라도 중국에 들어가서 배울 것이다."라고 대답했는데, 이런 것을 보면 창성이 오로지 많은 것을 과시하려고 이런 일을 꾸미고 있다고 했다.

그러나 아무리 사신의 태도가 의심스러워도 그 요구를 따르지 않을 수 없었다. 그러나 창성은 전에도 황제에게 바친다고 가져간 물건을 요동에 가서 바꿔치기한 사실이 있어서 창성을 믿지 않았다. 그래서 황제에게 보내는 물품의 종류와 수량을 주본奏本에 자세히 기록하고, 사신에게 직접 보내지 않고 따로 사람을 보내 바치기로 방침을 세웠다. 정말로 황제가 요구한 물건인지, 아닌지를 황제가 스스로 판단하도록 하기 위함이었다.

그런데 창성과 윤봉은 자신들의 원하는 물품을 제대로 만들지 않는다고 하면서 장인匠人 영접도감 녹사들을 매를 때리기도 했다. 그리고 직접 황어黃魚를 잡겠다고 하면서 한강으로 가기도 하는 등 못하는 짓이 없었다.

임금은 창성의 행동을 보고 참다 못하여 좌의정 황희와 우의정 맹사성에게, 그대로 보기만 하고 요구하는 것을 다 들어주어야 할 것인가, 아니면 꾸짖어 나무라고 중국에 보고할 것인가를 의논했다. 두 정승은 사신들이 워낙 무식하고 예의가 없는 자들이므로 꾸짖어도 효과가 없을 것이며, 오히려 원망과 분함을 품고 중국 조정에다 거짓 보고를 할 것이므로 꾹 참고 들어주자고 말했다.

두 사신 가운데 윤봉이 7월 16일에 먼저 서울을 떠났는데 짐 실은 궤짝이 200여 개에 이르렀다. 궤짝 하나에 8명의 인부가 따라갔는데, 그 행렬이 모화루에서 모래내 고개까지 이어졌다고 한다.

황제에게 바칠 진헌물을 가지고 갈 진헌사로 권도權蹈(權踶)를 임명하고, 7월 19일에 보내면서 물품목록도 함께 가지고 가게 했다. 그 목록에는 해산물과 각종 물품의 이름과 수량을 자세히 기록했다.[138] 아울러 진헌할 화자火者 6명과 음

---

138) 황제에게 바친 물품목록은 다음과 같다. 진어眞魚 1,830마리, 민어 550마리, 사어沙魚(상어) 90마리, 망어 380마리, 홍어 200마리, 노어[농에] 100마리, 연어 500마리, 대구어 1천 마리, 잉어 200마리, 수어[숭에] 440마리, 문어 200마리, 석수어[조기] 1천 마리, 청어 500근, 소어 [송에] 500근, 복어 700근, 고등어 200근, 오징어 200근, 대하 200근, 황어젓 6통, 잉어젓 1통, 토화젓 9병, 굴젓 3병, 조개젓 4병, 흰 새우젓 7병, 붉은 새우젓 4병, 조기새끼젓 4병, 홍합젓 2병, 조해채早海菜 500근, 해채 1천 근, 사해채 300근, 해채이 300근, 곤포 400근, 해의海衣 100근, 감태 200근, 해화海花 200근, 황각黃角 300근, 잣 1천 근, 황주 5병, 소주 5병.

식 만드는 여자 집찬녀執饌女 12명, 그리고 노래할 가창녀歌唱女 8명을 명령대로 바친다고 적었다. 창가녀와 집찬녀는 모두 여자종이었는데, 그 부모의 신역身役을 면제시켜 주었다.

그 밖에 창성이 요구한 화문목花文木 6부와 석등잔石燈盞 10벌, 아골鴉鶻(매) 30마리, 황응黃鷹 10마리, 조응 4마리, 큰 개 40마리를 바친다고 적었다.

창성은 7월 21일에 가창녀, 화자, 집찬녀를 데리고 서울을 떠났다. 그는 귀국할 때 영접도감에 사용하는 은그릇을 훔쳐갔으며, 도중에 주현州縣의 말이라든가 의자라든가 좌구坐具 같은 물건도 마음에 들면 닥치는 대로 빼앗아갔다.

7. 금은세공의 면제를 받고, 사신의 횡포를 막다 [세종 11년]

세종은 명나라 사신의 횡포도 골치가 아팠지만, 해마다 정조사, 성절사, 동지사 때마다 바치는 금은세공이 더욱 힘들었다. 국내의 함길도에서 캐내는 금만으로는 감당할 수가 없어서 일본에서 사와야 할 형편이었다. 일찍이 세종 2년 1월에 금은세공金銀歲貢의 면제를 요청하는 사신 한확韓確을 보냈다가 말도 꺼내지 못하고 돌아온 일이 있었음은 앞에서 이미 설명한 바 있다.

창성과 윤봉 등 명나라 사신이 온갖 횡포를 부리다가 돌아간 직후인 세종 11년 7월 30일에 임금은 금은세공의 면제를 요청하는 계품사啓稟使에 이복동생인 공녕군[함녕군] 이인李䄄을 정하고, 부사에 원민생元閔生을 임명했다. 명나라의 요청이 지나치게 많은 것을 감당하기 어렵다는 것을 절감하고 내린 결단으로 보인다.

계품사 일행은 8월 18일에 떠났다. 사신이 가지고 간 표문表文에는 다음과 같은 내용을 담았다.

"태조 고황제 홍무 5년(공민왕 21) 10월에 내린 성지聖旨를 보면, '고래

로 번방藩邦인 먼 나라에서 공물로 바치는 것은 예물을 바친다는 성의를
표시하는 정도에 불과한 것이니, 앞으로 가져올 방물方物은 다만 토산물
인 포자布子로서 3~4가지를 넘지 않게 하여 성의를 표시하는 데에 그치
게 하고, 그 밖의 것은 모두 가져오지 말라.'고 했습니다. 또 홍무 7년(우
왕 즉위년)에는 정조正朝의 예물로서 다만 포필布疋만을 받고, 그밖의 금은
기명金銀器皿은 모두 다 되돌려 주었습니다. 이것은 고황제께서 만리 바
깥도 밝게 보시어 우리나라에서 금은이 생산되지 않는 것을 훤히 아셨기
때문이요, 실로 우禹 임금의 '임토작공任土作貢'(토지에 따라서 공물을 바친다)
의 뜻과도 빈틈없이 부합합니다. … 그때[고려 말]는 원나라의 상인商人들
이 와서 금은을 팔았던 까닭으로 약간의 금은이 있어서 전과 같이 계속
진헌하여 오늘에 이르렀으나, 지금은 … 국가에서 저장한 것도 이미 다했
으므로 집집마다 찾아내고 호마다 거두어서 온 나라 신하들의 집에도 금
은그릇을 가진 자가 없어졌습니다. … 일이 막다른 골목에 이르고 사세가
급박해졌으니 … 금은의 조공을 면제하고 토지의 소산물로서 대신하게
하신다면 …"

위 표문은, 명나라 태조 고황제 때에는 금은세공을 받지 않고 약간의 포필
布疋만을 바치게 했다는 점을 먼저 크게 강조하고, 공물은 그 땅에서 생산되지
않는 것은 받을 수도 없고 바칠 수도 없다는 점을 아울러 강조하여 금은세공
면제의 정당성을 주장한 것이다.

드디어 이해 12월 13일에 계품사로 갔던 공녕군 이인이 귀국하여 황제의
칙서를 가지고 와서 임금에게 보고했다. 칙서의 내용은 크게 두 가지였다. 하나
는 금은세공을 면제하겠다는 것이고, 다른 하나는 사신이 요구하는 물건은 오
직 〈칙서〉에 적은 것만 보내고, 그 밖에 사신이 황제의 말이라고 하면서 요구하
거나, 무리한 요구를 하는 것은 모두 들어주지 말라고 한 것이다.

금은세공의 면제는 우리가 보낸 표문을 따른 것이다. 〈칙서〉에 기록한 물
건 이외의 물건을 사신에게 주지 말라고 한 것은, 창성 등이 요구하여 보낸 물
품목록을 황제가 직접 보고서 내린 결정으로 보인다. 황제가 요구하지도 않은

물품을 엄청나게 많이 가져온 것을 보고 사신의 횡포가 있었다는 것을 깨달은 것이다. 세종의 지혜로운 판단과 대응이 드디어 황제의 마음을 움직인 것이다. 이 두 가지는 세종 사대외교의 일대 승리라고 볼 수 있다.

임금은 큰 공을 세우고 돌아온 공녕군 이인과 원민생 등에게 상으로 토지와 노비를 하사했다.

8. 대내전과 소이전 왜인에 대한 조선의 대응 [세종 10년]

일본 각 지역 토호[영주]들의 조공무역은 세종 10년(1428)에도 여전히 이어졌지만 사정이 전과 달라졌다. 그동안 구주의 양대 세력인 구주 서북부 지역의 소이전小二殿 세력과 야마구치현과 구주 동북부 지역의 대내전大內殿 세력 사이에 내전이 일어나 소이전이 패배하여 대마도와 일기도 등지로 피해 오자, 궁지에 몰린 왜인의 식량사정이 극도로 악화되었다.

조선으로서는 우호적인 대내전 세력이 비우호적인 대마도와 일기도 왜인을 압박한 것을 내심 반기면서도 궁지에 몰린 왜인들이 식량 등을 요청하면서 조선을 더욱 괴롭힐 것을 걱정했다. 그래서 두 세력을 모두 자극하지 않는 정책을 취했다.

세종 10년 1월 12일에 운주雲州(이즈모出雲, 시마네현 동부) 태수 원예源銳가 예조에 서신을 보내고 토산물을 바쳤다. 서신에는, "10여 년이나 음신音信이 끊어져서 예의를 잊었는가 두려웠습니다. 그래서 사절을 특별히 보내서 변변치 못한 물건을 받들어 올립니다."라고 했다. 예조에서 답서를 보내고 정포 504필을 회사했다. 운주는 삼국시대에 한반도 이주민들이 이주하여 작은 소국을 세운 지역이기도 하다. 지금은 독도獨島가 저희 땅이라고 우기고 있어 격세지감을 느끼지 않을 수 없다.

같은 날 구주 비후주肥後州(구마모토熊本) 태수 등원조藤元調가 서신을 보내고 토산물을 바쳤는데, 서신에는, "우리나라는 두서너 해 동안 전쟁의 걱정이 있어서 통호通好의 예절을 태만히 했는데, 이제 옛날대로 변변치 못한 토산물을 올립니다."라고 했다. 예조에서 답서를 보내고, 정포 423필을 회사했다.

같은 날 구주 비전주肥前州(사가佐賀) 태수 원정源貞이 서신과 토산물을 보냈는데, 서신에는 "저는 어릴 때부터 선고께서 통호하는 예의를 볼 수 있었으나, 저는 이웃나라를 통호하는 데 태만했으므로 허물을 고쳐 변변치 못한 토산물을 올립니다."라고 했다. 예조에서 답서하고, 정포 97필을 회사했다. 비전주는 지금 구주 사가佐賀 지역으로서 역시 구주 서북부 세력이다.

같은 날 준주駿州 태수 원성源省의 부인 융선融仙이 서신과 토산물을 보냈는데, 서신에는 "우리나라는 두서너 해 동안 전쟁이 그치지 않아 인물이 소동하여 이웃나라를 공경하는 예의를 태만히 했습니다. 예전의 예절을 따라 변변치 못한 토산물을 바칩니다. 아울러 좌위문오랑과 우위문대랑을 돌려보내 주소서." 했다. 예조에서 답서하여 부탁한 사람을 돌려보내겠다고 약속하고, 정포 717필을 회사했다. 준주는 지금 본주本州의 시즈오카靜岡 지역으로 그동안 자주 왕래하지는 않았다.

이해 1월 25일에 대마도 좌위문대랑, 축주筑州(후쿠오카福岡)의 평만경平滿景과 종금宗金이 구리와 철 2만 8천 근을 가지고 부산포와 내이포에 와서 무역하기를 청하여 면포 2,800필을 주고 사들였다.

같은 날 대마도 종정성이 서신을 보내 세종 원년에 억류된 3인을 돌려보내 달라고 청하고, 토산물을 바치자 정포 196필을 회사하고, 3인 가운데 1인은 조선에 남아 있기를 원하여 제외하고 나머지 2인을 돌려보냈다. 이날 또 좌위문대랑이 토산물을 바치니, 정포 48필을 회사했다.

이날 대마도 종언륙과 종정성이 억류됐던 왜인을 돌려보낸 것에 감사하고, 토산물을 바치면서 27인을 돌려보내 달라고 청하자, 정포 16필을 회사했다. 이날 융선이 납철鑞鐵과 포화布貨를 보내면서 바라(불교악기), 풍로風爐, 경자磬子(종) 등의 물건과 바꾸기를 청하여 들어주었다.

이해 2월 2일에는 축주筑州(후쿠오카福岡) 석성관사 평만경平滿景이 토산물을 바치고 호랑이가죽과 표범가죽을 청하니, 정포 38필을 회사했다. 같은 날 축주 종금宗金이 토산물을 바치고 흑세마포를 청하니, 정포 216필을 회사했다.

같은 날 일기도 등칠藤七이 서신을 보내 "비록 저는 일본에서 출생했지만 아버지는 조선에서 출생했습니다. 제가 항상 귀국 조정에 달려가서 절을 하고자 했으나, 일을 맡아서 겨를이 없어 뜻을 이루지 못했습니다. 만약 조금이라도 여가가 있으면 꼭 입조하겠습니다."라고 하면서 토산물을 바치니 정포 92필을 회사했다.

2월 8일에 대마도 종정성이 서신을 보내 물건을 하사한 것에 감사하고 토산물을 바치자 정포 64필과 미두 200석, 소주 30병을 회사했다. 이들은 식량이 부족하여 특별히 식량을 준 것이다. 근년에 대마도에 내려준 곡식이 300~500석에 이르렀다. 임금은 변경을 괴롭히지 않는다면 해마다 1천 석도 주겠다고 신하들에게 말했다.

2월 17일에 대마도 종정성이 보낸 종태랑宗太郎이 와서 이렇게 말했다.

"대마도는 땅이 모두 바위여서 농사를 지을 수 없어 오로지 칡뿌리와 도토리로 연명하고 있으니, 생계가 몹시 곤란하여 물고기와 소금으로 곡식을 사고자 하여 내이포에 와서 정박했으나 물건을 사고자 하는 사람이 없어서 돌아가지 못하고 있으니, 청컨대 물건을 사 주시기를 바랍니다."

또 대마도 좌위문대랑의 아들 육랑차랑六郎次郎이 와서 말하기를,

"우리들이 대마도와 일기도 상송포上松浦와 하송포下松浦 등지에서 적인賊人의 소식을 정탐하여 마음을 다해 금지, 방어한 것은 여러 사람이 아는 바입니다. 여러 곳에서 사신으로 보낸 무역선들이 바람을 만나 침몰되어 거의 굶주리고 있으니 불쌍히 여겨 살려주소서."

대마도 왜인들이 이렇게 절망적인 마음으로 애걸하자 예조에서는 종정성에게 미두 200석과 소주 30병을 내리고, 좌위문대랑에게도 미두 100석과 소주 20병을 내리고, 그들이 팔고자 하는 물고기와 소금을 사주었다.

3월 1일에 구주순무사 평상가平常嘉가 예조에 서신을 보내기를, "대국大國의 지치至治는 비할 데 없어서 구구한 백성들이 각기 그들의 처소를 얻게 되고, 성덕盛德의 전례典禮가 있어서 먼 나라에서도 모두 화호和好를 통하고 있습니다. 우리의 촌읍 안에 절이 하나 있는데 오래전부터 《대반야경》을 구하려고 하니, 만약 후하게 내리시어 중들에게 제공하여 주신다면 치세에 큰 도움이 되겠습니다."라고 하면서 토산물을 바치니, 예조에서 답서하여 《대반야경》은 일본의 여러 지역에서 구해가서 거의 없어 줄 수 없다고 말하고, 정포 127필을 회사했다. 이날 좌위문대랑이 토산물을 바치므로 정포 100필을 회사했다.

이해 5월 7일에 종정성이 토산물을 바치므로 정포 55필을 회사하고, 같은 날 대마도 종우마조정징宗右馬助貞澄이 토산물을 바치므로 미두 100석과 소주 30병, 정포 50필을 회사했다. 이날 대마도 좌위문대랑이 토산물을 바치고 일본 국왕이 죽었다고 보고하자, 정포 130필, 마포, 저포 각 10필, 잡채화석 20장, 호랑이가죽과 표범가죽 각 3장, 인삼 30근을 회사했다. 또 그의 아들이 우리나라에 와서 조선말을 배우기를 청하자 들어주었다.

5월 12일에는 종정성이 보낸 왜인들이 토지를 받고 우리나라 백성이 되기를 희망하자 허락했다. 5월 18일에는 좌위문대랑이 예조에 글을 올려 "거제도 밖의 작은 섬에 보리를 심게 해달라."고 청하자 그럴 땅이 없다고 거절했다. 5월 29일에 종정성이 토산물을 바치니, 정포 68필과 소주 20병을 회사했다. 이날 토산물을 바친 좌위문대랑에게도 정포 55필을 회사했다.

6월 8일에 대마도 사랑좌위문이 토산물을 바치자 정포 87필을 회사했다.

7월 1일에 임금은 신하들에게 "일본에 《백편상서百篇尙書》가 있다고 하니, 통신사가 사오라. 그리고 왜국의 종이가 단단하고 질기다 하니 만드는 법을 배워오라."고 일렀다. 그러나 일본에 《백편상서》가 있다는 것은 사실이 아니었다.

7월 10일에 구주순무사 평상가平常嘉가 토산물을 바쳐 정포 124필을 회사했고, 이날 구주 소이少貳 등만정藤滿貞이 토산물을 바치고 《대반야경》을 청구했으나, 《대반야경》은 거절하고, 정포 308필을 회사했다. 이날 종정성도 토산물을 바치고 정포 53필을 받아갔다. 같은 날 원영源英이 사람을 보내어 토산물을 바치고 정포 30필을 받아갔다.

7월 14일에는 석성관사 종금宗金이 서신을 보내, 일본 국왕[足利義持(아시카가 요시모치)]이 죽고, 그 동생[足利義敎(아시카가 요시노리)]이 대를 이었다고 보고하고, 토산물을 바치니 면포 20필, 정포 115필과 소주 15병을 회사했다. 7월 15일에는 비전주肥前州(사가佐賀) 태수 원정源貞이 토산물을 바치고 정포 38필을 받아갔다.

이해 8월 26일에는 구주순무사 평상가平常嘉가 예조에 서신을 보내기를, "1월에 우리 국왕 전하 족리의지가 죽었으나 태자가 없기 때문에 그 아우께서 즉위하여 국가의 일을 한두 노신老臣에게 맡겼습니다. … 《대반야경》을 전에도 청구했으나 허락하지 않았기에 이에 간절히 청합니다. 혹 1부를 얻어 선왕의 명복을 빌게 된다면 … 선왕의 혼령도 반드시 귀국을 위하여 결초보은할 것입니다."라고 했으나, 이번에도 거절하고, 정포 110필을 회사했다.

이날 석견주石見州(시마네현島根縣)의 등관심藤觀心이 토산물을 바치고, 정포 104필을 얻어갔다. 8월 29일에는 좌위문대랑이 토산물을 바치고, 억류 왜인 10인의 송환을 요구하자, 그 사람들을 돌려보내고 정포 160필을 내려주었다.

이해 9월 21일에 석성관사 종금이 토산물을 바치자 정포 67필을 회사하고, 10월 26일에는 축전주筑前州 태재소이太宰少貳 등원만정藤原滿貞이 예조에 서신을 올리기를, "근일에 도적들이 우리 읍을 침범하여 우리 요속들을 끌고 갔으므로 다른 지방에서 주둔하고 있더니, 우리 전하께서 지난 봄에 세제世弟로서 위를 이으셨으니, 그 하례하는 뜻을 아뢰고자 했으나 힘이 미치지 못하고 있습니다. 만약 귀국에서 산물을 주신다면 장차 그 비박한 예를 이루겠습니다." 하고, 토산품을 바치므로 쌀 100석, 저포, 마포, 면주 각 10필, 잡채화석 10장, 호랑이가 죽과 표범가죽 각 2장, 소주 30병을 회사했다.

12월 14일에 구주의 종금宗金이 예조에 서신을 올려 두 가지를 건의하고 토산물을 바쳤다. 하나는 지금 풍파가 좋지 않으니 봄에 사신을 보내는 것이 좋겠다는 것과 또 하나는 지금 대우전大友殿(大分縣)과 대내전大內殿(山口縣과 구주 동북부)이 구주를 장악하고 있으니, 두 사람에게 부탁하는 것이 좋겠다는 것이었다. 예조에서 정포 147필과 대우전이 부탁한 사냥개 2마리를 회사했다.

그러나 통신사를 내년 봄에 보내라는 요청은 따르지 않았다. 새 국왕의 즉위와 죽은 국왕을 조문하기 위한 사절은 시기를 놓치면 예의에 어긋나기 때문이었다.

9. 통신사 박서생이 일본의 실용문화를 보고하다 [세종 10년]

일본 족리막부의 국왕[足利義教(아시카가 요시노리)]이 새로 즉위한 것을 축하하는 동시에 죽은 전왕에게 제사를 하기 위해 세종 10년 12월 7일에 대사성 박서생朴瑞生(?~?)[139]을 정사, 대호군 이예李藝를 부사, 부교리 김극유金克柔를 서장관으로 정하여 통신사를 보냈다. 전부터 해오던 관례였다.

일행은 국왕에게 보내는 서계書契와 제문祭文, 그리고 토산물을 가지고 떠났는데, 토산물은 안장 1면, 흑세마포, 백세저포, 백세면주 각 20필, 인삼 200근, 호피와 표피 각 10장, 난초방석, 만화방석 각 10장, 잣 500근, 청밀 20두였다. 또 죽은 국왕의 제물祭物로 백세저포와 흑세마포 각 20필을 보냈다.

또 통신사를 안전하게 호송하기 위해 대마도의 종정성과 좌위문대랑, 구주 소이전의 등공藤公, 구주도원수 원공源公, 일기도 지좌志佐 원공源公 및 좌지佐志, 대내전 다다량지세多多良持世 등에게 서신과 함께 토산물을 푸짐하게 내렸다. 이

---

139) 박서생은 본관이 경상도 비안比安으로 중랑장 박점朴漸의 아들이자 길재의 문인이다. 증광문과에 급제하여 집현전 학사를 거쳐 언관직을 지내다가 참판에 이르렀다. 뒤에 청백리로 녹선되었다. 비안박씨는 《세종실록 지리지》에 일반성一般姓으로도 나오고 향리성鄕吏姓인 속성續姓으로도 나온다.

들 7인에게 보낸 선물을 합치면 국왕에게 보낸 선물과 엇비슷했다. 다만, 인삼, 잣, 청밀은 보내지 않았다. 그 대신 대마도의 두 사람에게는 쌀과 소주가 추가 되었다.

박서생은 떠나기에 앞서 이해 11월 26일에 예조에 수본手本을 올려 일본 토호들에게 주어야 할 선물을 아래와 같이 요청했다.

> "대내전大內殿은 선대부터 우리나라를 섬겨 왜적의 무리들을 막았고, 태종 8년에는 통신부사 이예李藝가 해상에서 바람을 만나 석견주石見州에 표류했을 때 대내전이 진심으로 구호했으며, 식량 40석과 배 값으로 돈 100관을 주어 배를 수리하여 호송했고, 매양 우리나라 사신이 행차를 하면 해적들이 출몰하는 요해처를 모두 호송하게 하더니, 이제 드디어 구주九州를 탈취 점거하여 다른 왜인 추장과는 유가 다릅니다. 소이전小二殿은 그 본토를 잃고 국지에 기생하는 데다가 또 이미 식량과 잡물을 후히 내리셨으니, 청컨대 소이전에 내릴 물품을 대내전에 옮겨 내리시되, 표피 1장, 호피 2장, 면주와 모시 각 5필, 잡채화석 5장을 더하여 내려주소서."

박서생은 그동안 우리나라를 적극적으로 도와준 대내전大內殿에 대하여 특별히 선물을 많이 내려주자는 것과, 소이전은 이미 구주를 잃고 모퉁이에 살고 있으며 또 그동안 내려준 물건이 많으니 그에게 줄 물건을 대내전에게 주자고 요청한 것이다. 그래서 위 7인 가운데 대내전에게 준 물건이 가장 많았다. 그러나 임금은 소이전에게도 전처럼 물품을 회사하기로 했다.

그런데 다음해인 세종 11년 3월 27일에 통신사로 간 박서생이 급보를 보내오자 예조에서 임금에게 다음과 같이 아뢰니, 임금이 허락했다.

> "대마도 수호守護 종언칠에게 사람을 보내 위로했는데, 매우 가난하여 아침에 저녁을 생각할 수 없으며, 주민들도 굶주린 빛이 있으니, 이를 미루어 보건대 종정성과 종정징도 응당 이와 같을 것입니다. 그래도 왕화王化에 심복하여 차마 도적질을 하지 않으니, 우리나라로서도 어찌 기쁘지

않겠습니까? 이제 종언칠이 사람을 보내 기아와 곤궁을 구제해주기를 원하고 있사오니, 원컨대 전례대로 종정성에게 미두 200석을 내려주시고, 종언칠에게는 80석을 하사하소서."

세종 11년 12월 3일에 드디어 일본에 갔던 통신사 박서생朴瑞生 일행이 귀국하여 보고했다. 꼭 1년 만에 돌아온 것이다. 중국에 보내는 사신보다도 더 시일이 오래 걸린 것이다. 풍랑을 피하여 배를 타고 오기 때문이었다. 박서생은 일본 국왕 원의교源義教(足利義教)의 답서를 임금에게 바쳤다. 그 내용은 이렇다.

"… 금년 여름에 전위專爲하여 보내신 사신이 도착했고, 지난해 섣달에 발송하신 것은 대대로 닦아온 우호를 잊지 않으시고 이웃나라를 비호하는 데 힘쓰시기를 이와 같이 하시니, 어찌 그렇게도 위대하십니까? 누방陋邦은 부형父兄의 기업基業을 이어받아 책임은 무겁고 힘은 미약하여 국내의 조그만 치무治務에 급하여 미처 국외와의 수경修敬에 미치지 못했던 바, 먼저 예명禮命이 욕림辱臨하니 기쁘고 위로됨을 어찌 다 술회하오리까? 보내주신 글에 이르기를, '잘 이어받고, 잘 준행하며, 역대의 우호를 돈독히 하여 양국을 복되게 하라.'고 하셨으니, 지극하신 말씀입니다. … 이 교훈을 잊지 아니하고 길이 우호를 지킬까 합니다. 내려주신 보배로운 물건들은 일일이 영수했으며, 박소한 물품을 별폭에 갖추었사오나 보답이 되지 못할 것입니다. 예물은 채선彩扇 100자루, 긴 칼 2자루, 주칠 목차완朱漆木車盌 대소 70개, 주칠 천방분淺方盆 대소 20개, 휴칠 목통髹漆木桶 2개입니다."

이번 일본 국왕의 서계는 과거 국왕의 서계에 비해 말투가 매우 공손했다. 이날 박서생은 일본의 지방세력 분포와 일본에서 배워서 시행할 만한 일들을 보고했다. 그 요지는 다음과 같다.

① 구주지역은 대내전大內殿과 대우전大友殿, 그리고 큰 섬은 종상전宗像殿이 장악하고 있는데, 대마도의 종정성과 대내전이 잘 막으면 해적

들을 저지시킬 수가 있을 것이다. 또 지방 세력들이 어소御所(막부)의 명령을 듣지 않고 있으므로, 막부와 수호하는 것이 왜구를 막는 데에는 별로 효과가 없다. 그러므로 어소와의 수호보다는 여러 섬들의 도주를 포섭하는 것이 중요하다.

② 일본은 불교국가이므로 불경佛經을 통호의 자료로 이용할 것.

③ 일본은 수차水車를 이용하여 전답에 물을 공급하는데, 다만 물살이 센 데만 효과가 있고, 물살이 느린 데에는 큰 효과가 없다.

④ 일본은 포백布帛보다는 돈을 많이 사용하고 있어서 세금이나 매매를 모두 돈으로 해결하고 있다.

⑤ 강에 나무다리를 설치하고 있는데, 우리나라 한강이나 임진강에도 설치할 필요가 있다.

⑥ 행려자行旅者를 위한 원우院宇(여관)를 승려에게 수리시키고 주지가 관리하면서 돈을 받고 있는데 이를 본받을 만하다.

⑦ 우리나라의 어량세, 염장의 소금값, 선세船稅, 각사노비의 신공 등을 모두 돈으로 받을 것.

⑧ 일본인들은 목욕을 좋아하여 가정집이나 동네마다 목욕탕이 있어 돈을 받고 있는데, 우리도 제생원, 혜민국, 광통교, 지방의원 등에 목욕탕을 설치하고 돈을 받을 것.

⑨ 일본은 시장 상인이 처마 아래에 널빤지로 층루를 만들어 물건들을 두어 보관이 깨끗하고 눈에 잘 보인다. 우리는 진흙바닥에 물건을 놓고 파는데, 서울의 운종가雲從街 가게들에 보첨補簷을 달 간판을 붙일 것.

⑩ 사신을 따라가는 반인伴人이나 격군格軍(뱃사공)들에게 상을 줄 것.

⑪ 유구국에 피로된 조선 사람들이 기근으로 고생하면서 귀국하기를 갈망하고 있으니, 사람을 보내 이들을 찾아올 것.

⑫ 유구국에서 감자와 사탕수수, 마를 많이 심고 있으니, 이를 얻어다가 심을 것.

⑬ 일본은 금은동철 등이 생산되는 곳에 접근을 막지 않고 자유롭게 채굴하게 하고, 나라에서는 다만 세금만 거두고 있다. 그래서 생산이 무궁하고 국가나 개인에게 모두 이익을 주고 있다. 우리도 이를 따르자.

⑭ 일본은 사람은 많고 먹을 것이 적어서 우리 인민을 잡아다가 노비를

만들기도 하고, 다른 나라에 팔아먹고 있다. 잡혀간 사람들이 도망하
려고 해도 족쇄를 채워 놓아 못하고 있다. 일기도 등이 지금 전쟁으
로 살기가 어려워 장차 도적질을 하려고 하니 우리가 돈을 주고 사와
야 하고, 우리도 저들을 잡아다가 노비로 삼아 복수해야 한다. 다만
포로들을 해변가에 살게 해서는 안된다.

이상, 박서생이 보고하고 건의한 내용은 일본이 상업이나 광업이 활발하고,
수차水車나 나무다리[木橋] 등 실용적인 기술문화에서도 배울 것이 있다는 것으로
서 귀담아들을 만한 내용이 적지 않았다. 임금은 박서생의 건의사항을 의정부
와 육조에 내려 의논하게 하니, 대부분 좋다고 했다. 그러나 원우院宇를 승려들
에게 맡기는 것, 돈으로 모든 것을 매매하고 세금을 받는 것, 광물을 개인에게
채굴하게 하는 것 등은 불가하다고 말했다.

박서생은 이날 또 일본의 푸른색 염료, 은을 도금한 종이, 붉은색 경분輕
粉 등을 가져오고 그 제조법에 대해서도 아뢰니, 임금이 이를 모두 보관해 두고
이와 똑같은 물건이 나오는 곳을 찾아보라고 명했다.

12월 9일에 임금은 신하들에게 일본 막부에 대하여 이렇게 이야기했다.

"일본은 왕이 죽었어도 사신을 보내 알리지도 않고, 즉위한 뒤에도 알
리지 않으니, 우리도 통신사를 보낼 필요가 없다. 그러나 우리가 교린交隣
하는 예를 닦지 않을 수 없어서 사절을 파견하고 부의를 전달하고, 또 즉
위를 축하해준 것인데, 저들은 마땅히 이에 보답해야 하거늘, 사절도 보내
지 않고 오히려 청구만 하는 일로 종금宗金을 보냈으니, 실례失禮 중에도
실례인 것이다. 그러나 저들은 본래 예의를 모르는 자들이니, 무엇을 책하
겠는가? 앞서 우리나라 사신이 갔을 때 배에서 내리지도 못한 일이 있고,
박대하여 보낸 자도 있으며, 혹은 그 글의 말투가 불손한 적도 있었는데,
이번에 통신사가 갔을 때에는 사관使館의 음식도 등급을 올리고, 서계書契
도 또한 공손한 언사로 했으니, 이것은 칭찬할 만하다. 사람을 대하는 도
리는 박대하는 것보다는 후대해야 하니 종금도 후대하는 것이 어떤가?"

임금은 또 박서생에게 이렇게 말했다.

"일본 국왕이 너희들에게 말하기를, '부왕의 뜻을 이어받아 상국上國(중국)을 받들어 섬기려고 하나, 혹 전날의 일로 구류를 당하지나 않을까 걱정되니, 돌아가거든 귀국 왕에게 고하여 내 뜻을 상국에 전달하여 먼 곳에 있는 오랑캐도 성화聖化를 입도록 해 주시오.'라고 했다니, 이 뜻이 매우 아름답다. … 그 뜻을 상국에 전달하고 싶으나, 다만 뒷날 만약 조빙朝聘의 예를 하지 않는다면, 중국이 도리어 우리로 하여금 일본을 문책하게 할 것이니 … 그래서 결단하기 어렵다. …"

임금의 말을 들은 여러 신하들이 말하기를, "일본 국왕이 전일의 잘못을 뉘우치고 다시 신하로서 복종하고자 하니 그 뜻은 아름답지만, 그 나라가 옛날부터 금시 섬기다가 금시 배반하곤 했으니, 오늘의 말을 믿고 전달할 수 없습니다."라고 하면서 임금의 말에 동조했다.

임금은 수차水車의 이용과 나귀의 이용, 물소의 이용 등에 대해서도 신하들과 의논하여 동의를 얻었다. 다만 나귀와 물소 등은 우리나라에 없어서 중국에서 수입해야 할 필요가 있었다.

박서생이 보고한 내용 가운데 특히 임금은 수차의 이용에 대하여 관심을 가지고 이를 전국적으로 보급시키려고 노력했다. 그런데 여러 곳에서 수차를 만들어 실험을 해본 결과 큰 효험을 보지 못해 나중에는 폐지했다. 그 이유는 일본처럼 물이 많고 물살이 빠른 개울에서는 효과가 있으나, 우리나라 지형은 일본과 다른 점이 많은 까닭이었다. 세종이 앞서 중국에서 두 바퀴 수레인 강주杠輈 기술을 도입하여 전국적으로 보급하다가 실패했는데, 이번에는 일본에서 수차를 도입했다가 또 실패한 것이다.

10. 왜인과 유구국의 조공사절 [세종 11년]

세종 11년에도 구주지역을 장악한 토호들의 내왕은 활발했으나, 구주를 빼앗기고 궁지에 몰린 대마도와 일기도 왜인들의 내왕은 부진했다. 그러나 식량 부족이 절박하여 조선의 도움을 간절히 요청했다. 조선은 구주를 장악한 대토호들이 대마도 왜인들을 지원하는 것을 싫어할 것을 염려하여 식량을 지급하지 않고 약간의 포목류를 주는 데 그쳤다.

3월 28일에 종정성이 서신을 보내 《대반야경》 하사를 감사하고, 토산물을 바치니, 정포 194필을 회사했다. 그러나 식량은 주지 않았다.

이해 4월 20일에 일기도 지좌 원조신중源朝臣重이 서신을 보내, "우리 도에는 1~2년 동안 전쟁이 그치지 않아 농사를 짓지 못하여 백성들이 이미 굶주려 죽었으니 원컨대 쌀, 콩 몇 가마를 내리시어 우리 백성을 진휼하시고, 또 호피, 표피, 포목 등의 물품을 바라오며, 인하여 토산물을 바칩니다."라고 했다. 예조에서 답서하고 정포 20필을 회사했다. 역시 식량은 주지 않았다.

6월 18일에 준주駿州(시즈오카靜岡) 태수 원성源省의 후실 융선融仙이 토산물을 바치고, 《대반야경》 하사를 청구하니, 정포 138필만 회사했다. 7월 9일에 대마도 종정징宗貞澄이 토산물을 바치니 정포 154필을 회사했다.

7월 30일에 풍주豊州(오이타현大分縣 북부) 태수 원지직源持直이 예조에 서신을 보내고 토산물을 바쳤다. 풍주는 지금의 구주 오이타현(大分縣) 북부지방으로서 그동안 자주 오지는 않았다. 서신의 내용은 이렇다.

"지금 석성石城 냉천진冷泉津이 우리의 소유가 되었습니다. 귀국의 관선官船은 이미 냉천진 관내의 합도合島에 도착했습니다. 바람이 조용할 때 호송하여 적간관赤間關(지금의 시모노세키下關)에 도착할 수 있게 하겠습니다. … 저희가 요사이 사찰을 세웠는데 법기法器가 정비되지 못했으니 《대반야경》 1부와 큰 쇠북 1개를 구합니다. …"

예조에서 답서하고, 《대반야경》 1부와 정포 160필을 회사했다. 위 서신에서 조선 사신을 호송했다는 말은, 지난해 12월 7일에 보낸 통신사 박서생朴瑞生 일행을 가리키는 말이었다.

같은 날 축주의 종금, 대마도의 종정성, 종무직 등이 토산물을 바치니, 각기 정포 200필, 91필, 106필을 회사했다.

이해 8월 15일에는 유구국 사람 포모가라包毛加羅 등 15인이 표류하여 강원도 울진현에 이르렀는데, 도적이라고 하여 사로잡아 놓고 보고했다. 명하여 서울로 보내게 하고, 옷과 신을 주었다. 그들이 서울에 도착하자 8월 28일에 정부 대신들이 의논한 결과 본인들이 머물러 살기를 원하면 경상도 연안 지방에 땅과 식량 등을 주어 편안히 살게 하고, 돌아가기를 원한다면 배를 수리하고 식량을 주어서 왜인에게 부탁하여 보내기로 했다.

그런데 유구국 사람 이마가라理馬加羅가 사망하자 9월 6일에 한성부에서 향도香徒들을 시켜 장사를 지내주고 묘표를 세워주었다. 나머지 14인은 9월 29일에 유구국으로 떠났다. 정부에서는 유구국 대신에게 서신을 보내 14인이 돌아간다는 사실을 알려주고, 일본 일향日向(미야자키宮崎縣), 대우大隅(살마주 동부), 살마薩摩 등 세 고을의 태수 등귀구藤貴久에게도 서신을 보내 유구인들이 일본을 거쳐서 가게 되니 잘 호송해 달라고 부탁했다.

이해 9월 8일에는 하주河州 태수 원전源傳이 토산물을 바치자 정포 37필을 회사했다. 하주는 지금의 오사카大阪 지방으로, 처음으로 조공을 바쳐왔다. 같은 날 융선融仙이 또 토산물을 바치자 정포 74필을 회사했다. 10월 28일에 대마도 종정성이 토산물을 바치자 정포 90필을 회사했다.

10월 29일에 임금은 경연석상에서 대신들에게 말했다. "일본국 무위武衛가 우리 통신사를 지성껏 접대했다 하니, 그가 구하는 물건은 모두 보내야 할 것이다. 국왕이 구하는 채단綵緞은 본국 소산이 아니니 줄 수 없고, 그 밖에 향로, 물병, 화분火盆을 주조하여 주고, 좌무위가 구하는 말다래, 청사피와 자전피紫獤皮로 만든 신 등은 공조에서 만들어 주라."고 일렀다. 무위는 국왕의 근신을 말한다.

11월 19일에 구주 석성의 종금宗金이 예조에 서신을 보내 "통신사 관선官船의 사공 2명이 병에 걸려 귀국으로 송환하라 하기에 조그만 배를 내어 보냅니다."라고 말하고 토산물을 바치니, 정포 70필을 회사했다.

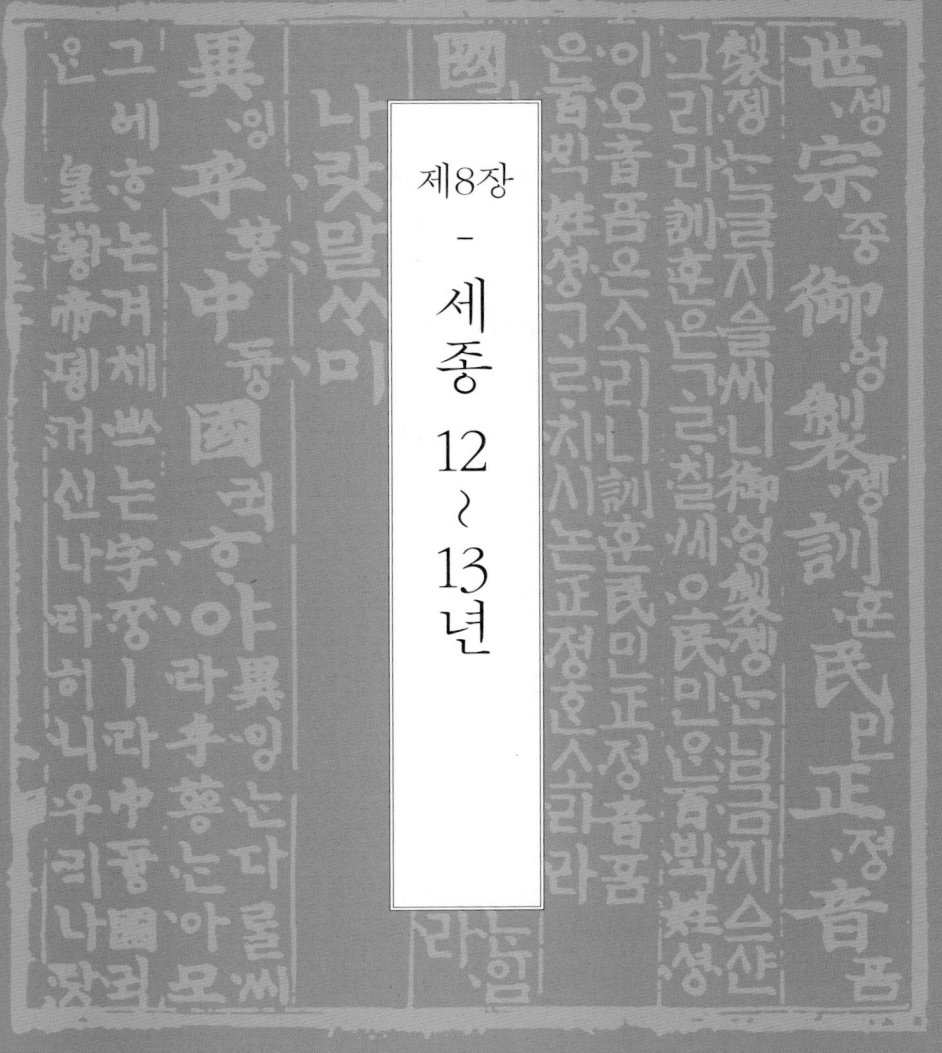

제8장
-
세종
12
~
13
년

(34~35세)
1430~1431년

1. 〈공법〉 찬반투표에 17만 명이 참여하다 [세종 12년]

〈손실답험법〉에 의하여 전조田租를 받아들이는 제도가 위관委官들의 불공정한 심사 때문에 폐단이 발생하자 이를 시정하기 위한 대안으로 정액세定額稅에 가까운 〈공법貢法〉을 도입하고자 하는 의논이 일어난 것은 세종 10년이었음은 앞에서 설명했다. 세종이 먼저 제의한 것이다.

세종 11년 11월 16일에 임금은 다시 이 문제를 신하들과 의논하면서 전조田租를 1결당 15두나 10두를 받을 경우 국가수입이 얼마나 되는지를 알아보라고 이르고, 또 그 가부를 신하들과 백성들로부터 알아보고 보고하라고 명했다.

이듬해인 세종 12년(1430) 3월 5일에 호조에서 전답 1결마다 10두를 거두되, 토지가 척박한 평안도와 함길도는 1결당 7두를 거두고, 농사를 완전히 망친 사람은 전조를 전액 면제하기를 청했다. 그러자 임금은 "정부와 육조, 각사 및 서울의 전직 품관品官, 각 도의 감사와 수령, 그리고 품관과 여염의 세민細民에 이르기까지 모두 가부를 물어서 보고하라."고 명했다. 그러니까 전국의 현직관료와 전직관료, 그리고 가난한 농민에 이르기까지 각계각층의 가부를 조사하여 보고하라는 것이다. 요즘 말로 하자면 국민투표이다.

왕명을 받은 호조는 바로 여론 조사에 들어가서 4개월 뒤인 7월 5일에 1차 조사결과를 임금에게 보고했다. 먼저 경상도의 수령과 백성들에게 물은 결과 좋다고 하는 자가 많고, 좋지 않다고 하는 자가 적었으며, 함길도, 평안도, 황해도, 강원도에서는 모두 불가하다고 한다고 보고했다. 임금은 각 도의 보고가 모두 도착하거든 백관들과 깊이 의논하여 보고하라고 명했다.

그리하여 8월 10일에 호조는 다시 〈공법〉의 가부를 의논한 결과를 다음과 같이 임금에게 보고했다.

우선 서울은 총 1,423명이 참가했는데, 그 가운데 211명은 글로써 의견을 표시하고. 1,212명은 가부에 참여했는데, 가부에 참여한 사람 가운데 찬성이 702명으로 약 58%이고, 반대가 510명으로 약 42%이었다. 이를 현직과 전직으

로 나누어 살펴보면, 찬성자는 3품 이하 현직자가 259명이고, 전직자가 443명
으로 전직자가 압도적으로 더 많이 찬성했다. 한편 반대자 510명을 현직과 전
직으로 나누어 보면 3품 이하 현직자가 393명이고, 전직자가 117명으로 현직자
가 압도적으로 더 많이 반대했다. 그러니까 현직자의 약 60%가 반대한 것이고,
전직자의 약 80%가 찬성했다. 그러나 글로써 의견을 제출한 사람의 가부는 여
기에 포함되지 않는다.

	참가자(품관, 촌민 등)	찬성	반대
개성 유후사	1,194명	94.0%	6.0%
경기도	17,346명	98.6%	1.4%
평안도	29,841명	4.4%	95.6%
황해도	20,089명	22.2%	77.8%
충청도	21,056명	33.3%	66.7%
강원도	7,842명	12.0%	88.0%
함길도	7,479명	1.0%	99.0%
경상도	36,710명	98.9%	1.1%
전라도	29,816명	99.1%	0.9%

이상 전국을 합치면, 총 참가자는 17만 2,806명으로, 그 가운데 찬성이 약
57%를 차지하고, 반대가 약 43%를 차지했다. 그러나 지역적인 편차가 매우 커
서 경상도, 전라도, 경기도는 98% 이상이 찬성하고, 평안도는 95.6%, 함길도는
99%가 반대했다. 그 다음으로 강원도가 88%가 반대하고, 황해도가 77%, 충청
도가 66%가 반대했다. 이 현상은 남부에서 북부로 올라가면서 반대가 많아지
고 있다는 뜻이다.

왜 이런 현상이 나타났을까? 토지가 비옥한 경상도와 전라도는 손실답험으
로 전조를 바칠 때 1결당 최고 30두에 육박하는 가장 높은 전조를 바치고 있었
기 때문에 농민의 처지에서 보면 정액세인 15두나 10두로 낮아지는 것을 환영
할 수밖에 없다. 그 반면 함길도와 평안도는 토지의 비옥도가 가장 낮아 그동
안 낮은 전조를 내다가 정액세로 바뀌면 손해를 볼 가능성이 높다고 보았기 때

문에 반대가 치열했던 것이다. 이것은 바꾸어서 말하면 그동안 국가의 전조수입은 주로 경상도와 전라도의 전조로 충당되어 왔다는 것이다.

여기서 경기도의 찬성율이 98%를 보이고 있는 것이 의미심장하다. 그 이유는 과전科田 때문이다. 과전의 전주田主인 벼슬아치들이 손실답험할 때 흉년을 풍년으로 높이 심사하여 전조를 많이 받은 결과 경기도 농민들이 〈공법〉을 찬성하는 것은 당연하다. 이는 과전 보유자인 현직관료의 반대가 많은 것과 대조를 보인다.

그런데 글로써 〈공법〉을 찬성한 벼슬아치들도 정액세를 정할 때에는 토지의 비옥도와 풍흉의 등급을 정확하게 평가해야 한다는 점을 강조하고 있다. 왜냐하면 경상도나 전라도가 비옥한 땅이 많다고 하더라도 지역에 따라서는 비옥하지 못한 땅이 있고, 또 경기도, 충청도, 황해도 등의 경우도 지역에 따라서는 비옥한 땅이 있기 때문이다. 그래서 토지의 비옥도에 따라 정액에 차등을 두어야 한다는 것이고, 풍흉의 정도는 해마다 일정하지 않으므로 가을 추수기에 현장에 가서 답사하여 평가하는 것도 필요하다고 보았다.

〈공법〉은 이론적으로는 매우 합리적인 제도이지만, 이 법을 시행하기 전에 반드시 먼저 토지를 다시 양전量田하여 비옥도를 정확하게 평가해야 하는데, 전국을 짧은 시일에 양전하기는 어려우므로 일부 지역부터 시범적으로 양전하고, 차츰 지역을 넓혀서 양전하여 점진적으로 시행하자는 의견이 다수 제기되었다. 이후로 14년이 지난 세종 26년에야 〈공법〉이 시행되게 된 이유가 여기에 있었다.

2. 관비 출산 전 1개월 휴가를 더 주다, 노비를 죽인 주인을 처벌하다

세종이 노비의 처우개선에 얼마나 관심을 기울이고 있었는가는 앞에서도 누누이 설명한 바 있다. 노비에 대한 세종의 기본방침은 노비도 하늘이 낸 천민天民이기 때문에 그 인권과 처우가 보호되어야 한다는 것이다. 또 노비를 일시에 혁파할 수는 없지만 장기적으로 줄여나가서 양민을 만들고자 하는 것이 세종의 생각이었다. 그러나 노비의 처우를 개선하는 문제는 신하들도 동의를 했지만, 노비를 줄이는 문제에 대해서는 신하들이 대부분 강력하게 반대하고 나서서 임금의 노선과 자주 충돌을 일으켰다.

세종은 관비官婢가 아이를 출산하고 7일 후부터 일을 시키는 것을 매우 부당하게 보고, 출산휴가를 산후 100일로 늘리는 조치를 이미 세종 8년 4월 17일에 내린 바 있었다. 그런데 이것만으로는 부족하다고 여겨 세종 12년 10월 19일에 출산 전에 1개월의 휴가를 더 주라고 하면서 상정소詳定所에서 법을 만들라고 명했다. 임금의 말을 들어보자.

"옛날에 관비가 아이를 낳을 때에는 반드시 출산하고 나서 7일 이후에 복무하게 했다. 이것은 아이를 버려두고 복무하면 어린아이가 해롭게 될까봐 걱정한 것이다. 내가 일찍이 100일간의 휴가를 더 주게 했다. 그러나 산기産期가 임박하여 복무하다가 몸이 지치면 집에까지 가기도 전에 아이를 낳는 경우가 있다. 그러니 산기에 임하여 한 달간의 복무를 면제해 주는 것이 어떻겠는가? 가령 그가 속인다고 하더라도 한 달까지 넘길 수야 있겠는가? 그러니 상정소에 명하여 이에 대한 법을 제정하라."

상정소에서는 왕명에 따라 10월 25일에 정식으로 여비의 출산휴가를 산전 1개월, 산후 100일로 확정하여 임금의 재가를 받았다.

여기서 관비의 출산휴가는 산후 100일에 산전 1개월이 더 추가됨으로써 산전과 산후를 합쳐 130일간의 휴가가 주어지게 된 것을 알 수 있다. 관비의 출산에 대한 배려는 여기서 끝나지 않았다. 세종은 재위 16년 4월 26일에 다시 출산관비의 남편에게도 산후 1개월의 휴가를 함께 주도록 조치했다. 관비의 산후 건강과 아기를 함께 돌보아 줄 남편의 휴가가 반드시 필요하다는 생각 때문이었다. 이 점에 대해서는 뒤에 다시 설명하겠다.

한편 주인이 노비를 죽였을 경우, 그 주인을 처벌한 경우가 여러 번 있었음을 앞에서 설명한 바 있다. 그런데 세종 12년에 또 그런 일이 일어났다. 세종 12년 3월 24일에 최유원崔有源이라는 사람이 그의 종을 때려 죽인 사건이 일어나자 임금은 형조에 명하여 최유원을 잡아다가 국문鞫問하라고 명했다. 그러면서 임금이 이렇게 말했다.

> "형률刑律에, '주인이 노예를 죽인 자는 죄가 없다.'고 했는데, 이는 윗사람과 아랫사람의 분별을 엄하게 한 것이다. 또 '주인이 노비를 죽인 자는 장형杖刑을 받는다.'고 했는데, 이것은 사람의 목숨을 중히 여기는 것이다. 노비도 사람이니, 비록 죄가 있더라도 법에 따라 죄를 결정하지 않고 사사로이 형벌을 혹독하게 하여 죽인 것은 실로 주인으로서 자애慈愛를 가지고 어루만지고 키우는 인덕仁德에 어긋나니, 그 죄를 다스리지 않을 수 없다."

임금은 노비도 사람이라고 강조하면서 주인은 노비가 잘못이 있더라도 법으로 다스리고, 자애롭게 감싸고 살아야 하는데도 함부로 사형私刑을 가하여 죽이는 것은 용납할 수 없으니 곤장을 때려야 한다고 명한 것이다.

또 이해 9월 21일에는 형조에서 사노私奴 벌개伐介를 죽인 학생 곽부존郭夫存이 지금 개령開寧의 감옥에 수감되어 있는데 율律에 의하면 참형斬刑에 해당한다고 아뢰자 임금이 허락했다. 이 경우는 노비를 죽인 주인이 사형에까지 이른 것이다. 주인의 지위가 학생이어서 더욱 엄한 벌을 내린 것으로 보인다.

이해 윤12월 10일에는 전 영흥부사 박관朴冠이 관노官奴 6명에게 압슬형壓膝刑[140]을 함부로 집행하다가 죽은 자도 있고 부상당한 자도 있었다. 의금부에서 박관을 잡아다가 국문한 뒤에 이 사실을 임금에게 알려 죄가 참형에 해당한다

---

140) 압슬형은 바닥에 유리조각이나 사금파리 조각들을 놓고, 그 위에 죄인이 무릎을 꿇고 앉게 한 뒤에 무릎 위에다 무거운 널빤지 위에 돌을 얹어서 짓누르는 형벌이다. 심하면 무릎뼈가 깨져서 죽기도 한다. 이 형벌은 5형 가운데는 없는 것이지만, 강도살인이나 10악의 죄를 지은 자에게 간혹 불법적으로 사용했다.

고 아뢰자 임금이 허락했다. 참형은 칼로 목을 쳐서 죽이는 형벌이다. 아무리 노비라도 압슬형을 가하여 죽게 만든 것은 법이 용서하지 않았던 것이다.

노비를 죽이고 그 재산을 빼앗으려다가 참형을 당한 주인도 있었다. 세종 13년 3월 14일에 장흥사람 최덕崔德이라는 자가 자기 집 종 덕만德萬을 돌로 치고는 그가 죽은 줄로 알고 종의 물건을 빼앗았다. 그런데 뒤에 종이 다시 살아나서 이 사실을 관청에 고발했다. 그래서 최덕을 잡아다가 국문했더니 그가 잘못을 인정하자 율문律文에 따라 그를 참형斬刑에 처했다. 역시 노비의 재산을 주인이 함부로 빼앗지 못하도록 국가가 보호하고 있는 것이 증명되었다.

노비를 죽이고 그 재산을 빼앗으려다가 주인이 사형을 당한 예는 그 전에도 여러 차례 있었음은 앞에서 설명한 바 있다.

세종은 또 벼슬아치의 적처嫡妻가 아들이 없고, 비첩婢妾의 아들만 있으면, 그가 부모의 제사를 하도록 허용했다. 제사권을 가진 아들을 승중자承重者라고 하는데, 승중자는 부모의 재산과 노비를 상속받을 수 있었다. 그런데 세종 12년 4월 6일에 상정소에서 임금에게 상소하여, 비첩 소생에게는 부모의 노비를 모두 주지 말고 10명으로 제한하고, 나머지 노비는 적처의 손자나 4촌에게 나누어 주자고 건의하자 임금이 반대하면서 이렇게 말했다.

> "정처正妻나 양첩良妾에게 아들이 없고, 비첩婢妾의 아들만 있을 경우에는 비첩 아들이 승중承重한다. 그런데 어찌 노비를 [10명 미만으로] 줄여서 줄 수 있는가? 하물며 노비로서 100여 명의 노비를 가진 자가 있어도 금하지 않았는데, 어찌 노비의 수를 줄여서 줄 수 있는가? 다시 논의하여 보고하라."

세종은 노비가 100여 명의 노비를 가진 자도 있는데, 비첩소생이 벼슬아치 아버지의 노비를 상속받을 때 10명 미만으로 차별을 두는 것을 반대한 것이다.

3. 〈부민고소금지법〉을 유명무실하게 만들다 [세종 13~15년]

지방 아전衙前이나 품관品官, 그리고 백성들이 상관이나 수령, 관찰사의 잘
못을 고소하는 것을 금지하는 법을 〈부민고소금지법部民告訴禁止法〉[141]으로 부른다.
이 법은 세종 2년에 예조판서 허조許稠가 하극상의 풍속을 막기 위해 당시 섭정
을 하고 있던 태종에게 눈물로 애원하여 태종이 허락하자 세종이 상왕의 뜻을
따라 통과시킨 것임은 이미 앞에서 설명했다.

태종이 섭정하던 세종 4년까지 세종은 허수아비 임금이었다. 모든 일을 거
의 대부분 상왕이 결정하고 세종은 그저 형식적으로 재가하는 일을 하는 데 지
나지 않았다. 오죽했으면 《태종실록》을 편찬할 때 세종은 신하들에게 재위 4년
까지의 정치는 자신이 결정한 것이 거의 없으니, 그 기록을 《태종실록》에 넣으
라고 말했겠는가?

〈부민고소금지법〉도 세종이 처음부터 마땅하게 여기지 않아서 세종 4년
2월에 이를 약간 수정했으나, 허조가 번번이 고소를 반대했을 뿐 아니라 부왕
이 아직 살아 있어 폐기하지 못하고 있었다.

그러다가 세종 13년에 이르러 임금은 이 법의 문제점을 신하들과 다시 의
논했다. 세종 13년 1월 19일에 임금은 이렇게 말했다.

"아랫사람이 윗사람을 고소하는 것을 금지하면, 사람들이 억울하고 원
통한 정을 펼 곳이 없을 것이다. 그 고소가 자기에게 박절한 것은 받아들
여 처리해야 하고, 관리를 고소하는 것은 받아들이지 않는 것은 어떤가?"

그러자 예조판서 신상申商과 형조판서 하연河演 등은 "상교上敎가 참으로 옳
습니다." 하고 찬성을 표했다. 그러자 찬성贊成 허조許稠가 "부민이 고소하는 것
을 금지하는 것은 [고소개] 풍속을 해치기 때문입니다. 만약 그 단서를 열어 놓으

---

141) 部民告訴는 府民告訴로도 부른다.

면 점점 풍속이 각박해질 것입니다."라고 하면서 고소금지를 찬성했다. 이 법을 만든 장본인으로서 당연한 반응이다. 임금은 물러서지 않고 다시 이렇게 말했다.

"억울하고 원통한 정을 펴주지 않는 것이 어찌 정치의 도리가 되겠는가? 수령이 부민部民의 전답田畓을 잘못 결판한 것을 부민이 호소하고, 개정을 청구하는 것을 어찌 고소告訴라고 하겠는가? 참으로 자기의 부득이한 일이라 할 것이다. 만약 고소를 허락하여 처리한다면 수령이 잘못한 죄를 어떻게 처리할 것인가? 죄가 이미 드러났는데도 다스리지 않는다면 이는 징계懲戒가 없는 것이고, 만약 그 죄를 다스린다면 이는 고소를 허락하는 것이다. 그러니 당연히 다시 자세히 의논하여 옛날의 수교受敎 조항을 보완하라."

임금은 백성이 수령을 고발하는 것과 백성이 자기의 억울한 일을 고소하는 것을 별개로 보았다. 그러니까 자기의 억울한 일이 없는데도 수령을 고소하는 것은 금지시키되, 자기의 억울한 일로 수령을 고소하는 것은 허용해야 한다는 입장이다. 그리고 수령의 잘못이 드러나면 그 수령을 죄를 주어야 한다는 것이다.

이렇게 〈부민고소금지법〉을 보완하라는 임금의 명에 따라, 이해 3월 12일에 의정부와 육조 그리고 상정소에서 〈부민고소금지법〉의 타당성 여부를 논의한 결과를 보고했다. 보고를 들은 임금은 총제摠制 정초鄭招에게 "경도 이 논의에 참여했는가?" 하고 물었다. 그러자 정초가 이렇게 대답했다.

"신도 참여하여 대답하기를, '부민고소는 수령이 범한 과오를 보복하려고 고告하는 것을 말하는 것이고, 자기의 억울한 사정을 호소하려는 것이 아닙니다. 만약 억울하게 부모를 욕보이거나 직첩을 뺏거나, 함부로 요역에 보내거나, 백성들의 토지를 침탈하거나 하는 등의 일은 비록 다른 법을 세우지 않더라도 자연히 행할 수 있을 것이다.' 라고 했습니다."

정총의 말은 부민고소를 금하되, 개인의 억울한 일을 호소하는 것은 부민고소와 다른 것이라고 말했다는 것이다. 그러자 임금이 또 말했다.

"이같은 일을 고소하지 못한다면 실로 억울할 것이다. 백성과 수령은 비록 대소大小의 분별이 있지만, 그러나 군신君臣의 의리가 있다. 옛사람이 말하기를, '비록 임금이 그 부모를 억울하게 죽였더라도 신하로서 원망을 품어서는 안된다.'고 했는데, 이는 군상君上이기 때문이다. 비록 법을 잘못 적용하여 곤장을 때려 욕보였더라도 어찌 일일이 다 고소하겠는가? 하지만 토지나 노비를 잘못 판결했을 때에는 반드시 명백한 판단을 기다려야 하는데, 고소하지 않는다면 어떻게 억울함을 펼 수 있겠는가? … 전에 이 일을 논의하는 사람들이 말하기를, '장리贓吏 이외의 일을 고소하는 것을 허용한다면 풍속이 매우 박하게 되는데, 그렇다고 고소하지 않으면 억울함을 펼 수 없을 것이다.'라고 했다. 이에 하연河演의 말을 들어 자기의 억울한 일을 고소하게 허용하고, 또 조관朝官을 파견하여 백성의 고통을 물었다. 부민들이 수령의 과오와 악을 기록하여 공공연히 고소하는 것은 순후한 풍속은 아니다. 조관이 순행하면서 묻는 것이 어찌 백성으로 하여금 수령의 과악過惡을 고소하기 위함이겠는가?"

세종은 〈부민고소금지법〉을 일단 인정하면서도, 수령이 토지나 노비의 판결을 잘못하여 백성들이 받는 억울함과 원통함은 풀어야 하기 때문에 이런 일로 수령을 고소하는 일은 허락해야 한다고 결론을 내렸다. 그러니까 〈부민고소금지법〉을 내막상으로는 유명무실하게 만든 것이다.

세종 13년 6월 14일에 이르러 상참常參에서 지신사 안숭선安崇善이 찬성 허조가 부민고소를 비판하는 말을 임금에게 전했다. 허조가 임금의 처사를 또 반대하고 나선 것이다. 그러자 임금이 말했다.

"허조의 말은 옳다. 부민들이 자기의 일을 가지고 수령을 고소하는 자는 다만 소송한 일만 판결하고, 그릇 판결한 수령의 죄는 논하지 않는 것이 어떨까?"

임금은 부민고소를 일단 받아들여 처리하되 수령의 잘못을 죄주지는 않는 것이 어떠냐고 물은 것이다. 임금은 종1품 찬성贊成 자리에 있는 허조의 처지를 고려하여 한 걸음 후퇴하여 그렇게 말한 것이지, 진심은 아니었다.

그러자 안숭선이 말했다. "부민들이 고소한 것을 혐의하여 죄주지 않는다면 누가 능히 법을 두려워하여 바르게 판결하겠습니까? 잘못된 판결로 인하여 일어나는 송사訟事가 날마다 번거로움이 더욱 심할 것이니 옳지 못합니다."

이에 임금은 "경의 말도 옳도다. 허조의 뜻은 대략 어떤 것인가?" 하며 잘못한 수령을 벌주자는 안숭선의 말에 진심으로 동의한 것인데, 다만 허조의 완강한 태도가 걱정이어서 다시 물어본 것이다.

안숭선이 "만일 영구히 금하지 않으려면, 이 조목을 《정전正典》에 싣지 말고 《등록謄錄》에 올리는 것이 적당하다는 것입니다." 하자, 임금은 "대신들이 전후로 논의한 것을 내가 장차 다시 보겠다."고 하였다.

임금은 허조의 고집 때문에 또 결론을 내리지 못하고 유보했다. 그러다가 세종 13년 6월 20일에 이르러 정사를 보는 자리에서 또 이 문제를 꺼냈다. 임금이 찬성 허조에게 이렇게 말했다.

"경이 대언代言들과 더불어 '부민部民들이 수령을 고소하는 자는 수리하기를 허락치 말라고 하면서, 내게 아뢰기를 바란다.'고 했다. 경이 일찍이 말하기를, '부민이 수령을 고소하는 것은 매우 충후忠厚한 풍습이 아니라.'고 하여 태종께서도 이를 가납하셨고, 경자년[세종 2년]에 이미 법을 세웠다. 내가 일찍이 생각하기를, 경의 말이 매우 옳다. 그러나 자기의 억울한 일이 있어도 받아들이지 못하게 한다면, 예컨대 수령이 백성의 노비를 빼앗아 다른 사람에게 주어도 수리하지 않는 것이 옳을까? 백성들이 하고 싶은 일이 있는데 임금이 없으면 어지러워지므로 반드시 임금을 세워서 다스리게 한 것이다. 억울함을 호소하는 것을 받지 않으면 어찌 다스리는 체통에 해롭지 않겠는가?"

세종은 자신의 의견을 굽히지 않고 허조를 설득시키려고 했다. 그리고 허조가 주장하고 태종이 허락하여 세종 2년에 법을 세웠다고 하면서 이 법을 발의한 사람이 허조이고, 태종이 가납했다는 점을 상기시키고 있다. 세종 자신의 본뜻이 아니라는 점을 에둘러 말한 것이다.

　그러자 허조가 다시 말했다.

　　"고려가 500년을 유지한 것은 오로지 윗사람을 능멸하는 풍습을 끊었기 때문입니다. 부민과 수령의 관계는 아들과 아버지, 신하와 임금의 관계와 같아서 절대로 범할 수 없습니다. 만약 그 허물과 악함을 고소하면 이는 신하와 아들이 아비와 임금의 허물을 들추는 것과 같습니다. 하물며 때때로 조정 관리를 보내 수령의 불법한 일을 살피고 있는데, 여기에 또 사람마다 말할 수 있어야 합니까?"

　임금도 물러서지 않고 말했다.

　　"이미 고소를 금하게 하고, 또 조관을 보내 백성의 억울함을 말하게 하는 것은 진실로 앞뒤가 맞지 않는다. 그러나 때때로 조관을 보내는 것은 일시적인 것이어서 《육전》에 싣기에 적당하지 않다. 옛사람은 옛일을 본받지 아니함을 경계했으니, [부민고소의] 법을 세우는 근거가 없다면 그 폐단을 장차 어떻게 할 것인가?"

　임금의 말에 허조가 대답을 하지 못했다. 그러자 이조판서 권진權軫이 임금의 뜻을 찬성하는 발언을 했다. "백성이 고소하는 것을 금하면 관리들이 두려워하고 꺼리는 마음이 없을 것이며, 장차 고의로 오결誤決하는 자가 있을 것입니다." 권진이 말을 끝내자 예조판서 신상申商과 형조판서 정흠지鄭欽之, 대사헌 신개申槪 등이 거들고 나섰다.

　　"비록 부민들의 고소를 금하더라도 자기의 억울한 일을 호소하는 것은 바치게 하고, [수령이] 오결한 것은 다른 관아에 이송하여 고쳐 바르게 하는 것이 이미 격례格例가 되었습니다."

　허조의 주장과 다른 발언이 잇따라 나오자 임금이 말했다.

"자기의 억울함을 고소하는 것도 받지 못하게 하는 논의는 내 마음에
합당치 않다."

허조 등이 나가자, 임금이 대언들에게 말했다. "허조의 말을 어떻게 생각
하는가?" 하고 물으니, 지신사 안숭선이 말했다. "필부필부匹夫匹婦가 스스로 말
을 다함을 얻지 못하면 백성과 임금이 함께 공功을 이룩할 수가 없고, 하정下情
이 상달되지 못하여 다스리는 체통에 심히 어그러집니다." 안숭선은 임금의 뜻
에 적극 동조했다.

임금이 다시, "오결誤決을 고쳐 바르게 한 뒤에 그 죄는 논하지 않는 것이
어떤가?" 하니, 안숭선 등이, "만약 분별하여 판결을 고친다면, 이미 이룩된 법
이 있는데, 어찌 죄를 면할 수 있습니까? 그 죄를 논하지 않으면 오결을 청탁하
는 풍습이 일어날 것입니다."

임금은 "여러 논의가 같지 않음이 이와 같으니, 상정소에서 다시 논의하게
하고, '때때로 조관을 보내 고찰한다.'는 조문은 깎으라."고 명했다.

임금은 집현전에 명하여 옛날 제도를 연구해 보라고 일렀다. 드디어 집현전
이 옛법을 연구한 결과를 세종 13년 7월 4일에 다음과 같이 임금에게 보고했다.

"지금 《지정조격至正條格》[142]의 중통中統(원나라 세조)의 성지聖旨 가운데
한 관款을 살펴보니, '남의 죄를 고하는 자는 모두 반드시 연월年月을 뚜
렷이 기록하고 실사實事를 지적하여 서술하고, 의심스러운 일은 말하지
말 것이며, 무고誣告하는 자는 〈반좌율反坐律〉에 걸린다. 만일 본관本管의
관사官司를 고발할 때만은 곧바로 상사上司에 나아가서 진고陳告하는 것
을 허락할 것이며, 그 밖에 훨씬 높은 관청에 뛰어넘어 고소할 수는 없
다. 만일 억울하고 그릇됨이 있어 여러 번 고해도 심리審理하지 않거나
판결이 공정하지 못하면 더 높은 관청에 가서 고소할 수 있다.'고 했습
니다."

---

142) 《지정조격》은 원나라 순제順帝 6년(1346, 고려 충목왕 2년)에 편찬한 원나라 법전으로 고려 말기
와 조선 초기에 큰 영향을 미쳤다.

집현전의 연구보고를 들은 세종이 매우 기뻐하면서 말했다.

"그러면 옛날에도 주사主司(책임을 맡은 관청)를 걸어 고소하는 법이 있었
구나. 어찌 위를 능멸함을 금하는 법이 있다 하여 이에 구애되어 억울함
도 호소하지 못하겠느냐? 지난번에 허조가 말한 바는, 굽은 것을 바로잡
으려다가 도리어 지나치게 곧게 하는 것이니[矯枉過直], 시행하기에 적당
치 않다."

세종은 옛날에도 주사主司를 고소하는 법이 있다는 집현전의 보고에 힘을
얻어 허조의 주장이 잘못되었음을 재확인했다. 지신사 안숭선도 임금의 뜻을
거들었다.

"군문君門(임금)이 천 리보다 더 멀고, 당하堂下(관리)가 백 리보다 더 멀
다고 하는데, 백성들이 스스로 말하여 풀 수 없게 한다면, 그들이 억울하
고 원통하여 아래에서 근심하며 탄식한들 임금이 알지 못할 것이니, 백성
들의 억울한 일을 고하지 못하도록 하는 것은 정치를 하는 체제가 아닙
니다."

이제 집현전과 비서인 지신사, 그리고 육조 판서들의 의견이 모아졌지만,
임금은 그래도 대신들로 구성된 상정소의 의견을 존중하여 "상정소의 결의를
기다린 뒤에 가부를 결정하겠다."고 말했다. 이 말은 가장 강력한 반대자인 허
조의 동의를 받겠다는 뜻이기도 하다.

그로부터 7일 뒤인 세종 13년 7월 11일에 드디어 상정소 도제조인 정승
맹사성孟思誠, 제조 허조許稠, 정초鄭招 등이 다음과 같이 임금에게 아뢰었다.

"지난 세종 2년 9월 예조에서 수교受敎하기를, '부리府吏, 서도胥徒는
그 관원을 고발하지 못하며, 품관品官과 이민吏民은 그 지방 감사와 수령
을 고발하지 못한다.'고 한 것은, 바로 간활한 무리들이 불쾌한 뜻이 있어
서 모함하려고 하여 윗관원의 과실을 주워모아 얽어서 고발하는 것을 말

함이오, 원통하고 억울한 사정도 들어 펼 수가 없다는 것은 아닙니다. 세종 5년 4월에 사헌부에서 수교하기를, '외방에서 잘못 판결한 것은 그 도의 감사에게 호소하고, 감사가 잘못 판결한 것은 본부[의정부]에 호소한다.'고 하여 이로 말미암아 안팎 관사에서 수령과 감사의 잘못된 판결을 받아들였습니다. 그러므로《속전續典》의 옛 법문대로 조관을 보내 주군州郡에 순행하여 모든 수령들의 탐오貪汚와 혹형酷刑 등의 일을 모두 적발하게 하면, 비록 일시는 두려워하고 감동할 것이나, 눈과 귀로 듣고 살피는 것으로 정치를 하는 것은 본디 아름다운 법이 아닙니다. 하물며 이미 교지를 내려 품관品官과 이민吏民들이 수령을 고발하는 것을 금했는데, 또 조관을 보내 그 고발한 것을 받게 되면 실로 모순이 됩니다. 그러니 이 법을 없애주소서."

상정소의 건의는 바로 부민이 수령을 고발하는 것을 금지한 대신, 감사와 의정부에 고소할 수 있게 한 이상, 조관을 보내는 법을 없애 달라는 것이다. 임금의 뜻이 드디어 관철된 것이다. 고집불통이던 허조도 중론을 따라 마침내 고집을 꺾었다. 임금은 상정소의 건의를 허락하여 조관을 파견하는 것이 철폐되었다.

그런데 세종 15년에 이르러 〈부민고소법〉에 대한 논쟁이 임금과 허조 사이에 다시 일어났다. 임금이 이해 10월 20일에 의정부에서 의논할 안건을 만들어 내렸는데, 그 가운데 〈부민고소법〉을 약간 수정하라고 하면서 이렇게 말했다.

"《속전續典》의 〈부민고소조部民告訴條〉에 말하기를, '자기의 억울한 일을 호소한 것은 소장訴狀을 수리하여 다시 판결한다.'고 했다. 허조許稠가 일찍이 말하기를, '상하上下의 구분은 엄중하게 하지 않을 수 없습니다. 만약 부민部民의 고소를 들어서 수령을 죄준다면 상하의 질서를 잃어서 풍속이 이로 인하여 아름답지 못하게 될 것이니, 그 부민의 말을 들어서 처리하지 말게 하소서.'라고 했는데, 그 말이 옳다. 그러나 전연 수리하지 않는다면 원통하고 억울한 일을 당하여 마음을 썩히고 있는 자가 그 원통하고 억울한 일을 호소하여 풀 곳이 없게 될 것이니, 그 결과는 반드시 구부러진 것을 바로잡으려다가 너무 곧게 만드는 것과 같은 폐단이 있을 것이다.

내 생각으로는 소장을 수리하여 그 옳고 그른 것을 판단하여 그 원통함과 억울함을 풀게 하고, 오판誤判이 있더라도 수령은 처벌하지 않는다면, 백성은 억울함을 풀 수 있고, 명분은 엄하게 지키게 되어서 두 가지가 다 완전하게 되고, 폐해는 없을 것이다. 경등은 충분히 의논해 보라."

임금은 〈수령고소법〉을 그대로 유지하여 백성의 억울함을 풀게 해주는 대신, 수령의 오판이 있더라도 수령을 벌주지 않으면 상하의 명분도 지키게 될 것이라고 하면서 수정안을 제시한 것이다.

그러자 영의정 황희, 좌의정 맹사성 등을 비롯한 대신들이 모두 "성상의 말씀이 지당합니다." 하고 찬성을 표했다. 그러나 공조판서 조계생趙啓生은 오판한 수령을 파직시켜야 한다는 발언을 했다.

"신이 지방의 관직을 역임했으므로 폐막을 자세히 알고 있습니다. 소송을 오판한 수령을 비록 처벌하지는 않더라도 그의 벼슬은 파면시켜야 합니다."

임금은 일단 수령을 처벌하지 않아야 한다는 중론을 따르기로 했는데, 3일 뒤인 10월 23일에 이조판서 허조가 다시 〈부민고소법〉 자체가 존비와 상하의 질서를 무너뜨린다는 이유를 들어 반대하고 나섰다. 여기서 허조가 찬성贊成(종1품)에서 다시 이조판서(정2품)로 좌천되어 있는 것을 눈여겨 볼 필요가 있다. 임금이 그를 좌천시켰던 것이다. 그러자 임금이 이렇게 말했다.

"고금천하에 약소한 백성은 원통하고 억울한 일도 말하지 못하게 해야 하는 이치가 있을 수 있는가? 경의 뜻은 좋지만, 정사政事로서 실시하기에는 좋지 않다."

임금은 이렇게 말하고 나서, 허조가 나가자 도승지[143] 안숭선에게 말했다. "허조는 고집불통이다." 드디어 임금은 허조에 대하여 노골적인 불만을 토로했다. 그가 좌천된 이유가 바로 이 때문이었다. 도승지 안숭선도 임금의 말을 거들었다. "정치하는 도리는 아랫 백성의 심정이 위에 통하게 하는 것입니다. 《서경書經》에 말하기를, '필부필부匹夫匹婦가 그 뜻을 펴지 못하고, 자진自盡하게 되면, 임금된 자는 더불어 그 공을 이룰 사람이 없을 것이다.'라고 했습니다. 천하에 어찌 원억冤抑함을 호소하는 소송을 수리하지 않는 정치가 있겠습니까?" 하니 임금이 웃으며, "그대 말이 내 마음에 꼭 맞는다. 이제부터 수리하여 처리하게 하고, 그 소장 때문에 관리에게 죄주는 일이 없게 한다면 거의 두 가지가 모두 원만할 것이다. 이것으로 교지를 내리게 하라."고 했다.

그리하여 세종 15년 10월 24일에 임금은 형조에 최종적으로 다음과 같은 내용의 교지의 초고를 만들었다.

"낮고 천한 사람이 존귀한 윗사람을 침범할 수는 없는 것이므로 부민이나 아전의 무리가 관리를 고소하는 것을 금지하는 법은 진실로 좋고 아름다운 것이다. 그러나 다만 자기의 억울함을 호소하는 소장訴狀은 수리하여 다시 시비를 가려서 판결하는 것은 《육전》에 실려 있다. 그러므로 오판誤判을 다시 판결하여 바로잡게 되면 반드시 오판한 죄가 매우 무거운 것이다.

만약 자기의 억울함을 호소하는 소장을 수리하지 않는다면 원억한 것을 풀 수 없어서 정치하는 도리에 방해가 될 것이다. 그러나 그 고소로 인하여 문득 오판의 죄로 처단한다면 낮은 사람이 윗사람을 능범凌犯하는 혐의가 있어서 온당치 않다. 지금부터는 원억을 호소하는 소장을 수리하여 올바르게 판결하여 주고, 관리는 연좌시키지 말아서 존비의 분수를 보전하게 하고, 그 밖에 아랫사람이 윗사람을 능멸하는 것은 금지하여 《육전》대로 시행하라."

---

143) 세종 15년 9월 22일에 지신사知申事를 도승지都承旨로 바꾸고, 대언代言을 승지承旨로 바꾸었다.

교지의 초고를 다시 정리한다면 이렇다. 부민이나 아전들이 직속 상관인 수령을 고소하는 것은 금지한다. 그러나 백성들이 개인적으로 억울한 일을 고소하는 것은 허용한다. 이 말은 얼핏 들으면 서로 모순되는 듯 보인다. 그러나 그렇지 않다. 앞에서 누누이 세종이 강조한 바 있듯이, 자기의 억울한 일은 고소하게 하여 수령이 오판한 것을 올바르게 판결해주되, 수령을 죄주지는 않겠다는 것이며, 자기의 일과 관계없는 일반적인 잘못을 가지고 수령을 고발하는 것은 막겠다는 것이다.

임금이 형조에 내릴 하교의 초고를 상정소에 내리니, 황희와 맹사성 등은 임금의 교지에 전적으로 찬성하고, 허조는, "두 번이나 반대했으나 윤허를 얻지 못했지만, 이렇게 하면 거의 중용을 얻었다고 할 수 있습니다."라고 말했다. 또 정초鄭招는 "실수로 오판한 것은 죄를 주지 말아야 하지만 고의로 오판한 것이 중죄에 해당하면 수령을 죄주어야 합니다."라고 말했다.

임금은 황희 등의 의논에 따라 형조에 교지를 내렸다. 이로써 수년간 논란을 일으킨 〈부민고소금지법〉은 형식상으로는 유지되었으나, 개인 고소법이 허용됨으로써 실제로는 〈부민고소금지법〉이 유명무실해졌다. 바꿔 말하면 세종은 수령의 권위도 존중해주고, 백성들의 억울한 일을 풀어주는 길도 열어줌으로써 수령의 횡포를 막아주기도 한 것이다.

〈부민고소금지법〉은 그 뒤에도 계속 논란이 되었지만, 《경국대전》의 〈형전刑典〉 소원조訴冤條를 보면 이런 내용이 보인다.

"원통하고 억울한 일을 고소하는 자는, 서울은 주장관主掌官(해당관청) 관청에 소장訴狀을 바치고, 지방은 관찰사에 바친다. 그래도 억울함이 있으면 사헌부에 고발하고, 그래도 억울함이 있으면 신문고를 친다. 종사宗社에 관계된 일이나 불법으로 사람을 죽인 것이 아니면, 이전吏典과 복례僕隷가 그 관원을 고발하거나, 품관品官과 이민吏民이 그 관찰사나 수령을 고발하는 자는 접수하지 않고, 장杖 100대에 도徒 3년에 처한다 … 자기의 억울함을 고소하는 것은 접수하여 처리한다."

이것은 세종이 결정한 것과 거의 같다.

참고로 〈부민고소금지법〉을 줄기차게 반대해 온 허조는 하층민이 신문고申
聞鼓를 함부로 치는 것도 수차례에 걸쳐 반대했다. 역시 하극상의 풍조를 조장
한다는 이유 때문이었다. 그러나 임금은 하층민도 억울한 일이 있으면 신문고
를 누구나 칠 수 있어야 한다고 하면서 허조와 충돌해 왔다. 세종은 허조의 경
직된 신분관을 싫어했으나 태종이 그를 아꼈기 때문에 내치지 않았다. 그러다
가 허조가 세종 22년에 세상을 떠나자 임금은 "허조가 학문이 넓고 흡족하지도
못하고, 성질이 또한 고집이 있어서 잘못된 일이 꽤 많았다."고 술회했다. 그러
나 세종은 그의 청렴결백한 몸가짐은 높이 평가했다.

4. 단군과 기자사당의 위패를 바꾸다, 《동국세년가》를 편찬하다

조선왕조가 국호를 '조선'으로 정한 것은 단군檀君과 기자箕子에 대한 자부
심 때문이었다. 단군은 최초로 하늘에서 내려와 천명을 받아 중국의 요임금과
같은 시대에 조선이라는 나라를 세웠기 때문에 자랑스럽고, 그 다음 기자는 은
나라 태사太師로서 은이 망하자 조선으로 와서 교화를 베풀어 조선을 문명국을
만들었다는 자부심 때문이었다.

그래서 태조 1년 8월 11일에 예조전서 조박趙璞 등이 상소하여 평양부에서
단군에 제사하자고 청했는데, 실현되지는 않았다. 아마도 명나라와의 순탄치 못
한 관계를 고려하여 실현되지 못한 것으로 보인다.

그러다가 태종이 즉위하면서 명나라와의 관계가 우호적으로 풀리자 태종
12년 6월 6일에 하륜河崙이 다시 상소하여 기자와 함께 한 사당에서 제사지내
자고 청하여 실현되었다. 평양에는 이미 고려 때 이후로 기자사당이 있었으므
로, 기자사당에 단군을 합사시킨 것이다. 이때 제사의 등급은 중사中祀로 결정되
었다. 중사는 대사大祀인 종묘와 사직 다음의 위상을 지녔다. 그 뒤 태종 13년

11월 4일에 예조에서 건의하여 단군과 기자의 위패를 '조선국왕'으로 호칭했다.

그런데 세종대에 이르러 단군과 기자의 호칭과 위패의 위치 등을 둘러싸고 논쟁이 일어났다. 처음으로 문제를 제기한 사람은 정척鄭陟이었다. 그는 세종 7년 9월 25일에 임금에게 보고하기를, 자신이 평양부의 기자사당을 가보니 단군과 기자가 합사되어 있는데, 기자의 위패는 남향하고 있으나 단군은 서향하고 있어서, 격이 맞지 않는다고 말했다. 〈향단군진설도享檀君陳設圖〉에도 단군이 남향으로 되어 있는데, 이를 따르지 않고 있다고 지적하면서, 단군사당을 따로 세우기를 청했다.

정척의 건의를 받아들여 세종은 9년 8월 21일에 단군과 기자의 묘제廟制를 다시 의논해 보라고 신하들에게 명했다. 그런데 세종 10년 6월 14일에 정승을 지낸 유관柳觀이 자신의 관향인 황해도 문화현文化縣에서 전승되어 온 단군에 관한 전설을 노인들에게서 수집하여 구월산九月山에 환인, 환웅, 단군을 모신 삼성당三聖堂이 있다는 것과 이 지역에 단군의 궁궐이 있었다는 것을 임금에게 보고했다. 즉 단군이 처음에는 평양에 도읍을 두었다가 뒤에 아사달阿斯達로 도읍을 옮겼는데, 그 지역이 바로 구월산이라고 했다.

유관의 보고는 그동안 역사책에 보이지 않던 새로운 사실이었으나, 다만 전설에 지나지 않기 때문에 정사로 받아들이지는 않고, 그 주장을 유보해 두었다. 그리하여 세종 11년에 평양의 기자사당 남쪽에 단군사당을 따로 세웠는데, 여기에 고구려 시조 동명왕을 합사했다. 이는 변계량의 의견을 따른 것이다. 단군 위패는 서쪽에서 남향하고, 동명왕 위패는 동쪽에서 남향하게 했다.

그런데 세종 12년 8월 6일에 예조에서 단군과 기자의 위패에 쓰인 호칭이 잘못되었다고 아뢰면서 이를 바꾸기를 청했다. 단군의 위판이 '조선후단군지위朝鮮侯檀君之位'로 되어 있고, 기자의 위패가 '조선후기자지위朝鮮侯箕子之位'로 되어 있는데, 이를 각각 '조선단군'과 '후조선시조기자'로 바꾸기를 청했다. 그 이유는 단군과 기자가 모두 중국의 제후가 아니기 때문이라고 했다.

여기서 단군이 중국의 제후가 아닌 것은 명백하지만, 기자가 중국의 제후인가 아닌가는 두 가지 설이 갈라져 왔다. 처음에는 기자가 은殷나라 태사太師로 있다가 은나라가 주나라에 망하자 주나라 무왕武王이 그를 불러 〈홍범洪範〉을 배우고, 그를 조선에 보내 왕으로 봉했다는 것이 정설이었다. 그리하여 기자는 조선의 임금이 된 뒤에 팔조교八條敎를 가르치고, 정전제井田制를 실시하고, 그 밖에 예악문물을 다스려서 조선을 문명국으로 만들었다는 것이다. 그런데 세종대에 와서는 기자가 주 무왕의 신하가 되기를 거부하고 조선으로 왔다는 설이 새롭게 제기되었다.

세종 10년 8월 14일에 평안도 감사가 임금에게 상소하여 기자사당에 있는 기자의 위패가 '조선후기자朝鮮侯箕子'로 되어 있는 것이 잘못되었다고 지적했다. 왜냐하면 기자는 고유명사가 아니고, 기국箕國의 자작子爵이라는 뜻이므로, '조선후'라고 쓰는 것은 맞지 않는다는 것이다. 또 《사기史記》를 보면, 무왕이 기자를 조선왕으로 봉했으나, 신하가 되지 않았다고 했다. 그러니 기자는 주나라의 제후가 아니라는 것이다. 그러므로 '후'라는 글자를 빼고 새로운 존호를 올리고 위패를 바꿔야 한다고 주장했다.

임금은 그 의견을 예조에서 의논해 보라고 명했다. 앞에서 말한 바, 세종 12년 8월 6일에 예조에서 기자의 위패를 '조선후기자'로 쓴 것을 '후조선시조기자'로 바꾸자고 청하게 된 것은 바로 평안도 감사의 청을 받아들인 결과였다.

세종대의 단군과 기자에 대한 인식을 보여주는 기록으로는 이밖에도 세종 18년 4월에 왕명으로 집현전 학자 권도權蹈[144]가 편찬한 《동국세년가東國世年歌》가 있다.[145] 이 책은 7언시로 되어 있는데, 그 앞 부분을 소개하면 다음과 같다.

> 요동에 하나의 별건곤別乾坤(별천지)이 있는데
> 산천풍기山川風氣가 스스로 나뉘어져 있네
> 삼면은 바다에 닿아 있고, 북으로는 육지에 닿아 있네
> 그 가운데 만리萬里나 되는 오랜 나라가 있으니

---

144) 권도權蹈는 권근의 아들로서, 뒤에 이름을 권제權踶로 바꾸었다.
145) 《동국세년가》에 대해서는 한영우, 《조선전기 사학사연구》(서울대출판부, 1981) 39~45쪽 참고.

처음에 단군檀君이 나무 곁으로 내려와
비로소 동국東國을 여니, 국호가 조선朝鮮이더라

[처음에 신인(神人)이 있어 단목(檀木) 아래로 내려왔는데 나라 사람들이 그를 세워 임금으로 삼았다. 이가 단군이다. 처음에는 평양에 도읍을 두었다가 뒤에 백악(白岳)으로 도읍을 옮겼다]

요堯 임금과 나란히 일어나니 무진년이라
은나라 무정武丁 을미년에 변하여 신神이 되었네
향국享國이 1,048년이요, 사당이 아사달에 있네
[아사달은 산 이름으로서 일명 구월산(九月山)인데 황해도 문화현에 있다]

그 후 164년 주周 무왕武王 기묘년에 기자箕子가 왔네

[기자는 주왕(紂王)의 제부(諸父)로서 이름은 서여(胥餘)이다. 기(箕)는 나라 이름이고 자(子)는 벼슬이다. 무왕이 은을 정복한 뒤에 그를 감옥에서 풀어주고, 찾아가서 홍범(洪範)을 배웠으며, 조선에 봉했다]

928년 나라를 이어갔는데, 그 풍속이 지금도 남아 있네
41대에 금마金馬로 나라를 옮겼는데

[금마는 지금의 전라도 익산군이다. 한 고제 12년에 한나라 장수 위만이 공격해 오자 기준(箕準)이 금마군으로 옮겨갔다]

위만衛滿이 압박하여 드디어 남으로 내려갔네

위 글을 보면 우리나라는 요동에 있는 하나의 별천지로서 국토가 만 리나 되는 큰 나라이다. 단군이 하늘에서 단목檀木 아래로 내려와 조선을 세웠는데, 요임금과 같은 시대였다. 1,048년간 다스리다가 아사달인 황해도 문화현 구월산에 들어가서 산신이 되었다. 그로부터 164년 뒤에 은나라 폭군 주왕紂王의 제부諸父였던 기자가 주왕을 간諫하다가 감옥에 갇혔는데, 주 무왕武王이 은나라를 정복한 뒤에 기자를 감옥에서 풀어주고, 그를 찾아가서 《홍범》을 배운 뒤에 조

선에 보내 임금이 되었다. 기자조선은 41대 928년간 지속하다가 위만의 압박을
받아 금마金馬(익산)로 내려갔는데, 기자조선의 아름다운 유풍이 지금도 전해지고
있다는 내용이다. 우리나라를 중국과 다른 별천지의 대국으로 자랑하면서 단군
조선과 기자조선의 역사를 찬미하고 있다.

위 글들을 종합해 보면 단군과 기자에 대한 위상이 세종대에 이르러 새롭
게 평가되어 각각 독립국가로 인정받은 것은 세종이 우리 고대사를 자주적으로
정립시켰다는 것을 의미한다.

5. 중국 '아악'을 우리 현실에 맞게 정리하여 《아악보》를 만들다

세종은 평소에도 음악이 예禮와 관계가 있다는 점에서 음악에 대한 관심을
크게 가지고 있었을 뿐 아니라 음률音律에 대하여 예민한 감각을 지니고 있었
다. 그래서 우리나라의 각종 제사음악과 가례음악이 체계가 잡히지 않은 것을
바로잡아야 한다고 생각했다. 세종시대에 음악에 대하여 가장 조예가 깊은 신
하로서 박연朴堧(1378~1458)[146]이 있어서 그에게 모든 음악의 정리를 맡겼다. 박연
이 정리한 음악은 주로 《주례周禮》의 음악을 모범으로 삼고, 중국 역대 음악의
장단점을 취합하여 만든 것이 특징이었다.

그러나 박연의 음악은 주로 중국의 제사음악인 '아악雅樂'에 집중되어 있고,
우리나라가 중국의 제후이므로 제후의 위상에 맞는 음악이어야 한다는 것에 지
나치게 집착하고 있었다. 또 우리나라의 전통 음악인 이른바 '향악鄕樂'의 사용
은 가능한 한 억제하려고 했다.

---

146) 박연은 본관이 밀양으로 충청도 영동永同 출신이다. 태종 때 문과에 급제하여 세종 때 집현전
　　학사가 되었는데 음악에 조예가 깊어 악학별좌樂學別坐가 되어 세종 9년에 편경編磬을 새로
　　만들어 음률의 정확성을 높이고, 조회나 종묘 등 제사에 사용하던 향악鄕樂을 새로 만든 아
　　악雅樂으로 바꾸게 했다. 뒤에 벼슬이 대제학에 이르렀다. 고구려의 왕산악王山岳, 신라의 우
　　륵于勒과 더불어 '3대 악성樂聖'으로 불리기도 한다.

아악을 정리할 때 가장 문제가 되는 것이 황종黃鐘의 음을 어떻게 결정하느냐였다. 동양음악은 12개의 음계音階를 가지고 있는데, 이를 12율律이라고 한다. 12율에서 가장 낮은 기본음을 황종黃鐘으로 부른다. 황종은 비유하자면 서양음악에서 12음계의 '도'와 비슷하지만 음높이가 조금 달랐다.

황종의 기본음이 설정되면, 위로 올라가면서 3분의 1을 높였다가 다시 3분의 1을 내리기를 반복하여 12음계를 만드는데, 이를 삼분손익법三分損益法이라고 한다. 그 12율을 ① 황종, ② 대려, ③ 태주, ④ 협종, ⑤ 고선, ⑥ 중려, ⑦ 유빈, ⑧ 임종, ⑨ 이칙, ⑩ 남려, ⑪ 무역, ⑫ 응종이라고 하며, 그 첫 자를 따서 황黃, 대大, 태太, 협夾, 고姑, 중仲, 유蕤, 임林, 이夷, 남南, 무無, 응應으로 부르기도 한다.

위 12율은 다시 양률陽律과 음률陰律로 나뉜다. 홀수의 6개율이 양률이고, 짝수의 6개율이 음률이다. 양률은 남성의 기운을 가진 소리이고, 음률은 여성의 기운을 가진 소리로 보았다. 6개의 양률을 '6율六律'로 부르고, 6개의 음률을 '6려六呂'라고 불렀다. 그리고 이 둘을 합쳐 율려律呂라고 불렀다.

황종을 설정하는 일은 매우 어려웠다. 두 가지 문제가 있었다. 중국에서는 황종을 결정할 때, 기장 1,200개를 넣은 대나무통에서 나는 소리를 황종으로 설정했다. 그런데 대나무통을 기본으로, 거기에 기장을 담았더니 1,200개가 들어간 것인지, 아니면 기장 1,200개가 들어가는 대나무통이 기본인지를 알 수 없었다. 다시 말해 대나무통의 크기가 기준인지, 아니면 기장 1,200개가 기준인지 판단하기가 어려웠다.

또 한 가지 문제는 중국의 대나무와 기장의 크기와 우리나라 대나무와 기장의 크기가 일치하지 않았다. 그래서 중국의 대나무와 기장을 가져와서 황종을 정할 것인지, 아니면 우리나라의 대나무와 기장을 가지고 황종음을 설정할 것인지가 혼란스러웠다.

세종은 이를 극복하기 위해 중국 음악에 대한 공부를 심층적으로 할 필요를 느끼고 세종 12년 8월 23일부터 경연에서 중국의 대표적 악서樂書의 하나인

《율려신서律呂新書》[147]를 신하들과 함께 배우기 시작했다. 임금이 경연에서 악서를 읽은 것은 세종이 처음이자 마지막일 것이다. 그 결과 세종은 마침내 음악에 대한 전문적인 지식을 쌓기에 이르렀다.

세종 12년 9월 11일에 임금은 좌우 신하들과 '아악雅樂'에 관한 자신의 의견을 이렇게 말했다.

"'아악雅樂'은 본디 우리나라 성음聲音이 아니고 실은 중국의 성음이다. 중국 사람들은 평소에 익숙하게 들었을 것이므로 제사에 연주해도 마땅할 것이다. 그런데 우리나라 사람들은 살아서는 '향악鄕樂'(한국 음악)을 듣다가, 죽은 뒤에는 '아악'을 연주한다는 것이 과연 어떨까 한다. 하물며 아악은 중국 역대의 제작이 서로 같지 않고, 황종黃鐘의 소리도 또한 높고 낮은 것이 있으니, 이것으로 보아 '아악'의 법도는 중국도 확정을 보지 못한 것을 알 수 있다.

그래서 내가 조회朝會나 가례嘉禮에 모두 아악을 연주하려고 하나, 그 제작이 적중하지 못할 것 같고, 황종의 관管으로는 절후節侯의 풍기風氣 역시 쉽게 낼 수 없을 것 같다. 우리나라는 동쪽 한 모퉁이에 위치하고 있어서 춥고 더운 기후풍토가 중국과 현격하게 다른데, 어찌 우리나라 대나무로 황종의 관을 만들어서야 되겠느냐? 황종의 관은 반드시 중국의 대나무를 써야 할 것이다.

방금 《율려신서》를 강의하고 있고, 또 역대의 응후應候도 많이 보았으나, 악기樂器 제도는 모두 그 정당한 것을 얻지 못했다. 송나라 주자朱子의 문인 채원정蔡元定이 역대의 제도를 참고하여 악기를 만들었는데, 주자가 아직 미흡하다고 말했으니 송나라의 악기도 정당한 것은 아니다. 악공樂工 황식黃植이 명나라 조정에 들어가서 아악을 연주하는 소리를 들었더니, 장적長笛, 비파, 장고 등을 사이사이에 넣어 연주했다고 하니, 중국에서도 '향악鄕樂'을 섞어서 썼던 것이다."

---

147) 《율려신서》는 남송시대 주자朱子의 문인이던 채원정蔡元定(1135~1198)이 1187년에 지은 악서이다.

세종은 중국의 '아악'도 시대에 따라 일정하지 않아 혼란스럽다고 하면서, 가장 기본이 되는 황종黃鐘의 관管을 중국은 자기 나라 대나무를 가지고 만들었는데, 중국과 기후풍토가 다른 조선이 황종관을 우리나라 대나무로 만들면 아악이 될 수 없다고 말했다. 또 중국도 아악에서 속악俗樂을 섞어서 쓰고 있다고 지적했다.

임금은 이날 다시 박연朴堧이 만든 황종의 관管은 어느 제도에 의거해서 만든 것이냐고 묻자, 우의정 맹사성孟思誠이 송과 원나라의 법제에 의거하여, 중국 기장[秬黍] 1,200개를 속에 넣어서 만든 것이라고 대답했다. 그러자 임금이 말했다.

> "지금 기장을 가지고 황종의 관管을 만드는 것은 옳지 않다. 중국인들은 황종의 관에 기장을 담아서 그 분량을 안다는 것이지, 기장을 가지고 황종을 바로잡는다는 것이 아니다. 옛사람이 말하기를, '상당上黨의 기장을 가지고 음률을 정한다.'고 했으니, 우리나라의 기장을 가지고 황종의 관을 정하는 것은 매우 불가하다."

임금은 기장 1,200개를 대나무통에 넣어서 황종의 관을 만든 것이 아니라, 황종의 관에 들어가는 기장의 분량이 1,200개라고 말했다. 그런데 지방에 따라 그 기장의 크기가 다르니, 우리나라의 기장 1,200개를 우리나라 대나무에 넣어서 관을 만드는 것은 부당하다는 것이다.

임금은 국가의 제사를 관장하면서 아악을 만들고 있는 봉상시奉常寺 소속의 박연朴堧이나 정양鄭穰 등 관원들이 지나치게 관념적인 방법에 매달려 있다고 걱정하여 맹사성에게 이렇게 당부했다.

> "봉상시에서 음악을 연습하는 자들이 관습도감慣習都鑑의 사람들만 못할 것이니, 관습도감의 사람들로 하여금 익숙하게 익히도록 하는 것이 옳을 것이다. 박연과 정양은 모두가 신진新進의 선비들이니, 오로지 그들에게만 의뢰할 수는 없을 것이다. 경은 유의하라."

이 말은 봉상시에 속한 악공樂工이나 악생樂生들, 그리고 그들을 가르치고 있는 박연이나 정양 등 신진 선비들보다도 관습도감에 속한 맹인이나 악공, 기생들의 음악을 더 존중하라는 말이었다. 이들은 아악도 했지만 향악도 함께 배우고 있었다. 이 말은 중국 아악에만 너무 집착하지 말고 민족 전통음악인 향악도 함께 참고하라는 말이었다.

세종은 '아악'을 우리나라에 맞게 사용해야 한다는 점을 인정하면서도 전통적으로 우리나라 사람들의 사랑을 받으면서 전해 내려온 '향악'을 무시해서는 안된다는 시각을 가지고 있었다. 그리고 여기女妓들이 공연하는 여악女樂도 대부분의 신하들은 반대했으나, 세종은 그것도 역시 전통음악의 일부라고 믿어 폐지해서는 안된다고 생각했다.

향악을 무시하면 안된다는 세종의 생각은, 음악이 자연풍토에 맞아야 한다는 이유 때문이었다. 자연풍토가 다르면 사람의 소리가 다르고, 음악은 그 소리에 맞추어 만들어진다는 것이다. 그래서 중국의 음악도 하나의 음악이 아니고 지역에 따라, 시대에 따라 다른 음악이 만들어졌다고 믿었다. 중국은 하나의 민족이 이끌어간 나라가 아닐 뿐 아니라 국토가 넓어서 지역에 따른 음악의 차이가 있다는 것을 정확하게 알고 있었던 것이다.

세종은 자신의 음악관이 점차로 바뀌면서 전적으로 박연에게 음악정리를 맡길 수 없다고 생각했다. 그래서 시간이 지날수록 향악을 정리하는 일에 집중했다. 특히 기생의 여악女樂에 대해서 신하들은 중국에 없는 음악이라고 거부반응을 보였으나, 임금은 그렇게 생각하지 않았다.

기생의 여악에 대한 세종의 좋은 평가는 그 전에도 있었다. 세종 12년 7월 28일에 좌부대언 김종서金宗瑞가 예전에 중국 사신들이 우리나라의 음악을 듣고 아름답다고 칭찬했으나, 다만 기생의 여악女樂이 섞여 있는 것을 보고 혐의쩍게 여겼으니, 여악이 비록 아름다워도 없애는 것이 좋겠다고 진언하자, 세종은 이렇게 대답했다.

"여악을 쓴 것은 그 유래가 이미 오래 되어 이를 갑자기 혁파하고 악
공樂工들이 노래하게 한다면 아마도 음률에 맞지 않아 어긋남이 있게 될
것이다. 그래서 가벼이 고칠 수 없다."

앞서 임금이 관습도감 소속인 기생의 음악이 봉상시 소속의 남자 악공들보
다 낫다고 한 말도 그래서 나온 것이다. 세종은 재위 13년 8월 2일에도 좌의정
맹사성에게 여악女樂에 대하여 또 이렇게 말했다.

"사람들이 말하기를, 사신 회례연會禮宴에 여악을 쓸 수 없다고 하는
데, 만약 남악男樂이 볼만하면 옳지만 만약 음률이 맞지 않으면 어찌할
것인가? … 중국의 풍류風流를 쓰고자 하여 '향악鄕樂'을 다 버리는 것은
단연코 불가하다."

임금은 중국풍을 따르기 위해 민족 음악인 향악鄕樂의 일부인 여악女樂을
버리는 것은 단연코 안된다고 거부하여 대신들도 임금의 뜻을 좇을 수밖에 없
었다.

중국에는 여악을 궁중에서 쓰지 않아 중국 사신들이 기이하게 여기고 천하
게 여긴 것은 사실이지만, 세종은 천인들의 음악을 반드시 천하다고 보지 않아
여악을 보존했던 것이다. 하지만 중국 황제들이 조선에서 노래하는 여비女婢들
을 불러들인 것을 보면 여악을 싫어한 것만도 아닌 듯하다.

세종은 이렇게 중국 음악에 대하여 비판적인 시각을 지니고 있어서 12년
12월 7일에는 경연에서 이런 말도 했다.

"박연이 조회 음악을 바로잡으려 하는데, 바르게 한다는 것은 어려운
일이다. 《율려신서》도 형식만 갖추어 놓은 것 뿐이다. 우리나라의 음악이
비록 다 잘 되었다고는 할 수 없으나, 반드시 중국에 부끄러워할 것은 없
다. 중국의 음악인들 어찌 바르게 되었다고 할 수 있는가?"

우리나라 음악도 아름다우므로 반드시 중국 아악을 따르려고 지나치게 노력하여 바로잡으려고 할 필요가 없다는 것이며, 그런 생각을 가진 박연을 못마땅하게 여기고 있었다.

하지만 아악을 버릴 수 없는 이상, 우리가 일단 우리식 아악을 가져야 한다고 생각하여, 황종을 만드는 방법을 바꾸어 기장을 쓰지 않고, 주나라의 주척周尺을 연구하여 이를 토대로 황종관黃鐘管을 만들어 보기로 마음먹었다.

그리하여 세종 12년 9월 29일에 집현전 부제학 정인지鄭麟趾와 봉상시 봉례奉禮 정양鄭穰에게 집현전에서 주척周尺을 연구하여 황종관을 바로잡고, 《악보樂譜》(아악보)를 만들어 보라고 명했다. 임금이 《율려신서》와 여러 《악서》를 보고 주척의 악보를 만드는 묘방을 알았기 때문에 이런 명령을 내린 것이었다. 중국 아악의 원조는 주나라였으므로 그 시대의 원형을 찾아서 황종관 아악보를 만들 수 있다고 생각한 것이다.

그러나 임금은 이해 10월 18일에 이르러 생각을 바꾸어 그 계획을 중지시켰다. 임금의 말을 들어보자.

> "주척周尺 제도는 시대에 따라 다르고, 황종의 관도 마찬가지다. 옛사람들은 소리에 따라 음악을 제작했는데, 우리나라 사람의 소리는 중국과 다르기 때문에 아무리 옛제도를 연구하여 관管을 만들어도 올바르게 된다고 볼 수 없다. 그러니 만들어서 뒷사람들의 웃음거리가 되느니 차라리 만들지 않는 것이 낫다."

주척周尺 자체가 시대마다 다르고, 또 한국인의 말소리가 중국인과 다르므로 아무리 황종의 관을 바르게 만들려고 해도 불가능하다고 판단한 것이다. 실제로 중국어의 억양은 한국어의 억양보다 높고 고저의 굴곡이 심한 것이 사실이다. 그러니 중국어의 억양에 맞는 음악의 기본음인 황종관을 우리가 만들 수는 없는 것이다.

그러나 황종관을 만드는 것은 포기하더라도 아악 그 자체를 조회朝會와 제사祭祀에 사용하는 것을 그만둘 수는 없었다. 그래서 임금은 예문관 대제학 유사눌柳思訥, 집현전 부제학 정인지鄭麟趾, 봉상시 소윤 박연朴堧, 경시서 주부 정양鄭穰 등에게 명하여 황종을 만들지 못한 상태에서나마 조회와 제사에 사용하는 아악을 현실에 맞게 고치라고 명했다. 그리하여 세종 12년 윤12월 1일에 《아악보雅樂譜》를 만들어 바쳤는데, 정인지가 그 서문을 썼다. 그 서문의 내용을 요약하면 다음과 같다.[148]

① 음악은 성인聖人이 성정性情을 기르며, 신神과 인人을 화和하게 하고, 하늘과 땅을 자연스럽게 하며, 음양을 조화시키는 방법이다

② 고려와 조선 초기에 중국에서 내려준 편종編鐘과 편경編磬 등을 토대로 편종을 만들고, 남양南陽에서 채취한 돌을 가지고 편경을 만들었으며, 구리로 동률銅律(律管)을 만들기도 했다. 그러나 그 율관律管이 너무 길어서 기장이 너무 많이 들어가 옛날의 척수尺數와 맞지 않는 듯하다.

③ 율관律管을 쓰지 않고, 모든 악기를 적당하게 만들어 그 소리를 조화시키는 것을 편하게 할 뿐이다.

④ 현재의 악기들은 중국에서 준 것이나 우리가 만든 것이나 모두 청성淸聲이 삼분손익법三分損益法에 맞지 않는다. 그러나 그동안 사용해온 악기들이므로 그대로 사용한다.

⑤ 음악에서 가장 중요한 것은 신민臣民이 임금을 능멸하지 못하게 하는 것이다. 궁상각치우宮商角徵羽의 5성五聲은 5행五行에 해당하며, 동시에 군신민사물君臣民事物을 상징한다. 그러니까 궁宮=군君=토土, 상商=신臣=금金, 각角=민民=목木, 치徵=사事=화火, 우羽=물物=수水이다. 그래서 상각商角이 궁宮을 넘어서는 것을 피해야 한다.

⑥ 주자가 쓴 《의례시악평해儀禮詩樂評解》에서 7성七聲만을 쓴다는 원칙을 받아들여 5성에다 변치變徵와 변궁變宮을 더 보태 7성을 사용하고, 《소아小雅》에서 6편 26궁의 원칙을 받아들이고, 이를 더 부연하여 312궁을 만들어 조회음악을 만들었다.

---

148) 정인지의 서문과 《세종실록》 부록의 악보를 합쳐서 소개한 것이다.

⑦ 《석전악보釋奠樂譜》(일명 대성악보大成樂譜)에서 7성 12궁의 원칙을 받아들이고, 이를 더 부연하여 144궁을 만들어 제사음악을 만들었다.

⑧ 황종의 궁 12성聲은 모두 정성正聲을 사용하고, 나머지 궁은 모두 4가지의 청성淸聲을 사용했는데, 곧 황종청黃鐘淸, 대려청大呂淸, 태주청太簇淸, 협종청夾鐘淸이 그것이다. 정성과 청성을 합치면 16성이다.

⑨ 아악은 모두 12궁宮 7성聲 16성聲(12정성과 4청성)으로 구성되었다.

⑩ 부록으로 《의례시악평해》와 《석전악보》의 원본을 수록했다.

⑪ 정인지는 끝으로 여러 악서들의 장단점을 취합하여, 28개 소리로 구성된 조회음악과 제사음악을 새로이 만들었는데, 중국에서 완성하지 못한 아악을 우리왕조가 비로소 완성했다고 자찬했다.

세종 13년 1월 1일의 정조正朝 조회 때에는 새로 제정한 아악을 처음으로 사용했는데, 의용儀容과 법도法度와 성악聲樂이 선명하고 위의威儀가 있어서 볼만했다고 한다.

《아악보》가 편찬된 이후로 그 이론에 입각하여 여러 악기들이 다시 만들어졌는데, 이는 생략하겠다.

6. 명나라 사신이 해청과 토표를 직접 잡으러 네 차례 오다

[세종 11~13년]

그동안 명나라 사신이 조선에 올 때마다 〈칙서〉에 보내라고 기록한 물건 이외에 사신들이 자의로 물건을 청구하여 가져가는 물건이 한량이 없자, 조선은 사신에게 준 물건을 기록하여 황제에게 바쳐 사신들이 황제가 요구한 물건을 바쳤는지 아니면 사신들이 제멋대로 요구하여 바쳤는지를 황제가 알도록 했다. 그 결과 황제는 세종 11년 12월에 보낸 칙서에서 앞으로 금은金銀의 세공歲貢을 면제할 뿐 아니라, 칙서에 바치라고 기록한 물건 이외에는 사신에게 물건을 주지 말라고 했다.

그 뒤로 중국 사신이 와서 사적으로 청구하는 물건을 칙서에 위배된다고 하면서 주지 않았더니 사신들은 화를 내면서 온갖 횡포를 부리고 조선 임금이 황제에게 반역하려 한다고 엄포를 놓기도 하면서 괴롭혔다.

이렇게 명나라 사신과 갈등을 벌이던 가운데 세종 11년 11월 2일에 내관 김만金滿 등이 칙서와 황제의 선물을 가지고 서울에 왔다. 칙서에는 해청과 사냥개를 보내라고 하면서 선물로 백자기白磁器 15개를 하사했다. 그리고 김만 등 사신들도 임금, 왕비, 세자, 진양대군, 안평대군, 임영대군에게까지 비단과 청화백자 등을 선물로 바쳤다.

김만 일행은 다음해인 세종 12년에도 귀국하지 않고 있었는데, 이해 7월 17일에 또 창성昌盛과 윤봉尹鳳 일행이 칙서와 황제의 선물을 가지고 왔다. 칙서에는 우리나라에서 생산되는 맛있는 해산물, 표범가죽, 큰 사냥개, 해청을 비롯한 여러 종류의 매 등을 바치라는 것이고, 반사품頒賜品은 각종 보석과 진주를 박은 허리띠 고리를 비롯하여, 각종 보석으로 장식한 칼, 합盒, 은 500냥, 각종 비단 등이었다.[149] 값으로 치면 아마도 엄청나게 비싼 물건들이었다. 바치는 물건에 대한 보상으로 보낸 물건들이었다. 사신들도 임금과 왕비, 세자에게 비단 등을 바쳤다.

세종은 반사품에 대한 감사의 뜻을 담아 7월 22일에 사은사를 파견하고, 토산물을 바쳤다. 사신들은 예전처럼 석등잔과 인삼을 청구하는 등 각종 물품을 토색하기 시작했으나, 임금이 칙서를 이유로 주지 말라고 신하들에게 명했다. 그러자 창성 등은 임금에게 노골적으로 불만을 토로했다.

또 창성 등은 토표土豹를 잡기 위해 직접 두목들을 함길도로 보내기도 하

---

149) 황제가 보낸 반사품의 목록은 다음과 같다. 허리띠 고리條環(황금 바탕에 각종 보석과 진주를 박은 것), 합盒(붉은 선을 두르고, 전부 흙칠을 하고, 자개를 박은 둥근 그릇), 칼刀劍(금은으로 꽃무늬를 새겨 넣고, 각종 보석과 진주로 꾸민 칼자루가 달린 빈철鑌鐵로 만든 칼), 단도자短刀子(곱게 수를 놓고, 금을 두른 춘대春帶와 순금 바탕에 보석을 박아 학의 머리처럼 만든 자루가 달린 빈철로 만든 칼), 은 500냥, 저사紵絲 23필, 사絲 20필, 나羅 20필, 융금팔단채견絨金八段綵絹 20필, 청화사자백자탁기青華獅子白磁卓器 3탁, 청화운룡백자주해青華雲龍白磁酒海 3개이다.

고, 8월 3일에는 황제에게 바칠 물품 목록을 만들어 지신사에게 보여주었는데, 해청을 비롯한 매가 50마리, 표범 30마리, 개 60마리, 젓갈 60동이, 여석礪石 30덩이 등이었다. 칙서에도 없는 수량을 제 마음대로 적었다. 조선 관원은 칙유에 없다고 하면서 항의했다. 창성은 분노를 이기지 못하여 국그릇을 내동댕이치기도 했다. 창성은 8월 4일에 이런 방자한 말까지 했다. "이 나라는 지극히 불순하다. 장차 반역하려는 것이겠지." 하면서 정부에서 베푸는 연회에도 참석하지 않았다.

임금은 창성의 방자한 언행을 듣고, 이해 8월 6일에 신하들에게 이렇게 말했다.

"이는 다름이 아니라 전일에 사신이 왔을 때는 많은 물품을 주던 것을 칙유勅諭가 내린 뒤부터는 하나도 주는 것이 없기 때문에 성을 내어 이 말을 한 것이다. 우리가 일찍이 사신의 과실過失을 황제에게 주달奏達한 적은 없었으나, 부득이한 사유가 있으면 주달하지 않을 수 없으니, 이제 창성 등이 한 말을 낱낱이 기록하라."

임금도 더 이상 사신의 방자한 언행을 참지 못하여 그의 언행을 기록해 두었다가 황제에게 글로 써서 알리겠다는 것이었다.

창성의 횡포는 여기서 그치지 않았다. 8월 11일에는 토표를 잡을 군정軍丁 1만 5천 명을 함길도로 보내 달라고 청했는데, 임금은 이를 거절하고 적당한 숫자를 뽑아서 보내라고 관찰사에게 일렀다.

8월 14일에는 창성이 임금의 호신용 운검雲劒을 보여달라고 하여 신하가 보여주었더니 그대로 가져갔다. 8월 17일에는 객사의 방에 있는 큰 구리화로를 두목을 시켜서 녹여서 덩어리로 만들어 감추어 두었다. 8월 24일에는 직접 토표를 잡겠다고 하면서 함길도로 갔다. 그러나 한 마리도 잡지 못하고 9월 27일에 서울로 돌아왔다.

창성 등은 조선에 와서 소란만 피우고 실제로는 토표와 해청을 잡지도 못하고, 또 개인적으로 청구하는 물품도 제대로 받지 못한 가운데 이해 12월 15일 불만에 가득 차 서울을 떠났다. 그들이 남기고 간 것은 난폭한 언행을 기록에 남긴 것뿐이었다.

세종은 11월 21일에 경연에서 중국 역사를 공부하다가 한당漢唐 시대 이후로 중국의 역사는 환관의 화禍가 끊이지 않고 내려온 것을 개탄했다. 그러면서 지금 명나라의 황제도 환관을 너무 신용하여 황제의 명령을 받은 환관들이 가는 곳마다 관리를 노복奴僕처럼 대우하고 있다고 하면서, 예절대로 아랫사람을 접대하는 것이 실로 나라를 위하여 좋은 일이라고 말했다.

명나라가 비록 국력이 강하여 조선이 사대조공을 하고 있었지만, 조선의 임금과 관리들의 눈에 비친 명나라는 결코 존경하고 배울 만한 나라가 아니었다. 그래서 신하들이나 임금은 명나라 사신을 마음속으로는 사람 취급을 하지 않고 있었고, 그런 사신들을 매번 보내는 황제에 대하여도 마음속으로 경멸의 시선을 보냈던 것이다.

다음해인 세종 13년 7월에서 8월에 걸쳐 또 두 종류의 사신이 동시에 조선에 들어왔다. 하나는 지난해에 왔던 창성昌盛과 윤봉尹鳳 등이 명나라를 괴롭힌 여진족 양목답올楊木答兀[150]로부터 직접 항복을 받아내고, 나아가 두만강 북쪽의 모련위毛憐衛에 가서 해청海靑과 토표土豹를 잡겠다고 하면서 온 것이고, 또 한 패의 사신은 장동아張童兒와 장정안張定安 등으로서 8월 19일에 직접 칙서를 들고 서울에 왔다. 칙서의 내용은 해청, 황응, 백응 등 매와 토표土豹(스라소니)를 잡는데, 중국에서 온 150명의 두목들과 함께 잡도록 사람을 보내라는 내용이었다.

명에서 이렇게 많은 인원이 사신으로 온 것은 처음 있는 일이어서 이들을 재울 객사客舍가 부족할 뿐 아니라 이들에게 몇 달 동안 먹일 돼지고기, 닭

---

150) 양목답올은 만주 북쪽 송화강 상류지역에 살던 올적합兀狄哈의 추장으로서 명나라에 조공바치는 것을 거부하면서 압록강과 두만강 유역의 여진족을 압박하여 명나라가 매우 싫어하던 사람이었다.

고기, 오리고기 등을 공급하는 일도 쉬운 일이 아니었다. 또 양목답올로부터 항복을 받아낼 때 조선에서도 군사를 보내 도와줘야 하는 것도 작은 일이 아니었다. 그런 일은 여진과의 관계를 악화시키는 결과를 가져올 것이기 때문이었다. 그래서 군사를 일부러 적게 줄여서 도와주기로 했다.

임금은 그들이 서울에 오기 전인 8월 4일에 신하들에게 이렇게 말했다.

"물품을 주지 말라는 조칙이 내린 뒤부터 연전에 창성과 윤봉이 왔을 때 한 가지 물건도 주지 않았더니, 창성과 윤봉이 노하여 많은 두목을 거느리고 와서 일부러 진노하고 핍박하려는 것이니, 그 징조가 이미 나타났다. 대신들이 물품을 주어서 욕심부리는 것을 따르자고 했으나 내가 들어주지 않았더니, 과연 지금 많은 두목을 거느리고 왔으니 그 뜻이 장차 우리나라를 침해하려는 것이다. … 우리나라에서 〈칙지〉를 공경히 받들어 물품 주는 것을 행하지 않았으니, 누가 그르다고 하겠느냐? 고금천하에 정도正道로서 행하는 것을 그르다고 하는 자가 있음을 보지 못했다. 창성과 윤봉은 '이利'만 탐하고 '의義'는 생각지 못하니, 족히 말할 것도 못되나 중국에 어찌 이치를 통달한 대신이 없겠는가? 스스로 반성하여 부끄러움이 없으니, 비록 창성과 윤봉이 노여워한들 어찌 부끄러움이 있겠는가."

임금은 우리가 정도正道를 걸어가고 있으므로, 사신들이 분노하더라도 겁내거나 부끄러워할 이유가 없다고 말하고, 또 사신들과 두목이 전염병에 걸려 몸이 아프다는 소식을 듣고, 그들을 피하기 위해 임금도 몸이 아프다고 핑계하고 본궁[私邸]으로 피신하고, 모화루에서 칙서를 맞이하는 의식을 세자가 대신하게 했다. 두목 가운데 6명이 조선에 체류하는 동안 죽었다.

임금은 또 사신들이 올 때 거리에 채붕綵棚을 만들어 환영하는 분위기를 만들지도 말라고 명했다.

그러나 임금은 칙서를 받아 본 후 마음을 바꾸어 좌대언 김종서에게 이렇게 말했다.

"지난해 황제의 칙서에 사신에게 물품을 주지 말라고 한 말을 따라서 한 가지 물건도 주지 않았더니 창성과 윤봉 등이 원한을 품고 오늘날의 폐단을 만든 것이다. 이번 칙서에 있는 말은, 마치 고아孤兒를 농락하는 것처럼 했으니, 언제 황제가 이렇게까지 한 일이 있었느냐? 이제 이같은 때를 당하여 정도正道만 지킬 수는 없으니, 임시로 사신들을 후하게 위로 하고자 하니, 경은 전 좌의정 황희, 우의정 맹사성, 찬성 허조, 예조판서 권진 등과 의논하여 아뢰라."

그러니까 창성과 윤봉이 황제에게 좋지 않은 말을 하여 황제의 마음까지도 바뀌었다고 보았다. 다시 말해 황제의 마음을 이간질했다고 여겼다. 더구나 황제가 조선에 무엇을 요구할 때에는 상사품賞賜品을 반드시 내리는 것이 관례였는데, 이번에는 아무런 물건도 보내지 않고 일방적으로 해청과 토표를 잡는 일에 협조하라는 명령뿐이었다. 그러니 아무리 미워도 사신들의 비위를 어느 정도 맞추지 않을 수 없는 지경에 이른 것이다. 신하들도 임금의 뜻에 동의를 표했다.

그로부터 네 명의 사신과 두목들이 매일같이 다투어 물품을 요구하기 시작하자, 모두 들어주었다. 그 종류와 수효를 다 기록할 수가 없을 정도였다. 다만 죽은 두목들에게 부의를 주는 형식을 따라서 황제의 칙지를 그대로 지키는 모습을 보였다.

8월 24일에 장동아 등은 두목 84명을 데리고 함길도로 가서 여진족 추장 동맹가첩목아童猛哥帖木兒[151]에게 칙서를 전달했다. 해청과 토표를 잡는 데 협조하라는 내용이었다. 동맹가는 조선과도 매우 친밀한 관계를 맺고 조공을 바쳐오던 터였으므로 명나라와의 관계도 나쁘지 않았다. 8월 28일에는 윤봉과 장정안

---

151) 동맹가첩목아는 맹특목孟特穆으로도 불렸는데, 함길도 두만강 유역인 알타리[회령지역]의 추장으로서 건주위 도독으로 명나라의 벼슬을 받고 있었는데, 조선과도 친밀하게 지내면서 자주 조공을 바쳐오고, 그 족속이 귀화해 오기도 했다. 그 아우는 동범찰童凡察이고, 그 아들은 동권두童權豆인데 대를 이어 조선과 교류했다. 뒤에 이 족속에서 청나라 시조인 애신각라愛新覺羅 누르하치가 나타났다.

도 두목 43명을 거느리고 함길도로 떠나고, 10월 6일에는 창성도 두목 24명을
거느리고 함길도로 떠났다.

임금은 명나라와의 관계가 복잡해진 시점에서 성품이 너그럽고 침착하며
행정력이 뛰어난 재상이 필요하다고 느껴 9월 3일에 좌의정을 지낸 69세의 황
희黃喜(1363~1452)를 영의정으로 임명하고, 72세의 우의정 맹사성孟思誠(1360~1438)
을 좌의정으로, 75세의 예조판서 권진權軫(1357~1435)을 우의정으로 임명했다. 사
간원에서는 황희가 교하交河의 땅을 개간하여 불법으로 점령했다고 하여 반대했
으나 임금이 따르지 않았다.

해청과 토표를 잡으려고 함길도에 갔던 사신들은 11월 하순에서 12월 초에
걸쳐 서울로 돌아왔는데, 해청 2마리를 잡는 데 그쳤다. 그러나 그동안 조선에
서 잡은 해청은 그보다 더 많았고, 토표도 이미 여러 마리 잡아 놓았다. 사신들
은 "우리들의 이번 행차는 마치 유람한 셈이었습니다. 우리들이 체포군사를 거
느리고 왔으나, 겨우 해청 2마리를 잡았을 뿐입니다. 조선에서는 해청과 토표를
많이 잡았으니, 오로지 전하의 지성 때문입니다." 하고 실토했다. 그동안 선물
을 많이 받아 태도가 공손해진 것이다.

사신들은 그동안 잡은 해청 7련과 토표 5마리를 가지고 12월 중순에 서울
을 떠났다. 조선은 황제에게 보내는 주문奏文에 해청과 토표를 누가 잡았는지를
자세히 써서 배신 유은지를 시켜 사신과 함께 중국으로 가게 했다. 황제가 그
주문을 보고, 사신들이 잡은 것이 거의 없다는 것을 알게 하기 위함이었다.

사신이 떠날 때 임금은 중국에서 소 1만 마리를 무역하기를 원한다는 소문
이 있는데, 우리나라는 소가 매우 귀하여 어렵다고 하면서 황제에게 잘 말해달
라고 부탁했다. 그러자 창성은 소는 황제가 요청하는 것이 아니고 요동지방에
서 요청하는 것인데, 황제에게 잘 말할 터이니 걱정하지 말라고 말했다. 그러나
그 약속은 지켜지지 않았다.

7. 일본의 정세와 토호들의 내조 [세종 12년]

세종 12년과 13년에도 일본 지방토호들과의 교류는 여전히 이어졌다. 다만 구주지역 토호들 간의 내전이 아직도 끝나지 않아서 예전에 비하여 사신使臣과 객인客人의 왕래가 대폭 줄어들었다. 먼저 세종 12년의 일본의 상황부터 알아보자.

세종 12년 5월 19일에 일본 사정을 잘 아는 대호군 이예李藝가 말한 일본 국내사정을 예조에서 임금에게 보고했다.

"일본의 대내전大內殿(야마구치山口)이 소이전小二殿(후쿠오카福岡 남부 다자이후太宰府)과 싸워서 소이전의 축전주筑前州(후쿠오카福岡) 땅을 빼앗으니, 어소御所(막부)에서 이 땅을 회사하면서 말하기를, '일기도一岐島가 만약 서로 싸워서 통일이 안되면 너희가 빼앗아도 좋다.'고 했습니다. 그래서 일기도의 좌지전佐志殿이 대내전에 귀순했는데, 축전주에 소속되었던 대마도의 종정성은 본래 복종하여 대내전을 섬기지 않았고, 소이전의 아들도 대마도로 왔기 때문에 대내전이 장차 군사를 일으켜 대마도를 칠 것이라고 합니다.

대내전이 거느린 무리가 수만 명에 이르고, 항상 군수품과 무기를 준비한 까닭에 구주의 백성들이 한 마음으로 추대하므로 어소에서도 두려워하고 있습니다. 일기도는 우리 변경과 가까운데 위세가 무겁고 군사가 강하니 크게 염려됩니다. 그러나 대내전은 그 조부 때부터 우리나라를 지성으로 대접했음은 의심할 바가 없습니다. 그러나 만약 대마도를 친다면 장차 거느리고 있던 적간관赤間關(시모노세키下關) 이북의 해적들을 모아서 치게 할 것이니, 만일 식량이 떨어지면 저들의 꾀를 헤아리기 어렵습니다.

또 사주四州(四國)의 왜선 수천 척이 항상 모여 있어 도둑질하니, 만일 대마도를 치는 왜선을 따라오게 되면 우리나라 바닷길의 형편을 자세히 알게 될 것이니, 후일의 화가 있을 것을 염려해야 할 것입니다. 이에 대비해야 합니다."

　　예조에서는 일본 사정을 이렇게 아뢰면서, 동시에 전쟁에 대비하여 병선을
개량할 것을 건의했다. 그 요지는 배를 만들 때 나무를 말려서 만들 것과 나무
못 대신에 쇠못을 써서 만들어야 튼튼하고 가벼워져서 속도가 빨라진다는 것
과, 현재의 비거도선鼻巨刀船은 작고 빨라서 어선을 추격하는 데는 좋지만 병기
를 싣지 못하여 적선賊船에게 붙잡히기 쉬우니 배에다 1자 되는 창과 칼을 뱃전
에 꽂은 검선劍船을 따로 만들어 2~3개의 비거도선을 거느리도록 하자고 제안
했다. 또 비거도선을 통나무로 만든 것과 그렇지 않은 것 두 종류를 만들어 통
나무배는 큰 배 위에다 싣고 다니게 하자고 하여 임금의 허락을 받았다.

　　이렇게 구주지역 왜인들이 동남부와 서북부로 갈려서 지금의 야마구치현과
구주 동북부지역을 장악하고 있던 대내전大內殿이 지금의 후쿠오카 지역에 속하
는 소이전小二殿으로 대표되는 서북부 지역을 거의 정복하고, 소이전에 소속되었
던 대마도를 크게 압박하고 있던 것이 당시의 상황이었다. 그러니 궁지에 몰린
대마도와 그 인근 지역의 왜인들이 주로 조선과 교류했다.

　　세종 12년 1월 17일에 구주 동북부에 있는 풍주豊州(오이타현大分縣 북부) 태수
원지직源持直이 토산물을 바치자 정포 46필과 개 2마리, 호랑이가죽과 표범가죽
각 2장, 채화석 20장을 회사했다. 이 지역은 싸움에 직접 관여하지 않았다. 또
대마도 종정성宗貞盛이 억류당한 왜인의 송환을 요청하면서 토산물을 바치자, 정
포 30필을 주고 5명을 돌려보냈다.

　　이해 1월 24일에는 작주作州(오카야마岡山) 자사 소조천상하小早川常賀[152]와 비
전주肥前州(사가佐賀) 태수 원영源英, 대마도 육랑차랑六郞次郞, 일기도一岐島 좌지
평종장平種長 등이 사람을 보내 토산물을 바치자 각각 정포 78필, 44필, 48필,
129필을 주었다. 1월 26일에는 대마도 육랑차랑과 등차랑等次郞 등에게 미두米豆
30석을 회사했다.

　　2월 11일에는 일본 국왕[足利義教(아시카가 요시노리)]이 지난해 보낸 종금宗金[153]

---

152)　소조천상하는 조하평상가早河平常嘉로도 기록되어 있어 혼란스럽다.
153)　종금宗金은 기록에 따라 등종금藤宗金으로도 나온다.

과 도성道性 등 24인이 조회朝會에 따라 들어오니 임금이 궁전 안으로 불러서 보았다. 이들은 《대장경》 목판을 달라고 온 것인데 주지 않았다. 세종은 일본 국왕이 무례하다고 신하들에게 말한 일이 있었음은 앞에서 이미 설명했다. 이들이 2월 19일에 하직하니, 임금이 답서를 주어 보냈다. 답서의 내용은 이렇다.

> "전에 우리의 사신을 보내 세의世誼를 닦았더니 가고 오는데 위로하고 대접함이 특별했고, 인하여 서문書問과 예물을 보내 선대의 뜻을 계승하여 길이 호의好誼를 계속하겠다고 하니, 과인이 이미 후의厚意를 받았습니다. 이제 변변치 못한 토산물을 별폭에 갖추었으니 받으시기 바랍니다."

별폭에 기록된 물품은 호피와 표피 각 5장, 잡채화석 20장, 인삼 100근, 청동화로 1개, 흰 비둘기, 얼룩 비둘기, 흰 오리, 얼룩 오리, 흰 거위, 얼룩 거위, 흰 두루미, 흰 원앙, 산양 각 1쌍, 다람쥐 10마리, 까치 8마리였다. 각종 새들을 보낸 것이 흥미로운데, 이는 일본이 원해서 준 것이다.

그리고 대마도 좌무위左武衛에게도 편지를 보내 세종 10년에 통신사로 떠난 박서생朴瑞生 일행이 세종 11년 말에 돌아올 때 후히 대접해준 것을 고맙다고 칭찬하고, 선물로 염석簾席 1장, 유청첨油靑韂 2벌, 남색 사피화[신발] 2켤레, 자주색 전피화 2켤레, 큰 개 3마리, 작은 개 1마리를 회사했다.

3월 3일에는 대마도 종정성이 예조에 서신을 보내, 대마도 왜인이 물고기를 잡으러 갔다가 조선군에게 두 번이나 붙잡힌 것을 항의하자, 예조에서 조선 군인을 처형했다고 알리고, 흉년으로 식량이 부족할 터이니 미두 100석을 보낸다고 했다. 종정성이 3월 4일에도 토산물을 바치고 억류당한 왜인을 돌려달라고 하자, 왜인을 돌려보내고 정포 10필을 회사했다.

5월 7일에 종정성이 토산물을 바치고 왜인을 돌려달라고 청하자 정포 4필을 회사했다. 5월 15일에 대마도 종무직宗茂直이 토산물을 바치면서 살기가 어렵다고 호소하자 정포 10필과 미두 60석을 회사했다. 5월 22일에는 대마도 육랑차랑이 토산물을 바치자 정포 37필을 회사하고, 축전주 등원만정藤原滿貞이 토

산물을 바치자 정포 12필, 명주 15필을 회사했다. 5월 28일에는 대마도 종언칠
성국宗彦七盛國이 토산물을 보내자 정포 30필과 미두 40석을 주었다.

이해 6월 1일에는 예조판서가 대마도 정벌 당시 삼포에 거주하던 수백 명
의 장사꾼과 통사로 일하던 왜인들을 억류시켜 각지의 노비와 천례賤隷로 소속
시켰던 일이 있었는데, 그들이 본토로 돌아가기를 원하고 있으니 모두 돌려보
내자고 건의하자, 임금이 허락했다. 그동안 저들의 요구로 몇 명씩 계속 돌려
보냈지만 아직도 돌려보내지 않은 왜인들이 많았는데, 이날 모두 돌려보내기로
결정한 것이다. 그러나 10월 7일에 돌아가기를 원하지 않는 자는 토지를 주고
평민으로 만들어 가족들이 모여 살게 했다.

이날, 또 의령에 거주하는 선군船軍 심을沈乙이 일찍이 일본으로 건너가서
칼 만드는 법을 배워 와서 칼을 만들어 임금에게 바쳤는데 일본 칼과 똑같았
다. 그의 군역을 면제시키고 곡식 10석을 회사했다. 일본 칼은 그동안 왜인들이
바친 것이 매우 많았지만 만드는 방법을 몰랐다가 드디어 선군의 노력으로 칼
제작에 성공했다.

6월 3일에 대마도 종정성이 토산물을 바치자 정포 45필, 소주 30병을 회사
했다. 그들은 조선 소주를 매우 좋아했다.

7월 27일에는 대내전에 패하여 대마도로 도망가 있던 태재太宰 소이小二의
아들 사와師瓦가 예조에 토산물을 바치고, 서신을 올렸다. 그 내용은 이렇다.

"지난해 겨울부터 대마도에 와서 우거하고 있사오니, 보호하여 구제해
주시기를 바라오며, 또 경도京都(막부)에 예물을 보내고자 하오니, 면주 혹
은 모시 1천 필과 쌀을 하사해 주소서."

막부에 예물을 보내 도움을 받기 위해 조선에 면주 또는 모시 1천 필을 요
구했는데, 그 청을 다 들어줄 수는 없었다. 대내전을 자극할 우려가 있었기 때
문이었다. 그래서 정포 36필, 쌀 40석, 면주 10필을 회사했다.

8월 29일에는 대마도에 사람을 보내 왜닥나무를 구해오라고 명했다. 우리 나라에도 닥나무가 있지만 왜닥나무는 빨리 자라는 이점이 있었기 때문이었다.

9월 24일에는 종정성이 토산물을 바치자 정포 22필을 회사하고 억류되었던 왜인 20명을 돌려 보냈다. 이날 또 육랑차랑이 예조에 서신을 보내 고성현固城縣 구라량仇羅梁 등지를 내왕하면서 장사하기를 청하고, 토산물을 바치니, 허락하지 않고 정포 33필을 회사했다. 이날 석견주石見州의 등관심藤觀心이 토산물을 바치자 정포 74필을 회사했다. 석견주는 지금의 시마네현島根縣으로 예부터 삼국인들이 이주하여 소국을 세웠던 지역이다.

11월 2일에 종정성이 토산물을 바치고, 또 예조에 서한을 보내 거제도의 가배량加背梁, 고성의 구라량, 부산의 두모포豆毛浦, 울산의 서생포西生浦에서 고기를 잡게 해주고, 또 좌위문오랑左衛門五郎을 돌려보내 달라고 청했다. 그러나 모두 거절했다. 대마도 육랑차랑과 일기도의 등칠藤七이 토산물을 바치자 각각 정포 28필과 43필을 회사했다. 그리고 일기도의 지좌 원공源公에게 편지를 보내 왜인 22명을 등칠 편에 함께 돌려보낸다고 전했다.

11월 15일에 종정성이 토산물을 바치자 정포 47필을 회사하고, 종언칠성국이 특산물을 바치자 정포 60필을 보내고, 아울러 억류되었던 왜인 13명을 돌려보냈다.

윤12월 9일에 대마도 종정성이 또 토산물을 바치고, 호피, 표피, 양곡을 청하니, 호피 10장, 미두 100석, 정포 153필을 회사했다.

윤12월 13일에는 대내전大內殿이 이해 들어 처음으로 사람을 보내 별례別例로 쌀과 표범가죽을 청구했다. 그동안 구주 왜인은 그 지역 식량사정이 나쁘지 않아 식량을 요청하지도 않았고 또 주지도 않았는데, 이번에는 예외로 식량을 요청한 것이다. 아마도 전쟁으로 식량이 부족하고, 또 흉년을 크게 만난 듯했다. 신하들은 식량은 주지 말자고 주장했으나, 임금은 별례로 쌀 100석과 표피를 주라고 명했다.

8. 일본 국왕 사신이 세 차례나 오다 [세종 13년]

세종 13년 2월 11일에 일본 국왕[足利義教(아시카가 요시노리)]이 보낸 사신 사온舍溫과 종금宗金이 보낸 사람 5명, 종정성宗貞盛이 보낸 사람 2명이 함께 왔다. 먼저 이날 임금이 사온을 접견하고 물었다. "그대들은 언제 떠났는가?" 하니 사온 등이 말했다. "지난해 6월에 떠났습니다." 임금이 다시 "그대들은 서계書契를 직접 왕성王城에서 받았는가?" 하니, 사온이, "국왕께서 서계를 직접 신들에게 보내주셨기에 신들이 받아가지고 왔습니다." 했다. 임금이 다시 "이미 알고 있었다."라고 말했다. 그러자 사온이 땅에 엎드려 어찌할 바를 몰랐다.

임금이 이렇게 국왕 사신에게 서계에 대하여 자세히 물은 것은, 그 서계가 매우 예의가 없어서 국왕의 서계가 아니라고 의심했기 때문이었다. 그래서 임금은 3월 6일에 신하들에게 말하기를, "나는 서계를 회답하지도 않고, 또 회례回禮의 물품도 주지 않으려고 하는데, 어떤가?" 하고 물었다.

그러자 대신은 "여러 섬에서 온 왜인들에게도 물품을 주고 있으니, 국왕 사신에게도 회례품을 주는 것이 좋다."고 건의했다. 그래서 물품을 주기로 했다. 그러나 서계는 예조의 이름으로 보내고, 주는 물품은 기록하여 보내기로 했다.

일본 사신들이 3월 13일에 하직을 고하니, 임금이 답서答書에 이렇게 적었다.

"보내신 예물은 수량대로 받았으며, 토산물은 글 뒤에 갖추어져 있습니다. 흑세마포, 홍세저포, 백세면주 각 10필, 인삼 50근, 표피, 호피 각 5장, 잡채화석, 만화방석 각 10장, 각색 사피화 5켤레."

답서가 매우 간결하고 보내는 물건도 전에 비하여 매우 빈약했다. 가짜 사신으로 보았기 때문이다.

그런데 5월 18일에 또 일본 좌무위左武衛가 관인官人들을 사신으로 보내서 왔는데, 국왕 원의순源義淳[足利義教(아시카가 요시노리)]이 예조에 보낸 서계書契를 가지고 왔다. 서계의 내용은 이렇다.

"지금 종금宗金이 돌아와서 글월과 함께 진귀한 물품을 받으니 기쁘고 감사합니다. 지난해 귀국의 전사專使가 와서 이웃나라의 좋은 정이 변하지 않아 매우 감동했습니다."

사신들은 국왕이 준 채선彩扇(부채), 대도大刀, 연견練絹 등을 바치고, 여러 물품을 요구했다. 그런데 요구하는 물품이 서계에는 기록되어 있지 않아서 임금이 대신들과 상의했다. 대신들이 우리나라에서 생산되지 않는 금란金欄, 용안龍顏, 여지荔枝, 앵가鸚哥 등의 물품은 주지 말고, 학鶴과 흰 오리는 주자고 말하여 그대로 따랐다.

세종은 사신들에게 음식을 대접하고 옷과 갓, 신 등을 주었다. 그러자 상관인上官人이 말했다. "전하께서 대접하고 위로하기를 심히 후하게 하시니, 비록 저희 나라 사람에게 이야기를 하더라도 누가 은총이 이 정도였을거라고 믿겠습니까? 그러하오나, 사화絲花(실로 만든 꽃) 한 송이를 내리시어 아름답게 해 주시기를 청합니다." 하니 임금이 주라고 명했다.

먼저 온 국왕 사신이 떠난 지 2개월도 안되어 또 온 것이 예의가 없고, 서계의 글도 수준 이하이지만, 그렇다고 상대를 안하기도 어려웠던 것이다. 사신들은 6월 11일에 임금에게 하직을 고하고 떠났다. 임금은 의장儀仗과 예악禮樂을 갖추고 그들을 접견하여 조선의 정치수준이 일본과는 다르다는 것을 보여주었다.

5월 27일에 세종은 예조판서 신상申商에게 이렇게 자신의 고충을 말했다.

"옛날에 위魏나라 임금 조예曹睿가 오吳나라에 사신을 보내 말[馬]을 가지고 가서 주기珠璣, 대모玳瑁, 비취翡翠 등을 바꿔 가지고 왔는데, 오나라 임금 손권孫權이 '이 보석들은 모두 내가 쓰지 않는 물건인데다가 말을 얻었으니, 내가 어찌 아끼리오.' 하면서 보석을 주었다. 지금 우리나라가 왜국倭國에 대한 경우야 더 말해서 무엇하겠느냐? 왜주倭主가 두 번이나 실례失禮를 했으니 그 청을 듣지 않는 것이 마땅하지만, 옛사람이 말하기를, '저들이 간사하거든, 나는 진심으로 대하라.'고 했다. 저들이 예의가 없다고 하여 우리의 예의를 무너뜨릴 수야 있겠느냐? 내가 듣기로는

왜주는 나이가 젊어서 노리개의 물건을 간절히 구한다 하니, 잣새나 들꿩
등을 미리 준비해 두는 것이 좋겠다."

세종은 예의가 없는 일본의 정치수준이나 문화수준을 한심한 눈으로 바라
보면서, 저들과 사귀어야 하는 고충을 신하들에게 털어놓은 것이다.

그런데 6월 25일에 예조판서 신상申商은 좌무위左武衛에게 회답으로 준 우
리의 물품이 우리가 받은 물품 값의 3분의 1 또는 4분의 1에 미치지 못하여 너
무 가볍다고 아뢰었다. 예를 들면 광초廣綃의 가치가 면포 8~9필에 해당하며,
부채는 비록 중국에서도 1자루가 황금 2냥쭝에 준하는데, 지금 호조에서는 광
초 1필을 면포 2필로 정하고, 부채 1자루를 정포 5필로 정했는데, 이는 너무 가
볍다고 했다. 그러자 임금은 "앞으로는 광초 1필을 면포 5필로, 부채 1자루를
포자布子 1필로 가치를 매기라."고 명했다.

그런데 바로 이날 좌무위가 또 상관인上官人을 시켜 농감미籠甘味를 보내고,
흰 오리 1쌍과 큰 개 1마리를 달라고 청구하자, 들어주었다. 그리고 6월 27일
에는 상관인과 부관인에게 각각 명주, 모시, 삼베 각 6필과 채화석 10장, 인삼
10근을 주고 선주船主 등에게도 명주와 삼베를 각각 1필씩 주었다. 6월 28일에
사신이 하직을 고하자, 예조에서 답서를 보내고, 회례물回禮物로 백세저포, 흑세
마포 각 10필, 잡채화석 10장, 호피 5장, 인삼 50근, 자전피화, 청사피화 각 3켤
레, 전정피첨 3부, 청사피, 자전피 각 5장, 큰 개 3마리, 수탉 3마리, 흰 비둘기
3쌍을 보낸다고 했다.

또 국왕이 청한 물품인 백학 1마리, 흰 오리 3쌍, 갈색 비둘기 3쌍, 흰 거
위 3쌍, 동취銅嘴(솔잣새) 1쌍, 꿩 1쌍을 보냈다.

9. 대내전이 소이전에게 패하다, 왜인들의 내조 [세종 13년]

세종 13년에도 일본 토호들의 조공 사신은 여전히 계속되었다. 1월 26일에는 구주 남방 살마주薩摩州 태수 등원귀구藤原貴久와 살마주 이집원伊集院 태수 등원뇌구藤原賴久, 그리고 대마도 육랑차랑 등이 사람을 보내 와서 토산물을 바치자, 살마주 왜인들에게 정포 661필을 회사했다. 등원귀구와 등원뇌구는 태조 때부터 조공을 바쳐왔는데, 태종~세종 때에도 계속하여 토산물을 바쳤다. 다만 거리가 멀어서 구주 서북지역 왜인처럼 자주 오지는 못했다.

3월 16일에 대마도 정대랑병위井大郎兵衛와 종상총수宗上總守 등 5명이 와서 토산물을 바치자 정포 58필을 회사했다.

5월 6일에 축전주筑前州(후쿠오카福岡) 종정징宗貞澄이 토산물을 바치자 정포 12필을 회사하고, 5월 11일에 종정징이 또 사람을 보내 말하기를, "대마도는 항상 성은聖恩을 입고 사는데, 지금 소이전小二殿의 아들이 대마도에 와서 적은 쌀을 다 허비했으니, 구제하여 살려 주시기 바랍니다. 미두 100석을 회사하여 주소서." 했다. 그러나 서신이 없이 말로만 청하여 50석만 주었다.

7월 1일에 종정성이 예조에 서신을 보내 억류된 왜인 5명을 돌려달라고 청하고 큰 칼을 바치자, 예조에서 본인들이 돌아가기를 희망하지 않는다고 답하고, 그 대신 다른 왜인 3명을 보내고, 정포 5필을 회사했다. 7월 6일에는 일기도 등칠藤七이 사람을 보내 토산물을 바치자 정포 271필과 억류된 왜인 1명을 보냈다.

8월 11일에 대마도 왜인 등차랑藤次郎이 예조에 서신을 보내 구주九州 사정을 이렇게 보고했다.

"지금 구주에서 전쟁이 일어나 대내전大內殿이 군사 730명을 거느리고 파란다현에 주둔하고, 소이전小二殿의 아들도 군사를 거느리고 초야전草野殿, 지좌전志佐殿, 압타전鴨打殿, 단주전丹州殿, 일기도 상송포上松浦 등과 더불어 합세하여 서로 싸웠는데, 대내전, 수견전敷見殿, 마음파전馬音波殿 등 용사 21명이 전사하고, 다유전多由殿은 화살을 맞고 달아났습니다."

이 보고를 따르면 전에 승리했던 대내전 세력이 이번에는 소이전 세력에게 패한 것을 알 수 있다. 그러나 그 말이 진실인지는 알 수 없었다. 12월 12일에 등차랑이 또 사람을 보내 미두 30석을 요청하니, 들어주었다. 그러나 8월 이후로 구주 왜인의 내조가 끊어진 것을 보면, 대내전이 패배한 것이 사실로 보인다.

10. 통사가 유구국에 다녀오고, 유구국 사신이 오다 [세종 13년]

세종 11년 9월에 풍랑으로 조선에 표류해온 포몽고라 등 유구국 사람 14명을 보호하여 왜인 편에 돌려보낸 일이 있었는데, 세종 12년 윤12월 26일에 우리나라 통사 김원진金源珍이 유구국에 갔다가 돌아왔다. 통사가 유구국 대신의 서한을 가지고 왔는데 그 내용이 이렇다.

"유구국 장사長史 양회梁回는 삼가 조선국 왕부王府 집례관 귀하에게 글을 올립니다. 이제 본국의 백성이 작은 배를 타고 풍랑을 만나서 귀국에 이르렀다가 드디어 임금님에게 아뢰어져서 임금께서 의복과 식량 등의 물품을 내리시고, 일본국 비런도 지라시랑池囉是郎의 배에 인계되어 본국에 돌아오게 되었습니다. 5월 4일에 우리 국왕에게 보고했더니, 매우 기뻐하는 빛을 나타내면서 두터우신 명령으로 먼 곳 사람을 보호하여 주신 데 대하여 감사의 뜻을 표했습니다. 생각건대, 본국에서도 선왕 때부터 지금까지 귀국 사람으로서 표류하여 들어온 사람이 자못 많습니다. 마땅히 돌려보내야 할 것이지만, 모두 이 나라에서 가정을 이루고 정착된 생활을 하기 때문에 돌아가기를 희망하는 사람이 없습니다."

이 편지는 지난해 우리나라에 표류해 들어온 유구인에게 후한 대접을 하여 돌려보낸 것에 대한 감사의 뜻을 표하고, 아울러 유구국에 표류해 들어간 조선 사람들이 꽤 많지만 그곳에서 가정을 이루고 살면서 귀국하기를 바라지 않는다고 알려온 것이다.

유구국은 태조 때부터 조선에 여러 차례 사신을 보내고, 우리나라에서도 태종 때 이예李藝를 사신으로 보내 왜구에게 잡혀가서 노예로 유구국에 팔려간 44인을 데리고 온 일도 있었으며, 세종조에 들어와서도 유구국 사람들이 몇 차례 들어온 일은 이미 앞에서 설명한 바 있다. 워낙 거리가 멀고 해로가 험하며 도중에 왜구에게 약탈당하여 자주 사신이 왕래하지는 못했으나, 두 나라의 관계는 매우 우호적이었다.

세종 13년 9월 19일에는 대마도 육랑차랑六郞次郞이 유구국琉球國에 다녀왔다고 서신을 올리고 토산물을 바쳤다. 또 그 어미 묘유도 따로 토산물을 바치자 육랑차랑에게 정포 53필과 7필을 주었다.

그런데 이해 9월 8일에 유구국 중산왕中山王이 보낸 사신이 창원 내이포에 와서 정박하고 있다는 보고가 올라오자, 10월 9일에 예문직제학 배환裵桓을 선위사로 보내 함께 서울로 오라고 명했다. 이들은 육랑차랑이 유구국에서 돌아올 때 그 배에 편승하여 조선에 온 것이다.

세종은 그들이 온 이유는 표류해온 사람들을 돌려 보낸 데 대한 사례의 뜻으로 왔을 것으로 추측했다. 예조판서 신상도, 유구국은 예의를 조금 아는 나라이고, 중국에도 때때로 조현朝見하고 있으므로 일본보다는 후하게 접대해야 한다고 말했다.

11월 6일에 드디어 유구국 사신이 서울에 올라오자 동평관東平館에 거처하게 하고, 관원이 가서 위문했다. 11월 9일에 임금이 백관을 이끌고 경복궁 근정전에 나아가 동지망궐례冬至望闕禮[154]를 행하자 유구국 사신 하례구夏禮久와 부사

---

154) 동지망궐례는 동짓날에 임금이 백관들을 거느리고 중국 황제를 향하여 인사를 드리는 의식을 말한다. 망궐례는 해마다 1월 1일과 동짓날, 그리고 황제의 생일인 천추절千秋節 등 3번에 걸쳐 행했다.

의보결제宜普結制, 그리고 선주船主 등이 서반西班 3품 반열에 나아가 배례拜禮를
했다. 유구국이 비록 일본보다 작은 나라이지만 서반 3품에 서게 한 것은 일본
사신과 거의 동급으로 대우한 것이다.

배례가 끝나자 임금이 사신들을 불러 근정전 안에서 만났다. 하례구가 꿇
어 엎드려 국왕이 보낸 자문咨文을 올렸다. 그 내용은 이렇다.

"유구국 중산왕中山王 상파지尙巴志는 서신을 올립니다. [명나라] 홍무제
와 영락제에 이르도록 조왕祖王과 부왕父王께서 사신을 보내 예물을 가지
고 가서 바쳤으며, 또 여러 번 귀국에서 사신을 보내 우리나라에 오시어
진귀한 물품을 주셨는데, 그 뒤로 우리나라에서 바닷길을 잘 아는 사람이
없었기 때문에 여러 해 동안 가지 못했습니다. 간절히 생각하건대, 이웃
나라와 교통하는 일은 왕래하는 의리를 숭상하는 것이고, 행인行人이 명
령을 전하는 것은 화호和好의 맹서를 굳게 하는 것입니다. 지금 특히 정
사正使 하례구 등을 일본국 대마도 객상客商으로 온 배 1척에 편승시켜
지름길로 보내어 변변치 못한 물품을 받들어 국왕전하께 올려 작은 정성
이나마 표하려 하오니, 꾸짖으시고 받아주시면 다행이겠습니다. 가진 것
이라곤 지금 보낸 인원에게 부친 물화物貨뿐이오니, 비옵건대 너그럽게
무역을 허용하여 발송하여 돌려보내주신다면 편리하고 이익이 되겠습니
다. 예물은 소목蘇木 2천 근과 백반白礬 100근입니다."

임금이 사신을 보고 "날씨가 추운데 수로水路에 고생하며 왔구나." 하자, 하
례구 등이 대답했다.

"우리나라 조왕祖王과 부왕父王 때부터 서로 교호의 예를 닦아 왔사온
대, 그 뒤에 왜인이 가로막아서 오랫동안 수호를 폐지했던 것입니다. 몇
해 전에 전일의 호의好誼를 닦고자 하여 배를 정돈하여 바람을 기다린 지
가 거의 몇 달이 되었으나 바람이 순조롭지 못하므로 마침내 오지 못했
습니다. 지난 6월에 대마도 적괴賊魁 육랑차랑의 상선商船이 우리나라에
왔으므로 빌려 타고 오려고 했는데, 또 사로잡힌 귀국 사람으로 우리나라

에 남아 있는 사람이 100여 명이나 되므로 이들을 거느리고 오고자 했으나 배가 좁고 바람도 편하지 못해서 거느리고 오지 못했습니다."

임금은 "왕의 후한 뜻을 알겠다."고 말했다. 하례구의 답변 속에서는 우리나라 사람으로 유구국에 포로로 잡혀가 있는 사람이 100여 명이나 되는데 배가 작아서 데려오지 못했다고 했다. 이들은 왜구에 잡혀갔다가 유구국으로 팔려간 사람이었다. 앞서 통사 김원진이 유구국에 가서 받아온 장사長史의 서신에, 조선 사람들이 조선으로 돌아가기를 바라지 않는다고 한 말과는 내용이 다르다.

또 일본이 조선과의 교류를 막고 있다고 말하고, 육랑차랑의 배를 타고 왔으면서도 그를 적괴賊魁로 표현한 것도 주목할 만하다. 일본에 대한 반감이 드러난 것이다. 유구국 왕실의 친조반일親朝反日 감정은 일본의 영토가 된 지금에도 아직도 남아 있다.

세종 13년 11월 14일에 정사 하례구가 개인적으로 가지고 온 오매목烏梅木(염료) 74근, 심중청沈重靑(염료) 20냥중, 호초 20근, 만등蔓藤 100개를 바치고, 부사 의보결제도 속향束享 8근 13냥중, 청자잔 1벌을 바치자, 정사에게 정포 60필, 부사에게 30필을 회사했다. 유구국 사신들이 12월 6일에 임금에게 하직을 고하니, 임금이, "예전의 호의를 잊지 않고 전사專使를 보내 수호修好하니 마음으로 기쁘게 여긴다. 돌아가서 그대의 왕에게 전하라."고 말했다. 그리고 답서와 예물을 보냈다. 그 내용은 이렇다.

"우리나라는 귀국과 대대로 신의와 화목을 돈독히 해왔는데, 바닷길이 멀어 여러 해 동안 내왕이 없었소. 지금 왕이 선군先君의 호의를 계승하여 전사專使로서 사신을 보내오고, 예물까지 바쳐 다시 통교내왕하려는 뜻을 보이니 과인이 매우 기쁘고 감사하는 바이오. 이런 마음을 굳게 지키고 영구히 칭예稱譽를 마치게 된다면 어찌 아름다운 일이 아니겠소. 변변치 못한 토산물로 조그만 정성을 표시하니 수령하기 바라오. 저포, 마포 각 15필, 인삼 100근, 만화석滿花席 15장, 호피虎皮 5장, 잣 200근."

유구국 사신들이 가지고 온 물건이 적으므로 그에 맞추어 회사품도 매우 적게 주었다. 그러나 먼 데서 온 그 뜻만은 가상하게 여겼다. 유구국은 동남아시아에서 유교를 받아들인 유일한 나라로서 일본보다도 오히려 예의수준이 더 높은 나라였다. 그리고 그들은 일본보다도 조선을 더 문화수준이 높은 나라로 존경했다. 다만 거리가 멀어서 자주 왕래하지 못했을 뿐이다.

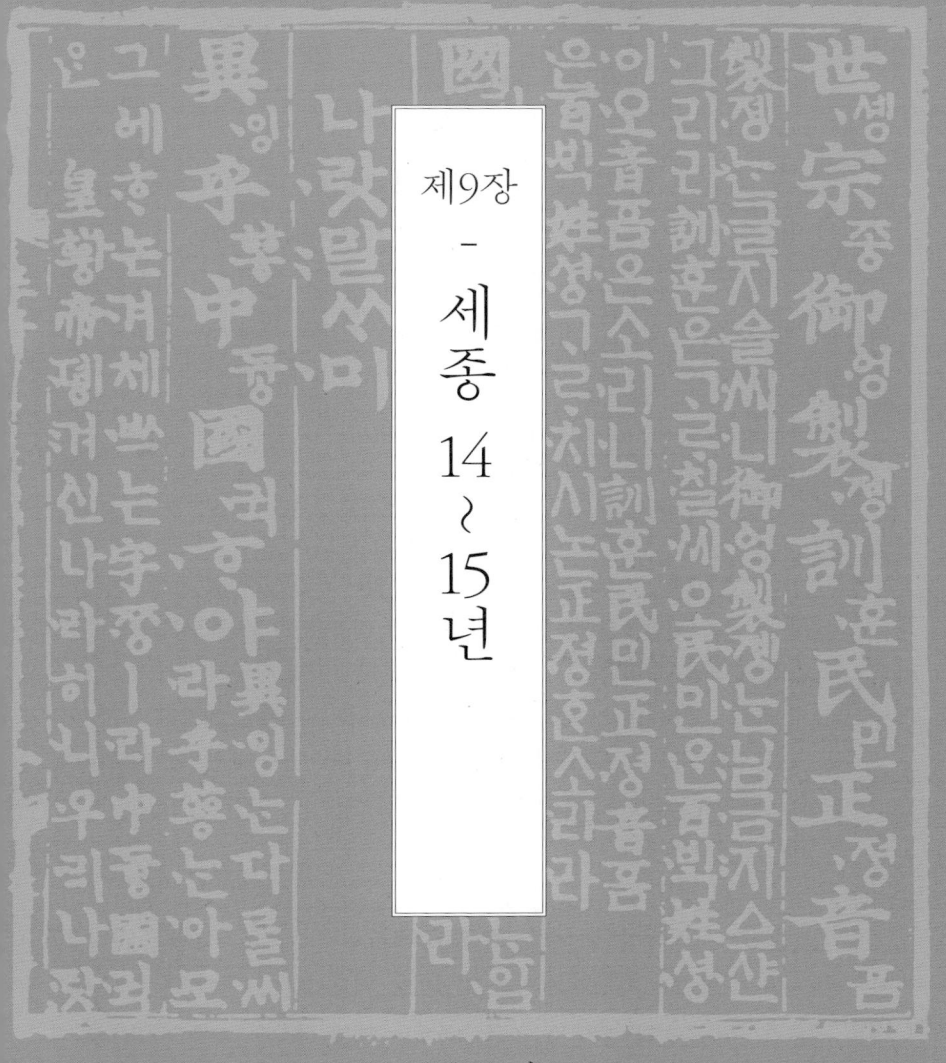

제9장
-
세종
14
~
15
년

(36~37세)
1432~1433년

1. 양로정책과 양로연 [세종 14년]

세종은 노인복지 문제에 대하여 비상한 관심을 쏟았다. 이미 세종 8년 7월 18일에 예조에 전지하여, 노인과 폐질자廢疾者(重病者)를 인애仁愛로서 기르라는 것이 이미 법령으로 있음에도 불구하고 서울과 외방의 관리들이 이를 소홀히 하여 거행하지 않고 있다고 질책하고, 그 양로 조건을 의정부와 육조가 함께 논의하여 보고하라고 명했다.

왕명에 따라 의정부와 육조가 상의한 양로 조건을 임금에게 보고했다. 그 내용은 다음과 같다.

> "나이 70 이상으로 자식도 없고, 친척도 없어 타인의 집에 붙어 먹는 사람은 서울과 지방에서 상세히 조사하여 그 이름을 기록하여 상급 관청에 올리고, 의복과 식량을 지급하여 추위와 굶주림에 빠지지 않도록 하되, 식량은 국고의 쌀과 소금, 장醬을 반년 동안 먹을 것을 지급하고, 옷은 매년 정포 2필을 지급한다. 지방에서는 그 지방에서 생산되는 고기, 물고기, 채소, 과일 등을 적당히 지급하여 기르도록 하고, 이를 어기는 자는 엄중히 규찰하소서."

하니 임금이 받아들였다. 그러니까 요즘 말로 하면 70세 이상의 독거노인獨居老人에 대하여 국가가 의복과 식량을 지급하는 제도이다. 그런데 그 수혜 대상에는 신분차별이 없었다. 참고로 조선시대에는 70세 이상된 자를 노인으로 부르는 것이 관습이었다.

세종은 독거노인에 대한 복지정책과 별도로 세종 14년부터는 해마다 가을에 80세 이상 된 노인들을 궁궐로 초대하여 잔치를 열어주는 제도를 실시했다. 이를 양로연養老宴이라 불렀다. 양로연은 남자의 경우는 임금이 궁으로 초대하여 잔치를 열어주고, 여자의 경우는 왕비가 궁으로 초대하여 잔치를 베풀어 주었다. 여기서도 신분차별은 전혀 없어서 노비라도 나이가 80세 이상이면 모두 초대되었다. 양로연에 노비를 초대한 것과 또 여자 양로연을 따로 베풀어 준 것은 역사상 전무후무한 일이었다.

세종 14년의 양로연은 어떠했던가? 이해 1월 7일에 예조가 왕명에 따라 〈양로연의養老宴儀〉를 만들어 임금에게 올렸다. 양로연의 의식儀式을 만든 것인데, 그 대강을 소개하면 다음과 같다.

먼저 장소는 경복궁 사정전思政殿이고, 임금이 참석한다. 2품 이상 노인은 사정전 안에 동서에 마주 보고 앉는다. 4품 이상은 사정전 월대月臺의 동서에 앉고, 5품 이하와 서인庶人 및 천인賤人은 사정전 뜰에 동서로 앉는다. 뜰에는 악공樂工들이 참석하여 음악을 연주한다. 노인 앞에는 탁자가 있고 술과 음식이 놓인다. 집사관들이 노인들에게 술을 따른다. 그때마다 음악이 연주된다. 다음에는 식사를 올리고, 그 다음에 또 술을 올린다. 술은 다섯 순배로 그친다. 식사가 끝나면 임금에게 절을 올리는데 앉아서 두 번 머리를 굽힌다.

이해 8월 14일에 임금이 정척鄭陟에게 말했다.

"양로연에 사대부로서 연로한 자는 참여하게 되는데, 명부命婦(여성)의 연로자가 참여하지 못하는 것은 실로 옳지 못하다. 또 양로연이라면 서민庶民의 남녀들도 당연히 참여해야 하니 제조提調(정승)와 의논하여 아뢰라."

임금은 양로연에는 남자뿐 아니라 여성도 참여해야 하고, 서민 남녀도 참여해야 한다는 것이다. 그러자 제조인 영의정 황희黃喜가 부녀자들은 거동하기가 어려우니 집으로 술과 고기를 보내는 것으로 대신하자고 하니, 임금이 반대하며 말했다.

"옛날에는 대궐 안에 말을 타고 들어온 사람도 있었으니, 교자를 타고 바로 대궐로 들어오게 하고, 여종이 곁에서 부축하고, 중궁中宮(왕비)이 직접 나아가서 연회를 베풀게 하라. 사대부 부인과 서민 남녀에게 연향하는 의주儀註를 만들어 아뢰라."

　　여성 노인에 대한 양로연은 왕비가 주최하도록 하자는 것이고, 그 의식을 만들어 올리라고 했다. 또 8월 16일에는 각 지방 군현에서의 양로연도 거행하기로 했는데, 수령과 그 아내가 남녀 노인들을 함께 접대하는 것이 불편하다고 여겨 부녀자들의 경우, 벼슬아치의 아내에게는 쌀 1석과 술 5병, 평민 아내에게는 쌀 1석과 술 3병을 그 집에 가져다 주고, 아울러 어육魚肉을 주도록 했다.

　　또 이해 8월 17일에 승정원에서 천인賤人은 양로연에 참여시키지 말자고 건의하니 임금이 이렇게 말했다.

　　　"양로養老하는 이유는 노인을 귀하게 여기는 것이지, 그 높고 낮음을
　　　헤아리는 것이 아니다. 비록 지극히 천한 사람이라도 모두 들어와서 참여
　　　하게 하고, 장죄贓罪를 범하여 죄를 입어 자자刺字한 사람은 참여하지 못
　　　하게 하라."

　　양로연에 신분의 귀천을 따져서는 안된다는 것이다. 다만 장죄贓罪(부정축재)를 지어 글자를 얼굴에 새긴 사람만 참여하지 못하게 했다. 그리하여 역사상 처음으로 남녀와 귀천을 가리지 않는 양로연이 베풀어졌다.

　　드디어 이미 만든 의식에 따라 8월 27일에 109명의 80세 이상 노인들을 위한 양로연이 경복궁 근정전에서 거행되고, 다음 날 역시 사정전에서 왕비가 주최하는 여성양로연이 거행되었다. 여성양로연은 처음 있는 일이었다. 세종 이후에는 없었다.

　　먼저 8월 27일의 양로연에 참가한 2품 이상의 노인 6명이 근정전에 들어가서 앉았는데, 우의정으로 치사한 유관柳寬과 검교좌의정으로 치사한 이귀령李貴齡이 참여했다. 4품 이상의 노인 17명이 월대月臺 위에 앉고, 5품 이하와 서인庶人 및 천례賤隷 86명이 근정전 뜰에 앉았다. 아들, 사위, 아우, 조카들이 노인들을 부축하여 들어왔다. 어떤 노인은 지팡이를 짚고 들어오기도 했다. 연향은 만들어진 의식대로 진행되었으나, 다만 임금이 서서 노인들을 맞이하고, 또 노인들이 절하는 것을 임금이 정지시켰다. 이는 정해진 의식과 다른 것이다.

8월 28일의 왕비가 주최하는 노부老婦들을 위한 양로연은 근정전 뒤편 사정전에서 거행되었는데, 모두 228명이 참석했다. 남자노인보다 인원이 두 배 이상이나 많았다. 노부인들은 4명이 메는 교자를 타고 들어왔고, 2명의 여종으로부터 부축을 받게 했다. 서민과 천인은 1명의 부축을 받게 했다. 2품 이상의 부인은 14인으로 사정전 안에 앉고, 4품 이상의 아내 30명과 9품 이상의 아내 66명, 그리고 공천公賤과 사천私賤의 아내 118명은 좌우 행랑 뜰에 앉았다. 여종 노인의 인원이 전체의 반이 넘은 것은 놀라운 일이다.

양로연이 열린 다음 날인 8월 29일에 임금은 예조에 노인과 아동복지를 위한 정책을 명하면서 이렇게 말했다.

"지금《육전六典》을 보니, 부모가 나이 70세 이상 된 자와 8세 이하로서 계모繼母가 없는 아이는 모두 예전 제도를 따라서 시행하고, 셋 이상의 아들을 낳고 국역國役을 지는 사람은 그 아버지 역을 면제하고, 아들 5명 이상이 국역에 종사하는 사람과 큰 질병이 있는 사람으로서 외아들만 있는 사람은 70세가 안되더라도 시정侍丁 1인을 주고, 그 가운데 90세 이상 된 사람은 그 집의 부세를 면제해 주도록 되어 있는데, 이것은 양로養老의 의리義理에는 극진하지 못한 듯하다.

앞으로는 부모가 70세 이상인 사람과, 큰 질병이 있는 사람은 나이가 70세에 차지 않더라도 시정侍丁 1인을 주고, 만약 여러 아들이 먼저 죽었으면 손자, 손자가 없으면 외손자, 외손자가 없으면 조카와 종손 가운데서 시정侍丁 1인을 준다. 나이 80세 이상이 되면 역을 면제하고, 함께 사는 인정人丁 10인이 경작하는 토지가 10결 이상이 되면 복호復戶(요역면제)하지 않고, 80세가 된 부모의 아들이 벼슬하면 돌아가서 부모를 봉양하게 하고, 아들이 모두 죽은 사람은 손자가 가서 봉양하게 하고, 90세 이상 된 부모의 자식들은 모두 시정侍丁을 주고, 비록 벼슬아치라도 모두 돌아가서 봉양하게 하고, 인정人丁과 전지田地가 많고 적은 것은 따지지 않고 복호하라. 계모가 없는 아이로서 10세 이하인 아이는 그 아버지의 역을 면제하고, 아들 셋 이상이 군역 에 종사하면 그 아비의 역을 면제하고, 5명 이상의 아들이 군역을 지면 그 아버지가 70이 되지 않더라도 시정侍丁 1인을 주라."

위 지시는, 《육전》에 등재된 제도보다 더 적극적으로 요역면제 대상자를 늘린 것으로 노인과 어미 없는 아이에 대한 배려를 담고 있다.

세종 14년 가을에 처음 시작된 양로연은 크게 흉년이 든 해를 제외하고는 해마다 가을에 거행되었다. 그래서 다음해인 세종 15년 가을에도 거행되었다. 세종 15년 윤8월 3일에 경복궁 근정전에서 남자노인들을 위한 양로연을 거행했는데, 모두 155인이 참여했다. 5품 이하에서 서민과 천인 참여자가 131인이고, 나머지는 4품 이상의 벼슬아치들이었다. 임금은 이번에는 노인들에게 임금에게 절을 하지 말라고 명했다. 잔치가 끝나자 여러 노인들이 술에 취하여 노래를 부르면서 서로 붙들고 차례대로 나갔다.

88세의 최고령인 이귀령李龜齡이 자리를 피하여 37세의 임금에게 말했다.

"신이 나이 88세이온데 역대의 임금으로 오늘처럼 늙은이를 공경한 분이 없었습니다. 전하께서 성대한 예의를 비로소 일으키시어 지난해에 늙은 신을 옥뜰에 나오게 하시어 잔치를 갖추어 먹여주시고, 이제 또 성대한 잔치를 베푸시고, 늙은이들이 오르고 내리는데 전하께서 일어서시어 맞이해 주시니, 신등은 갚을 바를 생각해도 어찌할 길이 없습니다. 오직 성수의 무강하시기만 몇 갑절 빌 뿐입니다. … 원하옵기는 신의 나이에 열두 해를 더하여 헌수하나이다."

한편, 여성 노인들을 위한 양로연도 이해 윤8월 6일에 다시 열렸다. 왕비가 사정전에서 베풀었는데, 362인이 참석했다. 그 인원이 남자 노인보다 배 이상이 되었다. 역시 사대부 부인에서부터 노비 여자에 이르기까지 모든 계층의 노인이 망라되었다.

그리고 이해에 열린 지방의 양로연은 지난 해와 달리 남자와 여자를 구별하여 수령이 주관하여 고을마다 거행되었다. 여성 양로연은 수령 부인이 거행했다.

세종시대는 역사상 양로연이 가장 많이 열린 시대였다. 그러나 시대가 내려가면서 양로연은 점차로 쇠퇴해 갔다.

2. 〈노비종부법〉을 확정하여 '신량역천'으로 대우하고,
   노비에게도 요역을 면제하다.

노비를 하늘이 낸 천민으로 생각하면서 그들의 지위를 개선하려는 세종의 노력은 위에서 설명한 양로연에서도 드러났지만, 더하여 세종은 세종 13년 3월 15일에는 상정소 대신들에게 노비법의 개정에 대하여 이렇게 말했다.

"내가 조종의 성법成法을 고치지 않으려고 마음먹고, 부득이한 경우에만 여러 번 고친 일이 있다. 그런데 노비법奴婢法은 고친 일이 없다. 다만 공사비자公私婢子로서 양민良民에게 시집가서 낳은 자녀를 양민으로 처리하는 법은 대신들의 반대가 많았으나, 내가 듣지 않았다. 그런데 이제 다시 생각하니, 공사의 천비賤婢가 자주 그 남편을 바꾸어 양민과 천민을 뒤섞기 때문에 어느 남편의 자식인지 분명히 가리기가 어려운 경우가 있을 것이다. 이렇게 되면 제 아비를 아비로 생각하지 않아 윤상倫常을 무너뜨릴 일이 생기게 될 것이니, 성법도 지키고 인륜도 지키려면 어떻게 하는 것이 좋은가?"

세종은 세종 11년에 〈노비종모법〉을 자신이 허락하지 않은 것을 환기시키면서 인륜人倫도 지키면서 성법成法도 지키는 방법이 무엇이냐고 대신들에게 물었다. 세종이 말한 성법이란 태종 14년에 만든 〈노비종부법〉을 가리킨다. 그러자 좌의정 맹사성孟思誠 등이 말했다.

"〈노비종모법奴婢從母法〉이 일대의 좋은 법규입니다. 어찌 자기 노비를 증가시키기 위해 이런 법을 만들었겠습니까? 천한 계집이 날마다 그 남편을 바꿔서 행위가 짐승과 같으니 그가 낳은 자식은 어미만 알 뿐이고 아비는 알지 못합니다. 이것이 〈노비종모법〉이 생기게 된 이유입니다. 이제 현행 〈노비종부법〉을 폐지하고 〈노비종모법〉으로 돌아가는 것이 가장 좋은 방법입니다. 만약 성법을 고치기 어렵다면, 공사비公私婢가 양민에게

시집갈 경우 주인에게 신고하여 허가증을 받은 뒤에 시집가게 한다면 성
법에도 맞고 아비와 자식의 인륜도 분명하게 할 수 있을 것입니다."

맹사성은 세종 11년에도 주장했던 〈노비종모법〉을 다시 찬성하고 나섰다.
그러자 임금은 태종이 〈노비종부법〉을 만든 이유를 알고 싶어 조말생趙末生에게
물었다. 조말생이 대답하기를, "태종 14년에 신이 대언代言이 되었을 때 하루는
편전에서 〈노비종부위량법奴婢從夫爲良法〉을 세우고자 한다고 하셨는데, 이숙번李
叔蕃이 반대했으나, 태종이 듣지 않으시고 입법하셨습니다."

세종은 태종이 〈노비종부법〉을 만든 이유가 양민을 늘리기 위함임을 이미
알고 있었지만 짐짓 원로대신 조말생에게 다시 한 번 확인하고 싶었던 것이다.
그런데 《태종실록》을 보면 태종 14년 6월 27일에 예조판서 황희黃喜가 먼저 공
사비자公私婢子로서 양부良夫에게 시집가서 낳은 자식은 아버지를 따라 양인으로
만들자는 이른바 〈노비종부법〉을 주장하여 태종이 이를 따랐고, 이날 태종이 다
음과 같은 교지를 내렸다.

> "하늘이 백성을 낼 때에는 본래 천구賤口가 없었다. 전조[고려]의 노비
> 법은 양천良賤이 서로 혼인하면 천賤한 것을 앞세워 〈천자수모법賤者隨母
> 法〉을 만들었기 때문에 천구賤口가 날로 증가하고 양민이 날로 줄어들었
> 다. 내일부터는 공사비자로서 양부良夫에 시집가서 낳은 자식은 모두 아
> 비를 따라 양인이 되게 하고, 전조[고려]의 판정백성判定百姓의 예를 따라
> 적적籍에 올려 시행하라."

여기서 '전조판정백성前朝判定百姓'은 이른바 '신량역천身良役賤'으로 불리던 사
람들을 말한다, 즉 간干이나 척尺으로 불리는 자들로서 신분은 양인인데 하는
일이 천한 사람들이었다. 예를 들면 염간鹽干(염부), 철간鐵干(광부), 목자간牧子干(목
동), 봉화간烽火干, 생선간生鮮干(어부), 화척禾尺(도살업) 등을 가리켰다. 그래서 이들
을 보충군補充軍에 입역시켜 일정 기간 역을 마친 뒤에는 일반 평민이 되게 했

다. 그러니까 여종이 양부에게 시집가서 낳은 자식은 일단 종부법을 따라 양인으로 만들되, 일반 평민보다는 신분이 낮은 신량역천으로 대우하여 특수한 군역을 지게 한 것이다.

세종 때에 들어와서도 이 법은 그대로 이어져 왔는데, 세종 7년 8월 18일에 병조에서 이들에게 보충군의 군역을 지울 때 양민과 천민이 송사訟事를 일으킬 것을 염려하여, 태종 14년 6월 28일 이후부터 세종 6년 12월까지 양민에게 시집간 자를 분명하게 조사하되, 사비私婢는 그 주인에게 시집간 시기를 물어보고, 공비公婢는 가까운 이웃 사람들에게 시집간 시기를 물어서 호적戶籍을 만들어야 한다고 건의하고, 또 앞으로는 공비公婢가 양부에게 시집갈 때에는 서울은 각사各司, 지방에서는 군현郡縣에 신고하고, 사비私婢의 경우는 그 주인에게 신고한 다음에 출가를 허락하자고 청했다. 그리고 평민에게 시집가서 낳은 자식은 벼슬을 주지 말고, 벼슬아치에게 시집가서 낳은 자식은 품계를 한정하여 벼슬을 주자고 건의했는데 세종이 모두 받아들였다.

그러다가 세종 11년에 맹사성孟思誠 등이 〈노비종부법〉을 없애고 〈노비종모법〉으로 바꾸자고 주장했으나 세종이 받아들이지 않았다가, 이번에 그 문제를 다시 들고 나와 〈노비종부법〉을 확정시키려고 대신들과 의논한 결과, 또 맹사성 등 일부 대신들의 반대에 부딪친 것이다. 그러나 임금은 물러서지 않고 3월 25일에 다시 이 문제를 상정소 대신들을 불러 의논했다.

　　"전일에 의논하던 〈노비종부법〉을 되풀이하여 생각해 보았으나 최선의 방법을 모르겠다. 조종이 세운 성법이 비록 진선진미한 것은 아닐지라도 가볍게 고칠 수는 없다. 더군다나 이 법을 세운 것은 오로지, '하늘이 백성을 만들 때 본래 귀천의 차별이 없기' 때문이다. 그래서 고려조에서 노비는 어미를 따른다는 〈천자수모법賤子隨母法(奴婢從母法)〉을 세워서 양민의 자손이 도리어 천인이 되게 한 것은 진실로 하늘의 이치에 맞지 않는 것으로 영구히 통할 법이 아니므로 태종께서 대신들과 함께 심사숙고하여 드디어 〈천자종부법賤子從父法〉을 세운 것이니, 이것은 만세의 아름다운 법이다.

그러나 지금에 와서는 사비私婢가 천인남편에게 시집가서 낳은 자녀를 양민으로 만들고자 하여 양민을 끌어들여 그를 아이의 친아버지라고 말하니, 이것으로 인하여 그 아비를 아비로 하지 않아 윤상倫常을 파괴하여 어지럽히고 있다. 이것은 오늘의 큰 폐단이니 바로잡지 않을 수 없다.

경들이 전일에 의논하기를, '공사公私의 여비女婢가 양인남편에게 시집 갈 때에는 본주本主에게 신고하여 문안文案을 작성한 뒤에 시집가기를 허락하자.'고 했으나, 이 의논은 옳은 것 같으면서도 그른 것이다. 관비官婢라면 관리의 사유물이 아니므로 그대로 들어줄런지 모르지만 사비私婢의 경우는 주인이 반드시 허락하지 않을 것이다. 그러니 각기 마을의 이정里正에게 신고하여 문안을 작성한 뒤에 시집가게 하는 것이 어떻겠는가?"

세종은 태종이 말한 것처럼 "하늘이 백성을 만들 때 귀천을 가르지 않았다."고 전제하고, 고려시대의 〈노비종모법〉이 양민을 노비로 만들려는 나쁜 법이라고 하면서, 태종이 이를 바로잡아 〈노비종부법〉을 만들었다고 말했다. 그러면서 여종이 남종과 결혼하고서도 자식을 양민으로 만들기 위해 알지도 못하는 양인을 아버지라고 속이고 있는 것은 인륜을 파괴하는 일이므로 이를 바로잡아야 한다는 데는 동의했다. 그러나 그 방법은, 대신들이 주장한대로 사비의 경우 그 주인에게 허락받아 양인에게 시집가게 하는 방법은 반대했다. 주인이 사비를 양인에게 시집보내는 것을 찬성할 이치가 없기 때문이다. 그래서 그 대안으로 주인 대신 동네 이정里正에게 신고하여 시집가게 하자고 제안한 것이다.

그러나 맹사성 등 대신들은 그것도 반대했다.

"비록 이정里正이나 이장里長에게 신고하더라도, 아비를 아비로 하지 않는 폐단은 없어지지 않을 것입니다. … 태종께서 〈노비종부법〉을 세우신 것은 아버지를 존중하는 뜻에서 나온 것으로 천리天理와 인정人情에 맞는 훌륭한 법입니다. 그러나 남자종이 양인여자에게 장가들어 낳은 자녀만은 홀로 아비를 따르지 않는 것은 매우 사리에 맞지 않습니다. 이 경우에도 아비를 따라 그 자식을 천인이 되게 하여 천륜을 존중하게 하소서."

대신들은 태종이 〈노비종부법〉을 만든 것은 남자를 존중하는 뜻에서 만든 것이므로, 이왕 남자를 존중하려면, 남자종이 양인여자에게 장가들어 낳은 아이도 아버지를 따라 노비를 만들어야 한다고 오히려 역공을 폈다. 그러나 태종이 남자를 존중하여 이 법을 만든 것이 아니라, 양민이 줄어드는 것을 걱정하여 이 법을 만든 것이므로 맹사성 등의 의견은 사실과 맞지 않는 것이었다. 어쨌든 임금도 물러서지 않고 이렇게 말했다.

"그것은 옳지 않다. 국가가 법을 세우면서 어찌 남자종이 양녀良女에게 장가들게 법을 만들 수 있는가? 내 생각에는 양인과 천인이 서로 관계하는 것을 일절 금지하고 만약 범법하는 자는 율문에 의거하여 처벌하며, 그 자녀는 모두 공노비로 만드는 것이 사리에 맞고 유익하지 않겠는가?"

임금은 양천상혼良賤相婚을 금지하고, 만약 법을 어기는 자의 소생은 모두 공노비로 만드는 것이 어떠냐고 말했다. 세종의 말은 꼭 그렇게 하자는 것이 아니라, 맹사성의 의견을 떠보기 위해서 한 말이었다. 그러자 맹사성 등이 또 반박했다.

"… 그러나 통하지 않는 점이 있습니다. 사노비가 주인을 배반하고 공노비로 투탁하는 자가 홍수처럼 범람하고 있습니다. 만약 그런 법을 세운다면 사비私婢는 자기의 자녀가 공노비가 되는 것을 기쁘게 여겨 모두 양민의 남편을 얻어 자녀가 모두 공노비가 되도록 할 것입니다. 그렇게 되면 100년이 되지 못하여 사노비는 거의 사라질 것입니다. 만약 부득이하다면 양인과 천인 사이의 통간通奸을 일절 금지하고, 범법행위로 낳은 아이는 그 주인에게 돌려준다면 … 사비는 양인남편이 자기에게 무익하다는 것을 깨달아 양인과의 통간을 즐겨하지 않을 것입니다."

맹사성은, 양천상혼 소생을 모두 공노비로 만들면 오히려 법을 어겨서 자신의 자식을 공노비로 만들게 되어 사노비가 모두 사라질 것이라고 걱정했다. 맹사성 등의 의견은 어디까지나 노비가 없어지는 것을 걱정하는 것이 본심이었다.

임금은 더 이상 대신들과 논쟁하지 않고, 다시 3월 27일에 의정부와 육조의 합동회의를 열어 양천상혼良賤相婚을 금지하는 안건을 다시 논의하게 했다. 다른 신하들이 맹사성의 의견을 견제해 주기를 기대한 듯하다.

우선, 좌의정 맹사성과 찬성 허조許稠 등은 "어느 품계를 막론하고 [천인을] 첩으로 삼는 것을 일절 금지하소서."라고 주장하고, 우의정 권진權軫은 "전일에 의논한대로 시행하소서."라고 말했다. 그리고 성억(참찬), 조계생(판서), 이명덕(판서), 정흠지(판서), 신장(총제), 이징옥(총제), 최사의(총제), 정연(참판), 고약해(참판), 유맹문(참판), 최해산(총제), 우승범(참판) 등 12명도 이렇게 말했다.

> "전일에 의논한 것이 타당합니다. 다만 문음자손門蔭子孫 이상의 사람은 비록 천첩賤妾이 낳은 자식이 있더라도 양인良人이 되는 것은 의심할 수 없습니다. 그러나 평민과 천인은 높고 낮은 것이 뒤섞이고, 또 그 나이가 40세인지 여부도 알기가 어렵고, 양천상혼 소생을 양인으로 만들 것인지 천인으로 만들 것인지를 반드시 구별할 수 없으니, 이 구절은 삭제하소서."

그러니까 대부분의 의견이 전일의 의논을 따르기를 청하자, 임금이 "논의한 것이 모두 그럴 듯하다. 우선 전일에 의논한 것을 따르기로 하겠다."고 말했다. 여기서 전일에 의논했다는 것은, 세종 7년 8월 18일의 논의와 세종 11년 7월의 논의에서 〈노비종부법〉을 확인한 것을 가리키는 것이다.

이렇게 〈노비종부법〉이 확인되자, 그 소생들에 대한 군역을 구체적으로 어떻게 부과할 것인가를 확정할 필요가 있었다. 세종 14년 9월 1일에 병조에서는 양천상혼 소생의 신역身役 문제를 이렇게 아뢰었다.

> "지금 상정詳定한 것 가운데, 태종 14년 6월 28일 이후에 공사비公私婢가 벼슬아치에게 시집가서 낳은 자식은 각품의 천첩자손의 예를 따라 보

충군補充軍의 역役을 지게 하고, 한품限品하여 벼슬을 주고, 평민에게 시
집가서 낳은 자식은 〈전조판정백성前朝判定百姓의 예〉를 따라 역役을 지우
되, 벼슬을 갖지 못하게 하며, 역을 지는 곳도 말하지 않는다고 되어 있
습니다. 청컨대, 앞으로 공사비公私婢가 양부良夫에게 시집가서 낳은 자식
은, '속백정續白丁'으로 부르고, 정군正軍과 봉족奉足으로 정하여 4번으로
나누어 보충군의 예를 따라 차례로 서울에 가서 군역을 지게 하고, 나이
가 60이 되면 군역을 면제시키고, 그 자손과 여손女孫은 3년마다 호적을
만드소서."

병조의 건의는 여비女婢의 양부良夫 소생을 '속백정續白丁'으로 불러 정역正役
과 봉족奉足의 군역을 지게 하되, 60세가 되면 면역시키자는 것이다. 여기서 '속
백정'은 재인才人과 화척禾尺을 '백정'으로 불러 평민으로 만든 예를 따르자는 것
이기도 하다.

임금은 병조의 건의를 상정소에 보내 의논하라고 명했다. 그러자 상정소에
서 모두 이렇게 말했다.

"태종 14년 6월 28일 이후에서 세종 14년 6월 29일까지 19년 안에 공
사비자公私婢子가 양부良夫에게 시집가서 낳은 자식은 한정이 있어서 계
속해서 낳은 것이 아니고, 또 모두 가난합니다. 벼슬아치에게 시집가서
낳은 아이는 보충군의 예를 따라 군역을 지우고, 품계를 한정하여 벼슬을
주도록 하는 것은 이미 교지를 받았습니다. 그리고 평민에게 시집가서 낳
은 아이로서 지방에 거주하는 자는 진척津尺(뱃사공), 창고직倉庫直, 목자간
牧子干, 급창及娼(물긷는 사람) 등의 역을 지게 하고, 서울에서 사는 자로서
부실富實한 사람이 있으면 궐내의 차비差備로 정하자는 것도 이미 교지를
받았습니다. 그 나머지 사람들은 선공감의 영선간營繕干으로 정하여 명부
를 만들어 백정白丁이라 부르고, 여손女孫들은 모두 기록하지 말며, 입역
立役한 사람들에게는 정역正役 1명에 봉족奉足 2명을 주고, 나이 16세에
비로소 역을 하여 60세에 이르러 역을 마치게 하되, 한결같이 보충군의
예를 따르소서."

상정소의 건의는, 벼슬아치에게 시집가서 낳은 아이는 보충군의 역을 지우면서 한품限品의 벼슬을 주자는 것이고, 평민에게 시집가서 낳은 아이는, 지방 사람은 뱃사공, 창고지기, 가축 기르기, 물 긷기 등의 역을 지게 하고 서울에 사는 사람은 궐내의 차비差備가 되거나 토목공사를 맡은 선공감의 영선간營繕干(토목노동자)으로 부리자는 것이다. 그리고 그들에게 봉족을 2명씩 붙여주자는 것이다. 그러니까 신분은 양인이지만 천한 역을 지움으로써 '신량역천身良役賤'으로 만들어 일반 평민과는 차별을 두게 한 것이다.

임금은 상정소의 건의를 다시 병조에 내려 그대로 시행하게 했다. 이로써 말도 많았던 여비와 양부 사이의 소생에 대한 처리가 일단락된 것이다.

그런데 세종은 재위 18년 9월 13일에 도승지에게 의정부에 가서 의논하라고 하면서 이렇게 말했다.

> "공천公賤과 사천私賤을 양부良夫에게 시집가게 하는 제도는 곧 조종의 아름다운 법이니 폐지할 수 없다. 세종 12년부터 지금까지 소장訴狀을 올려 양민이 되겠다고 호소한 사람이 천 명만이 아니다. 비록 간혹 거짓으로 고하는 자가 있기는 해도 양민으로서 천인賤人의 적籍에 있는 사람도 많으므로, 만약 버려두고 판결하지 않는다면 양민과 천인이 서로 섞여 있을 것이니, 바로잡지 않을 수 없다. 지난번 경들이 말하기를, '따로 도감을 설치하여 판결해야 할 것입니다. 그러나 폐단이 중대할 것입니다.'라고 했다. 이 말이 그럴 듯하나, 나는 도감을 설치하는 조그만 폐단을 생각하여 양천良賤에 대한 큰 법을 폐지할 수는 없다고 본다. 경들은 서로 의논하여 아뢰라."

임금은 공사비公私婢가 양인 남자에게 시집가는 것은 조종의 아름다운 법이므로 폐지할 수 없다고 단언하고, 그 소생을 판결하여 양민이 될 사람은 그렇게 만들라고 하면서 의정부에서 다시 의논하여 보고하라고 명했다. 세종의 입장은 양천교혼良賤交婚을 허가하고, 그 소생자를 가능한 한 양인으로 만들어주려는 〈노비종부법奴婢從父法〉을 지지하는 것이었으나 신하들의 반대가 워낙 심하여 잠시 후퇴하는 모습도 보였지만, 다시 본래의 뜻으로 되돌아가곤 했다.

왕명에 따라 의정부가 다시 논의한 결과, 앞으로 30일을 기한으로 하여 나타나서 호소하는 사람은 처리해 주고, 나타나지 않는 사람은 수리하지 말게 하자고 하여, 임금이 이를 따랐다.

한편, 세종은 공사노비로서 나이가 많은 자의 봉양을 위한 신역身役 면제 정책도 폈다. 노비로서 나이가 많거나, 자식이 많은 경우에는 아비나 아들의 신역을 면제하도록 조치한 것이다. 세종 14년 11월 22일에 임금은 형조에 다음과 같은 교지를 내렸다.

> "공노비公奴婢의 소생으로 3구口 이상인 자는 부모의 신역身役을 면제하고, 5구 이상인 자는 한 아들의 신역을 면제하는 법을 이미 세워놓았으나, 고향으로 내려가서 부모를 봉양하라는 법령이 없어서 불편하다. 앞으로는 공노비 중에서 나이가 90세 이상인 자의 소생은 모두 신역을 면제하고 시정侍丁으로 주어 부모를 모시게 하고, 80세 이상은 시정 1명을 주도록 하라.
> 또 외방에서 계모繼母가 없는 10세 이하 노비의 아비와, 70세 이상 되는 자의 독자獨子, 70세 미만이라도 중병을 앓고 있는 자의 독자는 모두 서울로 선상選上시키지 말 것이며, 80세 이상 된 자의 아들로서 4구 미만인 자, 전답이 4결 이하인 자는 공노비와 사노비를 막론하고 복호復戶(요역면제)하여 살아가기에 편하게 하라."

이로써 나이가 80세 이상인 공사노비의 자녀는 부모를 모시는 시정侍丁으로 만들어 신역을 면제해 주고, 또 10세 이하 노비의 아비, 70세 이상 되는 노비의 독자, 70세 미만이라도 중병을 앓고 있는 노비의 독자는 서울로 올려보내지 말 것, 80세 이상 된 노비의 자녀가 4구 미만인 자, 그리고 농지가 4결 미만인 노비는 모두 신역을 면제하라고 했다. 말하자면 노비라도 결손가정일 경우에는 노비나 그 자손의 신역을 면제하라는 것이다.

3.《삼강행실도》를 편찬하다

유교에서 가르치는 윤리의 핵심이 삼강오륜三綱五倫임은 두말할 나위도 없다. 그 가운데서도 부모에 대한 자식의 효도, 임금에 대한 신하의 충성, 남편에 대한 부인의 정열貞烈을 강조하는 삼강三綱은 가족제도와 정치제도의 질서를 안정시키는 가장 중요한 덕목이었다. 장유유서長幼有序와 붕우유신朋友有信은 사회생활의 덕목으로서 그 비중이 상대적으로 낮았다.

송나라 성리학자 주자朱子가 지은 《소학小學》은 바로 삼강오륜을 가르치는 교과서였으므로 필수적인 교양서로서 학교교육이나 과거제도에 있어서 가장 중요한 필수과목이었다. 그래서 조선왕조는 《소학》교육에 힘을 쏟았다. 도덕교육에서 또 중요한 일은 그런 도덕을 가장 모범적으로 실천한 인물을 뽑아서 권장하는 일이었다. 특히 삼강의 모범적 실천자였던 효자孝子, 충신忠臣, 열녀烈女를 표창하는 것이 교화의 목적을 달성하는 데 효과적인 일이었다.

조선왕조는 국초부터 전국의 효자, 충신, 열녀들을 조사하여 주기적으로 이들의 집에 정려문旌閭門을 세워주어 사람들이 그를 우러러 보게 하고, 또 그 가족들에게 복호復戶(부역면제)의 특전을 베풀어 왔다.[155] 여기서 표창의 대상자는 양반, 서민, 노비에 이르기까지 신분적 차별을 두지 않았다. 그러나 무식한 백성을 교육시키기 위해서는 이들의 이야기를 그림을 통해서 구체적으로 설명해주는 일이 필요했다.

세종은 왕조초기에 사회가 안정되지 못하여 하극상의 풍속이 만연하고, 무장한 도적들이 횡행하는 것을 경험하면서 일차적으로는 백성의 경제생활을 안정시키고, 백성과의 소통을 한층 강화하여 그들의 억울함을 호소하는 길을 넓게 열어주는 데 힘썼는데, 이와 병행하여 도덕교육의 강화에도 힘을 기울였다. 그리하여 도덕교육의 일환으로 편찬된 대중교과서가 바로 《삼강행실도三綱行實圖》이다.

---

155) 조선시대 정려제도旌閭制度에 대해서는 박주, 〈조선시대 정려정책에 대한 연구〉(서울대 박사논문, 1989) 참고.

세종은 이 책을 편찬하기에 앞서 우선 《충신도忠臣圖》부터 편찬하기로 하고, 우리나라의 대표적인 충신忠臣이 누구인가를 신하들과 함께 논의했다. 세종 12년 11월 23일에 임금은 집현전 부제학이자 경연시강관이었던 설순偰循과 더불어 고려 말의 충신에 관하여 논의했다. 길재, 정몽주, 최영, 이색, 이숭인 등을 놓고 논의한 결과 길재吉再(1353~1419)와 정몽주鄭夢周(1337~1392)가 충신으로 가장 적합하다는 데 의견을 모았다. 설순은 원나라 때 중국 신강성 고창古昌에 살다가 고려에 귀화한 위구르인 설손偰遜의 손자로서 태종 때 과거에 급제하여 집현전 관원이 된 인물이었다. 세종이 그와 더불어 고려 말의 충신을 의논한 것은 아마도 그가 객관적인 시각을 가졌을 것으로 기대한 듯하다.

정몽주는 이미 태종이 즉위 원년에 그에게 영의정부사를 증직하여 표창했으니, 세종도 거부할 수 없었다. 다만, 정몽주를 죽인 것은 고려高呂와 조평趙評(조영규)의 행동으로 돌렸으므로 태종이 죽인 것으로 인정하지는 않았다. 비록 조선왕조 건국을 반대하다가 죽었지만, 이제는 그런 충신이 필요했던 것이고, 또 태종의 허물을 벗고자 하는 뜻도 있었을 것이다.

길재의 경우는 태종이 불러서 벼슬을 주었으나 받지 않고 은거하다가 죽었다. 세종은 고려 말기의 귀족들이 대부분 조선왕조에 귀부하여 벼슬을 받았지만 길재는 집안이 매우 한미하고 가난했음에도 고향 선산善山으로 내려가 평생 지조를 지킨 것을 높이 평가하여 동진東晉의 도잠陶潛(도연명)에 비유했다. 세종도 그에게 이미 사간司諫이라는 벼슬을 추증한 바 있었다. 세종은 정몽주와 길재를 《충신도》에 그려 넣으라고 명했다.

세종은 《충신도》 편찬을 시작으로 하여 차츰 범위를 넓혀 효자와 열부까지 포함하는 삼강행실을 편찬하게 했는데, 집현전 학자들이 작업을 완성한 것은 세종 14년 6월 9일이었다. 이 책에는 집현전 직제학 권채權採가 지은 서문과 설순이 쓴 전문箋文이 실려 있다. 그 뒤 임금이 서문의 일부 글자를 고치게 하여 인쇄하여 발간했는데, 이 책의 발문은 세종 15년 2월에 예문관 대제학 정초鄭招가 썼다.

먼저 권채가 쓴 서문의 요지는 이렇다.

"… 삼강은 경륜經綸의 대법이고 교화教化의 근본이며 원천이다. … 지난해 주상께서 측근 신하에게 이렇게 말씀하셨다. '삼대의 정치가 훌륭한 것은 인륜을 밝혔기 때문이다. … 후세에는 교화가 점점 쇠퇴하여 백성들이 군신, 부자, 부부의 큰 인륜에 친숙하지 않다 … 그러나 훌륭한 행실과 높은 절개가 있어도 풍속과 습관에 옮겨져서 보고 듣는 자의 마음을 흥기시키지 못하는 일도 많다. 내가 그 가운데 특출한 사람을 뽑아서 그림과 찬贊을 만들어 중외에 반포하여 우매한 남녀들까지 다 쉽게 보고 느껴서 분발하게 되기를 바란다. …' 하시고, 드디어 집현전 부제학 설순偰循에게 명하여 편찬하는 일을 맡기셨다.

이에 중국에서 우리나라에 이르기까지 동방고금의 서적에 기록되어 있는 것을 모아 열람하지 않은 것이 없었다. 그 중에서 효자, 충신, 열녀로서 우뚝하게 높아서 기술할 만한 자를 찾아내어 앞에는 형용形容을 그림으로 그리고, 뒤에는 사실을 기록했으며, 모두 시를 붙였다.

효자에 대해서는 명나라 태종 문황제[성조 영락제]가 내린 효순孝順의 사실을 읊은 시를 기록하고, 겸하여 신의 고조인 권보權溥가 찬술한 《효행록》중에서 명유 이제현李齊賢의 찬을 실었다. 그 나머지는 보신輔臣들이 나누어 충신, 열녀의 시를 뽑아서 싣고, 또 문신들이 나누어 짓게 했다.

편찬을 마치니, 《삼강행실도三綱行實圖》라고 이름을 하사하시고 주자소에 인쇄하여 길이 전하게 하셨다. … 지금 우리 주상 전하께서는 신성하신 자질로 '군사君師의 도'를 다하시니, …"

한편, 설순이 쓴 전문에서는 이 책에 실린 대상자가 위로는 제왕帝王과 후비后妃에서부터 아래로는 공경公卿과 서민庶民에 이르기까지 망라되었고, 문사들이 시를 짓고, 화공畫工들이 도상圖像을 그렸다고 적었다.

세종 15년 2월 24일에 정초가 쓴 발문跋文의 요지는 이렇다.

"… 이 책에 실은 충신, 효자, 열녀 각 110인의 행실을 기록하고, 모양을 그리며, 시로써 찬贊하여 판에 새기기를 마치자, 신에게 발미跋尾를 청하셨다. … 부인의 정절은 남편이 죽은 뒤에 있고, 충신의 절의는 나라가 어지러울 때 나타나므로 변고變故를 만나지 않으면 어떻게 알 수 있느냐고 말하지만, 그렇지 않다. 부인의 행동이 예에 맞게 남편을 돕고, 친족을 은혜로 하고, 가업을 융성하게 하면 이는 능히 정열貞烈을 지키는 것이다. 신하가 나라를 제집처럼 근심하고, 절의를 다해서 직무에 봉사하여 임금이 부귀영화에 편하게 하고, 덕택이 백성에게 미치게 하면 이는 능히 충성을 다하는 것이다. 이를 버리고 반드시 변고를 기다린다면 충忠과 정貞은 상구常久한 도리가 아닐 것이다. 《삼강행실도》를 보는 자가 항상 이 뜻을 밝히면 당연히 행할 바를 알게 될 것이다.”

이 발문을 보면, 충신, 효자, 열녀가 꼭 목숨을 바쳐 죽어야만 드러나는 것이 아니고, 일상생활에서 국가와 나라와 백성과 가정을 위하여 제 본분을 다하는 것뿐이라고 말한 것이 눈에 들어온다. 그러니까 윗사람에 대한 무조건인 복종을 강요하는 것이 아니라는 뜻이다. 다시 말해 삼강의 목표는 임금, 부모, 남편 그 자체에 대한 복종이 아니라 나라, 백성, 가정을 위한 헌신을 가리킨다는 뜻이다. 삼강이 마치 신하, 자식, 여성을 임금, 부모, 남편의 노예로 만드는 도덕인 것처럼 생각하는 것은 잘못이다.

세종은 다음해인 세종 16년 4월 27일에 인쇄된 《삼강행실도》를 전국에 반포하면서 교서를 발표했는데, 중추원사 윤회尹淮가 지은 교서에서 이렇게 말했다.

“… 이 책을 인쇄하여 널리 펴서 거리에서 뛰노는 아이들과 골목 안 여염집 부녀들까지도 모두 쉽게 알기를 바란다. … 백성들이 문자를 알지 못하여 책을 비록 나누어 주더라도 남이 가르쳐 주지 않으면 역시 어떻게 그 뜻을 알아서 감동하고 착한 마음을 일으킬 수 있겠는가? … 한성부의 5부와 외방의 감사와 수령은 학식이 있는 자를 널리 구하여 장려를 더하게 하되, 귀천을 가리지 말고, 항상 가르치고 익히고, 부녀들까지도 친속親屬들이 정성껏 가르쳐 분명히 깨달아 모두 다 알게 하라. …”

세종은 이 책을 만들고 반포하면서 한자를 모르는 백성들이 읽을 수 없음을 얼마나 답답하게 여겼을지 짐작이 간다. 아마도 '훈민정음'의 필요성을 더욱 절실하게 느꼈을 것이다. 그래서 세종은 재위 25년에 '훈민정음'을 반포한 뒤에 정창손鄭昌孫에게 언문으로 언해할 것을 의논했으나 정창손이 거부하여 무산되었다. 임금은 정창손을 매우 언짢게 여겼다.

4. 여연군을 침략한 파저강 야인을 토벌하다

세종 14년 12월 9일에 야인 기병대 400여 명이 압록강 연안인 평안도 여연군閭延郡을 침략하여 사람과 물건을 약탈해 갔다는 급보가 들어왔다. 그런데 누가 이 일을 저질렀는지, 어느 정도 피해가 있었는지, 평안도 군사가 어떻게 대응했는지, 또 여진족이 명나라에 소속되어 있기 때문에 어떻게 처리할지 등이 간단치 않아 대응하는 데 상당한 시일이 걸렸다.

우선, 강계절제사 박초朴礎가 군사를 거느리고 야인을 추격하여 붙들려가던 사람 26명과 말 30필, 소 50마리를 도로 빼앗아 왔는데, 우리 병사 13명이 죽고, 부상당한 자가 25명이나 되었다고 했다. 그러나 그 뒤에 들어온 보고에는 전사한 사람이 48명이라고 했다.

그런데 다음해인 세종 15년 1월 8일에 평안도 도절제사가 급보를 보냈다. 명나라 건주위 지휘 이만주李滿住가 사로잡은 조선인 64명을 돌려 보낸다고 하면서 다음과 같이 말했다고 전했다.

"세종 14년 11월 29일에 난독 지휘 타납로가 사람을 보내 보고하기를, '홀라온 야인 150여 명이 인마人馬를 거느리고 난독지방을 노략질하면서 지나간다.'고 하기에, 나 이만주가 건주위 인마 300여 명을 거느리고 밤에 행군하다가 명나라 사신 장도독張都督과 [동]맹가첩목아를 만나 함께 그들을 포위하여 노소남녀 64명을 빼앗았습니다."

이만주의 보고대로 한다면 우리나라를 침략한 것은 홀라온이고, 이만주가 홀라온에게 잡혀간 조선인 64명을 빼앗아 조선으로 돌려보내겠다는 것이다. 그러나 세종은 직감적으로 이만주가 여연을 침략하고 홀라온에게 뒤집어 씌우고 있다고 믿었다.

원래 이만주는 두만강 유역에 살고 있던 올량합의 추장이었는데, 세종 5~6년 무렵에 북쪽에서 내려온 홀라온 부족에게 쫓겨서 부족을 이끌고 압록강 유역의 파저강[동가강, 또는 혼강] 지역으로 이주하여 명나라가 세운 건주위建州衛 도독으로 임명되었다. 그러나 그들은 식량 등이 부족할 때는 여연, 강계 등지로 와서 구걸해 가기도 하고, 사람과 가축 등을 훔쳐가기도 하고, 중국인과 조선인을 잡아다가 노비로 부리고 있었다.

그런데 이만주에게 잡혀갔던 사람들이 고통을 이기지 못하여 몰래 도망하여 조선으로 들어오면, 조선에서는 도망해온 중국인을 계속하여 요동으로 돌려보냈다. 이에 불만을 품은 이만주가 조선과 사이가 나빠져서 항상 임합라林哈羅 부족과 함께 조선에 복수하겠다고 말하고 있던 중에 위 사건이 터졌기 때문에 그 사건의 주모자를 이만주로 의심했던 것이다.

또 자신들의 행위를 감추기 위해 이만주는 송화강 상류지역에 살고 있던 일부 홀라온 부족을 끌어들이고, 얼굴에 먹물을 시커멓게 문신하여 홀라온 사람처럼 위장하기도 했다. 또 근처에 살던 임합라 부족을 끌어들이고, 두만강 유역에 살던 동맹가첩목아童猛哥帖木兒의 일부 세력을 끌어들여 일을 저지른 것으로 보았다. 그런데 마침 토표土豹와 해청海靑을 잡기 위해 왔다가 북경으로 돌아가고 있던 명나라 사신 장도독張都督(장동아)과, 그를 따라 북경으로 가고 있던 동맹가첩목아를 길에서 만나게 되자 태도를 바꿔 홀라온을 공격하여 조선인 포로를 빼앗아서 돌려준 것으로 판단했다. 그러나 어쨌든 조선인 포로를 즉시 돌려준 것은 사실이었다.

세종은 대신들과 더불어 대응책을 상의했는데, 대부분 무력으로 응징하는 것을 피하고 방어를 강화하는 것이 상책이라고 건의했으나, 임금은 15년 1월

18일에 대신들에게 이렇게 말했다.

> "우리가 지금 대병大兵을 일으켜서 남김없이 소탕하려는 것이 나의 본
> 뜻이 아니다. 다만, 도적이 와서 침략侵掠하고 갔는데, 우리가 앉아서 평안
> 하게 그 욕을 당하고, 한 번 가서 문책하지 않는다면 저들이 반드시 우리를
> 가벼이 여겨 매양 와서 침노할 것이다. 그래서 사람을 그곳에 보내 그쪽 사
> 정을 알아보고 군사를 출동시켜 치면 비록 능히 이기지 못할지라도 위력을
> 보여서 적의 마음을 굴복시킬 수 있을 것이니, 이것이 좋은 계책이다."

세종은 출정을 결심하고, 그동안 왜구토벌이나 여진족 방어에 공이 많고,
또 하삼도에서 수많은 읍성邑城을 쌓는 일을 주도해온 최윤덕崔潤德1376~1445)[156]
을 크게 신임하여 그를 평안도절제사로 보내면서, 이만주를 공격할 방법을 상
의하여 4~5월의 봄철을 기다려 공격하기로 합의했다. 봄철에는 압록강의 물도
줄어들어 강을 넘기가 쉽고, 또 여진인들이 농사를 지으려고 평야지대로 나오
는 것을 이용하자는 것이었다.

세종은 옛날 태종이 함길도 경원부慶源府를 침략한 야인을 정토하려 할 때
치자는 의론과 치지 말자는 의론이 있었으나 태종이 토벌하라고 명했고, 세종
원년에 대마도를 정벌하려고 할 때에도 치자는 주장과 치지 말자는 주장이 맞
섰으나 태종이 정벌을 명했다고 하면서, 그 결과가 만족스럽지는 않았지만 적
들이 우리를 두려워하게 되었다고 말했다.

임금은 정벌하기에 앞서 명나라의 양해를 구할 필요가 있었다. 압록강 이
북은 명나라 영토이고, 여진족도 명나라 백성이기 때문이었다. 그래서 우선 해

---

156) 최윤덕은 본관이 강원도 통천通川으로 고려 말 왜구토벌로 명성을 떨친 최운해崔雲海의 아들
    이다. 경남 창원에서 태어났다. 어려서 어머니를 여의고 아버지는 국경수비에 나가 같은 마
    을에 사는 양수척楊水尺에 의해 양육되었다. 힘이 세고 활을 잘 쏘아 호랑이를 활을 쏘아 잡
    기도 했다. 음보로 벼슬길에 나갔다가 무과에 급제하여 함경도 지역 절제사를 맡아 여진족
    의 침략을 막았으며, 세종 원년에는 이종무와 더불어 대마도 정벌에 참여하여 공을 세우고
    병조판서에 이르렀으며, 전국적으로 읍성邑城을 수축하는 데 적극적으로 참여하여 세종의 총
    애를 받아 우의정에까지 올랐다.

청과 토표를 바치기 위해 북경에 가는 사신 김을현金乙玄에게 야인들이 우리나라를 침략하여 64명을 잡아가고 무죄한 사람을 죽인 사실을 보고하게 했다. 그러자 황제가 칙서를 내렸는데, 그것을 가지고 3월 22일에 귀국했다. 칙서의 내용은, 홀라온이 노략한 조선인을 모두 돌려보내도록 타이르라는 것과 여진인 도둑들이 마음을 고치지 않으면 조선 왕이 그들을 토벌해도 무방하다는 것이었다. 명은 자기의 백성인 야인 편을 들지 않고 조선 편을 들었다. 바로 이것이 사대정책의 가장 큰 효과였다.

이번 정벌의 주 대상이 이만주였으므로 3월 21일에 전 소윤 박호문朴好問을 첩자로 보내 술과 과일을 그에게 주고 이틀을 지내면서 그 지역 사정과 부락의 많고 적음을 정탐하여 오게 했다.

이해 4월 2일에 다시 상호군 김을현을 북경에 보내 이만주가 저지른 만행을 다음과 같이 상세하게 기록하여 보고했다.

> "파저강 야인들이 홀라온[올적합]의 양목답올楊木答兀과 결당하여 요동과 개원 등지의 중국인 군인과 민간인들을 잡아다가 종으로 부렸는데, 고통을 이기지 못하여 조선으로 도망해온 사람들이 태종 4년 이후로 580명에 이르렀다. 조선은 중국인 560명을 요동으로 호송하여 돌려 보냈는데, 이를 분하게 여긴 야인들이 여러 해를 두고 본국 변경을 침범하여 피해가 컸다. 특히 파저강 야인들은 악한 일을 그칠 줄 모르고, 야인 400기騎를 모아서 얼굴에 먹으로 문신을 새겨 홀라온 야인처럼 꾸미고, 우리나라 여연, 강계 등지에 돌입하여 군인과 백성들을 살해하고 인마를 약탈하여 참혹한 피해를 입혔다. 그들은 우리나라만 업신여긴 것이 아니라 중국 조정까지 속여서 홀라온 야인들이 약탈한 인마를 자기네들이 빼앗아서 건주위에 구류시켜 두었다. 그래서 우리가 군사를 거느리고 가서 기회를 엿보아 처치하려고 한다."

이런 내용의 주문奏文을 황제에게 바치니 명나라도 야인 편을 들 수가 없게 된 것이다. 조선은 명나라와 야인을 이간시키는 외교전을 매우 치밀하고 능란하게 벌인 것이다.

이렇게 외교적으로, 그리고 군사적으로 만반의 준비를 갖추었다가 이해 4월 19일 새벽에 드디어 평안도 도절제사 최윤덕이 이끄는 토벌군이 압록강을 넘어 출정하여 그날로 토벌을 마치고 강계로 돌아왔다. 더 오래 머무르면 우리 쪽의 피해가 커질 뿐 아니라, 하루 동안의 단기전으로도 우리가 추구한 목표가 달성되었기 때문이었다.

4월 25일부터 승첩했다는 보고가 잇따라 들어왔다. 5월 7일에는 최윤덕이 승첩사실을 종합적으로 보고했다. 출정 군사는 모두 1만 5천 명으로 평안도에서 1만, 황해도에서 5천 명을 차출했다. 이들을 일곱 부대로 나누어 중군절제사 이순몽李順蒙이 2,500여 명을 거느리고 이만주의 소굴을 향하여 진격하고, 좌군절제사 최해산崔海山은 2천여 명을 거느리고 차여車餘 등지로 갔으며, 우군절제사 이각李恪은 1,700여 명을 이끌고 마천馬遷 등지로 향하고, 이징석李澄石은 3천여 명의 군사를 거느리고 올라 등지로 갔으며, 김효성金孝誠은 1,800여 명을 이끌고 임합라 부모의 소굴로 향하고, 홍사석洪師錫은 1,100여 명을 거느리고 팔리수 등지로 나가고, 최윤덕은 2,600명을 거느리고 임합라 소굴로 진격했다. 임합라는 이만주와 한 패인 여진족이었다.

출정 전에 출정군에게 몇 가지 수칙을 내렸는데, 노인과 아이는 죽이지 말 것, 장정이라도 항복하면 죽이지 말 것, 가축을 죽이지 말고, 집을 불태우지 말 것, 재물을 가져오지 말 것 등이었다. 전과戰果는 남녀 222명을 사로잡아 오고, 255명을 죽였으며, 261명에게 부상을 입히고, 180필의 말과 소, 그리고 각종 무기를 가져왔다. 아군의 피해는 4명이 죽고, 말 3필이 화살을 맞고 죽었다. 잡아온 포로는 경기도와 충청도의 여러 고을에 분산 배치하고 식량과 의복을 주면서 보호했다.

야인들은 정규군이 아니지만 말을 잘타서 기동력이 뛰어나고 활을 잘 쏘아 상대하기가 쉽지 않은 족속이었다. 그런데 이들이 한 곳에 모여 있는 것이 아니고 넓은 지역에 부족 단위로 흩어져 살고 있으면서 갑자기 튀어 나와 싸우고 도망치기 때문에 큰 피해를 주기가 어려웠다. 그 괴수들도 모두 도망하여 잡지 못했다. 그러나 1만 5천 명의 큰 병력 앞에 겁을 먹은 것은 사실이었다. 조선을 얕잡아 보지 못하게 한 효과는 매우 컸다.

임금은 승전하고 돌아온 장수들에게 노비를 몇 명씩 주었으나, 군령을 어기고 먼저 쳐들어가서 적이 도망가도록 만든 최해산은 직첩을 삭탈했다. 최윤덕의 공이 가장 컸다.

이번 정벌의 효과가 조금씩 나타났다. 6월 11일에 동맹가첩목아가 자신의 친족이 붙잡혀갔다고 항의하면서 돌려달라고 요청하고, 또 여연을 침범한 것은 홀라온이고 이만주는 오히려 그들이 사로잡은 포로들을 빼앗아서 조선에 돌려주었는데, 상을 주지는 못할망정 토벌한 이유를 모르겠다고 말했다. 그러나 그는 겁을 먹고 조선에 더욱 성실하게 조공을 바쳐왔다.

그런데 문제가 생겼다. 이만주가 황제에게 억울함을 호소하여 사신 맹날가래孟捏哥來와 최진崔眞 등이 황제의 칙서를 가지고 이해 윤8월 10일에 서울에 왔다. 칙서의 요지는 이렇다.

"조선에서 보낸 〈주문〉을 보고 진상을 알았다. 그런데 모련위毛憐衛 도독첨사 살만답실리와 건주위 도독지휘 이만주가 아뢴 내용이 다르다. 그 주장을 따르면, 홀라온의 양목답올이 사냥하다가 조선 사람에게 말 20여 필을 도둑맞아 이를 보복하기 위해 남녀 60여 명을 포로로 잡아간 것인데, 도중에 중국 사신 장동아를 만났다. 장동아가 극진히 타이르자 포로했던 남녀들을 조선으로 돌려보냈던 것이다. 그런데 4월 19일에 갑자기 조선군이 쳐들어와서 노략질하고 공격하여 이만주를 쏘아 부상을 입히고, 그 아내와 어린 것들을 죽이고, 또 잡혀가고 죽은 인민이 매우 많다고 한다. 그 밖에 황제가 내려준 칙유勅諭와 고명誥命 같은 것도 약탈해갔다고 한다.

짐이 이 일의 거짓과 진실을 분명히 알 수 없으나, 앞으로 이렇게 처리하겠다. 1) 홀라온의 양목답올이 노략해간 중국인은 모두 찾아오겠다. 2) 양목답올, 모련위 살만답실리, 건주위 동맹가첩목아와 그의 동생 동범찰童凡察, 건주위 이만주 등에게 유시하여 잡아간 조선인과 가축 등을 모두 조선으로 돌려보내도록 하겠다. 3) 조선도 건주위 등지에서 얻은 〈칙유〉와 〈고명〉 등과 잡아온 사람과 가축 등을 모두 돌려줘라. 4) 앞으로는 조선이 변방 수비를 강화하면서 이웃나라와 평화롭게 지내라."

황제는 조선과 야인의 주장이 서로 달라 이 사건의 정확한 진상은 모르겠다고 한발 후퇴하고서, 조선측의 요구도 들어주고, 또 야인들의 요구도 들어주어 양측을 화해시키는 결정을 내렸다.

그런데 순서대로 한다면 사신이 먼저 야인을 만나서 칙서를 전달하고 조선으로 오는 것이 순리인데도 조선에 먼저 들어온 것은 개인적으로 물품을 뜯어 가려는 욕심 때문이라고 조선은 생각했다. 또, 황제의 칙서 가운데 야인이 한 말은, 저들이 지은 죄를 덮어 씌우기 위하여 허구날조된 거짓말이기 때문에 황제에게 다시 변명하는 사신을 보내기로 했다. 또 황제의 〈칙유〉와 〈고명〉을 가져온 일도 없다고 했다. 그리하여 윤8월 25일에 상호군 허지혜許之惠를 북경으로 보냈다.

그러나 잡아온 야인을 돌려보내라는 황제의 지시는 따르기로 했다. 조선의 목표는 야인을 잡아다가 겁을 주어 길들이려는 것이지 그들을 노비로 부리려는 것은 아니었기 때문이다. 그래서 몇 차례로 나누어 야인포로들을 모두 돌려보냈다. 사신들은 윤8월 22일에 서울을 떠났다. 이리하여 이 사건은 이것으로 일단락되었고, 그 뒤로 이만주의 태도가 공손해지고, 여진인 조공행렬은 더욱 많아졌다.

5. 온수현에 행차하다 [세종 15년]

세종은 종합병동으로 불릴만큼 병이 많은 임금이었는데, 자신의 병이 풍질風疾이라고 말했다. 풍질은 요즘 말로 하면 신경통인데, 그 원인은 여러가지가 있어서 어떤 병이 원인인지는 알 수 없다. 임금은 고질적인 풍질 치료를 위해 충청도 온수현溫水縣에 행차하기로 결정했다. 온수목욕이 효과가 있다는 말을 들었기 때문이었다. 임금이 풍질 치료를 위해 온정에 가서 목욕하고 싶다는 의사를 내보인 것은 세종 14년 9월 4일이었다.

"내가 근년 이후로 풍질이 몸에 배어 있고, 중궁中宮도 또한 풍질을 앓
고 있어 온갖 방법으로 치료해도 아직 효과를 보지 못하고 있다. 일찍이
온정에 목욕하고자 했으나, 백성을 괴롭힐까 걱정되어 감히 말하지 않은
지가 몇 해가 되었다. 이제는 병의 증세가 계속 발생하므로 내년 봄에 충
청도의 온수溫水에 가고자 하니, 폐단이 백성에게 미치지 않을 계책을 의
논하여 아뢰라. 또 접대하는 도구와 공사工事의 일은 모두 금년 겨울 사
무가 한가할 때 미리 준비하고, 비록 집을 짓더라도 사치하고 크게 짓지
못하게 하고, 그 체제를 그림으로 그려서 올려라."

임금이 백성에게 끼칠 폐해를 걱정하여 병을 치료하기 위해 온천목욕을 가
고 싶어도 발설하지 못하고 몇 년을 참았는데, 내년 봄에 가고 싶다고 하면서
시설공사를 간소하게 하라고 당부한 것이다.

왕명에 따라 비서인 대언代言들이 임금, 왕비, 세자가 사용할 삼전三殿의 욕
실과 침실을 그림을 그려서 올리니, 임금이 이를 보고 그 수효를 줄이게 하고,
판사 배환裵桓을 시켜 그림을 가지고 온수에 가서 충청도 감사와 다시 의논하여
아뢰라고 명했다. 당시 온수현에는 임금이 행차할 만한 시설이 없어서 행궁을
새로 짓고, 온정溫井도 수리하게 한 것이다.

세종 15년 2월 12일에 호조에서는 온수행차에 따라갈 수행 인원이 강무할
때의 행차를 따른다면 약 5,370여명이 되므로, 이들이 타고 갈 말의 사료 4천
석을 미리 천안天安에 수송하기를 청하여 임금의 재가를 받았다.

행차는 이해 3월 25일에 서울을 출발했는데, 왕비와 왕세자, 대군들, 부
마, 그리고 온수 사람인 좌의정 맹사성, 6조 판서와 3조의 참판들, 각사各司에서
1명, 그리고 도진무都鎭撫와 각위各衛의 절제사 등이 따라갔다. 서울에는 영의정,
우의정이 남아 각사를 통할했다. 강무할 때에는 왕비가 서울에 남아 궁궐을 관
리했으나, 이번에는 왕비까지 동행하고 후궁과 궁녀들도 따라갔다. 왕비는 가마

를 타고, 그 밖의 궁인들은 모두 말을 타고 갔다. 행차 중에도 정사政事는 정지되지 않았다.

3월 26일에 수원에서 1박하고, 27일에 진위에서 1박하고, 28일에 직산을 거쳐 온수현에 도착했다. 다음 날 온수현 백성들에게 매호마다 콩 1석과 쌀 2석씩을 하사했다.

4월 5일에 온정행궁溫井行宮을 지은 감독관과 장인들에게 쌀과 베를 하사하고, 병든 노인과 환과고독鰥寡孤獨(홀아비, 과부, 고아, 독거노인)을 기록하여 올리라고 명했다.

4월 7일에는 온수현의 가난한 농민 76명에게 쌀과 콩을 각 1석씩 주고, 나이 80세 이상의 가난한 노인 9명에게 쌀 2석과 콩 1석씩을 하사했다. 또 나이 70세 이상의 가난한 농민 18명에게 쌀과 콩 각 1석씩을 주었다. 또 행궁 부근에 토지가 있어도 농사를 짓지 못한 농민에게도 그 토지의 크기에 따라 보상해 주었다.

4월 8일에는 온정 부근 농민 380명에게 술과 음식을 하사하고, 4월 10일에도 온정 부근 농민 133명에게 술과 고기를 하사했다.

4월 14일에는 94세의 할머니가 마떡 한 동이를 만들어 임금에게 바치니, 음식을 대접하고, 면포 2필, 술 10병, 기타 잡물을 하사했다. 그 뒤에도 근방 노인들이 채소를 올리자 모두 음식을 먹이고 물건을 하사했다.

4월 16일에 임금은, 환궁한 뒤에 온정溫井의 정청正廳과 남북의 상탕上湯은 모두 봉하여 잠그고, 그 나머지 집에는 사람들이 와서 목욕하게 하되, 남북의 중탕中湯은 사족들이 와서 목욕하게 하고, 남북의 빈땅에 있는 탕湯에도 집을 짓고, 또 월대 밑에 더운 물이 솟아나는 곳에도 우물을 파고 집을 지어서 모든 남녀에게 다 목욕할 수 있게 하라고 명했다. 그러니 온수현을 대중들의 온천장으로 개발하라고 명한 것이다.

한 달 가까이 목욕을 즐긴 임금은 4월 20일 서울을 향해 길을 떠났다. 이날 직산에서 유숙하고, 다음 날에는 진위, 그 다음 날에는 광주에서 유숙하고, 4월 23일에는 태종과 원경왕후 능인 헌릉獻陵에 참배하고, 흥인문[동대문]에 도착

《화성성역의궤》 중 낙성연도의 채붕

아극돈의 《봉사도》에 보이는 채붕

하니 서울에 남아 있던 백관들이 마중나와서 영접했다. 집 대문과 개천의 돌다리, 그리고 거리에 채붕綵棚[157]을 설치해 놓았다. 채붕은 명나라 사신이 올 때 설치하는 것인데 이번에 처음으로 임금행차에 설치했다. 임금이 왕비와 세자까지 대동하고 수백 리 길을 다녀온 것은 이것이 처음이므로 환영행사를 대대적으로 벌인 것이다.

사실 임금이 왕비를 대동하고 먼 곳을 행차하는 일은 과거에는 전혀 없었다. 여성들에게도 양로연을 베푼 것, 그리고 칠거지악七去之惡으로 부인을 내쫓는 것을 막은 것과 아울러 세종은 여성에 대한 배려가 누구보다도 많은 임금이었다.

행차가 흥인문 안으로 들어오니, 성균관과 5부의 학생 725명이 가요함歌謠函[158]을 올렸다. 교방청教坊廳의 여기女妓들도 가요함을 올렸다. 흥인문에서 광화문까지 종로의 좌우 길가에는 부교浮橋(浮械)[159]를 만들고 관광하는 사람들이 1만

---

157) 채붕은 나무로 2층 누각의 무대를 만들고 누각의 꼭대기와 주변에 꽃가지를 비단으로 만들어 장식한 것으로 귀인들이 올 때 환영하는 장식물이다. 《화성성역의궤》의 〈낙성연도落成演圖〉에 채붕이 그려져 있다. 한편 나례儺禮할 때 사용하는 채붕은 이와 모습이 다르다. 나무로 울퉁불퉁한 산모양을 만들고 곳곳에 신선과 새, 꽃들을 장식한 무대로서 아래에 바퀴를 달아 끌고 다닐 수 있게 만들었다. 그 모습은 청나라 사신 아극돈阿克墩의 《봉사도奉使圖》에 보인다.
158) 가요함은 송축頌祝하는 글과 가사歌詞를 담은 함이다.
159) 부교浮橋는 하천 위에 배를 띄워 만든 배다리를 말하지만, 여기서 부교는 부계浮械를 뜻한다. 부계는 높은 곳으로 올라가 구경하기 위해 사다리 모양으로 만든 나무층계를 가리킨다. 중국 사신이 올 때 집집마다 여자들이 부계를 만들고 올라가 구경하여 풍속을 해친다는 비판이 일어나기도 했다.

명을 헤아렸다. 임금은 이 광경을 보고 너무 사치스럽다고 하면서 앞으로는 하지 말라고 명했다.

6. 문소전을 헐고 원묘를 새로 세우다

태조는 죽은 신의왕후神懿王后 한씨를 위하여 경복궁 뒤편에 사당을 세우고 한씨의 영정을 봉안하고 이름을 인소전仁昭殿이라 했다. 그 뒤 태조가 세상을 떠나자 태종이 재위 8년에 창덕궁 부근에 시설을 확장하여 새로 사당을 짓고, 태조의 영정을 함께 모셨는데, 이를 문소전文昭殿이라 했다. 여기에는 태조가 불교를 좋아한 것을 고려하여 불당佛堂도 함께 지었다.

그 뒤 세종은 재위 14년에 경복궁 북쪽에 사당을 새로 짓고, 세종 15년 5월 3일에 태조와 신의왕후, 그리고 태종과 원경왕후 민씨의 위패位牌를 함께 모셔 제사를 올렸다. 이를 원묘原廟라고 부르기도 하고 여전히 문소전으로 부르기도 했다. 영정을 모신 것이 불편하다고 여겨 위패로 바꾸었다. 그리고 사당에 부처님을 모신 것이 적당치 않다는 신하들의 의견을 따라 문소전 불당에 있던 부처님을 흥천사興天寺로 옮겼다. 흥천사는 태조가 죽은 신덕왕후神德王后 강씨康氏를 추모하여 그 무덤인 정릉貞陵 옆에 세운 원찰이었다. 지금 중구 정동貞洞 미국 대사관저가 있는 지역에 해당한다.

그러나 태종은 즉위한 뒤로 신덕왕후 강씨康氏를 미워하여 정릉을 지금의 성북구 정릉동貞陵洞으로 옮기고 정릉에 사용했던 석물石物들을 뜯어서 청계천을 준설할 때 옹벽으로 사용했는데, 그 석물이 지금 복원된 청계천에 그대로 남아 있다. 이렇게 태종 때 정동에는 정릉이 사라졌지만, 흥천사만은 그대로 남겨 두고 보존했다.

세종은 재위 30년 7월에 원묘 부근에 불당佛堂을 짓고, 흥천사로 옮겼던 부처를 다시 불당으로 옮겨 왔다. 당시 신하들은 불당 건립을 맹렬하게 반대했으나, 임금은 끝까지 불당을 헐지 않았다. 이 무렵 세종은 재위 26년에 사랑하던 다섯째 아들 광평대군廣平大君이 20세로 세상을 떠나고, 몇 달 뒤인 세종 27년에는 일곱째 아들 평원대군平原大君이 또 향년 19세로 세상을 떠난 데 이어, 재위 28년에는 왕비 소헌왕후昭憲王后 심씨마저 세상을 떠나자 말할 수 없는 실의와 고독에 빠져 있었다.

임금이 불당을 지은 것은 이런 슬픔과 고독을 달래기 위함이었는데, 비단 불당을 세운 데 그치지 않고 불사佛事도 열심히 거행하여 불교신앙에 흠뻑 빠져 있었고, 정사를 세자에게 맡기고 있던 시절이었다. 고독과 슬픔이 극에 달했을 때 종교에 귀의하는 것은 자연스런 인간의 본성인데 만년의 세종도 어쩔 수 없는 인간의 본성을 극복하지 못했던 것이다.

7.《향약집성방》을 편찬하다 [세종 15년]

백성을 위한 정치에서 가장 중요한 것은 세 가지다. 첫째 인권이요, 둘째 경제안정이요, 셋째 장수이다. 여기서 장수를 위한 방법 가운데 가장 중요한 것이 의학醫學임은 두말할 나위도 없다. 세종은 십학十學을 장려하는 가운데 의학을 넣어 약학藥學과 치료에 대하여 비상한 관심을 쏟았다. 제생원濟生院을 세워 의약치료를 강화하고, 동서에 활인서活人署를 세워 빈민구제와 간호에 힘썼다.

그런데 치료의 가장 중요한 수단인 약재가 부족했다. 왕실의 치료는 주로 중국에서 수입한 약재를 많이 사용했지만, 약값이 비싼 데다가 수량이 부족하여 일반 서민들이 이용하기에는 턱없이 부족했다. 여기서 눈을 돌린 것이 국산 약재의 개발이었다. 특히 세종은 사람이 풍토의 특성에 맞추어 살아가는 것이 중요하다는 인식이 매우 철저했다. 시간도 우리 시간이 있어야 천문을 제대로 이해할 수 있다고 여겨 우리식 역법曆法을 만들어 냈고, 소리와 음악도 우리 풍토에 따라 달라야 한다고 믿어 향악鄕樂을 존중했고, 문자도 우리 풍토와 우리

소리에 맞아야 한다는 생각에서 '훈민정음'을 창제했던 것이다. 그리고 농법農法도 우리 풍토에 맞추어야 한다고 믿어 《농사직설》을 편찬했다.

약재藥材도 마찬가지였다. 우리 풍토에 맞는 약재가 우리 땅에 무궁무진하게 많음에도 이를 이용하는 방법을 모르는 것을 안타까워했다. 신하들과 의약에 관해 이야기하면서 서울 사람들은 외래의 좋은 약을 많이 써도 수명이 짧은데, 시골 사람들은 그런 약을 쓰지 않아도 장수한다는 사실을 예사롭지 않게 여겼다. 이는 시골 사람들이 주변에 흔한 국산 약초들을 활용하고 있는 것과 관련이 있을 것으로 생각했다. 그래서 국산 약재 개발에 힘을 쏟아 만든 것이 《향약집성방鄕藥集成方》이다.

국산 약재 연구가 축적되어 세종 15년 6월 11일에 편찬된 《향약집성방》에는 집현전 학자 권채權採가 서문을 썼는데, 그 요지는 이렇다.

> "… 유명한 의사醫師는 병을 진단하고 약을 쓸 때 모두 기질氣質을 따라서 처방하는 것이지, 처음부터 한 가지 방문方文에만 매달리지 않는다. 백 리나 천 리를 가면 사람의 풍속이 달라지고, 초목도 그 지역에 맞추어 자라고, 사람들이 좋아하는 음식 습관도 달라진다. 그래서 옛 성인聖人들은 각기 백 가지 초목을 맛보고 사방의 토성에 맞추어 다스렸다.
>
> 우리나라는 하늘이 한 구역을 따로 만들어 대동大東을 차지하고 있다. 산과 바다에는 무진장한 보화寶貨가 있고, 초목과 약재가 생산되어, 민생을 기르고 병을 치료할 만한 것이 구비되지 않은 것이 없다. 그러나 다만 의학이 발달하지 못하여 약을 시기에 맞추어 채취하지 못하고, 가까운 것을 소홀히 하고 먼 것을 구하여, 사람이 병들면 반드시 중국의 얻기 어려운 약을 구하니, 이는 7년 병에 3년 묵은 쑥을 구하는 것과 같지 않겠는가, 그래서 약은 구하지 못하고 병은 이미 어찌 할 수 없게 된다.
>
> 민간의 늙은이들이 한 가지 약초로 한 가지 병을 치료하여 신통한 효력을 보는 것은 그 땅의 성질에 적당한 약과 병이 서로 맞아서 그런 것이 아니겠는가? 즉 '의토지성宜土之性' 때문이다. … 예전에 판문하부사 권중화權仲和가 여러 책에서 뽑아 모아서 《향약간이방鄕藥簡易方》을 짓고, 그

뒤에 조준趙浚 등과 더불어 약국 관원들에게 명하여 다시 여러 책을 조사하고, 또 우리나라 사람의 경험을 수집하여 분류편찬하고, 목판으로 간행하니, 이로부터 약을 구하기 쉽고 병을 치료하기 쉬우므로 사람들이 모두 편하게 여겼다. 그러나 중국에서 나온 '방서方書'가 아직 적고, 약 이름이 중국과 다른 것이 많은 까닭에 의술을 업으로 하는 자도 미비하다는 탄식을 면치 못했다.

우리 주상 전하께서 특히 이에 유의하여 의관醫官을 골라서 매양 사신을 따라 북경에 가서 방서方書를 널리 구하게 하고, 또 황제에게 아뢰어 태의원太醫院에 나가서 약명의 그릇된 것을 바로잡고, 세종 13년 가을에 집현전 직제학 유효통兪孝通, 전의典醫 노중례盧重禮, 부정副正 박윤덕朴允德 등에게 명하여 다시 향약방鄕藥方에 대하여 여러 책에서 빠짐 없이 찾아내고, 종류를 나누고 더 보태어 1년여를 지나서 완성했다. 이에 옛 증상이 339가지인데, 이제는 959가지가 되고, 옛 처방은 2,803가지인데, 지금은 1만 706가지가 되었으며, 또 침구법鍼灸法 1,476조와 향약본초鄕藥本草 및 포제법炮製法을 붙여서 합하여 85권을 만들어 올리니, 이를《향약집성방》이라 했다. …"

《향약집성방》에는 전에 비해 병증의 종류가 대폭 늘어나고, 처방도 대폭 늘어나서 약학과 치료수준이 크게 향상된 것을 볼 수 있다.

8. 명나라 사신이 해청과 토표를 잡고, 소 무역을 위해 오다 [세종 14년]

세종 12년부터 명나라 사신은 직접 해청과 토표土豹(스라소니)를 잡겠다고 체포군사 수백 명을 거느리고 함길도 등지를 헤매고 다녔는데, 세종 13년에도 똑같은 일이 반복되었다. 그러나 그들은 실제로 해청과 토표를 거의 잡지 못하고, 우리나라에서 미리 잡아 놓은 해청과 토표를 가지고 돌아갔다. 그러니 사신들이 직접 와서 사냥할 이유가 없었다.

세종과 대신들은 그들이 조선을 의도적으로 괴롭히기 위해서 그런 일을 벌인다고 의심했다. 그들이 그 이전에 조선에 와서 터무니없이 물품을 요구하는 등 온갖 횡포를 부려 조선에서 황제에게 이런 사실을 알리자 황제가 칙서에 기록하여 요구한 물품 이외에는 사신에게 물품을 주지 말라는 칙서를 세종 11년에 보내왔다.

그 뒤로 세종은 사신이 와서 칙서에 기록되어 있지 않은 물품을 요구할 때에는 황제의 칙유를 이유로 들어 주지 않았다. 그러자 사신들이 분노를 표하고 돌아갔는데, 그런 뒤로 직접 해청과 토표를 잡겠다고 군사를 거느리고 오기 시작한 것이다. 참으로 사신들의 오만무쌍한 횡포가 얼마나 무도한지를 여실히 보여준다.

세종은 사신을 달랠 필요를 느끼고 세종 13년부터는 그들이 요구하는 물품을 공식적으로는 주지 않았지만 우리나라 대신들이 개인적으로 주는 형식을 취하여 주기 시작하자 사신들의 분노가 누그러졌다. 이런 사실들은 이미 앞에서 설명했다.

그런데 세종 14년 4월에 또 전에 왔던 창성, 윤봉, 장정안, 장동아 등이 왔는데, 서울에 오기 전에 장동아는 체포군 400명을 데리고 백두산 쪽으로 가고, 창성과 윤봉 등은 5월 28일에 서울에 들어왔다. 사신이 가지고 온 칙서에는 4가지 요청이 담겨 있었다. 하나는, 요동 도사가 농사에 쓸 소를 요구하니 1만 필을 요동으로 보내고, 그 댓가로 요동에 가서 베와 명주를 받아가라는 것이었다. 지난해 창성이 황제에게 건의하여 소 무역을 막겠다고 한 약속이 수포로 돌아간 것이다. 둘은 해청과 토표를 잡는데 사람과 말을 동원하여 도와주라는 것, 셋은 장동아 등이 400명의 군사를 거느리고 백두산 근방으로 갈 것이니, 그들의 식량 480석을 지급하라는 것, 넷은 칙서에 적지 않은 것은 사신이 요구해도 따르지 말라는 것이었다.

조선은 7월 11일에 황제에게 서신을 보내 우리나라에서는 소의 생산이 매우 적다고 하면서 우선 1천 마리를 보낸다고 말했다. 그러자 황제는 다시 칙서를 보내, 지금 가지고 있는 소만 보내고 나머지는 중지하라고 했다. 그래서 조선은 소를 6천 마리만 무역하기로 결정하고, 이를 6차로 나누어 8월 5일까지 모두 요동으로 운송했다. 소는 주로 서울에 사는 벼슬아치들과 상인, 그리고 지방의 부자들에게 배당하고, 일반 농민이 가지고 있는 소는 제외했다.

그런데 지난해부터 중국이 소 무역을 원한다는 소식을 들었기 때문에 국가에서 직영하는 소 목장을 몇 군데 만들어 놓기도 했다.

6천 마리 소가 요동으로 운송되는 것이 완료되자, 창성과 윤봉이 8월 6일에 해청을 잡으러 함길도로 떠났다. 가는 도중에 금강산에 들러 표훈사와 정양사의 승려 300명을 공양하고 함길도로 갔다. 황제와 마찬가지로 사신들은 모두 환관이면서 독실한 불교 신도이었기 때문에 서울에 있을 때에도 자주 흥천사에 가서 불공을 올렸다.

그런데 세종 14년 10월 6일에 북경에 갔던 사은사 일행이 칙서를 가지고 귀국했다. 그 요지는 이렇다.

"왕은 짐을 공손히 섬겨 영락제로부터 지금에 이르기까지 전후가 한결같이 정성스러우니, 탁월한 현왕賢王이라 이르겠도다. 이에 중국도 왕을 대우함이 또한 전후가 한결같이 정성스럽다. 그런데 파견한 사신 가운데서 혹 소인小人이 있어 마음이 내키는 대로 경솔히 대체를 돌아보지 않고 망령되이 쓸 것을 요구함이 있다 하니, 무릇 그들이 말하는 바가 칙서에 유시된 것이 아니면 왕은 믿고 따르지 말라. … 이제 주문奏文을 받아본즉 왕의 국내에서 생산되는 소가 많지 않다고 하니, 짐이 다 알고 있다. 현재 있는 대로 보내와서 교역함이 가하고, 그 밖에는 그만두라. 다만 해청海靑은 왕이 나라에서 생산되는 것이니, 만일 사람을 보내서 체포하려 하거든 왕은 주선하여 주도록 할 것이다."

이 칙서의 내용은 앞서 보낸 내용을 반복한 것에 지나지 않았다. 어쨌든 황제는 사신들이 조선에 와서 함부로 물품을 요구하는 것을 들어주지 말라고 재삼 강조했는데, 이는 조선 사신이 황제에게 그 시정을 요구했기 때문에 이루어진 것이다. 세종은 그 칙서의 내용에 따라 이번에 온 사신들에게 일체 물품을 주지 말라고 일렀다.

창성 등 사신은 11월 16일에 함길도에서 다시 서울로 돌아왔는데, 창성은 칙서에서 소인小人이라고 지목한 사람은 자신이 아니라고 하면서, "내가 언제 금은金銀을 받은 일이 있느냐?"고 말했다. 그러면서 소 무역을 감해준 것도 자신이 애쓴 결과라고 말했다. 그러나 사실은 조선에서 주문을 보내 감소된 것이고, 소인으로 지목한 것도 창성을 가리킨 것이었다.

그런데 11월 18일에 접반사 이징옥李澄玉이 함길도에서 돌아와서 임금에게 보고하기를, 사신 윤봉이 백성들의 개를 여러 번 훔쳤는데, 이징옥이 다시 주인에게 일러 가져오게 하다가 싸웠다고 했다. 이징옥은 또 자신이 잡은 해청을 다시 몰래 날려 보냈다고 보고했다. 사신들이 해마다 올 것을 걱정해서 그렇게 했다고 했다. 그러자 대신들이 잘했다고 말했으나, 임금은 황제에게 거짓말을 하는 것은 안된다고 하면서 이징옥을 감옥에 가두었다. 그러나 그 죄는 해청을 날려 보낸 것이 아니라 개를 훔쳤기 때문이라고 거짓으로 죄를 만들었다. 사신들이 만일 해청을 날려 보낸 것을 알면 골치아픈 일이 생길 것을 걱정한 것이다.

세종이 황제를 속이는 일을 해서는 안된다고 말한 것은 얼핏 생각하면 지나치다고 할 수도 있다. 그러나 임금이 신하들에게 황제를 속이자고 말할 수야 없지 않겠는가? 세종은 상대가 아무리 나쁘더라도 우리가 저들을 속이는 것은 우리 자신의 품격을 낮추는 일로 여겼다. 세종은 우리가 비록 저들에게 사대를 하고 있더라도 품격이나 정치수준은 우리가 한층 위에 있다고 자부하고 있었다. 세종은 우리나라가 '예의지방禮儀之方'의 명예를 잃어서는 안된다고 여겨 황제를 속이는 일을 하지 못하게 말렸다.

이해 12월 2일에 먼저 윤봉尹鳳이 서울을 떠났는데, 《실록》에는 그에 관한 사평史評을 이렇게 실었다.

"윤봉은 우리나라 화자火者(고자)이다. 처음 황해도 서흥에 살 때에는 매우 빈천貧賤하더니 영락연간에 선발되어 북경에 가서 궁중에 출입하기를 지금까지 3세[황제 3대]에 이르렀다. 황제를 속여 해청, 토표, 검은 여우 등을 잡는다는 일로 해마다 우리나라에 와서 한없이 탐욕스럽게 청구하여 사리사욕을 마음대로 부렸고, 서흥에 집을 짓고는 장차 늙어서 은퇴할 계책을 세워 토지와 노비를 염치없이 청구하여 재산을 준비했다. 그리고 아우 윤중부尹重富의 지위가 중추부사에 오르게 하고, 일가붙이에 이르기까지 관직을 받지 않은 자가 없었다. … 본국 사람으로 본국에 해가 되어 우리 백성들이 응수하기에 지쳐 죽게 했으니, 창성昌盛과 장정안에 대하여 무엇을 책망할 수 있겠는가? 옛날부터 천하국가의 어지러움은 환시宦侍(환관)들로 말미암았는데 봉명 사신으로 오는 자가 모두 이런 무리들이니, 중국의 정사政事도 가히 알만하다.”

이 글은 실록 편찬자가 적은 것이지만, 당시 임금이나 신하들이 중국 사신들을 얼마나 경멸하고, 나아가 명나라 황제의 정치를 얼마나 원망하고 있었는지를 잘 보여준다. 당시 명나라가 세계적인 대국이었지만, 그 정치수준은 조선을 따라가지 못한 것을 알 수 있다.

9. 명나라 사신이 두 차례 와서 집찬녀를 청구하고, 유학생 파견을 명나라가 거절하다 [세종 15년]

세종 15년에도 명나라 사신이 두 차례나 또 왔다. 윤8월에 맹날가래와 최진崔眞이 왔다. 이들은 이해 4월에 있었던 파저강 토벌에 대한 뒷수습을 위하여 온 것인데, 이에 대해서는 이미 앞에서 설명했다. 이들은 이해 12월 12일에 서울을 떠났다.

또 이해 10월 13일에 창성昌盛, 이상李祥, 장봉張奉[160] 등이 칙서를 들고 왔는

---

160) 장봉은 황해도 봉산 출신의 조선인 환관이었다.

데, 그 요지는 요리를 잘 하는 집찬녀執饌女를 보내고, 해청 두어 마리를 잡아서 보내라는 것이었다. 그러니까 주목적은 집찬녀였다. 전에도 몇 차례 집찬비를 보낸 일이 있었는데, 또 다시 요청한 것이다. 그러면서 각종 비단을 선물로 보냈다. 종류가 매우 많았다.[161] 집찬녀를 보내는 것에 대한 보답이었다. 세 사신도 개인적으로 가지고 온 물건을 임금, 왕비, 세자, 그리고 세자빈에게까지 바쳤다. 언제나 그렇듯이 그 회사품回賜品을 받기 위함이었다.

그런데 세종은 창성이 전번에 왔을 때도 황제가 보낸 비단을 개인적으로 가지고 온 좋지 못한 비단으로 바꾸었는데, 이번에도 비단 2필을 바꾸었다고 말하면서, "창성은 사람됨이 간사하고 정직하지 못하다."고 신하들에게 말했다. 그런데 이런 사람을 해마다 사신으로 보내면서 우리나라의 모든 일을 그에게 맡기고 있으니, 이 사람에게 뇌물을 주어야 하는지 어쩔지를 신하들에게 물었다.

임금은 즉각적으로 비단을 하사한 것을 감사하는 사은사를 보내고, 황제, 황태후, 태자, 황비에게 토산물도 함께 보냈다. 토산물은 일상적인 것으로 포목과 인삼, 잣, 말 몇십 필 등이었다. 당시 조선에서는 해청 7마리를 이미 잡아 놓고 있었으므로 그 중에서 5마리를 보냈다. 문제는 집찬비를 몇 명이나 보낼지를 물으니, 사신이 20명이라고 답했다. 그리하여 여종 보금寶金 등 20명을 선발하자 사신들이 11월 16일에 집찬비와 해청을 거느리고 서울을 떠났는데, 중추원사 이맹진이 함께 동행했다. 임금은 몸이 불편하여 세자가 전별연을 대신했다. 이번만이 아니라 사신이 올 때마다 임금은 병을 핑계로 사신접대를 대부분 세자에게 맡겼다.

그런데 창성 등이 떠나기 전인 11월 10일에 명나라 사신 왕흠王欽과 왕무王武가 서울에 왔다가 11월 17일에 떠났다. 이들은 지난해 이만주 일당이 여연

이때 황제가 보낸 비단은 다음과 같다. 저사 골타운암화대홍 1필, 골타운암화유록 1필, 골타 ░심청 1필, 팔보 골타운암화대홍 1필, 세화심도홍 1필, 세화앵가록 1필, 소류황 1필, 소ᅠ 나대홍 2필, 유황 2필, 흑록 2필, 청 2필, 사 골타운암화대홍 1필, 골타운암화청 1필, 팔보 ᅠ 우암화앵가록 1필, 팔보 골타운암화흑록 1필, 세화대홍 1필, 세화청 1필, 소흑록 1필, 소심ᅠ 1필, 채견 남청숙견 2필, 목홍숙견 2필, 명록숙견 2필, 심도홍숙견 2필, 심청생견 2필, 대홍ᅠ ᅠ필, 백지록생견 3필이다.

을 침략하여 잡아간 조선인을 쇄환하라는 황제의 칙서를 가지고 홀라온에 갔다 가 조선인 64인을 모두 돌려보냈다는 말을 듣고 허탕을 치고 서울에 온 것이므로 아무 일도 할 것이 없었다. 그래서 그들도 12월 6일에 서울을 떠났다. 이들이 갈 때 상호군 정발鄭發을 함께 보내면서 그동안 맹날가래, 최진, 왕흠, 왕무 등이 수행한 일을 서신으로 보고하는 동시에 문어 500마리와 대구어 600마리를 황제에게 보냈다.

이해 12월 13일에 천추사 박안신朴安臣이 귀국하면서 칙서 2통을 가지고 왔다. 하나는 파저강 야인을 토벌한 사건이 잘 마무리된 것에 대한 치하를 하면서 보내준 개가 전번에 보내준 것만 못하니 다시 좋은 개를 찾아서 보내라는 것과 인삼도 새로 채취하여 보내라고 말했다. 또 하나의 칙서는 우리의 의관자제들을 중국에 유학시켜 북경이나 요동에 가서 공부하게 해달라는 요청을 거부하는 내용이었다. 조선의 뜻은 아름답지만, 객지에 와서 고생이 많고 부모를 그리워할 것이니 오지 않는 것이 낫다고 했다. 그러면서 《오경사서대전》과 《성리대전》 각 1부部, 그리고 《통감강목》 2부를 보내주었다.

위 책들은 전에도 이미 보내준 것이고, 또 조선에서 이미 이를 다시 인간하여 보급했으므로 그다지 고마운 일은 아니었다.

나이 어리고 총명한 의관자제들을 중국의 학교에 입학시켜 공부하게 하고자 한 것은 세종이 적극적으로 추진한 일이었다. 그 목적은 일차적으로 중국어를 현지에 가서 제대로 배워오게 하자는 것이지만, 내면적으로는 중국의 산학算學, 천문, 역법, 시계 등 여러 가지 과학기술을 배워 오게 하기 위함이었다. 그러나 바로 그런 목적이 있었기 때문에 중국이 이를 눈치채고 거절한 것으로 보인다. 세종 7년에 사신 윤봉이 돌아갈 때 장영실蔣英實을 딸려 보낸 것도 그런 목적이었던 것으로 보인다. 세종 13년 3월 2일에 임금이 공조판서 정초鄭招에게 역서曆書의 중요성을 강조하면서 이렇게 말했다.

"역서曆書는 지극히 정세精細한 것이어서 일상생활에 쓰는 일들이 빠짐없이 기록되어 있지만, 다만 일식日蝕과 월식月蝕의 경위만은 상세히 알 길이 없다. 그러나 이는 고인古人도 몰랐던 모양이니, 우리나라가 이에 정통하지 못해도 무방하다. 하지만 우리나라가 '문헌의 나라'로 일컬어 왔는데, 지난 세종 2년에 이직李稷이 역법曆法의 교정을 건의한 지 이미 12년이 되었는데, 만일 정밀하게 교정하지 못하여 후인들의 웃음거리가 된다면 하지 않는 것만 못할 것이니, 심력을 다하여 교정해야 될 것이다. 우리나라 사람으로서 산수算數에 밝고 '방원법方圓法'을 상세하게 아는 자가 드물 것이니, 내가 문자를 해득하고 중국어에 능통한 자를 택하여 중국에 보내 산법算法을 습득케 하려고 하는데, 어떻게 생각하는가?"

역법曆法을 바로잡으려면 산수算數에 밝아야 하는데, 우리나라에는 산법을 아는 자가 없어서 영특한 사람을 뽑아 중국에 유학시켜 배워오게 하는 것이 어떠냐고 물었다. 그러자 정초가 "성교聖敎가 지당합니다." 하고 찬성했다. 임금이 또 이렇게 말했다.

"산법이란 오직 역법曆法에만 쓰는 것이 아니다. 만약 병력을 동원한다든지, 토지를 측량하는 일이 있다면 산법을 버리고는 달리 구할 방도가 없으니, 원민생元閔生과 김시우金時遇가 총명한 통사通事를 뽑아서 보고하게 하라."

드디어 사역원 주부 김한金汗, 김자안金自安 등을 추천하니, 이내 그들에게 산법을 익히게 했다.

10. 경회루 북쪽에 간의대를 세우다

세종 14년 7월에 정인지鄭麟趾와 정초鄭招에게 명하여 별의 운행을 관측하는 '간의簡儀'를 만들게 했는데, 이 두 사람이 제도를 연구하고, 기구를 만드는 공역功役은 이천李蕆이 맡게 했다.

간의(좌)와 혼천의(우)　사진 Jocelyndurrey, CC BY-SA

구리로 만들어서 경회루慶會樓 북쪽에 대臺를 만들고, 그 위에 간의를 설치했다.[162] 간의대의 높이는 31척이고, 길이는 47척, 너비는 32척인데 돌로 난간을 둘렀다. 그 남쪽에 방위를 바로잡는 수평대水平臺인 정방안正方案을 펼쳐 놓았다. 간의대 서쪽에는 구리로 만든 5배倍 8척 높이의 말뚝을 세우고, 청석靑石을 깎아 해시계인 규표圭表를 만들었는데, 그 표면에 장丈, 척尺, 촌寸, 푼分을 새겼다. 말뚝의 그림자를 일중日中(정오)의 그림자와 딱 맞추어서 음양이 커지고 줄어드는 이치를 미루어 알도록 했다.

또 규표 서쪽에 작은 집을 짓고, 그 안의 동쪽에 혼의渾儀(渾天儀), 서쪽에 혼상渾象(天球儀)을 놓았다. 혼의는 나무에다 칠을 발라서 의儀를 만든 것이고, 혼상은 베에다 칠을 입혀 몸통을 만든 것인데, 탄환처럼 생긴 둥근 모습이었다. 둘레는 10척 8촌 6푼이다. 가로와 세로로 둥근 하늘의 도분度分을 그렸는데, 태양의 궤도인 적도赤道가 가운데에 그려져 있고, 별들의 궤도인 황도黃道가 적도의 안팎으로 출입하고 있는데, 각기 24도가 약하다. 중심과 변방의 관성官星들이 두루 벌여 있어서 하루에 한 번 돌고 1도를 더 지나간다. 노끈으로 해를 엮어 황도에 묶었다. 매일 1도씩 물러나서 하늘의 운행과 맞았다. 물을 이용하여 기계를 움직이는 교묘함은 숨겨져 있어서 보이지 않았다.

---

162) 세종 24년 12월에 간의대 동쪽에 별궁을 지으면서 간의대를 북쪽으로 옮겼다.

11. 영북진을 옮겨 회령도호부로, 경원부를 옮겨 경원도호부로 승격시키다

세종은 재위 14년 12월에 평안도 여연지방을 침략하여 수많은 인마를 죽이고 약탈해간 이만주 등 파저강 야인들에 대한 복수를 위해 세종 15년 4월에 최윤덕을 보내 1만 5천 명의 군사를 이끌고 압록강을 넘어 가서 대대적으로 정벌하고 돌아왔음을 이미 앞에서 설명했다.

세종은 이렇게 압록강 이북 지역의 여진족을 혼내주고 나서 다시 두만강 지역의 영토를 넓히는 정책에 박차를 가했다. 원래 명나라 태조 홍무제洪武帝는 고려 말기에 공험진公嶮鎭 이남을 고려의 영토로 허락했으나, 실제로는 두만강 연안 지역을 여진족이 점거하고 있어서 이들을 내쫓고 영토로 확정하지 못하고 있었다.

그래도 태조 때에는 이성계의 선조가 살았던 경원慶源과 경흥慶興에 부府를 설치했었는데, 이 지역은 두만강이 남북으로 꺾인 지역이다. 그런데 태종 10년에 여진족이 경원부를 습격하여 점령하자 병마사 한흥부韓興富가 대응하여 싸웠으나 패전했다. 태종이 다시 조연趙涓 등을 보내 토벌했으나, 소다로에 있던 경원부를 부거참富居站으로 후퇴시켜 목책을 쌓고 지켜 왔다. 명나라 영락제는 경원부를 명나라 영토로 삼으려고 했는데 태종이 주청하여 간신히 막은 일도 있었다.

세종은 홍무제가 허락한 공험진 이남을 영토로 확보하지 못한 것을 다시 무력으로 회복해야 한다는 확고한 신념을 지니고 있었으나, 번번이 신하들의 반대로 뜻을 이루지 못하고 있었다. 그래서 항상 고려 때 윤관尹瓘이 두만강 이북으로 치고 올라가서 비석을 세우고 돌아온 것을 상기시키면서 단기적으로는 두만강을 경계로 하는 영토를 확보하는 일에 총력을 기울였다. 윤관이 세웠다고 알려진 선춘령先春嶺의 비碑는 뒤에 발견되었는데, 《용비어천가》에는 두만강 이북 700리에 있다고 기록되어 있다. 바로 이 비석을 근거로 두만강 이북지역을 수복하겠다는 것이 세종의 최종 목표였다.

그런데 세종 15년에 이르러 백두산 동쪽에서 멀지 않은 두만강 연안인 알목하 지역을 확보할 수 있는 기회가 왔다. 이해 10월 19일에 동맹가첩목아童猛

哥帖木兒와 그 아들 동권두童權豆, 그 아우 동범찰童凡察 등과 함께 북쪽 홀라온 부족인 양목답올楊木答兀과 싸우다가 동맹가첩목아가 전사했다는 소식이 들어왔다. 동맹가첩목아는 건주위 야인 추장인 이만주의 외삼촌이기도 하여 언제 이만주와 연합하여 조선을 배반할지 모르는 위험 인물이었는데, 그들이 제거된 것은 알목하 지역을 영토로 확보할 수 있는 절호의 기회가 되었다.

'알목하'[또는 아목하]는 지금 두만강변의 회령會寧 지역을 여진족이 부르던 지명인데, '오도리', '알타리', '올량합', '오랑합', '오랑개' 등 다양한 명칭이 있었다. 이 지역에 살던 여진족의 가장 큰 세력이 동맹가첩목아 부족이었다. 이들은 법적으로는 명나라에 소속되어 있으면서도 조선에 수시로 추장을 보내 가죽이나 말 등 토산물을 바치면서 높은 벼슬을 얻기도 하고, 귀화하기도 하고, 식량이나 옷감 등을 얻어가기도 하면서 살았는데, 때때로 조선에 대한 의리를 배반하고 변경을 침략하여 인마를 약탈하기도 하여, 조선은 그들을 한편으로 회유하고 한편으로는 곳곳에 진鎭을 설치하고, 성城을 쌓아 방어하고 있었다.

세종은 동맹가첩목아가 죽었다는 소식을 듣고, 이 기회를 놓치고 싶지 않아 15년 11월 19일에 대신과 판서들을 불러 놓고 이렇게 말했다.

> "전일에 파저강 전역戰役 때 대신과 장수와 재상들이 모두 불가하다고 말했다. 이 말은 만세에 변함없는 정론正論이었다. 그런데 내가 마침내 정벌을 명령하여 성공했다. … 지금 동맹가첩목아가 사망하고, 동범찰童凡察 (동맹가첩목아의 아우)이 그 무리를 거느리고 우리 경내에 와서 살고자 한다. 여러 대신들에게 의논했더니 모두가 경솔하게 허락할 수 없다고 말했는데, 그 말이 지당하다. 그러나 내가 생각하니. 알목하斡木河는 본래 우리 영토 안에 있던 땅이다. 혹시 동범찰 등이 딴 곳으로 옮겨가고 다른 강적强敵이 알목하에 들어와서 살게 된다면 우리나라의 변경을 잃게 될 뿐 아니라 또 하나의 강적이 생기게 된다. 그래서 나는 그곳이 허술한 틈을 타서 영북진寧北鎭을 알목하에 옮기고, 경원부慶源府를 소다로蘇多老로 옮겨서 옛 영토를 회복하여 조종의 뜻을 잇고자 하는데 어떻게 생각하는가? …

내 생각으로는 동맹가첩목아 부자가 일시에 죽은 것은 마치 하늘이 멸
망시킨 것 같다. 이제 그 시기가 이와 같으니, 그것을 잃어버릴 수 있겠
는가? 더군다나 두만강이 우리의 국경을 빙 둘러싸서 흐르니, 하늘이 만
든 험고險固로서 옛사람이 큰 강으로 못을 삼는다고 한 뜻과 일치한다.
나의 결의는 이미 섰으니, 경등은 충분히 의논하여 아뢰라.”

임금의 단호한 태도에 대신들은 일단 찬성을 표했다. 다만 함길도 도절제
사 성달생과 상의하고 나서 다시 의논하는 것이 좋겠고, 또 이곳에 진을 설치
하려면 민호民戶가 적어도 1천 호가 넘어야 한다고 말했다. 그러자 임금은 이렇
게 말했다.

“들어가 살게 할 인구는 하삼도[충청, 경상, 전라도]의 향리鄕吏, 역졸驛卒,
공노비, 사노비 등을 막론하고 자진하여 응모하는 자가 있으면 신역身役
을 면제하여 들어가 살게 하고, 혹은 토관직土官職을 주어 군대에 충당하
는 것이 어떻겠는가?”

세종은 전부터 함길도 방어를 위해 하삼도 인구를 이주시킬 생각을 가지고
있었는데, 이번에 다시 그렇게 하자고 제안했다. 다만 신분이 낮은 사람들의 자
원을 받아 역을 면제시키는 특혜를 주는 방법을 고안했다. 그러자 영의정 황희
黃喜 등이 수정안을 냈다. 우선 함흥 이북 사람들을 먼저 이주시키고, 차차 다른
도의 백성들을 이주시키자고 했다. 좌의정 맹사성도 임금의 제안에 적극 찬성
했다. 사실 그동안 세종의 북진정책을 강경하게 반대한 사람은 찬성 허조許稠였
는데 이날은 허조가 참석하지 않았다.

이틀 뒤인 11월 21일에 병조에서 다음과 같이 구체적 방법을 건의하니, 임
금이 재가했다.

“이번에 설치하는 경원부와 영북진은 우선 성벽을 쌓고, 토관제도土官
制度163를 마련한 뒤에 함길도 주민 중에서 1,100호를 각각 두 지역에 이

주시켜 농사도 짓고, 수비도 하게 하고, 요역을 가볍게 하고, 세금을 적
게 받아서 생계가 넉넉해지도록 만들어주고, … 만약 이주시킬 민호가
2,200호가 안되면 충청, 강원, 경상, 전라도 등지에서 자원자를 모집하되,
양민은 토관직을 주고, 향리나 역리는 영구히 역을 면제해 주고, 노비는
영구히 해방시켜 양민이 되게 해야 합니다. …"

세종 16년 1월 15일에 드디어 경원부와 영북진의 토관이 설치되었다. 그
리고 이해 2월 14일에 함길도 관찰사 김종서金宗瑞가 두 지역의 성터를 조사하
여 경원부를 소다로에 옮기고 이곳에 성을 쌓기로 하고, 영북진을 백안수소에
옮기고 이곳에 성을 쌓기로 하고, 두 지역의 인구가 각기 6천에서 7천 명에
이르자 도호부로 만들기로 했다. 영북진은 회령도호부, 경원부는 경원도호부가
되었다.

다음해인 세종 17년 7월 19일에는 다시 회령도호부의 인구 400호를 떼어
내어 종성군鐘城郡을 설치하고, 경원도호부의 인구 300호를 떼어내어 공성현孔城
縣을 설치했다.

12. 일본 국왕 사신이 《대장경》을 청구하고, 이예가 회례사로 가다

[세종 14년]

세종 14년 5월 23일에 일본 국왕 사신이 오자, 임금이 근정전에서 부관인
副官人 이라而羅를 만나보고 말했다.

---

163) 토관제도는 평안도와 함길도, 그리고 제주도 등 먼 지방 사람들을 회유하고 격려하기 위해 따
    로 만든 벼슬로서, 그 지역 관찰사가 최고 정5품에서 최하 종9품에 이르는 관직을 설치하여
    벼슬을 주고, 마치 중앙 관직의 녹사錄事나 서리書吏처럼 수령을 도와주도록 한 제도이다. 다
    만 토관은 중앙관직과 차별하여 정5품이 중앙관직의 정6품에 준하도록 만들었다. 토관이 설
    치된 도시는 평양, 영변, 의주, 강계, 함길도의 함흥, 길주, 6진들, 그리고 제주도였다. 세조 때
    에는 경주, 전주, 개성에도 설치했다. 그러나 이 제도는 16세기 이후 폐지되었다.

"바닷물이 험조한데 어렵게 멀리 와서 상사上使 범령梵齡이 겨우 우리
땅에 오자마자 병에 걸려 목숨을 잃었으니 내가 매우 애도하노라."

임금이 먼저 상사 범령이 죽은 것을 애도하는 말부터 꺼낸 것은 이유가 있
었다. 상사 범령이 5월 4일에 부산포에 도착하자마자 병에 걸려 죽었다. 정부에
서는 권전權專을 보내 그의 제사를 지내주었다. 그래서 상사 대신 부관인 이라
가 서울로 와서 임금을 알현하게 된 것이다. 범령은 세종 5년과 7년에도 두 차
례나 국왕 사신으로 와서 《대장경판》을 청구하다가 거절당하고 돌아간 인물로
서 세 번째 왔다가 목숨을 잃은 것이다.

이라는 일본 국왕[족리막부 장군]의 서신을 전했다. 그 내용은 이렇다.

"귀국이 우리와 매우 가깝게 있어서 배가 서로 왕래하며 통신하고 문
안하여 우호의 예를 닦은 것은 옛날부터 그러했던 것으로 한때도 그치지
않았습니다. 근래 3년 동안은 국내에서 일이 많아서 통신을 보사報謝하
지 못했으나, 성의가 해이한 것은 아닙니다. 이제 범령을 보내 석씨釋氏의
《대장경》 2벌을 청구하오니 윤허를 내려 주시기 바랍니다."

사신을 보낸 용건은 《대장경》 2벌을 청구한 것인데, 그동안 보낸 것만도
여러 번이었다. 국왕은 서신과 더불어 예물을 보내왔다. 불상佛像, 수정주水精珠,
그림부채, 감초, 호초, 구리로 만든 큰 칼, 병풍, 붉은 항아리, 대모탁자玳瑁卓子,
흑칠탁자, 매화피梅花皮, 상어가죽, 연초練綃, 등藤이었다.

임금은 회례사를 보내야 할 것인가 아닌가를 신하들과 의논하면서 이렇게
말했다.

"지금 일본 국왕이 사람을 보내 예방했으니, 회례사를 보내고자 하나,
일본은 자기네끼리 서로 나라를 다투어서 아무도 완전한 임금노릇을 하
지 못한다고 한다. 어떻게 할 것인가?"

하니, 예전에 일본에 회례사로 다녀온 경험이 있는 병조참의 박서생朴瑞生
이 말했다.

"세종 11년에 봉명사신으로 갔다가 돌아올 때 들으니 조카와 더불어
나라를 다투어 결정이 나지 않았다고 들었습니다."

이렇게 일본 국왕의 지위가 안정되지 않은 상황을 알고 있었지만, 그래도
회례사[회빙사]를 보내는 것이 예의상 맞다고 판단하여 7월 26일에 일본에 여러
차례 다녀온 상호군 이예李藝와 호군 김구경金久冏을 회례사로 파견하고, 그들이
청구한 《대장경》 2벌과 예물을 보냈다.[164]

그런데 사신이 가고 오는 데에는 지방 토호들의 협조가 절대 필요했다. 당
시 일본은 조선처럼 국왕이 전국을 직접 다스리는 나라가 아니고 지방분권화된
나라이기 때문이었다. 그래서 야마구치현과 구주 동북부를 장악하고 있던 토호
세력인 대내다다량大內多多良, 구주도원수 원씨源氏, 좌무위 원씨源氏, 일기도 태수
좌지평佐志平, 대마도 종정징宗貞澄 등에게 예물과 서한을 보내 우리 사신을 잘
호송해 달라고 부탁하고, 그들이 억류하고 있는 수십 명의 조선인을 보내달라
고 요구했다. 그들에게 보낸 예물을 합치면 국왕에게 보낸 예물보다 더 많았다.

일본 국왕 사신들이 왔을 당시 명나라 사신들이 서울에 머물고 있었으므
로 일본 사신들은 서울 밖 광주廣州에 머물게 했다. 조선이 일본과 통교하고
있다는 것을 중국 사신에게 보여주지 않기 위함이었다. 중국은 일본이 중국에
조공을 바치지 않으면서 왜구가 수시로 와서 약탈만 하고 가기 때문에 이들
을 야만인으로 취급했다. 일본 사신은 8월 9일에 임금에게 하직을 고하고 출
국했다.

---

164) 일본에 보낸 예물목록은 중국판 《대장경》 2벌, 백면포막白綿布幕 1좌, 백포장白布帳 2조, 잡채
화석겹지의雜彩花席裌地衣 1부, 흑세마포黑細麻布, 백세저포白細苧布 각 20필, 백세면주白細綿紬
30필, 만화방석滿花方席, 만화석滿花席 각 10장, 잡채화석雜彩花席 20장, 호피虎皮와 표피豹皮
각 10장, 남색사피藍色斜皮와 홍색사피 각 5령, 인삼 100근, 잣 400근, 꿀 20두이다.

그런데 일본에 간 회례사 이예 일행이 다음해인 세종 15년 3월에 귀국하는 도중에 일본 해적을 만나 물건을 모두 뺏기는 사건이 발생하여 대마도 태수 종정성에게 급히 연락하여 구조하도록 했다. 3월 27일에 예조참의 윤수尹粹가 종정성에게 보낸 서신은 다음과 같다.

"듣건대 회례사 이예 등이 돌아오는 배가 바다에서 도둑에게 약탈을 당하여 가진 물건을 모두 빼앗기고 겨우 목숨만 보전하여 적간관赤間關(지금의 시모노세키下關)에 머물러 있다고 하므로 좌군 부사정 피상의皮尙宜[165]를 보내 옷과 양식을 가져다 주게 했다. 길이 그대의 경계를 지나거든 족하足下가 배를 속히 보내어 호송하기를 바란다."

그런데 이해 6월 7일에 부사로 갔던 김구경金久冏이 대마도에 와서 육랑차랑의 인편에 소식을 전해 왔다. 그 내용은 이러했다.

"일본 수도에 이르러 일을 다 마치고 돌아오다가 4월 13일에 배가 바다 가운데 좌초하여 창졸간 위급한 때에 해적 35척이 나타나 국왕의 서계와 예물 및 우리가 무역한 잡물과 관군의 의복, 양식까지 모두 빼앗아 갔습니다. 깨진 배를 타고 해안에 도착하여 걸어서 대내전으로 향하여 얻어먹기도 하고 굶기도 하면서 8일 동안 달려서 적간관에 이르러 통사 김원金元을 왜왕에게 보내 호소하게 했는데, 상호군 이예와 종사관 등 16명은 적간관에 머물러서 기다리게 하고, 소신[김구경]과 압물관은 수행원과 군인 등 75명을 거느리고 대내전, 대우전, 소이전 등 여러 사람의 호송을 받아 5월 24일에 대마도로 왔습니다."

그러니까 해적선을 만나 물품을 모두 빼앗긴 뒤에 정사 이예는 일본 국왕의 도움으로 적간관에 남아 뒷수습을 하고, 부사인 김구경 등은 여러 토호들의

---

165) 피상의는 본래 왜인으로서 태종 때 귀화하여 역관이 되었고, 뒤에 벼슬이 상호군에 이르렀는데, 세조 때 동래東萊를 본관으로 주어 동래피씨東萊皮氏가 되었다. 또 평순平順이란 자도 왜인으로 귀화하여 본관을 창원昌原으로 삼게 했다.

호송을 받아 대마도로 왔다고 보고했다. 그리하여 이해 7월 27일에 출발한 지 꼭 1년 만에 부사 김구경이 먼저 병든 몸으로 귀국하고, 10월 6일에 정사 이예 가 뒷수습을 한 뒤에 귀국하여 그동안의 경과를 임금에게 보고했다.

"해적을 만나 빼앗긴 물건을 자세히 적어서 통사 김원金元을 시켜 일 본 국왕에게 알렸더니, 국왕이 매우 노하여 모든 섬이 수색하여 찾아서 수송하라고 명령하고, 또 대내전大內殿에게 명하여 전적으로 맡아서 규찰 하게 했습니다. 대내전은 그때 마침 군사를 거느리고 싸움터에 나가 있어 서 두 사람을 보내 와서 적간관에 머물게 했습니다. 그러나 섬의 도적들 이 도망쳐 흩어져 있었으므로 체포하지 못했다고 말했습니다. 다만 전하 께 바칠 진상방물과 선군船軍들의 잡물만을 보내 왔을 뿐입니다."

그런데 이번 해적사건에 대하여 세종 16년 1월 12일에 부사로 갔던 직예 문관 김구경이 임금에게 그 사건의 경위를 다시 보고했는데, 정사 이예를 헐뜯 는 말을 했다.

"이예가 갈 때에 잘 아는 왜인의 값비싼 면주를 많이 싣고 갔는데, 본 국에서 싣고 간 면주를 가지고 바꾸려고 했으나 값이 떨어져서 못했고, 또 돌아오는 길에 미도尾島에 이르러 이예가 박다博多 왜인의 동철銅鐵 4천여 근을 싣고 오다가 배가 바닷속으로 내려앉기에 신이 사람을 시켜 서 동철을 바닷속에 던져버리려고 했더니 이예의 수종자와 물주 왜인이 이를 잡고 막았는데, 그때 마침 해적 35척이 돌연 나타나서 모든 잡물을 강탈해 갔습니다."

김구경의 말은 마치 이예가 왜인의 면주와 동철을 장사하려고 하다가 해적 을 만난 것처럼 말한 것인데, 임금은 더 자세한 내용을 알기 위해 김구경과 이 예를 의금부에 가두고 국문했다. 그런데 이예는 오히려 김구경의 잘못을 지적 했다. 세종 16년 6월 8일에 의금부는 김구경의 잘못을 이렇게 보고했다.

"직예문관 김구경은 정사 이예가 범한 것이라고 말을 얽어 임금께 아뢰고, 또 군량을 보충하는 돈으로 속향束香과 백철白鐵을 사서 사적으로 쓰고, 진주, 금박, 은박을 사들였는데, '이것을 임금께 진상하기 위해 샀다.'고 말하고는 '품질이 나빠서 바치지 않았다.'고 했으니, 율에 의하여 형장 100대에 도徒 3년에 해당합니다."

임금이 "속장續杖 100대에 처하라."고 하면서 형벌을 감해주었다. 이것으로 이 사건은 일단락이 되었다.

그동안 조선 사신이 일본을 다녀올 때마다 순탄하게 다녀온 일이 거의 없었다. 일본 국왕이 박대하거나, 도중에 해적을 만나거나, 아니면 풍랑으로 지체되거나 하는 일이 반복되었다. 그래서 중국 사신보다 힘들고, 시일이 매번 1년 가까이 걸렸으며 목숨이 위태로운 여행이었다.

13. 일본 토호들의 조공, 유구국 선장이 모형 배를 바치다

세종 14년과 15년은 일본 토호들 간의 내전이 아직 종식되지 않아서 토호들의 조공행렬이 현저하게 줄어들었다. 세종 14년 5월 8일에 대마도 육랑차랑이 토산물을 바쳐 정포 20필을 회사했다. 그리고 이달에 일본 국왕 사신이 왔음은 이미 설명했다. 그 뒤 회례사가 가면서 호송을 부탁하기 위해 여러 토호들에게 편지와 더불어 예물을 보냈음도 이미 살펴보았다.

이해 6월 3일에 대마도 태수 종정성이 토산물을 바치자 정포 25필을 회사했다. 종정성과 종정징이 8월 16일에 또 토산물을 바치자 정포 35필과 50필을 각각 회사했다. 종정성은 9월 1일에도 토산물을 바치고 정포 11필을 얻어갔다. 조공품이 빈약하여 회사품도 전례없이 적었다. 9월 21일에 토산물을 바치자 정포 30필과 미두 60석을 회사했다.

11월 6일에 대마도 육랑차랑이 토산물을 바치자 정포 90필을 회사했다.

12월 11일에는 석견주石見州(시마네현島根縣)의 등관심藤觀心이 토산물을 바치고, 정포 30필을 얻어갔다.

세종 15년 1월 16일에 대마도 육랑차랑이 종사랑宗四郎과 더불어 배를 수리하여 우리나라 회례사를 호송하고 편지를 보내 보고하니, 미두 60석을 하사했다.

이해 1월 21일에 대마도 종언칠이 토산물을 바쳤으나 회사하지 않았다.

2월 28일에 종정성이 가배량[거제도], 구라량[사천], 두모포[부산], 서생포[울산] 등지를 내왕하면서 장사하기를 청하자, 예조에서 3포 이외에는 허락할 수 없다고 회답했다.

3월 1일에 육랑차랑이 토산물을 바쳤으나 회사품이 없었다. 3월 19일에 대마도 종대선宗大膳이 토산물을 바쳤다.

6월 16일에 대마도 상총수 종무직宗茂直이 사람을 보내 토산물을 바치고, 범종과 도서圖書를 청구하자, 범종은 거부하고, 도서 1과를 주고, 소주 15병과 정포 100필을 회사했다.

6월 19일에 대마도 태수 종정성이 토산물을 바치자, 대마도 배가 옥포 근처에서 우리나라 배를 도둑질하고 사람을 죽였으니 그 자를 잡아서 죄를 주고 즉시 보고하라고 말했다.

이해 7월 19일에 유구국 사람 선장船匠(배 만드는 기술자)들이 모형으로 만든 작은 배를 바치자, 사수색司水色에 내려보내, 이를 토대로 유구국 배를 만들게 하고, 뒤에 한강에서 우리나라 배와 함께 그 성능을 시험하여 비교했다. 이들 선장은 이름이 오보야고吾甫也古 등으로서 조선에서 장가들어 오래 살게 해주었다.

7월 22일에 임금이 말하기를, "요전까지는 왜인들이 오는 것이 꽤 많더니, 근자에는 어찌 전과 같이 아니한가?" 하고 신하들에게 묻자, 예조판서 신상申商이 대답하기를, "구주九州 지방에 난리가 나서 저희끼리 서로 죽이고 싸우기 때문에 내왕이 드뭅니다."라고 말했다.

이날 대마도 육랑차랑이, "유구국의 선장船匠을 보내겠다."고 청하자, 그에게 미두 50석을 하사했다. 유구국이 배를 잘 만들기 때문에 이미 와 있는 선장

이외에 또 다른 선장이 오는 것을 환영했던 것이다.

8월 6일에 대마도 상총수 종무직宗茂直이 사람을 보내 우리나라 회례사를 호송했다는 것을 보고하면서 범종을 청구하고 왜인 5인을 보내달라고 청하자, 모두 거절했다. 그대신 회례사를 호송한 공로로 백저포 10필, 명주 10필, 호피 5장, 인삼 20근을 주었다.

10월 22일에는 대마도 종무씨宗茂氏, 육랑차랑, 조전早田 등이 회례사를 호송하여 오고, 종금宗金의 아들과 일기도의 혜방惠方 등도 또한 사람을 보내 회례사를 호송하여 와서 예물을 바치므로 종무씨, 육랑차랑, 조전 등에게는 미두 30석씩을 주고, 종금의 아들에게는 면주 20필, 혜방에게는 미두 30석을 하사했다. 특히 태수 종정성에게는 미두 200석, 소주 20병, 종언칠宗彦七에게는 미두 80석, 종대선宗大膳에게는 미두 60석을 하사했다. 소주는 저들이 매우 즐기는 술이었다.

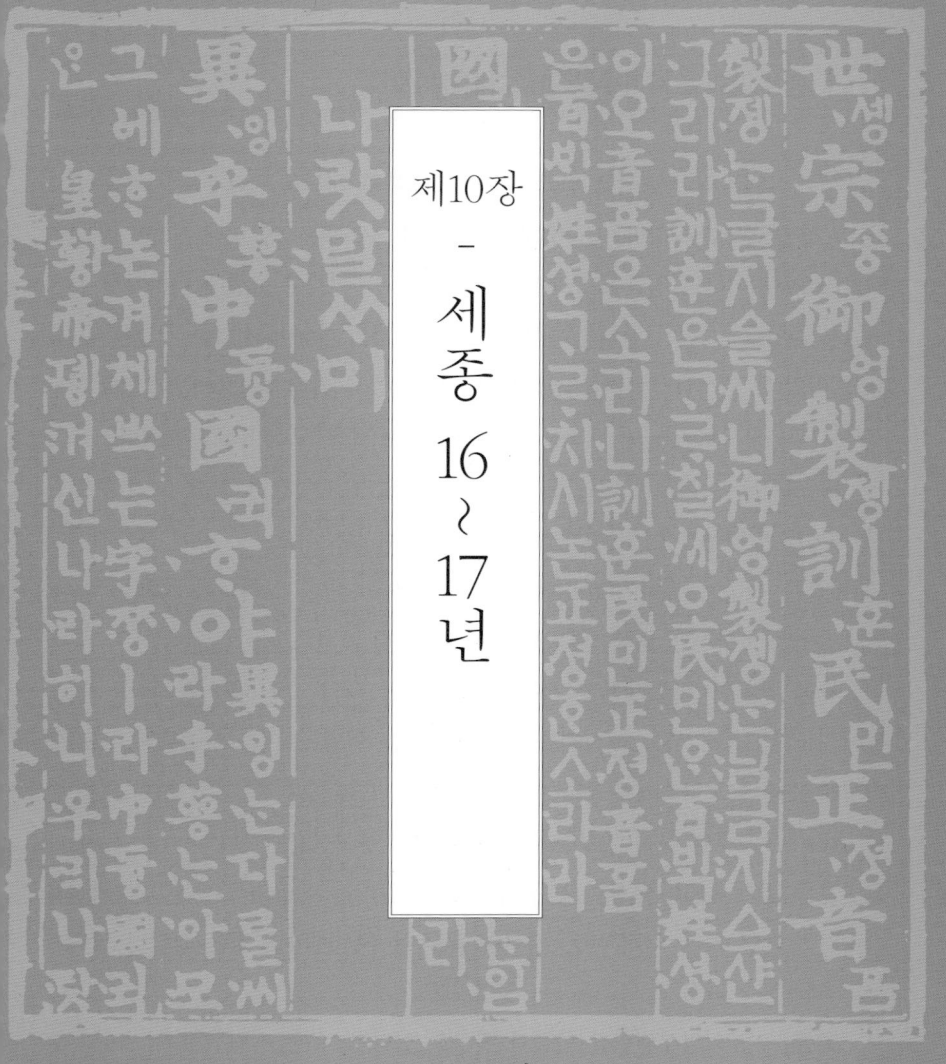

제10장
-
세종
16
~
17
년

(38~39세)
1434~1435년

1. 앙부일귀와 자격루를 만들다 [세종 16년]

세종은 시간의 중요성을 깊이 인식하고 정확한 시간을 알려주는 시계를 만드는 데 힘을 쏟았다. 시계는 비단 하루의 시간을 알려주는 데 그치는 것이 아니라, 일식日蝕이 일어나면 임금이 소복을 입고 백관들을 이끌고 궁궐에 나아가서 북을 치면서 태양을 구하는 이른바 '구식救食'을 해야 하기 때문에 정확한 시각을 알 필요가 있었다. 일식은 하늘이 임금의 잘못을 벌주기 위해 태양을 잡아먹게 하는 것으로 믿었으므로 임금이 태양을 다시 살려내는 것을 '구식'이라고 불렀다.

또 그뿐만이 아니라, 시간은 통행금지를 알리는 시간인 인정人定과 통행금지 해제를 알리는 시각인 파루罷漏 등을 알려주기도 하고, 그 밖에 군사작전에도 시각을 정하여 동시에 출병하는 데도 도움을 준다. 그러니까 시계는 농사, 의식, 치안, 군사작전 등에 절대 필요한 도구였다.

가장 간편한 원초적인 시계는 해시계였다. 해의 그림자가 움직이는 것을 통해 시각을 알게 하는 해시계를 일귀日晷 또는 일영日影이라고 불렀다. 그런데 해시계 가운데 고급스러운 해시계가 앙부일귀仰釜日晷이다. 동그란 원구圓球를 반을 잘라 놓은 것의 오목한 부분을 하늘을 향해 놓고 그 안에다 바늘을 세워 해 그림자를 받게 하고, 오목한 반구에 시각을 알리는 눈금과 또 계절의 명절을 가리키는 눈금 등을 그려 넣은 것이다. 그러나 해시계의 단점은 밤이나 날씨가 흐린 때에는 시간을 알 수 없다는 것이었다.

조선은 아직 앙부일귀를 만들지 못하고 있다가, 조선 사람으로 명나라의 환관이 되어 사신으로 자주 오던 윤봉尹鳳이 세종 15년 6월 26일에 사은사 김맹성이 귀국할 때 보내주었는데, 10월 11일에 임금이 말하기를, "윤봉에게 초피貂皮 (담비가죽) 100장과 표피豹皮(표범가죽) 5장을 주었더니, 일영日影(日晷)을 가져다 주었다."고 했다. 그러니까 임금이 윤봉에게 뇌물을 주고 일귀를 부탁한 것이다. 세종은 때로는 편법을 쓸 줄 아는 임금이었다. 세종은 다음해 2월 26일에 신하들에게 말하기를, "윤봉이 그 댓가를 받아내려고 보내준 것으로 보인다."고 하면서 돌려주면 어떻겠느냐고 신하들에게 물었다. 그러자 신하들은 "이 사실이 중국 조정에 알려지면 매우 위험하다."고 하면서 만류하여 돌려주지 않았다.

하지만 윤봉이 보낸 것은 개인이 가지고 있던 소형 일귀였을 것이다. 윤봉은 이 물건을 보내주고 그 댓가를 톡톡히 받고자 하여 임금이 잘 받았는지를 확인하려고 했던 것이다.

앙부일귀 사진 Bernat Agullo, CC BY-SA

다음해인 세종 16년 10월 2일에 드디어 앙부일귀仰俯日晷를 만들어 사람들이 많이 다니는 종로 혜정교惠政橋[166]와 종묘 앞길에 설치하여 시민들이 볼 수 있게 했다. 이때 만든 앙부일귀를 누가 만들었는지 기록이 없다. 대체로 어떤 의기儀器를 만들면 누가 만들었다고 기록하는 법인데 기록이 없다. 다만 《세조실록》에는 이순지李純之가 왕명으로 만들었다고 되어 있다.[167] 그러나 이순지가 만들었더라도 무엇인가를 참고해서 만들었을 것이다. 아마도 1년 전에 윤봉이 보내준 일귀日晷를 참고하여 만든 것으로 짐작된다.

임금은 앙부일귀를 만든 뒤에 집현전 직제학 김돈金墩에게 명하여 명문銘文을 쓰게 했는데, 그 내용은 이렇다.

"모든 시설에 시각보다 더 중요한 것이 없는데, 밤에는 경루更漏(물시계)가 있으나 낮에는 알기 어렵다. 구리를 부어서 그릇을 만드니, 모양이 가마솥처럼 생겼다. 둥근 발톱처럼 생긴 것[시침時針]을 가로로 설치하니, 자방子方(북방)과 오방午方(남방)이 서로 마주하고 있다. 꺾여서 돌아가

---

166) 혜정교는 지금 광화문 사거리에 있는 교보문고 뒤편의 개울[중학천]에 세운 다리를 말한다. 그러니까 광화문 네거리에서 종로로 들어가는 입구에 이 다리가 있었다.

167) 《세조실록》 세조 11년 6월 11일의 이순지李純之 졸기卒記를 보면, 앙부일귀를 비롯하여 자격루 등 모든 천문의기를 이순지가 왕명으로 만들었다고 한다. 자격루는 장영실이 만들었는데, 장영실이 죄를 짓고 쫓겨났기 때문에 그의 이름을 뺀 것으로 보인다.

는 것을 따라서 살펴보니 겨자씨를 점찍은 듯하다. 시각의 도수度數를 안에다 그렸으니, 둥근 하늘의 반이다. 신神의 몸을 그렸으니 어리석은 백성을 위해서다. 시각이 밝게 나누어져 있으니, 해가 비쳐 그렇게 된 것이다. 길가에 설치해 놓으니 구경꾼이 모여들었다. 지금부터 시작하여 백성들이 농사를 알게 될 것이다."

위 설명은 다소 추상적이어서 알기가 어렵다. 좀더 자세히 설명하면, 오목한 반구半球 안에 가로줄과 세로줄을 그려 마치 바둑판처럼 생겼는데, 시침時針이 만든 태양의 그림자가 가로줄을 따라 이동하면서 새벽부터 저녁까지의 시각의 변화를 가르쳐 준다. 그리고 세로줄은 시침의 그림자가 계절에 따라 길어졌다 짧아졌다 하면서 계절의 변화를 가르쳐준다. 비유하자면, 여름철에는 해가 머리 위에 비쳐서 그림자가 짧게 보이지만, 겨울에는 해가 비스듬하게 비쳐서 그림자가 길게 보이는 것과 같다.

앙부일귀는 이렇듯 낮시간을 살피는 데는 도움을 주지만 밤에는 아무런 기능을 하지 못했다. 그래서 밤시간을 알기 위해 만든 시계가 물시계이다.

세종은 전부터 이미 물시계를 만들어 야간용으로 사용해 왔는데 시간이 잘 맞지 않아서 세종 16년 6월에 자동 물시계인 자격루自擊漏를 다시 만들었다. 세종은 이해 6월 24일에 자격루에 대하여 이렇게 말했다.

"앞서 만든 누각漏閣의 경점更點[168]은 본래 근거한 바가 없었다. 이제 '수시력법授時曆法'[169]을 참고하여 누기漏器를 새로 만들었는데, 털끝만큼도 틀리지 않으므로 영을 내려 이것을 쓰고자 한다. 앞서의 누각은 인정人定

---

168) 경점更點은 밤시간을 가리키는 말로서 경更과 점點을 말한다. 경은 밤 10시간을 5개로 나누어 오후 7~9시를 초경初更(술시戌時)이라 하고, 9~11시를 2경二更(해시亥時), 11~1시를 3경三更(자시子時), 새벽 1~3시를 4경四更(축시丑時), 새벽 3~5시를 5경五更(인시寅時)으로 불렀다. 그리고 각 경은 5개로 나누어 이를 점點으로 불렀으므로 5경은 모두 25점이 된다. 그러니까 1점은 24분이 된다.

169) 수시력법授時曆法은 원나라 때 허형許衡, 왕순王恂, 곽수경郭守敬 등이 만든 역법으로 가장 과학적인 역법의 하나이다. 중세 천문학이 가장 발달한 중앙아시아의 천문학을 바탕으로 만들어진 달력이다.

(통행금지)이 늦어서 밤이 깊고, 파루罷漏(통행금지 해제)는 너무 일렀는데, 새 누기는 약간 반대이다. … 어느 것을 취할 것인가?"

옛날 누기와 새로 만든 누기의 인정人定과 파루罷漏 시간이 조금 달라 혼란이 생기는데 어느 것을 쓰는 것이 좋겠느냐고 신하들에게 묻자, 신하들이 정밀한 새 누기를 쓰자고 하여 따르기로 했다.

자격루는 세종 16년 7월 1일부터 사용하기 시작했는데, 그 시계의 구조와 원리가 자세히 기록되어 있다. 그 작동원리가 너무 복잡할 뿐 아니라, 지금 남아 있지 않아서 그 시계를 완벽하게 복원하는 데 어려움을 겪고 있다.[170] 현재 남아 있는 것은 그 뒤 개량해서 만든 것 가운데 수수호受水壺 2개로 덕수궁에 보관되어 있는데 국보로 지정되어 있다.

그 작동원리를 간단히 설명하면 이렇다. 물을 담는 파수호播水壺(구리항아리)가 4개인데, 크기가 각기 다르다. 높은 다락 위에 계단을 만들고 큰 파수호를 위 계단에 놓고, 계단을 따라 작은 계단을 놓는다. 파수호 아래에 구멍을 뚫고 파이프를 꽂아 크고 높은 파수호의 물이 작은 파수호로 흐르게 만든다. 마지막 작은 파수호에서 나온 물이 원통으로 된 2개의 구리로 만든 수수호受水壺로 들어가면, 수수호에 들어 있는 대나무 살대가 부력으로 떠오르면서 원통 위에 설치된 쇠구슬을 수수호에 연결된 비스듬한 구리판으로 떨어뜨린다.

구리판에는 12개의 구멍을 뚫어서 쇠구슬이 구멍으로 내려와 숟가락처럼 생긴 기구의 움푹 파인 곳으로 떨어진다. 숟가락기구가 쇠구슬의 무게로 인하여 상하로 움직이면서 거기에 연결된 기계들을 움직인다. 기계들이 움직이면, 그 기계가 스스로 구멍을 막았다 열었다 하면서 구슬이 들어가서 인형의 팔을 건드려 3종류의 나무 인형이 각기 시時와 경更과 점點을 알린다. 시時를 알리는 인형은 종鐘을 치고, 경更을 알리는 인형은 북鼓을 치고, 점點을 알리는 인형

---

170) 현재 건국대학교 공과대학 명예교수 남문현南文鉉 교수가 복원한 자격루가 국립고궁박물관에 보관되어 있다.

자격루
건국대 남문현 교수 복원, 국립고궁박물관 소장

은 징鉦을 친다. 시를 알리는 종을 치면, 그 아래층에 설치되어 있는 평평한 바퀴와 돌아가는 바퀴에 설치되어 있는 12개의 신神, 곧 쥐[子], 소[丑], 범[寅], 토끼[卯], 용[辰], 뱀[巳], 말[午], 양[未], 원숭이[申], 닭[酉], 개[戌], 돼지[亥]의 모형이 불쑥 올라와서 몇 시인지를 알려준다. 예를 들면 밤 0시에는 쥐가 나오고, 낮 12시에는 말이 나오며, 새벽 4시에는 호랑이가 나온다.

다시 말하면, 기계를 움직이는 동력은 물이고, 그 동력을 전달하는 기구는 대나무 살대, 쇠구슬, 숟가락, 바퀴 등이다. 그리고 기계의 움직임에 따라 시, 경, 점을 알리는 인형이 각각 종과 북과 징을 치면서 소리로서 시각을 알리고, 매 시각마다 각 시각을 상징하는 12종의 짐승 인형이 나와서 시각적으로 몇 시인가를 알려주는 시계이다. 그러니까 귀로 듣고 눈으로도 볼 수 있는 시계이다.[171]

그러면 자격루를 만든 사람은 누구인가? 바로 관노官奴 출신 호군護軍(정4품) 장영실蔣英實이다. 그러나 장영실이 만든 것은 나무 인형들이고, 기본 설계는 세종이 했다고 한다.

그런데 《세조실록》 세조 1년 10월 11일조의 기록을 보면, 자격루는 세종이 김빈金鑌(뒤에 金銚로 개명)에게 명하여 만들었다고 한다. 그러나 김빈은 집현전 학자로서 자격루의 원리와 구조를 설명하고 명문銘文을 썼을 뿐이지, 자격루를 만든 사람은 아니다. 아마도 장영실이 뒤에 수레를 잘못 만들어 임금에게 죄를 짓고 은거했기 때문에 장영실 이름을 빼고 김빈이 만든 것으로 바꾼 듯하다.

죄를 짓기 이전의 장영실에 대해 세종은 재위 15년 9월 16일에 이렇게 말했다.

---

171) 자격루의 구조와 작동원리, 그리고 장영실에 대해서는 남문현, 《장영실과 자격루》(서울대학교 출판부, 2002)에 그림을 곁들여 매우 상세하게 소개되어 있다.

"행사직(정5품) 장영실은 그 아비가 본래 원나라 소주蘇州와 항주杭州 사람이고, 어미는 기생이었는데, 공교한 솜씨가 보통 사람보다 뛰어나므로 태종께서 보호하셨고, 나도 역시 그를 아낀다. 세종 4~5년 무렵에 상의원尙衣院 별좌別坐(종5품)를 시키고자 하여 이조판서 허조許稠와 병조판서 조말생趙末生에게 의논했더니, 허조는 '기생의 소생을 상의원에 기용할 수 없다.'고 하고, 조말생은 '이런 무리는 상의원에 더욱 적합하다.'고 하여 두 의논이 일치하지 않았다. 그래서 내가 굳이 하지 못했다가 그 뒤에 다시 대신들에게 의논했더니, 유정현柳廷顯 등이 '상의원에 임명할 수 있다.'고 하기에 내가 그대로 따라서 별좌에 임명했다.

장영실의 사람됨이 비단 공교한 솜씨가 있는 것뿐이 아니라, 성질이 똑똑하기가 보통에 뛰어나서 강무講武할 때마다 내 곁에 두고 가까이 모시게 하여 내시를 대신하여 명령을 전달하기도 했다. 그러나 어찌 이를 공이라고 하겠는가? 이제 자격루自擊漏를 만들었는데, 비록 나의 가르침을 받아서 했지만, 만약 이 사람이 아니었더라면 아무래도 만들어내지 못했을 것이다.

내가 들으니, 원나라 순제順帝 때 저절로 치는 물시계가 있었다 하나, 만듦새의 정교함이 아마도 장영실의 정밀함에는 미치지 못했을 것이다. 만대에 이어 전할 기물器物을 능히 만들었으니, 그 공이 작지 않으므로 호군護軍(종4품)의 관직을 더해주고자 한다."

임금은 장영실의 집안사정과 그의 재주를 자세히 알고 있었다. 장영실의 아버지는 중국에서 귀화하여 동래현의 기생과 결혼하여 장영실을 낳았기 때문에 장영실은 관노가 되었다.[172] 그러나 물건을 만드는 기술이 뛰어날 뿐 아니라 머리가 똑똑하여 세종이 내시 대신 그를 강무講武(사냥)할 때 데리고 다니면서 비

---

172) 장영실의 가계에 대해서《아산장씨보牙山蔣氏譜》에는 다르게 기록되어 있다. 즉 아산장씨 시조는 장서蔣壻로서 고려 때 중국 송나라에서 대장군을 지내다가 금金나라가 쳐들어올 때 조정의 의론이 맞지 않아 배를 타고 고려의 아산牙山으로 왔는데, 고려 왕조에서 이곳을 식읍食邑으로 주고 군君을 봉하여 정착했다고 한다. 고려 예종 무렵의 일로 보인다. 그 후손들 가운데 3~5대는 무기를 만드는 군기감軍器監에서 판사判事를 지냈다. 장영실은 장서의 9대손이고, 아버지 이름은 장성휘蔣成暉로서 전서典書를 지냈다고 한다. 만약 이 족보의 기록이 사실이라면 장영실의 아비가 원나라 사람으로서 귀화해온 것처럼 말한 세종의 설명과는 다르다.

서처럼 부렸던 것이고, 드디어 자격루를 만들었다는 것이다. 그러면서 장영실이 아니었다면 자격루를 만들지 못했을 것이라고 말했다. 그러니 김빈이 만들었다는 말은 진실로 보기 어렵다.

자격루가 완성되자 경복궁 안에 보루각報漏閣을 짓고 그 안에 자격루를 설치하고, 서운관생書雲觀生이 이를 관리하게 했다. 그리고 경회루의 남문과 월화문, 근정문에는 쇠북을 설치하고, 광화문 누각에는 큰 종과 북을 설치해 놓았으며, 영추문에도 큰 북을 세웠다. 밤에 자격루의 인형이 나와서 북을 치면 그 소리를 들은 각 문의 쇠북을 맡은 자가 북을 쳐서 시간을 전파시켰다.

임금의 말에 따르면, 자격루의 원리는 세종이 지시한 것이고, 그 지시를 따라 시계를 만든 것은 장영실이라는 것이다. 그러면서 원나라 때 만든 자격루가 있다는 것을 언급하고 있다. 그 자격루는 당시 명나라 북경에 있었던 것으로 보인다. 그렇다면 누군가 북경에 가서 그 자격루를 은밀하게 보고 왔을 것이다. 그가 누구일까?

이와 관련하여 장영실의 행적에 이상한 것이 보인다. 앞서 설명했듯이 세종 7년 3월에 명나라 사신 윤봉尹鳳이 서울을 떠나 귀국길에 올랐는데, 그 다음달인 4월 18일에 임금이 평안도 감사에게 명하기를, 장영실이 그곳으로 가거든 석등잔石燈盞 대중소大中小 30개를 준비하여 주라고 말했다. 석등잔은 옥돌로 만든 등잔으로서 명나라 사신들이 가장 좋아하는 물품인데, 그것은 평안도에서 생산되는 옥으로 만든 것이었다. 윤봉은 조선에서 명나라로 보낸 환관이기 때문에 세종이 때때로 그에게 뇌물을 주었는데 그가 해시계인 일귀日晷를 보내주었음은 앞에서 이미 설명한 바와 같다. 그렇다면 장영실이 가지고 간 석등잔 30개도 필시 그에게 주어 모종의 부탁을 했거나, 아니면 장영실이 직접 그를 따라 북경에 가서 모종의 일을 하고 오게 했는지도 알 수 없다.

장영실은 또 세종 12년 4월 26일자 《실록》에도 실제로 중국에 가는 사은사 이징李澄의 수행원으로 다녀온 것이 기록에 보인다. 아무래도 특수임무를 띠고 다녀온 듯하다.

또 세종 14년 1월 4일에는 평안도 벽동에서 청옥靑玉을 캐어 임금에게 진상하자 장영실을 평안도에 보내 채굴하게 하고, 사람들이 채취하는 것을 금지시켰다. 청옥은 장식용으로도 쓰이지만 석등잔을 만드는 재료이기도 하다.

이런 일들은 모두가 장영실 같은 천한 신분의 사람이 할 수 있는 일이 아닌데도 세종이 얼마나 그를 깊이 신임하고 있었는지를 보여줄 뿐 아니라, 머리가 뛰어나고 중국어도 잘하는 그를 통해 중국의 과학기술에 대한 정보를 수집하는 데 활용한 것이 아닌가 하는 추측이 가능하다. 그러나 그런 일을 어떻게 사실대로 기록할 수가 있겠는가? 세종이 큰 방향을 지시하고 장영실의 손재주를 빌어서 중국보다 더 뛰어난 자격루를 만드는 데 성공한 것이다.

참고로, 체코의 수도 프라하의 시청에는 12명의 사도使道의 인형이 나오고, 정오에는 닭 인형이 나와 관광객에게 즐거움을 주는 대형 벽시계가 있어 화제거리가 되고 있다. 이 벽시계는 현대적인 시계로서 인형을 만든 것은 1866년이라 한다. 자격루보다 332년이 늦다.

2. 《자치통감훈의》를 편찬하다 [세종16~18년]

세종은 경학經學과 더불어 사학史學의 중요성을 누누이 강조했다. 실제로 정치를 하는 데 있어서는 경학보다 사학이 더 배울 것이 많고 실용성이 있다고 믿었다. 세종이 가장 애독한 역사책은 북송의 사마광司馬光(1019~1086)이 편찬한 《자치통감資治通鑑》이었다. 이 책은 동주東周가 망한 기원전 403년부터 송나라가 세워진 960년까지 1,362년의 중국사를 연대순으로 서술한 편년체로서 모두 294권이나 되는 거질이다.

정치의 잘잘못을 사마광이 평가하여 간간이 집어넣었고, 삼국시대는 국력이 강했던 위魏나라를 정통으로 간주하여 그 연호를 써서 촉蜀과 오吳의 역사를 서술했고, 5대 10국 시대에는 남조를 정통으로 간주하여 그 연호를 써서 북조의 역사를 서술했다.

《자치통감》은 얼핏 생각하면 중국이라는 1개 국가의 역사로 볼지 모르지만, 사실은 중국이 동서남북의 세계 여러 나라와 교류했기 때문에 세계사나 다름없었다. 이런 세계사를 가장 최근까지 서술한 역사책은 당시로서는 《자치통감》뿐이었다. 정치를 하면서 어떻게 세계사를 공부하지 않을 수가 있겠는가?

그런데 이 책에는 주周나라 이전의 상고사와 송대 이후의 역사가 빠졌으므로, 원말 명초의 학자 진경陳桱이 반고씨盤古氏부터 시작되는 상고사와, 송나라 멸망까지의 역사를 보완하여 《통감속편》을 편찬했다. 이 책은 세종 5년에 경자자庚子字 활자를 이용하여 24권 6책으로 펴냈다.

세종은 사마광의 《자치통감》이나 진경의 《통감속편》 뿐 아니라, 남송 학자 주자朱子(1130~1200)가 편찬한 《자치통감강목資治通鑑綱目》도 읽고 싶어 했다. 이 책은 《자치통감》의 기록을 강綱과 목目으로 나누어, 강은 큰 글자로 쓰고, 목은 작은 글씨로 써서 구별해 놓았는데, 이는 중요한 사실과 중요성이 상대적으로 덜한 사건을 구별하고, 나아가서 정통正統과 참주僭主(권력찬탈자)를 엄격하게 구별하기 위함이었다. 이른바 정통론正統論을 도입한 것이다. 정통론이란 여러 왕조가 동시에 병립했을 때, 그 가운데 하나의 왕조를 골라 정통으로 인정하고, 나머지는 참주로 격하시키기 위함이었다.

정통론의 기준은 도덕성과 혈통성이었다. 예를 들어 위魏, 오吳, 촉蜀이 병립했던 삼국시대는 후한의 혈통을 계승한 촉蜀을 정통으로 보고, 위魏와 오吳는 참주僭主로 보았다. 요遼와 북송이 병립했던 시대는 북송이 정통이고, 요는 오랑캐로 보았다. 금金과 남송이 병립했던 시대는 남송을 정통으로 간주했다. 이는 유교와 평화를 사랑한 북송과 남송은 정통성을 지닌 중화中華이고, 유학을 모르고 침략을 일삼은 북방족의 요와 금은 이적夷狄으로 본 것이다. 주자가 북방족을 이적으로 본 이유는 송나라가 북방족의 침략을 두 번이나 받아 남쪽으로 쫓겨온 것을 경험했기 때문이었다.

《자치통감강목》은 유교적 가치기준을 엄격하게 투영시켜 역사를 해석했기 때문에 세종은 이 책을 경학經學에 가까운 책으로 평가했는데, 선입관 없이 역사를 자유롭게 공부하려면 《자치통감》이 더 낫다고 생각했다. 그래서 경연에서 《자치통감》이나 《통감속편》을 자주 읽으면서 신하들과 토론했다.

임금은 우선 《자치통감》을 중외에 널리 반포하기 위해 대량으로 인쇄할 필요를 느끼고, 세종 16년 7월 16일에 《자치통감》을 500~600질 인쇄하는 데 필요한 종이 30만 권을 준비하라고 명했다. 7월 17일에 왕명에 따라 30만 권의 종이를 서울과 각 도에 분배했는데, 서울 조지서造紙署에 5만 권, 경상도에 10만 5천 권, 전라도에 7만 8천 권, 충청도와 강원도에 각각 3만 3,500권을 배분했다. 그리고 종이 원료로는 닥나무 외에 쑥대, 밀대, 보릿짚, 대나무껍질, 삼대 등을 닥나무와 섞어서 만들도록 했는데, 섞는 비율은 닥나무를 약 20% 정도 섞도록 했다. 그렇게 하면 종이가 더 강해지고 인쇄하기에도 적합하다고 했다. 종이를 만드는 일은 승려들이 맡도록 했다.

그리고 이에 앞서 대마도에서 빨리 자라는 닥나무 묘목을 가져다가 강화도와 하삼도 바닷가 등지에 심도록 하여 퍼뜨렸다. 우리나라의 종이는 예부터 질기고 반질반질하여 중국에서 매우 사랑을 받아왔는데, 중국인들은 이를 '고려지高麗紙'로 부르면서 최상품으로 여겼다. 명나라 사신들은 조선 종이를 선물로 받는 것을 영광으로 여겼다.

종이의 질과 생산을 높이는 데 그친 것이 아니라, 활자와 인쇄기술도 세종 때 혁신했다. 태종 때 주자소鑄字所를 설치하여 조선왕조에 들어와서 처음으로 금속활자로 책을 인쇄하기 시작했는데, 밀랍을 판 아래에 깔고 그 위에 태종 3년에 만든 계미자癸未字를 꽂아서 인쇄했다. 그런데 밀랍이 물렁물렁하여 활자가 밀려나서 몇 장만 인쇄하면 활자가 비뚤어져서 이를 바로잡는 데 많은 시간이 걸렸다.

세종은 재위 2년에 이천李蕆(1376~1451)[173] 등에게 명하여 활자를 다시 만들고

---

173) 이천은 본관이 예안禮安으로 군부판사 이송李竦의 아들로 무과에 급제하여 벼슬이 병마도절제사와 공조참판에 이르렀다. 세종 때 왜구를 격퇴하는 데 공을 세웠는데, 무예뿐 아니라 과학기술에도 재능이 많아 공조참판으로 임명하여 금속활자를 개량하게 하고, 뒤에는 장영실 등과 더불어 각종 천문의기天文儀器를 만드는 데 힘을 합쳤다. 뒤에는 여진족을 방어하는 데도 공헌했다.

밀랍을 쓰지 않고 인쇄하는 기술을 발전시켰는데 이를 경자자庚子字로 불렀다. 그런데 세종 6년에 이르러 경자자가 활자가 작아서 읽기에 불편하다고 대군들이 말하여, 여러 책의 글자체를 원본으로 삼아 진양대군(수양대군)에게 쓰게 하여 20여만 자의 활자를 새로 만들었는데 전보다 활자가 커졌다. 이것이 이른바 갑인자甲寅字이다. 그리하여 하루에 인쇄하는 수량이 40여 장에 이르고, 자체도 깨끗하고 아름다워졌으며 일하기가 한층 쉬워졌다. 《자치통감》은 이렇게 개량된 인쇄술을 이용하여 발행된 것이다.

세종은 《자치통감》에서 두 가지 부족한 점을 느꼈다. 하나는 내용이 너무 방대하고 이해하기가 어렵다는 것이다. 또 송나라 말기 원나라 초기의 학자 호삼성胡三省이 음音과 주註를 단 《호삼성음주자치통감》을 보고 싶어 했다. 주註를 보면 이해가 빨라지기 때문이다. 그래서 세종 18년에 《호삼성음주자치통감》을 중국에서도 구해오고, 국내에서도 민간에서 수집했다.

세종은 여기서 한 걸음 더 나아가 우리 스스로 여러 역사책들을 참고하여 《자치통감》의 어려운 부분의 뜻을 풀이하는 이른바 훈의訓義를 하면 읽기가 한결 편할 것으로 믿었다. 그래서 세종 16년 6월 26일에 전·현직 집현전 학자들을 불러들여 훈의작업을 하라고 명했는데, 이 일은 중추원사 윤회尹淮, 예조참판 권도權蹈(권제), 집현전 부제학 설순偰循이 주관하고, 집현전 응교 김말金末, 교리 유의손柳義孫, 수찬 이계전李季甸, 부수찬 최항崔恒, 이조좌랑 남계영南季瑛, 우헌납 이중윤李中允, 이사증李師曾, 어효첨魚孝瞻, 강맹경姜孟卿, 민원閔瑗이 참구하게 하고, 좌승지 권맹손權孟孫이 함께 관장하라고 명했다. 승지가 참여한 것은 이 일을 임금이 직접 챙기기 위함이었다.

세종 16년 6월 29일에는 이 책을 찬수하는 인원을 10명을 더 추가했다. 동녕부사 안구安玖, 병조좌랑 우효강禹孝剛, 봉례랑 이영견李永肩, 세자 우사경 조석문曹石門, 집현전 박사 전순全淳, 세자 우정자 이계원李季畹, 경창부승 정설鄭枻, 사정 이보흠李甫欽, 승문원 저작랑 이계선李繼善, 예빈녹사 이지장李智長 등이다. 세종 17년에 집현전 관원의 정원을 16명에서 6명을 더 증원하여 22명으로 늘린 것도 《자치통감》 훈의사업 때문이었다.

세종은 이해 7월 1일부터 이 책을 찬집하는 관원들에게 음식을 대접했는데, 이로부터 매달 15일마다 한 차례씩 경회루에서 음식을 베풀었다. 임금이 이 사업에 얼마나 큰 기대를 걸고 있었는지를 잘 보여준다. 9월 22일부터는 이 일 때문에 경연관이 부족하여 경연을 정지시키기도 했다.

이 일을 총괄하는 예문관 대제학 윤회는 매일 저녁 작업한 결과를 임금에게 보고하여, 임금이 직접 오류를 교정했는데 밤 늦게까지 하는 경우가 많았다. 세종 16년 12월 11일에 임금은 윤회 등에게 이렇게 말했다.

> "요즘 이 일을 보면서 독서하는 것이 유익하다는 것을 알았다. 총명이
> 날마다 더하고, 수면이 아주 줄었다."

하니 윤회 등이 걱정이 되어 말했다. "밤에 작은 글자를 보시면 눈병이 나실까 걱정입니다." 하니 임금이 "경의 말이 옳다. 내 조금 쉬겠다." 이때 임금의 나이 38세였는데, 과로 때문에 건강이 더 나빠진 것이 사실이었다.

이 작업을 시작한 지 꼭 1년이 되는 세종 17년 6월 8일에는 잔치를 크게 열어 찬집관들을 격려하고, 이날 참석한 47인에게 모두 이 사업을 기리는 시를 지어 갱축賡軸을 만들라고 명했다.[174] 이날 권채는 47인의 응제시應製詩를 모아 축을 만들어 임금에게 바치면서 서문을 썼다.

---

174) 이날 경회루 잔치에 참석한 사람은 다음과 같다. 예문관 대제학 윤회, 경창부윤 권도, 예문제학 정인지, 동지중추 설순, 이조참의 이선李宣, 집현전 부제학 김돈金墩, 안지安止, 동부승지 권채權採, 대사성 유효통兪孝通, 세자 좌보덕 최만리崔萬理, 우보덕 박중림朴仲林, 집현전 직제학 안완경安完慶, 직전 김말金末, 의정부 사인 허후許詡, 봉상소윤 신기愼幾, 응교 김신민金新民, 이명겸, 호군 최효손, 교리 유의손, 정창손, 호조정랑 이사증, 부교리 이계전, 좌문학 어효첨, 판관 신석견辛石堅, 사직 황보량皇甫良, 전첨사 유승유柳升濡, 수찬 김문金汶, 부수찬 최항, 감찰 노숙동盧叔仝, 주부 남수문, 수찬 이사철李思哲, 부수찬 김순金淳, 좌사경 조석문, 전감찰 이원상, 박경손, 부사직 백효삼, 전주부 오신지, 부령 김중종, 봉례 장근지, 좌정자 이계원, 박사 유지, 사정 이보흠, 직장 김의몽金義蒙, 정자 박팽년, 송처검, 이영서, 권지정자 정자영鄭子英, 간의대 제조 이천李蕆, 낭청 판사 서인도, 직제학 김빈, 부사직 조완벽, 부사정 신희, 교리 이순지 등이다. 그 밖에 왕세자, 여러 대군들이 연회에 참석하고, 여러 승지들도 입시했다.

그 서문에 이런 내용이 보인다.

"… 즉위하신 이후로 날마다 경연에 나가시어 밝은 학문을 시종여일
하게 싫어하시지 않으시고 우리나라에 서적이 적어서 사람들이 배울 수
없는 것을 깊이 염려하시어 … 유사攸司(해당관청)에 명하여 주자鑄字의 규
모를 새롭게 하여 책마다 인쇄하지 않은 것이 없고, 사람마다 배우지 못
하는 이가 없게 되었다 … 서적이 날로 많아지고, 달마다 불어나서 장서
귈藏書閣을 세우고 목록을 만들어서 간직하니, 건물 안에 차고 넘쳐서 우
리나라가 생긴 이래 문적文蹟이 많기가 오늘날처럼 융성한 때가 없었다.
… 예악禮樂, 종률鐘律, 천문天文, 의상儀象, 음양陰陽, 역산曆算, 의약醫藥,
복서卜筮의 서적까지도 모두 모아서 정리하고 인쇄하여 반행했다.
　　이제 또《자치통감훈의》를 찬수하여 연구하고 읽기에 편하게 하고, 매
우 정밀하고 해박하게 했으며, 편집하는 신하들에게 심부름꾼과 음식을
넉넉하게 주고, 친히 잔치를 내려주어 위로해 주시고, 시를 짓도록 명하
시어 즐겁게 해주셨다. …"

세종이 즉위한 뒤로 학문을 장려하고, 수많은 서적을 국내외에서 수집하고
인쇄하여 도서관이 가득찼는데, 책의 종류는 음악, 법률, 천문, 역법, 의약, 복서
등 기술학과 관계되는 책들까지도 빠짐없이 망라되어 있다는 것이다. 그리고
책을 보급하기 위해 금속활자를 다시 만들어 인쇄술을 혁신했다는 것도 암시하
고 있다.
　《자치통감훈의》는 세종의 정성어린 지원 속에서 작업이 진행되어 2년 뒤인
세종 18년 2월 27일에 드디어 활자로 간행되어 신하들에게 널리 나누어주었다.
　이 작업이 끝난 뒤인 세종 18년 7월 29일에 임금은 다시 주자의《자치통감
강목》을 훈의하는 책을 편찬하라고 집현전 부교리 이계전李季甸과 김문金汶에게
명하고 유의손柳義孫에게 서문을 지으라고 명했다. 이 작업은 이미《자치통감훈
의》를 만든 바 있으므로 쉽게 끝났다. 모두 149권이다. 이에 대해서는 뒤에 다
시 설명하겠다.

3. 9세의 영종 정통제 등극을 알리는 사신이 오다
조선 여자 53명을 돌려보내다 [세종 17년]

세종 16년(1434) 12월 24일에 명나라 황태자의 생일을 축하하는 천추사千秋使로 갔던 박신생朴信生이 선종 선덕제의 칙서 3통을 가지고 귀국했다. 첫 번째 칙서는 흑룡강 지역에 사는 야인들이 조선을 침범한다는 말을 들었으니 국경 수비를 엄히 하라는 것이다. 두 번째 칙서는 지난번에 보낸 조선 부녀자들이 모두 음식을 잘 만들고, 특히 두부를 잘 만든다고 칭찬하면서 다시 집찬녀 10인을 보내라는 것이었다. 세 번째 칙서는 해청海青을 잡아 보내라는 것이다.

황제의 명에 따라 12월 26일에 여자종 가운데 선발된 집찬비執饌婢를 궁궐에 모아 놓고 사옹방에서 음식 만드는 법을 가르쳤다. 다음 날 진헌사 이숙무李叔畝가 해청 2마리를 가지고 북경으로 떠났다. 집찬비는 아직 떠나지 않았다.

그런데 다음해인 세종 17년 1월 29일에 명나라에서 음식 만드는 집찬비를 조선으로 돌려보내 왔다. 그리고 이날 요동까지 갔던 진헌사 이숙무가 선종 선덕제宣宗 宣德帝(1399~1435)가 1월 3일에 죽고, 새 황제가 1월 10일에 등극했다는 소식을 듣고 급히 사람을 보내 알려왔다. 그리고 선종 선덕제가 죽기 전에 남긴 유언을 등사하여 보내왔다. 그 유언은 이렇다.

"짐이 근자에 질병에 걸려 날로 중태에 이르고 있다. … 장자 황태자가 황제의 위를 이을 것이다 … 국가의 중대한 사무는 황태후와 황후께 아뢴 연후에 시행할 것이다. …"

여기서 국가의 중대사를 황태후[새 황제의 할머니][175]와 황후[새 황제의 어머니]가 섭정한다고 한 것은 새 황제가 될 황태자의 나이가 9세밖에 되지 않은 까

---

175) 황태후는 제4대 인종 홍희제仁宗 洪熙帝의 황후인 성효소황후誠孝昭皇后(1379~1442) 장씨張氏로서 나이 57세에 섭정했다.

닭이었다. 새 황제가 1월 10일에 즉위하니 바로 제6대 영종 정통제英宗 正統帝
(1427~1464)이다. 정통제는 재위 14년(1449, 세종 31)에 북방 달달족을 토벌하다가
'토목土木의 변'으로 포로가 된 그 황제이다. 집찬비를 돌려보낸 것은 바로 섭
정을 맡은 황태후였다. 새 황제가 아직 어려서 해청이라든가 집찬비 등을 탐낼
처지가 아니므로 돌려보낸 것이다.

조선에서는 2월 8일에 죽은 황제를 조문하는 진위사陳慰使를 보내고, 이
어서 새 황제의 즉위를 축하하는 진하사進賀使로 호조참판 심도원沈道源을 2월
11일에 보냈다. 그러나 11년 동안 조선을 괴롭혀 온 선종 선덕제가 죽은 것은
조선으로서는 참으로 다행스러운 일이었다.

3월 18일에 명나라 사신 예부낭중 이약李約과 호부 원외랑 이의李儀가 새
황제의 등극을 알리는 칙서를 가지고 왔다. 참으로 오랜만에 환관이 아닌 정부
관리가 온 것이다. 새 황제의 칙서에는 이런 내용이 담겨 있었다.

"왕의 나라에서 바치는 조공은 한결같이 상제常制를 따라서 하고, 무
릇 전의 칙지勅旨에서 희망한 바 있는 사람과 기타 물품은 모두 없앤다.
왕은 짐의 지극한 뜻을 체득하도록 하라. … 이제 낭중 이약과 원외랑 이
의를 보내 조칙을 가지고 가서 왕에게 알리는 바이며, 아울러 채폐綵幣[176]
를 하사하니 이를 받으시오."

칙서에서는 죽은 황제가 앞서 명령했던 집찬비, 창가녀, 처녀 등과 해청海
靑 등 물품을 바치지 말라고 알리고, 앞으로는 일상적으로 정해진 물품만 보내
라는 것이다. 그리고 환관을 처음으로 보내지 않았다. 이 칙서는 황태후의 뜻을

176) 새 황제 영종 정통제가 보낸 채폐는 왕과 왕비에게 보냈는데 그 목록은 다음과 같다. 왕에게
보낸 채폐는 모시로 짠 금흉배기린홍金胸背麒麟紅 1필, 금실로 짠 흉배기린록胸背麒麟綠 1필,
금실로 짠 흉배백도홍胸背白澤紅 1필, 금실로 짠 흉배백도청胸背白澤靑 1필, 암화홍暗花紅, 암
화청暗花靑, 암화록暗花綠 각 1필, 소홍素紅 2필, 소록素綠 1필, 채견홍綵絹紅 4필, 남藍 3필,
장화융금홍粧花絨錦紅 1단, 청색靑色 2단, 녹색綠色 1단이고, 왕비에게 보낸 채폐는 저사직금
흉배기린홍 1필, 직금흉배기린록 1필, 암화청 1필, 녹색 1필, 소람 1필, 소청 1필, 채견홍
2필, 녹색 2필, 장화융금홍 1단, 녹색 1단이다.

담은 것이다. 참으로 조선으로서는 개국 이후 처음 있는 일이다. 황제가 어린 것이 천만다행이었다. 두 사신도 임금에게 비단을 바쳤다.

3월 22일에 두 사신이 성균관 문묘文廟에 가서 참배했다. 문묘의 비문碑文을 보고 "지은 글과 글씨가 모두 훌륭하다. 성인聖人께서 가신 지 이미 오래 되었는데도 조선에서 한결같이 성인의 가르침을 좇아서 하니, 중국의 풍교와 아주 똑같다."고 칭찬했다.

정인지鄭麟趾가 임시로 가대사성假大司成의 직함을 갖고 사신을 접대했다. 사신은 4월 3일에 서울을 떠났는데, 이의李儀가 모화관에 관한 시를 한 수 지었다. 임금은 몸이 아프다는 핑계로 칙서를 맞이할 때를 제외하고는 사신에 대한 전별연 등 접대를 19세 된 진양대군(수양대군)에게 맡겼다. 사신이 보름만에 떠난 것도 드문 일이다. 사신은 진양대군에게 말하기를, "조선은 본래 '예의지국'인데 지금 예악문물을 보니 중화와 다름이 없으니, 오로지 기자箕子의 유풍遺風이요."라고 하면서 감탄하기를 마지 않았다.

사신이 떠난 지 며칠 뒤인 4월 26일에 또 사신 이충李忠, 김각金角, 김복金福, 장봉張奉 등이 옛날에 황제의 후궁으로 간 처녀處女의 시종으로 따라갔던 종비從婢 9명, 노래하는 창가비唱歌婢 7명, 그리고 음식을 만드는 집찬비執饌婢 37명을 합하여 모두 53명의 여자들을 거느리고 왔다. 후궁들은 비록 황제를 따라 순장殉葬되었지만, 그 나머지 여자들은 모두 돌아온 것이다. 사신이 가지고 온 칙서에 여자들을 돌려보낸 이유를 이렇게 적었다.

> "부녀 김흑金黑 등 53명이 오래 경사京師(북경)에 머물러 있으니, 그들이 고향을 생각하고 있는 것을 짐이 불쌍하게 여기고, 또 부모, 형제가 보고 싶어할 것이므로 이제 내관 이충 … 등을 보내 돌려보내니, 왕이 모두 그 집을 찾아서 돌려보내어 처소를 잃지 말게 하고, 이충 등은 성묘가 끝나거든 곧 경사로 돌아오게 하라."

이 칙서는 말할 것도 없이 황태후가 명한 것이다. 돌아온 비자婢子들이 경복궁 월대에서 임금에게 중국식으로 8배를 했는데, 그 모습이 마치 춤을 추는 것 같았다.

이번에 온 사신은 모두 조선에서 태종 3년과 태종 8년에 입조한 환관들로서 모두 고향에 돌아가서 부모 무덤에 성묘하고 왔다. 이충은 직산稷山을 다녀오고, 김각은 옥과玉果를 다녀오고, 김복은 평양 사람이었다. 임금은 이들의 부모에게 모두 곡식 20석씩을 하사했다.

임금은 돌아온 비자婢子들이 모두 노비였지만, 노비 역을 시키지 말라고 명하고, 그 친족들에게 식량과 음식을 하사하여 위로해 주었다.

4월 26일에 처녀 한씨[한확의 누님]의 종비從婢로 따라갔던 김흑金黑이 이날 이런 말을 임금에게 했다.

> "한씨가 죽은 뒤에 태황태후를 모셨는데 대우가 대단히 후하고, 하사해 주시는 것이 매우 많았습니다. 하루는 황태후께 말씀드리기를, '늙은 것이 은혜를 입은 것이 대단히 후하온데 다만 고향에 돌아가고 싶습니다.' 했더니, 태후가 허락했습니다. 또 '집찬비와 창가비를 아울러 돌려보내 주시기 바랍니다.'라고 했더니 태후가 말하기를, '와서 있는 것을 처음부터 알지 못했다.'고 하시면서 한꺼번에 돌려보내라고 명하셨습니다. 하직하는 날에는 태후께서 저의 손을 잡고 울면서 작별했습니다."

황태후는 집찬비와 창가녀가 있는 것을 알지도 못했다는 것이다. 또 김흑은 황태후가 그에게 내린 고명誥命도 아뢰었다. 그 고명의 요지는 이렇다.

> "… 슬프다. 너 김씨는 고 강혜장숙여비康惠莊淑麗妃(한확의 누님)의 유모이다. 여비는 공손히 선제先帝(영락제)를 섬겨 현숙하다고 일컬었는데, 황제가 승하하자 몸을 버려 순종殉從했으므로 이미 봉작封爵과 작호爵號를 더하여 어진 행실을 정표했는데, 네가 보육의 근로가 있음을 생각하여 이제 특별히 봉하여 '공인恭人'을 삼는다. 이 광영을 생각하여 공경하여 게

을리하지 말라, 홍희황제의 명령이다."

그러니 한확의 누님으로 영락제의 후궁이 되었다가 여비麗妃로 추존된 한씨의 유모이자 종비였던 김흑에게 공인恭人의 벼슬을 내린 것이다.

사신들은 6월 18일, 7월 21일에 모두 서울을 떠났다. 임금은 6월 26일에 앞서 윤봉, 이상, 장보 등이 사신으로 와서 부탁하여 벼슬을 준 친지들 가운데 4촌을 제외한 사람들의 벼슬을 모두 박탈했다.

이해 7월 7일에 사은사로 갔던 권공權恭이 귀국하여 복명했는데, 어린 황제가 그의 손목을 잡고 말하기를, "그대의 국왕이 지성으로 중국을 섬기고, 그대도 또한 먼 길을 오면서 고생했다."고 하면서 각종 비단을 하사하고, 은 50냥, 순금허리띠 등 선물을 푸짐하게 받아 왔다고 말했다.

임금은 권공의 말을 듣고, "공이 황제의 후한 은혜를 입었으니, 지나간 옛날에는 없던 일이다. 중국에서 우리나라에 대한 마음이 지극한 때문이다."라고 했다.

9세 된 어린 황제가 등극하여 조선으로서는 참으로 오랜만에 기를 펴고 살 수 있는 세상이 온 것이다. 세종은 이제부터 명나라의 눈치를 보지 않고 마음에 품었던 일을 할 수 있는 호기를 맞이했다. 그 대표적인 사업의 하나가 바로 '훈민정음' 창제였다. 이 일에 대해서는 뒤에 다시 설명할 것이다.

4. 노인직 설치, 고아 보호대책 강화 [세종 17년]

조선시대에는 70세 이상을 노인으로 불렀다. 세종은 노인에 대한 배려가 남달라 이미 세종 14년에 70세 이상 보호자가 없는 독거노인獨居老人들에 대한 음식과 의복재료를 국가에서 정기적으로 지급하는 제도를 만들었고, 또 해마다 가을에 80세 이상 노인들을 초대하여 잔치를 열어주는 양로연養老宴을 서울과 지방에서 동시에 거행하도록 했는데, 남녀의 차별을 두지 않았다. 또 70세 이상 노인이 있는 가정에서는 그 자식 가운데 1명 또는 2명을 시정侍丁으로 정하여 군역이나 요역을 면제해 주는 제도도 만들었다. 이런 노인우대책은 신분에 차등을 두지 않아 노비에게도 적용되었는데, 다만 노비의 경우는 양민에 비해 약간의 차이가 있을 뿐이었다.

세종 17년에 이르러 노인복지정책은 한층 더 강화되었다. 우선 노인들에게 관직을 주는 노인직老人職을 새로이 설치했다. 이 벼슬은 실직이 아닌 영직影職 즉 품계만 주는 명예직이지만 그래도 품계에 따른 직첩職帖과 관복官服을 주어 가문의 영광으로 삼게 했으며, 또 그 부인에게도 남편의 품계에 따른 벼슬을 동시에 주었다.

우선, 세종 16년 8월 22일에 세 번째 양로연을 사정전에서 열어 남자 노인에게 잔치를 베풀고, 8월 25일에는 왕비가 사정전에서 여자 노인들에게 잔치를 베풀었다.

세종 17년 1월 22일에 임금은 100세 이상 노인들에게 해마다 쌀 10석을 지급하고, 매월 술과 고기를 보내주고, 매달 말에 그 수효를 기록하여 보고하라고 명했다. 70세 이상 노인들에 대한 복지정책은 이미 법령을 만들었으나, 100세 이상 노인에 대한 별도의 조치가 없었다. 그것은 100세 이상 노인이 있다는 사실을 잘 모르고 있었기 때문이었다. 그런데 악학별좌 정양鄭穰의 어머니가 103세라는 말을 듣고 깜짝 놀라 이런 조치를 내린 것이다.

임금의 명령에 따라 각 지역의 100세 이상 노인들을 찾아서 임금에게 보고했는데, 4월 20일에는 전라도 옥구현에 104세 된 할머니가 있는데, 이가 빠졌다가 다시 나고, 검은 머리가 도로 났다는 보고가 올라왔다.

세종 17년 6월 21일에는 경상, 전라, 강원, 함길, 황해 등 5도에서 조사한 결과 90세 이상 남녀가 614명이고, 100세 이상 노인이 10명인데, 남자가 3명이고, 여자가 7명이라고 보고했다. 남자보다 여자가 더 장수한 것으로 나타났다. 그 가운데 100세 이상이 3명, 102세 이상이 5명인데, 남자가 1명이고 여자가

4명이었으며, 104세 이상은 여성만 2명이었다. 다만 이번 조사는 경기도, 평안도, 충청도 그리고 개성이 빠진 것이었다. 만약 이 지역들까지 조사되었다면 그 수는 더 많아졌을 것이다.

세종은 6월 21일에 새로운 경로정책으로서 노인직老人職을 줄 것에 대하여 교지를 내렸다. 그 요지는 이렇다.

> "경로敬老의 예가 내려온 지 오래다. 예전 제왕帝王들은 친히 잔치를 열고 참가하여 존경하는 뜻을 보이고, 혹은 아들이나 손자에게 부역을 면제하여 봉양하는 일을 맡겼다. 내가 백성의 위에 있으니, 기로耆老들을 돌보아 생각하여 이미 서울과 지방에서 잔치를 거행하게 하고, 또 자손의 부역을 면제했다. 거의 선왕을 따른 것이지만 한갓 혜양惠養의 이름만 있고 우대하고 존숭하는 실상은 나타내지 못했다.
>
> 고전을 상고해 보면, 당 현종玄宗은 나이 많은 남녀에게 봉작封爵을 제수했고, 송 태종太宗은 작爵 1급을 주었다. … 지금 나이 90세 이상의 백신白身(벼슬없는 사람)에게는 8품을 주고, 원직 9품 이상인 자에게는 각각 1품을 올려주고, 100세 이상의 백신과 원직 8품 이상인 자에게는 6품을 주고, 원직 7품인 자에게는 1급을 올려주되, 3품을 한도로 하여 그친다. 그 부인의 봉작은 이에 준한다.
>
> 천구賤口(노비)로서 90세 이상 남녀는 쌀 2석을 주고, 100세 이상 남녀에게는 천인을 면제해 주고, 남자에게는 7품을 주고, 여자에게도 봉작한다. … 아, 고년高年을 존경하고 나이를 높이어 효제의 풍속을 두터이하고, 생업을 편안하게 하여 함께 인수仁壽의 지경에 이르도록 하라. 너희 예조는 나의 지극한 생각을 체득하여 중외에 널리 알리라."

이 교지를 보면 양인과 천인에게 모두 노인직을 주는데, 다만 양인은 90세 이상인 자에게 벼슬을 주고, 노비는 100세 이상인 자에게 준 것이 약간 다르다. 그러나 노비도 90세 이상에게는 쌀을 주도록 배려했다. 왕명에 따라 90세 이상 노인으로서 실제로 관직을 받은 사람은 8월 6일 현재 566명에 이르고, 쌀을 받은 노인은 134명에 이르렀다.

세종은 노인복지 강화와 더불어 고아孤兒에 대해서도 보호대책을 강구했다. 고아는 두 부류가 있었다. 집을 나갔다가 길을 잃고 고아가 된 경우, 부모가 기르기 힘들어서 일부러 길에다 버린 경우이다. 이런 고아가 발견되면 서울에서는 제생원濟生院으로 데려가서 길렀는데, 제생원에 방이 부족하여 관비官婢에게 나누어 주어 기르게 했다. 그러나 관비들이 제 자식도 키우기 어려운데 남의 자식을 키우기를 싫어하여 날마다 야위고 파리해지다가 죽는 아이들이 늘어났다.

세종 17년 6월에 제생원에서 예조에 건의했다. 제생원 옆에 3칸짜리 집을 따로 지어 온돌방과 서늘한 방, 부엌을 만들고, 노비 각 1명과 양인이나 노비 중에서 자원하여 키우고자 하는 사람에게 위탁하여 키우게 하되 그 비용은 국가에서 부담하도록 하자는 것이다. 그러니까 고아원孤兒院이 처음으로 세워진 것이다.

임금은 예조의 의견을 받아들였다. 그런데 이 소식이 전해지자, 일부러 아이를 길에 내버리는 사람들이 갑자기 늘어나서 10여 명에 이르러 그 처리가 어려워졌다. 한성부에서 이런 사정을 임금에게 아뢰자, 임금은 이해 8월 14일에 형조에 명을 내려, 아이를 버리는 것은 살인이나 다름 없다고 보고, 버린 부모를 찾아내어 벌을 주라고 명하고, 고발한 자에게는 어린아이 부모의 재산을 상으로 주라고 했다.

9월 2일에 호조는 다시 서울에서의 기아棄兒 현상을 또 이렇게 보고했다.

"도성은 인가人家가 빽빽하여 어린아이가 겨우 두서너 집 문을 지나자마자 길을 잃어버리게 되는데, 간사한 무리들이 혹은 숨겨 기르고, 혹은 노비를 삼기도 하니, 풍속이 아름답지 못합니다. 앞으로 만약 아이를 얻은 사람이 있으면, 즉시 제생원으로 보내 먹여 기르도록 하되, 아이를 잃은 사람에게서 동전銅錢 3관을 징수하여 아이를 얻은 사람에게 상으로 주소서."

이 경우는 일부러 아이를 버린 경우가 아니고 집을 나갔다가 길을 잃은 아이를 말하는데, 이런 아이를 데려다가 몰래 기르기도 하고 노비를 삼는 사람도 있어서 풍속이 아름답지 못하다는 것이다. 이런 아이는 발견되면 제생원으로 데려다가 기르도록 하고, 아이를 잃어버린 부모에게서 동전 3관을 받아서 기른 사람에게 상으로 주자는 것이다. 임금은 일단 이 제안을 받아들였다.

그런데 9월 6일에 형조에서 법을 추가하여 아이를 버린 사람을 현장에서 고발한 자에게는 국가에서 면포 12필을 주도록 하자고 건의하여 항식恒式을 삼도록 명했다.

이상 여러 규정을 종합해 보면, 어린아이를 고의로 버린 부모에게는 엄한 벌을 내리고, 길에서 발견된 고아는 발견되는 대로 제생원에 보내 기르고, 아이를 버리는 사람을 현장에서 고발하는 사람은 국가에서 포상하여 고발제도를 강화하자는 것이다.

5. 민호를 5등급으로 나누다

일반 백성들이 국가에 대하여 지는 부담은 크게 토지에 대한 세금인 전조田租, 가호마다 토산물을 바치는 공납貢納, 16세 이상의 인정人丁이 지는 군역軍役, 그리고 각종 토목공사에 투입되는 육체노동인 요역徭役이었다.

요역은 매년 20일간으로 정해져 있었는데, 그 종류가 매우 다양했다. 성을 쌓는 축성築城, 궁궐이나 관사를 짓는 일, 사신의 물건을 실어 나르는 일 등 지역에 따라 아주 다양했다. 북방지역은 축성의 일과 사신 접대의 일이 많고, 경기도의 경우는 궁궐이나 관사를 짓는 일, 그리고 국내의 관리들이 내왕하는 일을 뒷바라지하는 일들이 많았다.

축성이나 궁궐 또는 관사를 짓는 일의 규모가 클 때는 일반 백성의 노동력만으로는 부족하여 선군船軍 등 군인들을 투입하거나 승려들을 투입하는 경우가 많았다. 특히 서울의 토목공사에는 승려들이 많이 투입되었고, 이들에게는 식량이 지급되었다. 서울 민가에 필요한 기와를 굽는 일도 승려들이 맡았고, 죽은 사람의 해골을 묻어주는 일도 승려들이 주로 맡았다.

그러나 전국적으로 본다면 일반 농민들의 부역을 고르게 하는 일이 무엇보다 중요했다. 다만 농민은 농사를 지어야 하기 때문에 농사에 방해가 될 정도로 노동력을 징발하는 것은 곤란한 일이었다. 또 비록 인정人丁이 많더라도 가난한 사람에게 요역을 부과하는 것도 큰 문제였다.

이런 문제를 고려하여 요역은 토지의 많고 적음, 인정의 많고 적음을 기준으로 하여 부과했는데, 호적제도가 불비하여 인정의 많고 적음을 알기가 매우 어려웠다. 그래서 토지의 많고 적음을 기준으로 부과하는 것이 관행으로 되었다. 그러나 토지의 많고 적음을 어떻게 등급을 매겨 부과해야 하는지는 정해지지 않아서 토지가 많은 부자는 오히려 세력을 믿고 요역을 회피하고, 가난한 자가 오히려 요역을 지게 되어 고통을 받는 일이 많았다. 그래서 부역을 균등하게 하는 일이 항상 문제였다.

세종 17년 3월 6일에 호조는 요역을 부과하는 새로운 기준을 만들어 임금에게 아뢰었다. 토지를 5등급으로 나누어 요역의 차등을 두도록 했다. 전토 50결을 상호上戶로 정하고, 30결 이상은 중호中戶, 10결 이상을 소호小戶, 6결 이상을 잔호殘戶, 5결 이하를 잔잔호殘殘戶로 정하여 차등을 두자고 했다. 임금은 이를 일단 받아들여 정식定式을 삼았다.

참고로, 《세종실록 지리지》를 보면, 전국의 민호는 22만 6,310호에 전국 전지 면적은 152만 4,234결이므로, 매호의 평균 전지 결수는 약 6.73결이 된다. 그러므로 호조에서 6결 이상을 잔호로 보고, 5결 이하를 잔잔호로 본 것은 평균치 이하이기 때문에 그렇게 정했을 것이다.

《속육전》을 보면 갑사甲士에게 군역 보조자인 봉족奉足을 줄 때, 전지가 2~3결 이하자는 봉족 2호를 주고, 4~5결 이하자는 봉족 1호를 주며, 6~7결 이상자에게는 봉족을 주지 않도록 되어 있다. 이는 6~7결 보유자를 일단 군역의 자립이 가능한 농민으로 간주하여 봉족이 필요 없다고 본 것이다. 그런데 매호 6~7결은 바로 전국의 평균치에 해당한다.

호조에서 정한 요역도 군역과 마찬가지로 6~7결의 평균치를 보유한 사람을 잔호로 부르고, 그 평균치 이하자를 잔잔호로 불러 요역을 가볍게 한 것이다.

그런데 다음해인 세종 18년 7월 9일에 강원도 감사가 호조에서 정한 요역편제에 대하여 이의를 제기했다. 강원도는 민호가 모두 1만 1,538호인데, 대호가 10호(0.086%), 중호가 76호(0.65%), 소호가 1,641호(14.2%), 잔호가 2,043호(17.7%), 잔잔호가 7,773호(67.36%)라는 것이다. 다시 말해 전주민의 85%가 잔호와 잔잔호에 해당한다는 것이다.

참고로, 당시 강원도의 토지 결수가 얼마인지는 알 수 없으나 《세종실록지리지》를 보면 약 6만 6천 결이다. 그렇다면 매호의 평균 결수結數는 약 5.7결이 된다. 그러니 호조에서 정한 등급이 강원도에는 맞지 않는 것이 사실이다.

그 대안으로 강원도는 0.086%에 지나지 않는 대호大戶를 없애고, 10~20결을 중호中戶로 정하고, 6결 이상을 소호小戶로, 4결 이상을 잔호殘戶로, 3결 이하를 잔잔호殘殘戶로 정했다.

6. 흥천사 사리각을 수리하다

태조가 죽은 강비康妃를 너무나 사랑하여 그의 무덤인 정릉貞陵도 경복궁에서 바라보이는 곳에 만들고, 또 정릉 앞에 원찰인 흥천사興天寺를 세웠음은 앞에서 이미 설명했다. 태조는 흥천사를 먼저 짓고, 그 뒤인 태조 7년 5월 18일에 흥천사 뒤에 3층짜리 사리전舍利殿을 지으라고 명하여 정종 1년 10월 19일에 낙성되었다.

그런데 이 절을 세운 지 이미 몇십 년이 흘러 흥천사 사리각舍利閣이 무너질 위험에 처했다. 사리각 안에는 부처님 사리를 모신 사리탑舍利塔이 있었는데, 사리각의 모습은 8면으로 되어 있고, 높이가 3층이라는 기록, 4층이라는 기록,

5층이라는 기록[177]도 있어 어느 것이 맞는지 알 수 없다. 그러나 5층이 맞는 듯하다.[178] 사리탑이 몇 층인지는 알 수 없으나 사리각이 5층이라면 그 높이가 대략 20m는 되었을 것이고, 사리탑도 그에 맞추어 10층 전후의 탑이었을 것으로 보인다.[179] 그 모습이 매우 장엄했다고 한다. 우리나라에 8면으로 된 불전佛殿은 처음 있는 일이다.

세종은 불교를 믿지 않았으나, 태조가 세우고 태종이 보호했던 이 사찰을 보호할 책임을 느꼈다. 정릉은 비록 태종이 다른 곳으로 옮겨 놓았지만 흥천사만은 차마 철거하지 못했다. 세종은 재위 17년 5월 12일에 흥천사의 수리에 대한 뜻을 여러 승지에게 이렇게 말했다.

> "흥천사 사리각이 기울고 위태하여 수리하여 바로잡으려고 하여 목공木工에게 물었더니, '고쳐도 반드시 위태롭다.'고 한다. 내가 생각하기에, 선조先祖께서 창건하신 것을 갑자기 헐 수는 없고, 또 수리해도 다시 기운다면 3층을 헐어서 그 재목으로 단층으로 고쳐 지어서 넓고 높게 만들고, 석탑은 따로 그 뜰에 세우려고 한다."

그러니까 사리각을 수리하지 않는 대신 사리각을 헐어서 그 재목으로 따로 단층짜리 사리전을 넓고 크게 세우고, 석탑[사리탑]은 그 뜰에 노출시켜 놓겠다는 것이다. 그런데 사리각의 높이는 실제 5층이 맞는데 임금이 실수로 3층이라고 말한 듯하다. 5층을 헐어서 단층을 짓게 되면 그 재목으로 넓은 집을 지을 수 있는데, 임금은 5~6칸짜리 집을 사리탑 앞에 지을 생각이었다. 임금은 다시 5월 20일에 승정원에 다음과 같은 교지를 내렸다.

---

177) 세종 20년 3월 16일조에는 사리각이 본래 5층이라고 기록되어 있다. 또《중종실록》중종 5년 3월 28일자 기록에도 불탑 사리각이 5층이라고 되어 있다.

178) 집을 지을 때의 층수는 2층, 3층, 5층으로 짓는 것이 관행이며, 4층집은 거의 없다. 속리산 법주사의 팔상전捌相殿도 5층집이고, 그 높이가 약 22m나 된다. 따라서 사리각이 4층이라는 기록은 잘못된 것이고, 3층은 너무 작다. 그래서 5층으로 보는 것이 맞는 듯하다.

179) 지금 원각사지탑이 12m로서 10층을 이루고 있다. 1층의 높이가 약 1.2m인 셈이다. 그렇다면 약 20m 정도의 사리각 안에 들어 있는 사리탑도 10층 이상의 높이였을 것으로 추측된다.

"흥천사의 탑전을 수리하고자 하여 호조판서 안순에게 의논했더니, 국가에서 승려들을 불러서 일을 시키면 싫어하지만 승도들에게 책임을 맡기면 쉽게 한다고 하므로, 효령대군에게 책임을 맡기고 승려를 간사로 삼아 승도들을 불러 모아 중건하려 한다."

임금은 다시 의정부 정승들의 의견을 물었다. 그러자 영의정 황희 등은 승려를 간사로 삼으면 국가 권력을 빙자하여 각종 폐단이 생기므로, 조계종에서 예조에 수리를 요청하면, 예조가 임금께 아뢰어 재목과 기와 등을 공급하고, 예조가 도첩이 없는 승도들을 모아 공사를 하자고 건의했다. 그러니까 수리의 책임을 국가가 맡고, 승려를 모아서 공사를 하자는 것이다. 그러자 임금이 좋다고 하여 그리하기로 결정했다. 그리고 선종禪宗의 건의를 받아들여 사리각에 있던 《대장경》을 새로 짓는 전각에 보관하기로 결정했다.

이렇게 흥천사 사리각을 새로 중건하는 일은 결정이 내려졌으나, 흉년으로 인하여 공사는 중단했다. 이 공사가 완공된 것은 세종 20년이었다. 승도 600명이 동원되었다고 한다. 그러면 새로 지은 사리전은 어떤 모습인가? 세종 20년 3월 16일에 이런 기록이 보인다.

"흥천사 사리각은 본래 5층이었는데, 이번에 개조하면서 규모와 단청은 모두 옛 규례대로 했으나, 오직 맨 아래층은 처마를 보태고, 벽을 조금 물려 안을 넓게 하고, 층계와 축대, 난간, 담장은 모두 옛 제도보다 크게 했다. 바깥 담장을 높게 쌓아서 바깥 사람들이 엿볼 수 없게 했다. 항상 근장近杖 두 사람이 각 문의 자물쇠를 가지고 외인의 출입을 막았다."

이 기록을 보면, 사리각을 다시 5층으로 복원한 듯하다. 그러면서 아래층을 넓히고, 처마를 달았다고 한다. 그러니 처음에 임금이 사리각을 헐어서 석탑을 노출시키고, 단층집을 따로 짓겠다고 한 것이 도중에 계획이 변경된 것을 알 수 있다. 그 밖에 바깥 담장을 높게 쌓고 외인의 출입을 막은 것도 달라졌다.

그러나 이때 중창된 사리각은 그 뒤 역대 임금의 보호를 받으며 유지되다가 중종 5년(1510) 3월에 어떤 유생이 불을 질러 잿더미로 사라졌다. 왕실의 불교숭상을 막기 위한 소행이지만 아까운 문화재가 사라진 것이다. 그 후 이 사찰은 중창되지 않았다.

태조는 살아있을 때 또 하나의 사찰을 세웠는데, 동부 연화방에 세운 흥덕사興德寺이다. 그 정확한 위치는 알 수 없으나, 태조의 저택 부근에 세웠다고 한다. 또 태조가 세운 사찰로서 흥복사興福寺가 있었는데, 지금의 원각사 터에 해당한다. 태조는 불교를 믿은 임금이었다. 또 태종은 비록 불교를 믿지는 않았으나, 태조의 왕릉인 건원릉 앞에 개경사開慶寺라는 사찰을 세워 원찰로 삼았다. 세조도 불교를 믿어 화재로 소실된 흥복사 터에 원각사圓覺寺를 세웠다.

세종은 불교를 믿지 않는다고 공언했으나, 만년에는 불교를 믿어 경복궁 뒤 원묘原廟 뒤에 불당佛堂을 지었다. 지금 청와대 부근이다. 왕비와 두 아들이 연거푸 세상을 떠난 뒤에 정신적인 허탈감을 달래기 위함이었다. 그러나 부처에게 절을 하거나 향을 피우지는 않았다. 원묘는 태조와 신의왕후 한씨, 그리고 태종과 원경왕후 민씨의 위패를 모신 사당이었다.

세종의 형인 효령대군은 평생을 승려로 보낸 인물이었다. 그래서 불사를 많이 거행했는데, 그럴 때마다 세종은 물질적으로 지원해 주었다. 신하들은 그럴 때마다 세종의 처사를 비판했으나, 임금은 듣지 않았다.

7. 일본 토호들의 내조, 유구국의 조선인 6명을 쇄환하다

(1) 세종 16년

세종 16년에는 조선도 흉년으로 고통을 받았다. 대마도도 예외가 아니었다. 대마도 왜인들은 굶주림을 이기지 못하여 사람을 계속해서 보내면서 예물 같지도 않은 물건을 바치고 식량을 청구했다. 이해 1월 4일에는 울산 염포에 사는 왜인들이 굶주리고 있다는 것을 알고 정부에서 환자곡을 주었는데, 말이 환자곡이지 거저 준 것이었다.

1월 22일에는 대마도 종정성이 자신의 노비 7명이 도망하여 부산포에 가서 살고 있다고 하면서 돌려달라고 청하자, 찾아보겠다고 하면서 돌려보내지 않았다. 그 가운데 조선인도 있고 중국인도 있는데, 중국인은 모두 요동으로 보냈고, 조선인은 친지들과 모여서 잘 살고 있었기 때문이었다.

2월 26일에 대마도 종무직이 토산물을 바치고, 3월 29일에는 종정성이 토산물을 바치면서 소주와 미곡을 간청하자 미두를 보냈다. 그랬더니 종무직이 토산물을 바치면서 감사를 표했다.

3월 1일에 대언 안숭선이 귀화왜인으로서 3품의 벼슬을 받은 평도전平道全 부자가 조선을 배신한 죄로 오랫동안 유배를 갔는데 세종이 그를 풀어주려 하자, 그를 풀어주지 말라고 청했다. 평도전은 옛날에 황해도에서 왜구를 잡을 때 협력하지 않았고, 그 아들 망고望古는 세종 원년에 대마도를 토벌할 때 배신했기 때문이었다.

또 이날 대마도 왜인 종언사랑宗彦四郞 등이 그의 처자와 친족 등 42인을 이끌고 와서 말하기를, "본도는 흉년이 든 것만이 아니라, 도토리조차도 없어서 장차 굶어 죽을 형편이니 조선에 영주하게 해주고, 의복, 식량, 토지를 달라."고 애원했다. 그러나 정부에서는 답을 주지 않았다. 당장 할 수 있는 일이 아니었기 때문이다.

3월 2일에 육랑차랑이 사람을 보내어 토산물을 바치고 3월 5일에 종정성이 예조에 글을 올려 《대장경》을 청구하자 여러 곳에서 가져가서 남아 있는 것이 거의 없다고 거절했다. 3월 6일에 종정성이 토산물을 보내고 마필을 청구하자 이것도 거절했다.

3월 7일에 정부는 기아로 인하여 도망해오는 대마도 왜인을 어떻게 처리할 것인가를 놓고 의논했다. 최윤덕, 맹사성, 정인지, 민의생 등의 의논은, 저들은 마치 이리 같은 마음이 있기 때문에 진정으로 귀화해 오는 것이 아니고, 뒤에는 다시 돌아갈 것이므로 귀화를 받아들이지 말고 식량을 주어 돌려보내자고 했다. 하지만 정초鄭招만이 오는 자는 막지 않는 것이 성인聖人의 법도이니 받아들이자고 주장하여 임금이 정초의 의견을 따랐다. 3월 16일에 임금은 도망해온 왜인들의 생활실태를 조사하여 보고하라고 병조에 명했다.

3월 9일에 종언칠이 토산물을 바치고 미곡의 회사를 감사했다.

3월 20일에는 귀화하여 배 만드는 데 기여한 유구국 선장船匠 2명과 그 아내에게 월료月料를 지급했다. 그러나 그 가운데 오보야고吾甫也古가 5월 7일에 세상을 떠나자 나라에서 장례를 치러 주었다. 살아남은 삼보라三甫羅에게는 9월 26일에 미두 10석을 하사하고, 그 아내에게 매달 월료를 보내주었다.

3월 25일에는 왜인 삼미삼보라三味三甫羅가 사로잡혀갔던 조선인 윤원만을 데리고 오자 상으로 정포 10필을 주었다.

4월 1일에 종정성, 육랑차랑, 종무직 등이 사람을 보내 조회에 참석하고 토산물을 바쳤다. 이들은 회사품을 받지 않더라고 왕복하는 동안 식량을 받기 때문에 빈번하게 왔다.

4월 2일에는 부산포 왜인이 굶주리고 있자 10일마다 식량을 주었다. 4월 4일에 또 육랑차랑이 굶주리고 있다고 하면서 식량을 청구하여 미두 20석을 회사했다.

4월 21일에 예조는 창원 내이포에 상주하는 왜인이 현재 600여 명에 이른다고 보고했다. 대마도의 흉년 때문에 온 왜인들이었다.

4월 22일에는 지난 세종 15년에 회례사로 간 이예李藝에게 배를 만들어준 왜인들이 오자 면주와 식량을 차등있게 하사했다.

4월 25일에는 서계도 없이 와서 쌀을 청구한 대마도 왜인 종언차랑宗彦次郎의 요구를 거절했다. 5월 2일에도 처음 온 대마도 왜인을 포소浦所에서 돌려보냈다.

5월 26일에는 종정성과 월중越中(도야마富山) 태수 종자무宗資茂가 토산물을 바쳤다. 월중에서 사람이 온 것은 처음이다.

6월 11일에는 대마도 종무직이 토산물을 바치고, 6월 16일에는 구주 왜인

등호구藤好久와 일기도 원조신윤源朝臣胤이 토산물을 바치면서 쌀을 청구하자 구주 왜인에게 쌀을 준 전례가 없어 거절하고, 등호구에게 정포 1,190필을 회사했다. 6월 19일에는 구주 비주肥州(사가佐賀) 태수 원의源義가 토산물을 바쳤다.

6월 24일에는 서울에 있는 왜인의 숙소인 왜관倭館이 동평관東平館과 서평관西平館, 그리고 절간 등으로 나누어져 있는데, 그들이 서로 왕래하면서 물건을 파는 것을 막기 위해 그 남쪽에다 집 2채를 더 짓고 담을 높이 쌓아 왕래하지 못하게 했다. 그래서 왜인 숙소가 네 곳으로 확장되었다.

그 뒤에도 연말까지 등원뇌구藤原賴久, 종정성, 종금 등이 토산물을 바쳤으나 회사품을 주지 않았다. 조선도 흉년 때문에 회사품을 예년에 비해 박하게 준 것이다. 이해 국가의 전세수입은 60만 석에 지나지 않았다.

(2) 세종 17년

세종 17년에도 흉년이 들었다. 이해 1월 14일에 대마도 종언칠宗彦七과 정대랑井大郎이 5명의 왜인을 보내 토산물을 바쳤다. 정대랑은 화살과 화살촉을 바쳤다. 오죽 바칠 물품이 없었으면 화살을 바쳤겠는가? 그들은 바칠 물품이 거의 없었고, 거의 아사상태에 빠져 있었다.

2월 6일에 대마도 종정성이 또 토산물을 바치고《대반야경》을 청하자 주었다. 대마도가 흉년으로 곡식이 떨어져 처자들이 굶고 있다고 호소하면서 곡식과 소주를 청하므로 종정성에게 쌀 100석과 소주 20병을 내리고, 종언칠에게도 미두 50석, 정대랑에게 20석을 하사했다.

2월 28일에 대마도 선주船主 등차랑藤次郎이 아들을 보내 토산물을 바치자, 이번에는 의복, 갓, 신 등을 하사하는 것으로 바꾸었다.

4월 6일에 일기도에 있다가 대내전과 싸우기 위해 구주九州로 들어간 지좌전志佐殿이 사람을 보내 토산물을 바치고 식량을 청하자, 구주 왜인에게는 식량을 준 전례가 없다고 하면서 거절했다. 구주 왜인에게 식량을 주는 단서를 열어 놓지 않기 위해서였다.

5월 12일에 대마도 종언칠이 토산물을 바치고, 억류된 왜인을 돌려 달라고 청하자, 찾을 수 없다고 하면서 거절했다.

7월 13일에 대마도 종무직宗茂直이 사람을 보내 토산물을 바치고 양식을 호소하니, 미두 60석을 하사했다. 육랑차랑六郞次郞이 식량을 호소하니 미두 50석을 주었다.

7월 20일에는 경상도 감사가 "삼포 가운데 부산포와 울산 염포에는 왜인 거주자가 적으나, 창원 내이포에는 400~500명의 왜인이 상주하기를 희망하고 있어 걱정이 된다."고 아뢰자, 임금은 갑자기 이들을 돌려보내면 소요가 일어날 염려가 있으니, 방비를 잘 하라고 명했다. 7월 28일에는 대마도의 종정성과 종무직이 토산물을 바치고, 8월 6일에는 종언칠이 13명을 보내 토산물을 바쳤다. 8월 9일에는 육랑차랑 등 7명이 와서 토산물을 바쳤다.

8월 10일 예조에서 아뢰기를, "전에 대마도에서 도망온 왜인 26명을 전라도에 나누어 배치했는데, 이들은 배고프면 우리에게 붙었다가 배가 부르면 고향으로 가버려서 우리 백성이 되지 않는다."고 하면서 식량을 주어 돌려보내기를 청하니, 황희 등이 이들을 여러 곳에 흩어지게 만들어 서로 소식을 통하지 못하게 하자고 하여 임금이 따랐다.

8월 16일에 비주肥州(사가佐賀) 태수 원의源義가 8명을 보내 토산물을 바치고, 이어 우리나라 여러 섬에서 배 만들 나무를 벌채하게 해 달라고 청하자, 벨 나무가 없다고 거부했다.

9월 2일에는 구주 대우전大友殿의 원친중源親重이 11명을 보내고, 종정성도 2명을 보내 토산물을 바쳤다. 대우전은 지금 구주 동부의 대분大分(오이타) 지역 토호로서 원친중의 아버지 원지직源持直이 세종 11년에 처음으로 토산물을 바친 일이 있었다.

9월 8일에는 구주 살마주薩摩州의 등원위구藤原爲久가 사람을 보내 토산물을 바쳤다. 또 다음 날에는 종정성이 사람을 보내 식량을 요구하고, 또 내이포에 거주하는 왜인이 오래도록 돌아오지 않으니 돌려보내 달라고 청했다. 국가에서는 그렇지 않아도 왜인들이 난동을 일으킬 것을 염려하여 돌려보내고자 했으나 갑자기 보내면 소요를 일으킬까 염려되어 주저하고 있었는데, 세종은 그들에게 정부에서 세금을 거두겠다고 하면 아마도 스스로 돌아갈 것이라고 말했다.

예조는 일단 종정성에게 미두 100석과 술과 과일을 보내고, 내이포 왜인들에게 세금을 거두겠다고 전했다. 종정성은 9월 12일에 또 토산물을 보냈다. 9월 16일에는 종무직과 종금이 토산물을 바쳤다. 종정성은 10월 24일에 토산물을 바쳤는데, 예조에서 그에게 서신을 보내 세종 16년 8월에 전라도 삼봉도에 와서 우리 군인 12명을 쏘아 죽이고 도망간 왜인을 잡아서 그 죄를 다스리고 보고하라고 명했다.

종정성은 다음해인 세종 18년 3월 19일에 범인인 대랑大郎과 이랑二郎을 잡아 머리를 베어 조선에 보내고, 또 바닷가에 와서 조선 사람의 의복과 식량을 약탈해간 언오랑彦五郎 등을 잡아서 조선으로 보냈다. 예조에서는 그의 공로를 기려 미두 200석과 소주 20병을 내리고 언오랑은 돌려보냈다.

다시 세종 17년 10월 26일에 대마도 종무직이 토산물을 바쳤다. 12월 22일에 종정성이 5명을 보내 토산물을 바쳤다.

이해 10월 24일에는 유구국 선장船匠 오부사두吾夫沙豆가 고향에 가서 처자를 보고 오겠다고 하자, 그에게 선물을 주고 본국인 김원진金原珍과 함께 유구국으로 보냈다. 김원진은 2년 뒤인 세종 19년 7월 20일에 본국인 김용덕金龍德 등 6명을 데리고 귀국했다. 김용덕은 김원진의 손녀였다. 이해 11월 27일에는 유구국 사람들의 내왕이 있음에도 그 나라 말을 하는 사람이 없음을 염려하여 사역원에서 유구국어를 겸하여 가르치도록 명했다.

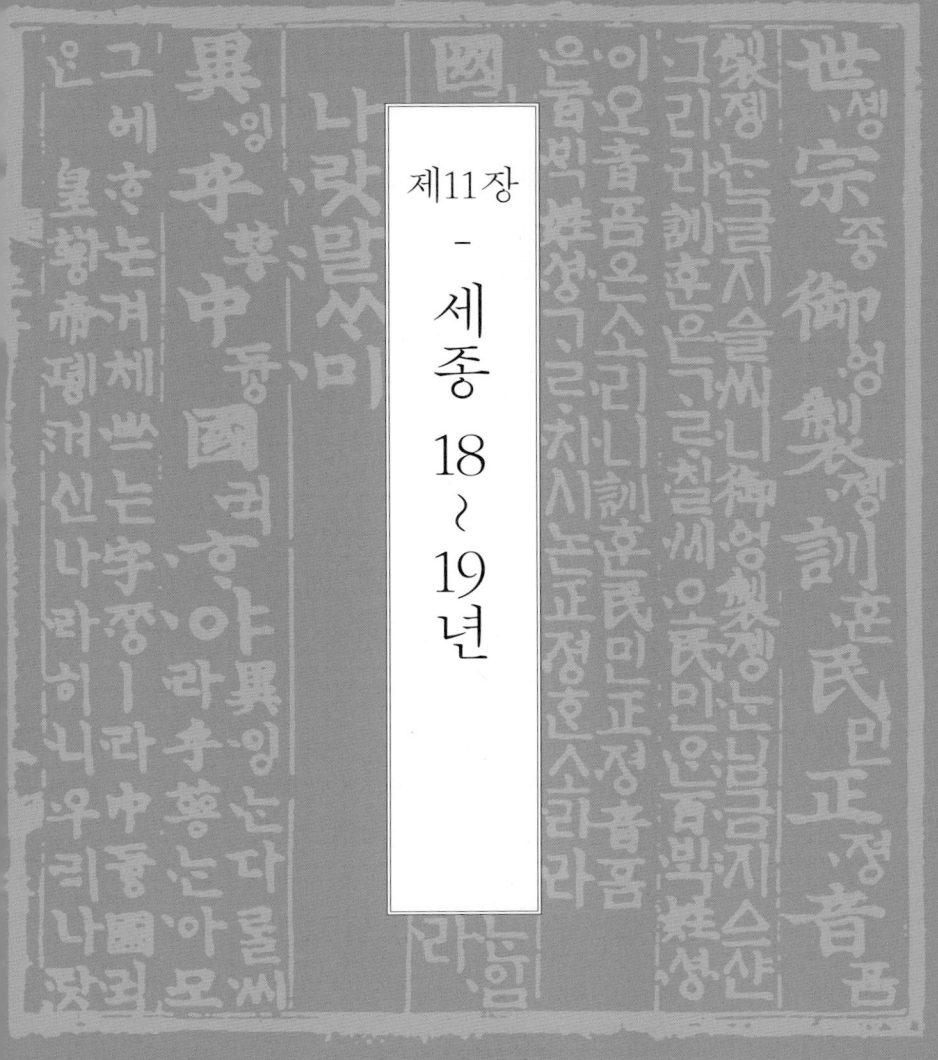

제11장
-
세종
18
~
19
년

(40~41세)
1436~1437년

1. 의정부서사제를 부활시키다 [세종 18년]

조선왕조는 건국 초에 도평의사사都評議使司라는 최고의결기구를 두어 정치를 운영했다. 이것은 고려 말기 제도를 그대로 계승한 것으로서 2품 이상 재상들의 합의기구였다. 그러다가 도평의사사가 의정부議政府로 바뀌면서 여기에 3의정議政(정1품), 2찬성贊成(종1품), 2참찬參贊(정2품) 등이 소속되어 역시 의정부 중심으로 정치가 운영되었다. 이런 재상중심체제는 정도전이 《조선경국전朝鮮經國典》과 《경제문감經濟文鑑》에서 주장한 《주례周禮》의 모델을 따른 것이고, 또 고려시대의 중서문하성中書門下省 중심의 권력구조를 계승한 것이기도 했다.

중국은 역사적으로 황제권이 강력한 데 비하여 우리나라는 역사적으로 재상권이 강한 전통이 이어져 왔다. 의정부 중심의 정치운영은 '의정부 서사제도署事制度'로도 불린다. 6조에서 올린 정책안이 의정부를 거쳐 임금에게 전달되도록 만든 제도이다. 그 과정에서 의정부가 정책을 많이 수정하기 때문에 임금의 독재가 견제되는 것이다.

의정부서사제도는 태종 14년(1414)에 이르러 '6조직계제六曹直啓制'로 바뀌었다. 왕명이 의정부를 거치지 않고 직접 6조에 하달되고, 6조도 또한 정책건의안을 직접 임금에게 올림으로써 의정부의 권한이 크게 약화되었다. 태종이 이렇게 의정부서사제를 '6조직계제'로 바꾼 이유는 명나라 제도를 따르는 것이 목적이 아니라 당시 거느리고 있던 의정부 대신들에 대한 개인적인 불신 때문이었다.

특히 태종의 집권을 도운 공신들이 대부분 정승 반열에 올라가서 최고위직을 차지하고 있었는데, 그들 가운데 권력을 농단하여 노비와 토지를 광점하고, 뇌물을 받는 등 부정부패를 저지른 정승이 적지 않았다. 또 세자 양녕에게 왕위를 빨리 넘기도록 하여 계속해서 외척으로서 권력을 장악하려는 민무구閔無咎, 민무질閔無疾 형제들과 한패가 되어 있는 재상들이 있었기 때문이었다. 특히 태종의 집권을 적극적으로 도와주었던 정승 하륜河崙(1347~1416)은 민무구 형제들과 연결되어 있으면서 양녕세자의 스승으로서 세자의 즉위를 기대하여 태종의 의심을 받았다. 또 부정부패와 반역죄로 대간의 탄핵을 받기도 했다.

태종은 공신들의 도움을 받아 왕위에 올랐지만, 이들을 제거하지 않으면 왕권의 안정이 어려울 것으로 판단하여, 이들의 권력을 약화시키기 위하여 의정부의 권한을 축소시키고 6조직계제를 새로이 만들었던 것으로 보인다.

6조직계제는 바로 황제권이 강력한 명나라의 제도와 비슷한 것으로서, 재상권을 약화하는 대신 왕권이 강화되었다. 그러나 재상들을 갑자기 무력화시키는 것도 쉬운 일이 아니어서 그들도 외교와 국방 등 국가의 중대사나 중대한 범죄사건 등에 대한 논의에는 참여하게 했다.

세종은 재위 18년까지 태종의 정치운영방법을 계승하여 6조직계제를 그대로 따랐지만, 국방이나 외교, 또는 민생과 관련되는 중대사는 반드시 의정부와 6조가 함께 의논하여 상달하도록 했다. 그러니까 형식은 6조직계제이지만 내용상으로는 의정부 대신들의 정치참여도가 매우 높았다. 재상들을 존중해야 한다는 것은 세종 자신의 정치적 신념이었다.

세종 1년 1월 11일에 참찬 김점金漸이 임금에게, 중국 황제의 법도를 본받아 강력한 왕권을 행사해야 한다고 주장하자 예조판서 허조許稠가 반대하면서 대신을 우대하고 권력을 분산시켜야 한다고 주장하여 두 사람 사이에 논쟁이 일어났는데, 임금이 허조의 편을 들었던 일이 있었다. 세종은 태종이 만든 6조직계제도의 형식은 그냥 두었지만 실제로는 의정부 대신들을 존중하여 의정부와 6조가 함께 이끌어가는 권력구조를 끝까지 지켰다. 그야말로 유교의 이상적인 정치형태인 '군신공치君臣共治'를 구현했다.

세종은 재위 18년 4월 12일에 교서를 내려 '의정부서사제'를 복구하겠다고 선언했다. 그동안 의정부서사제도를 미루어 온 이유는 아직도 의정부 정승 가운데 공신세력이 남아 있고, 부정부패 때문에 백성들의 신망을 얻지 못하고 있는데다가 부왕 태종이 키워놓은 대신들을 일거에 제거하기가 어려워서였다. 그러다가 세종 18년 무렵에 이르자 이들이 노쇠하여 거의 정계를 떠나고, 직업적인 대신들이 등장하면서 의정부서사제를 시행할 때가 왔다고 본 것이다. 세종은 4월 12일에 내린 교지에서 의정부서사제도를 복구한 이유를 설명했다.

"요순시대에는 백규百揆가 9관과 12목을 다스리고, 주周나라 때에는 총재家宰가 6경卿과 60속관屬官을 다스렸는데, 총재는 삼공三公이 겸직했다. 그러다가 한漢나라 진평陳平이 대신이 되면서 대신의 권리를 잃어버리기 시작했다. 한나라 이후 역대의 정치가 잘되고 못된 것은 모두 대신을 잘 만나고 못 만난 데에 있었다.

우리 태조께서 개국하시던 처음에 도평의사사를 설치하여 일국의 정치를 도맡게 했으며, 뒤에 의정부가 되어서도 그 임무는 당초와 같았다. 지난 갑오년[태종 14]에 '대신은 작은 일까지 친히 간섭할 필요가 없고, 군사에 관계되는 나라의 중대사만을 의정부에서 회의하여 아뢰게 하고, 그 밖의 일은 6조에서 직접 아뢰어 시행하게 하소서.'라고 하여 이로부터 일이 모두 6조로 돌아가고, 의정부에서는 관계하지 않게 되어 의정부에서 참여하여 아뢰는 것은 오직 사형수들의 논결論決뿐이었다.

그래서 옛날 대신에게 위임하던 일과 어긋남이 있고, 갑오년에 입법했던 본의도 이렇지는 않았다. 하물며 조종께서 이미 제정해 놓은 법령은 다만 수시로 손익할 뿐이니, 지금 태조께서 제정해 놓으신 법에 의하여 6조에서는 각각 맡은 직무를 먼저 의정부에 품의하고, 의정부에서는 가부를 의논하여 아뢴 뒤에 분부를 받아서 도로 6조로 보내서 시행하게 하라. 다만 이조吏曹와 병조兵曹에서의 관직제수나 병조에서 군사를 쓰는 것, 형조에서 사형수 이외의 형결刑決은 해당 조曹에서 직접 임금에게 아뢰어 시행하게 하고, 즉시 의정부에 보고하라. 만일 합당하지 못한 일이 있으면 의정부에서는 이에 따라 반대하고, 다시 임금에게 아뢰어 시행하라. 이렇게 되면 거의 옛날 재상宰相에게 전임하던 본뜻에 합당할 것이다. 예조는 중앙과 지방에 밝게 알리라."

임금은 국초에 만든 권력구조로 다시 돌아간다고 선언하고 나서, 의정부에도 이렇게 교지를 내렸다.

"옛날 의정부에서 서사署事할 때 다만 좌의정과 우의정만이 도맡아 다

스리게 하고, 영의정은 참예하지 않았는데, 이는 옛날 삼공三公에게 전임
專任하는 본뜻에 어긋난다. 이제부터는 영의정 이하가 모두 함께 가부를
논의하여 시행하게 하라."

세종은 일찍이 조선왕조의 통치규범을 만들었던 정도전鄭道傳이 주장했던 재
상중심체제로 돌아가기로 한 것이다.[180] 물론 세종은 정도전의 이름은 언급하지 않
았지만, 내막상으로는 그렇다. 이런 체제야말로 임금과 재상과 백관들이 정치를
함께 이끌어가는 공치共治로서 바로 유교정치의 최고 이상理想이기도 했다.

임금의 교지를 받은 의정부는 이를 반대할 이유가 없었다. 다만, 의정부의 실
무인력을 보강할 필요가 있었다. 그래서 의정부의 아전인 전리典吏를 20명으로 줄
였던 것을 본래대로 36명으로 늘리고, 50명으로 줄인 조례皀隷도 100명으로 환원
시켜 주고, 녹사錄事도 예전대로 달라고 청했다. 임금은 당연히 이를 허락했다.

세종이 의정부서사제도를 부활시켰을 당시 의정부는 74세의 황희黃喜(1363~1452)
가 영의정, 61세의 최윤덕崔潤德(1376~1445)이 좌의정, 역시 61세의 노한盧閈(1376~1443)
이 우의정을 맡고 있었다.

황희는 비록 출신은 판강릉부사 황군서黃君瑞의 얼자이지만[181] 성품이 원만

---

180) 정도전의 정치사상에 대해서는 한영우,《왕조의 설계자 정도전》(지식산업사, 1999) 참고.
181) 황희는 본관이 장수長水인데,《세종실록 지리지》에 황씨는 장수현의 속성續姓으로 되어 있어
   서 본래 향리가문이었던 것으로 보인다. 그러다가 아버지 황군서黃君瑞에 이르러 벼슬을 받
   아 태조 때 충주절제사를 지내고 세종 때 판강릉부사(정3품)에 올랐다. 황희는 황군서의 둘째
   아들인데, 원래 이름은 수로壽老였다가 뒤에 희喜로 개명했다.《실록》을 보면 그는 황군서의
   얼자孽子로서 비첩婢妾 소생이었는데, 황희 자신도 "나는 정실의 아들이 아니다."라고 말했
   다. 어렸을 때는 매우 곤궁한 생활을 했다고 한다. 고려 말에 문과에 급제하여 벼슬길에 나
   아가 조선왕조 건국 후에는 특히 태종의 총애를 입어 비서직인 지신사를 맡았다. 태종이 비
   행을 저지른 양녕대군을 폐위할 때 황희가 "양녕대군이 나이가 어려서 그렇게 된 것이니 큰
   과실은 아닙니다." 하고 변호하여 태종이 그의 관직을 삭탈하고 교하交河와 남원으로 내쳤는
   데, 뒤에 오해가 풀려 다시 불러다가 중용하여 명재상이 되었다. 그의 성품이 얼마나 너그러
   운가를 알려주는 일화가 야사에 적지 않다. 누군가 말을 하니 그 말이 옳다 하고, 다른 사람
   이 그 말이 틀렸다고 하니 또 그 말도 옳다고 했다. 그러자 제3자가 그러면 누구의 말이 옳
   은가하고 따지니 그대 말도 옳다고 했다. 또 밭을 가는 두 마리 황소를 보고 어떤 황소가 일
   을 잘하느냐고 물으니, 황희가 입을 다물라고 하면서, 아무리 짐승이지만 어떤 소가 더 잘한
   다고 듣는 데서 말하면 안된다고 말했다. 또 어떤 사람이 황희의 집에 놀러가서 밥을 먹는데
   어린아이들이 와서 황희의 수염을 잡아당기면서 소란을 피우는데도 허허 웃고 말리지 않았
   다. 손님이 이상하여 그 아이들이 누구냐고 물었더니 노비들이라고 말했다.

하고 합리적이어서 갈등을 조정하는 능력이 탁월한 행정의 달인이었다. 태종 때에는 비서실장 격인 지신사를 오래도록 맡아 태종의 신임을 크게 받았으며, 세종 때에는 여러 판서직을 두루 거쳐 세종 8년에 우의정, 9년에 좌의정, 그리고 13년에 영의정에 올라서 세종 31년(1449)에 치사할 때까지 24년간 정승자리를 지켰다. 이렇게 장수한 재상은 처음이었다. 그는 90세를 살다가 문종 2년에 세상을 떠났다. 황희는 성품이 너그럽고, 특히 노비나 서얼 등 하층 신분을 적극적으로 보호하는 입장을 취하여 세종과는 가장 잘 맞는 정승이었다. 세종은 외교나 내치에 있어서 황희가 올리는 건의는 대부분 수용했다.

당시 61세였던 최윤덕은 순수한 무인으로서 정승이 된 인물이다. 강원도 통천通川의 향리로서 호군護軍에 임명된 최록崔祿의 손자이자, 고려 말기 이성계와 더불어 왜구토벌에 공이 큰 명장으로 위화도회군에도 참여했던 최운해崔雲海의 아들이다. 어려서 어머니를 여의고 천인 양수척揚水尺에 의해 경상도 창원에서 성장하면서 무예를 닦았다. 태종 때 무과에 급제하여 함길도의 여진족을 방어하고, 세종 초에 대마도 정벌에도 참여하여 큰 공을 세웠다.

세종 때에는 김종서와 더불어 세종이 강력히 추진하는 국방력 강화와 북진정책에 앞장서서 세종이 깊이 신임했다. 6진을 개척한 것이 김종서의 공로였다면 4군 지역을 평정한 것은 최윤덕의 공로였다. 백성들의 원성을 들으면서도 수많은 읍성邑城을 쌓고, 평안도 도절제사로서 파저강의 이만주 야인을 토벌하는 데도 공을 세웠다. 세종이 그를 재위 15년(1433)에 우의정으로 발탁하고 세종 17년에 좌의정으로 승진시킨 것은 그의 뛰어난 애국심과 무략武略을 인정했기 때문이었으나, 국방을 제외한 일에는 행정력이 뛰어나지 못해 곧 물러났다. 그러나 세종은 그의 국방에 관한 공적과 지략을 높이 평가하여 영중추부사라는 한직에 두고 우대했다. 세종 27년에 향년 70세로 세상을 떠났다.

노한盧閈은 고려 말 첨의정승을 지낸 노책盧頙의 증손으로 음보로 출세했다. 태종의 왕비였던 원경왕후 민씨의 여동생을 아내로 맞이하여 태종과는 동서同壻 사이였으며, 세종의 이모부이기도 했다. 그러나 민무구 형제의 반역에 적극적으

로 가담하지 않아 태종의 신임을 얻었고, 세종도 태종의 뜻을 이어 재위 17년
에 그를 우의정으로 임명했는데, 세종 19년에 왕명을 받들어 이만주를 토벌한
이천李蕆이 아무런 공을 세우지 못했다고 비판하다가 해직되었다. 이천에 대한
비판은 그를 토벌대장으로 임명한 임금에 대한 비판이 은연중에 담겨 있었기
때문이다. 세종 25년에 향년 68세로 세상을 떠났다.

노한이 파직되자 그 후임으로 세종 20년에 70세 된 허조許稠(1369~1439)를
우의정으로 삼았다가 세종 21년에 최윤덕을 대신하여 좌의정에 임명했으나 이
해 세상을 떠났다. 허조는 성품이 강직한 장점이 있었으나, 하극상의 풍속을 바
로잡는다는 이유로 노비가 주인을 고발하는 것과 평민이 수령을 고발하는 것을
맹렬하게 반대하여 세종과는 뜻이 맞지 않는 점이 많았다. 하지만 태종이 일찍
이 그를 재상감으로 추천했고, 또 나이가 이미 고령이면서 병이 깊은 것을 고
려하여 예우상 재상으로 임명했던 것이다. 그는 공양왕 때 문과에 급제한 인물
이다.

허조가 좌의정이 되자, 그 후임으로 66세 된 신개申槪(1374~1446)를 우의정으
로 임명했는데, 세종 27년에 좌의정을 지내고, 세종 28년에 73세로 세상을 떠
날 때까지 8년간 정승자리를 지키면서 〈공법貢法〉을 정착시키고, 북방에 장성을
쌓고, 하삼도 백성을 북방으로 이주시키는 등의 일로 백성들의 원망을 많이 샀
지만 국가의 백년대계에 도움이 되는 일들을 앞장 서서 추진하여 세종의 신임
을 크게 받았다. 그는 보문각 대제학 신집申諿(평산신씨)의 손자로서 태조 때 문과
에 급제한 인물이다.

신개가 좌의정에 오르자 그 후임으로 70세 된 하연河演(1376~1453)을 우의
정으로 삼고, 세종 29년에 좌의정으로 임명했다가 세종 31년에 영의정 황희가
영의정부사로 치사致仕하자 그 후임으로 영의정부사가 되었다. 하연은 이조판
서 시절부터 〈공법〉 시행을 주장하고 추진하여 임금의 신임을 크게 받았다. 그
는 대사헌 하윤원河允源의 손자로서 태조 때 문과에 급제한 인물이다. 그는 단종
1년에 향년 78세로 세상을 떠났다.

세종대의 3정승 가운데 조선시대에 들어와서 비로소 벼슬길에 오른 신진 관료로서 재상이 된 사람은 신개와 하연이 첫 사례로 볼 수 있다. 이들은 직업적인 행정관료들로서 권력을 휘두르지 않았다.

의정부서사제가 시행되기 이전에 정승을 지낸 인물들을 살펴보면, 영의정을 오래 지낸 유정현柳廷顯(1355~1426)은 고려시대 첨의중찬을 지낸 유경柳璥의 현손으로 음보로 고려 말부터 벼슬을 지내다가 태종이 양녕대군을 폐위할 때 어진 사람을 선택해야 한다고 선창하고 나서 태종의 신임을 받아 세종도 그를 우대했다. 또 세종 초에 대마도를 정벌할 때 태종이 그에게 총책임을 맡겨 공을 세웠다. 그러나 백성들에게 빚을 주고 종을 시켜 각박하게 받아내어 백성들 사이에 신망을 얻지 못했다.

좌의정을 지낸 이원李原(1368~1429)은 행촌杏村 이암李嵒의 손자로 고려 말에 문과에 급제하여 벼슬을 지내다가 태종의 집권을 도운 좌명공신으로 정승이 되었는데, 노비를 불법으로 빼앗은 죄로 지탄을 받기도 했다.

우의정을 지낸 정탁鄭擢(1363~1423)과 영의정을 지낸 이직李稷(1362~1431)은 모두 개국공신이다. 그러나 정탁은 남의 재물을 탐한다는 비판을 들었고, 재상으로서 특별히 개혁을 진언한 것이 없었다. 이직은 성품이 중후하고 말이 없었으나, 세상 돌아가는 대로 따르는 성품으로 일을 만나면 결단하지 못해 재상으로서의 능력을 평가받지 못했다.

세종은 집권 초반기에는 원로대신 가운데서 정승을 골라야 했기 때문에 공신 출신의 권신들을 등용할 수밖에 없었으나, 집권 중반기 이후로는 비공신계열의 순정하고 청렴한 문신들을 등용하기 시작하여 세대교체를 이뤄냈는데, 세종 6년에 정승을 지낸 유관柳寬(1346~1433)과 세종 13~18년 무렵에 정승을 지낸 황희黃喜, 맹사성孟思誠, 권진權軫, 최윤덕崔潤德 등이 바로 그런 인물들이었다. 이들은 공통적으로 포용력이 있고 청렴한 재상으로 평가를 받은 것만으로도 앞 시기의 정승들과는 차별화되었다. 세종이 의정부 대신들에게 서사를 맡기게 된 것도 권신들이 사라지고 믿을 만한 정승들을 얻었기 때문이었다.

세종 때 복원된 의정부서사제는 마침내 《경국대전》에도 그대로 수용되어 의정부의 기능을 "백관百官을 총괄하고, 서정庶政(모든 정사)을 공평히 하며, 음양陰陽을 다스리고, 방국邦國을 경영한다."고 기록했다. 임금은 모든 정사를 최종적으로 결정하는 기능을 수행하기 때문에 굳이 기록하지 않았다. 이 규정은 조선왕조 500년의 변치 않는 헌법이 되었지만, 다만 임금에 따라 재상을 좀더 존중하는 임금이 있는가 하면 재상을 가벼이 여기는 임금도 없지 않았다.

2. 세자빈 봉씨를 폐위하고 후궁 권씨를 세자빈으로 삼다 [세종 18년]

세종 18년 10월 26일에 임금은 승지들을 불러 놓고 자신의 괴로운 심정을 토로했다. 임금은 먼저 "근년에 성취되지 않는 일이 많아서 마음이 편치 않은데, 요사이 또 한 가지 괴이한 일이 있다. 말하는 것조차 부끄럽다."고 전제한 뒤에 이렇게 말했다.

> "세종 9년에 세자가 나이 14세였는데 후사가 급하다고 신하들이 말해서 세족世族인 김씨를 택하여 빈嬪으로 삼았으나, 김씨는 어리석고 못나고 총명하지 못해 세종 11년의 사건을 초래했다. 그래서 그를 폐하고 봉씨奉氏를 간택했는데, 뜻밖에도 세자가 친영한 뒤에 금슬이 좋지 못한 지가 몇 년이 되었다. 내가 중궁과 함께 가르치고 타일러서 그 후에는 대하는 모습이 조금 달라졌다. 그러나 침실의 일까지야 부모일지라도 어찌 다 자식에게 다 가르칠 수가 있겠는가? … 부부관계가 이와 같았다."

임금의 말은 여기서 끝나지 않았다. 허조에게 이 일을 의논했더니, 그가 잉첩媵妾(후궁)을 맞아들여 후사를 얻어야 한다고 말하여 세 사람의 승휘承徽를 맞아들였더니, 봉씨가 시기하고 질투하면서 앙심을 품고 있다가, 승휘 권씨權氏(단종의 모친)가 임신하자 봉씨가 더욱 원망하고 울부짖었다.

봉씨는 드디어 이상한 일을 벌이기 시작했다. 세자의 옷과 신발 등과 여자 옷을 만들어 몰래 자기 옛집으로 보냈다. 무언가 액땜을 위해서였다. 그러다가 봉씨가 스스로 임신했다고 하더니 어느 날 낙태했다고 하면서 그 물체가 이불 속에 있다고 하여 찾아 보았으나 아무것도 없었다.

봉씨의 비행은 그것만이 아니라 더 많다고 임금이 말하고 나서 여종들과 동성애에 빠져 있는 사실까지 말했다. 참으로 임금의 입에서 이런 말까지 나왔으니 사태의 심각성을 짐작할 수 있다. 임금은 대신들과 이 일을 상의한 결과 이구동성으로 폐위해야 한다고 하여 그렇게 하기로 결정했다고 하면서 폐비교서를 지어 올리라고 명했다.

임금은 드디어 11월 7일에 봉씨를 폐위하는 교서를 내리고, 다음해인 세종 19년 2월 28일에 승휘承徽(종4품, 1418~1441) 권씨를 세자빈으로 맞이했다. 이 여인이 바로 뒷날의 단종端宗을 낳고 왕비가 되었다. 그리하여 세자는 세 번째 빈을 맞이하게 된 것이다. 임금은 세 사람의 승휘 가운데서 빈을 고를 때 품성도 좋아야 하지만 용모도 좋아야 한다고 말했다. 아마도 앞서 두 빈이 모두 용모에 문제가 있어서 소박을 받은 듯하다.

그런데 세 번째 세자빈으로 들어온 권씨는 뒷날 단종이 된 아들을 낳고 다음 날 세상을 떠났다. 향년 24세였다. 뒤에 세자가 임금이 되자 현덕왕후顯德王后로 추봉되었다. 그러면 단종은 누가 키웠는가? 세종의 후궁인 혜빈양씨惠嬪楊氏(?~1455)[182]가 단종을 키웠다. 세자는 본인도 재위 3년 만에 세상을 떠나고, 아들 단종마저 어미를 모르고 자라다가 또 비운으로 세상을 떠나니 세종의 적장자 핏줄이 여기서 끊어지게 되었다.

---

182) 혜빈양씨는 본관이 청주淸州로 남평현감 양경楊景의 딸로서 궁녀로 들어가서 병약한 세자[문종]를 보살피다가 세종의 눈에 들어 빈嬪(정1품)으로 승진되었다. 세 왕자를 낳고, 단종을 키운 공으로 단종이 임금이 되자 권력을 키웠는데 세조가 집권하자 교수형을 당한 비운의 여성이다.

3.《역대세년가》,《동국세년가》편찬 [세종 18년]

세종은 신하들이 역사에 어두운 것을 늘 염려하여《자치통감》을 인쇄하여 배포하고, 뜻을 쉽게 풀이한 훈의본訓義本을 편찬했음은 앞에서 이미 설명했다. 그런데 여기서 한 걸음 더 나아가 중국과 우리나라의 역사를 함께 간편하게 정리하여 노래로 만들 필요를 느꼈다. 말하자면 중국사와 한국사의 큰 줄기를 간편하게 알게 하는 초학자용 핸드북을 만들고자 한 것이다. 당시만 해도 우리나라 역사를 고대사와 고려시대를 합하여 통사通史로 정리한 책이 없었다.

다만, 태종 3년에 권근權近과 하륜河崙 등이 왕명을 받아 고조선사와 삼국사를 함께 서술한《동국사략東國史略》(일명 삼국사략三國史略, 6권)을 편찬했는데, 이 책은 김부식의《삼국사기》에 빠진 단군조선, 기자조선, 위만조선 등 고조선사를 넣은 것이 특이하다. 고조선사는 고려 말기에 편찬된 일연一然의《삼국유사三國遺事》와 이승휴李承休의《제왕운기帝王韻紀》에 보이지만, 이 둘은 모두 개인의 저술이지 관찬 사서는 아니었다.

누구보다도 역사에 관심이 많았던 세종은 재위기간 내내 정도전과 정총이 지은《고려국사》를 개찬하는 일에 정성을 쏟아 세종 6년에《수교고려사讎校高麗史》를 편찬하고, 세종 24년에《고려사대전高麗史大全》(일명 고려사전문高麗史全文)을 편찬했지만, 불만스러운 점이 있어서 반포하지 않았는데, 이와는 별도로 시가詩歌 형식으로 된 간편한 역사책을 만들어 중국사와 한국사의 큰 흐름을 초학자들에게 가르치고 싶었던 것이다. 그 목적에서 편찬된 것이《역대세년가歷代世年歌》와 《동국세년가東國世年歌》이다.[183] 전자는 중국사로서 상권에 붙이고, 후자는 한국사로서 하권에 붙여 하나의 책으로 만들었다.

세종은 이 책의 편찬을 윤회尹淮와 권제權踶에게 맡겨 세종 18년 4월 4일에 주자소에서 발행하여 널리 신하들에게 반포했다. 윤회는 주로 중국사 부분

---

183) 《역대세년가》와《동국세년가》에 대해서는 한영우〈역대세년가 해제〉(규장각 5집, 1981) 및 《조선전기 사학사연구》(서울대 출판부, 1981) 35~39쪽 참고.

을 맡고, 권제는 한국사 부분을 편찬했다. 그런데 이 책이 출간되기 한 달 전인 이해 3월 12일에 윤회가 향년 57세로 세상을 떠났으므로 출간된 책을 보지 못 했다. 그는 10세 때 《자치통감》을 외울 정도로 총명하고 역사에 밝은 인물로서, 세종이 그에게 《자치통감훈의》 편찬을 맡겼던 것이다.

중국사인 《역대세년가》는 송말~원초의 학자인 증선지曾先之가 지은 《역대 세년가》를 토대로 하여 주석註釋을 붙이고, 여기에 빠진 원나라 역사를 장미화張 美和가 지은 시로써 보충했다. 시는 칠언시七言詩를 따랐는데, 하권도 마찬가지로 칠언시로 썼다.

《역대세년가》와 《동국세년가》는 이승휴李承休의 《제왕운기》(1287)의 체재와 매우 유사하다. 이승휴는 원나라의 간섭을 받는 시기에 한국사의 독자성을 부 각시키기 위해 이 책을 편찬했는데, 세종이 그와 비슷한 역사책을 쓰게 한 것 도 명나라의 강력한 압박 속에서 한국사의 정체성을 잃지 않으려는 의도였다.

한국사 부분인 《동국세년가》를 편찬한 권제는 바로 권근의 아들로서 체재 는 《제왕운기》의 칠언시를 따랐지만 서술내용은 권근의 《동국사략》을 많이 참 고했다. 그런데 7언시로 되어 있어 자세한 설명이 어렵기 때문에 곳곳에 주석註 釋을 붙여 보충 설명했다.

《동국세년가》는 우리 역사의 시작을 단군조선부터 시작하여 기자조선, 위 만조선을 거쳐 4군 2부, 삼한, 삼국, 고려의 순으로 서술했다. 《제왕운기》는 삼 한, 삼국의 민족구성을 모두 단군의 후손으로 간주하면서 고조선이 망하고 나 서 그 유민들이 흩어지고 합하여 삼한 70여 국이 세워졌는데, 그 가운데 북방 에 세워진 부여扶餘와 비류沸流가 가장 먼저 세워지고 나라가 컸다고 했다. 그러 니까 우리 민족의 주류를 단군 후손으로 설정한 것이 특징이다.

그러나 《동국세년가》에서는 삼한, 삼국에 대한 서술이 매우 유사하면서도, 그 민족구성을 모두 단군후예로 못 박지는 않았다. 단군, 기자, 위만의 후손들 이 뒤섞여져서 삼한, 삼국이 세워진 것으로 보았다. 그러나 고구려, 백제는 대 체로 단군계로 보고, 신라만은 단군후예와 연관짓지 않았다. 삼한의 위치는 권근의 설을 따르고 있다.

또 《제왕운기》에서는 주로 건국 시조의 행적을 부각해 서술하고 있는 데 반하여, 《동국세년가》에서는 시조뿐 아니라 역대 임금의 치적을 골고루 서술하고 있는 것이 다르다. 이는 권제가 국왕을 중심에 두고 서술했다는 것을 말해 준다. 이렇게 《제왕운기》와 《동국세년가》는 서로 닮은 점도 있고 다른 점도 있는데, 무교, 불교, 유교를 모두 포용하려는 시각은 서로 비슷하다.

4. 감옥죄수의 인권을 보호하다

백성의 인권 및 복지와 관련하여 세종이 비상하게 관심을 쏟은 것 가운데 하나는 감옥에 있는 죄수와 그 가족의 인권이었다. 죄수들이 오랫동안 재판을 받지 못한 채 옥살이를 하면서 병에 걸려 죽기도 하고, 또 그 가족이 죄수를 뒷바라지하느라 받는 고통이 매우 큼에도 불구하고, 이에 대처하는 국가의 노력이 부족하다는 것을 세종은 수시로 형조에 알리고 질책해 왔다.

이 문제를 해결하는 것은 두 가지 방법이 있다고 여겼다. 하나는 재판을 신속하게 진행하여 죄없는 사람을 신속하게 풀어주는 것이고, 다른 하나는 감옥의 시설을 개선하여 병들어 죽지 않게 보호하고, 또 심하게 추울 때나 더울 때에는 죄수를 일시적으로라도 방면해야 한다고 지시했다. 여기서는 세종 18년과 19년에 한하여 임금이 이에 관하여 내린 교지와 논의를 소개하면 다음과 같다.

세종 18년 5월 26일에 임금은 형조에 다음과 같은 교지를 내렸다.

"죄수가 감옥에서 고생함이 하루가 1년 같은데, 죄를 범한 사람이 여러 해나 옥에 갇혀 있으면서 항상 차꼬와 수갑을 차고 있으니, 자기 몸만이 고통스러울 뿐 아니라 부모와 처자들에게도 걱정을 끼치게 되어 옥살이로 인하여 대주는 비용이 살림을 파괴하고 집을 잃게 되어 화기를 불러서 상하게 하니, 세종 17년 이전의 죄수 가운데 정상이 애매하다든가,

말이 한결같지 아니하여 해가 지나도록 판결하지 못하고 세월만 보내고 지체된 죄수는 경차관을 보내 강직하고 명석한 수령과 함께 자세하게 조사하여 아뢰도록 하라."

이와 비슷한 명령을 이해 11월 19일에도 다음과 같이 내렸다.

"감옥의 고통은 하루를 지내기가 한 해를 지내는 것과 같다. 더구나 지금은 흉년이 들어 민생이 곤란하고 겨울철에는 더욱 심하니, 서울과 지방의 죄수가 갇혀서 옥에 있으면 배고픔과 추위가 몸에 사무치고, 처자가 옥바라지하는 것도 매우 어렵다. 그러니 … 중한 죄를 지어서 옥에 있는 사람은 마땅히 불쌍히 여겨서 구휼하고, 그들이 배고픔과 추위에 이르지 않게 하라. 만약 가벼운 법에 처할 사람이 오래도록 고통을 받고 있는 것은 더욱 불쌍히 여길 만하니, 잠정적으로 권도權道를 따라 내년에 보리 익을 때까지 보석하여 뒤에 다시 추결하도록 하라."

세종은 다음해인 19년 1월 23일에도 또 형조에 교지를 내렸다.

"옥獄이라는 곳은 본래 악한 것을 징계하려는 것이지 사람을 죽게 만드는 곳이 아니다. 따라서 옥을 맡은 관리가 마음을 써서 규찰하지 아니하여 혹은 병에 걸리고, 혹은 얼고 굶주리거나, 혹은 옥졸獄卒의 핍박과 고문으로 인하여 원통하게 생명을 잃는 자가 없지 않아 있으니, 지금 서울 안의 죄수로서 죽은 자가 있거든 죄의 경중을 막론하고 모두 다 사연을 갖추어 보고하라. 다만 외방에서는 죽은 죄수를 형조에만 보고하고 나에게 알리지 않으니, 서울과 외방의 법이 달라 실로 온당치 못하다.

앞으로는 외방의 죄수로서 죽은 자도 또한 경중을 가리지 말고 죄명罪名과 처음에 가둔 월일月日, 병이 걸린 일시日時, 치료한 약, 병의 증세, 심문하여 때린 횟수, 죽은 일시를 갖추어 기록하여 형조에 올리고, 또 따로 나에게 보고하는 것을 항식으로 만들라."

이번 하교는 앞서의 하교보다 한층 구체적이다. 감옥에서 죽은 사람의 이름, 처음에 가둔 날짜, 병에 걸린 날짜와 시간, 치료한 약, 병의 증세, 죄수를 때린 횟수, 죽은 날짜와 시간까지 모두 기록하여 임금에게 보고하는 것을 법식으로 삼으라고 명했다.

임금은 이해 4월 30일 또 형조에 교지를 내렸다.

"서울과 외방에서 옥을 맡은 관리가 무릇 죄를 지었다고 체포한 사람을 정리情理의 무겁고 가벼움을 따지지 않고, 이미 사면赦免을 받았음에도 모두 가두어두고, 원범인元犯人(진짜범인)의 죄가 판결될 때까지 기다리므로, 혹 병들고, 동상凍傷에 걸리고, 굶주리고, 그로 인하여 목숨을 잃는 데 이르니, 진실로 불쌍하고 가엾다. 앞으로는 혐의를 받은 사람의 경중을 분간하여 보석保釋했다가 원범인의 판결이 끝나기를 기다려서 일시에 판결하고, 함께 가두지 않는 것을 항식으로 삼으라."

이 교지는 혐의가 적은 죄인을 옥에 가두고, 진짜 범인이 나타날 때까지 기다리게 하는 관행을 없애라는 것이다. 혐의가 없거나 적은 사람은 일단 집으로 돌려보냈다가 진범이 결정되었을 때 최종적인 판결을 내리라는 뜻이다.

임금은 여기서 더 나아가, 여름에 죄수가 마실 수 있고, 목욕할 수 있도록 물동이를 감옥에 넣어주라고 명하기도 하고, 수시로 의원을 보내 병자를 치료하라고 명하기도 하고, 여름철 더울 때는 더위를 피할 수 있는 서늘한 곳을 만들어 주라고도 하는 등 온갖 지시를 수시로 내렸는데, 일일이 다 기록하기가 어려울 정도이다.

또 죄인을 심문할 때 등을 때리는 것은 내장을 상하게 하는 것이므로 금지하게 하고, 채찍을 쓰지 못하게 하고, 곤장을 때릴 때에도 뼈에 손상이 가지 않게 하는 등 신중한 심문을 강조했으며, 여자가 죄를 지었을 때에는 모두 형벌에 해당하는 속전贖錢을 내게 했고 감옥에 수감하지는 않았다.

또 사형수의 경우는 반드시 3심제를 시행하여 수령이 이웃 고을의 수령과 함께 3차례에 걸쳐 조사한 뒤에 형조를 거쳐 임금에게 상신하여 임금의 결재를 받아서 처결하도록 했다.

그리고 임금은 세종 29년에 다시 〈옥수삼한법獄囚三限法〉을 만들어 큰 죄는 90일 이내에, 중간 죄는 60일 이내에, 작은 죄는 30일 이내에 처결하도록 법을 정하고 이를 어기는 관원은 죄를 내렸다. 이에 대해서는 뒤에 다시 설명하겠다.

5. 흉년으로 세자에게 권력이양을 시도하고, 긴축정책을 펴다

[세종 19년]

세종 17년에 세종은 드디어 불혹不惑의 나이인 40세를 맞이했다. 본래부터 질병이 많은데다 과로 때문에 몸이 더욱 쇠약해진 임금을 더욱 괴롭히는 일이 발생했다. 이해부터 5월까지 비가 오지 않아 한재로 흉년이 들더니, 다음 해에도 연거푸 한재로 흉년이 들었다. 특히 곡창지대인 하삼도의 흉년이 큰 문제였다. 전에는 주로 북방지역에 흉년이 자주 들었지만 하삼도는 풍년이어서 북방인들이 하삼도로 내려와서 얻어먹고, 또 하삼도의 곡식을 북방으로 운반하여 먹였기 때문에 큰 문제가 아니었다. 그런데 이번에는 사정이 달라진 것이다.

흉년이 들면 굶주리는 백성을 환자還上로 구제했다. 그리고 봄철에 종자곡도 국가에서 지급해주었다. 그런데 하삼도의 흉년이 2년간 계속되면서 국가재정이 궁핍해졌다. 세종 18년 1월에 호조에서는 국가의 비축 곡식이 2년을 지탱하기 어렵다고 보고하고, 2월에는 겨우 1년을 지탱할 정도라고 보고했다.

세종 19년 2월 9일에 전국의 흉년 상황이 보고되었는데, 충청도가 가장 심하고, 경상도와 전라도는 바닷가 지역을 제외하고는 모두 실농했다고 했다. 세종 19년 3월 26일에 충청도 감사는 충청도의 굶주리는 백성이 전후 합쳐서 70만 명에 이른다고 하면서 곡식 9만 석을 보내도 부족하다고 보고했다.

당시 전국의 인구를 모두 합쳐도 공식적으로는 70만 명이 되지 못하고 충청도의 공식 인구는 7만 명에 지나지 않는다. 그러나 당시 호적에 등록된 인구는 실제 인구의 20% 정도에 지나지 않는다고 한다. 그렇더라도 충청도의 굶주린 백성이 70만 명이라는 보고는 과장되었거나, 아니면 작년에 받고 또 금년에 또 받은 사람들을 모두 합친 숫자인 듯하다.

흉년에 굶주리는 백성을 구제하는 곡식이 바로 의창곡義倉穀이고, 의창곡이 부족하면 군자곡軍資穀을 풀어서 빈민구제에 투입했다. 흉년이 들지 않았을 때에는 의창곡이 수백만 석이 있어서 이를 풀어서 먹으면 굶어 죽지는 않았다. 예를 들어 세종 26년에는 세 도道에 환자곡으로 나누어준 곡식이 190만 석에 이르고, 세종 27년에는 비축곡이 865만여 석이 되어 273만 8천여 석을 8도에 나누어 주고도 591만 2천여 석이 남아 있었다. 세종 28년에는 115만 300석을 빈민들에게 나누어 주었다.

이렇게 세종 때에는 국가의 비축곡이 최고수준에 올라 있어서 웬만한 흉년은 견뎌내기에 어려움이 없었다. 그런데 흉년이 몇 년간 잇달아 이어질 때에는 비축곡식이 바닥이 났다. 세종 재위기간 중 가장 흉년이 심했던 시기가 세종 집권 초기, 세종 16, 17, 18년, 그리고 세종 26, 27, 28년 무렵이었다.

세종 16년 이후로 세종 18년에 이르기까지 흉년이 계속되자 19년 당시 국가의 비축곡이 1~2년을 지탱하기 어려운 상황까지 이르렀다. 임금이 그 보고를 듣고, 또 남도지방에서 도적들이 횡행한다는 것을 알게 된 세종은 19년 1월 3일에 우선 자신의 건강을 이유로 국가의 중대사만 자신이 챙기고 나머지 일은 세자에게 권력을 이양하겠다고 승정원에 알렸다. 당시 세자의 나이는 24세였다.

41세의 임금이 건강이 좋지 않은 것도 사실이지만 세자에게 권력을 넘기겠다고 말한 것은 사실은 흉년에 대한 책임감 때문이었다. 1월 9일에도 다시 한번 그 뜻을 말하면서 교서를 지으라고 명했다. 승지들은 당연히 극구 만류했다. 임금은 굽히지 않고 3월 27일에도 이렇게 도승지에게 말했다.

"내가 나이 젊어서 즉위하여 의기가 날카로울 때에는 생각하기를, '정신을 가다듬어 부지런히 다스리면 조종께서 부탁하신 뜻을 저버리지 않으려니 했더니, 지금 왕위에 있은 지가 20년인데, 조금도 다스린 공효가 없고, 해마다 계속하여 수재水災를 만나 기근이 끊이지 않고, 이웃 도적이 자주 변경을 시끄럽게 하여 정교政敎가 무너지고, 간사한 도적들이 날마다 불어나서 무릇 백 가지 시책이 꿈쩍하면 뉘우침만 있으니, 지고 있는 짐이 너무 무거워 이기지 못할까 매우 두렵다.

물러나 하늘의 견책에 답하고자 하여 세자로 하여금 여러 정무를 참예하게 하여 결단하게 하려고 지난해 가을부터 대신들에게 의논했더니, 대신들이 '불가하다.'고 고집하여 … 뜻대로 하지 못했다. …"

흉년의 책임을 지고 권력을 세자에게 물려주겠다는 임금의 말을 들은 황희 등 대신들은 "불가하다."고 반대했다. 임금은 4월 1일에도 또 똑같은 말을 반복했다. 동남지방의 흉년과 서북지방의 여진 침략에 대한 책임이 자신에게 있고, 또 건강까지 좋지 못한 것을 거듭 이유로 들었다. 그러나 황희 등 정승들은 지금 임금이 한창 나이인데 권력을 나누는 것은 불가하다고 말했다. 결국 임금은 세자청정 시도를 정지하고 흉년 대책에 마음을 쏟았다.

흉년 대책에서 가장 중요한 일은 왕실부터 절약하는 모범을 보이는 일이었다. 그리고 불요불급한 재정지출을 억제하는 것이었다. 세종 19년 1월 6일에 임금은 관리의 녹봉을 감축하고, 성균관 유생 가운데 100명을 기숙사에서 내보내고, 1월 8일에는 종친들의 구사驅使(심부름꾼)를 줄이고, 지방에서 올라오는 노비의 선상選上을 정지시켰다.

1월 12일에는 왕자인 네 대군大君의 과전을 300결에서 50결씩 줄이고, 여러 군君들도 250결에서 180결로 줄였다. 그리고 이를 항구적인 법규로 만들라고 명했다. 1월 22일에는 하삼도에서 바치는 어선御膳을 정지시키고, 2월 4일에는 가난하고 병든 사람을 먹이고 치료하는 진제장賑濟場을 서울의 동서활인원과 이태원利泰院 등 여러 곳에 세우고 구제하니 1천여 명이나 모여들었다. 임금은 진제를 잘하여 한 사람도 죽는 사람이 없게 하라고 다그쳤다.

2월 9일과 3월 19일에 국가에서 거둬들이는 정포正布(베) 10만 필의 가격을 대폭 감축하여 종전에 1필당 1결마다 콩으로는 30두, 쌀로는 15두씩 받던 것을 콩은 15두로, 쌀은 5두로 낮추게 했다. 그 결과 지방에서 중앙에 바치던 면포 수량이 대폭 줄어들어 지방재정이 2배 이상 늘어나는 효과를 가져왔다.

2월 14일에는 민간에서 무당을 불러 굿을 하거나 절에 가서 재를 올리는 등의 종교행사로 곡식을 낭비하는 것을 막으라고 형조에 명령했다.

6. 〈공법〉을 다시 의논하다가 정지하다

세종은 재위 14년부터 〈손실답험법〉에 의한 조세제도가 지나치게 부정이 많아 공정하지 못한 것을 고치기 위해, 정액세에 가까운 〈공법〉을 시행하려고 시도했는데, 흉년이 잇달아 들면서 추진하지 못하고 있었지만, 〈공법〉에 대한 애착을 버리지 못하고 있었다. 그동안 벼슬아치와 지방 유지들의 여론까지 모두 조사하여 찬성자가 많은 것을 알았기 때문에 이를 일부 지방에서부터 시행하려고 시도했으나, 흉년이 계속 들어서 민심이 흉흉하므로 대신들의 의견이 찬반으로 갈리자 시행을 보류해 두었는데, 세종은 이를 매우 아쉽게 생각했다.

그런데 세종 18년 2월 22일에 충청감사 정인지鄭麟趾가 상소하여 〈공법〉이 시행되지 못했으므로 그 대신 손실답험을 정밀하게 하자고 제안하면서 충청도 충주忠州 지방의 한두 고을에서 시험적으로 시행하게 해달라고 청했다. 그 구체적인 방법은 대강 다음과 같다.

① 우선, 500결을 단위로 하여 권농勸農(면장)이 맡되, 500결을 다시 50결씩 나누어 지심指審이 맡는다. 권농은 지심을 거느리고 전지를 답사하여 손損과 실實을 기록하여 수령에게 바친다.

② 권농은 50결마다 손損의 원인을 기록하되 수재, 한재, 태풍, 우박, 병충해, 황폐함, 무성함, 희귀종자 등으로 기록하는데, 손이 7~8분 이상인 경우에만 기록한다.

③ 수령은 권농과 지심을 거느리고 현장에 나가 시찰하여 매 50결마다 '실實 10분', '실實 9분', '손損 1분' 등으로 기록한다.

④ 실實이 7분이면, 70복卜을 경작하는 사람은 70×7/10=49복을 실제로 정하여 이에 대하여 수세한다.

정인지의 시안은 각 고을의 수령이 중심이 되어 권농勸農과 지심脂審의 협조를 얻어 현장을 답사하여 〈공법〉의 세액을 정하자는 것인데, 이렇게 하면 하루에 2천 결 정도를 답험할 수 있고, 충주목 전체를 답험하는데 10일이면 충분하고 말했다. 임금은 이 시안을 의정부에 내려 각 조曹와 함께 의논하라고 명했다.

임금은 다음 날인 2월 23일에 신하들의 의견이 각기 달라 〈공법〉을 시행하지 못하고 있다고 안타까워하면서, 1결에 20두는 너무 많으니 15두로 내려 정하고, 1~2년간 시험해 보는 것이 어떠냐고 신하들에게 물었다. 그러나 또 찬성과 반대가 갈려 다시 좌절되었다.

이해 5월 21일과 22일에 임금은 대신들을 불러 다시 〈공법〉을 의논했다. 황희 등은 이렇게 말했다.

"각 도를 상중하로 나누되, 하삼도는 상등, 경기, 강원, 황해도는 중등, 평안, 함길도는 하등으로 나누며, 한 도 안에서의 토지 품등은 도행장導行帳대로 3등으로 나누되, 지나간 해의 손실수損實數와 경비의 수량을 참작하여 세액을 정하자."

그러니까 각 도를 3등급으로 나누고, 또 한 도 안에서도 토지를 3등급으로 나누어 세액을 정하자는 것이다. 임금은 이를 가납했다. 그러나 신하들의 주장은 원칙론일 뿐 구제적인 세목은 정하지 않았다. 그래서 윤6월 15일에 '공법상정소공법상정소貢法詳定所'를 설치했다.

그런데 이해 윤6월 20일에 의정부 참찬 하연河演이 다시 이의異議를 제기했다. 그 요지는 토지를 3등급으로 나누고, 다시 그 해의 풍흉을 9등급[上上, 上中, 上下, 中上, 中中, 中下, 下上, 下中, 下下]으로 나누어 세액을 정해야 한다는 것이다. 세부적으로 예를 들면 다음과 같다.

① 토지가 상등上等인 전라도:
　풍년이 상상 – 22두,　상중 – 21두,　상하 – 20두
　풍년이 중상 – 19두,　중중 – 18두,　중하 – 17두
　흉년이 하상 – 16두,　하중 – 15두,　하하 – 14두
② 토지가 중등中等인 경기도:
　풍년이 상상 – 19두,　상중 – 18두,　상하 – 17두
　풍년이 중상 – 16두,　중중 – 15두,　중하 – 14두
　흉년이 하상 – 13두,　하중 – 12두,　하하 – 11두
③ 토지가 하등下等인 평안도:
　풍년이 상상 – 16두,　상중 – 15두,　상하 – 14두
　풍년이 중상 – 13두,　중중 – 12두,　중하 – 11두
　흉년이 하상 – 10두,　하중 – 9두,　하하 – 8두

이상 하연의 안은 전품을 3등급으로 나누고 풍흉을 9등급으로 나누어, 최고 22두에서 최하 8두에 이르는 세액의 차등을 둔 것이다. 임금은 이를 공법상정소의 황희, 안순, 신개, 심도원 등에게 의논하게 하니, 모두들 이렇게 말했다. 첫째, 중전中田의 소출은 상전上田보다 작고, 하전下田의 소출은 중전中田보다 낮은 데도 그 차이가 무시되었다는 것, 둘째 풍흉의 등급을 해마다 다시 정해야 하는 것은 답험법의 폐단과 다를 것이 없다는 것이다. 그러면서 앞서 의논한 것이 더 낫다고 말했다.

이렇게 논란이 계속되다가 이해 10월 5일에 의정부는 호조의 보고를 받아 임금에게 아뢰었는데, 그 내용은 다음과 같다.

① 경상, 전라, 충청도를 상등전上等田으로, 경기, 강원, 황해도를 중등전中等田으로, 평안, 함길도를 하등전下等田으로 정한다. 그리고 상등전, 중등전, 하등전 안에도 다시 상중하로 등급을 정한다. 즉 전품을 9등으로 나눈다.

② 상등도 - 상등전은 매1결에 18두, 중등전은 15두, 하등전은 13두

③ 중등도 - 상등전은 매1결에 15두, 중등전은 14두, 하등전은 13두

④ 하등도 - 상등전은 매1결에 14두, 중등전은 13두, 하등전은 10두

⑤ 제주도는 일괄적으로 10두

⑥ 이 법으로 1~2년간 시험적으로 시행한다.

호조의 안은 전품을 9등으로 나누어 최고 18두에서 최하 10두에 이르는 세액의 차등을 둔 것이 특징이다. 임금은 의정부의 건의를 가납하고, 앞으로 1~2년간 시험해 보기로 결정했다.

그러나 다음해인 세종 19년부터 시험적으로 시행해 보려던 계획도 순탄치 않았다. 이해 4월 14일 의정부가 〈공법〉의 세율을 다시 조정하자고 건의하니 임금이 가납했다. 이해 7월 9일에 임금이 신하들에게 다시 의논하여 시행세목을 만들어 올리라고 명했다.

호조에서는 왕명을 받들어 새로운 시행세목의 시안을 만들어서 임금에게 보고했다. 그 내용은 다음과 같다.

① 그동안 몇 해 동안의 세액稅額의 중간수량을 조사한다.

② 하삼도를 상등上等으로, 경기, 강원, 황해도를 중등中等으로고, 평안, 함길도를 하등下等으로 한다.

③ 본래 전적田籍에 정한 상중하 3등급을 적용한다. 이것은 상중하 3도 가운데에도 다시 토지를 3등급으로 나누었다는 뜻이다. 그 결과 1결당 각 등급의 세액을 다음과 같이 정했다.

    ㄱ) 상등도[하삼도]의 상등전 - 20두(쌀 또는 콩)

        상등도의 중등전 - 18두

        상등도의 하등전 - 16두

ㄴ) 중등도[경기, 강원, 황해도]의 상등전 - 18두

　중등도의 중등전 - 16두

　중등도의 하등전 - 14두

ㄷ) 하등도[평안도, 함길도]의 상등전 - 16두

　하등도의 중등전 - 14두

　하등도의 하등전 - 12두

ㄹ) 제주도 - 등급을 나누지 않고 10두

호조에서 만든 시안은 최고 20두에서 최하 12두로 정한 것으로, 지난해 올린 18두~10두 안보다 2두가 더 높아진 것이다.

그런데 임금은 7월 28일에 평안도와 함길도는 〈공법〉 세율의 반 또는 3분의 1을 감하라고 명했다. 그러자 이해 8월 2일에 함길도 감사가 반대하는 상소를 올렸다. 함길도의 전지가 13만 9천여 결[184]로서 지난해 수세액이 1만 8,400여석인데, 지금 〈공법〉에 의해 하등전의 전세율로 거두더라도 10만여 석에 달하는데, 여기에 1분을 감하더라도 이전의 갑절이나 된다고 했다. 그러나 의정부는 함길도 감사의 계산이 잘못되었다고 비판했다. 아무리 많아도 5만여 석에 불과하다고 말했다.

8월 7일에 임금은 다시 의정부에 전지를 내렸다. 금년의 농사가 지역에 따라 고르지 못하니, 농사가 좀 잘된 경상, 전라 두 도는 〈공법〉대로 시행하고, 충청도는 흉년이라 4분의 1을 감하고, 경기, 강원, 황해, 평안도는 3분의 1을 감하고, 함길도는 반을 감하고, 새로 진을 설치한 곳에는 3분의 2를 감하라고 명했다.

그러나 임금의 명령에도 불구하고 또 8월 27일에 이르러 도승지 신인손辛引孫이 흉년으로 민심이 흉흉하니 〈공법〉을 중지하자고 청하고, 공법상정소 대

---

184) 《세종실록 지리지》에는 함길도의 총 전지면적이 8만여 결로 되어 있는데, 어찌하여 13만 9천여 결이라고 하는지 알 수 없다. 또 13만 9천여 결에서 수세액이 1만 8천여 석이라고 한 것도 이상하다. 1결당 2두씩만 받아도 2만 8천 석이 된다.

신들의 의견이 찬반으로 갈리자 임금은 다음 날인 8월 28일에 〈공법〉을 정지하고 예전대로 손실답험법으로 시행하라고 명했다. 그리하여 〈공법〉 시행은 세종 19년에도 무산되고 말았다.

7. '일성정시의' 등 시계를 만들다 [세종 19년]

(1) 일성정시의

세종 19년 4월 15일에 '일성정시의日星定時儀'가 완성되었다.[185] 이 시계는 낮에는 태양을 가지고 시간을 측정하고, 밤에는 별을 가지고 시간을 측정하기 때문에 '일성정시의'라는 이름을 붙이게 된 것이다. 이 시계는 《원사元史》를 비롯한 여러 책에서 이론적 근거를 찾아내어 새롭게 창작한 것으로 거의 대부분 세종이 직접 설계한 것이었다.

일성정시의 복원품
국립민속박물관 소장

이미 세종 16년에 야간시간을 측정하는 자격루自擊漏가 완성되어 궁중에 설치되어 인정人定(통행금지)과 파루(통행금지 해제)를 알리는 제도가 정비되었고, 낮시간에는 앙부일귀仰俯日晷로 불리는 해시계가 완성되어 혜정교와 종묘 마당에 배치되어 시민들에게 시각을 알려줄 수 있게 되었다.

그러나 주야를 통틀어 시각을 알려주는 단일 시계는 아직 없었는데, 임금이 이를 만들라고 명령하여 4개를 만들어 하나는 궁궐 안에 비치했는데 구름과 용을 장식했다. 나머지 3개

185) 일성정시의를 비롯한 각종 천문시계의 구조와 기능에 관한 자세한 설명은 남문현, 《장영실과 자격루》(서울대학교 출판부, 2002)를 참고할 것.

가운데 하나는 서운관에 비치하여 기후를 관측하는 데 사용하게 하고, 나머지 2개는 평안도와 함길도의 감영에 설치하여 군사용으로 쓰게 했다. 군사행동을 할 때에는 시간이 정확해야 차질이 없기 때문이다.

일성정시의의 구조는 이렇다. 바퀴자루를 인자人字 형태로 떠받치게 하는 기둥이 있고, 또 하나의 기둥은 정극환定極環(북극을 향한 바퀴)을 떠받치게 했다. 둥근 고리가 모두 3개인데, 하나는 천도天度를 둥글게 나눈 '주천도분환周天度分環'이고, 다른 하나는 태양의 위치를 100각刻으로 새긴 '일귀백각환日晷百刻環'이고, 나머지는 별의 위치를 100각으로 나눈 '성귀백각환星晷百刻環'이다.

집현전 출신으로 승지를 맡고 있는 김돈金墩에게 서序를 짓게 했는데, 앞부분은 김돈이 짓고, 뒷부분은 임금이 직접 썼다고 한다. 먼저 김돈이 쓴 부분은 이렇다.

> "… 전하께서 신성한 자질로서 정무를 보살피는 여가에 천문법상天文法象의 이치에 유념하시어 옛부터 이른바 혼의渾儀, 혼상渾象, 규표圭表, 간의簡儀, 자격루自擊漏, 소간의小簡儀, 앙부仰俯(日晷), 천평天平 등의 기구를 빠짐 없이 제작하게 하셨으니, 그 물건을 생활에 이용하게 하려는 뜻이 지극하셨다.
>
> 그러나 하루의 시각이 100각刻인데 낮과 밤의 시각이 반반이다. 낮에는 햇빛을 헤아려 시간을 아는 기구는 이미 갖추어져 있으나, 밤에는 별로써 시각을 정한다는 글은 있으나, 그 방법은 몰랐다. 이에 밤낮 시간을 알리는 기구를 만들기를 명하여, 이름을 일성정시의라고 했다."

다음에 임금이 직접 쓴 글은 그 구조와 기능에 관한 설명인데 그 요지는 아래와 같다.

> "그 제도는 구리를 써서 만들었는데, 먼저 바퀴를 만들어 적도赤道(태양이 움직이는 궤도)에 맞추어 자루를 달았다. 바퀴의 직경은 2척, 두께는 4촌, 너비는 3촌이다. 바퀴 가운데 십자거十字距가 있는데 너비는 1촌 5푼이고

두께는 바퀴와 같다. 십자 가운데 축軸이 있는데, 길이가 5푼 반이고, 직경이 2촌이다. 북쪽 면을 깎아 팠는데, 중심에 1리釐로 두께를 만들고, 그 가운데에 겨자씨 같은 둥근 구멍을 만들었다. 축은 계형界衡(조준하는 막대기)을 꿰고, 구멍은 별을 살핀다. 아래에는 서리고 있는 용모양을 만들어 바퀴자루를 물고 있는데, 자루 두께는 1촌 8푼이며, 용의 입에 1척 1촌이 들어가고, 밖에 3촌 6푼이 나왔다. 용 밑에는 받침대가 있는데, 너비가 2척이고 길이는 3척 2촌이며, 도랑과 못을 만들어서 수평을 잡도록 했다. 바퀴 윗면에는 세 고리를 놓았는데, '주천도분환周天度分環', '일귀백각환日晷百刻環', '성귀백각환星晷百刻環'이라 한다.

'주천도분환'은 밖에 있으면서 움직이고 돌며, 밖에 두 귀가 있다. 지름은 2척, 두께는 3푼, 너비는 8푼이다. '일귀백각환'은 가운데 있어 돌지 않고, 지름은 1척 8촌 4푼이고, 너비와 두께는 밖의 것과 같다. '성귀백각환'은 안에 있어 움직이고 돌며, 안에 두 귀가 있다. 지름은 1척 6촌 8푼이고, 너비와 두께는 다른 고리와 같다. 귀가 있는 것은 움직이게 하는 것이다.

세 고리 위에 계형界衡이 있는데, 길이는 2척 1촌, 너비는 3촌, 두께는 5푼이다. 양쪽 머리의 가운데는 비었으며, 길이는 2촌 2푼이고, 너비는 1촌 8푼이다. 세 고리의 획畫을 덮지 못하게 한 것이다. 허리의 중간 좌우에 각각 용이 하나씩 있는데, 길이는 1척이고, 함께 정극환定極環(極을 결정하는 고리)을 받든다. 정극환이 둘이 있는데, 바깥 고리와 안 고리 사이에는 구진대성句陳大星(북극성)이 나타나고, 안 고리 안에는 천추성天樞星(북두칠성 가운데 국자의 머릿부분 가운데 첫 번째 별)이 나타나니, 남북의 적도赤道를 바르게 하기 위함이다. 바깥 고리는 지름이 3촌 3푼이고, 너비가 3푼이다. 안 고리는 지름이 1촌 4푼 반, 너비가 4리釐, 두께는 모두 2푼인데 약간 십자十字처럼 서로 잇대어 있다.

계형 두 끝의 빈 곳 안팎에 작은 구멍이 있고, 정극 밖 고리 양쪽에도 작은 구멍이 있는데, 가는 노끈으로 6개의 구멍을 꿰어서 계형의 두 끝에 연결시켰다. 위로는 해와 별을 살피고, 아래로는 시각을 살피기 위한 것이다.

주천환周天環에는 주천도周天度를 새겼는데, 1도度가 4푼이다. 일귀환日晷環에는 100각刻을 새겼는데, 1각刻이 6푼이다. 성귀환星晷環에도 일귀환

처럼 100각을 새겼다. 다만 일귀환日晷環과 다른 것은, 자정子正이 신정자
정晨前子正(야간 자정)을 앞서는 것이 주천도周天度 1도度의 차이만큼 난다
는 점이다. 주천환을 사용하는 법은, 먼저 수루水漏를 내려서 동짓날 야간
자정에 맞추고, 계형界衡으로 북극 둘째 별이 있는 곳을 살펴서 바퀴 가
에 표시하고, 주천도周天度의 0에 맞춘다.

그러나 세월이 오래 되면, 하늘과 세歲에 반드시 차가 생기는데, 그것
을《수시력授時曆》을 참고하면 16년 남짓하여 1푼이 뒤로 물러나고, 66년
에서 1도度가 뒤로 물러난다. 이때 다시 살펴서 정한다. 북극 둘째 별은
북극에서 가깝고 가장 붉고 밝아서 여러 사람이 보기 쉽기 때문에 이것
으로 관측한다.

일귀환日晷環은 간의簡儀의 사용법과 같으며, 성귀환星晷環을 사용하는
방법은 첫해의 동짓날에 신정자정을 기점으로 하여 주천도周天度의 0에
맞추어주면, 1일은 1도度, 2일은 2도度 … 이런 식으로 364일에 이르면
364도가 되고, 다음해 동짓날 야간 자정子正은 365도가 된다. 그리고 1일
은 0도 3푼, 2일은 1도 3푼이 되고 … 364일에 이르면 363도 3푼이 된
다. 또 그 다음해 동지첫날에는 364도 2푼이 되고, 1일은 0도 2푼, 2일은
1도 1푼 … 365일에는 364도 1푼이 되는데, 이를 일진一盡이라고 한다.
그리고 일진이 되면 다시 처음으로 돌아간다."

임금이 이렇게 일성정시의 구조를 상세하게 쓴 것을 보면 임금이 그 설계
에 깊이 관여했다는 것이 사실로 인정된다. 위와 같은 임금의 설명에 뒤이어,
김돈이 다시 서문을 이었다.

"무릇 인사人事가 움직이는 기틀은 실로 해와 별의 운행하는 법칙에
매여 있다. 그리고 해와 별의 운행은 의상儀象 가운데 밝게 나타난다. 그
래서 옛 성인이 정치하는 도의 첫째 일로 삼았다. … 우리 전하께서 제작
하신 아름다운 뜻은 곧 요순과 더불어 법을 같이 했으니, 천고에 일찍이
없던 거룩한 일이다. 아아 지극하도다. 이를 마땅히 새겨서 후세에 널리
보여야 할 것이므로 신 돈墩이 감히 손으로 절하고 머리를 조아리며 명銘
을 지어 올리노라."

그런데 '일성정시의'는 너무 무거워서 군사들이 행군하면서 사용하기에는
불가능했다. 그래서 군사용으로 따로 작은 일성정시의를 만들었는데, 그 원리는
대동소이한데, 정극환定極環을 없애 가볍게 만들었다.

(2) 소간의小簡儀, 현주일귀懸珠日晷, 행루行漏

세종 16년 가을에 임금은 이천李蕆, 정초鄭招, 정인지鄭麟趾 등에게 명하여
'간의'를 간략하게 만든 '소간의'를 만들라고 명했다. 말하자면 휴대용 간의를 만
들라는 것이다. 이것이 완성되자 세종 19년에 정초에게 명하여 서序와 명銘을
짓게 했다. 그 서는 이렇다.

> "요 임금이 세상을 다스리자 먼저 희羲와 화和에게 명하여 햇빛을 살
> 펴서 시각을 바르게 했는데, 이로부터 내려오면서 시대마다 각각 그 기구
> 가 있었고, 원元나라에 이르러 갖추어졌다.
> 세종 16년 가을에 이천, 정초, 정인지 등에게 작은 모양의 간의簡儀
> 를 만들라고 명하니, 비록 옛 제도에 바탕을 두었으나 실은 새로운 법에
> 서 나왔다. 밑바탕은 고급 구리로 만들었는데 개울물의 모양을 만들어 준
> 평準平(수평)을 정하고, 자오子午(남북)의 위치를 바르게 했다. 적도赤道 고
> 리의 앞면에는 둥근 하늘의 도분度分을 나누어 그리고, 동서로 돌게 하여
> 칠정七政(해, 달과 화수목금토의 다섯 별)과 중심 및 변두리의 별들이 별자리
> 에 들어가는 도분을 관측했다. 100각刻을 그린 고리는 적도 고리 안에 있
> 는데, 앞면에다 12시간과 100각을 나누어, 낮에는 햇빛으로 알고, 밤에는
> 중성中星(해가 뜰 때와 질 때 하늘 남쪽에 보이는 별)으로 알았다. 사유환四游環
> (기둥 위에 있는 쌍고리)은 규형窺衡(천체를 관측하는 관)을 가지고 있는데, 동서
> 로 돌고 남북으로 오르내리면서 살펴 관측했다.
> 또 나무로 기둥을 만들고, 3개의 고리를 꿰어 놓았는데, 비스듬하게
> 기대게 하면, 사유고리는 북극北極에 맞고, 적도는 천복天腹(남북극의 중앙)
> 에 맞는다. 그리고 바로 세우면 사유四維(사방)가 입운立運(수직)이 되고,
> 100각이 음위陰緯(지평)가 된다."

위 설명만으로는 이해가 쉽지 않을 것이므로 실물을 보면서 공부하면 이해가 빠를 것이다.

세종은 이밖에 또 '현주일귀懸珠日晷'라는 해시계를 만들었다. 그 모양과 기능은 다음과 같다.

받침대를 네모나게 만들었는데 길이는 6촌 3푼이다. 받침대 북쪽에는 기둥을 세웠다. 남쪽에는 못을 파고, 북쪽에는 십자十字를 그렸다. 기둥 머리에 추錘를 달아서 십자와 서로 닿게 했다. 이렇게 하면 물로써 수평을 만들 필요가 없고 저절로 평평하고 바르게 된다. 작은 바퀴에다 100각을 새겼는데, 바퀴의 지름은 3촌 2푼이다. 자루가 있어 비스듬하게 기둥을 꿰었다. 바퀴 중심에는 구멍이 있는데, 가는 실을 꿰어서 위로 기둥 끝에다 매고, 아래로 받침대 남쪽에다 맸다. 실 그림자가 있는 곳을 보면 금방 시각을 알 수 있다.

흐린 날에는 시각을 알기가 어려우므로 행루行漏를 만들었는데, 덩치가 작고 제도가 간략했다. 물을 대주는 파수호播水壺와 물을 받는 수수호受水壺가 각각 하나씩인데, 갈오渴烏[186]로 물을 바꾸어 대주는데 자시子時(밤 12시), 오시午時(낮 12시), 묘시卯時(오전 6시), 유시酉時(오후 6시)에 사용한다.

이렇게 여러 종류의 시계를 만들었는데, 그 가운데 작은 정시의定時儀(소간의)와 현주행루懸珠行漏를 여러 개 만들어서 평안도와 함길도에 군사

소간의(위), 현주일귀(아래)
사진 Jocelyndurrey, CC BY-SA

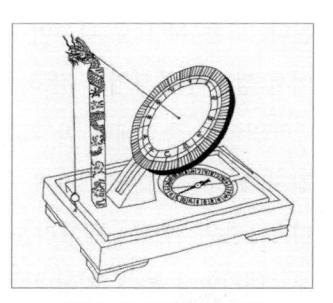

현주일귀 복원도   남문현 교수

---

186) 갈오渴烏는 용기를 기울이지 않고 물을 자동으로 대주는 그릇이다.

용으로 보내고, 나머지는 서운관에 두었다.

(3) 천평일귀天平日晷

말 타고 가면서 시간을 알게 하기 위해서는 더욱 간편한 시계가 필요했다. 그래서 만든 것이 '천평일귀天平日晷'이다. 그 원리는 '현주일귀'와 대동소이하다. 다만 남쪽과 북쪽에 못을 파고 중앙에 기둥을 세워 노끈을 기둥 머리에 꿰고, 들어서 남쪽을 가리키게 하는 것이 다르다. 하늘을 징험하여 시간을 알고자 하는 사람은 반드시 정남침定南針(지남철)을 쓰는데, 인위적인 것을 면치 못한다. 그래서 정남일귀定南日晷를 만들었는데, 정남침을 쓰지 않더라도 남과 북이 저절로 정해지게 되었다.

받침대 길이는 1척 2촌 5푼이고, 양쪽 머리의 너비는 4촌이고, 길이는 2촌이다. 허리의 너비는 1촌이고, 길이는 8촌 5푼이다. 가운데 둥근 못이 있는데, 지름이 2촌 6푼이다. 물 도랑이 있어서 양쪽 머리로 통하여 기둥 가장자리를 돌게 했다.

북쪽 기둥의 길이는 1척 1촌이고, 남쪽 기둥의 길이는 5촌 9푼이다. 북쪽 기둥의 1촌 1푼 아래와 남쪽 기둥의 3촌 8푼 아래에 각각 축軸이 있어서 사유환四游環(쌍고리)을 받는다. 사유환은 동서로 움직이면서 1각 반에 하늘을 한 바퀴 돈다. 도는 4푼으로 나누어 북 16도로부터 167도에 이르기까지 중간이 비어 있어서 쌍고리의 모양과 같고, 나머지는 완전한 고리로 되었다.

안에는 중심에다 한 획을 새기고, 아래에는 네모난 구멍이 있는데, 가로로 직거直距를 설치한다. 직거 가운데 6촌 7푼을 비워서 규형窺衡(엿보는 관)으로 쓴다. 규형은 위로는 쌍고리를 꿰고, 아래로는 전환全環에 다다랐는데 남과 북을 오르내리면서 본다. 지평환地平環을 평평하게 설치하되 남쪽 기둥의 머리와 가지런하게 하여 하지일夏至日에 해가 뜨고 지는 시각에 맞춘다.

반환半環을 지평 아래에 가로로 설치하여 안에는 낮시각을 나누어서 네모

난 구멍에 맞춘다. 받침대 북쪽에는 십자
十字를 그리고, 북쪽 축 끝에 추錘를 달아
서 십자와 서로 맞게 하는데, 이는 수평을
취하기 위함이다. 규형을 사용하여 매일
태양이 극도분極度分에 가서 태양 그림자가
둥근 원에 들어가게 하고, 곧 네모난 구멍
에 의거하여 반환半環의 시각을 내려다 본
다. 그러면 자연히 정남일귀가 시각을 알
게 된다.

천평일귀 사진 Jocelyndurrey, CC BY-SA

정남일귀는 15개를 만들었는데, 구리
로 주조한 것이 10개였다. 몇 년을 걸려
제조가 완성되었는데, 실로 세종 20년 봄
이었다.

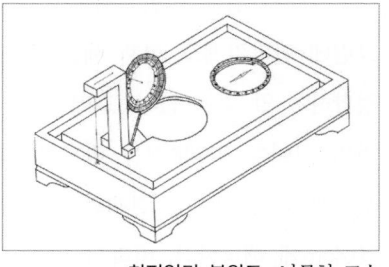

천평일귀 복원도 남문현 교수

역사적으로 이런 시계들이 가장 정교하게 만들어진 것은 원나라 때로서,
곽수경郭守敬이 만든 간의簡儀, 앙의仰儀, 규표圭表 등이었다. 그러나 세종 때 만든
시계들은 옛것만을 본받은 것이 아니라, 임금이 직접 재결하면서 정교하게 만
든 것으로 곽수경이 만든 것보다도 한층 정교하다고 한다.

그런데 시계를 만들 때 사용한 자[尺]가 가장 중요한 문제였다. 주척周尺을
사용한다고 하지만 그 길이가 각각 달랐다. 그런데 판중추원사 허조許稠가 태조
2년 무렵에 아버지 상喪을 당하여 진우량陳友諒의 아들 진리陳理의 가묘家廟에서
신주神主 만드는 법식을 얻어서 가척본假尺本을 만들었다. 또 의랑議郞 강천주姜天
霔의 집에서 종이에 그려진 지본주척紙本周尺을 얻었다. 이것은 강천주의 아버지
강석姜碩의 아우 강유원姜有元이 원사院使 김강金剛이 간직했던 상아로 된 척본尺
本을 전한 것인데, 그 앞에 쓰기를 '신주척정식神主尺定式'이라고 했다. 그러니까
신주神主를 만드는 정해진 법식이라는 뜻이다.

그래서 이에 근거하여 관청에서 사용하는 자에서 2촌 5푼을 제거하여 7촌

5푼을 사용했더니, 《주자가례》의 부주附註에서 반시거潘時擧가 말한 바, '주척周尺은 지금 성척省尺의 7촌 5푼약弱'이라고 한 말과 똑같았다. 두 개의 척본을 서로 비교해 보니 어긋나지 않아 비로소 신주 만드는 제도를 정해 올렸던 것이다. 그로부터 사대부집 사당의 신주나, 도로의 이수里數, 사장射場의 보법步法 등을 모두 이것에 의거하여 정식을 삼았던 것이다. 이 자는 당시 명나라에서도 쓰고 있었다.

그래서 위에 말한 모든 기구들은 이 주척을 표준으로 하여 만든 것이다. 그런데 안타깝게도 현재 세종 때 만든 주척의 실물은 전하지 않아 그 크기를 정확하게 알 수는 없다. 그러나 근대 이전에 만든 주척의 실물은 없지만 그 주척의 길이를 의궤儀軌를 비롯한 여러 책에다 실물대로 그려 놓은 기록은 매우 많다. 이 그림을 현재의 센티미터(cm) 자로 재어 보면 1척의 길이가 대략 20.4cm에 해당한다. 따라서 위에 설명한 척수들을 센티미터로 환산해 보면 그 크기를 복원할 수 있다.

8. 파저강 야인을 다시 토벌하다 [세종 19년]

세종 14년 12월에 압록강 이북의 건주위 추장이었던 이만주李滿住가 평안도 여연閭延 지방을 침략하여 많은 사람과 말을 살상하고 포로로 잡아간 사건을 일으켰음에도 이만주는 자신이 한 짓이 아니라 북방 지역의 여진인 올적합兀狄哈이 한 짓이라고 발뺌했지만, 조선은 그 말이 거짓이라고 보고, 조선의 위력을 한 번 보여줄 필요가 있다고 판단했다. 그래서 세종 15년 4월에 최윤덕 등을 보내 이만주 일당을 토벌했음은 앞에서 이미 설명했다.

이때 1만 5천 명의 군사를 동원하여 거둔 전과는, 222명의 남녀를 포로로 잡아오고, 300여 명을 죽이고, 260명에게 부상을 입히고, 말과 소 180여 마리를 잡아온 것이다. 우리 측 피해는 4명이 사망하는 데 그쳤으니, 대승을 거둔 것이다. 물론 뒤에 이들이 명나라에 호소하여 모두 돌려주었지만, 조선의 위력을 보여주어 두려워하게 만든 것이 가장 큰 효과였다.

세종 15년의 여진 토벌이 끝난 지 2년이 지난 세종 17년 1월과 7월에 다시 여진족이 두 차례에 걸쳐 여연 지방을 침략하여 농민과 말과 소를 살상하고 돌아갔으며, 세종 18년 5월에도 여연 지방을 침략했다. 임금은 이들에 대한 방책을 어떻게 해야 옳은지를 알기 위해 세종 18년 윤6월에 4품 이상 벼슬아치들에게 그 제어책을 물었다. 그러자 신하들이 수많은 대책을 올렸는데, 그 수량이 책 한 권을 만들 정도였다. 세종은 이를 모두 등사하여 평안도 도절제사 이천李蕆에게 보내고 대책을 강구하여 보고하라고 명했다.

신하들이 올린 방책이 헤아릴 수 없이 많았는데, 대부분이 군비를 강화하라는 것 아니면 회유책을 강화하라는 것, 또는 백성들이 고통이 많으니 방어선을 뒤로 후퇴시키자는 주장 등이었다. 그 가운데 임금이 가장 싫어하는 것은 방어선을 후방으로 후퇴시키자는 것이었다. 백성의 고통은 일시적인 것이지만, 국방은 천 년의 평화를 위한 것이라는 것이 세종의 지론이었다. 만약 일시적인 고통을 이기지 못하고 방어선을 후퇴시키면 적들이 우리를 얕잡아보고 더욱 침략을 강화하여 감당할 수 없는 결과가 온다고 믿었다.

신하들이 제시한 여러 방책 가운데 귀화한 여진족으로서 믿을 만한 자를 골라 간첩으로 활용하여 적진에 들여보내 적세敵勢를 세밀하게 정탐하게 하자는 주장이 많았는데 세종은 이를 좋게 받아들였다. 사실 조선은 여진족의 지리조건이나 세력분포를 자세히 모르고 있었다. 그래서 조공을 바치러 오는 자들이 과연 어느 정도의 세력과 영향력을 가진 추장들인지 알지 못했고, 토벌하러 갈 때에도 정확한 정보를 갖지 못한 가운데 대군을 보냈기 때문에 적의 괴수를 잡지 못했던 것이다.

또 야인들과 싸울 때 사용하는 무기도 크게 개선했다. 화약을 사용하여 한꺼번에 화살 여러 발을 발사하고 사정 거리도 한층 길어진 화포火砲를 제조하여 평안도와 함길도에 보냈다. 이런 무기는 화약을 이용하여 화살을 쏘기 때문에 로켓과 비슷한 무기였다. 또 탄환이나 돌을 발사하는 총통銃筒과 완구碗口의 성능도 크게 개선했다. 또 여러 종류의 시계를 제작하여 변방에 보낸 것도 작전시간을 서로 맞추기 위함이었다. 적은 대규모 정규군이 아니고 소규모의 게릴라 부대들이 넓은 지역에 흩어져 살면서 치고 빠지는 전략을 구사하기 때문에 상대하기가 쉽지 않았다. 그래서 다양한 전략을 개발한 것이다.

이런 준비를 거친 끝에 세종 19년 9월 7일에 이르러 약 8천 명의 토벌군을 파견했다. 지난번 토벌군의 절반 정도의 병력이었다. 이 시기를 택한 것은 농사를 하기 위해 야인들이 들로 나오고, 또 말먹이 풀이 무성한 때를 택한 것이다. 9월 7일에 군사를 세 갈래로 나누어 출정했는데, 좌군도병마사 이화李樺는 1,818명을 거느리고, 우군도병마사 정덕성鄭德成은 1,203명을 거느리고 이산理山에서 강을 건넜으며, 도절제사 이천李蕆은 여연절제사 황사석黃師錫과 강계절제사 이진李震과 함께 4,772명을 거느리고 만포진을 건너갔다. 주로 지금 혼강渾江 또는 동가강佟佳江으로 불리는 파저강 일대를 대상으로 토벌작전에 나섰다. 옛날 고구려가 건국되었던 바로 그 지역이다.

9월 22일에 평안도 감사가 토벌결과를 보고했는데, 적들이 모두 숨어버려 몇십 명을 죽이고, 60여 명을 포로로 잡아오는 데 그쳤다. 적의 괴수도 잡지 못했다. 그 대신 소와 말을 죽이고, 곡식들을 모두 불태워 물질적인 피해는 많이 주었다. 우리 쪽 사상자는 없었다. 그러니 일단은 승리한 셈이었으나 전과도 크지 않았다. 황희 등 대신들은 전과가 크지 못한 것을 아쉬워했는데, 특히 우의정 노한盧閈은 지위가 낮은 판관(5품)에게 2~3백 명을 주어 보냈더라도 이보다는 전과가 컸을 것이라고 하면서 이천에게 상을 줄 만한 공로가 없다고 비아냥했다.

이천은 무기는 잘 만드는 재주가 있었지만 장수의 재주는 부족한 것이 사실이었다. 하지만 토벌의 목적이 야인 땅을 점령하겠다는 것이 아니고, 조선을 얕잡아보지 못하게 하려는 것이기 때문에 성과가 아주 없는 것은 아니었다. 적에게 일단 공포심을 주고 물질적 피해를 주었으므로 이만하면 성공을 거두었다고 임금은 생각했다. 그래서 임금은 이번 원정을 비아냥한 노한을 즉시 파면했다. 이천을 비난하는 것은 임금을 비난한 것과 같기 때문이다.

그런데 파저강 야인들이 이해 12월 11일에 3천여 기를 거느리고 벽동碧潼에 침입하여 목책을 불태우고 돌아갔다. 벽동군 수령이 군사 300여 기를 거느리고 강을 건너 추격하다가 패전했다. 야인들이 보복해온 것이다.

토벌군을 피해 숨었던 이만주는 명나라에 사신을 보내 조선이 자신들을 핍박하고, 함길도 경성鏡城과 회령會寧에 살고 있는 동범찰童凡察 부족들을 불러들여 함께 평화롭게 살고자 하는데 조선이 이를 방해하고 있다고 호소했다. 동범찰은 바로 이미 죽은 동맹가첩목아의 동생이었다. 그러자 명나라는 조선에 칙서를 보내 동범찰 부족을 이만주가 살고 있는 파저강 일대로 가도록 허락하라고 명했다.

그러자 조선도 주문사奏聞使를 명나라에 보내 이만주가 거짓말을 하고 있다고 말하고, 명나라 태조 이후로 공험진公嶮鎭 이남을 조선의 영토로 인정했으며, 지금 동범찰은 조선 영토에 살고 있으므로 우리 백성이나 다름없다는 것, 그리고 영락제도 이만주가 조선을 침략하면 토벌해도 좋다고 허락했다는 사실을 자세하게 기록하여 알렸다.

당시 영종황제는 12~13세의 소년이었으므로 실권은 무식한 환관들이 장악하고 있어서 이만주의 말만을 일방적으로 믿고 조선에 칙서를 보낸 것인데, 조선이 이처럼 역사적 사실을 상세하게 알리면서 이만주가 오히려 조선을 침략하면서 거짓으로 황제를 속이고 있으므로 동범찰을 절대로 이만주에게 보낼 수 없다고 거부했다. 그러자 명은 다시 칙서를 보내 조선의 주장을 받아들여 동범찰을 보내지 않아도 좋다고 말했다.

이렇게 이만주는 속으로는 조선을 배신하는 행동을 하면서 겉으로는 여전히 추장들을 보내 조선에 조공을 바치는 이중적인 태도를 보였다. 세종은 이만주를 간교하고 다루기 어려운 인물로 여겼다. 그런데 동범찰도 문제가 있었다. 그는 아버지 때부터 함길도 영내에 살면서 조선에 대하여 무한한 충성을 바치는 모습을 보이면서도 동시에 부족들을 이끌고 이만주에게로 가려고 시도했다.

조선이 동범찰의 이주를 막고자 한 것은 그가 이만주와 힘을 합치면 조선이 더욱 괴롭게 될 것이 예상되었기 때문이었다.

그러나 동범찰이 조선을 떠나려고 한 데에는 그럴만한 이유가 있었다. 첫째는 동맹가첩목아의 아들 동권두童權豆가 장성하면서 그 부족들이 동범찰을 떠나 동권두를 따르기 시작했다는 것, 둘째는 동범찰이 이만주 집안과 혼인을 맺었다는 것, 셋째는 회령절제사인 이징옥李澄玉이 야인들을 위압적으로 다스린다는 것, 넷째는 조선이 야인들을 백성으로 편입하여 세금 등을 물리려고 한다는 것이었다. 저들은 조선으로부터 벼슬이나 특권만을 향유하고, 백성으로서 각종 의무를 지는 것을 피하려고 했다.

그래서 이만주와 동범찰을 동시에 믿을 수 없게 된 세종은 차라리 기회를 보아 동범찰을 마음대로 처치해도 좋다고 함길도 절제사 김종서에게 밀지를 보내기도 했다. 드디어 동범찰은 세종 22년에 부족들을 이끌고 몰래 백두산 서남쪽으로 이주했는데, 뒤에는 다시 조선에 사신을 보내 함길도 경성의 옛 터전으로 돌아가고 싶다고 하면서 명나라와 조선에 호소했다. 그러나 조선은 그를 받아들이지 않고 말썽을 부리지 않도록 회유만 했다. 이들의 문제는 세종조 이후까지도 해결되지 않고 계속되었다.

여기서 잠깐 숨을 돌려 집현전 출신 학자로서 뛰어난 전략가였던 양성지梁誠之의 말을 들어보자. 그는 뒷날 이런 말을 했다. 역사적으로 대외전쟁사를 살펴보면, 중국과는 열 번 싸우면 일곱 번 이겼고, 왜인과는 열 번 싸우면 세 번 이겼고, 야인과는 열 번 싸우면 다섯 번 이겼다고 했다.[187] 중국과의 싸움은 전선이 제한되어 있었지만, 왜인과의 싸움은 한반도 바다가 모두 전선이고, 야인과의 싸움은 압록강과 두만강 3천 리가 모두 전선이기 때문에 불리할 수밖에 없었던 것이다.

---

187) 양성지의 생애와 사상에 대해서는 한영우, 《수성기의 제갈량 양성지》(지식산업사, 2008) 참고.

9. 일본 토호들의 조공

(1) 세종 18년

세종 18년은 조선이나 왜인들이나 모두가 큰 흉년을 만나 조공 바칠 예물도 별로 없었고, 조선도 회사품을 여유있게 주기가 어려운 형편이었다. 그래서 조공품의 목록과 회사품에 대한 목록의 기록이 거의 없다. 다만 이따금 대마도 왜인에게 쌀과 소주 등을 간간이 하사했을 뿐이다.

세종 18년 1월 1일 신년 조회 때 왜인들은 예년대로 야인들과 함께 토산물을 바치고 조반에 참예했다. 이때 대마도 왜인 종석견수宗石見守가 그 의식의 성대함을 보고 나서 통사 윤인보尹仁甫에게 이렇게 말했다.

"내 나이 60여 세에 변경 땅에서 생장하여 임금과 신하의 경사스런 모임의 성대한 의식을 알지 못했는데, 지금 다행히 성대한 행사를 보게 되었으니, 비록 극락정토極樂淨土라도 어찌 이보다 나을 수가 있겠습니까?"

왜인이 불교경전에서 말하는 극락정토라도 이보다 성대할 수 없다고 감탄한 것이다. 하기야 일본의 정치수준과 비교하면 이런 정도의 감탄은 당연한 것이다.

2월 4일, 2월 9일, 2월 26일에 대마도 수호 종정성이 잇따라 토산물을 바쳤다. 2월 9일에는 등호구藤好久도 토산물을 바쳤다. 등호구는 세종 16년부터 토산물을 바쳐 왔는데 대마도 왜인으로 보이나 자세한 신원을 알 수 없다. 이들은 식량을 얻으려고 토산물을 바친 것이지만, 막상 가져온 것도 별로 없었다. 그래서 조선에서의 회사품도 상대적으로 없거나 적었다.

2월 25일에 대마도 등차랑藤次郎이 아들을 보내자, 식량 대신 의복, 갓, 신을 하사했다.

3월 1일에는 구주의 축주筑州(후쿠오카福岡) 종금宗金(藤宗金)의 아들 종가무宗家

茂(藤宗家茂)가 사람을 보내 토산물을 바쳤으나 회사품이 없었다.

3월 29일에는 종정성이 예조에 서신을 보냈다. 조선에서 삼포의 왜인을 돌려보내고자 하는데, 원하는 자는 돌려보내고, 남기를 원하는 자는 백성을 삼아 달라고 청했다. 조정에서 의논한 결과, 창원 내이포에 거주하는 왜인 253명과 울산 염포에 거주하는 96명, 그리고 부산포에 거주하는 29명을 찾아서 돌려보내고, 그대로 머물기를 청한 266명은 남게 했다. 그러니까 돌려보낸 자가 모두 378명으로 남아 있는 자보다 많았다.

종정성을 비롯한 대마도 왜인은 4월 21일, 5월 6일, 5월 14일, 6월 11일, 6월 16일에도 잇달아 내조하여 토산물을 바쳤으나 회사품을 주지 않다가, 윤6월 2일에 종언칠이 토산물을 바치자 미두 50석을 하사했다.

윤6월 4일에는 대마도 종무직이 토산물을 바쳤고, 윤6월 16일에는 대마도 이나군주伊奈君主와 월중수越中守 종자무宗資茂가 토산물을 바쳤다. 월중은 지금의 도야마富山로서 이곳 태수가 온 것은 처음이다.

이해 윤6월 27일에는 종정성이 보내온 정대랑井大郞이 왜인들의 간사한 행동을 보고했다. 즉 내이포에 거류하는 왜인들이 대마도에서 장사하러 오는 상인과 결탁하고, 밤에 몰래 작은 배를 타고 섬에서 만나 왜상倭商의 배를 나누어 타고 들어와서 체류하는 동안의 식량으로 각기 5두를 얻어 간다는 것인데, 그런 자들이 40~50명이 된다고 말했다. 정대랑은 조선의 은혜를 크게 입은 뒤로 비밀스런 정보를 조선에 자주 전했다. 말하자면 조선을 위해 간첩활동을 한 셈이다. 정부에서는 이 소식을 듣고 종정성에게 편지를 보내 앞으로는 들어오는 왜상들의 명단과 인원 등을 자세히 기록하여 보내지 않으면 들어오지 못하게 하겠다고 전했다.

7월 8일에 대우전大友殿(오이타大分)의 원친중源親重과 원지직源指直이 토산물을 바쳤다. 7월 16일에 살마주의 등휘구藤熙久가 7인을 보내 토산물을 바쳤다.

8월 11일에는 살마주의 이집원伊集院 우진寓鎭과 비주肥州(사가佐賀) 태수 장구가藏久家가 토산물을 바쳤다. 장구가는 처음 왔다. 8월 24일에는 종정성이 7명을 보내 토산물을 바쳤다.

이해 11월 8일에는 병조에서, 대마도가 해마다 흉년이어서 도적질할까 염려하여 그 방비대책을 임금에게 아뢰었다. 조선은 흉년이 들면 대마도부터 걱정해야 하는 나라였다. 그래서 한편으로는 식량을 주어 보듬고, 다른 한편으로는 방비를 엄히 하여 도적을 막는 데 총력을 기울였다.

11월 26일에 일기도 구랑九郞 등 5인이 토산물을 바쳤다. 12월 16일에 종정성이 2명, 12월 26일에 16명을 보내 토산물을 바쳤다. 이렇게 많은 사람을 보내는 것은 그들이라도 조선에 와서 얻어먹고 가기 위함이었다. 조선은 왜인들이 조선까지 도착하는 동안의 여행 날짜와 승선인원을 계산하여 식량을 주고 있었기 때문이다. 우리가 회사품을 주지 않는데도 저들이 기를 쓰고 떼를 지어 오는 이유가 여기에 있었다.

12월 28일에는 종정성과 종언칠이 사람을 보내 토산물을 바쳤으나, 회사가 없었다.

12월 26일에 정부에서는 다시 대마도 방비대책을 논의했다. 당시 구주九州 사정이 복잡해졌기 때문이었다. 당시 본주本州의 야마구치山口 지역과 구주 동북부인 풍주豊州 지역을 지배하고 있던 토호 대내전大內殿과 후쿠오카福岡와 다자이후太宰府 지역의 토호 소이전小二殿의 세력이 가장 강했는데, 부자父子가 대를 이어 싸우다가 백제 왕족의 후손인 대내전이 화살을 맞고 죽었다.

그러자 그 아들이 원수를 갚고자 하여 서로 공격하기를 그치지 않았는데, 소이전이 싸움에 패하여 대마도로 달아나서 도주島主인 종정성과 함께 사람을 조선에 보내 쌀과 소금을 청구한 것이 여러 번이었다. 조선에서는 이것이 대내전을 자극할까 염려했다. 그런데 대내전이 내년 봄에 군사를 일으켜 대마도를 토벌하겠다고 성언했다. 만약 대내전이 대마도를 토벌하게 되면 대마도 왜인은 해적으로 변할 것이 예견되었다.

구주와 대마도의 사정이 이러하기 때문에 조선에서는 어떻게 대처할지를 논의하게 된 것이다. 임금은 국방을 강화해야 한다는 의견을 제시하면서 여진족에 대해서도 성보城堡를 구축하고, 성능이 좋은 무기를 그동안 새로이 많이 개발했는데, 대신들이 언제나 흉년을 이유로 반대했어도 자신이 고집하여 밀고 나갔다고 술회하면서 항상 무사한 때 위험에 대비해야 한다고 강조했다.

병조판서 황보인皇甫仁은 왜구를 막기 위해서 경상도에 절제사를 하나만 두었는데, 하나를 더 설치하여 좌우도에 각각 하나씩 절제사를 설치하자고 주장하여 임금이 가납했다.

(2) 세종 19년

세종 19년에는 조선도 지난해 흉년으로 고통을 받고, 왜인들의 사정도 마찬가지로 어려웠기 때문에 식량을 얻기 위해 토산물을 바치는 조공행렬이 이해에도 끊이지 않았지만, 토산물이래야 칼이나 활 한두 개 바치는 것이 고작이었다. 그런데도 언제나 5~6명 정도의 사람을 딸려 보냈는데, 이는 밥을 얻어 먹고 가기 위함이었다.

이해 1월 3일에 가장 먼저 대마도주 종정성이 사람을 보내 토산물을 바쳤으나 회사품이 없었다.

세종 19년 1월 30일에 임금은 신하들에게 그동안 왜인들이 바치는 토산물에 대하여 이렇게 말했다.

"지난 겨울부터 지금까지 왜인들로서 사자使者로 일컫는 자가 여러 번 왔는데, 매양 배 한 척에 왜인이 30~40명, 혹은 50~60명이 타고 와서 내이포에 머물러 있는 자가 거의 1천여 명에 이르는데, 와서 바친 물건을 살펴보면 칼 두어 자루에 불과하고, 사사로이 싸 가지고 온 물건은 있기도 하고 없기도 하다. 있는 것도 역시 소금, 미역 두어 섬에 불과하니, 그 형편이 기근을 견디지 못하여 우리에게 얻어 먹으려고 온 것 같다.

그러나 왜노倭奴의 성질이 본래 완악하여 사람의 얼굴에 짐승의 마음이어서 그 꾀를 헤아리기 어렵다. 무지한 백성들이 오랫동안 편안한 데 익숙하여 눈앞의 이익만 탐하여 바닷가에 깊숙이 들어가서 사는 자가 매

우 많으니, 적이 혹시 졸지에 이른다면 미처 피하지 못하고, 장수도 미처
구원하지 못할 것이니, 이를 대비하지 않을 수 없다."

이른바 1천여 명의 왜인들이 떼를 이루어 오면서도 와서 조공을 바치는 물
건이 칼 두어 자루에 지나지 않고, 상품으로 가지고 오는 물건도 소금과 미역
두어 섬 뿐이니, 그들이 흉년으로 굶주려서 얻어 먹으려고 오는 것이지 조공을
바치거나 장사를 하려고 오는 것이 아니라는 것이다. 그러니 언제 그들이 도적
으로 돌변할지 모르므로 대비를 철저히 해야 한다는 것이다.

실제로, 이 무렵 왜인들이 바친 토산물의 물품 목록이 기록에 보이지 않고,
우리가 회사한 물품도 기록에 보이지 않는데, 그 이유가 있었던 것이다. 칼 두
어 자루를 바친 것을 어떻게 일일이 기록하고, 또 회사품을 줄 수가 있겠는가.
그래서 그들에게 가끔 가다가 식량을 주는 방법을 택했던 것이다.

이날 임금은 위에 한 말을 다시 경상도와 전라도 감사에게 전하면서 왜구
방비를 엄하게 할 것을 당부했다. 세종은 대마도 왜인들이 명분은 조공을 바치
러 오는 것이지만 실제로는 식량을 구걸하러 오는 것이라고 판단하고, 인면수
심人面獸心을 가진 저들이 언제 돌변하여 도적이 될지 모른다고 걱정했다. 그러
면서 지금 전라도 곡식 20만 석을 경상도로 운반하는데 저들이 도적질할 위험
이 있으니 각별히 대비하라고 명했다.

이해 2월 1일에 종정성이 또 토산물을 바치고, 지금 시마네현島根縣에 해당
하는 석견주石見州의 토호 등관심藤觀心도 사람을 보내 토산물을 바쳤다. 그러나
회사품을 주지 않았다. 2월 6일에 종정성과 일기도 등구랑藤九郎이 토산물을 바
쳤으나 회사품이 없었다.

2월 21일에 종정성이 우리나라 소온사도蘇溫沙島에서 나무를 베어 배를 만
들게 해 달라고 요청했으니 거절했다. 남의 나라에 가서 배를 만들겠다는 것은
참으로 어이없는 요청이다. 이 섬이 어디인지는 알 수 없다. 2월 15일에도 토
산물을 보내더니, 《대반야경》을 달라고 청구하자 없다고 하면서 거절하고, 정포

5필을 회사했다. 17일과 21일에 또 토산물을 바쳤다.

2월 30일에는 대마도 종무직이 토산물을 바치고, 이날 일기도 좌지전佐志殿도 토산물을 바치고, 이날 종정성이 《묘법연화경妙法蓮華經》을 청구하자 이를 주었다.

3월 2일 대마도 종언칠宗彦七과 종성국宗盛國이 토산품을 바쳤다. 3월 3일에는 종정성이 조선으로 도망간 26명을 돌려보내 달라고 청했으나, 찾을 수 없다고 거절했다. 3월 11일에 토산품을 바치고, 3월 12일에는 종무직이 토산품을 바쳤다. 3월 16일에는 종정성이 18명을 보내 토산품을 바쳤다. 그동안에도 여러 사람을 보내는 것이 관행이었는데 이번에는 특별히 많은 사람을 보냈다. 이날 육랑차랑도 2명을 보냈다. 얻어먹기 위해 온 것이다.

3월 21일에 종정성과 종언차랑宗彦次郎, 종성세宗盛世 등이 사람을 보내 토산물을 바쳤다. 3월 26일에도 종정성이 6명을 보냈다.

4월 3일에 대마도 종언차랑이 식량을 청구하자 미두 20석을 하사했다. 4월 21일에 종정성이 사람을 보냈다.

4월 28일에는 왜인들이 《대장경판》을 탐내는 것을 걱정하여 임금이 승지들에게 말하기를, "우리나라에서 전해온 국보國寶를 가벼이 남에게 줄 수 없으니, 이 목판을 서울에서 가까운 회암사[양주]나 건원릉[동구릉] 앞의 개경사開慶寺로 옮기는 것이 어떠냐?"라고 물으면서 의정부에서 의논하게 했다. 그러자 의정부에서는 "수송하는 폐단이 있으니 그대로 두고 잘 관리하는 것이 낫다."고 하여 그만두었다.

5월 11일에 종정성이 6명을 보내고, 종무직도 6명을 보내고, 육랑차랑은 2명을 보냈다. 그러니 14명이 한꺼번에 온 것이다. 5월 16일에도 종정성이 5명을 보내고, 등차랑藤次郎의 아들이 왔다.

6월 1일에 종정성이 사람을 보내고, 7월 21일에 종무직이 5명을 보내고, 등희구藤熙久가 7명을 보냈다.

8월 8일에 종정성이 사람을 보내고, 8월 11일에도 12명을 보냈으며, 종무직이 5명을 보내고, 지금 구주 오이타현大分縣 남부에 해당하는 풍주豊州 태수 원지직源持直이 9명을 보내 토산물을 바쳤으나 회사품을 주지 않았다. 토산물 목록기록도 없다. 8월 26일에 종정성이 9명을 보내고, 9월 2일에 4명, 9월 11일에 4명, 9월 21일에 3명, 10월 16일에 4명을 보냈다.

10월 16일에 종무직이 2명, 종출우수무는 2명을 보냈다. 11월 1일에 종정성이 여러 명, 종언칠이 여러 명을 보냈다. 11월 26일에 종정성이 사람을 보내고, 12월 19일에는 무려 21명을 보내고, 축주筑州(후쿠오카福岡)의 종금宗金(藤宗金)은 9명을, 축주의 원의源義는 15명을, 종무직은 6명을, 일기도의 좌지윤佐志胤은 7명을 보냈다. 이날 도합 48명의 왜인이 온 것이다.

왜인들의 식량사정이 얼마나 절박한지를 알 수 있다. 그러나 조선도 흉년으로 어려운 형편이므로 식량을 거의 회사하지 않고, 그저 온 사람들을 먹이고 돌려보냈다.

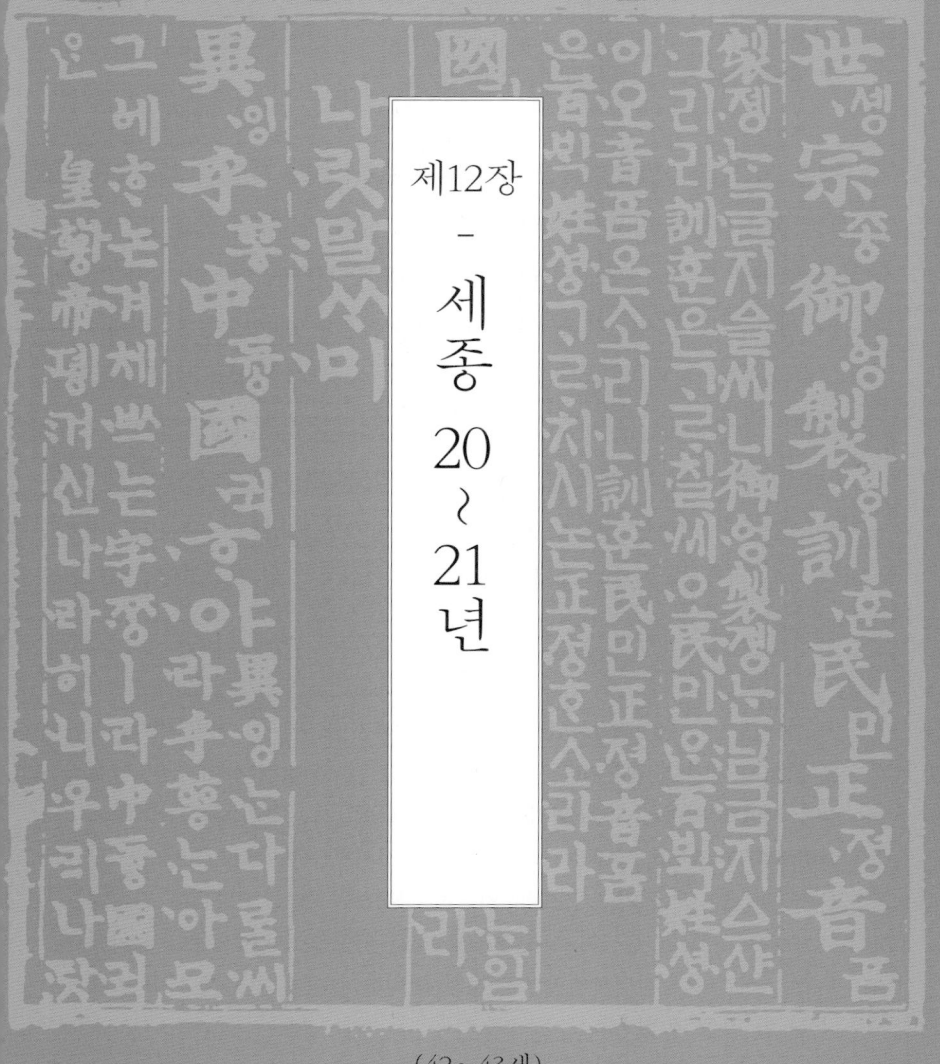

제12장
-
세종
20
~
21
년

(42~43세)
1438~1439년

1. 흠경각을 짓다 [세종 20년]

세종 20년 1월 7일에 경복궁 침전寢殿인 천추전千秋殿 서쪽에 한 칸짜리 작은 집을 짓고 이름을 흠경각欽敬閣이라고 했다. 앞서 자격루를 만들었던 대호군 장영실蔣英實이 제작했는데, 그 규모라든가 제도의 기술은 세종이 직접 결정했다. 그러니까 기본 설계는 세종이 만들고, 이를 제작한 것은 장영실이었다.

그런데, 《세조실록》의 기록을 보면, 이순지李純之[188]가 왕명을 받아 만들었다고 한다.[189] 그러나 사실은 세종이 이순지 등과 협의하여 설계하고 장영실이 만든 것인데, 장영실이 뒤에 죄를 짓고 사라진 인물이기 때문에 장영실 대신 이순지를 제작자로 기록한 것으로 보인다. 앞서 자격루를 만든 사람이 김빈金鑌[190]이라고 《세조실록》에 기록한 것과 마찬가지다. 그러면 흠경각은 무엇인가? 우승지 김돈金墩이 지은 기문記文을 보면 이러하다.

"제왕帝王이 정사政事를 하고 사업을 이루자면 반드시 먼저 역수曆數를 밝혀서 세상에 절후節侯를 알려줘야 한다. … 우리 전하께서 이 일을 맡은 자에게 명하여 모든 의기儀器를 정하게 했는데, 크고 작은 간의簡儀, 혼의渾儀, 혼상渾象, 앙부일귀仰釜日晷, 일성정시의日星定時儀, 규표圭表, 금루禁漏(자격루) 같은 기구가 모두 지극히 정교하여 옛날 제도보다 뛰어났다. 그러나 제도가 정밀하지 못하고 또 모든 기구를 후원後苑에다 설치했으므로 시간마다 점검하기가 어려울까 염려하여 이에 천추전 서쪽 뜰에다 한 칸 집을 지었다."

---

188) 이순지는 본관이 경기도 양성陽城으로 중추원부사 이맹상李孟常의 아들이다. 처음에 동궁행수 東宮行首로 있다가 세종 때 문과에 급제했는데 그가 산학과 천문을 배우고자 하므로 임금이 가상하게 여겨 키웠더니, 간의, 규표, 태평, 현주, 앙부일귀, 보루각, 흠경각 등을 왕명으로 만들었다. 벼슬이 승지를 거쳐 세조 때 판중추원사에 이르렀다가 병으로 죽었다.

189) 《세조실록》 세조 11년 6월 11일 이순지 졸기.

190) 김빈金鑌은 그 이름이 임금의 후궁後宮을 가리키는 빈嬪과 발음이 비슷하다 하여 뒤에 이름을 김조金銚로 바꾸었다.

이렇게 흠경각을 짓게 된 동기를 설명하고 나서, 흠경각의 구조를 다음과 같이 설명했다.

"풀 먹인 종이로 약 7자 높이의 산을 만들어 집 중앙에 설치했다. 그 산에다 옥루기玉漏機(자격루) 바퀴를 설치하여 물로써 움직이게 했다. 금으로 탄환 크기의 태양을 만들었는데, 오색 구름이 둘러싸고 산허리 위를 지나도록 했다. 하루에 한 번씩 돌아서 낮에는 산 밖으로 나타나고, 밤에는 산 속으로 들어갔다. 그 운행궤도의 비스듬한 형세는 천행天行에 맞추었고, 극極과의 거리가 멀고 가까움, 태양이 들어가고 나오는 시각은 각기 절기節氣를 따라서 하늘의 태양과 합치되게 했다.

태양 아래에는 4명의 옥녀玉女가 손에 금탁金鐸을 들고 사방에 서 있는데, 인시寅時(오전 4시), 묘시卯時(오전 6시), 진시辰時(오전 8시)의 초정初正에는 동쪽에 있는 옥녀가 금탁을 치고, 사시巳時(오전 10시)와 오시午時(정오), 미시未時(오후 2시) 초정에는 남쪽에 있는 옥녀가 금탁을 쳤다. 서쪽과 북쪽도 모두 시간에 맞추어 옥녀가 목탁을 쳤다.

옥녀 밑에는 4신상四神像(청룡, 백호, 현무, 주작)을 만들어서 각각 그 곁에 세웠는데, 모두 산을 향하여 섰다. 인시寅時가 되면 청룡신靑龍神이 북쪽으로 향하고, 묘시卯時에는 동쪽으로 향하고, 진시辰時에는 남쪽으로 향하고, 사시巳時에는 서쪽을 향하여 선다. 동시에 주작신朱雀神이 다시 동쪽을 향하는데, 차례로 방위를 향하는 것은 청룡신과 같으며, 딴 것도 모두 이와 같다.

산 남쪽 기슭에는 높은 축대가 있어 시간을 맡은 인형 하나가 비단 공복公服을 입고 산을 등지고 서 있다. 또 3인의 무사武士가 갑옷을 입고 있는데, 하나는 종과 방망이를 잡고서 서향하여 동쪽에 서 있고, 하나는 북과 북채를 들고 동향하여 서쪽에서 약간 북쪽에 가깝게 서 있다. 또 다른 하나는 징과 채찍을 들고 동향하여 남쪽에 가까운 서쪽에 서 있다.

매 시간이 되면 사신司辰(시각을 맡은 관원 인형)이 종치는 인형을 돌아보고, 종치는 인형도 또한 사신司辰을 돌아보면서 종을 친다. 매 경更[191]마다

---

191) 경은 밤 시간을 5등분한 시간을 말하는데 초경은 오후 7~9시, 2경은 오후 9~11시, 3경은 밤 11~1시, 4경은 새벽 1~3시, 5경은 새벽 3~5시이다.

북과 북채를 잡은 인형이 북을 치고, 매 점點[192]마다 징과 채를 잡은 인형이 징을 치는데, 서로 돌아보는 것은 종치는 인형과 같으며, 경과 점마다 북치고 징치는 수효는 모두 보통 시행하는 법과 같다.

산 밑 평지에는 12신神[193]들이 제각기 제자리에 엎드려 있고, 12신 뒤에는 각각 구멍이 있어 평상시에는 닫혀 있다가 자시子時(밤 11시~새벽 1시)가 되면 쥐 모양 신 뒤에 구멍이 저절로 열리면서 인형 옥녀가 자시패子時牌를 들고 나오며, 쥐 모양 신이 그 앞에 일어선다. 자시가 지나가면 옥녀는 되돌아서 구멍으로 들어가는 동시에 구멍이 저절로 닫히고, 쥐 모양 신도 그 자리에 도로 엎드린다. 축시丑時(새벽 1~3시)가 되면, 소 모양 신 뒤에 구멍이 열리면서 옥녀가 축시패를 들고 나오며, 소 모양의 신도 일어서는데, 다른 신도 모두 이처럼 한다.

오방午方(正南) 앞에 또 축대가 있는데 축대 위에 기울어진 그릇을 놓았다. 그릇 북쪽에 인형으로 만든 관원官員이 있어서 금병金瓶을 들고 물을 따르는데, 누기漏器의 남은 물을 이용하여 끊임없이 흐른다. 물이 비면 그릇이 기울고, 반쯤 물이 차면 그릇이 반듯해지고, 물이 가득 차면 그릇이 엎어진다. 적으면 중용中庸이 기울어지고, 과도하면 엎어지고, 중용中庸이 되면 바르게 된다는 옛말의 교훈과 같다.

산 동쪽에는 봄의 경치를 만들었고, 남쪽에는 여름 경치를 꾸몄으며, 산 서쪽에는 가을 경치를, 산 북쪽에는 겨울 경치를 만들었다. 《시경》의 〈빈풍豳風〉 그림에 의거하여 나무로 인물人物, 조수鳥獸, 초목草木의 형태를 조각하여 그 절후節侯에 맞추어서 배치했으니 〈7월〉 1편篇[194]의 일이 모두 갖추어지지 않은 것이 없다.

집 이름을 '흠경각'이라 한 것은 《서경書經》 요전편堯典篇에 '공경함을 하늘처럼 하여, 백성에게 시각을 알려준다欽若昊天 敬授人時'는 데서 따온 것이다."

---

192) 점點은 하나의 경[2시간]을 5등분한 시간을 말하는데 오늘날의 시간으로 치면 24분에 해당한다. 예를 들어 초경 1점이면 7시~7시 24분, 초경 2점이면 7시 24분~7시 48분, 초경 3점이면 7시 48분~8시 12분, 초경 4점이면 8시 12분~8시 36분, 초경 5점이면 8시 36분~9시이다.

193) 12신十二神은 자子(쥐), 축丑(소), 인寅(호랑이), 묘卯(토끼), 진辰(용), 사巳(뱀), 오午(말), 미未(양), 신申(원숭이), 유酉(닭), 술戌(개), 해亥(돼지)를 말한다. 12신은 12경의 시간과 12면의 방위를 상징한다.

194) 《시경詩經》〈국풍國風〉의 제15 빈풍豳風에 실려 있는 〈7월〉의 시부詩賦를 말한다.

흠경각루 상상도 남문현 교수 제공

인용문이 다소 길지만, 자세히 읽어보면 마치 마법魔法과 요술妖術의 성 안으로 들어간 듯하다. 물을 동력으로 이용한 것은 자격루와 같은데, 시간을 알려주는 장치가 산 모양의 대자연 속에서 태양, 시간을 맡은 관원, 옥녀, 4신四神(청룡, 백호, 현무, 주작)과 12지신十二支神(쥐, 소, 호랑이, 토끼, 용, 뱀, 말, 양, 원숭이, 닭, 개, 돼지) 등의 인형을 등장시켜 북, 종, 징을 치면서 소리를 통해 크게는 절기節期와, 작게는 경更(매 2시간)과 점點(매 24분)을 정확하게 전달하고 있는 것이다. 그러니까 과학의 원리를 시각, 청각으로 표현한 시청각 시계이자 천문시계인 셈이다.

자격루도 조선에만 있는 매우 신기한 자동 물시계로서 3신과 12지신이 등장하여 북, 종, 징을 쳐서 시각을 알리고 있지만, 대자연의 태양, 산, 인물, 짐승, 초목, 춘하추동의 경치를 시각적으로 형상화하지는 못했다. 그러니까 흠경각은 그동안 만든 자격루를 대자연의 경치 속에 연출해 놓은 것이라 할 수 있으며, 그 속에 동양철학을 담아놓은 것이라 할 수 있다. 이런 시계는 인류가 만든 시계 가운데 전무후무한 철학적 시계라고 할 수 있다.

다만 시계의 정밀성은 요즘 시계보다 떨어진다. 지금 시계는 시간, 분, 초를 모두 표현하고, 때로는 알람으로, 때로는 뻐꾸기로 시간을 소리로 알리기도 하지만, 흠경각처럼 수많은 인형이 등장하여 각종 악기 소리로 시간을 전달하고 그 시간의 흐름이 대자연 속에서 연출되고 있지는 않다. 이 흠경각은 장영실이 만든 것이지만, 장영실이 비록 손재주는 있다 하더라도 천문역법의 이치를 어찌 그가 꿰뚫고 있었겠는가? 그러니 그 기본적인 설계자는 바로 자격루를 설계한 바로 그 사람, 세종이었다. 세종은 참으로 위대한 과학자였다.

그래서 김돈은 기문의 마지막에서 이렇게 흠경각의 모습을 찬탄하고 있다.

"대저 요순시대부터 절후를 측량하는 기구는 그 시대마다 각기 제도가 달랐다. 당송시대부터 그 제도가 점차 갖추어져서 당나라에서는 '황도유의黃道遊儀'와 '수운혼천水運渾天'이 있었고, 송나라에서는 '부루표영浮漏表影'과 '혼천의상渾天儀象'이 있었고, 원나라에는 '앙의仰儀'와 '간의簡儀' 등이 모두 정묘하다고 일렀다. 그러나 대개는 한 가지씩으로 되어 있을 뿐이고, 겸해서 연구하지는 않았으며, 운영하는 방법도 사람의 힘을 빌리는 것이 많았다. 그런데 지금 흠경각에는 하늘과 태양의 운행도수運行度數, 해시계와 물시계의 시각, 4신四神과 12지신, 고인鼓人, 종인鐘人, 사신司辰, 옥녀玉女 등 여러 가지 기구들을 두루 다 만들어서 사람의 힘을 빌리지 않고도 저절로 치고 저절로 운행하는 것이 마치 귀신이 시키는 듯하여 보는 사람마다 놀라고 이상하게 여겨서 그 까닭을 헤아리지 못하는데, 위로는 천도天道와 티끌만큼도 차이가 없으니 제작의 기술이 참으로 기묘하다. 또 누수漏水의 남은 물을 이용하여 기울어지는 그릇을 만들어 천도天道가 가득 차고 텅 비는 이치를 볼 수 있으며, 산의 사방에다 〈빈풍幽豊〉의 경치를 벌려 놓아서 백성들이 농사하는 어려움을 볼 수 있게 했으니, 이것은 또 앞 시대에서는 볼 수 없었던 아름다운 뜻이다."

김돈의 글은, 한 마디로 중국 역대의 시계는 한 가지 기능만을 가지고 있으며, 대부분 인력을 동력으로 삼는 것인데 반하여 흠경각은 인력을 빌리지 않고, 물을 이용한 자동시계일 뿐 아니라 여러 가지 기능을 복합적으로 종합해 놓았고, 또 시간이 정확한 전대미문의 시계로서 보는 사람들이 모두 놀라고 신기하게 여긴다는 것이다.

김돈은 이 모든 공로가 임금에게 있다고 하면서, 임금은 항상 좌우 신하들을 만날 때마다 생각을 깨우치고, 밤낮으로 근심하는 뜻을 가졌으니, 하늘을 본받고, 때를 따르고, 하늘을 공경하는 뜻이 지극하고도 지극했다고 하면서, 백성을 사랑하고, 농사를 중하게 여기는 어질고 후한 덕이 마땅히 주周나라와 함께 나란히 아름답게 후세에 무궁토록 전해질 것이라고 칭송했다.

그러면 세종조 이후 흠경각은 어찌 되었는가? 흠경각은 세월이 흐르면서 시설들이 노후화되어 손상되고, 또 기술학에 대한 국가의 관심이 크게 후퇴하면서 관리를 제대로 하지 않아 점차로 유명무실하게 되어 버렸다. 사람들이 등장하면서 기술학을 천시하여 도덕지상주의로 나간 것이 근본 원인이었다.

그러나 세종이 만든 것을 파괴시킬 수는 없다고 여겨 계속적으로 수리하여 사용했는데, 그나마 명종 8년에 경복궁에 큰 화재가 일어나 많은 전각들이 소실되었는데, 그때 흠경각도 타버렸다. 다시 중창했으나 왜란 때 또 타버렸다.

그 뒤 광해군 8년에 다시 흠경각을 복원했는데 위치를 창덕궁으로 옮겼다.[195] 경복궁은 이미 왜란 때 파괴되어 그곳에 흠경각을 복원할 수는 없었다.

그런데 정조가 재위 18년에 흠경각의 들보와 서까래가 썩어서 수리하려고 하면서 호조판서 심이지沈頤之와 나눈 대화를 보면, 그 규모가 엄청나게 커서 중국의 영광전靈光殿[196]처럼 웅장하다고 했다. 세종 때 만든 흠경각은 한 칸짜리 작은 집이라고 했는데, 광해군 때 복원된 흠경각은 매우 크게 지은 것을 알 수 있다.

---

195) 광해군대에는 흠경각을 복원한 뒤에 《흠경각영건의궤欽敬閣營建儀軌》를 편찬했으나, 유감스럽게도 이 책은 남아 있지 않다. 강화도 외규장각의 형지안形止案에 이 책 이름이 보이는 것으로 보아 외규장각에 보관되어 있었는데, 병인양요 때 프랑스군이 외규장각 의궤를 약탈해 가는 과정에 없어진 것으로 보인다. 한영우, 《조선왕조 의궤; 국가의례와 그 기록》(일지사, 2005) 77~78쪽 참고.

196) 영광전은 전한시대인 기원전 149년에 산동성 곡부현 노성魯城 안에 지은 궁전으로 매우 크고 화려했다고 전해진다.

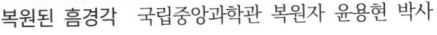
복원된 흠경각　국립중앙과학관 복원자 윤용현 박사

　　고종 때 경복궁이 복원되면서 흠경각은 다시 경복궁에 옮겨 지었는데, 고종 13년에 또 경복궁에 화재가 일어나 흠경각이 불타자 고종 25년에 다시 복원했다. 그러나 1917년에 일제가 경복궁을 헐고 총독부를 지으면서 경복궁의 여러 전각을 헐어 그 재목으로 창덕궁의 여러 전각을 지을 때 흠경각도 헐렸다. 그래서 지금 경복궁에는 흠경각이 없고, 다만 흠경각 간판이 걸린 집이 경회루 동편에 있으나, 본래의 흠경각과는 관계가 없는 건물이다.

　　우리는 흠경각의 모습을 글로만 읽고, 눈으로 보지 못하는 것을 늘 안타깝게 여겼는데, 최근에 흠경각이 복원되었다는 반가운 소식이 들려왔다.[197]

2. 노비를 살해한 주인을 처벌하고, 노비가 주인을 고발하다

　　주인이 사노비를 구타하여 살해한 경우 주인을 처벌하는 일은 비일비재했

---

197)　건국대학교 한영호 교수가 설계한 흠경각이 제작되어 KBS 역사스페셜 〈경복궁 편〉에서 방영된 바 있었는데, 2019년 9월 10일에 국립중앙과학관에서 다시 복원한 흠경각을 전시한다는 뉴스가 발표되었다.

다. 또 노비가 주인을 고발한 사건도 적지 않았다. 세종 20년에도 노비 살인사건이 두 차례에 걸쳐 발생했다.

세종 20년 5월 15일에 형조가 노비살해사건과 노비가 주인을 고발한 사건을 임금에게 아뢰고 죄를 청했다. 박구朴苟의 처 이씨가 여종 서가이西加伊를 구타 살해한 사건이다. 이때 이씨의 딸들도 여종을 구타하여 살해하는 데 동참했다고 했다.

이 사건을 고발한 사람은 바로 죽은 서가이의 어미 부가이孚加伊였다. 형조는 율律에 의거하여 노비를 죽인 이씨에게 곤장 60대에 도徒(노동형) 1년을 벌주고, 공범인 딸들도 율에 따라 곤장 90대에 도徒 2년 반에 해당한다고 아뢰었다. 또 이 사건을 고발한 부가이는 주인을 고발한 죄가 있으나 나이가 70이 넘었으므로 속贖(돈)을 바치게 하자고 보고했다. 그러나 임금은 이들이 모두 여성인 점을 고려하여 실형 대신 돈이나 포를 바치는 속贖으로 대신하게 했다.

세종 2년에 허조許稠가 주장하기를, 노비가 주인을 고발하면 목을 베자고 하자 임금이 허락하여, 마치 이것이 법으로 정해지고 실행된 것으로 알고 있으나, 실제는 전혀 달랐다는 것을 알 수 있다.

세종 20년 6월 16일에 또 주인이 노비를 살해한 사건이 발생했다. 김종례金從禮가 도둑맞은 물건을 찾는다고 하면서 사노私奴 엄삼嚴三을 구타 살해했다. 형조는 김종례의 죄가 교수형絞首刑(목매달아 죽임)에 해당하지만 이미 죽었다고 하면서, 이 사건에 가담하여 종죄從罪를 지은 김종례의 아들 무상武祥과 사노 황룡黃龍에게 곤장 100대를 때리고 유형流刑 3천 리를 과해야 한다고 임금에게 아뢰었다. 임금은 이를 따랐다.

3. 경상도와 전라도에서 〈공법〉을 시행하다

〈공법貢法〉에 대한 국민의 여론이 우호적이고, 또 국가의 조세수입을 증대

시키면서도 농민부담을 줄일 수 있다고 보아서 세종은 이 법을 꼭 실험해보고 싶었으나 대신들의 반대로 번번이 중지되어 왔다. 반대 이유는 흉년으로 민심이 동요된다는 이유에서였다. 세종 19년에도 경상도와 전라도에 실험적으로 시행해 보자는 세종의 제안을 흉년을 이유로 노한盧閈과 참찬 황보인皇甫仁, 도승지 신인손辛引孫 등이 올해만은 정지하자고 주장하여 임금이 정지시키고 손실답험으로 돌아가게 했음은 앞에서 이미 살펴보았다.

지난해에 1년간 유예하자고 했고, 세종 20년에 이르러 농사도 비교적 잘 되었으므로 7월 10일에 임금은 다시 〈공법〉 시행을 의정부와 육조에서 의논하라고 명했다. 경상도와 전라도 백성들 가운데 〈공법〉 시행을 찬성하는 자가 3분의 2에 이르게 된다면, 우선 두 도道에 시행하는 것이 좋지 않겠느냐고 말했다. 그리고 시행한 결과 폐단이 생기면 다시 중지할 수도 있다고 했다.

그러자 호조판서 심도원沈道源과 호조참판 우승범禹承範이 적극 찬성하고, 나머지 대신들은 반대하거나 여론을 더 들어본 뒤에 시행하자고 주장했다. 영의정 황희黃喜는 강원도와 황해도를 먼저 시험해본 뒤에 하삼도에 시행하자고 했으며, 노한을 대신하여 우의정에 임명된 허조許稠는 적극 반대했다. 반대 이유 가운데에는 부자들과 호족들이 찬성하므로 부익부, 빈익빈을 초래한다는 주장도 있었다.

이렇게 또다시 의견이 갈리자 임금은 내일 다시 의논하자고 했다. 7월 11일에 다시 의논하니, 9명의 대신이 우선 경상, 전라도에 시행하자고 주장하여 찬성자가 훨씬 많아졌다. 어제 반대했던 영의정 황희와 우의정 허조는 가부를 말하지 않았다. 그리하여 임금은 드디어 논의를 확정하고, 경상도와 전라도에 시행하기로 결정했다. 논의가 시작된 지 8년 만이었다.

다만, 10월 15일에 이르러 경상도와 전라도 감사가 수재水災로 벼가 모두 썩었다고 보고하면서 면세해 달라고 요청하자, 임금은 감사를 다 믿지 않는 것은 아니지만 관리를 보내 손상된 지역을 조사한 다음에 면세 여부를 결정하겠다고 말했다. 그리하여 11월 20일에 경상도를 가서 조사하고 올라온 변효문卞

孝文과 전라도를 다녀온 민공閔恭이 각기 보고하기를, 경상도는 1,800여 결이 손상을 입었고, 전라도는 1,570결이 손상을 입었다고 말했다. 《세종실록 지리지》를 보면 경상도와 전라도의 총결수는 각기 20만여 결이었으므로 전체 토지의 약 0.8~0.9%가 손상을 입은 데 지나지 않았다. 그런데도 두 도의 감사들은 모두 면세해 달라고 요청했던 것이다. 대체로 감사나 수령들은 피해를 항상 과장하는 버릇이 있었다. 그래야 백성들의 원망을 듣지 않고, 국가로부터 진제곡賑濟穀을 많이 받을 수 있기 때문이었다.

임금이 현지 조사 결과를 의정부에 내려보내 의논하게 하자, 대부분이 "10결이 잇달아 재해를 입은 땅만 면세하자."고 주장했다. 그러나 영의정 황희와 우의정 허조는 좀 다르게 말했다.

"10결 이상 가진 자는 모두 부유한 백성들이며, 3~4결을 가진 자도 대개 적은 편입니다. 이제 10결 이상자만 면세하고, 그 나머지는 면세하지 않는다면 부익부, 빈익빈이 우려됩니다. 그러니 3~4결 이상 재해를 입은 자도 모두 면세하는 것이 좋습니다. 백성들을 넉넉하게 하는 정치는 백성으로부터 너그럽게 받아들이는 것이지, 곡식을 풀어서 백성들을 진휼하는 데 있는 것이 아닙니다."

그러나 호조참판 이견기李堅基가 반대의견을 제시했다.

"10결 이상 재해를 입은 것이 거의 모두가 한 집에서 경작하는 것이라면 면세하는 것이 옳지만, 재해가 생긴 물가에 사는 사람들이라도 다른 육지의 전지가 있을 것이므로 한갓 재해를 당한 토지만 면세한다면 〈공법〉에 어긋납니다. 한 집의 전지가 전부 손상을 입은 경우에만 면세하는 것을 시험해 보소서."

호조참판의 말이 한층 설득력이 있어서 임금은 황희와 허조의 의견을 따르지 않고 중론을 따르기로 결정했다. 결국, 〈공법〉은 중론을 따라 경상, 전라도에서만 시행하기로 했는데, 다만 전라도에 속했지만 토지가 척박한 제주도만은 〈공법〉을 시행하지 않기로 세종 21년 8월 15일에 결정했다.

그러면 이해 〈공법〉을 시행한 결과는 어떻게 나타났는가? 다음해인 세종 21년 5월 4일에 경상도 감사 이선李宣이 경상도 〈공법〉 시행의 결과를 보고했는데, 지난해 〈공법〉으로 거두어들인 조세가 전보다 많다고 하면서 중지하기를 청했다. 그러자 임금이 이선에게 이렇게 교지를 내려 질책했다.

"내가 〈공법〉을 시행하고자 한 것이 이미 20여 년이고, 대신들과 모의 謀議한 것도 이미 6년이다. … 이제 경상, 전라도만 시행하여 그 편리 여부를 시험하게 했는데, 겨우 1년이 지나서 이해를 판단하기 어렵다. 그런데 경이 문득 세종 19년 하년下年의 조세를 세종 20년 중년中年의 조세와 비교하여 말하기를, '〈공법〉을 행하니 거두는 수량이 전일보다 많다.'고 하면서 중지하자고 청하니, 어찌 잘못이 아니겠는가? 순행하여 교화를 펴는 직책으로 한 도道를 거느리면서도 오히려 이처럼 말하는데, 저 시골의 무지한 백성들이겠는가? 경이 말한 바가 비록 옳을지라도 대체에 어긋나니 경은 그리 알라."

세종 19년은 경상도에 흉년이 들어서 하년下年으로 평가되어 조세를 받은 것이고, 세종 20년은 조금 풍년이 되어 등급이 중년中年으로 올라가서 조세수입이 많아진 것인데, 조세수입이 올라간 것이 〈공법〉 때문이라고 하면서 〈공법〉을 중지하자고 주장하는 것은 무식한 말이라고 질책한 것이다.

경상도 감사 이선은 태조의 비첩소생의 아들인데 문과응시를 금지하자는 신하들의 반대를 무릅쓰고 세종이 과거 응시를 허락하여 급제하여 집현전을 거쳐 감사의 지위에까지 올라간 사람이다. 그가 이런 무식한 말로 지난해에도 흉년이 들었다고 하면서 〈공법〉을 반대하고 전면적으로 조세를 면제해 달라고 했을 때, 임금이 그 말을 믿지 않고 신하를 보내 현지를 답사해 보니 손실을 입은 전지는 불과 0.8%에 지나지 않았다. 그래서 임금이 경상도에 〈공법〉을 시행한 것인데, 이제 와서 또 조세가 전보다 많아졌다고 하면서 〈공법〉의 중지를 청했으니 임금이 얼마나 실망했겠는가? 그래서 임금은 감사의 요청을 묵살해 버린 것이다.

그러나 경상도와 달리 전라도 감사는 아무런 문제를 제기하지 않았다.

4. 넷째 아들 임영대군을 처벌하고, 종친들의 부정을 감찰하다

세종은 왕비 소헌왕후 심씨 사이에 8명의 아들을 두었는데, 첫째 아들이 세자가 되어 뒷날 문종(1414~1452)이 되었고, 둘째 아들이 진양대군晉陽大君 이유李瑈(1417~1468)로 뒤에 수양대군으로 칭호를 바꿨다가 세조가 되었다. 셋째 아들이 안평대군安平大君 이용李瑢(1418~1453)이고, 넷째 아들이 임영대군臨瀛大君 이구李璆(1420~1469)이었으며, 다섯째 아들이 광평대군廣平大君 이여李璵(1425~1444), 여섯째 아들이 금성대군錦城大君 이유李瑜(1426~1450), 일곱째 아들이 평원대군平原大君 이림李琳(1427~1445), 여덟째 아들이 영응대군永膺大君 이염李琰(1434~1467)이었다.

그리고 두 딸이 있었는데 장녀가 정소공주貞昭公主(1412~1424)로 13세에 요절하고, 둘째 딸이 정의공주貞懿公主(1415~1477)로 세종 10년(1428)[198]에 14세 된 안맹담安孟聃에게 시집갔다. 정의공주는 총명하고 또 역법曆法에 밝았는데, 훈민정음을 창제하는 데 관여한 것으로 알려지고 있다.

또 5명의 후궁이 낳은 자녀가 모두 12명으로 모두 합쳐 22명의 자녀를 두었다. 후궁 가운데 신빈김씨愼嬪金氏가 6명의 왕자를 출산했는데, 그녀는 본래 소헌왕후의 여종이었다가 심성이 착하여 후궁으로 발탁되었다. 임금은 후궁에는

---

198) 정의공주의 출생연도는 밝혀지지 않고 있으나, 세자보다 아래이고, 진양대군보다 위이므로 1415년으로 알려지고 있다. 남편 안맹담(1415~1462)과 동갑이다. 세자의 생년이 1414년, 진양대군의 생년이 1417년이므로 그 사이에 남는 것은 1415년, 1416년 뿐인데 1415년으로 보인다. 그리고 공주가 세상을 떠난 것이 1477년이므로 향년은 63세가 된다. 세종 25년 (1443)에 훈민정음을 창제할 당시 공주의 나이는 29세가 된다.

귀천이 없다고 단언했다. 평소에 노비도 하늘이 낸 백성이라고 하면서 개방적인 태도를 지녔던 세종의 신분관이 그대로 반영된 것이다.

위 여러 대군 가운데 뒷날 장남과 차남이 임금이 되고, 3남 안평대군이 36세에, 6남 금성대군이 31세에 형 수양대군에 의해 죽임을 당하는 비운을 겪었고, 5남 광평대군은 태조 7년의 정도전의 난 때 죽임을 당한 무안대군 방번芳蕃(강비 아들)의 후사後嗣로 입양되었는데, 창진瘡疹을 앓다가 세종 26년 12월에 20세로 요절했다. 학문이 뛰어나고 효성이 지극하여 세종의 총애를 크게 받다가 세상을 떠나니 임금이 애통함을 이기지 못했다. 일곱째 평원대군도 세종의 사랑을 극진히 받다가 세종 27년 1월에 19세로 요절하여 세종의 마음을 더욱더 아프게 했다.

그런데 그 다음해인 세종 28년 3월에 왕비 심씨마저 세상을 떠났다. 이렇게 3년 동안 연달아 사랑하던 세 사람의 가족이 세상을 떠나자 세종은 정신적으로 거의 공황상태에 빠져 정치에 뜻을 잃고 불교에 빠져들었다. 궁 안에 법당法堂을 지은 이유가 여기에 있었다. 인간 세종이 가장 불행했던 시기가 바로 이때였다. 이제 정을 붙일 대상은 겨우 13살 된 막내아들 영응대군과 30대 초반의 둘째 딸 정의공주뿐이었다. 물론, 위로 네 아들이 있었지만 이미 대부분 30대의 장년이 되고, 정치를 담당하고 있었으므로 애틋한 사랑을 쏟을 대상은 아니었다.

그런데 세종 21년 당시에는 여덟 대군이 모두 살아 있고, 왕비도 건재하였으므로 인간적인 외로움은 없었다. 오히려 한 사람의 대군이 말썽을 부려 임금의 마음을 애타게 했다. 바로 넷째 왕자 임영대군이었다. 당시 임영대군의 나이 20세였다.

세종 20년 4월 23일 경연석상에서 승지 허후가 임금에게 넌지시 말하기를, "대군 가운데 창기倡妓를 첩으로 들인 분이 있다고 합니다."라고 했다. 임금은 주저없이 답변했다.

"그렇다. 내가 여러 아들에게 경계하기를, '모든 일은 반드시 나에게 아뢴 뒤에 행하고, 내가 모르는 일은 부디 하지 말라.'고 했더니, 지난번 임영대군이 아뢰기를, '악공樂工 이생李生의 딸인 작은 기녀妓女를 첩으로 삼으려고 합니다.' 하기에 내가 그 정직함을 가상히 여겨 허락한 바 있다."

그러자 허후가 말했다.

"이제 대군이 창기를 간통하려고 감히 성상의 총명을 모독하면서도 조금도 두려워하고 꺼리는 기색이 없었으니, 이는 매우 음일淫佚한 일입니다. 지금 엄중히 꾸짖더라도 능히 막지 못할 것이 염려되실 터인데 하물며 그 뜻을 허락하신단 말씀입니까? … 이번에 금하지 않으면 여러 대군들이 성상께서 이미 허락하셨다고 이르고 잇따르게 될 것입니다."

임금은 이렇게 변명했다.

"비록 창기娼妓라 하더라도 시집가지 않은 소녀인데 무엇이 불가하겠는가? 이 역시 후사를 넓히는 한 방법이기도 하다. …"

그러자 허후가 다시, "후사를 넓히려면 양가 처녀를 택하시는 것이 옳습니다. 하필이면 창기로 한단 말입니까?" 임금도 물러서지 않고 말했다. "그렇다면 종친들도 모두 내쫓으란 말이냐?"

이 말은 태종이 여종과 나인 출신을 후궁으로 맞이하여 경녕군 이비李裶[199]와 함녕군[200] 이인李裀을 낳은 사실을 염두에 두고 한 말이었다. 세종은 이복 동생인 이들을 매우 사랑하고 있었는데, 이들을 모두 내쫓으라는 말이냐고 따진

---

199) 경녕군 이비李裶는 태종비 원경왕후 민씨의 몸종이었다가 태종의 후궁이 된 효빈김씨孝嬪金氏가 낳은 아들이다.
200) 함녕군 이인李裀은 원경왕후의 나인이었다가 태종의 후궁이 된 신빈신씨愼嬪辛氏가 낳은 아들이다.

것이다.

다른 한편, 세종 자신이 여종을 후궁[신빈김씨]으로 삼아 여러 명의 왕자를 낳았는데, 이들도 장차 내쫓아야 한다는 뜻으로 받아들인 것이다. 임금으로서는 물러서기 어려운 일이 아닐 수 없다.

그러나 허후도 물러서지 않고 말했다.

"다 내쫓는다고 무엇이 해롭겠습니까? 나이 젊은 대군들이 바야흐로 학문에 힘쓸 때인데, 불의와 향락을 가까이하여 그 마음과 의지를 어지럽게 해서는 안 됩니다."

임금이 말하기를 "내 여러 아들 가운데 임영대군은 본래 학문을 좋아하지 않으므로 내가 이를 허락한 것이다. 이미 허락해 놓고, 이것을 내쫓는 것은 차마 못 하겠다." 하자 허후가 말했다. "학문을 좋아하지 않는다면 이에 대한 방비와 금지를 더욱 엄하게 하지 않을 수 없습니다. 이미 불가함을 아셨으면 대의大義로서 잘라야 할 것이니, 이미 허락하셨더라도 어찌 차마 못 하실 것이 있겠습니까?" 하니 임금이 "내 앞으로 생각해 보겠다." 하여 임금은 허후와의 논쟁에서 한발 물러섰다.

임영대군이 창기를 첩으로 삼은 것은 임금이 끝까지 비호했지만, 대군이 공부를 하지 않는 것을 비판한 것은 반박하기가 어려웠기 때문이다. 허후는 세종에게 신분제도를 엄격하게 할 것을 늘 강조하여 임금과 의견충돌이 많았던 허조許稠의 아들인데, 그 아들 허후도 아비를 닮아서 신분을 너무 따지는 고집불통이었다. 이때 허조는 좌의정 자리에 있다가 다음해 세상을 떠났다.

그동안 대군들의 교육은 종친학교인 종학宗學을 따로 세워 가르치게 했는데, 세종은 따로 매일같이 대군들과 하루 세끼 밥을 함께 먹고 나서 책상 앞에서 강론講論을 시켰다. 임금이 왕자들을 직접 따로 가르치는 경우는 없었는데, 세종은 달랐다.

또 세종 23년 1월 10일부터는 진양대군과 안평대군을 집현전에 보내 교육시켰다.[201] 그래서 진양대군이나 안평대군이나 모두 학식이 높았다. 안평대군은 특히 서예에도 뛰어난 재능을 지녀 서예가로도 이름을 떨쳤으며, 그림에도 조예가 깊은 인물이었다. 그 아래 대군들도 모두가 학문이 높았는데, 유독 넷째 대군 임영대군만이 학문을 좋아하지 않았다. 임금이 20세 된 그에게 기첩을 허용한 것은 그에게서 학문에 대한 기대를 아예 포기했기 때문인데, 그가 아니더라도 학문이 뛰어난 다른 대군들이 7명이나 있었기에 임영대군을 포기할 수 있는 여유가 있었을 것이다.

하지만 허후의 말도 틀린 말은 아니기에 임금이 한발 물러서서 대책을 강구하기로 한 것이다. 세종은 다음해인 세종 21년 5월 3일에 드디어 임영대군 이구의 대군직첩을 박탈하고 먼 지방으로 유배를 보냈다. 임영대군이 창기를 첩으로 삼은 뒤에도 계속하여 많은 비행을 저지른 것이 드러났기 때문이다. 그 죄상은 이러하다.

그는 창기 금강해錦江海를 첩으로 삼고, 또 내자시 여종 막비莫非와 사통했는데, 막비가 뒤에 왕비의 시녀로 들어간 뒤에도 여전히 사통했다. 또 인수부의 관비官婢 김질지金叱之를 사랑하여 항상 서로 눈짓했는데, 임금이 이를 알고 영의정 및 우의정을 불러 비밀리에 의논하고, 도승지 김돈金墩과도 의논하여 임영대군의 직첩을 박탈하고, 금강해를 고향 공주로 내려보내고, 막비와 김질지는 모두 전에 일하던 관청으로 돌려보냈다. 또 임영대군을 도와준 내시를 곤장 100대를 쳐서 군역을 지우고, 그 밖에도 여러 사람의 관직을 모두 박탈하고 군역을 지웠다.

임금은 6월 20일에 비단 임영대군의 일 뿐만이 아니라 종친들 전반에 걸쳐

---

201) 진양대군과 안평대군이 집현전에서 교육받은 방법은, 날마다 배운 것을 반드시 외우게 하고, 1년에 20차례 이상 글을 읽게 하며, 날마다 통通하고 통하지 않는지를 고찰하여 기록해 두었다가 월말에 임금에게 보고할 것, 그리고, 5일마다 전에 수업한 것을 가지고 통독通讀하여 시험을 치르고, 그 성적을 기록하여 월말에 임금에게 보고하도록 했다. 매우 고통스러운 과정이었음을 알 수 있다.

비행이 만연되었다고 개탄하고, 그들의 비행을 단속할 필요를 절감하고 승정원에 일러 종친들의 과실을 규찰하는 사목事目을 만들어 올리라고 명했다. 이번에 규찰의 대상이 되는 사람들은 비단 임금의 아들만이 아니었다. 임금의 두 형인 양녕대군과 효령대군도 포함되었고, 태종의 후궁 소생도 예외가 아니었다. 태종의 후손들은 양녕과 효령을 제외하고도 25명 정도에 이르렀다. 그 밖에 그들의 후손도 또 있었다. 그래서 종친인구가 많이 늘어나고, 그에 따라 비행도 많을 수밖에 없었다.

그동안 경기도 이천에 거주하면서 가끔 임금이 불러들여 만나보고 돌아가게 했던 양녕을 세종 20년 1월부터 아예 서울로 올라와서 살도록 허락했다. 임금은 1월 5일에 양녕을 만나보는 데에는 5가지 절목節目이 있었다고 말했다. ① 성문 밖에서 만나 보는 것, ② 서울 도성 안으로 들어오게 하는 것, ③ 궐내에서 접견하는 것, ④ 강무講武할 때 호종하게 하는 것, ⑤ 서울에 머물러 있게 하는 것이 그것이었다. 그러면서 임금은 양녕이 본래 모반하려는 마음이 없었고, 시기하고 싫어하는 마음이 없었고, 다만 행실에 덕이 없어서 폐출당했던 것인데 지금은 허물도 없고 행실도 고치고 착해졌기 때문에 자주 만나보고 형제 간의 우애하는 정을 이루고자 하니 신하들이 반대하지 말라고 일렀다.

사실 양녕은 이미 나이도 45세로서 노년기에 접어들었고, 20년 동안이나 연금 생활을 해 왔으니 풀어줄 때도 되었다. 그러나 신하들은 그가 행실을 고치지 않았다고 하면서 그의 서울 거주를 반대하고 나섰다.

신하들에게 양녕이 이제 착한 사람이 되었다고 말은 그렇게 했지만, 서울에 살게 될 경우 비행을 저지를 우려가 없지 않았다. 그리고 작은형 효령대군은 끊임없는 불교행사로 재물을 축내고, 또 그의 가노家奴들이 전국 각지에서 백성들의 토지와 재물을 부정하게 빼앗는 일이 비일비재하여 신하들의 비판을 계속 받아 와서 감시대상으로 삼지 않을 수 없었다.

이해 11월 3일에 임금은 임영대군이 아직도 반성하지 않고 있다고 하면서 승정원 승지들에게 솔직하게 알리고 의견을 구했다.

"전날 이구[임영대군]가 내자시 여종 가야지를 간통하고, 행실에 광패한
것이 많아 관작官爵을 삭탈하고 사제私第에 억류시켰으며, 종들을 빼앗고
그들이 출입하는 것도 금지시켰다. 그런데 근자에 왕비를 뵙고자 하여 허
락했더니, 이제 아직도 개전하지 않고 또 그 계집을 내가 매우 미워하고
있다. 이구의 죄는 가볍게 용서할 수 없지만 가야지도 숨어서 보이지 않
으니 그 마을을 수색하여 잡아서 제주에다 두는 것이 어떻겠느냐? 아니
면 그 아비가 책임지고 따라가게 하여 변방으로 보내 돌아오지 못하게
하고자 하는데 어떤 쪽이 좋으냐?"

임금의 말을 들은 승지 조서강趙瑞康이 말했다. "남녀 간의 욕심은 인간의
상정常情이어서 사리에 통달하고 대체를 아는 사람도 혹간 물의를 일으키고 있
는데, 임영은 나이도 어리오니 큰 죄과가 아닙니다. 원컨대 아프게 꾸짖으시되
부자간의 의리를 상하게 하지 마소서. … 가야지는 그 아비에게 책임지워서 변
방에 두는 것이 옳을까 합니다." 하니 임금이 이렇게 말했다.

"나의 여러 아들 가운데 이구만이 유독 음탕하고 방자하여 내가 매우
염려하는데, 너희들이 '연소한 사람이 광패한 것은 이구만이 아니니, 책
할 것이 못된다.'고 하니, 내가 너희들의 말을 옳게 여긴다."

임금은 승지들의 의견을 따라 가야지를 아비와 함께 변방으로 내보냈다.
이리하여 임영대군 문제는 일단락되었다.

그런데 세종 21년 9월 11일에 형조가 상소하여 효령대군 가노家奴들의 비
행을 아뢰고 처벌을 요구하여 임금의 마음을 아프게 했다. 대군의 가노 2명이
전라도에 가서 유리하여 떠돌아다니는 자들 340여 명을 불러들이고, 또 60여
호를 끌어안고 있으면서 노예처럼 부리고, 함부로 착취하기를 한없이 하고 있
으며, 교만하고 포악한 정상을 이루 다 기록할 수가 없다는 것이다. 또 가노 한
명은 역시 도망자들을 유인하여 온갖 횡포를 부리고 있으니, 이 가노를 목 베
고, 다른 2명의 가노는 평안도로 내쫓으라고 청했다. 임금은 이를 허락했다.

종친에 대한 규찰 사목이 효력을 발생하여 비행이 있으면 즉시 고발하여 임금에게 보고했던 것이다.

5. 세자에게 정사와 강무를 맡기려다 그만두다 [세종 20년]

세종은 즉위 직후부터 고질적인 병마에 시달렸다. 54세로 세상을 떠날 무렵에는 눈이 잘 보이지 않고 걷는 것도 불편한 상태였다. 그래서 정사政事를 거를 때도 적지 않고, 중국 사신이 왔을 때에도 한 번 정도만 만나볼 뿐 나머지 의식은 세자나 둘째 아들인 진양대군[뒤의 세조]에게 맡겼다.

오늘날의 의학상식으로 볼 때 세종의 질병은 당뇨병이라고 보는 설이 지배적이다. 그런데 본인 스스로는 풍질風疾이라고 했다. 증상으로만 볼 때에는 등에 창진이 생기는 등창, 눈이 어두워 잘 보이지 않는 안질, 걷는 것이 불편한 보행장애, 임질, 소갈증, 기억력 감퇴 등이었다. 특히 나이 40세가 되면서 병세는 더욱 악화되었던 것 같다. 세종 15년에 온천목욕을 다녀온 것도 질병 치료를 위해서였다.

세종은 자신의 질병으로 정사를 제대로 집행하지 못하는 것을 이유로 군사나 외교, 중죄인의 판결 등을 제외한 자잘한 일들은 세자에게 맡기고 싶다고 하는 의사를 세종 19년 1월부터 대신들과 의논하기 시작했다. 당시 임금의 나이 41세였으므로 권력을 넘길 때는 아니었으나 마침 세종 17년 이후로 흉년이 거듭 들면서 자신의 책임이 크다고 자책하여 이런 제안을 한 것이다. 그러나 황희 등 대신들이 한사코 반대하여 뜻을 이루지 못했다.

그런데 세종 20년 4월 28일에 임금은 또다시 영의정 황희 등 대신들을 불러 자신의 질병을 말하면서 세자에게 정사의 일부를 맡기겠다고 의논했다. 임금의 말을 들어보자.

"내가 전일에 대신들과 재차 의논하기를, '사람을 쓴다거나, 군병을 동원하거나, 사형수를 결단하는 등의 일을 제외한 나머지 일은 세자에게 섭행攝行하게 하여 다스리게 하고자 한다.'고 했더니, 대신들이 모두 '불가하다.'고 하여 그 의논을 정지시킨 바 있었다.

그러나 내가 전부터 물을 자주 마시는 병이 있고, 또 등에 부종浮腫을 앓고 있는 병이 있는데, 이 두 가지 병에 걸린 것이 이미 2년이나 되었다. 그러나 두 가지 병이 근절되지도 않았는데 이제 또 임질淋疾을 얻어 이미 11일이 되었는데 번다한 일을 재가裁可하고 나면 기운이 노곤하다. 이 병을 앓는 자가 모두 말하기를, '병이 나았다가도 다시 발작한다.'고 하며, 또 의원醫員이 말하기를, '이 병을 치료하려면 희노喜怒를 하지 말고, 마음을 깨끗이 가지고 화락하게 길러야 한다.'는 것이다.

또 근래에는 기억력이 전보다 많이 감퇴하여 무슨 일을 말하려고 사람을 불러오면 문득 말하려던 것을 잊어버리곤 한다. 모든 일이 다 전과 같지 않다. … 내가 지금 세자에게 섭행하게 하려는 것은 내가 편히 놀려는 것이 아니라 단지 병만 치료하려는데 일이 너무 번다하여 결단하기가 어려운 사세事勢가 있기 때문이다."

임금의 간절한 호소에도 불구하고 영의정 황희 등은 동의하지 않았다.

43세 되던 세종 21년에 임금은 또 자신의 질병을 하소연했다. 이해 6월 21일에 임금은 도승지 김돈金墩에게 이렇게 말했다.

"내가 젊어서부터 한쪽 다리가 치우치게 아파서 10여 년이 지나 조금 나았는데, 또 등에 부종浮腫으로 아픈 것이 오래이다. 아플 때는 마음대로 돌아눕지도 못하여 그 고통을 참을 수가 없다. 지난 계축년[세종 15] 봄에 온정에 목욕하고자 했으나 대간에서 백성에게 해가 미친다고 말하고, 대신도 불가하다고 말하는 이가 있었다. 내가 두서너 사람이 청하는 바가 있어서 온정溫井에서 목욕했더니 과연 효험이 있었다. 그 뒤에 혹 발병할 때가 있으나 그 아픔은 전보다 덜하다.

또 소갈증이 있은 지 열서너 해가 되었다. 그러나 이제는 전보다 조금 나았다. 지난해 여름에는 또 임질淋疾을 앓아 오래 정사를 보지 못하다가 가을과 겨울에 이르러 조금 나았다. 지난 봄 강무講武한 뒤에는 왼쪽 눈이 아파 안막眼膜을 가리는 데 이르고, 오른쪽 눈도 잇달아 어두워서 한 걸음 사이에서도 사람이 있는 것은 알겠으나 누구인지는 모르겠으니, 지난번에 강무한 것을 후회한다. …"

세종은 자신의 병을 이렇게 자세하게 말하고 나서, 작은 일을 세자에게 맡겨 처결하게 하고자 했는데, 대신들이 반대하여 뜻을 이루지 못했다고 하면서, 다만 강무講武는 세자에게 맡기고 싶다고 말했다. 전과 달라진 것은 정사를 맡기겠다는 뜻은 철회하고 다만 강무만 맡기겠다는 것이다.

사실, 세종은 해마다 가을에 행하는 군사훈련인 강무를 부담스러워했다. 강무는 법으로 정해진 국가행사이기 때문에 아니할 수도 없었다. 그런데 건강이 좋지 않은 상태에서 열흘 남짓한 강무에 참여하는 일이 힘들었다. 또 대개는 강무할 때 날씨가 춥거나 비가 오거나 하여 병사들도 다치는 일이 많았고, 야생동물을 만나 상처를 입는 일도 종종 있었다. 세종 자신은 활을 잡고 동물을 사냥하지 않았지만, 따라다니는 일도 쉬운 일이 아니었다. 그래서 강무를 세자에게 넘기고 싶었던 것이다.

세자도 이미 나이가 26세에 이르렀으므로 체력적으로는 충분히 강무를 감당할 때가 되었다. 그러나 승지들은 또 병권을 세자에게 넘기는 것은 부당하다고 반대하고, 집현전에서도 역사적으로 그런 사례가 없다고 말하여 좌절되고 말았다.

신하들의 말은 타당한 것이었다. 세종도 세자시절에 박습朴習과 이관李灌 등 신하가 세종에게 빌붙어 태종과 세자 사이를 이간질한 일이 있음을 세종 자신이 잘 알고 있었다. 세종은 이러지도 저러지도 못하는 가운데 아픈 몸을 이끌고 32년간 임금의 자리에 있으면서 상상하기도 어려운 업적을 냈으니, 어쩌면 정신적으로 초인超人의 힘을 발휘한 것으로 보인다. 그것은 나라와 백성에 대한 지극한 사랑 때문이었을 것이다.

6. 정처소박자를 처벌하다, 서얼차대를 하지 않다

남자가 본처本妻 외로 첩妾을 두는 것은 허용되었다. 그 이유는 인구의 증가를 위해서였다. 첩은 대부분 여종이나 기녀妓女 등 천인을 택했다. 양녀良女는 본인 스스로가 원하지 않아서 양첩은 매우 드물었다. 자식이 불이익을 받기 때문이다.

이렇게 첩을 허용했지만, 본처는 곧 정처正妻로 인정되어 남편이 첩만을 애지중지하고 정처를 소박疏薄하는 경우에는 큰 처벌을 받았다. 가정의 질서를 세우기 위함이었다. 정처를 소박한 것이 발각되어 처벌을 받은 사례는 무수히 많아서 일일이 소개하지 않았다. 그런데 세종 21년에는 유달리 3명이나 처벌받는 사건이 발생했다.

세종 21년 6월 3일에 사헌부가 정처를 소박하고 천첩賤妾만 총애한 전라도 도절제사(종2품) 남궁계南宮啓를 탄핵하자 임금이 벼슬을 빼앗았다. 그의 정처가 곤궁하고 굶주리면서 다른 곳에 의탁하여 살고 있는데, 지나가는 사람처럼 보고 조금도 가엾게 여기지 않으니 잔인하고 박정한 행위가 이보다 심할 수 없는데, 그 정적이 이미 뚜렷하고 모든 증거가 분명함에도 말을 꾸며서 불복하니 더욱 간사하다고 탄핵했다. 고위직 벼슬아치임에도 용서하지 않았다. 이해 6월 8일에는 사헌부에서 판관(종5품) 이효석李孝碩이 정처를 소박하고 창기娼妓만 아긴다고 하여 탄핵하자, 임금이 공신의 자손이라는 이유로 벼슬아치 신분증인 고신告身을 빼앗아 평민으로 만들었다.

이해 6월 23일에는 사헌부에서 지중추원사(정2품) 이중지李中至가 천첩만 총애하고 정처를 소박했다고 탄핵하자 임금이 벼슬을 파면시켰다. 이중지는 진양대군[수양대군]을 자기 집에서 보양해 주었던 고마운 인물이었지만 임금이 용서하지 않고 벼슬을 빼앗았다.

그런데 사헌부는 이해 11월 10일에 이중지가 자기의 잘못을 인정하지 않고 불복한다고 하면서 다시 그의 죄를 구체적으로 설명하면서 탄핵했다.

"전 감목관 이중지는 정처를 소박하여 농장農庄에 두고, 비첩婢妾을 사랑하여 대접하기를 정처처럼 하여 가도家道가 바르지 않고, 처첩妻妾의 차서次序를 잃었사온대, 뭇사람의 증거가 명백하건만 항거하고 승복하지 않으며, 간사하고 완악하여 염치를 모르오니, 율律이 곤장 90대에 해당합니다."

사헌부의 주장은 관직을 파면하는 것만으로는 부족하고 곤장 90대를 때려야 한다는 것이다. 임금은 그 말을 따랐다. 자식을 키워준 은인이지만 어찌할 수 없었다.

정처소박을 금지하는 것은 정처를 보호하기 위해 첩妾을 차별하고자 하는 뜻이 있는데, 첩의 신분이 대부분 천하기 때문에 더욱 정처를 보호하고자 한 것이었다. 고려시대에는 처를 여러 명 두는 다처多妻의 풍습이 있었어도 첩으로 여기지 않았다. 그것은 후처라도 신분이 천하지 않았기 때문이다. 예를 들면 이성계가 본처 한씨가 살아 있을 때 후처 강씨康氏를 얻었는데, 당시에는 첩이라고 부르지도 않았다. 강씨가 집안이 좋았기 때문이다.

그러다가 태종이 강씨 소생인 세자 방석芳碩을 죽이고 나서 강씨를 첩으로 낮추기 시작했다. 그래서 방석 형제를 서자庶子로 불렀던 것이다. 여기에 성리학의 보급에 따라 일부일처제一夫一妻制가 정착되면서 첩이 등장하고 첩의 대부분이 천인이 되면서 서얼자손을 차대하자는 주장이 이미 태종 때부터 일어났다. 하지만 실제로 서얼차대는 거의 없었다. 그것은 종친이나 고위 벼슬아치들의 대부분이 천첩賤妾을 두었기 때문이고, 실제로 천첩자손 중에 정승 판사들이 무수히 배출되어 권력을 잡고 있었기 때문이다. 요즘 말로 하자면 조선 초기는 흙수저 출신의 전성시대였다고 해도 과언이 아니다.

세종은 서얼 출신인 황희에게 20여 년간 정승자리를 주고 그와 더불어 세종시대를 구현하지 않았는가? 그래서 일부 신하들이 서얼에게 문과응시를 금지하자고 주장해도 듣지 않았다. 예를 들면 태조의 외손자였던 서얼 출신 이선李宣의 문과응시를 허용하여 그가 급제한 뒤에는 집현전 제학과 판서직을 주었다.

또 세종 자신이 여종 출신을 후궁[신빈김씨]으로 맞이했으니 무슨 말을 더 할 수 있겠는가?

7. 맹사성과 허조가 세상을 떠나다

　세종시대 임금을 보필해온 의정부 정승 가운데 가장 명성이 높은 재상은 20여 년간 정승을 지낸 황희黃喜와 맹사성孟思誠, 그리고 허조許稠였다. 세종 20년 10월 4일에 좌의정으로 벼슬을 그만둔 맹사성(1360~1438)이 향년 79세로 세상을 떠났다.

　맹사성의 본관은 충청도 신창新昌인데, 맹씨는 이 지방 토성土姓 가운데 하나로서 오랫동안 이 지역에 뿌리를 내리고 살아왔던 집안이다. 족보를 보면, 시조는 고려후기 예조 의랑議郞(4품)을 지낸 맹의孟義로서 맹사성의 증조이다. 조부는 맹유孟裕로서 군사郡事(종4품)를 지냈고, 아버지 맹희도孟希道는 벼슬이 검교 한성윤檢校漢城尹(종2품)에 이르렀다. 그러나 검교직은 실직이 아닌 명예직이다. 맹사성이 정승이 된 뒤에 3대조에게 벼슬을 추증한 것으로 보인다.

　맹사성은 최영崔瑩 장군의 손녀사위가 되어 최영이 살던 온수현溫水縣 집에서 살았다. 그 집이 지금 아산시 배방읍에 있는데 맹사성이 심은 은행나무가 있어서 맹씨행단孟氏杏壇으로 불린다.

　맹사성의 호는 고불古佛이다. 우왕 12년(1386)에 27세로 문과에 장원급제하여 벼슬길에 나아갔는데, 태종 때 예조판서, 호조판서, 공조판서를 역임하고, 세종 1년에 이조판서에 올랐고, 세종 9년에 우의정, 세종 13년에 좌의정에 올랐다가 세종 17년에 나이가 많아서 벼슬을 그만두고 치사致仕했다가 세상을 떠났다.

　맹사성은 음율音律에 밝아 태종 때부터 음악을 정리하는 책임을 맡았고, 세종 때에도 박연朴堧과 더불어 같은 일을 했었다. 시인이기도 하여 유명한 〈강호사시가江湖四時歌〉를 짓기도 했다. 생활이 검소하여 많은 일화를 남기기도 했다.

정승이 되었을 때 온수현 현감이 인사차 집에 찾아갔더니, 보리밥 소찬을 내놓아 수령이 깜짝 놀라 먹지 않고 있자 맹사성이 권하면서 말하기를, "이런 것도 먹지 못하는 가난한 백성이 있다."고 하여 감동을 받았다고 한다.

또 고향에서 서울을 왕래할 때 소를 타고 다녔다는 일화도 있다. 수령만 되어도 행차가 거나한데 정승이 소를 타고 피리를 불면서 다녀서 사람들이 그가 정승임을 몰랐다고 한다. 어느 날 서울에 올라가다가 천안의 여관에 잠시 비를 피하여 들어갔는데, 그때 마침 경상도에서 과거를 보러 올라가는 선비 한 사람을 만났다. 심심하여 그와 '공당문답'을 주고 받으면서 즐겁게 보내다가 헤어졌다. 공당문답이란 질문할 때 끝에다 '공'을 붙여서 물으면, 대답하는 사람이 '당'을 붙여서 말하도록 한 것이다. 예를 들면 '그대 이름이 무엇인공?' 하면 '내 이름은 박도령이당' 하는 식이다. 그 선비가 궁궐에 가서 과거시험을 치르는데, 정승 맹사성이 감독관으로 나와 있는 것을 보고 깜짝 놀랐다고 한다.

이렇게 평생 처신이 깨끗하여 뒤에 청백리로 표창되었다. 아마도 "황금 보기를 돌같이 하라."는 처조부 최영 장군의 가르침을 따랐는지도 모른다.

《세종실록》에는 그의 졸기卒記가 이렇게 기록되어 있다.

> "… 사람됨이 차분하고 간편하며, 선비를 예절로써 예우함이 천성에서 우러나왔다. [서울의] 성석린成石璘 집이 맹사성 집 아래에 있었는데, 선배인 성석린 집을 지날 때마다 말에서 내려 지나갔다. 음률에 능하여 직접 악기를 만들기도 했다. 타고난 천성이 어질고 부드러워서 큰 일이나 조정의 벼슬을 하면서 일을 처리할 때 과감하게 결단하는 데 단점이 있었다. 외아들 맹귀미孟貴美는 일찍 죽고, 손자가 둘이 있었다."

맹사성이 세상을 떠난 다음해인 세종 21년에 좌의정 허조(1369~1439)가 향년 71세로 세상을 떠났다. 본관은 경상도 하양河陽이다. 허씨는 하양의 토성土姓으로 오래된 토착세력으로서 《족보》를 보면 시조는 고려 초부터 향리의 우두머리인 호장戶長을 지냈다. 대대로 무산직武散職을 지내다가 증조부 허유許綏가 전

객시사典客寺事를 지내고 안향安珦의 딸과 혼인하여 허윤창許允昌을 낳았는데, 벼슬이 형조정랑에 이르렀다. 허윤창이 이직李稷의 딸과 혼인하여 허귀룡許貴龍을 낳았는데 개성윤을 지냈다. 허귀룡의 아들이 바로 허조다. 집안이 매우 좋았다.

허조는 17세에 진사시, 19세에 생원시에 급제하고, 공양왕 2년(1390)에 22세로 문과에 급제했다. 예제禮制에 밝아서 태조, 태종대에 예제를 정비하는 데 공이 많았으며, 처신이 청렴하여 재화를 탐하지 않았다. 세종 때에는 예조판서로서 예제정비에 공헌했는데, 하극상의 풍속을 경계하여 엄격한 신분제도를 주장하여 때때로 임금과 갈등을 빚었다. 특히 세종 원년에 〈부민고소금지법部民告訴禁止法〉을 만들 때 상왕 태종에게 읍소하여 태종이 세종에게 허락하도록 명하여 하는 수 없이 받아들였다. 이 법은 백성들이 수령의 비행을 고소하지 못하게 하는 법이었기 때문에 임금은 백성들이 억울한 일이 있어도 호소하는 길이 막히는 것을 매우 걱정하여 뒤에 이를 폐지하게 했다. 그러나 허조가 완강하게 반대하여 그 법을 끝내 승인했다. 임금은 허조가 고집불통이라고 자주 한탄했다. 그 대신 임금은 백성들의 고소를 다시 허락하면서 다만 수령의 잘못은 죄를 주지 않기로 했다.

허조는 또 과거시험에서 강경講經을 시험하지 않고 사장詞章만으로 뽑는 것을 못마땅하게 여겨 매번 강경을 장려할 것을 건의했다. 그러나 임금은 권근이나 변계량 등의 대신들이 그동안 경학으로 시험 보는 것을 반대했고, 또 경학은 실제로 시험을 치르기가 기술적으로 어렵다고 생각했으나, 마침내 그의 고집을 꺾지 못하고 강경을 시행했다. 세종은 경학 자체는 중요하게 여겼지만, 정치를 함에는 문장을 잘 짓는 사장이 오히려 실용성이 있다고 믿었기에 시험과목으로는 사장이 차라리 낫다고 여겼다.

임금은 재위 22년 2월 7일에도 허조에 대한 불만을 토로했다.

"우리 조정이 초창기에 고려 것을 많이 따랐기 때문에 고제古制에 어긋난 것이 많았다. 내가 왕위를 계승하여 허조와 정초鄭招에게 계승하고 개혁할 것을 정하여 〈개원례開元禮〉를 모방하게 했는데, 허조는 학문이 넓고 흡족하지도 못하고, 성질이 또한 고집이 있어서 잘못된 것이 꽤 많았다. 왕비나 세자를 책봉하는 일 같은 것은 《예서禮書》의 글 뜻을 알지도 못하면서 억측으로 찬정撰定했기 때문에 그 뒤에 잘못된 것을 알게 되어 한때의 웃음거리가 되었다. …"

허조가 《예서禮書》도 제대로 이해하지 못하면서 고집스럽게 잘못 만들어서 세상의 웃음거리가 되었다고 말했다. 이때는 이미 허조가 세상을 떠난 뒤였으므로 마음 놓고 속마음을 피력한 것이다. 그런데도 그를 정승으로 등용한 것은 이유가 있었다. 임금은 허조와 뜻이 맞지 않는 것이 많았지만, 태종이 일찍이 그를 '재상감'이라고 추천했고, 또 그의 청렴함과 강직함을 나름대로 평가하여 세종 20년 5월에 우의정으로 임명하고, 다음해 6월에 좌의정으로 승진시켰으나 10월에 병이 들어 12월 28일에 세상을 떠났다. 그래서 그의 정승생활은 1년 반만에 끝났다. 허후許詡와 허눌許訥은 그의 아들이다. 허후는 뒷날 단종 때 수양대군과 대립하다가 처형당했다.

맹사성과 허조가 차례로 세상을 떠나자 신개申槪가 우의정으로 임명되고, 황희가 여전히 영의정 자리를 지켰으나 77세의 고령임으로 관청에 나오지 않고 집에서 쉬면서 정사를 보게 했다. 그리하여 승지들이 황희 집에 가서 의견을 물어서 오는 방식을 취했다. 그는 문종 2년(1452)에 향년 90세로 세상을 떠났다. 세 명의 정승이 모두 장수한 것이 신기하다.

8. 명나라 및 여진과의 관계

세종 17년(1435)에 선종宣宗 선덕제宣德帝가 죽고, 9세 된 영종英宗 정통제正統帝가 즉위한 뒤로 이를 알리는 사신이 오고 나서 명나라에서는 사신을 보내오지 않았다. 황제가 아직 사냥을 좋아할 나이도 아니니 해청海靑이나 개 등을 요청하지도 않았고, 후궁으로 삼을 처녀나, 환관이나, 음식 만드는 집찬녀執饌女나, 노래하는 가창녀歌唱女나, 각종 해산물 등을 요청하지 않았다. 황태후가 섭정하면서 오히려 앞선 황제들이 데려간 여인들을 모두 돌려보냈음은 앞에서 이미 설명한 바와 같다.

조선으로서는 참으로 오랜만에 명나라 사신들이 오지 않아 시달림을 받지 않았다. 세종 17년에서 세종 22년까지 이런 상태가 그대로 이어졌다. 이런 기회를 이용하여 조선은 야인들에 대하여 적극적인 정책을 취했다. 세종 19년 9월에 파저강[혼강] 유역의 이만주李滿住를 토벌한 것이 그 하나였다. 여연閭延을 침략하여 사람과 말 등을 약탈해간 것에 대한 보복인 동시에 조선의 위엄을 보여주려는 목적에서였다.

다만, 문제는 함길도 회령會寧의 조선 영토 안에 살고 있던 야인 추장 동범찰童凡察 등이, 조선이 자신들을 압박하고 장차 죽이려고 한다면서 명나라에 사신을 보내 이만주 부족이 거주하는 파저강 일대로 이주하게 해달라고 호소하고, 마침내 수백 호의 야인족속을 이끌고 몰래 도망하여 파저강 지역으로 가버린 것이다.

조선으로서는 이들이 이만주와 합세하면 반드시 조선을 괴롭힐 것으로 예견하고 저들의 이주를 막고, 적극적으로 회유하는 정책을 써 왔는데도, 저들이 조선을 배반하고 도망간 것에 대하여 매우 불쾌했다. 그러던 차에 명나라는 세종 21년 3월 4일에 동범찰이 요청한 파저강 이주를 허락하라는 칙서를 조선 진하사 사신 편에 보내왔다.

그러나 조선은 즉시 주문사奏聞使를 중국에 보내 저들의 주장이 거짓으로서 저들을 압박한 사실이 없고, 또 저들이 살고 있던 지역은 이미 조선의 영토 안에 있고 조선의 극진한 보호를 받고 살아왔고, 앞선 황제들도 모두 그것을 허락했음을 자세히 적어서 저들의 이주를 허락할 수 없다고 주장했다. 그러자 명나라는 세종 21년 5월 13일에 조선의 주장을 받아들여 저들의 주장이 거짓임을 알았다면서 저들의 이주를 허락하지 않아도 좋다는 칙서를 조선 사신 편에 보내왔다.

명나라는 그동안 태조 홍무제 이후로 여진족의 호소를 들으면 처음에는 그들의 주장을 믿고 조선에 저들의 주장을 따르라는 칙서를 보내다가, 조선이 이를 반박하는 사신을 보내면 다시 조선의 주장을 따르고 여진족을 타이르기를 반복해 왔다. 조선이 여진족을 여러 차례 토벌했어도 이를 탓하지 않았고, 도적질하는 여진족은 죽여도 좋다고 허락해 왔다. 여진족이 사는 지역은 현재 명나라 영토이고, 그 족속도 법적으로 보면 명나라 백성임에도 명나라가 언제나 조선 편을 든 것은 명이 여진족보다는 조선을 더 깊이 신뢰했기 때문이었다. 이것이 바로 조선이 추구한 사대정책의 효과였다. 그래서 결과적으로는 언제나 조선의 외교가 승리를 거두었다.

하지만 그렇다고 여진족 문제가 해결된 것은 아니었다. 저들은 명나라와 조선, 양쪽에 두 다리를 걸치고 명나라에도 충성을 바치면서 벼슬을 받고, 조선에도 충성을 바치면서 벼슬이나 그 밖에 물자를 받는 이중성을 보였다. 그들의 처지로 본다면 그렇게 할 수밖에 없었다. 명나라나 조선이 모두 국력이 강하고, 문화가 앞서 있기 때문에 어느 한 편에 전적으로 의지할 수가 없었기 때문이다. 그러나 거리가 멀고 국력이 더 강한 명나라보다는 거리도 가깝고 물자도 풍부한 조선의 변경을 침략하여 사람과 물자를 약탈하거나 교류하는 것이 그들의 생존에 도움이 되었다.

고려시대에는 국경선이 원산만 이남이어서 함길도나 두만강 연안의 6진 지역에는 알타리, 올량합, 오랑합, 오도리, 오랑개 등 부족들이 살고 있었고, 조선이 건국한 뒤에도 태조 때부터 요역이나 조세를 받지 않고 조선의 각별한 보호를 받으면서 살고 있었는데, 조선이 이 지역에 6진을 설치하고 저들을 조선의 백성으로 편성하여 요역이나 세금을 받으려 하고, 또 성보城堡를 수축하는 등 압박을 가하자 불안에 빠지기 시작했다. 특히 야인 추장들은 조선이 장차 자신들을 죽이려 할지도 모른다고 의심했다. 세종은 실제로 기회를 보아 동범찰을 처치해도 좋다는 밀지를 함길도 도절제사 김종서金宗瑞에게 주기도 했다. 또 회령절제사 이징옥李澄玉은 야인들은 위압적으로 다스렸다.

야인 중에서 조선과 친화관계를 가장 강하게 맺었던 동범찰 부족들이 이만주가 사는 건주위建州衛의 파저강 지역으로 도망간 이유가 여기에 있었다. 그러나 도망간 이후에도 조선의 보복이 두렵고, 또 조선의 은혜를 입고 싶은 마음을 버릴 수 없어서 계속하여 사람을 보내 조선에 조공을 바치면서 충성을 약속하고, 언젠가는 다시 돌아와서 살고 싶다고 호소했다. 조선으로서는 저들의 말을 그대로 믿을 수도 없고, 안 믿을 수도 없는 상태에서 회유와 견제를 병행하는 정책을 폈다.

여진족의 이런 사정은 비단 압록강과 두만강 연안에 사는 알타리, 올량합, 오랑합, 오도리, 오랑개 등으로 불리는 족속들만이 아니라, 저 멀리 송화강, 목단강 등 유역에 사는 홀라온, 올적합 등으로 불리는 여진족들도 마찬가지였다. 이 지역 추장들은 세종 20년 전후한 시기에 6진 인근의 야인들보다도 오히려 더 많이 찾아와서 조회에 참예하고 충성을 맹서하고 각종 물품을 받아갔는데, 세종은 이들을 일일이 접견하면서 멀리서 온 것을 격려하고 후대했다.

세종 21년 5월 11일에 온 소을비所乙非라는 홀라온 추장은 조선을 대국大國이라고 부르면서 "대국의 일을 배우기 위해서 왔다."고 말했다. 그러니까 그들이 찾아온 목적은 물품을 받기 위함만이 아니고 조선의 선진적인 문물을 배우려는 목적이 더 컸다고 할 수 있다.

다만, 조선이 걱정한 것은 이들이 정말로 멀리서 온 부족인지, 아니면 가짜인지도 알 수 없고, 또 어느 정도의 세력을 가진 추장인지도 알 수가 없어서 회사품을 주는 데 애를 먹었다. 상대의 세력과 지위에 따라 회사품에 차등을 두는 것이 조선의 정책인데, 저들은 국가를 갖지 못한 종족들이므로 신원을 알수가 없었고, 만주지역에 대한 정보도 없었다. 그래서 그들을 통해서 그들의 풍속과 품계 등을 계속 물어서 정보를 수집해갔다.

세종 21년에 조선에 온 추장들에게 그들의 풍속을 물어서 조사한 일이 있었는데, 여자는 10세 이전에 남자집에 가서 약혼하고, 나이가 찰 때까지 3차례

잔치를 하고, 2차례에 걸쳐 소와 말을 1필씩 주고, 나이 17~18세가 되면 혼례식을 치른다고 했다. 또 아비가 죽으면 아비의 첩을 데리고 살고, 형이 죽으면 형수를 아내로 삼는다고 했다. 형수를 아내로 삼는 풍속은 부여와 아주 비슷하다. 그들의 뿌리를 캐보면 부여, 고구려, 발해의 유민들일 가능성이 크다.

고려시대에는 요나라가 북방 하얼빈 지역의 여진족을 생여진生女眞으로 부르고, 두만강 유역의 여진을 숙여진熟女眞으로 불러 대비시켰다. 생여진은 복속하지 않는 여진이라는 뜻이고, 숙여진은 친숙한 여진이라는 뜻이다. 고려 중기에 생여진이 세운 나라가 바로 금金나라였다. 그런데 시조 아골타阿骨打(아쿠타)는 자신들의 시조가 고려 사람이라고도 하고, 신라 왕손[202]이라고도 하면서 고려를 '부모의 나라'로 섬기다가 뒤에 나라가 강력해지자 고려를 침략했던 것이다. 그러니까 그들의 뿌리는 부여-고구려계이거나 아니면 신라계일 가능성이 크다. 세종 때 그들이 거리를 멀다 하지 않고 조공을 바치러 온 것은 이런 끈끈한 역사적 뿌리가 있었기 때문인지도 모른다.

한편, 17세기 초에 후금後金을 창건한 세력은 바로 백두산 동쪽, 두만강 유역에 살면서 조선의 보호를 받던 숙여진 부족들이었다. 시조 애신각라愛新覺羅 누르하치는 바로 회령지역에 와서 살다가 죽은 동맹가첩목아童猛哥帖木兒의 5세손이었다. 그리고 동맹가첩목아의 아우가 문제의 동범찰童凡察이었고, 동맹가의 아들이 동권두童權豆였다.

세종 때 조선에 와서 조공을 바치던 여진족 추장은 매년 수백 명에 이르렀는데, 바치는 조공품은 가죽이나 가죽제품 또는 말이 전부였다. 조선은 이들이 올 때마다 벼슬을 주기도 하고, 옷과 신발 등을 주기도 하고, 정착하려는 자들에게는 토지를 주고, 노비도 주고, 혼인을 맺어주기도 했다. 그래서 조선에 완전히 귀화한 여진인도 적지 않았다. 동씨童氏, 마씨馬氏, 유씨劉氏 성을 가진 이

---

202) 아골타는 신라 경순왕敬順王의 후손이라고도 하고, 경순왕후의 아들 마의태자麻衣太子가 아골타가 되었다는 설도 있다. 신라 임금이 김씨이고, 아골타가 세운 나라도 금金이라는 것도 유의할 필요가 있다. 퉁구스족은 금을 매우 좋아하는데, 그런 점에서 여진과 신라김씨가 모두 퉁구스족일 가능성이 크다.

들이 귀화하여 벼슬도 받고, 또 조선의 야인정책에 크게 협조하기도 했는데, 그 가운데 동씨 부족에서 후금의 시조 누르하치가 나온 것이다.

그러나 대부분의 여진 추장들은 충성을 바치면서도, 다른 한편으로는 돌아가서 변경을 침략하기를 반복했다. 조선은 이들에 대하여 채찍과 당근을 병용하여 한편으로 당근을 주는 기미정책을 피고 동시에 다른 한편으로는 변방의 방비를 크게 강화하여 저들이 변경을 침략했을 때에는 군대를 보내 토벌하여 위엄을 보여주었다.

하지만 조선의 북방정책이 방어정책만은 아니었다. 세종은 고려 때 윤관尹瓘이 점령하고 쌓았던 9성의 땅을 회복하는 것을 최종 목표로 설정하고, 특히 국경비國境碑를 세웠던 선춘령先春嶺의 위치와 그 비를 찾으려고 노력했다. 대강 그 지역이 두만강 이북으로 믿었으나 확실한 증거를 찾지 못했다. 그래서 1차적으로는 압록강과 두만강을 국경으로 하는 땅을 확보하는 데 주력했다. 그러다가 마침내 그 비석을 찾았다고 발표하고, 그 위치가 두만강 이북 700리라는 것을 알았다. 그 사실이 《용비어천가》에 기록된 것이고, 비록 두만강 이북은 수복하지 못했지만 두만강을 국경으로 하는 6진의 설치를 이룩한 것이다.

세종 20년에서 세종 21년에 이르는 기간에는 특히 함길도 도절제사에 임명된 김종서金宗瑞의 활약이 매우 컸다. 그는 체격이 작은 문인이었기 때문에 무서운 장수는 아니었지만, 세종의 적극적인 북방정책을 누구보다도 적극 지지했다. 그리하여 임금은 김종서와 더불어 하루가 멀다 하고 비밀문서를 주고받으면서 강온양면의 야인전략을 협의했다. 여진족과의 밀고 당기는 관계는 후금이 세워질 때까지 그대로 이어졌다. 어찌 보면 여진과 조선의 관계는 같은 뿌리에서 나온 두 정치집단이 서로 다른 문화를 발전시켜 가면서 애증愛憎의 쌍곡선을 그리면서 살아왔다고도 볼 수 있다.

9. 왜인들의 내조가 폭주하자 통제를 강화하다

(1) 식량지급을 줄이다 [세종 20년]

조선과 왜인과의 관계도 기본적으로는 조선과 여진족과의 관계와 흡사했다. 조선에 조공을 바치면서 다른 한편으로 조선의 변경을 침략한 대마도와 구주 왜인들의 정체도 같은 뿌리에서 나온 두 정치집단 사이의 관계였다. 좋게 보면 조국에 대한 애정과 기대가 크고, 나쁘게 보면 살기 좋은 조국의 도움을 받으면서 조국을 다시 찾고 싶은 애증의 쌍곡선을 그리면서 우호와 침략을 반복한 것이 왜인의 정체였다. 이런 큰 그림을 생각하면서 세종 20년과 21년의 대일관계를 살펴보기로 하자.

세종 17년 이후로 흉년이 계속 이어지면서 왜인들의 조공행렬은 더욱 규모가 커졌다. 기본적으로 식량을 얻고, 장사를 하고, 고기를 잡기 위해서였다. 조선은 저들에게 장사하고 고기 잡을 지역으로 삼포三浦를 열어주었지만, 그들은 이 지역만으로 만족하지 않았다. 또 말로는 장사와 어업을 위해서라고 했지만 사실은 그 지역을 생활터전으로 만들기 위해 가족들까지 데리고 와서 함께 살면서 돌아가지 않았다.

조선은 저들의 어려운 생활환경을 고려하여 장사꾼이나 조공사인들이 올 때는 오는 동안의 거리에 따라 차등을 두어 식량을 지급했다. 또 하찮은 조공품을 가지고 오더라도 수시로 식량이나 소주, 그 밖의 물품들을 하사하여 따뜻하게 포용했다. 그러나 지나치게 몰려오거나 지나친 요구를 해올 때는 이를 거절하면서 저들의 욕심을 적절하게 통제했다. 예를 들면 삼포 이외의 지역에서 고기를 잡게 해달라거나, 농사를 짓게 해달라거나, 배를 만들게 해달라는 등의 요구는 대부분 거절했다. 그런 요구들은 그 지역을 저들의 영토로 만들려는 야망으로 본 것이다.

특히 왜인 가운데 가장 경계대상으로 여긴 것은 대마도와 일기도 사람이었고, 구주지역이나 그 밖의 왜인들은 식량문제가 그다지 심각하지 않았으므로 피차 비교적 우호적으로 교류했다. 그들은 식량을 요구해 오지도 않았고, 또 우리도 그들에게는 식량을 주는 선례를 만들지 않았다. 만약 한 번 선례를 만들면 그 뒷감당을 하기가 어렵다고 판단했다.

세종 20년 1월 1일 신년조회 때 여진 추장 40여 명과 왜인 90여 명이 토산물을 가지고 와서 바치고 의식에 참예했다. 관례에 따라 왜인은 동반東班에, 야인은 서반西班에 서게 하고 의식이 끝난 뒤에 근정전 남쪽 행랑에서 음식을 먹였다. 신년조회에 야인과 왜인들이 참예하는 것은 오랜 관례여서 특이한 일이 아니었지만, 그 수효가 많은 것은 문제였다. 당장 이들이 가고 오는 동안 접대하는 비용이 얼마나 많이 들겠는가? 실제로 야인과 왜인을 접대하거나 하사하는 식량은 조선 정부의 일상적인 경비 가운데서 적지 않은 비중을 차지하고 있었다.

이해 1월 7일에 의정부는 예조의 정문呈文에 의거하여 임금에게 왜인들의 문제점을 이렇게 아뢰었다.

> "왜객인倭客人이 식량을 많이 받기 위해 뱃사공 수효를 문서에는 많이 기재하고, 실상은 줄여서 데리고 옵니다. 이름을 대조하여 수효를 조사해보면 먼저 온 다른 뱃사공을 불러다가 이름을 속이고 문서대로 숫자를 맞추니 이를 방지하는 대책을 왜관倭館에서 마련해야 합니다. 왜인 막사의 둘레에다 목책木柵을 세우고, 바깥 울타리를 이중으로 만들고, 문을 두 군데만 만들어 상시로 감시하고, 출입하는 왜인 수를 조사하여 간사한 왜인들이 남의 이름으로 식량을 받아 가는 폐단을 막으소서."

왜인들이 식량을 많이 받기 위해 인원수를 늘리는 속임수를 막기 위해 감시를 강화해야 한다는 것이다. 임금은 이를 따랐다.

이해 1월 13일에 의정부가 또 예조의 정문呈文을 받아 임금에게 보고했다. 경상도 창원 내이포에 정박중인 왜선倭船이 거제도 옥포 이북에서만 날짜를 한

정하여 고기를 잡게 하여 돌려보내자고 청한 것이다.

1월 16일에는 지금 구주 비주肥州(사가佐賀) 토호 지좌전志佐殿이 보낸 2인이 와서 토산물을 바쳤다. 1월 19일에는 왜인 장사꾼들이 개인 집을 찾아다니면서 장사치들을 모아 놓고 금지하는 물품을 파는 것을 막아야 한다고 청하여 들어주었다.

1월 26일에 지금 시마네현인 석견주石見州 토호 등관심藤觀心이 5명을 보내고, 대마도 종정성이 20명을 보내 토산물을 바쳤다. 대마도가 식량을 얻기 위해 20명이나 사람을 보낸 것이다. 종정성은 2월 1일에도 또 사람을 보냈다.

2월 1일에 의정부는, 왜인이 가지고 온 구리와 납蠟, 철鐵을 운반하느라 연로의 백성들이 고통을 받고 있다고 하면서, 왜인들이 삼포에서만 물품을 팔게 하자고 청하여 허락했다.

2월 2일에 예조에서 대마도 태수 종정성에게 서신을 보냈다. 대마도에서 배를 타고 오는 사신들이 제한된 수효 없이 배 한 척에 40~50명이나 되고, 처자까지 데리고 오는데, 앞으로 중선中船에는 20명, 소선小船에는 15명을 정원으로 정하라고 명하고, 만약 이를 어긴 사람은 식량을 주지 않겠다고 말했다.

2월 15일에 의정부가 아뢰기를, 종정성이 보낸 왜인들이 삼포에 고루 나누어 정박하지 않고 창원 내이포에만 몰려 정박하니 이를 막자고 하여 임금이 허락했다.

2월 19일에는 예조에서 〈일본국지도〉를 바쳤다. 이 지도는 본래 태종 원년에 일본에 회례사로 갔던 박돈지朴敦之가 비주 태수 원상조源詳助를 찾아가서 일본지도를 보여 달라고 청하여 얻어온 것인데, 다만 대마도와 일기도가 빠져 있던 것을 집어넣고, 세종 17년에 다시 도화원에서 그리게 한 것이다. 이 지도에는 유의손柳義孫이 지은 지문志文이 있는데, 국읍國邑과 여러 섬들이 발로 밟듯이 상세하다고 하면서 임금의 교화가 미치는 곳은 바깥이 없다고 말했다. 그러니까 일본도 우리 임금의 교화가 미치는 곳이라는 뜻이다.

뒷날 성종 2년에 신숙주申叔舟가 왕명을 받아 《해동제국기海東諸國記》를 편찬하고, 여기에 일본과 유구국 지도를 첨가하여 넣었는데, 이 지도와 세종 때 만든 지도가 어떤 차이가 있는지는 알 수 없다. 실물이 지금 없기 때문이다.

2월 20일에는 의정부의 건의를 받아들여 앞으로 야인과 왜인에게 하사하는 모시와 베는 8새[升]²⁰³ 아래로만 쓰고, 길이도 35척 이하로 정하게 했다. 그러니까 다소 거칠게 짠 것이다. 고급품은 12새까지 있었다. 사실 왜인들은 거친 베를 선호했다. 배의 돛으로 많이 사용하기 때문이다.

2월 21일에 종정성이 3명을 보내고, 2월 26일에 또 13명을 보내고, 종정성의 아우 종무직宗茂直이 2명, 종농宗濃이 2명, 이미 죽은 일기도 등칠藤七의 아들 등 2명이 토산물을 바쳤다. 대마도는 종정성의 여러 아우가²⁰⁴ 권력을 나누어 가지고 각각 사람을 보내 토산물을 바쳤기 때문에 가져가는 식량이 많을 수밖에 없었다.

3월 1일에 의정부의 건의를 받아들여, 내이포 왜인들이 서울에 왔다가 돌아갈 때 동래온천에서 목욕하고 가기 때문에 민폐를 끼치니, 영산靈山에서 목욕하고 가게 하자고 청하여 허락했다.

3월 16일에 종정성이 썩고 부서진 배를 수리해 달라고 청하자, 전례가 없다고 하면서 거절했다. 종정성의 청구는 끝도 없었다. 그가 4월 2일에 종무직과 더불어 사람을 보내 식량을 요구하자 미두 40석을 회사했다.

4월 10일에는 종정성이 32명을 보내고, 육랑차랑六郎次郎, 종정성의 아우인 종무직과 종언칠宗彦七이 모두 10명을 보내 토산물을 바쳤다. 그러니까 대마도 사람 42명이 한꺼번에 온 것이다.

4월 11일에 예조는 일본통인 이예李藝를 대마도에 보내 종정성에게 임금의 교지를 전달했다. 그 내용은 세종 원년에 대마도를 정벌하여 잡아온 포로들을

---

203) 새[升, 쇠]는 천의 세로로 놓는 실을 세는 단위로 한 새는 여든 올이다. 숫자가 높을수록 고급품이다.

204) 종정성은 여러 형제가 있었는데, 종정성이 맏형이고, 그 아래로 종무직宗茂直, 종무수宗茂秀, 종무세宗茂世, 종언륙宗彦六, 종언칠宗彦七 등이 있었는데, 대마도는 종정성, 종무직, 종무수, 종언칠 4형제가 그 섬을 나누어서 지배하고 있었다.

임금이 불쌍히 여겨 죽은 자와 그대로 머물러 살기를 원하는 자를 제외하고 모두 돌려보냈는데, 종정성이 계속하여 한 사람씩 돌려보내 달라고 요청한 사람이 70~80명에 이르니 매우 번거롭다. 앞으로는 확실하지도 않은 사람을 계속하여 번거롭게 돌려보내 달라고 요청하지 말라고 말했다. 그러면서 종정성에게 모시, 베, 명주 각 10필과 채화석과 만화석 등 방석 각 10장, 인삼 50근, 호피와 표피 각 2장, 잣 2가마, 곶감 100접, 밤 10두, 밀과 다식 각 5각, 꿀 5병, 소주 50병, 그리고 어물 등을 주었다. 그동안 토산물을 바친 데에 대한 답례였다.

4월 21일과 4월 26일에 종정성이 토산물을 바치고, 5월 2일에는 대마도 좌위문대랑의 아들 육랑차랑이 사람을 보내 토산물을 바치면서 식량을 요청하자 미두 20석을 회사했다.

6월 10일에는 의정부 대신들이 일본의 사정을 의논했는데, 당시 지금의 야마구치[山口] 지역에 해당하는 대내전大內殿이 구주 전체와 대마도 및 일기도까지 장악했으며, 그 군사력이 수천 명 내지 만 명을 동원할 수 있는 큰 세력이라고 말했다. 그들은 백제 후손을 자칭하는 사람들로서 대마도 편을 들 수도 있으므로 우리가 대마도를 멸시하기 어렵다고 보았다.

그런데 이 무렵 종정성이 조선으로 도망온 34명을 돌려보내 달라고 청했으나 거처를 모른다고 하면서 거절했다.

6월 13일에 임금은 의정부에서 대마도 왜인들이 지나치게 많이 오는 문제를 의논하라고 명했다. 봄과 여름철에 온 왜인만 하더라도 3천여 명에 이르고 있는데, 흉년으로 먹을 것을 구하려고 오는 것이지 성심으로 조공을 바치러 오는 것이 아니라고 했다. 그러면서 이들을 먹이는 비용이 너무 과다하다고 걱정했다. 또 20명에게 식량을 주면 10명이 나누어 먹고 남겨 대마도로 가지고 간다고 했다. 대신들은 대마도에 간 이예가 돌아온 뒤에 다시 의논하자고 했다.

6월 23일에 일기도의 지좌남수환志佐男壽丸이 4명을 보내고, 대마도 육랑차랑이 4명을 보내고, 6월 26일에는 석견주石見州의 주포겸정周布兼貞이 6명을 보내고, 일기도의 좌지원윤佐志源胤이 6명을 보내고, 지금 오이타大分 지역인 풍주豊州

태수 원지직源持直이 6명을, 전 구주도원수 원도진源道鎭이 3명을, 종정성이 2명을 보내, 4일간 모두 합하여 31명이 와서 각각 토산품을 바쳤다.

7월 4일에 좌지원윤이 다시 3명을, 종정성이 6명을 보내 토산물을 바쳤다. 7월 15일에 종정성이 1명, 종정성의 아우 종무직이 4명, 좌지원윤이 4명, 주포겸정이 여러 명을 보내 토산물을 바쳤다.

8월 1일에 종정성이 2명, 좌지원윤이 6명, 종무직이 2명, 육랑차랑이 2명을 보내 토산물을 바쳤다. 종정성이 8월 6일에도 8명, 8월 11일에 13명, 같은 날 종무직이 6명을 보내 토산물을 바쳤다. 8월 21일에 대마도의 종정성이 6명을 보내고, 9월 2일에도 7명, 종정성의 아우 종언칠이 3명, 일기도의 좌지원윤이 5명, 대마도 종무직이 6명, 살마주薩摩州의 등희구藤熙久가 4명을 보내 토산물을 바쳤다.

9월 8일에는 좌지원윤이 2명, 석견주石見州(시마네현島根縣)의 주포겸정이 2명을 보내 토산물을 바쳤다. 9월 12일에 종정성이 8명, 종무직이 2명, 종언칠이 1명을 보냈다.

9월 13일에 대마도에 갔던 경차관 이예李藝가 돌아오자 대마도 왜인에 대한 대책을 논의했다. 이예가 말하기를 "왜인이 가지고 온 물품이 30바리 이하면 10일 동안 왜관에 머물게 하고, 40바리 이상이면 20일간 머물며, 80바리 이상이면 30일간 머물게 하소서." 했다. 그러나 예조참판 안숭선과 참의 윤형 등은 이를 반대했다. 우리가 기한을 정해도 물품을 다 팔지 못하면 더 머물 것을 요청할 것인데, 그렇다고 쫓아낼 수는 없다. 그러니 저들이 팔 물건을 기록하여 예조에 보내고, 예조에서 면주를 준비해 두었다가 즉시 사면 그들이 오래 머물지 않을 것이라고 말했다. 의정 대신들도 체류 기간을 정하는 것이 도움이 되지 않는다고 반대했다.

9월 18일에 의정부가 대마도와 일기도에 대한 새로운 대책을 건의했다. 대마도의 종언칠, 종언차랑, 종무직, 조전早田, 육랑차랑, 일기도의 지좌전志佐殿, 좌지전佐志殿, 구주의 전평전田平殿(肥州, 사가佐賀), 대우전大友殿(豊後, 오이타大分), 살마주, 석견주 등 각처에서 오는 사자使者들에게 종정성의 문인文引이 없으면 접대하지 않기로 했다. 다만 바다를 건너가는 동안의 식량으로 배마다 미곡 3석을 주기로 했다.

9월 21일 대마도의 종정성이 3명, 조전이 2명, 종무직이 2명, 육랑차랑이 4명, 등차랑藤次郎이 2명, 살마주의 등희구가 5명, 비주肥州의 장구가藏久家가 4명, 도합 22명이 와서 토산물을 바쳤다.

9월 29일에 의정부는 왜인에게 주는 여행식량 지급 규정이 거리를 잘못 계산하여 과다하게 주었으므로, 거리를 다시 조정하여 주자고 건의하여 임금의 재가를 받았다. 그동안 왜인들이 조선에 올 때 받는 식량은 다음과 같았다.

① 대마도 사람 - 10일분
② 일기도 사람 - 20일분
③ 일기도 좌지전佐志殿 사람 - 30일분
④ 구주 축주筑州(후쿠오카福岡) 종금宗金 사람 - 40일분
⑤ 비주肥州(사가佐賀) 태수 원의源義 사람 - 30일분
⑥ 석견주石見州(시마네현島根縣) 주포겸정周布兼貞 사람 - 20일분
⑦ 살마주薩摩州 등원희구藤原熙久 사람 - 90일분

이를 다시 조정한 내용은 다음과 같다.

① 대마도 사람 - 종전대로 10일분
③ 일기도 사람 - 4일 길, 20일분
③ 일기도 좌지전, 지좌전 사람 - 5일 길, 20일분
④ 비주肥州 원의 사람 - 6일 길, 15일분
⑤ 구주 축주筑州 종금 사람 - 7일 길, 20일분
⑥ 석견주島根縣 사람 - 13일 길, 30일분
⑦ 살마주 사람 - 15일 길, 30일분
⑧ 풍후주豊後州(大分 남부) 사람 - 30일분

이를 다시 정리하면 종전에는 모두 합쳐 240일분의 식량을 주다가 175일분의 식량으로 줄어든 것이다. 약 73% 규모로 축소된 셈이다.

10월 18일에는 대마도 종정성이 조선에서 간 경차관 이예를 정성으로 호송하여 귀국시킨 것을 갸륵하게 여겨 그에게 안구마, 홍면자 10근, 신발 1벌, 전관 1개, 미두 200석, 소주 20병, 음식, 과일 등을 하사했다.

11월 1일에는 대마도 구랑사랑 등 2명이 와서 토산물을 바쳤다.

(2) 왜인 뱃사공 정원과 체류기간을 제한하다 [세종 21년]

세종 21년에도 왜인의 조공행렬은 끊이지 않았다. 앞에서 이미 설명했지만 그들이 바치는 토산품은 기록에 보이지 않는데, 그만큼 형편없는 물건이었던 것 같다. 이런 것을 가지고 한 번에 수십 명이 조공을 핑계로 오는 것은 오직 식량 때문이었다. 우선, 일본에서 배를 타고 출발하면 부산포에 올 때까지와 본국으로 돌아갈 때까지의 식량을 지급했음은 앞에서 이미 설명했다. 그리고 일단 부산포에 상륙하면 그 다음부터는 조선에서 먹이고, 또 특별히 미두米豆를 몇백 석씩 하사하니, 이를 바라고 떼 지어 온 것에 불과했다.

조선도 흉년으로 식량이 넉넉지 못하여 지난해 입조하는 사람의 수효를 줄이고 여비로 주는 식량도 줄였지만, 그렇다고 그들의 입조가 크게 줄어들지는 않았다. 그들은 여러 가지로 속임수를 쓰면서 약속을 어기는 일이 다반사였다.

세종 21년 1월 1일의 신년조회 때 야인 35명이 참반하고, 왜인 18명이 참반하여 임금께 하례를 올렸다. 18명의 왜인은 지금 시마네현인 석견주石見州 토호 주포겸정周布兼貞이 보낸 승려, 지금의 사가현 지역인 비전주肥前州의 좌지원尹佐志源胤이 보낸 사람, 그리고 구주 오이타 지역 남부인 풍주豊州의 대우전大友殿 원지직源持直이 보낸 사람들이었다.

그런데 이날 왜인 오랑위문五郎衛門 등 12호戶가 처자를 거느리고 경상도 포소浦所에 도착하여 오랫동안 머물렀는데도 경상도 감사가 중앙에 보고하지 않아 유사에서 죄를 주었다. 처자를 데리고 온 것은 굶어 죽지 않기 위해 들어온 불법이민이나 다름없었다.

이해 2월 20일에는 경상도 감사에게 교지를 내려 왜인 철공鐵工 가지사야문加智沙也文[205]과 그 처자를 역마에 태워 올려 보내라고 명했다. 그가 철전鐵箭(쇠화살촉)을 잘 만든다고 하여 특별히 역마에 태워 오도록 명한 것이다.

3월 11일에는 지금 구주 다자이후太宰府에 해당하는 석성현石城縣 소리小吏 도성道性이 8명을 보내고, 종무직이 2명을 보내 조회에 참예하고 토산물을 바쳤다.

3월 15일에는 경상도 감사가 예조에 보고서를 올렸는데, 왜인 다라시라多羅時羅가 와서 고한 내용이었다. 대마도 만호 육랑차랑六郎次郎이 중국으로 도적질하러 가려고 종정성과 종여직, 종언칠, 종언차랑 등에게 하직을 하니, 종정성 등이 말하기를, "너희들은 조심하여 조선 국경을 침범하지 말라. 만약 내 말을 따르지 않고, 혹시 그 국경을 침범하면 내가 너의 처자를 죽일 것이다." 하니, 육랑차랑 등이 하늘을 가리키며 맹세하기를, "조선의 은덕을 후하게 입었는데, 우리들이 어찌 감히 그러겠습니까?"라고 했다는 것이다.

이 말이 진실이라면, 그동안 조선이 저들을 후대한 효과가 있음을 알 수 있다. 말하자면 조선이 왜인에게 쓴 비용은 평화유지비였던 것이다.

3월 16일에는 구주 석성石城(다자이후太宰府) 소리 종금宗金이 보낸 9명, 종정성이 보낸 2명, 합하여 11명이 조회에 참예하여 토산물을 바쳤다. 왜인들이 일반 조회에 참예한 것은 이것이 처음으로서 조선에 대한 충성심을 보이려고 온 것이다.

3월 26일에 종정성이 6명을 보내 토산물을 바쳤다.

4월 10일은 임금의 탄신일로서 그동안 거의 아무런 축하행사를 하지 못하게 했는데, 지난해에는 어느 정도 풍년도 들고, 임금의 나이도 43세에 이르러

---

205) 세종 21년 9월 6일 기사에는 가지사야문의 이름이 간지사야문看知沙也文으로 나오며, 그가 철전鐵箭을 잘 만든다고 했다.

장년기에 접어들고, 재위기간도 20년이 넘었으므로 행사를 허락한 듯하다. 백관들이 근정전에서 하례를 올렸는데, 이때 종정성이 보낸 20명과 석견주의 등관 심藤觀心의 아들 주포겸정이 보낸 2명, 석성현 소리 도성道性이 보낸 8명, 종무직이 보낸 2명, 종금이 보낸 9명, 주포겸정이 보낸 2명, 종언칠이 보낸 2명, 좌지원윤이 보낸 3인, 합하여 48명이 참예하여 하례를 올리고 토산물을 바쳤다. 이날 각 도에서도 토산물과 전문箋文을 바쳐 생신을 축하했다.

4월 17일에 임금은 왜인들이 너무 많이 오는 폐단을 대신들과 함께 의논하면서 그 대책을 물었다. 그러자 예조판서 민의생이 "근년 이래로 왜사倭使가 자주 와서 올해에는 무려 1,300여 명이나 되므로 접대하기가 곤란합니다."라고 했다. 임금은 또 묻기를, "전에는 의논하는 이들이 일본에 자주 사신을 보내지 말자고 하더니, 이제는 매년 사신을 보내 그 정세의 변화를 살펴보아 대응하자고 하니 그 이유가 무엇인가. 다시 의논해 보라."고 일렀다.

다음 날인 4월 18일에 일본 사정을 가장 잘 알고 있는 첨지중추원사 이예李藝가 왜인에 대한 대책을 이렇게 아뢰었다.

> "종정성, 종무직, 종언칠 등의 서계書契를 받아서 오는 왜인들을 자세히 살펴보니 모두 대마도 사람만이 아니며, 간혹 도적질을 하다가 대마도 배에 부탁하여 오는 자가 있습니다. 만약 좌지전, 지좌전, 살마주, 석견주島根縣, 대우전大友殿 등의 서계를 받은 자도 혹 위조하여 오면 간사한 무리들이 여러 방법과 연고를 칭탁하여 연달아 올 것이니, 이로 인하여 음식을 주기가 번거로울 것입니다. … 청컨대 종정성과 소이전小二殿에게 후하게 하사하여 그 폐를 금단하고, 지좌전, 좌지전, 살마주, 석견주, 대우전 등지에서 받은 서계와 문인으로서 위조한 것은 별도로 대내전大內殿에게 사절을 보내 적당하게 금단시키도록 하소서."

이예의 건의는, 서계와 문인을 위조하여 오는 자가 많아 그들을 먹이기가 어려우니, 대마도 종정성과 구주를 통일한 대내전大內殿에게 부탁하여 위조를 막아 조선에 오는 왜인들의 수를 줄이자는 것이다. 임금이 이 건의를 받아들여 예조에 내려 의논하게 했다.

4월 27일에는 왜인을 접대하는 〈사목事目〉을 만들어 경차관을 대마도로 보내 전달했다. 그 내용은 이렇다.

① 사신을 싣고 오는 배는 4종류로 구분하되, 대선은 뱃사공 40명, 중선은 30명, 소선은 20명, 소소선은 10명으로 정원을 정한다.
② 정원에만 식량을 주고, 그 밖의 인원에게는 식량을 주지 않는다.
③ 앞으로 문인이 없는 사람을 보내지 말 것
④ 위조한 문인이 많으니, 세종 20년과 21년 사이에 발행한 서계書契의 횟수와 인명의 총수를 기록하여 보낼 것
⑤ 위조한 서계와 지워버린 서계를 가지고 가서 보일 것
⑥ 앞으로는 서계書契를 확인한 뒤에 문인文引을 허락해 줄 것
⑦ 상객商客이 서울에서 체류하는 기간은 물건이 많으면 두 달, 중간이면 한 달, 적으면 20일을 기한으로 한다.
⑧ 조선으로 도망온 자를 바로 돌려보내 달라고 하면 응할 것이고, 시일이 오래된 자는 응하지 않는다.
⑨ 종정성 이외로 문인을 발행하는 것을 금한다.
⑩ 조선에 오는 사람은 삼포三浦에 고루 나누어 보내고, 서계 안에 포浦 이름을 기록할 것.
⑪ 종언칠과 종무직 등이 종정성의 문인을 받지 않고 사람을 보내면 접대하지 않는다.

위 〈사목〉은 왜인의 왕래를 한층 엄격하게 통제한 것이다.

이해 5월 1일에 종정성이 17명을 보내고, 좌지원윤이 2명을, 주포겸정이 3명을 보내 토산물을 바쳤다. 5월 6일에 종정성이 또 6명을 보냈다.

5월 11일에 이예는 또 임금에게 대마도 사정을 보고하면서, "종정성이 대내전大內殿에게 구주를 빼앗기고 대마도에 도망해 와서 오로지 성상의 은덕을 입으면서 안심하고 살고 있습니다. 그런데도 이를 돌아보지 않고 많은 폐단을

일으켜 한 달 동안에 보내는 자가 거의 수천 명에 이르니, 한도 있는 물건으로 한도 없는 사절을 대접하자면 장래가 염려됩니다. 청컨대 사람을 종정성에게 보내 깨우쳐서 금단하게 하오소서." 하고 거듭 촉구했다.

5월 28일에 종정성이 사람을 보내 3월 중순에 중국을 침략했던 육랑차랑 六郎次郎이 돌아온 사실을 보고했다. 육랑차랑은 5월 15일에 대마도로 돌아와 서 말하기를, "[중국의] 연변 성읍城邑을 공략하여 인민을 많이 죽이고, 돈과 곡식 을 많이 약탈했으며, 남녀와 어린애 등 100여 명을 사로잡아 왔다."고 했다. 그 런데 사로잡힌 중국인들이 말하기를 "장차 우리를 조선에 바치려고 한다."고 했 다. 종정성은 자신들이 조선을 침략하지 않은 것을 은근히 자랑하면서 더 많은 물품을 얻으려고 보고한 것으로 보인다. 아니면, 없던 사실을 거짓으로 꾸며 조 선을 속인 것인지도 알 수 없다.

이날 종정성은 토산물을 바치고 범패梵唄에 사용하는 악기인 경자磬子(종)를 달라고 청하여 주고, 베 5필을 주었다.

6월 6일에 종정성은 또 8인을 보내고, 좌지원윤도 2명을 보내 토산물을 바 쳤다.

6월 7일에는 의정부에서 예조의 보고를 받아서 임금에게 아뢰기를, 대마도 종언칠성국宗彦七盛國이 보낸 76인과, 종무직이 보낸 200인은 예조에 보고하지 말고 올려 보내게 하자고 청하니 임금이 허락했다. 중앙에 보고하여 허락을 받 자면 포소에 오래 머물기 때문이었다.

6월 12일에 종언차랑이 식량을 청하자 베 5필과 미두 20석을 회사했다. 6월 21일에 종정성이 14명을 보내고, 6월 26일에도 2명을 보냈다. 이날 종무직 도 2명을 보내고 조회에 참석했다.

7월 11일에 종정성이 26명을 보내 토산물을 바쳤다. 7월 16일에도 12명을 보내고, 종무직이 6명을, 종언칠이 4명을 보냈다. 7월 20일에도 종정성이 6명 을, 종무직이 2명을 보냈다. 이상 7월 한 달 동안 대마도 3형제가 보낸 인원은 50명에 이르렀다. 그러나 이 사람들은 서울까지 온 사람들이고, 배를 몰고 온 뱃사공까지 합치면 그 수는 몇백 명에 달할 것이다. 여전히 많은 수다.

이예가 대마도 왜인에게, 석견주石見州 등지의 잡인雜人들에게도 서계를 주어 보내는 등 많은 사람을 보내는 이유를 물으니, 대내전이 대마도를 지배한 뒤로 박해하여 의지할 데가 없어 부득이 그렇게 한다고 대답했다.

8월 10일에 종정성이 22명을, 종무직이 4명을, 종언칠이 10명을 보냈다. 9월 6일에도 종정성이 8명을 보내고, 9월 16일에도 6명, 9월 21일에도 9명을 보내면서 호피, 표피, 저포, 마포 등을 청구하자, 임금이 불쌍히 여겨 쌀 100석, 콩 100석, 소주 30병, 잉어 100마리, 꿩 100마리, 백세저포 10필, 흑세마포 10필, 호피 3장, 표피 2장을 하사했다. 그러면서 예조에서 종정성에게 서신을 보냈다.

> "그대가 부산포 왜인의 거주를 허락해 달라고 요청한 것은 세종 16년에 내린 교지에, '상인商人이 다른 나라에 그대로 거주한다는 것은 고금에 들어보지 못한 일이니, 앞으로는 상선商船이 와서 매매가 끝나거든 곧 돌아가게 하라. 오래되어도 돌아가지 않는 자는 법식에 의하여 세稅를 거두어 국용에 충당하라.'고 말씀한 바 있다. 그래서 이를 준수하여 시행하던 중, 지난 세종 18년에 그대가 오직 60명만 거주하게 허락해 달라고 하여, 그대가 나머지 사람을 다 데려가기를 기다렸는데, 이제 또 그들을 모두 편안히 살게 해달라고 요청하니, 곤란하다. 그전에 머물러 있기를 청한 60명도 모두 빨리 데려가는 것이 좋을 것이다.
> 또 연해에서 고기잡기를 청한 것은 삼포三浦에서만 잡으라고 이미 허락했으니, 다시는 다른 지역에서 고기잡기를 청하지 말라."

종정성이 이미 삼포의 왜인 상인들을 60명만 제외하고 모두 데려가겠다고 약속해 놓고 데려가지 않으니 모두 데려가라고 명하고, 삼포에서만 고기를 잡으라고 허락했음에도 다른 지역에서의 어업을 요청하는 것을 더는 허락할 수 없음을 통고한 것이다.

10월 6일에 종언칠이 2명을 보냈다. 10월 9일에는 종정성의 인장을 위조하여 들어온 대마도 상관인上官人이 조회에 참석하려 하자 거부하여 돌려보냈다. 10월 16일에는 종정성이 2명을 보내고, 10월 21일에도 4명을 보냈다.

10월 21일에는 의정부의 건의를 받아들여 예조에서 종정성에게 다시 서신을 보냈다. 9월에 이은 두 번째 서신으로 전보다 한층 강력한 통제를 담은 내용이었다. 서신의 요지는 이렇다.

"그대의 할아버지[靈鑑]와 아버지[宗貞茂] 때부터 정성스러운 마음으로 귀순했으므로 오는 사자使者의 배에게는 식량과 어염과 잡물을 주었지만, 장사치로 따라온 배에는 자비自費로 먹고 쓰게 한 것이 예전부터 정한 법도로 되어 있음을 그대도 잘 알 것이다. 그런데 요즘에는 상선商船들도 식량을 받으려고 증빙문서를 받아 가지고 와서 사신행차의 식량을 요구하는데, 각 배의 선군船軍이 많으면 70~80명이나 된다. 그 밖에도 불경佛經이나 종鐘, 경磬, 돗자리, 인삼, 목면, 가죽 등을 달라고 여러모로 청구하고, 혹은 친족을 만난다든가, 친족의 묘소에 제사 지낸다는 등 긴급하지도 않은 일로 증빙문서를 가지고 오는 자도 많아 거의 1만 명에 가깝다. 그들이 여러 달 동안 묵으면서 돌아가지 않고 조석으로 먹을 것을 받고서도 또 돌아가는 길에 먹을 양식까지 받으니, 그 접대하는 비용과 주는 잡물도 또한 그와 비등하게 되니, 공경하고 섬긴다는 뜻에 어떻겠는가? 이런 일은 고금천지에 없는 일이다. 그대의 조부도 하지 않던 일이다.

또 서류를 위조한 자가 매우 많았으나, 국가에서 곡진하게 불쌍히 여기고 무휼하느라 일월의 길고 짧은 것도 계산하지 않고 넉넉하게 식량을 주었으므로 1년에 지출한 것이 거의 10만여 석이나 되었다. 그 때문에 연해변의 국고에 저축한 곡식이 거의 다했으니, 비단 그대의 사신을 접대하기 어려울 뿐 아니라 그대의 섬에 회사해주는 물건도 계속하기 어렵게 되었다.

그러니 앞으로는 인물을 보내는 것을 일체 작년에 경차관 이예李藝와 정한 약조를 따른다면, 사신으로 나오는 것이 그대의 조부 때와 다름이 없을 것이다. 행해야 할 사목을 아래와 같이 기록한다.

① 서울에 와서 구리, 납, 유황, 단목 등을 팔려는 상인은 상경을 허락하고, 오직 해산물을 팔려고 오는 자는 해변에서 팔게 할 것이나, 식량은 내년 1월부터 주지 않을 것이니 자비로 할 것

② 내년 1월부터는 잡물을 청구하거나 인구를 돌려 달라고 오는 자가 너무 많아 폐단이 크므로 상경을 허락하지 않을 것이며, 가지고 온 서계가 진짜라는 것이 증명되면 전처럼 들어준다.

③ 대마도까지 가고 오는 데 걸리는 시간이 하룻길에 불과한데, 그대의 조부 때에는 1년에 왕래하는 것이 두세 차례에 지나지 않아 노정路程을 따지지 않고 10일분의 양식을 주었으나 지금은 1년 동안 왕래하는 사람이 너무 많아서 내년 1월부터는 5일분만 지급한다.

④ 그대가 세 번 도서圖書를 찍은 서계를 가지고 오는 사람은 종전대로 접대한다.

⑤ 종언칠과 종무직 등이 문인文引을 주어 사람을 보내는 것은 그대가 우두머리로서 명령하는 의리에 어긋나므로, 앞으로는 그대의 문인이나 서계를 받은 사람만 접대한다."

이상 5가지 사목은 1년에 오는 사람이 거의 1만 명에 이르고, 그들을 접대하는 비용이 1년에 10만여 석에 이르러 감당하기 어려워 내년 1월부터 사신과 상인의 인원수와 접대비용을 대폭 줄이겠다는 것이다. 사실, 10만여 석이라는 식량은 국가의 1년 경비가 7~8만 석인데 이보다 더 많은 수량이니 어떻게 감당할 수 있겠는가? 또 조공을 바치러 오는 사람도 아닌 장사치들이 체류하는 동안 얻어 먹고, 그것도 모자라 가고 오는 식량까지 달라고 요청하는 일은 고금천지에 없다는 지적이 당연하다. 당시 빈민을 구제하는 의창곡義倉穀이 거의 비다시피 하여 그 대책을 세우기에 골몰하고 있었다.

10월 25일에는 승정원에 보관되어 있는 종정성의 서계書契를 경상도 삼포에 내려 보내 앞으로 가지고 오는 서류를 일일이 대조하여 진위를 가리고, 위조한 자는 즉시 돌려보내라고 명했다.

10월 26일에 종정성이 또 25명을 보내 토산물을 바쳤다.

11월 8일은 동지망궐례를 하는 날인데, 이날 종정성이 17인을 보내고, 석견주의 주포겸정이 8인을 보내 의식에 참여하고 토산물을 바쳤다.

11월 15일에는 종정성의 서계를 위조하여 온 사람이 발각되자 토산물을 받지도 않고 돌려보냈다. 11월 22일에도 서류를 위조하여 들어온 왜인 3명의 토산물을 받지 않고 돌려보냈다.

11월 25일에 예조에서 다시 종정성에게 서신을 보냈다. 그 내용은 9월에 보낸 서신대로 장사치로서 돌아가지 않고 삼포에 머무르고 있는 왜인은 내년 봄에 모두 찾아서 돌려보낼 터이니 그리 알라는 것이었다.

11월 26일에 종정성이 보낸 10인이 조회에 참예하고 토산물을 바쳤다.

12월 5일에는 종무직이 보낸 사신 2명이 삼포에 와서 방을 지키는 종을 구타하자 음식도 먹이지 않고 강제로 돌려보냈다.

12월 6일에는 종무직이 보낸 왜인 11명이 조회에 참여하고 토산물을 바쳤다. 12월 16일에도 왜인 20여 명이 조회에 참예하고 토산물을 바쳤다. 12월 21일에는 일기도 왜인 6명과 종언칠이 보낸 4명, 종정성이 보낸 2명, 종무직이 보낸 2명이 조회에 참예하고 토산물을 바쳤다.

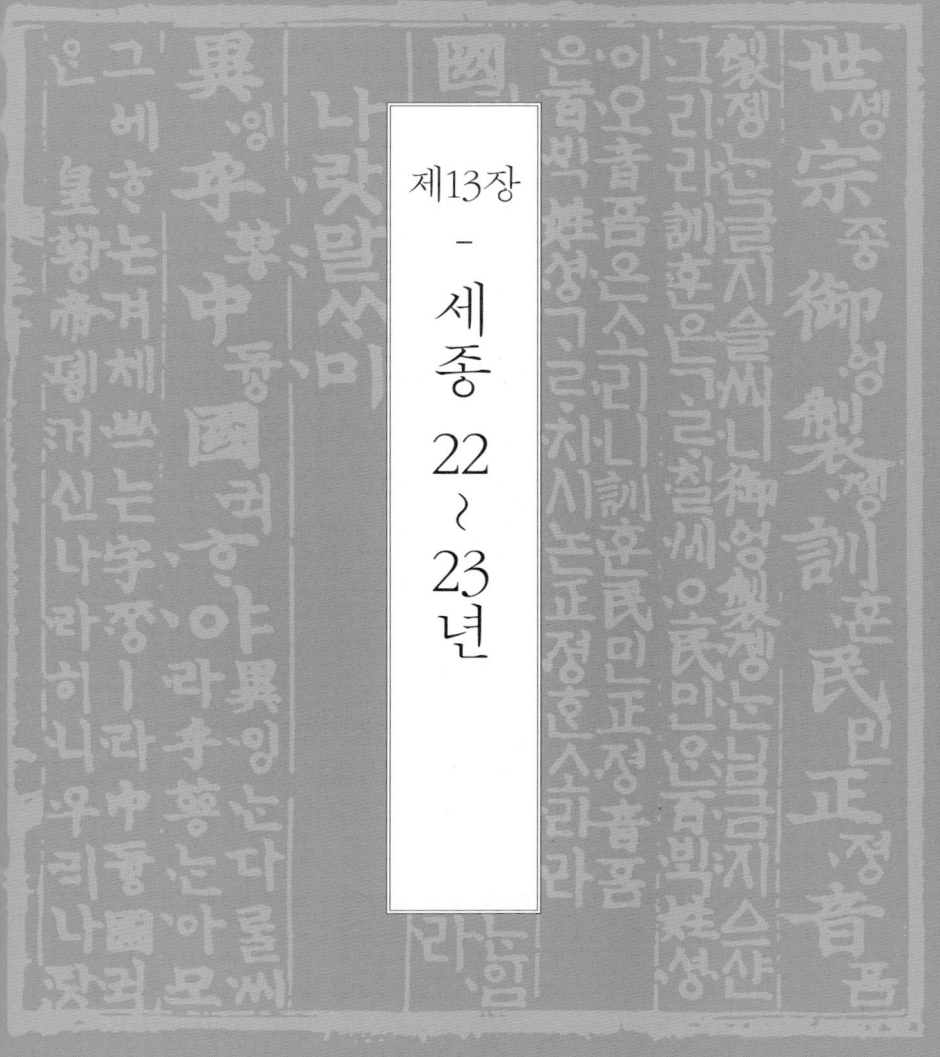

제13장
-
세종
22
~
23
년

(44~45세)
1440~1441년

1. 〈공법〉을 수정하다 [세종 22년]

세종 14년부터 논의되기 시작한 〈공법〉은 계속하여 내용을 수정해 왔으나 흉년이 잇달아 발생하면서 전면적인 시행을 미루고 일부 지역에서만 시험적으로 시행했다. 그런데 세종 22년(1440) 5월 8일에 의정부가 호조에서 올린 정문呈文을 받아 임금에게 아뢰기를, "지난 세종 19년에 〈공법貢法〉을 처음으로 정했으나, 마침 흉년 때문에 잠시 정지했다가 다시 시험한 지가 이미 2년이 되었으나 별로 큰 폐단이 없었습니다. 올해에는 조금 풍년이 들었으니, 경상도와 전라도에서 모두 〈공법〉을 시행하소서."라고 건의했다.

임금은 호조와 의정부의 건의를 받아들여 〈공법〉을 감독하고 관장할 책임자로 의정부에서 천거한 이인손李仁孫과 이보정李補丁을 임명하고, 6월 4일에 그들에게 이렇게 당부했다.

"〈공법〉을 행함에 있어 싫어하는 자가 많지만 이미 세운 법을 고칠 수 없다. 우선, 여러 도에서 토지품질의 높고 낮음을 조사하여 3등급을 만들어서 나에게 보고하라."

왕명에 따라 의정부가 6월 13일에 토지 등급에 관하여 아뢰었다.

"전에 〈공법〉을 상정詳定할 때 각 도의 토지품질을 3등으로 만들었는데, 경상, 전라, 충청도 3도를 상등上等으로, 경기, 강원, 황해도를 중등中等으로, 함길도와 평안도를 하등下等으로 삼았습니다. 이제 이미 〈공법〉을 경상도와 전라도에 시험해보니, 땅의 품질이 한 도 안에서도 같지 않을 뿐 아니라, 군현에 따라서도 현저하게 다릅니다. 그래서 조세를 똑같이 거두는 것은 온당치 못한 듯합니다. … 그래서 상중하 등급을 또 3등급으로 나누어 9등급을 만들어야 공정한데, 그러자면 양전量田을 다시 해야 하지만, 양전한 지 오래되지 않았는데 또 양전을 하면 폐단이 많으니, 각 도 감사가 각 군현의 토지를 3등급으로 나누게 하소서. 다만 그 기한은 경기는 7월 15일까지, 강원, 황해, 충청도는 8월 5일까지, 경상, 전라, 평안, 함길도는 8월 15일까지 보고하게 하고, 다시 이를 참작하고 헤아려서 조세액을 정하소서."

임금은 의정부의 건의를 받아들였다. 이해 7월 13일에는 의정부 대신들이 각자 〈공법〉에 대한 의견을 말했다. 먼저 우의정 신개申槪를 비롯한 세 대신이 〈공법〉을 찬성하면서 이렇게 말했다.

> "〈공법〉의 조세는 옛날의 10분의 1세에서 30~40분의 1로 줄어들었고, 어떤 지역은 80~90분의 1 정도로 낮아진 곳도 있습니다. 다만 메마른 땅에서는 소출이 매우 낮아서 10분의 8~9를 조세로 내는 경우도 있기 때문에 찬성과 반대가 함께 일어나고 있는 것입니다. 그래서 전지를 더욱 세분하는 것이 필요합니다. … 그러자면 양전이 필요하지만, 그럴 필요가 없습니다. 수령들이 이미 자기 고을의 품질을 대강 알고 있어서 몇 개월간 조사하면 3등급을 만들어 보고할 수 있습니다. 다만, 평안도와 함길도는 등급을 정하기가 어려우니 그대로 두소서."

그러나 우찬성 하연河演은 토지 등급만을 따지는 〈공법〉은 시행하기 어렵다고 하면서, 그보다 풍흉의 등급이 더 중요하므로 각 군현별로 풍흉을 9등급으로 나누어 최고 20두에서 최하 10두로 정하자고 주장했다. 다만 그 9등급을 해마다 정하자는 것이다. 이는 그가 이미 전부터 주장해온 것인데 찬성자가 없었다.

한편 영의정 황희黃喜는 〈공법〉을 싫어하는 사람이 많으므로 이를 폐지하고 옛날대로 〈손실답험법〉으로 돌아가자고 말했다. 법을 함부로 바꾸는 것은 좋지 않다고 했다. 이 역시 그가 전부터 해오던 말인데, 찬성자가 없었다. 결국, 대신들의 의견 가운데 우의정 신개의 의견을 따르는 사람이 가장 많아 〈공법〉 시행이 재확인되었다.

이해 8월 30일에 의정부는 세종 19년에 이미 상정한 〈공법〉에서 미진한 부분을 보완하여 다음과 같이 보고했다.

① 상등전은 경상도와 전라도
  상등고을: 상전上田과 중전中田: 20두, 하전下田: 17두
  중등고을: 상전과 중전: 19두, 하전 16두
  하등고을: 상전과 중전: 18두, 하전 15두
② 중등전은 충청도, 경기도, 황해도
  상등고을: 상전과 중전: 18두, 하전 15두
  중등고을: 상전과 중전: 17두, 하전 14두
  하등고을: 상전과 중전: 16두, 하전 13두
③ 하등전은 강원도, 함길도, 평안도
  상등고을: 상전과 중전: 17두, 하전 14두
  중등고을: 상전과 중전: 16두, 하전 13두
  하등고을: 상전과 중전: 15두, 하전 12두

이 절목이 전과 달라진 점은 첫째, 충청도를 상등전에서 중등전으로 내린 점, 강원도를 중등전에서 하등전으로 내린 점, 그리고 상전과 중전의 조세율을 동일하게 만든 점이다. 그리고 이에 따라 최고 20두에서 최하 12두로 조세율이 조정되었다. 평균 조세율은 16두인 셈이다.

다음해인 세종 23년 7월 5일에 우의정 신개가 지난해 경상도와 전라도에서 〈공법〉을 시행한 결과를 임금에게 보고하면서 그 보완책을 아뢰었다.

우선, 결론적으로 말하면 상전과 중전을 동일하게 조세를 정한 것은 모두 환영하고 있는데, 다만 하전下田만은 백성들이 괴롭게 여긴다고 했다. 그런데 부자의 땅은 상전과 중전이 많고, 가난한 사람의 땅은 하전이 많기 때문에 불평이 크다고 했다. 하전의 경우는 수확이 매우 작기 때문에 〈손실답험〉 때보다도 오히려 더 많이 조세를 바친다는 것이다. 그러면서 신개는 답험했을 때의 조세수입과 〈공법〉을 통해서 받은 조세수입의 차이를 자세히 보고했는데, 경상도와 전라도의 경우는 다음과 같았다.

경상도는 세종 16년 답험 때 미두 16만 9,811석을 바쳤는데, 지난해 〈공법〉으로 8만 7,917석이 더 많아져서 25만 7,720석이 되었으며, 전라도의 경우

도, 세종 16년에 미두 15만 8,184석이던 것이 〈공법〉으로 11만 802석이 더 많아져서 26만 8,986석이 되었다는 것이다. 거의 2배 가까이 많아진 것이다.

또 〈공법〉을 시행하지 않은 다른 도의 경우도 〈공법〉을 기준으로 계산하면 모두가 전보다 2배 가까이 많아진다는 계산이 나왔다. 그리하여 8도를 모두 합산하면, 손실답험 때의 총조세는 60만 1,509석이었으나, 〈공법〉의 경우는 53만 6,563석이 늘어나 총합계 113만 8,072석에 이른다고 했다. 그러니까 국가수입이 약 2배로 많아진다는 것이다. 이렇게 된 가장 큰 원인이 하전의 수세 때문이므로 하전을 다시 3등급으로 나누어야 한다는 것이 신개의 의견이었다.

임금은 의정부에서 이 점을 다시 의논하라고 명했다. 그러자 이해 7월 7일에 의정부는 올해부터 충청도에도 〈공법〉을 시행하자고 주장하여 임금이 허락했다. 그런데 이해 윤11월 14일에 집현전 부제학 최만리崔萬理 등이 〈공법〉을 비판하는 상소를 올렸다. 흥천사 사리각이 낙성된 것을 기념하여 임금이 경찬회慶贊會를 열었는데, 108명의 중을 불러들여 5일 동안이나 먹여 곡식을 낭비한다고 하면서, 임금이 세종 15년에 야인을 토벌하면서 창고가 텅 빈 것을 염려하여 〈공법〉을 시행한다고 비판했다.

그러자 임금은 매우 불쾌한 반응을 보이면서 이렇게 반박했다.

"그대들은 내가 계축년[세종 15]에 군사를 동원한 이후로 창고가 비어서 〈공법〉을 세워 채웠다고 하는데, 그대들의 생각으로는 내가 백성에게 많이 받아서 국가의 경비를 풍부하게 했다고 생각하느냐? 내가 〈손실법〉이 적중하지 못하여 백성의 원망이 많기 때문에 〈공법〉을 시험하여 〈손실법〉의 폐단을 없애고 민생을 편안하게 하고자 했을 뿐이다. 그대들은 근신近臣인데도 아직도 나의 뜻을 모르고 있으니, 저 무지한 백성들이야 무엇이 괴이하겠느냐? … 〈공법〉과 경찬회는 아무 관계가 없는데 무엇 때문에 말했느냐?"

하니, 집현전 직제학 유의손柳義孫 등이 〈공법〉에 대한 사실을 잘못 알고 말했다고 사과했다. 또 도승지 조서강趙瑞康도 그 상소를 읽고서 "유자儒者가 이런 말을 하는구나." 하고 비웃었다. 그러나 흥천사 경찬회에 대한 비판상소는 많은 신하들이 잇달아 올렸다. 임금은 흥천사가 태조와 태종께서 세우고 보호한 사찰임을 들어 그 행사를 폐지할 수 없다고 거절했다.

그런데 신하들이 〈공법〉을 불교행사를 위한 국가재정을 채우기 위한 수단으로 오해하는 것도 근거가 없는 것은 아니었다. 이 무렵 세종이 불교행사에 전보다 더 깊은 애정을 보인 것이 사실이기 때문이다. 세종뿐 아니라, 임금의 형님인 효령대군, 그리고 세종의 아들인 대군들도 모두 불교에 심취하여 불교행사가 갈수록 늘어나자 실망하는 신하들이 두드러지게 드러났다.

그러나 임금이 〈공법〉을 계속 추진한 것은 〈공법〉이 재정수입과 민생안정이라는 두 마리 토끼를 모두 잡을 수 있다는 생각에서다. 종전의 〈손실답험법〉은 부자들의 횡포로 부자는 조세를 낮게 바치고 힘없는 빈민들만 조세를 제대로 바쳐 국가재정도 어려워지고, 빈민들의 생계도 어려워졌기 때문이다. 그런데 세종 16년 당시 〈손실법〉으로 받은 조세가 60만 석이라는 것은, 전국 토지 152만 결에서 받는 조세액으로는 너무나 적은 것이다. 이는 1결당 평균적으로 약 4두를 받았다는 것이다. 만약 152만 결 가운데 조세가 국고에 들어오는 실결수의 땅을 80만 결 정도로 내려 잡아도, 1결당 평균 7.5두 정도를 받은 것이니, 이는 조세규정상의 최하등급에도 미치지 못하는 수치다. 그러다가 〈공법〉을 시행하자 조세수입이 2배로 늘어났기 때문에 일부 신하들이 국고를 채우기 위한 사업으로 오해하는 것도 일리가 없지 않았다. 그러나 임금의 생각은 전혀 달랐다. 세종은 이해 12월 17일에 권기權技가 경상도 도사에 임명되어 임금에게 하직을 고하자 이렇게 말했다.

"… 어떤 이는 〈공법〉을 행하면 부자는 좋아하고 가난한 자는 싫어한다고 말한다. 그 이유는 부자는 좋은 전답을 많이 가져 수확이 많아지기 때문이고, 가난한 자는 전지가 메말라 〈공법〉으로 세금을 채우지 못하기 때문이라고 한다. 또 어떤 이는 부자는 싫어하고 가난한 자는 좋아한다고 말한다. 부자는 답험할 때 경차관에게 뇌물을 주어 실實을 손損으로 만들어서 조세를 내는 것이 〈공법〉의 수량보다 적기 때문에 〈공법〉을 싫어한다. 가난한 사람은 답험할 때 경차관이나 아전에게 바치는 비용과 잡물이 〈공법〉 때보다 갑절이나 많기 때문에 가난한 자에게 이롭다는 것이다. 이렇게 상반된 두 의논의 어느 것이 옳은지 알지 못하여 하삼도에 〈공법〉을 먼저 시행하여 편리여부를 시험한 것이지 애초에 백성에게 많이 거두려고 한 것이 아니다."

임금 말대로 〈공법〉을 부자와 가난한 자가 어떻게 받아들이고 있는지는 아직도 확실히 모르고 있었다. 다만 확실한 것은 두 가지다. 〈공법〉의 목적이 결코 부자를 위한 것은 아니라는 것, 그리고 결과적으로 국가수입이 늘어난다는 점이다.

2. 평안도와 함길도에 행성수축을 시작하다

세종 22년 2월 18일에 우의정 신개申槪가 평안도 의주義州에서 함길도 경원慶源까지 거의 3천 리에 가까운 거리에 장성長城을 축조하기를 임금에게 건의했다. 이 계획은 본래 세종이 마음속으로 품고 있던 일이었으나, 백성을 피곤하게 하는 일일 뿐 아니라 신하들의 반대가 예상되어 쉽게 말을 꺼내지 못하고 있었다. 그런데 신개가 악역을 맡고 나섰다.

2월 22일에 임금은 도승지 김돈을 불러 장성 문제를 의논했다.

"진秦나라가 장성을 쌓은 뒤에 웃음거리가 되었고, 두안杜顏이 황하에다 다리를 놓다가 웃음거리가 되었지만, 장성은 만대의 소용이 되었고, 황하의 다리도 그 시대에 이익된 바가 있었다. … 헌의하는 자가 동서양계에 장성을 쌓게 되면 적이 침략할 수 없어 백성이 편안하게 될 것이라고 하는데, 내가 들은 지 오래되었으나 어려운 일이어서 감히 발설하지 않았다. 그런데 근자에 신개가 상소하여 장성을 쌓기를 청하니, 너도 이것을 보라. 내 생각으로는 비록 수천 리를 뻗게 하지는 못하더라도, 적이 통행하는 요해처에 참호를 판다든지, 혹은 목책을 세워서 두서너 고을의 백성이라도 편안히 살 수 있게 한다면 족하겠다.”

그러자 김돈이 말했다.

“듣자오니, 변방 백성들이 석보石堡에 들어가는 괴로움이 이루 다 말할 수 없다고 합니다. 봄에는 들에서 살다가 가을이면 석보로 들어가느라 생업을 즐겨 편안히 살 수 없다고 하오니, 변방 백성이 어찌 흩어지지 않겠습니까? 하지만 연변에 장성을 쌓는 것은 만세의 장구한 계책입니다. …”

김돈이 병조판서 황보인皇甫仁 등과 의논하고 나서 다시 아뢰었다. “황보인과 신인손이 옳다고 합니다.”라고 했다. 임금은 황보인을 평안함길도 도체찰사를 삼았는데 비밀리에 장성축조의 책임을 맡겼다.

드디어 9월 15일에 일부 장성이 축조되었다. 평안도와 황해도 장정 1만여 명을 동원하여 그동안 야인들이 자주 침략하여 말썽을 일으켰던 평안도 여연閭延 조명간구자趙明干口子에서부터 시작하여, 5만 6천여 척[약 17km][206] 길이의 성을 쌓았다. 또 평안도 벽동碧潼 벽단구자碧團口子에도 석보石堡와 장성을 쌓았는데, 석보는 둘레가 6,200여 척[약 1.9km]이고, 장성은 길이가 3만 6천여 척[약 10.9km]에 이르렀으며, 장정 9천여 명이 평안도와 황해도에서 징발되었다. 이를 합치면 장성의 길이는 9만 2천여 척[약 27.9km]에 달했다.

다음해인 세종 23년에도 장성 축조는 계속되었다. 이해 2월 15일부터 3월 15일 사이에 작년에 축조하다가 중지한 여연구자에 평안도 인부 8,300여 명

---

206) 건축에는 영조척營造尺을 사용했는데, 1척의 길이는 약 30.3cm이다.

을 사역하여 5만 947척[약 15.4km]을 쌓고, 길이 5,800여 척[약 1.7km]의 녹각성 鹿角城을 쌓았다. 녹각성이란 나무토막을 사슴뿔 모양으로 교차하여 쌓은 일종의 바리케이드를 말한다. 또 인부 8,200여 명을 징발하여 벽동에도 3만 795척[약 9.3km]의 석축장성을 쌓고, 5,200척[약 1.7km] 길이의 녹각성을 쌓았다. 인부를 1개월간 사역시킨 것은 1년에 한 달 이상은 요역을 부과할 수 없는 법 때문이었다.

이해 8월 15일부터 9월 15일 사이에는 역시 야인의 침략이 잦은 함길도 온성부穩城府에 함길도 인부 1만 5천 명과 강원도 인부 8천 명을 동원하여 길이 8만 5천여 척[약 25.9km]에 이르는 장성과 길이 4만 6천여 척[약 13.9km]에 이르는 녹각성을 쌓았다. 이해 5월 23일에 온성부의 인구가 늘고 방어체제가 강화되자 온성도호부穩城都護府로 승격시켰다.

이해 11월 21일에 임금은 승지 이승손李承孫을 보고 장성에 대하여 말했다. 진시황이 장성을 쌓고 2세二世 만에 망했는데, 그 망한 이유는 장성 때문이 아니라 너무 급하게 백성을 독려하여 원망을 많이 받은 까닭이라고 했다. 지금 평안도 백성들이 고통이 크고 역질도 일어났는데, 그렇다고 그만둘 수도 없지 않으냐고 말했다. 속도만 잘 조절하여 쌓으면 백성이 한때 괴롭더라도 국가의 장래를 위해서는 꼭 해야 한다고 말했다.

3. 왕비가 온수 온정에 목욕하고 오다 [세종 22년]

세종은 풍증風症을 비롯하여 안질眼疾 등 여러 병이 있었는데 온정溫井 목욕이 효험이 있다고 하여 재위 15년에 왕비와 함께 충청도 온수현溫水縣 온정에 가서 목욕하고 온 일이 있었다. 임금은 다녀와서 목욕이 효험이 있었다고 말했다. 그 뒤에 임금은 온정에 다시 다녀오고 싶었으나, 거리가 멀고 민폐를 끼치는 것을 꺼려 서울 근교인 경기도 지역에서 온정을 조사해 보라고 명했는데,

부평富平을 비롯하여 여러 지역에서 온정이 있다는 정보가 들어와서 파보았으나 모두 허탕이었다.

왕비 심씨가 또 풍증을 앓자 왕비만이라도 온정에 가기로 했다. 임금은 2월 3일에 왕비의 행차를 접대하는 일을 검약하게 하고, 농민을 괴롭히지 말라고 승정원에 명하면서 그 방법을 병조 및 사복시와 의논하여 아뢰라고 명했다. 왕명에 따라 의정부가 예조와 상의하여 왕비가 행차할 때 따라가는 깃발 등의 의장儀仗을 조사하여 아뢰었다. 왕비가 혼자서 지방을 행차한 전례가 없어서 새로운 의례를 만들었다.

3월 1일에 임금은 왕비가 행차할 때 온수현 농민에게 피해가 가지 않도록 환자곡과 콩 1두씩을 주고, 80세 이상 노인에게는 곡식과 콩 1두씩을 감면해주고, 지나가는 도로에 손상한 보리밭을 모두 보상해주라고 도승지에게 명했다.

3월 2일에 드디어 왕비가 행차를 떠났는데, 두 아들인 진양대군, 안평대군과 승지, 병조참판, 병조 낭관, 그리고 갑사甲士 100인이 호종했다. 딸 정의공주는 이미 시집을 갔으므로 따라가지 않았다. 20여 일이 지난 뒤인 3월 24일에 충청감사가 중궁께서 온천에 거둥하시어 깨끗이 목욕하시고 병환이 나으셨다고 알려 왔다. 그 소식을 들은 임금은 매우 기뻐했다.

4월 6일에 왕비가 서울로 돌아왔다. 떠난 지 한 달 만이다. 세자가 태종릉인 헌릉[지금 서초구 내곡동] 앞까지 가서 맞이하고, 후궁인 숙의, 소용, 그리고 왕세자빈이 삼전도三田渡(지금 잠실 롯데호텔 부근)에 가서 맞이하고, 각사의 관원마다 1명씩 흥인문[동대문]에 가서 맞이했다.

흥인문에서 광화문까지 가는 길에는 채붕綵棚을 설치하여 환영했으며, 악공인樂工들이 음악을 연주했다. 수진방[지금의 종로구청 부근]에 이르러 교방의 기생들이 나와 가요를 올리자 왕비가 연輦을 멈추고 잠시 구경했다. 장안의 사족부녀들이 길거리에 나와 거리 좌우에 채색장막을 치고 늘어서서 구경했는데 마치 담을 친 것처럼 보였다. 왕비행차는 흔히 볼 수 있는 일이 아니었기 때문이다.

임금은 왕비를 위하여 4월 8일에 강녕전康寧殿에서 잔치를 베풀어 주었다.

4월 10일은 임금 탄신일이었으므로 신하들로부터 하례를 받았는데, 임금은 이날 왕비가 목욕하여 병을 고친 것을 치하하여 치료해준 의원 양홍수楊弘遂와 노중례盧重禮에게 말 1필씩을 하사하고, 의녀醫女 소비召非에게도 쌀 6석을 하사했다. 의녀가 왕비를 치료한 것은 이것이 처음이다.

4. 왕과 왕비가 또 온수현 온정에 가서 목욕하다 [세종 23년]

다음해인 세종 23년 봄에 임금은 왕비와 더불어 다시 온수현 온정에 가서 목욕하고 돌아왔다. 임금은 온정으로 떠나기 전인 이해 2월 20일에 승정원에 교지를 내려 자신의 병을 말하면서 안질眼疾을 얻은 지 10년이 되어 조회朝會를 빼고는 일체의 정사政事를 하지 않고 마음을 편히 조섭하고자 한다고 말했다. 제사에 쓴 향香과 축문祝文도 친히 전하지 않겠다고 말했다.

원래 세종은 정사에 부지런하여 5일마다 열리는 조회朝會는 물론이고, 거의 매일 아침 신하들과 사정전思政殿에서 만나 정사를 논의하는 상참常參을 열고, 또 승지들로부터 정사의 보고를 받고 결재하는 시사視事, 그리고 그것이 끝나면 신하들과 경서經書나 사서史書를 읽고 토론하는 경연經筵 등에 열심히 참여했다. 그런데 이런 일들을 하지 않고 쉬겠다고 말한 것은 뜻밖의 일이었다.

실제로 임금은 세종 23년에 들어온 이후로는 1년 동안 거의 상참이나 시사나 경연을 하지 않았다. 이것이 순전히 건강 때문인지, 아니면 신하들이 알지 못하는 다른 일 때문인지는 알 수 없었지만, 임금은 안질을 비롯한 질병을 이유로 들었다.

임금의 말에 충격을 받은 승지들은 안질 치료에 온천목욕이 효과적이니 온천에 행차하시라고 건의했다. 임금은 농사철에 시끄럽게 할 수 없다고 사양했으나 승지들이 재차 청하자 승낙하고 대신들에게 임금의 뜻을 알리라고 일렀다.

임금은 승지 2인과 병조 당상관 2인을 서울에 남겨두고, 급한 일이 생기면 궁을 지키는 대군大君의 처분을 들으라고 명하고, 경기도와 충청도 감사에게 교지를 내려 행차에 들어가는 물자 지원과 잡비를 모두 없애고, 서울 각사에서 준비하라고 일렀다. 병조에서는 온수현이 바다와 멀지 않은 것을 이유로 10리 밖에다 수백 기의 기병騎兵을 배치하겠다고 건의했다. 아마도 왜구나 도적의 변을 막기 위함일 것이다.

드디어 3월 17일에 왕과 왕비가 충청도 온수현溫水縣으로 행차를 떠났다. 세종 15년 3월에 이어 두 번째 행차이고, 왕비는 세 번째 행차이다. 왕세자와 종친, 문무신하 50여 명이 호종하고, 궁궐은 22세 된 넷째아들 임영대군 이구[207]와 13세 된 한남군 이어에게 맡겨 지키게 하고 종친들이 교대로 궁궐을 왕래하게 했다. 종친은 곧 대군들을 말하는데, 말썽꾼인 임영대군은 데리고 가지 않은 것이다.

여기서 한 가지 억측을 한다면, 이해 임금이 질병을 이유로 정사를 거의 하지 않으면서 가을부터 둘째 딸 정의공주와 다섯째 아들 광평대군 집을 이유 없이 자주 드나들어 혹시 '훈민정음'을 만들기 위한 거둥으로 추측하고 있는데, 이번 온수행차도 대군들과 더불어 이 일을 비밀리에 의논하는 기회로 삼은 것이 아닐까 하는 추정을 해 볼 수 있다. 그렇다면 학문이 부족한 임영대군은 데리고 갈 필요가 없었을 것이다. 임금이 한 달 동안 목욕만 하고 있지는 않았을 것이다. 이 문제는 뒤에 다시 검토할 것이다.

이번 행차에는 처음으로 초여輦輿를 사용하고, 기리고記里鼓라는 기구를 사용했다. 초여는 말 1마리가 끄는 바퀴 달린 작은 수레로서 사람이 메고 가는 여輿보다는 인력이 크게 적게 들었다. 기리고는 1리里를 갈 때마다 나무로 만든 인형이 스스로 북을 치는 기구이다. 본래 이 기구는 토지를 측량하는 데 사용하는 것인데, 이번 기회에 서울에서 온수현까지의 거리를 정확하게 알기 위해

---

207) 임영대군 이구는 바로, 추문을 일으켜서 한때 벌을 받았던 넷째 아들이고, 한남군은 후궁 혜빈양씨가 낳은 넷째 서자이다.

사용했을 것이다. 기리고를 초여 뒤에 매달은 듯하다.

3월 20일에 온수현에 도착하자 호종했던 군사들을 대부분 돌려보내고 300명 만을 남겨 시위하게 했다. 구경꾼들이 구름처럼 몰려들었는데, 어떤 자는 말을 타고 수레 옆을 지나갔으나 벌을 주지 말라고 명했다. 임금은 온수현에서도 신민들이 상소문을 바치게 했다. 임금은 4월 9일에 목욕한 효과를 이렇게 말했다.

> "내가 안질을 얻은 지 4~5년이 되었는데, 금년 1~2월에는 왼쪽 눈이 거의 실명하다시피 했었다. 목욕한 뒤부터 매우 신효가 있어 실명하는 데는 이르지 않았으니 나도 기쁘거니와 신민치고 누가 하례하지 않겠는가? … 그러나 환궁할 때 가요歌謠를 올리거나 채붕綵棚은 절대 설치하지 말라."

4월 10일에 경기도에서 술 300병, 충청도에서 술 700병을 올리자 모두 종친과 관원, 군사와 천인에 이르기까지 차등 있게 하사했다. 4월 17일에는 목욕이 효능이 있으므로 온수현을 온양군으로 승격시켰다. 4월 19일에는 행궁 근처에 사는 70세 이상 노인과 빈궁한 농민 등에게 곡식과 포목을 하사하고, 빈민들의 환자곡을 2석씩 감해주었다.

5월 2일에 온수현을 출발하여 5월 5일에 헌릉 앞에 이르자 절을 올리고, 삼전도에 이르자 삼군의 군사들이 고취鼓吹를 올렸다. 흥인문 밖에 이르니 백관이 마중 나오고 여진인 26명이 엎드려 절했다. 종루로鐘樓路에 이르자 학생들이 가요를 바치고, 교방敎坊에서 창기倡妓들이 나와 속악 가요를 바치고 무악舞樂을 연주했다. 흥인문에서 궐문 앞까지 거리에 채붕을 설치하고 부녀자들이 거리를 가득 메우고, 구경하는 자가 수천, 수만 명에 이르렀다. 왕비의 가마가 올 때도 똑같이 했다. 임금이 하지 말라고 했음에도 신하들이 굳이 한 것이다. 가요의 가사가 실록에 적혀 있으나 생략한다. 임금이 채붕과 가요를 하지 말라고 했으나 지켜지지 않았다.

그런데 이해 3월에서 4월에 온수현 행차를 다녀오는 동안 궁궐을 맡겼던 넷째 아들 임영대군 이구와 후궁인 영빈강씨 소생인 화의군和義君 이영이 비행을 저질러 8월 12일에 궁궐 문지기에게 붙잡히는 사건이 일어났다.

두 왕자가 사람을 시켜 여자 종 두 사람을 남자옷을 입히고 두룽이를 두르게 하여 밤에 몰래 궁궐로 들어오게 하다가 광화문 문지기한테 들켰다는 것이다. 아마도 이 사건은 온수현 행차 때 일어났는데, 뒤늦게 처리한 것으로 보인다. 임금은 두 왕자의 직첩과 과전을 빼앗고 대궐 안에 연금시키고, 시간을 제한하여 집에만 다녀올 수 있는 벌을 내렸다. 임영대군은 전에도 음탕한 일로 벌을 받았던 터인데 또다시 비행을 저지른 것이다. 임금으로서는 참으로 골치 아픈 아들이었다. 변장하고 궁에 들어온 두 여종은 곤장 100대를 때리고 제주도로 내쫓아 관비로 삼았다.

5. 좌찬성 이맹균 아내가 여종을 살해하자 관직을 파면하다

세종 22년 6월 5일에 임금이 홍제원弘濟院 옆길에 죽은 여자의 시체가 있으니, 철저히 조사하여 보고하라고 형조와 한성부, 그리고 의금부에 명을 내렸다. 임금은 이미 그 사건이 누가 저지른 것인지를 알고 있다가 이런 명을 내린 것이다.

그러자 6월 10일에 좌찬성(종1품) 이맹균李孟畇(1371~1440)[208]이 임금에게 그 사건이 자기 집의 일이라고 자수했다. 이맹균은 임금이 이 사건의 진상을 이미 알고 있다고 믿어 부득이 자수한 것이었다. 관부에서 사건을 조사한 결과는 이러했다.

---

208) 이맹균은 이색李穡의 손자이자 이종덕李種德의 아들로서 우왕 때 문과에 급제하여 태종 때 언관을 지내고, 세종 때에는 공조, 예조, 병조의 판서, 예문관 대제학 겸 집현전 대제학을 거쳐 좌찬성(종1품)에 이르렀다.

이맹균이 여종을 가까이했는데, 70세 가까이 된 그의 아내 이씨가 자식도 없으면서 질투하여 종을 시켜 그 여종을 때리고 머리털을 잘랐으며, 움 속에 가두어두고, 죽을 한 모금도 주지 않아 굶어 죽게 한 사건이었다. 여종이 죽자 이맹균이 종을 시켜 매장하게 했는데, 종들이 매장하지 않고 홍제원 길 옆에 버리고 돌아와서 사건이 터지게 된 것이다. 이맹균은 길 옆에 버린 사실을 나중에 알았다고 했다.

그동안 이 사건으로 무고하게 검거되어 옥에 갇혀 고문을 당한 사람이 매우 많았는데, 이씨가 죽었다는 사실이 알려지자 장안 사람들이 이맹균의 집 앞에 떼를 지어 모여들어 극언으로 마구 욕하고 꾸짖었다고 한다.

임금이 조정에서 의논하게 한 결과 이맹균이 가정을 제대로 다스리지 못한 것, 여종이 죄가 있었다고 거짓말한 것, 사실을 알고도 관청에 미리 알리지 않은 것, 무고한 사람을 고문하게 만든 것 등을 이유로 6월 17일에 그의 벼슬을 파면하고, 황해도 우봉으로 유배를 보냈는데, 이해 유배에서 풀려서 돌아오다가 개성에서 죽었다. 향년 70세였다.

사헌부에서는 아내 이씨도 무자식과 질투를 저질러 '칠거지악七去之惡'의 두 가지에 해당하므로 직첩을 빼앗고 이혼시킨 다음 지방으로 내치라고 요청했으나, 임금은 '삼불거三不去'를 이유로 들어서 직첩만 빼앗았다. 시부모의 3년상을 함께 치른 것과 시집온 뒤로 부귀하게 된 것이 '삼불거'에 해당했다. 이맹균은 명유名儒 이색李穡의 손자로서 종1품에까지 올랐던 엘리트 관료였으나 임금이 그의 죄를 용서하지 않았다.

6. 북방, 남방의 연안지역 개간과 섬의 목장화

세종대에는 함길도에 6진이 설치되면서 하삼도下三道 주민들의 자원을 받아 이주시키고, 또는 범죄자를 강제로 이주시켜 인구가 늘어났고 이들로 하여금 농토를 개척하게 하여 농경지가 많이 늘어났다. 세종 19년 8월 2일에 함길도 감사가 보고한 바에 의하면, 함길도의 수전水田과 한전투田을 합하면 13만 9천여 결이라고 한다. 이는 곡창지대인 황해도의 16만 7천여 결에 거의 육박하는 수치이고, 강원도의 6만 6천 결보다는 2배에 해당한다.

또 《세종실록 지리지》를 보면, 평안도의 농토는 수전과 한전을 합하여 30만 8,751결에 이른다. 이 수치는 《세종실록 지리지》에 보이는 경상도의 30만 1,147결과 비슷하고, 전라도의 27만 9,588결보다 더 높다. 평안도 역시 농지개발이 왕성했다는 증거이다. 이렇게 농지가 많이 늘어났음에도 불구하고 세종은 농지가 더 많이 개척되어야 한다고 생각했다.

그러던 차에 세종 23년 1월 27일에 의정부는 호조의 정문을 받아 임금에게 이렇게 아뢰었다.

> "이제 인구는 나날이 번성하나, 전토田土는 한정이 있으니, 백성이 농사를 짓지 못하여 드디어 산업을 잃게 되었습니다. 바다에 가까운 주군州郡의 해변에다 제방을 쌓아 논을 만들 만한 곳이 매우 많으나 민력民力이 모자라 그 이익을 얻지 못하고 있는 것은 실로 은전恩典이 없기 때문입니다. 바라건대 각 도의 감사가 사람을 보내 살펴서 정하게 하고, 백성들이 경종耕種하게 하여 민산民産을 이롭게 하소서."

하니 임금이 허락했다. 의정부의 제안은 바닷가 연안에 국가에서 인력을 투입하여 제방을 쌓아 간척干拓하자는 것이다.

세종대에는 내지에서도 제방을 쌓아 저수지인 보洑를 만들고 농경지를 크게 확장했다. 또 지방의 호족들이 자발적으로 보를 쌓아 농지를 확장하는 사업도 활발했다. 자발적인 농지개척은 인구가 많고 섬이 많은 경상도, 전라도, 충청도 등 하삼도의 무인도無人島에서도 활발하게 이루어지고 있었다. 세종 23년 5월 16일에 의정부는 "하삼도는 승평한 지가 오래되어 인구가 번식하여 심지어 해도海島에까지 들어가 살고 있습니다."라고 보고했다.

세종은 이렇게 무인도가 유인도로 바뀌는 추세에 맞추어 섬들을 목축지로 개발하는 사업에 관심을 두었다. 세종 23년 11월 19일에 병조가 이렇게 건의했다.

"여러 도의 공도空島(무인도)에 사람들이 많이 들어가 살고 있으나, 목축을 하지 않으므로 민간의 말과 가축이 적어서 군국軍國의 대체에 어긋남이 있습니다. 사인私人의 목장을 만들도록 하는 것이 마땅합니다."

하니, 임금이 허락했다. 이로써 무인도는 이제 유인도로 변하여 농경지와 목축장으로 변해갔다. 임금은 비단 말뿐 아니라 소를 키우는 목장도 섬에 만들어야 한다고 했다. 이렇게 섬에서도 소나 말을 키우면, 장차 중국에서 소나 말을 무역하러 오더라도 걱정할 필요가 없었다.

세종이 울릉도에 가서 살던 주민을 쇄환해 왔음은 앞에서 설명한 바 있는데, 이 일 때문에 마치 모든 섬을 무인도로 만드는 정책을 편 것처럼 오해하고 있으나, 그렇지 않다. 울릉도는 워낙 거리가 멀고 풍랑이 심해서 국가에서 적극적으로 관리하기가 매우 어려운 데다가 피역자들이 도망하여 숨어 사는 곳이기에 그런 정책을 쓴 것뿐이다.

임금은 재위 19년과 20년에 강원도 감사의 건의를 받아들여 무릉도[울릉도]를 현縣으로 만들려고 했으나 대신들의 반대로 그만두었지만, 울릉도에 대한 탐사와 산물채취를 해마다 실시하여 왜인들이 와서 살지 못하도록 감시를 강화했다.

왜인이 그토록 애타게 남해안 섬들에 와서 고기잡는 것을 허락해 달라고 간청해도 이를 쉽게 허락하지 않은 것도, 왜인들이 섬을 점령하여 농경지로 만들어 살게 되지 않을까 염려한 때문이었다. 따라서 육지에서 가까운 섬들을 무인도로 두지 않고 유인도로 만들어 농경지와 목장으로 활용한다면 이는 왜인의 침투를 막는 데도 유익할 것으로 믿었다.

7. 평안, 함길도에 토관 설치, 하삼도 주민을 북방으로 이주시키다

북방 여진족의 침략을 군사적으로 막고, 압록강과 두만강을 국경으로 정한 뒤에, 장래에는 고려 때 윤관이 설치한 9성까지 아우르겠다는 것이 세종의 기본적인 북방정책의 목표였다. 세종은 9성의 최북단은 두만강을 넘어서는 것으로 보았기 때문이다.

그런데 이 목표를 달성하는 방법은 크게 세 가지가 있었다. 첫째는 압록강과 두만강 연안에 성보城堡를 구축하고 군사를 주둔시켜 침략을 저지하는 것이었다. 그래서 수많은 성보를 강변을 따라 촘촘하게 설치하고 군사를 증액하여 지키게 하고, 방어용 무기를 계속 개발해 왔다. 세종 22년부터는 성보 설치에 머물지 않고 항구적인 방어시설로서 압록강과 두만강에 이르는 수천 리에 장성長城(行城)을 수축하기 시작했다.

두 번째 정책은 여진족에게 당근과 채찍을 병행하여 길들이는 정책이었다. 그들의 귀화를 장려하고, 조공을 바치고 귀순하는 자에게는 각종 특혜를 주어 포섭해 갔다. 그 결과 귀화인이 늘어나고, 또 함길도에 살던 여진인이 우리 백성으로 동화되어 갔다. 그 결과 우리나라 성씨 중에 귀화한 여진족의 성씨가 적지 않은 비중을 차지하고 고관대작에 오른 사람도 적지 않았다. 그러나 충성을 거부하고 무력으로 침략해 올 때에는 대군을 동원하여 토벌함으로써 반드시 보복하여 조선을 얕잡아 보지 못하게 하는 채찍전술을 써 왔다.

그 밖에 귀화하여 충성을 바치는 야인들을 이른바 반간反間(첩자)으로 활용하여 여진족에 대한 정보를 수집하게 하고, 저들을 회유하는 데 앞장세우기도 하는 등 여러 가지 임무를 부여하기도 했으며 일정한 효과를 보기도 했다.

그러나 그것만으로는 부족하다는 것을 알았다. 양강 유역에 많은 주민이 모여들어 농사를 짓고 큰 도회지를 이루어 살게 해야만 장기적으로 국방이 안정되고 영토로서의 기능을 발휘할 수 있다고 보았다. 그러나 위험한 지역에 주민이 자발적으로 모여드는 것은 쉬운 일이 아니었다. 그래서 세종 15년경부터는 4진을 설치하면서 인구가 조밀하고 부자가 많은 경상도, 전라도, 충청도 등 이른바 하삼도下三道의 남아도는 향리鄕吏, 역리驛吏, 공노비와 사노비 중에서 자원자를 모집하여 신역身役을 면제하고, 3년간 전세와 공납을 면제하는 등의 여러 가지 특전을 부여하고, 특히 양민良民은 토관직土官職을 주는 조건으로 이주시키려고 했다.

토관직은 처음에는 평양이나, 강계, 의주, 함흥, 영변 등 감영監營이나 절제사가 있는 곳에다 설치하여 그 지역 호족들에게 종5품에서 종9품에 이르는 문반 및 무반벼슬을 준 것을 말한다. 다만 그 벼슬 이름은 중앙관직의 호칭과는 다르게 불렀다. 이들은 수령을 도와 행정과 군사업무를 보좌했는데, 녹봉은 주지 않았다. 그리고 각 지역의 토관들을 각기 위衛로 편제했다. 만약 토관직을 가진 사람이 중앙관직을 받을 때에는 품계를 한 단계 낮추어서 주었다. 그러다가 양강 연변에 4진과 이후 6진이 차례로 설치되면서는 이 지역에도 토관직을 설치하여 그 지역이 점차로 확대되었다. 이 제도는 중국이 변방지역에 위衛를 설치하고 토착인들에게 별도의 벼슬을 준 것과 비슷했다.

함길도에 4진이 설치된 뒤인 세종 20년 3월 3일에는 4진에 경재소京在所[209] 를 설치하여 진양대군[수양대군]은 경원慶源을, 안평대군은 회령會寧을, 임영대군은 경흥慶興을, 광평대군은 종성鐘城을 맡겨 각 고을을 총괄하게 하면서 동시에 4진의 어려운 일을 도와주게 했다. 대군이 경재소를 맡은 것은 처음이다. 이런 정책은 중국이 황자皇子들에게 변방을 나누어 맡기는 정책과 비슷한 것이었다.

그런데 하삼도 주민을 북방으로 이주시키려던 임금의 계획에 대해 영의정 황희黃喜 등 대신들이 우선 함길도 남부 주민들을 먼저 이주시키고, 부족하면 강원도와 하삼도 주민을 이주시키자고 주장하여 이를 따랐다. 그 결과 경원진慶源鎭과 영북진寧北鎭 등이 인구가 6~7천 명에 이르러 도호부로 승격시키는 조치

---

209) 경재소는 태종 때 시작되어 세종 때 제도화되었는데, 중앙의 고위직 관리가 경재소의 책임자가 되어 자기의 연고지역의 자치기구인 유향소留鄕所의 좌수座首, 별감別監 등을 임명하고, 이들을 감독, 통제하면서 동시에 지방의 어려운 일들을 중앙과 협의할 수 있는 통로의 기능도 수행했다. 그런데 대군이 경재소를 맡는 경우는 이전까지는 없었다.

를 내렸고, 세종 13년 5월에는 온성군穩城郡도 온성도호부로 승격시켰다.

그런데 시간이 지날수록 야인들의 침략이 빈번해지고 역질까지 유행하면서 이주민들 가운데 도망자가 속출했다. 이들을 조사하여 다시 강제로 이주시켰으나 효과가 없었다. 그리하여 세종 21년경부터는 하삼도 주민을 이주시키는 정책으로 바꾸었다. 다만 그 대상은 자립력이 약한 가난한 사람이 아니라 경제력이 큰 부유한 향리鄕吏를 대상으로 했다. 당시 하삼도에는 필요 이상으로 향리가 많았고 향리의 횡포도 많아서 이들을 억제시킬 필요가 있었다. 또 경상도는 전라도나 충청도보다 두 배가량 인구가 많아 인구밀도가 가장 조밀했다. 이런 현상은 국토의 균형발전이라는 측면에서도 좋지 않았다.

세종 23년 5월 18일에 드디어 의정부가 하삼도 주민의 함길도 이주를 건의하면서 이렇게 말했다.

"근자에 길주吉州 이남 각 고을의 정군正軍 1,600호를 뽑아서 두만강 변으로 이주시켰더니 집들이 비고 인구가 감소하여 걱정스럽습니다. 하삼도는 인구가 번식하여 심지어 섬에까지 들어가 살고 있습니다. 청컨대 선군船軍을 제외한 시위군侍衛軍, 영군營軍과 진군鎭軍, 한량閑良(호적에 누락된 장정)은 물론이요, 5정丁 이상으로 자산이 넉넉한 자 1,600호를 뽑아서 이주시키되, 경상도에서 600호, 전라도에서 550호, 충청도에서 450호를 옮겨다가 채우게 하고 요역을 면제하여 길이 생업을 이루게 하소서."

하니 임금이 허락했다. 의정부는 6월 15일에 다시 건의하기를, 이주시키는 시기는 세종 24년부터 세종 27년까지 4년에 걸쳐 매해 봄철에 숫자를 나누어 이주시키되, 금년 가을에 경차관을 보내 한꺼번에 이주자를 선정하여 차례로 들여보낼 것, 만일 도망하는 자가 있으면 벼슬아치 자손은 향리鄕吏로 만들고, 평민은 역리驛吏로 만들고, 숨겨준 사람도 이주시킬 것, 그리고 함길도에서는 입거할 사람이 살 집을 수리하고, 그들에게 줄 토지를 계산하여 기록하여 나누어줄 것이며, 이미 이주해온 사람들에게도 전지를 더 주어 생업에 지장이 없게 하자고 했다. 임금은 역시 이를 받아들였다.

그런데, 이해 윤11월 6일에 사간원에서 상서하여 하삼도 주민의 이주 때문에 사람들이 슬퍼하고 원망하고 분개하여 천재지변이 일어나고 있으니 천천히 이주시키자고 했다. 천재지변이란 며칠 전에 큰 비가 오고 천둥, 번개가 친 것을 말한다. 그러나 임금은 이를 받아들이지 않고 이렇게 말했다.

> "고려 때도 평양 이북과 영흥 이북에 남쪽 백성을 옮겼는데, 그때에도 가부 논의가 없었겠는가? 그러나 그 뒤에 이를 실책이라고 하는 사람은 없었다. 또 조선 개국 후에도 남쪽 백성들을 두 번이나 옮겼어도 해되는 일이 없었다. 하물며 임금이 백성의 원망을 피하기만 생각하고, 장래를 생각지 아니하여 그 일에 힘쓰지 않고, 한갓 세월만 허비한다면 어찌 고식지계姑息之計가 아니겠는가? 이번 일도 좋은 일이니 그만둘 수 없다."

세종은 국가의 백년대계를 위하는 일이라면 비록 백성의 일시적인 원망이 있더라도 밀고 나가야 한다는 신념을 버리지 않았다. 요즘 말로 하자면 포퓰리즘을 거부한 것이다.

임금은 또 세종 23년 12월 17일에 백성을 이주시키는 일에 대하여 이렇게 말했다.

> "창업創業할 때에는 일이 번거롭고, 수성守成할 때에는 일이 간략하다. 때가 다르면 일도 달라지고 정치도 풍속에 따라 변한다. 근년 이래로 법을 만드는 것이 매우 많았다. 백성을 북방으로 입거入居시키는 일로 말하더라도, 고려 때에는 평양 이북과 화주 이북은 모두 남도 백성들을 이주시켜 채웠다. 옛사람은 대중을 움직이고 큰 계책을 정하는데 이처럼 해도 큰 원망이 없었다. 그런데 지금은 백성을 입거시키는 숫자가 수천 명에 지나지 않는데도 백성들이 모두 원망하고 심지어는 손을 자르거나 스스로 목숨을 끊는 자도 있으니 내 마음이 매우 괴롭다.
> 반역은 천하의 큰 변이며 모든 백성이 함께 놀라는 일인데도, 만일 이

를 앞장서서 끌고 가는 자가 있으면 오히려 따라가는 자가 있다. 그런데 임금이 나라의 큰 계책이 있어서 백성을 이주시켜 변방을 채우는 일인데도 즐거이 따르지 않을 수가 있는 것인가? 이는 나의 덕이 부족한 소치이니 누구를 탓하겠는가? 더구나 하삼도는 인구는 많고 땅이 좁아 한 사람이 토지 1결을 갖기도 어려워서 살기가 힘든데, 평안도는 땅이 넓고도 기름져서 내가 부호富豪들을 이주시켜 빈 땅에 들여보내 채우고자 했으나, 함길도 일을 마치지 못하여 곧 거행하지 못했다."

임금은 북방 이주정책이 나라의 큰 계책이고, 인구가 많고 땅이 적은 하삼도보다도 땅이 넓고 기름진 북방에 가서 사는 것이 오히려 이로울 수도 있는데, 이를 원망하여 자살하는 사람까지 나오는 것이 괴롭다고 했다. 물론 사람은 원래 살던 곳을 편안하게 여기고 이사하기를 싫어하는 것이 인간의 상정常情이다. 이를 '안토중천安土重遷'이라고 한다. 하삼도 사람들이 이런 본능적인 마음에서 북방 이주를 고통스럽게 받아들이는 것은 당연하지만, 이와 같은 일이 먼 훗날에는 오히려 잘했다고 생각하는 경우가 많다고 하면서 세종은 이 정책이 길게 보면 북방도 좋아지고 이주민도 좋아지는 일로 여겼다.

비단 이번 일만이 아니라 북방에 장성長城을 쌓고, 전국에 읍성邑城을 쌓고, 6진을 개척하는 일 등은 모두가 백성의 원망을 사는 일들이었고, 또 신하들도 대부분 반대가 많았다. 그러나 세종은 이를 감수하고 추진했다. 약간의 부작용 때문에 국가발전을 위한 큰 계책을 후퇴하지는 않았다. 다만 진시황처럼 무리하게 밀어붙여서는 안된다고 믿어, 시차를 두고 신민들을 설득하면서 추진했다. 그것이 바로 세종의 지혜로움이었다.

사민정책은 다음해인 세종 24년에도 계속되었다.

8.《치평요람》을 편찬하다 [세종 23~27년]

세종 23년 6월 28일에 임금은 지중추원사 정인지鄭麟趾에게 《치평요람治平要覽》의 편찬을 명했다. 임금은 그 이유를 이렇게 설명했다.

> "잘된 정치를 하려면 반드시 앞 시대의 정치에서 잘한 일과 못한 자취를 살펴보아야 한다. 그 자취를 보려면 오직 역사의 기록을 보아야 한다. 주周나라 이래로 대대로 역사가 있지만 편찬한 것이 방대하여 쉽게 상고하기가 어렵다. 내가 요즘 송나라 유학자가 편찬한 《자경편自警編》을 보니, 아름다운 말과 착한 일들을 절節과 유類로 나누어서 편찬했는데, 간단하고 요점을 살리는 데 힘썼다. … 사람들이 모두 넓게 공부하기가 어려운데, 하물며 임금이 만기萬機를 보살피는 여가에 어떻게 넓게 독서할 수가 있겠는가?
> 경이 역사책을 자세히 살피고 열람하여 착한 것을 권장하고, 악한 것을 징계할 만한 것을 뽑아서 하나의 서적으로 편찬하여 보기에 편하게 하여 후세 자손들의 영원한 거울이 되게 하라. 또 우리나라도 건국한 것이 오래이니, 흥하고 망하고, 잘하고 못한 것을 알지 않을 수 없으니, 아울러 편입시키되, 너무 번다하거나 너무 간략한 데에 치우치게 하지 말라."

요컨대, 중국과 우리나라의 역사에서 잘한 일과 잘못한 일, 흥하고 망한 일들에 관한 자료를 뽑아서 간략한 책을 만들어 후세 사람들에게 정치의 거울로 삼게 하라는 것이다.

임금은 이 책의 이름을 《치평요람》이라고 부르게 했다. 그리고 나서 진양대군(수양대군)에게 명하여 이 일을 감독하라고 명하고, 문학하는 유자들을 집현전에 모아서 과科를 나누어 일을 하도록 했다.

임금은 이 책을 편찬하는 신하들에게 연회를 베풀어주는 등 정성을 쏟았는데, 작업이 워낙 방대하여 쉽게 끝나지 않았다. 세종 25년에는 가뭄이 심하여 편찬자들에게 음식을 대접하는 것을 정지하라는 신하들의 요청도 있었으나 임금은 따르지 않았고, 세종 26년에도 잔치를 베풀어주었다. 드디어 세종 27년 3월 30일에 작업이 끝나자, 정인지가 임금에게 전문箋文을 올렸다. 그 요지는 이렇다.

> "잘 다스리는 자는 흥하고, 잘 다스리지 못하는 자는 망하나니, 득과 실이 모두 역사에 실려 있으며, 권선징악을 후세인에게 보여줍니다. 여러 책에서 골라 모아서 만고 역대를 밝게 실었습니다. … 요堯, 순舜, 우禹의 정치는 태평의 성대임을 말해주고, 주周나라 문왕과 무왕의 정치는 평화의 융성함을 볼 수 있습니다. … 진秦나라는 간사한 힘을 숭상하여 2세 만에 망했고, 한漢나라는 인덕仁德을 숭상하여 왕조의 장구함을 이루었습니다. … 남송이 약해지자 금金과 몽골蒙古이 황제를 일컬었고, 진晉나라가 궁해지자 오호五胡가 중국을 어지럽게 만들었습니다. 6조가 난립하여 우주가 나누어졌고, 수隋나라가 모두를 삼켜버리니 천하가 들끓었습니다. 당나라가 20대를 이어가다가 오계五季[송宋, 제齊, 양梁, 진陳, 수隋]가 계승했고, 송나라가 300년을 전했으나 북쪽 오랑캐가 번갈아 일어났습니다. 원나라가 나라를 잃자 거룩한 명나라가 일어났습니다. … 이미 착하고 악함이 함께 있으며, 본받고 경계할 것도 갖추어 있습니다. … 본국은 기자 때로부터 시작하여 고려 때에 마쳤습니다. …《치평요람》150권을 삼가 다듬어서 쓰고 제본하여 완질로 만들어 전문과 함께 올립니다."

이 책은 150권이나 되는 방대한 책인데다가, 세종이 재위 30년에 궁 안에 불당을 짓고 불교행사를 크게 일으키자 정인지를 비롯한 신하들과 심한 갈등을 빚은 것도 이 책의 출간을 어렵게 만들었다. 왜냐하면 이 책에는 역사의 선악과 흥망성쇠의 원인으로 불교를 지목하여 비판했기 때문이다. 숭불은 바로 국가를 멸망케하는 중요한 요인으로 평가되고 있기 때문이다.

그다음 문종과 단종 때에는 이 책을 출간할 여유가 없었고, 그다음 세조는 이 책을 편찬하는 데 직접 참여했기 때문에 내용을 잘 알고 있었는데, 내용이

번잡하고 잘못된 것이 많아 인쇄하여 반포할 수 없다고 하면서 다시 개정판을 내도록 명했다. 그리하여 수정작업이 시작되었으나 완성하지 못하고 미루어지다가 드디어 중종 11년에 인쇄하여 반포했다. 세종이 편찬한 책 가운데 가장 곡절이 많은 책이 되었다. 기본적으로 숭불을 버리지 않은 왕실의 의지가 이 책의 출간을 어렵게 만들었다고 볼 수 있다.

중종 때에는 사림세력이 강해지면서 왕실의 불교행사가 크게 위축되었는데, 이런 분위기에서 이 책이 드디어 햇빛을 보게 된 것이다. 그러나 이 책이 출간된 뒤에도 세종 때의 원본은 그대로 궁중에 보관되어 있었다.

9. 《명황계감》을 편찬하다 [세종 23년]

세종은 재위 23년 6월에 집현전 학자들에게 명하여 《치평요람》을 편찬했는데, 바로 3개월 뒤인 이해 9월 29일에 호조판서 이선李宣, 집현전 부수찬 박팽년朴彭年, 집현전 저작 이개李塏 등에게 당나라 현종玄宗과 양귀비楊貴妃의 고사故事를 그림과 글을 함께 넣어 《명황계감明皇戒鑑》의 편찬을 명했다. 임금은 이 책을 편찬하는 이유를 이렇게 설명했다.

"옛날에 당 현종과 양귀비의 일을 그림으로 그린 자가 많았다. 그런데 희롱하고 구경하는 자료에 지나지 않았다. 내가 개원開元과 천보天寶 시대의 성공과 실패한 사적事蹟을 채집하여 그림을 그려두고 보려고 한다. 예전 한漢나라 때에 임금이 타던 승여乘輿와 앉는 악자握坐와 병풍에다가 주紂(폭군)가 술에 취하여 달기妲己(紂의 아내)를 데리고 앉아 긴 밤을 즐겼던 것을 그려놓았다 하니, 어찌 세상 임금들이 전철을 거울삼아 스스로 경계하려는 뜻이 아니겠느냐?

현종은 영주英主라고 이름했는데, 만년에 여색女色에 빠져 패망하기에 이르렀으니, 처음과 끝이 다름이 이와 같은 사람이 없었다. 월궁月宮에 놀

았다든가, 용녀龍女를 보았다든가, 양통유楊通幽(혼백을 불러오는 도사) 등의
일은 지극히 허황하고 망령되어 쓸만한 것이 못 된다. 그러나 주자朱子가
《자치통감강목資治通鑑綱目》에다 역시, '황제가 공중에서 귀신이 말하는
것을 들었다.'고 써서 현종이 기괴한 것을 좋아하는 사실을 보인 것이니,
무릇 이런 일들은 국가를 맡은 자가 마땅히 깊이 경계해야 할 것이다. 너
희들은 이를 편찬하라."

《명황계감》은 당나라 현종玄宗이 양귀비와 더불어 호색에 빠져 나라를 망친
일을 경계하기 위해서 만든 책이니, 말하자면 《치평요람》의 후편이라고도 볼 수
있다.

편찬 책임을 맡은 이선李宣은 임금의 이복동생으로서 집현전을 거쳐 호조판
서에 오른 인물인데, 왕명을 받들어 찬집했다. 먼저 그림을 그리고, 뒤에다 그
사실을 기록했는데, 혹 선유先儒들이 논한 것을 기록하기도 하고, 혹은 고금의
시詩를 써넣기도 했다. 책이 완성되자 임금이 《명황계감》이라고 했다. 명철한
임금이 스스로 경계하는 책이라는 뜻이다.

그런데 이 책을 편찬할 때 진양대군[수양대군]도 참여한 것으로 보인다. 뒷날
세조는 재위 6년 4월 3일에 세자 시강원의 필선 홍응洪應에게 이렇게 말했다.

"《명황계감》은 내가 세종의 명을 받아 처음으로 찬집했는데, 뒤에 또
가사歌詞를 정했다. 계양군 이증李璔 등에게 명하여 여러 책을 고증하여
주註를 달게 했더니 잘못된 것이 많다. 네가 그 출처와 주를 더 달 수 있
는 곳을 고증하여 아뢰라."

이는 세조가 가사歌詞를 넣고 주註를 달게 하는 작업을 계속했음을 보여준
다. 그러나 그 가사가 누가 쓴 것인지는 알 수 없다. 일설에는 세종이 쓴 가사
로 추정하고 있다.

그 뒤 세조는 재위 7년 8월 27일에 예문관제학 이승소, 양성지, 송처관, 김
예몽, 서거정, 임원준 등을 불러 《명황계감》을 언해諺解하라고 명했다. 이어 세조

9년 5월 15일에는 임금의 아우인 영응대군 이염李琰과 도승지 홍응, 김수온 등에게 다시 《명황계감》의 가사歌詞를 언해하라고 명하고, 다음 날 최항 등 4인을 가사 번역사업에 추가로 투입했다. 이어 5월 19일에는 좌승지 이문형李文炯에게 가사를 교정하라고 명했다. 《명황계감》의 보완작업은 여기서 끝나지 않았다. 세조 9년 9월 5일에는 은천군 이찬李穳에게 명하여 《명황계감》을 수교讎校하게 했다.

그런데 뒤에 연산군이 재위 11년에 이 책을 읽고, 신하들에게 엉뚱한 말을 했다. 당 현종이 촉蜀으로 행차할 때 신하들이 양귀비와 양국충楊國忠을 죽이라고 청했는데, 당 현종의 실패는 양귀비와 양국충 때문이 아니라 소인들이 국사를 잘못 운영했기 때문이고, 또 임금이 사랑하는 사람은 비록 개나 말이라도 신하들이 아끼고 공경해야 한다고 말했다. 역시 연산군다운 엉뚱한 해석을 내린 것이다.

그러나 중종이 즉위한 뒤로는 《명황계감》을 다시 소중하게 여겼고, 조선 후기 영조도 《명황계감》을 항상 개연慨然하게 여긴다고 신하들에게 말하면서, 임금이 여색과 놀이에 빠지는 것은 말할 것도 없지만, 잘하고자 해도 되지 않는 일이 많다고 개탄했다.

다만, 아쉬운 것은 《명황계감》 원본이 지금 전해지지 않는다는 것이다.

10. 측우기와 수표를 제작하다 [세종 23년]

강우량을 정확하게 측정하는 일은 농사와 깊은 관련이 있을 뿐 아니라 하천의 수위 정도를 가늠하는 데도 필요하다. 물을 잘 다스리는 치수治水는 농업사회에서는 성군聖君의 척도가 되는 중요한 사업이었다.

그런데 비가 오면 땅으로 스며드는 정도가 토성土性에 따라 매우 다르기 때문에 지표에 보이는 물을 육안으로 관찰하는 것은 매우 부정확했다. 또 하천에 흐르는 물도 비가 오는 데 따라 어느 정도 수위가 높고 낮아지는지도 육안으로

관찰하는 것이 어려웠다. 이런 문제를 해결하기 위해 필요한 것이 측우기測雨器
와 수표水標였다. 측우기가 평지의 강우량을 측정하는 도구라면 수표는 하천의
수위를 측정하는 도구이다. 이런 도구를 만들려면 수위를 측정하는 정확한 척
도尺度가 새겨져 있어야 한다.

측우기와 수표의 필요성을 절감하여 임금에게 그 제작을 건의한 것은 호조
로서 세종 23년 8월 18일에 임금에게 다음과 같이 건의했다.

> "각 도의 감사가 우량雨量을 보고하도록 이미 법으로 만들어져 있으
> 나, 흙이 건조한 곳도 있고 습한 곳도 있어 서로 달라 흙 속으로 스며든
> 것이 깊고 얕은 것을 알 수 없습니다. 청컨대, 서운관書雲觀에다 축대를
> 짓고, 쇠로 그릇을 부어 만들되, 길이는 2척, 직경은 8촌이 되게 하여 축
> 대 위에 올려놓고 비를 받아 서운관 관원이 깊고 얕음을 측량하여 보고
> 하게 하소서.
> 또 마전교馬前橋(청계천 다리) 서쪽 물속에다 얇고 넓은 돌을 놓고, 돌 위
> 를 파고서 받침돌 두 개를 세우고, 그 가운데에 네모난 나무기둥을 세우
> 고 쇠갈고리로 받침돌을 고정하고, 척수尺數, 촌수寸數, 분수分數를 기둥
> 위에 새깁니다. 호조 낭청이 수위의 높고 낮은 분수를 조사하여 보고하게
> 하소서.
> 또 한강가의 바위 위에 푯말을 세우고, 척수, 촌수, 분수를 새겨 도승
> 渡丞이 이것으로 물의 깊고 낮음을 조사하여 호조에 보고하여 임금께 아
> 뢰게 하소서.
> 외방의 각 고을에도 서울의 측우기의 예를 따라 혹은 도자기를 사용하
> 던가, 혹은 기와를 사용하여 관청 뜰 가운데에 놓고 수령이 물의 깊이를
> 재어서 감사에게 보고하고, 감사가 중앙에 보고하게 하소서."

하니, 임금이 허락했다. 이를 다시 정리하면 서울은 서운관에 쇠로 만든 측
우기를 놓고, 청계천에는 나무로 만든 수표水標[210]를 세우고, 한강에도 수표를 세

---

210) 세종 때 나무로 만든 수표는 조선후기에 돌로 다시 만들었는데, 지금 남아 있는 수표는 바로
　　돌로 만든 것이다.

워서 강우량의 많고 적음을 조사하게 하고, 지방에도
군현마다 측우기를 도자기나 기와로 만들어 놓고 강우
량을 측정하자는 것이다.

수표를 세워 하천의 강우량을 측정하는 것은 다른
나라에도 이미 있었지만, 측우기를 만든 것은 유럽의
카스텔리Benedetto Castelli가 1639년에 서양 최초로 발명
한 측우기보다 무려 198년이 앞선 것이다. 당시의 자
는 주척周尺을 사용했는데, 1자의 길이는 약 20.4cm였
다.[211] 이것을 100등분하여 1분을 만들고, 10등분하여
1촌을 만들었으니, 1분의 길이는 약 2mm에 해당한다.
이 정도의 정밀성을 가진 자는 당시의 수준에서 보면
매우 앞선 것이다. 세종 때 각종 시계를 만들 때 사용
했던 척도기술이 여기에도 그대로 적용된 것이다.

수표 사진 Jocelyndurrey,
CC BY-SA

왕의 허락을 받은 호조는 세종 24년 5월 8일에 다
시 약간 수정된 방법을 임금에게 아뢰어 허락을 받았
다. 첫째 측우기의 길이를 1척 5촌으로 줄이고, 직경을
7촌으로 줄였다. 이를 미터법으로 환산하면 길이가 약
30.6cm이고, 직경이 약 14.2cm이다. 그러니까 강우량
을 약 300mm까지 측량할 수 있다는 뜻이다. 우리나라
의 일시적 강우량이 300mm를 넘는 경우는 극히 드물

측우기 사진 Eggmoon,
CC BY-SA

기 때문에 우리나라의 평균적 강우량을 재는 데는 지장이 없었다.

---

211) 주척의 길이는 기록에 따라 조금씩 차이가 있다. 《전제상정소준수조획田制詳定所遵守條劃》(효종
4년)에는 약 21cm, 《경모궁의궤景慕宮儀軌》에는 약 20cm, 《황단증수의皇壇增修儀》에는 약
20cm, 《시악화성詩樂和聲》(정조대)에는 약 20.5cm, 《상례비요喪禮備要》에는 약 19.4cm, 《훈
련원사장석표보수척訓鍊院射場石標步數尺》에는 약 20.42cm, 《사직서의궤社稷署儀軌》에는 약
20cm, 《황단의皇壇儀》에는 약 20.2cm, 《기수집략畿繡集略》에는 약 20.5cm, 《주자가례朱
子家禮》에는 약 20.4cm, 《수표석水標石》에는 약 19.95cm, 《반계수록도본磻溪隨錄圖本》에는
약 21.3cm, 유형원이 만든 목제주척木製周尺(고대 박물관 소장)은 약 20.37cm, 금영측우기錦
營測雨器에는 약 20.7cm 등이다. 그 평균치는 대략 20.4cm이다.

둘째로, 서울에서 만든 측우기와 주척周尺을 지방에 내려보내, 측우기는 이를 참고하여 도자기나 기와로 만들고, 주척도 대나무나 나무로 만들어 놓고 사용하게 하자는 것이다.

셋째는, 비 온 일시와 갠 일시, 물 깊이를 자세히 기록하여 둠으로써 훗날의 참고자료로 이용하자는 것이다.

그러면 측우기를 발명한 사람은 누구인가? 이에 대해서는 아무런 기록이 없다. 다만 당시 측우기 제작을 건의한 호조판서는 남지南智였고, 호조참판은 이선李宣이었다.

11. 세자빈 권씨가 아들[단종]을 낳고 죽다

세자빈이 두 번이나 비행으로 쫓겨나고 세 번째로 맞아들인 사람이 권씨였음은 앞에서 이미 설명했다. 그런데 세자빈 권씨도 매우 불행한 여인이었다. 그는 세종 23년 7월 23일에 원자를 출산했다. 이가 뒷날의 단종端宗이다. 세종이 처음으로 원손을 본 것이다. 그런데 출산 다음 날 권씨가 향년 24세의 꽃다운 나이로 세상을 떠났다. 그는 뒷날 현덕왕후顯德王后(1418~1441)로 추존되었다.

현덕왕후가 죽었으므로 원손을 키울 사람이 필요했다. 그 책임을 자청하고 나선 사람이 뒷날 세종의 후궁이 된 혜빈양씨惠嬪楊氏였다.[212] 단종은 이렇게 태어나면서부터 불우한 유년기를 보내다가 마지막 인생도 비극적으로 끝났다.

한편 혜빈양씨는 세손 단종을 양육하면서부터 점차로 위상이 높아져서 왕

---

212) 혜빈양씨는 남평현감 양경楊景의 딸이다. 궁녀로 들어와서 세자의 질병을 간호하다가 세종의 눈에 들어 승휘承徽(종4품)로 책봉되었다. 세종 23년에 세자빈 권씨가 단종을 출산한 후 바로 죽자 단종의 보육을 맡으면서 권세가 점차 올라가 세종 27년에 귀인(종1품)이 되고, 뒤에 혜빈으로 승진했다. 세종이 세상을 떠나자 궁 밖에서 살다가 세조에 의해서 교형에 처해졌다. 세종의 숭불에 그녀가 뒤에서 관여한 것으로 알려지고 있다. 혜빈은 왕자 셋을 출산했는데, 한남군漢南君, 수춘군壽春君, 영풍군永豊君이다.

실 안에서 큰 힘을 발휘했다고 한다. 뒷날 세종이 재위 28년에 왕비를 잃고 방황할 때 옆에서 임금을 지켜준 것도 바로 혜빈이었다. 그녀의 위상이 컸기 때문에 세종이 만년에 숭불에 빠진 것도 그녀의 영향으로 의심하는 관료들이 있었다.

세자빈 권씨의 죽음은 세종을 충격에 빠지게 했다. 단순히 세자빈의 죽음만이 아니라 앞서 두 세자빈이 쫓겨난 사건까지 아울러 생각하면서 세자가 살고 있는 동궁의 터에 대해서 의심을 가지게 되었다. 세자빈이 죽은 다음 날 임금은 승정원에 자신의 답답한 속마음을 이렇게 털어놓았다.

"궁중에서 모두 말하기를, '세자가 거처하는 동궁에서 생이별한 빈嬪이 둘이고, 사별한 빈이 하나이니 매우 상서롭지 못하다. 마땅히 헐어버려 다시 그곳에 거처하지 못하게 하자.'고 한다. 대저 부모가 돌아가신 뒤에 아들이 전하여 그 집에 거처하게 되는데, 부모가 앉았다 섰다 하던 곳에 성음聲音이 완연하여 차마 거처할 수가 없다. 내가, 낙천정樂天亭이 모친께서 병환으로 고생하시던 곳이므로 차마 거처하지 못했다. 사람들이 말하기를, '경복궁은 불길한 땅'이라고 하므로, 창덕궁으로 옮겼더니 따라온 사람들이 또한 편하지 못하여 부득이 도로 경복궁으로 옮겼다. … 동궁은 헐어버릴 수 없고, 세자가 궁 밖에 거처할 수도 없다. 그러니 다만 집이 낮고 드러나서 거처하기에 마땅치 않으니 자선당資善堂 밖에다 따로 궁을 지어서 살게 하려고 하니 경등이 숙의하여 아뢰라."

임금은 원래 풍수風水를 전적으로 믿지도 않았지만 그렇다고 전적으로 무시하지도 않았다. 점복占卜이나 민간에서 유행하는 음사淫祀 곧 귀신숭배, 그리고 불교에 대한 생각도 비슷했다. 이런 것들에 과도하게 빠져 재물을 낭비하는 것은 막았으나, 그런 것들도 오랜 세월 속에서 뿌리내린 전통문화의 일부로 보고, 일정한 정도의 과학성이 있다고 생각하여 완전히 쓸어버릴 수는 없다고 생각했다. 그래서 과도하게 풍수를 내걸어 경복궁이나 창덕궁의 불길함을 주장하는 최양선崔揚善 같은 자는 견제했지만, 풍수학 자체는 10학의 일부로 집현전 관원이 연구하게 했고, 점복학도 아울러 10학의 일부로 취급했다. 유명한 점쟁이를 불러들여 우대하기도 했다.

그런데 특히 궁중에 불행한 일들이 잇따라 일어나고, 임금이 나이가 들수록 풍수나 점복이나 불교를 믿는 쪽으로 기울어지면서, 성리학을 강조하는 집현전 신하들과 갈등을 빚기 시작했다. 이번 동궁 일도 전적으로 풍수 탓으로 본 것은 아니지만, 집이 낮고 노출된 점을 들어 다른 곳에 새로운 동궁을 짓고 싶다고 말한 것이다.

왕명을 받은 일부 대신들이 의논하여 동궁을 새로 짓는 것이 좋다고 하자 임금이 따랐다.

임금은 세자빈의 상중에 새로운 세자빈을 맞이할 수 없어 세자빈 대신 잉첩媵妾을 얻기로 결정하고 이해 10월부터 잉첩 간택에 나서 직접 수십 명의 처녀를 궁으로 불러들여 면접한 결과 12월 7일에 판서운관사 문민文敏의 딸과 예빈직장 권격權格의 딸을 간택했다. 잉첩을 맞아들인 것은 후사가 오직 하나밖에 없는 것을 우려한 때문이었다.

그리하여 세종 24년 6월 24일에 두 여인을 승휘承徽(종4품)로 임명했다. 그러나 두 여인이 모두 후사를 얻지 못했고, 뒤에 사칙司則 양씨楊氏가 딸을 낳았으며, 궁인 장씨와 정씨가 각기 아들 하나씩을 낳았으나, 모두 일찍 죽었다. 문종은 이렇게 아내복과 자식복이 없었다.

12. 명 사신이 여진인을 데리러 오다

세종 22년에는 주로 여진족 문제를 처리하는 일로 명나라에서 칙서를 우리 사신 편에 보내오고, 조선에서 사신을 보내 칙서를 반박하거나, 감사하는 사신을 보내는 것이 전부였다. 명나라 사신이 직접 온 것은 세종 23년에 단 한 번뿐이었다. 당시 영종 정통제는 나이가 겨우 14세로서 아직 혼사도 치르지 않은 소년에 지나지 않아 황제가 개인적으로 요구하는 물품이 거의 없었다. 조선이 오랜만에 명나라의 압박에서 벗어나 자유롭게 운신할 수 있는 기회를 맞이한 것이다.

세종 22년 9월 30일에 북경에 갔던 주문사 최치운崔致雲이 황제의 칙서를 받아 가지고 왔다. 그 내용은 함길도의 알타리 야인 추장 동범찰童凡察이 부족을 이끌고 파저강의 추장 이만주 휘하로 들어간 사실에 대하여 이를 허락하지 말아 달라는 조선의 요청에 대한 답신이었다. 이만주와 동범찰이 함께 살면 힘을 모아 조선을 침략할 위험이 있기 때문에 명나라의 협조를 요청한 것이다.

칙서에서는 조선의 요청에 따라 황제가 동범찰에게 칙유를 보내 함길도의 옛땅으로 돌아가서 살도록 명했다고 했다. 그런데 세종 23년 1월 1일에 또 칙서가 왔다. 그 내용은 동범찰이 조선이 자신들을 압박하여 장차 죽이려고 하니 돌아갈 수 없다고 호소한 것을 황제가 다시 받아들여, 함길도에 아직 남아 있는 179여 호의 동범찰 부족들을 동범찰에게 보내 함께 살게 하라는 것이었다. 그러면서 동범찰과 이만주가 조선을 침략하지 말도록 했다고 했다.

칙서를 받은 조선은 1월 8일에 주문사奏聞使를 북경에 보내, 그동안 야인들이 조선을 침략하여 괴롭힌 사건들을 다시 시대별로 자세히 설명하고, 그때마다 앞선 황제들이 처리한 내용을 자세히 적어서 알렸다. 그 내용 가운데에는 공험진 이남을 홍무제가 이미 조선 땅으로 인정했다는 것을 다시 확인시키고, 결론적으로 조선이 저들로부터 모욕받고 있는 것을 용납하면 안 된다고 다그치면서 저들이 다시 조선 땅으로 돌아오게 해달라고 청했다.

당시 칙서를 보낸 사람은 형식상으로는 황제이지만 내막상으로는 측근 세력인 환관들이었기에 조선의 언사도 전보다 매우 단호했다.

조선이 이렇게 단호한 주문을 보내자, 이해 3월 21일에 평양소윤이 칙서를 받아서 온수현으로 목욕하러 가 있던 임금에게 전달했다. 그 칙서의 내용은, 조선에서 보낸 주문을 보니, 이만주와 동범찰이 조선 사신이 귀국할 때 길에서 노략질을 하고자 한다고 했기에, 야인들에게 칙유를 보내 호되게 꾸짖었다고 하면서, 또 요즘 북경에 내조한 사람의 말을 들으니, 저들이 4월이나 9월경에 조선의 변경을 침략하려고 한다고 했다. 그래서 다시 사람을 보내 칙유했으나, 저들이 이리와 같은 자들이어서, 내 말을 따를지 알 수 없으니 각별히 국경방비를 잘하라고 일러주었다.

이해 4월 19일에 사은사로 갔던 김을현金乙玄이 귀국하면서 또 칙서를 받아 왔다. 그 내용은 앞의 칙서와 거의 같은데, 다만 저들이 짐승과 같은 자들이라 돌아가라고 일러도 듣지 않을 것 같으니, 그대로 저들의 말을 들어주고, 조선에 사는 자들은 잘 달래주라고 일렀다. 그러면서 변방 방비를 엄히 하라고 했다. 조선은 4월 20일 사은사를 보내 감사의 뜻을 표했다.

이해 12월 26일에 명나라 사신 오양吳良과 요동 백호 왕흠王欽 등 일행이 칙서를 가지고 서울에 왔다. 칙서의 내용은 이렇다. 이만주가 주장하기를, 세종 19년에 조선이 잡아간 야인 41명을 돌려달라고 청해도 조선에서 편안히 살고 있다고 하면서 돌려주지 않는다고 하니, 이번에 가는 사신이 직접 만나서 그들의 의견을 물어보아 처리하라고 했다. 말하자면 사신이 직접 야인을 만나 돌아가기를 원하는지 아닌지를 확인하게 하라는 것이다.

그러나 오양 등은 면담을 핑계로 조선에 와서 가지고 온 물건을 팔고 또 각종 물품을 얻으려는 것이 목적이었다. 야인문제는 물품을 더 많이 얻어내기 위한 미끼에 지나지 않았다. 옛날에 왔던 환관 사신들과 똑같은 행태를 보였는데, 특히 기생을 탐하는 것이 전보다 더 심했다. 이들은 실컷 노략질을 하고, 놀다가 다음 해 2월 26일에 서울을 떠났다. 이번에도 명나라 사신의 질이 낮은 행태를 유감없이 드러내고 떠났다.

한편, 조선에 와 있는 야인들을 차례로 불러들여 사신을 만나게 해주었다. 그 결과 4명만이 돌아가겠다고 말하여 돌려보내 주고, 나머지 37명이 가지 않겠다고 하여 그대로 머물게 했다. 이로써 야인 4명을 데려가는 것으로 끝났다. 사신들은 면담에는 큰 관심을 두지 않았다. 뇌물을 많이 받고, 마음껏 즐기고 있었기 때문이었다.

그런데 이렇게 동범찰의 행동을 둘러싸고 조선과 명나라가 서신을 주고받으면서 대책을 마련하고 있는 동안에 동범찰이 직접 서울로 조공을 바치러 왔다. 바로 세종 22년 1월 1일 신년 조회에 참예하여 토산물을 바치고 자기의 동씨童氏 친족들에게 관직을 달라고 요청했다. 2월 26일에 동범찰과 그 친족들이 하직하고 돌아가자 옷, 신, 갓, 각종 포목 등을 하사했다.

13. 고득종이 일본에 통신사로 다녀오다 [세종 21~22년]

세종 21년 7월 12일에 첨지중추원사 고득종高得宗(1388~1452)[213]을 정사로, 상호군 윤인보尹仁甫를 부사, 김예몽金禮蒙을 서장관으로 삼아 일본 통신사로 보냈다. 일본에 가는 조선 사신의 호칭은 통신사와 회례사의 두 종류가 있었다. 통신사는 우리가 먼저 보낸 사신을 말하고, 회례사는 일본 사신이 왔을 때 답례로 가는 사신을 가리켰다.

그동안 통신사는 한 번도 순탄하게 다녀온 일이 없이 도적을 만났거나, 아니면 막부로부터 박대를 받았거나, 아니면 태풍을 만났거나 하여 죽을 고비를 넘기는 일이 허다했고, 왕복 여정이 거의 1년이 걸렸다. 죽음을 각오해야 갈 수 있는 여정이었다.

이번에 보내는 통신사는 특별한 임무가 없었다. 그동안 일본에서 내전內戰이 일어나, 막부정권과 토호세력의 동향을 탐지하는 것이 목적이었다. 전쟁에서 패한 세력자들이 곤궁함을 극복하기 위해 조선을 침략할지도 모른다는 우려 때문에 현지사정을 직접 알아보기 위해 보내는 것이기에 임금은 고득종에게 다음과 같은 비장한 유시를 내렸다.

---

213) 고득종은 본관이 제주이자 제주 출신이다. 상장군 고봉지高鳳智의 아들로 효행으로 천거되었다가 문과에 급제하여 벼슬이 한성판윤에 이르렀다. 명나라에도 사신으로 다녀왔다.

"신하가 명령을 받고 먼 곳에 사신으로 가서 고생과 액난을 만나도 생사를 돌보지 않는 것은 저 옛날 장건張騫이 황하 상류에서 새 길을 열고, 반초班超가 총령蔥嶺(파미르 고원)의 눈길을 평탄하게 걸은 것처럼 하는 것이 그 분수이다. … 만일 나가기 어려운 형세가 있고 욕을 당할 기미를 미리 알게 되면 때에 따라서는 권도權道를 쓰지 않을 수 없다. 그러나 윗사람의 명령이 없으면 의義를 버리고 삶을 취할 수 없다.

이제 들으니, 대내전大內殿(야마구치현山口縣)과 소이전小二殿(후쿠오카福岡 다자이후太宰府)이 서로 전쟁을 하고, 또 국왕이 아우와 화합하지 못한다 하니, 비록 그런지 알지 못하나, 그 나라 안에 어려운 일이 많은 것은 분명하다. 경이 일본 땅에 들어가거든 잘 헤아려서 진퇴하라. 불행히 병과兵戈가 길에 가득하여 부득이한 형세가 있으면 대내전에 가지 못하고 돌아오더라도 좋으니, 반드시 사지死地를 거쳐서 국왕에게 갈 것은 없다. 그러나 나갈 만한데도 중도에 돌아온다면 비록 절역絕域의 무지한 사람들이라도 어찌 비웃지 않겠는가? 또 국가에서 바라는 바도 아니다."

임금의 당부는 한 마디로 죽을 각오를 하고 떠나라는 것이다. 고득종 일행은 거의 1년이 지난 세종 22년 5월 25일에 귀국하여 임금에게 귀국 보고를 했다. 우선 일본 국왕이 보낸 서계書契는 이러했다.

"두 사신이 고맙게 글을 전하여 멀리 오니, 천 리가 멀고 멀지만, 마치 만나서 이야기하는 것 같습니다. 더욱이 여러 가지 진귀한 산물은 은혜를 입은 것이 무겁습니다. 누추한 우리나라가 대대로 이웃과의 우호를 닦아 생각하고 우러러 사모하는 정이 없는 날이 없으나, 나라 운수가 어려운 일이 많아서 안부를 묻는 것을 통한 지가 여러 해가 되었습니다. 바야흐로 이제 사방에 일이 없어 소강少康이라 할 수 있는데, 이에 경하慶賀를 번거롭게 했으니, 기쁘고 감사하기가 평상시의 배나 됩니다. 변변치 않은 방물方物(토산물)은 별폭別幅에 적어 사례하는 정성을 표하오니 엎드려 받아주시기를 바랍니다."

별폭에 적은 답례물은, 그림부채 100개, 금동으로 장식한 큰 칼 10개, 크고 작은 붉은 칠을 한 나무 찻그릇 84개, 크고 작은 붉은 칠을 한 낮고 네모진 쟁반 24개, 붉은색과 검은색을 칠한 각종 나무통木桶 2개였다.

일본 국왕 말고도 방주防州(지바현千葉縣), 장주長州(야마구치山口 북서부), 풍주豊州(오이타현大分縣 북부), 축주筑州(후쿠오카福岡) 등 4주의 통수수리대부通守修理大夫 다다량지세多多良持世가 예조에 답서와 물품을 보냈는데, 이 사람은 대내전大內殿으로서 구주를 통일한 큰 토호이다. 그 내용은 이렇다.

"귀국의 통신사가 계축년[세종15]에 해구海寇의 어려움을 당했을 때 본인이 호송했고, 겸하여 조그만 물품을 바쳤는데, … 생각지 않게도 전하께서 통신사 고공高公을 보내 … 전지傳旨로 이르심을 보니 놀라고 황공하여 어찌할 바를 모르겠습니다. 그리고 겸하여 서계와 예물을 주시니 절하고 받들기를 소중하게 여겨 감사한 충정을 이기지 못하겠습니다.

이제 고공高公이 귀국하게 되매 삼가 채사綵絲로 짜서 만든 것 3필, 청련초靑練綃 2필, 화백릉花白綾 2필, 접부채 30자루, 소가죽 10장을 올립니다. 감히 후의의 만분의 일이라도 갚는 것이 아니옵고, 얕은 정성을 드릴 뿐입니다. …"

또 막부에서 어린 국왕을 대신하여 권력을 잡고 있던 관령管領 경조대부京兆大夫 원지지源持之가 예조에 답서를 보냈다.

"우리 일본 지역이 … 해양 만리에 치우쳐 동쪽 끝에 있어 화호和好를 통하지 못하고 한갓 덕풍德風만 향할 뿐이더니, 기미년[세종21] 가을에 전하께서 고공高公 등 관원을 보내 와서 멀리 음신音信을 통하니 경사스럽고 다행하여 지극한 기쁨을 이기지 못하겠습니다. 게다가 귀국의 명산名産으로 어진 은혜를 입었으니, 감사한 정성을 이길 수 없습니다. … 이제 폐읍弊邑의 소산인 큰 칼 1자루, 사금砂金 10냥, 백련위白練緯 3단, 청련위 3단을 바치오니 후하게 주신 것을 갚는 것이 아니라 오로지 공空이 아닌 것을 표하는 것입니다. …"

이상은 당시 일본에서 가장 큰 세력을 가진 두 사람이 보낸 서신과 예물이다.

한편 5월 29일에 고득종은 대마도 종정성을 만나 나눈 대화를 임금께 보고했다. 종정성이 이렇게 말했다고 했다.

> "대마도는 산에 돌이 많고 척박하여 농사지을 땅이 없는 것은 대인大人께서 눈으로 보는 바입니다. 본도 사람들은 오로지 고기잡이로 생업을 삼기 때문에 매년 40~50척 또는 70~80척이 고초도孤草島에 가서 고기를 잡아 자급합니다. … 본도 사람들이 말하기를, '여기서 굶어 죽는 것보다는 죽기를 무릅쓰고 가서 고기잡이를 하는 것이 낫다.'고 합니다. … 만일 이 섬에서 고기 잡는 것을 허락해 주신다면 영구히 도둑질할 마음이 없어질 것입니다."

또 종무직도, 고초도孤草島 어업을 허락해 달라고 말하고, 조선에서 대마도 사인使人을 받아주지 않아 섭섭하다고 말하면서 군사를 일으키면 모두가 따를 것이라고 말했다고 아뢰었다. 고초도는 고도孤島와 초도草島를 합친 말로서 초도는 지금 전라남도 고흥반도 남쪽에 있는 섬이고, 고도는 정확한 위치를 알 수 없으나 초도 남쪽에 있는 거문도巨文島를 가리키는 듯하다. 육지에서 30리쯤 떨어진 곳이고, 사람이 살지 않는 무인도라고 한다. 종정성의 고초도 고기잡이 요청은 이해 6월 12일에 예조와 의정부에서 의논한 결과, 우선 사람을 보내 고초도의 크기와 거리, 경작할 땅이 있는가, 배를 댈 곳이 있는가 등을 알아보고 나서 다시 의논하기로 했다. 그 뒤 현지조사를 마치고 다시 의논한 결과 일단 거절하기로 결정했다.

하지만 세종 23년 11월 22일에 임금은 의정부 대신들의 건의를 받아들여 거제도巨濟島의 지세포知世浦에 세금을 바치는 조건으로 고기잡이를 드디어 허락했다. 이 점은 뒤에 다시 설명하겠다.

14. 왜인의 내왕을 억제하다. 대마도는 우리 땅이다. [세종 22년]

세종 22년(1440)에 지난해에 보냈던 통신사가 일본에서 돌아와 임금에게 귀
국보고를 했음은 앞에서 이미 설명했다. 그러나 일본 국왕과의 교류와는 별도
로 지방 토호들과의 교류는 수시로 이루어지고 있었다. 특히 대마도가 그러했
다. 그런데 지난해에 비해 대마도에서 토산물을 바치러 오는 입조자의 수효가
크게 줄어들었다. 조선이 강력한 인원통제를 통보하면서 이해부터 시행하겠다고
선언했기 때문이었다.

그러나 대마도 왜인이 이 약속을 제대로 지키지 않자 예조는 계속하여 경
고장을 보내기도 하고, 때로는 그들을 달래기 위해 식량 등을 회사하기도 했다.
말하자면 겁도 주고 달래기도 하는 이중 정책을 쓴 것이다.

그런데 대마도는 한 사람이 지배하는 것이 아니었다. 형식상 대마도주는
종정성宗貞盛이었지만, 그 아우들인 종무직宗茂直, 종언칠宗彦七 등이 세력을 나누
어 가지고 있어서 제각각 사람을 보내 토산물을 바치면서 식량 등을 얻어갔다.

1월 6일에 종무직이 두서너 명을 보내 토산물을 바쳤다. 1월 16일에는 종
정성이 5명을 보내고, 종언칠이 몇 사람을 보내 토산물을 바쳤다. 조선은 회사
물을 주지 않았다. 1월 21일에 또 종언칠이 2명을 보내 조회에 참석하고 토산
물을 바쳤다.

이해 2월 7일에 예조판서 민의생閔義生이 임금에게, 지금 부산포에 상주하
는 왜인이 60여 호인데, 장사하러 온 왜인이 6천여 명이나 된다고 보고하면서,
만약 저들이 사변을 일으킨다면 이를 막을 군병이 1,300여 명에 불과하니, 군사
를 늘려야 한다고 말했다.

2월 11일에 종무직과 종정성이 보낸 왜인 몇 명이 와서 조회에 참예하고
토산물을 바쳤다. 2월 29일에 예조는 종정성에게 서신을 보내, 부산포에 거주하
는 왜인 39명이 종정성, 종무직, 종언칠이 보낸 사람들과 함께 지난해 12월에
왔다고 거짓말을 하고, 식량을 청구하고 있어서 돌려보내니, 이들에게 죄를 주

기를 바란다고 전했다.

3월 26일에 종정성이 보낸 몇 명이 와서 토산물을 바치고, 놋그릇을 청구했다. 다음 날 예조에서 종언칠에게 서신을 보냈다. "도주島主의 문인文引이 없이 오는 왜인은 받지 않기로 법을 세웠는데, 이번에 온 사람들이 문인이 없어서 접대하기 어렵다. 그런데 용도가 부족하다고 하니 미두 60석을 보낸다."고 했다. 저들의 불법적인 행동을 경고하고 견제하면서, 동시에 저들의 불만을 달래준 것이다.

4월 29일에 예조는 또 종정성에게 약속을 지키지 않는 것을 경고하는 서신을 보냈다.

> "귀도의 여러 관인官人이 타고 오는 배들을 삼포三浦에 고루 나누어 보내기로 이미 약속을 정했는데, 근자에 보낸 사람들이 모두 부산포에 와서 정박하므로 이 때문에 부산포가 번잡하고 시끄러우니 심히 불편하다. 앞으로는 전의 약속을 지켜서 삼포에 나누어 오도록 하라. 만일 부산포에 여전히 거듭해서 온다면 접대하지 않을 것이다."

이해 5월 19일에 예조는 대마도주 종정성에게 또 불법적인 행동을 하는 왜인을 경고하는 서신을 보냈다. 왜인 3명이 양식을 받기 위해 몰래 다른 배를 타고 와서 사인使人으로 왔다고 거짓말을 하니, 매우 간사하고 교활하고, 또 부산포에 머물면서 언사가 매우 거만하다. 이들을 법대로 처치해야 하겠지만, 전하께서 특별히 용서하여 돌려보내니 그리 알라는 내용이었다.

5월 29일에 경상도 감사가, 삼포에 드나드는 왜인들이 우리의 금방禁防을 조금도 두려워하지 않고 마음대로 행동하고 있다고 하면서 이를 막을 방법 10가지를 추가로 만들어 보고했다. 더욱 엄하게 군사적으로 규제하자는 내용이었다.

대마도 왜인에 대한 강력한 통제정책 때문에 3월 26일에 다녀간 뒤로 7월 5일까지 왜인들이 오지 않았다. 그러다가 7월 6일에 종정성이 보낸 12인이 오

랜만에 와서 토산물을 바쳤다. 7월 8일에는 구주의 비전주肥前州(사가佐賀) 운주태
수 원예源銳가 예조에 서신을 보내 불경인 《점송枯頌》 1벌을 청구했다.

8월 1일에는 구주 대내전大內殿(야마구치현山口縣)의 다다량지세多多良持世가 보
낸 상관인上官人 선화자禪和子와 일조一照 등 중들이 조회에 참여하여 토산물을
바쳤다. 대내전은 백제왕의 후손을 자처하면서 조선에 우호적인 태도를 보여
왔었다. 그래서 임금이 사신들을 직접 접견하고 말했다.

"대내전이 우리나라를 지성으로 대우하므로 나도 또한 더욱 후하게
대우하는데, 이번에는 그대들이 험한 길에 고생스럽게 왔구나"

그러자 일조 등이 말했다.

"대내전이 책임을 맡은 뒤로 항상 사인을 보내 조회하고자 했으나 병
란兵亂 때문에 사인을 보내지 못했사온대, 귀국에서 먼저 사람을 보내 통
신하시어 대내전이 황공함을 이기지 못하고, 또 전하의 덕에 감격하여 저
희를 보내서 두터운 은혜를 사례한 것입니다. 또 대내전은 조종 때부터
불법을 신봉했는데, 이번에 다행히 사찰을 지었으나, 불경이 없어 한탄하
다가 우리들이 오는 것을 계기로 《대장경》을 청구했습니다. 또 통신사가
우리 경내에 왔을 때 선군船軍 한 사람이 도망쳐 숨었는데, 대내전이 널
리 수색했으나 잡지 못했으므로 늦어짐을 염려하여 저희를 먼저 보내고
뒤따라 다시 찾아서 바치려고 합니다."

그러자 임금이 "고마운 뜻을 이미 내가 알았다."고 말했다.
그런데 다다량지세가 예조에도 다음과 같은 글을 올렸다.

"기미년[세종 21] 가을에 전하께서 중신 고득종 등을 멀리 보내시어 위
로하여 타이르시고, 많은 하사품을 내리셨으니, 배명拜命의 욕됨이 매우
지나치셨습니다. 보내신 교유敎諭를 받들어 읽으니 두렵고 떨려서 스스

로 진정하기 어려웠습니다. 하잘것없는 지세持世가 대체 무슨 말을 하오
리까. 삼가 큰 칼 20자루, 창 10자루, 백련초 15필, 청련초 3필, 황련초
2필, 접부채 200자루, 향 10근, 붉은 칠 주발 10벌을 바칩니다. … 족하
는 이 정성을 살피시고 …《비로법보대장전毘盧法寶大藏詮》을 구하여 불법
에 귀의할 뜻이 있으나 인연이 닿지 않았는 바 … 귀국의 여러 절에 간직
한 장경藏經으로서 빠짐없는 것을 보내줄 수 있겠습니까? …"

다다량지세는 조선에서 베푼 은혜에 보답하는 뜻으로 토산물을 바치면서
아울러《대장경》을 청구했다. 다다량지세는 고득종에게도 따로 서신을 보내 도
망친 선군을 여러모로 찾아보았으나 아직 찾지 못한 것을 용서해 달라고 하면
서 앞으로 꼭 찾아서 보내겠다고 약속했다.

다다량지세가 보낸 사인 일조 등이 9월 11일에 하직을 고하니, 예조에서
다다량지세에게 서신을 보내《대장경》1벌을 사인 편에 보내겠다고 하면서 토
산물을 함께 보낸다고 했다.

7월 6일에 사인을 보냈던 대마도는 그 뒤로 사람을 보내지 않고 있다가
12월 10일에 종정성이 두 사람을 보내 토산물을 바쳤다.

이해에 대마도 왜인에게 하사한 미두는 단 한 차례로 60석이 전부였다.

15. 대내전은 신라인의 후손, 대마도는 우리 땅, 고초도 어업을 허락하다
[세종 23년]

세종 23년(1441)에는 지난해 뜸했던 대마도 왜인들이 1월부터 다시 오기 시
작했다. 조선으로부터 받는 식량이 절박했던 것이다.

1월 11일에 종정성이 8인을 보내 조회에 참석하고 토산물을 바쳤는데, 1월
15일에도 또 사람을 보내《법화경法華經》을 청구하자 주었다. 1월 27일에 3인을
보내 토산물을 바쳤다.

2월 1일에 종정성이 보낸 4인이 와서 조회에 참석하고 토산물을 바쳤다.

2월 9일에는 그동안 일본을 여러 차례 다녀온 일본통인 첨지중추 이예李藝가, 대내전에 의해 패배당해 궁지에 빠진 구주 태재부太宰府(다자이후) 지역의 소이전小二殿과 대마도의 종정성이 무슨 일을 저지를지 모르니 연해 지역과 제주도의 방비를 엄히 하는 동시에, 소이전에게는 신사信使를 보내 위로하고, 대마도 종정성에게도 후하게 대접하자고 임금에게 청했다. 그러나 의정부에서는 연해 방비는 엄하게 하되, 소이전에게 신사를 보내고, 대마도를 후하게 대접하면 저들의 한없는 요구를 감당하기 어렵다고 하면서 반대하여 임금이 이 말을 따랐다.

2월 11일에 종정성이 7인을 보내 조회에 참석하고, 2월 16일에도 5인을 보내 조회에 참석하여 토산물을 바쳤으나 답례물을 주지 않았다.

3월 16일에는 일기도一岐島의 등구랑藤九郎이 보낸 9인이 와서 토산물을 바치고, 5월 11일에는 대마도 종언칠이 보낸 왜인들이 토산물을 바치니, 의복과 식량을 하사했다. 오랜만에 식량을 주었는데 그 수량은 밝히지 않았다.

6월 5일에는 대마도 종정성이 30인을 무더기로 보내 토산물을 바쳤으나, 답례물을 주지 않았다. 그러나 30인이 먹고 간 것만으로도 저들은 일정한 목적을 달성한 것이다.

8월 16일에 대마도 종언칠이 보낸 4인이 와서 조회에 참석하고 토산물을 바쳤다. 9월 21일에는 종정성이 보낸 2인이 조회에 참석하여 토산물을 바치고, 11월 6일에도 그가 보낸 4인이 와서 조회에 참석하고 토산물을 바치고, 11월 21일에도 11인을 보내 조회에 참석하고 토산물을 바쳤다.

11월 21일에 임금은 승지 이승손李承孫과 왜인에 대한 대책을 의논하면서 이렇게 말했다.

"옛적에 신라 후예가 다대포多大浦[214]에 가서 놀다가 아내를 얻어 아들

---

214) 다대포는 지금 부산시 사하구에 있는 포구로서 해수욕장으로 유명하다. 그러나 세종이 말한 다대포는 일본 구주의 다다량을 잘못 말한 것 같다.

을 낳았는데, 지금의 대내전大內殿이 바로 그 후손이다. 그래서 태종 때 대마도 왜인이 우리 국경에 들어와서 도둑질하자 대내전이 대의大義를 들어서 죄를 묻고, 그 부락을 무찔러 죽였다. 그들이 본국을 생각함과 이웃을 사귀고 선조先祖를 생각하는 의리가 진실로 가상할 만하다.

그 뒤에 대내전이 백제의 땅에 농사짓기를 애걸하므로 태종께서 몇 결의 땅을 허락해 주고자 했는데, 대신들이 모두 말하기를, '한 치의 땅이라도 가볍게 남에게 줄 수 없습니다.'라고 하여 정지하고 허락하지 않았다. 지금 생각하면 이는 만세에 좋은 계책이다.

지금 왜인이 우리나라 고도, 초도에서 고기를 잡아서 살기를 청하자, 논의하는 자가 모두 말하기를, '고도, 초도는 우리나라 땅이고, 또 변경이 가까우니 허락할 수 없습니다.'라고 하니 이것도 또한 좋은 계책이다.

내가 생각하건대, 대마도는 바로 두지도豆只島이다. 김중곤金中坤의 〈노비문기奴婢文記〉[215]에 '두지豆只에 잠시 머물렀던 사람이다.'라고 했으니, 대마도는 곧 우리나라 지경地境인데, 왜인과 무슨 관계가 있겠는가? [고초도 고기잡이를] 허락하지 않는 것이 이치에 어긋나지 않지만, 왜인이 간절히 청하니 우리가 이웃과 사귀고, 작은 나라를 사랑하는 의리에 옳은 일일까? 더욱이 왜인은 고기잡는 것으로 살아가니 그 생활이 또한 불쌍하다.

전날에 황희와 박안신이, '고기잡는 배는 짐짓 모른 척하는 것이 좋습니다.'라고 했는데, 이제 허락하지 않으면 그 생활이 매우 곤궁하여 몰래 내왕할 것이니, 형편이 막기 어렵고, 허락하면 왜인이 우리 땅에 들어와서 이익을 취하는 것이니 불가하다. 또 떼를 지어 내왕하면 불측한 화禍가 염려스러우니 어떻게 처치하면 좋은가? 그것을 대신들과 의논하여 아뢰라."

세종은 구주의 최대 토호세력인 대내전이 우리나라 신라 사람이 다대포에서 살다가 얻은 아들의 후손으로 일본에 가서 대내전이 되었고, 대내전은 우리나라에 매우 우호적인 세력이라고 칭찬하고, 대마도는 본래 우리 땅인데, 그 왜인들이 고기잡이로 살아가는 것이 매우 불쌍하니 고도와 초도에서의 고기잡이

---

215) 노비의 매매, 양여, 상환 등에 관한 문서

를 허락하면 어떨지를 대신들과 상의해 보라고 승지에게 말한 것이다.

　그런데 대내전이 신라 사람이라고 말한 것은 백제의 착오로 보인다. 대내
전은 스스로 백제 성명왕聖明王[216]의 셋째 아들인 임성林聖의 후손으로서 백제가
망한 뒤에 일본 구주의 다다량多多良과 대내촌大內村에 이주하여 살게 되었다고
말하고 있기 때문에 세종의 말과는 다르다. 어쨌든 세종이 대내전의 뿌리를 우
리나라 사람으로 굳게 믿고, 그래서 대내전이 조선에 대하여 우호적인 태도를
지니고 있다고 본 것이다.

　또 대마도가 우리 땅이라는 것을 김중곤의 〈노비문기〉를 이용하여 증명한
것이 과연 타당한 것일까? 김중곤은 태종 때 세자 양녕의 스승이었고, 세종 때
좌사간과 예조참의를 지낸 벼슬아치인데, 그 사람의 〈노비문기〉에 보이는 두지
도豆只島가 대마도라고 보는 것도 설명이 부족하다. 세종은 예전에도 대마도는
본래 우리나라의 목장이었다고도 말한 일이 있어 대마도가 우리 땅이라는 확신
을 가지고 있었다.

　오늘날의 역사연구 결과를 놓고 보면, 대마도나 구주는 모두 한반도 사람
들이 건너가서 여러 개의 소국小國을 세웠던 지역으로 증명되고 있어서, 세종
이 이 지역들을 본래 우리 땅으로 보는 것은 결코 허황된 말이 아니다.

---

216) 백제에는 성명왕聖明王이라는 임금이 없다. 그런데 《삼국사기》를 보면, 성왕의 이름이 명농明
　禮으로, 명왕明王으로도 기록되어 있어 성명왕이 곧 26대왕 성왕聖王(523~554)임을 알 수 있
　다. 성왕의 아들 하나는 27대 위덕왕威德王이고, 또 하나의 아들은 28대 혜왕惠王이다. 셋째
　아들이 임성林聖으로 그 후손이 일본으로 건너갔다는 것이다. 그런데 《증보문헌비고》의 〈여
　지고興地考〉를 보면, 백제가 망한 뒤 복신福信 등이 주류성과 임존성에서 백제부흥운동을 벌
　이면서 일찍이 일본에 인질人質로 가 있던 백제 왕자 부여풍夫餘豊을 데려다가 임금으로 삼
　고 왜병을 불러들여 연합군을 형성하여 싸웠는데 패배하자 부여풍은 고구려로 도망가고, 왕
　자는 일본으로 돌아갈 때 그들을 따라 일본으로 돌아갔는데, 그가 바로 임정태자臨政太子라고
　한다. 여기서 임정臨政과 임성林聖의 이름이 서로 비슷하다. 한편 《삼국사기》에는 부여풍이
　어디로 도망갔는지는 알 수 없으나 고구려로 갔다는 설도 있다고 되어 있다. 이렇게 기록이
　다소 혼란스럽지만, 대체로 대내전의 주장이 사실에 맞는 것으로 보인다.
　한편, 이수광은 《지봉유설》에서, "백제가 망하자 임정태자가 배를 타고 일본으로 건너가서
　대내좌경대부大內左京大夫가 되었는데, 주방주周防州(山口縣 동부)에 도읍을 두고 대내전大內殿으
　로 불렀다. 그뒤 47대손이 안예주安藝州(廣島 서부)로 도읍을 옮겼다."고 썼다. 이 말은 대내
　전의 역사를 거의 정확하게 설명한 것이다. 한영우, 《실학의 선구자 이수광》(경세원, 2007)
　238쪽 참고

　　조선시대 학자 이수광李晬光은 우리나라 송씨宋氏가 대마도에 가서 종씨宗氏로 성을 바꾸었다고 말했고,[217] 정약용丁若鏞은 대마도의 일본 발음인 '쓰시마'는 바로 '두 섬'이라는 우리나라 말이라고 주장했다. 앞에서 세종이 대마도를 '두지도'라고 말한 것은 '두 개의 섬'이라는 뜻과 같으므로 정약용의 주장과 비슷한 점이 있다.

　　대내전과 대마도의 역사는 그렇다 치고, 세종이 제안한 고도와 초도의 고기잡이 문제는 어떻게 처리되었는가? 의정부는 왕명을 따라 다음 날 의논한 결과 영의정 황희, 좌찬성 하연, 우찬성 최사강, 병조판서 정연, 예조판서 김종서, 우참찬 이숙치 등 6명이 고도, 초도에서 고기잡이를 허락하자는 의견을 냈다. 그 이유는 우리가 막더라도 저들이 몰래 들어와서 잡을 것이므로 이를 막기가 어려우니 차라리 허락하고, 그 대신 반드시 문인을 가지고 와서 허가를 받은 뒤에 조업하고 거제도의 지세포에 세금을 바치는 조건으로 허락하자고 했다. 임금은 이것이 다수의 의견이었으므로 받아들였다.

　　그런데 우의정 신개는 홀로 강력히 반대했다. 대마도는 본래 우리 땅이었는데, 고려 말에 기강이 무너져서 왜인들이 들어와 살게 된 것인데, 저들의 요구를 들어주면 반드시 들어와서 사는 자가 생기고 마침내는 저들의 땅이 될 것이라고 우려했다. 그러면서 병선을 동원하여 저들이 불법으로 들어와서 조업하는 것을 막아야 한다고 주장했다.

　　그러나 신개의 주장은 소수로 몰려 결국 채택되지 않았는데, 그는 11월 23일에 다시 임금에게 아뢰기를, "고도와 초도는 허락할 수 없습니다. 신이 어제 상세히 진술했사오나 윤허를 받지 못했는데, 신이 밤새도록 생각해도 이를 허락할 수 없습니다. 이제 만약 허락하면 반드시 뒤에 뉘우침이 있을 것입니다."라고 말했다. 그가 두세 번 반복하여 울면서 말했으나 임금이 받아들이지 않았다.

---

217)　한영우,《실학의 선구자 이수광》(경세원, 2007) 238~239쪽 참고

이해 12월 3일에 경상좌도 처치사 김효성金孝誠이 일본의 정변政變에 대한 급보를 알려왔다. 그 내용은 이렇다.

"종정성이 보낸 망고시라望古時羅가 와서 말하기를, '일본 국왕이 우서 友壻(동서) 대내전과 더불어 아가마두阿可馬豆를 죽이기로 꾀했는데, 아가 마두가 미리 알고는 그 집에 장사壯士를 숨겨두고는 왕과 대내전을 청하 여 술을 대접했는데, 술이 서너 차례 돌다가 일부러 사나운 말을 집 뒤에 풀어놓고 달아나는 말을 잡는다는 핑계로 문을 닫고 복병을 내어 임금을 죽이자 대내전이 담을 넘어 달아나니 난병亂兵이 추격했다. 대내전이 집 으로 들어가서 군사를 세워서 자신을 호위했으나 곧 죽었다.

왕의 장자가 왕위를 이으니 이때 나이가 12세였다. 대내전은 그 당 질堂侄이 또 그 뒤를 이었다. 왕의 외삼촌 산지온山知溫이 섭정하여 군사 3만 명을 거느리고 아가마두를 토벌했으나 병력이 적고 약하여 이기지 못했다.'고 합니다."

그 내용은 한마디로 일본 국왕과 대내전이 아가마두라는 호족에 의해 살해 당하고, 새 왕과 새 대내전이 들어섰다는 것이다. 이 소식을 끝으로 이해는 넘 어갔다. 이해에 대마도 왜인에게 준 미두는 단 한 차례뿐인데, 몇 석인지는 기 록이 없어서 알 수 없다.

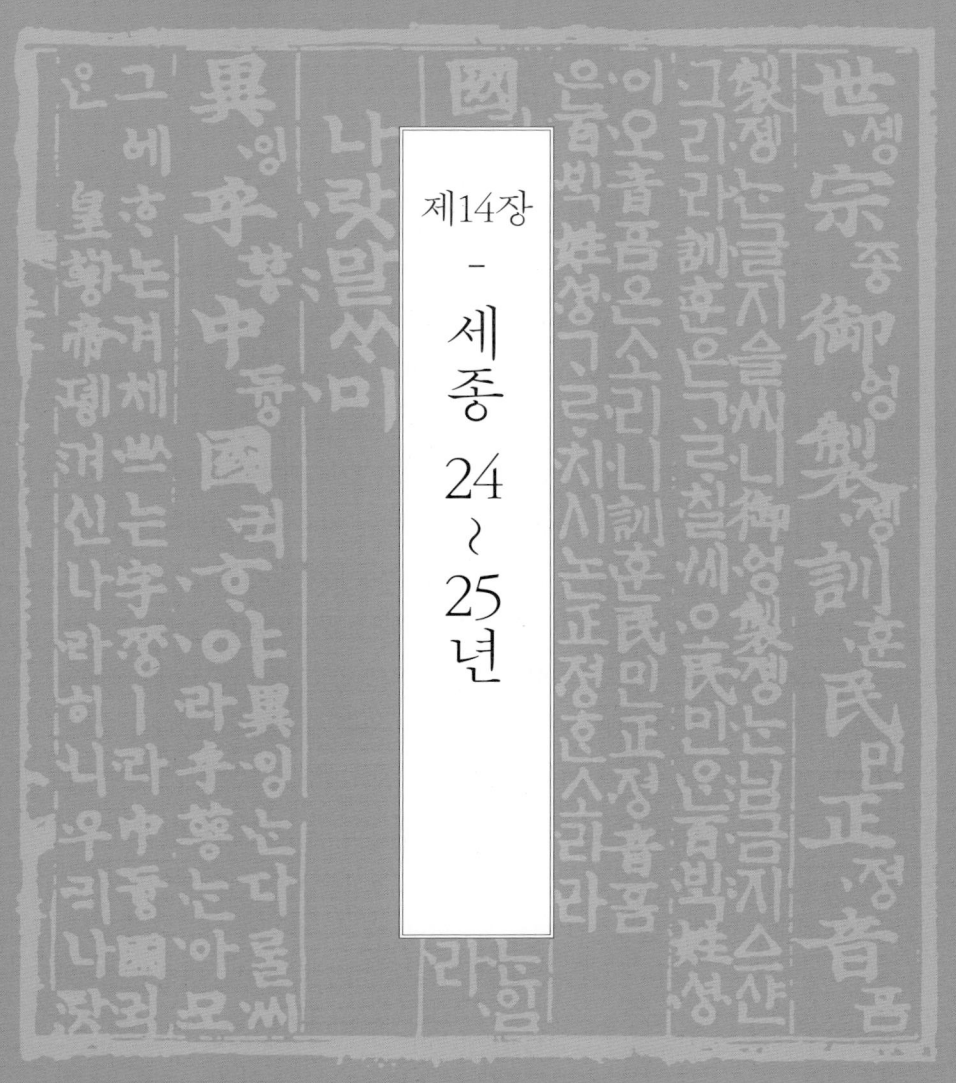

제14장
-
세종
24
∼
25
년

(46∼47세)
1442∼1443년

1. '훈민정음'을 창제하다 [세종 25년]

(1) '훈민정음' 연구의 어려움

세종의 가장 위대한 업적이 '훈민정음' 창제라는 것은 누구도 부인할 수 없는 사실이다. 그런데 언제, 누가, 무엇을 위해, 어떻게 만들었으며, 어떻게 사용했는지 더 풀어야 할 수수께끼 같은 문제들이 남아 있다. 이 사업이 극비리에 이루어졌기 때문에 더욱 의문점이 많다.

또 '훈민정음' 창제를 두 차례에 걸쳐 공표한 것도 이상하다. 첫 번째는 세종 25년 12월 30일이고, 두 번째는 3년 뒤인 세종 28년 9월 29일이다. 첫 번째 발표는 매우 간단하고, 두 번째 발표는 세종의 어제御製와 집현전 학자들의 서문이 실려 있을 뿐 아니라, 이들이 왕명으로 '훈민정음'의 내용을 상세하게 해설한 《해례解例》를 따로 만들었다. 이를 《훈민정음해례》로 부르고 있는데, 신하들에게 하사했을 그 책이 조선시대 학자들에게는 별로 알려지지 않았다가 500년이 지난 1940년에 이르러 세상에 알려지게 된 것도 참으로 기이한 일이다. 《실록》에는 정인지 등이 《해례》를 만들었다고는 했으나, 그 책이 인간된 사실은 기록이 없다. 지금 전하고 있는 그 책이 만약 그 당시에 활자로 간행되었다면 왜 세상에 널리 알려지지 않았는지 더욱 궁금하다.

'훈민정음'은 그동안 수많은 학자들이 연구를 거듭해 왔으나, 아직도 풀어야 할 수수께끼가 많이 남아 있다. 다만, 《훈민정음해례》가 발견된 1940년을 기점으로 하여 그 이전과 그 이후의 연구가 크게 달라졌다. 그 이전의 조선시대 학자들은 북송대 상수역학象數易學의 대가인 소옹邵雍(康節)의 《황극경세서皇極經世書》에 보이는 〈성운해聲韻解〉를 바탕으로 하여 '훈민정음'을 역학과 관련지어 해석하고 연구했다. 조선후기 학자인 최석정崔錫鼎(1646~1715), 신경준申景濬(1712~1781), 이사질李思質(1705~?) 등의 연구가 대표적이다.

그러다가 1940년 이후로는 《훈민정음해례》를 따라서 '훈민정음' 28자 가운데 초성初聲 17자의 자음子音들이 입속의 혀, 어금니, 입술, 이빨, 목구멍 등 발음기관의 모습을 참고했으며, 나아가 이것이 음양오행陰陽五行의 이치와 연결되어 있다는 방향으로 연구가 진행되었다. 또 《훈민정음해례》에는 중성中聲 11자의 모습이 천지인天地人의 3재三才의 이치를 참고한 것으로 되어 있어서 학자들이 그 영향을 받게 되었다.

그러나, 《훈민정음해례》의 설명은 역학의 원리와 발음기관의 구조를 바탕으로 하여 매우 과학적이고도 치밀하게 보이지만, 납득하기 어려운 부분도 없지 않다. 또 역학의 원리가 중국의 고유한 학문인가, 아니면 우리나라의 전통적인 학문인가에 대한 의문도 제기되었다. 더욱 근본적인 의문점은 그 책이 과연 훈민정음 창제자의 의견을 정확하게 반영한 것인지, 아니면 편찬자의 주관적인 견해를 반영한 것인지도 확단하기 어렵다. 그래서 훈민정음 연구는 아직도 완결을 보지 못하고 있는 것이다.

훈민정음 연구의 문제점은 여기서 그치지 않는다. 우선, 세종이 훈민정음 창제의 주역임은 누구도 부인하지 않지만, 그 조력자가 누구인가를 세종이 밝히지 않아, 이를 두고 수많은 억측이 나돌고 있다. 그 조력자가 대군인가, 공주인가, 집현전 학자인가, 또는 요즘 논란이 되고 있는 승려 신미信眉인가? 또 세종이 훈민정음 창제를 진행한 시기가 언제이며, 훈민정음을 창제한 목적이 무엇인지도 논쟁거리다. 그밖에 훈민정음을 창제한 뒤에 어떻게 사용되었는지도 더 많은 연구가 필요하다.

(2) '훈민정음' 창제 1차 공표 [세종 25년]

세종 25년(1443) 12월 30일의 《세종실록》에는 훈민정음이 창제된 사실을 다음과 같이 기록했다.

"이달에 임금이 친히 언문諺文 28자를 만들었는데, 그 글자는 옛날 전자篆字를 모방했다. 이를 초성初聲, 중성中聲, 종성終聲으로 나누고, 이것

을 합치면 글자가 된다. 무릇 문자[한문]에 관한 것과 우리나라의 이어俚語
(토속어)에 관한 것을 모두 기록할 수가 있다. 글자는 비록 간단하지만 전
환轉換하는 것이 무궁하다. 이를 '훈민정음'이라고 했다."

이 기록을 따르면, 세종이 직접 이해 12월에 28자의 언문諺文을 만들었는
데, 초성, 중성, 종성의 삼성三聲으로 나누어져 있으며, 이를 합치면 글자가 되는
데, 그 글자 모양은 옛 전자篆字를 모방했다고 한다. 그리고 이 '언문'을 '훈민정
음'으로 불렀다는 것이다.

훈민정음이라는 엄청난 문화적 업적을 대서특필해도 부족할 터인데, 이렇
게 연말에 두서너 줄로 간단하게 소개한 것부터 이 기록은 무언가 석연치 않
다. 여기에는 두 가지 사연이 있는 듯하다. 하나는 다음해부터 훈민정음을 사용
하는 어떤 사업을 시작하기 위해 급히 서둘러 공표한 것으로 보인다. 또 하나
는 훈민정음 창제가 불러올지도 모를 후폭풍을 예감하고 일부러 가볍게 공표했
다는 인상이 짙다.

얼핏 보면 세종 26년 2월부터 시작된 《홍무정운洪武正韻》 등의 언해사업이
가장 먼저 시작된 것처럼 보이지만, 사실은 《용비어천가龍飛御天歌》 언해사업이
먼저 시작된 것 같다. 《홍무정운》 언해사업은 3년 뒤인 세종 29년 9월에 《동국
정운東國正韻》 편찬으로 완성되었지만, 《용비어천가》는 이미 세종 24년 봄부터
편찬이 시작되어 세종 27년 4월 5일에 편찬이 완료되고, 세종 29년 5월 5일에
는 《용비어천가》를 노래로 만들어 궁중에서 연주하기에 이르렀으며, 이때 책도
간행되었다. 그러니 《용비어천가》는 세종 28년 9월 29일에 훈민정음이 2차로
공표되기 1년 5개월 전에 이미 사업이 끝난 것으로, 훈민정음이 사용된 최초의
책이라고 할 수 있다.

《용비어천가》는 권제權踶(1387~1445), 정인지鄭麟趾(1396~1478), 안지安止(1377~1464)
등 당시 최고의 원로학자들을 참여시켜 글을 짓게 하고, 성삼문, 박팽년, 이개 등
신진학자들을 주석註釋에 참여시켰다. 《동국정운》은 최항崔恒(1409~1474), 박팽년

朴彭年(1417~1456), 신숙주申叔舟(1417~1475) 등 신진 학자들이 실무를 맡았으나, 그 편찬책임은 세자, 진양대군, 안평대군에게 맡겼다.

언해사업의 규모로 본다면, 중국어 발음사전이 한층 방대하고 어렵기 때문에 세 왕자들에게 그 책임을 맡겼고, 편찬시간도 더 오래 걸렸지만, 언해사업의 순서로 본다면《용비어천가》의 언해사업이 더 빨리 추진된 것이다. 그만큼 왕실의 정통성을 확고히 다지는 일을 가장 시급한 과제로 임금은 생각했던 것이다.

세종이 재위기간 내내 정도전鄭道傳이 편찬한《고려국사》를 개찬하려고 노력한 데에는 두 가지 이유가 있었다. 하나는 사대명분에 구애되어 고려시대 국왕과 관련된 칭호들을 개서改書한 것을 직서直書로 바꾸겠다는 것, 둘은 조선왕조 건국과정에 관한 서술에 있어서 이성계와 이방원의 업적이 과소평가되어 있다는 점에 대한 불만이었다. 그래서 우선 조선왕조 건국사를 이씨가문 중심으로 새로 써서 그 위업을 온 백성들에게 알리는 일을 시급한 과제로 여겼다. 그러자면, 반드시 언문으로 번역해야 하고 노래를 지어 만백성이 찬미하도록 할 필요를 절감했던 것이다.

세종이 재위 25년 연말에 훈민정음의 창제를 서둘러 공표한 것은 위에 소개한 두 가지 언해사업을 급히 서둘러야 할 필요성 때문으로 보아야 할 것이다.

그렇다면, 훈민정음은 그 발표대로 세종 25년 12월에 만들어졌을까? 그것은 그렇지 않았을 것이다. 그 전에 이미 만들어 놓고 그 발표시기를 연말에 맞춘 것으로 보인다. 바로 그 다음해에 시작할 언해사업을 염두에 두었기 때문일 것이다. 또 12월 한 달 안에 만들었다고 한 것도, 임금이 그동안 이 일 때문에 정사를 소홀히 했다는 인상을 신하들에게 주지 않기 위한 연막일 수도 있다. 이는 정교하게 계산된 세종의 연출로 보인다.

세종이 훈민정음 창제에 열성적으로 몰입했던 시기는 재위 23년 무렵으로 보인다. 또 그 사업은 철저하게 밀폐된 밀실에서 진행되었기 때문에 임금과 몇 사람의 조력자 외에는 아는 사람이 없었다.

훈민정음 창제 작업이 공개적으로 이루어진 것이 아니고 밀실에서 이루어졌

다는 것은 훈민정음이 공표된 뒤에 집현전 학사 최만리崔萬理 등이 "신하들과 의

논도 하지 않았다."고 비판한 데서도 증명된다. 만약 집현전 관원들이 공개적으

로 조력자로 일했다면, 최만리 등이 모르고 있을 리가 없을 것이고, 훈민정음이

창제되기도 전에 이미 반대운동이 거세게 일어났을 것이다. 그러니 집현전 학자

들이나 조정의 벼슬아치들이 이 작업에 참여하지 않았던 것이 확실하다.

(3) 정사를 소홀히 하면서 밀실의 조력자를 만나다

세종은 훈민정음을 창제하면서 그 조력자를 어디서 구했을까? 비밀을 지킬

수 있는 조력자가 벼슬아치가 아니라면 가장 유망한 조력자는 대군과 공주 뿐

이다. 이들과는 비밀리에 만날 수 있고, 또 조력할 만한 학식을 갖추고 있었기

때문이다. 세종은 대군이 8명이나 되고 공주는 한 사람뿐이었다. 대군 가운데

어린 대군 3명은 조력자가 될 수 없고, 또 넷째 아들 임영대군臨瀛大君은 학문이

부족하고 말썽을 많이 피우는 처지여서 조력자가 될 수 없었다. 나머지 아들은

세자, 진양대군晉陽大君(뒤의 수양대군), 안평대군安平大君인데, 세자는 이미 대리청정

을 하고 있어서 적극 참여가 어려운데다, 훈민정음이 창제된 뒤에 오히려 서연

관書筵官으로부터 훈민정음에 관한 교육을 받은 것으로 보아 적극 참여하지 않

은 것이 확실하다.

진양대군과 안평대군도 세자를 도와 중국 사신을 접대하고, 조세제도개혁

과 각종 편찬사업에 관여하는 등 많은 공직을 맡고 있어서 적극 참여가 어려웠

다. 이제 남은 것은 둘째 딸 정의공주貞懿公主와 다섯째 아들 광평대군廣平大君인

데, 두 사람은 머리가 영특하고 학식이 풍부할 뿐 아니라 아무런 공직을 맡지

않고 있었다. 따라서 이 두 사람과 세종의 관계를 추적하면 어떤 단서를 찾을

수 있을 것이다.

또 하나 고려할 것은 세종이 훈민정음 창제에 몰입하려면 자잘한 정사政

事에서 벗어나 자기 시간을 많이 가질 필요가 있었다는 점이다. 그래서 세종이

어느 시기에 자기 시간을 많이 가졌는지를 추적하면 훈민정음 창제사업이 실제로 어느 시기에 집중적으로 이루어졌는지를 가늠할 수 있을 것이다.

훈민정음 창제와 관련하여 빼놓을 수 없는 일이 또 있다. 명나라와의 관계이다. 명나라 황제의 권력이 막강하여 조선을 크게 압박하는 상태에서는 훈민정음 창제는 매우 어려운 일이었다. 명과 조선은 '차동궤 서동문車同軌 書同文'의 관계를 맺고 있었는데, 이는 '수레가 달리는 궤도軌度가 서로 같고, 같은 문자를 사용하고 있다.'는 뜻이다. 그러니까 정치제도와 문자생활이 서로 같은 나라라는 것이다. 따라서 만약 조선이 독자의 문자를 만들어 사용한다면 이는 명에 대한 반역으로 오해받을 위험이 컸다.

명나라에서 가장 약한 황제가 등장한 것은 세종 17년(1435)이었다. 이해 9세로 어린 영종英宗 정통제正統帝가 황제로 등극하자, 조선은 훈민정음을 만들 수 있는 하늘이 내려준 절호의 기회로 포착한 듯하다. 다만, 이 무렵에 해마다 흉년이 들어 그 뒷수습에 여념이 없어서 착수하지 못하고 있다가 세종 23년(1441) 무렵부터 농사가 호전되면서 비로소 본격적인 사업이 시작된 것으로 보인다. 또 이때 세자가 이미 28세로 장성하여 권력의 상당부분을 세자에게 넘길 수 있었던 것도 유리한 환경이었다.

세종은 재위 23~25년 사이에 이상할 정도로 눈병과 풍증 등 병이 심하다고 수시로 신하들에게 호소하면서 2~3년간 쉬고 싶다고 말했다. 임금은 그토록 열심히 참여했던 조회朝會, 상참常參, 시사視事, 경연經筵 등을 거의 하지 않았다. 신하들은 세자의 대리청정을 극구 반대했으나, 임금의 고집을 꺾지 못하고, 드디어 세종 24년부터 세자의 대리청정을 받아들였다. 임금은 이해 8월 23일에 세자의 대리청정을 극구 반대하는 대신들에게 이렇게 의미심장한 말을 했다.

"경들은 자세하고 세밀한 뜻을 알지 못하고, 한갓 유자儒者의 정대正大한 말만 가지고 와서 아뢸 뿐이다."[卿等 未知詳密之意 徒將儒者正大之言 來啓耳]

여기서 임금이 "자세하고 세밀한 뜻을 경들이 알지 못한다."고 말한 것은 무엇을 말하는 것인가? 그 말은 혹시 훈민정음 창제 때문에 세자의 대리청정을 시키지 않을 수 없다는 것을 에둘러 말한 것이 아닐까?

세종은 이 무렵부터 정사를 소홀히 하면서 온양, 이천伊川, 청주淸州 등 온천장을 거의 해마다 다녀왔다. 세종이 이렇게 정사를 소홀하게 한 것은 전무후무한 일이었다. 그런데, 이 기간에 임금의 궁 밖 출입에 이상한 점이 드러났다. 특히 세종 23년에 임금은 여러 자녀들 가운데 둘째 딸 정의공주貞懿公主(1415~1477)[218]와 다섯째 아들 광평대군廣平大君(1425~1444)의 집을 자주 방문했다. 특히 광평대군 집을 매우 자주 방문했다.

당시 정의공주의 나이는 27세로서 이미 출가외인이었고, 광평대군의 나이는 17세지만 모두 뛰어나게 영특했다. 광평대군은 제1차 왕자의 난 때 억울하게 죽은 방번芳蕃[219]의 양자로 입양시켜 제사를 받게 했는데, 이미 결혼하여 궁 밖에 집을 짓고 나가서 살았다. 집이 너무 커서 신하들의 비판을 받기도 했는데, 사실은 임금이 자주 거처할 공간을 만들기 위해 별채를 지어 두었기 때문이었다. '훈민정음'을 만들기 위한 비밀 아지트로 이용하려는 속셈이 아니었던가 의심할 만하다.

(4) 정의공주와 광평대군

세종 23년에 임금이 이상할 정도로 정의공주와 광평대군 두 사람의 집을 자주 방문한 사실이 실록에 기록되어 있다. 임금이 궁 밖의 사람을 만나기 위해 바깥 출입을 할 때에는 반드시 그 이유가 기록된다. 하루 안에 다녀오는 일은 '거둥'으로 기록되고, 며칠간 머무를 때에는 '이어移御'라고 하는데, 병문안을

---

218) 정의공주는 문종(1414~1452)의 동생이며 수양대군(1417~1468)의 누님이므로, 1415년 또는 1416년생이다.

219) 방번은 제1차 왕자의 난 때 이방원에 의해 죽임을 당한 세자 방석芳碩의 형으로 아무 죄도 없이 죽임을 당했는데 후손이 없어 제사를 지내지 못하고 있었다. 그래서 세종은 광평대군을 방번의 후사로 입양시켜 제사를 받게 했다.

갔다거나, 아니면 궁궐 안에 병자가 생겨 피접避接을 갔다는 등의 이유가 기록
된다. 만약 이런 이유가 없이 다녀왔다면 그것은 밀행密行이 된다.

세종 23년 9월 6일에 임금은 정의공주가 사는 사위 안맹담安孟聃 집으로 이
어移御했다는 기록이 보인다. 며칠간 거처하고 돌아온 것이다. 또 보름 뒤인 9월
21일에도 정의공주집으로 이어했다가 9월 24일에 환궁했다. 4일간이나 공주집
에 머문 것이다.

임금은 왜 연속하여 궁 밖에서 살고 있는 공주집에 가서 유숙하고 돌아왔
을까? 더욱이 출가외인인 딸의 집에 이어하는 일은 흔한 일이 아니다. 그런데
임금이 정의공주 집을 찾은 이유가 그 남편인 안맹담 집안의 《죽산안씨대동보
竹山安氏大同譜》에 기록되어 있다. 놀랍게도 정의공주가 훈민정음 창제에 깊이 관
여했다는 사실이 다음과 같이 기록되어 있다.

> "세종대왕이 우리말과 한자가 서로 통하지 못함을 안타깝게 여겨 '훈
> 민정음'을 만들었는데, 변음토착變音吐着이 잘 풀리지 않아 여러 대군들
> 에게 풀어보라고 했으나 풀지 못했다. 그러자 공주에게 과제를 주었더
> 니 풀어냈다. 임금이 크게 칭찬하고 공주에게 노비 수백 명을 상으로 주
> 었다."[220]

위 기록 가운데 가장 중요한 대목은 '변음토착變音吐着'이라는 것이다. 그 뜻
은 '말소리가 바뀔 때 토吐를 붙인다.'는 것이다. 토吐는 보통 한문에 다는 토吐
를 가리키지만, 이 경우에는 언문 28자를 조합하여 글자를 만들 때 종성終聲의
받침글자를 붙이는 것을 말한다. 세종이 훈민정음을 창제할 때 종성의 받침글
자를 어떻게 할 것인가를 가지고 고심하여 대군들에게 풀어보라고 했으나 풀지

---

220) 《죽산안씨대동보》에 실린 이 글의 원문은 다음과 같다. "世宗憫方言 不能以文字相通 始製訓
民正音 而變音吐着 猶未畢究 使諸大君解之 皆未能 遂下于公主 公主卽解究以進 世宗大加稱
賞 特賜奴婢數百口" 이 자료를 처음으로 발견한 것은 1994년에 이가원李家源 교수이다. 그러
나 학계 일부에서는 이 자료의 가치를 인정하지 않는 학자도 있다. 그러나 이런 중대한 일을
어찌 왕실의 족보에서 거짓으로 쓸 수가 있겠는가? 또 그 내용이 매우 설득력이 강하다.

못하자 정의공주에게 과제를 주었는데, 공주가 곧 풀었다는 것이다. 지금도 우리가 국어를 배울 때 가장 어렵게 느끼는 부분의 하나도 바로 받침글자가 아닌가? 훈민정음을 만들 때에도 가장 고심한 부분이 바로 이 부분이었을 터인데, 정의공주가 이를 풀어냈으니, 세종이 너무 기뻐하여 상으로 노비를 준 것은 당연한 일이다.

어떤 학자들은 《죽산안씨대동보》의 기록을 믿을 수 없다고 한다. 정사正史 기록이 아니기 때문이다. 그러나 훈민정음 창제라는 엄청난 사업에 정의공주가 참여했다는 사실을 거짓으로 '족보'에 기록했다면 이는 큰 죄를 받을 일이다. 또 그 기록이 너무나 구체적이어서 의심의 여지가 없다. 만약 정의공주가 훈민정음 창제에 깊이 관여했다면, 임금이 그의 집으로 몇 차례 이어한 목적은 바로 그 일을 의논하기 위함이 아니겠는가?

그러면 정의공주는 어떤 인물인가? 《실록》의 기록을 보면, 정의공주는 14세에 죽산안씨 안맹담安孟聃(1415~1462)에게 시집갔는데, 총명하고 특히 역산曆算에 뛰어나서 세종이 사랑했다고 하며, 불교에도 조예가 깊어 뒤에 《지장보살본원경地藏菩薩本願經》을 간행하기도 했다고 한다. 매우 영특하고 학식이 풍부한 여성임을 알 수 있다.[221]

여기서 특히 주목할 것은 공주가 역산曆算에 뛰어났다는 것이다. 역산은 천문학에 속하는 학문으로서 역학易學과도 깊은 관계가 있다. 이런 재능과 학문이 훈민정음 창제에 도움이 되었을 것은 말할 필요도 없다. 또 정의공주의 남편인 안맹담도 음률音律에 뛰어났다고 하니, 그도 임금과 공주에게 어느 정도 도움을 주었을 가능성이 있다. 그러기에 그 내막을 잘 아는 죽산안씨 집안에서 그 사실을 '족보'에 감히 기록했을 것이다.

여기서 한 걸음 더 나아가 생각해보면, 수백 명의 노비를 준 것은 비단 변

---

221) 공주는 4남 2녀를 두었는데, 장남 안여달安如㺚, 차남 안온천安溫泉, 3남 안상계安桑鷄, 4남 안빈세安貧世, 장녀는 정인지의 아들 정광조鄭光祖에게 시집가고, 차녀는 한확의 아들 한치례韓致禮에게 시집갔다.

음토착을 풀어낸 이유만이 아닌 듯하다. 세종이 훈민정음을 공주에게 주어 민간에서 시험해 보도록 하자 공주가 그 결과를 세종께 보고했다고도 한다. 충분히 있을 수 있는 일이다. 이른바 토속어인 이어俚語를 잘 알아야 그에 맞는 글자를 만들 수 있다. 이어를 알려면 여항 사람들의 말이나 짐승들 소리, 그리고 온갖 의성어까지도 채취하여 그 높낮이와 강약, 청탁, 길고 짧음 등을 파악해야 한다. 여항 사람도 지방에 따라 방언이 다르니, 그 조사대상이 넓을 수밖에 없다. 이런 일을 하는 데 여성인 공주는 매우 적합한 조력자가 될 수 있었을 것이다.

정의공주가 참여했다고 믿어지는 또 하나의 가능성은 '훈민정음'을 가장 환영하는 계층은 한문생활이 불편한 여성이라는 점이다. 그렇다면 그녀는 훈민정음 창제를 보조하는 데 그치지 않고, 그 필요성을 임금에게 간절하게 호소했을 가능성도 있고, 그런 열성 때문에 더욱 적극적으로 참여했는지도 모른다.

다음에, 광평대군과 세종의 관계는 어떠했는가? 임금이 광평대군 집으로 이어한 것은 정의공주 집을 자주 방문 하던 바로 그해 윤11월 16일부터 22일, 23일, 25일, 27일, 28일 등 6차례나 다녀오고, 12월 1일에도 또 다녀왔다. 보름 동안에 일곱 차례를 다녀온 것이다. 이런 일은 전에도 없었고, 그 뒤에도 없었다. 이해 9월에 이미 두 차례에 걸쳐 정의공주 집을 다녀온 임금이 또 광평대군 집을 그토록 하루가 멀다 하고 찾은 이유가 무엇인가?

《실록》을 보면 임금이 광평대군 집에 거둥한 사실에 대하여 아무런 이유가 기록되어 있지 않다. 그저 대군의 얼굴을 보고 싶은 것이 이유였다면 그를 궁으로 불러서 만나도 될 것이다. 그런데 왜 그를 부르지 않고, 동대문 밖에 있는 그의 집을 왜 그토록 자주 방문했는가? 대군을 궁으로 불러들여 훈민정음 창제를 의논한다면 반드시 비밀이 새어나갈 것이다. 그러니 임금이 대군의 집을 찾아갈 수 밖에 없었을 것이다.

그러면 광평대군은 어떤 인물인가?《실록》의 졸기卒記를 보면, 그는 매우 영특하여 사서삼경四書三經에 능통했을 뿐 아니라 음률音律과 산수算數에도 깊은 조예가 있었다고 한다. 그래서 간의대簡儀臺를 만드는 일도 총괄했다고 하므로 천문학과 역학에 대한 지식도 높았다고 볼 수 있다. 이러한 광평대군의 학문과 재능은 훈민정음 창제에 절대적으로 도움이 되는 능력이다.

그런데 광평대군은 훈민정음이 창제된 다음해인 세종 26년 12월 7일에 창진瘡疹으로 아깝게도 20세의 생애를 마감했다. 병이 위독해지자 그를 궁으로 불러 치료했는데, 임금이 밤을 새웠으며, 그가 죽자 하루 종일 수라를 들지 않았다고 한다. 아마도 훈민정음 창제를 도우면서 건강을 해쳐서 요절한 것인지도 모른다. 만약 그것이 사실이라면 임금이 그토록 슬퍼하는 이유를 알 것 같다.

세종 23년의 이같은 임금의 거둥이 '훈민정음' 창제와 관련되어 있는 것이 사실이라면, 이해야말로 세종이 '훈민정음' 창제에 가장 열의를 보인 시기라고 할 수 있다. 당시 명나라 영통제의 나이는 겨우 15세로서 아직 혼사도 치르지 않고 친정親政을 하지 못하고 황태후의 섭정을 받고 있었다. 그러나 다음해 혼사를 갖고 친정을 하게 되면, 사정이 달라질 수 있었다. 세종이 이해에 훈민정음 창제에 박차를 가한 이유가 여기에 있는 듯하다.

2. 목욕하러 이천으로 행차하다 [세종 24년]

세종이 훈민정음 창제에 박차를 가하기 시작한 세종 23년에 임금은 자신의 안질이 최악상태에 이르렀다고 호소하고, 이를 치료하기 위해 이해 봄에 왕비와 함께 충청도 온수현溫水縣 온정溫井에 다녀왔음은 앞에서 이미 설명했다. 세종 15년에 이어 두 번째 온수행차이다. 세종의 안질은 지나친 독서와도 관련이 깊지만, 훈민정음 창제에 몰입하여 안질이 더욱 악화된 듯하다.

그런데 세종 24년 봄에도 또 안질 치료를 위해 이번에는 강원도 이천伊川으로 왕비와 함께 행차를 떠났다. 이곳을 선택한 이유는 이 지역이 강무講武 지역이므로 봄철 강무와 목욕을 겸해서 할 수 있기 때문이었다.

이천 온천 행차를 위해 세종 23년 5월 15일부터 250명의 중들을 징발하여 욕실을 짓기 시작했다. 이해 9월 9일에는 이천으로 가는 도로를 닦기 시작하고, 이어 임금은 행차에 들어가는 모든 비용을 절약하라고 명했다. 이렇게 모든 준비가 끝나자 다음해 봄에 왕비 및 세자와 함께 행차를 떠난 것이다. 세자가 동행한 것은 봄철 강무講武를 겸한 행차였기 때문이었다.

세종 24년 3월 3일에 드디어 서울을 떠나 양주 회암사檜巖寺를 거쳐 사냥을 하면서 가다가 연천에서 하룻밤을 묵었다. 다음 날 연천에서 묵고, 3월 5일에는 강원도로 들어가 사냥했는데, 잡은 노루와 사슴은 종묘에 제사용으로 바치고 철원에서 묵었다. 3월 7일에는 평강에서 사냥했다. 3월 9일에는 고성평古城平에서 사냥했는데 호랑이가 몰이꾼을 물어 부상을 입혔으나 치료하여 구제했다. 이번 강무에는 9세 된 영응대군도 참여하여 짐승을 잡게 했다.

그런데 그동안 봄, 가을로 정기적으로 강무할 때 종친과 장수들은 일정한 구역에서 말 타고 사냥하고, 이 지역을 빠져나간 짐승만 일반 군사들이 사냥할 수 있게 했다. 이는 짐승을 지나치게 많이 잡지 못하게 하기 위해서였지만, 실제로는 임금을 보호하기 위한 배려가 더 컸다. 결과적으로 군사들은 별로 잡을 짐승이 없어서 강무의 효과가 반감되었다. 임금은 이 점을 안타깝게 여겨, 일반 군사들도 임금이나 종친들과 같은 구역에서 함께 사냥하는 것을 허락하는 것이 어떠냐고 대신들에게 물었으나 대신들이 반대하여 무산되었다.

3월 10일에 임금은 광대 15명을 시켜 밤에 풍악을 연주하게 했다. 사헌부 장령이 왕비 침전에 가까우니 이를 중지해달라고 청하자, 임금은 막차가 너무 적막하고 또 군사들이 너무 떠들어서 침전에서 멀리 떨어진 곳에 풍악을 울리게 했으니 그만둘 필요가 없다고 말했다. 임금은 본래 음악을 남달리 좋아했으므로 풍악을 연주한 것으로 보이지만, 때가 때인만큼 음률을 통해서 어떤 영감을 받고자 했는지도 모른다.

3월 14일에 행차가 삼석탄三石灘을 건넜는데, 왕비는 가마에서 내려 걸어서 다리를 건너가고, 임금은 말을 타고 건넜다. 왕비가 다리를 건너갈 때에는 다리 양쪽에다 장막을 쳐서 사람들이 보지 못하게 했다. 왕비의 발은 본래 신하들에게 보이지 않기 때문이다. 이날 진양대군이 말을 타고 사슴을 쫓다가 다른 사슴이 와서 받는 바람에 대군이 말에서 떨어졌다.

3월 16일에 드디어 이천 행궁에 이르러 사냥에 참여한 몰이꾼들을 모두 집으로 돌려보내고 임금을 호위할 소수의 군사만 남겼다. 임금은 3월 18일에 명령을 어기고 임금에게 물건을 진상한 평안도 감사를 질타하고, 호종한 관원 중에 병이 있는 사람은 관문關門의 온정에서 목욕하라고 명했다. 3월 19일에는 임금이 신하들에게 또 이렇게 질타하는 말을 했다.

"내가 올 때 도로가 매우 평탄했고, 여기에 와서 보니 궁전이 크고 장려하다. 이같은 큰 폐를 끼쳐 놓고 여기에 편안히 앉아 있으니, 마음이 편하지 못하다. 내가 이번 길에 오면서 보니, 마당에 곡식이 쌓여 있는 여염집이 거의 없었다. … 아마 굶고 곤궁한 백성이 있을 것으로 보인다. 경들이 본 바는 어떤가? 또 그들을 구제할 방법이 무엇인지 의논하여 아뢰라."

이렇게 임금은 도로를 닦고, 행궁을 짓느라 고생한 백성들에게 폐를 끼친 것을 후회하고, 여염집 마당에 곡식이 쌓여 있지 않은 것을 보고 굶주리고 가난한 사람이 있을 것으로 걱정하면서 그 대책을 강구하라고 말한 것이다.

임금은 이어서 또 이렇게 말했다.

"목욕이 병에 효과가 있으면 단오 전에는 환궁하지 못할 것이지만, 효험이 없으면 속히 돌아갈 것이다. … 환궁할 때에는 평강 이북은 길이 험하여 가마를 타지 못하지만, 평강 이남에서는 안여安輿를 탈 수 있을 것이다. … 지난번 올 때에는 가마를 제대로 제작하지 못하여 중로中路에서 부러지고 허물어졌으나, 지금부터라도 잘 만들면 그렇게 부러지거나 망가지지는 않을 것이다. 만약 가마를 타고 간다면 그것을 메고 갈 사람이 500여 명이나 필요할 것이다. 이 근방에 있는 사람들을 오게 하면 어떨까?"

임금은 서울에서 올 때 도중에 가마가 부러진 사건을 말하면서, 앞으로는 잘 만들 것을 당부하고, 돌아갈 때 가마를 메고 갈 500여 명의 인부는 이 지역 사람으로 정하라고 명했다.

임금은 3월 21일부터 목욕을 시작하면서 매일 담장 밖에서 광대들이 풍악을 연주하게 했다.

임금이 이천에서 휴식하고 있던 3월 23일에 서울의 흥천사에서는 새로 지은 사리전舍利殿(사리각)의 준공을 축하하는 경찬회慶讚會가 5일 동안 열렸다. 판중추원사 성달생成達生이 남수문南秀文이 지은 설선문說禪文을 읽었는데, 이런 구절이 있었다.

> "… 우리 주상께서 선왕의 뜻을 추봉하여 옛 모습대로 복구하니 3층의 고운 집마루가 빛났으며, 노을빛 무늬가 높게 번쩍이며, 천개의 함函에 불전佛典(대장경)을 담았으며, 칠보七寶의 아첨牙籤이 별처럼 빛난다. …"

여기서 새로 중건한 사리전이 3층이라고 말한 것이 주목된다. 또《대장경》을 이곳으로 옮겨 놓았다는 것도 언급했다. 이 모임에 참여한 승려들은 무려 1만 818명이었고, 속인이 387명이나 되어 그 비용이 적지 않았다. 신하들은 이 행사를 보고 찬반양론으로 갈렸다.

다시 이천 행궁으로 돌아가 보자. 4월 2일에 황보인皇甫仁과 김종서金宗瑞는 임금에게 이곳을 조금 빨리 떠나기를 권했다. 그 이유로 주변에 높은 산이 많아 도로가 험악하고, 큰 하천이 있어 만약 장마가 지면 도로가 끊길 우려가 있다고 했다. 그래서 4월 16일에 환궁하기로 정하고, 이천에 사는 80세 이상 노인 14명과 70세 이상 5명, 가난한 사람 39명, 그리고 백성 239호에 각각 차등을 두어 쌀 2~3두씩을 지급했다.

드디어 4월 16일 행궁을 떠나 귀경길에 올랐는데, 다음 날 온정을 지키는 감고監考 윤춘래尹春來가 "어제 잘못하여 온정溫井의 욕실이 연달아 탔는데, 다만 동궁의 욕실만 타지 않았다."고 보고했다. 다음 날인 4월 18일에 신하들이 다녀와서 보고하기를, "실화失火한 사람은 백성 최득림崔得霖 등 4인인데, 이미 이천 현 감옥에 가두었다."고 했다. 임금은 화재를 막지 못한 원주목사 성급成扱과 낭천현감 최맹기崔孟基도 체포하여 서울로 데려왔다.

4월 22일 귀경한 임금은 궁궐에 병자가 있어서 여섯째 아들 금성대군(1426~1457) 집으로 피접을 위하여 이어했다가 5월 1일에 경복궁으로 돌아왔다. 임금은 4월 25일에 가마를 부실하게 만든 감독책임을 물어 장영실蔣英實을 탄핵하라고 승정원에 이르니, 4월 27일에 의금부가 문초한 결과를 다음과 같이 아뢰었다.

"대호군 장영실이 안여安輿를 감독하여 제조할 때 견고하게 만들지 못하여 부러지고 부서지게 했으므로 곤장 100대에 해당하고, 선공감 직장 임효돈任孝敦과 녹사 최효남崔孝男도 안여를 감독하여 제조하면서 장식 쇠를 부실하게 만든 죄가 있으니 곤장 80대를, 대호군 조순생趙順生은 안여가 견고하지 못한 것을 보고서도 장영실에게 '결코 부러지거나 부서지지 않을 것'이라고 했으므로 곤장 80대를 때려야 합니다."

임금은 그동안 장영실의 공로를 감안하여 2등을 감하게 하고, 임효돈과 최효남은 1등을 감하고, 조순생은 처벌하지 말라고 명했다. 장영실에게 가장 큰 벌을 내린 것이다.

5월 3일에 임금은 장영실을 비롯한 여러 사람의 죄를 어떻게 물을 것인가를 영의정 황희에게 다시 물었다. 그러자 황희가 불경죄不敬罪를 물어 관직을 삭탈하고 곤장을 때려야 한다고 하여 이를 따랐다. 장영실이 큰 죄를 받고 벼슬길에서 물러났다.

안여를 이렇게 부실하게 만든 것이 우연한 실수인지 아니면 누가 고의로 그렇게 만들었는지는 확인되지 않았지만, 아마도 고의는 아닌 듯하다. 만약 그것이 고의였다면 사형감이었을 것이다. 그러나 총책임자였던 장영실은 이 사건 이후로 영영 역사의 무대에서 사라졌다. 아마도 어느 편안한 곳에서 여생을 보낸 듯하다. 본관이 충청도 아산牙山이었으므로 혹시 그곳으로 내려가 여생을 마

쳤는지도 모른다.[222]

장영실은 이렇게 역사무대에서 사라졌지만, 그는 중국에서 귀화한 사람의 아들로 태어나 동래현의 관노官奴로 있다가 태종과 세종의 각별한 총애를 받아 일약 종3품에까지 오르고, 천재적인 기술로 자격루와 간의를 비롯한 허다한 과학기구를 만들어 세종시대를 빛나게 한 그의 공적은 뒷시대에도 두고두고 회자되었다.

5월 11일에는 의금부가 화재사건을 일으킨 백성 최득림 등의 죄를 아뢰니, 임금이 최득림은 곤장 90대를 때리고 도형徒刑(관청에서 육체노동) 2년 반에 처하여 안협安峽의 노간爐干으로 배속시키고, 그 나머지 사람은 차등있게 처벌하고, 화재를 제대로 진압하지 못한 성급成扱과 최맹기崔孟基는 벌을 주지 말라고 명했다. 여기서 화재를 일으킨 최득림을 가장 중하게 처벌한 것을 보면 그가 고의로 방화放火한 듯하다.

그런데 이번 행차 때문에 가장 큰 고통을 받은 것은 강원도 백성들이었다. 그렇지 않아도 지난해 강원도가 큰 흉년이 든 데다가, 장정들이 함길도의 장성長城 축조공사에 나가고, 또 이번 행차를 위해 큰 행궁을 짓고, 마차 2~3대가 나란히 갈 수 있는 넓이의 길을 닦고, 다리를 크게 놓느라 고생이 많았다. 이 때문에 민심이 좋지 않았다. 아마도 화재사건은 이런 불만을 가진 자들이 일으킨 것으로 보인다. 임금에게 지나치게 충성을 바친 신하들이 일을 너무 크게 벌려 원망을 사게 된 것이다.

결과적으로 이번 이천행차는 여러 가지 사고로 얼룩진 행차로 끝났다. 임금은 다음해 다시 온천행차를 떠났는데, 이때에는 온수현으로 갔다.

---

222) 장영실의 본관은 충청도 아산牙山인데, 아산장씨의 시조는 고려 예종 무렵에 중국에서 귀화한 사람이었다. 《아산장씨보》에는 장영실이 시조의 9대손으로 기록되어 있어서 아버지 때 귀화한 사실을 부정하고 있다.

3. 건강 악화로 세자가 섭정하다 [세종 24년]

세종 23년에 들어와서 임금의 건강이 크게 악화되면서 임금이 기회 있을 때마다 "쉬고 싶다."는 말을 반복했다. 세종 23년 2월 20일에 임금은 승정원에 전지하기를, "내가 안질을 얻은 지 10년이나 되었으므로 마음을 편히 하여 조섭하겠다. 매월 대조회大朝會와 아일衙日(5일, 11일, 21일, 25일)의 조참朝參과 야인들의 숙배肅拜(임금에 대한 절)를 제외하고는 모두 다 없앨 것이며, 제사에 쓸 향享과 축문祝文도 전하지 않겠다."고 말했다.

임금은 이렇게 쉬고 싶다고 말한 뒤에 3월에 이르러 온수현 목욕을 떠났던 것인데, 온수현에서 목욕하던 기간인 4월 4일에 임금은 도승지 조서강趙瑞康이 문안을 드리자, 이렇게 말했다.

> "내가 두 눈이 침침하고 깔깔하며 아파서, 봄부터는 음침하고 어두운 곳은 지팡이가 아니고는 걷기에 어려웠다. 온천에서 목욕한 뒤에도 효험을 보지 못했는데, 어젯밤부터는 《본초本草》(의약서)의 세주細註를 펴놓고 보았는데도 볼만했다."

임금이 이해 봄부터 눈이 더 나빠져서 지팡이까지 사용했는데, 목욕을 하면서 눈이 조금 나아졌다고 말한 것이다. 임금의 안질이 생긴 이유에 대해 《실록》에서는 "임금이 모든 일에 부지런하고, 또 글과 서적을 밤낮으로 놓지 않고 보기 때문에 드디어 안질을 얻게 되었다."고 적었다. 그러나 목욕 때문에 눈이 조금 나아진 것인지, 정사를 쉬었기 때문에 나아진 것인지, 아니면 안질을 핑계하여 정사를 쉬면서 다른 일을 하고자 해서인지는 알 수 없다. 이해에 '훈민정음' 창제가 본격적으로 이루어지고 있었다고 보이기 때문이다. 그러나 임금이 목욕을 즐긴 것만은 사실이다.

임금은 강원도 이천伊川과 황해도 평산平山, 경기도 광주廣州 등에도 온천장을 만들라고 지시하고, 다음 해인 세종 24년에 이천에 행차하고, 세종 25년에도 온수현에 행차했기 때문이다. 그러니까 3년 동안 해마다 온천장에 다녀온 것이다.

임금은 4월 9일에도 온수현에서 의정부 대신에게 자신의 건강을 이렇게 말했다.

"내가 안질을 얻은 지 4~5년이나 되는데, 금년 1~2월에는 왼쪽 눈이 거의 실명하다시피 했었다. 목욕한 뒤부터는 매우 신효神效가 있어 실명하는 데는 이르지 않았으니, 나도 스스로 기뻐하거니와 신하와 백성들도 누가 기뻐하지 않겠는가?"

임금은 목욕으로 왼쪽 눈의 실명失明을 막게 되었다고 말했다. 의학적으로 볼 때 목욕이 안질에 효과가 있는지는 알 수 없다. 어쨌든 목욕을 다녀온 이후로 임금은 조참朝參과 상참常參, 시사時事 등을 거의 하지 않고, 9월 이후로는 정의공주와 광평대군 집을 자주 출입하면서 이해를 보냈음은 앞에서 이미 설명한 바와 같다. 임금은 이해 12월 12일에 승정원에 이렇게 교지를 내렸다.

"나의 안질이 조금 나았으나, 이 병이 때 없이 재발하여 나을지 낫지 않을지를 기약할 수가 없다. 근래 조계朝啓(朝參)와 상참常參을 멈춘 것이 오래되었으니, 형벌과 정사政事가 밀리고 막힌 것이 염려되니, 기후가 따뜻해지면 계달啓達하라."

그러니까 안질 때문에 이해의 정사를 거의 중단했는데, 완전히 회복되지 못하여 내년 봄쯤 날씨가 따뜻해지면 정사를 시작하겠다는 것이다.

세종 24년에 들어가서도 임금은 조참과 상참 등을 거의 하지 않고, 앞에서 설명한 것처럼 3~4월에 강무를 겸하여 이천 온천장을 다녀왔다. 그러나 가마가 부서지고 행궁에 화재가 일어나는 등 심상치 않은 일들이 벌어지자, 임금은 더욱 정사에 대한 의욕을 잃었다. 그러다가 6월 16일에 오랜만에 임금이 시사時事에 참여하여 여러 승지에게 말했다.

"대저 군주가 처음에는 정치에 부지런하다가도 종말에는 반드시 게을리하게 된다. … 내가 왕위에 오른 뒤로 정사政事를 하는 데는 부지런히 힘쓰는 것이 좋다고 생각하여, 이에 상참, 조계, 윤대輪對를 시행하여 날마다 여러 신하를 접견하고, 모든 서무를 친히 결재했다. 그래서 형옥刑獄의 판결이 지체됨이 없고, 모든 시무가 폐기되지 않았다.

그러나 어떤 이는 상참을 그르게 여기는 이가 있어서, 이에 한겨울과 한더위에는 잠정적으로 정지하게 했다. 근년 이래로 내가 소갈증消渴症과 풍습병風濕病을 앓게 되어 모든 정령政令과 시위施爲가 처음과 같지 못한데, 온정에 목욕한 뒤로는 소갈증과 여러 병증이 조금 나은 것 같다. 그러나 안질이 더욱 심하게 되니, 이로 인하여 여러 병증이 번갈아 괴롭히게 되므로 정치에 부지런히 할 수가 없다.

무릇 사람의 몸에는 귀와 눈이 매우 중요한데, 눈병이 발생한 뒤로는 시력이 미치지 못한 것이 있으니, 비록 정치에 부지런하고자 하지만 되겠는가? 의방醫方에도 일찍 일어나서 몸을 힘쓰는 것을 피하라고 했다. 그래서 중국과의 외교관계와 군정軍政 이외의 나머지 사무는 세자로 하여금 처결하고자 한다. 그런데 대신들이 모두 옳지 않다고 하고, 그대들도 옳지 않다고 말하니, 나는 그 뜻을 알 수 없다. 내가 이런 말을 하는 것은 스스로 편안해지려고 하는 것이 아니라, 나의 병세가 쉽게 나을 것 같지 않기 때문에 휴가를 얻어 정신을 화락하게 하고, 병을 휴양하고자 하는 것이 나의 진정眞情이다. …

나의 뜻은 이미 결정되었다. … 내가 이 말을 꺼내는 것은 옳고 그름을 의논하려는 것이 아니라 그대들에게 나의 뜻을 알리려고 하는 것뿐이다."

그러니까 임금의 말은 세자에게 정무를 넘기고, 정치를 쉬면서 병을 치료하겠다는 것이다. 그리고 세자의 청정聽政을 의논해 보라는 것이 아니고, 통보하는 것이라고 못박았다. 세자에게 정무를 맡기려고 한 것은 이미 몇 년 전부터 있었던 일인데, 대신과 승지들의 반대로 미루어 왔는데, 이번에는 단호하게 통보한 것이다.

임금의 단호한 태도에 더 이상 만류할 수 없게 된 것을 알게 된 승지들은 7월 28일에 세자가 집무하는 관청으로 첨사부詹事府를 설치하는 안案을 만들어 의정부에 알렸다. 이 소식이 알려지자 언관들이 들고 일어나 반대상소를 올렸고, 의정부도 잇달아 반대하고 나섰다. 그러자 임금은 8월 23일에, "경들은 자세하고 세밀한 뜻을 알지 못하고 한갓 유자儒者의 정대正大한 말만 가지고 와서 아뢸 뿐이다."라고 일축했다. 여기서 임금이 신하들에게 "자세하고 세밀한 뜻을 모르고 반대한다."고 공박한 것이 의미심장하다. 신하들이 모르는 어떤 모종의 긴밀한 사정이 있음을 암시하는 말이기 때문이다. 혹시 그 긴밀한 일은 '훈민정음' 창제의 일은 아닐까?

임금은 다시 8월 24일에 의정부 대신들에게 이렇게 말했다.

> "… 지난 봄부터 안질의 증세가 더욱 심하여 상참과 시사를 정지했으나, 사대와 변방의 보고문서만은 부득이 직접 열람했다. 하지만 반쯤 읽고는 눈을 감고 쉬어야 다음을 읽을 수 있을 정도이니, 이렇게 하면서 나라를 다스릴 수 있겠는가? …"

임금의 완강한 태도에 의정부는 하는 수 없이 9월 3일에 승지들이 만든 첨사원제도를 수정하여 임금에게 올렸다. 그리하여 9월 16일부터 세자가 승화당承華堂에서 정사를 보기 시작했다. 그리고 집현전 학자인 유의손柳義孫, 이선제李先齊, 이사철李思哲 등을 첨사원 관원으로 임명했다. 그러나 세자의 청정이 실현되기 전부터 임금은 신하들에게 세자청정을 간곡하게 당부하고 있었고, 그런 가운데 공주와 대군의 집을 찾은 것이 잦아졌다. 그래서 더욱 임금의 행보가 의심스러운 것이다.

4. 온수현 온정에 행차하다 [세종 25년]

47세 되던 세종 25년 1월 3일에 임금은 승지에게 온천 목욕을 가고 싶다는 뜻을 은근히 비쳤다. 세종 15년에도 다녀오고, 또 재작년과 작년에도 온천에 다녀왔음에도 안질을 고친다고 온천에 가고 싶다는 말을 또 하기가 차마 미안하여 다음과 같이 에둘러 말했다.

"내 두 눈이 밝지 않고, 오른쪽 손도 저리므로 금년 봄에 온천에 가서 목욕이나 하고 싶으나, 내 생각에 앞서 두 번이나 온천 목욕을 했어도 모두 효력을 보지 못하고, 공연히 백성만 괴롭게 했을 뿐이니, 장차 무슨 낯을 들고 또 목욕을 가겠느냐? 온천 가는 것을 그만두려 한다."

온천에 가고 싶긴 한데 쑥스러워서 그만두겠다고 하는 임금의 말은, 두 가지 뜻이 있었다. 과거 3번이나 목욕을 했어도 안질을 고치지 못했을 뿐 아니라, 특히 지난해에는 흉년과 부역으로 고통을 받던 이천에 행차하여 가마가 부서지고 행궁이 화재를 당하는 등 수난을 당한 것에 대한 미안함 때문이었다. 도승지 조서강이 눈치를 채고 "금년에 충청도가 매우 풍년이 들고 백성들의 부역도 없으니 충청도 온수현으로 가시라."고 청했다.

조서강을 비롯한 승지들이 몇 차례나 강청해도 임금은 "내 가지 않기로 결단했다."고 거부하다가 1월 10일에 우의정 신개申槪 등 대신들이 간절하게 청하니, 임금은 마지못한 듯 이렇게 말했다.

"나의 안질이 점점 심해가자 대신들이 나에게 온천목욕을 가라고 청하여 내가 세 번이나 했어도 별로 신통한 효과가 없었다. … 마음에 심히 부끄럽다. 나의 병은 하늘이 준 것이니 온천이 어찌 내 병을 고치겠는가? 항상 생각하기를, 앞으로는 성문 밖을 나가지 아니하여 남에게 속는 것을 피하고, 천명天命을 기다리려 한다. 내 뜻은 이미 정해져 있으나 대신들이 힘써 청하니 내 다시 생각해 보겠다."

임금이 세 번이나 온천 목욕을 했어도 안질을 고치지 못하고 백성들에게
폐만 끼쳤으니, 부끄럽다는 것이다. 또 병은 하늘이 준 것이니 천명을 기다릴
수밖에 없다고도 했다. 그러면서 임금은 안 가기로 결심했지만 대신들이 강청
하니 다시 생각해 보겠다고 한발 물러섰다.

드디어 1월 14일에 임금은 승정원에 말했다.

"다시는 온천행차를 하지 않겠다고 마음먹었으나 대신들이 강청하므로
마지못해 억지로 따르겠다. 그러나 신하들이 임금에게 진귀한 음식과 별미
를 서로 먼저 올리려고 하다가 그 때문에 백성을 괴롭히고 번거롭게 하여
원망을 일으키는 것은 옳지 못하다. 나는 민폐를 절대로 없게 하여 내 마음
을 편하게 하려 하니, 충청감사에게 이미 마른 반찬을 준비한 것 외에는 비
록 산나물이든 들나물이든 쉽게 구할 물건이라도 올리지 말도록 하라."

임금은 감사들이 다투어 맛있는 음식을 바치려 하기 때문에 백성들의 원망
이 생긴다고 하면서, 이번에는 절대로 마른 반찬 외에는 아무것도 올리지 말라
고 당부했다.

이해 3월 1일 드디어 임금은 왕비와 더불어 온양 온천으로 떠났다. 왕세자,
대군大君, 제군諸君이 호종하고, 의정부, 육조, 대간 가운데서 각 한 사람씩 임금
을 호종했다. 왕궁은 광평대군과 수춘군[혜빈양씨 소생]이 지키게 했는데, 대군과
제군이 교대로 왕래하게 했다.

이날 용인현 냇가에서 장막을 치고 숙박했는데, 구경하는 사람들이 거리에
넘쳤다. 악공樂工 15인이 2고鼓(오후 10시경)까지 풍악을 연주했다. 3월 2일에는 직
산현 들에서 유숙하고, 3월 3일에 행차가 온양에 도착했다. 들에서 유숙했다는
말은 들판에 장막을 치고 야영했다는 뜻이다.

3월 4일에 신하들이 채소와 날고기를 올리기를 청하자, 임금은 채소 외에
는 아무것도 올리지 말라고 명했다. 날고기는 노루나 사슴고기를 말하는데, 사
냥을 하면 민폐를 끼치게 됨으로 거부한 것이다. 그러나 임금은 호종한 사람들

을 먹으려 하루에 돼지 1마리를 잡으라고 했으나 신하들은 "우리나라 사람들은 돼지고기를 즐기지 않는다."고 하면서 궐에서 쓸 수 없다고 말했다.

세종은 평소 날고기를 좋아했는데, 그것은 노루나 사슴 고기였고, 백성들이 말린 고기를 공납으로 바쳤다. 돼지는 주로 중국 사신을 접대하기 위한 용도가 컸다. 소는 원래 농사용이기 때문에 허가 없이는 함부로 잡지 못하게 금지했다. 지금처럼 식용으로 키우는 것이 아니었다.

임금은 예년처럼 온양군 주민들에게 은혜를 베풀기 시작했다. 매호마다 환자還上를 2석씩 감해주고, 25명의 노인들에게 곡식을 하사하고, 온정 관리자 6인에게는 면포를 하사했다. 616명의 남녀 농민들에게 술과 밥을 먹였다. 귀경할 때 가요歌謠와 정재呈才(춤)를 하지 말라고 명했다.

임금은 한 달간 머물다가 4월 3일에 귀경길에 올랐다. 도중에 한 노인이 꽃을 들고 길 왼쪽에 꿇어 앉아 있는 것을 보고 면포 1필을 하사했다. 첫날 밤은 직산현의 들에서 장막을 치고 유숙했다. 다음 날은 진위현에서 유숙하고, 그 다음 날은 광주 낙생역에서 유숙했다. 4월 6일에 태종릉인 광주 헌릉獻陵(지금 서초구 세곡동)에 참배한 뒤에 궁으로 돌아왔다. 가요와 정재가 없었다.

5. 세자의 정청 계조당을 짓다 [세종 25년]

온양행차에서 돌아온 지 11일 뒤인 세종 25년 4월 17일에 임금은 갑자기 세자가 섭정하면서 남면南面하게 하라는 요지의 교지를 승정원에 내렸다. 그 내용은 이렇다.

"나는 본래 병이 많았는데 근래에 와서 병이 더욱 심하다. 또 왕위에 30년이나 있었기 때문에 부지런해야 할 정사에 게으름을 피운 지 오래 다. 임금이 늙고 병들면 세자가 섭정하는 것이 고제古制이다. … 태자는 사해四海를 모두 신하로 삼는다.

앞으로 3차례의 대조회大朝會[223]와 매달 1일과 16일의 조참朝參은 친히
받겠으나, 그 밖의 다른 조참[5일마다 열림]은 모두 세자가 승화당承華堂에
서 남면南面하여 받도록 하고, 모든 관원은 신臣으로 부르라 … 인사人事,
형벌刑罰, 병사兵事는 내가 결정하겠으나, 그 나머지 모든 정사는 모두 세
자에게 결재를 받도록 하라. …"

임금의 교지는 세자의 지위를 임금과 동등하게 만들려는 것이었다. 임금만
이 북쪽에서 남향하여 앉아 신하를 만나 정사를 논의하는 것인데, 이를 세자에
게 적용하라고 한 것이다.

임금의 교지를 들은 승지들은 놀라서 말을 잇지 못하고, "배우지 못하여
무식한 우리들은 어찌해야 옳은지 모르겠다."고 탄식하다가, 한참 뒤에 아뢰기
를, "태자가 사해를 모두 신하로 삼는다는 것은 옛날에 있었던 것이나, 남면하
여 조회를 받는다는 것은 듣지 못했습니다."라고 항의했다. 말하자면 한 나라에
두 임금이 생긴다는 뜻이고, 달리 말하면 임금이 하야하겠다는 뜻이기도 하기
때문이다.

의정부도 교지를 받고 영의정 황희, 우의정 신개, 좌찬성 하연, 우찬성 황
보인, 좌참찬 권제, 우참찬 이숙치 등이 반대하여 아뢰었다.

"교지를 보고 황송함과 두려움을 이길 수 없습니다. 지금 전하께서 춘
추가 한창이신데, 어찌하여 이런 법을 갑자기 시행하시려는 것입니까? 여
러 신하가 세자께 '신臣'이라고 하는 것은 가하지만, 세자가 남면하여 조
회를 받는 것은 옛날에는 없는 제도이므로 불가한 듯합니다."

의정부 대신들은 또 승화당은 동궁이지만 임금이 때때로 사용하는 집이므
로 이곳에서 세자가 남면하여 조회를 받는 것은 더욱 부당하다고 말했다. 임금
은 이렇게 대답했다.

---

223) 3대 대조회는 정월 1일의 정조正朝, 11월의 동지冬至, 그리고 황제의 생일인 성절聖節에 신
하들과 함께 황제에게 인사를 드리는 의식을 말한다.

"내가 교지를 내린 것은 경들에게 그 가부를 의논하라는 것이 아니다. 대신은 원대한 계책을 세우는 것이 마땅하지, 소신小臣들처럼 고론高論만 일삼아서는 안 된다."

임금은 의정부 대신들의 의견을 원대한 계책이 아닌 고담준론高談峻論이라고 일축했다. 그러자 이번에는 육조판서와 참판들이 대궐에 나와 그 불가함을 아뢰었다. 의정부 정승들도 다시 반대하면서, "세자의 조회는 하늘에 두 해가 있다는 것이니, 타당치 않으며, 임금께서 인사, 형벌, 군사 등 세 가지만 맡겠다고 하시지 말고, 그저 '큰 일'이라고 범칭하는 것이 타당할 듯합니다."

임금은 대답하기를, "내 병이 이미 심하므로 정사에 힘쓸 도리가 없다. 나라를 다스리는 데에 이처럼 소홀하게 할 수는 없다."고 하면서 버텼다. 4월 18일에는 의정부와 육조가 합세하여 세자의 남면을 반대하고 나섰으며, 4월 19일에는 집현전 부교리 최만리崔萬理가 반대상소를 올렸다.

그러나 임금은 고집을 꺾지 않고 4월 20일에 세자가 승화당이 아닌 동궁東宮의 정문에서 남면하도록 교지를 고쳐서 내렸다. 그러면서 진양대군과 안평대군에게 세자에 대한 고사故事를 조사하여 올리라고 명했다. 임금은 이 무렵 집현전 학자가 아니라, 이미 학문이 성숙한 진양대군과 안평대군에게 고사연구를 맡겼다. 두 대군은 전부터 집현전에서 유학교육을 받아왔기 때문에 집현전 학자 못지않은 실력을 갖추고 있었던 것이다.

임금의 고집이 워낙 강하자, 5월 2일에 의정부는 그 대안을 제시했다. 동궁의 정문에서 남면하는 것은 부당하니, 건춘문建春門(경복궁 동문) 안에다 새로 집을 짓고 서향西向하여 앉아서 조회하도록 하자고 건의했다. 임금이 이를 허락하여 5월 12일에 집을 짓게 하고, 이름을 계조당繼照堂이라고 했다.

세자 섭정이 일단 마무리되자 5월 22일에 임금은 "앞으로 10일에 한 번씩 시사視事하겠다. 그러나 직접 아뢸 공사公事가 있으면 기한에 구애되지 말라."고 말했다. 시사는 승지들로부터 정사를 보고받고 결재하는 의식을 말한다. 조회와

는 다르다. 임금은 말로는 세자에게 서무를 섭정하게 한다고 하면서도 실제로
는 중요한 국사를 놓지 않고 챙기겠다는 의지를 나타낸 것이다.

사실 임금을 가장 피곤하게 하는 것은 매일 아침 주요 신하들을 만나는 상
참常參(朝參)과 주기적으로 신하들과 인사를 나누는 조회, 그리고 고전을 읽고 토
론하는 경연 등이었다. 임금은 이런 모임이 실질적으로 정치에 크게 도움이 되
지 않는다고 믿었다. 그만큼 정치와 학문에 자신감을 갖게 된 것이지만, 달리
보면 유신들보다도 세자와 대군들과 공주와 힘을 합쳐 점차 자신이 가고 싶은
길을 가겠다는 의지로 보였다. 그 꿈이 무엇인가?

우선 임금이 세자, 대군, 공주와 힘을 합쳐 만든 업적은 바로 이해 12월
30일에 발표한 '훈민정음'이었다.

6. 《용비어천가》 편찬 준비, 《고려사전문》 편찬 [세종 24년]

질병을 이유로 정사를 멀리하던 세종 24년에 임금은 《용비어천가龍飛御天歌》
편찬을 준비하는 일에 착수했고, 《고려사》 편찬을 마쳤으며, 세종 25년에는 태
조의 영정影幀(晬容)을 다시 그려 봉안하는 일을 마쳤다. 이는 모두 태조의 조선
왕조 건국을 찬양하면서 왕실의 위상을 확고하게 다지기 위한 사업이었다. 《용
비어천가》는 세종 27년에 완성되고, 세종 29년에 550질을 인쇄하여 신하들에게
반사되었지만, 그 기초작업이 시작된 것은 세종 24년부터였다.

먼저, 《용비어천가》 편찬에 필요한 자료 수집을 위해 임금은 세종 24년
3월 1일에 전라도 감사에게 이렇게 교지를 내렸다.

"우왕 6년 9월에 왜구가 떼를 지어 육지로 올라와 우리의 경계를 침략
했을 때 태조께서 군사를 정비하여 이끌고 곧바로 운봉雲峰으로 가서 일
거에 쓸어버렸다. 그 신성하고 위대한 공렬功烈을 후세에 전하지 않을 수

없다. 그때 군마軍馬의 숫자와 왜적을 제어한 계책, 접전한 전투의 횟수, 그리고 적을 함락시킨 광경 등을 반드시 본 사람이 있을 것이다. 경은 도 내 여러 고을에 흩어져 사는 노인들을 널리 찾아다니면서 방문하여 상세 히 기록하여 올려라."

태조의 위대한 업적 가운데 하나가 왜구토벌이고, 그 가운데 가장 빛나는 전투가 전라도 운봉싸움이므로, 이에 관한 노인들의 목격담과 경험담을 수집하 여 올리라는 것이다.

한편, 태조 때 정도전鄭道傳, 정총鄭摠 등이 편찬한 《고려사》(37권)를 다시 편 찬하는 작업은 이미 태종 때부터 하륜河崙 등에 맡겨서 작업이 시작되었으나 하 륜이 죽는 바람에 중지되고 말았다.

세종이 즉위한 뒤로 계속해서 개찬사업이 진행되어 왔음은 앞에서 이미 설 명했다. 그러나 개찬을 둘러싸고 의견이 엇갈려 아직까지 완성을 보지 못하고 있었다.

세종이 바라는 《고려사》의 개찬방향은 크게 두 가지였다. 하나는 우선 고 려가 원나라의 간섭을 받기 이전의 역대 임금의 묘호廟號와 시호諡號를 유교적 명분론에 따라 깎아내린 것을 당시의 사실 그대로 기록하라는 것이었다. 즉 직 서주의直書主義다. 또 하나는 고려 말 조선왕조 건국과정이 신하들 중심으로 쓰 여진 것은 역사의 왜곡이므로 태조 이성계의 업적을 크게 드러내는 내용으로 고쳐 쓰라는 것이다.

세종의 이와 같은 지침에 따라 1차로 세종 6년에 윤회尹淮와 유관柳寬 등 에 의하여 《수교고려사讎校高麗史》가 편찬되었다. 이 책은 편년체로서 분량은 확 실히 알 수 없으나 정도전의 《고려사》와 비슷했을 것으로 보인다. 그런데 변계 량卞季良과 탁신卓愼 등이 정도전이 지은 《고려사》를 따라 명분에 어그러진 것은 고쳐 써야 한다고 주장하자 임금이 두 원로 신하들의 의견을 거절하기 어려워 《수교고려사》를 간행하지 않았다.

그러나 변계량이 세종 12년에 세상을 떠나자 임금은 세종 14년에 본래의 소신인 직서주의로《고려사》를 편년체로 개찬하되 빠진 기록들을 보충하여 자세하게 편찬하게 했다. 그리하여 세종 24년에 신개申槪, 권제權踶, 안지安止, 남수문南秀文 등이 편년체로 된《고려사》를 편찬하여 올렸다. 그 분량이 어느 정도인지는 확실치 않으나,《수교고려사》보다는 분량이 많아진 것으로 보인다. 이를 《고려사전문高麗史全文》 또는《고려사대전高麗史大全》으로 부르고, 주자소에서 활자로 인쇄했으나, 문제가 생겨 반포하지 않았다.[224]

그런데 세종 24년부터《용비어천가》를 편찬하면서 도조度祖와 환조桓祖 그리고 태조의 업적에 누락된 것을 보충하고, 요나라에서 고려 임금에게 면복을 보낸 것 등 빠진 것을 보완하도록 했다. 이렇게 누락된 내용을 더욱 보완하면서, 동시에 앞서 신개와 권제 등이 만든《고려사》[고려사전문]의 필삭筆削이 공정치 못한 것이 발견되어 이를 바로잡으라고 하면서 세종 31년에 김종서, 정인지, 이선제, 정창손 등에게 다시 편찬하라고 명했다.

이에 왕명을 따라 춘추관에서 편찬방침을 의논하니, 체재를 둘러싸고 신석조, 최항, 박팽년 등은 기전체紀傳體를 주장하고, 어효첨, 김계희 등은 편년체를 주장하고, 김종서와 정인지도 편년체를 따르는 것이 좋다고 했다. 그러자 임금은 기전체를 하라고 명했다. 그리하여 기전체 고려사가 편찬되기 시작했는데, 다음해 임금이 세상을 떠나 완성을 보지 못했다.

문종 1년에 정인지 등 수십 명이 편찬한 기전체《고려사》(139권)는 바로 세종 31년에 시작된 것이 이때에 와서 완성한 것이다. 그 다음해 문종 2년에는 김종서와 정인지 등 수십 명이 다시 편년체로 된《고려사절요高麗史節要》(35권)를 편찬했는데, 이는 앞서 편찬한 정도전의《고려사》, 윤회, 유관 등의《수교고려사》, 그리고 신개, 권제 등이 편찬한《고려사전문》을 다소 수정한 것으로 보인다.

---

224) 《성종실록》성종 13년 2월 13일에 양성지가 올린 상소문. "… 인쇄를 마치자, 세종께서《고려사》를 편수한 것이 공정하지 못했음을 들으시고 반포하기를 정지하였으며, 붓을 들었던 사신들도 죄를 얻었습니다. …"

뒤에 세조가 즉위한 뒤로 《고려사절요》는 거의 이용하지 않고, 기전체 《고려사》만을 정사로 받아들여, 이를 토대로 왕권중심의 고대사를 새로 편찬하여 《동국통감》을 편찬하려고 했으나 완성하지 못했다. 이는 《고려사절요》가 신권중심으로 고려사를 서술한 것을 세조가 기피한 것으로 보인다. 이에 반하여 기전체 《고려사》는 왕권중심으로 편찬되었기 때문에 세조의 선호를 받게 된 것이다.[225]

그러다가 성종대에 이르러 세조대 편찬하다가 중단된 고대사를 다시 편찬하여 《삼국사절요三國史節要》를 편찬하고, 여기에 《고려사절요》를 합쳐서 《동국통감東國通鑑》이 편찬된 것이다.

7. 태조 어진을 다시 그려 봉안하다, '소시수용'의 비밀

세종은 재위 24년과 25년에 걸쳐 태조의 수용睟容(어진)을 다시 그리기도 하고, 보관 위치를 옮기기도 하는 등 깊은 관심을 보였다.

본래 태조 수용이 처음으로 봉안된 것은 태조 7년 2월 26일로서 성석린成石璘을 보내 태조의 탄생지인 함길도 함흥 준원전濬源殿에 봉안했다. 이때는 아직 태조가 물러나지 않았으므로 만년의 어진으로 보인다.

그런데 당시 신덕왕후 강씨神德王后 康氏의 초상화도 있었다고 알려지고 있다. 그녀가 태조 5년에 죽자 지금의 중구 정동貞洞에 있는 정릉貞陵에 안장하고 그 앞에 원찰願刹로 흥천사興天寺를 세웠던 것인데, 그곳에 강비 초상화가 봉안되어 있었다. 그러나 뒤에 태종이 그 초상화를 떼어 도화원에 보관했는데, 세종 8년 5월 19일에 도화원에 보관되어 있던 강비의 반영半影(반신초상)과 고려 역대 임금과 왕비의 영정초도影幀草圖를 예조의 건의를 받아들여 모두 불살라 버렸다.

---

225) 기전체 《고려사》와 《고려사절요》의 차이점에 대해서는 한영우, 《조선전기 사학사연구》(서울대 출판부, 1981) 참고.

또 신의왕후 한씨神懿王后 韓氏(1337~1391)의 초상화를 그려서 태종 8년에 창덕궁 옆에 문소전文昭殿을 짓고 태조와 신의왕후 한씨의 영정을 모신 사당으로 만들었다.

국가에서 태조의 어진을 봉안한 곳은 서울의 문소전과 선원전, 그리고 함흥 준원전뿐인데, 평양, 개성, 경주, 전주에서도 그곳 주민들이 자발적으로 태조 어진을 모신 영전影殿을 만들어 모셨다. 그러나 국가에서 관리하지 않았고, 영전의 이름도 없었다. 이를 대대적으로 정비하여 영전을 다시 짓고, 국가가 관리하고, 이름을 지어주고, 어진을 다시 그리게 한 것이 바로 세종이었다.

세종은 재위 24년 6월 22일에 평양의 영전을 영숭전永崇殿으로, 개성의 영전을 목청전穆淸殿으로, 전주의 영전을 경기전慶基殿으로, 경주의 영전을 집경전集慶殿으로 부르고, 국가에서 관리하기 시작했다. 이렇게 지방 네 군데의 태조의 영전에 이름을 지어주고 국가관리를 결정했으나, 그곳에 봉안된 어진을 어떻게 할 것인가는 아직 결정을 내리지 않았다.

세종은 드디어 재위 24년 7월 18일에 어진을 다시 그리기로 결정하여 판중추원사 이순몽李順蒙을 경주로 보내고, 예조판서 김종서를 전주全州에 보내고, 8월 5일에 유천군 변효순邊孝順을 평양에 보내 태조의 수용을 가져오게 했다. 또 이해 9월 29월에는 전주에 살고 있는 방간芳幹의 첩의 아들 집에 있는 태조의 수용을 모셔오라고 명했다. 그리고 이 무렵 함흥에 모셔졌던 수용도 모셔다가 다시 그렸다고 한다.[226] 이렇게 5점의 어진을 모아놓고 다시 모사하게 했다.

그런데 이때 다시 그린 태조 어진은 두 종류가 있었다. 소시少時의 어진과 만년晩年의 어진이 그것이다. 소시의 어진은 평양과 경주에서 가져온 것이고, 만년의 어진은 전주에서 가져온 것을 다시 그린 것이다. 방간의 집에서 가져온 것은 어떤 어진인지 알 수 없으나 소시어진인 듯하다.

---

226) 세종 26년 10월 22일 기록에도, "계해년[세종 25]에 그린 태조의 어용御容은 경상도, 전라도, 함길도, 평안도에 있는 것을 다 모셔다가 다시 그린 것이다."라고 했다.

이렇게 어진을 다시 그린 다음해인 세종 25년 9월 2일에 이르러 임금은 승정원에 교지를 내려 어떤 어진을 어디에 배치할 것인가를 다음과 같이 명했다.

> "태조의 소시少時의 수용睟容이 평양과 개성부에 있고, 만년의 수용이 함흥과 전주에 있는데, … 평양과 개성부는 다 중국 사신이 지나는 곳이니, 만년의 수용을 봉안해야 할 것이요, 전주, 함흥, 경주는 소시의 수용을 봉안하는 것이 어떨까 한다. 또 수용의 가장자리에다 어느 왕의 '영影'이라고 쓸까 하는데, 예전에 그런 제도가 없으니 의논하여 아뢰라."

임금은 중국 사신이 왕래하는 평양과 개성에다 소시의 수용을 봉안하는 것은 적당치 않으니, 두 곳에는 만년의 수용을 봉안하고, 소시의 수용은 함흥, 전주, 경주에 봉안하라고 명한 것이다.

그리하여 왕명에 따라 이해 9월 13일에 정인지를 보내 태조의 수용을 개성부 목청전과 함흥의 준원전에 모시게 했다. 그러니까 개성에는 만년의 수용을, 함흥에는 소시의 수용을 봉안한 것이다. 이어 이해 10월 13일에는 공조판서 최부崔府를 보내 태조 수용을 전주 경기전에 봉안하게 했다. 역시 소시의 수용일 것이다. 이어 11월 9일에는 의성군誼城君 이용을 보내 태조의 수용을 경주 집경전에 모셨다. 역시 소시의 수용이다. 그리고 세종 27년 4월 21일에 통헌대부 이등李登을 보내 평양과 개성부에 태조의 만년수용을 봉안했다. 여기서 한 가지 의문이 있다. 개성부에는 이미 정인지를 보내 봉안했는데, 무엇 때문에 이등을 시켜 또 보냈는지 알 수 없다. 아마도 먼젓번 보낸 수용에 무슨 문제점이 생겨 바꾼 것으로 보인다.

그런데 여기서 더 궁금한 것이 있다. 바로 태조의 '소시수용少時睟容'의 정체성이다. 소시어진은 태조가 임금이 되기 훨씬 이전의 어진일 터인데, 어떻게 임금이 되기 전에 곤룡포를 입은 어진을 그릴 수가 있는가? 태조가 왕위에 오른 것이 58세인데, 그때를 가리켜 소시라고 말할 수는 없을 것이다. 그런데 이 궁금증을 풀어주는 소시수용 사진이 지금 남아 있다. 2006년에 국립중앙박물관

이수미 학예연구관이 발표한 사진이다. 일제강점기인
1911년 조선총독부가 사료조사를 하면서 함흥의 준원
전에 봉안된 어진을 찍은 사진이다.

　　이 사진을 자세히 검토해 보면 태조의 '만년수용'
과 곤룡표가 똑같으나 얼굴모습만 다르다. 만년의 얼
굴은 수염이 흰데, 사진의 얼굴은 수염이 까맣고 광
대뼈가 도드라져 있다. 젊다는 것이 확연히 드러난다.
임금이 된 58세 무렵의 얼굴이 아닌 것이 분명하다.
그렇다면 이 사진의 수용은 임금이 되기 훨씬 이전,
30대 전후의 얼굴에다 '만년수용'의 곤룡포를 입힌 것
으로 볼 수밖에 없다. 말하자면 합성된 어진이다.

태조 이성계 어진(부분)
150×218cm,
전라북도 전주시 경기전 소장

　　그러면 이 '소시수용'을 만든 사람은 누구인가?
세종이 다시 그릴 때 만들어진 것인가? 아니면 세종
이 다시 그리기 이전에 이미 만들어진 것인가? 참으
로 의문이다. 그러나 세종 이전에 만들어진 것으로 보
는 것이 합리적이다. 왜냐하면 세종이 다시 모사하기
이전에 이미 평양, 개성, 경주의 주민들이 자발적으로
'소시수용'을 만들어 모신 영전을 세웠기 때문이다.

함흥 준원전에 있던 태조의
어진을 찍은 일제시대 사진
국립중앙박물관 자료

　　그러면 이 '소시수용'의 얼굴이 그려진 것이 언제일까? 대체로 임금이 아닌
초상화는 정승이나 공신功臣에게 그려주는 것이 관례이다. 태조가 처음 공신이
된 것은 공민왕 13년(1364)으로 함길도 지역을 침략한 여진족 삼선三善, 삼개三介
형제를 격퇴한 공으로 익대공신翊戴功臣이 되었는데, 이때 나이 30세였다.

　　그 다음 우왕 14년(1388)에 수문하시중守門下侍中이 되었는데, 이때 나이
54세였다. 또 그 다음 창왕(1389) 때 안사공신安社功臣이 되었는데 55세였다. '소
시수용'의 까만 수염을 고려하면 50대 얼굴이 아니라 30대 얼굴에 가깝다. 그렇
다면 '소시수용'의 얼굴은 익대공신 때 그린 것으로 보인다. 이때 그린 수용에는

당연히 곤룡포를 입지 않은 모습이었을 것이다. 그것을 뒤에 누군가 곤룡포와 얼굴을 합성하여 '소시수용'을 만든 것으로 보인다.

세종이 명나라 사신이 왕래하는 평양과 개성에 이 '소시수용'을 봉안하지 못한 이유가 여기에 있을 것이다. 가짜를 어떻게 사신에게 보여줄 수가 있겠는가?

그런데 세종은 태조 수용을 다시 그리던 세종 25년에 태종의 어용도 다시 그리고, 세종 자신과 왕비 심씨의 수용도 화공畫工들에게 그리게 했다고 한다. 원래 태종이 살아 있을 때 세종이 태종 어용을 그리게 했는데, 자신을 닮지 않았다 하여 불살라 버리라고 한 것을 세종이 차마 버리지 못하고 간직했다가 세종 25년에 다시 모사했다는 것이다.

마지막으로 궁금한 것은 세종 25년에 태조, 태종, 세종, 그리고 세종비 등 수많은 어용을 그린 화공이 누구인가이다. 세종 26년 10월 22일의 기록을 보면 "세종이 화공들을 궐내에 모아놓고 그렸다."고 되어 있어서 여러 화공들이 합작하여 그린 것으로 보인다.

그러면 그때 어진을 그린 화공들은 누구일까? 당시 산수화의 대가는 화원 안견安堅[227]이었고, 인물화의 대가는 화원 최경崔涇[228]이었다. 그런데 《세종실록》에는 최경에 관한 기록은 전혀 보이지 않는다. 그러나 세조 9년에 최경은 "내 비록 그림을 업으로 하고 있으나, 세종으로부터 부름을 받아 그림을 그린 이후로 어용御容, 불상佛像과 인물을 그렸으니, 다른 화원과 비할 바가 아니다."라고 큰 소리쳤다. 이로 미루어 보면 그가 임금의 어용을 그리는 데 참여한 것은 확실

---

227) 안견은 본관이 지곡池谷(지금 서산시)으로 생몰년 미상이다. 도화서 화원으로 벼슬이 잡직 5품까지만 오르게 되었으나, 그에게는 정4품직을 주어 우대했다. 그는 안평대군과 절친하고, 그를 위하여 〈몽유도원도夢遊桃園圖〉(세종 29년, 1447)를 그렸다. 이 그림은 꿈 속에 본 도원경桃園景을 그린 것인데, 도원은 신선이 산다는 이상향理想鄕을 가리킨다. 조선 초기 산수화의 대가이며, 그 밖에 임금이나 안평대군의 초상, 꽃, 기러기, 누각, 말, 그리고 세자의 행차도인 〈대소가동궁의장도大小駕東宮儀仗圖〉를 그렸다. 〈몽유도원도〉는 지금 일본 천리대학에 소장되어 있다.

228) 최경은 생몰년이 미상이나 세종~성종 때까지 생존했다. 안산安山에서 소금 굽는 염부鹽夫의 아들로 태어났으나 그림 재주로 세종 때 도화서 화원이 되어 주로 왕과 왕비의 어진을 많이 그렸다. 세조 때 자신의 공로를 과장하면서 벼슬을 탐하다가 죄를 입어 관노官奴가 되었다가 풀려나 성종 때 세종비 소헌왕후, 세조, 예종, 덕종의 어진을 그려 당상관에 올랐다.

해 보인다. 그러나 누구의 어용인지는 알 수 없다. 혹시 태종의 어용을 그렸다
가 불살라 버리라고 핀잔받은 어진인지도 알 수 없다. 세종이 25년에 태종의
어진을 다시 그리면서 또 그를 불렀을 것으로는 보이지는 않는다.

그렇다면 세종 25년에 부름을 받은 화원은 누구일까? 아마도 안견일 가능
성이 크다. 안견은 세종 30년(1448) 9월 5일에 임금의 명을 받아 호군護軍(정4품)
의 직을 가지고 있으면서 〈대소가동궁의장도大小駕東宮儀仗圖〉를 그렸다. 당시는
동궁[세자]이 섭정하고 있던 때였는데 세자가 행차할 때의 의장도儀仗圖를 그린
것이다. 또 그는 이보다 앞서 세종 24년에 25세 된 안평대군의 초상화[229]를 그
렸다. 세종 27년에 쓴 신숙주申叔舟의 〈화기畵記〉에는 "안견이 호군護軍으로서 성
性이 총민정박聰敏精博하고 산수를 잘 그렸다."고 했으며, 세조 9년 3월 10일에
어효첨魚孝瞻은 "세종께서 심히 안견安堅을 중하게 여겨서 서반西班 4품[호군]에
제수했는데, [신하들의 반대로] 힘들게 주셨습니다. 최경崔涇은 재주가 안견에 미치
지 못했습니다."라고 세조에게 말했다.

안견이 이렇듯 세종의 총애를 받으면서 세종 24년에 안평대군의 초상화를
그리고, 세종 30년에 왕명으로 세자의 의장도儀仗圖를 그렸다면, 세종 25년에 어
진을 다시 그릴 때 참여했을 가능성이 매우 크다. 그리고 이때 그의 벼슬이 정
4품의 호군이었다는 것으로 그의 나이를 어느 정도 짐작할 수 있게 한다. 도화
원의 화공畵工은 정원이 약 40명인데, 30세 무렵에 거관去官하여 서반西班 벼슬
직을 받는데, 5품을 한도로 했다. 그런데 안견은 한품직을 넘어서 4품직을 받았
으니, 신하들의 반대를 받게 된 것이고, 그만큼 임금이 그를 특별히 대우한 것
을 알 수 있다. 또 거관하면 6품직부터 올라가는 것인데, 벌써 4품직을 얻었다
면 나이도 이미 40대를 넘었을 것으로 추측된다.

---

229)　안평대군의 초상화를 〈비해당이십오세진匪懈堂二十五歲眞〉으로 부른다.

8. 하삼도와 황해도 주민을 평안도에도 이주시키다

함길도의 6진을 개척하면서 처음에는 함길도 길주 이남의 주민을 이주시켜 6진의 인구를 늘려갔는데, 두 가지 문제점이 발생했음은 앞에서 이미 설명했다. 하나는 6진에 들어간 사람들이 도망하는 것이고, 또 하나는 길주 이남의 인구가 줄어든 것이다. 이 문제를 해결하기 위해 하삼도 곧, 경상, 전라, 충청도의 너무 많은 부유한 향리鄕吏나 역리驛吏 등을 이주시켰다가, 이들만으로는 부족하여 평민 가운데에도 부유한 주민을 선발하여 강제로 이주시키는 정책을 추진했다.

그러나 강제로 이루어진 이주정책은 큰 원망을 샀고, 신하들도 반대가 많았다. 그러나 임금은 국토의 균형발전을 위해서는 어쩔 수 없는 일이고, 또 장기적으로 보면 이주민이 더 득을 보게 된다고 하면서 고집을 꺾지 않았다. 왜냐하면 토지가 적고 인구가 많은 하삼도보다는 토지가 넓고 인구가 적은 북방지역이 오히려 토지를 많이 가질 수 있는 기회가 되고, 또 그들에게 면세, 면역의 특전을 주고, 토관직土官職도 주기 때문에 불리한 일이 아니라고 했다. 그리고 북방이주는 국가의 먼 장래를 생각하는 큰 계책이므로 일시적인 고통은 참아야 한다고 말했다.

세종의 생각으로는, 이주를 반대하는 이유가 당장의 고통도 있겠지만, 오래도록 살았던 지역을 버리고 이사하는 것을 싫어하는 인간의 본성이기도 하다고 했다. 이른바 '안토중천安土重遷'이다. 이 말은 본래 살던 땅을 편안하게 여기고, 옮겨가는 것을 어렵게 여긴다는 말이다. 그러나 그 심정을 이해하면서도 세종은 북방이주 정책을 지속적으로 추진했다.

세종 24년 1월 10일에 임금은 의정부에 이렇게 교지를 내렸다.

"안토중천은 사람의 상정常情이다. 그러나 함길도에 새로 6진을 설치한 뒤에 옛고을에 살던 [길주 이남] 주민을 점차로 이주하게 했더니, 그들이 살던 평탄하고 비옥한 옛땅이 텅 비어 주인 없는 땅이 되었고, 또 그

고을의 군액軍額이 줄어들게 되니 그곳에 다른 사람들이 들어와 살게 하는 것은 부득이한 일이다.

고려 때도 함길도 영흥과 평안도 평양 이북에 풀이 무성하여 야인이 사냥하는 곳이 되었으므로 하도下道의 인민을 그곳으로 옮겨서 채웠는데 그들의 고통과 원망이 지극했다. 그러나 그 뒤로 여러 대를 거쳐서 살아 오면서 지금 생업에 안착하여 살고 있는 자들은 모두 이사 온 자들의 후손들이다.

지금 함길도에 들어간 백성들은 견고한 가옥에서 비옥한 토지를 경작하며 원주민들과 함께 어울려 살게 되니, 옛날 고려 때 이사를 갔던 백성들과 비교하면 그 이해가 말할 수 없이 편리하다. 그런데 지금 그곳에 가기를 꺼려 혹은 자살하는 자도 있다 하니, 그 고집스러움이 심하다. … 지금 그곳에 들어가는 자들은 대부분 고향에서 세력 있는 자들인데 지금 먼 곳으로 고향을 떠나는 판에 그들의 마음을 위안하고 기쁘게 해주지 않는다면 원망이 그칠 리 없으니, 별도로 상전賞典을 시행함이 옳다."

임금은 이렇게 말하고 이주자들에 대한 상전賞典으로, ① 원래 벼슬이 있던 자는 자급資級을 높여주고, ② 관직이 없던 자는 8품직을 주고, ③ 하번갑사직下番甲士職을 주고, ④ 만약 4품 이상을 줄 만한 자가 있으면 보고하여 시행하라고 명했다.

그런데 이해 2월 6일에 의정부는 함길도 뿐 아니라, 평안도에도 황해도와 하삼도의 부실富實한 사람을 입거시키자고 건의했다. 그 이유는 평안도는 중국 사신의 왕래로 짐을 나르는 부역이 너무 많아 사람들이 도망가서 안주安州 이북의 고을들이 거의 비어 있다시피 하기 때문이라고 했다. 그러면서 함길도에 이주시킨 예를 따라 부실富實한 자를 뽑아서 보내되, 황해도에서 550호, 충청도에서 630호, 전라도에서 820호, 경상도에서 1천 호 등 모두 3천 호를 초정抄定하여 세 차례로 나누어 입거시키자고 건의하니, 임금은 이를 따랐다.

의정부는 이어 5월 13일에 평안도 이주민들에게도 은전을 많이 베풀어야 한다고 건의하자 임금이 동의했다.

의정부는 다시 9월 5일에, 흉년이라고 북방 이주를 중지시킬 수 없다고 하면서, 함길도에 이주시키기로 한 경상도 350호, 전라도 200호, 충청도 200호를 내년 봄에 호수를 감하여, 경상도 100호, 전라도와 충청도 각 50호씩 입거시켜 길주 이남에 배치하도록 하자고 건의하여 재가를 받았다. 그러니까 750호로 예정된 이주자를 200호로 줄여 보내자는 것이다.

9. 행성축조와 달달의 등장

여진족의 침략을 막기 위해 세종 22년부터 의주義州에서 경원慶源에 이르는 수천 리 구간에 행성行城을 쌓기 시작했음은 앞에서 이미 설명했다. 이 사업은 그 뒤에도 계속되었으며, 세종 24년에도 마찬가지였다.

세종 24년 3월 10일에는 평안도 정부丁夫 1만 명을 동원하여 여연閭延의 조명간 구자口子에 쌓았던 행성의 허물어진 곳 2만 4천여 척[약 7.3km]을 수축하고, 또 둘레 4,400척[약 1.3km]에 이르는 석보石堡를 쌓았다. 또 정부 4,200명을 사역시켜 1만 600척[약 3.2km]에 달하는 우예虞芮 구자를 쌓고, 둘레 2천 척[약 0.6km]에 달하는 석보를 쌓았다. 또 정부 300명을 동원하여 자성군慈城郡에 3천여 척[약 0.9km]의 행성을 쌓고, 정부 9천 명을 시켜 강계부江界府 만포滿浦 구자에 1만 5천여 척[약 4.5km]의 행성과 둘레 6천 600여 척[약 1.9km]의 석보를 수축했다.

또 평안도 인부 300명과 황해도 인부 2천여 명을 동원하여 강계부 고산리에도 1만 2천여 척[약 3.6km]의 행성을 쌓았다. 이 모든 공사는 2월 10일에 시작하여 3월 10일에 마쳤다. 규정대로 꼭 한 달간 부역시킨 것이다.

한편, 행성공사는 함길도에서도 계속 진행되어 이해 3월 15일에는 함길도 정부 5,300명을 시켜 1만 7천 척[약 5.1km]의 온성穩城 행성을 쌓고, 험한 곳의 흙 1만 4,400여 척을 깎아내렸다. 이어 온성행성 2,370척[약 0.7km]을 쌓고 흙 2,630척을 깎아내렸다.

세종 25년에도 행성 공사는 봄과 가을에 계속 이어졌다. 이해 3월 10일에 평안도 인부 3천 명과 황해도 인부 6천 명을 징발하여 평안도 창성군昌城郡에 길이 2만 1,500여 척[약 6.5km]에 달하는 행성을 쌓았는데, 그 안에 석축과 녹각성鹿角城이 들어갔다. 그리고 둘레 4,500여 척[약 1.3km]에 이르는 석보를 쌓았다.

이해 9월 20일에는 함길도 군사 8천 명을 동원하여 함길도의 온성穩城에 또 행성을 쌓았는데, 석축이 380척[약 115m]이었다. 또 종성부鐘城府에도 행성을 쌓았는데, 그 가운데 석축이 약 2만 척[약 6.6km]이고, 녹각성을 세운 것이 175척[약 53m], 흙을 깎은 것이 2,219척이었다. 8월 20일에 시작하여 9월 20일에 끝마쳤다.

한편, 그동안 북방지역의 문제는 여진족의 침략을 막으면서 저들을 회유하여 포섭하는 정책으로 일관되어 왔었는데, 세종 24년을 전후하여 새로운 사태가 벌어지기 시작했다. 중국 북방의 오이라트 지역에 자리잡고 있던 몽골 유민인 달달족達達族(타타르)의 세력이 점점 커지면서 황제를 세우고 중국을 압박할 뿐 아니라, 그 세력이 요동을 거쳐 조선 쪽으로 뻗어오기 시작한 것이다.

세종 24년 5월 4일에 함길도에서 급히 보고하기를, 달달의 독토올왕篤吐兀王 등 16명이 몽골 황제의 칙서를 가지고 4월 16일에 아적랑이에 도착했는데 받아들이지 않았다고 알려왔다. 달달이 처음으로 조선과 교류하고 싶다고 찾아온 것이다.

이해 5월 9일에 또 달달에 관한 정보가 여진족을 통하여 들어왔다. 달달의 독토올왕과 홀라온족 등 12명이 여진족에게 와서 말한 내용이었다. 몽골 황제가 즉위한 지가 이미 10여 년이 되었기 때문에 칙서를 가지고 고려[조선]에 가서 알리고자 하니, 그날 야인들이 군마軍馬를 모아서 나를 영접하고, 이어 내가 온 본뜻을 조선에 알려주라는 것이었다. 그러니까 달달이 황제에 오른 사실을 조선에 알리고자 하니, 사전에 여진족들이 조선에 이 사실을 알리라는 것이다. 또 몽골은 과거에 고려와 각별한 친근관계를 맺고 있었으므로 다시 통호하고 싶다는 내용도 담겨 있었다.

이 소식을 들은 조선은 즉각 이 사실을 명나라에 통보하기 위해 주문사奏聞

使를 5월 9일에 보냈다. 하늘에 두 개의 태양이 없으므로 달달과 교류하지 않겠다는 내용을 담은 것이었다. 주문사는 이해 8월 12일에 칙서 2통을 받아서 귀국했다.

칙서의 내용은 이러했다. 권신 탈환脫歡이라는 자가 탈탈불화脫脫不花라고 하는 자를 추대하여 임금으로 삼았는데, 실권은 탈환이 쥐고 있다가 작년에 죽고, 그 아들 야선也先(에센)이 임금을 계승했다. 저들이 해마다 조공을 바치므로 중국도 답례를 보내고 있으나 저들을 믿지 못하여 방비를 엄하게 하고 있다. 그런데 저들에 대한 정보를 알려주어 기특하게 여긴다고 하면서 각종 비단을 주문사를 통해 보내왔다. 명나라는 조선이 달달과 손을 잡을 것을 두려워하여 조선에 푸짐한 선물을 보낸 것이다.

명나라는 이보다 앞서 이해 6월 22일에 조선 사신에게 조서詔書를 보내 16세 된 영종 정통제가 황후를 맞이했다는 사실을 알려왔다. 이제 비로소 황제가 성인成人이 된 것이다. 또 이해 11월 17일에는 황제의 모친인 태황태후가 지난 10월 18일에 세상을 떠났다는 소식을 정조사를 통해 알려왔다.

다음해인 세종 25년 7월 27일에 또 조선 사신 편에 칙유勅諭를 보내왔는데, 왜구에게 붙잡혀 일본으로 끌려가서 소왜산小倭山, 대왜산大倭山 등지에서 곤욕을 당하다가 도망해온 명나라 군사 6명을 요동으로 돌려보내준 것에 사례하면서, 앞으로 왜구를 소탕하여 변방의 근심을 없애라고 당부했다.

그런데 일본에서 도망해 왔다가 중국으로 돌려보낸 명나라 군사들이 조선이 일본과 통교하고 있다는 것을 알고 있어 황제에게 알리면 조선의 처지가 어려울 것을 걱정하여, 8월 8일에 조선과 일본의 역사적 관계를 알리기 위해 주문사奏聞使로 공조참판 정분鄭苯을 보냈다. 그 주문奏文의 내용은 대략 아래와 같다.

"〈칙유〉에서 언급한 소왜산, 대왜산 등은 일기도와 대마도, 화가도 등을 말하는 것인데, 이들은 오로지 도둑질로 생업을 삼고 있어 조선이 역사적으로 큰 피해를 받아 왔다. 또 옛날 신라나 백제도 자식을 볼모로 보

내 화친을 청하기에 이르기도 했다. 또 고려 말에는 왜구가 창궐하여 약
탈과 살육을 일삼아 연해 수천 리의 땅에서 집에서 나는 연기가 끊어지
고 그 침략이 왕경에까지 이르렀다. 태조 고황제[주원장]께서 이런 사정을
아시고 왜적을 잡는 데 사용할 화약과 대포를 만드는 데 필요한 물품을
내려주셨다.

　　그 뒤로 왜구가 줄어들었으나 그래도 노략질하는 왜구가 없어지지 않
아 부득이 장사하러 오는 왜인들을 구역을 정하여 허락해주고 있으나, 아
직도 도둑질하는 왜구가 많다."

대강 이런 내용으로 명에 알려 조선이 부득이 저들과 교류하고 있음을 오
해하지 않게 했다.

10. 노비를 죽인 자를 처벌하다

노비를 함부로 죽이고 처벌을 받은 자들에 대한 사례는 앞에서 수없이
소개했다. 노비를 죽인 자가 높은 벼슬아치들이라도 용서하지 않고 처벌을 내
렸다.

세종 24년 5월 11일에도 또 그런 일이 일어났다. 이날 형조는, 승문원 부
교리 곽순郭珣이 승문원의 관비官婢를 핍박하여 죽게 하고는 죄가 두려워서 도
피하였다고 보고하면서, 전국에서 수색하여 체포하게 하고, 그를 숨겨준 자도
형률에 의하여 처벌하라고 청하자 임금이 허락했다.

세종 25년 5월 8일에는 노비를 죽인 전의군全義君 이완李梡을 의금부에 가
두었다. 그가 태종의 딸 경신옹주敬愼翁主에게 장가들어 아들 개동介同을 낳았는
데 개동의 나이 9세였다. 개동이 이웃에 사는 사노私奴 사민思敏과 장난치며 놀
다가 사민에게 욕을 먹었다. 경신옹주가 이 소식을 듣고 종을 시켜 사민을 잡
아들이니, 사민의 누이가 옹주에게 욕지거리를 퍼부었다. 그러자 이완이 노하여

사민의 아비 석류石榴를 잡아다가 결박하고 곤장을 쳤는데, 6일 만에 죽었다. 그래서 의금부가 이완을 잡아다가 국문했던 것이다.

5월 14일에 의금부는 이완의 죄가 교형絞刑에 해당하고, 석류를 직접 때린 종 두 사람은 곤장 100대에 유流 3천 리에 해당한다고 아뢰었다. 임금은 지금 이완의 부인 경신옹주가 임신중이어서 유배가는 자를 따라가게 하는 것은 차마 하지 못하겠다고 하면서 의정부에서 그 죄를 다시 의논하라고 명했다. 그러자 대신들은 이완의 고신告身을 빼앗고, 외방으로 귀양보내자고 말했다. 임금은 이를 받아들여 이완을 충청도 진천으로 내쫓았다.

노비를 죽인 자에 대한 처벌은 《대명률大明律》의 〈양천상구조良賤相毆條〉의 조문을 따라 시행하고 있는데, 그 내용이 복잡하여 이를 적용하는 데 이론의 여지가 있었다. 그래서 이해 10월 16일에 의정부는 《대명률》의 〈양천상구조〉의 내용을 임금에게 이렇게 아뢰었다.

> "'양인良人이 타인의 노비를 구타하여 상살傷殺한 자는 범인凡人은 1등을 감하고, 죽게 했거나 고의로 죽인 자는 교형絞刑에 처한다.'고 했는데, 우리나라에서는 이 율에 의거하여 '싸우다가 때려죽인 자 이하는 1등을 감하고, 고의로 죽인 자는 교형絞刑에 처한다.'는 것이 이미 격례格例로 되어 있습니다. …"

의정부는 그러면서 〈대명률강해〉에 실린 복잡한 규정을 소개하면서, 결론은 싸우다가 죽인 경우는 1등을 감하고, 고의로 죽인 경우는 교형絞刑에 처하도록 하자고 건의하여 임금의 재가를 받았다. 그런데 실제로 임금은 그동안 교형에 처하지는 않고 1등을 감하여 관직을 삭탈하고 곤장을 때린 후 유배를 보내거나 속전贖錢을 받는 처벌을 많이 내렸다. 세종은 사람을 죽이는 일을 가능한 하지 않으려고 했다.

이해에 또 노비를 죽인 사건이 일어났다. 10월 7일에 조자렴趙自廉이라는 사람의 종이 무슨 일로 밤중에 형조정랑(정5품) 유척柳惕의 집에 들어갔다가 유척에게 붙잡혔다. 유척은 그 종을 형조에 고발하여 형조에서 곤장 80대를 때렸는데, 10여 일 뒤에 죽었다. 그러자 노비 주인인 조자렴이 형조에 고소하기를, "유척이 먼저 집에서 때린 뒤에 형조에 고발하여 또 곤장을 때렸기 때문에 죽었다."고 하면서 유척을 고발했다. 그러자 의금부에서 유척의 이웃 사람들과 종들을 불러서 물어보았더니, 모두들 집에서 때린 일이 없다고 증언하여 처결하기가 어렵다고 임금에게 보고했다.

임금은, "사람의 생명이 지극히 중한데, 어떻게 내버려두고 논하지 않을 수 있는가? 반복 힐문하여 그 실정을 알아내도록 하라."고 명했다. 그래서 의금부에서 유척을 잡아다가 고문했으나 승복하지 않았다. 옥졸들도 모두 먼저 때린 흔적이 없다고 말했다. 임금이 의정부 대신들의 의견을 들으니 모두들 유척이 먼저 때렸다는 증거가 없으니 이것으로 판결하자고 말했다. 임금은 의정부 대신들의 말을 들어 10월 23일에 유척의 관직을 삭탈했다. 노비의 생명을 보호하려는 임금의 정성이 또 한 번 드러났다.

그런데 노비를 죽인 사건이 세종 25년 11월 4일에 또 일어났다. 전 판중추원사 오승吳陞은 아내가 죽자 기생 금강아를 첩으로 삼아 집일을 전부 맡겼다. 이때 오승의 나이는 80세이므로, 금강아가 몰래 다른 사람과 사통했으나 오승이 알지 못했다. 또 금강아는 오승의 종과도 사통하니, 오승이 알고 종의 발바닥을 불로 지지고 때려서 죽였다.

사헌부는 이 사건을 조사한 뒤에 이렇게 아뢰었다. "금강아가 대신을 속이고 함부로 간악한 행동을 했으니, 율에 의하여 곤장 80대를 때려 함길도의 관비를 만들고, 오승이 종을 죽인 것도 죄를 주어야 합니다."라고 하니, 임금이 금강아를 때린 뒤 종성의 관비로 삼고, 오승은 죽산현으로 유배보냈다.

11. 《칠정산 내외편》을 편찬하다

일식日食(日蝕)과 월식月食(月蝕)은 천재지변으로 간주되었다. 일식은 태양이 잡아먹히는 일이고, 월식은 달이 잡아먹히는 것인데, 이는 임금이 정치를 잘못하여 하늘이 경고하는 것으로 이해했다. 특히 일식을 월식보다 더 큰 재앙으로 여겨서, 일식이 일어나면 임금이 소복素服 차림으로 신하들과 더불어 궁궐 월대에 나아가 태양을 향해 앉아서 태양이 다시 회복될 때까지 기다리면서 태양을 살려내는 의식을 치렀다. 이때 서운관의 일관日官이 북을 치는 의식을 행했다. 이를 구식救食이라고 한다. 물론 밤에 일어나는 일식은 볼 수가 없어서 그냥 넘어갔다. 오늘날처럼 달이 태양을 가려서 일식이 생긴다는 것을 알지 못했다.

일식을 구식할 때에는 일식이 일어나는 정확한 날짜와 시간, 그리고 태양의 방향을 알아야 했다. 그래야 그 시간에 맞추어 모든 다른 행사를 중지하고 의식을 준비할 수 있었다. 일식의 시간을 추산하는 방법은 달력을 사용하여 수학적으로 계산하는 방법을 썼다. 그런데 당시 사용한 달력은 남북조시대에 남송에서 만든 《대명력大明曆》(426년 제작), 그리고 당나라 때인 822년에 만든 《선명력宣明曆》을 참고했는데, 이 책은 1년을 365.2446일로 계산하고, 한 달을 29.53059일로 정할 정도로 정밀한 것이었다. 그러나 일식을 정확하게 계산하는 데 맞지 않을 때가 많았다. 그 이유는 지역에 따라 일식이 일어나는 시간이 다르기 때문이다. 이 달력은 삼국시대에서 고려시대를 거쳐 조선 초기까지 사용되었다. 세종은 《선명력》에 의거하여 일식을 추산하여 예정된 날과 시간에 구식하러 나갔다가 허탕을 치는 일이 많았고, 또 어떤 때는 일식이 없는 것으로 알았다가 일식이 일어나서 당황한 일도 있었다. 이는 임금의 권위가 크게 손상되는 일이었다. 그래서 이를 교정하기 위해 역산曆算에 밝은 정초鄭招를 시켜 원나라 때 만든 《수시력授時曆》(1281)[230]을 바탕으로 연구하여 좀더 정밀한 역법曆法을

---

230) 《수시력》은 원나라 학자 허형, 왕순, 곽수경 등이 1281년에 만든 역법인데, 고려 충선왕이 연경에 가 있을 때 최성지가 따라갔다가 얻어서 돌아왔다.

만들었다. 그러나 그래도 미흡한 점이 많아서 계속 연구하도록 했다.

역법을 바로잡는 방법은 여러 가지가 있었다. 첫째, 세종 12년부터 일식이 일어난 시간이 예정된 시간과 차이가 나면 그 오차를 서운관書雲觀에서 기록하여 훗날 참고자료로 삼고, 둘째, 세종 16년부터 집현전 학자 31명에게 명하여 《자치통감강목》에서 일식 기록을 찾아 시간을 추산하게 했으며, 셋째, 평지에서는 일식을 관찰하기가 어려우므로 세종 10년에는 삼각산 꼭대기에서, 24년에는 금강산 일출봉에 가서 예정된 날의 일식을 직접 가서 관찰하게 했다. 또 《수시력》과 《선명력》을 함께 참고하여 추산법推算法을 발전시켜 나갔다.

세종은 재위 14년 10월 30일에 경연에 참석한 신하들에게, 그동안 20년간 역법을 연구하고 교정한 성과가 적지 않다고 자축하면서, 지금까지 이룩한 성과를 책으로 만들어 후세 사람들이 "조선이 전에 없던 일을 이룩했다."는 것을 알게 하라고 명했다.

왕명에 따라 정인지, 정흠지鄭欽之, 정초 등이 명나라의 《칠정추보七政推步》, 《대통통궤大統通軌》, 《태양통궤太陽通軌》, 《태음통궤太陰通軌》 등 서적을 연구하여 《수시력》의 원리와 방법을 이해하기 쉽게 해설하여 만든 책이 《칠정산내편七政算內篇》[231]이다.

그 뒤 중앙아시아 달력인 《회회력回回曆》을 얻어서, 당대 최고의 역산가曆算家였던 이순지李純之[232]와 김담金淡[233]을 시켜 교정하게 하여 《칠정산외편七政算外篇》을 만들었다. 《회회력》은 일식을 계산하는 데에는 《수시력》보다 더 정확했다고

---

231) 칠정七政이란, 해와 달, 그리고 5성星인 수성, 목성, 화성, 토성, 금성 등을 합친 말이다. 곧 음양오행을 가리킨다. 그런데 의정부와 6조도 음양오행을 집행하는 관청이므로 칠정七政으로 부르게 된 것이다. 그리고 '칠정산七政算'이란 말은 음양과 오행의 운행하는 도수度數를 계산한다는 뜻이다.

232) 이순지(1406~1465)는 본관이 양성陽城으로, 공민왕 때 신돈과 가까워 시중을 지낸 이춘부李春富의 증손자이고, 조선 초기 관찰사를 지낸 이맹상李孟常의 아들이다. 생원을 거쳐 세종 9년에 문과에 급제하여 벼슬이 판중추원사에까지 올랐다. 역산학曆算學의 대가로서 세종 때 천문역학 발전에 크게 공헌했다.

233) 김담(1416~1464)은 본관이 예안禮安으로, 조선왕조 개국공신 김로金輅의 손자이자 현감 김소량金小良의 아들이다. 세종 17년에 문과에 급제하여 벼슬이 중추원사에 이르렀다. 천문역학의 대가로서 이순지와 함께 천문역학 발전에 크게 공헌했다.

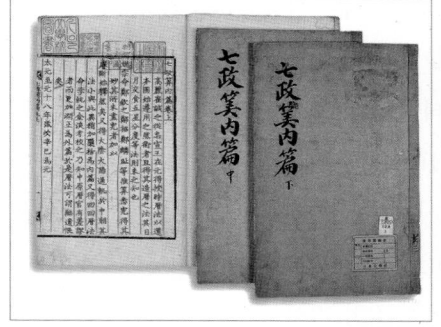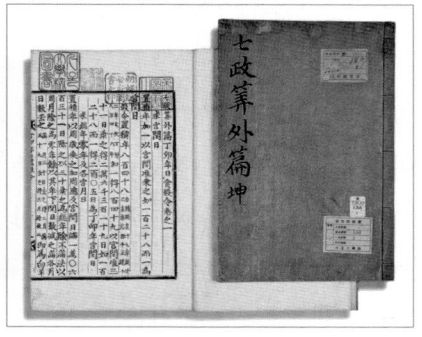

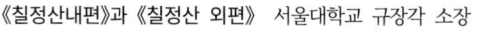
《칠정산내편》과《칠정산 외편》 서울대학교 규장각 소장

한다. 그러고 나서 《내편》도 다시 수정하고, 여기에 《외편》을 합쳐 《칠정산내외편七政算內外篇》을 만들었다. 《칠정산내외편》은 이미 세종 25년 이전에 편찬된 듯하다.

세종 25년 7월 6일에 예조는 서운관에서 올린 첩정牒呈을 받아 다시 임금에게 아뢰기를, 서운관원을 시험으로 뽑을 때 《수시력》,《선명력》,《회회력》 등은 사용하지 말고, 《칠정산내외편》과 《대명력》으로 시험보아 뽑자고 건의하여 임금이 따랐다. 이미 《칠정산내외편》에 《수시력》과 《회회력》이 포함되어 있기 때문이다.

그런데 위 예조에서 올린 글 가운데, "전에 올린 《칠정력七政曆》은 술법이 미진하고, 중국에서 추산한 것과 맞지 않기 때문에 근년에는 그만두었습니다. 청컨대, 이번에 편찬한 《[칠정산]내편법》으로 추산하여 전처럼 책을 만들어 바치게 하소서." 하니 임금이 허락했다는 기록이 보인다. 이 기록을 보면 정인지 등이 편찬한 《칠정산내편》이 부정확하여 다시 수정한 것을 짐작케 한다. 따라서 세종 25년 무렵에 이미 다시 수정된 《칠정산내외편》이 편찬되었음을 알 수 있다.

세종 25년 당시 서운관 책임자는 이순지였는데, 그동안 모친상喪을 당하고, 또 명나라에 사신으로 다녀와서 죄를 입는 등 복잡한 사정이 있어서 이 사업에 참여하지 못하다가 뒤늦게 참여하여 《칠정산내외편》의 편찬을 마무리했다. 그러나 이 책이 금속활자로 출간된 것은 세종 26년이다.

세종 26년에 간행된 《칠정산내외편》을 보면, 책의 권말에 한양을 기준으로 한 동지冬至와 하지夏至의 해가 뜨고 지는 시각과 밤과 낮의 길이를 나타낸 표表를 실었다. 서울을 기준으로 하여 조선 독자의 시간을 찾은 것은 매우 귀중한 성과이다. 또 《내편》에 실린 〈일행제율日行諸率〉을 보면, 1년의 길이를 365일 2,575분分으로, 1일의 길이를 100각刻, 1만 분分으로 계산해 놓았다. 당시 1분分의 시간은 지금의 8.64초에 해당한다.

이순지는 세종 27년 3월 30일에 또 왕명을 받들어 《제가역상집諸家曆象集》을 편찬했는데, 이에 대해서는 뒤에 다시 설명할 것이다.

12. 새로운 〈공법절목〉을 만들다

세종 12년에 처음으로 〈공법貢法〉에 대한 시안을 만들어 17만 명의 찬부를 물은 결과 찬성자가 많아 시행하려던 〈공법〉은 그 뒤 신하들 사이에 찬반이 갈려 부족한 점을 계속 보완하다가 세종 19년에 이르러 시안이 일단 확정되었다.

그러나 연거푸 흉년이 들면서 시행하지 못하고 있다가 세종 22년에 이르러 경상도와 전라도에서 먼저 시험적으로 시행했는데, 그 결과가 나쁘지 않았다. 국고수입은 늘고 가난한 사람의 부담은 오히려 줄어들었다. 그 이유는 전에는 부자들이 〈손실답험법〉을 악용하여 세금을 적게 내다가 〈공법〉 이후로는 손실답험이 없어지면서 부자들이 세금을 더 낸 까닭이었다. 그래서 부자에게는 손해를 끼치고 가난한 자에게는 이득을 가져왔으며, 국가수입도 많이 늘어났다. 그래도 이해에 또 〈공법〉의 미비한 점을 보완하여 세종 23년에는 충청도에서도 시행하기로 결정했다.

세종은 재위 23년부터 정사에 소홀하고, 세자에게 섭정을 맡기면서도 〈공법〉만은 직접 챙겼다. 재위 24년 6월에 의정부는 호조의 첩정을 받아 다시 임

금에게 아뢰기를,

> "〈공법〉이 시행된 뒤로 각 고을의 이속吏屬(아전)들이 간사한 짓을 할
> 수 없게 되었습니다. 그런데 전에 한재旱災로 인하여 조관을 보내 피해
> 상황을 조사해 보았더니, 성주 호장星州戶長 이흘과 서원 전유선 … 등이
> '손損'을 '실實'로 삼고, '실'을 '손'으로 삼아 마음대로 가감하여 자못 훔쳐
> 낸 것이 많았습니다. … 이들을 처벌하여 북방으로 이주시키소서."

경상도에서 〈공법〉을 시행한 뒤로 아전배들의 농간이 어렵게 되었는데, 그
이전에 성주의 아전배들이 농간을 부려 착복한 사실이 있으니 이들을 처벌하자
는 것이다. 임금은 이를 따랐다.

이해는 그 이상 〈공법〉에 대한 논의가 없이 다음해로 넘어갔다. 다행히 이
해에는 서울에 홍수가 있었으나, 전국적으로는 풍년이 들었다. 〈공법〉을 다시
추진하기에 좋은 기회를 맞이한 것이다.

세종 25년 7월 10일에 임금은, "〈공법〉의 수입이 전보다 배나 된다고 한다.
그래서 하전下田의 부담을 덜어 주어야 한다."고 말했다. 그리고 그 다음 날 임
금은 호조에 교지를 내렸다.

> "… 이미 충청, 경상, 전라도에서 우선 〈공법〉을 시험하여 편부를 시
> 험했다. 그랬더니 하등전下等田의 납세자들이 근심하고 탄식하는 자가 있
> 다고 하니, 앞으로 하등전의 등급을 나누어서 다시 조세의 액수를 정하
> 겠다. 우선 금년도에 하삼도의 하전下田은 매 1결에 2두를 감하여 백성의
> 바라는 바에 부응하라."

호조에서 하등전의 전세를 더 감해주라는 것이다. 임금은 이어 7월 15일에
승정원에 〈공법〉에 대하여 이렇게 말했다.

> "〈공법〉을 설정한 것은 백성을 편하게 하기 위함이었는데, 영의정 황

희黃喜는 혁파를 청하고, 우의정 신개申槪는 실행하기를 청했다. 황희는 말하기를, '신에게 말하는 자는 다 〈공법〉이 불편하다고 말합니다.' 하고, 신개는 말하기를, '신과 말하는 자는 다 〈공법〉이 편하다고 말합니다.'라고 하니, … 황희와 신개의 의논이 같지 않으니 좇을 바를 알지 못하겠다. … 그런데 신개는 오늘에 이르러 또 조세를 감하자고 하고, 또 이보흠李甫欽은 안평대군에게 말하기를, '일찍이 군위현 수령이 되었었는데, 앞서 손실법 때에는 70석을 거두던 것이 지금은 700석을 받는다.'고 했다. 과연 그렇다면 백성을 편하게 하려던 것이 오히려 백성에게 병이 된 것이다. … 그대들은 허심탄회하게 다 말하라."

승지들은 "〈공법〉의 조세를 감액하고, 다시 수년간 시험하자."고 말했다. 임금은 세자에게 다시 승지들을 만나 의논하라고 일렀다.

이틀 뒤인 7월 15일에 호조는, 〈공법〉이 시행되지 않고 있는 하삼도 이외의 지역은 여전히 〈손실법〉을 쓰고 있으므로, 손실경차관을 보내 아전의 횡포를 막아야 한다고 아뢰어 임금이 허락했다.

7월 27일에는 지방관으로 부임하는 수령들이 임금에게 인사를 올리니, 임금이 "〈답험손실법〉이 폐단이 많아 〈공법〉을 시행했는데, 백성들이 정부에서 많이 거두어들이기 위한 것이라고 하지 않을까 걱정된다."고 하니, 전라도 무진군 수령 오치선이 말하기를, "신이 두 번이나 수령을 맡았었는데, 민정을 자세히 알고 있습니다. 처음에 〈공법〉을 시행할 때에는 혹은 좋지 않다고 하기도 했으나, 시험해 본 뒤에는 다 좋다고 했습니다."라고 말했다.

이해 11월 2일에 임금은 전국에 실시할 새로운 〈공법절목〉을 만들어 호조에 전했는데, 이는 세자가 승지들과 상의하여 정한 듯하다. 그 요지는 다음과 같다.

① 토지를 계산하는 자는 새로 주척周尺을 사용해야 하지만, 1~2년 안에 시행하기는 어려우니, 우선 전안田案을 가지고 5등으로 나누되, 종전에 수확량을 기준으로 만든 결복속파結卜束把를 절대면적을 기준으로 하는 경무법頃畝法으로 만들 것.

② 종전에는 도道를 3등으로 나누고, 전지를 3등으로 나누었으나, 이는 정밀하지 못하다. 수전水田(논)은 하삼도가 북방지역보다 비옥하지만, 한전旱田(밭)은 8도가 거의 비슷하다. 그런데 한전은 수전보다 소출이 적으므로 한전 1등은 수전 2등에 준하게 할 것. 그리고 도별 등급을 없애고 8도의 전지를 모두 전품田品만 보고 등급을 정할 것.

③ 농사의 풍흉을 3등급으로 나누던 것을 9등급으로 나눈다. 그 판단은 매년 9월에 수령이 판단하여 감사에게 보고하고, 감사는 다시 수전과 한전을 구별하여 보고할 것.

　이번에 새로 만든 〈공법절목〉은 종전과는 매우 다른 것으로 한층 합리성을 띠고 있었다. 이틀 뒤인 11월 4일에는 진양대군[수양대군]과 좌찬성 하연, 지중추원사 정인지에게 명하여 하삼도 감사와 경차관 등과 더불어 동적전東籍田 근처 전지의 전품을 시험적으로 나누어 보게 했다. 11월 5일에는 하삼도의 전품田品을 다시 나누기 위해 경차관 20명을 보냈는데, 호조에서 전품을 나누는 사목을 아뢰었다.

　이어 11월 13일에는 전국의 토지를 차례로 양전量田하기 위해 전제상정소田制詳定所를 다시 설치하고, 진양대군[수양대군]을 도제조로 삼고, 좌찬성 하연과 호조판서 박종우, 지중추 정인지를 제조로 삼았다. 당시 27세밖에 안 된 진양대군을 전제를 개혁하는 책임자로 임명한 것이다. 임금은 다음 날 곧바로 경기도 안산安山의 땅을 시험적으로 양전量田하라고 명했다. 또 12월 13일에는 진양대군 등에게 서울의 서쪽 교외에 가서 양전하라고 명했다. 이어 12월 16일에는 경차관 20인을 경기도에 보내 전품田品의 등급을 매기라고 명했다.

　양전하는 자는 주척周尺을 사용했는데, 사방 5척을 1보步로 삼고, 240보를 1무畝로 삼고, 100무를 1경頃(結)으로 삼고, 5경을 1자字로 삼았다. 주척 1척은 요즘 자로 따지면 약 20.4cm였다. 그러니까 1보는 사방 1.04㎡이고, 1무는 약 249.6㎡이고, 1경(結)은 24,960㎡인 셈이다. 평수로 따지면 1결은 약 7550.4평이 된다.

11월 14일에 호조는 임금이 제시한 〈공법절목〉에 기초하여 〈양전사목〉을 만들어 임금에게 올렸는데, 약간 추가된 것이 있었다. 산비탈에 있는 전지는 경사도에 따라 평지보다 20분의 1, 30분의 1, 또는 40분의 1을 감하라는 것이었다. 또 주택지 땅과 닥나무밭, 왕골밭, 옻나무밭, 과수원, 대나무 숲 등 이익이 되는 전지도 아울러 측량하라는 것이 추가되었는데, 닥나무밭 등에 대한 세금은 정부에서 권하여 심게 하고서 세금을 받는 것은 지나치다는 언관의 항의를 받아 유보했다.

13. 일본과의 교류

(1) 세종 24년

세종 22년부터 적극적인 왜인 내방 억제정책을 쓰면서 세종 24년에도 왜인의 내방은 전보다 줄어들었다. 특히 이해 1~2월에 명나라 사신 오양吳良 등이 서울에 머물러 있었기 때문에 왜인의 입경은 더욱 억제되었다. 다만 2월 11일에 대마도 종무직宗茂直이 2명, 종성가宗盛家가 2명을 보내 조회에 참예하고 토산물을 바쳤으나 회사품이 없었다. 저들은 와서 얻어먹고 가는 것만으로도 식량부족을 완화하는 데 도움이 되었다.

매달 조회가 있을 때 왜인들이 참예하여 토산물을 바치고, 야인들이 와서 참예하고 토산물을 바치는 것이 관례로 되어 있었는데, 왜인보다도 야인 내조자가 훨씬 더 많았다. 그러나 야인 내조자에 대한 설명은 생략하겠다.

이해 3~4월에는 임금이 두 달간 강무講武와 목욕을 겸하여 강원도 이천伊川으로 행차를 떠났기 때문에 또 왜인을 받아들이지 않았다. 다만 3월 26일에 경상도로부터 대마도 왜인이 중국에 들어가 노략질을 하고 왔다는 보고가 이천 행궁으로 보고되었다. 조선에서 저들의 왕래를 억제하자 중국에 가서 도적질한 것이다.

임금이 4월 하순에 귀경하자, 5월 1일에 대마도 종정성宗貞盛이 28인을 보내 토산물을 바쳤다. 그동안 왜인을 보내지 못했기 때문에 무더기로 보낸 것이다. 물론 식량을 얻어먹기 위해서였다. 예조에서 종정성에게 서신을 보내, 조선에 사신이나 장사하러 오는 배들이 삼포三浦에 고루 나누어 정박하라고 일렀는데도 약속을 어기고 딴 곳에 정박하고 있다고 질책했다. 5월 21일에 종정성이 9인을 보내 조회에 참석하고 토산물을 바쳤다. 6월 6일에도 종정성이 13인을 보내고, 종언사랑宗彦四郎이 2인을 보내 조회에 참예하고 토산물을 바쳤다.

6월 15일에 임금이 경상좌우도 병마절도사와 수군 도안무처치사에게 교지를 내렸다.

"지금 온 왜인의 말에, '소이전小二殿(후쿠오카福岡와 다자이후太宰府)이 전쟁에 패하여 영토를 잃고 군사 5천여 명을 거느리고 대마도에 와서 머물고 있다.'고 하는데, 만약 양식이 모자라 굶주리게 된다면 혹시 쳐들어올지도 모른다. 경이 이 뜻을 알고 일을 잘 조치하여 적에게 얕잡아 보이지 않게 하고, 또 왕래하는 왜인들에게 이 소식이 참인지 거짓인지를 자세히 묻도록 하라."

이렇게 대내전과의 싸움에서 패한 5천여 명의 소이전 군사들이 대마도에 와 있다는 것을 알려주면서 그 대비책을 마련하라고 일렀다.

6월 17일에 예조는 고도孤島와 초도草島에서 고기잡이하는 대마도 왜인들이 세금을 감면하기를 청하고 있으나, 지세地稅는 전적으로 면제할 수 없으니, 앞으로 큰 배 1척에 물고기 500마리이던 것을 300마리로 감하고, 중간 배 1척에 400마리이던 것을 250마리로 감하고, 작은 배 1척에는 300마리이던 것을 200마리로 감하자고 청하자 임금이 따랐다.

7월 1일에 종정성이 7인을 보내오자, 미두 200석, 소주 50병, 면주 10필, 백세저포 5필, 흑세마포 5필, 호피 5장, 마른 청어 100두름, 마른 잉어 100마리, 나과鑼鍋 1개, 청동화로 1개, 놋쇠동이 2개, 만화방석 10장을 회사했다. 이해 들어 처음으로 회사품을 준 것이다. 종정성은 7월 6일에 2인, 7월 11일에 3인, 7월 21일에 4인을 보내 조회에 참예하고 토산물을 바쳤다.

8월 1일에 종정성이 보낸 5인이 와서 조회에 참예하고 토산물을 바쳤다. 8월 6일에도 그가 보낸 11인이 오고, 8월 11일에는 종무직이 보낸 2인, 8월 16일에 종정성이 보낸 5인, 8월 21일에 종언칠성국宗言七盛國이 보낸 3인, 종정 성이 보낸 5인이 와서 조회에 참석하고 토산물을 바쳤다.

8월 24일에 전라감사가 급히 소식을 보내, 8월 15일에 왜인 9명이 고흥 나 로도에 도착하자 이들을 체포했으며, 8월 19일에는 왜인 38인이 4척의 배에 나 누어 타고 개도蓋島로부터 나와서 이로도伊老島에 향하는 것을 뒤쫓아가서 사로 잡았다고 보고했다.

예조는 8월 27일에 체포한 왜인들을 돌려보내면서 종정성에게 서신을 보냈다.

> "지난해 겨울에 고도孤島와 초도草島의 두 섬에서 고기잡이 약속을 정 할 때, 그대가 보내는 사람은 무기를 휴대하지 못하고, 선박의 크기와 척 수, 사람 수를 명백하게 기록하여 증명서를 발급하고, 거제도의 지세포에 와서 만호萬戶의 증명서를 받고, 두 섬에 가서 조어를 마친 뒤에는 지세 포로 돌아와서 증명서를 반납하고, 선세船稅를 바친 뒤에 떠나가며, 이를 어길 경우에는 체포하여 죄를 주겠다고 약정했다.
>
> 그런데 지금 사로잡힌 9인은 무기를 가진 채로 전라도 관내 나로도 등 지에 와서 제멋대로 행동하고, 또 38인도 몰래 무기를 휴대했으며, 여러 곳을 횡행하다가 붙잡혔는데, 약정에 따라 죄를 줄 수 있으나 증명서를 가지고 있기에 우선 돌려보내니 그대가 이 사람들을 처벌하고 그 결과를 알려줄 것이며, 다시는 금령을 어기지 않게 하면 다행이겠다."

이렇게 대마도 왜인들을 돌려보내면서 종정성에게 경고장을 보냈으나, 10월 6일에 전라도 해안에서 왜인과 전투가 벌어졌다. 전라도처치사 이각李恪이 급히 보고를 올려왔다. 왜인이 금음모도今音毛島에 이르러 육지로 상륙하자 여도

呂島(寶城 앞바다 섬) 부천호 최완崔浣이 오라고 하니, 그들이 친히 증명서를 바쳤는데, 최완이 이를 보고 모두 목을 베었다는 것이다. 그러자 정부는 최완을 붙잡아서 금고시켰다.

10월 11일에 종정성이 16인을 보내고, 종성가가 3인을 보내 조회에 참예하여 토산물을 바쳤다. 10월 16일에는 종정성이 보낸 8인, 10월 21일에 또 그가 보낸 4인과 종언칠이 보낸 3인이 토산물을 바쳤다. 10월 25일에 예조에서 종정성에게 서신을 보내, 종정성이 보낸 왜인 중에 이름을 바꿔 다시 들어온 왜인들을 처벌해 달라고 요청했다.

10월 28일에는 구주의 축주筑州(사가佐賀) 석성石城 소리 등종금藤宗金이 아들을 보내 토산물을 바쳤다. 11월 1일에는 종정성이 4인을 보내고, 11월 12일에는 무려 24인을 보내 토산물을 바쳤다. 식량 사정이 어렵다는 것이 또 드러난 것이다.

11월 19일에 예조는 왜인이 폭주하는 것을 우려하여 의정부가 예조의 정문呈文을 받아 임금에게 그 대책을 아뢰었다. 서울에 올라와 공적으로나 사적으로 장사하는 왜인이 끊이지 않고, 그들이 가지고 오는 물품이 200~300바리나 되어 운반하는데 고통이 크고, 머물러 있는 기간이 3~4개월에 이르러 그들을 접대하는 비용이 너무 크다고 하면서, 앞으로 왜인의 배가 삼포에 도착하면 동, 철, 납, 단목 등 무거운 물건은 절반은 포구에 두어, 그곳에서 사들이고, 사무역으로 오는 장사꾼은 머무는 기간을 독촉하여 보내자고 건의하자 임금이 따랐다. 이런 조치는 전부터 해 왔으나 왜인들이 지키지 않았던 것이다.

12월 3일에 예조에서 건의하기를, 일기도一岐島 상만호 도구라都仇羅는 강한 도적인데 지금 친히 와서 조회하니, 미두 20석과 의복, 갓, 신을 하사하자고 하자 임금이 따랐다. 토호가 직접 와서 조회하는 일은 거의 없었기 때문이다.

12월 11일에도 왜인 만호 조전早田과 궁내사랑宮內四郎이 강한 도적으로서 직접 와서 조회하자, 조전에게는 미두 30석과 의복, 갓, 신을 주고, 궁내사랑에게는 미두 20석과 의복, 갓, 신 등을 하사했다. 이들이 직접 온 것은 관작을 받기를 원해서이기도 했다. 관작을 받으면 회사물을 더 많이 받기 때문이었다.

12월 16일에는 종정성이 보낸 2인과 종언칠이 보낸 2인이 와서 조회에 참예하여 토산물을 바쳤다. 12월 26일에 대마도 종언차랑이 보낸 2인, 대마도 도만호 육랑六郎 등 5인, 종정성이 보낸 4인 등이 조회에 참예하고 토산물을 바쳤다.

이해 대마도 왜인에게 하사한 미두는 40석에 지나지 않았다.

(2) 통신사를 보내다, 〈계해약조〉, 일본 사신이 오다 [세종 25년]

세종이 47세가 되던 재위 25년(1443) 1월 1일 신년 조회 때 왜인 조전早田, 광궤光軌, 등구랑藤九郎 등이 조회에 참예하고 토산물을 바쳤으며, 야인들도 함께 참예하여 토산물을 바쳤다. 1월 8일에는 대마도 만호 육랑차랑六郎次郎이 직접 와서 토산물을 바치자, 미두 50석과 의복, 갓, 신을 하사했다. 2월 1일에 종정성이 33인을 무더기로 보내 조회에 참반하고 토산물을 바쳤다.

2월 5일에 의정부와 예조는 함께 의논하여 일본 국내 사정이 심상치 않으니 이를 알아보기 위해 통신사를 보내는 것이 좋겠다고 건의했다. 국왕이 암살되어 새 왕이 즉위했는데, 즉위한 날짜가 전과 다르고, 섭정인의 이름도 달라졌으며, 또 소이전小二殿이 싸움에 패배하여 대마도에 와 있었는데, 지금 막부로 돌아갔다고 하며, 국왕이 죽을 때 함께 있다가 도망가서 죽은 뒤에 조카가 대를 이었다는 대내전大內殿의 안위도 어떤지 궁금하기 때문이었다. 그래서 조선에 오는 왜인들에게 사정을 물어보고 통신사를 보내자는 것이었다.

2월 11일에 종정성이 보낸 17인이 와서 조회에 참반하고 토산물을 바쳤다. 2월 13일에도 4인을 보내니, 미두 30석 등을 회사했다. 2월 16일에 그가 또 4인을 보냈다. 2월 25일에는 종정성이 쌀 100석과 말 2필을 청구하니 들어주었다. 최완이 왜인을 죽인 사건을 무마하기 위해서였다. 2월 28일에는 종정성의 아들 천대웅와千代熊瓦가 사람을 보내 말 2필을 바쳤다. 2월에만 종정성은 27여 명의 왜인을 보냈다.

2월 21일에 조정에서는 드디어 통신사를 보내기로 결정하고, 정사에 변효문卜孝文, 부사에 상호군 윤인보尹仁甫를 선발하여 보냈다. 서계書契에는, 새 국왕의 즉위를 축하한다고 말하고, 예물로 말안장 1벌, 흑마포 20필, 백저포 20필, 백면주 20필, 남사피 5벌, 인삼 100근, 표피 방석 1벌, 표피 10벌, 호피 10벌을 보냈다. 아울러 죽은 국왕에 대한 제문祭文과 죽은 대내전에 대한 제문도 함께 보냈다.

또 예조에서 새 대내전에 예물도 보냈는데, 그 품목은 백면주 10필, 호피방석 1벌, 붉은색 전모氈毛, 상모象毛, 옥정자玉頂子, 도금한 대옥帶玉, 압영아壓纓兒, 자색 초영綃纓 각 1개, 인삼 50근, 청사피 3벌, 흑사피 3벌, 잡채화석 15장, 표피 35벌, 호피 4벌, 꿀 10말, 잣 70근을 보냈다. 또 예조에서 구주의 소이전小二殿과 좌무위左武衛, 관서도의 대우전大友殿(오이타大分), 대마도 태수, 일기도 지좌전志佐殿 등에게도 서신과 예물을 보냈다.

이해 3~4월에는 임금이 온천 행궁에 거둥했기 때문에 왜인을 받지 않았다.

4월 21일에 종정성이 2인을 보내 조회에 참석하고 토산물을 바쳤다. 5월 11일에는 종정성이 28인을 무더기로 보내 그동안 보내지 못한 한을 풀었다. 5월 20일과 23일에도 사람을 보냈다.

6월 10일에는 왜인 배가 공물貢物을 바치고 제주도로 돌아가는 우리 선박을 침범하는 사건이 발생했다. 왜선 2척이 공격하여 뱃사공 60여 명이 싸우다가 26명이 죽고, 포로된 자가 5명이 되고, 백호百戶를 죽이고, 가마도 약탈해 갔다. 도망쳐 온 사람이 24인이었다.

이 소식을 들은 임금은 분노하여 먼저 윤인소尹仁紹를 대마도로 보내 항의하게 하고, 또 일본통인 이예李藝를 대마도로 보내기로 했다.

6월 25일에 경상도 경차관이 내이포에 와 있는 왜인을 통해 이 사건의 전말을 듣고 급히 보고했다. 그 내용은 이렇다.

대마도 왜선 2척과 일기도 왜선 3척이 3~4월에 중국으로 가서 도적질하다가 돌아올 때 일기도 왜선 2척이 서여서도에 정박하고 있었는데, 조선 배 1척

을 만나 그 배의 사람들을 죽이고, 또는 사로잡아갔으며, 재물도 빼앗고, 대마
도에 가서 서로 왁자지껄하게 소문을 퍼뜨렸는데, 일기도 사람들은 벌써 본섬
으로 돌아갔다고 했다.

7월 1일에 경상도 처치사가 급보를 보내왔다. 일기도 상만호 도구라[등구랑]
가 말하기를, "전날에 중국을 침범했다가 돌아올 때 제주 관선官船을 만나 사람
을 죽이고 노략질을 한 자는 바로 일기도 두가마두豆加磨頭 등입니다."라고 했다
고 보고했다.

7월 6일에 종정성이 20인을 보내고, 7월 13일에 4인을 보내고, 7월 14일에
예조에 글을 보내 최완을 죽이지 말라고 청했다.

7월 18일에 대마도에 갔던 윤인소의 통사가 종정성의 서계를 받아 가지고
왔다. 그 내용은 대마도 배 1척과 일기도 배 1척이 조선의 관선官船을 침범한
것을 사과하고, 대마도 도적은 즉시 체포하겠다고 했으며, 사로잡아간 조선인은
모두 일기도로 갔다고 했다. 7월 20일에 종정성이 보낸 7인이 와서 토산물을
바쳤다.

조선은 7월 26일에 체찰부사 모순牟恂을 대마도로 보내고, 8월 2일에 강권
선康勸善을 초무관招撫官으로 삼아 일기도로 보냈다.

8월 16일에 종정성이 13인을 보내 토산물을 바쳤다. 이날 일기도 좌지佐志
원차랑源次郞이 중 시음지 등 3인을 보내 토산물을 바치고, 예조에 서신을 보냈
다. 그 요지는 다음과 같다.

"부친의 옛 법칙을 따라서 상국上國에 예를 갖추어 보내니, 임금님
께 아뢰드리기를 바랍니다. 저는 어릴 때부터 나라의 권력을 잡아 이미
10여 년이 되었사오나, 화호의 뜻을 통하지 못했습니다. 그래서 작은 배
를 띄워서 사자를 보내옵고 화호를 맺어 감히 변치 않겠습니다. 상국에서
건너오는 배편에 하사품을 주시면 더욱 은의恩義로 여기어 폭력을 금하
고, 임금님을 사랑하는 마음을 품게 될 것입니다. 변변치 않은 토산물을
별폭에 기록하나이다."

예조는 답서를 보내, 화호를 회복하고 폭력을 막겠다는 뜻이 아름답다고 격려하고 선물을 보냈다. 8월 28일과 9월 7일에 종정성이 사람을 보내고, 9월 24일에 종언칠이 사람을 보내 토산물을 바쳤다.

이해 10월 13일에 통신사로 갔던 변효문卞孝文이 떠난 지 8개월 만에 경상도 옥포에 도착하여 보고서를 올렸다. 그 내용이 매우 자세하여 요지만 소개하면 다음과 같다.

"처음에 대마도에 이르니 종정성이 하사한 물건을 받고 네 번 절하고 사신을 인도하여 적간관赤間關(지금의 시모노세키下關)의 대내大內 다다량교홍多多良教弘에게로 갔는데, 그가 후하게 대접하고, 경도京都에 사신이 간다는 소식을 전했습니다. … 병고兵庫에 이르러, 먼저 통사를 경도로 보내 보고하게 하니, 수호관守護官이 말하기를, '국왕께서 연소하여 여러 대신이 권세를 제멋대로 부리며, 사신을 접대하려면 비용이 드는데, 나라에만 예물禮物이 있고, 자신들에게는 아무런 이익이 없기 때문에 사신이 오는 것을 거절할 것이니 회보를 기다리지 말고 바로 가는 것이 좋다.'고 했습니다. … 또 통사가 다녀와서 하는 말이, '경도에 들어가서 태화수太和守를 만났더니, 왜 회보도 기다리지 않고 왔는가? 관령管領이 받아들이지 않기로 했다.'고 했는데, 저희들이 '회보를 오래 기다리다가 오지 않아 부득이 왔다.'고 했더니, '거절할 수 없으니 접대하겠다.'고 했습니다.

신들이 경도에 들어가 관關에 이르니, 국왕이 전상殿上에 앉아 있었습니다. 서계書契를 올리니 승려가 받아 안상에 올려놓았습니다. 신들이 온 목적을 말하니, 신하들이 '국왕이 연소하여 천천히 아뢰겠다.'고 했습니다.

경도의 상국사相國寺에 가서 죽은 국왕에 제사했는데. 태화수가 '조선의 예대로 하라.'고 했습니다. 국왕은 어려서 나오지 않았는데 국왕의 어미가 몰래 와서 보았습니다. 제사가 끝나고 나서 관령管領과 만났는데, 관령은 동쪽에, 사신은 서쪽에 앉으라고 하여, 신들이 동쪽에 앉겠다고 항의했으나 받아들이지 않았습니다. 그러나 서로 읍하고 앉았습니다. 신들이 회례사를 보내겠느냐고 물으니, 예전에 그런 예가 없다면서 오직 청

경사請經使(불경을 요청하는 사신)만 보냈었다고 말하면서 앞으로도 청경사만
보내겠다고 말했습니다. 그리하여 중 광엄光嚴과 우춘祐春을 청경사로 삼
았습니다. 신등이 국왕의 서계와 예물을 받았는데 조금 뒤에 국왕이 죽었
습니다.

신등이 경도를 떠나 이요伊豫에 도착하니, 호송하는 자들이 지팡이를
들고 떼로 몰려들어 예물을 빼앗으려고 했는데, 신등이, '이것은 국왕이
준 물건인데 너희들이 어찌 이다지도 무례하냐.'고 야단쳤으나 듣지 않아
부득이 돈을 주었더니 그쳤습니다. 적간관赤間關(시모노세키下關)에 이르니,
광엄이 뒤쫓아 와서 말하기를, '우리 국왕의 동모제同母弟가 즉위했는데
나이가 9세입니다.'라고 말했습니다.

산구(야마구치山口)에 이르러 죽은 대내전에 제사하고, 다다량교홍에게
말하기를, '당연히 사자를 보내 사례해야 한다.'고 말하자 그렇게 하겠다
고 말했습니다.

일기도에 이르러 들으니 왜인이 제주 배를 표략하여 사람과 물건을 사
로잡아 왔다고 하므로, 교홍과 광엄 등에게 힘써 쇄환할 것을 청했더니,
지좌志佐에게 글을 보내 추쇄하게 하겠다고 했습니다. 박다博多에 이르러
사로잡혀간 사람들이 일기도의 모도포에 있다고 들어서, 부사 윤인보와
서장관 신숙주申叔舟를 보내 7명을 찾아서 대마도에 왔습니다. 종정성은
자신도 공이 있다고 하면서 7명 가운데 3명은 자신이 조선에 바치겠다고
하여 그곳에 머물러 두고 이예李藝에게 부탁하고 왔습니다."

이상이 변효문의 보고인데, 만나본 국왕이 또 죽고, 그 동생이 즉위한 사실
을 알게 되었고, 또 제주도에서 사로잡아간 7명을 쇄환한 사실도 알게 되었다.
특히 앞서 세종 21년에 고득종高得宗이 통신사로 갔을 때에도 일본 국왕이 죽었
는데, 이번에도 일본 국왕이 또 죽어 일본에서 통신사를 환영하지 않는다는 말
이 들려 왔다. 사신 광엄이 또 통신사를 보내지 말고 죽은 왕의 제물을 자신이
가지고 가겠다고 말하여 그대로 따랐다.

그런데 변효문의 보고에는 없으나, 이때 서장관書狀官으로 갔던 신숙주申叔舟
가 대마도주 종정성과 〈계해약조癸亥約條〉를 맺고 왔다는 사실이 이해의 《실록》

에는 보이지 않으나, 그 뒤 《실록》에는 보인다.

또 성종 6년 6월 21일의 신숙주申叔舟의 졸기卒記를 보면, 세종 25년에 서장관 신숙주가 일본에서 돌아오다가 대마도주 종정성과 세견선歲遣船 제한 약조를 맺었다고 되어 있다. 그러나 구체적인 내용이 없는데, 〈계해약조〉의 구체적인 내용이 연산군 이후로 자주 거론되면서 왜인의 선박을 규제하는 근거로 이용되고 있다.

〈계해약조〉의 내용은 다음과 같다. ① 왜인이 조선에 보내는 세견선歲遣船을 1년에 50척[또는 60척]으로 제한하고, ② 선원 수는 큰 배 40명, 중간 배 30명, 작은 배 20명으로 정하고, 이들에게는 식량을 지급한다. ③ 삼포에 머무르는 자의 기한은 30일로 한하되, 상경한 자의 간수인看守人은 50일로 정한다. ④ 고도와 초도에서 고기잡이하는 자는 지세포 만호의 허락을 받은 뒤에 고기를 잡고, 이어서 어세漁稅를 내야 한다. ⑤ 왜인에게 주는 1년의 세사미두歲賜米豆는 200석으로 제한하기로 합의했다는 것이다.

그러나 위 약조 가운데 ② 배를 타고 오는 선원 수를 제한한 것, ④ 고도와 초도에서 고기잡이하는 어세를 지세포에 바치게 하는 일 등은 이미 세종 22~23년에 결정되어 대마도에 통보되어 실행되고 있었음은 이미 앞에서 설명했다.

그러면 다시 세종 25년 10월 이후 왜인의 조공내왕을 알아보면 다음과 같다.

10월 15일에는 대마도 육랑차랑이 3인을 보냈다. 10월 16일에는 집현전 직제학 신석조辛碩祖를 경상도에 보내 일본 사신을 접대하게 했다. 사신이 북향하여 술을 받도록 하라고 명했다. 이는 일본 사신을 조선 임금의 신하로 대접하라는 뜻이다.

10월 19일에 통신사 변효문이 귀경하니 임금이 만나봤다. 변효문이 국왕의 서계와 예물을 임금에게 바쳤다. 서계에는 보낸 토산물을 절하면서 받았다고 하면서 자신들의 토산물로 채화부채 100자루, 긴 칼 2자루, 크고 작은 홍칠 나무 다완茶梡 70벌, 크고 작은 붉은색 낮고 네모난 그릇 20벌, 크고 붉은 통 2개를 바쳤다.

임금은 일본 국왕이 또 죽었으니, 통신사를 또 보내야 하느냐고 예조판서 김종서에게 물으니 김종서가 대답하기를, "우리나라 사신이 옛적이 일본에 갔었는데, 그들의 국사國史(日本書紀)에 '조선이 내조來朝했다.'고 기록했습니다. … 일본은 사대事大할 나라도 아니고, 그렇다고 환란과 재앙을 서로 구제하는 나라도 아니며, 다만 뒷날 서로 통할 일이 있을까 생각하여 사신을 보냈던 것입니다. 지금 통신사가 돌아왔는데 다시 보낼 필요가 없습니다."라고 말하여 임금이 따랐다. 김종서는 삼국시대 우리나라 사신이 일본에 간 것을 마치 조공朝貢을 바치러 온 것처럼 《일본서기》에 기록한 것을 들어 저들의 건방진 태도를 경계하고 있으며, 또 일본은 우리가 어려움에 처했을 때 도와주는 나라도 아님을 들어 통신사를 자주 보낼 필요가 없다고 말한 것이다.

10월 24일에 이예李藝가 종정성과 더불어 조선인을 죽인 왜인 두목을 잡아 돌아왔는데, 11월 1일에 선산부에서 임금에게 급히 보고했다. 종정성이 13인을 잡아 이예에게 주어 데리고 왔으며, 그들이 약탈해간 재물도 찾아서 왔다고 보고했다. 왜인 1명은 수색할 때 스스로 목을 찔러 죽었으므로 그 목을 베어 가지고 왔다고 했다. 이로써 제주도 사건은 일단락되었다.

11월 14일에 종정성이 8인을 보내 토산물을 바치고, 11월 17일에는 살마주薩摩州 태수 등원귀구藤源貴久가 오랜만에 8인을 보내 토산물을 바쳤다.

11월 18일 일본 국왕 사신 광엄光嚴 등 29인이 서울에 왔다. 사신이 가지고 온 서계書契에는 《대장경》 전질을 보내 달라고 청구했다. 그러면서 예물로, 큰 칼 10자루, 긴 칼 10자루, 창 10조, 도금하고 그림 그린 병풍 1쌍, 여러 색깔의 밀견密絹 20단, 채화부채 100자루, 도금한 조자銚子 10개, 도금한 제자提子 10개를 바친다고 적었다.

11월 20일에 임금이 경복궁 사정전에 나아가 광엄 등 29인의 사신을 접견했다.

11월 22일 동짓날에 임금이 백관을 거느리고 망궐례를 행하니 왜인과 야인 70여 인이 참예하여 그들에게 음식을 먹였다. 광엄이 술에 취하여 감복하고, 찬탁 위에 있는 녹화綠花를 달라고 하면서 "본국에 돌아가서 자랑하고 싶다."고 말하여, 그 꽃을 주었다.

12월 11일에 종정성이 사람을 보내 토산물을 바치고, 이날 대내大內의 다다량교흥이 26인을 보내 예조에 글을 올렸다. 선친에게 제사를 지내주고 예물까지 하사한 것에 대한 감사를 표하고, 예물을 보냈다. 그 예물은 갑옷 1벌, 창 10자루, 큰 칼 20자루, 병풍 1쌍, 과자반 50개, 연위초 3필, 접부채 20자루 등이었다.

또 그 글에서, 《비로법보존경毘盧法寶尊經》 1질을 청하고, 이에 대한 예물로 백련주 5필, 황련주 5필, 청련주 5필, 부채 50자루, 큰 그릇 2벌, 작은 그릇 2벌, 능화탁자 20개, 첩자[접시] 100개, 과자분 30개, 소방목蘇方木 500근, 검은 시수柿樹 50근, 등藤 1천 본을 따로 바쳤다.

12월 12일에 종정성이 보낸 왜인이 하직하니, 면주 5필, 목면 5필, 유의襦衣 2벌, 갓, 안자를 하사하고, 종정성의 아들에게도 내년에 장가를 든다고 하니 선물을 주고, 종성가, 종언칠, 종무직, 육랑차랑 등 대마도 토호들에게도 차등 있게 선물을 주어 보냈다.

12월 14일에 또 도적을 잡아 보낸 종정성의 공로를 치하하여 다시 선물을 하사했다.

12월 20일에는 대내, 덕모, 경유 등이 토산물을 바치니, 임금이 사정전에서 만나보고, 그들이 성심으로 조선을 섬기는 것을 치하했다.

이해 대마도 왜인에게 하사한 미두는 모두 80석에 지나지 않았다. 그러나 왜인들을 먹이는 데 들어간 식량은 따로 있었다.

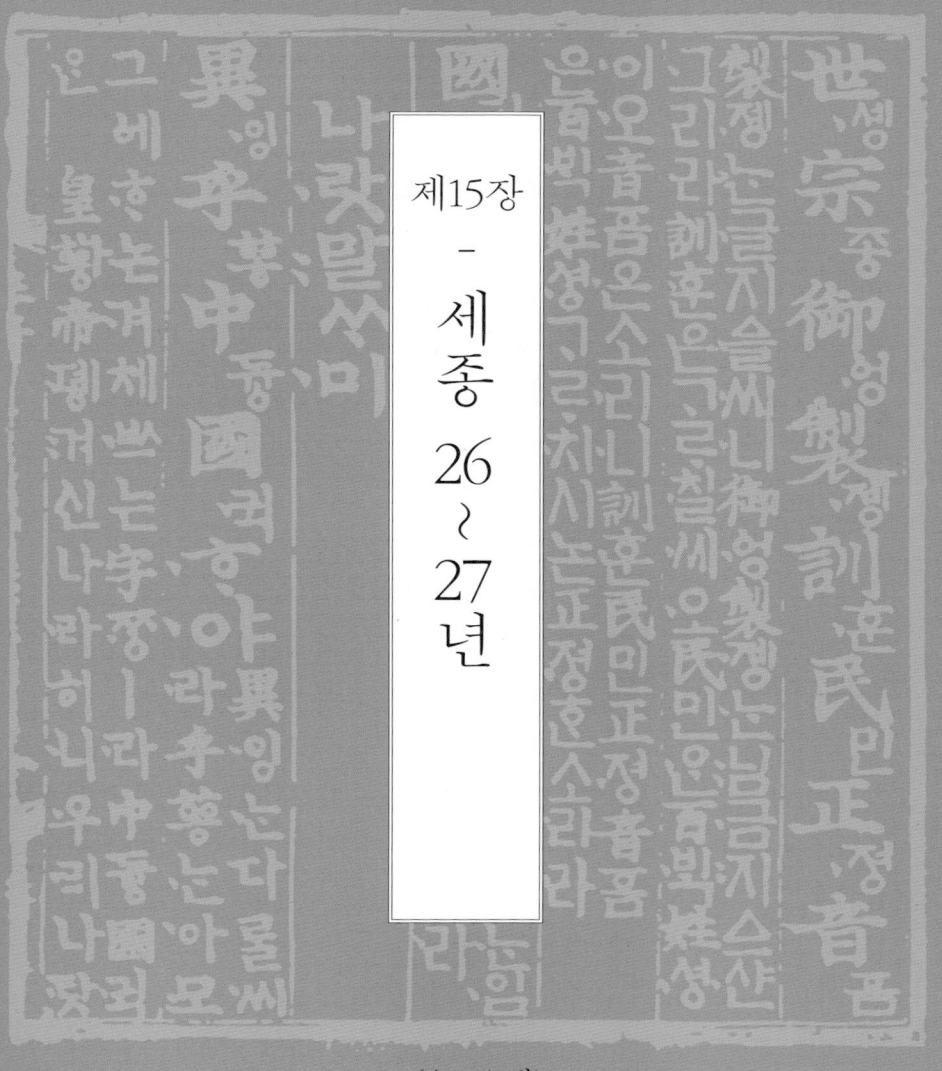

제15장
-
세종
26
~
27
년

(48~49세)
1444~1445년

1. 최만리와 '훈민정음'을 놓고 논쟁하다 [세종 26년]

세종 25년(1443) 47세의 임금이 12월 30일에 '훈민정음'[언문] 창제를 발표했음은 앞에서 이미 설명했다. 세종은 훈민정음 창제를 발표한 직후에 두 가지 언해사업에 착수했다. 하나는 세종 24년부터 편찬되기 시작한 《용비어천가》의 언해사업이고, 다른 하나는 중국 운서韻書의 언해사업이다. 전자는 전주이씨 왕실가문이 조선왕조를 개창한 사업을 찬양하는 책을 한문과 언문을 사용하여 만드는 사업이고, 후자는 중국어 통역관들이 정확한 중국어를 배우도록 하기 위해 한자음을 언문으로 번역하는 사업이다.

세종은 《용비어천가》의 편찬사업과 언해사업은 공개적으로 추진하지 않았다. 《실록》에도 언제 누구에게 편찬사업을 맡겼다는 기록이 없다. 재위 24년에 이성계의 운봉전투에 관한 구전을 수집하라고 전라도 감사에게 명했는데, 장차 《용비어천가》를 만들기 위함이라고 간단하게 기록되어 있을 뿐이다.

그러다가 세종 27년 4월 5일에 우찬성 권제, 우참찬 정인지, 공조참판 안지 등이 《용비어천가》 10권을 편찬하여 올렸다는 기록이 갑자기 나타난다. 이로 보건대, 이 책의 편찬은 완전한 비밀사업은 아니지만, 비교적 은밀하게 추진된 것을 알 수 있다. 이 사업은 왕실선양사업이므로 신하들의 처지에서 본다면 불요불긴한 사업이었을 것이기 때문이다.

이런 이유로 세종이 공개적으로 언해사업으로 추진한 일은 중국어 언해사업이었다. 그것은 중국과의 외교상 중대한 일이기 때문에 명분이 뚜렷하다고 여겼을 것이다. 세종 26년 2월 16일에 임금이 공식적으로 이 사업을 명했다. 집현전 학자인 교리 최항崔恒, 부교리 박팽년朴彭年, 부수찬 신숙주申叔舟, 이선로李善老, 이개李塏, 돈녕부 주부 강희안姜希顔 등 젊은 신하들에게 원나라 때 편찬한 《고금운회古今韻會》와 명나라 초기에 편찬한 《홍무정운洪武正韻》 등의 운서韻書를 언해하는 작업을 맡기고, 그 편찬책임은 세자와 진양대군[수양대군], 안평대군에게 맡겼다. 또 이 작업을 하는 장소는 세자가 정무를 집행하고 있던 의사청議

事廳에서 하라고 명했다.

그런데 중국의 운서들은 그 어느 것도 완벽한 것이 없었다. 중국의 한자음은 역사적으로 달라지고 지방에 따라서도 다르기 때문에 확실한 정음正音의 표준을 세우는 일이 쉽지 않았다. 수많은 종족이 섞여 사는 중국의 표준음을 만드는 것이 어찌 쉬운 일이겠는가? 그래도 명나라가 표준음을 만들려고 노력한 것이 《홍무정운》이다. 세종은 평소 우리나라 역관들이 중국말을 제대로 하지 못하는 것을 늘 아쉽게 여겼기 때문에 이 사업을 추진한 것이다.

이때 시작된 《운회》와 《정운》의 언해사업은 3년 뒤인 세종 29년 9월 29일에 완료되었는데 그것이 바로 《동국정운東國正韻》이다. 이 책에 대해서는 뒤에 다시 설명할 것이다.

훈민정음이 창제되어 언해사업이 시작되자 예상했던 대로 집현전 원로학자들이 들고 일어나서 혹독하게 비판했다. 당시 집현전 최고책임자인 최만리崔萬理(韻書, ?~1445)[234]가 몇 사람의 집현전 동조자를 모아 세종 26년 2월 20일에 '언문' 제작의 부당함을 항의하는 상소를 올렸다. 이로써, 집현전은 공식적으로 훈민정음 창제에 관여하지 않았다는 것을 알 수 있다.

상소문은 매우 길지만, 그 요지는 다음과 같다. ① 훈민정음의 창제가 '차동궤 서동문車同軌 書同文' 곧 중국의 글과 법도를 같이 해야 하는 사대事大와 모화慕華의 예에 어긋난다는 것, ② 몽골, 서하, 여진, 일본, 티베트 등 오랑캐만이 고유문자를 가지고 있으니 스스로 오랑캐의 길을 따른다는 것, ③ 설총薛聰이 만든 이두吏讀는 한자를 배우는 데 도움을 주었으나, 언문은 그렇지 못하여 한문과 성리학을 기피하는 결과를 가져온다는 것, ④ 언문은 새롭고 기이한 하나의 기예技藝에 지나지 않아 학문과 정치에 해롭다는 것, ⑤ 언문을 쓴다고 형옥刑獄이 공

---

234) 최만리는 본관이 해주로서 고려 때 해동공자로 불렸던 최충崔冲의 12대손이다. 아버지는 최하崔荷, 할아버지는 최안해崔安海, 증조는 최공崔珙이다. 세종 원년에 생원으로서 문과에 급제하여 집현전 박사에 제수된 후 계속 승진하여 부제학에 이르렀다. 한때 관찰사를 지내기도 했다. 처음에는 세종의 총애를 받았으나, 세종이 만년에 불교행사를 거행하고, 세자에게 섭정을 시키고, 훈민정음을 만들자 이를 모두 반대하는 상소를 올려 임금과 갈등을 일으켰다.

평해지는 것은 아니라는 것, ⑥ 백관의 여론을 듣지도 않고 갑자기 만들었다는 것, ⑦ 10여 명의 아전배들에게 갑자기 배우게 하는 것, ⑧ 옛 사람이 이미 만든 중국의 《운서韻書》를 고치고 번역하기 위해, 행차를 떠나 쉬어야 할 이때 급하지 않은 언문을 가지고 성상의 건강을 해치고 있다는 것, ⑨ 성학聖學(성리학)을 배워야 할 세자에게 《운서》 언해를 맡겨 정사에 지장을 주고 있다는 것 등이다.

그러니까 '언문'을 만든 것은 사대事大와 모화慕華의 명분에도 맞지 않고, 실제의 정치에도 도움이 되지 않고, 또 신하들의 의견도 듣지 않고 비밀리에 만들었다는 것이다. 특히 임금이 언문을 통해 형옥刑獄을 공평히 하고, 중국의 《운서》를 바로잡는 일이 모두 도움이 되지 않는다는 것을 지적하고 있다.

최만리의 상소를 접한 임금은 즉시 최만리의 비판을 조목조목 반박했다. 아마도 이미 충분히 예상했던 일일 것이다. 그 요지는 이렇다.

"그대들이 말하기를, '소리를 사용하여 글자를 합한 것이 모두 옛글에 위배된다.'고 하는데, 설총의 이두吏讀도 음을 다르게 만든 것이 아닌가? 또 이두를 만든 본뜻도 백성을 편리하게 하려고 한 것이고, 지금의 언문도 백성을 편하게 하는 것인데, 설총은 옳다고 말하고, 내가 하는 일은 그르다고 하는 이유는 무엇인가?

또 그대들이 《운서韻書》를 아는가? 4성四聲(平上去入)과 7음七音에 자모字母가 몇이나 되는가? 만일 내가 《운서》를 바로잡지 않는다면, 누가 그 《운서》를 바로잡겠는가?

또, 그대들이 '새롭고 기이한 하나의 기예技藝'라고 했는데, 내가 늘그막에 소일하기가 어려워서 옛날 서적으로 벗을 삼고 있는데, 어찌 옛것을 싫어하고 새것을 좋아하여 하는 일이겠는가? 내가 사냥하면서 매를 날리는 것도 아닌데, 기예라고 말하는 것은 지나치지 않은가?"

임금의 반박을 받은 최만리 등이 대답했다. 그 요지는 이렇다.

첫째, 이두는 한자漢字에 붙여서 이두를 조어助語로 쓰고 있지만, 언문은 한자와 완전히 떨어진 독립된 문자라는 것, 둘째, 한 가지 기예라고 한 것은 그저 지나가는 말이고 별다른 뜻이 없다는 것, 셋째, 세자가 세세한 일을 처리하기에도 바쁜데 급하지도 않은 언문 일에 매달릴 필요가 없다는 것이다.

임금은, 언문을 반대하는 데 동조한 집현전 학자로 김문金汶(?~1448)[235]과 정창손鄭昌孫(1402~1487)[236]을 지목했다. 전에는 김문이 언문을 만든 것을 찬성하더니 이제는 반대한다고 태도를 바꿨으며, 임금이 "《삼강행실》을 언문으로 번역하면 효자, 충신, 열녀가 나오는 데 도움이 되지 않겠느냐."고 하자, 정창손이 "책을 만든다고 충신, 효자, 열녀가 나오는 것이 아니라, 사람의 자질 여하에 달려 있다."고 말했다고 하면서 "이 사람들은 이치를 아는 유자儒者들이 아니고 아무짝에도 쓸데없는 속유俗儒들일 뿐."이라고 질타했다. 임금이 이렇게 집현전 학자들을 노골적으로 거친 말을 써가면서 비판한 것은 처음 있는 일이다.

그동안 그토록 임금을 도왔던 집현전 학자들이 임금이 점차로 불교佛敎에 빠지고, 언문을 창제하면서 임금에게 등을 돌리는 학자들이 늘어나게 되었고, 임금도 그런 신하들에게 배신감을 느끼기 시작했던 것이다. 임금은 드디어 최만리를 비롯하여, 이번 상소에 가담한 김문, 정창손, 하위지河緯地, 송처검宋處儉, 조근趙瑾 등을 의금부에 가두게 했다가 다음 날 풀어주었다. 특히 전과 달리 말을 바꾼 김문은 그 이유를 의금부에서 조사하라고 명했다. 임금과 집현전 학자들이 점차로 서로 다른 길을 걸어가기 시작한 것이다. 또 이번 논쟁을 통해서 집현전이 훈민정음 창제에 참여하지 않았고, 임금이 독자적으로 비밀 프로젝트로 만들었다는 것이 명백하게 드러났다.

---

235) 김문은 언양김씨로서 어머니가 무당이었다고 한다. 집안이 매우 미천한 것을 알 수 있다. 그래도 재주가 있어 세종이 그를 발탁하여 집현전 학사로 임명했다.
236) 정창손은 동래정씨로서 아버지는 중추원사 정흠지鄭欽之이고, 좌찬성 정갑손鄭甲孫은 그의 형이다. 집안이 좋은 인물이다.

2. 안질 치료를 위해 청주 초수리에 두 번 행차하다 [세종 26년]

언문을 둘러싸고 최만리 등과 한바탕 논쟁을 벌인 임금은 8일 뒤인 세종 26년 2월 28일에 목욕을 위해 왕비 및 세자와 더불어 청주 초수리로 행차를 떠났다. 전에는 안질을 고치기 위해 온천에 목욕하는 행차를 다녀왔으나 이번에는 온천이 아니고 약수로 눈을 씻고 마시기 위해 행차를 떠난 것이다. 최만리가 온수여행을 앞두고 왜《운서》언해사업으로 마음을 괴롭히느냐고 말한 것이 바로 이것이다.

이보다 앞서 1월 27일에 어떤 사람이 충청도 청주淸州에 물맛이 호초[후추] 맛과 같은 것이 있어 이를 초수椒水라고 하는데, 모든 질병을 고칠 수 있고, 목천현과 전의현에도 또 이런 물이 있다고 말했다. 임금은 이 말을 듣고 내섬시 윤을 보내 행궁을 건설하라고 명하고, 안질을 앓고 있는 몇 관원을 보내 목욕한 후 그 효과를 시험해 보라고 했더니, 안질이 조금 나았다고 말했다. 그래서 행차를 떠난 것이다.

2월 28일에 어가가 양지현에서 유숙했는데, 85세쯤 된 노인이 수레 앞에서 원통함을 호소하자 병조에 명하여 이유를 듣게 하고, 술과 음식을 먹이고 면포 1필을 하사했다. 그 뒤로 죽산과 진천을 거쳐 3월 2일에 청주 초수리에 도착했다.

3월 20일에 초수리 부근의 노인과 어린이 280명에게 술과 음식을 하사하고, 3월 21일에는 청주 인민에게 매호마다 벼 2석씩을 하사했다. 이날 청주 경내 80세 이상 노인 26인에게 미두 2석을 하사하고, 70세 이상인 자 30인에게도 미두 1석씩 하사했다. 3월 24일에는 초수리 부근 농민 38호戶에 술과 고기를 하사했다. 4월 4일에는 전의현 초수에 관원을 보내 안질치료를 시험하게 했다.

임금은 초수 치료가 효험이 있는 듯하여 두 달간 머물다가 5월 3일에 귀경길에 올랐다. 이날 진천 북방에서 유숙했는데, 한 노인이 어가 앞으로 와서 하소연하자 도승지 이승손이 이를 막으려 했다. 임금이 "그녀가 늙어서 불쌍하니 병조에서 사정을 듣고 처결하라."고 명했다.

5월 5일에 어가가 양지현에 도착했을 때 경기감사 이선李宣과 사헌부가 식량이 부족한 백성들이 어가 앞에서 하소연할까 염려하여 그들의 관망을 금지하자, 임금이 형조에게 명하여 조사하게 했다. 어가는 다음 날 광주 낙생역에 유숙한 뒤 5월 7일에 환궁했다.

6월 7일에 임금은 충청도 감사에게 유시하여 지난번 행차 때 초수를 써서 눈을 치료한 사람과 그렇지 않은 사람, 초수를 먹고 효험을 본 사람과 그렇지 않은 사람을 자세히 조사하여 보고하라고 일렀다.

임금은 윤7월 15일에 다시 왕비와 더불어 청주 초수리로 두 번째 행차를 떠났다가 이해 9월 22일에 귀경길에 올라 9월 26일에 환궁했다. 두 달 이상 체류한 셈이다. 1년에 두 번이나 지방행차를 다녀온 것은 처음이다. 그러나 청주 행재소에서도 〈공법貢法〉 등 중요한 정사를 보았다. 그런데 안질이 나아졌는지 여부는 기록이 없어서 알 수 없다.

임금은 훈민정음 창제를 반포한 이후에는 이상하게도 질병에 대하여 심각하게 말하지 않고, 세자에게 섭정을 맡기면서도 오히려 정사에 열성을 보였다. 질병을 이유로 거의 정사를 포기하다시피 했던 세종 23~24년의 태도와는 전혀 다른 모습이었다. 어려운 일을 끝내고 장기간 휴가를 통해 건강상태가 좋아진 것인지, 아니면 그동안 훈민정음 창제를 위해 병을 핑계로 정사를 소홀히 한 것인지, 그 진실은 세종만이 알고 있을 것이다.

3. 〈공법〉을 개정하여 확정하다 [세종 26년]

세종 25년에 '전제상정소田制詳定所'를 설치하여 〈공법貢法〉을 개정하여 수확량을 기준으로 하는 결부법結負法을 면적을 단위로 하는 경무법頃畝法으로 바꾸는 〈공법절목〉을 만들고, 이에 따라 주척周尺을 사용하여 몇 군데 시험지역에서 양전量田을 하게 했음은 앞에서 이미 설명했다. 그러나 이해에는 종전에 만든 〈공법〉에 따라 하삼도에서 전세를 받았다.

그런데 〈공법〉에 대한 불만은 그치지 않고 일어났다. 본래 부자는 많이 내고 가난한 자는 적게 내도록 하는 것이 〈공법〉의 목적이었으나 결과는 정반대로 나타나고, 국가세입은 거의 2배로 늘어났다. 국가가 너무 조세를 많이 거둔다는 불만이 커졌다.

〈공법〉의 또 다른 문제점은 풍년에는 최고 조세율이 20두에 지나지 않아 환영을 받았으나, 흉년이 드는 해에는 농사를 망쳐도 정액세를 내야 하기 때문에 백성의 고통이 심했다. 그래서 찬성과 반대가 끊임없이 반복되었다.

세종은 26년 1월 10일에 하삼도 도순찰사 정인지에게 유시하여, 위에 제기된 문제점을 시정하라고 명했다. 1월 20일에는 의정부가 호조의 정문을 받아들여 임금에게 경무법頃畝法의 문제점을 시정할 것을 건의했다. 즉 경무법을 따르면, 주척周尺[237]으로 토지를 측량하여 사방 5척[238]을 1보步로 정하고, 240보로 1무畝[239]를 정하고, 240무로 1경頃[240]을 삼는 것인데, 만약 1무畝가 못 되고 239보가 되면, 1무의 세를 받을 수 없으므로, 239로 나누어 세를 받아야 하니 일이 매우 복잡해진다는 것이다.

그래서 이를 고쳐 사방 5척으로 1보를 삼고, 24보로서 1분分을 삼고, 10분으로 1무畝를 삼고, 100무로 1경頃을 삼고, 5경으로 1자정字丁을 삼되, 분 아래의 남은 수가 절반 이상이면 1분으로 삼고, 절반 이하이면 버리는 것으로 규칙을 삼자고 했다. 다시 말하면 보步와 무畝 사이에 분分을 하나 더 설정하자는 것이다.

---

237) 주척周尺은 한 자의 길이가 요즘 척도로 계산하면 약 20.4cm이다.
238) 1보步가 주척周尺으로 사방 5척이면, 요즘 미터법으로는 약 1.04㎡로서 사람의 한 걸음 거리에 매우 가깝다.
239) 1무가 사방 240보이면, 미터법으로 약 249.6㎡에 해당한다. 평수로는 약 75.5평이다.
240) 1경이 사방 100무이면, 미터법으로는 약 24,960㎡, 평수로 계산하면 약 7,550.4평이다.

또 각 도 각 고을의 상, 중, 하 3등의 전지田地에 대한 종전의 결부속結負束 아래에 경무법頃畝法으로 고친 숫자를 따로 책자로 만들어 인쇄하여 반포하면 계산하는 데 편리할 것이라고 했다. 왜냐하면 오랫동안 결부법에 익숙해진 농민들에게 갑자기 면적단위인 경무법의 숫자를 들이대면 당황하게 되어 혼란을 일으키기 때문에, 두 가지를 병기하여 대조표를 만들어 농민들에게 나누어 주자는 것이다.

그런데 이해 6월 6일에 진양대군이 주도하는 전제상정소에서 자尺를 3등급으로 나누어 사용하자는 주장, 수전水田과 한전旱田의 수세를 어떻게 차별화할 것인가 등에 관한 여러 다양한 의견을 다시 수렴하여 6조 참판 이상의 대신들에게 의견을 묻게 하자고 건의했다. 대신들이 의논한 결과 경무법은 많은 사람이 놀라고 있으며, 전분5등은 1~2등이 너무 많아서 불편하다는 의견을 제시했다.

그러자 임금이, "경무법을 고쳐서 다시 옛날대로 결부속파법結負束把法[241]으로 하고, 5등전의 1~2결을 고쳐서 다시 6등으로 나누고, 토지측량은 주척周尺을 하고, 동과同科로 수세하는 것이 어떠냐?"고 물었다. 대신들은 모두 "좋습니다."라고 말했다. 결국 경무법을 폐지한 셈이다.

위 합의에 따라 전제상정소는 6월 23일에 임금에게 아뢰기를, "앞으로 6등의 전지를 동과로 수세하게 되기 때문에, 소출의 많고 적음에 따라서 6등 전지의 넓고 좁음을 정하려고 합니다. 가령, 하전척下田尺으로 측량한 1결의 땅이 만약 상상품上上品의 비옥한 땅이라면 상상년上上年의 소출이 한전旱田은 몇 석이고, 수전은 몇 석인가. 또 만약 하하년의 소출은 한전이 몇 석이고 수전은 몇 석인가. … 등을 의정부와 육조의 관원 및 전제상정소의 별감 등으로 하여금 의논하게 한 다음에 마감하소서." 하고 건의했다.

그 뒤 7월 4일에 전제상정소는 다시 미진한 부분을 아뢰었다. 각 등급의

---

241) 결부속파법은, 벼를 베어 한 줌이 되는 분량을 파把(줌)로 부르고, 10파는 한 다발이 되므로 속束(다발)으로 부르고, 10속은 지게로 한 짐이 되므로 부負(짐)로 부르고, 100부가 되면 결結로 부른 것이다. 즉 수확량을 기준으로 단위를 정한 것이다.

한전과 수전에 들어가는 어떤 곡식의 종자곡이 몇 석이고, 수확은 몇 석인가, 또 각 등급의 전지에서 연분年分의 등급에 따라 소출되는 수확이 몇 석인가를 각 고을의 품관品官과 노농老農에게 묻고, 관둔전官屯田에 대해서도 마찬가지로 물어서 보고하게 하는 것이 어떻겠느냐고 하여, 임금이 허락했다.

〈공법〉을 둘러싸고 신하들의 반대도 많고, 수정하자는 요구도 많던 가운데, 임금은 윤7월 15일에 청주로 행차하여 행재소에 있었는데, 윤7월 23일에 호종하던 예조판서 김종서, 병조판서 한확, 그리고 우참찬 이숙치에게 이런 말을 했다.

> "내가 여러 가지 일에 있어서 여러 사람의 의논을 따르지 않고 대의
> 大義를 가지고 강행하는 적이 자못 많았다. 수령의 6기법, 양계의 축성,
> 행수직行守職에서 자급資級을 따르게 한 일 등은 남들이 모두 불가하다
> 고 했으나 내가 여러 의논을 물리치고 이를 행했다. 요즘에는 〈공법貢法〉
> 을 시행하고자 했더니, 모든 신민臣民들이 또 불가하다고 하므로 내가 상
> 세하고 명확하게 타일렀다. 그러나 아직도 오히려 깨닫지 못하니, 내 〈공
> 법〉의 시행을 정지하고자 한다."

자신이 대의大義로서 〈공법〉을 하고자 하는데 신민들이 반대하여 그만두겠다고 한 것이다. 그러나 이 말은 정말로 그만두겠다는 말이 아니다. 세종은 상대방의 반대의견을 일단 존중하는 뜻에서 그렇게 말한 것뿐이다.

그러자 예조판서 김종서와 승지들이 "폐지할 수 없습니다. 매년 가을에 경차관을 보내 전지의 품질을 살펴보게 하되, 기한을 급하게 정하지 말고 10년을 한정하여 기다리는 것이 좋겠습니다."라고 말했다. 병조판서 한확 등은, "잠시 〈공법〉을 정지시켰다가 후일을 기다리는 것이 어떻겠습니까?" 하고 말했다.

그러자 임금은, "정지하고자 한다. 그러나 큰 일을 이미 결정했다가 중도에 폐지하는 것은 옳지 않다."고 했다. 정지한다고 말했다가 정지하지 않는다고 말하니 앞뒤가 맞지 않지만, 이것이 바로 세종의 독특한 어법이다. 진심은 마지막 언급이다. 세종을 연구할 때 이런 화법을 깨닫지 못하면 임금의 진심을 곡해하

기 쉽다.

《실록》에는, 임금이 이렇게 말을 한 이유를 사관史官이 적어 놓았다. 지난해 한재旱災로 흉년이 들어서 백성들이 모두 슬픈 모습을 하고 있을 때 경차관을 경기도와 하삼도에 내려보내 전품田品을 구분하게 했더니, 경차관들이 제조提調의 뜻에 영합하여 중하전中下田을 상전上田으로 정했다. 인사평가를 할 때 상전上田이 많다고 한 자를 상위上位로 하고, 하전下田이 많다고 한 자를 파면시키니, 조정의 여론이 시끄러워져서 진정되지 않았다. 그래서 임금이 대신들과 의논한 것이라고 했다.

그로부터 사흘 뒤인 윤7월 26일에 임금은 다시 예조판서 김종서, 병조판서 한확, 충청감사, 언관들을 불러 놓고 〈공법〉을 시행하겠다는 뜻을 이렇게 밝혔다.

"내가 〈공법〉을 시행하고자 하나, 대소 신민臣民들이 입법의 뜻을 모르고 의논이 각기 다르니, 장차 하삼도의 한두 고을에 대신을 보내 전법田法을 개정하게 하고, 백성들이 모두 나의 본의를 알게 하려고 한다. 내가 지금 정인지를 불렀으니 그가 오면 함께 의논하여 아뢰라."

그러자 다음 날 언관들이 또 흉년을 이유로 〈공법〉 시행을 반대하고 나서자. 임금은, "이처럼 아름다운 법을 내가 어떻게 시행할 수 있을까? 내가 처음에는 시행하고자 했으나 여러 사람들의 논의가 어지러워 마음속으로 장차 시행하기가 어렵겠다고 여겼다. 하지만 하지 않는다면 그만이지만, 한다면 어찌 이 말을 듣고 그렇다고 하고, 저 말을 듣고 또 그렇다고 하겠느냐?"고 하면서 언관의 말을 따르지 않았다. 말이 부드러우면서도 단호한 뜻이 담겨 있었다.

윤7월 28일에 정인지가 서울에서 행재소로 오자, 세자가 정인지, 김종서, 이숙치, 승지 등과 전품田品의 개정을 의논하고, 다음 날 청주 인근의 청안현에 경차관을 보내 전품을 분류하게 했다. 언관들이 또 연명連名하여 흉년을 이유로 또 〈공법〉을 반대하는 상소를 올렸으나 임금이 대답하지 않았다.

8월 13일에 임금은 비록 흉년이지만, 충청, 전라, 경상도 등 하삼도에서 시범적으로 몇 고을을 선정하여 전품을 분류하고, 그 나머지 지역은 하지 말라고 명했다. 충청도는 청안清安과 비인庇仁(지금의 서천군), 경상도는 함안咸安과 고령高靈, 전라도는 고산高山(완주)과 광양光陽 등 여섯 고을이었다. 그러니까 지금으로 치면 각 도의 남도와 북도에서 각각 한 고을씩 시범지역을 선정한 것이다.

그리고 임금은 그 지역의 연분年分을 그 도의 감사가 조사하여 보고하라고 명했다. 이렇게 하여 위 여섯 지역의 전품과 연분을 시범적으로 정확하게 평가하면, 이를 기준으로 하삼도 전 고을의 수세액을 정할 수 있다고 본 것이다.

임금은 8월 24일에 우선 의정부에서 정한 청안清安과 비인庇仁의 세법稅法을 정인지에게 비밀리에 유시했다. 그 세법은 이러하다.

① 충청도 청안의 경우:

57무의 토지에서 상상년上上年의 1등전 수확은 1결당 40석[400두], 6등전의 수확량은 1결당 10석[100두]이었다. 이를 새로 정한 전품으로 계산하면 아래와 같다.

상상년	(미두) 3,841석
상중년	3,457석
상하년	3,073석
중상년	2,689석
중중년	2,304석
중하년	1,920석
하상년	1,536석
하중년	1,152석
하하년	768석

과거 〈손실법〉을 따랐을 때:		그 뒤 〈공법〉을 따랐을 때:	
세종 21년	1,003석	세종 23년	(미두)2,580석
세종 22년	1,515석	세종 24년	2,358석
		세종 25년	[특별감면]1,194석

② 충청도 비인의 경우: 새로 정한 전품으로 계산하면

상상년	2,225석
상중년	2,002석
상하년	1,780석
중상년	1,557석
중중년	1,335석
중하년	1,112석
하상년	890석
하중년	667석
하하년	445석

과거 〈손실법〉을 따랐을 때:		그 뒤 〈공법〉을 따랐을 때:	
세종 20년	790석	세종 23년	1,336석
세종 21년	1,200석	세종 24년	1,359석
세종 22년	292석		

임금은 위 세법을 정인지에게 가르쳐주면서, 이렇게 말했다.

  "고려시대의 조세는 3분의 1 또는 4분의 1을 취하고 어떤 땅은 5분의 1
또는 6분의 1을 취하여 백성을 수탈함이 심했는데, 요즘 손실법을 시행
했을 때에는 관리들이 너무 소홀히 하여 수십분의 1을 수세하기에 이르
렀다. 그래서 이것이 사람들의 마음에 습관이 되어 〈공법貢法〉을 선왕先王
의 10분의 1로 정하더라도 어리석은 백성들이 알지 못할 것이다.
  위 두 고을에서 산출한 수량을 보니, 너무 과중한 듯한 의심이 든다.
장차 대신들과 다시 의논할 것이다. 경은 그런 줄 알고 비밀에 부쳐 누설
하지 말라."

위 통계 자료는 청안과 비인 두 지역의 과거 〈손실법〉 시절의 수세량, 과
거 3년간 〈공법〉을 시행한 뒤의 수세량, 그리고 지금 새로 정한 수세량을 비교
한 것이다. 이 수치를 보면, 〈손실법〉 때보다 〈공법〉 때 수세량이 다소 늘어나

고, 지금 새로 만든 〈공법〉의 수세량도 〈손실법〉 때보다는 늘어날 가능성이 큰 것을 알 수 있다. 그래서 임금은 "너무 과중한 것 같다."는 우려를 표명한 것이다.

세종 26년 11월 13일에 드디어 전제상정소는 위에 언급한 6개 고을의 전품을 표준으로 삼아 다음과 같은 수세법을 다시 만들어 임금에게 보고했다.

먼저, 1등급의 수전水田이 최고로 풍년이 들어 상상년일 경우의 1결 소출을 80석으로 정하고, 하하년일 경우의 소출을 16석으로 정했다. 그 다음 상상년의 1등전의 수세액을 최고 30두로 가정하면, 수확량의 3.75%가 되고, 약 26분의 1세가 된다. 이런 비율로 계산하면 하하년의 소출 16석에서 받는 세금은 6두가 된다.

그러면 전지가 가장 나쁜 6등전의 경우는 어떤가? 6등전의 상상년의 수확을 20석으로 가정했다. 1등전의 4분의 1로 본 것이다. 그리고 6등전의 상상년의 수세액을 3.75%로 계산하면 7.5두가 되고, 하하년의 수확량을 4석으로 가정하면 수세액은 1.5두가 된다.

이런 식으로 2등전에서 5등전의 수확량과 연분 9등에 따른 수세액을 같은 비율로 계산해 보면 아래 표가 나온다.

〔 6등급 전지[수전]의 소출과 연분 9등에 의한 가상 수세액 계산표 〕

	소출	상상	상중	상하	중상	중중	중하	하상	하중	하하
1등수전	80석	30.0	27.0	24.0	21.0	18.0	15.0	12.0	9.0	6.0
2등수전	68석	25.5	22.9	20.4	17.8	15.3	12.7	10.2	7.6	5.1
3등수전	56석	21.0	18.9	16.8	14.7	12.6	10.5	8.4	6.3	4.2
4등수전	44석	16.5	14.8	13.2	11.5	9.9	8.2	6.6	4.9	3.3
5등수전	32석	12.0	10.8	9.6	8.4	7.2	6.0	4.8	3.6	2.4
6등수전	20석	7.5	6.7	6.0	5.2	4.5	3.7	3.0	2.2	1.5

* 소출량 단위는 석, 수세액 단위는 두
* 단 한전旱田의 소출은 수전水田의 절반으로 계산

위 표에서 6등급 전지의 1결당 최고 수확량을 80석[800두]에서 최하 20석 [200두]으로 본 것은 고려 말 과전법을 만들 때 최고 수확량을 30석[300두]으로 보고, 최고 30두의 조세를 거둔 것과 비교할 때, 수확량이 많이 늘어난 것을 보여준다. 여기에 세율이 10%에서 3.75%로 내려간 것도 획기적이다.

다음에 전제상정소는 6등급의 전지를 비옥도에 따라 1결의 면적을 다음과 같이 달리했다.

	1결의 면적	1자의 길이	미터법
1등전	38무	4척 7촌 7분	약 0.97m
2등전	44.7무	5척 1촌 8분	약 1.06m
3등전	54.2무	5척 7촌	약 1.16m
4등전	69무	6척 4촌 3분	약 1.31m
5등전	96무	7척 5촌 5분	약 1.54m
6등전	152무	9척 5촌 5분	약 1.95m

이렇게 1결의 면적을 달리한 것은 수확량을 기준으로 1결의 면적을 정한 것이다. 그리하여 6등전은 1등전에 비해 1결의 면적이 4배나 넓어졌다. 이렇게 1결의 면적이 달라도 수확량은 같기 때문에 1결당 수세액은 똑같이 부과할 수 있다. 이를 동과수세同科收稅라고 했다. 다음에, 양전量田하는 자는 주척周尺을 사용하기로 결정했는데, 토지의 등급에 따라 1척의 길이를 위와 같이 다르게 했다. 그 이유는 토지가 비옥한 땅은 1결의 면적이 작기 때문에 작은 자로 측량하고, 토지가 척박한 땅은 1결의 면적이 넓기 때문에 긴 자로 측량한다.

이 주척周尺을 오늘날의 미터법으로 계산해 보면 주척 1척은 약 20.4cm에 해당한다. 따라서 1등전의 1자는 약 0.97m이고, 6등전의 1자는 약 1.95m가 된다. 이렇게 자의 길이가 다르지만, 모두가 100척을 1면의 길이로 간주하고, 그것을 곱한 1만 척을 면적으로 계산하므로 측량하기가 매우 쉽다. 자는 매우 복잡하지만, 측량하기는 쉽다는 뜻이다.

그런데, 여기에 문제가 있었다. 위 표에 보이는 수세액은 수학적으로 세율 稅率을 산출하기 위한 수세액일 뿐이지, 실제로 그렇게 수세한다는 것은 아니다. 최고 수세액인 1등전의 상상년이 30두로 되어 있지만, 이것을 그대로 적용한다면 종전의 〈손실법〉과 무엇이 다르겠는가? 그래서 중간 정도 토지를 기준으로 세액을 정할 필요가 있어서 3등전의 면적인 54.2무와 비슷한 1결 57무의 땅을 표준으로 정하고, 3등전의 최고 세액인 21두와 비슷한 20두를 최고 세액으로 정한 것이다. 그리고 이 세액은 그동안 시행해온 것 가운데 최고세액이기도 있다.

그리하여 최고 20두에서 출발하여 연분 9등에 따라 9등으로 나누고 최하 세액을 4두로 정한 다음에 그 중간을 2두씩 감했다. 또 연분을 구별하는 기준은 수확량을 기준으로 하여 10분율分率을 따라 수확량이 10분의 10이면 상상 년으로, 10분의 9이면 상중년으로, 10분의 8이면 상하년으로 차례로 차감하여 10분의 2가 되면 하하년이 되고, 그 이하는 세금을 면제하기로 했다. 이를 표로 만들면 다음과 같다.

〔 연분 9등에 의한 1결의 세율 〕

상상년[100%]	20두
상중년[90%]	18두
상하년[80%]	16두
중상년[70%]	14두
중중년[60%]	12두
중하년[50%]	10두
하상년[40%]	8두
하중년[30%]	6두
하하년[20%]	4두
20% 이하	면세

이상은 그동안 만든 〈공법〉 가운데 가장 정밀하고 합리적으로 개선된 것이었다. 그래서 임금은 이 안을 받아들이고, 하삼도 6개 고을의 올해 수세를 이것에 따라 시행하기로 했다.

세종 12년부터 〈공법〉 논의가 시작되어, 세종 17년에 〈공법〉이 제정되고, 세종 22년부터 3년간 하삼도에서 시험적으로 시행되어 오다가 세종 26년에 이르러 드디어 개선된 공법안이 최종적으로 확정되었다. 세종이 훈민정음 창제 다음으로 고심한 사업을 14년 만에 매듭지은 것이다.

다시 정리하면, '전분6등'은 토지를 측량할 때만 적용되어 비옥도에 따라 1결의 면적이 각기 다르게 정해진다. 따라서 해마다 수세할 때 '전분6등'은 아무 의미가 없다. 그러나 해의 풍흉은 해마다 다르므로 '연분9등'은 해마다 정하여 수세하는데, 6등전의 모든 땅에서 1결마다 똑같이 최고 20두에서 최하 4두를 바치면 된다.

종전에는 1결당 수확량이 토지 비옥도에 따라 달라서 최고 800두에서 최하 200두였다. 이를 평균치로 계산하면 약 500두가 된다. 따라서 500두를 기준으로 세율을 계산해보면, 최고 20두는 약 4%가 되고, 최하 4두는 약 0.8%가 된다. 그러므로 〈공법〉 이전의 세율보다 한층 낮아진 것이다.

4. 광평대군[세종 26년], 평원대군[세종 27년]이 세상을 떠나다

세종 26년과 27년, 그리고 28년은 50줄을 바라보는 임금에게 잇달아 슬픔을 안겨준 잔인한 시기였다. 세종 26년 11월 15일에 왕비 소헌왕후昭憲王后의 모친 안씨가 위독하다는 소식이 전해지자 왕비가 밤 5고[새벽 4시경]에 급히 친정집으로 달려갔다. 다음 날 궁궐로 돌아온 왕비가 셋째 왕자 안평대군에게 명하여 승려들을 모아 기도를 드렸으나 효험을 보지 못하고 11월 24일에 세상을 떠났다.

세종이 즉위할 때 왕비의 아비 심온沈溫(1375~1418)[242]은 영의정에 올랐는데, 태종이 병권을 잡고 섭정하는 것을 비판한 것으로 오해하여 그에게 사약을 내려 처형했다. 향년 44세였다. 그가 세상을 떠나자, 그 아내인 안씨와 그 아들들이 관노비가 되었다. 임금의 장모가 관노비가 되는 어이없는 일이 벌어진 것이다. 일부 신하들은 왕비도 폐위시켜야 한다고 주장했으나 태종이 이를 막았다. 태종이 세상을 떠난 뒤에 세종이 안씨를 관비에서 풀어주어 삼한국대부인의 작호를 회복하고, 왕비가 비로소 모녀간의 예를 지킬 수 있게 되었다.

안씨의 병이 위독하자 임금은 진양대군(수양대군)을 집현전에 보내 안씨의 장례식을 어떻게 치러야 하는지를 조사하여 보고하라고 명했다. 집현전에서 국장國葬은 안 된다고 하자, 개인장을 치렀다. 임금은 제사를 올리지 않았으나, 장례에 필요한 부의로 쌀과 콩 각 100석, 종이 200권, 흰 목면 10필, 흰 모시 10필, 굵은 삼베 100필을 하사했다.

그런데 장모의 별세에 대한 왕과 왕비의 슬픔이 가시기도 전에 다섯째 왕자 광평대군廣平大君 이여李璵(1425~1444)가 12월 7일에 향년 20세로 세상을 떠났다. 왕비의 모친 안씨가 세상을 떠나던 무렵에 광평대군이 창진瘡疹(천연두)에 걸려 왕비가 아들을 돌보기 위해 11월 26일에 광평대군 집으로 이어했다. 모친이 별세한 지 이틀 뒤에 또 아들이 위독하니 얼마나 애가 탔겠는가. 대군이 위독하다는 소식을 들은 임금은 밤을 새워 잠을 자지 않았으며, 끝내 세상을 떠나자 종일토록 수라를 들지 않고 죽만 조금 마셨다.

《세종실록》의 졸기卒記를 보면, 어릴 때부터 영특했던 대군은 학문에 힘써 효경孝經, 소학小學, 4서3경四書三經을 다 통했고, 《문선文選》과 《당송팔대가唐宋八大家》의 문집을 두루 열람했으며, 특히 《국어國語》(좌전 개정판)와 《좌전左傳》(춘추)에 공부가 깊었으며, 음률音律과 산수算數에도 오묘한 이치를 다 알았다고 한다. 글을 잘 짓고, 글씨도 절묘했다. 활을 잘 쏘고, 격구擊毬에도 능했다. 임금이 간의

---

242) 심온은 개국공신 심덕부沈德符의 다섯째[또는 넷째] 아들이고, 아우는 심종沈淙, 심정沈泟이다. 심종은 태조의 둘째 딸 경선공주慶善公主(강비소생)에게 장가들었다.

대와 종부시의 일을 총괄하게 하기도 했다.

대군은 성품과 도량이 너그럽고 넓으며, 용모와 자태가 탐스럽고 아름다우며, 총명하고 효제하여 비록 노복이나 사환이라도 꾸짖지 않아 사람들이 모두 그를 좋아했다고 한다. 또 세종은 제1차 왕자의 난 때 세자 방석芳碩과 함께 죽은 그의 형 무안대군 방번芳蕃(1381~1398)이 후사가 없는 것을 안타깝게 여겨 광평대군을 방번의 후사로 삼아 제사를 받들게 했다. 대군이 죽던 해 갓 태어난 아들이 영순군 이부李溥(1444~1470)인데, 그 후손이 매우 번창했다.

세종이 대군의 죽음을 그토록 애통해한 것은 워낙 총애하던 아들을 잃은 데 대한 부자지간의 깊은 정 때문이기도 하겠지만, 앞서 설명한 바 있는 '훈민정음' 창제 때 그의 도움이 컸던 이유도 있을 것 같다.

그런데 세종의 슬픔은 여기서 끝나지 않았다. 다음해인 세종 27년 1월 16일에 일곱째 아들 평원대군平原大君 이임李琳(1427~1445)이 또 19세의 나이로 세상을 떠났다. 광평이 죽은 지 불과 39일 만이다. 평원대군도 임금이 극진히 총애하던 아들이었다. 홍역에 걸린 그는 궁궐 안에 있는 화위당華韡堂에서 치료를 받고 있었다. 당시 임금은 연희궁으로 이어하여 살았고, 세자도 그곳에서 임금을 모시고 있었는데, 1월 7일 밤에 대군이 위독하다는 소식이 전해지자 임금이 급히 세자를 궁으로 보내 돌보게 했다. 그러나 치료의 보람도 없이 아까운 나이에 세상을 떠났다. 왕과 왕비는 수라를 끊고 3일간 정사를 중단했다. 그의 졸기卒記를 보면 그도 비범한 인물이었다.

그는 풍채와 태도가 당당하고 천성이 슬기로웠다. 11세에 종학宗學에 가서 공부하기 시작했는데, 《시경》, 《예기》, 《대학연의》에 특히 숙달했다고 한다. 글을 잘 짓고, 글씨가 신비한 경지에 이르렀다. 활쏘기와 말타기에도 능숙했다. 효성과 우애가 천성에서 나왔고, 일기를 잘 점쳐 바람, 비, 구름, 천둥 등의 변화를 미리 말하는 것이 거의 다 맞았다. 홍이용洪利用의 딸을 아내로 맞이했으나 후사가 없었다.

이제 8명의 대군 중에 2명을 연거푸 잃은 임금의 심정이 어떠했을지를 짐작하고도 남음이 있다. 뒷날 셋째 아들 안평대군과 여섯째 아들 금성대군이 둘째 형 세조와 싸우다가 죽었으니, 이런 형제난이 일어날 줄을 세종이 꿈이나 꾸었겠는가? 임금이 살아 있을 때 이런 일이 벌어지지 않은 것만도 얼마나 다행인가. 그 인과관계를 생각해 보면 문종이 요절하고, 어린 손자 단종이 임금이 된 것이 원인이지만, 따지고 보면 세조를 임금감으로 키운 것도 세종이었다. 수양대군은 세종 말년에 이미 세자 다음의 권력을 쥐고 있었던 것이니, 결과를 놓고 보면 세종이 세조를 임금으로 만든 것이 아닌가? 하지만 왕실의 운명이 이렇게 될 줄을 세종이 어찌 알았겠는가.

　세종 26년 12월 7일에 광평대군을 잃고, 다음해 1월 16일에 평원대군을 잃게 되자, 임금은 이틀 뒤에 더는 임금자리를 지키고 싶지 않으니 섭정하고 있던 세자에 양위하겠다고 하면서 진양대군[수양대군]을 대신들에게 보내 선양의 뜻을 이렇게 전했다.

　　"근년에 한재가 잇따르고, 내 오래된 병이 낫지 않으며, 두 아들을 연거푸 여의니 하늘이 도와주지 않음이 분명하다. 병으로 인하여 조회도 받지 못하고, 이웃나라 사신들도 접견하지 못하며, 제향祭享의 향과 축문도 몸소 전하지 못하며, 구중궁궐 안에 깊이 있어서 모든 일을 다 환관宦官을 시켜서 명령을 전하게 하니, 잘못된 것이 많다. 임금의 직책이 과연 이래서 되겠는가? 세자로 하여금 왕위에 나아가서 정사를 다스리게 하고, 나는 물러나 앉아서 군사에 관한 국가의 중대사를 친히 결정하고자 한다. 경들은 그리 알라."

　세종은 과거 태종이 세종에게 선양한 뒤에 군권을 장악한 전례를 그대로 따르고 싶다는 것이다. 임금의 하야 소식을 들은 대신들이 놀라서 울면서 만류하니 임금은 "오늘은 우선 경들의 뜻을 따르겠다."고 하면서 하야를 거두어들였다. 그러나 임금은 궁궐에서 나와 도성 밖으로 나와 이곳저곳으로 이어하면서 거처했다.

이미 세종 27년 1월 1일의 신년 조회에도 나가지 않아 세자가 대신했다. 이날 임금은 둘째 딸 정의공주 집에서 새해를 맞이하고 다음 날 연희궁衍禧宮으로 이어하고, 연희궁에 벌레와 뱀이 많이 나오자 수리를 하게 하고, 2월 13일 마포 강가 희우정喜雨亭²⁴³으로 이어했다가, 연희궁 수리가 끝나자 다시 4월 12일에 연희궁으로 돌아갔다. 10월 8일에는 수양대군²⁴⁴ 집으로 이어했다. 이해부터 임금은 경복궁이나 창덕궁에 들어가지 않았다. 세자는 궁궐과 임금의 이어소를 오가면서 정사를 집행했다.

세종 27년 5월 1일에 임금은 또다시 건강을 이유로 군국의 중대한 일을 제외한 나머지 모든 서무를 세자에게 넘겨 첨사원詹事院에서 처리하게 하겠다고 대신들에게 말했다. 황희를 비롯한 대신들은 이를 반대하고, 큰 일과 작은 일을 나누어, 큰 일은 임금이 직접 처리하고, 작은 일만 세자에게 넘기라고 강청했다. 임금은 할 수 없이 대신들의 말을 따랐다.

그런데 하늘이 무심하여 세종의 불행은 여기서 끝나지 않았다. 평원대군을 잃은 지 1년 뒤인 세종 28년 3월 24일에 왕비마저 세상을 떠났다. 임금이 목석 같은 사람이 아닌 바에야 이런 비극의 연속 속에서 의연하게 견뎌낼 수 있겠는가? 세종은 더는 마음을 의지할 곳을 찾지 못하고 정신적으로 무너지고 있었다. 그 틈새를 파고든 것이 풍수지리와 불교였고, 불교 때문에 임금은 집현전 출신 유신들과 심각한 갈등을 겪다가 세상을 떠났다.

왕실의 불행이 잇달아 일어나기 전부터 풍수가들이 중구난방으로 나타나서 어디가 풍수가 나쁘니 어디로 가고, 어디를 가지 말라는 등 요청이 쇄도했는데, 임금이 이를 따라 금성대군 집, 연희궁, 희우정 등을 전전하면서 이곳저곳으로 이사를 다녔는데도 효과가 없자 임금은 풍수를 믿지 않겠다고 말했다. 그러나 불교는 왕비나 모든 대군이 모두 믿었으며, 임금의 형인 효령대군도 마찬가

---

243) 희우정은 본래 효령대군이 지었으나, 세종 7년에 이곳으로 행차했다가 가뭄에 단비가 내려 이름을 희우정으로 불렀다. 지금은 망원정望遠亭으로 이름이 바뀌었다.
244) 진양대군晉陽大君은 세종 27년 2월 12일에 수양대군首陽大君으로 호칭을 바꾸었다.

지여서 임금도 자연히 이를 따르게 되었다. 특히 대군들과 가까운 승려 신미信眉가 왕실의 총애와 큰 대접을 받으면서 여러 불사를 주도했다. 그의 아우가 집현전 학사 김수온金守溫(1410~1481)인데, 그도 유신儒臣 가운데 가장 불교를 따르는 신하였다.

임금 세종은 불후의 업적을 남긴 영주英主요 대왕大王이었으나, 인간 세종의 말년은 이렇게 쓸쓸했다.

5. 의창곡식이 국초보다 10배 이상 늘다

흉년이 들었을 때 빈민을 구제하는 가장 큰 정책은 의창義倉 곡식을 환자還上로 대여해 주는 일이다. 국가가 보유하고 있는 곡식창고는 왕실의 국용을 지급하는 풍저창豊儲倉과 관리들의 녹봉을 지급하는 광흥창廣興倉이 있고, 그 밖에 물가조절을 위해 비축해두는 상평창常平倉이 있고, 전쟁에 대비하여 곡식을 비축해두는 군자창軍資倉이 있었으며, 그 밖에 빈민구제를 위한 창고가 바로 의창이었다.

이상 여러 창고 가운데 군자창은 전쟁이 일어나지 않으면 지출할 필요가 없었다. 그러나 의창은 거의 해마다 정도의 차이는 있어도 흉년이 들지 않는 해가 없을 정도였으므로 가장 많은 비축이 필요하고 또 가장 많이 지출되는 창고였다. 그런데 흉년이 심하여 빈민이 많아지면 의창곡만으로 대응하기가 어려웠다. 이럴 때는 군자곡을 빌어다가 사용하고, 뒤에 다시 갚는 방법을 따랐다.

그런데 세종 26년 5월 21일에 임금은 대신들에게 지금의 의창곡이 국초보다 10배 이상이나 된다고 말하면서 곡식이 없어서 백성이 굶어 죽는 것이 아니라, 관리들이 구휼정책에 힘쓰지 않는 것이 문제라고 지적했다. 그러자 예조판서 김종서가 함길도만이 의창곡이 8만 석에 지나지 않아 문제이지만, 다른 도는 40만 석이 넘는 곳도 있다고 하면서 다른 도의 곡식을 옮겨 함길도를 구휼해야 한다고 말했다. 의창곡은 각 도에 분산시켜 보관해 두었는데, 곡창지대인 하삼도의 의창은 특히 저축이 많아서 다른 도에 흉년이 들 때에는 하삼도의 곡식을 옮겨다가 구제하는 것이 관례처럼 되었다.

세종 26년 당시 의창곡이 구체적으로 얼마나 되는지는 보고가 없지만, 수백만 석에 이른 것은 사실이었다. 그래서 이해 함길도와 경기도 및 충청도 등 3도의 빈민에게 빌려준 환자곡이 190만 석이나 되었다.

그런데 세종 26년에 부분적으로 흉년이 들고, 세종 27년과 28년에도 잇따라 가뭄으로 흉년이 크게 들자 의창곡의 부족을 보충하는 일이 긴급한 상태로 몰렸다. 그래서 나온 비상 대책이 국가가 소금을 만들어 파는 의염법義鹽法이었고, 또 왕실재산인 내수사內需司의 비축곡이 100만 석이 넘어 이를 전국 500여 곳에서 빈민에게 대출하여 받은 이자를 의창곡으로 넘기기도 했다.

세종 26년부터 그 의염 수입으로 의창곡의 부족을 일부 메웠으며, 또 〈공법〉이 시행된 이후로 하삼도의 전세수입이 전보다 2배 정도 늘어나서 의창곡의 부족을 보충하는 데 결정적으로 도움이 되었다. 그리하여 세종 27년에는 전국 8도의 21만 7천여 호의 빈민들에게 273만 8천여 석의 곡식을 식량과 종자곡으로 대여했는데도 남는 곡식이 591만 2천여 석에 달했다. 그때 비축했던 의창곡이 거의 900만 석에 가까웠음을 미루어 알 수 있다.

한편, 세종 28년 2월에는 8도의 빈민에게 나누어준 의창곡이 115만 300석에 이르렀다.

위와 같은 상황으로 볼 때 세종시대는 경제적으로도 앞 시대에 비하여 크게 개선되었음을 알 수 있다. 각종 새로운 곡식들이 개발되고, 제언[저수지]이 구축되어 수리시설이 개선되고, 여기에 각종 농서가 보급되어 농업생산력이 크게 향상된 것도 경제발전에 도움이 됐다. 세종시대는 문화의 황금시대인 동시에 경제적으로도 조선왕조 전시대를 통틀어 가장 풍요로운 시대였다.

6. 노비도 천민이다, 노인노비에게 노인직을 제수하다

노비의 인권과 지위를 향상시키려는 세종의 정책이 어떠했던가는 앞 시기에 서도 누누이 설명한 바 있다. 세종은 신하들이 노비의 지위 향상을 억제하려는 주장을 펼 때면, 입버릇처럼 "노비도 천민天民(하늘이 낸 백성)이다. 하늘이 백성을 낼 때에는 본래 귀천貴賤이 없었다."고 하면서 맞선 것이 한두 번이 아니었다.

노비뿐 아니라. 이른바 서얼이나 잡직雜職에 종사하는 공상천례工商賤隷, 또는 성중애마成衆愛馬로 불리는 아전이나 군사에 대해서도 벼슬길을 터주려고 일정한 복무기간이 끝나면 거관居官하여 정상적인 벼슬을 주는 정책을 꾸준히 밀고 나갔다. 벼슬아치들이 관청 기생과 통간通奸하는 것이 발각되면 벼슬아치를 파면했다. 여자종 출신을 후궁으로 맞이한 것도 세종다운 모습이었다.

세종 26년 윤7월 23일에 임금은 또다시 "노비도 천민天民"이라는 말을 외치면서 노비의 지위를 개선하라고 다그쳤다. 이날 의정부가 공조工曹의 첩정을 받아 임금에게 건의하기를, 왕실의복을 만드는 상의원尙衣院 소속 공장工匠 중에 사노비私奴婢도 있는데, 이들은 공적인 일도 하고, 사적으로도 개인집의 노비일을 하고 있어서 고통이 심한데도, 부모의 봉양을 위해 역役을 면제시켜 주는 시정侍丁을 주지 않고 있다고 하면서 사노비에게도 시정을 주자고 청하니, 임금이 이를 받아들였다.

임금은 그 다음 날인 윤7월 24일에 노비를 함부로 죽이는 일을 막으라고 하면서, 기나긴 교지를 써서 형조에 내렸다. 그 요지는 아래와 같다.

"우리나라 노비법奴婢法은 상하의 구분을 엄하게 하기 위한 것이다. … 노비가 죄가 있어서 주인이 노비를 죽이면, 논의하는 사람들이 그 주인을 옹호하여 추켜세우고, 노비를 억압하면서 진실로 이것이 아름다운 법이라고 말한다. 그러나 상을 주고 벌을 주는 것은 임금이 가진 큰 권한이다. 임금으로서, 한 사람이라도 무고한 사람을 죽이는 것은 하늘이 착한 사람을 복주고, 악한 사람을 벌주는 것을 어그러뜨리는 것이다.

하물며 노비는 비록 천하지만 하늘이 낸 백성 곧 천민天民이 아닌가? 신하들이 천민을 부리는 것만도 만족해야 하거늘, 어찌 제멋대로 형벌을 시행하여 무고한 생명을 함부로 죽일 수 있는가? 임금의 덕德이란 생명을 사랑하는 것뿐이다. 무고한 백성이 많이 죽는 것을 앉아서 보고만 있으면서 아무렇지도 않은 듯이 막지도 않고, 그 주인을 잘했다고 치켜 세우는 것이 옳은 일인가? 나는 그것은 매우 옳지 않다고 생각한다.”

임금은 이렇게 노비도 하늘이 낸 천민天民이라고 선언하면서, 천민을 함부로 죽이는 것이 얼마나 큰 죄악인가를 강조하고 나서, 이어 노비를 보호하는 법률조항을 설명했다.

“여러 율문律文을 살펴보면, 〈노비구가장조奴婢毆家長條〉에 이르기를, ‘만약 노비가 죄가 있어서 그 가장家長이나 기복친朞服親(상복을 입어야 하는 조상) 혹은 외조부모가 관청에 고발하지 않고 때려서 죽인 자는 곤장 100대에 처하고, 죄 없는 노비를 죽인 자는 곤장 60대에 도徒(노동형벌)[245]의 형벌에 처하며, 그 노비의 처자는 모두 해방시켜 양인良人이 되게 한다.’고 되어 있다. 만약 임금의 명령을 어기고 범하여, 법에 의해서 벌을 집행하다가 우연히 죽게 되었거나 과실로 죽게 했다면, 논하지 않는다. 그러나 주인이 마음대로 죽인 자는 마땅히 율문에 의하여 시행하는 것이 옳다.”

임금은 법률상 노비를 함부로 죽일 수 없도록 규정되어 있으므로 반드시 법에 따라 시행해야 한다는 것을 강조하고, 이어 중국과 조선 노비의 차이를 이렇게 설명했다.

“우리나라의 노비는 대대로 세습되고, 명분이 매우 엄하다. 중국의 노비와는 다르다. 그래서 노비를 양인良人으로 해방시키는 것은 사세事勢로

---

245) 도徒는 노동형벌로서 관청의 청지기가 되거나, 또는 관청의 땔나무를 하거나 소금을 굽거나 하는 등의 일을 시키는 것을 말한다.

보아 거행하기 어렵다. 또 노비로서 죄를 지은 자를 그 주인이 벌을 주는 법이 행해진 지 매우 오래여서 갑자기 없애기가 어렵다. 더욱이 사가私家의 은밀한 곳에서 죄지은 노비이겠는가? 그 주인을 어떻게 하나하나 찾아내어 법에 의거하여 죄를 줄 수가 있는가? 그것이 법에 의거한 것인지 아닌지를 판단하기가 매우 어렵다. 하지만 무고한 사람을 함부로 죽이고, 그 가족들을 계속해서 부리는 것이 어찌 백성을 사랑하고 형벌을 신중히 하는 뜻이겠는가? 이제부터는 노비가 죄가 있건 없건 간에 관청에 알리지 않고 때려 죽이는 자는 한결같이 옛 법례를 따라 처리할 것이다."

임금은 우리나라 노비는 중국 노비와 다른 세습노비인데, 이를 갑자기 없애 노비를 해방시키는 것은 사세事勢로 보아 어렵다고 보았다. 이 말은 노비세습제를 찬성한다는 뜻이 아니라 현실적인 어려움이 있다고 토로한 것이다. 생각해 보면, 고조선시대부터 수천 년간 내려온 노비세습제를 어떻게 하루아침에 혁파할 수가 있겠는가. 노비소유자들이 가만히 있을 리도 없거니와, 인구의 4분의 1 정도를 차지하는 노비들이 그동안 해오던 노동력을 무엇으로 대체할 수가 있겠는가?

또 다른 한편으로 생각하면, 세습노비제도의 장점이 없는 것도 아니다. 노비는 벼슬길로 나가는 것은 극히 제한되어 있지만, 경제적으로는 가난한 양민보다도 더 안정되어 있었기 때문이다. 노비도 땅이나 노비 등 사유재산을 가질 수 있고, 온 가족이 함께 모여 살고, 조상을 제사지내고, 성씨도 가지고 있었다. 양민이 담당하는 군역의 고통도 없고, 온 가족의 생계를 주인이 보장하니 굶어 죽을 염려도 없다. 그런 이유로 자진하여 노비가 되는 양민이 얼마나 많았는가?

그래서 노비문제를 해결하는 길은 노비의 해방보다는 노비인구를 점차 축소시키고, 노비의 인권과 생활조건을 단계적으로 개선시키는 일이었다. 그 방법의 하나가 양천교가良賤交嫁 소생을 양인으로 만들어주는 것이고, 80세 이상의 노인은 노비신분에서 해방시키고, 노인 노비에게 비록 산관散官이지만 5품을 한도로 노인직老人職을 주었는데, 남자만이 아니라 그 부인도 똑같은 벼슬을 받

게 했다. 또 벼슬아치와 같은 자리에서 양로연養老宴을 베풀어주었는데, 여자종
도 마찬가지로 대우했다. 충신, 효자, 열녀를 표창하여 역을 면제시켜주고 정려
문旌閭門을 세워주는 경우에도 노비가 포함되어 있었다. 이런 정책들로 노비인구
를 줄여갔다.

한편, 노비의 인권을 보호해주는 것은 노비해방 못지않게 중요한 일이었다.
세종은 관청 여비女婢의 출산휴가를 130일로 늘려주고, 그 남편 종에게도 한 달
간의 출산 휴가를 주었다. 이런 정책은 오늘날에도 쉽지 않은 일이다.

그 밖에 중앙 관청에 뽑혀 올라와 일하는 선상노비選上奴婢에게 봉족奉足을
주어 고통을 줄여주고, 나이 많은 노비의 자식에게는 부모를 봉양하도록 시정
侍丁을 주기도 하여 노비의 생활은 갈수록 개선되어 갔다. 조선의 노비는 짐승
처럼 채찍을 맞으면서 일하고, 노예시장에서 매매되는 서양의 노예와는 지위가
달랐다.

다시 세종의 교지로 돌아가 보자. 세종은 위 교지에서 노비세습제를 폐지
하지 못하는 안타까움을 토로하고 나서, 마지막으로 노비에 대하여 참혹한 형
벌을 하여 죽였을 경우, 죽은 자의 가족에 대한 처리문제에 대하여 언급했다.

> "만약 불에 달군 쇠로 지지는 포락炮烙이나, 코를 베는 비형鼻刑이나,
> 귀를 베는 이형耳形이나, 얼굴에 글자를 지지는 경면黥面이나, 발바닥을
> 도려내는 고족刳足이나, 혹은 칼날을 사용하거나, 혹은 활과 화살을 사용
> 하거나, 혹은 큰 나무나 큰 돌을 사용하거나, 이런 모든 참혹한 방법으로
> 함부로 노비를 죽이는 경우에는, 그 죽은 자의 가족을 자기 노비가 아니
> 라면 관노비로 만들 수 없다. 그리고 만약 기복친朞服親이나 외조부모가
> 노비를 구타 살해한 경우에는 그 죽은 자의 가족이 죽인 자의 노비와 관
> 계가 있으면, 모두 관노비를 만들 것이다."

여기서는 참혹한 형벌로 죽은 노비의 가족을 관노비로 만들 수 없다는 것
과, 일가친척이 노비를 죽였을 때는 그 가족이 죽인 자의 노비라면 관노비를

만들어야 한다고 형조에 명령한 것이다. 모두가 노비에게 유리한 조건을 명령한 것이다.

세종은 그동안 노비를 함부로 죽인 자는 고관대작이라도 가차없이 처벌해 왔다. 죄 있는 노비를 죽였을 때는 곤장 100대를 때리고 관직을 박탈했으며, 죄 없는 노비를 죽였을 때는 관직을 삭탈하는 것은 물론이요, 곤장 60~80대에 1년간 도형徒刑에 처하여 관청의 청지기를 시키거나, 관청에 땔나무를 하여 바치게 하거나, 소금을 굽는 일을 시키거나, 청소를 시키는 등 고통스러운 육체노동을 부과했다.

세종이 그동안 이상과 같은 조치를 취해 왔지만, 이렇게 진심을 담아서 길고도 간절한 교지를 형조에 명령한 것은 유례가 없는 일이다.

세종은 이보다 한 달 앞서 이해 7월 12일에 예조에 교지를 내려 노인을 우대하기 위해 양인과 노비의 노인들에게 벼슬을 주는 노인직老人職을 설치하라고 명했다. 다만 양인노인과 노비노인에게는 약간의 차별을 두었다.

먼저 양인으로서 80세 이상인 자가 벼슬이 없으면 종8품직을 주고, 본래 9품인 자는 정8품을 주고, 원직이 8품인 자는 종7품을 주고, 원직이 7품 이상인 자는 한 자급資級을 올려주라고 했다. 또 90세 이상인 자에게는 벼슬하지 않은 자는 정8품을 주고, 원직이 9품인 자는 종7품을 주고, 원직이 7품 이상인 자는 한 자급을 올려주라고 했다. 또 100세 이상인 자로서 벼슬하지 않은 자와 원직이 7품 이하인 자는 정6품을 주고, 원직이 7품 이상인 자는 세 자급을 올려주되 3품을 한도로 정했다. 또 부인도 남편에 준하는 벼슬을 주었다.

한편, 노비로서 80세 이상인 자로서 벼슬하지 않은 자는 정9품을 주고, 원직이 9품인 자는 종8품을 주고, 원직이 8품 이상인 자는 한 자급을 승진시킨다. 90세 이상인 자로서 벼슬이 없는 자는 종8품을 주고, 원직이 9품인 자는 정8품을 주고, 원직이 8품 이상인 자는 한 자급을 올려주게 했다. 또 100세 이상인 자로서 벼슬하지 않은 자와 8품 이하인 자는 종6품을 주고, 원직이 7품 이상인 자는 두 자급을 올려주도록 했으며, 5품을 한도로 정했다. 그리고 80세 이상의 남녀는 모두 노비신분을 면제시키도록 했다. 또 여자종도 남편의 벼슬에 준하여 벼슬을 주었다.

노인노비 부부에게 노인직老人職을 제수한 것은 이번이 처음이 아니고 전부터 주기적으로 시행해 왔다. 이 벼슬은 물론 실직이 아닌 영직影職이지만, 그래도 벼슬아치로 인정을 받아 가문의 영광이 되었기 때문에 가볍게 보아서는 안된다.

7.《역대병요의주》를 상정하다 [세종 26년]

북방 여진과 달달족의 위협, 그리고 남방 왜인의 침략을 막아내기 위해 각종 무기를 개발했던 세종은 여러 병서兵書와 역대 전쟁사에 대해서도 큰 관심을 가지고 있었다. 세종은 재위 23년에 집현전 학자들에게 중국 역대 정치의 득실을 정리하여《치평요람治平要覽》을 편찬하라고 명했는데, 이 사업과 병행하여 중국 전쟁사를 정리한《역대병요歷代兵要》의 의주儀註라는 책에 대해서도 집현전과 춘추관 학자들이 상세히 교정하라고 명했다.

이 두 책의 편찬은 집현전 학자인 정인지鄭麟趾가 실무를 맡았지만, 실제적으로는 수양대군이 총제를 맡아 일을 추진했다. 임금은 재위 26년 11월 18일에 이르러 위 두 책을 상정詳定하는 데 참여한 여러 학자들에게 잔치를 베풀어 주었다. 그러나《역대병요》는 아직 편찬이 완료되지 않은 상태였다.

그 뒤 문종대에는 김종서가 주도하여 우리나라 역대 전쟁사를 정리한《동국병감東國兵鑑》을 편찬하고, 이어 수양대군이 주도하여 김구, 김말, 김당, 서거정 등과 더불어《역대병요》의 원전을 다시 확인하면서 음音에 대한 주註를 보완하도록 했는데, 단종 즉위년 5월 26일에 이 책의 편찬이 완료되어 승정원을 통해 임금에게 올려졌고 전라도 감영에서 간행되었다.

그러나 수양대군이 임금이 된 뒤인 재위 7년 6월 19일에 이 책을 다시 우부승지 이문형李文炯에게 명하여 수교讎校하게 하여 완성했다. 그리하여 세조 10년부터는 성균관에 구재九齋를 설치하여 유학을 장려하면서 문과 응시생들에게 《역대병요》를 외우고 논의하는 것을 자원하는 자에게 허용하게 했다. 《경국대전》에는 이 책이 무과시험 과목의 하나로 들어갔다.

8. 《제가역상집》을 편찬하다 [세종 27년]

세종은 천문역학에 비상한 관심을 가지고 세종 25년에 《칠정산내외편》을 편찬했음은 앞에서 이미 설명했다. 천문역학의 기능은 계절과 시간을 정확하게 파악하는 데 도움이 되는 등 여러 가지 효과가 있지만, 특히 일식日蝕의 시간을 맞추는 데 절대 필요했다. 그래서 더욱 정확한 천문역서의 제작이 절실했던 것이고, 그 결과가 위에 말한 책으로 나타난 것이다.

그런데 세종은 여기서 한 걸음 더 나아가 그동안 이루어진 여러 종류의 천문기구를 제작한 성과를 종합하고, 《칠정산내외편》을 편찬한 학문적 성과를 모두 망라하여 집대성할 필요를 느끼고 천문역학의 대가인 이순지李純之 등에게 명하여 책을 편찬하게 했다. 그것이 세종 27년 3월 30일에 이루어진 《제가역상집諸家曆象集》(4권)이다. 여러 사람의 역상曆象(曆學과 儀象)에 관한 글을 모았다는 뜻이다.

이 책에는 동부승지 이순지李純之가 쓴 발문이 들어있다. 그 요지는 이렇다.

"제왕帝王의 정치는 역법曆法과 천문天文으로 때를 맞추는 것보다 더 큰 것이 없다. 우리나라 일관日官들이 그 방법에 소홀하게 된 지가 오래 되어 세종 15년 가을에 전하께서 거룩하신 생각으로 모든 의상儀象과 귀루晷漏(해시계와 물시계)의 기계라든가 천문과 역법의 책을 연구하지 않은 것이 없었는데, 모든 것이 극히 정묘하고 치밀했다.

의상儀象에 있어서는 이른바 크고 작은 간의簡儀와 일성정시의日星定時

儀(태양과 별을 이용한 천문시계), 혼의渾儀, 혼상渾象을 만들었다. 귀루晷漏에
있어서는 이른바 천평일귀天平日晷(해시계의 일종), 현주일귀懸珠日晷(구슬이
달린 해시계), 정남일귀定南日晷(해시계의 일종), 앙부일귀仰俯日晷(솥처럼 생긴 해
시계), 크고 작은 규표圭表, 흠경각루欽敬閣漏(흠경각의 물시계), 그리고 행루行
漏(휴대용 물시계) 등이다.

　천문天文에 있어서는 칠정七政을 기준으로 중앙과 지방의 관아에 별자
리를 배열하여, 들어가는 별의 북극에 대한 도度와 분分을 모두 측정하
고, 또 고금의 천문도天文圖를 가지고 서로 같고 다름을 참고하여 측정하
여 바른 것을 취하고, 그 28수宿의 도수度數 및 분수分數와 12차서次序의
별의 도수를 한 가지로 《수시력授時曆》에 따라 고쳐서 돌판[石本]으로 간
행했다.[246]

　역법曆法에 있어서는 《대명력大明曆》, 《수시력》, 《회회력回回曆》과 《통
궤通軌》, 《통경通經》 등 여러 책을 기준으로 모두 비교하여 교정하고, 또
《칠정산내외편》을 편찬했다. 그래도 미진하여 또 신에게 명하시어 천문,
역법, 의상, 귀루에 관한 글이 여러 전기傳記에 섞여 나온 것들을 찾아
내어 중복된 것은 깎고, 긴요한 것을 취하여 부분을 분류하여 한데 모아
1질로 만들어서 열람하기에 편하게 했다. 진실로 이 책에 의거하여 이치
를 연구하여 보면, 생각보다 얻는 것이 많을 것이며, 더욱이 전하께서 하
늘을 공경하고 백성에게 힘쓰시는 정사가 극치에 이르지 않은 것이 없다
는 것을 볼 수 있을 것이다."

　이 책은 말하자면 세종 때 이룩한 천문, 역법, 의상, 귀루 등 과학적인 업
적을 알기 쉽게 한데 모아 정리한 책인데, 4권 4책으로 구성되어 있다. 제1권에
천문天文, 제2권에 역법曆法, 제3권에 의상儀象, 제4권에 귀루晷漏를 다루었다. 이
책은 지금 서울대학교 규장각에 소장되어 있다.

---

246)　하늘의 별자리를 돌에 새긴 것을 〈천상열차분야지도天象列次分野之圖〉라고 하는데, 태조 4년에
　　　처음 만들고, 세종 15년에 이를 수정하여 두 번째로 만들었는데, 지금 전하지 않는다.

9. 《용비어천가》를 편찬하다 [세종 27년]

세종은 왕조의 역사를 창업創業과 수성守成으로 나누어 그 역할이 각기 다르다고 보았다. 창업은 새 왕조를 세우는 일이기 때문에 매우 힘들다고 여겼고, 수성은 이미 세워진 나라를 지키는 것인데, 힘이 덜 들기 때문에 게을러지기 쉽다고 여겼다. 그래서 게으름으로 오히려 나라가 위험에 빠질 수 있다는 것을 스스로 경계했다.

세종은 조선왕조의 창업은 태조의 4대조부터 시작되어 태종 때까지 이어졌다고 보고, 세종 자신은 이제 수성하는 단계에 와 있는 임금으로 스스로 자각했다. 임금이 게으름에 빠지지 않고 왕조를 지키려면 창업의 어려움을 되새기고 찬양하면서 배워야 한다고 했다. 그런데 태조의 4대조까지 거슬러 올라간 것은 창업주인 왕실의 뿌리가 깊다는 것을 천명하고자 함이었다. 그래서 "뿌리 깊은 나무는 바람이 불어도 뽑히지 않고 꽃과 열매가 많이 달리고, 또 샘이 깊은 물은 가뭄이 들어도 마르지 않고 강을 이루어 큰 바다로 흘러간다."고 믿었던 것이다.

이런 취지에서 만든 책이 바로 세종 27년 4월 5일에 우찬성 권제權踶, 우참찬 정인지鄭麟趾, 공조참판 겸 예문관 제학 안지安止 등에게 명하여 편찬한 《용비어천가龍飛御天歌》이다. 위 세 사람은 세종 19년에 고조선에서 고려 말까지의 우리나라 역사를 시가형식으로 서술한 《동국세년가東國世年歌》의 편찬자들이기도 하다.

《용비어천가》의 편찬이 시작된 것은 세종 24년 전후 무렵부터였다. 세종 24년 3월 1일에 임금이 장차 《용비어천가》를 편찬하기 위해, 경상도와 전라도 감사에게 명하여 우왕 9년 당시 태조 이성계가 운봉雲峰 지역에서 왜구를 격퇴한 사실을 그 지역 노인들에게 물어서 자료를 수집하라고 명했다.

임금은 그 다음 날에도 예문제학 안지安止와 직집현전 남수문南秀文에게 말하기를, "태조께서 왕위에 오르시기 전부터 신성하고 용맹스러웠던 행적이 한두 가지가 아닌데, 지금 《실록》을 보니, 어찌 이다지도 간략한가?" 하고 물었다.

그랬더니 안지가 대답하기를, "신등도 역시 전하여 들은 말이 있으나, 다만 그 일을 기록한 글이 소략함을 한스럽게 생각합니다."라고 말했다. 그러자 임금은, "경등은 옛 노인들을 방문하여 실지로 있었던 사적을 갖추어 기록하라."고 명했다. 그러니까 개국 이전의 태조의 사적을 나이 많은 노인들의 회고담을 통해 기록하라는 것이다. 개국 이후의 태조나 태종의 사적은 이미 《실록》으로 편찬되어 있어서 자료는 충분했다.

그러면 《용비어천가》의 내용은 어떠했는가? 그 내용은 한 마디로 태조 이전의 4대조와 태조 및 태종 등 여섯 조상의 업적을 용龍에 비유하여 여섯 용이 하늘로 올라간 이야기를 엮은 것이다. 여섯 용은 목조穆祖, 익조翼祖, 도조度祖, 환조桓祖, 태조 그리고 태종이다. 그 가운데 태조의 4대조는 비록 임금은 되지 못했지만, 덕德을 많아 쌓았기 때문에 드디어 태조가 천명天命과 민심民心에 응하여 '화가위국化家爲國', 곧 가정을 나라로 바꾸어 놓았다고 자부했다. 이것이 바로 역성혁명易姓革命이다.

제2대 임금 정종定宗이 여기서 빠진 것은, 태종이 당연히 임금이 되어야 함에도 형님에게 양보하여 잠시 임금의 자리를 맡겨 놓은 데 지나지 않아 업적도 별로 없으려니와 실제로는 태종의 조종을 받는 꼭두각시 임금이라고 보았기 때문이었다.

그러면 태조 4대조의 업적은 무엇인가? 먼저 전주이씨의 시조는 신라 때 사공司空을 지낸 이한李翰이다. 그러나 그 뒤 계보는 적지 않고, 태조의 고조인 목조穆祖 이안사李安社(?~1274)의 사적부터 본론이 시작된다. 이안사는 이양무李陽茂의 아들인데, 이양무의 아버지는 이의방李義方의 아우인 이린李隣이다.

이의방은 전주全州의 호족으로서 의종 때 정중부鄭仲夫, 이고李高 등과 함께 무신의 난을 일으킨 인물인데, 뒤에 이고를 제거하여 권력을 잡고 중방重房을 강화하여 무신집권체제를 안정시켰으나, 김보당金甫當이 의종 복위를 꾀하자 이를 진압하고, 이의민李義旼을 시켜 의종을 살해했다. 그러나 뒤에 정중부에게 피살당했다.

이린은 형 이의방이 피살당하자 고향인 전주로 내려가 향리의 우두머리인 호장戶長을 지냈다. 그의 아들이 이양무이고, 이양무의 아들이 목조 이안사로서 전주 호장직을 계승하고 있었다. 그런데 전주 관기官妓를 둘러싸고 전주지사全州 知事 및 산성별감山城別監과 갈등을 일으켜 처벌을 받을 위기에 처하자 가솔家率 과 토착인 170여 호를 이끌고 강원도 삼척三陟으로 이주했다. 그런데 전주의 산 성별감이었던 자가 마침 삼척안렴사로 와 있어서 그를 피하여 고종 40년(1253) 에 다시 가솔과 수하 세력을 이끌고 배를 타고 함길도 덕원부德源府(宜州, 현재 함 경남도 문천군)로 이주하여 더 큰 족단을 형성했다.

목조 이안사의 아들 익조翼祖 이행리李行里(?~?)는 덕원부에 여진족이 발호하 자 이를 피해 두만강 연안의 경흥慶興으로 이주했다가 뒤에 다시 덕원으로 돌아 와 천호千戶의 벼슬을 얻었다. 경흥의 원래 이름은 다른 것이었으나, 조선왕조에 들어와서 경사가 일어난 곳이라 하여 경흥으로 이름을 바꾸었다.

익조 이행리의 아들이 도조度祖 이춘李椿(李善來, ?~1342)이다. 고종 때 의주지 사宜州知事가 되었는데, 고려가 원나라에 복속하자 귀화하여 남경 5천 호의 달로 화적達魯花赤(다루가치)이 되어 이 지역의 여진족을 다스렸다. 그때 반역자 조휘趙暉 라는 자가 철령鐵嶺 이북의 땅을 원나라에 바치자, 원나라가 의주 부근의 화주和 州(함흥)에 쌍성총관부雙城摠管府를 설치했는데, 조휘가 그 총관摠管이 되었다. 도조 이춘은 의주에서 화주로 이주하여 조휘의 손녀와 재혼하여 그의 힘을 빌어 달 로화적과 천호의 지위를 계승했다.

도조 이춘의 아들이 환조桓祖 이자춘李子春(1315~1360)이다. 그도 아버지의 천 호 지위를 계승했는데, 원나라 세력이 약해지면서 공민왕이 반원정책을 취하여 쌍성총관부를 회복하고자 할 때 이자춘이 공민왕과 손잡고 쌍성총관부를 회복 하는 데 큰 공을 세웠다. 이자춘은 원나라가 몽골세력을 화주지역으로 이주시 키고, 남방에서 이주해온 이씨세력을 억압하자 반원으로 돌아서서 공민왕의 정 책을 따른 것이다.

이자춘은 비로소 개경으로 와서 고려의 벼슬과 저택을 받고 살다가 수하세력이 많은 화주로 다시 이주하자 공민왕은 그에게 삭방도 만호萬戶 겸 병마사兵馬使의 벼슬을 주어 보냈는데, 얼마 지나지 않아 세상을 떠났다. 그의 아들이 이성계이다.

뛰어난 무재를 지닌 이성계는 더욱 고려에 충성을 바쳐 홍건적紅巾賊을 토벌하고 왜구를 소탕하는 데 큰 공을 세워 그 지위가 날로 높아졌으며, 마침내 군신群臣과 민심民心의 추대를 받아 조선왕조를 새로 세우게 된 것이다.

이상이 태조 4대조의 간략한 역사인데, 특히 환조 이자춘 이후로 고려에 충성을 바치고, 이성계가 국방을 위해 헌신한 것이 백성의 사랑을 받는 중요한 계기가 되었고, 공양왕 때 신진개혁 유학자인 정도전鄭道傳 일파와 손잡고 전제田制를 개혁한 것이 결정적으로 새 왕조를 창업하는 데 성공한 비결이었다.

그러나 고려왕조 475년간 개경이나 지방에 뿌리를 두고 대대로 귀족으로 살아온 사람들의 눈으로 보면, 이성계 집안은 한때 여진족이나 원나라와 손잡고 살던 변변찮은 변방세력에 지나지 않았다. 세종은 이와 같은 열등감에서 벗어나야 왕실의 무궁한 안정을 담보할 수 있다고 생각했다. 그래서 백성을 위한 정치를 통해 민심을 모으면서도 다른 한편으로는 자신들의 뿌리를 덕이 많고 무공이 빛나는 가문으로 미화하는 일에 힘을 쏟지 않을 수 없었던 것이다. 정치란 힘만 가지고 하는 것은 아니기 때문이다.

세종 27년 4월 5일에 편찬된 《용비어천가》에는 〈전문箋文〉이 실려 있다. 전문이란 신하가 임금에게 바치는 축하의 글이라는 뜻으로 편찬자 전원이 공동으로 바친 것이다. 그 요지는 이렇다.

"덕德과 인仁을 쌓아 널리 세상에 베푸시고 큰 복조福祚를 성하게 열었으니, 공功과 사실을 기록하여 마땅히 노래로 퍼뜨려야 할 것입니다. … 뿌리 깊은 나무는 반드시 가지가 무성하고, 물의 근원이 멀면 반드시 흐름이 긴 것입니다. … 우리 왕조는 사공司空(李翰)께서 신라 때 비로소 나타나서 여러 대를 이어오다가 목왕穆王(이안사)께서 처음 변방에 일어나서 큰 명命의 조짐이 나타났으며, 익조翼祖와 도조度祖가 잇달아 경사를 쌓으시고, 환조桓祖에 이르러 상서가 피어났습니다. 은혜와 신의가 진실하니 추종자가 한두 대代 만이 아니었으며, … 하늘의 돌보심이 거의 몇백 년입니다.

태조께서는 상성上聖의 자질로서 천 년의 운수에 응하시어 신성한 창槍을 휘둘러 무위武威를 떨쳐 오랑캐를 빠르게 소탕하시고, 〈보록寶籙〉[247]을 받아 너그럽고 어진 정치를 펴서 백성을 화목하고 편하게 하셨습니다.

태종께서는 영명하심이 천고를 지나치고, 용맹하고 지혜로움이 절륜하여 기미幾微를 밝게 보시고 나라를 세우시니, 공이 억만 년에 높고 화란을 평정하고 사직을 평정하고 사직을 편히 하시니 덕德이 백왕의 으뜸이었습니다. …

이에 목조께서 처음 터전을 마련하신 때로부터 태종의 잠저시대에 이르기까지 모든 사적事跡의 기이하고 거룩함을 빠짐없이 찾아 모으고, … 노래는 국언國言을 썼으며, 이어서 시詩를 지어 그 말을 풀이했습니다. … 편찬한 시는 모두 125장章인데, 삼가 쓰고 장황裝潢(표구)하여 전箋을 올립니다.”

《용비어천가》는 이렇게 세종 27년 4월 5일에 편찬이 끝나, 바로 이를 관현악으로 만들어 연주하고, 노래하고, 춤추게 하려고 했다. 그런데 세종이 만들려고 했던 이 노래의 성격은 중국 음률, 곧 당악唐樂의 음률[리듬]을 토대로 하되 우리나라 음악에 맞게 만들려는 것이었다.

그래서 실험적으로 전에 창가비唱歌婢로 뽑혀서 명나라에 가서 노래하다가 세종 17년에 영종 정통제가 즉위하자 조선으로 되돌려보낸 창가비들을 불러들여 《용비어천가》를 당률唐律에 맞추어 불러보게 했다. 그랬더니, 그 창가비들이 중국 음률을 잊은 것도 있고 잊지 않은 것도 있어 우리나라의 음악에 잘 맞지 않았는데, 다만 춤추는 모양은 볼만했다고 임금이 말했다.

임금은 세종 27년 9월 13일에 이런 사정을 승정원에 알려주면서 “우리의

---

247) 어떤 중이 지리산 석실에서 발견하여 이성계에게 준 책인데, 그 책 속에는 “목자木子가 임금이 되어 삼한 땅을 바로잡는다.”는 내용이 들어 있다고 한다.

소리를 중국 음률과 합하게 하여 그 모양과 소리를 후세인이 보고 듣게 하는 것이 좋겠다. 그 창가비들에게 옷 1벌을 상으로 주라."고 명했다.

결국, 이런 실험과정을 거쳐 임금은 《용비어천가》를 관현管絃으로 작곡하여 느리고 빠름을 조절하여 〈여민락與民樂〉, 〈치화평致和平〉, 〈취풍형醉豊亨〉의 악곡을 만들고, 국가의 여러 행사 때 연주하게 했다. 〈여민락〉이란 백성과 함께 즐긴다는 뜻이다.

〈여민락〉은 그 뒤 시대를 내려오면서 악기구성에 있어서 한국적 요소를 더하여 현재에 이르고 있다.

세종은 재위 29년 10월 16일에 《용비어천가》를 목판본으로 550부를 간행하여 여러 신하에게 나누어주었다. 이때 반포된 책에는 정인지鄭麟趾가 서문을 쓰고 최항崔恒이 발문을 썼으며, 최항, 박팽년, 강희안, 신숙주 등이 노래에 대한 주해註解를 붙였다. 노래는 모두 125장章으로 구성되었는데, 장마다 앞부분에 한문과 언문을 섞어서 노래를 지어 붙이고, 그 뒤에는 이 시를 한문으로 기록했으며, 시에 대한 주註를 작은 글씨로 기록했다. 그리고 나서 여섯 선조의 업적과 대비되는 중국의 고사를 소개하는 형식을 취했다.

태조 이전의 4조[목조, 익조, 도조, 환조]의 업적은 중국 주周나라의 건국과정과 비교하여 서술하고, 태조의 업적은 당 태종唐 太宗, 송 태조宋 太祖, 한 고조漢 高祖, 금 태조金 太祖 등 중국 역대 제왕帝王과 종횡무진으로 비교하고 있다. 하지만, 이렇게 조상의 공적을 과장하여 신비화시키거나 미화했다고 해서 중요한 역사적 사건을 크게 왜곡한 것은 별로 없다. 오히려 《실록》에 없는 자료가 들어 있어서 사료적 가치가 크다. 그런 의미에서 이 책의 형식은 노래와 시이지만, 기본적으로는 역사책이다. 《고려사》나 《실록》에 없는 자료 몇 가지만 소개하면 다음과 같다.

① 요동遼東은 요서遼西까지 포함해서 요동이라고 부른다.
② 함길도 경원부慶源府 동북 700여 리에 선춘령先春嶺이 있는데, 고려

때 윤관尹瓘이 비碑를 세운 곳이다. 그 비석의 남쪽 면에 글씨가 있었
는데 호인胡人이 글자를 깎아냈다. 그 뒤에 어떤 사람이 그 비석의 뿌
리를 캐보았더니 '고려지경高麗之境'이라는 네 글자가 있었다.

③ 한량閑良은 관직이 없으면서 한가로이 사는 사람을 속칭 한량이라고
한다.

④ 공양왕 때의 과전법科田法을 태조 3년에 개정한 사실이 《실록》에는
보이지 않으나 《용비어천가》에는 자세한 기록이 보인다.[248]

⑤ 태종 때 경기도 사전私田의 3분의 1을 하삼도인 충청, 경상, 전라도에
이급한 사실이 《실록》에는 그저 3분의 1이 이급되었다고 되어 있으
나, 《용비어천가》에는 그 3분의 1 가운데 경상도에 5분의 2, 전라도
에 5분의 2, 충청도에 5분의 1이 이급되었다고 구체적으로 기록되어
있다.

따라서, 그동안 이 책이 한글로 쓰여지고, 시와 노래 형식으로 이루어졌다
고 하여 국어학과 국문학 쪽에서만 연구대상이 된 것은 지양될 필요가 있다.
앞으로 역사학계에서도 사료로 이용하는 날이 와야 할 것이다.

마지막으로 《용비어천가》는 두 단계를 거쳐 편찬되었다는 점을 유념할 필
요가 있다. 훈민정음 창제 이전에는 한문본이 먼저 편찬되었다가 훈민정음 창
제 이후 한글언해가 시작되었다는 점이다. 그런데 훈민정음이 세종 25년 12월
에 창제되었다면 빨라도 세종 26년 초부터 한글노래가 편찬되었다는 뜻인데,
어떻게 불과 1년여밖에 안 된 세종 27년 4월에 세련된 한글노래 편찬이 완료되
었을까?

여기서 억측을 한다면, 창제가 발표된 세종 25년 12월 이전에 '훈민정음'이
창제되어 한문본 편찬과 거의 병행하여 언해작업이 시작되었을 가능성도 배제

---

248) 태조 3년에 개정된 18과 과전은 다음과 같다. 첨직添職을 가진 사람은 모두 실직實職을 따라
서 지급했다. 제1과(정1품): 150결, 제2과(종1품): 125결, 제3과(정2품): 115결, 제4과(종2품):
105결, 제5과(정3품~대사성 이상): 85결, 제6과(정3품): 80결, 제7과(종3품): 75결, 제8과(정4품):
65결, 제9과(종4품): 60결, 제10과(정5품): 50결, 제11과(종5품): 45결, 제12과(정6품): 35결,
제13과(종6품): 30결, 제14과(7품): 25결, 제15과(8품): 20결, 제16과(9품): 15결, 제17과(권
무): 10결, 제18과(令同正, 學生): 5결

하기 어렵다. 그리고 이 추측이 맞는다면, 《용비어천가》는 '훈민정음'으로 만든 최초의 책일 뿐 아니라, 세종이 또 이를 친히 〈여민락與民樂〉을 비롯한 악곡樂曲으로 만든 사실을 종합해보면 《용비어천가》와 '훈민정음'은 서로 뗄 수 없는 인과관계가 있다는 결론이 나온다.

이렇게 본다면, 세종 26년 2월에 시작된 《고금운회古今韻會》 언해사업은 훈민정음을 사용한 두 번째 사업이라고 할 수 있다. 그런데 최만리崔萬理는 왜 《운회》 사업만 거론하여 훈민정음을 비판하고 《용비어천가》에 대해서는 언급하지 않았을까? 그 이유는 아마도 《용비어천가》 편찬은 이미 집현전을 떠난 고위관료에게 맡겨 비밀리에 진행되었기 때문에 최만리가 이를 몰랐을 가능성이 있는데 반해, 《운회》 언해는 공개적으로 세자에게 책임을 맡기고, 세자의 관청인 의사청에 모여 젊은 현직 집현전 관원이 편찬하도록 했기 때문에 최만리가 당연히 이를 알게 되었을 것이다.

만약 《용비어천가》 언해사업이 미리 공개되었다면 최만리는 더욱 격렬하게 훈민정음 창제를 공격하고 나섰을지도 모른다. 오랑캐 문자를 가지고 조선 왕실의 공덕을 찬양하는 책을 지었다면 그야말로 불효막심한 망발이 아니고 무엇인가? 그래서 최만리 등을 의금부에 가두는 파동이 지나간 다음 해에 《용비어천가》를 바치게 한 것은 아닐까?

임금은 혹시 최만리 등의 비판을 예상하고, 일부러 비난을 적게 받을 《운회》 언해사업이 첫 번째 사업인 듯 세상에 공개한 것인지도 모른다. 최만리가 언문을 비판할 때에 《운회》 언해사업 자체를 비판한 일은 없고, 다만 급하지 않은 일로 행차를 떠나야 할 임금의 마음을 번거롭게 하고, 정사에 바쁜 세자를 더 바쁘게 만든다고만 비판한 것을 떠올릴 필요가 있다.

10. 《의방유취》를 편찬하다 [세종 27년]

백성을 사랑하는 세종은 백성의 건강을 크게 좌우하는 의학과 약학에 대해
서도 비상한 관심을 갖고 10학의 하나로 정하고 그 진흥에 힘썼다. 그래서 세
종 15년에 유효통兪孝通, 노중례盧重禮,[249] 박윤덕朴允德 등에게 명하여 우리나라
약재와 그 치료법을 집대성한 85권의 《향약집성방鄕藥集成方》을 편찬했음은 앞에
서 이미 설명했다.

그 뒤로 임금은 세종 27년 10월 27일에 이르러 365권의 방대한 의학백과
사전인 《의방유취醫方類聚》[250]를 편찬하게 했다. 이 책은 워낙 규모가 방대하여
편찬에 참여한 인원도 많고, 시간도 3년이나 걸렸다.

《실록》에는 이 책의 서문이나 발문이 없고 오직 편찬에 참여한 사람들의
명단만 소개하고 있다. 집현전 부교리 김예몽金禮蒙, 저작랑 유성원柳誠源, 사직
민보화閔普和 등에게 명하여 여러 방서方書(의학서)를 수집하여 부문을 나누어 모
아서 책을 만들게 했다. 또 집현전 직제학 김문金汶, 신석조辛碩祖, 부교리 이예
李芮, 승문원 교리 김수온金守溫에게 명하여 의관醫官 전순의全循義, 최윤崔閏, 김유
지金有智 등을 모아서 편집하게 하고, 안평대군 이용과 도승지 이사철李思哲, 우
부승지 이사순李師純, 첨지중추원사 노중례盧仲禮(일명 盧重禮)로 하여금 감수하게
했다고 한다.

이 책은 이렇게 3년이나 걸려 완성되었지만 미비한 점이 많아 출판이 되지
못하고, 계속하여 교정작업을 진행했다. 의학에 뛰어난 인재가 없는 것도 한 원
인이었다.

---

249) 노중례(?~1452)는 의관醫官으로 세종 5년 3월에 명나라에 사신으로 가서 국산 약재 62종 가
운데 중국산과 같지 않은 것을 비교하여 약효가 적당한지를 감별했으며, 세종 12년에 또 사
신으로 가서 국산 약초 20종의 약효를 중국 의사들에게 실험하게 했다. 세종 13년에는 산부
인과에 해당하는 《태산요록胎産要錄》 2권을 편찬했으며, 세종 27년 10월에는 《의방유취》 편
찬을 감수했다. 명의로서 대군 및 왕비의 병을 치료하고, 벼슬이 첨지중추원사(정3품 당상관)에
올랐고, 문종 2년에 상호군(정3품 당하관) 벼슬을 띠고 세상을 떠났다. 의관이 당상관에 오른
것은 처음이다.
250) 《의방유취》는 《의방유초醫方類抄》 또는 《의서유취醫書類聚》 등으로도 불렸다.

세조 때에는 이 책을 잘못 교정한 죄로 60여 명의 관원들이 파직당하기도 했다. 이런 교정작업을 거쳐 성종 8년 5월 20일에 서평군 한계희韓繼禧, 좌참찬 임원준任元濬, 행호군 권찬權攢 등이 3년에 걸쳐 을해자乙亥字로 30질을 간인하여 내의원, 전의감, 혜민서, 활인서 등 관계기관에 반포했다. 교정과 정리를 거치고 활자로 인쇄되면서 분량이 365권에서 266권 264책으로 축소되었다.

중종 20년 1월 18일에 임금이 다시 간행하여 중외에 반포하라고 명했는데, 실제로 간행되었는지 여부는 확인할 수 없으나 간행되었을 것이다. 그런데 이 책은 임진왜란 중에 불타 없어지거나 약탈당하여 현재 완질본이 국내에 없고, 일부 낙질본만 남아 있어 보물로 지정되어 있다. 한편, 왜란 때 가토 기요마사 加藤淸正가 약탈해간 책도 현재 12책이 낙질된 상태로 일본에 남아 있다.

이 책을 편찬하는데 참고된 중국의 의학서적은 164종에 이르는데, 그 가운데에는 현재 중국에도 남아 있지 않은 책이 40여 종이나 된다.

이 책의 체재는 병의 증세를 91종으로 분류하여 큰 항목을 만들고, 그 아래에 병증세를 논하고, 그에 해당하는 약방藥方을 의학서의 연대순으로 원문을 그대로 수록했다. 동양의학서를 백과사전식으로 집대성한 중요한 업적이다.

11. 중앙의 각사위전을 혁파하다

〈공법貢法〉이 확정되면서 토지결수가 달라지고 수세액수가 달라졌다. 이에 따라 국가의 중앙과 지방 관청에 소속된 위전位田[251]의 수량도 다시 조정될 필요가 생겼다. 이 문제를 해결하기 위해 세종 27년 7월 13일에 호조는 각사위전[252]에 대한 개혁안을 만들어 의정부에 보고하자, 의정부가 세자에게 올렸는데, 세

---

251) 위전이란, 각종 국역을 담당한 사람, 관사 및 기관 등을 대상으로 지위와 담당 업무에 따라 차등 있게 지급한 토지를 말한다.
252) 각사위전이란, 중앙 각 관사가 담당 업무를 수행하는 데 드는 경비를 마련하기 위해 분급받은 전지를 말한다.

자가 받아들였다. 그 요지는 아래와 같다.

① 전에는 각 도의 전지를 서울의 각 관청과 지방 군자軍資에 나누어 주
어 이를 위전位田이라고 불렀고, 그 조세수입으로 관청과 군자비용을
충당했다. 그런데 해마다 조세수입이 일정하지 않아 부족함이 있을
때에는 지방 군자전에서 가져다가 보충해 왔는데, 그러다 보니 계산
이 매우 복잡하다. 새로 만든 〈공법〉으로 계산해도 역시 계산이 복잡
하다.

② 앞으로, 지방 주군의 역관驛館과 공아公衙(수령관청)의 공수위전公須位
田을 제외하고, 서울의 풍저창豊儲倉(왕실비용)과 광흥창廣興倉(녹봉비용),
그리고 중앙 관청의 위전을 모두 없애 모두 국용전國用田으로 이름을
바꾸고, 각각 그 고을에서 바치던 항수恒數를 계산하여 백성들에게 나
누어 정해주어 바치게 한다. 그리고 그 나머지는 모두 그 고을 국고
國庫에 바치게 한다. 이렇게 하면 계산이 쉬워질 뿐 아니라, 백성들이
바치는 미곡, 밀납蜜蠟, 포화布貨 등의 어렵고 쉽고, 괴롭고 헐한 것이
균평均平해질 것이다.

③ 지난날 각사위전各司位田에서 바치던 수량을 살펴보면, 정포正布(삼베)
1필이면 하전下田 1결 20복에 해당하고, 소출로 계산하면 콩은 19두
2승이고, 백미白米는 15두, 정미精米는 3두이다. 아울러 하수전下水田
으로 치면 1결 12복 5속인데, 소출로 치면 쌀 18두이다. 기름 1두는
하전 61복이고, 소출로 치면 콩 9두 7승 5홉이다. 납 1근은 하전 1결
21복 9속이고, 소출로 치면 콩 19두 5승 4작匀이다. 다른 것도 모두
이와 같다.

이처럼 홉슴과 작匀까지 계산하기에 이르렀으니, 매우 번거롭고 세세
한데, 앞으로는 홉과 작을 제외한다.

④ 전에는 1결에 대하여 세가 3두이고, 각 품 과전科田과 지방의 각 위전
位田은 1결에 2두였다. 그런데 지금 1결의 최고 세액을 20두로 개정
하여 쌀과 콩을 세로 받으므로, 본세의 수량을 따라서 계산하여 제除
하고, 1결 2두는 전대로 한다.

⑤ 전에는 전품田品을 3등으로 나누었기 때문에, 산 위, 산허리, 산 밑

의 땅은 상전常田에 비하여 몇 배로 계산했는데, 지금은 3등을 또 6등
으로 나누었기 때문에 산 위의 땅을 6등전으로 정하면, 이전의 10결
55복의 땅은 지금은 1결이 되어 그 땅이 대단히 넓다.

또 하삼도는 비록 산 위의 땅이라도 혹 배수倍數를 사용하지 않으니,
그 법이 한결같지 않다. 앞으로 윗항의 산전山田은 배수를 없애고, 그
땅의 복결卜結 원수를 따르고, 전품田品의 높고 낮음을 따라서 그 등
급을 나눈다.

⑥ 지금 〈공법貢法〉을 시행함에 있어 역위전驛位田의 증감을 살펴보니,
충청도 청안현의 시화역전이 100결이던 것이 지금 2결 88복이 늘었
고, 경상도 함안군의 두 지역 역전驛田은 160결이던 것이 지금 5결
46복이 줄었다. 앞으로 늘어난 것은 국용전國用田에 이속시키고, 줄어
든 것은 전품을 측량한 뒤에 다시 의논하고, 잠시 원래 정한 결수에
따라 계산하여 지급한다.

⑦ 향교鄕校에 소속된 위전位田이 많고 적은 것이 한결같지 않다. 이전의
수치를 참작하여 개성부는 20결, 유수부는 15결, 목牧과 대도호부는
10결, 도호부는 4결, 현縣은 2결을 준다.

⑧ 지방 관원의 녹봉으로 주는 아록위전衙祿位田은 앞으로 유수부는
60결, 목과 대호부는 55결, 도호부는 50결, 지관知官(군수)과 목牧의
판관은 45결, 현령은 40결로 정한다.

⑨ 공수위전公須位田은 앞으로 대중소大中小로 길을 나누어, 유수부, 대도
호부, 목의 대로는 30결, 중로는 25결, 도호부, 지관의 대로는 25결,
중로는 20결, 소로는 15결, 현관의 대로는 20결, 중로는 15결, 소로는
10결을 절급한다. 그리고 군현에 소속된 임내任內의 공수위전은 모두
혁파하여 없앤다. 함길도와 평안도를 제외한 6도의 주부군현을 대로,
중로, 소로로 나누는데, 대로는 모두 24개처, 중로는 75개처, 소로는
166개처가 된다. 이를 모두 합치면 265개처가 된다.

⑩ 원위전院位田은 대로에는 매 1원에 2결, 중로에는 1결 50복, 소로에는
1결이었는데, 앞으로는 대로에 1결 50복, 중로에 1결, 소로에 50복을
준다.

⑪ 한강도漢江渡, 삼전도三田渡, 노도露渡, 양화도, 임진도의 승丞에게 주

는 늠급위전은 본래 모두 8결 50복인데, 앞으로는 8복을 주고, 진척津尺(뱃사공)에게 주는 위전은 한강도가 본래 32결인데 앞으로 20결을 주고, 노도는 15결, 삼전도는 10결을 준다.

⑫ 수참水站의 수부水夫에게 주는 위전은 한 사람마다 2결이었으나 앞으로 1결 50복을 준다.

⑬ 서울의 각사와 지방의 전세공안田稅貢案은 전품을 분간한 뒤에 9등급으로 전세를 다시 심사하여 장부를 만들고, 이번 가을의 전품도행장田品導行狀과 분류장分類狀 3질을 즉시 장부로 만들어 군현과 호조, 감사에게 나누어준다.

⑭ 그 밖에 전주 경기전慶基殿의 위전도 조정하고, 사직과 성균관 문묘의 제위전祭位田은 혁파하고 국고에서 지급한다.

⑮ 서울 각사의 공해전公廨田은 모두 혁파하는데, 부마부駙馬府의 250결, 치사기로소의 100결, 도화원의 30결, 충호위 100결, 혜민국 20결, 제생원과 전의감의 각 30결, 동활인원 25결, 서활인원 30결, 사역원 80결은 그대로 둔다. 무릇 각사의 점심은 국고에서 지급한다.

⑯ 그 밖에도 자질구레한 여러 위전을 조정했는데, 생략한다.

12. 일본 토호들의 내조, 대마도 왜인의 선척을 규제하다

(1) 세종 26년

일본 토호들의 조공사신은 세종 26년과 27년에도 여전했다. 26년 1월 1일의 신년 조회에는 지난해 온 일본 사신 광엄光嚴 등 80인의 왜인과 49인의 여진인이 참반하여 예를 올렸다. 국가에서는 이들에게 행랑에서 음식을 먹이고, 저녁에는 화붕火棚을 설치하여 그들에게 보여주었다. 화붕은 화약을 사용한 불꽃놀이를 위하여 만든 무대였다.

1월 7일에는 귀화한 왜인 부사정(종7품) 변좌邊佐와 그의 아들 변효충, 변효생이 직위가 낮고 녹봉이 박한 것에 불만을 품고 본토로 돌아가려고 하다가 발각되어 의금부에서 조사를 받았다.

1월 10일에는 일본 사신 광엄 등이 귀국하기 위해 임금에게 하직하자 《대
반야경》 1질을 개인적으로 하사하고, 의복, 갓, 신, 면주 9필, 저포와 마포 각
6필, 약재와 안장 등을 주었다. 그리고 일본 국왕에게도 즉위를 축하하고 답례
물²⁵³을 적은 서신을 보냈다.

그 밖에 예조에서 따로 국왕의 실권자인 관령管領에게 따로 서신과 예물을
보내고, 대마도 좌무위左武衛에게도 서신과 예물을 보냈다.

1월 21일에는 산구현山口縣(야마구치) 토호 대내전大內殿이 보낸 덕모德模와 부
관인에게 예물을 하사했다. 또 대내전에게 따로 국왕에게 준 예물의 절반 정도
의 예물을 보냈다.

2월 2일에는 앞서 중국을 침략하고 돌아왔다가 붙잡혀 조선으로 데려온 왜
구 57인을 중국에 가는 주문사奏聞使 신인손辛引孫 편에 보냈다. 4월 3일에 그들
을 잡아온 왜인 등구랑藤九郎 등을 치하했다.

3월 14일에는 대마도 종언칠이 사람을 보내 토산물을 바치자, 미두 50석을
회사했다.

4월 30일에 일기도에 왜구를 데려오기 위해 초무관으로 갔던 강권선姜勸善
이 귀국하여 임금에게 보고했다. 그 요지는 아래와 같다.

박다博多에서 대내전에 이르는 구주지방은 인구도 조밀하고 토지도 비옥하
여 농업과 상업으로 살아가며, 우리나라를 마음속으로 섬겨 조금도 도둑질할
마음이 없으나, 대마도, 일기도, 상송포上松浦 등지는 땅도 좁고 척박하여 기근
을 면치 못하고 도둑질을 멋대로 하고 마음도 간사하고 몹시 잔악하다. 그러나
그들을 후하게 먹이면 순종할 것이다.

대내전 관반館伴이 말하기를, "대마도는 조선의 목마지牧馬地이므로 대내전

253) 일본 국왕에게 보낸 예물은 안자鞍子 1벌, 흑세마포 20필, 백세저포 20필, 백세면주 20필,
남사피 5령, 인삼 100근, 표피 방석 1개, 호피와 표피 각 10벌, 잡채화석 10장, 만화방석
10장, 만화석 10장, 잣 400근, 청밀[꿀] 15말이다. 또 죽은 전왕의 부의로 흑세마포 40필을
따로 보냈다. 또 국왕이 청한 《대장경》 전질도 보냈다.

이 조선과 힘을 합쳐 협공하여 조선에 넘기려고 했는데 불행히 세상을 떠났다."
고 했다.

5월 3일에 다시 주문사를 중국에 보내면서 두목급 왜구 여러 명을 인적사
항을 기록하여 중국으로 압송했다. 5월 17일에 왜구를 잡아온 등구랑藤九郎 등
26인이 오자, 그에게 미두 300석을 비롯하여 푸짐한 선물을 하사했다. 등구랑
은 본래 조선인으로서 왜인이 된 사람인데, 다시 조선에 귀화하여 왜인정책에
적극 협조했다. 정부는 그에게 왜선倭船을 모방한 배를 만들게 하여 세종 27년
9월 22일에는 한강 양화도에 그 배를 띄우고, 조선 배와 싸우는 실험을 하기도
했다. 또 왜선과 중국 배, 유구 배 등을 만들어 한강에서 속도경쟁을 시험하기
도 했다.

5월 19일에는 명나라에 주문사로 갔던 신인손이 귀국하면서 칙서를 받아
왔는데, 왜구 57명을 압송한 일을 치하하고, 각종 비단을 함께 보내왔다. 5월
23일에 왜인이 와서 말 2필을 바치고, 25일에도 왜인이 와서 토산물을 바쳤다.

6월 6일에 대마도 종정성이 보낸 10인과 종무직이 보낸 2인이 와서 토산
물을 바쳤다. 그러나 다음 날 예조는 1년에 사신으로 보내는 배가 50척을 넘지
않기로 약정[계해약조]을 맺었는데도 이를 지키지 않고, 이번에 온 왜인이 배 3척
에 타고 온 것은 약정을 위반한 것이라고 질책하는 서신을 보냈다. 다만 도적
을 잡은 공로와 금년에 흉년이 든 점을 고려하여 특별히 용서하는 것이니, 앞
으로는 약정을 어기지 말라고 일렀다.

6월 9일에는 예조가 우리나라에 귀화한 왜인 표사온表思溫의 처리문제를 임
금에게 아뢰었다. 그는 세종 17년에 대마도에서 와서 본국에 귀화하여 사정司正
(정7품)의 벼슬까지 받았던 인물인데, 지난해 겨울에 대마도에 있는 어미의 병을
이유로 휴가를 가기를 청하여 보냈다. 그러나 그는 돌아오지 않고 있다가 다시
종정성의 도서를 받아 이름을 바꾸고 사신으로 오기를 반복했다. 그의 아내는
이미 대마도 정벌 때 붙잡혀 와서 조선인으로 살고 있고, 그 장모는 의녀醫女가
되어 궁중을 출입하고 있으면서 전혀 돌아가기를 바라고 있지 않은데, 표사온

이 사신 행세를 하면서 아내와 장모를 데려가겠다고 청했다. 그러면서 동평관에 머물면서 접대가 소홀하다고 통사에게 욕설을 하고, 밤에는 담을 타고 넘어가서 성 안을 횡행하고 다녔다. 그러자 이 자를 의금부에서 국문하기를 청하니, 임금이 허락했다.

6월 12일에 드디어 표사온의 관직을 삭탈했는데, 표사온은 "나를 본도로 보내주지 않으면 5~6일 안에 자살하겠다."고 하니, 의금부에서 국문한 뒤에 삭령朔寧으로 귀양을 보냈다. 그러고 나서 6월 25일에 대마도 종정성에게 서신을 보내 표사온을 처리한 사실을 알려주었다.

표사온은 다음해인 세종 27년 8월에 옥중에서 죽었는데, 그 아들 표명表明도 밀매로 죽게 되자, 그 어미가 독자이니 살려달라고 간청하여 들어주었다.

지난 1월에도 귀화 왜인 변좌邊佐와 그 아들들이 대마도로 도망하려다 붙잡혀 의금부에 갇힌 일이 있었음은 앞에서 이미 설명했는데, 표사온은 그보다도 더욱 질이 나쁜 왜인이었다.

6월 19일에 예조에서 대내전에게 서신을 보냈다. 대내전은 당시 구주 일대를 거의 장악한 토호로서 조선에 대하여 가장 열성적으로 협조했다. 서신에서는 지난번 초무관 강권선이 갔을 때 대접을 후하게 해주고, 또 일기도 등지에 사람을 보내 왜구를 잡도록 효유했으며, 또 예물을 바쳤으므로 임금께 아뢰었더니 특별히 예물을 하사하셨다고 하면서, 백세면주, 백면포, 백세저포, 흑마포를 각 15필, 잡채화석 15장, 호피 6령, 표피 3령을 하사했다.

또 이날 왜구를 잡는 데 협조하고 초무관 강권선을 잘 대접해준 관서도關西道 축주부筑州府(사가佐賀) 석성石城의 등종금藤宗金에게도 서신을 보내고, 선물을 하사했는데, 정포 40필, 백세면주와 백세면포 각 10필, 흑세마포 5필을 하사했다.

7월 10일에 대내전이 보낸 20인이 와서 토산물을 바쳤는데, 7월 15일에 임금이 그들을 만나보고 격려했다.

윤7월 22일에 예조는 다시 대마도 태수 종정성에게 서신을 보내 사객使客을 세종 25년에 맺은 〈계해약조癸亥約條〉에 따라 보내기로 약속했음에도 지나치게 많이 와서 그들을 먹이기가 매우 어렵다고 하면서 지켜야 할 사목을 다시 고쳐 알려주었다.

① 토산물을 보내니 잘 살펴서 받을 것.

② 그대의 선대께서 약속하기를, "사송선使送船은 매년 1~2척에 불과하고, 배 1척의 사람 수는 5~6명을 넘지 않는다."고 했는데, 근래 선척 수가 지나치게 많아 그들을 먹이기가 매우 어렵다. 세종 25년 봄에 50척을 정수로 약정했으나, 연이은 흉년으로 그 수효를 감당하기 어려우니, 30척을 서울에서 대접하고, 20척은 삼포에 머물러 무역하도록 한다.

③ 승선하는 사람의 수효는 큰 배는 40인, 중간 배는 30인, 작은 배는 20인으로 전례대로 공급하겠으나, 먹이기가 어려우니 각각 5명씩 감축하겠다.

④ 삼포에 머무는 사람에게 식량을 지급하는 일수日數는 규정이 없었으나, 앞으로는 서울에 올라온 30척은 50일을 기한으로 하고, 삼포의 20척은 30일을 기한으로 정한다. 아울러 바다를 건너가는 동안의 식량은 5일을 기한으로 한다.

⑤ 고도孤島와 초도草島에서 고기 잡는 사람은 거제도의 지세포 만호의 증명서를 받고, 이어 어세漁稅를 바쳐야 하는 것은 이미 계약으로 맺었는데, 오늘날 와서 증명서를 받는 자가 거의 없고, 또한 어세도 납부하지 않으니, 신의와 예의를 저버림이 이보다 더할 수 없다. 고도와 초도에 사람을 보내 이들을 모두 수색 체포하여 해적선海賊船으로 처리하고 싶으나 교호交好의 뜻으로 즉시 시행하지 않았을 뿐이다. 앞으로는 증명서 없이 감행하는 자와 증명서를 받았더라도 지정한 장소가 아닌 곳에 온 자는 약정에 의하여 해적선으로 간주하여 처단할 것이다.

⑥ 종언칠이 1년간 보낸 선척 중에서 4척은 서울에 오게 하고, 그 나머지 3척은 삼포에 머물러 무역하도록 들어주었으니, 그대는 이를 알고 있으라.

이상과 같이 더욱 엄해진 시행사목을 알려주고, 다른 한편으로 그들을 무마하기 위해 선물을 내려주었는데,《대반야경》1질, 백세면주, 백세저포, 흑세마포 각 10필, 호피 2장, 표피 2장, 잣 4석, 마늘 2석, 소주 30병, 계桂 4각, 다식 4각, 청밀 6두, 마른 대구어 200마리, 마른 잉어 100마리, 마른 부어 300마리, 백미 10석, 흰찹쌀 2석, 밀가루 2석을 하사했다. 그리고 종정성의 아들 천대웅千代熊에게도 선물을 주었다.

8월 13일에 구주 비전주肥前州(사가佐賀) 태수 원의源義가 우단도로를 보내 우리나라에서 풍랑을 만나 표류해간 제주 사람을 데리고 왔다. 정부는 우단도로에게 각종 선물을 하사했다. 11월 1일에는 앞서 대마도 종성가宗盛家가 왜구를 붙잡는 데 스스로 공이 있다고 하면서 10월에 중 광준光俊을 보냈는데, 광준이 예조에 글을 올려 6가지 요구를 받아달라고 청했다. ① 1년 동안 왕래하는 배의 수효를 정해줄 것, ② 흉년에 곡식을 줄 것, ③ 모시와 표피를 줄 것, ④ 고도와 초도의 고기잡이를 허락할 것, ⑤ 아랫사람을 부산포에 살게 할 것, ⑥ 동래 온천에 목욕을 허가해 줄 것 등이었다.

광준의 청을 의정부 대신들과 의논한 결과, 배를 4척으로 정해주고, 곡식은 10석을 더 주고, 부산포 거주는 한 집만 허용하고, 동래 온천 목욕은 들어주기로 했다. 대마도에는 형식상 종정성이 태수로 있지만, 한 섬 안에 두목 노릇하는 자가 5~6명이나 되어 저마다 제각각 물품을 요구하거나 청을 들어달라고 요구하여 조선을 괴롭혔다.

(2) 세종 27년

세종 27년 1월 1일에는 임금이 신년 조회에 나가지 않고 세자가 대행했다. 임금이 신년 조회에 나가지 않은 것은 처음이다. 이날 왜인과 야인들이 신년 조회에 참반했으나 세자가 이들을 접견하고 경복궁 남쪽 월랑에서 음식을 베풀었다.

2월 3일에 대내전이 보낸 왜인을 세자가 계조당繼照堂에서 접견했다. 2월 7일에는 7년 전에 창원 내이포에 와서 걸식하면서 살던 왜인 야마사기也馬沙其가 칼을 잘 만드는 기술을 가지고 있다고 하자 그를 군기감에 소속시켜 장인匠人들이 그 기술을 배우게 했다. 그런데 종정성이 그를 돌려보내 달라고 청하자, 그가 화약 만드는 기술을 우리에게서 배웠기 때문에 이를 염려하여 돌려보내지 않았다. 당시 화약 만드는 기술은 조선이 앞서 있었다.

2월 12일에 대내전이 보낸 소오고所吾古가 와서 토산물을 바치니, 세자가 경복궁에서 접견했다. 소오고는 "《대장경》을 주신 상국上國의 은혜에 감사하여 저희를 보냈다."고 말했다. 2월 18일에는 종정성이 5인을 보내 토산물을 바쳤다. 2월 21일에는 대내전 다다량교홍多多良敎弘이 20인을 보내 토산물을 바치고, 종정성이 또 사람을 보내 토산물을 바쳤다.

2월 23일에는 당시 최고의 일본통으로 알려진 동지중추원사(종2품) 이예李藝가 향년 73세로 세상을 떠났다.[254]

2월 26일에 종정성이 종언칠을 보내고, 일기도의 염진鹽津 실예實彗가 사람을 보내 토산물을 바쳤다. 3월 3일에는 대내전 다다량교홍이 보낸 왜인들에게

---

254) 이예는 본래 울산군 향리였는데, 태조 5년 12월에 3천 명의 왜적이 침략하여 울산군 지사 이은李殷과 판사 위충魏种을 잡아갔다. 울산의 여러 아전들이 모두 도망하여 숨었는데, 이예가 기관記官 박준과 더불어 은그릇을 가지고 왜적의 배 뒤에 붙어타고 쫓아가서 이은과 함께 가겠다고 청하니 왜적이 감동하여 들어주었다. 대마도에 이르러 왜적이 이은을 죽이려 하니 그가 이은에게 큰절을 하고, 왜인에게 은그릇을 뇌물로 주고 이은을 구해냈다. 한 달 뒤에 통신사가 가서 화해하여 이은과 함께 풀려나서 돌아왔다. 임금이 그에게 향리역을 면제시키고 벼슬을 주었다. 그는 8세 때 어머니가 왜적의 포로가 되었는데, 정종 2년에 회례사를 따라가서 삼도三島에서 어머니를 찾았는데, 결국 찾지 못했다. 일기도에 있던 지좌전志佐殿에게 포로를 돌려주고 도적을 금해 달라고 청했다. 태종 원년 겨울에 예물을 가지고 일기도에 가서 포로 50명을 데리고 돌아왔다. 그 공으로 부사직(종7품)을 받고, 태종 10년까지 해마다 통신사가 되어 삼도三島를 왕래하면서 포로 500여 명을 찾아오고 벼슬이 호군(정4품)에 이르렀다. 태종 16년에 유구국에 사신으로 가서 또 40여 명을 찾아왔고, 세종 4년과 6년에는 회례사의 부사가 되어 찾아온 인원이 70여 명이 되었고, 대호군(종3품)에 올랐다. 세종 15년에 또 일본에 다녀와서 상호군(정3품 당하관)에 오르고, 다시 첨지중추원사(정3품 당상관)에 올랐다. 세종 25년에는 왜적이 변방을 도적질하여 사람과 재물을 약탈해가자, 그가 자청하여 대마도에 가서 포로 7명과 도적질한 왜적 14명을 데려오자 동지중추원사(종2품)에 올랐다. 일본에 사신으로 간 것이 무릇 40여 회에 이르렀다.

각종 선물을 하사했다. 3월 11일에는 염진 원문源聞에게 왜구 두목을 잡아온 공으로 각종 선물을 하사하고, 3월 12일에는 일기도의 호자전呼子殿이 정성을 극진히 바치므로, 그가 청하는 《대장경》을 주었다. 4월 6일에도 그가 토산물을 바치자 각종 포목과 돗자리, 잣 등을 회사했다.

4월 16일에는 종정성이 보낸 왜인 10여 인이 세자의 조회에 참반하여 토산물을 바쳤다.

5월 6일에 일기도와 대마도에서 온 왜인들이 세자의 조회에 참반하고 토산물을 바쳤다.

5월 14일에 종정성이 선척 20척을 더 보낼 수 있게 해달라고 청했으나 이를 거절하고, 그 대신 그가 요청한 《대장경》 1질을 주기로 했다.

7월 11일에는 이미 죽은 대마도 도만호였던 육랑차랑六郞次郞의 아들 이화온梨花溫이 오자, 그 아비가 조선에 귀부하여 힘을 바친 것을 가상하게 여겨 곡식 10석과 의복, 갓, 신 등을 회사했다.

12. 화포를 개량하다

북방 여진족의 침략을 막고, 남방 왜구의 침략을 막는 데에는 적들을 제압할 수 있는 무기의 개발이 매우 중요했다. 또 명나라가 오래전부터 힘겹게 대응하고 있던 오이라트 지역의 달달족達達族이 언제 우리나라에 침략해 올지도 모르는 일이므로 이에 대한 대응능력을 키우는 것도 큰 과제였다. 세종은 언제나 입버릇처럼 '거안사위居安思危', '유비무환有備無患'을 강조해 왔기에 누구보다도 무기개발에 적극적이었다.

세종이 집중적으로 개발한 무기는 두 가지였다. 하나는 화약을 이용하여 화살을 동시에 많이 쏘면서 사정거리를 늘리는 무기를 개발하고자 했는데, 이를 당시 '화포火砲'라 불렀다. 화포는 요즘 말로 하면 일종의 '로켓'이다. 또 하나

는 역시 화약을 이용하여 돌이나 쇠로 만든 공을 멀리 발사하는 무기였다. 이
것도 '화포'로 불렸다. 그런데 유격전이 많은 야인이나 왜인을 상대할 때에는 가
볍고 휴대하기 간편한 화살포가 더 유리하여 이를 개발하는 데 주력했다.

태조~태종 때 화포는 한 번 쏘는데 화살 10개도 되지 못했다. 또 태종 때
만든 것은 사정거리가 200~300보를 넘지 못했다. 이숙번과 최해산 등에게 명
하여 만든 화포도 500보를 넘지 못했다.

세종은 화포를 개량하기 위해 세종 14년부터 계속하여 화살 2개, 또는 화
살 4개를 쏘는 화포를 만들어 실험해 보았는데, 200보에서 최고 500보에 머물
렀다. 임금이 넷째 아들 임영대군과 여섯째 아들 금성대군을 시켜 감독하여 만
들게 했더니, 성능이 크게 개선되었다. 세종 27년 3월 18일에 임금이 승정원에
말하기를, "두 대군이 감독하여 만든 화포의 사정거리가 800~900보를 넘어서
고, 어떤 때는 1천 보에 이르기도 했다."고 말했다.

임금은 화포의 개량과 병행하여 화약의 재료인 염초焰硝 제조에도 힘을 기
울여 27년 5월 9일에 궁궐 안에 염초제조를 만드는 '사표국司礮局'이라는 관청
을 따로 만들고, 환관이 그 일을 맡게 했다. 임금과 가장 가까이 있는 환관으로
담당을 정한 것은 임금이 통어하면서 비밀을 유지하기 위해서였다. 9월 27일에
는 사표국의 직책과 정원을 정했는데, 책임자인 사使(종5품)는 2인을 두고, 부사副
使(종6품)는 12인을 두었으며, 그 아래 승丞(종8품) 4인을 두었는데, 모두 내시부의
환관을 임명했다.

염초제조가 늘어나고 화포기술이 개선되자 세종 27년 8월 21일에는 지방의
여러 도에서 대량으로 화포를 주조하게 하고, 그 제작을 지도하고 감독하는 감
련관監鍊官을 파견했다.

13. 행성을 축조하다 [세종 26~32년]

세종 22년부터 압록강과 두만강 연안에 쌓기 시작한 행성行城(또는 長城)은 해마다 봄과 가을에 두 번씩 쌓아 왔다. 공사기간은 매번 한 달로 한정했다.

세종 26년에도 4월 14일에 평안도 인부 6천 명을 징발하여 위원渭原의 읍성과 옹성을 쌓고, 또 이곳에 길이 3,598척(약 1.09km)의 행성을 수축했다. 이로써 그동안 여진족이 가장 많이 침략해 오던 압록강 4군지역의 방비가 크게 강화되었다. 세종 27년 2월 10일부터 3월 10일에 걸쳐 한 달 동안 평안도 자성慈城에 읍성邑城과 석보石堡와 행성을 쌓았는데, 행성의 길이가 5,308척(약 1.6km)으로 모두 약 11리에 해당했다. 평안도 도민 5,360명이 동원되었다.

한편, 세종 27년 8월에는 황보인皇甫仁을 보내 함길도 종성부鐘城府에 28리의 행성을 쌓았는데, 그 가운데 돌로 쌓은 것이 2만 4,540척(약 7.43km)이고, 흙을 깎은 것이 2만 500척(약 6.2km)이고, 웅덩이에 녹각鹿角(X자형) 말뚝을 세운 것이 3,680척(약 1.11km)이었다. 이 일은 8월 15일에 시작하여 9월 15일에 끝났으며, 평안도에서 1만 4,900명과 강원도에서 2,500명을 징발하여 사역시켰다.

세종 28년에는 함길도 도사 김득례가 1월 11일부터 2월 11일에 걸쳐 함길도 군사 1천 명을 사역하여 종성부 지역에 행성을 쌓았는데, 석축이 370척(약 112.1m)이고, 흙을 깎은 것이 2,537척인데 리수里數로 따지면 약 122보步였다.

이해 2월 10일에서 3월 10일에 걸쳐 평안도 벽동碧潼 지역에 행성을 쌓았는데, 석축石築이 3만 7,379척(약 1.32km)이고, 흙을 깎은 것이 8천 척이다. 평안도 인부 1만 5,400명, 황해도 인부 2천 명을 징발하여 사역시켰다. 또 정령定寧 부근 행성 터에서 2천 척(약 606m)에 이르는 석축을 쌓고, 의주義州 읍성 동쪽에다 3,500척(약 1.06km)을 늘려 성을 쌓았는데, 거리는 모두 합쳐 28리였다.

이해 8월 20일부터 9월 18일까지 황보인皇甫仁을 보내 한 달간 함길도 군사 1만 명을 사역시켜 종성부 남쪽과 회령부 북쪽 알타리까지 행성을 쌓았는데, 석축이 1만 1,834척(약 3.58km)이고, 흙을 깎은 것이 5만 5,133척이었다. 또

8월 5일부터 9월 20일까지 산수山水와 갑산甲山 군사 1천 명을 동원하여 갑산에 석보石堡를 축조했는데, 둘레가 2,400척(약 727.2m)인데, 길이가 40리였다.

세종 29년에도 행성 축조는 계속되었다. 도체찰사 황보인皇甫仁을 평안도에 보내 2월 15일부터 3월 15일 사이에 벽동군碧潼郡 지역에 행성을 쌓았는데, 석축이 1만 4천여 척(약 4.24km)이고, 흙을 깎은 것이 8천여 척인데, 평안도 인부 5,740명을 사역했다. 또 400명을 동원하여 정령군定寧郡 지역에 성을 쌓았는데, 석축이 3천여 척(약 0.9km)이고, 흙을 깎은 것이 1,500척이었다. 모두 리수로 따지면 약 15리였다.

이해 8월에 도체찰사 황보인을 함길도로 보내 8월 15일부터 9월 14일까지 한 달간 회령부 북쪽 지역에 행성을 쌓았는데, 석축이 약 1만 척(약 3.03km)이고, 흙을 깎은 것이 4만 1,789척이며, 함길도 백성 8,500여 명을 징발하여 사역했다. 또 8월 5일에서 9월 5일까지 1천 명을 사역하여 삼수군三水郡 지역에 행성을 쌓았는데, 석축이 3천여 척(약 0.9km)인데 모두 리수로 계산하면 약 30리였다. 황보인이 매년 봄 가을로 양계를 드나들면서 흉년을 무릅쓰고 성을 쌓으니, 평안도 백성들이 크게 고통을 받았다.

이렇게 축성과 군사훈련으로 인한 백성의 고통이 커지자 대신들 사이에 축성과 훈련을 그만둘 수 없다는 찬성론과 중지해야 한다는 반대론이 일어났다. 찬성론자는 우찬성 김종서金宗瑞로서, "우리가 흉년을 맞아 굶주리고 있다고 하여 외환外患이 일어나지 않는가? 그런데도 흉년이라 백성들이 피곤하고 국고가 비어 있으니 훈련해서는 안 된다고 한다."고 비판했다. 반대론자는 좌참찬 정분鄭苯이었다. "행성을 다 쌓았으면 국경을 지키는 수졸戍卒이 풀릴 줄 알았는데, 수졸이 줄어들지 않고 쉴 사이가 없으니, 성을 쌓은 효과가 어디에 있는지 모르겠다."고 말했다.

축성에 대한 찬반양론이 갈리자, 임금은 "예로부터 중국에 일이 있으면, 우리나라에도 방비가 없을 수 없다. 대책을 세워야 한다."고 말했다. 임금은 평소 흉년이든 풍년이든 국방을 위한 시설과 훈련은 잠시도 틈을 두어서는 안 된다고 믿었는데, 김종서와 황보인이 누구보다도 임금의 이런 뜻을 잘 받들어 임금의 신임을 두터이 받고 있었다.

세종 30년에는 봄철 축성은 하지 않고 가을 축성을 했다. 이해 7월에 황보인을 함길도에 보내 8월 15일부터 9월 15일 사이에 함길도 백성 1만 1,750명을 징발하여 회령會寧 북쪽 지역에 길이 3만 1,174척(약 9.44km)에 이르는 약 17리에 행성을 쌓았는데, 석축이 1만 2,662척(약 3.83km)이고, 흙을 깎은 것이 1만 7,812척이고, 목책이 800척(약 242.4m)이었다.

또 이해 8월 5일에서 8월 25일 사이에 갑산甲山 지역에 길이 3,296척[약 1리]에 달하는 행성을 쌓았는데, 석축이 약 3천여 척(약 0.9km)이고, 흙을 깎은 것이 250척이었다. 삼수 백성 1천 명을 징발하여 사역했다.

세종 31년 2월에 도체찰사 황보인을 또 평안도에 보내 2월 10일에서 3월 6일까지 이산理山에서 위원渭原 사이에 행성을 쌓았는데, 길이가 약 10리였다. 그 가운데 석축이 7,478척(약 2.26km), 흙을 깎은 것이 1만 1,660척, 말뚝을 박은 것이 400척(약 121m)이었으며, 관문關門과 연대烟臺(봉수대)도 세웠다. 평안도 군사 1만 4천여 명이 동원되었다. 그런데 이해 9월에 명나라에서 큰 사건이 터졌다. 북방의 몽골 유민인 달달족達達族(혹은 脫脫族)을 토벌하기 위해 23세의 영종英宗 황제가 직접 군사를 이끌고 가서 싸우다가 포로로 잡히는 사건이 일어난 것이다. 이를 '토목土木의 변變'으로 부른다.

이 소식이 조선에 전해지자 달달족이 조선을 침략할지도 모른다는 우려가 생기면서 의주義州 지역의 방비가 더욱 시급한 과제로 떠올랐다. 그리하여 다음 해인 세종 32년 윤1월 16일에 의주 읍성을 다시 뒤로 물려서 1,625척(약 492m)의 성을 쌓고, 1,161척(약 351.7m)을 다시 수리하고, 의주 북쪽에 또 6,720척(약 2.03km)의 행성을 쌓았다. 평안도민 6,570명을 징발하여 30일 만에 마쳤다. 행성 축조의 중요성이 다시 확인된 것이다.

그러나 그 다음 달인 2월 17일에 세종이 향년 54세로 세상을 떠나, 세종시대의 축성사업은 이것이 끝이었다.

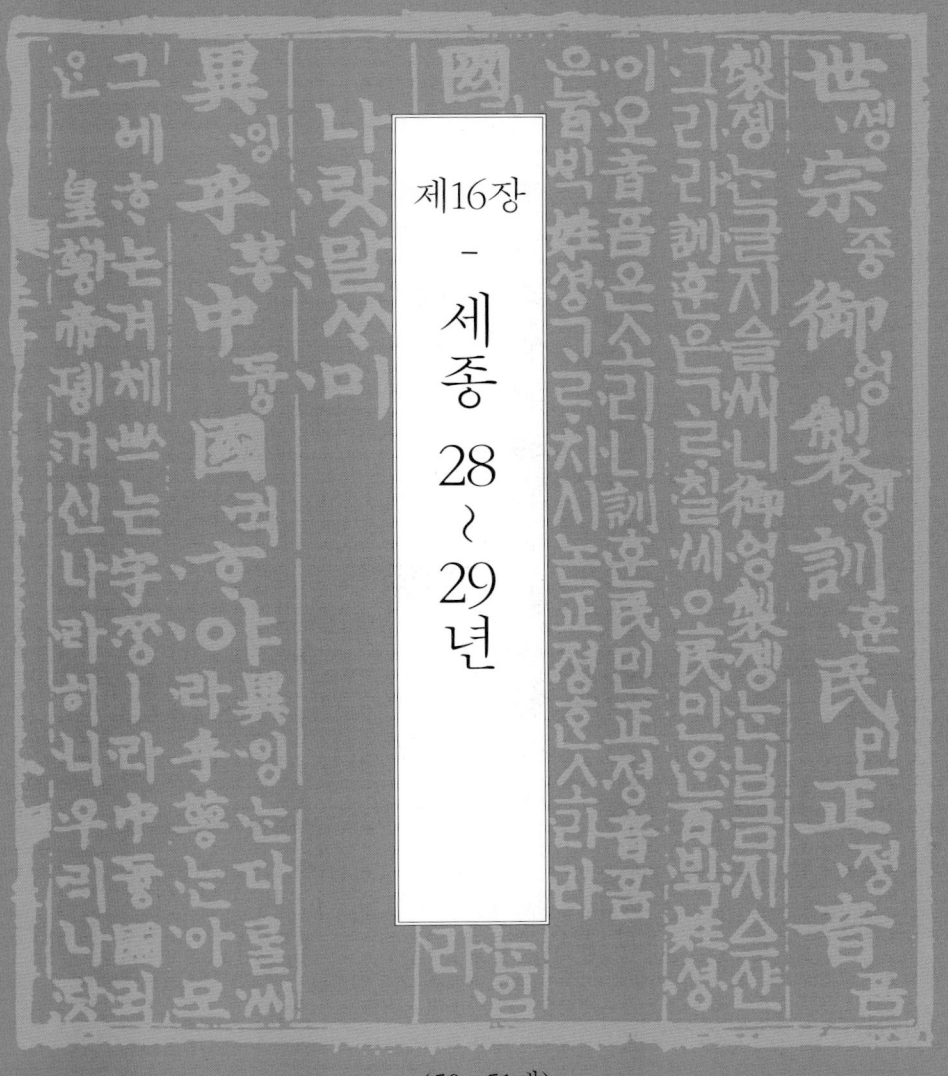

제16장
-
세종
28
~
29
년

(50~51세)
1446~1447년

1. 왕비가 서거하고, 임금이 불사에 몰두하다 [세종 28년]

세종 26년 12월 7일에 다섯째 아들 광평대군廣平大君이 20세로 세상을 떠나고, 불과 40일이 지난 세종 27년 1월 16일에 일곱째 아들 평원대군平原大君이 19세로 세상을 떠나면서, 사랑하는 두 아들을 잇달아 잃은 임금이 거의 정신적으로 실신 상태에 빠지게 되었음은 앞에서 이미 살펴보았다. 그렇지 않아도 건강이 좋지 않았던 임금은 정사에 뜻을 잃고 궁궐을 떠나 성 밖에 있는 연희궁이나 마포의 희우정, 그리고 대군들 집을 전전하면서 지냈다. 정사는 세자에게 거의 넘기다시피 하고 국가의 중요한 일만 세자가 임금의 시어소(임시거처)를 찾아가서 아뢰면서 처리했다.

그런데 야속하게도 임금의 불행은 여기서 끝나지 않았다. 세종 28년 3월 24일에 왕비 소헌왕후昭憲王后 심씨沈氏가 또 향년 52세로 세상을 떠났다. 세종보다 2세 연상이었지만 52세의 향년은 너무 짧은 생애였다. 왕비는 8남 2녀를 낳아 두 명을 임금으로 만들었지만, 친정의 일로 가슴에 멍든 일생을 보냈다. 아버지 심온沈溫은 역적으로 죽었고, 어머니는 관비가 되었다가 풀려났고, 자신도 폐비의 위기를 가까스로 벗어났으니 말이다.

왕비가 세상을 떠나기에 앞서 3월 9일에 임금이 왕비와 함께 둘째 아들 수양대군首陽大君 집으로 이어했는데, 다음 날부터 왕비가 아프기 시작하여 3월 15일에는 중태에 빠졌다. 승려 80명을 모아 기도하여 밤을 새우게 하고, 세자가 팔을 불에 태우고, 여러 대군과 환관들도 다투어 팔을 불에 태웠다. 그러나 보람도 없이 3월 24일에 세상을 떠났다. 무슨 병인지는 기록이 없으나, 풍증風症으로 임금이 온정행을 갈 때마다 함께 가서 치료를 받았던 것이 왕비 병력의 전부이다. 혹시 8남 2녀를 출산하면서 얻은 병인지도 모른다. 그 병이 두 아들을 잃으면서 더욱 악화된 것인지도 모른다.

왕비의 죽음으로 임금의 허탈감은 절정에 이르렀다. 임금은 형님 효령대군 집으로 이어했다가, 며칠 뒤에 양녕대군이 전에 살던 집으로 이어했다. 임금과 대군들은 고인의 명복을 빌기 위한 불교행사에 빠졌들었다. 3월 28일 임금은 집현전 수찬 이영서李永瑞와 돈녕부 주부 강희안姜希顔 등에게 임금의 죽은 동생인 성녕대군誠寧大君 집에 가서 《불경佛經》을 금자金字로 쓰라고 명했다. 그런데 이 일은 대군들이 어머니를 위해서 한 일로서 임금이 비용을 도와준 것이었다.

3월 29일에는 지금 세검정 부근에 있는 장의사藏義寺에서 초재初齋를 베풀었는데, 반승飯僧이 8~9천 명에 이르고, 잡객雜客이 수천 명이고, 거지가 만여 명에 이르렀다고 한다. 유신들은 이런 불교행사를 못마땅하게 여기고 그 배후에 승려 신미信眉(?~?)²⁵⁵가 있다고 믿어 그를 증오했다. 수양대군과 안평대군은 그를 큰 스승처럼 우대하고 따랐다.

4월 1일에는 왕비의 치료를 맡았던 노중례盧重禮의 직첩을 거두고 권지權知로 좌천시켰다. 대간들이 노중례를 엄벌하자고 청했으나, 임금은 "죽고 사는 것은 명命에 달린 것인데, 어찌 한 의원이 능히 살려낼 수 있겠느냐."고 하면서, 다시 말하지 말라고 명했다. 4월 6일에는 진관사津寬寺에서 이재二齋를 거행하고, 4월 13일에 3재三齋를 성녕대군 무덤 앞에 지었던 대자암大慈庵²⁵⁶에서 거행했다. 4월 30일부터는 임금이 손을 떠는 수전증手顫症이 생겨 중국에 보내는 자문咨文에 수결手決(싸인)을 하지 못하고 임시로 압자押字를 찍었다. 아마 스트레스 때문일 것이다.

5월 27일에 금자불경이 완성되자 대군과 왕자들이 승도들을 모아 대자암으로 옮겼는데, 이때 모인 중들이 2천여 명이고, 7일 만에 법회法會가 끝났다. 역시 김수온金守溫의 형 승려 신미信眉가 불사를 주관했다.

7월 16일에 왕비 상여가 발인했다. 규정에 따라 5개월장을 치른 것이다. 그런데 이날 큰 비바람이 몰아쳐 상여가 한강을 건너 삼전도三田渡에까지 갔다가 되돌아와서 광나루의 낙천정樂天亭에 안치했다가 다음 날 비바람이 멈추자 다시

---

255) 신미는 본관이 충청도 영동永同으로 옥구진 병사兵使 김훈金訓의 아들이다. 본명은 김수성金守省이고, 동생은 김수온金守溫(1410~1481)이다. 법주사에 출가하여 불경을 공부하고, 세종 말년에 수양대군 및 안평대군과 가까이 지내면서 세종의 불사를 도왔다. 문종은 그를 선교도총섭禪教都摠攝으로 임명하고, 세조는 그를 왕사王師처럼 대접하면서 간경도감刊經都監이 설치되자, 《법화경》, 《반야심경》 등을 언해하게 했다.

256) 성녕대군 무덤과 대자암은 지금 고양시 덕양구 대자동에 있다.

출발하여 영릉英陵에 안장했다. 지금 서초구 내곡동에 있는 태종릉인 헌릉獻陵 부근이었다. 두 개의 석실石室[257]을 미리 만들어 놓았으므로 뒤에 세종이 세상을 떠나자 합장되었다.[258] 그러나 풍수상 좋지 않다는 이유로 예종 원년(1469)에 지금 여주시 영릉으로 천장했다.

소헌왕후의 3년상이 끝난 세종 30년에 임금은 수양대군과 안평대군, 그리고 승려 신미 등의 권유를 따라 왕비의 명복을 빌기 위해 경복궁 북쪽의 산비탈에 불당佛堂을 건설했다. 그러자 신하들이 맹렬히 반대하여 임금과 유신儒臣 사이에 논쟁이 일어났는데, 이 점에 대해서는 뒤에 다시 설명하겠다.

2. '훈민정음'을 다시 반포하다 [세종 28년]

세종이 왕비 소헌왕후의 장례를 치른 지 얼마 안된 세종 28년(1446) 9월 29일자 《세종실록》을 보면, "이달에 훈민정음이 이루어졌다."고 되어 있다. 그러고 나서 임금이 쓴 어제御製가 보이고, 그 뒤에 예조판서 정인지鄭麟趾 등이 쓴 서문序文이 실려 있다. 서문을 보면 세종이 정인지 등에게 '훈민정음'에 대한 해례解例를 만들라고 명했다고 했다.

그런데 3년 전인 세종 25년 12월 30일에 이미 훈민정음이 창제된 사실을 발표해 놓았고, 바로 언문을 사용하여 《용비어천가》를 편찬하고, 《운회》를 언해하고, 아전들에게 언문을 가르치는 등 3년간 이미 '훈민정음'을 사용해 왔다.

이렇게 세상에 이미 다 알려진 '언문' 곧 '훈민정음'을 새삼스레 3년 뒤에

---

257) 영릉의 두 개의 석실 가운데 동쪽 석실에는 왕비가 안장되고, 서쪽 석실에는 임금이 안장되었다. 북쪽에서 보면 임금이 오른쪽, 왕비가 왼쪽에 안장된 것이다.

258) 문화재청에서는 영릉의 초장지로 추정되는 곳을 찾아 표석을 세워 놓았다가 몇 년전에 발굴해 보니, 뜻밖에도 2개의 석실石室이 아닌 회로 벽을 만들고 단실單室로 되어 있어서 영릉 초장지가 아님이 확인되었다. 조사 결과 중종비 장경왕후 윤씨의 묘인 희릉禧陵의 초장지로 밝혀졌다. 그 위치는 지금 국정원 울타리 바로 바깥에 있다. 희릉은 뒤에 지금의 서삼릉西三陵으로 천장되었다.

어제와 서문, 그리고 해례를 발간하여 다시 발표한 것은 무슨 까닭인가? 3년 전에는 훈민정음에 대한 임금의 〈어제〉와 〈서문〉 등이 없이 지극히 간단하게 발표했기 때문에 이를 보완하여 공식적으로 다시 발표한 것이다.

그러면 〈어제〉부터 차례로 검토해 보기로 한다. 《실록》에는 〈어제〉가 한문으로 되어 있으나, 뒤에는 언문으로 쓴 《어제훈민정음》이 나오기도 했다. 본래 언문으로 썼던 것을 《실록》에 한문으로 번역하여 기록한 듯하다. 언문 어제를 현대어로 풀어 소개하면 다음과 같다.

> "우리나라의 말소리가 중국과 달라서 문자가 서로 유통하지 못하고 있다. 그래서 어리석은 백성이 말하고 싶은 것이 있어도 끝내 제 생각을 표현할 수가 없다. 내가 이를 가엾게 여겨 새로 28자를 만들어서 사람들이 모두 쉽게 배워서 일용日用(일상생활)에 쓰게 하고자 할 따름이다."

이렇게 '훈민정음'을 만든 목적과 이유가 어리석은 백성들이 일상생활에서 하고 싶은 말이 있어도 글로 표현하지 못하고 있는 것을 안타깝게 여겨 백성들의 일상적인 문자생활의 길을 열어주겠다는 것을 분명히 밝혔다. 그러고 나서 28자의 발음을 차례로 설명했다.

여기서 '어리석은 백성'은 세종이 평소 자주 쓰는 말인데, 백성을 경멸하는 뜻이 아니다. 사람의 이름에도 '우愚'라는 글자를 많이 쓰는데, 그것이 정말로 멸시하는 뜻이라면 왜 이름에다 넣겠는가? 보우普愚라는 명승도 있지 않은가? '어리석음'의 본뜻은 '순박함' 또는 '무지無知하다.'에 가깝다. 그러니까 '훈민정음'은 한자漢字를 배우지 못한 순박한 백성들을 위한 생활문자임을 천명한 것이다.

임금은 평소에 백성들의 억울한 일 가운데 가장 안타까운 것이 형법刑法을 몰라서 죄를 짓고 벌을 받는 일로 보았다. 또 죄를 짓지 않고서도 억울하게 누명을 쓰고 벌을 받는 경우가 많은데 이를 관청에다 소장訴狀을 올리려고 해도 한자를 몰라 할 수가 없었다. 특히 형법은 명나라의 《대명률大明律》을 빌어다가 사용했는데, 법률 전문가들도 그 뜻을 잘 몰라 애를 먹을 때가 많고, 자의로 해석하여 죄를 주는 경우가 많았다. 그래서 임금은 우선 이두吏讀로 언해하여 법을 집행하는 관리나 백성들이 다 같이 법을 쉽게 알도록 하여 억울하게 형벌을 받지 않도록 할 필요성을 절감했다.

세종 13년 6월 22일에 임금의 고민을 눈치챈 지신사 안숭선安崇善과 좌대언 김종서金宗瑞가 임금에게 다음과 같이 건의했다.

> "《대명률大明律》의 글과 말은 뜻을 이해하기 어려워서 율문律文과 대조할 때 죄의 경중에 실수가 있어서 진실로 불편합니다. 바라건대, 《당률소의唐律疏議》(당나라 법률)나 《의형이람議刑易覽》 등의 글을 참고하여 번역하고 풀이하여 사람들이 알기 쉽도록 하소서."

안숭선과 김종서 등 승정원 비서들의 건의를 받은 임금은, "그렇다. 그것을 편집할 만한 사람들의 이름을 아뢰라."고 명했다. 신하들이 그 명단을 바치자 임금은 다음 날 의정부 사인舍人 조서강趙瑞康과 소윤 권극화權克和에게 명하여 《대명률》을 상정소에서 번역하여 풀이하라고 명했다.

세종 14년 11월 7일에 임금은 또 대신들과 그 문제에 대하여 걱정스럽게 말했다.

> "사리를 아는 사람도 율문律文을 본 뒤에야 죄의 경중을 알게 되는데, 하물며 어리석은 백성이야 어찌 죄를 지은 것이 크고 작은 것을 알아서 스스로 고치겠는가? … 큰 죄의 조항만이라도 뽑아서 이를 [이두문으로] 번역하여 민간에 배포하여 우부우부愚夫愚婦들이 범죄를 피할 수 있게 하는 것이 어떤가."

그러자 예조판서 허조許稠가 말했다. "백성들이 율문을 알면 법을 마음대로 농간합니다. 그러니 번역하여 알려줄 필요가 없습니다."

허조는 언제나 백성 편을 들지 않고 하극상만을 염려하는 버릇이 있었는데, 이번에도 또 그런 태도를 보였다. 허조의 말에 실망한 임금이 다시 말했다. "그렇다면 백성들이 법을 알지 못하고 죄를 짓게 하는 것이 옳은가?" 임금은 물러서지 않고, 집현전에 그 일을 연구해 보라고 명했다.

그로부터 8일이 지난 이해 11월 15일에 지신사 안숭선安崇善이 임금에게 다시 건의했다. "옥사獄事를 결단決斷하는 자들이 율문律文을 깨닫지 못하여 사의私意로 결단하여 올리기 때문에 원통하고 억울한 자가 호소할 길이 없습니다. … 대명률을 이어俚語(이두)로 번역하여 전국에 반포하소서."

이렇게 오랫동안 《대명률》을 이두로 번역해 왔지만 한계가 있었다. 이두는 한문에 토를 다는 데 불과하고 완전한 번역이 되지 못하기 때문이었다. 그러다가 세종 25년에 언문을 창제하자 바로 아전들에게 이를 가르쳐서 행정실무에 이용하도록 한 것이다. 우선 아전들부터 형률을 제대로 알게 하겠다는 것이다.

임금이 위 〈어제〉에서 "어리석은 백성이 말하고 싶은 것이 있어도 제 뜻을 표현하지 못하고 있는 것을 안타깝게 여긴다."는 말은 "말로 표현하지 못하는 것이 안타깝다."는 뜻이 아니고, "글로 표현하지 못하는 것이 안타깝다."는 뜻이다. 그 표현하고 싶은 글이 일상생활 전반에 걸쳐 있지만, 특히 억울한 일을 글로 호소하지 못하는 것을 가장 안타깝게 여긴 것이다. 그러니까 형률을 쉽게 풀어서 백성들이 법을 알아 억울하게 죄를 얻지 않도록 하고, 법관들도 형법을 제대로 알아 공정하게 운영하게 한다는 것이 '훈민정음' 창제의 중요 목표 가운데 하나였다.

임금의 이런 뜻은 정인지鄭麟趾가 쓴 〈서문〉에도 그대로 보인다. 서문을 쓴 날짜는 9월 상한上澣으로 되어 있어서 9월 29일에 발표된 날짜보다 20여 일 전에 집필한 것을 알 수 있다. 이제 그 서문을 알아보기로 한다. 그 서문을 보면, '훈민정음'을 만든 이유와 그 글자를 만든 원리를 설명하고 있다. 그 요지를 알기 쉽게 정리하면 다음과 같다.[259]

---

259) 번호는 필자가 붙인 것이다.

① 먼저 소리와 문자의 관계를 말했다. 천지자연天地自然에는 소리가 있는데, 소리가 있으면 그에 맞는 글자가 있다. 그래서 소리에 맞는 문자를 만들어 만물의 정情이 통하게 하고, 삼재三才(天地人)의 도를 담았다. 그러니까 글자의 기능은 감정을 서로 통하고, 천지인의 도리를 글자에 담아서 배우게 한다는 것이다.

② 천지자연의 소리는 풍토風土에 따라 소리의 기氣가 다르다. 그래서 나라마다 소리가 다른데도 문자가 없어서 중국의 문자를 빌어서 쓰다보니 마치 둥근 구멍에다 네모난 막대기를 끼워넣는 것처럼 맞지가 않고, 문자생활이 막히고 편안하지 못하다.

③ 우리나라는 예악禮樂과 문물文物이 중국과 비등한데, 다만 말이 다르다. 그래서 한문을 배울 때 글 뜻을 잘 모르게 되고, 또 죄인을 다스리는 사람도 곡절曲折을 잘 몰라 괴로워했다.

④ 신라의 설총薛聰은 이두吏讀를 만들어 위와 같은 불편을 덜고자 했고, 지금도 관청과 민간에서 이두를 사용하고 있으나, 모두 한자의 [획을] 빌어서 쓰기 때문에 어렵고 복잡하고 막히고 비루하고, 말과 말 사이가 만분의 1도 통하지 못한다.

⑤ 그래서 세종 25년 겨울에 전하께서 정음 28자를 창제하여 간단하게 예의例義를 설명하고, '훈민정음'이라고 불렀는데, 사물의 형태[象形]를 본뜬 글자로서, 고전古篆을 모방했다. 소리는 7조七調(宮商角徵羽＋變徵, 變宮)와 맞고, 3극三極(천지인)의 뜻과 2기二氣(음양)의 오묘함이 그 속에 담겨 있다.

⑥ 28자가 전환轉換함이 무궁하면서도 간요簡要하고 정통精通하여 지혜로운 사람은 아침나절에 깨우칠 수 있고, 어리석은 자도 열흘이면 배울 수 있다. 이것으로 글을 해석하면 뜻을 알 수 있고, 이것으로 형벌을 다스리면 그 실정을 알아낼 수 있다. 한자의 운韻도 청탁을 가려낼 수 있고, 음악과 노래도 율려律呂가 맞는다. 무엇에도 쓸 수 있고, 어디를 가도 쓸 수 있다. 심지어 바람소리, 학의 울음소리, 닭울음 소리, 개짖는 소리까지도 써서 표현할 수가 있다.

⑦ 세종은 예조판서 정인지를 비롯하여 집현전 관원인 최항崔恒, 신숙주申叔舟, 성삼문成三問, 이개李塏, 이선로李善老(이현로), 그리고 돈녕부 주

부 강희안姜希顔 등에게 명하여 '훈민정음'의 《해례解例》를 지어 그 경
개梗概(대강)를 서술하여 이를 본 사람들이 스승이 없이도 스스로 깨닫
게 하라고 하셨다. 그러나 '훈민정음'의 연원淵源의 정밀한 뜻의 오묘
함은 자신들이 능히 발휘할 수가 없다.

⑧ '훈민정음'은 앞사람의 것을 조술祖述한 것이 아니고, 자연自然에 따라
서 만들어진 것이다. 사람이 사사로이 할 수 있는 일이 아니다. 우리
동방에 나라가 세워진 것이 오래 되었지만, 개물성무開物成務(만물의 이
치를 열어서 일을 성취시킴)의 큰 지혜는 오늘을 기다리고 있었던 것이다.

정인지 등은 '훈민정음'을 창제하는 데는 직접 참여하지 않았지만, 그동안
'훈민정음'을 연구하여 위와 같은 서문을 쓰고, 또 '훈민정음'의 제자원리를 설명
하는 《해례》를 따로 집필하여 선생이 없이도 이 책을 읽으면 스스로 알도록 하
라고 명했던 것이다.

위 정인지 서문에서 눈여겨볼 것이 몇 가지 있다. 하나는 ⑥에서 '훈민정
음'의 용도를 설명하고 있는데, 그 용도가 "무엇에도 쓸 수 있고, 어디에 가도
쓸 수 있다."고 하여 무궁무진함을 말하면서, 특히 네 가지를 지적하고 있다.
㈎ 한문漢文의 뜻을 아는데 도움이 되고, ㈏ 형벌을 다스리는데 도움이 되고,
㈐ 한자의 운韻(발음)을 정확하게 배우는 데 도움이 되고, ㈑ 음악의 율려律呂를
맞추는 데도 도움이 된다고 했다. 특히 "언문의 용도가 많다."고 한 것은, 임금
이 "백성들이 일용日用에 쓰게 하겠다."고 말한 것과 일치한다.

실제로 '훈민정음'을 창제한 뒤에 일어난 사업과 일들을 보면, 위에서 임금
과 정인지가 언급한 다양한 용도가 그대로 반영되고 있다. 지금 학계에서는 위
여러 가지 용도 가운데 특별히 한두 가지 용도를 과도하게 내세워 해석하기도
하지만, 이는 〈어제〉나 〈서문〉에서 밝힌 내용과도 맞지 않을 뿐 아니라, 실제의
쓰임새를 살펴보아도 사실에 맞지 않는다. 거듭 말하지만, '훈민정음'은 결코 한
두 가지 목적을 위하여 만든 문자가 아니다. 그 용도는 무한한 것이다. 다만,
언해사업만은 완급과 우선순위를 조정하여 실행했을 뿐이다.

위 서문에서 두 번째로 주목할 것은, 정인지 등에게 훈민정음의 해설서인 〈해례解例〉를 쓰라고 명한 사실이다. 그런데 지금 전하고 있는《훈민정음해례본》[260][앞으로《해례본》으로 약칭한다]이 1940년에 처음으로 발견되어 광복 후 국보로 지정되고, 유네스코 세계기록문화유산으로까지 등재되기에 이르렀는데, 그 책이 언제 편찬되었으며, 또 세종의 창제이념과 어느 정도까지 일치하느냐가 분명치 않아, 학계의 논란이 아직도 계속되고 있다.

3.《훈민정음해례본》의 정체

《세종실록》에는 세종 때《해례본》이 출간되었다는 기록이 없고, 그 뒤에도 《해례본》이라는 책이《실록》에 보이지 않고, 훈민정음을 연구한 조선시대 학자들도《해례본》을 직접 언급한 사람이 없다.

그런데, 세조 2년(1456) 4월 9일자《실록》을 보면 예조에서 올린 상소문 가운데 역어譯語 발전을 위해 나이 어린 문신文臣과 의관자제를 뽑아서《증입언문增入諺文》과《홍무정운洪武正韻》을 으뜸으로 삼아 배우게 하자고 건의하자 임금이 이를 따랐다고 한다. 여기서 처음으로《증입언문》이라는 책이 등장하는데, 이 책은《해례본》을 가리키는 것으로 보인다. 언문을 더욱 증보한 책이라는 뜻이니 그렇게 볼 수 있다. 그러나《증입언문》이라는 것이 공식적인 책 이름은 아닌 듯하다. 공식적인 책 이름은《훈민정음》으로 불린 것 같다.

지금 전하고 있는《해례본》도 표지에는《훈민정음해례본》이라는 이름이 없고 그저 편의상 그렇게 부른다. 그러므로 조선시대에 '훈민정음'으로 쓰고 있는

---

260) 정인지 등이 만든《해례본》을《훈민정음해례본》으로도 부르고, 또는《[해례본]훈민정음》, 또는 그저《훈민정음》으로도 부른다. 이 책은 지금 간송미술관에 소장되어 있으며, 국보로 지정되고, 또 유네스코 세계기록문화유산으로도 등재되었다. 이밖에 또 한 권의《해례본》이 10여 년 전에 경상도 상주尙州에 사는 어느 개인이 소장하고 있는 사실이 알려졌는데, 책 전체는 아직 세상에 공개되지 않아 두 책을 비교할 수가 없다. 이 책을 편의상 상주본으로 부른다.

용어는 '언문'을 가리키기도 하지만, 동시에 그《해례본》을 가리키기도 한다고 여겨진다. 이렇게 본다면 조선시대 훈민정음 연구자들은 이 책을 실제로 보았다고 할 수 있다. 다만, 그 책의 설명을 직접 비판하는 것을 피하고 자신의 의견을 제시하는 방법을 따른 것 같다.

그러면,《해례본》의 내용은 어떠하며, 그 문제점은 무엇인가를 알아보자.

《해례본》의 목차는 다음과 같다. 먼저 세종이 쓴 어제御製가 앞에 보이고, 그 다음에 〈훈민정음해례〉라는 제목 아래에 ① 제자해制字解, ② 초성해初聲解, ③ 중성해中聲解, ④ 종성해終聲解, ⑤ 합자해合字解, ⑥ 용자례用字例가 차례로 보이고, 맨 끝에 정인지 서문을 실었다. 서문의 내용은 9월 29일의《실록》기록과 일치한다.

우선, 이 책은 언제 발간되었을까? 세종 28년 9월 29일 '훈민정음' 창제 발표 당시에는 이 책이 아직 출판되지 않았을 것이다. 〈어제〉와 〈서문〉, 그리고 《해례》가 어떻게 9월 29일에 동시에 책으로 묶여져 나올 수 있는가? 따라서 당시에는《해례》가 아직 만들어지지도 않았고, 임금이 다만《해례》를 만들라고 명령했을 뿐으로 보인다.

또 이 책이 현재 목판본으로 되어 있는 것도 이상하다. 당시 국가사업으로 만든 책은 거의 모두 활자본으로 출간되었지 목판으로 간행한 일은 없다. 따라서 현존하는 이 책은 세종 때 발간된 것으로 보이지 않는다. 당시에는 정인지 등이 해례를 아직 집필하지도 않은 듯하다. 세종은 왕비를 위한 불사佛事에 몰두하고 있었고, 정신적으로 거의 공황상태에 빠져 있어서 해례에 그다지 신경을 쓰지 않은 듯하다. 당시 정치를 주도한 사람은 임금이 아니라 세자와 두 대군이었으므로, 이들이 임금의 건강을 염려하여 훈민정음의 사용을 하루빨리 공식화하기 위해 임금을 독려하여 어제와 정인지의 서문을 급히 받아낸 것 같다.

그런데 세조 2년에《증입언문增入諺文》이 갑자기 등장한 것이 눈길을 끈다. 이 책이《해례본》을 가리키는지 여부는 알 수 없지만, 언문을 보완했다는 뜻이므로《해례본》일 가능성도 있다. 다만《증입언문》이 목판본인지 필사본인지는 분명치 않다. 따라서 이 책을 지금 전해지는 《해례본》이라고 단정하기는 어렵다. 중요한 것은 지금 전하는 《해례본》이 과연 창제자인 세종의 생각과 어디까지 합치되느냐이다. 이제 이런 아쉬움을 가지고 《해례본》의 골자를 소개하면 다음과 같다.

《해례본》은 위에 소개한대로 6개 항목으로 나누어 설명하고 있지만, 그 가운데 가장 중요한 항목은 ① 〈제자해制字解〉이다. 그 나머지는 이를 부연한 것에 지나지 않는다. 〈제자해〉에서는 28자를 만든 원리가 음양오행사상에서 나왔다고 밝히면서, 초성初聲 17자 가운데 기본이 되는 ㄱ, ㄴ, ㅁ, ㅅ, ㅇ이 각각 아음牙音, 설음舌音, 순음脣音, 치음齒音, 후음喉音으로서, 그 글자의 모습은 각각 혀뿌리가 목구멍을 막고 있는 모습[ㄱ], 혀가 입천정에 닿은 모습[ㄴ], 입모습[ㅁ], 이빨 모습[ㅅ], 목구멍 모습[ㅇ]을 닮았다고 했다. 그리고 위 다섯 글자에 획을 보태어 다른 초성들이 만들어졌다고 했다. 다만 ㆁ은 반설음半舌音으로 땅에서 싹트는 모습이고, ㄹ은 반치음半齒音이라고 했다. 이밖에 다섯 글자를 5행이론에 맞추어 설명했는데, 이를 도표로 만들면 다음과 같다.

〔 초성 5글자 〕

5자음	5음	글자모습	5행	5계절	5성	5수	5덕	5장	5방
ㄱ	아음 牙音	혀뿌리가 목구멍을 막고 있는 모습, 나무 소리	목 木	봄 [春]	각 角	8	인 仁	간장	동
ㄴ	설음 舌音	혀가 입천정에 붙어 있는 모습, 불꽃 모습	화 火	여름 [夏]	치 徵	7	예 禮	심장	남
ㅁ	순음 脣音	입모습, 또는 땅모습	토 土	늦여름 [季夏]	궁 宮	5	신 信	신장	중
ㅅ	치음 齒音	이빨 모습, 또는 날카로운 무기모습	금 金	가을 [秋]	상 商	9	의 義	폐장	서
ㅇ	후음 喉音	목구멍 모습, 또는 물모습	수 水	겨울 [冬]	우 羽	6	지 智	비장	북

다음에 중성中聲 11자는 천지인天地人을 상징하는 도형인 ·, ㅡ, ㅣ를 가지고 만들어진 것으로 설명한다. 천지의 쓰임이 사람을 통해서 이루어지므로 서

로 결합하여 ㅏ, ㅓ, ㅗ, ㅜ 등이 만들어지고, 두 번 이루어진 모습이 ㅕ, ㅑ, ㅛ, ㅠ 등이라고 했다. 다만, 양모음은 하늘에서 나와서 양모음이 되고, 음모음은 땅에서 나와서 음모임이 되었다고 한다.

위와 같은 《해례본》의 논리는 기본적으로 훈민정음 28자가 천지인 3재三才와 음양오행의 모습을 형상화하여 만들어졌으며, 그 글자들의 원리가 음양오행의 원리인 5음五音, 5성五聲, 5수五數, 5덕五德, 5장五臟, 5계절五季節, 5방五方 등과 통일적으로 연결되어 있다는 것으로 요약된다. 이렇게 동양의 자연철학 이론으로 만들어진 문자는 전세계에서 '훈민정음'이 유일하다는 것을 증명하고 있다. 하지만 이와 같은 설명은 몇 가지 아쉬운 것이 있다.

하나는 중성中聲의 모음에서는 천지인의 모습인 ·, ㅡ, ㅣ를 본땄다고 하면서, 초성初聲의 자음에서는 발음기관의 모습이나 5행의 모습을 본딴 것으로 설명되고 있는데, 특히 발음기관설은 설득력이 약하다. 맞는 것도 있고 잘 맞지 않는 것도 있다.

천지인의 도형을 ·, ㅡ, ㅣ로만 설명한 것도 미흡하다. 원래 천지인을 가리키는 도형은 천원지방인각天圓地方人角 곧 하늘은 원형이고, 땅은 사각형이고, 사람은 삼각형으로 본다. 이것이 원방각(○□△)이다. 하늘은 태양이 있기 때문에 둥글다고 보고, 땅은 동서남북이 있으므로 네모지고, 사람은 남녀 두 사람이 서로 의지하고 있다고 보아 삼각형으로 본 것이다. 한자의 인(人)자도 삼각형에서 만들어진 것이다. 그리고 ○□△을 간략하게 그리면 ·, ㅡ, ㅣ가 된다.

훈민정음의 초성은 ○□△을 토대로 여기에 획을 보태거나 빼서 만들어진 것이고, 중성도 ○□△을 생략한 ·, ㅡ, ㅣ가 서로 결합하여 만들어진 것으로 보는 것이 합리적이다. 그런 점에서 《해례본》에서 초성에 천지인 도형을 무시한 것은 납득이 가지 않는다.

《해례본》의 두 번째 아쉬움은, 중성 모음에서 ㅏ, ㅓ, ㅗ, ㅜ 등에 대한 설명이 미흡하다. ㅏ, ㅓ는 사람이 하늘을 만나는 모습으로 설명하고, ㅗ, ㅜ는 하늘과 땅이 만나는 모습으로 설명하고 있는데, 이런 설명만으로는 양모음陽母音

과 음모음陰母音의 차이를 설명하지 못한다. 이 모음들은 단순히 서로 만나는 그림이 아니다. 'ㅏ'는 사람의 동쪽에 하늘[태양]이 있어서 밝은 모음이 되고, 'ㅓ'는 사람의 서쪽에 하늘[태양]이 있어서 어두운 모음이 된 것으로 해석하는 것이 온당하다. 또 'ㅗ'는 땅 위에 하늘[태양]이 있어서 밝은 모음이고, 'ㅜ'는 땅 아래에 하늘[태양]이 있어서 어두운 모음이 아니겠는가? 이렇게 해석하면, 밝은 모음과 어두운 모음에 대한 해석이 매우 명쾌해진다. 아마도 세종의 생각도 그랬을 것으로 보이는데, 해례자들이 그 점을 간파하지 못한 것 같다.

《해례본》의 세 번째 아쉬움은, 해례자들이 음양오행사상의 일반론에만 매달리고, 그 사상이 고조선 이래로 우리나라의 토착사상으로 전승되어 왔다는 것을 언급하지 않았다는 점이다. 그러다 보니, '훈민정음'이 중국 성리학性理學의 음양오행사상을 빌어다가 만든 것처럼 오해하게 만들었다. 과연 성리학이 들어오지 않았다면 훈민정음 창제는 불가능했을까? 그렇게 볼 수는 없다. 태극太極이 성리학에도 보이지만, 그것을 조선시대에도 국기國旗로 만들어 사용한 것은 성리학의 영향과는 관계가 없다. 이미 삼국시대 이후로 태극문양을 애용한 사례는 무수히 보이기 때문이다. 음양오행사상과 훈민정음도 한국의 오랜 토착사상을 토대로 이해되어야 할 것이다. 이 점은 뒤에 다시 설명할 것이다.

《해례본》의 위와 같은 약점을 보완하여 기본적인 초성初聲 5자와 오행사상과의 관계를 표로 만들면 다음과 같다.

〔 초성 5글자 〕

5초성	5음	5행	글자모습	5성	5계절	5덕	5수	5장
ㄱ	아음牙音	목木	나무뿌리	각角	봄[春]	인仁	8	간장
ㄴ	설음舌音	화火	불꽃	치徵	여름[夏]	예禮	7	심장
ㅁ	순음脣音	토土	땅	궁宮	늦여름[季夏]	신信	5	신장
ㅅ	치음齒音	금金	이빨, 무기	상商	가을[秋]	의義	9	폐장
ㅇ	후음喉音	수水	물방울	우羽	겨울[冬]	지智	6	비장

ㄹ	반치음
ㆁ	반설음
천지인 도형	○ □ △
○	ㅇ, ㅎ, ㆁ
□	ㄱ, ㄴ, ㄷ, ㄹ, ㅁ, ㅂ, ㅍ, ㄲ, ㄸ, ㅃ
△	ㅅ, △, ㅈ, ㅊ, ㅆ, ㅉ
○ □ △을 생략한 형태	·, ㅡ, ㅣ
양모음	ㅏ, ㅑ, ㅗ, ㅛ, ㅘ, ㅚ, ㅒ
음모음	ㅓ, ㅕ, ㅜ, ㅠ, ㅝ, ㅖ

위 도표는 필자의 개인적인 해석이므로 아직은 가설에 지나지 않는다. '훈민정음'의 창제자인 세종이 직접 제자원리를 설명한 글이 없기 때문에 후세 연구자들은 누구나 자기식으로 해석할 수밖에 없다. 다만, 그 해석이 천지인과 음양오행사상의 범위를 넘어서지 않아야 할 것이고, 또 우리의 전통문화와 얼마나 밀착되어 있는지를 설득력있게 설명하느냐가 관건이 될 것이다.

4. 〈단군신화〉: 천지인합일사상과 음양오행사상의 뿌리

우리나라는 중국에서 '역학易學'이 들어오기 이전인 고조선시대부터 천지인합일사상과 음양오행사상에 바탕을 둔 홍익인간弘益人間이 건국이념으로 자리잡고 있었다. 《삼국유사》에 실린 단군신화檀君神話가 바로 그것이다. 단군신화에 담긴 건국이념은 홍익인간이지만, 홍익인간의 바탕에는 우주宇宙 곧 천지인을 하나의 생명공동체로 바라보는 철학과 음양오행사상이 담겨 있다. 이런 우주공동체에서 파생된 인간 및 국가공동체 사상이 바로 홍익인간이다.

단군신화는 천지인을 상징하는 숫자를 삼三으로 보고, 이 숫자를 가지고 조선이 건국되는 과정을 설명하고 있다. 예를 들어보자. 우선 환인桓因, 환웅桓雄, 단군檀君은 각기 천신天神, 지신地神, 인신人神을 상징하는 삼신三神인데, 이를 합쳐서 하나의 일신一神으로 보고, 민속에서는 이를 '삼신할머니'로 부른다. 삼신을 모두 여성으로 보는 것은 모계제 사회의 유풍일 것이다. 일본 창세기 신화에서도 천조대신天照大神(아마테라스 오오미카미)을 여성으로 보는데, 이 신화도 한반도 이주민들이 만든 신화이다.

환인의 아들 환웅이 지상에 내려온 곳은 봉우리가 3개 있는 삼위태백三危太白이고, 이때 천신 환인으로부터 천부인天符印 3개를 받아가지고 내려왔다. 천부인 3개는 무엇인지 모르나, 칼[또는 창], 거울, 방울[또는 쇠] 등을 가리키는 것으로 보인다. 칼은 환인을 대신하여 악한 자를 징벌하는 도구이고, 거울은 환인의 얼굴을 보는 도구이고, 방울[또는 쇠]은 환인의 소리를 듣는 도구이다. 이것이 민속에 반영되어 무당이 굿을 할 때 이런 도구를 손에 들고 주문을 외우면서 하늘과 대화한다.

또 환웅은 삼위태백에 내려올 때 3천 명의 무리를 이끌고 왔다. 환웅은 인간의 360가지 일을 주관하여 인간을 이롭게 했는데, 그 가운데 가장 중요한 것이 생명, 곡식, 질병, 선악, 형벌 등 5가지이다. 이것이 민속신앙으로 뿌리를 내려 삼신신앙이 이어져 왔다. 그래서 아이를 낳을 때 삼신에게 기도하고, 삼신밥을 지어 올리고, 엉덩이에 있는 푸른 반점斑點을 삼신반점으로 불렀다. 가을에 햇곡식을 거두면 삼신께 감사를 드리기 위해 삼신주머니를 만들거나 삼신단지를 만들고, 질병이 생기면 삼신께 치성을 드리면서 기도하고, 선악을 판별하여 악한 자에게 벌을 내릴 때에는 삼신이 무서운 도깨비로 변신했다. 도깨비는 '독아비'의 변성어이다. 독纛은 군사를 지휘하는 깃발로서 무서운 얼굴[蚩尤]이 그려져 있다.

여기서 360도 3으로 나뉘는 숫자이고, 또 1년의 주기를 말하며, '모든 것'이라는 뜻이 담겨 있다. 5가지 일은 바로 5행을 상징한다. 예를 들면, 생명의 탄생은 어진 것이므로 목木(仁)이고, 곡식은 흙에서 나오는 것으로 거짓말이 없으므로 토土(信)이고, 질병은 불[마음의 불]과 관련이 있으므로 화火(禮)이고, 선악판정은 지혜가 필요하므로 수水(智)이고, 형벌은 의로움이므로 금金(義)이다. 인의예지신仁義禮智信의 5덕五德이 그 속에 포함되어 있다.

환웅은 굴속에 들어가 삼칠일三七日 동안 햇빛을 보지 않은 결과 여자로 변

석굴암 구조도

아사달 문양이 그려진 팽이형 토기
산동반도의 동이족
대문구문화 유적에서 발굴

향원정

신한 웅녀熊女와 결혼하여 단군을 낳았는데, 여기서 21일을 3을 넣어 '삼칠일'로 표현한 것이 흥미롭다.

우리 민속에는 단군신화의 내용인 삼신사상과 음양오행사상이 뿌리깊게 내려왔는데, 특히 삼신을 일신一神으로 보고, '삼신할머니'라고 부르고 있는 것은 곧 삼신이 나누면 세 귀신이고 합치면 하나의 귀신으로서, 천지인을 하나의 생명공동체로 바라보고 있다는 뜻이다.

한국인들은 고대로부터 천지인을 도형으로 받아들일 때에는 ○□△으로 표현했다. 특히 집이나 무덤 등 건축, 그릇, 의복, 그리고 제사를 지낼 때 이런 도형을 애용했다. 특히 ○과 □은 고인돌, 묘소 등 무덤이나 궁궐의 연못²⁶¹ 등에

---

261) 경복궁의 향원지香遠池는 네모난 연못 가운데 둥근 섬을 조성하고, 그 섬 가운데 삼각형을 이용한 향원정香遠亭을 지었다. 창덕궁의 부용지芙蓉池도 똑같다.

가야 토기
기마인물상 모자가 삼각형이다.

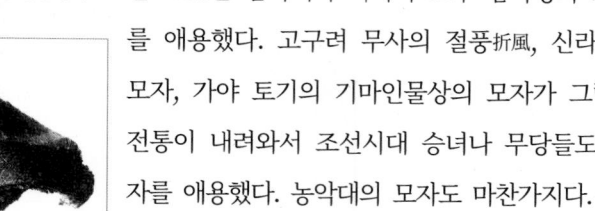

백화수피제 관모
경북 경주 식리총 출토

반드시 이런 도형을 받아들여 조성했다. 심지어 부처의 무덤인 석굴암의 구조도 전방후원前方後圓으로 되어 있다. 이런 예는 너무 많아서 생략한다.

사람을 상징하는 삼각형[△]을 한국인처럼 애용한 민족이 드물다. 원시시대 움집들이 그렇고, 삼국시대 관모冠帽는 삼국이나 가야가 모두 삼각형의 고깔모자를 애용했다. 고구려 무사의 절풍折風, 신라 화랑의 모자, 가야 토기의 기마인물상의 모자가 그렇다. 그 전통이 내려와서 조선시대 승녀나 무당들도 고깔모자를 애용했다. 농악대의 모자도 마찬가지다.

천지인합일사상과 음양오행사상, 그리고 홍익인간사상이 고조선의 건국이념으로 설정되어 한국철학의 뿌리가 된 것은, 이미 송나라 '역학易學'이 들어오기 이전부터 고조선 주민은 '역학'을 알고 있었다는 것을 말해준다.

고조선 주민과 같은 종족집단이었던 중국 동북지방의 동이족東夷族(아사달족) 출신 복희씨伏羲氏가 하도河圖를 얻어 최초로 역학易學의 뿌리가 되는 상수팔궤象數八卦 이론을 만들었다. 고조선을 포함한 동이족들이 '역학'의 창시자들이다.

동이족이 창시한 역학이 주 문왕文王이 낙서洛書를 얻어 보완하고, 송대宋代에 이르러 장재張載(橫渠), 소옹邵雍(康節), 정자程子, 주자朱子 등이 발전시킨 것이 다시 여말선초에 수입된 것이다. 하지만 우리는 성리학이 들어오기 이전부터 일상생활 속에 역학을 생활철학으로 삼아 살아왔다.

태극기太極旗가 조선시대 중국 사신을 맞이할 때 국기國旗로 사용되었고,262)

---

262) 태극기를 국기로 사용한 실례로는 임진왜란 때 명나라 종군화가가 그린 〈노량해전도露梁海戰圖〉에 이순신장군의 본부에 태극기가 걸려 있고, 명나라 진린장군의 본부건물에는 천병天兵이라고 쓴 깃발이 걸려 있다. 또 영조 때 청나라 사신 아극돈阿克墩을 맞이하는 〈봉사도奉使圖〉 그림 가운데 사신이 머무는 집 앞에 태극기를 설치한 것이 보인다.

음양오행문화가 건축[263]과 의복[색동옷], 음식[비빔밥 등], 작명作名(항렬), 지도제작[264] 등에 널리 활용되었으며, 왕조교체도 5행의 상생과정으로 받아들였던 것이다. 그리하여 신라는 금덕金德을 자칭하고 9를 숭상했으며[9층탑, 9주 등], 고려는 수덕水德을 자칭하고 5를 숭상했으며[5도 양계 등], 조선왕조는 목덕木德을 자칭하고 8[8도, 木子爲王 등]을 숭상했던 것이다. 조선후기 민란의 지도자들은 화덕火德을 자칭하면서 화덕의 성 씨인 정씨鄭氏가 새로운 세상을 연다고 호소했던 것이다.

아극돈의 봉사도에 나오는 태극기

끝으로 음양오행사상은 춘추전국시대 제자백가 가운데 제齊나라 사람 추연鄒衍이 발전시킨 사상이다. 사마천의 《사기史記》를 보면 그는 동이인東夷人이라고 한다. 연燕나라 임금이 그를 산해관 옆의 갈석궁碣石宮으로 초대하여 후대했다는 기록이 보인다. 이 무렵 기자조선은 갈석궁 부근의 고죽孤竹에 세워져 있었는데, 《논어》를 보면, 공자孔子가 기자조선을 군자국君子國으로 부르면서 뗏목을 타고 가서 살고 싶어했던 나라이기도 했으며, 제나라는 조선[기자조선]과 교역을 했으니, 제나라의 음양오행사상은 고조선도 공유하고 있었다.

한편, 기자箕子는 은나라가 망한 뒤에 〈홍범구주洪範九疇〉를 주周 무왕武王에게 전하고, 조선으로 와서 임금이 된 뒤에 〈홍범〉을 가지고 8조교를 실시하는 등 조선을 문명국으로 만들었다. 〈홍범〉 속에는 9가지 통치규범이 기록되어 있는데, 그 첫 번째가 오행五行이었다. 이로써 본다면 음양오행사상은 이미 추연 이전에 은나라 말기에서 주나라 초기에도 있었음을 알 수 있다.

여기서 은나라는 산동지역의 동이족 국가라는 것이 학계의 정설이고, 제나라도 공자와 맹자가 활동했던 산동지역으로서 이 지역의 토착민들이 동이족이

---

263) 우리나라 건축은 천원지방天圓地方을 받아들여 고인돌, 무덤, 그리고 연못 등을 조성했다. 석굴암도 마찬가지다. 또 단청丹靑도 오방색을 적용한 것이다.

264) 조선시대에 제작된 고지도들은 모두가 한반도를 오방색으로 나누어 색칠했다.

었다. 기자도 동이족이었기에 주나라를 버리고 조선으로 왔다. 또 연나라에서 조선으로 도망와서 임금이 된 위만衛滿도 상투를 틀고 온 동이족이었으니, 고조선 문명 속에 동이족의 음양오행사상이 일찍부터 뿌리를 내리게 된 것은 자연스러운 일이었다. 고조선의 건국이념 속에 음양오행사상이 담긴 이유가 여기에 있었다.

우리나라 전통문화 속에 이렇게 속속들이 자리잡은 역학과 음양오행사상, 원방각문화를 세종이나 그 조력자들이 '훈민정음'을 창제하면서 몰랐을 리가 없었을 것이다. 다만, 《해례본》을 쓴 정인지 등이 음양오행사상이 우리의 토착문화라는 사실을 분명하게 기록하지 않은 것 뿐이다. 그래서 후대의 연구자들이 송나라 성리학을 바탕으로 훈민정음이 창제된 것처럼 오해하게 만든 것이다.

5. 조선시대 학자들의 훈민정음 이해

'훈민정음' 창제과정이 비밀리에 이루어지고 창제자인 세종이 그 제자원리를 직접 글로 쓴 일이 없을 뿐 아니라, 그 해례본이 뒤늦게 나왔기 때문에, 후대 조선시대 학자들은 훈민정음의 천재성과 과학성에 대해서는 칭찬을 아끼지 않았지만, 그 제자원리나 창제자에 대해서는 명확한 해석을 내리지 못하고 있었다.

우선, 훈민정음 창제자와 글자의 모델을 잘못 이해한 예를 들면 성종대 학자인 성현成俔(1439~1504)을 들 수가 있다. 그는 《용재총화慵齋叢話》에서 훈민정음이 범어梵語(산스크리트)를 모방했다고 말하고, 세종이 언문청諺文廳을 만들고, 성삼문, 박팽년 등을 시켜 훈민정음을 만들었다고 기록했다. 그러나 언문청은 훈민정음이 반포된 뒤에 만든 것이고, 성삼문, 박팽년도 《해례본》을 쓰는 데 참여했을 뿐이다. 범어를 모방했다는 말도 근거가 없다. 문자모습이 전혀 다르다.

18세기 말에서 19세기 초의 유명한 국어학자인 유희柳僖(1773~1837)는 《언문지諺文誌》(1824)를 써서 훈민정음과 한자어의 변화과정을 연구하고, 훈민정음이 몽골 글자를 모방했다고 했는데, 이는 파스파문자를 말한다. 그러나 글자모습이나 제자원리가 모두 다르다.

한편, '훈민정음'을 처음으로 아동에게 가르치는 법을 소개하고, 언문 한자자전인 《훈몽자회訓蒙字會》를 만든 이는 16세기 중엽의 역관 최세진崔世珍이다.

훈민정음의 우수성을 격찬한 학자는 조선중기의 이수광李睟光(1563~1628)이다. 그는 《지봉유설》에서 "세종이 만든 언서諺書는 만든 글자가 교묘하고 충실하여 이것이 만들어진 뒤로 세계 만방의 어음語音이 통하지 않는 것이 없게 되었다. … 성인聖人이 아니면 할 수 없는 일이다."라고 하면서 세종을 성인聖人으로 불렀다.

훈민정음의 문자구조와 발음구조를 본격적으로 연구하기 시작한 학자는 숙종대 수학자인 최석정崔錫鼎(1646~1715)이다. 그는 《경세훈민정음經世訓民正音》을 지어 소옹邵雍의 《황극경세서》의 성음聲音 이론을 바탕으로 하여 훈민정음 28자를 별자리 28수宿의 형상을 따랐다고 해석하고, 특히 초성의 5자음은 오행五行의 원리를 따랐고, 중성 11자는 태극, 음양, 팔괘의 모습을 따랐다고 해석했다. 이러한 해석은 소옹의 상수역학象數易學을 바탕으로 훈민정음을 연구한 것이지만, 제자원리를 명쾌하게 설명하지는 못했다.

최석정의 뒤를 이어 좀더 깊이있게 훈민정음을 연구한 이는 영조 때 지리학자 신경준申景濬(1712~1780)이다. 그는 먼저 〈훈민정음도해서訓民正音圖解序〉라는 글에서 훈민정음의 가치를 다음과 같이 높이 평가했다.

> "세종 28년에 세종대왕이 만든 훈민정음은 그 예例가 반절反切(두 글자의 음을 반씩 취하여 한 음을 만들다)의 뜻을 취했고, 그 모습은 서로 바꾸면서 1배倍를 보태는 법을 사용했다. 그 글은 점點과 획劃이 매우 간단하면서도 맑고 탁하고, 열리고 닫히며, 초성, 중성, 종성이 찬연하게 갖추어져서 마치 그림자처럼 보인다. 그 글자가 많지 않지만 그것을 사용하는 방법이 매우 주밀하여 쓰기가 매우 편하고, 배우기도 매우 쉬우며, 천만 가지 말

들을 다 표현할 수가 있다. 비록 여성이나 아이들이라도 모두 사용하여 글로 표현하고 정情을 통할 수가 있다. 이것은 옛 성인聖人이 미처 연구하여 만들지 못한 것이고, 온 천하를 통틀어도 없는 것이다.

여러 나라가 쓰는 문자가 있지만 … 모두가 어지럽고 보잘 것이 없는데, 훈민정음은 비단 우리나라에만 그 혜택이 미치는 것이 아니라 온 천하 성음聲音의 대전大典이 될 만하다. 그래서 성인聖人께서 만든 뜻이 정미하고도 깊지만, 당시 유신儒臣들이 해석을 제대로 하지 못하여 후세의 백성들이 날마다 쓰면서도 모르고 있다. 성음聲音의 이치가 밝지만 앞으로 다시 어두워질 것이다. 나같이 천한 사람이 어찌 감히 그 심오한 이치의 만분의 일이라도 알겠느냐마는 좁은 구멍으로 엿보고 추측하여 이 도해圖解를 만들어 놀이에 붙이고자 한다. 그저 잊지 않겠다는 뜻만 있을 뿐이다."

신경준은 이렇게 훈민정음의 가치를 범세계적인 문자의 모범이라고 격찬하고, 그런 문자를 만든 세종을 성인聖人으로 평가하면서도, 당시 유신儒臣들이 그 심오한 이치를 충분히 해석하지 못했다고 개탄했다. 그래서 자신이 도해圖解를 만들어 해석하겠다고 말했다. 그러나 자신도 잘 모르겠다고 선을 그었다.

신경준은 《훈민정음운해訓民正音韻解》라는 책을 썼는데, 여기서 먼저 소옹邵雍의 《황극경세서》의 성음도聲音圖를 상세하게 설명하고 나서, 뒤에 가서 〈훈민정음도해訓民正音圖解〉를 붙였는데, 초성과 중성의 모양과 발음을 해석했다. 그의 이론을 간단하게 요약하여 표를 만들면 다음과 같다.

초성	5행	5음	발음기관	5장	모양	가획된 글자
ㅁ	수水	우羽	순음脣音	신장腎臟	연꽃 모습	ㅂ,ㅍ,ㅃ
ㄴ	화火	치徵	설음舌音	심장心臟	불꽃 모습	ㄷ,ㅌ,ㄸ,ㄹ
ㅅ	금金	상商	치음齒音	폐장肺臟	뾰족한 금속	ㅈ,ㅊ,ㅆ,ㅉ
ㆁ	목木	각角	아음牙音	간장肝臟	싹트는 모습, 나무가 크는 모습	ㄱ,ㅋ,ㄲ
ㅇ	토土	궁宮	후음喉音	비장脾臟	사방에 두루 통하는 모습	

이상과 같은 신경준의 해석은 《해례본》과 비교해 보면 비슷한 점도 있지만 다른 점도 있다. 예를 들면 ㅅ을 금金으로 해석하고, ㄴ을 불[火]로 해석한 것은 서로 같으나, ㅁ을 물[水]로 해석하고, ㄱ과 ㆁ을 나무[木]로 해석하고, ㅇ을 흙[土]으로 해석한 것이 다르다. 또 초성의 글자 모양에 대한 설명도 ㄴ과 ㅅ에 대한 설명은 《해례본》과 같으나 그 나머지는 다르다. 또 초성에 ㆁ을 넣은 것도 다르다.

이와 같은 차이점은 《해례본》보다 오히려 후퇴한 듯한 느낌을 준다. 소옹邵雍의 성운해聲韻解 이론에 너무 집착하여 음성학의 측면에서는 진보한 것이 많지만, 정작 훈민정음의 고유한 문자적 특성을 밝히는 데에는 이르지 못했다.

여기서 한 가지 궁금한 것은 신경준이 《해례본》을 보고서 자신의 주장을 편 것인지, 아니면 그 책을 보지 못했는지이다. 앞의 인용문에서 "당시 유신儒臣들이 훈민정음의 심오한 이치를 제대로 해석하지 못했다."고 한 말이 해례본의 미흡함을 지적한 것인지, 아니면 정인지 등이 쓴 서문이 미흡하다는 것인지 알수 없다. 신경준은 훈민정음의 해례를 함께 쓴 신숙주申叔舟의 아우 신말주申末舟의 10대손이므로 《해례본》을 보았을 가능성이 크다.

한편, 신경준과 비슷한 시기의 학자 이사질李思質(1705~1776)은 신경준과 조금 다른 주장을 폈다. 그는 〈훈음종편訓音宗編〉이라는 글에서 제자의 원리를 다음과 같이 주장했다.

> "하늘의 모습은 둥글고[○], 땅의 모습은 네모꼴[□]이다. 천지 사이에
> 가득한 삼라만상은 모두가 천원지방天圓地方에서 변화한 것이다. 그래서
> 옛날에 글자를 만들던 초기에는 모두 천원지방을 본떠서 만들었다."

이사질은 여기서 한 걸음 더 나아가 ○이 변화되어 점[·]이 되고, □이 변화하여 획(― 또는 ㅣ)이 되었다고 하면서 결론적으로 "내가 생각하기에, 훈민정음은 동그라미, 네모꼴, 점, 획의 네 가지 글자를 서로 얽어서 만든 것이다."라고 결론지었다.

이사질의 해석은 28자의 글자모습의 기원을 천원지방天圓地方의 도형에서 찾아 정답에 좀더 가까워졌다고 할 수 있으나, 다만, ㅅ[△]의 존재를 빠뜨린 것이 약점으로 남았다. 동그라미와 네모꼴에서는 삼각형이 나오지 않기 때문이다. 또 중성의 모습이 다양하게 바뀌는 것에 대해서는 답을 내놓지 못했다. 다시 말해 제자원리에 대한 체계적인 철학적 해석이 부족한 것이 큰 흠이었다.

또 위에 언급한 유희柳僖도 훈민정음 연구에 기여한 인물인데, 그도 역시 상수역학에 빠져서 성음聲音을 해석하는 데 그치고, 문자의 제자원리는 깊이 있게 해명하지 못했다. 이것이 조선시대 학자들의 한계였다.

지금까지 살핀 것이 《해례본》이 발견되기 이전에 있었던 대표적인 훈민정음 연구 결과물인데, 모든 연구가 일리가 있으면서도 미흡한 점을 내포하고 있다고 할 수 있다. 가장 결정적인 약점은 ㅅ의 근원이 되는 삼각형[△]의 존재를 찾지 못했다는 것이다. 삼각형은 뾰족한 무기를 연상시키기도 하고 이빨처럼 보이기도 하지만, 또 바로 사람의 모습이기도 하다는 것을 찾지 못했다. 원방각 圓方角(○□△)이야말로 천지인을 상징하는 도형이라는 것을 몰랐다는 것이 가장 아쉽다.

1940년에 《해례본》이 발견되면서 한동안 발음기관을 모방했다는 설이 유행했으나, 그것도 역시 설명이 미흡하여 지금은 다시금 역학설易學說로 되돌아가고 있다. 그러나 역학설도 중국 성리학에 지나치게 경도되어, 전통문화와의 관계가 소홀한 한계를 벗어나지 못하고 있다.

또 일부 학자들은 《환단고기桓檀古記》에 나오는 가림토 문자를 훈민정음의 글자모델로 삼으려고 하는데, 이 책 자체가 한말~일제시대 대종교인들이 만든 위서僞書이므로 신중한 접근이 필요하다.

6. 세종대 언문사용

(1) 언문유시를 내리다

세종 28년 9월 29일에 '훈민정음'을 두 번째로 반포한 다음 언문은 어떻게 이용되었는가? 반포한 지 불과 열흘 뒤인 10월 10일에 임금이 역사상 최초로 언문유시諺文諭示를 내렸다. 한자문화에 중독된 유신들에게 얼마나 충격적인 일이었을까?

임금이 죽은 왕비를 위하여 사찰에서 재齋를 올리고 금자金字로 불경佛經을 제작하는 등 불사佛事를 거행하자, 사헌부, 사간원 등 대간臺諫들이 불사를 정지하라고 잇달아 상소했다. 그러자 임금이 이날 대간의 죄를 일일이 언문諺文으로 써서 환관 김득상金得祥에게 주어 의금부와 승정원에 전하게 했다. 그 유시의 구체적인 내용은 실록에 기록되지 않았으나, 대간들을 처벌하라는 내용이었다.

그러자 이날 집현전 직제학 이계전李季甸을 비롯하여 최항, 어효첨, 박팽년, 성삼문, 이개, 이예, 서거정, 한혁, 유성원, 이극감 등이 대간의 처벌을 거두어 달라고 임금에게 청했다. 임금은 다시 수양대군에게 명하여 집현전 관원들에게 임금의 뜻을 전하게 했다. "임금님 말씀이, 그대들의 말은 옳지만, 그대들이 내 마음을 알지 못한다."고 전하면서, 수양대군은 임금이 의금부에 내린 언문유시를 그들에게 보여주면서 말했다. "범죄가 이와 같은데 죄주지 않겠는가?"

대간의 처벌을 둘러싸고 수양대군과 집현전 관원이 계속 언쟁한 것이 기록에 보이나 그 일을 더 설명하지 않겠다. 다만, 저들이 간사하게 임금을 속였기 때문에 임금이 단단히 화가 나서 죄를 주려고 한다고 수양대군이 말했다. 그렇다면 임금이 왜 하필 언문유시를 내렸을까? 그 이유는 두 가지로 보인다. 하나는 그 유시의 내용이 신하들의 잘못을 구체적으로 적은 것이기 때문에 기록으로 남기지 않으려는 것이다. 임금이 유시를 언문으로 내릴 때는 사관史官을 물러나게 하는 경우가 많은데, 이것은 사초에 기록하지 말라는 뜻이다.

《조선왕조실록》을 보면 세종 이후에 임금이 언문으로 내린 교지나 대비나 왕비가 내린 언문 의지懿旨도 모두 한자로 번역되어 실려 있다. 그래서 읽는 사람들은 한자 교지나 한자 의지를 내린 것으로 착각할 때가 많다. 그러나 사실은 언문으로 쓴 것이 매우 많다. 그러나 왕비나 대비가 언문 의지를 내린 것은 한문을 몰라서 그리 한 것이지 사초에 남기지 않으려고 한 것은 아니다.

세종이 언문유시를 내린 이유의 다른 하나는 언문이 신하들의 죄를 구체적으로 기록하기에 한층 편하다는 것이다. 우리가 지금 한문과 한글로 된 글을 읽어도 어느 것이 의사전달이 정확한가를 금방 알 수 있다. 세종은 한문으로 유시를 쓰는 것보다 언문으로 쓰는 것이 쓰기에도 빨랐을 것이고, 감정전달도 정확하다고 스스로 믿었던 것으로 보인다. 대간의 상소에 너무나 화가 난 임금이 격한 감정을 그대로 표현하기 위해 일부러 '언문'을 사용한 것이 확실하다. 바로 이것이 언문의 장점이 아니겠는가? 또 언문이 단순히 한문의 언해를 위해서 만든 것이 아니라는 뚜렷한 반증을 임금이 몸소 보여준 것이다.

그로부터 3일이 지난 10월 13일에 우의정 하연을 비롯한 대신들이 대간들을 너그러이 용서해 달라고 다시 임금에게 청하자, 수양대군을 시켜 다시 문제의 언문유시를 몇 장 복사하여 가지고 가서 보여주면서 말하게 했다. 수양대군이 전한 말은 이러하다.

"경들이 내 뜻을 모르고서 왔는데, 만약 이 글을 자세히 읽어보면 알수 있을 것이다. 또 정창손鄭昌孫 등이 말하기를, '대자암의 불사佛事를 하던 날에 각사의 관원들이 사고가 있어서 비로소 알게 되었으며, 또 정부에서 이미 아뢴 것도 알지 못했다.'고 했는데, 대체 불경을 써서 세 번이나 보았는데 비록 어린아이라도 이를 듣고 알았을 것이고, 정부에서 날마다 와서 아뢰었으므로 도성 사람들도 오히려 이를 알고 있었는데, 저들이 어찌 듣지 못하고서 이렇게 말하는가? 간사함이 심하다. 신하가 임금께 간하는 것은 마땅히 정도正道로서 해야 하거늘, 지금 간사하고 속임이 이와 같으니, 임금이 어찌 감동하여 따르겠는가? 이와 같은 간사한 소인의

무리들은 내가 사대부로서 대접하지 않을 것이며, 또한 창고 속에 넣어두
지도 않을 것이니, 경들은 어떻게 생각하는가?"

임금을 속이고 있는 "간사한 신하들을 내가 사대부로서 대우하지도 않을
것이며, 창고 속에 가두어 두지도 않겠다."는 격렬한 표현이 그 언문유시에 들
어 있었던 것이다. 임금의 노여움이 이토록 크자, 하연 등이 말했다. "신들은
이런 내용을 알지 못하고, 다만 대의大義로서 와서 청할 뿐이었는데, 지금 정창
손이 한 일을 보건대 간사함이 진실로 임금님의 말씀과 같습니다. 그러하오나
저들이 언관으로서 정부에 뒤진 것을 부끄럽게 여긴 까닭에 이처럼 교묘하게
꾸몄을 것입니다. …"라고 말했다.

임금이 다시, "그러면 어떻게 처리해야 하겠는가?" 하고 물으니, 하연 등이
대답하기를, "정창손 등은 마땅히 좌천시키고, 강진康晉은 파면시키소서." 했다.
임금은 정창손을 의금부에서 풀어주고, 강진은 계속 가두었다.

(2) 언문청 설치

임금이 언문유시로써 신하들을 질책한 뒤로 한 달이 지난 11월 8일에 궁궐
안에 언문청諺文廳을 설치했다.[265] 언문청에는 언문을 필사하는 서사인書寫人이 속
해 있었다. 임금은 춘추관 관원들에게 《태조실록》을 언문청으로 가져오게 하여
《용비어천가》에 실린 시詩를 《태조실록》에 집어 넣으라고 명했다.

그러자 춘추관에서, "실록은 춘추관에서만 볼 수 있는데, 언문청은 집이 얕
고 잘 드러나며 사람들이 자주 출입하는 곳"이라고 하면서 반대하자, 임금이 실
록을 다시 내전으로 가져오게 하고, 춘추관의 어효첨과 양성지에게 명하여 용
비시龍飛詩를 초록하여 바치라고 명했다. 여기서 언문청의 첫 사업이 《용비어천
가》에 실린 시를 《태조실록》에 넣으려고 한 것이라는 사실이 매우 의미심장하
다. 그만큼 임금은 《용비어천가》를 중요하게 여긴 것이다.

---

265) 언문청은 중종 원년(1506)에 혁파될 때까지 존속했다.

(3) 아전 시험에 언문을 넣다

그 뒤 또 한 달이 지난 12월 26일에는 임금이 이조에 교지를 내려 이과吏科의 이전吏典(아전)을 뽑는 시험에 '훈민정음'도 함께 시험하라고 명했다. 다만 '훈민정음'의 의리에 통달하지는 못하더라도 합자合字가 가능하면 뽑으라고 일렀다. 그러니까 행정실무를 담당하는 아전들이 '훈민정음'을 배우도록 유도한 것이다. 행정실무에 언문을 적극 활용하겠다는 임금의 의지가 담긴 것이다. 이는 언문을 공용문자로 쓰겠다는 뜻이기도 하다.

다음해인 세종 29년 4월 20일에 임금은 다시 이조에 교지를 내려, 함길도 자제들 중 이과吏科의 이전吏典에 시험을 치르는 자도 앞으로는 '훈민정음'을 먼저 시험하여 합격한 뒤에 다른 재주를 시험하여 뽑으라고 명하고, 아울러 중앙 각사의 이전을 취재할 때에도 '훈민정음'을 아울러 시험하라고 재차 명했다.

(4) 세자와 세손에게 언문을 가르치다

'훈민정음' 교육은 세자에게도 부과되었다. 세자교육을 담당한 서연관書筵官이 모두 10인인데, 그 가운데 언문諺文과 의서醫書를 강독하는 서연관이 4명이었다. 그래서 나머지 6인이 경학을 강독하고 있는데, 다른 일을 겸무로 맡고 있어서 세자가 깊이 있는 질문을 해올 때에는 대답을 제대로 못하는 일이 많았다. 그래서 세종 29년 11월 14일에 서연관 좌필선 이석형李石亨 등은 임금에게 상서上書하여 다른 겸무를 면하게 하여 서연에만 전념할 수 있게 해달라고 청하기도 했다.

당시 세자에게 언문을 가르친 서연관의 이름은 알 수 없으나, 세자가 서연관으로부터 언문을 배웠다면 세자가 언문 창제에 참여하지는 않았던 것을 미루어 알 수 있다.

한편, 세종 30년 9월 13일에는 8세 된 왕세손[뒤의 단종]에게 좌익선左翼善(정5품) 박팽년朴彭年이 국운國韻 곧 언문을 가지고 나와 강의했다고 한다. 박팽년은

2년 전에 '훈민정음'을 반포할 때 정인지와 더불어 서문과 〈해례〉를 쓴 사람 가운데 하나로서, 세종 30년 당시의 나이는 32세의 약관이었다. 이제 세자에 이어 세손에게도 언문을 가르치고 있었던 것이다.

(5) 언문유시를 또 내리다

세종은 재위 31년 6월 20일에 또 20여 장이나 되는 기다란 문장의 언문유시를 만들어 좌의정 하연河演 등 대신들을 불러 보여주면서 불사佛事를 행할 때 감찰監察이 부처에 배례를 하는 것을 항식으로 삼는 문제를 가지고 의논했다. 임금이 언문유시로 쓴 내용은 이러했다.

> "옛날 당나라 고조高祖가 불법佛法을 없애려고 하자, 여러 신하들이 간하여 말렸다. 당나라 태종太宗이 불사를 하고자 하니 모든 관원이 찬성했는데, 불사를 하지 말라고 간한 사람은 부혁傅奕 한 사람뿐이었다. 송나라 진종眞宗 때 《천서天書》를 만들고자 하자 왕단王旦과 구준寇準이 모두 명신으로서 다 찬성했는데, 간하는 사람은 손석孫奭 한 사람뿐이었다.
> 우리 왕조에서 모후母后(민씨)께서 병환이 중하시자 의정 이원李原이 불경책을 소매에 넣고 와서 읽고 외우면서 기도했고, 맹사성孟思誠 또한 이름난 유학자로서 정성을 다하여 부처에게 기도하니, 그때 논의가 장하게 여겼다. 지금 집현전에서 상소하여 보공재報供齋를 정지하기를 청하고, … 어떻게 처리해야 할까?"

대강 임금의 언문유시의 내용은 위와 같았는데, 그 글이 반복되어 거의 20여 장이나 되었다고 한다. 그것을 한문으로 옮겨 《실록》에 실은 것이다. 이번의 언문유시는 감정이 섞이지 않은 내용이기에 사초史草에 들어가게 한 것이다.

언문유시에서 임금은 당나라와 송나라의 황제가 불사를 일으킨 것을 신하들이 칭송했다는 것과, 우리나라에서도 원경왕후 민씨가 병이 위중할 때 의정 이원李原과 맹사성孟思誠 등이 불사를 정성껏 올렸음에도 반대자가 없었고, 오히려 칭송하는 자가 많았는데, 지금은 반대로 집현전이 불사를 맹렬히 비판하고 나서니 매우 섭섭하고, 또 집현전의 태도가 잘못되었다는 것이다.

여기서는 언문유시의 내용이 중요한 것이 아니라, 임금이 언문유시를 스스럼없이 만들었다는 그 자체가 매우 파격적임을 주목하자는 것이다. 세종이 더 오래 살았더라면 그 뒤에도 또 언문유시를 썼을지 모르나, 임금은 재위 32년 2월에 세상을 떠났다.

7. 《동국정운》 편찬

세종 25년 12월 말에 '훈민정음'이 발표되자 세종 26년 2월 16일부터 세자와 수양대군, 안평대군 주관하에 집현전 학사 최항崔恒, 박팽년朴彭年, 신숙주申叔舟, 이선로李善老, 이개李塏, 강희안姜希顔 등에게 《운회韻會》 언해작업을 명했음은 앞에서 설명했다. 이때 《운회》는 원나라 때 편찬된 《고금운회》와 명나라 홍무연간에 편찬된 《홍무정운》 등이 대상이었다.

이 사업은 한자음을 정확하게 파악하여, 그 발음을 언문으로 기록하는 작업이었다. 말하자면 중국식 발음으로 한자자전漢字字典을 만들겠다는 것이다. 이 사업의 필요성은 무엇보다 역관들의 어학능력을 키우는 것이 1차적인 목적이었다. 임금은 평소에 역관들의 통역능력이 형편 없어 평상시 승문원에서 근무할 때 중국어로 대화하도록 훈련시키기도 했으나, 정확한 운서韻書가 없어서 훈련의 효과가 크지 않았다.

이때 시작된 《운회》 언해작업이 세종 29년 9월 29일에 결실을 맺은 것이 《동국정운東國正韻》 6권인데, 이때 이미 활자로 간행되었다. 이 책은 다음해인 세종 30년 10월 17일에 8도와 서울의 성균관과 4부학당에 나누어 주었다. 이때 임금은 이 책을 널리 반사하면서 하교하기를, "우리나라 인민들이 [잘못된] 속운俗韻을 배워서 익숙하게 된 것이 오래 되었으므로 갑자기 고칠 수 없으니, 억지로 가르치지 말고, 배우는 자들이 자기 의사에 따라 하게 하라."고 하면서 자원에 따라 공부하게 하라고 일렀다. 사실 직업적으로 중국어를 사용하는 역관이 아닌 일반인들이 정확한 중국어를 배울 필요가 없기 때문이다. 예컨대 일반인들이 중국中國을 '쭝꿔'로 배울 필요가 있겠는가?

세종 29년 9월에 편찬된 《동국정운》에는 31세 된 집현전 응교 신숙주申叔舟가 쓴 서문이 실려 있어 이 책이 간행된 경위와 내용을 살필 수가 있다. 그 요지는 이렇다.[266]

① 천지가 조화하여 사람이 생기고, 음양이 서로 부딪치면서 소리가 생기고, 소리가 생기면서 7음七音[267]이 갖추어지고, 7음이 갖추어지면서 4성四聲[268]이 갖추어졌다. 7음과 4성이 서로 종횡으로 얽히면서 맑고 탁하고, 가볍고 무겁고, 얕고 깊고, 느리고 빠름이 자연스럽게 생겨났다. 그래서 복희伏羲가 괘卦를 그리고, 창힐蒼頡이 글자를 만들었다. 이 모두가 자연의 이치를 따라 만물의 정을 통하게 하고, 여러 학자들이 나와서 성조聲調를 고르고 운율韻律을 맞추면서 성운학韻韻學이 나타났다. 그 뒤에 만드는 사람들이 잇따라 나타나 의논이 많아지자 잘못된 것도 많아졌다. …

② 대체로 지세地勢가 다르면 풍기風氣가 다르고, 풍기가 다르면 사람의 호흡呼吸이 달라진다. 동남에서는 잇소리와 입술소리를 내고, 서북에서는 볼과 목구멍소리를 낸다. 그래서 글자는 서로 통해도 성음聲音은 각기 다르다.

③ 우리나라는 안팎의 산하山河가 스스로 독립된 구역을 이루고 있다. 그래서 풍기가 중국과 다르니, 호흡이 중국의 음과 같을 수 없다. 말소

---

266) 번호는 필자가 넣음.
267) 7음은 음악에서는 궁상각치우宮商角徵羽의 5음에다 반상半商과 반치半徵를 합하여 7음이라 한다. 한편 음운音韻에서는 아음牙音(어금닛소리), 설음舌音(혓소리), 순음脣音(입술소리), 치음齒音(잇소리), 후음喉音(목구멍소리), 반설음半舌音, 반치음半齒音을 7음이라고 한다. 여기서는 후자에 해당한다.
268) 4성은 평상거입平上去入을 말한다. 평성平聲은 낮은 소리, 상성上聲은 처음은 낮고 뒤에 높은 소리, 거성去聲은 가장 높은 소리, 입성入聲은 빨리 끊는 소리를 말한다. 4성은 중국어에서는 분명하지만, 우리나라 왕조시대의 국어에서는 4성을 따졌으나, 현재에는 고저, 장단, 청탁을 더 중요시하고 있다.

리가 중국과 다름은 이치상 자연스럽다. 한자의 소리에 있어서는 중국의 소리와 서로 비슷하지만, 호흡이 돌고 구르는 사이에 소리의 가볍고 무거움과 열림과 닫힘이 말소리에 저절로 이끌려 글자[漢字]의 소리가 이에 따라서 변한다.

④ 하지만 그 맑고 탁한 것과 평상거입平上去入의 4성四聲은 옛날 그대로인데 일찍이 책을 써서 그 바름을 전해주지 못했다. 그래서 용렬한 스승과 속된 유자들이 글자[漢字]가 반대로 꺾이는 법을 모르고 … 글자 모양이 서로 비슷하면 같은 소리로 만들고, 또는 조상이나 임금의 이름과 같으면 피해서 다른 소리를 만들기도 하고, 혹은 두 글자를 합쳐서 하나로 만들기도 하고, 혹은 한 글자를 나누어서 두 소리로 만들기도 하고, 혹은 다른 글자를 빌어다가 점이나 획을 빼기도 하고, 혹은 우리의 비속어를 따르기도 했다. 그래서 자모字母(첫소리), 7음, 청탁, 4성이 모두 변한 것이 있다.

⑤ 예를 들어 아음牙音(어금닛소리)을 가지고 말해 보자. ㅋ의 한자의 태반이 ㄱ에 들어가 있다. 이는 자모字母(첫소리)의 변화이다. ㅋ의 글자가 또는 ㅎ에 들어갔는데 이는 7음의 변화이다. 우리나라의 말소리는 청탁의 구별이 중국과 다르지 않은데, 오직 한자의 소리에 있어서는 청탁이 없으니, 이것이 청탁의 변화이다. 말소리에는 4성이 분명한데, 한자소리에는 상성上聲(처음에 낮다가 뒤에 올라감)과 거성去聲(높은 소리)의 구별이 없다. ㄷ으로서 종성終聲(밑받침)을 삼아야 할 것을, 세속에서는 ㄹ로 발음하여 그 소리가 길어져서 입성入聲(빨리 끊음)에 맞지 않으니, 이것이 4성의 변화이다.

ㄷ을 ㄹ로 하는 것은 종성終聲에서만 그런 것이 아니라, '차제次第'를 '차례'로 읽고, '목단牧丹'을 '모란'으로 읽어 초성初聲이 변한 것도 있다. 우리 말에서는 ㅋ을 많이 쓰는데, 한자에서는 오직 '쾌快'라는 글자 하나밖에 없다. … 이렇게 말소리와 한자 소리의 변화가 극도로 어지럽다. …

⑥ 우리 주상께서는 유교를 숭상하시고, 도를 숭상하고, 인문을 일으키고, 교화를 일으킴이 지극하지 않음이 없으셨으나, 만기의 여가에 생각이 이런 일들에도 미쳐 신 신숙주와 최항, 성삼문, 박팽년, 이개, 강

희안, 이현로[이선로], 조변안曹變安, 김증金曾 등에게 명하여, 습속을
두루 채집하고, 전적傳籍을 널리 연구하여, 널리 쓰이는 소리에 기본
을 두고, 옛 음운의 반절법에 맞추어서 자모字母(初聲), 7음, 청탁, 4성
을 연구하여 바른 것을 회복하도록 하셨다. … 다만 우리 말소리와
한자의 소리를 하나하나 모두 임금에게 아뢰어 결재를 받고, 또 증거
자료를 넣었다.

이로써 4성으로 조절하고, 91운韻과 23자모字母를 전하여 만들고, 어
제 '훈민정음'으로 써서 그 소리를 정했다. 또 질質과 물物의 여러 소
리에 있어서 ㅇ으로써 ㄹ을 보완했다. 그리하여 속음俗音을 따르면서
정음正音으로 돌아가니, 옛 습관의 잘못된 것이 이에 이르러 고쳐지게
되었다. …

⑦ … 서계書契(한자)가 만들어지자 성인聖人의 도道가 여러 책에 실리게
되었는데, 성인의 도를 알려면 먼저 글 뜻을 알아야 하고, 글 뜻을 알
려면 먼저 그 소리부터 알아야 한다. 그러므로 소리는 글 뜻을 아는
출발점이다. … 배우는 사람들이 입을 어물거리고 더듬더듬하여 음音
을 고르게 하고 운韻을 맞추는 데에 어두웠는데, '훈민정음'이 만들어
지면서 만고萬古의 한 소리로 털끝만큼도 착오가 없으니, 실로 음을
정하는 중심줄이 되었다. … 청탁이 돌고 구르며, 자모字母가 서로 밀
어 7음과 12운률韻律과 84성조聲調가 성악聲樂의 정도正道와 더불어
한 가지로 크게 화합되었다. 아, 소리를 살펴서 음音을 알고, 음을 살
펴서 악樂을 알고, 악을 살펴서 정치를 알게 되나니, 후세에 보는 이
들이 반드시 얻는 바가 있을 것이다.

위 서문을 보면, ①, ②, ③은 자연풍토에 따라 소리가 생겨나기 때문에 풍
토가 다르면 호흡이 달라지고, 호흡이 달라지면 소리가 달라지게 되는데, 우리
나라는 중국과 다른 독립된 풍토 때문에 우리의 말소리가 중국과 다르다는 것
이다. 예를 들어 동쪽과 남방지역 사람들은 잇소리와 입술소리를 내고, 서쪽지
역과 북쪽지역 사람들은 볼소리와 목구멍 소리를 잘 낸다는 것이다.

다음에 ④, ⑤에서는 우리나라 사람들이 우리식 말소리로 중국의 한자를

동국정운 한자 발음을 언문으로 기록한 책으로 세종 30년 반포, 총 6권 6책

읽고 있기 때문에 바르지 못한 발음이 매우 많다는 사실을 구체적으로 말하고 있다. 예를 들어 중국 한자에는 초성에 'ㅋ'이 들어간 글자가 많은데, 한국인들은 오직 쾌快라는 글자 하나만 ㅋ으로 발음하고, 나머지는 모두 ㄱ으로 발음한다. 또 종성에 ㄷ으로 발음해야 할 것을 ㄹ로 발음하고, ㅈ으로 발음해야 할 것을 ㄹ로 발음한다. 예를 들면 '차제'를 '차례'로 발음한다. 또 '목단'을 '모란'으로 발음하는데 이것도 잘못이다. 이렇게 우리는 한자음을 잘못 배우고 있다.

그래서 이를 바로잡아 정확한 중국식 발음을 알려주는 한자자전이 바로 《동국정운》이라는 것이다.

그런데 한국인도 지역에 따라서 중국식 발음을 비교적 잘하는 지역도 있다. 평안도가 그렇다. 예를 들면, 남쪽 사람들은 '전기電氣'로 발음하는데 평안도에서는 '던기'로 발음한다. 또 남쪽 사람들은 리李를 '이'로 발음하는데 북쪽에서는 '리'로 발음한다. 또 '연락連絡'을 남쪽에서는 '연락'으로 발음하고, 북쪽에서는 지금도 '련락'으로 발음한다. 평안도는 중국사신이 많이 다녔기 때문에 중국식 발음을 쓰고 있는 데 반해, 서울 이남에서는 두음법칙을 적용하여 바꿔서 발음하고 있다. 이렇게 본다면 《동국정운》은 바로 남쪽지역 발음을 고치려는 데 목적을 둔 것이다.

그러나 우리의 잘못된 발음은 이밖에도 매우 많다. 중국어에는 ㄸ, ㄲ, ㅃ 같은 거센 발음이 매우 많다. 또 똰, 촨, 꽝 등과 같은 발음도 많다. 《동국정운》은 이런 중국식 발음을 언문으로 적은 자전이다. 그 밖에 중국어는 평상거입平

上去入의 4성이 비교적 정확한데 우리말은 그것이 명확하지 않다. 이런 것도《동국정운》에는 바로잡고 있다.

《동국정운》을 만든 목적은 이렇게 중국어의 정음正音 곧 중국어 발음을 정확하게 배우자는 것이지만, 현실적으로는 중국어 역관譯官의 부정확한 발음을 교정하려는 실용적인 목적이 있었다. 그런데 '훈민정음'이 만들어지면서 중국어 발음을 제대로 기록할 수 있게 된 것이다.

하지만 이런 작업도 완벽한 것은 아니다. 왜냐하면 중국어도 지역에 따라 차이가 크기 때문이다. 중국의 표준어는 북경어北京語이지만, 중국인 자신들도 정확한 표준어를 정하지 못하고 있었기 때문이다. 역사적으로 동서남북의 이종족들이 섞이면서 발음이 시대에 따라 바뀌어갔기 때문이다.

어쨌든, 세종 당시 중국어 표준을 따르려고 했던 노력은 아니한 것보다는 잘한 일이고, 최초의 한자음 언해 사업이라는데 의의가 크다. 그 뒤에도 비슷한 사업이 계속되었는데, 정조 때 왕명으로 편찬한《어정규장전운御定奎章全韻》도 그 하나이다. 하지만 '훈민정음'을 만든 일차적 목적이 한자음을 바로잡기 위한 것으로 보기는 어렵다.

8. 〈부민고소금지법〉을 개정하다 [세종 28년]

세종은 재위 28년 6월 18일에 자신이 그동안 시행한 법령 가운데 수령임기를 6년으로 바꾼 것, 〈공법貢法〉 시행, 〈부민고소금지법府民告訴禁止法〉 등을 대신들과 논의하면서 다른 것은 모두 좋지만, 〈부민고소금지법〉에 대해서는 그것이 과연 좋은 법인지 의문이 많다고 하면서 이렇게 말했다.

"〈부민고소금지법〉은 허조許稠가 청했는데, 여러 정승에게 물었더니 박은朴訔은 '좋다.'고 말하고, 유정현柳廷顯은 좋아하지 않았고, 목진공睦進

恭은 찬성하여 내가 감히 경솔히 입법하지 못했다. 그 뒤에 허조가 낙천
정樂天亭에서 잔치를 올리던 날에 울면서 태종께 청하니, 태종께서 좋게
여겨 곧 이 법을 세우도록 명령했다. 그러나 여러 신하들이 생각하기를,
'이 법이 과연 폐단 없이 거행될 수 있을까?' 했다.

　그 뒤에 수령이 불법不法한 자가 많아지자 조정의 의논이 찰방察訪을
암행으로 보내자고 하여 내가 허정승에게 물으니, 그가 말하기를, '만일
임금의 명으로 하명하신다면 좋습니다.'라고 했다. 이것은 허정승이 쉽게
말했을 뿐 무겁게 여기는 것 같지 않았다. 이에 '암행찰방暗行察訪'을 보냈
더니 찰방 이종규李宗揆 등이 도리어 폐단을 일으켰기 때문에 그 뒤에 이
를 없앴다. 지금도 거행하지 않는다. 다만 '행대감찰行臺監察'을 보내는 일
을 전에 의논했는데, 정판서鄭判書(정인지)가 말하기를, '행대를 급히 보내
면 실정을 파악할 시간이 없다.'라고 했다."

　임금이 이렇게 〈부민고소금지법〉으로 인하여 수령의 불법이 많으므로 이를
막기 위해 찰방察訪 등을 보냈는데, 그것도 문제가 생겼다고 걱정하자, 정인지가
말했다. "신의 뜻은 시일을 늦추어서 감찰이 돌아오게 하고자 한 것입니다."

　임금은 도승지 황수신黃守身에게 명하여 "행대감찰을 파견하여 보내는 일
을 다시 마련하여 시행하게 하라."고 했다. 임금의 명을 받아 의정부 대신들이
다시 논의하여, 다음 해인 세종 29년 2월 21일에 임금에게 다음과 같이 건의
했다.

　"《속전續典》(경제속전)[269]을 보면, '부리府吏와 서도胥徒가 그 관원을 고발
하고, 품관品官과 이민吏民이 감사와 수령을 고발하는 것은, 사직의 안위
와 불법으로 사람을 죽인 일에 관계된 것이 아니면 고발을 받아주지 말
게 하고, 자기의 원통함을 고소하는 것은 고발장을 받아 주어 고쳐 분간
하되, 만약 일이 이미 시행되었으면 지난 일을 고치지 못하게 하고, 보복
하고자 하여 원통하고 억울하다고 하면서 고소한 것은 받아주지 못하게

---

269) 《경제속전》은 태조 때 만든 《경제육전經濟六典》을 태종 때 보완하여 만든 법전인데 세종대에
　　 도 그대로 시행되었다.

한다.'고 한 것입니다.

세종 25년의 교지에는, '자기의 원통함을 호소한 것은 바른 것을 따라 분간하되, 관리는 죄주지 말게 하여 존비尊卑의 분수를 온전하게 한다.'고 했습니다. 그러나 자기의 원통함을 호소한 것도 고칠 만한 일은 노비奴婢와 전지田地를 잘못 판단한 것만이 아니라, 부역의 불균등, 세금징수의 과중, 환곡출납의 가감加減 등의 일은 비록 백성들의 공통된 걱정이지만, 동시에 한 사람의 개인적인 원통한 일이니 모두 다 들어서 심리審理하게 함이 옳습니다.

무지한 백성들이 고소를 금지하는 법에 얽매여 있고, 관리는 파면되지 않고 그 자리에 있기 때문에 고발한 것이 비록 적더라도 백성들이 침해를 당하는 것은 반드시 큽니다. 그래서 백성들이 모두 입을 다물고 말하지 아니하여 원통하고 억울한 일을 펴지 못하고, 해당 관청은 교지의 본뜻은 살피지 않고 고소한 것이 바르게 고칠 만한 것이라도 … 들어서 심리해 주지 않고, 도리어 죄벌을 가하여 마침내 양법良法의 아름다운 뜻을 매몰시켜 백성의 사정이 위에 통하지 못하여 교활한 관리만 날로 살찌게 되니, 백성의 생계가 날로 피폐하게 되어 그 폐해가 매우 심합니다.

앞으로는 일체 개정改正하여 개인의 원통하고 억울한 일을 모두 진소陳疏하여 판결하게 하고, … 탐욕을 부려 백성을 고통스럽게 한 일이 발각되면 비록 그 관원에게 태형笞刑이나 장형杖刑을 가하지는 않더라도 그 죄의 경중에 따라서 즉시 내쫓아서 백성을 편안하게 하소서."

의정부의 건의는 임금이 평소 걱정했던 일을 속시원히 풀어주는 것이었으므로 임금이 즉시 재가했다. 한 마디로 〈부민고소금지법〉을 실제적으로 폐지한 것이다. 다만 부민에게 고소당하여 잘못이 드러난 관료에게 육체적인 형벌은 주지 않고 관직을 파면시키는 것으로 끝냄으로써 형벌을 다소 완화시켰을 뿐이다.

이렇게 하여 세종 2년 9월에 예조판서 허조가 처음으로 상왕 태종에게 울면서 호소하여 허락을 받아 세종에게 건의하여 입법화된 〈부민고소금지법〉은, 세종이 처음부터 백성의 억울함과 원통함을 막는 일이기에 매우 마땅치 않게 여겼으나 상왕의 명령으로 하는 수 없이 입법화했으나, 그 뒤로 계속 그 문제점을 보완하는 조치를 내렸음은 앞에서 자세히 설명한 바 있다.

그리하여 처음에는 부민고소를 금지하고, 그 대신 수령의 불법을 막기 위해 찰방이나 감찰監察을 비밀로 내려보내 조사하여 수령을 견제하고, 그 다음에는 부민의 고소를 허락하여 바르게 처리하되, 다만 수령의 죄는 묻지 않는 것으로 바꾸었다가, 드디어 잘못한 수령을 파면하는 것으로 개정한 것이다.

의정부가 이렇게 임금의 뜻을 받드는 진보적인 대안을 만든 것은 당시 〈부민고소법〉을 완강하게 반대하던 허조가 이미 세종 21년에 세상을 떠나고, 또 의정부 대신들이 바뀌어 영의정은 황희(1363~1452)가 그대로 맡았으나, 나이가 이미 85세로 연로하여 조정에 나오지 못하고, 좌의정 신개申槪(1374~1446)[270]가 지난해 1월 5일에 73세로 세상을 떠나 그 자리가 비어 있었다. 그래서 72세 우의정 하연河演(1376~1453)[271]과 61세 좌찬성 황보인皇甫仁(1387~1453),[272] 65세 우찬성

---

270) 신개는 본관이 평산平山으로 고려 개국공신 신숭겸申崇謙의 후손이다. 할아버지는 보문각 대제학 신집申諿이고, 아버지는 종부시령 신안新晏이다. 태조 2년에 문과에 급제하여 언관을 지내다가 세종 때 대사헌과 이조판서를 거쳐 세종 18년에 의정부 참찬, 찬성에 오르고, 21년에 우의정, 27년에 좌의정에 올랐다가 세상을 떠났다. 그는 세종 15년에 야인 이만주가 변경을 침략하자 대신들이 모두 반대하던 토벌을 강력히 주장하고, 18년에《고려사》편찬에 참여하고, 〈공법貢法〉을 주장하고, 19년에는 국가재정을 보충하기 위해 염법鹽法을 주장하고, 하삼도 인민의 북방이주, 그리고 북방 행성行城의 축성을 주장하는 등 부국강병책을 주장하여 임금의 큰 신임을 얻었다. 그러나 이런 일들이 단기적으로 백성을 괴롭히는 일이어서 비난을 많이 받았으나, 임금은 국가장래를 위한 일로 받아들여 모두 채택했다. 죽은 뒤에 세종의 묘정廟庭에 배향되었다.

271) 하연은 본관이 진주晉州로 대사헌 하윤원河允源의 손자이자 부윤 하자종河自宗의 아들로서 태조 5년에 문과에 급제하여 세종 때 승정원 비서인 지신사知申事를 거쳐 대사헌으로 불교개혁에 앞장서고, 형조판서를 거쳐 의정부에 들어가자 〈공법〉을 적극 추진하는 데 앞장섰다. 그 공으로 우의정, 좌의정, 영의정에 올랐다가 단종 원년에 향년 78세로 세상을 떠났다. 저서로 《경상도지리지》와 《진양연고晉陽聯藁》가 있다.

272) 황보인은 본관이 영천永川으로 신라 때 중국에서 귀화한 황보경皇甫鏡의 후손으로, 고려시대 영천지방의 토성으로 무관직을 맡아오다가 태조의 위화도회군에 종군하여 회군공신에 오르고 지중추원사가 된 황보림皇甫琳의 아들이다. 문음으로 벼슬길에 올랐다가 태종 14년에 문과에 급제하여 세종 때 승정원 지신사知申事를 거쳐 병조판서가 되었다. 세종의 북방정책을 적극 도와 김종서와 더불어 4군과 6진 개척에 가장 공로가 컸다. 그 공으로 의정부에 들어가 우의정을 거쳐 좌의정에 올랐다. 단종 때 영의정에 올랐으나 세조의 집권에 걸림돌이 되어 김종서와 함께 계유정란癸酉靖亂으로 향년 67세에 세상을 떠났다. 영조 때 신원되어 관작이 회복되고, 정조 15년에 영월 장릉莊陵(단종릉)의 충신당忠臣堂에 배식配食되었다.

김종서金宗瑞(1383~1453)[273]가 의정부를 이끌었는데, 이들은 세종의 국방정책이나 〈공법貢法〉 등 개혁정책을 충실하게 받드는 총신들이었으므로 세종이 원하는 바를 그대로 따랐다.

또 비서실장에 해당하는 도승지 황수신黃守身(1407~1467)은 영의정 황희의 셋째 아들로서 문과를 거치지 않고 문음으로 벼슬길에 올라 도승지가 된 유일한 인물인데, 임금의 명을 충실히 받드는 대신이었다. 세종으로서는 자신의 마지막 경륜을 펼 수 있는 최상의 측근세력을 거느리고 있었기에 눈엣가시처럼 여긴 〈부민고소금지법〉을 폐지하기에 이른 것이다.

9. 집현전 관원들과 〈공법〉을 놓고 토론하다

세종 28년 6월에 이르러 임금은 〈공법〉 시행을 후회하는 말을 하면서 대신들과 다시 의논했다. 6월 18일에 집현전 직제학 이계전李季甸 등이 상서하여 〈공법〉의 폐단을 아뢴 것이 계기가 되었는데, 그 요지는 이렇다.

"〈공법〉은 처음에 아름다운 법으로 생각했으나, 시험한 지 수년이 되니 백성의 원망과 탄식이 날로 깊어졌습니다. 그래서 지난번에 일곱 가지

---

273) 김종서는 본관이 순천順天인데, 할아버지 김태영金台泳은 김종서로 인하여 벼슬이 병조판서에 추증되었고 아버지 김추金錘도 도총제였으나 추증된 벼슬로 보인다. 《순천김씨보》에는 김태영이 따로 별파의 시조로 기록되어 있어 그 윗대를 알 수 없다. 집안이 그다지 좋지 않은 듯하다. 태종 5년에 성적이 뛰어나지 못해 동진사同進士로 급제했는데, 요직을 갖지 못하고, 세종 때 사헌부의 언관과 지방의 판관, 경차관 등을 지냈는데 강직한 성품으로 세종의 신임을 얻어 승정원 좌대언左代言으로 발탁되고 이조吏曹의 인사권을 맡기도 했다. 세종 15년 이후로 함길도 관찰사가 된 뒤로 7~8년간 6진六鎭을 개척하는 데 큰 공을 세웠다. 세종은 그의 국방에 관한 애국심을 높이 평가하여 형조판서와 예조판서 등을 거쳐 드디어 의정부의 참찬과 찬성에 올렸다. 세종은 말년에 집현전 출신의 학자가 아님에도 그에게 《고려사》의 수정 작업을 맡겼으나 완성을 하지 못하고, 문종 때에 이르러 《고려사》와 《고려사절요》를 정인지 등과 더불어 차례로 찬진하여 바쳤다. 단종 때에는 좌의정으로 황보인과 더불어 실권을 장악하자 세조의 집권에 걸림돌이 되어 계유정란으로 목숨을 잃었다. 영조 때 신원되어 관작이 복구되었다. '호랑이 재상'이라는 별명이 있었다.

폐단을 조목별로 상언하는 가운데 〈공법〉을 첫 번째로 들었던 것입니다. 그 폐단을 열거하면 이렇습니다.

① '전품3등'[실제로는 전분6등]과 '연분9등'의 법이 매우 정밀하지만, 우리 나라 지형은 높고 낮음이 일정치 않아 한 구역의 땅에도 비옥하고 척 박한 것이 다르고, 수리數里의 땅도 고르지 못하다. … 그래서 세금이 고르지 못합니다.

② 5결을 단위로 하여 손損과 실實을 평가하여 세를 매기는데, 재해災害 로 상한 것이 연속하여 5결 이상이라야 면세免稅가 됩니다. 그런데 한 사람의 전지가 5결을 연속한 것이 적고, 다른 사람의 땅 사이에 있 는 것이 많습니다. 그래서 가령 5결의 땅을 5인이 5분하여 경작할 때 4인의 땅은 모두 재상災傷을 입었는데, 1인의 땅이 실實하면, 4인의 땅도 실實로 계산하여 세를 거두니 옳지 못합니다.

또 1인의 땅이 5결이 연속되어 있을 경우, 1복卜의 땅이 실實하다고 하 여 4결 99복의 땅을 실로 계산하여 세를 바치는 것도 옳지 못합니다.

③ 재상災傷을 수령에게 알리면 수령이 감사에게 보고하고, 감사는 중앙 에 보고하면 경차관이 내려가서 살피므로 그 절차가 매우 복잡하고 시기를 놓칩니다. 또 수령이 어떻게 수많은 보고를 감사에게 보고할 수가 있습니까?

④ 농민이 땅을 묵히는 것을 막기 위해 묵은 땅이 있으면 전과全科를 수 세하는데, 농민이 땅을 묵히는 것은 지력地力을 회복시키기 위함이거 나, 아니면 노동력이 부족하여 그러한 것인데 이를 수세하면 농민이 어떻게 감당하겠습니까?

⑤ 농민이 가을에 수확하고 나면 공물貢物을 방납防納하는 자들이 와서 값을 거두어 갑니다. 또 의창義倉에서 빌린 환자곡을 갚아야 하고, 사 채私債를 갚아야 하고, 서울로 옮기는 세를 바치고 나면, 봄에 주창州 倉에 또 세를 내야 합니다. 그래서 집과 땅을 팔아서 세를 냅니다. 풍 년이 들어도 세를 다 바치지 못합니다. 그래서 〈공법〉으로 세금이 가 벼워지는 것이 아니라 더 무거워졌습니다. … 그러니 하삼도의 〈공 법〉을 정지하고, 경기도만을 1~2년 시험해 보고나서 결정하소서."

이계전의 상서를 본 임금은, "집현전에서 두 번이나 상소했는데 어찌하여 김문金汶의 이름이 보이지 않느냐?"고 묻고 나서, 이계전, 어효첨, 예조판서 정인지, 도승지 황수신을 불러 이렇게 하교했다.

"옛날에 내가 경연에 나갈 때 항상 집현전 관원을 보고 내 심회心懷를 말하고, 저들도 또한 각자의 포부를 개진했다. 근래에는 내가 몸이 질병에 걸려 오래 접견하지 못했으니 내 마음을 자세히 알지 못할 것이다. 지금 상소하여 〈공법〉의 폐단을 논한 것도 나의 입법한 본의를 모르고 한 그 일을 말하려고 그대들을 부른 것이다."

임금은 〈공법〉을 만들 때 집현전 관원들과 의논하여 만든 것인데, 이제 와서 잘못되었다고 비판하는 것은 임금의 입법 취지를 아직도 모르기 때문이라고 말하고 나서, 그 취지를 다시 설명했다. 요컨대 〈손실법〉의 문제점을 시정하려는 것이 목적이었으며 신개申槪가 요청하여 시행하게 되었다고 말했다.

또 임금은 그동안 〈공법〉 시행에 적극 참여해 왔던 정인지를 불러서 말했다.

"경들이 중시重試를 치를 때 [내가] 제목을 내어 질문했고, 또 경이 충청감사로 있을 때 글을 올려 청했으므로 내가 드디어 뜻을 결단하여 행한 것이다. 지금 거의 10년이 되었는데, 그 효과는 보지 못하고, 이해利害에 대한 말이 분분하다. 나의 본의는 많이 거두자는 말이 아니라, 오직 〈답험손실법〉이 개인의 사정私情에 따라 가볍기도 하고 무겁기도 하여 말류의 폐단이 장차 이루 말할 수 없을 것을 염려했기 때문에 이 법을 행하고자 한 것이다. 내가 만일 덮어 두고서 하지 않으면 내 병든 몸에도 좋을 것이다. 다만, 옛사람이 말하기를, '내 몸이 수고로움을 감당하여 편안한 것을 뒷사람에게 물려주라.[身當其勞 以逸遺後]'고 했는데, 나는 이 말을 잊을 수가 없다. 지금 집현전의 상소에, '5결을 연복連伏한다.'는 말이 있는데, 내가 그 뜻을 자세히 알지 못하겠다. 그대들은 말해 보라."

　　임금은, 〈공법〉은 정인지와 전부터 의논하고, 또 정인지가 충청감사를 하고 있을 때 〈공법〉을 하자고 주장하여 행한 것인데 이제 와서 뒷말이 생기는 이유가 무엇인가를 따졌다. 그러면서 임금은 옛사람의 "내가 몸소 어려움을 감당하여 편안함을 뒷사람에게 물려주라."는 말을 잊지 못한다고 다짐했다. 이 말은 〈공법〉이 당장은 어려운 일이지만, 세종 자신이 이 고통을 감당하여 후세인들에게 이로움을 주겠다는 각오를 보인 것이다. 그러면서 임금은 〈5결연복법〉이 무엇이냐고 되물었다.

　　임금의 물음에 이계전은 앞서 한 말을 되풀이하면서, 소민小民은 땅이 1~2결 밖에 안되는 사람이 많은데, 1~2결이 모두 재상災傷을 입었는데도 국가에서 세를 받으면 소민이 어떻게 살 수 있느냐고 대답했다. 그러자 임금이 다시 말했다.

　　　　"그런 폐단은 진실로 그러하다. 그러나 5결 미만인 재해지災害地를 일일이 돌아본다면 그것은 옛날의 〈답험손실법〉과 무엇이 다른가? 또 지금 상소에서 '〈공법〉을 세워서 국고國庫를 채운다.'고 했는데, 내가 어찌많이 거두기 위해서 이 법을 행하는 것인가? 집현전 같은 유자儒者들도 내 뜻을 알지 못하니, 하물며 그 밖의 다른 사람들이야 말해 무얼 하겠는가?"

　　이계전은 다시 "신도 처음에는 〈공법〉을 찬성했는데, 이번에 경상도 사람들을 직접 만나보고 들으니 '재해를 입은 땅에서도 세를 바친다.'고 불평하고, 또 이번에 경상도에 다녀온 의정부 사인舍人을 만나보고 물으니, '경주에 사는 일가들이 금년에 재해를 만났는데도 세를 바쳐 마음이 아프다.'고 말했다고 합니다." 라고 말했다.

　　임금은 이 말을 듣고, "〈공법〉의 폐단은 이계전의 말이 사실이다." 하고 수긍했다. 그러자 정인지가 말했다.

"이계전의 말이 거짓이 아닙니다. 그러나 그 폐단은 〈공법〉이 그렇게 만든 것이 아니고, 세를 그 다음 해에 거두기 때문입니다. 지금 경기도의 한 고을에서 세를 거두지 못한 것이 300석이나 됩니다. 만일 해를 넘기지 않고 세를 거두었으면 이런 폐단이 있겠습니까?"

그러자 집현전 응교 어효첨이 반대하고 나섰다.

"해를 넘기기 전에 세를 거두었다 하더라도, 결실이 없는 땅에서 세를 바치고 나면 먹을 것이 없으니, 국가에서 주창州倉의 곡식을 내어 구휼해야 할 것이니 그 폐단이 다를 것이 없습니다. 이것은 〈공법〉 때문이 아니고 무엇이겠습니까?"

어효첨의 〈공법〉 반대론이 나오자, 이번에는 도승지 황수신이 나섰다.

"집현전에서 말한 것이 참으로 옳지만, 이왕 이미 시행했으니, 금년에는 행하는 것이 옳습니다."

그러자 어효첨이 또 나섰다.

"지금 〈공법〉을 좋아하는 자가 많고, 좋아하지 않는 자가 또한 반은 되는데, 부자들이 좋아하고 가난한 사람이 좋아하지 않습니다. 부유한 자는 비옥한 땅이 많아 한 땅이 재해를 입었더라도 다른 땅은 반드시 실實하기 때문이고, 가난한 자의 땅은 본래 척박한 데다 재상災傷을 만나면 전연 수확이 없으며, 풍년을 만나도 결실이 적기 때문입니다. 신의 땅은 한두 곳이 아닌데, 노비를 시켜 경작하는데, 비록 한 땅이 재해를 입어도 다른 땅은 결실이 많아서 1년에 30두를 내던 것을 지금은 상상년이라도 20두를 내니 그 이익이 큽니다."

이상 여러 의견을 들은 임금은 결론을 내렸다.

"하는 말이 참으로 옳다. 그러나 〈손실법〉이 저러했으니, 〈공법〉을 시
행하여 후세에 그대로 유지하고 따르도록 하지 않을 수 없다."

그리하여 〈공법〉은 집현전의 반대에도 불구하고 그대로 시행하기로 결정했
다. 그런데 이해 7월 2일에 성균 주부 이보흠李甫欽이 다시 경상도 지방의 경우
를 예로 들면서 〈공법〉의 폐단을 장황하게 설명하는 긴 상소를 올렸다.

그 요지는 한 마디로, 세종 20년에서 세종 24년까지 5년 동안 〈공법〉에 대
한 불만이 크지 않았는데, 세종 22년에 흉년이 들면서 묵은 땅과 재상을 크게
입은 땅에 세금을 물리자 불만이 커졌다는 것이다. 또 재상을 조사하여 중앙에
보고하고 경차관이 내려와 현지를 조사하는 과정이 너무 복잡하고 시간이 걸려
서 이미 수확이 다 끝난 뒤에 빈 땅에 경차관이 내려와서 조사한다는 것이다.
그래서 재상을 입은 땅도 모두 실實로 처리하여 세금을 매긴다는 것이다.

결론적으로 말하면, 앞서 집현전에서 지적한 내용과 대동소이했다. 한 마
디로 손損과 실實을 판단하는 것이 정확하지 않다는 것이다. 이는 마치 이전의
〈답험손실법〉의 폐단을 반대로 뒤집어 놓은 폐단이 생긴 것이다. 〈답험손실법〉
에서는 경차관이 뇌물을 받고 실實을 손損으로 평가하여 세금을 낮추었기 때문
에 국가의 수입이 줄고, 부자들이 득을 보고 가난한 자가 손해를 봤는데, 〈공
법〉 시행 이후에는 경차관이 손損을 실實로 평가하여 국가수입이 늘고 부자들이
득을 보았으나, 빈농이 손해를 본 것이 다를 뿐이었다. 그러니까 〈공법〉으로 가
난한 농민이 가장 큰 피해를 보고 국가와 부자들은 득을 본 것이다.

국가가 원래 의도했던 것은 가난한 자를 보호하고 부자들의 면세를 막으려
했던 것인데, 의도한 목적과 다르게 결과가 나타난 것이다.

임금은 전제상정소에 상소문을 내려 의정부와 함께 다시 의논하여 보고하
라고 명했다. 그러나 그 뒤 의정부에서는 아무런 보고를 올리지 않았다. 이해에
풍년이 들었으므로 더 이상 논의할 필요를 느끼지 못한 듯하다.

10. 왜인과의 관계

(1) 세종 28년

세종 28년~29년에도 왜인과의 관계는 억제와 회유의 쌍곡선을 그리면서 여전히 지속되었다. 먹을 수도 없고 뱉을 수도 없는 뜨거운 감자와도 같고, 목에 걸린 가시처럼 빠지지도 않고 넘어가지도 않는 그런 존재가 왜인이었다. 특히 조선과 가장 가까운 거리에 있는 대마도, 일기도, 구주 북부의 상송포上松浦, 하송포下松浦 등지 왜인이 그러했다. 그 반면 구주의 내지에 있는 호족들, 예컨대 지금의 후쿠오카福岡, 다자이후太宰府, 오이타大分, 미야자키宮崎, 사쓰마薩摩 등지의 호족들은 침략성향이 적고 장사를 목적으로 오는 상인들이 대부분이어서 조선과의 관계는 매우 좋은 편이었다.

세종 28년의 1월 1일 신년 조회는 임금이 궁 밖에 거주하고, 세자가 섭정하면서 의식을 치른데다 매년 흉년으로 왜인의 입조入朝를 억제했기 때문에 왜인의 참반參班은 없었다. 그러나 여진 추장들은 예년과 마찬가지로 수십 명이 떼로 몰려와서 조회에 참반하고, 하사품을 받아갔다. 하사품은 관직, 의복, 갓, 신, 띠, 그리고 면포였다. 그들이 가지고 오는 물품은 대부분 각종 가죽이나 말이었다.

이해 처음으로 온 왜인은 비전주肥前州(사가佐賀)와 일기도 왜인으로 2월 16일에 토산물을 바쳤다. 이어 2월 27일에는 대마도 종정성이 사람을 보내 미두와 약재를 청하자, 미두 200석, 인삼, 오미자, 대황大黃, 황기黃耆, 황금黃芩, 행인杏仁(은행), 연자蓮子, 천마天麻 등을 주었다.

4월 5일에 비전주 태수 원의源義가 보낸 왜인이 토산물을 바쳤다. 이달 20일에는 종정성이 보낸 정대랑井大郞(귀화인) 등 2인에게 의복, 갓, 신, 미두 명주, 면포를 주고, 일기도의 원길源吉과 염진鹽津의 왜인에게 명주, 면포, 흑마포, 백저포, 잡채화석을 회사했다.

5월 22일에 나간구이라가 오자 의복, 갓, 신을 하사했다.

6월 18일에는 대내전大內殿의 다다량교홍多多良教弘이 중 덕모德模 등 25인을 보내 세자의 강무講武를 치하하고, 《대장경》을 청구하고, 토산물[274]을 바쳤다. 그 보답으로 조선은 《대장경》 1질, 안자鞍子 1벌, 백세면주 110필, 백세저포, 흑세 마포 각 10필, 남사피 3령, 표피 2장, 호피 4장, 잡채화석 15장, 인삼 30근, 잣 70근, 청밀 10두를 회사했다. 대내전은 백제 왕손의 후손으로서 조선에 대하여 매우 우호적이었으며, 구주를 거의 통일했다.

7월 1일에는 축전주筑前州(후쿠오카福岡)의 등원정청藤原定淸이 사람을 보내 원 숭이를 바쳤다. 원숭이를 기르면 말의 병이 생기지 않는다는 소문이 있어 조선 에서 원숭이를 구하고 있었는데, 아마도 왜인들이 이를 알고 바친 것 같다.

8월 2일에는 대마도 종언칠과 종성세宗盛世가 각기 아들을 보내 식량을 청 구하자 미두 15석과 10석을 하사했다. 이날 석견주石見州(시마네현島根縣)의 주포 화겸周浦和兼이 사람을 보내 토산물을 바쳤다.

9월 9일에는 그동안 일본에 사신으로 여러 번 다녀온 상호군 윤인보尹仁甫 가 임금에게 다음과 같은 글을 올렸다.

"일찍이 신이 대마도에 사신으로 갔을 때 추장 종정성과 백성들이 모 두 말하기를, '의식衣食은 오로지 임금의 은덕을 입고 있으니, 몸은 일본 땅에 있지만, 마음은 항상 귀국의 백성과 다름이 없습니다.'라고 하면서 온 섬의 사람들이 물고기와 술을 다투어 가지고 와서 위로하니, 그들이 임금의 은덕에 감격한 것이 지극했습니다.

박다博多(하카타)의 인심도 또한 그러했으며, 일기도와 상송포上松浦(일기 도에 가까운 규슈 해안지방) 등지에서도 마음을 기울여 사모하는 사람이 많았 으며, 대내지세大內持世와 다다량교홍多多良教弘이 서로 전해 말하기를, '우 리는 계통이 귀국에서 나왔습니다.'라고 하면서 영접하고 전송하며 유숙

---

274) 대내전이 바친 토산물은 금칠한 접부채 100자루, 청련관, 백련관 각 20단, 호초 80근, 대모 윤화대玳瑁輪花臺 20매, 붉은칠 과자분 20매, 첩자 200매, 금칠한 조자제자銚子提子 20구, 도 금한 윤대도輪大刀 20요, 구리 1,600근이다.

시켜 접대하기를 모두 조선의 예절을 따라 극히 후하게 했습니다. 또 말하기를 '지금부터는 해마다 사신을 보내 성의를 바치고 저의 심정을 통하겠습니다.' 했으며, 지난해 봄에도 소헌왕후의 국상國喪에 제전祭奠을 올렸으니, 은전을 베푸는 명령이 없어서는 안 될 것입니다.

상송포의 압타호자鴨打呼子 등은 사로잡았던 사람과 왜구 괴수를 찾아낼 때 공로가 크며, 일기도, 상송포, 하송포는 모두 도적들이 많이 모이는 소굴이니, 그들이 마음을 기울여 사모하는 틈을 타서 은혜를 가하고 귀부하게 한다면 이익이 될 것입니다. …"

윤인보는 조선을 사모하는 이 시기에 왜인들에 대한 회유책을 쓸 것을 임금에게 건의하고 나서, 유구국琉球國에 대해서도 이렇게 아뢰었다.

"유구국이 예전에 사신을 보내 와서 조회朝會했으나, 그 뒤에 우리 쪽의 회례回禮가 없었습니다. 삼도三島(일기도, 상송포, 하송포)의 사람과 박다博多 사람들이 말하기를, '조선국의 사로잡힌 사람들이 유구국에 있는데, 본국에 돌아가고자 하는 사람이 많습니다.'라고 합니다. 이웃나라를 사귀는 의리는 매우 소중하고, 그 습속을 살피지 않을 수 없으니, 앞으로 통신하여 사로잡힌 사람을 찾아 돌아오게 하소서."

윤인보는 유구국과도 교류하고, 그곳에 사로잡혀 있는 조선인을 찾아서 돌아오게 하자고 건의했다. 임금이 의정부 대신들에게 의논해 보라고 명하니, 윤인보의 말이 옳지만 당장 사람을 보내 은혜를 베풀 필요는 없다고 했다.

9월 20일에는 축주筑州(후쿠오카福岡)의 등종금藤宗金이 사람을 보내 토산물을 바쳤다.

12월 26일에 종정성이 중을 보내 왕비 묘정에 향香을 올렸다.

(2) 세종 29년

세종 29년 1월 1일의 신년 조회에는 야인이나 왜인들의 조하朝賀가 없었다. 세자가 왕비 상중이었기 때문에 신년 조회에 참석하지 않고, 백관들만 홀로 중국 황제에 대한 망궐례望闕禮를 행했기 때문이다.

이해 3월 16일에 대마도 종정성이 화재를 만나 집이 불타자, 예조에서 그를 위로하기 위해 전 병조좌랑(정6품) 조휘曹彙를 대마도로 보내 위로하고 물품을 전했다. 하사한 물품은 소주 30병, 청주 100병, 계다식 찐떡 각 2각角, 청밀[꿀] 5두, 고니 5마리, 건대구어 200마리, 부어[붕어] 50마리, 청어 20마리, 잣 2석, 곶감 50첩, 백미 3석, 찹쌀 3석, 메밀 2석, 팥 1석, 밀가루 2석, 백세면주, 백세면포 각 10필, 백세저포, 흑세마포 각 5필, 좁쌀 100석, 콩 50석이다.

윤4월 25일에 종정성이 정대랑井大郞을 보내 말 1필을 바치고, 정대랑도 토산물을 바쳤다. 정대랑은 귀화하여 호군(정4품)의 벼슬을 받은 자인데, 대마도와 조선을 왕래하면서 살았다.

5월 5일에는 축주부筑州府(후쿠오카福岡) 등종금이 사람을 보내 왕비 묘정에 향香을 올리고 글을 보내 왕비의 서거를 애도했다. 엎드려 가슴을 치고 발을 구르는 지극한 슬픔을 이기지 못한다는 내용이었다. 이날 종정성이 또 43인을 보내 말 2필과 환도 17자루를 바쳤다. 종정성은 5월 19일에도 사람을 보내 목부용木芙蓉 3그루와 양매목楊梅木 1그루를 바치자, 상림원에 심으라고 명했다.

5월 26일에는 축주부 냉천진冷泉津의 등종금藤宗金 등 50인이 궁궐에 가서 숙배를 드리고, 토산물을 바치고서, 다시 계조당繼照堂에 가서 세자에게 재배하니, 세자가 그들을 불러 보고 치하했다. 등종금이 직접 온 것은 처음이다. 등종금이 말하기를, 일본 국왕의 나이가 13세인데, 8월 15일에 즉위할 예정이라고 했다.

5월 26일 바로 그날, 임금은 정승 하연河演을 불러, 고도孤島와 초도草島에 대한 대책을 논의하면서 이렇게 말했다.

"당초 고도와 초도에 대한 왜인들의 고기잡이를 허가하면서 세금을 받기로 약정한 것은 국용에 충당하려는 것이 아니었다. 대마도는 옛날 문적文籍에 우리나라의 말 목장 땅으로 기록되어 있고, 또 왜인들도 본래 우리나라 섬이라고 말해 왔다. 그런데 그 섬을 종말에는 도적이 차지하게 된 것이다.

이제 고도와 초도를 허가하고 돌아보지 않는다면 뒷날 대마도처럼 될는지 어찌 알겠는가? … 그래서 세금을 바치게 하여 우리나라 땅임을 명확하게 하려는 것이다. 그런데 고기잡이를 허가한 뒤로부터 지금까지 10여 년간 약속을 어긴 자를 군사를 보내 수색 체포하지 않았다. 이제 수색하여 체포하지 않으면 저들이 말하기를, '조선이 소리로 말하기는 수색 체포하겠다고 해놓고 실제로는 한 번도 실행한 일이 없다.'고 하여 마음대로 자리잡아 살면서 근방을 도적질하게 될 것이다. … 그런데 요즘 거제도 지세포에 세금을 바친 자가 매우 많고, 바치지 않은 자는 5~6인인데, 만약 군사를 보내 토벌하면 변방에 일이 생겨 불가하다. 그러니 수색 토벌하는 시기를 해마다 4월로 정하고 저들에게 알려주면 좋을 것 같다."

임금의 말을 들은 하연은 임금의 말에 동의하고, 황보인, 김종서, 정인지 등은 수색체포할 것을 주장했다. 임금은 오늘 논의한 일을 모두 기록해 두었다가 내년 1월에 다시 의논하여 아뢰라고 명했다. 세종이 국토를 지키려는 의지가 얼마나 강하고 치밀한지를 다시 한 번 보여주는 대목이다.

5월 28일에 석견주 토호 등겸정藤兼貞이 사람을 보내 토산물을 바치고 도서圖書(허가증)를 요청하자 들어주었다.

6월 11일에 일기도 병부소보 원영源永이 토산물을 바치고, 6월 20일에는 다시 예조에 글을 올려 황후가 서거하신 데에 대한 애도의 뜻을 전했다. 왕비를 '황후'라고 부른 것이 주목된다. 왜인들이 조선을 상국上國, 또는 대국大國으로 부르고, 임금을 황제처럼 바라보고 있었음을 말해준다. 예조에서는 원영을 기특하게 여겨 각종 포목과 호피, 잡채화석을 하사했다.

6월 26일에는 세자가 승정원에 명하여 일본에서 원숭이를 구해오도록 하라고 일렀는데, 그 이유를 이렇게 말했다.

　　"사복제조 김종서가 말하기를, '원숭이가 있는 곳에는 말이 병들지 않
　는다.'고 하는데, 윤인보尹仁甫도 말하기를, '일본에서 원숭이를 기르는 것
　은 오로지 이 때문이므로 말을 기르는 자에게 원숭이가 만약 없다면 반
　드시 원숭이 그림이라도 그려서 벽에 붙여서 예방한다.'고 한다. 우리나
　라에는 내승內乘(내사복시)에는 원숭이가 있어서 말이 병들지 않지만, 외승
　外乘(외사복시)[275]에는 원숭이가 없어서 말이 자주 죽은 것이 그 증험이다.
　그런데 내승에는 수컷만 있고 암컷이 없는데, 이제 왜인이 자웅을 가지고
　우리나라에 왔다가 수컷이 죽었다. 예조에서 암컷 값만 준 것은 잘못이
　다. 죽은 수컷 값도 모두 주라."

　　그러고 나서, 윤인보에게 이르기를, 왜인에게 슬그머니 국가에서 원숭이를
구하는 뜻을 보이라고 말했다. 여기서 원숭이 자웅 가운데 수컷이 죽었다는 말
은, 지난해 7월에 축전주에서 바친 원숭이 자웅 가운데 수컷이 죽었다는 것을
말하는 듯하다.

　　그런데 외국에서 우리나라에 원숭이를 기증한 일은 이것이 처음이 아니었
다. 태조 3년 7월에 구주절도사가 원숭이를 바쳐 사복시에서 기르게 한 것이
처음이다. 그 뒤로 태종 8년 4월에 중국 사신 황엄黃儼이 원숭이 수컷 2마리와
암컷 1마리를 가져온 일이 있었고, 태종 10년에 왜인이 잇달아 원숭이를 바치
자 사복시와 지방의 진鎭에 나누어준 일이 있었고, 세종 16년 4월에는 제주에서
기르고 있는 6마리 원숭이를 잘 길러서 내지에서도 기르기를 원하는 사람이 있
으면 섬이나 갯가에 놓아 기르게 하라고 명하기도 했다.

　　세종 18년 윤6월에는 제주에서 원숭이 한 쌍을 바치자 궁궐 후원의 상림원
上林園에서 기르다가 인천 용류도에 보내 기르게 했다. 그 뒤로 앞에 설명한 대

---

275)　외사복시는 사복시에 소속된 국영목장을 말하는데, 《세종실록 지리지》를 보면 전국에 53개
　　　소의 말 목장이 있었다. 그 가운데 제주의 말 목장이 가장 커서 약 1만 마리를 키웠다.

로 세종 20년 7월 1일에 축주부 토호가 또 한 쌍을 바친 것이다. 이렇게 여러 차례 원숭이가 조선에 들어왔지만, 대부분 죽고 말았다.

세종 31년에도 5월에 일기도에서 원숭이를 바쳤는데 조선이 구한다는 소문을 듣고 바친 것이다. 또 이해 8월에 대마도 종정성이 원숭이를 바쳤다. 원숭이 수입은 그 뒤 문종 때에도 이루어졌는데, 성종 때 이후로는 사림 관료들이 등장하면서 임금에게 원숭이를 기르면 백성들이 기이한 동물을 애완하는 것으로 알게 될 것이므로 받지 말라고 건의하여 왜인들이 가져오는 원숭이를 받지 않는 것이 관례가 되어 버렸다.

세종 29년 7월 15일에 종정성과 살마주薩摩州(구주 서남부)의 대우태수 등원희구藤原熙久가 사람을 보내 토산물을 바쳤다. 그동안 살마주는 거리가 멀어서 자주 오지 못했다. 7월 21일에는 패가대[박다]의 등원정청이 와서 조회에 참예하고 토산물을 바쳤다.

8월 29일에는 살마주의 대우태수大隅太守 등원희구가 또 사람을 보내 토산물을 바쳤다.

9월 6일에 종정성이 사람을 보내 토산물을 바쳤다.

11월 26일에는 왜상倭商들이 팔기 위해 가지고 오는 상품이 너무 많아 서울까지 운반하는 데 어려움을 느끼자 의정부가 그 대책을 만들어 임금에게 건의했다. 그동안 왜상이 가지고 온 물품의 절반 또는 3분의 1을 삼포三浦에 머물러 두고, 관청에서 구입비를 준비하여 내려보내 그곳에서 구입하는 방식을 취해 왔다. 그래도 그 나머지 물품을 서울로 운반하는 것이 거의 1년에 2천여 바리나 되었다. 이 때문에 연로의 주군州郡에서 운반하는 수고가 너무나 컸다.

의정부가 건의한 내용은 다음과 같다.

① 앞으로 단목丹木, 구리, 납, 철 등 무거운 물건은 모두 포구浦口에 머물게 하여 관청에서 그 물건값[布貨]을 주고 사도록 한다.
② 그러나 사들인 물품을 관청에서 다 소비하지 못하고, 사들이는 돈[布

貨]도 부족하니, 그 쓰고 남는 물건은 다시 포화를 받고 민간에 매매
하여 공무역公貿易의 자금을 보충할 것.

③ 포소浦所에서 사들인 물품은 배를 이용하여 서울로 운반하되, 전농시
에서 맡아서 다시 팔 것.

임금은 이상과 같은 의정부의 건의를 받아들였다.

이해 12월 28일에는 대내전大內殿의 다다량교홍이 13인을 보내 토산물을
바치자 세자가 이들을 계조당에서 접견했다. 이들은 왕비 서거를 조문하기 위
해 온 것인데, 국내의 전쟁 때문에 조문이 늦었다고 사과했다.

세종 28~29년의 왜인의 왕래는 옛날에 비해서는 크게 줄어들었는데, 특히
대마도 왜인들의 내왕을 억제한 것이 가장 큰 이유였다

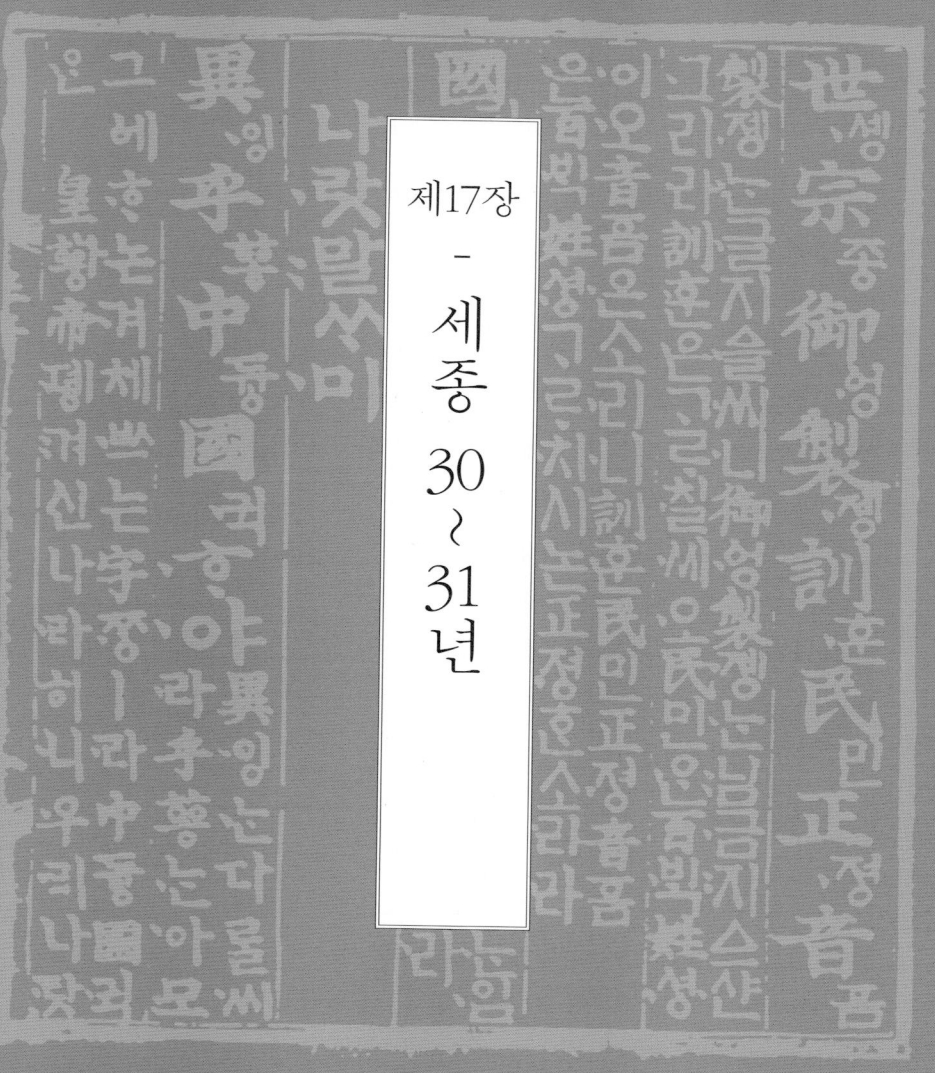

제17장
-
세종
30 ~ 31
년

(52~53세)
1448~1449년

1. 불당 건설과 유신들의 반발 [세종 30년]

조선시대에 들어와서 태조는 불교를 숭상하여 죽은 강비康妃의 무덤인 정릉
貞陵 앞에 장려한 흥천사興天寺를 지었음은 앞에서 이미 설명했다. 흥천사의 위
치는 지금의 정동 미국 대사관저 부근이다.

태종은 사원노비를 혁파하는 등 불교억압정책을 폈지만, 그도 역시 태조의
숭불정책을 계승했다. 태종은 태조와 모친 신의왕후 한씨를 추모하기 위해 창
덕궁 중장重墙(궁궐의 안쪽 담장) 밖에 두 사람의 영정影幀을 봉안한 문소전文昭殿을
짓고, 그 담장 동쪽에 불당佛堂을 지었다. 궁궐 바로 옆에 불당을 지은 것은 이
것이 처음이다. 7명의 승려가 불당을 관리했다.

또 태종은 태조와 모친을 위하여 또 다른 불당을 짓기도 했다. 태조릉인
건원릉乾元陵 앞에 개경사開慶寺[276]를 원찰로 지었으며, 또 모친 한씨의 무덤인 개
풍군 제릉齊陵 옆에도 원찰인 연경사衍慶寺를 지었으며, 개경의 태조 진전眞殿 옆
에도 사찰을 지어 숭효사崇孝寺로 불렀다.

그런데 세종은 재위 15년에 창덕궁의 문소전과 불당을 헐어버리고, 경복궁
뒤 동북쪽 중장 밖에 문소전을 새로 지어 태조와 한씨의 영정影幀을 철거하고
그 대신 위패位牌를 모시고, 여기에 태종과 원경왕후 민씨의 위패까지 함께 모
셨다. 그러나 불당은 다시 짓지 않았다. 세종도 태종의 정책을 이어 사원전寺院
田을 혁파하는 조치를 취하여 유신들의 환영을 받았다. 그리고 신하들의 반대를
의식하여 헐어버린 불당을 다시 짓지 않았던 것이다.

그러나 두 아들이 잇달아 세상을 떠나고, 세종 28년에 왕비마저 죽자 마
음을 의지할 곳이 없어서 정신적으로 크게 동요되고 있을 때, 수양대군과 안
평대군이 적극적으로 불교행사를 임금에게 권장하고 나섰다. 그 뒤에 승려 신
미가 있었음은 앞에서 잠깐 소개한 바 있다. 여기에 신미의 아우 김수온金守溫

---

276) 개경사는 지금 구리시 인창동 동구릉 구역 안에 있었는데, 지금의 관리실 부근에 있었다.
100명의 승도가 거주할 만큼 큰 사찰이었는데, 지금은 헐리고 빈터만 남아 있다.

(1410~1481)도 집현전 출신의 엘리트 관료였지만 형의 영향을 받아 숭불에 앞장
섰다. 임금의 둘째 딸 정의공주도 독실한 불교신자이고, 죽은 왕비도 마찬가지
였다.

왕실에서 불교를 버리지 못한 이유는 천 년 이상 내려온 전통문화이기도
하지만, 특히 정치와 사회활동이 금지된 부녀자들에게는 사찰에 가서 불공을
드리는 것이 거의 유일한 즐거움이자 바깥세상을 구경하는 기회이기도 했기 때
문이다. 누구나 불행한 일을 당하면 종교에 의지하고 싶은 것은 인지상정이다.
그래서 종교가 없는 나라는 없다. 조선시대의 종교는 불교와 무속뿐이었다.

조선왕조가 건국하면서 불교를 허학虛學으로 비판하고, 사원경제를 혁파한
것은 사찰과 승려의 타락과 정치참여를 막기 위함이었지 불교 자체를 없애고자
한 것은 아니었고, 그렇게 될 수도 없었다. 유교는 정치사상일 뿐이지 종교는
아니었다. 그래서 벼슬아치들도 조정에 나와서는 유교를 가지고 정치를 하고,
집에 가서는 불교나 무속을 믿으면서 살고 있었다.

세종도 임금이기 이전에 한 사람의 자연인이었다. 가정의 불행이 없을 때
는 성군聖君의 길을 걸어갔지만, 두 아들과 왕비를 잇달아 잃으면서는 극도의 스
트레스에 빠질 수밖에 없었다. 임금이 갑자기 수전증이 생겨 외교문서에 수결手
決(싸인)을 하지 못하는 지경에까지 이르렀음은 앞에서 이미 설명했다. 그와 같은
공황증은 대군들도 마찬가지였다. 그 공간을 비집고 들어온 것이 불교였고, 집현
전 학자 김수온과 그의 형 승려 신미 형제가 전도사 역할을 맡았다. 복선화음福
善禍淫과 인과응보因果應報를 제시한 부처의 가르침이 가슴을 파고들었다. 무언가
지은 죄가 많아서 그 응보應報로 화禍를 입었다고 자책했다. 불공은 그 죄책감에
서 벗어나고, 나아가 죽은 이를 위로하는 효도의 길이라고 생각했다.

세종은 자신의 불사佛事가 신하들의 반발을 받을 것을 어느 정도 예상했으
나, 그들도 집에서는 모두 불사를 하고 있으므로 그저 형식적인 통과의례로 그
칠 것으로 믿었다. 그러나 그 예상은 빗나갔다. 신하들의 반발과 저항은 의외로
강경했다. 그 과정을 알아보자.

　　세종은 드디어 태조와 태종에 대한 효도를 위해서, 그리고 자신의 허탈한
마음을 위로하고, 왕비를 추모하기 위해서 문소전 부근에 불당佛堂을 짓기로 마
음먹고 재위 30년 7월 17일에 승정원에 글을 내려 불당佛堂 건설의 뜻을 전했
다. 태종이 지은 문소전의 불당을 헐어버린 지 벌써 오래인데[15년 전], 이를 회
복하지 않은 것은 불효라고 했다. 그러면서 그 위치는 새로 지은 문소전 서북
빈 땅이라고 말하고, 7명의 중에게 관리를 맡기고, 그 규모는 정당正堂이 1칸,
동서의 낭사廊舍가 각각 3칸, 문이 3칸, 부엌이 3칸이라고 했다. 이를 모두 합치
면 13칸이다. 그런데 좌의정 하연河演과 우의정 황보인皇甫仁에게 의논하니 모두
도성 안에 짓는 것은 불가하다고 반대했다. 그러자 임금은 예전에 태종이 지은
불당과 비슷한 위치에 있는데 반대하는 이유를 모르겠다고 했다. 그러면서 내
결심이 이미 섰으니, 더 이상 의논은 그치고 내 뜻을 의정부에 전하라고 승정
원에 명했다. 의정부의 동의 없이 강행하겠다는 것이다.

　　그러나 승정원 승지들도 반대하고 나섰다. 승려들이 문소전의 정문인 효선
문孝先門을 드나들면서 불사를 행하는 것은 곤란하다는 것이다. 임금은 승지들의
반대에도 굴복하지 않고, "내가 무슨 말을 하겠는가? 만일 하나하나 대답하면
임금이 말이 많은 데에 이르니 옳겠는가?" 하면서 거절했다.

　　불당 건설에 대한 반대는 유신들만이 아니었다. 풍수가들도 반대하고 나섰
다. 전농시 노비 출신으로 풍수가로 이름이 높은 목효지睦孝智가 불당의 위치가
풍수상 좋지 않은 땅이라고 반대했다. 그러나 임금은 목효지의 풍수는 엉터리
라고 하면서 듣지 않았다. 또 서운관 장루掌漏 문득겸文得謙이 "주산主山(백악산)의
내맥來脈과 문소전文昭殿의 내맥에 사찰이 있으면 신혼神魂이 편안하지 못하고,
자손이 또한 편안하지 못하며, 특히 세자의 운이 좋지 않다."고 하면서 반대했
으나 임금이 대답하지 않았다.

　　평소에 임금은 대신과 승지들이 하나같이 반대하면 그 말을 따르는 것이
관례였는데, 이번에는 전혀 달랐다. 그러자 집현전 직제학 신석조辛碩祖 등이 집
단으로 상소했으나, 임금은 물러나지 않고 단호하게 말했다.

"비록 1천 명의 의정議政이 말해도 내 뜻은 이미 정해졌다. 나는 권신
들의 제재制裁를 받는 임금이 아니다. 무릇 일이 의심나는 것은 여러 사
람에게 의논하지만, 의심이 없는 것은 독단으로 한다. …"

이렇게 선언하고 나서, 임금은 드디어 선공감 제조 민신閔伸(외가 친척)에게
명하여 방패군防牌軍 200명을 모아 공사를 하라고 명했다. 다만 그 위치를 조금
뒤로 물려 문소전 뒤 언덕에 짓기로 했다. 지금의 청와대 부근이다. 신하들은
그나마 창덕궁 불당은 뒤에 언덕으로 가려 보이지 않는 곳이었으나, 지금 지으
려는 불당은 궁궐보다 높은 곳에 있게 되어 아침저녁으로 궁궐을 내려다보면서
종치고 북치고 경을 읽는 소리가 들릴 것이기 때문이라고 하면서 따졌다.
　반대상소는 육조판서와 언관들에게까지 미쳐 온 조정 신하들이 한결같이
반대하고, 한 사람도 찬성하는 사람이 없었다. 총신 정인지도 반대에 가담했다.
그러자 임금은 매우 감정이 섞인 말을 했다.

"그대들이 궁 안이 불가하다 해서 궁 밖에 지으려고 하는데, 지금 또
궁성 밖에도 불가하다 하니, 세 살 먹은 어린아이를 달래는 것과 같다.
… 나는 부덕하고 어질지 못한 임금이라 신하들이 간하는 것을 따를 수
없다. … 그대들은 앞에서는 임금더러 불가하다고 말하고, 물러가서는 자
기는 한다. 그리고 마음은 그렇지 않으나 처자妻子에 끌려서 금하지 못
하는 자가 있다. 내가 이를 알기 때문에 의논하지 않는 것이다. 지난번에
《치평요람》을 만들 때 정인지가 불사佛事를 가지고 상서하니, 김문金汶이
옆에서 듣고 있다가 웃었던 것을 내가 지금도 잊지 않고 있다."

임금이 이렇게 대신들에게 감정이 섞인 말을 한 것은 예전에 없던 일이다.
임금은 신하들이 이렇게 반대하지만, 의례적으로 반대하는 것이기 때문에 임금
이 강경하게 나가면 저절로 수그러들 것으로 생각했다. 신하들 자신도 집에서
불교를 믿고 있는 것을 잘 알고 있기 때문이었다. 그러나 임금의 예상은 빗나
갔다.

사실 신하들의 주장도 틀린 것이 아니었다. 무엇보다 궁궐보다 높은 지역에 짓는다는 것이 문제였다. 여기에 두 대군과 효령대군, 그리고 승려 신미까지 가세하고, 불사에 들어가는 비용도 갈수록 늘어나기 때문에 이런 추세가 계속되면 전 국민에도 나쁜 영향을 미칠 것을 우려한 것이다. 그러나 태종이 지은 불당을 헐어버린 세종이 불효를 자책하여 그것을 다시 복원하겠다는 효심도 결코 나쁜 것이 아니다. 또 임금 자신의 허탈한 마음을 위로받고 싶어서 부처에 의지하고 싶어하는 자연인 세종의 마음도 이해할 만하다.

반대 상소는 성균관 유생들에게까지 미쳤다. 그러나 임금은 여전히 "만일 어진 임금이라면 마땅히 간언諫言을 들어야 하지만, 나는 어질지 못한 임금이기에 따를 수 없다."고 했다. 신하들에 대한 노여움과 섭섭함을 그렇게 표현한 것이다.

7월 17일부터 시작된 반대상소는 7월 23일까지 매일같이 끊이지 않았으며, 집현전 관원이 파업하고, 성균관 유생들도 학업을 파업하는 소동이 벌어졌다.

임금은 7월 26일에 드디어 마지막 카드를 꺼냈다. 밖으로 나가 살겠다는 것이다. 이 말은 왕위를 세자에게 넘기겠다는 엄포였다. 다음 날 임금은 기록을 담당한 사신史臣을 물리치고, 언문서諺文書 몇 장을 써가지고 와서 좌의정 하연河演과 비밀리에 의논했다. 의논한 내용은 알 수 없으나, 지난번에 이어 두 번째 언문유시였다.

임금은 8월 4일에 넷째 아들 임영대군 집으로 거처를 옮겼다. 임영대군은 여러 아들 가운데 가장 공부가 부족하고 비행을 저질러 대군의 작위를 잃고 유배까지 당했다가 풀려났는데, 그 뒤에는 행실이 전보다 나아졌기 때문에 임금이 이어한 것이다. 수양과 안평은 불사로 신하들의 눈총을 받고 있었기 때문에 그 집으로 갈 수가 없었다.

신하들은 정말로 임금이 왕위에서 물러날까 걱정하여 그 뒤로는 반대상소를 중단했다. 임금은 불당공사 책임자를 토목공사 관리에 뛰어난 좌참찬 정분

鄭苯(1394~1454)으로 정하고, 8월 4일에 그를 만나 날씨가 추워지기 전에 경기도 선군船軍 4천 명을 동원하여 역사시키려고 하는데, 이달에 1천 명, 내달에 1천 명을 역사시키는 것이 어떠냐고 물었다. 그러자 정분은 "불당이 13칸밖에 되지 않으니, 선군을 사역시킬 필요가 없고, 10월 15일 전에 끝낼 수 있다."고 말했다.

임금은 8월 5일에 "세자가 남쪽을 향해 앉아서 정사를 보게 하라."고 명했다. 이는 세자가 임금노릇을 하라는 뜻이다. 의정부 대신들이 깜짝 놀라 반대하자, 임금이 남향하라는 말을 거두었다. 임금이 불당을 짓기 위해 선위禪位를 암시하는 말을 한 것이다. 대간이 다시 두서너 차례 불당 공사의 중지를 청했으나 임금은 아예 회답하지 않았다. 묵살한 것이다.

그러면, 임금이 모든 신하의 반대에도 불구하고 불당 건립에 그토록 애착을 보인 사실에 대하여 당대 유신儒臣들은 어떻게 바라보았을까?

위에 말한 8월 5일의 《실록》을 보면 뒷날 실록을 편찬한 사신史臣의 논평이 실려 있어 눈길을 끈다. 그 내용은 이렇다.

> "임금이 만년에 병으로 대신과 만나지 못했는데, 광평대군과 평원대군이 잇달아 죽고, 소헌왕후가 또 승하하니, 임금이 마음을 의지할 데가 없었다. 이에 수양대군과 안평대군이 사설邪說에 혹하여 먼저 뜻을 열고 인도하여 궁궐 옆에 불당을 두었으므로 일국의 신료들이 간하지 않은 사람이 없었으나 오히려 하늘을 돌이키지 못하여 성덕盛德에 누를 끼쳤으니, 이것은 실로 두 대군이 길을 잘못 인도한 허물이었다."

세종이 두 아들과 왕비를 잃은 허탈감에서 마음을 붙일 곳을 찾으려고 불당을 건설했는데, 임금에게 이를 부추긴 인물로 수양과 안평 두 대군이 임금을 잘못 인도한 데서 찾으면서, 임금의 성덕에 누를 끼쳤다고 평가한 것이다. 실제로 뒷날 세조는 세종보다도 더 적극적인 숭불정책을 폈다.

한편, 세종 31년 2월 25일의 《실록》에도 비슷한 사신史臣의 논평이 보인다.

"임금이 두 대군을 연달아 잃고, 왕후가 이어 승하하니, 슬퍼함이 지극하여 인과화복因果禍福의 말이 드디어 그 마음의 허전한 틈에 들어맞았다. 김수온의 형 신미가 그 요사한 말을 주창하고, 김수온이 찬불가사讚佛歌詞를 지어 그 불교를 넓혔다. 일찍이 불당에서 법회를 크게 베풀고 김수온이 지은 가사를 관현管絃에 올려 악공들이 연습하게 하여 쓰게 했다. 임금이 불사에 뜻을 둔 것은 김수온 형제가 도운 것이다."

여기서도 임금이 불사를 하게 된 동기가 앞서 소개한 글과 똑같다. 그러면서 가족을 잃은 슬픔이 가져온 허전한 마음 속에 불교의 인과응보설因果應報說이 파고들었다는 것이다. 착한 일을 하면 반드시 복이 오고, 악한 일을 하면 반드시 벌을 받는다는 이 교리는 현실적으로 꼭 맞는 말은 아니지만, 현세에서 공덕을 쌓아 내세에서는 후손들이 복을 받기를 기원하는 간절한 소망이 담겨 있다는 것이었다. 또 윗글에서는 세종에게 숭불을 유도한 사람으로 승려 신미信眉와 그 아우 김수온金守溫[277]을 지목하고 있다.

11월 21일에 드디어 불당이 준공되자, 이를 기념하여 12월 1일부터 12월 5일까지 거창한 경찬회慶讚會가 열렸다. 경찬회는 준공을 기념하는 불교행사로서 부처를 안치하고, 승려들을 불러들여 음식을 베푸는 행사였다. 이를 위해 불당 밖의 건천乾川에 임시로 집을 짓고 전국의 승려들을 불러들였다. 언관들이 잡승들을 공궤하는 것을 적극 반대했으나 듣지 않았다. 《실록》에는 경찬회의 모습을 이렇게 적었다.

"5일 동안 경찬회가 열렸다. 불당의 제도가 사치와 화려함이 지극하여 금金과 구슬이 눈을 부시게 하고, 단청이 햇볕에 빛나며, 붉은 비단으

---

277) 신미와 김수온은 본관이 충청도 영동永同으로 할아버지는 김종경金宗敬으로 김수온이 고관이 된 후 좌찬성으로 추증되었다. 아버지는 김훈金訓인데 문과에 급제하여 벼슬이 전사소윤典祀少尹에 이르렀으며 죽은 뒤에 영의정에 추증되었다. 김수온은 시문에 뛰어나고, 세종 23년에 문과에 급제한 뒤에 바로 집현전 학사가 되었다. 공조판서, 호조판서 등을 역임한 뒤에 성종 때 좌리공신에 책록되고 영산부원군의 작호를 받았다. 그는 "만일 불경을 읽어서 그 뜻을 얻게 되면, 《대학》이나 《중용》은 그 찌거기에 불과하다."라고까지 극언할 정도로 불교에 심취해 있었다.

로 재봉하여 기둥에 입혀서 '주의柱衣'라고 이름하여 더럽힘을 막고, 향나무를 새겨 산을 만들고, 금부처 3구를 그 가운데에 안치했다. 그 금부처는 안평대군이 일찍이 성녕대군誠寧大君(이미 죽은 세종의 아우) 집에서 감독하여 만든 것이다. 근장近仗들이 관대冠帶를 갖추고 임금의 가마를 호위하는 의식처럼 대내大內에 메고 들어가게 하여 임금이 친히 보신 뒤에 불당에 안치했다.

불당의 바깥담을 쌓을 때 자꾸 얼어서 숯불을 피워놓고 담을 말렸다. 종친, 대군, 제군諸君(후궁 소생)[278]들이 다투어 일재日齋를 베풀고, 정분鄭苯[279]과 병조판서 민신閔伸(원경왕후 친지)이 그 공사의 제조가 되었으므로 모두 털옷을 하사했다. … 두 사람은 처음에는 의례적으로 불당건설을 반대했으나, 일단 공사를 맡게 되자 임금의 뜻에 맞추기에 힘썼다. 도승지 이사철李思哲(종친)이 음식을 제공하는 일을 총감독했다. 지방에서 올라온 승려들과 사장社長[280]들에게 건천의 임시거처에서 음식을 베풀었는데, 하루 동안 먹인 사람의 수가 700~800명에 이르고, 소비한 쌀이 2,570석이었다. 새 악곡樂曲을 지어 관현管絃에 올리고, 악기를 모두 새로 만들어 악공樂工 50명과 무동舞童(소년 춤꾼) 10명을 미리 연습시켜 부처에게 공양했다. 종소리, 경磬소리, 범패소리 등이 궁궐 안까지 들렸다.

정분, 민신, 이사철, 박연朴堧, 김수온 등이 여러 중과 섞여 뛰고 돌면서 밤낮을 쉬지 않으니, 땀이 나서 몸이 젖어도 피곤한 빛이 조금도 없었다. 공사를 감독한 호조좌랑 이명민李命敏(민신의 친척)이 한 내시와 더불어 말하기를, '바야흐로 정근精勤할 때 문을 나와 돌아보니 사리舍利가 빛을 발하는데, 빛이 불꽃과 같고, 가운데 흰 기운이 있어 진하게 맺혀서 떨어

---

278) 후궁 소생 왕자는 영빈강씨令嬪姜氏(姜碩德의 딸)가 낳은 화의군和義君 이영, 신빈김씨愼嬪金氏(노비 출신)가 낳은 계양군桂陽君 이증, 의창군義昌君 이강, 밀성군密城君 이침, 익현군翼峴君 이운, 영해군寧海君 이당, 담양군潭陽君 이거, 혜빈양씨惠嬪楊氏가 낳은 한남군漢南君 이어, 수춘군壽春君 이현, 영풍군永豊君 이전 등 10명이었다.

279) 정분은 본관이 진주로서 판중추부사 정이오鄭以吾의 아들이다. 음보로 벼슬길에 올랐으나 태종 때 문과에 급제하고, 세종 때 승정원 승지로 발탁되고 관찰사를 거쳐 전제상정소 제조를 겸하여 세종의 〈공법〉을 지원했다. 단종 때 우의정에 올랐으나, 세조가 집권할 때 김종서, 황보인이 주살당하자 그도 낙안으로 유배당하여 관노가 되었다가 사약을 받고 죽었다. 정조 때 단종 장릉에 배식配食되어 충신으로 추앙받았다.

280) 사장社長은 중도 아니고 속인도 아닌 민속종교인들로서 거사居士로도 불렸다. 불교와 도교 등이 합쳐진 민속신앙 지도자들이다.

지는데 진주 같았다.'라고 했다. 이를 듣는 사람들이 비난하기를, '진실로 그런 일이 있었다면 어찌 문밖에 있던 이명민이 홀로 보고, 집 안에 있던 다른 사람들은 보지 못했을까?' 했다."

경찬회가 끝나자 수양대군이 경찬회를 그림으로 그리고, 또 계문契文을 지어 모임에 참여한 사람의 이름을 벌여 써서 축軸을 만들어 나누어 주었다. 승정원 주서注書 성임成任도 참여했다. 수양대군이 성임을 보고 말하기를, "너는 공자孔子의 도와 석가釋迦의 도 가운데 누가 낫다고 여기느냐?"고 물었다. 그러자 성임이 말하기를, "공자의 도는 내가 일찍이 그 글을 읽어서 대강 그 뜻을 알고 있으나, 석가의 도는 그 글을 보지 못하여 감히 알지 못합니다."라고 했다.

그러자 수양대군이 또 말하기를, "석씨의 도가 공자보다 나은 것은 하늘과 땅 차이와 같을 뿐 아니라, 선유先儒가 말하기를, '[석씨는] 비록 몸을 꺾어 태우고 찧어서 갈고자 할지라도 베푸는 바가 없다.'고 했는데, 이는 그 이치를 알지 못하고 망령되게 말한 것이다."라고 말했다.

이 글을 읽어보면, 경찬회가 얼마나 성대하게 치러졌는지를 알 수 있다. 또 이 경찬회를 실제로 주관한 사람은 임금이 아니라 수양대군과 안평대군임을 짐작할 수 있다. 하지만 대군의 뒤에는 김수온과 신미 형제가 있었음을 앞에 소개한 글을 통해서 알 수 있다. 또 새 악곡을 지어 관현管絃에 올린 사람이 바로 김수온임도 알 수 있다.

윗글에서 경찬회가 끝난 뒤에 수양대군이 경찬회를 그림으로 그리고, 모임에 참여한 사람에게 계문契文을 짓고 이름을 적어서 나누어 주었다고 한 것은, 이 모임에 참여한 벼슬아치뿐 아니라 환관과 악공들까지 모두 포함하여 계契를 조직했기 때문이다. 다음해 5월 21일에 사헌부에서 이를 문제삼아 임금에게 이를 금하라고 청하기도 했으나, 임금은 대간이 참견할 일이 아니라고 거부했다.

경찬회가 이렇게 성대하게 치러지자, 언관들이 다시 들고 일어나서 불당을 헐어야 한다고 잇달아 상소했다. 그러나 임금은 듣지 않았다.

12월 9일에 임금은 승정원에 교지를 내려 불당을 경비警備하는 방법에 대하여 이렇게 명했다.

"예전 불당에는 금으로 만든 인왕불仁王佛,[281] 미타삼존불彌陀三尊佛,[282] 옥불玉佛, 불치佛齒, 불골佛骨 등 법보法寶가 다 있었으나, 담 안에 있어서 도둑의 근심이 없었다. 그러나 지금의 불당은 궁성 밖에 있어서 도둑이 염려스럽다. 원나라 때 금으로 신주神主를 만들었는데 도둑을 맞았으니, 만약 불당의 금부처를 도둑맞는다면 불가하다. 정분鄭苯이 말하기를, '불당의 좌우에 경수警守를 세우고, 주위에 가시를 심어서 도둑을 방지하라.' 고 하고, 혹은 '녹각성鹿角城을 설치하라.'고도 말하고, 혹은 '사람이 순찰巡察하게 하라.'고도 하는데, 나는 장차 경수警守를 두고자 한다. … 그리고 이미 혁파된 정업원淨業院[283]의 노비 가운데 8명을 불당에 소속시키고 윤번으로 지키게 하라."

다시 말해, 불당에 안치된 금부처가 도난당할 우려가 있으니, 혁파된 정업원淨業院 노비 가운데 8명을 불당에 소속시켜 번갈아 불당을 지키게 하겠다는 것이다.

다음해인 세종 31년 1월 18일에 임금은 불당에서 다시 경찬회를 베풀고 4일 만에 그쳤다.

이렇게 왕실의 불교행사가 그치지 않고 이어지자, 사헌부 등 언관들이 민간에서 이루어지고 있는 작은 불교 행사에 대한 금지를 요청하고 나섰다. 민간

---

281) 인왕불은 사찰문 양쪽에 세워놓아 도량을 보호하는 부처.
282) 미타삼존불은 아미타삼존불을 말하는데, 정토교와 관련이 있다. 중앙에 있는 부처가 아미타불로서 서방정토에 살면서 중생을 극락으로 이끄는 부처이다. 그 오른쪽에 대세지보살과 왼쪽에 관음보살이 아미타불을 모시고 있어서 삼존불이라고 부른다.
283) 정업원은 고려시대에 설치된 것으로 보이는데, 양반 부녀로서 과부가 된 여성이나 임금의 후궁으로 있다가 임금이 죽은 뒤에 돌아갈 곳이 없어 모여 살던 비구니 사찰 비슷한 기관이었는데, 그 위치는 동대문 밖에 있었고, 여기에 소속된 노비가 세종 때 수천 명에 이르렀다. 세종 30년에 신하들이 이를 혁파하고 토지와 노비를 국가로 소속시키자고 주장하여 임금이 이를 따랐다.

인들이 임금을 따라한다고 믿었다.

세종 31년에 주검동朱儉同(攝六十)이라는 자가 여염 사이에 불당을 짓고 금부처를 만들어 놓고 법석法席을 베풀자 사헌부가 8월 5일에 그를 잡아들여 벌을 주겠다고 임금에게 아뢰었다. 그러나 임금은 "염불하는 향도香徒의 유래가 오래인데, 사헌부가 무슨 법에 의거하여 추국推鞫하느냐?"고 힐책하고, 금부처를 만든 사람이 이 사람만이 아니므로 즉시 놓아주라고 명했다. 8월 8일에 사헌부가 다시 주검동의 처벌과 불당의 철거를 주장하자. 임금은 이렇게 말했다.

"염불하는 향도香徒는 그 유래가 이미 오래인데, 전에는 이를 그르게 여기지 않더니, 이제 임금이 불당을 세운 뒤로 당국에서 비로소 탄핵하니, 내가 그 뜻을 알지 못하겠다."

사실 향도香徒는 신라시대 이후로 계속하여 내려온 민간 공동체였다. 옛날 김유신金庾信도 수백 명의 용화향도龍華香徒라는 단체를 이끌었는데, 이는 곧 화랑도의 종교 및 군사공동체였다. 그것이 고려 시대 이후로 민간 풍속으로 퍼져서 종교공동체이자, 사람이 죽으면 장례를 치러주고,[284] 농사일도 공동으로 협력해주는 노동공동체 등의 순기능을 띠고 있었다.[285] 주검동의 불당도 그런 공동체의 하나였는데, 사헌부가 갑자기 이를 탄핵하고 나섰으니 임금이 허락하지 않는 것은 당연했다. 세종은 자신의 불사에 대한 신하들의 저항으로 받아들였다.

세종의 숭불에 대한 저항은 지방에서도 일어났다. 전라감사가 사헌부의 관문關文을 받고 그 지방의 재암齋庵(불당)을 불질러 헐게 하는 조치를 취했다. 그러자 임금이 8월 15일에 또다시 향도를 옹호하는 발언을 했다. "염불향도는 내가 10살 이전에 들었지만 금지했다는 것을 듣지 못했다. 그 방옥房屋을 고의로 불지른 자는 참형斬刑에 해당하나 1등을 감하여 곤장 100대에 유流 3천 리에 처하라."고 명했다.

284) 장례를 치러주는 향도들을 '상두꾼'으로 불렀다.
285) 향도에 대해서는 한영우,《한국선비지성사》(2010, 지식산업사) 참고.

이해 12월 3일에는 세자가 병이 들었다가 낫자 불당과 흥천사에서 부처님께 감사를 드리는 보공재報供齋를 올리고 향악鄕樂을 연주하게 했다.

이렇게 불사를 둘러싸고 신하들의 저항이 끊이지 않고 일어나자, 임금은 유신儒臣들을 일러 '더벅머리 유자'[竪儒] 또는 '현실을 모르는 쓸모없는 유자'[迂儒] 등으로 부르면서 멸시감을 드러냈다.

임금은 자신이 공적인 일을 하면서 감정의 억제가 잘 되지 않는 것을 스스로 깨닫고, 재위 31년 1월 27일에 그 이유를 대신들에게 다음과 같이 솔직하게 피력했다.

> "내가 근년 이래 여러 번 슬픈 일을 겪고, 병이 몸에 얽혀서, 혹 부녀자에게나 혹 환관들에게 기뻐하고 노여워함이 무상하지만, 공적인 일에는 나타내지 않았는데, 요즘에는 공사公事하는 사이에도 발작하기를 무상하게 하고, 또 지난해 10월 사이에는 오심구역惡心嘔逆(구역질이 나는 병)을 얻어서 12월에 이르러 조금 나았다. 그런데 연말에는 다시 발작했다가 요즘에는 또 나았다. 그러나 지금 기뻐하고 노여워함이 일정하지 못한 것을 아는 것은 정신이 심히 어둡지 않기 때문이다. 만약 한두 해가 지나면 정신이 어두워져서 전연 모를 것으로 생각한다. 경들은 알고 있으라."

세종은 이미 감정조절이 잘 안 되는 정신적 불안상태에 빠져 있음을 스스로 느끼고 있었던 것이다. 세종의 말이 거칠어진 이유가 여기에 있었다.

세종이 세상을 떠나기 두 달 전인 세종 32년 1월 18일에 임금은, 명나라 사신이 곧 오는데, 임금도 아프고, 세자도 아프고, 장손長孫(뒤의 단종)마저 어리니, 왕자[대군]가 대신하여 맞이하는 것이 어떤가를 영의정 하연河演, 좌의정 황보인皇甫仁 등 대신들과 상의하면서, '더벅머리 유자들'에게 농락당하지 말라고 일렀다. 그 '더벅머리 유자'는 세손의 교육을 맡은 강서원講書院 관원들을 가리키는 것인데, 강서원에서 건의하기를, 왕세손이 칙사를 맞이하게 해 달라고 청했기 때문에 한 말이었다.

세종은 10살밖에 안 된 어린 세손보다는 장년이 된 대군이 사신을 맞이하는 것이 옳다고 여겨 이렇게 말한 것이다. 임금이 생각하는 왕자는 수양대군이었다. 임금이 나이어린 세손보다 장성한 대군을 더 존중하는 태도는 그 뒤에 일어난 수양대군과 단종의 갈등을 고려할 때 심상치 않은 발언이었다. 아마도 수양대군의 야심은 이런 분위기 속에서 저절로 커간 것으로 보인다. 그런데, 임금이 유신들을 멸시하는 태도는 여기서 그친 것이 아니었다. 이 날짜《실록》에는 임금의 이런 태도에 대하여 다음과 같이 적었다.

> "처음에는 임금이 돈독하게 유술儒術을 숭상하여 학문을 좋아하기를 게을리하지 않아 처음으로 집현전을 설치하고 문사를 모아서 강관講官에 임명하고, 밤마다 3~4고鼓(밤 12~2시)가 되어야 비로소 취침하며, 내관을 보내 숙직하는 곳에 가서 고문顧問하기를 끊이지 않았으므로 당직을 맡은 사람은 반드시 밤새도록 의관을 단정히 하고서 기다려야 했었다. 그런데 중년中年 이후로 연속하여 두 아들을 잃고 소헌왕후가 또 별세하니, 불자들이 그 학설을 드리게 되어 임금이 그만 불교를 숭상하게 되었고, 불당을 세우게 되었다. 시종과 대간들이 그 옳지 못함을 극언하자 임금이 몹시 미워하여 자주 물리쳤는데, 혹은 말씀하기를 '우유迂儒'라 하고, 혹은 '수유竪儒'라고도 했다."

그러니까 임금이 멸시하는 유신들은 주로 집현전 학사들을 가리키는 것이다. 임금이 힘써 길러낸 집현전 인재들이 이제는 임금의 멸시의 대상이 되었던 것이다. 세종은 저들을 임금의 처지에서 바라보는 것이 아니라 구원받기를 갈망하는 평범한 자연인의 시각에서 바라보고 있었던 것이다. 유학을 존중한 임금도 어쩔 수 없는 나약한 인간의 본성 앞에 무릎을 꿇은 것이다. 그렇다고 그에게 돌을 던지기도 어렵다. 가족 세 사람을 한꺼번에 잃은 임금의 텅 빈 마음을 누가 내 마음처럼 이해할 수 있었을까? 어찌 보면 임금의 숭불을 실정失政으로 비난하는 유신들의 말도 옳고, 유신들을 '더벅머리'와 '현실을 모르는 선비'로 비난하는 임금의 마음을 무조건 나쁘다고 말하기도 어렵다. 참으로 속단하기 어려운 일이다.

한 가지 확실한 것이 있다. 임금의 불사는 국가재정을 기울일 정도의 폐단을 가져온 것은 아니었다는 점이다. 13칸짜리 불당을 지은 일, 수천 명의 승려를 먹인 일, 그리고 금도금 부처 하나 만든 일을 가지고 실정失政으로 바라볼 필요는 없을 것이다.

임금은 살아서는 백성을 사랑하는 철저한 공자孔子의 신도였으나, 죽어서 가는 길은 부처의 품이었다는 사실은 얼핏 모순되는 것처럼 보이지만, 인간은 누구나 극한상황에서는 구원을 찾는 나약한 존재라는 사실을 세종은 몸소 보여주었다고나 할까? 유교는 현세를 위한 정치사상이고, 불교는 내세를 위한 종교이니, 이를 대립으로 바라볼 필요는 없을 것이다.

2. 《사서》 언해, '관학 삼김'

세종이 언문을 창제한 뒤로 한문서적에 대한 언해사업이 이루어지기 시작했음은 앞에서 이미 언급했다. 《용비어천가》를 언해하여 편찬하고, 《운서韻書》를 언해하여 《동국정운》을 편찬하고, 《대명률》과 《삼강행실》을 언해하려 하고, 세종 28년 11월에는 언문청諺文廳까지 설치하여 언해사업을 본격적으로 시도했다.

세종 30년 3월 28일에는 유교의 기본경전인 사서四書, 곧 《논어》, 《맹자》, 《중용》, 《대학》을 언문으로 번역하기 시작했다. 이 일을 위해 상주목사로 있던 66세의 김구金鉤를 역마驛馬로 불렀다. 당시 김구는 상주목사가 된 지 반년도 되지 않았는데, 집현전에서 사서언해를 하는 일에 참여시키기 위해 불러들인 것이다. 처음에 이 일을 맡은 것은 집현전 직제학 김문金汶(?~1448)[286]이었는데, 이해

---

286) 김문은 본관이 언양彦陽으로 조부는 김경직金敬直, 아버지는 김복생金復生인데, 어머니는 무당이었다고 한다. 가난한 집에서 살면서 세종 2년에 문과에 급제하여 집현전 학사가 되었는데, 사서四書에 밝았으며, 특히 사서史書에 정통했다고 한다. 《자치통감훈의》와 《의방유취》 편찬에 참여했는데, 최만리가 언문창제를 비판하는 상소에 참여하여 임금이 섭섭하게 여겼다.

3월 13일에 갑자기 죽어서 그를 대신하여 김구를 부른 것이다.

　김구는 당시 사서四書 경전에 가장 밝은 이른바 '관학 삼김館學三金'의 한 사람이었다. '관학 삼김'은 성균관의 우두머리인 대사성大司成(정3품 당상관)과 차석인 사성司成(종3품)을 오래도록 지내면서 수많은 인재를 길러낸 세 사람의 유학자가 모두 김씨이기에 붙여진 이름이다. 그런데 기이하게도 이들은 모두가 한결같이 신분이 매우 낮고 가난한 집에서 몸을 일으켜 죽도록 공부하여 문과에 급제하고 유학의 대가가 된 인물이라는 점에서 공통성을 지니고 있었다. 말하자면 '개천에서 난 용'들이었다.

　당시의 관행으로는, 신분이 좋은 사람은 성균관 책임자로 보내지 않았다. 이곳은 권력을 쓰는 자리가 아니었기 때문이다. 그래서 위 세 사람은 모두가 80세 이상을 장수하고 벼슬이 나중에는 1~2품까지 올라갔지만, 은퇴한 뒤로는 끼니를 제대로 잇지 못할 정도로 가난하게 살다가 세상을 떠났다. 그래서 그들에게서 유학을 배운 후학들이 안타깝게 여겨 복직을 요청했으나, 세종과 세조의 숭불정책과 갈등을 빚은 것이 원인이 되어 만년에는 불행한 삶을 살았다. 이들의 실체를 개별적으로 알아보면 다음과 같다.

　'관학 삼김'은 김반金泮(1374~?), 김말金末(1383~1464), 김구金鉤(1383~1462)였다. 그 가운데 김반은 본래 황해도 문화현에 살던 사람으로 권근權近의 문인으로서 26세인 정종 원년에 문과에 급제하여 성균관에 들어가서 계속 승진하여 사성司成을 거쳐 대사성大司成에까지 올랐다. 세종 26년에 나이 70이 되자 스스로 물러나고자 했으나 임금이 행대사성行大司成의 직을 주었다. 그런데, 세종 30년에 사성인 김말 및 윤상尹祥 등과 더불어 경전해석을 둘러싸고 욕설을 하면서 논쟁을 벌이다가 파직되었는데, 세종이 이해 불당을 지으려고 하자 7월 22일에 반대상소를 올려 또 임금의 미움을 샀다.

　그 뒤 김반의 제자 유생들은 김반이 의탁할 곳이 없음을 안타깝게 여겨 단종 2년 8월까지 계속하여 그의 복직을 청하는 상소를 올렸으나 받아들여지지 않아 굶어 죽었다고 한다. 단종 2년(1454) 당시까지는 81세로 살아 있었던 것이 기록으로 확인되고 있으나 언제 죽었는지는 알 수 없다.

죽은 뒤에 그는 평안도 강서김씨江西金氏의 시조가 되었다고 하는 것으로 보아 그의 집안이 매우 한미했음을 알 수 있는데, 《실록》에도 "본디 한소寒素하고 자식이 없었으며, 벼슬이 파직되자 돌아갈 곳이 없어서 정자청鄭自淸 등이 복직운동을 벌였으나 실패했다."고 했다. 그의 학문으로 보면 사서언해 사업에 합당한 인물이었지만 세종의 미움을 받아 제외된 것으로 보인다.

다음에 김말은 어떤 인물인가? 그는 본관이 경상도 의성義城으로 태종 17년에 동진사同進士로 급제하여 성균관의 관원이 된 뒤 세종 16년에 집현전 학사로 들어갔으며, 계속 승진하여 성균관 사성司成(종3품)에까지 올랐는데, 세종 30년에 김반, 윤상 등과 경학논쟁을 벌이다가 파직되어 종학宗學 교수로 옮겼다. 그 뒤 세조 때 판중추원사(종1품)에까지 올랐다가 82세로 세상을 떠났다. 그가 사서언해 사업에 참여하지 않은 것은 경학논쟁으로 좌천된 그의 경력 때문인 듯하다. 《의성김씨보》에는 그의 가계가 없이 김말 한 사람 이름만 외롭게 기록되어 있다. 평민 출신으로 보인다.

그 다음 김문을 대신하여 사서언해 사업으로 불러들인 김구는 어떤 사람인가? 그는 본관이 아산牙山으로 이곳에서 대대로 살았는데, 어렸을 때 집이 너무 가난하여 물 긷고 산에서 나무를 하면서 부모를 봉양했다고 한다. 평민 출신이 확실하다. 지금은 《아산김씨족보》 자체가 없고, 2015년 현재 아산김씨 인구는 377명밖에 되지 않는 희성稀姓이다.

김구는 향리 출신으로 성균관 대사성 겸 집현전 제학에 오른 별동 윤상尹祥(1373~1455)[287]의 문인으로, 태종 16년에 34세로 문과에 급제하여 성균관 사성司成(종3품)에 이르고 상주목사(정3품 당상관)를 하던 중 사서언해 사업으로 서울로 올라오게 하고, 판종부시사의 벼슬을 내렸다. 단종 즉위년에는 집현전 부제학(정3품

---

287) 윤상은 경상도 예천醴泉에서 대대로 향리를 하던 집안에서 태어나 정몽주의 문인이던 조용趙庸으로부터 학문을 배워 태조 5년에 문과에 동진사同進士로 급제하여 벼슬길에 올라 세종 때 성균관 대사성 겸 집현전 제학을 지내고, 치사한 뒤에 예천으로 내려가 후학을 가르쳤다. 향년 83세로 별세했다. 호는 별동別洞이다.

당상관)에 올랐다가 세조 8년에 판중추원사(종1품)로 세상을 떠났는데 향년 80세였다. 그를 언해사업에 불러들인 것은 김반이나 김말처럼 사고를 내지 않은데다 집현전에서 그를 추천한 까닭이었다.

그러나 이때 시작된 사서언해 사업은 그 뒤 완성되었다는 기록이 없는 것으로 보아 미완성으로 끝난 듯하다. 혹시 임금이 자신의 숭불을 반대하는 집현전 학사들을 달래기 위해 시작한 일인지도 모른다. 오늘날 우리가 보는 가장 이른 사서언해본은 율곡 이이李珥가 편찬한 책이다.[288]

3. 감옥 죄수의 처우개선: 삼한법과 목욕 시설

세종은 백성들의 인권과 관련하여 특히 감옥에 있는 옥수獄囚들의 억울함을 풀어주는 일을 계속 추진해 왔음은 앞에서 누누이 설명했다. 감옥은 죄가 있는 사람을 징계하기 위한 곳이지, 죽을 곳에 두고자 함이 아니라는 것이 세종의 굳센 신조였다. 그럼에도 감옥의 시설이 열악하여 더럽고, 너무 춥거나 너무 덥고, 굶주리고, 병들어 죽는 사람이 많은 것을 개탄했다.

그래서 감옥 시설을 개선하여 여름에는 시원한 나무 그늘에서 쉬게 해주고, 겨울에는 바닥을 두껍게 깔아 얼어 죽지 않도록 하고, 너무 덥거나 너무 추울 때에는 죄수들을 풀어주어 내보냈다가 다시 들어오게 하기도 했다.

또 죄수 본인과 그를 돌보는 가족들의 고통이 매우 크다는 점을 고려하여 옥수에 대한 처결을 빨리 내려야 한다고 생각했다. 그래서 이른바 〈삼한법三限法〉을 만들었다. 이 법은 옥송獄訟이 지체되는 것을 막기 위해 기한을 정하여 처리하도록 한 법으로서, 사형에 해당하는 대사大事는 90일, 도형徒刑(노동형)이나 유형流刑(유배)에 해당하는 중사中事는 60일, 그 밖에 태형笞刑(회초리나 작은 곤

---

288) 율곡 이이에 대해서는 한영우, 《율곡 이이평전》(민음사, 2013) 참고.

장으로 볼기를 치는 형벌)이나 장형杖刑(큰 곤장으로 볼기를 치는 형벌)에 해당하는 소사小事
는 30일을 기한으로 처결하도록 한 법이다.

세종은 재위 29년 1월 8일에 형조에 삼한법을 지키라고 명했음에도 불구하
고 잘 지켜지지 않고 있다고 하면서 다음과 같은 교지를 내렸다.

> "감옥의 죄수가 오랫동안 판결이 지체됨을 염려하여 여러 번 교지를
> 내려 관리를 경계하여 타이르고, 또 삼한법三限法을 만들어 감옥이 텅 비
> 어서 죄수들이 원통하고 억울한 일이 없도록 했는데, 근래에는 감옥의 죄
> 수가 오랫동안 자주 생명이 끊어지는 데 이르니, 내가 매우 슬프다. 무릇
> 송사訟事를 심리할 때는 상세하고 명백하며, 또 속히 판결하는 것이 중요
> 한데, 하물며 잘못 형벌에 걸려서 오랫동안 감옥에 있으면 얼마나 원통하
> 고 억울하겠는가? 내가 형벌을 신중히 하는 뜻을 본받아 서울과 외방에
> 공문을 보내 전에 내린 교지와 《육전六典》의 조목과 대소의 옥사獄事를
> 참고하여 판결하도록 힘쓰라."

사실, 세종이 훈민정음을 창제한 목적은 여러가지지만, 그 가운데 하나가
백성들이 법을 몰라 억울하게 고통을 당하는 것을 안타깝게 여겨, 복잡한 법률
조항을 언문으로 풀어서 가르쳐주려는 것도 중요한 몫을 차지하고 있었다. 그
러니 임금이 〈삼한법〉을 정하여 기한 내에 죄수의 잘잘못을 판결하도록 독려한
것은 지극히 당연한 일이다.

감옥의 죄수에 대한 임금의 관심과 배려는 여기서 그치지 않았다. 무더운
여름철에는 물로 더위를 씻어주어야 한다고 하면서 감옥에 큰 물동이를 넣어
주라고 승정원에 명하면서 이렇게 말했다.

> "내가 전에는 더위를 무서워하지 않았는데, 몇 년 전부터 더위가 들기
> 시작하여 손으로 물을 가지고 놀았더니 더운 기운이 저절로 풀렸다. 이로
> 생각하건대, 죄수가 감옥에 있으면 더위가 들기 쉬워서 혹은 생명을 잃는
> 수가 있으니, 참으로 불쌍하다. 더운 때를 만나거든 동이에 물을 담아 옥

가운데 놓고 자주 물을 갈아서 죄수들이 손을 씻게 하여 더위를 먹지 않도록 하는 것이 어떤가? 예전에 이런 법이 있었는지 조사하여 아뢰라."

임금의 말을 들은 승정원이 대답하기를,

"전에 이런 법이 있었다는 말은 듣지 못했습니다. 다만 예전 글에 죄수가 세수하고 머리를 감거나 옥중을 깨끗이 쓰는 일이 있었으니, 청컨대 예전 제도를 상고하여 시행하소서."

승정원이 감옥에 물그릇을 넣는 법을 모른다고 하자, 임금은 집현전에서 상고하라고 명했다. 그 뒤 세종 30년 8월 25일에 각 도 감사에게 감옥 죄수들이 질병에 걸리지 않도록 하는 다섯 가지 관리지침을 만들어 내려 보냈다. 그 지침은 다음과 같다.

① 매년 4월부터 8월까지 냉수를 길어다가 감옥 가운데 [물동이에] 넣어주고 자주 물을 갈아 줄 것.
② 5월에서 7월 10일까지는 한 차례 자원에 따라 몸을 씻게 할 것.
③ 매달 한 차례씩 자원에 따라 머리를 감게 할 것.
④ 10월부터 1월까지는 옥 안에 짚을 두껍게 깔아줄 것.
⑤ 목욕할 때에는 관리와 옥졸獄卒이 직접 검찰하여 도망하는 것을 막을 것.

위 조치를 보면 단순히 더운 여름에 죄수들에게 물을 주는 것에 그치지 않고 목욕을 시키고 머리를 감기고, 겨울에는 얼어 죽지 않도록 감옥의 바닥에 짚을 두껍게 깔아주도록 하는 등 죄수들이 병에 걸리지 않도록 세심하게 위생시설 개선을 명한 것을 볼 수 있다.

세종은 일찍이 관청 여종의 건강을 위하여 출산 휴가를 130일로 늘려주고, 그 남편 종에게도 출산 후 1개월의 휴가를 준 사실이 있었는데, 여기서 그치지 않고 감옥 죄수들의 건강까지 세심하게 챙겨주는 것을 보면, 소외된 사람들의 인권과 복지에 대하여 얼마나 깊은 애정을 쏟았는지를 알 수 있다.

4. 토목의 변: 명나라 영종황제가 달달에게 사로잡히다

원나라가 명나라에 의해 멸망한 뒤로 그 유민들이 대원제국의 부흥을 내걸고 중국 북방의 초원지대에서 다시 세력을 결집해 갔는데, 명나라는 이들을 달달達達(Tatar)[289] 또는 달단韃靼이라고 불렀다. 명은 한편으로 이들과 화친을 맺어 달래기도 하고, 조공무역을 허락하기도 하고, 저들이 변경을 위협할 때에는 황제가 직접 군사를 이끌고 가서 토벌하여 위압을 보여주기도 했다. 영락제를 비롯하여 여러 황제들이 조선에서 여러 차례 수만 마리의 군마軍馬를 사서 간 것도 이들을 토벌하기 위해서였다.

그런데 1438~1439년(세종 20~21) 무렵에 달달의 일족인 오이라트의 족장 야선也先(에센)의 아비 탈환脫懽(토곤)이 칭기즈칸의 후손인 탈탈불화脫脫不花(톡타부하)를 추대하여 칸(Khan)을 삼고 실권을 장악했는데, 그 아들 야선은 더욱 세력을 확장하여 먼저 지금 신강성의 하미지역을 점령하고 명나라의 3위三衛를 점령한 뒤 그 세력을 동쪽으로 뻗쳐 요서의 광령廣寧 지방을 점령하고, 요동의 교통로까지 장악하여, 조선에서 명나라로 가는 교통로가 차단되었다.

야선은 명나라와 교역을 하기 위해 조공형식으로 말을 바치고 그 대가를 받으면서 물자를 획득했는데, 세종 30년(1448)에 명나라 실권자인 환관 왕진王振이 말에 대한 값을 제대로 치르지 않았다. 그러자 야선은 그 보복으로 명나라 하북성의 대동성大同城을 침략했다. 당시 영종황제는 나이 겨우 22세였는데, 야선의 침공을 막기 위해 다음해인 세종 31년(1449) 7월 17일에 직접 50만의 대군을 이끌고 대동성으로 갔다. 그러나 저들의 군사력이 막강하여 승산이 없다고 판단하

---

289) 달달은 달단韃靼으로도 불리는데, 서양에서는 타타르(Tatar) 또는 타르타르(Tartar)로도 불린다. 몽골족과 투르크 계통의 유목민을 범칭하는 이름이다.

여 8월 18일에 군사를 돌려 되돌아오던 중 하북성 토목보土木堡(회례현 부근)에서 저들과 싸우다가 대패하여 황제가 포로가 되었다. 이를 '토목의 변變'이라고 부른다. 역사상 중국 황제가 북방족에게 포로로 잡힌 사건은 이것이 처음이다.

황제가 사로잡히자 명은 세종 31년(1449) 9월 6일에 영종황제의 이복동생을 황제로 추대하고, 영종의 아들을 황태자로 봉했다. 새 황제가 7대 황제 경제景帝 (재위 1449~1457) 경태제景泰帝이다.

야선은 세종 31년 10월에 영종황제를 되돌려 보낸다고 하면서 명과 협상을 벌였으나 소득이 없자, 1년 뒤인 문종 즉위년(1450)에 영종황제를 아무 조건 없이 명나라로 되돌려 보냈다. 세종은 재위 31년 10월에 야선이 황제를 돌려보낸다는 말을 전해 듣고, 야선이 두 황제를 이간시킨 뒤에 이를 틈타 저들의 계책을 실시하려는 뜻이 있다고 해석했는데, 임금의 예측은 정확하게 들어맞았다.

과연 세종의 예상대로 영종황제가 돌아오자 새 황제는 그를 자금성 남쪽에 유폐시켰다. 그리고 황태자로 봉해진 영종의 아들을 후계자로 인정하지 않았다. 경제가 병이 들자, 세조 3년(1457) 2월에 신하들이 경제를 내쫓고 유폐된 영종을 다시 불러들여 황제로 복귀시켰다. 이로써 다시금 8대 황제 영종(재위 1457~1464)의 시대가 다시 열렸다. 이때 조선은 세조의 집권기였다.

한편, 야선은 문종 원년(1451)에 허수아비 칸인 탈탈불화를 죽이고 스스로 칸이 되었는데, 그 뒤 반항세력에 의해 암살당했다. 그리하여 오이라트 달달의 세력도 점점 약해졌다. 그 사이 조선에서는 세종이 죽고(재위 1418~1450), 문종(재위 1450~1452), 단종(재위 1452~1455), 세조(재위 1455~1468)가 차례로 집권했다. 무인 기질의 세조가 집권한 배경에는 이런 대륙의 긴박한 정세와 무관하지 않았다.

이상이 '토목의 변'을 전후한 명과 달달 역사의 대강이다.

그런데 '토목의 변'이 일어나기 이전부터 야선과 명, 그리고 조선 사이에는 서로 국익을 챙기는 미묘한 신경전이 벌어지고 있었다. 명나라는 혹시 조선이 저들과 통교할 것을 두려워하여 조선에 소식을 보내면서 장차 저들이 조선을 침략할지도 모르니 대비를 단단히 하라고 부추겼다. 말하자면 조선과 달달을 이간시키는 정책을 취했다. 조선은 저들과 통교하지 않겠다고 다짐하여 명나라를 안심시켰다.

한편, 야선은 조선에 호의적인 태도로 접근해 왔다. 사신에게 칙서를 주어 만주에 보내 여진족을 통해 조선과 통교하기를 청해 왔다. 옛날 원나라와 고려 관계를 내걸어 본래 두 나라가 서로 친한 사이였다는 점을 강조했다. 그들은 조선인이나 여진족을 잡으면 "너희들은 우리 종족이다."라고 하면서 변발辮髮을 시키고, 저희들의 옷과 모자를 따르게 했는데, 한인漢人을 잡으면 모두 코와 귀를 베었다. 북몽골족끼리의 친화감을 표시했던 것이다. 그러나 조선은 명나라를 의식하여 일단 통교를 거절했다.

하지만, 세종은 저들과 통교를 거부하면 저들이 우리나라에 보복할지도 모른다고 염려하여 요동지방에 수시로 통사를 파견하여 저들의 동향을 수집하게 했다. 세종은 달달의 세력이 커지면 평안도지역이 불안해질 것을 염려하여 이 지역 방어를 위한 군비강화에 박차를 가했다. 그동안 북방지역에 행성行城을 건축한 것이 그나마 다행이었지만, 병력과 무기를 대폭 강화해갔다.

야선에 관한 정보가 좀더 위급하게 전해진 것은 세종 29년 10월 29일의 통사의 보고부터였다. "야선[에센]이 군사 수만을 거느리고 이미 황하 하류에 주둔하고 있는데, 황제가 말하기를, '야선이 장차 조선까지 쳐서 흔들 것이다.'라고 말했다."고 전했다. 그러자 임금이 대신들을 불러 의논했다.

> "지금 야선이 요동을 버리고 멀리 우리나라를 당장 치는 일은 없겠지만, 우리나라에서 지난번에 그 나라의 조서詔書를 받들지 않았으니, 혹 이 것으로 인하여 그 부끄러움을 씻으려 하거나, 혹은 항복을 받으려 하여 군사를 가할 염려가 없지 않다. 양계兩界의 방비를 늦출 수 없으니, 연변 군읍에 화포火砲를 더 보내 성을 지켜 기다리는 것이 어떤가?"

이렇게 말하고, 다시 11월 6일에는 "야선이 만일 군사를 거느리고 직접 오거나, 장수를 보내 곧장 서울로 치고 들어오면 어떻게 하느냐?"고 대신들에게 물었다. 대신들은 통교를 목적으로 오면 "두 나라를 섬길 수 없다."고 대답하고, 많은 군사를 가지고 침략하기 위해 들어오면 성을 닫고 방어를 굳게 하되, 다른 한편으로는 "우리도 군사와 무기가 있으니 꺼릴 것이 없다."고 말하고 "응전해야 한다."고 말했다.

이렇게 작전계획을 세우고 나서, 북방지역 경비를 강화하기 위해 개량된 신무기를 대량으로 제조하여 평안도와 함경도로 보내고, 중앙군과 지방군의 병력을 대폭 증액하는 조치를 취했다.

5. 총통을 개발하고, 《총통등록》을 편찬하다

세종은 달달족과 여진족의 침입에 대비하여 세종 30년 9월 13일에는 《총통등록銃筒謄錄》을 만들어 각 도의 절제사와 처치사에 나누어 보내고, 이 책에 따라 총통을 대량으로 만들라고 유시諭示했다. 그 유시는 이러하다.

"이제 《총통등록》 한 책을 보낸다. 총통을 주조하는 방식과 화약을 쓰는 기술이 세밀하게 갖추어져 있다. 군국軍國의 기밀로 관계되는 것이 지극히 중요하니, 항상 비밀히 감추고 이 책을 열람할 때에는 혼자서 펴보고, 아전의 손에 맡기지 말라. 날마다 조심하고 직책을 교대할 때에는 서로 주고 받으라."

《총통등록》이 국가의 기밀문서이므로 아전들이 보지 못하게 비밀리에 관리하고, 이 책을 따라 신식무기를 대량으로 제조하라고 명한 것이다.

세종은 전부터 여진족과 왜인의 침략을 막기 위해 재위기간 내내 무기개발에 박차를 가해왔다. 처음에 군기감軍器監에서 보유하고 있던 총통은 쇠는 무겁고 화약은 많이 들고 쏘아도 힘이 부족하여 사거리가 200보에서 최고 500보를 넘지 못했다. 그래서 세종 27년 봄부터 임영대군에게 책임을 맡겨 총통개량에 힘써서 개량된 총통을 만들어 시험해 보니, 화약이 적게 들고, 쇠가 가벼운 데다 사거리가 최하 400보에서 최고 1,500보에 이르렀다. 그래서 그 형체를 그림으로 그리고, 그 크기를 적고, 만드는 법과 사용하는 법을 기록하여 만든 책이바로 《총통등록》이었다.

총통은 기본적으로 화약을 이용하여 돌이나 쇠로 된 탄환을 발사하거나, 또는 여러 개의 화살을 동시에 발사하는 무기로서 그 원리가 오늘날의 로켓과비슷했다. 화살을 쏘는 경우에는 그 명칭도 다양하여 주화走火, 신기전神機箭 등으로 불렸고, 종류도 크고 작은 것이 다양했다.

총통의 성능을 개량하려면 먼저 화약의 성능을 개량해야 하고, 화약의 성능을 높이려면 염초焰硝 굽는 법을 개량할 필요가 있었다. 또 화살도 가벼우면서도 곧게 나가도록 만들 필요가 있었다. 수많은 연구와 실험을 통해서 화약의 성능을 10배 이상 향상시키고, 종전에 나무로 만들던 화살대를 대나무로 바꾸고, 살깃을 가죽에서 깃털로 바꾸고, 살촉과 살깃을 붙인 곳을 전에는 복숭아나무 껍질로 쌌으나, 이를 아교를 사용하여 붙이고, 옻칠을 하는 것으로 바꾸었다. 한 번에 쏘는 화살도 2개, 4개, 8개, 10개 등으로 다양하고, 총통만 전담하는 총통군銃筒軍을 따로 편성했는데 5명이 1조가 되도록 했다. 당시 이런 무기를 보유한 것은 조선뿐이었다.

지금 유감스럽게도 《총통등록》 원본은 남아 있지 않으나, 성종 때 만든《국조오례의國朝五禮儀》의 군례조軍禮條에 총통에 대한 자세한 설명과 아울러 각종 총통의 모습이 그림으로 그려져 있어서 그 책의 대강을 알 수 있다.

세종은 무기개발과 동시에 병력을 증강했다. 세종 30년 1월 28일에 서울을지키는 중앙군이 1만 6,900명이던 것을 2만 8,100명으로 증강하고, 세종 31년8월 2일에는 종전에 13만 1,804명이던 지방군을 15만 7,834명으로 늘렸다. 그러니까 중앙군과 지방군을 합하면 약 18만 6천 명으로 증강된 것을 알 수 있다. 율곡 이이가 '10만 양병설'을 주장한 것을 상기해 보면 격세지감을 느끼지않을 수 없다.

이렇게 야선의 침략에 대비한 방위태세를 단단히 하자, 세종 31년 8월 16일에 이조판서 정인지와 집현전 부제학 정창손이 임금에게 말하기를, "야선이 중국에 뜻이 있으므로 군사를 나누어 원군援軍도 없이 멀리 와서 우리 변방을 침로하지는 않을 것입니다. … 백성생활을 편하게 하소서." 하면서 국방강화를 다소 늦추기를 건의했다. 그러자 임금은 이렇게 대답하여 일침을 놓았다.

"대신들이 모두 고식책姑息策만 일삼아 군사훈련과 사열, 염초 제조, 총통 제조 등 모든 군사에 관한 일은 백성에게 폐단을 끼친다고 하여 미리 준비하려 하지 않는다. 그러나 무비武備는 군국軍國의 중대사이므로 비록 작은 폐단이 있더라도 폐할 수 없다. 무사한 때를 당하여 반드시 예비해야 한다. …"

세종은 항상 '거안사위居安思危' 곧 편안할 때 항상 위험을 생각해야 한다고 강조하면서 국방강화 정책을 일관되게 추진해 왔는데, 이번에도 똑같은 말을 했다.

세종 31년 9월 2일에 요동에 가 있던 통사가 또 급보를 전해오기를, 영종황제가 7월 17일에 6군을 거느리고 출정하여 대동성大同城에 이르렀는데 달달이 패하여 도망가자 8월 18일에 어가를 되돌렸다고 보고했다. 이 보고는 사실과 달랐다. 황제가 출정했다가 대동성에서 패하여 후퇴하다가 바로 포로가 되었는데, 명나라가 왜곡하여 선전한 말을 그대로 전한 것이다.

통사의 보고를 들은 임금은 대신들에게 두 가지를 말했다. 하나는 황제가 세종에게 발톱이 5개 달린 5조룡五爪龍의 옷을 하사하여 그 옷을 입고 명나라 사신을 맞이했으므로, 세자가 4조룡 옷을 입어도 법제에 어긋나지 않는다고 말했다. 세종이 스스로 명나라 친왕親王(皇子)과 동급이라고 말한 것이다. 조선이 비록 명나라에 사대事大를 하고 있지만, 임금의 지위가 명나라의 일반 벼슬아치와 동급이 아니라는 뜻이다.

또 하나는 달달에 대한 임금의 마음가짐에 대하여 다음과 같이 말했다.

"이제 야선이 요서의 광령廣寧을 점령했다는 소식을 듣고 사람들이 모두 소동을 벌였는데 내 마음은 한편으로 두렵기도 하지만, 다른 한편으로는 무서워할 것이 없다. 옛사람이 말하기를, '큰 일을 만나면 두려운 마음으로 지모智謀를 내어 일을 성공시키라.'고 했다. 이 말은 '일을 두려워하되 꾀를 내어 일을 성사시키면 두려울 것이 없다.'는 뜻이다. 그러니 지금 너무 두려워하여 흔들릴 것도 없고, 또 두려워하지 않아 방비를 늦추어서도 안 된다. 경들은 이 두 가지를 잘 헤아려서 알맞게 처리하라."

참으로 세종은 지혜로운 임금의 면모를 다시 한 번 보여주었다.

6. 명나라의 10만 파병요청을 거절하다

세종이 달달의 위협에 대비하여 만반의 준비를 하고 있을 때, 마침내 영종황제가 보낸 요동도사 왕무王武가 칙서를 가지고 세종 31년 9월 9일에 서울에 도착했다. 그 칙서의 요지는 이렇다.

"호원胡元 잔당의 추장 탈탈불화라는 자와 그 무리 야선也先이 멀리 북쪽의 사막에 사는데, 해마다 사신을 보내 조회하고 말을 바치기에 상賞을 주었는데, 근래 이 무리들이 은혜를 저버리고 요동지방을 침범하므로 변장邊將이 저들을 죽이고 사로잡은 것이 매우 많다. 듣건대 탈탈불화가 다시 와서 변방을 침범할 것이라고 드러내어 말하고, 귀국의 변방을 노략질하고 여진의 사람과 가축을 겁탈한다는 말이 있다. … 귀국은 대대로 예의로 이름난 번국藩國으로서 우리나라와 기쁨과 슬픔을 서로 같이했는데, 어찌 모르는 체하여 구휼하지 않겠는가?

… 왕은 마땅히 정병精兵 10만여를 모으고 대두목이 통솔하여 요동 여러 장수와 더불어 협공할 것을 기약하여 적을 박멸하는 데 힘쓰라. …"

칙서의 핵심은 조선이 정병 10만여 명을 출동시켜 요동 장수와 더불어 달달족을 협공하여 박멸시키라는 명령이었다. 왕무는 비단을 임금과 세자에게 바치고, 9월 19일에 서울을 떠났다. 임금은 명나라의 요청을 따를 수 없다고 판단하고, 이날 10만 명의 징병을 면제해 달라고 주청하는 사신으로 한성부윤 김하金何를 명나라에 보냈다. 주청문의 요지는 다음과 같다.

> "정병을 모집하여 요동의 여러 장수와 더불어 협공하라고 한 글은 본국이 3면으로 큰 바다를 끼고 있어 왜산倭山, 대마도, 일기도, 화가花加 등 여러 섬이 바다 가운데 나열되어 있어 도적의 무리가 갑자기 갔다 왔다 하므로 대대로 변방의 환란이 되어 왔습니다. 이렇기 때문에 … 육지엔 둔병屯兵을 두고, 바다엔 전함戰艦을 비치하여 서로 바라보게 했으나, 오히려 적이 뜻하지 않은 곳에서 나와 걱정이 그치지 않습니다. …"

주청문은 우리의 국방환경이 매우 어렵다는 것을 강조하고, 이어 남쪽으로는 대마도 종정성이 군사를 보내려고 준비하고 있으며, 북쪽의 여진족이 북방을 어지럽게 하여 진퇴유곡 속에서 전전긍긍하고 있다고 호소했다. 그러면서 저들이 만약 우리나라를 침범한다면 마땅히 힘을 다하여 무찌르겠다고 다짐했다.

세종은 명나라를 위하여 우리나라 전체 병력에 해당하는 10만 군사를 파병할 만큼 어리석은 임금이 아니었다. 만약 그렇게 된다면 달달과 원수가 될 터인데, 화를 자초할 필요가 어디에 있겠는가? 세종은 장차 명나라가 달달에 의해 망할 수도 있다는 것을 의식하여, 명나라를 돕기 위해 달달과 적이 되는 것을 피하려고 했던 것이다.

왕무가 돌아간 지 10일 뒤인 9월 29일에 절일사節日使로 갔던 정척鄭陟이 요동에서 급보를 보내왔다. 바로 영종황제가 포로가 되었다는 것과 경제景帝가 9월 6일에 황제로 즉위했다는 사실을 알려 왔다. 그러니까 황제의 칙서는 '토목의 변'이 일어나기 전에 보낸 것이다. 이 소식을 들은 임금은 깜짝 놀라 변방 방비를 강화하는 한편 영종황제를 위로하고 새 황제 등극을 축하하는 사신을 파견했다.

명은 10월 7일에 조선 통사通事 편에 황태후의 조서詔書를 보내, 영종이 사로잡히고, 새 황제가 등극한 사실을 공식적으로 알려 왔다. '토목의 변'이 일어난 지 한 달만에 공식적인 소식이 들어온 것이다. 이어 12월 3일에는 정조사가 돌아와서, 새 황제[경제 경태제]가 달달에게 대첩을 거두었다고 알려왔다.

임금은 이제 한숨을 돌리고 자신의 병 치료를 위해 내년 봄에 황해도 배천白川 온천으로 행차하겠다고 발표했다. 그래서 이곳에 40칸짜리 행궁을 짓기로 결정했다. 자신의 병이었던 안질은 이미 나았고, 말이 잘 나오지 않던 증세도 조금 가벼워졌는데, 양쪽 다리가 붓고 아파서 기거할 때 부축을 받아야 하고, 또 가슴이 두근거리는 증세가 있으며, 기억력이 크게 감퇴했다고 했다.

그런데 이 무렵 등창을 앓고 있던 세자도 등창의 근핵이 뽑혀서 임금이 또 한숨을 돌렸으므로 온천장 행차를 준비했던 것이다. 그러나 다음해 1월부터 병이 생겨 온천행을 중지하고 2월 17일에 세상을 떠나고 말았다.

세종 31년 12월 22일에는 통사가 귀국하여 "황제가 군사 징발과 군마 진헌을 면제한다는 칙서를 가지고 사신 예겸倪謙이 곧 온다."고 보고했다. 그러나 군마 면제의 약속은 지켜지지 않았다.

7. 일본과의 관계

(1) 일본 국왕 사신이 왕비에 제사하기 위해 오다 [세종 30년]

세종 30년 1월 11일에 일본 실정막부室町幕府 장군의 사신이 온다고 하자, 강맹경姜孟卿을 선위사로 삼아 경상도로 내려보내 맞이하게 했다. 아울러 그 수행원들을 맞이하는 두 가지 사목事目을 미리 만들어 가지고 가게 했다.

① 사신을 따라 서울에 장사하러 오는 사람은 20인으로 제한하되, 굳이 청하면 24인까지 허락한다.

② 그들이 팔고자 하는 물품이 100~200바리쯤 되면 서울로 운송하고, 300바리 이상이 되면 무거운 물건은 포구에 두어 정부에서 사들이고, 그래도 간청하면 요구를 들어줄 것.

4월 27일에 일본국 사신이 창원 내이포에 도착했다고 선위사 강맹경이 보고했다. 사신이 온 목적은 왕비의 혼전인 휘덕전徽德殿에 향香을 올리는 것과 《대장경》을 청구하는 것이라고 했다. 정사는 문계文溪요, 부사는 정우正祐인데, 이들이 예조에 글을 올렸다. 그 요지는 다음과 같다.

"일본 정사 문계와 부사 정우는 두 번 절하고 머리를 조아리고 조선국 예조의 제위각하諸位閣下에 글을 올립니다. 소승이 장년壯年일 때 대국大國에 와서 놀아 좌우에서 알아주심을 입어 의복과 안마를 많이 주셨습니다. 풍악楓岳(금강산)을 등반했을 뿐 아니라, 대조大朝의 문물과 의관衣冠의 아름다움을 볼 수 있었으니, 무슨 다행이 이보다 지나치겠습니까?

이후 28년 동안 마음에 새겨 잊지 않고 자나깨나 생각했습니다 … 우리 왕이 불행하게도 수년 동안에 부모가 계속하여 훙서하고, 게다가 변방이 시끄러워 도로가 통하지 않았고, 원의성源義成이 비록 형의 뒤를 이어 위位에 올랐으나, 나이가 아직 어려[14세] 음신音信을 계속하지 못하니, 나라 사람이 만족하지 않습니다.

지난 정묘년[세종 29] 8월에 소승을 택하여 수호의 명을 맡겼으나 재주가 없어서 유실遺失함이 있을까 두려워 몸이 떨리는 것을 이기지 못합니다. 지난해 가을에 왕경王京을 떠나 금년 4월 초에 대국大國의 지경地境에 이르기까지 9개월이 지났으니, … 종자從者들의 노고가 가지가지인 것은 말할 필요도 없을 것입니다. 어질게 사랑하여 주시면 다행이겠습니다."

여기까지는 자신이 사신으로 오게 된 과정을 설명한 것인데, 조선을 대국大國으로 부르면서 조선의 문화와 경치를 칭송하고 있다. 그 다음에는 조선에 온 목적을 쓰고 있는데, 다시 들어보자.

"태상황후太上皇后(소헌왕후를 가리킴)께서 연전에 세상을 떠나셨다는 말을 들었으나 두 나라 사이에 큰 물결이 만 리나 되어서 그 당시에 위문하지 못하여 … 이에 소승을 명하여 제사를 드리게 하므로 작은 배에 토산물 약간을 실었으니, 흉사와 구별하자는 것입니다. … 존묘奠廟(사당)에 나아가 불경을 외우고 명복을 빌게 하소서. … 태평泰平, 흥국興國, 남선사南禪寺는 우리나라에서 가장 큰 사찰인데 … 지난번 화재로 법보가 모두 타버렸으니, 의지할 곳을 잃었습니다. 오직 원하는 것은 《대장경》 7천여 권을 얻어 돌아가는 것입니다. …"

결국 사신이 온 목적이 왕비의 혼전에 제사를 올리고, 《대장경》을 얻고자 함이라는 것이다. 그런데 왕비를 '태상황후'로 부른 것은 우리나라를 '황제국'으로 바라보고 있다는 증거다. 앞에서 '대국'으로 부른 것도 마찬가지다. 그러나 왕비의 혼전에 제사를 올린다고 한 것은 오는 도중에 왕비가 세상을 떠난 사실을 박다博多에 와서 종금宗金에게 듣고 비로소 알고, 그에게서 제물을 얻어 가지고 온 것이었다. 제대로 준비를 갖추고 온 것이 아니었다.

그들이 온 또 다른 목적은 장사였다. 5월 14일에 선위사 강맹경이 다시 급히 보고했다. 일본 정사 정우正祐 등이 종자를 많이 거느리고 서울로 가려 하고, 또 배에 싣고 온 물품도 모두 해운으로 서울로 운반하고자 하여, 앞서 받은 사목에 따라 서울로 가는 사람은 20인으로 한정하고, 물품은 포구에서 팔도록 하라고 했으나, 저들이 구리와 납을 서울로 가져가지 못하면 돌아가겠다고 한다고 아뢰었다.

조정에서 의논한 결과 서울로 오는 사람은 40인으로 정하고, 구리와 납은 포구에서 처리하도록 하라고 명했다.

6월 21일에 드디어 일본 사신 일행이 서울로 와서 아침에 근정전 월대에서 국서를 바치고 네 번 절했는데 임금은 나오지 않았다. 다음에 계조당에 가서 세자에게 인사를 올렸는데 세자가 위로하고 조계청朝啓廳에서 잔치를 베풀어주었다.

일본 국왕이 조선 국왕에게 바친 물품은, 채색그림부채 200자루, 흑칠한 초병대도鞘柄大刀 10자루, 연위견練緯絹 20단, 향 50근, 호초 300근, 염초焰硝 20근, 상어가죽 20편, 생뇌生腦(약재) 20근, 교어피鮫魚皮 50편, 붉은칠 나무차완 110사, 백랍(밀랍) 100근, 소목 1천 근이다. 가져온 물건이 매우 빈약한데, 사실은 국왕이 14세로 어려서 측근들이 적당히 보낸 물건이었다. 일본은 조선처럼 체계적인 국가체제를 갖춘 나라가 아니었기 때문에 저들이 예의를 갖추지 못한 것을 알면서도 탓하지 않고 그대로 넘어갔다.

일본 사신은 이해 8월 27일에 떠났는데, 일본이 요청한 《대장경》 1질을 주고, 안자 1면, 세면주, 백세저포, 흑세마포 각 20필, 표피 좌자 1벌, 표피, 호피, 사피(담비가죽) 각 10령, 잡채화석, 만화석, 만화방석 각 10장, 인삼 100근, 잣 500근, 청밀 20두를 회사했다.

(2) 일본 토호들의 내조 [세종 30년]

그러면 일본의 지방 토호들은 이해에 누가 왔는가?

1월 25일에는 대마도 종정성의 요청에 따라 다람쥐, 큰 개, 흰 학鶴, 흰 거위鵝, 인삼, 연전총마連錢驄馬 1필, 미두 200석을 회사했다. 해마다 주는 관례였다.

2월 1일에는 왜인이 바친 감초甘草를 전라도와 함길도에 심어 가꾸라고 명했다. 2월 11일에는 왜인이 팔기 위해 가져온 단목, 구리, 납, 검은 매화나무, 흰 번피장燔皮張 등을 모두 하품으로 값을 주지 말고 잘 분간하여 값을 주라고 명했다. 2월 15일에는 고도孤島와 초도草島에서 왜인이 물고기를 잡고 세로 바치는 물고기는 왜인을 접대하는 비용으로 쓰고, 남으면 쌀과 베를 사서 국용에 충당하라고 명했다.

5월 13일에는 대마도 종정성이 사람을 보내 토산물을 바치고 예조에 글을 올렸다. 그 내용은, 종성국宗盛國 때에는 해마다 쌀 50~60석, 혹은 80석까지 주

없는데, 지금은 15석만 주니 전처럼 달라고 요청했다. 정부에서 해마다 20석을 주기로 결정했다.

7월 5일에는 축전주筑前州(후쿠오카福岡) 박다진博多津의 등원정청藤原定淸이 토산물을 바치고 도서圖書(여행증명서)를 내려주기를 청하여 도서를 주었다. 또 그 아들 다라多羅에게 벼슬을 주기를 청하고, 제주사람 막금莫金을 송환한다고 말했다. 그러나 다라는 나이가 어려 벼슬을 주지 않고, 막금을 보내준 것을 가상히 여겨 면주 10필, 정포[베] 126필, 백세면주 10필, 백세저포 5필, 호피 2벌, 잣 100근, 소주 10병을 회사했다.

이날 종정성이 토산물을 바치고, 물건을 청하니, 인삼 10근, 사피 3령, 흰 학 1쌍, 미두 100석을 주었다.

(3) 세종 31년

왕비가 세상을 떠난 뒤로 세자는 3년상을 치르는 동안 해마다 1월 1일의 신년 조회에 참석하지 않아 왜인이나 여진인의 참예도 받지 않았다. 임금도 참예하지 않았다. 그러다가 3년상이 끝난 세종 31년부터 세자가 신년 조회에 참예하면서 왜인과 여진인들이 다시 참예하기 시작했다. 세자는 홍례문 좌우 행랑에서 왜인과 여진인들에게 음식을 베풀었다.

2월 25일에는 살마주薩摩州 등원희구藤原熙久가 단목 1천 근, 납철 100근, 호초 9근, 속향 100근, 백단향白檀香 50근, 백합白蛤 10개, 등藤 500개, 검은 매화나무 1천 근, 유황 250근, 상아 11근을 바치니, 정포 1,124필을 회사했다.

4월 6일에 예조에서 대마도 종정성에게 서신을 보냈다. 대마도 왜인 8명이 고도와 초도에서 고기잡이를 하고 나서 증명서를 반환하지도 않고 세금도 내지 않고 슬그머니 도망갔으니, 이들을 조사하여 죄를 준 뒤에 보고하라는 내용이었다.

4월 19일에는 대마도 종호웅와宗虎熊瓦가 사람을 보내 조회하자 쌀 10석을 하사했다. 그는 5월 3일에도 토산물을 바치고, 양식과 도서를 청하자 도서와 쌀 10석을 주었다. 그는 6월 3일에도 사람을 보내 토산물을 바쳤다.

4월 21일에는 대마도 종무직宗茂直의 아들 종성직宗誠直이 말을 바치고, 왕래하는 선박의 수를 늘려 달라고 청했으나 들어주지 않았다. 그 대신 미두 20석을 주었다.

5월 15일에 종정성이 토산물을 바쳤다. 5월 17일에는 일기도—岐島 염진류 원문源聞이 원숭이를 바쳤다. 5월 19일에 종정성, 종성홍宗盛弘, 종성가宗盛家, 종성국宗盛國이 각기 사람을 보내 토산물을 바쳤다. 5월 20일에 또 종정성과 종성가가 사람을 보내 토산물을 바쳤다. 식량을 얻어가기 위해 계속 일가 사람을 보낸 것이지만, 주지 않았다.

6월 7일에 종정성과 종정국宗貞國이 사람을 보내 토산물을 바쳤다.

6월 15일에는 의정부가 예조의 건의를 받아들여 임금에게 왜인들을 영접하고 보낼 때 먹이는 것과 중로에서 접대하는 차례 수를 정하여 아뢰었다.

① 국왕 사신 – 창원 내이포에서 3차례, 경상도에서 3곳, 충청도와 경기 도에서 각 1곳
② 대내전 – 내이포나 부산포에서 2차례, 경상도에서 2곳, 충청도와 경기도에서 각 1곳
③ 종정성 – 3포 중에서 1차례, 경상도와 충청도에서 각 1곳
④ 기타 왜인 – 경상도 1곳

8월 4일에는 일기도의 상송포 염진류 원문源聞이 토산물을 바치자 백세면 포, 흑세마포, 백세저포 각 3필과 미두 30석을 회사했다.

8월 19일에 종정성이 중 도은을 보내 환도環刀와 원숭이를 바치고,《대장경》과 흰 개, 흰 학을 청했다. 도은이 이렇게 말했다.

"대마도에서 연전에 귀국을 위하여 왜구 두목들을 잡아 보냈는데, 팔

번신산八幡神山에 사는 사람 2명이 끼어 있었습니다. 이 일로 도주島主의 딸과 아들과 여러 왜인의 처지가 미치광이가 되기도 하고, 병들어 죽기도 하여 《대장경》을 가지고 신당神堂에 가서 재앙을 없애려 합니다. 또 가뭄으로 곡식이 익지 못했으니, 쌀을 주시어 기근을 구호하소서.

또 연전에 나간 두가사가 돌아와 말하기를, '조선이 우리들을 대하는 것이 그전 같지 않다.' 하기에 '신사信使를 끊고 통하지 말자.'고 의논했는데, 도주가 말하기를, '대국이 평소 우리를 후하게 대접했으니, 갑자기 끊을 수 없다.' 하고, 또 불경을 청하는 것은 큰 일이기에 우리를 시켜 오게 한 것입니다. … 앞으로는 사신이 오고 안 오는 것은 우리 일행에게 달렸으며, 만일 사변이 있게 되면 반드시 왜구의 우두머리 친척이 먼저 일어날 것입니다."

중 도은의 말은, 조선이 자신들을 후하게 대하지 않으면 장차 사변을 일으킬 수도 있다는 협박이 담긴 말이었다. 임금이 대신들과 의논하니, 좌의정 하연 등은, "이미 옛 관례가 있으니 그 청을 마땅히 허락해야 합니다."라고 말하고, 우참찬 정갑손은 "그 무례한 말을 꾸짖고, 청을 허락하지 않아야 합니다." 하고 반대했다. 그러자 임금은 "예로부터 제왕帝王은 아무리 큰 일이라도 오히려 용납해주는데, 하물며 이러한 작은 일이겠는가?" 하면서 하연의 의견을 따랐다. 임금의 태도는 "우는 아이에게 떡 하나 더 준다."는 그런 너그러운 마음이었다.

9월 4일에 도은이 대마도로 돌아가자, 정포 18필과 《대장경》 1질, 흰 개와 흰 학 각 1쌍, 미두 200석을 보냈다.

8월 24일에 일기도 호자呼子 원고源高가 토산물을 바치자 미두 30석을 회사했다.

세종 31년의 왜인의 왕래는 이 뒤로 없었다.

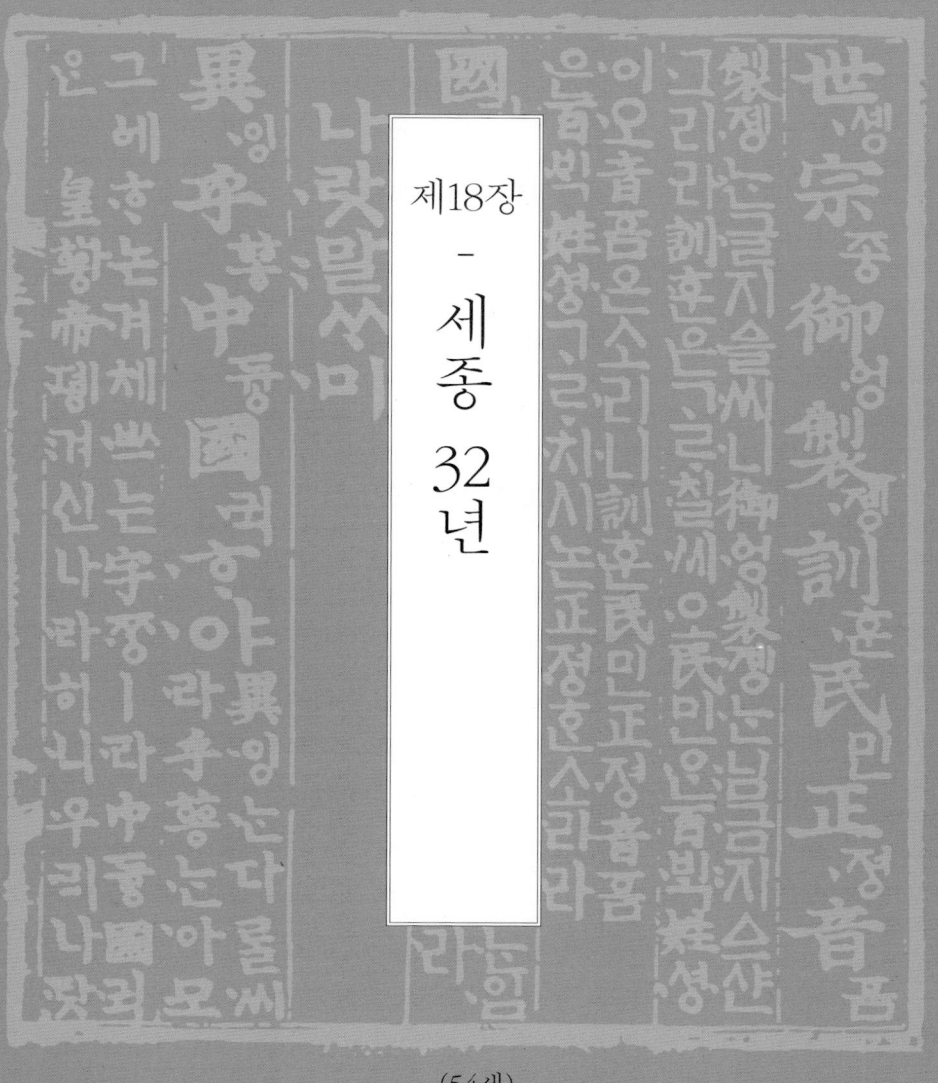

제18장
-
세종
32년

(54세)
1450년

세종 32년 2월 17일에 세종은 향년 54세로 세상을 떠났다. 그러나 세상을 떠나기 직전까지 임금은 정사를 보았다. 세자가 등에 난 종기가 매우 심하여 나았다 재발하기를 반복하여 정사를 제대로 보지 못하자, 임금이 다시 직접 나서서 정사를 보고, 사신을 접대하는 등의 일은 수양대군에게 맡겼다. 수양대군은 여러 해 전부터 병약한 세자를 도와 거의 세자에 버금가는 일을 많이 해왔다. 이해 세자의 나이는 37세요, 수양대군의 나이는 34세였다.

1. 명나라 사신 예겸이 오고, 말 5천 필을 보내기로 하다

세종 32년 1월 6일에 사은사로 갔던 김하金何가 황제의 칙서를 가지고 귀국했다. 그 칙서에는 두 가지 내용이 담겨 있었다. 하나는 10만 명 군병을 파견하라는 앞선 요청은 이미 명나라 군사가 적들을 물리쳐 내쫓았으므로 보낼 필요가 없다는 것이며, 또 하나는 군마 2~3만 필을 북경까지 보내되 그 이상이면 더욱 좋겠다는 것이며, 그 값을 치르겠다는 것이다. 명나라가 달달과 싸우기 위해 조선에서 1만 필씩 말을 사 간 것은 태종 때도 있었고 세종 때에도 두어 차례 있었다. 그런데 이제 또 2~3만 필을 사겠다는 것이다.

정부는 1월 11일에 중국에 보낼 말을 준비하기 위해 관마색官馬色이라는 임시기구를 설치하고, 전국적으로 전현직 벼슬아치와 무당으로부터 말을 징발하는 일에 착수했다. 다만, 말의 수효는 5천 필로 한정하기로 했다. 임금과 대신들은 2~3만의 말을 보낼 필요는 없으며 그렇다고 전혀 보내지 않을 수도 없으니, 5천 필을 한도로 하여 500필씩 나누어 시차를 두고 보내기로 결정했다.

말을 징발하는 방법은 예전처럼 벼슬이 가장 높은 사람은 2필을 징발하고, 차례로 낮추어 지위가 낮은 벼슬아치는 몇 사람이 아울러서 1필을 바치도록 규정을 정했다. 그리고 5천 필을 지역에 따라 차등을 두어 배당했는데, 서울은 1,100필, 경기도 300필, 개성부 100필, 강원도 300필, 황해도 200필, 충청도

700필, 전라도 1천 필, 경상도 1,400필 등이었다.

다만 국가에서 기르고 있는 말들은 제외했는데, 제주도에만 1만 필 정도가 있었고, 그 밖에 전국 각지의 수십 개 목장에서 기르는 말을 모두 합치면 수만 필을 헤아렸다. 이 말들은 국가에서 유사시에 써야 할 군사용 말이므로 손을 대지 않았던 것이다. 이런 정책은 옛날에도 마찬가지였다.

그리하여 이해 1월 21일에 1차로 500필을 보내면서 황제에게 주문奏文을 올렸다. 우리나라도 말이 매우 필요한데 말이 부족하므로 2~3만 필을 보내기가 어려워서 5천 필만 보내겠다는 내용이었다. 세종은 500필을 보내고 나서 세상을 떠났으므로, 그 후속으로 말을 보내지 않았다.

윤1월 1일에 명나라 사신 예겸倪謙과 사마순司馬恂 일행이 서울에 도착했다. 이번 사행의 목적은 새 황제가 등극한 사실을 알리기 위함인데, 환관이 아닌 유신儒臣을 보낸 것이 전과 달랐다. 환관의 횡포를 경험한 새 황제가 환관을 보내지 않고 유신을 보낸 것이다. 건강이 좋지 않은 세자를 대신하여 수양대군이 모화관에서 사신을 맞이하고, 세자는 근정전에서 조서를 받았다. 사신은 수십 종의 비단을 왕실에 바쳤다.

예겸은 새 황제가 즉위하게 된 배경을 설명했다. 영종황제가 친히 군사를 이끌고 달달을 토벌하러 가는 것을 신하들이 애써 말렸으나 환관 왕진王振이 굳이 고집하여 출정했는데, 왕진이 따라가서 또 싸우지 말자고 청하여 드디어 오랑캐에게 포로가 되었다고 했다. 그리하여 새 황제가 들어선 것이라고 설명했다. 사신 접대는 수양대군이 계속 맡았다.

사신은 유신답게 윤1월 3일에 먼저 성균관의 명륜당明倫堂을 방문했는데, 임금은 이 기회에 집현전 학자들에게 그를 만나 《운서》[홍무정운]의 내용 가운데 의문나는 점을 직접 묻게 했다. 그리하여 정인지, 성삼문, 신숙주, 김예몽, 김하, 이변李邊, 윤상尹祥, 정창손鄭昌孫, 그리고 통사 등을 성균관으로 보내 《운서》를 가지고 강론했다. 예겸은 이날부터 거의 매일 정인지, 성삼문, 신숙주 등과 만나 시詩를 주고 받으면서 교류했다.

정인지는 예겸과 더불어 중국과 조선에서 시간을 측정하는 문제 등을 논의하는 등 많은 대화를 나누었는데, 윤1월 8일에 예겸은 정인지에게 말하기를, "그대와 하룻밤 말하는 것이 10년 동안 글 읽는 것보다 낫소."라고 말했다. 성삼문은 《율문》의 내용 등에 대하여 질문했다. 윤1월 11일에는 예겸이 안평대군에게 글을 부탁하여 써주니, 예겸이 중국에는 이런 명필이 없다고 감탄했다.

예겸이 한강에 가보고 싶다고 하여 윤1월 14일부터 16일까지 연이어 한강에서 배를 타고 놀았는데, 아름다운 경치를 보고 감탄하면서, 특히 갈두봉에 올라가서 보고 이 경치는 "적벽赤壁과 다름이 없다."고 경탄하고 시를 지어 정자에 걸어 달라고 부탁했다. 이곳은 지금 마포의 잠두봉을 가리킨다.

예겸은 각종 선물을 주자 처음에는 받을 수 없다고 극구 사양하다가 나중에는 석등잔 등을 더 달라고 요구했다. 임금은 이 소식을 듣고 "사신이 비록 유사儒士로서 이름을 얻었다 하나, 실은 욕심쟁이로구나." 하고 비웃었다. 그러나 예전의 환관 사신에 비하면 차이가 많았다.

사신 일행은 윤1월 20일에 서울을 떠났다.

2. 임금이 세상을 떠나다

세종은 재위 31년에 대신들에게 자신의 병을 여러 차례 알려주었다. 안질은 오히려 많이 나았는데, 기억력이 쇠퇴하고, 다리가 부어 걷기가 힘들어 부축을 받아야 한다고 했다. 그런데 그해 연말에는 오심惡心과 구역질이 난다고 말했다. 그러나 등창을 앓고 있는 세자보다는 오히려 건강하여 세자가 아플 때에는 대신 정사를 직접 챙겼다.

세자의 등창은 좋아졌다 나빠지기를 반복했다. 세자는 궁 밖에 나가서 살면서 치료를 받았다. 세종 31년 10월 25일에는 등창이 심하여 경기도의 명산대천과 신사神祠와 사찰에서 기도를 드리게 하고, 수양대군이 세자를 위하여 불당

에 가서 약사재藥師齋를 올리고, 안평대군은 대자암에 가서 수륙재를 올리기도
했다. 의정부와 육조가 날마다 문안을 드렸다.

그러나 세자의 등창은 이해 11월에 근이 빠져 나가 병이 나았다고 하여 임
금이 종묘와 사직에 보사제報祀祭를 지내기도 하고, 신하들에게 잔치를 베풀기도
했다.

이렇게 세자의 병은 나았다고 했으나, 세종 32년 1월 22일에는 임금의 몸
이 편치 못하여 동대문 밖에 있는 효령대군 집으로 이어하고, 불당에 재齋를 올
리고, 흥천사에서 관음정근觀音精勤[290]을 베풀고, 명산대천과 사찰에 기도를 올리
게 했다. 병명은 특별히 없었다.

그런데 1월 26일부터 세자의 병이 다시 악화되어 등에 난 종기의 길이가
한 자[21cm 정도]가량 되고, 너비가 5~6촌[10cm 정도]이나 되었으며, 종기 뿌리의
크기가 엄지손가락만 한 것이 6개나 나왔다. 또 허리 사이에도 종기가 났는데,
둥근 지름이 5~6촌이 되었다.

이때 임금의 병은 조금 나았으나 승려 신미를 불러들여 불사를 계속하게
했다. 대군들이 그를 불러들인 것이다. 이런 가운데 명나라 사신이 온 것이다.
그러니 수양대군이 세자의 일을 대행할 수밖에 없었던 것이다. 임금의 병은 윤
1월 2일에 나았다고 발표하고, 사찰에서 보공재報功齋를 올렸다. 임금은 막내아
들인 영응대군永膺大君 집으로 이어하고 있었는데, 전부터 이 집으로 오기 위해
안국방安國坊에 영응대군의 집을 크게 지어 놓았다. 신하들은 대군의 집을 궁궐
처럼 지었다고 곱지 않은 시선으로 보았으나, 사실은 세종이 이어할 공간으로
크게 지은 것이다. 당시 대군의 나이는 17세로서 지난해 결혼한 처지였다.[291]

---

290) 관음정근은 관음보살에게 쉬지 않고 끊임없이 염불하고 기도하는 수행을 말한다.
291) 영응대군 이염李琰(1434~1467)은 처음에 상호군 송복원宋復元의 딸을 아내로 맞이했으나, 질병
     이 있어서 임금이 그녀를 내보내고, 세종 31년 6월 26일에 이미 죽은 부윤 정충경鄭忠敬의
     딸을 새 아내로 맞이했다. 그러나 영응대군이 송씨를 잊지 못하여 몰래 만나 두 딸을 낳자,
     단종 원년에 정씨 부인을 내보내고 송씨를 다시 부인으로 맞이했다. 세종의 막내아들이어서
     임금이 극진히 사랑했으나, 34세로 세상을 떠났다.

2월 9일에 또 임금의 병이 나았다고 발표하고, 2월 14일에는 세자의 종기 뿌리가 비로소 빠졌다고 발표했다. 그러나 임금은 20일을 더 기다려 보아야 한다고 하면서 세자에게 정사를 맡기지 않고, 2월 14일부터 자신이 직접 챙겼는데, 마치 물 흐르듯이 정밀하게 일을 처리했다. 그러다가 이날 밤 2고부터 도로 편치 않았다. 세자는 임금이 환절기에 몸을 조리하자 않아 병이 났다고 말했는데, 아마도 정사를 처리하느라 과로한 것이 원인인 듯하다.

그리하여 2월 15일부터 승려 50명을 영응대군 집으로 불러들여 '구병정근救病精勤'을 시키고, 신하를 전국 각지에 보내 종묘, 사직, 명산대천, 신사, 사찰에 모두 기도를 드리게 했다. 내의內醫가 약을 올릴 때에는 반드시 의정부 대신과 의논한 뒤에 달여서 올렸다. 그러나 그 어느 것도 효험을 보지 못하고, 2월 16일에는 병환이 너무 위독하여 승려와 대신들의 정근精勤을 중지시켰다.

다음 날인 2월 17일에 임금은 드디어 숨을 거두었다. 이것이 세종의 일생이다.

이 날자 《실록》에는 세종의 업적을 간단히 정리하여 기록하고, 끝에 가서 "거룩한 덕이 높고 높아서 사람들이 이름을 짓지 못하고 '해동의 요순'이라고 불렀다."고 썼다. 그러면서 "만년에 비록 불사佛事를 행했기 때문에 혹 말하는 자가 있으나, 한 번도 부처에게 몸소 향을 올리거나, 절하지 않았다. 처음부터 끝까지 올바르게 했다."고 마무리했다. 세종이 비록 불사를 많이 했어도 부처님 앞에 가서 절을 하거나 향을 올린 일은 없다는 것이다. 세상을 떠난 지 5일 뒤인 2월 22일에 세자가 임시로 만든 장전帳殿(텐트)에서 즉위했다.

세종은 태종이 살아 있을 때 양위를 받아 즉위했기에 궁궐의 정전正殿에서 즉위식을 했지만, 문종은 상왕이 돌아가신 상중이기 때문에 장전에서 영의정으로부터 옥새를 받는 간단한 즉위식을 치른 것이다. 세종의 장례식은 5개월장을 치러 문종 즉위년 6월 10일에 왕비가 안장되어 있는 영릉英陵에 합장되었다. 지금 서초구 내곡동에 있는 태종릉인 헌릉獻陵 옆이었다. 그러나 풍수상 문제가 있어 예종 때 지금 여주시로 천장되었다.

그러면 임금이 세상을 떠
난 뒤에 후궁들은 어찌 되었
는가? 문종은 후궁[292]들을 자수
궁慈壽宮에서 살도록 했다. 그
러나 혜빈양씨惠嬪楊氏(?~1455)
만은 궁 밖에 특별히 따로 별
당을 지어주었는데, 마치 불당
佛堂처럼 지었다고 한다. 문종

세종영릉 세종과 왕비 소헌왕후의 능으로
1469년 천장되었다. 경기도 여주시 능서면

은 그녀가 병이 깊어 다른 후궁과 함께 지내는 것이 불편하여 따로 살게 했다
고 했지만 사실은 그녀가 세종 말년에 권력을 휘둘러 유신들이 그녀를 기피하
여 궁 밖으로 내보낸 것으로 알려지고 있다.

3. 정조, 세종을 모범으로 왕조를 중흥하다

세종이 세상을 떠나고 나서 문종, 단종, 세조, 성종은 세종의 유업을 충실
히 계승하는 정책을 펴고, 성종 때 마침내 《경국대전》을 편찬하여 조선왕조의
헌법을 확고하게 세워놓았다. 그 뒤로 폭군 연산이 집권하면서 체제가 무너졌

---

292) 세종의 첫 번째 후궁은 영빈강씨令嬪姜氏(?~?)로서 화의군 이영을 출산했다. 아버지는 진주강
씨 강석덕姜碩德(1395~1459)인데, 그는 세종의 장인 심온沈溫의 사위였다. 그러니 강씨는 세종
의 처형이나 처제의 딸이다. 무슨 이유인지 그녀의 생몰년이나 그 밖의 기록이 전혀 없어서
누가 위인지는 알 수 없으나, 세종이 처제의 딸을 후궁으로 삼은 셈이다. 강석덕의 아들이
강희안姜希顔과 강희맹姜希孟이다. 세종의 두 번째 후궁은 신빈김씨愼嬪金氏(1406~1464)로서
본래 내자시 여비女婢였다가 소헌왕후의 지밀나인을 하다가 후궁이 되었다. 그녀는 계양군,
의창군, 밀성군, 익현군, 영해군, 담양군 등 6명의 왕자를 출산했다. 세 번째 후궁은 혜빈양
씨惠嬪楊氏(?~1455)로서 현감 양경楊景의 딸인데 처음에는 궁녀로서 성은을 입었는데 단종이
태어난 다음 날 세자빈 권씨가 세상을 떠나자, 단종의 양육을 맡아 귀인이 되었으며, 왕비
가 세상을 떠나자 후궁 가운데 가장 위세가 높아져서 혜빈에 올랐다. 그녀는 한남군, 수춘군, 영
풍군 등 3명의 왕자를 낳았다. 네 번째 후궁인 숙원이씨淑媛李氏와 다섯 번째 후궁인 상침송
씨尙寢宋氏는 왕자를 출산하지 못했다.

다가 중종 이후로 다시 체제가 복원되면서 500년 왕조의 큰 기틀이 크게 흔들리지 않고 왕조 말까지 이어졌다.

　세종을 바라보는 후대의 시선은 한결같이 좋았다. 세종에 대한 평가는 총체적인 평가가 있고, 부분적인 업적에 대한 평가가 있는데, 후대 임금의 처지에 따라서 조금씩 달랐다. 총체적인 평가는 세종이 '성주聖主 중의 성주', 또는 '해동의 요순堯舜'으로서 그 시대가 가장 '태평한 시대'였다는 것이다. 한마디로 말하여 세종은 모든 임금이 배우고 본받아야 할 롤 모델이었다.

　그 이유는 세종이 크거나 작은 일을 막론하고 반드시 대신들의 의견을 들어 결정하고, 자기 의견을 고집하지 않은 임금이기 때문에, 신하들이 더욱 책임감을 느끼고 정사에 헌신했다는 것이다. 또 경연經筵에 충실하고 경사經史의 토론을 존중했다는 것, 백성을 사랑하고 형벌을 공정하게 운영하여 억울하게 죽는 일이 없도록 했다는 것, 4군과 6진 등 국토를 확장했다는 것 등이었다. 이런 평가는 유신들이 당대 임금을 성군聖君으로 만들기 위해 하는 말이었다.

　세종이 세상을 떠나고 나서 바로 이해 2월 22일에 지중추부사 이선李宣을 명나라에 사신으로 보내 부음을 알리고 시호諡號를 내려달라는 주문奏文을 올렸는데, 여기서도 세종의 업적을 간략하게 알렸다. ① 학문에 열중하여 손에서 책을 놓지 않았고, 집현전을 만들어 학문을 장려하고 고문을 맡겼다는 것, ② 유능한 인재는 신분을 가리지 않고 발탁했다는 점, ③ 크고 작은 일을 반드시 대신들과 의논하여 결정했기 때문에 잘못된 일이 없고, 신하들과 갈등이 없어서 한 번도 신하를 죽인 일이 없다는 것, ④ 〈공법〉을 만들어 세금제도를 공정하게 했다는 것, ⑤ 노인을 우대하여 양로연을 전국적으로 베풀고, ⑥ 형벌을 신중하게 집행하여 한 사람도 억울하게 죽지 않게 하고, 한 대의 태笞나 장杖을 때리더라도 율문에 맞게 하고, 그것을 교령으로 만들어 전국 관청의 벽에 걸어놓고 경계를 삼도록 했다는 것, ⑦ 감옥의 죄수들을 위하여 감옥시설을 그림으로 그려 전국에 반포하여 개선하게 했다는 것, ⑧《삼강행실》,《치평요람》,《역대병요》 등을 편찬하여 윤리를 세우고 정치의 교훈을 배우고, 무사들을 가르쳤다는 것, ⑨ 전함과 성보를 건설하여 국방을 강화하고 6진을 개척했다는 것 등을 들었다. 그러나 '훈민정음'에 대해서는 일언반구도 말하지 않았다. 그것은 말해서는 안 되는 일이었기 때문이다.

그러나 후대 임금이나 성리학자들이 세종의 정책 가운데 별로 좋게 보지 않는 일들도 없지 않았다. 예를 들면 신분을 초월하여 유능한 인재들을 과감하게 발탁했다든가, 10학을 장려하여 기술학을 발전시켰다든가, 노비의 인권을 보호했다든가, 과학기구를 만들었다든가, 노인을 우대하고 '훈민정음'을 창제했다든가 하는 일들은 별로 추앙을 받지 못했다. 이런 일들은 오히려 시대가 내려가면서 성리학자들에게는 부정적으로 비쳐졌기 때문이다.

다만, 일부 진보적인 실학자에게는 세종의 이런 측면이 주목을 받았다. 예를 들어 '훈민정음'의 경우는 개인적으로 연구한 학자들이 적지 않았다. 15세기 후반에서 16세기 전반의 최세진崔世珍(1468~1542)을 비롯하여 18세기의 신경준申景濬(1712~1781), 18세기 후반에서 19세기 초의 유희柳僖(1773~1837) 등의 훈민정음 연구가 모두 그런 차원에서 이루어진 것이다.

하지만, 후대 임금 가운데 그래도 가장 긍정적으로 세종을 평가하여 유교적 성군聖君으로 바라보고, 세종을 모범으로 하여 왕조문화를 발전시킨 대표적인 임금은 누구인가를 알아보면, 그는 바로 정조正祖이다.

정조[293]는 스스로 성군聖君을 자처한 임금이기에 어느 왕보다도 세종을 숭모하고 정치를 본받았다. 정조는 재위 24년 1월 20일에 이렇게 말했다. "세종대왕은 실로 우리 동방에 태평성대의 터전을 닦으신 임금"이라고 평가하고, 세종을 모범으로 삼아 여러 가지 사업을 추진했다. 중요한 사례를 들면 다음과 같다.

첫째, 세종의 집현전을 모방하여 규장각奎章閣[294]을 세우고 인재를 양성했으며, 문화정치의 꽃을 피웠다. 정조는 기회 있을 때마다 집현전을 거론하면서 규장각 학사를 예우하고 각종 특전을 부여하면서 그들에게 수많은 편찬사업을 맡

---

293) 정조의 총체적인 업적에 대해서는 한영우, 《정조평전: 성군의 길(상, 하)》(지식산업사, 2017) 참고.
294) 한영우, 《문화정치의 산실 규장각》(지식산업사, 2008) 참고.

겨 왕조중흥의 위업을 이룩했다.

둘째, 세종이 《무원록無寃錄》을 주해註解하여 억울하게 벌을 받는 사람이 없도록 노력한 것을 본받아 《무원록언해》를 편찬하여 널리 보급했다.

셋째, 세종이 경자자庚子字와 갑인자甲寅字를 만들어 금속활자를 개량한 것을 본받아, 정유자丁酉字와 정리자整理字를 새로 만들어 활자인쇄 수준을 높였다.

넷째, 세종이 동교東郊에서 군사훈련을 할 때 적소謫所(유배지)에 있던 양녕대군을 불러 연회를 베풀고 위로한 다음 적소로 다시 보내 형제간의 우애를 돈독하게 한 것을 본받아 정조도 이복동생인 은언군恩彦君 이인李䄄이 비록 죄를 짓고 강화도에 유배되어 있었지만 그를 몰래 불러 한강에서 군사훈련을 하면서 만나 연회를 베풀어 위로한 다음에 돌려보내기를 반복했다. 두 임금 모두 죄인을 만나면 안 된다는 신하들의 강력한 반대를 받았지만 이를 끝까지 관철하여 보호해 주었다.

다섯째, 세종이 중국 한자 발음을 정확하게 배우기 위해 《동국정운》을 편찬한 것을 계승하여 이덕무李德懋 등에게 명하여 《규장전운奎章全韻》(1796)을 편찬했다. 다만 정조는 중국어를 정확하게 배우는 것은 좋게 여겼지만, 그렇다고 역관譯官들이 지나치게 중국어를 잘할 필요는 없다고 여겼다. 그 이유는 청나라와의 외교보다는 중국 역대의 한자문화를 더 소중하게 보았기 때문이었다.

여섯째, 세종이 박연朴堧의 도움을 받고, 또 세종 자신도 음악에 일가견을 가지고 있으면서 중국 역대의 악학樂學을 깊이 연구하여 아악雅樂을 정리한 것을 본받아 정조도 《시악화성詩樂和聲》과 《악통樂通》 등의 음악이론서를 편찬하여 이른바 '악풍반정樂風反正' 곧 고대의 순정음악을 다시 부활시키려고 노력했다.[295]

일곱째, 정조는 재위 18년 3월 24일에 세종이 장영실을 시켜 물시계와 천문시계를 합쳐서 만든 흠경각欽敬閣과 자격루를 설치했던 보루각報漏閣에 대하여 깊은 관심을 가지고, 이미 없어진 보루각 터를 호조판서 심이지沈頤之를 시켜

---

295) 정조의 음악정책에 대해서는 송지원, 《정조의 음악정책》(태학사, 2007) 참고.

제18장 세종 32년 (54세; 1450년) **835**

조사하여 도형을 그리게 하고, 당시 남아 있던 흠경각의 들보와 서까래가 썩은 것을 보수하고 싶어 했으나, 기술자가 없어 포기했다. 정조는 그 아쉬움을 이렇게 피력했다.

> "이처럼 큰 집을 그 누가 손을 댈 수가 있겠는가? 세 칸짜리 누수각[보루각]은 단지 이차적인 일에 속한다. 틀림없이 쓰러질 염려가 있음을 알면서도 그대로 내버려 두는 것은 참으로 미안한 노릇이다. 흠경각은 이름을 새겨보고 뜻을 생각하면 실로 소중함이 있다. … 어찌 수리할 방도가 없겠는가?"

정조는 수리하지 않으면 곧 무너질 흠경각을 보고 안타까움을 토로했다. 그러자 심이지가, "고쳐서 건축하기는 참으로 어렵습니다."고 아뢰었다. 정민시鄭民始가 거들었다. "단지 기와만 고쳐 덮고, 썩고 비 새는 곳만 손질해도 수리한 태는 날 것입니다." 그러자 임금은 다시 이렇게 말했다.

> "이 건물은 세종 때 지은 집으로 우리나라에서 가장 웅장한 건축인데, 지금껏 우뚝 솟아 있어 마치 영광전靈光殿[296]과 흡사하다. 이 건물을 만약 수리한다면 조상의 사업을 계승하는 한 가지 일이 될 것이다. 12선동仙童의 의기儀器를 만드는 법이 문헌에 자세히 기록되어 있어서 충분히 모방하여 설치할 수 있을 것이다. 지금 희정당熙政堂 앞에 있는 자명종自鳴鐘의 물방울이 부딪쳐서 돌아가게 되어 있는 것도 바로 옛날에 남겨준 법을 이어받은 것이다. 이런 의기는 정우태丁遇泰 같은 사람은 충분히 만들 수 있겠으나, 지극히 정교한 제도를 모방함에 있어서는 이런 뛰어난 장인匠人을 어디에서 구해 오겠는가?"

당시 흠경각은 외부구조만 남아 있고, 그 안에 설치된 천문시계는 이미 없

---

296) 영광전은 한漢나라 경제景帝의 아들 공왕恭王이 공자의 고향인 산동성 곡부曲阜 동쪽에 세운 궁궐이다.

어졌다. 정조가 수리하고 싶어한 것은 단순한 흠경각의 외부 건물만이 아니라, 그 내부에 설치된 천문시계 장치까지 함께 복원하고자 한 것인데, 그것을 만들 기술자가 없는 것을 개탄했다. 그 기구의 모양새나 작동원리가 《실록》에 자세히 기록되어 있으니, 뛰어난 기술자가 있으면 그 기록을 보고 복원이 가능할 터인데, 그런 기술자가 없다는 것이다. 정조가 거론한 정우태丁遇泰[297]는 어떤 사람인지 알 수 없다. 정조는 과학기술 분야에서는 세종의 업적을 따라가지 못하고 있었다.

여덟째, 세종이 길러낸 수많은 인재들이 세조 집권 과정[계유정란]에 저항하다가 죽은 것을 안타깝게 여겨 6종영宗英, 4의척懿戚, 3상신相臣, 3중신重臣, 양운검兩雲劍, 사육신死六臣 등 수백 명을 제사하는 배식단配食壇을 단종릉인 장릉莊陵 앞에 설치했다.

아홉째, 세종이 《삼강행실도》를 편찬하여 효자, 충신, 열녀 등을 선양한 것을 계승하여 《오륜행실도》를 편찬했다.

이밖에도 세종과 정조는 닮은 점이 너무 많았다. 무엇보다 책벌레로 불릴 만큼 무서운 독서력이 똑같다. 천재적인 두뇌도 서로 같다. 팔방미인처럼 박식하고 다재다능한 것도 비슷하다. 정사에 부지런함도 같고, 과로 때문에 장수하지 못한 것도 서로 닮았다. 세종이 54세요, 정조가 49세로 생애를 마감했다.

그러나 정조의 모든 정책이 세종과 같다는 것은 아니다. 이미 시대가 달라졌기 때문이다. 정조는 명나라와 문화가 다른 청나라와 외교관계 및 문화교류를 하고 있었고, 세종이 경험하지 못했던 붕당정치의 폐단을 제거하는 과제를 안고 있었고, 청나라를 통해 들어온 서양의 기술문화와 천주교, 청나라의 저속한 대중문화에 대응하는 과제가 있었고, 또 경제구조가 농업사회에서 상공업사회로 이동하는 과도기에 국가를 운영했기 때문이다.

따라서 유교정치를 유지하는 큰 틀에서는 세종이나 그 밖에 선대왕들이 추

---

297) 《정조실록》에는 남포현감 정우태丁遇泰 이름이 보이는데, 아마도 동명이인인 듯하다.

구한 가치를 계승하면서도 각론에 들어가서는 새로운 시대에 알맞은 변화를 추구하지 않을 수 없었다. 이런 정책을 '계지술사繼志述事'라고 불렀다. 큰 뜻은 계승하고, 작은 일들은 바꾸어간다는 말이다.

큰 시야에서 보면, 조선왕조가 500년 동안 장수한 비결은 수성守成을 잘한 세종이 15세기 조선을 우뚝하게 만들었고, 300년 뒤에 중흥을 잘한 정조가 18세기 조선을 다시 우뚝하게 만들어준 결과로 보아도 지나친 말이 아닐 것이다.

보기에 따라서는 정조가 왜 산업혁명을 소홀히 했느냐고 따질 수도 있지만, 그 당시에는 서양도 아직 산업혁명이 본궤도에 오른 때가 아니었다.

세종의 위대한 성군상聖君像이 크게 변하기 시작한 것은 유교정치가 후퇴하고 서양문화가 들어온 개화기 이후부터이다. 물론 고종 때에도 여전히 유교정치를 유지했기 때문에 세종의 성군상聖君像이 살아 있었고, 또 적극적인 북방정책이 주목을 받았지만, 민족주의 바람이 일어나면서 우리의 고유문화에 대한 관심이 커지면서 '훈민정음'을 민족문자이자 공용문자로 선양하여 자리매김하는 운동이 거세게 일어났다. 그에 따라 세종의 최대업적은 겨레글자 곧 '한글'을 창제한 민족주의자로 떠올랐다.

일제강점기에 일어난 국학운동에서도 국학의 뿌리가 조선 후기 실학을 거쳐 세종으로 소급되었다. 호암 문일평文一平이 세종을 일컬어 '조선심朝鮮心'을 대표하는 민족주의자로 추앙한 이유가 여기에 있다. 그 '조선심'의 산물이 바로 한글인 것이다. 그래서 그 전통이 지금까지 이어져 세종은 겨레를 사랑한 불후의 민족주의자로 자리매김된 것이다.

세종의 명나라에 대한 정책을 보면 명나라의 요구를 성실하게 따라 마치 비겁한 사대주의자로 보이기도 한다. 한편, 우리 문화는 우리 자연풍토에 맞게 만들어야 한다는 생각에서 고유의 천문, 역법, 농법, 음악, 의약, 문자를 만든 것이나, 여진족을 몰아내고 왜구를 물리쳐 국토를 넓힌 공적, 여진족과 왜인들의 수많은 조공朝貢을 받은 동아시아의 중심국가로 만들고, 단군 이래의 우리 역사에 대한 자부심을 키우려고 노력한 점 등을 놓고 보면 민족주의자로 보이기도 한다.

무엇이 세종의 진실인가? 세종은 비굴한 사대주의자도 아니고 배타적 민족주의자도 아니다. 국제주의와 민족주의를 배합시킨 그 중간에 그의 정체성이 자리잡고 있다. 다시 말해 우리의 민족적 정체성을 잃지 않으면서 국제사회와 개방적인 자세로 교류하여 공동번영을 꿈꾼 이상주의자이면서 현실주의자, 바로 그 자리에 그는 우뚝하게 서 있다. 그것이 바로 세종의 진실이요 위대함일 것이다.

4. 조선전기 언문을 사용한 실례

'훈민정음' 창제 이후로 한문이 일상적인 공용어公用語로 계속 쓰였지만, 언문도 준공용어準公用語로 사용되는 시대가 열렸다. 예를 들면, 세종을 비롯한 여러 왕들이 가끔 언문으로 유시諭示나 교지敎旨를 내리고, 특히 대왕대비가 청정할 때에는 거의 대부분 언문 의지懿旨를 내려 정치를 운영했다. 또 순조의 아들 효명세자는 순언문으로 된 의궤儀軌를 편찬하기도 했다. 또 국가에서 간행한 언해본도 따지고 보면 언문을 준공용어로 사용했다는 것을 의미한다.

언문이 창제된 이후 실제로 공적으로나 사적으로 얼마나 활용되었는지에 대해서는 아직도 연구가 부족한 듯하다.[298] 운서韻書와 한자 서적에 대한 언해諺解가 이루어졌다는 것은 많이 알려져 있지만, 그것도 구체적인 사례를 다 알지 못하고 있다.

또 언문을 한자와 관련 없이 독자적으로 사용한 사례에 대해서는 더욱 모르고 있다. 다시 말해 임금이 언문으로 교지敎旨를 내리고, 또 왕대비나 대왕대

---

298) 현재 언문 창제 이후 조선시대 언문사용의 실례를 연구한 업적은 김슬옹, 《조선시대 언문의 제도적 사용연구》(한국문화사, 2005)가 가장 뛰어나다. 그러나 제도권 밖에서 이루어진 언문사용은 헤아릴 수 없이 많아서 앞으로 연구가 더 필요하다.

비가 어린 임금을 대신하여 정치를 청정聽政할 때 내린 언문의지諺文懿旨가 얼마나 되며, 궁녀, 환관, 기생, 양반, 평민, 노비 등 각계각층에서 언문을 어느 정도 배우고 활용했는지도 잘 모르고 있다.

조선시대 일반백성들에게 언문을 국가에서 가르치지는 않았다. 하지만 각계각층에서 스스로 배워서 사용한 예는 매우 많다. 그만큼 언문은 배우기 쉽고 또 절실히 필요했던 것이다. 언문은 문자 그대로 '백성을 위한 문자'로서 백성들 사이에서 소리 없이 퍼져나갔다. 그것이 역사의 큰 흐름이었다.

또 언문을 한자를 배운 계층에서는 환영하지 않고 사용하지도 않은 것처럼 생각하지만 결코 그렇지 않았다. 왜냐하면 한문을 아는 사람이라도 한자로 표현할 수 없는 것을 언문은 자유자재로 표현할 수 있기 때문이었다. 그 표현은 시나, 편지나, 소설이나, 회고록 등 문학의 형식으로도 나타났지만, 무엇보다도 한자생활이 불편한 백성들이 억울한 일을 호소하는 수단으로, 형법을 배우는 수단으로, 의학서를 이해하는 수단으로 많이 활용되었다. 한자가 진서眞書로 불렸지만, 진서와 언문이 서로 배타적으로 사용된 것이 아니라 서로 공존하고 병행하는 시대가 열린 것이다.

언문창제 이후 익명서匿名書가 유행하였다. 이름을 밝히지 않고 억울한 일을 호소하거나, 남의 잘못을 고발하는 수단으로 익명서를 만들어 관청이나 개인집에 투서投書하기도 하고 벽에 붙이기도 했다. 백성들의 억울함을 풀어주기도 하고 때로는 그들의 인권을 높이는 데 언문이 기여했다.

언문사용 인구가 늘어나자 국가에서도 언해본을 더 많이 간행하고, 임금의 교지를 언문으로 만들어 방문榜文으로 벽에 붙여 놓기도 했다. 국가와 백성 사이의 소통이 그만큼 더욱 활발해진 것이다.

이제 이런 사정을 염두에 두면서 조선전기로 국한하여 실제로 언문을 사용한 실례를《실록》을 통해 알아보면 다음과 같다.

(1) 세종 시대

세종 28년(1446)에 언문 반포가 이루어지면서 궁궐 안에 바로 언문청諺文廳이 설치되어 중종 원년(1506)에 혁파되었으니, 무려 60년간 존속하면서 언해사업이 이루어졌다. 언문청이 아니더라도 언해사업은 왕조말까지 지속적으로 이루어졌다. 언해사업은 국가에서도 했지만 재야 학자들도 개인적으로 유교 경서經書들이나 천자문千字文 등에 대한 언해책을 많이 편찬했는데, 그 종류를 다 알기는 어렵다.

세종 때에는 《용비어천가》, 《동국정운》 등이 언해되고, 석가釋迦의 일생을 적은 《월인석보月印釋譜》(세조 5년 간행)와 불교를 찬미한 《월인천강지곡月印千江之曲》 등은 한자 원본 없이 오직 언문으로 지은 책이다. 그러니까 역사책, 운서, 불교 서적이 언문으로 간행된 셈이다. 또 각 관청의 행정실무자인 이전吏典들에게 필수적으로 언문을 시험과목으로 정하고 가르쳤으며, 세자[문종]와 세손[단종]에게도 시강관이 언문을 가르쳤음은 앞에서 이미 설명했다.

또 세종은 대신과 비밀스러운 일을 논의할 때 몇 차례에 걸쳐 언문유시를 써서 만나서 주면서 의논했다. 임금이 한자로도 쓸 수 있는 글을 굳이 언문으로 써서 대신에게 보여주었다는 것은 매우 의미가 크다. 언문을 장차 공용어로도 쓸 수 있다는 것을 몸소 보여준 것이다.

또 한 가지 재미있는 일이 있었다. 세종 31년 10월 5일에 20년간 정승 자리를 지켜왔던 87세의 영의정 황희黃喜를 치사致仕시켜 물러나게 하고, 73세 된 하연河演을 좌의정에서 영의정으로 올리자 어떤 사람이 하연을 비방하는 글을 언문으로 써서 벽에다 붙여 놓았는데, 그 글에, "하 정승아, 또 공사公事를 망령되게 하지 말라."고 했다. 하연은 〈공법貢法〉, 축성사업築城事業, 하삼도 주민의 북방이민정책 등을 국가의 백년대계를 위해서 절대 필요한 사업으로 보아 임금에게 적극 건의하여 실시하게 한 인물로서 당시 백성들에게는 괴로움을 많이 끼친 것이 사실이었다. 그래서 민심을 많이 잃어 누군가가 한글벽서를 붙인

것이다. 이 사건은 언문이 백성들이 억울함을 호소하는 익명서 언문벽서사건의
첫 번째 사례라고 할 수 있다.

(2) 문종, 단종 시대

문종 1년(1451) 11월 17일에 양녕대군이 언문으로 짧은 편지를 써서 임금
에게 말하기를, 김경재金敬哉를 서울로 오게 하여 그 딸을 시집보내게 해 달라
는 청이었다. 김경재는 양녕대군의 장인 김한로金漢老의 아들로서 역모사건으로
온 가족이 북방지역의 관노비로 쫓겨났다가 뒤에 세종이 풀어주어 노비를 면하
고 남방으로 옮겨 살게 했는데 신하들이 강력하게 반대했다. 세종이 세상을 떠
나고, 조카 문종이 임금이 되자 김경재 일가를 유배에서 풀어주어 서울로 올라
오게 하고, 그 딸을 시집보내게 해 달라고 요청한 언문편지를 보낸 것이다. 한
문으로 쓸 수 있는 그가 굳이 언문으로 편지를 쓴 것은 언문이 감정을 더 절실
하게 표현할 수 있었기 때문이었을 것이다. 양녕도 언문의 장점을 알고 있었던
것이다.

단종 1년(1453)에는 후궁들이 사는 수강궁壽康宮의 시녀 묘단卯丹이 아지阿之
(유모)의 안부를 언문으로 적어 세종의 후궁 혜빈양씨惠嬪楊氏에게 보내니, 혜빈이
그 편지를 내전內殿(왕비)에 보고했다. 임금은 즉시 그 편지를 승정원에 내려 의
논하게 했다. 그 편지의 내용은, "방자房子(궁중 하녀)인 자금者今, 중비重非, 가지加
之 등이 별감別監과 사통하고자 한다."는 것이었다. 이 사건을 조사한 결과 사통
한 것이 아니고 공적인 일로 편지를 주고받은 것이 드러났지만, 궁중의 시녀와
하인들이 별감과 언문으로 편지를 주고 받으면서 공적인 일을 집행하고 있었던
것을 알 수 있다.

단종 1년 4월 14일에는 혜빈 양씨가 언문으로 편지를 써서 임금에게 보내
"아들 영풍군永豊君 집으로 옮겨 살게 해달라."고 청했다. 그녀는 세종이 세상을
떠난 뒤에 병이 깊어 수강궁에 살기 어려워 궁 밖에 따로 집을 마련하여 살도

록 했는데, 이때 아들네 집으로 가게 해 달라고 요청한 것이다.

단종 1년 5월 8일에 또 궁궐의 방자[하녜들이 어린 환관, 별감 등과 몰래 사통하면서 언문 편지를 주고 받는 사건이 터졌다. 언문 편지가 궁궐 안에서 공공연히 사용되고 있었던 것이다.

(3) 세조 시대

세조 2년(1457) 4월 9일에 예조에서 역어譯語 발전을 위해 나이 어린 문신과 의관자제衣冠子弟를 뽑아서 《증입언문增入諺文》과 《홍무정운》을 으뜸으로 삼아 배우게 하자고 건의하여 임금이 이를 따랐다. 그동안 하급 아전인 이전吏典에게만 '언문'을 필수로 배우게 하던 것을 어린 문신과 의관자제에게까지 언문을 가르쳐서 역관譯官들의 중국어교육을 강화하기로 한 것이다

세조 4년 8월 24일에는 왕비가 언문으로 써서 임금에게 아뢰기를, "김분金汾을 사형시키지 말고 먼 곳으로 유배를 보내라."고 청하자, 임금이 그 말을 따라 사형을 감하게 했다. 당시 왕비는 정희왕후貞熹王后 윤씨였다. 왕비의 언문편지는 실록에 한문으로 번역되어 실렸다.

세조 4년 10월 15일에는 최항崔恒과 한계희韓繼禧가 언문으로 《초학자회初學字會》의 주해註解를 달다가 부모상을 당해 중지한 것을 다른 사람들을 시켜 계속하게 했다. 이 책은 이때 만들어진 한자 자전으로, 우리나라에서 가장 오래된 자전이다. 이 책은 2017년에 발견되었다.

세조 7년 8월 27일에는 임금이 신숙주를 비롯하여 수십 명에게 명하여 세종 때 편찬한 《명황계감明皇戒鑑》을 언문으로 번역하라고 했다. 이 책은 당나라 현종玄宗이 양귀비에 빠져 정사를 소홀히 한 일을 경계하기 위해 그림을 붙여 편찬한 책임을 앞에서 설명한 바 있다.

세조 11년 9월 4일에는 궁녀 덕중德中이 언문으로 편지를 써서 환관에게 주어 임영대군[세종의 넷째 아들]의 아들인 귀성군 이준에게 전했는데, 그를 연모한

다는 내용을 담은 연애편지였다.

세조 14년 2월 4일에는 세조가 최항 등에게 명하여 〈어마법御馬法〉을 언문으로 번역하라고 명했는데, 언문으로 어마법을 설명하자 무식한 자도 말을 잘 다루는 것을 보았기 때문이었다.

세조 14년 5월 12일에는 영순군[세종의 다섯째 아들인 광평대군의 아들] 이부에게 명하여 8명의 기녀妓女에게 언문으로 된 《월인천강지곡》을 부르도록 하라고 명했다. 기녀들이 언문을 이해하고 있었기 때문이었다.

또 세조는 세조 7년에 간경도감刊經都監을 설치하여 여러 가지 불경을 인출함과 동시에 언해사업도 병행했는데, 《능엄경언해愣嚴經諺解》, 《법화경언해法華經諺解》, 《선종영가집언해禪宗永嘉集諺解》, 《법어언해法語諺解》, 《금강반야바라밀다경언해金剛般若波羅密多經諺解》 등이 그것이다.

(4) 예종, 성종 시대

예종 1년(1469) 6월에 임금이 중들에게 《금강경》과 《법화경》을 강講하게 하여 능하지 못한 자는 모두 환속시키려고 했다. 그러자 이 소식을 들은 고승高僧 신미信眉가 6월 27일에 언문으로 편지를 써서 비밀히 임금에게 이렇게 아뢰었다.

> "중이 불경을 외우는 자는 간혹 있으나, 만약에 강경講經을 하면 천 명이나 만 명 중에 겨우 한둘뿐입니다. 그러니, 다만 외우는 것만으로 시험하게 하소서."

임금이 이 말을 듣고 노하여 신미를 옛 광평대군 집에 가두었다. 한문에 능숙한 신미같은 고승도 언문을 애용했던 것이다. 그러나 실록에는 신미의 편지가 한문으로 번역되어 실렸다.

성종 1년(1470) 3월 9일에 태종의 후궁이던 선빈안씨善嬪安氏의 딸 경신옹주敬慎翁主가 그 어미와 더불어 서로 전지田地와 노비를 놓고 소송을 벌였는데, 세조가 이를 처결하여 그 어미에게 주었다. 그러나 경신옹주가 불복하여 또 소송을 걸자, 대왕대비[세조비 윤씨]가 언문으로 글을 써서 세조가 이미 결단한 사실을 임금에게 알려주어, 이에 따라 사건을 마무리했다. 이때 임금은 14세로 나이가 어려 대왕대비가 청정하고 있을 때였으므로 임금은 대왕대비의 언문의지諺文懿旨[299]를 그대로 따랐다. 대왕대비의 언문글은 당연히 한문으로 번역되어 《실록》에 기재되었다.

성종 7년 1월 13일에 대왕대비는 또 언문편지를 써서 원상院相에게 전했는데, 그 내용이 매우 길다. 요약하면, 임금이 이미 장성했으므로 청정을 그만두겠다는 것이다. 성종이 이미 21세로 성장했기 때문이다. 이 언문의지도 한문으로 번역되어 《실록》에 실렸다.

성종 8년 3월 29일에는 내시가 대왕대비의 언문의지를 임금에게 전하니, 임금이 대신들에게 보여주고 의논했다. 그 내용은 새로 들어온 왕비 윤씨[연산군의 어머니]의 비행을 적은 글이었다. 그 내용이 매우 길지만 생략한다. 역시 한문으로 번역되어 《실록》에 실렸다. 이 의지를 계기로 왕비는 결국 폐위되었다가 사사되었음은 잘 알려진 사실이다.

성종 10년 6월 5일에는 대비 소혜왕후 한씨[덕종 비]가 내시를 시켜 대왕대비가 보낸 언문의지와 폐비윤씨가 만든 언문글을 임금에게 전했다. 대비와 폐비가 모두 언문으로 글을 썼음을 알 수 있다.

성종 12년 3월 24일에는 세종 때 만든 《삼강행실도》를 언문으로 번역한 것을 인쇄하여 서울과 지방 8도에 나누어 주었다.

성종 13년 2월 13일에는 남원군 양성지梁誠之가 세종 때 만든 《총통등록銃筒謄錄》이 비밀문서이므로 한문본 1건은 궁중에 들이고, 나머지는 언문으로 필사하여 중앙과 지방의 서고에 보관하고, 그 나머지는 모두 불태워 버리자고 건의했다. 언문책은 외국인이 읽을 수 없기 때문이다. 언문의 용도가 이런 비밀문서

---

299) 대왕대비의 명령을 의지懿旨라고 불렀다.

구실도 한다고 믿었던 것이다. 하지만, 양성지의 건의는 받아들여지지 않았다.

성종 13년 6월 10일에는 임금이 거처하는 대내大內에 있는 언문서간을 임금이 환관과 형방승지에게 명하여 한문으로 번역하게 했는데, 일이 비밀이어서 그 내용을 아는 자가 없었다.

성종 13년 6월 11일에 제안대군齊安大君(예종의 아들) 이현의 아내 박씨가 여종과 동침하면서 동성애를 하고 있었는데, 박씨가 여종에게 보낸 연애편지가 발각되었다. 그 내용이 한문으로 번역되어 실록에 실렸다.

성종 13년 8월 11일에는 대사헌 채수蔡壽가 말하기를, 폐비윤씨의 죄를 정할 때 신이 승지로 있으면서 궁 안에서 나온 언문을 번역하여 그의 죄악상을 길이 후세에 보이도록 청했습니다. 그래서 윤씨의 죄악상을 알고 있습니다만, 그래도 국모였던 사람을 여염집에서 살게 하는 것은 너무 무람하다고 하면서 별실을 만들어 살게 하자고 청했다. 그러자 임금이 언문서를 내보이며 화를 내면서 말하기를, "그가 임금의 발자취도 지워버리겠다."고 말하고 몸에 항상 비상砒霜을 지니고 임금을 독살하려고 했다고 하면서 채수의 청을 거절했다.

다음 날 폐비를 옹호한 채수와 권경우 등의 죄를 둘러싸고 임금이 대신들과 의논했는데, 임금은 반은 언문으로, 반은 한자로 된 글을 써 와서 대신들에게 보여주었다. 그 내용이 번역되어 실록에 실렸다. 성종도 자신이 뜻을 언문 반, 한문 반으로 적어 대신들에게 보여주었으니, 아무래도 빨리 작문하기가 순한문보다 편했기 때문이었을 것이다.

성종 14년 7월 29일에는 《연주시격聯珠詩格》과 《황산곡시집黃山谷詩集》을 서거정徐居正 등에게 명하여 언문으로 번역하게 했다. 《연주시격》은 원나라 때 만든 책으로 칠언절구七言絶句의 시를 짓는 법을 서술한 책이고, 《황산곡시집》은 송나라 시인 황정견黃庭堅의 시집을 말한다.

성종 16년 5월 29일에 예종의 아들 제안대군이 언문으로 편지를 써서 임금에게 올리니 승정원에서 한문으로 번역하여 아뢰었다. 그 내용은 조강지처였다가 내쫓은 김씨와 다시 살겠다는 것이었다.

성종 16년 7월 17일에 호조판서 이덕량李德良이 언문 2장을 가지고 와서 임금에게 아뢰었는데, 그 내용은 저자 사람들이 호조판서와 호조참판을 비웃고 헐뜯는 것이었다. 이유는 저자를 다른 곳으로 옮기려는 정책을 비판한 것으로, 그 목적이 판서가 자기 동생을 위해서이며, 참판은 뇌물을 받기 위해서였다고 씌어 있었다. 이 언문서를 판서의 동생집에 투서하여 가지고 온 것이었다. 언문이 저자상인들이 정부정책을 비판하는 익명 투서로 활용되고 있었던 것이다.

성종 16년 11월 10일에 영의정부사 노사신은 임금에게 "우리집 종 유막지의 장인이 언문을 잘쓰기 때문에 대필하지 않았다."고 말했다. 노비 중에도 언문을 잘하는 사람이 있었던 것을 알 수 있다.

성종 19년 9월 20일에는 임금이 의약서인《향약집성방鄕藥集成方》을 초록하여 언문으로 번역하여 주자소에서 간행하여 반포하라고 명했다. 의학서를 누구나 쉽게 읽을 수 있도록 하기 위함이었다.

성종 때에는 이밖에도《능엄경언해楞嚴經諺解》,《법화경언해法華經諺解》등 10여 종의 불경과《구급방언해救急方諺解》등 의학서가 언문으로 번역되어 간행되었다.

또 성종의 모후이자 덕종비인 인수대비仁粹大妃가 지은《내훈內訓》을 언해본으로 간행했다. 그밖에 두보杜甫의 시를 번역한《두시언해杜詩諺解》도 만들었다.

(5) 연산군 시대

연산군 시대에는 임금의 폭정을 비방하는 언문서가 성행했다. 특히 어머니 윤씨가 대왕대비의 언문서 때문에 폐비되고 사약을 받고 죽은 사실을 알고 난 다음부터 폭정이 격화되었다.

갑자사화甲子士禍를 일으킨 연산군 10년부터는 임금을 비방하는 언문글들이 나돌면서 언문사용이 탄압을 받기 시작했다. 연산군 10년 윤4월 16일에 임금은 성종 10~13에 폐비될 때 언문글을 번역하여 밖에 전파한 자와 그때의 사관

史官(예문관의 한림), 승정원 주서, 승지들을 보고하라고 명했다.

연산군 10년(1505) 7월 19일에 신수영愼守英이 임금에게 비밀히 보고했다. 제용감정 이규의 심부름꾼이 신수영의 집에 언문글을 투서했는데, 그 내용은, 의녀醫女 개금, 덕금, 고온지 등이 함께 모여 술을 마시는데, 개금이 말하기를, "옛 임금은 난시일지라도 이토록 사람을 죽이지는 않았는데, 지금 임금은 어떤 임금이기에 신하를 파리 머리 끊듯이 죽이는가? …"라고 말했다는 것이었다. 당시 관노비 출신의 의녀醫女들이 술을 마시면서 임금을 비방했다는 내용의 투서였다.

연산군은 드디어 10년 7월 20일에 언문금지령을 내렸다. 앞으로 언문을 가르치지도 말고, 배우지도 말고, 이미 배운 자는 쓰지도 말라는 것이며, 언문을 읽는 자는 모두 한성부가 적발하여 보고하라고 명했다. 이해 7월 22일에는 언문금지령을 더 구체화하여 한어를 언문으로 번역하는 것을 제외하고는, 언문을 쓰는 자는 법으로 다스리겠다고 말하고, 언문으로 구결口訣한 책은 모두 불사르라고 명했다. 그러나 이렇게 언문사용을 금지하면서도 정책에 꼭 필요한 한자 책은 언문으로 번역하게 했다.

연산군 10년 12월 10일에 《역서曆書》를 언문으로 번역하라고 명하고, 11년 11월 18일에는 임금이 지은 악장樂章을 진서와 언문으로 번역하여 인쇄하라고 명했다.

연산군 12년 5월 29일에는 공사천公私賤이나 양녀良女를 막론하고 언문을 아는 여자를 두 사람씩 뽑아 올리라고 명했는데, 이는 새로 뽑혀온 흥청興淸과 운평運平 등의 기생들이 임금 앞에서 쓰는 존칭말을 알지 못해 어전에서 쓰는 말을 언문으로 책을 만들어 가르치기 위함이었다.

연산군 12년 7월 28일에는 뇌영원 소속의 흥청 기생 두 사람이 몰래 밥 속에 언문편지를 넣어 암통하기를, "요즘 들리는 말이, 중국 사신이 오면 각 원院의 흥청을 다 풀어준다."는 말을 적은 것이었다. 이들은 붙잡혀 처벌을 받았다.

이렇게 연산군 시대에는 무고한 선비들이 두 차례 사화士禍로 떼죽음을 당했을 뿐 아니라, 이를 비방하는 백성들의 언문비방이 일어나면서 언문까지도 탄압을 받는 시대가 되었던 것이다.

(6) 중종 시대

중종 4년(1509) 9월 11일에 종실宗室의 딸 철비鐵非가 언문으로 상언上言하여 사노비를 면하게 해달라고 청원했다.

중종 8년 2월 2일에는 성종 8년에 임금이 검소하고 소박한 태도를 숭상하고 사치를 고치는 일로 의정부에 하교하고, 또 이를 언문으로 번역하여 궁벽한 시골 백성이라도 누구나 알게 했었는데, 중종이 이를 본받아 다시 전지傳旨를 만들어 서울과 지방에 효유하라고 명했다. 그러니까 임금이 백성을 훈계하는 효유를 언문으로 만들어 전국 백성에게 내린 것이다.

중종 9년 4월 14일에는 《의서醫書》를 언해하여 승정원에 내렸다. 이 의서는 놀라서 죽은 사람을 쥐엄나무 열매 껍데기로 치료하면 3~4일 뒤에라도 소생할 수 있다고 했는데, 우부우부愚夫愚婦에게도 다 알게 하기 위해 언문으로 번역까지 하였으니, 죽은 사람이 소생한다는 것은 꼭 모르겠으나, 또한 그럴 이치가 없다고 할 수도 없다. … 근래 대궐 안에서 여러 번 이런 일이 있었으니, 의사醫司에서 약을 만들어서 여러 관청과 군사청에 나누어 주어 서로 구하도록 하라는 내용이었다.

중종 14년에는 사림파 유신들이 궁중에 여자 기록관을 두어 이를 여사女史라고 부르고, 왕비를 비롯한 궁중 여인들의 일상생활을 언문으로 기록하자고 이구동성으로 주장했으나 임금이 어렵다고 말했다.

중종 19년 2월 28일에는 〈세자친영의주世子親迎儀註〉와 〈책빈의주冊嬪儀註〉를 언문으로 기록하여 궁중에 들이라고 임금이 명했다. 궁궐로 시집오는 집에 보내 의식을 알도록 하기 위함이었다.

중종 22년 4월 7일에는 범인을 잡기 위해 언문으로 포고절목捕告節目을 써서 방榜으로 붙이도록 명했다.

중종 22년 4월 14일에는 임금의 자전[정현왕후 윤씨, 성종비]이 언문으로 궁중에서 일어난 이상한 일들을 자세하게 기록하여 임금에게 전했는데, 이것이 한자로 번역되어 실록에 실렸다.

중종 28년 5월 13일에는 언문 익명서 사건이 일어나고, 중종 34년 5월 21일에는 궁궐에 몰래 담 넘어 들어온 은수라는 중이 붙잡혀 공초를 받았는데, 그가 내수사 노비 윤만천에게 평소 짚신을 여러 차례 보내주었고, 윤만천은 그것이 고마워서 은수에게 언문편지를 보내 한 번 만나기를 청했다. 이 사건에 윤만천은 아무 죄가 없었다. 다만 노비가 언문편지를 중과 주고받은 사실이 주목된다. 노비도 언문으로 편지를 쓰는 시대가 열렸다는 사실을 말해주기 때문이다.

중종 때에는 《유합類合》으로 불리는 한자책 언해본이 간행되어 세자의 한자교재로 사용되었고, 역관 최세진崔世珍은 《훈몽자회訓蒙字會》로 불리는 천자문 언해본을 편찬했다. 또 중종 때 의학서인 《속벽온방續辟瘟方》이 언해되고, 《효경孝經》, 《소학小學》, 《향약鄕約》 등 윤리교과서들이 언해본으로 간행되었다.

(7) 인종~광해군 시대

인종 1년(1545) 7월 1일에 인종이 세상을 떠났는데, 7월 4일에 인종비가 인종이 죽을 때 남긴 유언을 언문으로 써서 승정원에 내려주었는데, 승지와 사관들이 그 글을 보고 모두 통곡했다. 그 유언이 한문으로 번역되어 실록에 실렸다.

명종 즉위년(1545) 7월 21일에는 《소학》을 언문으로 번역했다.

명종 즉위년 7월 25일에는 영의정 윤인경尹仁鏡 등 대신들이 10개 조항의 경계문警戒文을 써서 두 통을 작성했는데, 한 통은 한문으로 써서 임금에게 올리고, 다른 한 통은 언문으로 써서 자전慈殿(문정왕후)에게 올렸다.

문정왕후에게 올린 언문 경계문의 내용은 임금이 나이가 어리므로[당시 12세], 자전께서 맹모孟母(맹자의 어머니)의 심정으로 어린 왕이 성군이 되도록 가르쳐야 한다는 것과 여자나 외척의 정치간여를 막아야 한다는 것이 주조를 이루고 있었다. 이 경계문은 당시 인종의 외척인 대윤大尹(장경왕후 집안)과 명종의 외척인 소윤小尹(문정왕후 왕후) 사이의 권력투쟁을 미연에 막으려는 의도를 담은 것이었다.

명종 2년 윤9월 18일에는 전성정全城正의 가노家奴들이 철추鐵椎를 만들고, 임금을 저주하고 있다는 내용의 언문 익명서匿名書가 부원군 임백령林百齡의 집에 투서되어 죄인을 다스리는 사건이 터졌다. 언문이 익명서로 이용된 또 하나의 사례이다.

명종 4년 6월 22일에도 갑사 전석정全昔貞이 언문으로 된 작은 책자를 가지고 와서 승정원에 반역사건을 고발하는 일이 발생했다. 역시 익명서 사건이다.

명종 9년 11월 25일에는 《구황촬요救荒撮要》를 언문으로 번역하여 간행했다. 이는 흉년에 대비한 방책을 논한 책이다.

명종 22년 3월 12일에는 왕대비 인성왕후가 언문으로 쓴 의지懿旨를 영의정 등 대신들에게 내렸다.

선조 때에는 유교의 기본경전인 《삼경언해三經諺解》가 출간되고, 따로 《주역언해周易諺解》, 《사서언해四書諺解》 등이 출간되었다. 율곡 이이李珥가 독자적으로 《사서언해》를 편찬하기도 했다. 또 선조는 왜란 중에 백성들에게 알리는 효유문曉諭文을 여러 번 언문으로 만들어 내리기도 했다. 이는 명나라 장군이나 일본인이 읽지 못하게 하려는 이유도 있었다.

광해군 때에는 《속삼강행실도》 언해본을 출간하고, 《가례언해家禮諺解》를 간행했다. 인조 때에는 《심경언해心經諺解》가 간행되었다.

나가면서: 선비정신과 세종대왕

한국사를 경제력과 군사력 등 물질적인 측면에서 관찰한다면 우리나라는 역사적으로 강대국은 아니었다. 영토와 인구의 크기에서 중국과 일본보다 작은 것이 결정적인 약점이었다. 그래서 이웃나라와의 싸움에서 단기적으로는 항상 불리했으나, 장기적인 전쟁에서는 이겼다. 그 힘은 정신문화의 힘이었다고 본다. 문화도 엄연한 국력의 일부이다.

일제강점기에서 광복된 대한민국이 지금 발전하고 있는 힘도 정신문화의 잠재력이 원동력이라고 본다. 그 힘이 서양의 기술문화와 접목되면서 경제선진국을 따라잡고 있다. 아직도 경제력과 군사력의 총량에서는 이웃나라에 뒤지고 있지만, 전세계적으로 '한류韓流'의 바람이 불고 있는 것은 정신문화의 힘일 것이다.

나는 한국정신문화의 가치를 '선비정신', '선비문화'로 정의하고, 그 본질을 캐기 위해 공부해왔다. 지난 세월에 10여 권의 인물평전을 쓰고, 논문형식으로 쓴 개별 선비연구는 수십 명에 이른다.[300] 이런 개별적 연구성과를 총괄하여 《한국선비지성사》, 《미래와 만나는 선비문화》 등을 썼다. 우뚝한 선비들을 각론으

---

300) 50년 전에 쓴 《왕조의 설계자 정도전鄭道傳》(원제는 《정도전 사상의 연구》)이 그 첫 시도였다. 정도전을 통해 조선왕조를 설계한 창업創業 이념을 알게 되었다. 그 다음 세종이 집현전에서 키우고 세조의 제갈량으로 불린 눌재 양성지梁誠之 평전을 냈는데, 이는 수성기守成期의 정치이념을 알기 위해서였다. 그 뒤로 16세기 후반기 성리학의 두 거두인 율곡 이이李珥와 우계 성혼成渾의 평전을 썼다. 이 시대는 율곡이 말한 것처럼 조선왕조가 이미 병든 나라 곧 중쇠기中衰期로 들어간 시기로서 경장更張을 통해 나라를 구해보려던 선비정신의 실체를 알게 되었다.
　왜란 이후 인물로는 유명한 실학자 몇 사람의 평전을 썼다. 왜란 때 삼도도체찰부사로서 이순신을 크게 도와주고 《진설陣說》과 《신기비결神器秘訣》의 병서兵書를 써서 남인 실학의 선구자가 된 월탄 한효순韓孝純, 왜란 후 《지봉유설芝峯類說》이라는 거작을 내어 실학선구자의 하나가 된 지봉 이수광李晬光, 17세기 말 《우서迂書》를 써서 북학에 의한 사회개혁의 선구자가 된 소론 학자 농암 유수원柳壽垣, 그리고 죽음으로써 대한제국을 탄생시킨 명성황후明成皇后에까지 이르렀다. 한효순과 이수광은 왜란 후의 왕조 재건을 설계하고, 유수원은 북학北學의 이용후생利用厚生을 설계하고, 명성황후는 논란이 많은 인물이지만, 일본이 그녀를 해친 것은 반일개화反日開化를 꿈꾸었기 때문이었고, 그가 죽으면서 반일민족주의의 횃불이 타오르기 시작한 것은 숨길 수 없는 사실이다.

로 연구하고, 이를 총론으로 종합하여 단행본으로 엮은 것이다.

　　내가 이해하는 한국 선비정신과 선비문화의 특성, 그리고 세종대왕과의 관계를 정리하면 다음과 같다.

　　선비정신의 첫째 특성은 우주를 하나의 생명공동체로 보는 천지인합일天地人合一 사상과 음양오행陰陽五行 사상이다. 이 사상은 중국인들이 동이족東夷族으로 부른 '아사달족'에서 발생하여 고조선의 건국이념으로 수렴되고, 〈단군신화〉로 표현되었다. 동이족 출신 복희씨伏羲氏가 만든 역학易學, 춘추전국시대 제나라의 동이족 추연鄒衍이 만든 음양오행사상, 동이족 기자箕子가 만든 홍범구주洪範九疇 속의 오행사상 등이 그 뿌리다.

　　단군신화 속에는 천지인합일 사상이 3이라는 숫자로 집약되어 건국과정이 설명되고 있다. 천신 환인天神 桓因, 지신 환웅地神 桓雄, 인신 단군人神 檀君이 등장하고, 이를 묶어서 삼신三神으로 부르면서 삼신을 일신一神으로 바라보고 민속에서는 '삼신할머니'로 불렀다.

　　환웅이 하늘에서 내려온 곳이 봉우리가 3개 있는 삼위태백三危太白이고, 천신으로부터 받은 물건이 천부인天符印 3개이고, 데리고 온 신하가 풍백風伯, 우사雨師, 운사雲師 등 3신三臣이고, 데리고 온 무리가 3천 명이었다.

　　환웅은 360[3×120]가지 일로 인간을 이익되게 했는데, 이를 홍익인간弘益人間으로 불렀다. 그 가운데 가장 중요한 것이 생명, 곡식, 질병, 선악, 형벌 등 5가지였다. 이것이 바로 5행이다. 생명은 인仁으로 목木이고, 곡식은 신信으로 토土이고, 질병은 불[火]로 예(禮)이고, 선악판단은 지智로서 물[水]이고, 형벌은 의義로서 금金이다. 곧 5행은 인의예지신仁義禮智信의 5덕을 담고 있다.

　　곰은 굴 속에서 21개[쑥 1다발, 마늘 20개] 음식을 먹으면서 21일 동안 햇볕

선비 개인에 대한 논문으로는 고려 말 대표적 선비의 하나인 가정 이곡李穀과 행촌 이암李嵒을 거쳐 조선후기의 오운吳澐, 조정趙挺, 유계兪棨, 허목許穆, 홍여하洪汝河, 임상덕林象德, 이익李瀷, 안정복安鼎福, 홍만종洪萬宗, 이종휘李種徽, 정약용丁若鏞, 한치윤韓致奫, 홍경모洪敬謨, 이원익李元翼, 개화기의 안종화安鍾和, 그리고 일제강점기의 민족주의 역사학자인 신채호申采浩, 박은식朴殷植, 이상룡李相龍, 김교헌金敎獻, 안재홍安在鴻, 손진태孫晉泰, 안확安廓 등 24명에 이른다.

을 보지 않은 결과 여자로 변했는데, 21이라는 숫자를 '삼칠三七'로 불렀다. 3을 7로 곱한 것이다. 단군은 1,500년을 다스렸는데, 나이가 1,908세였다. 이 수치도 3을 500으로 곱하고, 3을 636으로 곱한 수치다.

천지인天地人을 형상으로 표현할 때에는 하늘은 원형[○]이고, 땅은 사각형[□]이고, 사람은 삼각형[△]으로 그렸다. 이것이 이른바 원방각圓方角 문화이다. 원방각문화와 오행문화는 고대로부터 우리의 의식주문화에 뿌리내린 전통문화의 핵심이다.

한국인의 역학易學과 음양오행사상은 이렇게 송대 성리학性理學이 들어오기 훨씬 이전부터 전통문화 속에 뿌리를 내리고 이어져 왔다. 무교巫敎(道敎, 神敎, 仙敎로 불림), 불교, 유교 문화 속에서도 변함없이 이어져 왔다. 한국인들이 태극과 태극기를 옛부터 사랑한 것도 바로 역학과 음양오행사상에서 비롯된 것이다. 태극무늬는 경주 감은사지感恩寺址의 주춧돌에서도 발견되었다.

조선시대에는 명나라와 청나라 사신이 올 때 태극기를 들고 나가서 환영했다. 임진왜란 당시 노량露梁에 진치고 있던 진린陳璘 제독의 건물에는 천병天兵이라고 쓴 깃발이 걸렸고, 이순신장군이 거처한 건물에는 태극기가 걸려 있었다. 영조 때 청나라 사신 아극돈阿克敦이 왔을 때 청나라 화원이 그린 《봉사도奉使圖》를 보면 청나라 사신이 묵고 있는 숙소 앞마당에 태극기를 꽂아 놓았다. 태극기가 우리나라 전통문화를 상징하고 있음을 중국인들에게 보여주고자 한 것이다.

태극과 태극사상이 이어져서 개화기에 청나라의 반대를 무릅쓰고 태극기를 공식 국기國旗로 정했고, 대한제국이 국기로 계승하고, 3.1운동 당시 수많은 동포들이 들고 나와 만세를 외쳤고, 대한민국 임시정부의 국기를 거쳐 지금 대한민국의 국기로 이어져 온 것이다.

세종대왕의 훈민정음도 천지인합일 사상의 역학과 음양오행 사상을 바탕으로 만들어진 것인데, 중국 성리학이 들어와서 비로소 만들어진 것이 아니고 고조선 이래의 전통문화를 바탕으로 만들어진 것이다. 특히 문자구조는 원방각 도형에서 빌어온 것이다.

훈민정음을 만든 목적이 중국 문화를 더 적극적으로 받아들이기 위해서였다는 견해도 재고되어야 한다. 물론, 사서四書를 비롯하여 중국 서적들을 언해한 것이 많고, 또 중국어 발음을 정확하게 공부하기 위해 《동국정운東國正韻》이라는 중국어 발음사전을 만든 것도 사실이다. 그러나 그런 것은 훈민정음 사용례의 일부에 지나지 않는 것이다.

만약, 중국문화의 적극적 수용이 일차적인 목적이었다면, 훈민정음이 창제된 뒤에 최만리를 비롯한 여러 명의 집현전 학자들이 그토록 반대하다가 옥에 갇힌 이유는 무엇인가? 훈민정음을 적극적으로 환영한 계층은 유학자들이 아니고, 한문을 잘 모르는 여성, 평민, 노비들이라는 것은 어떻게 설명해야 하는가? 세종이 어린 중국 황제가 등장한 시기를 틈타서 모화사상慕華思想에 물든 유학자들의 시선을 피하면서 소수의 가족 조력자와 더불어 밀실에서 만든 이유가 무엇인가?

다음에 선비정신의 두 번째 특성은 앞에서 잠깐 설명한 단군신화의 '홍익인간' 사상이다. 이미 천지인합일 사상에 우주를 하나의 생명공동체로 바라보는 우주관이 들어 있는데, 이런 정신을 인간사회에 적용시킨 것이 '홍익인간'이다. '인간을 고르게 이롭게 한다.'는 정신이다. 이런 홍익인간 정신이 처음에는 무교巫教에 반영되어 신바람의 굿을 통해 액운을 구제하는 종교로 나타나고, 불교가 들어온 뒤로는 자비사상과 합쳐지고, 그리고 유교의 인仁 및 민본民本 사상과 결합되어 국가경영에 있어서 공익정신公益精神으로 진화되어 나간 것이다.

따라서 홍익인간은 무당이나 승려나 유학자들이 모두 공유하고 있었다. 물론 무당, 승려, 유학자 가운데 저질스런 사이비가 없었다는 뜻은 아니다. 사상의 본질을 가지고 말한다면 그렇다는 뜻이다.

한국 역사에서 홍익인간의 공익정신은 정치, 경제, 신분, 문화, 예술 등 모든 분야에 걸쳐 투영되었다. 임금의 독재를 막으면서 정치적 권력분담으로 나타나고, 언관의 정치비판을 극대화시키고, 민생을 안정시키고, 노비를 포용하고,

여성의 지위를 향상시키고, 경제적 빈부격차를 완화시키는 정책으로 구체화되었다. 그렇다고 우리 역사가 유토피아를 건설했다는 뜻은 아니다. 인류 역사상 유토피아는 한 번도 이룩한 사실이 없다. 기독교의 에덴동산이나 유교의 요순시대나 불교의 극락세계는 후세인이 만들어낸 희망적이고 가상적인 유토피아에 불과하다.

그래서 역사에서의 가치평가는 다른 나라나 앞시대와의 상대적 비교에서 판단할 수밖에 없다. 예를 들면, 세종의 눈에 비친 중국 정치는 주변 오랑캐보다는 앞선 것으로 보였지만, 숭모와 존숭의 대상만은 아니었다. 특히 명나라 황제의 독재와 향락, 황제가 죽은 뒤에 궁인들을 순장시키는 제도, 환관의 횡포, 명나라 사신의 무식과 가렴주구 등이 그렇다.

세종이 배우고자 한 중국 문화는 주로 송대 성리학과 명나라 형법, 그리고 중국 역대의 기술문화이지 명나라의 정치문화가 아니었다. 명에 대한 사대事大는 기본적으로 힘의 논리와 국익國益이 바탕에 깔린 것이지 모화사상慕華思想이 본질은 아니었다. 특히 가렴주구를 일삼는 명나라 환관 사신을 한없이 멸시하고, 그런 사신을 보내는 황제의 처사를 개탄했다. 그러면서도 우리가 '예의지국'의 품격을 잃지 않아야 한다는 신념으로 참기도 하고 견제도 하면서 우호관계를 유지했다.

명나라와 우호관계를 맺지 않았다면 4군과 6진의 개척은 불가능했을 것이다. 세종은 고려 때 윤관尹瓘이 개척했던 9성 가운데 공험진公嶮鎭의 선춘령先春嶺에 세운 비석이 두만강 이북 700리에 있었다고 확신하고 명나라에 이 사실을 집요하게 설득하면서 두만강 연안의 여진족을 압박하여 6진을 개척했다. 만약 명나라와 등지고 있었다면 명은 여진 편을 들고 조선의 북진정책을 적극적으로 막았을 것이다. 그러나 명은 사대를 열심히 하는 조선 편을 들면서 여진족을 견제하는 조선의 정책을 밀어주었다.

무로마치 막부[아시카가 막부] 시대의 일본을 바라보는 세종의 시각은 매우 실망감에 젖어 있었다. 일본의 군사력이나 경제력은 과소평가하지 않았지만 정치수준은 매우 낮은 나라로 보았다. 중앙집권을 이루지 못하여 토호들이 난립하여 서로 싸우고, 과거제도를 통한 인재등용과 관료정치도 모르고, 국제관계의 예의도 모르고, 힘을 바탕으로 한 약탈과 살육에만 매달리는 행태를 보고 정치적 후진국가로 본 것이다.

특히 《대장경》을 수도 없이 얻어가면서 나중에는 한 벌밖에 없는 《대장경판》을 달라는 요청을 거부하자 군대를 동원하여 무력으로 가져가려고 시도한 것을 보고 저들이 과연 예의와 염치를 아는 문화국가인가를 더욱 의심했다. 그러나 저들의 침략을 막기 위해서는 일본의 국내사정을 수시로 정탐할 필요가 있다고 느껴 통신사通信使나 회례사回禮使를 파견하면서 가능한 한 우호관계를 유지하려고 애썼다.

왜구의 소굴이었던 대마도는 본래 신라에 속했던 목마장牧馬場이라고 확신하고 있었으나 이를 수복할 가치가 없는 땅이라고 여겼다. 농업의 자급자족이 불가능한 산악이기 때문이다. 그래서 다만 인면수심人面獸心을 가진 왜인들이 도적질과 살육을 하지 못하도록 막기 위해 대규모 정벌을 통해 조선의 힘을 보여주면서, 다른 한편으로는 식량과 포목, 소주 등을 보내주고, 상업을 허용하면서 달래는 정책을 폈다.

한편, 대마도 이외의 구주九州 지역과 그 북쪽의 야마구치山口縣, 히로시마廣島縣, 시즈오카靖岡縣, 시마네島根縣 등지의 왜인들과의 관계는 매우 우호적이었다. 특히 야마구치현의 토호인 대내전大內殿은 스스로 백제 왕손의 후예라고 하면서 조선을 대국으로 극진히 섬기면서 교역했고, 구주 지역의 토호들도 사가현佐賀縣, 후쿠오카현福岡縣, 오이타현大分縣, 미야자키현宮岐縣, 사쓰마현薩摩縣 등지의 토호들은 조선을 대국 또는 황제국으로 숭모하면서 교역을 했다. 이들 토호들은 모두가 삼국시대에 일본으로 건너가서 수많은 소국小國을 세웠던 한국계 왜인들이었다.

그런데 19세기 중엽 이후로 메이지유신을 전후하여 일본의 국력이 커지고 조선의 국력이 약해지자 이들이 정한론征韓論을 주장하면서 조선침략에 앞장선 것은 참으로 격세지감을 느끼게 한다. 세종 때에는 조선의 국력이 저들을 압도했기 때문에 태도가 공순했으나 자신의 힘이 커지자 역으로 조선을 자신들의 영토로 만들려고 나선 것이다.

마지막으로 선비문화의 세 번째 특징은 무서운 교육열과 통합적 학문관이다. 선비와 백성의 존경을 받았던 수많은 선비학자들이나 뭇 백성의 존경을 받은 임금들은 한결같이 뛰어난 교육자들이었다. 조선의 선비들 가운데에는 학문적으로 독창성이 강한 학자도 적지 않았지만, 대부분은 전통적인 홍익문화와 유교문화를 토착화시키면서 이를 인재양성의 교육자료로 활용한 측면은 중국보다도 우리가 한층 강도가 높았다. 그 결과 백성들의 평균적인 교육수준이 매우 높은 나라가 되었다.

세종은 집현전集賢殿을 설치하여 최고학술기관을 만들고 최고정책기관으로 활용했지만, 훈민정음을 만든 뒤로는 언해사업을 통해 수많은 교육용 교재를 만드는 길을 넓게 터놓았다. 조선시대를 통틀어 보면 언해사업은 중국책보다는 우리나라 책이 더 많았다. 세종 때 만든 것만 해도, 《용비어천가》나, 《석보상절》, 《월인천강지곡》 등은 중국 책과는 관계가 없다.

교육의 발전은 과거시험을 통한 출세의 길을 넓게 여는 계기가 되었다. 물론, 과거제도의 부작용과 문제점도 없는 것은 아니었지만, 그 부작용만 보고 그 긍정적 측면을 부정하면 안된다. 과거시험이 없었다면 '개천에서 용이 난다.'는 속담은 거짓이었을 것이다. 과거제도는 신분세습제의 경직성을 완화시키는 데 크게 기여했다. 오늘날 한국인은 거의 모두가 양반 후예라는 자부심을 가지고 있으며, 씨족마다 족보族譜가 있는데, 이는 미천한 집안에서도 벼슬아치가 나오지 않은 집안이 없기 때문에 생긴 현상이다.

혹자는 노비제를 마치 서양의 노예제와 비교하는 이도 있으나, 이는 근본적으로 노비의 지위를 모르고 하는 말이다. 노비가 비록 벼슬에 나가기는 어려웠어도 계층에 따라 지위가 달랐다. 관노비는 자기의 농토와 사유재산을 가지고 있었고, 독립된 가정과 생계를 유지하고 있었다. 사노비는 관노비에 비해 지

위가 낮았지만, 외거노비는 솔거노비처럼 주인의 직접적인 통제를 강하게 받지
않았다. 주인이 노비를 함부로 죽이는 것은 법으로 금지되었다.

　　노비가 매매되고 상속된다고 하여 노비가 시장에다 내다 파는 물건처럼 취
급된 것은 아니다. 평민이 스스로 노비가 되는 현상도 비일비재했다. 대체로 노
비 소유자들은 노비인구가 줄어드는 것을 막으려고 했으나 국가 정책은 반대였
다. 세종이 특히 노비축소정책을 따랐고, 노비의 지위와 인권을 높이는 정책을
강력하게 추진했다. 세종은 입버릇처럼 "노비도 하늘이 낸 백성"이라고 선언하
면서 노비의 지위를 개선하려고 무진 애를 썼다. 관비官婢의 출산휴가를 130일
로 늘리고 그 남편인 종에게도 산후 한 달의 휴가를 준 것이 상징적으로 세종
의 노비정책을 말해준다.

　　서얼차대나 신분차별에 대하여 세종처럼 반대정책을 쓴 임금이 없다. 세종
시대는 서얼, 기술자, 귀화인, 여성, 평민, 노비들이 가장 우대받은 시대였다. 그
예는 이 책에서 무수히 소개했으므로 반복하지 않겠다. 훈민정음 창제는 세종
의 이와 같은 뛰어난 애민정책의 소산이라는 점을 잊어서는 안된다. 사회적 약
자의 생활과 인권을 개선하는 데 있어서 훈민정음이 얼마나 순기능을 했는지를
간과해서는 안될 것이다.

　　선비정신 속에 통합적 학문의 특성이 있다는 것은 유교문화의 속성이 그렇
기 때문이다. 유교는 본래 문학, 역사, 철학, 정치학, 경제학, 자연과학 등을 포
괄하는 학문체계이다. 그래서 선비정신은 포괄적인 교양의 습득을 존중한다. 다
만, 조선중기 이후로 일부 정주학자들이 기술학을 지나치게 무시하고, 호란 이
후로 명분론에 집착하여 학문의 폭이 좁아진 것은 사실이다. 그러나 세종은 그
렇지 않았다. 기술학이 포함된 이른바 10학을 골고루 진흥시켜 과학기술문화에
있어서도 동양 최고수준을 꽃피웠다. 세종은 최고의 통합학문 전문가이자 최고
의 실학자實學者이기도 했다. 세종이 포용한 학문은 우리 전통문화의 정수와 중
국 역대 문화의 정수를 모두 포괄하고 있었다. 우리 문화는 우리나라의 풍토風
土 곧 자연환경의 특성에 맞는 토성土性을 가져야 한다고 믿어 우리 의학醫學,

우리 약학藥學, 우리 농학農學, 우리 역법曆法, 우리 무기, 우리 음악, 우리 문자를 만들었지만, 동시에 여기에다 외국의 여러 학문과 기술을 접합시켜 그 수준을 높였다. 세종은 국수주의자도 아니고 세계주의자도 아닌, 그 둘을 합친 임금이었다.

세종의 최대업적인 '훈민정음'의 창제는 세종의 사상과 학문의 종합판이자 결정판이다. 여기에는 홍익정신, 애민사상, 통합적 학문관, 전통문화의 존중, 중국문화의 수용 등이 절묘하게 융합되어 있다. 그래서 민족적이면서도 세계적인 문자가 되었다. 훈민정음뿐 아니라 세종과 그 시대의 모든 문화나 제도는 당시까지 이루어진 동서남북 아시아 여러 문화가 조선으로 흘러들어와서 우리의 전통문화와 접목하여 새로운 문명의 거대한 저수지를 만들었다고 보아야 할 것이다.

세종은 스스로 수성守成의 군주임을 자처했는데, 수성이 실패하면 창업이 무너진다고 생각했다. 창업이 구세력과 구시대의 잔재를 말끔히 청소하는 작업이라면, 수성은 모든 것을 포용하면서 안정을 이루는 사업이라고 믿었다. 창업이 손에 피를 묻히는 일이라면 수성은 손에 피를 묻혀서는 안된다. 수성이 잘되면 창업한 나라는 장수한다. 피를 묻히지 않은 세종의 수성이 있었기에 조선왕조는 500년 장수의 기틀을 다졌다.

그러나 사람도 나이가 들면 늙고 병든다. 국가도 마찬가지다. 조선중기가 바로 병든 시대였다. 이 시기에 태어난 율곡 이이는 자기 시대를 중쇠기中衰期로 진단하고, 중쇠기에 나라가 망하지 않으려면 반드시 온건개혁인 경장更張이 필요하다고 역설하면서 몇 년 안에 나라가 위기에 처할 것이라고 예언했으나, 선조는 그 말을 듣지 않고 마침내 왜란의 참화를 입었다.

이제 조선왕조는 쓰러진 나라를 다시 일으키는 중흥의 혁신이 필요했다. 그 임무를 맡고 나선 임금이 바로 영조와 정조였다. 이 시기 가장 긴급한 과제는 당쟁黨爭을 극복하는 일이었다. 왜란과 호란 이후로 국제정세가 안정되자 선비들의 위기의식이 사라지면서 권력투쟁에 매달렸다. 당쟁은 당파간의 경쟁을 유도하는 정당정치의 성격도 있었지만, 패배한 당인들에 대한 가혹한 보복이 반복되면서 정상적인 정치운영을 어렵게 만들었다. 이를 시정하기 위해 발벗고 나선 임금이 영조였으나, 물과 기름을 섞는 탕평책으로 당쟁을 미봉하는 데 그쳤다.

정조는 여기서 한 걸음 더 나아가 물과 기름처럼 겉도는 당인들을 녹여서 군주에 복종하는 관인으로 되돌리는 적극적인 탕평책을 썼다. 다시금 세종시대와 같은 군신공치의 부활을 꿈꾸었다. 그러기 위해서는 만민을 복종시킬 수 있는 절대적 권위를 가진 임금이 필요하다고 여겨 자신을 중천에 떠서 만물을 골고루 비추는 명월明月과 오류가 없는 성군聖君의 지위로 끌어올렸다. 그러면서 세종이 시도했던 집현전을 모방하여 규장각奎章閣을 설치하여 새로운 관료집단을 키우고, 흐트러진 문물을 대폭으로 재정리하여 문화의 중흥시대를 다시 열었다. 청나라의 앞선 기술문화도 적극 수용하고, 민본民本을 넘어 백성이 주인이 되는 민국民國을 세우려고 노력했다.

정조의 중흥정책은 일단 성공을 거두고 청나라의 강희-건륭제와 어깨를 겨루는 문화강국의 시대를 열었다. 그러나 정조가 49세의 짧은 생애를 마치면서 군주세습제의 약점이 드러나기 시작했다. 어린 임금 순조, 헌종과 준비되지 않은 철종이 잇달아 즉위하여 임금의 리더십이 무너지자 왕비일족이 권력을 잡고 국정을 농단하는 시대가 열렸다. 그리하여 19세기의 왕조는 몰락을 향해 줄달음치고 드디어 국망으로 이어지는 비운을 맞이했다.

대원군과 고종이 세종과 정조를 모범으로 하여 또다시 왕조를 중흥시키고 주체적인 근대화(=서구화)를 시도했으나, 이미 산업화된 문명을 가지고 들어온 일본을 막아낼 힘이 없었다. 19세기 산업화시대로 진화할 기회를 놓친 것이 결정적인 망국의 원인이었다.

이제 붓을 놓으면서 세종과 그 시대를 다시 바라보면, 세종과 같은 지도력을 가진 지도자가 새삼 그리워진다. 지금 우리는 21세기 중흥의 시대를 다시 열어가고 있다. 세종과 같은 그릇이 큰 정치지도자가 나와 나라의 수성과 중흥의 리더십을 발휘할 때가 아닐까?

부록
-
찾아보기
·
세종과
세종시대
연표

찾아보기

세종과 세종시대 연표

● 태조시대

태조 6년(1397, 1세)
- 4월 10일에 한성부 북부 준수방俊秀坊(지금 종로구 통인동 119번지 일대)에서 이방원과 원경왕후 민씨의 셋째 아들로 출생. 이름은 이도李祹

태조 7년(1398, 2세)
- 8월에 이방원이 정도전 일파와 세자 방석 격살[제1차 왕자의 난]

● 정종시대

정종 2년(1400, 4세)
- 1월에 이방원이 형 방간芳幹을 황해도 토산兎山으로 내치다 [제2차 왕자의 난]
- 11월에 정종이 선위하고 태종 즉위

● 태종시대

태종 4년(1404, 8세)
- 8월에 11세 된 양녕대군讓寧大君 세자로 책봉

태종 8년(1408, 12세)
- 2월에 충녕군忠寧君에 책봉되고, 심온沈溫의 딸[2년 연상]과 혼인
- 5월에 태조가 창덕궁에서 승하. 향년 74세

태종 12년(1412, 16세)
- 첫째 딸 정소공주貞昭公主(1412~1424) 출생

태종 14년(1414, 18세)
- 첫째 아들 이향李珦(뒤의 문종) 출생

태종 15년(1415, 19세)
- 둘째 딸 정의공주貞懿公主 출생

태종 17년(1417, 21세)
- 둘째 아들 진양대군晉陽大君(수양대군) 이유李瑈 출생

태종 18년(1418, 22세)
- 6월에 태종이 세자 양녕讓寧(25세) 이제李禔를 폐위하고, 광주廣州(지금 동작구와 관악구)로 내보내고, 충녕을 세자로 책봉

● 세종시대

세종 즉위년(1418, 22세)
- 8월에 태종 선위, 세종이 근정전에서 즉위. 태종이 상왕이 되어 병권을 장악하고 섭정
- 이해 셋째 아들 안평대군安平大君 이용李瑢 출생
- 12월에 10학十學을 설치하여 장려
- 12월에 왕비의 부친 심온沈溫 사약을 받다

세종 원년(1419, 23세)
- 1월에 영락제 사신 내관 황엄黃儼이 입경. 화자火者(고자) 20명과 종이 2만 장 청구
- 2월에 상왕이 살곶이 동편 대산臺山 아래에 낙천정樂天亭(광진구 자양동)을 짓다
- 4월에 벼슬아치들의 관기官妓 간음을 금지
- 5월에 원구단圜丘壇 기우제
- 6월에 이종무李從茂가 병선 227척, 군사 1만 7천여 명을 이끌고 대마도 정벌. 전사자 180명. 출정에 앞서 조선 거주 왜인 500여 명을 각처에 노비로 나누어 주다
- 8월에 명나라 사신 황엄이 와서 부처의 뼈와 사리[佛舍利] 558개를 가져가다
- 9월에 과전科田의 손실답험을 전주田主가 하던 것을 경차관이 하게 하다
- 9월에 대제학 유관柳觀과 참찬 변계량卞季良에게 《고려사》 개찬을 명하다
- 9월에 대마도 수호 종정성이 서신을 보내 항복
- 9월에 태상왕 정종定宗 승하. 개풍군 후릉厚陵에 안장
- 12월에 영락제가 《신수성리대전新修性理大全》, 《사서오경대전四書五經大全》 등을 보내다
- 12월에 족리막부 원의지源義持 사신 양예亮倪 등 입경, 《대장경》을 청구

세종 2년(1420, 24세)
- 1월에 일본 사신 양예에게 《대장경》과 까치 등을 주어 보내다
- 윤1월에 송희경宋希璟을 일본에 회례사回禮使로 파견
- 윤1월 23일에 대마도주 항복. 대마도를 경상도에 편입
- 3월에 양녕을 경기도 광주에서 이천利川으로 옮기다
- 3월에 집현전集賢殿 직제를 새로 만들다
- 4월에 명나라 사신 조양趙亮 일행 입경, 정종에게 공정恭靖 시호를 내리고 사당에 제사
- 5월에 원구단圜丘壇 기우제
- 5월에 살곶이 다리 건설
- 5월에 상왕이 "세종은 주나라 문왕文王 같은 임금이다. 만일 부인 말을 들었더라면 큰 일을 그르칠 뻔했다"고 말하다
- 6월에 풍양豊壤 이궁 건설
- 7월 10일에 원경왕후 민비 승하. 3개월장을 치러 헌릉에 안장
- 9월 13일에 예조판서 허조가 상왕에게 주인을 고발하는 노비를 죽이고, 아전이 상관을 고발하거나 백성이 수령을 고발하는 것을 금하자고 청하니 상왕이 허락
- 9월에 마전도麻田渡(三田渡)에 배다리를 만들다
- 10월에 회례사 송희경, 통사 윤인보尹仁甫 귀국. 일본 국왕이 영락연호 사용을 트집잡고, 구주 소이전小二殿이 조선에 치자 하고, 대마도주가 절교하고자 한다고 보고
- 10월에 새 활자 경자자庚子字 주조
- 11월에 서이궁西離宮 준공

세종 3년(1421, 25세)
- 1월에 구주총관(도원수)의 대종大鐘 청구를 거부
- 1월에 과전科田을 3년마다 조사하여 결수結數와 자호字號를 기록
- 1월에 유관과 변계량이 정도전의 《고려사》를 교정하여 바치다
- 2월에 수령들에게 "한 사람의 백성이라도 굶어 죽은 사람이 있으면 중죄로 다스리겠다"는 교지를 내리다
- 2월에 명나라가 북경을 수도로 정하다
- 3월에 상왕이 연화방에 이궁離宮 건설
- 3월에 공주에서 기르던 코끼리를 섬의 목장으로 추방

- 3월에 공조참판 이천李藏이 인쇄기술을 개선하고 《자치통감강목》 간행
- 4월에 상왕이 강원도 회양, 통구, 금성, 김화를 강무장으로 만들다
- 4월에 대마도주 종정성이 관노비로 만든 왜인 300여 명을 돌려보내 달라고 요구하자 거절
- 5월에 상왕과 임금이 종루鐘樓에서 석전石戰 구경
- 6월에 서울과 전라, 충청도 홍수로 농사의 40%가 피해
- 6월에 형벌제도를 정비하여 곤장 금지
- 8월에 공사公事는 의정부와 육조 당상이 의논결정하여 임금에게 아뢰도록 하다
- 9월에 상왕을 태상왕太上王으로 올리다
- **9월에 영락제 사신 해수海壽 입경. 달달족 토벌에 사용할 군마 1만 필 청구**
- 10월에 첫째 아들 이향(8세)을 세자로 책봉
- 11월에 태상왕과 임금, 종친이 내정에서 타구打毬(일종의 골프)하다
- 12월에 우의정에 정탁鄭擢 임명
- **12월 22일에 사죄인私罪人의 삼복법三覆法(세 번 조사) 시행**
- **12월 26일에 비부婢夫와 노처奴妻가 주인을 고발할 경우 《육전》을 따르다**

세종 4년(1422, 26세)
- 1월에 개천開川(청계천)의 벽을 돌로 쌓다
- **태상왕이 주도하여 1~2월에 도성都城을 석축으로 개축**
- **2월 3일에 노비가 주인을 고발하는 법을 바꾸다.** 아전들이 상관을 고발하거나 부민이 수령을 고발하면 종사에 관계되거나 사람을 죽인 일을 제외하고는 받아들이지 않고 고발자를 처벌하다
- 2월에 유배간 황희黃喜를 남원에서 불러들이다
- 3월에 태상왕이 동부 천달방泉達坊에 이궁 건설
- 4월 20일에 태풍으로 풍양 이궁의 수각水閣 붕괴
- 5월 9일에 좌의정 박은朴블 사망
- **5월 10일에 태종 승하. 향년 56세.**
- 8월에 흥복사에 진제소賑濟所 설치하고 빈민 구휼
- 9월 4일에 태종을 헌릉[서초구 내곡동]에 안장
- 10월에 올량합 2000여 명이 경원부慶源府 침입
- 10월에 2~3세 이하의 아기도 진휼
- **10월 25일에 태조 잠저 때의 어진御眞을 찾아 상의원에 보관**
- 10월에 곽산군 백성이 굶어죽자 수령에게 장杖 100대를 치다
- 10월에 변계량이 〈경자자 발문〉을 쓰다
- 11월에 날씨가 춥자 죄수들을 일시적으로 방면
- **11월에 일본 국왕 및 태후 사신 규주圭籌 등이 《대장경》 청구**
- **12월에 박중朴中, 부사 이예李藝를 회례사로 일본에 파견**
- 이해 수재와 한재로 함길, 강원, 황해도 백성이 남방으로 이주

세종 5년(1423, 27세)
- 1월 1일에 구주 총관 원의준源義俊이 태상왕의 홍서 애도
- 1월에 구주 일향日向, 대우大隅, 살마薩摩 3주 태수 원구풍源久豐에게 면포 540필 회사
- 1월에 구주 축주筑州 관사 평만경平滿景이 태종 죽음을 애도
- 1월에 본처를 버리고 새 장가 든 호군 김사신을 처벌, 본처를 다시 불러들이다
- 1월에 준주駿州 태수 원성省省, 비주肥州 태수 원창청源昌淸이 태상왕의 죽음을 애도
- 2월에 경복궁과 창덕궁 잠실 설치
- 2월에 대마도 왜인 24명 귀화

- 3월에 병든 죄수를 동서 활인원活人院에서 치료
- 3월에 양녕대군을 이천利川에서 청주淸州로 이주
- 3월에 본처를 버리고 새 장가 든 판관 전의全義를 처벌
- 3월에 제생원 의녀醫女 3~4인을 뽑아 교육강화
- 3월에 집현전에서 범조우范祖禹의 《당감唐鑑》 필사
- **4월에 영락제 사신 유경劉景과 양선楊善 일행이 태종에 제사. 양, 돼지, 기러기 등을 가져오다.**
- **5월에 선상노비選上奴婢는 가깝고, 젊고, 의복도 완비하고, 부모형제가 구제해 줄 사람을 뽑게 하다**
- 6월 1일에 일식日食이 일어나자 임금이 구식救食
- 6월에 진제賑濟를 잘못하여 백성을 죽게 한 수령들을 처벌
- 6월에 적처嫡妻를 소박하고 기첩을 사랑한 부사정 홍수와 호군 이양 파면
- **6월에 집현전 관원이 춘추[사관]를 겸직**
- 7월에 조강지처를 버린 성균직학 김숙자淑滋 처벌
- 8월에 주자소에서 인쇄한 《자치통감속편》을 문신들에게 반사
- **8월에 사신 해수海壽와 진경陳敬 등이 군마軍馬 1만 필을 또 청구, 환자宦者 24명을 보내다**
- 9월 현재 세종 4~5년에 진제한 의창곡이 약 49만 호에 107만 석에 이르다
- **9월에 동전 조선통보朝鮮通寶를 주조하여 7년부터 유통**
- 9월에 조공하러 오는 야인이 너무 많아 추장만 서울로 보내고, 나머지는 변방에서 대접하여 돌려보내기로 하다
- 10월에 황해도 강음현에 운석隕石 낙하
- 10월에 찰방察訪을 각도에 보내 수령의 비행 적발
- **10월에 재인才人과 화척禾尺을 백정白丁으로 편제**
- 10월에 명나라에서 군마 2만 필 값으로 활생견闊生絹 5만 필을 요동으로 보내다
- 10월에 정치를 쫓아내고 기생첩을 총애한 전 만호 손유孫幼를 처벌
- 11월에 의녀醫女에게 침구술과 약품 제조법을 배우게 하다
- **12월에 회례사 박희중朴熙中, 부사 이예李藝 귀국**
- 12월에 경상, 전라, 충청도 관비 2명씩을 제생원에 보내 의술을 배우게 하다
- **12월 25일에 일본 국왕 사신 규주圭籌, 범령梵齡 등이 토산물을 바치고 《대장경판》을 청구하자 거절**
- 12월에 지방 의녀醫女들에게 《천자문》, 《효경》, 《정속편正俗篇》 등을 가르쳐서 올려보내게 하다
- **12월 29일에 임금이 유관, 윤회 등과 《고려사》 개찬 의논**
- 이해에 환자곡[還上穀]으로 나누어준 곡식이 119만 8,589석

세종 6년(1424, 28세)
- 1월 1일에 일본 사신 규주 등이 《대장경판》 거절로 단식투쟁 시작. 화승畵僧 주문周文이 함께 오다
- 1월에 일본 사신에게 《밀교대장경판》, 《금자화엄경》 등을 대신 주고, 밀양과 고성固城의 범종梵鐘 2개를 두 사신에게 주다
- **1월에 일본 사신이 병선 수천 척을 보내 《대장경판》을 약탈하자고 편지를 썼다가 발각**
- **2월에 회례사 박안신朴安臣, 이예李藝 등을 일본으로 파견**
- 2월에 주자소에서 《대학대전大學大全》 500여 벌 인쇄하여 반사
- **2월에 세종 3년과 5년에 보낸 군마 2만 필 값으로 면포와 비단 8만 8,290필을 받아오다**
- 2월에 가난한 의관사족 딸들에게 혼수비용으로 미두 4석, 또는 미두 2석씩 주다
- 2월에 경상도와 전라도에 주전소鑄錢所 설치
- 3월에 폐사찰의 큰 종과 동주銅柱를 녹여 동전으로 만들다

- 3월에 지방의 전지田地 매매 허가
- 4월 5일에 선종禪宗 18사, 교종敎宗 18사만 남기고 전국 사찰과 사사전寺社田을 혁파. 선종 사찰에 4,250결과 승려 1,970명, 교종사찰 3,700결과 승려 1,800명을 주다
- 4월에 동지총제 박성양이 다른 사람 과전科田을 자기 농사 농솔로 바꾼 죄로 파면
- 5월에 경주 봉덕사 대종大鐘과 개성 연복사의 대종은 헐지 말라고 명하다
- 5월에 매달 지갑紙甲(종이갑옷) 10벌을 만들다
- 6월에 유관柳觀을 우의정으로 삼다
- 7월 18일에 영락제가 달달을 토벌하고 오다가 유목천에서 승하. 인종 홍희제洪熙帝 등극
- 7월에 명나라 왕현이 한확 모친[후궁 여비의 어미]에게 제사
- 8월에 조지서에서 대나무잎, 솔잎, 창포대, 쑥대 등을 섞어서 4색책지四色冊紙 406첩을 만들다
- 8월 11일에 유관, 변계량 윤회尹淮 등이 《수교고려사讎校高麗史》 편찬
- 9월에 이직李稷을 영의정으로 임명
- 9월에 경기도와 강원도의 강무장을 대폭 축소. 그 땅을 백성에게 주다
- 10월에 새 황제가 궁녀로 들어간 조선 여자 30여 명을 순장
- 11월에 조지서에서 호절지蒿節紙, 송엽지松葉紙를 바치다
- 12월에 회례사 박안신, 부사 이예 귀국. 국왕이 사신을 적간관에 억류하려고 하는 것을 대내전大內殿이 막았다고 보고
- 12월에 악기도감에서 악기樂器를 제조
- 이해에는 비교적 풍년이 들다

세종 7년(1425, 29세)
- 1월에 주자소에서 《장자莊子》를 인쇄하여 문신들에게 반사
- 2월 10일에 홍희제 사신 윤봉尹鳳, 박실朴實 입경
- 2월 18일에 동전 사용. 백성들이 구리와 잡물을 바치고 동전을 사게 하다.
- 2월에 악기와 악보법을 그리고 쓴 《악서樂書》 편찬
- 3월에 구주 전 절도사 원도진에게 《대반야경》을 주다
- 4월 12일에 일본 국왕 사신 서당西堂과 범령梵齡이 입경. 다시 《대장경판》을 청구하나 주지 않다.
- 4월에 저화楮貨 사용 금하고, 저화 1장을 동전 1푼과 바꾸게 하다
- 4월에 천첩을 총애하고 본처와 별거한 판안동부사 현맹인玄孟仁을 파면. 5월에 기생첩을 사랑하고 본처를 소박한 곽린郭麟을 파면
- 4월 18일에 평안도 감사에게 장영실蔣英實이 말하는 대로 석등잔石燈盞 대중소 30개를 만들어 주라고 명하다
- 4월에 흥천사興天寺의 종을 숭례문에 걸게 하다
- 5월 2일에 광평대군廣平大君 이여李璵 출생
- 5월에 형조에 전지하여 감옥의 죄수가 병들거나 굶주리거나 추위에 죽지 않게 구호하라고 명하다
- 5월에 명나라 사신 김만金滿이 권영균 집에 제사. 권영균의 여동생 영락황제의 후궁이 되다
- 6월 17일에 죄인의 처자식에 대한 연좌제 폐지
- 7월에 4품 이상이 날마다 번갈아 윤대輪對에 참여
- 7월에 원구단 기우제
- 7월에 성균 사성 이미李敉가 자식이 없는 아내를 내치니, 3년상을 치렀으므로 불가하다고 판결
- 윤7월에 인종 홍희제의 죽음을 알리는 사신 제현齊賢과 유호劉浩, 선종 선덕제의 즉위를 알리는 사신 초순焦循과 노진盧進이 3일 간격으로 입경

- 8월에 김인우金麟雨를 우산도와 무릉도 안무사로 삼아 울릉도에 보내다
- 8월에 공사비자公私婢子가 양부良夫에게 시집가면 관비는 관청에 알리고, 사비는 주인에게 알린 다음 시집가게 하여 그 자식을 한품서용하다
- 9월에 강주杠輈(바퀴 2개 달린 수레) 200채를 만들어 보급하다
- 9월 5일에 과전科田을 현직자에게만 주도록 하다[직전법]
- 9월에 정척鄭陟의 건의로 평양에 단군사당 건설
- 11월에 《사기史記》를 인쇄하여 신하들에게 반사
- 11월에 선상노비選上奴婢 구제하는 조건을 만들다
- 11월에 원경왕후의 《상장의궤喪葬儀軌》를 만들다
- 11월에 태형笞刑을 채찍으로 바꾸게 하되 50대를 넘지 않게 하다
- 12월에 무릉도에 가다가 풍랑을 만나 10인이 탄 배가 표류하여 일본 석견주石見州에 표착했다가 귀국
- 12월 29일에 궁중에서 나례儺禮를 행하다, 처용무를 추다

세종 8년(1426, 30세)
- 1월에 조연趙涓을 우의정으로 임명
- 대마도 왜인의 거제도 거주를 거절, 울산 염포鹽浦 개항. 삼포三浦가 되다
- 1월에 왕자 과전법科田法을 정하다
- 2월 8일에 영의정 이직, 찬성 황희, 이조판서 허조 등이 《속육전續六典》 편찬
- 2월에 임금이 강무講武를 떠난 뒤 서울에 큰 화재가 발생하자 금화도감禁火都監 설치. 행랑에 방화벽, 도로를 넓히다. 관청마다 우물 2개씩 파다
- 2월에 본처 소박하고 비첩 총애한 부사직 신숙화를 파면
- 3월에 화적火賊이 횡행하다
- 3월 12일에 선종 선덕제宣德帝 사신 윤봉尹鳳과 백언白彦 입경. 처녀와 집찬녀執饌女, 매를 청구. 진헌색을 설치하여 10~16세 처녀 5명 선발
- 3월에 유정현을 좌의정으로 임명
- 3월 28일에 금성대군錦城大君 이유李瑜 출생
- 4월 17일에 관비官婢가 아이를 출산하면 100일 휴가
- 5월에 이직을 좌의정으로, 황희를 우의정으로 임명
- 6월에 임금이 연좌법 반대
- 6월에 큰 비가 와서 서울에 수재가 발생
- 7월에 양로조건養老條件을 만들다
- 8월 정吏事를 소박한 두 관원을 처벌
- 10월에 집현전에서 경복궁 각 문과 다리 이름을 짓다[홍례문, 광화문, 일화문, 월화문, 건춘문, 영추문, 영제교 등]
- 11월에 각사 선상노비 수를 900명에서 530명으로 감축
- 11월에 국무당國巫堂 혁파를 임금이 반대
- 11월에 황제가 《사서오경》, 《성리대전》, 《자치통감강목》을 보내다
- 12월에 종을 죽인 주인을 엄하게 다스리려 하자 변계량이 반대
- 12월에 임금이 집현전 관원에게 집에서 독서하라고 명하다

세종 9년(1427, 31세)
- 1월에 황희를 좌의정, 맹사성을 우의정으로 임명
- 3월에 삼국의 시조묘를 세우고 제사하다
- 3월에 《당률소의율해의唐律疏議律解義》를 간행하여 중외에 반사
- 4월에 내조하겠다는 야인이 1600여 명에 이르러 숫자를 제한
- 4월 21일에 선덕제 사신 창성昌盛, 윤봉, 백언이 입경. 군마 5천 필 청구. 처녀 7인, 종비從婢 16인, 화자 10인, 집찬녀

10인을 데리고 가다
- 6월에 가뭄으로 기우제
- 7월에 윤관이 개척한 땅을 꼭 지켜야 한다고 강조. 8월과 9월에도 똑같은 말을 하다. 경원진慶源鎭 후퇴 반대
- 7월에 경상감사가 《성리대전》을 인쇄하여 임금에게 올리다
- 8월에 유감동俞甘同의 음행淫行 사건
- 8월에 집현전 응교 권채의 아내가 여종을 학대한 사건
- 9월에 임금이 기장을 가지고 황종黃鐘의 율관律管을 고치는 것은 불가하다고 말하다
- **9월에 《향약구급방鄕藥救急方》 간행**
- 10월에 세자를 명나라에 보내려고 했으나 황제가 거부
- 10월 25일에 선덕제 사신 범영范榮과 유정劉順 등이 입경. 사신들이 기생을 청하고 물품을 요구하자 임금이 "저자거리의 경박한 무리 같다"고 개탄

세종 10년(1428, 32세)
- 1월에 《사서대전四書大全》을 지방에서 간인
- 3월 30일에 서운관이 삼각산에 올라가 4월 1일의 일식日食 관찰
- 4월 8일에 황태자 책봉을 알리는 사신 조천趙泉과 이약李約 등이 입경
- 4월에 변계량이 '기자묘비箕子廟碑'를 지어 올리다
- 윤4월에 《성리대전》 50부를 인간하여 문신들에게 반사
- 윤4월에 김제 벽골제, 태인 이평제, 부안 동진포, 고부 눌제의 수재보호대책을 세우다
- 윤4월에 한성부와 성저10리의 호구를 조사하여 올리다
- 5월에 대마도 왜인이 거제도나 인근 작은 섬에서 농사짓기를 청했으나 거절
- 5월에 사비私婢가 신문고를 치는 것을 의금부에서 막자 그 관원을 파면
- 5월에 사직 정득훤이 지기집 종의 재산을 뺏으려고 하자 정득훤을 처벌
- 6월에 전 우의정 유관柳觀이 구월산 삼성당三聖堂에 대하여 아뢰다
- **7월 19일에 선덕제 사신 창성, 윤봉 등 입경, 황후 책봉을 알리다. 임금에게 백자기와 청화백자 등을 하사. 임금이 이들을 〈모리배〉라고 욕하다. 10월 4일에 영락제 후궁 여비麗妃의 동생, 화자 2인이 떠나다**
- **7월에 처음으로 종학宗學을 세우다**
- 8월에 고려 태조의 영정과 쇠로 만든 주상鑄像 등을 개성의 왕릉 옆에 묻게 하다
- 9월에 3품 이하의 천첩 자손을 한품서용限品敍用하다
- 11월에 이직 등이 《육전六典》과 《등록謄錄》을 편찬
- 11월에 야마구치 호족 대내전大內殿과 구주 동북지역 호족 대우전大友殿이 다자이후 지역 소이전小二殿을 정복
- **12월 7일에 통신사 박서생朴瑞生, 부사 이예李藝가 일본 새 국왕의 등극과 죽은 국왕의 조문을 위해 떠나다**
- **12월 26일에 명나라 사신 김만이 황제 후궁의 아비 최득비가 죽자 제사를 지내기 위해 입경**
- 이해에는 조금 풍년이 들었다

세종 11년(1429, 33세)
- 3월에 임금이 강무를 떠난 사이 서울 장통방 화재 발생
- 3월에 《초사楚辭》를 간행하여 문신들에게 반사
- **4월에 대신과 대간들을 사정전에서 만나는 상참常參 시작**
- **5월 2일에 명나라 사신 창성과 윤봉이 입경. 창가녀 8인, 집찬녀 12인, 어린 화자 6인, 각종 건어물을 대량으로 청구.**

임금이 물건 기록하여 보내 황제가 알게 하다.
- **5월에 정초鄭招와 변효문卞孝文 등에게 명하여 《농사직설農事直說》 편찬**
- 7월에 삼국 시조사당에 제사를 지내다
- 7월 6일에, 관노비 남노男奴가 양녀良女에 장가든 자, 여비女婢가 양부良夫나 사천私賤에게 시집가서 5~6명의 아이를 낳은 자는, 노비 한 사람에게 신역 면제
- 7월에 세자빈 김씨를 폐위
- 8월 1일에 일식日食이 일어나 임금이 구식
- 8월에 유구국 사람 15인이 강원도 울진에 표류
- **8월 18일에 금은세공金銀歲貢의 면제를 주청하는 사신을 보내 허락을 받다**
- **8월 26일에 천자수모법 시행**
- 9월 18일에 수전패受田牌로서 70세 이상된 자는 춘추 군기 점고 면제
- 9월에 표류해온 유구국 사람 14인을 일본을 통해 보내다
- 10월에 종학宗學을 건설
- 11월에 사신 김만, 진림이 두목을 거느리고 입경. 매와 큰 개를 청구
- 11월에 임금이 1결 10~15두 공법貢法 시안의 가부를 물어보게 하다
- **12월 3일에 통신사 박서생이 귀국. 일본 내부 사정과 시행할 만한 일 15가지를 보고**
- **12월 13일에 〈칙서〉에 적은 물품 이외로는 사신에게 물품을 주지 말라고 명하다**

세종 12년(1430, 34세)
- 1월에 기생과 간통한 판관 이안중에게 태형 50대를 때리다
- 1월부터 동해에 있다고 알려진 요도蓼島를 찾기 시작
- **3월 5일에 1결 10두를 받는 공법에 대한 신민의 찬부의견을 묻게 하다**
- 4월에 노비가 100여 명의 노비를 가진 자가 있다
- 4월 8일에 기자묘箕子廟의 위패를 '후조선시조 기자'로 고치다
- 4월에 모화루慕華樓를 2층집으로 개조
- 4월에 감옥 시설 개선을 명
- 7월 5일에 경상도는 공법 찬성자가 많고, 북방 여러 도는 반대자가 많다고 보고
- **7월 17일에 선덕제 사신 창성과 윤봉이 입경. 해산물과 표범가죽, 사냥개, 해청 등을 청구. 칙서를 따라 사신에게 물품을 주지 않자 창성이 화를 내다**
- 7월에 정처正妻를 소박한 부사정에게 장 90대를 때리고 다시 합쳐 살게 하다
- 7월에 임금이 여악女樂 폐지 반대
- 8월 1일에 일식日食이 일어나 구식
- 8월에 단군 위패를 '조선후 단군'에서 '조선단군'으로 개칭
- **8월 10일에 호조에서 17만 2,806명이 참가한 〈공법〉 찬반 투표결과를 보고하다. 찬성이 9만 8,657명[57%], 반대가 7만 4,149명**
- **8월 23일에 임금이 경연에서 《율려신서律呂新書》를 읽다**
- 8월에 왜닥나무를 대마도에서 구해 오다
- 9월 11일에 임금이 아악의 한계, 향악이 중요하다고 말하다. 기장을 가지고 황종黃鐘의 음률을 정하는 것도 어렵다
- **9월에 임금이 과전科田 제수를 직접 관리하다**
- 9월에 정처를 소박한 부사직 오척에게 장 80대를 때리다
- 9월에 부모가 자식에게 재산을 분배하는 것을 관에서 관여하지 않다

- 9월 21일에 사노비를 죽인 개령 학생 곽부존을 참형
- 9월에 임금이 수차水車 이용을 권장
- 9월 29일에 집현전에서 주척周尺을 사용하여 악보樂譜 짓는 것을 중단
- 10월 19일에 관비의 출산휴가를 산전 1개월 더 추가
- 10월에 임금이 《계몽산啓蒙算》을 배우다
- 10월에 신문고를 함부로 쳐도 죄주지 말라고 명하다
- 11월에 15세 이하, 70세 이상자는 살인, 강도를 제외하고는 구속하지 말고, 80세 이상은 구속이나 고문을 금지
- 12월에 사형수의 삼심법三審法을 정하다
- 12원에 임금이 《율려신서》도 형식만 갖추었다고 말하다
- 12월에 《고문선古文選》을 인쇄하여 반사
- 12월에 의녀醫女들이 《산서産書》를 읽도록 하다
- 윤12월 관노 6명을 압슬형으로 죽게 한 부사 박곤 처벌
- 윤12월 1일에 《아악보》 편찬
- 윤12월 26일 통사 김원진이 유구국에서 귀국

세종 13년(1431, 35세)
- 1월 1일 신년하례식에서 처음으로 아악 사용
- 1월 24일에 하삼도 과전科田을 다시 경기도로 환급
- 1월에 임금이 김종서와 《고려사》 개수 의논
- 1월 19일에 〈부민고소금지법〉을 보완하라고 명하다
- 1월 30일에 〈과전절급〉을 서경署經을 마친 뒤에 절급
- 2월 11일에 일본 국왕 사신 사온会溫 등 17명이 입궐. 국왕의 서계書契가 진짜인지 의심
- 2월에 강무 중에 한성부에 화재 발생
- 3월 12일에 〈부민고소금지법〉을 다시 의논
- 3월에 노비의 재산을 빼앗으려고 노비를 죽인 최덕을 참형
- 3월에 감옥 죄수의 병을 구호하다
- 4월 18일에 경복궁 광화문光化門을 세우다
- 6월에 본관 기생을 간통한 경주판관 김자이 파면
- 6월에 《효정교지恤政敎旨》를 중외에 반사
- 6월 20일에 〈부민고소금지법〉을 다시 의논
- 6월에 상정소에서 《대명률》을 번역하라고 명하다
- 8월에 임금이 향악鄕樂을 버리지 못하게 하다
- 8월에 일본 구주에서 전쟁이 일어나 대내전이 패하다
- 8월 19일에 선덕제 사신 창성과 윤봉이 매와 토표를 잡기 위해 150명의 두목을 거느리고 입경
- 9월 3일에 황희를 영의정, 맹사성을 좌의정, 권진을 우의정으로 임명
- 11월 6일에 유구국 사신 하례구夏禮久 입경

세종 14년(1432, 36세)
- 1월 1일 일식日食이 예정되어 있었으나 일어나지 않다
- 1월 19일에 맹사성 등이 《팔도지리지》 편찬
- 2월에 경연에서 《성리대전》을 읽다
- 2월에 종친의 천첩이나 양첩의 자손은 모두 양민이 되게 하다
- 3월에 서얼승중자에게 과거응시 자격을 주려다가 그만두다
- 3월에 맹사성 등과 〈노비종부법〉에 대하여 토론
- 3월 25일, 27일에 〈양천상혼금지법〉 결정
- 4월에 창성, 윤봉, 장정안 등이 군사를 데리고 요동에서 토표를 잡고 입경
- 5월에 장리자손贓吏子孫에 벼슬을 주게 하다
- 5월에 일본 국왕 사신 범령梵齡이 부산포에 와서 죽자, 부사이라而羅가 입궐. 《대장경》 2벌을 청구.
- 5월 28일에 명나라가 소 1만 필을 청구. 6천 필만 보내다
- 6월 9일에 설순 등이 《삼강행실도三綱行實圖》 편찬

- 7월 26일에 이예와 김구경金久冏을 회례사로 일본에 보내다.
- 8월 27일에 임금이 80세 이상 노인 109명에게 양로연. 노비도 포함
- 8월 28일에 왕비가 여자 노인 228명에게 양로연. 공사천 여비女婢 118명 포함
- 9월에 공사비公私婢와 벼슬아치 사이의 자식은 보충군의 예를 따라 역을 지고, 평민에게 시집가서 낳은 자식은 신량역천이나 궁궐의 차비로 역을 지게 하고, 60세가 지나면 역을 면제
- 10월에 재인才人, 화척禾尺으로 신백정新白丁이 된 사람들에게 향교 입학 허락
- 10월에 역법을 교정한 이후로 일식, 월식, 절기가 중국의 〈역법〉과 비교하여 털끝만큼도 틀리지 않다
- 10월에 삼각산[북한산] 꼭대기에 세 칸 짜리 집을 짓고 동짓날에 서운관 관원이 일출과 일몰을 관측
- 11월 2일에 태조와 신의왕후, 태종과 원경왕후 원묘原廟가 경복궁에 건설
- 11월 7일, 15일에 《대명률》을 이두로 번역하여 백성들이 죄를 짓지 않도록 하게 하다[허조는 반대]
- 11월에 80세 이상의 공사노비의 아들을 시정侍丁으로 만들어 부모를 공양하게 하다
- 12월 9일에 파저강 야인 이만주가 압록강을 건너와서 여연군을 침범. 전사자 48명, 포로된 자 64명

세종 15년(1433, 37세)
- 1월 4일에 황희 등이 《경제속육전》 찬진
- 2월에 벼슬아치의 기첩妓妾 자식은 모두 양인으로 만들다
- 3월에 선덕제가 이만주에게 조선인을 돌려주라고 명하고, 조선이 이만주를 토벌해도 좋다고 말하다
- 3월 25일에 임금과 왕비가 온수현으로 행차. 4월 23일 귀정
- 4월 19일에 최윤덕을 사령관으로 파저강[동가강] 일대의 이만주 부족 토벌. 1만 5천 명을 일곱 부대로 나누어 토벌
- 6월에 압록강 연안에 4군[강계, 여연, 우예, 무창]을 설치
- 6월 9일에 정초, 박연, 김진 등이 혼천의渾天儀 제작
- 6월 11일에 집현전 직제학 유효통, 전의 노중례 등이 《향약집성방鄕藥集成方》 85권 편찬
- 6월 26일에 사은사 김맹성이 윤봉이 바친 일귀日晷를 가져오다
- 7월 4일에 하경복 등이 찬진한 《[계축]진서[癸丑]陣書》를 인쇄하여 중외에 반사
- 7월 18일에 임금이 백악산에 올라 내맥을 살펴보고, 최양선의 말도 일리가 있으나, 백악이 더 명당이라고 판단
- 7월 21일에 임금이 경복궁에 북문을 내고, 동서편에 도랑을 내어 영제교로 흐르게 하고, 남대문 밖에 못을 파고, 남대문을 높이 새로 짓게 하다
- 7월 29일에 황희 등이 《진단[震壇]구변도[九變圖]》를 보면 서울이 5덕구五德丘를 갖춘 명당이라고 주장
- 8월에 경연에서 《성리대전》을 읽다. 집현전에 명하여 《농가월령가農家月令歌》를 만들라고 하다
- 8월에 회양淮陽에서 토삼청土三靑을 공납으로 바치게 하다
- 8월에 경상도에서 송나라 《양휘산법楊輝算法》 100권을 인쇄하여 바치다
- 윤8월 3일에 근정전에서 155인에게 양로연
- 윤8월 6일에 왕비가 사정전에서 362인에게 양로연
- 윤8월 10일에 선덕제 사신 맹날가래와 최진 등이 입경. 양목답올, 이만주, 맹가첩목아 등과 조선이 서로 화해하라고

권하다
- 9월에 장영실이 자동물시계 자격루自擊漏를 만들어 다음해 7월부터 사용
- 10월 6일에 회례사 이예(李藝)가 귀국
- 10월 11일에 사신 윤봉에게 초피 100장과 토표피 5장을 주었더니, '일영日影'을 보내 왔다고 임금이 말하다
- 10월 13일에 선덕제 사신 창성, 이상 등이 입경. 집찬녀 20명과 해청 청구
- 10월 20일에 임금이 〈부민고소금지법〉을 의정부에서 다시 논의하라고 명하다
- 10월 23일에 임금이 〈부민고소금지법〉을 가지고 허조와 논쟁
- 10월 24일에 형조에 전지하여 백성이 억울한 일을 고소하게 하여 시비를 판단하고, 수령의 잘못은 죄주지 말라고 명하다
- 11월 19일에 영북진을 알목하에 옮기고, 경원부를 소다로로 옮겨 이 지역을 영토로 만들다
- 12월에 양반집 여자 어리가於里加 사건
- 12월에 명에서 《오경사서대전》과 《성리대전》을 또 보내다
- 12월에 제례 음악으로 초헌은 당악唐樂을, 아헌은 향악鄕樂을 사용
- 12월에 각 주현의 관노비 수를 정하다

세종 16년(1434, 38세)
- 1월 24일에 신문고를 승문고升聞鼓로 이름을 바꾸다
- 1월 28일에 효자와 의부義婦를 표창할 때 노비도 포함시키다
- 2월에 이변李邊과 김하金何가 《직해소학直解小學》을 질문하기 위해 요동으로 떠나다
- 2월 20일에 공사비자公私婢子로서 평민에게 시집가서 낳은 자식은 사재감에 붙였다가 20세가 되면 노역(勞役)을 정하게 하다
- 3월에 노중례가 《태산요록胎産要錄》 편찬
- 3월에 대마도 왜인 42명이 귀화를 요청하니 받아들이다
- 4월에 이변과 김하가 경연에서 《직해소학》 진강
- 4월에 《삼강행실도》 인간
- 4월 26일에 아기를 낳은 관비 남편에게도 산후 한 달의 휴가를 주다
- 5월에 의녀醫女가 종친의 질병을 진찰하게 하다
- 5월 24일에 관사의 배치, 향배, 처소, 산천내맥, 도로의 원근 등을 자세히 그린 지방 군현지도를 만들어 바치라고 명하다
- 6월에 《자치통감훈의》를 집현전에서 편찬
- 6월에 노비를 함부로 죽인 자들을 엄벌하라고 명하다
- 7월 1일부터 장영실이 만든 자격루를 사용하기 시작. 김빈金鑌이 명銘과 서序를 쓰다. 보루각에 자격루 설치
- 7월 2일에 이천李蕆이 활자조판법을 개량하고 새 동활자 갑인자甲寅字 200여만 자를 만들다. 수양대군이 글자를 쓰다
- 7월 17일에 새 활자로 《자치통감》 500~600질을 찍는데 필요한 종이 30만 권을 각도에 배당하다[쑥대, 밀, 보릿집, 대껍질, 삼대 등도 준비]
- 8월 22일에 사정전에서 양로연
- 8월 25일에 왕비가 사정전에서 여자노인들에게 양로연
- 9월에 《대학연의》를 종친과 신하들에게 반사
- 10월 2일에 앙부일귀仰釜日晷를 혜정교와 종묘 앞에 설치
- 10월 12일에 사신 맹날가래와 왕흠王欽 등이 오다. 집찬녀와 해청을 청구
- 12월에 《지정조격至正條格》을 문신들에게 반사

세종 17년(1435, 39세)

- 1월 10일에 9세 된 영종英宗 정통제正統帝 즉위
- 1월 18일에 올량합 야인이 여연군을 침략했으나 격퇴
- 2월에 최윤덕을 좌의정으로, 노한盧閈을 우의정에 임명
- 2월에 화약을 제조하고 화약고火藥庫 설치
- 3월에 등문고[신문고]를 치는 것을 막지 말라고 명하다
- 3월에 호적을 토지결수에 따라 5등급으로 나누다
- 3월 18일에 영종 정통제 사신 이약李約과 이의李儀가 입경. 황제의 등극을 알리고 성균관 문묘 배알
- 4월에 경상도의 벼 이앙移秧을 허락
- 4월 26일에 명나라 사신이 전에 보냈던 집찬비 37명, 창가비 7명, 처녀를 수행했던 종비從婢 9명을 데리고 오다
- 5월에 흥천사興天寺 사리각을 헐어서 다시 짓겠다고 임금이 말하다. 가뭄 때문에 일시 정지
- 6월에 《시대전詩大全》을 종실과 문신들에게 반사
- 6월에 각도의 수차水車를 파하다. 자원하는 자는 허용하다
- 6월에 《자치통감훈의》 편찬을 기념하여 잔치를 벌이고, 47인이 응제시를 짓게 하고 치축시軸를 만들다
- 6월에 양인과 노비, 남녀를 망라한 노인직老人職을 설치. 고아에 대한 대책도 만들다. 그 뒤 기아棄兒 대책을 논의
- 7월 1일에 호삼성胡三省의 《자치통감》을 사은사가 사 가지고 오다
- 7월에 한성부 호구 수를 보고하다
- 9월 6일에 근정전에서 양로연
- 9월 11일에 왕비가 사정전에서 양로연
- 9월에 경복궁 안에 주자소鑄字所 설치
- 9월에 가난하여 결혼하지 못한 사람에게 곡식을 내리다
- 9월에 채찍형벌을 가혹하게 쓰지 말라고 형조에 명하다
- 11월 1일에 일식日食으로 근정전에서 구식하다
- 12월 현재 제주 민호가 6만 3천 명, 토지가 1만 결
- 이해는 한재旱災로 농사가 흉년이 들다

세종 18년(1436, 40세)
- 1월 17일에 사신 위령魏亨이 《역일(曆日)》을 가지고 입경
- 1월에 이백의 《시집詩集》을 종친과 문신에게 나누어 주다
- 2월에 충청감사 정인지가 〈공법〉을 충주 등 한두 고을에서 시험해 보자고 건의
- 2월에 《훈의통감》을 여러 신하들에게 나누어 주다
- 2월에 정척鄭陟에게 명하여 지사地師와 화공畫工을 데리고 가서 함길도와 평안도의 산천형세를 그림으로 그려 오라고 하다
- 4월에 권제에게 명하여 《역대세년가(歷代世年歌)》를 편찬하고, 인출하여 여러 신하들에게 나누어 주다
- 4월 12일에 6조직계 폐지, 의정부사서제도議政府署事制度 부활
- 5월에 영의정 황희와 공법貢法을 논의하다
- 5월에 올량합 여진 500기가 여연군을 침략
- 5월에 감옥의 죄수로서 판결을 받지 못한 죄수를 조사하여 보고하라고 명하다
- 6월 2일에 《훈의통감》 편찬을 마쳤으므로 집현전 관원 32인 가운데 12인을 감축
- 6월에 군기감에서 돌을 쏘는 백환화포百丸火砲를 만들다
- 6월에 공노비 시정법侍丁法을 만들다
- 6월에 97명이 이만주 등 야인을 제어할 방도를 아뢰다
- 6월에 장리 자손이나 3번 개가한 여자의 자손은 동서반에 서용하다
- 윤6월 15일에 '공법상정소'를 설치
- 윤6월 20일에 참찬 하연河演이 전분 9등, 연분 9등법을 건

의하다[최고 22두에서 최하 8두]
· 윤6월 20일에 강원감사 유계문이 울릉도를 현으로 만들자고 건의했으나 좌절
· 7월에 이계전과 김문에게 《자치통감강목훈의》(149권)를 편찬하고, 유의손에게 서문을 짓게 하다
· 8월 6일에 도성 안에 호랑이가 들어와 개를 물다
· 9월 2일에, 과전科田을 농장으로 만든 부평부사 이효례를 파직
· 9월 13일에 임금이, 공사천이 양인남자에게 시집가는 제도는 조종의 아름다운 법이니 폐지할 수 없다고 하면서, 30일 안으로 남편의 양천여부를 판결하라고 명하다
· 9월에 찬성 신개申槪가 변방에 대한 대책을 건의
· 10월에 개인적으로 서재를 만들어 아동을 가르친 유사덕과 박호생을 등용하기로 하다
· 11월 7일에 두 번째 세자빈 봉씨奉氏를 폐위
· 11월 19일에 날씨가 추워 감옥죄수들을 풀어주다
· 12월 17일에 함길도 변진邊鎭에 창기娼妓를 두어 아내 없는 군사들을 접대
· 12월에 일본 대내전大內殿이 소이전小二殿을 패배시키고 장차 대마도까지 토벌하려고 하다
· 12월에 납활자인 병진자丙辰字를 만들다
· 세종 16년 봄부터 세종 18년 가을까지 함길도에 4진 설치

세종 19년(1437, 41세)
· 1월에 지난해 하삼도의 흉년으로 관원들의 녹봉을 감하다
· 1월에 임금이 건강을 이유로 세자[24세]의 섭정을 명하자 신하들이 반대
· 1월에 대군 과전科田을 50결 줄이고, 부마 과전科田을 30결을 줄이다
· 1월에 감옥 죄수 가운데 죽은 자가 있으면 죄인, 가둔 시기, 병에 걸린 날자와 시간, 치료한 약, 병의 증세, 매를 때린 횟수, 죽은 일시를 자세히 적어 보고하라고 형조에 전지
· 2월 8일에 무릉도에 현을 설치하는 것은 어려우나 해마다 사람을 보내 탐색하고 토산물을 채취하고 말목장을 만들어 왜인들의 우리 땅임을 알도록 하라고 명하다
· 2월에 양원良媛 권씨를 세자빈으로 삼다
· 2월에 넷째 왕자 광평대군의 집을 보제원普濟院 북쪽에 짓다
· 3월 1일에, 호적과 군적에 빠진 자[漏挾戶]를 한량閑良으로 부르다
· 4월 15일에 일성정시의日星定時儀 4건을 만들다. 김돈이 서序와 명銘을 짓다
· 4월 30일에 감옥의 죄수들이 병들거나 굶주려 죽지 않게 하고, 죄의 경중을 가려 석방했다가 판결하라고 명하다
· 6월에 함길도에 '일성정시의', '현주일귀', '행루' 등의 시계를 보내다
· 6월 20일에 《속육전》에는 "공사천公私賤로서 평민에게 시집가서 낳은 자식은 고려판정백성례[신량역천]를 따라 역을 지운다"고 했으므로 그 아들은 병조에 붙여서 보충군을 시키고 있는데, 여자는 궐내의 일을 시키도록 하다
· 7월 6일에 임금이 광평대군 집으로 이어하다
· 7월 9일에 호조에서 전분9등에 의한 세율의 시안을 보고[최고 20두, 최하 12두]
· 7월 19일에 집현전에 명하여 역사책과 《장감박의將鑑博義》에 실린 94인의 장수들의 사실을 뽑아 모으고 남수문南秀文에게 발문을 쓰게 하다
· 7월 20일에 김원진이 유구국에 가서 본국인 6인을 데려오다
· 7월 27일에 중들을 시켜 흥덕사와 흥천사를 수리

· 8월 7일에 경상도와 전라도에만 공법貢法을 시행하기로 하고, 충청도는 4분의 1을 감하고, 함길도는 반을 감하고, 나머지 도는 3분의 1을 감하기로 하다. 그러나 신하들의 반대로 8월 28일에 공법 시행을 정지
· 9월 7일에 제2차로 파저강 야인들을 토벌하다. 이천李藏이 약 7,800명의 군사를 3도로 나누어 출정

세종 20년(1438, 42세)
· 1월 1일 야인 40여 명, 왜인 90여 명이 토산물을 바치다
· 1월 7일에 흠경각欽敬閣을 침전 옆에 세움
· 1월 21일에 여진에서 도망온 중국인들을 요동으로 송환한 인원이 800여 명에 이르다
· 2월 2일에 대마도주에게 글을 보내 중선에는 20명, 소선에는 15명을 정원으로 삼게 하다
· 2월 19일에 예조에서 《일본국지도》를 바치다
· 3월 3일에 함길도 4진에 경재소京在所를 설치하여 진양대군 등 네 대군들이 맡게 하다
· 3월 16일, 흥천사 사리각 중창
· 3월 19일에 세자에게 《직해소학》 등을 가르치다
· 3월 20일에 기아棄兒 대책 강구
· 3월 21일에 허후가 《고려사》를 기전체로 편찬하기를 건의하자, 권제가 본초本草가 소략하여 반대하다
· 3월 28일에 공노비는 60세가 되면 면역시키라고 명하다
· 4월 21일에 남회와 조민을 무릉도 순심경차관으로 삼아 무릉도를 조사하게 하다
· 5월에 여종을 구타 살해한 박구朴寽의 처에게 장 60에 도 1년의 죄를 내리다. 여종의 어미가 관에 고발하다
· 5월 19일에 허조許稠를 우의정으로 임명
· 5월 19일에 선원전에 선왕先王과 선후先后[죽은 왕비]의 수용晬容을 봉안하고, 왕비의 초상화도 그리게 하다
· 6월 10일, 대내전이 대마도와 일기도를 장악
· 6월 16일, 노비를 구타하여 죽인 김종례의 죄는 교형에 해당하나 이미 죽었다
· 7월 11일에 공법貢法을 경상도와 전라도에서 시행
· 7월 15일에 남회와 조민이 무릉도에서 66명을 데려오다
· 7월, 함길도에 입거시킨 하삼도의 향리鄕吏와 역리驛吏가 380여 호, 인구 5,330명에 이르다
· 9월 27일에 일본 각 지역 왜인들에게 주는 식량을 수정하다.
· 11월 28일에 감옥에서 죄수가 죽으면 수령을 파면하고, 의금부의 전옥典獄이나 옥졸獄卒들도 논죄하다
· 11월 30일에 집현전에서 《한유문韓柳文》을 주석하고 남수문이 발문을 짓다
· 11월에 《신주무원록新註無冤錄》 편찬
· 12월 18일에 한성부의 호구를 보고
· 12월 18일에 의정부가 감옥 개선책을 아뢰다

세종 21년(1439, 43세)
· 1월 1일 야인 추장 35인과 왜인 18인이 토산물을 바치다
· 1월 10일에 홀라온 여진인 풍속을 보고하다, 부여풍속과 비슷하다
· 1월 27일에 내자시 여종이었다가 왕비 여종이 된 소의김씨昭儀金氏를 귀인으로 승진. 뒤에 신빈愼嬪으로 승격
· 1월 27일에 함길도 야인 동창童倉에게 상호군을, 동소로가 무에게 호군의 벼슬을 주다
· 2월 2일에 죄수들에 대한 형벌을 그림으로 그린 고신도拷訊圖를 각 지방에 내리다
· 윤2월에 양인과 노비가 서로 혼인한 사람을 《육전》의 법령

대로 이혼시키다
- 3월 4일에 명나라 황제가 야인 동범찰童凡察이 파저강으로 가서 이만주와 함께 사는 것을 허락하라고 하자, 조선에서 주문사를 보내 반대
- 4월 14일에 조강지처를 버린 동부 교수관 김숙자를 사유록師儒錄에서 삭제
- 4월 17일에, 금년에 들어온 왜인이 1,300여 명에 이르러 접대하기 어렵다고 보고
- **4월 27일에 경차관을 대마도에 보내 왜인의 입조인원을 제한하는 사목을 알려주다**
- 5월 3일에 공부하지 않고 기첩妓妾을 둔 넷째 왕자 임영대군의 직첩 박탈
- 5월에 124사司에서 찾아낸 노비가 21만 수천여 명, 아직 찾지 못한 노비가 2만 수천여 명
- 6월 3일에 정처를 소박한 전라도 도절제사 남궁계를 파면
- **6월 12일에 허조를 좌의정으로, 신개를 우의정으로 임명**
- 6월 21일에 임금이 다리가 아프고, 등에 부종, 소갈증, 여름에 임질을 앓고, 왼쪽 눈이 잘 보이지 않는다고 하면서 세자 섭정을 준비하라고 명하다
- 6월 23일에 정처를 소박한 지중추원사 이중지를 파면
- **6월 24일에 임금이 광평대군 집으로 이어**
- 7월 11일에 일본 국내사정을 탐지하기 위해 통신사 고득종高得宗을 보내다
- 8월 1일에 일식日食이 일어나다
- 8월 6일에 임금이 김종서에게 윤관이 세운 선춘령비先春嶺碑를 찾아보고 공험진의 위치를 확인해 보라고 명하다
- 8월 28일에 달달 야인 4천여 명이 조선을 침략하기 위해 떠났다는 보고가 들어오다
- 10월 4일에 논 가운데 있는 김수로왕릉을 잘 보호하라고 명하다
- 10월 21일에 대마도주 종정성에게 글을 보내, 1년에 오는 왜인들이 1만 명, 1년간 주는 쌀이 10만 석에 이른다고 하면서 내년부터 왜복 식량을 줄이겠다고 알리다

세종 22년(1440, 44세)
- 2월 7일에 부산포 거주 왜인이 6천여 명에 이르다
- 2월 18일에 우의정 신개申槩가 의주에서 경원까지 장성長城을 축조하자고 건의. 병조판서 황보인皇甫仁을 그 책임자로 정하다
- **2월 23일에 임금이 지금 호적에 누락된 인구가 60~70%에 이른다고 말하면서 호구 파악의 중요성을 강조**
- 3월에 남자 16~30세, 여자 14~20세를 성혼기로 정하다
- **3월 2일에 왕비가 풍질風疾을 치료하기 위해 온수현 행차**
- 3월 21일, 경기도 과전科田이 현재 6만 8천여 결, 공신전 이외 별사전別賜田이 약 3천여 결. 앞으로는 상으로 토지를 주지 않기로 하다
- 4월 15일에 장莊, 소所, 부곡部曲을 모두 정호로 바꿔 부르다
- 4월 24일에 개성부에서 《동국문감東國文鑑》, 《은대집》, 《의례》, 《어제태평집》, 《신천집》, 《삼례소》, 《맹자소》, 《논어》 등을 한두 벌씩 찍어서 바치다
- **5월에 다시 경상도와 전라도에 공법을 시행하기로 하다**
- **5월 25일에 일본에 갔던 통신사 고득종과 부사 윤인보가 귀국**
- 5월 29일에 대마도 왜인들이 무인도 고도孤島와 초도草島에서 고기잡이를 허락해 달라고 요청하니, 신하들이 모두 반대
- 6월 10일에 이맹균李孟畇의 70세 된 아내가 여종을 질투하여 굶어 죽게 한 뒤 홍제원 길가에 버린 일이 발각되자 이맹

균을 파면하여 유배 보내고 아내의 직첩도 박탈
- 6월 19일에 죄있는 노비를 죽이면 곤장 100대를, 죄없는 노비를 죽이면 곤장 60대에 도徒 1년에 처하다
- 6월 26일에 야인 동창과 동범찰이 이만주가 사는 파저강으로 도망가자 명나라에 이 사실을 알리다
- 8월 3일에 큰 비가 오고 태풍이 오다
- **8월 30일에 세종 19년에 만든 공법貢法을 보완하다**
- 9월 6일에 근정전에서 양로연. 9월 12일에는 왕비가 사정전에서 여자 노인 231인에게 양로연
- 9월 12일에 흥천사 수리가 끝나자 《대장경》을 흥천사로 옮기다
- **9월 15일에 평안도 여연에 행성을 쌓다**
- 11월 26일에 종성군을 설치하다
- 12월 28일에 궁중에서 나례를 베풀다, 후궁들이 발을 드리우고 구경하다

세종 23년(1441, 45세)
- 1월 10일에 집현전 관원이 대군大君들을 가르치다
- 1월 15일에 대마도주 종정성에게 《법화경》을 주다
- 1월 27일에 연해지방에 제방을 쌓아 농지를 개간
- 2월에 임금이 매월 조회와 아일衙日의 조참을 빼고는 모두 하지 않겠다고 하다
- 3월에 관비와 간통하여 첩으로 삼은 통례문 통찬 최유를 파면, 장 90대를 때리다
- **3월 17일에 안질치료를 위해 왕과 왕비가 온수현 행차, 5월 5일 환궁. 초여輦輿를 타고, 기리고記里鼓를 사용**
- 5월 2일에 온수현을 출발, 5일에 광주 헌릉에 참배, 종로에서 학생들과 교방이 노래를 부르고 무악舞樂 연주
- 5월 15일에 이천伊川 온천에 욕실浴室을 짓게 하다
- 5월 18일에 경상도 600호, 전라도 550호, 충청도 450호를 함길도로 이주
- **6월 28일에 집현전에서 《치평요람治平要覽》을 편찬하게 하다. 수양대군이 감독하여 세종 27년에 완성**
- 7월 3일에 서울에 홍수가 일어나다
- **7월 5일에 우의정 신개申槩가 세종 16~22년 사이에 손실답험으로 받아들인 수세액이 약 60만 석이었는데 공법을 시행했을 경우 수세액은 약 110만 석이 되리라고 보고**
- 7월 18일에 충청도에 공법을 시행
- **7월 23일에 세자빈 권씨가 단종을 낳고 다음 날 죽다**
- 8월 8일에 서울에 큰 비가 내려 기청제를 지내다
- **8월 18일에 측우기測雨器 제작. 다음해 5월부터 전국에 보급**
- **9월 6일에 임금이 사위 연창군 안맹담[정의공주] 집에 이어**
- **9월 21일에 임금이 광평대군廣平大君 집으로 이어. 9월 24일 환궁**
- 9월 24일에 근정전에서 양로연[81인 참석]
- 9월 27일에 왕비가 사정전에서 여자노인 양로연[215인 참석]
- **9월 29일에 이선李宣, 박팽년 등에게 당 현종과 양귀비의 고사를 그림으로 그린 《명황계감明皇戒鑑》 편찬을 명하다**
- **10월 1일에 화초火鞘(화포)를 처음으로 만들다**
- 10월 18일에 《직해소학》 200부를 인쇄하여 향교와 문신에게 하사
- 11월 19일에 무인도에 목장 설치
- 11월 21일에 임금이 구주의 대내전大內殿은 다대포에서 건너간 신라 후예로서 조선을 지극히 섬겨 왔다고 말하다. 또 그들이 백제의 땅에 와서 농사짓기를 애원했으나 태종이 허락하지 않았다고 하다. 또 대마도가 우리 땅이라고 말하다
- 윤11월 2일에 큰 비가 오다

- 윤11월 16일에 왕비가 광평대군 집[동대문 밖]으로 이어[16일간 체류]
- 윤11월 22일, 23일, 25일, 27일, 28일에 임금이 광평대군 집에 거동했다가 곧 돌아오다
- 윤 12월 1일에 임금이 광평대군 집에 거동했다가 곧 돌아오다
- 12월 3일에 일본 국왕과 대내전이 아가마두를 죽이려고 하자 아마가두가 왕과 대내전을 집으로 초대하여 국왕을 죽이고, 대내전은 달아나다가 죽었으며, 국왕의 장자[12세]를 국왕으로 추대했다고 보고
- 12월에 신하들이 흥천사 사리각 재건을 기념하는 경찬회慶讚會를 극구 반대
- 12월 26일에 사신 오량吳良과 왕흠王欽 등이 입경. 예전에 파저강을 토벌할 때 잡아온 범찰과 이만주 휘하 야인들을 인터뷰하여 돌아가기를 원하는 자를 데리러 오다
- 이해에 임금은 상참常參과 시사時事를 거의 하지 않다
- 이해에는 큰 비가 왔으나 비교적 풍년이었다

세종 24년(1442, 46세)

- 2월 6일에 황해도 550호, 충청도 630호, 전라도 820호, 경상도 1천 호 등 3천 호를 평안도에 입거시키다
- 3월 1일에 《용비어천가》를 짓기 위해 전라도 관찰사에 명하여 태조의 운봉雲峰 전투에 관한 일들을 노인들에게 물어 자료를 수집하라고 명하다
- 3월 3일에 임금이 왕비와 함께 강무講武와 목욕을 겸하여 강원도 이천伊川 온정溫井으로 떠나다
- 3월 16일에 이천 온정에 가는 도중에 장영실이 감독하여 만든 안여安輿가 부서지자 장영실을 의금부에 보내 국문
- 3월 24일에 흥천사 경찬회에 승도 1만 818명과 속인 387명이 모이다
- 4월 16일에 온정을 떠나다. 백성 최득미 등 4명이 실화하여 욕실에 화재가 나다.
- 4월 27일에 장영실에게 곤장 100대에서 2등을 감하여 처벌
- 5월 3일에 임금이 안질로 세자에게 섭정하고, 정사를 중단하고 2~3년간 쉬고 싶다고 말하다
- 5월 4일에 달달達達이 조선이 형제와 같은 나라로서 통교하고 싶다는 몽골황제의 칙서를 가지고 4월 16일에 함길도에 왔는데, 함길도 도절제사가 거절
- 5월 8일에 호조에게 측우기 제조와 그 운영방법을 아뢰다
- 6월 15일에 구주 소이전이 대내전에 패하여 대마도에 머물러 있어 양식이 모자라 쳐들어올 가능성이 있다고 보고
- 6월 16일에 임금이 질병으로 외교사무와 군정을 제외한 나머지 정사를 세자에게 섭정시키고 휴가를 얻어 병을 휴양하고 싶다고 말하다
- 6월 17일에 대마도 종정성이 고도와 초도에서의 고기잡이에 대한 세금을 면제해 주기를 요청하니, 감해주다
- 6월 29일에 그동안 야인에게 포로되었다가 조선으로 도망온 중국인으로서 요동으로 송환한 인원이 1,275명에 이르다.
- 7월 18일에 태조의 수용晬容(초상화)을 다시 그리기 위해 경주, 전주에 봉안된 수용을 가져오게 하다
- 7월 28일에 세자의 대리청정기구로 첨사원詹事院을 설치
- 8월 12일에 신개와 권제 등이 찬술한 《고려사》를 올리다
- 8월 23일에 임금이 첨사원 설치를 반대하는 대신들에게 "경들은 자세하고 긴밀한 뜻을 모르고, 한갓 유자儒者의 정대正大한 말만 가지고 와서 아뢸 뿐"이라고 말하다
- 8월 25일에 임금이 양로연[80세 참석]
- 8월 27일에 왕비가 양로연

- 9월 16일부터 세자가 승화당承華堂에서 시사視事
- 9월 29일에 이방간 집에 있는 태조 수용晬容을 가져오다
- 9월 30일에 집현전에 명하여 《사륜전집絲綸全集》을 편찬하고, 정인지가 이를 요약 발췌하여 《사륜요집絲綸要集》을 만들게 하다
- 11월 19일, 왜인이 팔려고 가져오는 구리, 납, 쇠, 단목 등 무거운 물품은 반은 포구에 두었다가 공선貢船이 올라올 때 실어 보내고, 나머지 반은 관청에서 포화布貨를 그곳에 내려 보내 사들이다
- 11월 27일에 지리서인 《극택통서剋擇通書》를 중국에서 사오라고 명하다
- 12월 26일에 간의대簡儀臺 동쪽에 별궁을 짓고, 간의대를 그 북쪽으로 옮기다
- 이해에도 임금은 상참常參과 시사視事를 거의 하지 않다
- 이해에도 명나라 영종 정통제가 16세가 되어 혼인하다

세종 25년(1443, 47세)

- 1월 25일에 처용무와 나례에 모두 기생 대신 남자 재인才人이 하도록 하다
- 2월 21일에 변효문卞孝文, 윤인보, 서장관 신숙주를 통신사로 보내 일본 국왕과 대내전을 조문하고 내부 사정을 탐지
- 2월에 대마도와 〈계해약조癸亥約條〉를 맺어 세견선歲遣船을 50척으로 제한
- 3월 1일에 왕비와 함께 온양군 온정으로 네 번째 목욕 행차
- 4월 17일에 세자가 남면南面하여 정사를 섭행하려 했으나 신하들이 반대하여 세자궁에서 서향西向하다
- 5월 2일에 정치를 소박한 원윤元尹 이말생을 파면
- 5월 8일에 이웃집 노비를 죽인 태종의 사위 이완李梡을 의금부에 구금
- 5월 12일에 세자가 조회 받는 계조당繼照堂 건설
- 5월 17일에 양인[80세 이상]과 노비[90세 이상]의 노인직(老人職)을 개정
- 7월 10일, 11일에 하삼도의 공법貢法 전세수입이 2배나 되자 하등전 전세를 1결 2두씩 감하다
- 8월 19일에 한강이 범람하고 인가가 표류하다
- 9월 2일에 태조의 소시적 수용晬容이 평양[永崇殿]과 개성[穆清殿]에 있는데, 중국 사신이 보면 곤란하니 만년의 수용으로 바꾸고, 전주[慶基殿], 함흥[濬源殿], 경주[集慶殿]에는 소시적 수용을 봉안하다
- 10월 8일에 상전上田과 중전中田의 전세를 1두씩 감하고 하전下田의 전세는 4두를 감하라고 명하다
- 10월 13일에 통신사 변효문이 거제도 옥포에 도착하여 급히 보고. 국왕이 어렸는데 조금 뒤에 죽고 동모제同母弟가 국왕이 되었는데 9세이다.[보고에는 빠졌으나, 서장관 신숙주가 대마도 종정성과 더불어 왜인의 조공 인원과 곡식을 제한하는 〈계해약조〉를 맺었다]
- 10월 16일에 양인이 노비를 때리거나 죽인 경우 《대명률강해》를 따르지 말고 옛날의 법을 따르기로 하다
- 10월 19일에 통신사 변효문이 입궐하여 복명
- 11월 2일에 호조에 〈공법절목貢法節目〉을 자세히 내리다
- 11월 4일에 종을 죽인 전 판중추 오승吳陞을 유배
- 11월 5일에 경차관을 하삼도에 보내 전품의 등급을 다시 나누게 하다. 호조에서 사목事目을 아뢰다
- 11월 13일에 진양대군을 전제상정소 도제조로 삼다
- 11월 14일에 하연, 정인지 등에게 경기도 안산安山의 땅을 양전하게 했는데 호조에서 〈양전사목〉을 올리다
- 11월 18일에 일본 사신 광엄光嚴 등이 입경. 《대장경》 1질

을 청구
- 11월 25일에 연말마다 인구총계를 조사하여 보고하라고 명하다
- 12월 11일에 구주 대내전 다다량교홍이 26인을 보내 조공을 바치고, 《비로법보존경》을 달라고 간청하여 주다
- 12월 16일에 경차관을 경기도에 보내 전품田品을 나누다
- 12월 25일에 정인지를 하삼도에 보내 전품을 나누다
- **12월 30일에 '훈민정음'(언문) 28자의 창제를 발표하다**

세종 26년(1444, 48세)
- 1월 1일 일본 사신 광엄 등 왜인 80인과 야인 추장 49인이 조공을 바치자 궐정에서 음식을 먹이고, 저녁에 화붕火棚(불꽃놀이)을 보여주다
- 1월 10일에 일본 사신 광엄이 《대장경》과 《대반야경》을 가지고 떠나다
- 1월 20일에 전지田地는 방 5척으로 1보步를 삼고, 24보로 1분分, 10분으로 1무畝, 100무로 1경頃, 5경으로 1자정字丁으로 삼게 하다. 또 3등 전지의 결복속結卜束 아래에 경무분頃畝分의 숫자를 적어 책으로 인쇄하여 반포
- 2월 16일에 최항, 박팽년, 신숙주, 이선로, 강희안 등에게 언문으로 《운회》(고금운회)를 번역하게 하고, 세자, 진양대군, 안평대군이 관장하게 하다
- 2월 20일에 집현전 부제학 최만리崔萬理 등이 '훈민정음' 반대상소를 올리다. 임금이 반박하고, 최만리, 신석조, 김문, 정창손, 하위지, 송처검, 조근 등을 의금부에 가두었다가 다음날 석방. 정창손은 파면, 김문은 의금부에서 국문
- 2월 28일에 임금과 왕비가 병치료를 위해 청주淸州 초수리로 행차
- 4월 24일에 충청도에 진제미 27만 석 지급
- 4월 30일에 죽은 대내전이 조선과 힘을 합하여 대마도를 정복하여 조선에 돌려주고자 했다고 보고
- 5월 21일, 의창곡義倉穀이 국초에 비하면 10배나 된다고 하다
- 6월 6일에 〈공법〉을 수정[전분6등 연분9등, 결부속파법結負束把法으로 한다. 전지는 모두 주척周尺으로 측량. 6등급의 전지는 각기 면적이 다르지만 모두 동과同科로 수조收租한다]
- 윤7월 15일에 임금과 왕비가 다시 청주淸州 초수리에 거둥하다. 9월 26일 환궁
- 윤7월 24일에 노비를 함부로 죽인 자는 법대로 처리하라고 형조에 전지
- 8월 13일에 충청도 청안과 비인, 경상도 함안과 고령, 전라도 광양과 고산을 제외하고 금년에 전품田品을 개정하지 말고, 위 지역들의 연분年分을 감사가 보고하라고 명하다
- 9월 11일에 각도 감사에게 제방 수축에 심력을 다하라고 명하다
- 10월 6일, 관리가 기생과 사통私通하면 처벌하는 법이 《법전》에 실려 있다
- 10월 11일에 집현전에서 《오례의五禮儀》의 주해를 상세하게 정하라고 명하다
- 11월 13일에 전제상정소에서 최종적으로 전분6등과 연분9등에 의한 공법貢法을 확정[상등전 1결은 38무, 2등전 44무 7분 … 6등전은 152무로 정하고, 모두 상상년을 20두로 동과로 수세하고, 하하년은 4두가 된다. 주척周尺은 전품마다 다르다. 1등전 주척은 4척 7촌 7분, 6등전 주척은 9척 5촌 5분이다]
- 11월 24일에 왕비의 모친 안씨가 죽다
- **12월 7일에 광평대군이 창진瘡疹으로 죽다. 향년 20세**
- 12월 29일에 성균주부 김확이 정처正妻를 쫓아내자, 장

80대를 때리고 함께 모여 살게 하다
- 이해는 한재로 흉년이 들다. 진제곡으로 나간 곡식이 함길도 10만 석, 경기도 80만 석, 충청도 100만 석

세종 27년(1445, 49세)
- 1월 1일에 둘째 공주 정의공주 집(안맹담)으로 이어
- 1월 2일에 연희궁으로 이어
- 1월 7일에 신숙주, 성삼문, 손수산을 요동에 보내 《운서韻書》를 질문하여 오게 하다
- **1월 16일에 평원대군이 죽다. 향년 19세**
- 1월 18일에 임금이 하늘이 도와주지 않는다고 하면서 세자에게 선양할 뜻을 대신들에게 전하다
- 1월 24일에 신개申槪를 좌의정으로, 하연河演을 우의정으로, 황보인과 권제를 찬성으로 삼다
- 2월 11일에 진양대군을 수양대군으로 이름을 바꾸다
- 2월 13일에 효령대군 별장 마포 희우정喜雨亭으로 이어
- 3월에 임영대군과 금성대군이 사정거리 800~1000보에 이르는 화포火砲 개발. 사정거리 1,300보에 이르는 황자포黃字砲도 만들다
- **3월 30일에 《치평요람》이 완성. 정인지가 전문을 쓰다**
- **3월 30일에 《제가역상집諸家曆象集》 4권이 완성. 이순지李純之가 발문을 쓰다**
- 4월 1일에 부분 일식日食
- 4월 5일에 권제, 정인지, 안지 등이 《용비어천가龍飛御天歌》 10권을 편찬. 목판인쇄를 명하다
- 4월 12일에 희우정에서 연희궁으로 환어
- 4월 12일에 경상도 영해부 산록에서 세종 18년부터 푸른 연기를 뿜으며 불타기 시작하여 세종 24년에 꺼지다. 냄새는 석유황石硫黃과 같고, 비가 내려도 꺼지지 않았다
- **4월 28일에 임금이 다시 세자에게 선양하겠다고 하자 대신들이 울면서 말리다**
- 4월 29일에 임금이 수종다리 병을 앓다
- 5월 9일에 사표국을 설치하고 염초焰硝 제조
- 5월 17일에 세자가 서무결재를 시작
- 7월 13일에 각사위전各司位田을 혁파하여 국용전國用田으로 만들다
- 8월 21일에 각도에 감독관을 보내 화포를 제작
- **10월 27일에 365권의 《의방유취醫方類聚》 완성**
- 11월 1일에 야인 추장들이 내조하는 횟수를 억제하다
- 11월 6일에 제주에서 나병이 유행하여 69명의 환자 발생 45인이 치유, 14인이 죽고, 자살하는 자도 있었다
- 12월 4일에 저화楮貨를 다시 유통시키다
- 이해에 전국적으로 흉년이 들다
- 이해에 진제미로 나누어준 곡식이 21만 7천여 호에 273만 8천여 석, 남은 의창곡이 591만 2천여 석

세종 28년(1446, 50세)
- 1월 1일 임금이 수양대군 집에 거처
- 1월에 자염煮鹽으로 의창의 부족을 보충
- 1월 29일에 임금이 연희궁으로 이어
- 1~2월에 진제곡으로 반사한 곡식이 115만 3000여 석
- 3월 9일에 임금이 수양대군 집으로 이어
- **3월 24일에 왕비 소헌왕후昭憲王后 심씨가 수양대군 집에서 서거. 향년 52세**
- 4월 1일에 일식日食이 예정되었으나 일어나지 않다
- 4월 30일에 임금이 수전증으로 외교문서에 수결手決 대신 압자押字하다

- 6월 18일에 대내전이 조공을 바치고 《대장경》을 청구하자 들어주다
- 7월 1일에 축전주 왜인이 원숭이를 바치다
- 7월 17일에 왕비가 영릉英陵의 동쪽 석실石室에 안장
- 7월 29일에 관비官婢가 관원에게 시집가서 낳은 자식은 천역을 면하게 하다
- 9월 27일에 관기官妓와 간통하여 아들을 낳은 홍주목사 조수산을 파면
- 9월 29일에 《훈민정음》의 어제御製와 정인지의 서문序文을 발표
- 10월 불경佛經을 금자金字로 만든 것을 비판하는 대간의 죄를 '언문유시諺文諭示'로 만들어 의금부와 승정원에 내리다
- 10월 11일에 이계전에게 《용비어천가》에 들어가 있는 조상의 사적을 《고려사》에 넣어 수정하라고 명하다
- 10월 13일에 대신들이 대간을 용서해 달라고 청하자 임금이 앞서 만든 〈언문유시〉를 보여주다
- 11월 8일에 언문청諺文廳을 설치하고, 그곳에다 《태조실록》을 가져다가 《용비어천가》의 내용을 보충하여 넣으라고 명령
- 12월 2일에 김수온金守溫에게 명하여 《석가보釋迦譜》를 증보수찬
- 12월 26일에 이과 吏科와 이전 吏典 시험에 '훈민정음'을 부과
- 이해 수백만 석의 곡식을 종자곡과 진제곡으로 나누어주다.

세종 29년(1447, 51세)

- 1월 8일에 감옥 죄수의 중죄는 90일, 중간 죄는 60일, 가벼운 죄는 30일 안에 판결하는 삼한법三限法을 명하다
- 1월 10일에 노비신공을 하하년에는 전액 면제, 하중년에는 반액, 하상년에는 전액을 바치되, 면포는 2인이 1필, 명주는 3인이 1필, 베는 혼자서 1필로 하다
- 1월 13일에 안평대군 집에 이어
- 2월 9일에 장리贓吏의 아들 이처공에게 과거 응시를 허락
- 2월 21일에 〈부민고소금지법〉을 개정하여 백성들이 억울한 일을 호소하게 하고, 잘못이 발각되면 수령을 즉시 파면하다
- 3월 16일에 임금이 다시 세자에게 서무를 처결하게 하겠다고 전하다
- 4월 9일에 관습도감의 관현맹盲을 혁파
- 4월 20일에 이과(吏科)와 이전(吏典)의 시험에 '훈민정음' 시험에 급제한 자에게만 다른 재주를 시험보게 하다
- 5월 5일에 임금이 창기와 재인에게 《용비어천가》를 향악과 당악으로 연주하게 하다
- 6월 3일에 제기祭器를 은그릇 대신 백자를 사용하게 하다
- 6월 4일에 《용비어천가》를 종묘에서만 사용하지 말고, 공사公私의 연향에도 사용하라고 하다. 임금이 여러 가지 악곡을 제작하고 악보를 만든다. 속악俗樂을 정하다
- 6월 10일에 하연을 좌의정으로, 황보인을 우의정으로 임명
- 8월 1일에 일식이 일어나다
- 8월 30일에 숭례문을 개축
- 8월 15일에 13세 일본 국왕[源義成]이 즉위하다
- 9월 6일에 양인과 노비 모두에게 노인직을 주다
- 9월 29일에 《동국정운東國正韻》(6권)이 편찬. 신숙주가 서문
- 10월 16일에 《용비어천가》 550질을 인쇄하여 신하들에게 배포
- 11월 14일에 세자 서연관 가운데 언문諺文을 가르치는 서연관이 4명
- 11월에 달달의 야선也先(에센)이 장차 조선으로 쳐들어올지도 모른다는 칙서가 도착하자 평안도와 함길도에 주화走火와 총통銃筒 등 화약무기를 대량으로 보내어 방비하게 하다

- 세종 29년과 30년 사이에 임금이 소헌왕후의 명복을 빌기 위해 석가를 찬양한 《월인천강지곡月印千江之曲》을 언문으로 짓고, 수양대군에게 명하여 석가의 일대기인 《석보상절釋譜詳節》을 언문으로 편찬. 이 두 책이 세조 때 합쳐져서 《월인석보月印釋譜》로 간행

세종 30년(1448, 52세)

- 1월 28일에 중앙군 군액을 2만 8천여 명으로 증액
- 3월 3일에 중국에서 청화자기 수출을 금하므로 사오지 말라고 명하다
- 3월 28일에 《사서언해四書諺解》를 위해 상주목사 김구(金鉤)를 불러들이다
- 4월 3일에 원손을 왕세손으로 봉하다[뒤의 단종]
- 4월 27일에 일본국 사신 문계文溪와 정우正祐가 내이포에 도착하여 서한을 보냈는데, 조선을 대국大國으로, 왕비를 태상황후로 호칭한다. 황후에게 제사를 올리고 《대장경》을 청구
- 6월 21일에 일본 사신 중 문계와 정우 등이 토산물을 바치고 8월 27일에 《대장경》을 받아 떠나다
- 7월 2일에 죄수들이 목욕할 수 있도록 감옥에 물동이를 넣어주다
- 7월 10일에 중국에서 제사용으로 보내준 양들이 지금 1,500두에 이르다
- 7월 17일에 경복궁 문소전文昭殿 뒤에 10칸 불당佛堂 건설을 시작
- 7월 내내 모든 신하들이 불당 건설을 반대하고, 성균관 유생들도 동맹휴학
- 7월 27일에 임금이 언문서諺文書 몇 장을 써 가지고 좌의정 하연河演 등을 불러들여 사관史官을 물리치고 비밀히 의논
- 8월 9일에 전 서운관 장루 문득겸이 주산主山 백악산의 내맥에 사찰이 있으면 신혼神魂과 세자가 평안하지 못하다며 반대
- 9월 13일에 세손 좌익선 박팽년 등이 '국운'國韻; 언문)을 가지고 《소학》을 가르쳤다.
- 9월 13일에 《총통등록銃筒謄錄》을 각도의 절제사와 처치사에 나누어 주다.[주포의 사정거리가 400보에서 1,500보에 이르다]
- 10월 17일에 《동국정운》을 각도의 향교와 서울의 4부학당에 배포
- 11월 21일에 내불당內佛堂 준공
- 11월 28일에 정업원을 혁파. 그 노비가 3,509명
- 12월 4일에 북부 안국방에 영응대군 집을 크게 짓다
- 12월 5일에 수양대군이 경찬회를 그림으로 그리고 계문契文을 지어 모임에 참석한 사람들의 이름을 쓰고 축軸을 만들어 나누어주다

세종 31년(1449, 53세)

- 1월 4일에 《고려사》를 다시 수교讎校하라고 춘추관에 명하다
- 1월 27일에 임금이 감정조절이 안되어 화를 자주 낸다고 말하다
- 1월 28일에 《고려사》 개찬을 김종서, 정인지, 이선제, 정창손 등에게 맡기다
- 2월 1일에 김종서에게 《고려사》 개찬의 책임을 맡기다. 임금은 편년체를 선호, 세자는 기전체를 찬성, 세자의 뜻을 따르다
- 2월 5일에 집현전 사관 등과 《고려사》 체재에 대하여 논의
- 2월 22일에 권제와 남수문의 《수교고려사》가 잘못되었다는 이유로 이미 죽은 권제의 관직과 시호를 추탈, 남수문의 고신도 추탈

- 6월 20일에 임금이 언문으로 20여 장의 글을 썼는데, 여러 신하들이 풍속을 따라 부처에 향하지 않고 임금을 비방하고 있으며, 또 집현전에서 간하는 말이 그릇되었다고 비판하는 내용
- 7월 1일에 숭불에 대한 집현전의 비판이 못마땅하여 임금이 임영대군 집으로 이어
- 7월 12일에 임금의 병증세는 앉으면 열이 나고, 누우면 냉해져서 아무리 따뜻한 온돌에서 따뜻하게 하려 해도 되지 않는다. 작은 집에 들어가서 여생을 보존하고 싶다고 말하다
- 8월 1일에 요동에서 급보가 들어오다. 달달 야선이 광령성廣寧城을 점령하고 노략했다고 알려 왔다.
- 8월 2일에 13만 2천 명의 군졸을 15만 8천 명으로 증액
- 8월 12일에 야선也先이 조선인이나 여진인을 잡으면 "너희들은 본래 우리 종족"이라고 하면서 변발하게 하고, 중국인을 잡으면 코와 귀를 벤다는 보고가 들어오다
- 8월 19일에 대마도 왜인이 원숭이를 바치다
- 9월 6일에 영종 정통제가 50만 대군을 이끌고 달달을 토벌하다가 토목土木에서 달달에게 사로잡혀 그 아우 경제景帝가 황제로 즉위하다. [토목土木의 변]
- 9월 9일에 영종 정통제 사신 왕무王武가 와서 조선이 10만 군을 동원하여 요동군과 함께 달달을 협공하고, 군마 2~3만 필을 바치라고 하다.
- 9월 19일에 10만 명을 동원할 수 없다는 내용을 담은 주문을 명나라에 보내다. 군마도 5천 필 정도 바치겠다고 하다
- 9월 29일에 절일사 정척鄭陟이 요동에서 영종 정통제가 포로로 잡히고 경제가 즉위한 사실을 급보로 알려오다
- 10월 5일에 하연을 영의정으로, 황보인 좌의정으로, 남지南智를 우의정으로 임명
- 10월 25일에 세자의 등창병으로 전국 각처에서 기도를 올리다
- 11월 14일에 세자의 병으로 임금이 다시 정사를 보다
- 11월 19일에 영응대군 집이 준공되자 임금이 이어
- 12월 3일에 세자의 병이 나았다. 12월 10일에 연회를 베풀고, 임금이 만든 〈취풍형〉, 〈여민락〉, 〈치화평〉 등 새 음악을 연회에서 연주
- 12월 22일에 명나라에 바칠 군마를 임금은 1만 필로 하자고 주장하고 신하들은 5천 필로 정하자고 주장

세종 32년(1450, 54세)

- 1월 5일에 사은사 김하金何가 칙서를 가지고 귀경. 그 내용은 달달을 이미 격퇴시켰으므로 군병을 보낼 필요가 없다는 것과 군마는 2~3만 필을 북경까지 보내되 이보다 많을수록 좋다고 하다
- 1월 11일에 군마를 5천 필로 정하고, 벼슬아치들에게 말을 배당하다. 다만 500필을 먼저 바치고 시간을 끌기로 하다
- 1월 15일에 집현전 부교리 양성지가 비변10책備邊十策을 상소
- 1월 22일에 임금이 몸이 불편하여 동대문 밖 효령대군 집으로 이어. 전국 각처에서 기도를 올리다
- 1월 26일에 세자의 등에 생긴 한 자 정도의 종기에서 엄지손가락 만한 근이 6개나 나오다. 또 허리 사이에도 둥근 종기가 나다
- 1월 26일에 임금이 중 신미信眉를 불러들여 불사를 베풀다
- **윤1월 1일에 수양대군이 명나라 사신 예겸倪謙과 사마순司馬恂 일행을 맞이하다.** 이들은 환관이 아닌 학자관원이었다. 칙서에서는 영종황제가 환관 왕진王振의 잘못으로 죽게 된 과정과 새 황제가 등극한 사실을 알리다.

- 윤1월 2일에 임금의 병환이 회복
- 윤1월 3일에 성삼문, 신숙주, 김예몽 등 집현전 학자들이 예겸과 더불어 《운서韻書》《홍문정운》에 대하여 서로 토론. 또 예겸과 더불어 매일 시詩를 창화唱和하고, 역법에 대해서도 토론
- 윤1월 16일에 사신이 한강 갈두봉에서 놀면서 경치가 적벽赤壁과 같다고 칭찬
- 윤1월 20일에 사신이 떠나다. 수양대군이 모화관에서 전별
- 2월 4일에 임금이 영응대군 집으로 이어
- 2월 9일에 임금의 병환이 나았다
- 2월 14일에 세자의 창근瘡根이 빠져 나오다
- 2월 14일에 그동안 정사가 많이 지체되어 임금이 밀린 정사를 물 흐르듯이 처리했는데, 이날 밤 임금이 다시 병이 나다
- 2월 15일부터 승려 50명이 영응대군 집에 가서 구병정근救病精勤하고, 전국에서 기도를 시작
- 2월 16일에 일본국 사신 중 경능敬愣이 입궐. 국왕의 서계와 예물을 바치고, 《대장경》을 청구하다
- 2월 17일에 막내아들 영응대군永膺大君 집[안국방 동별궁]에서 승하하다. 향년 54세
- 2월 19일에 세자의 종기가 또 발병했으나, 2월 22일에 장전帳殿에서 즉위

문종 즉위년

- 3월 19일에 명나라에서 세종의 시호를 '영문예무인성명효英文睿武仁聖明孝'라 하고, 묘호廟號를 '세종世宗'으로 정하다. 시호와 묘호를 합쳐 '세종장헌영문예무인성명효대왕世宗莊憲英文睿武仁聖明孝大王'으로 부르다. 모든 사람들이 '해동의 요순'으로 부르다
- 6월 10일에 5월장을 치러 헌릉獻陵(태종 능) 옆 영릉英陵(서초구 내곡동)에 왕비와 함께 합장하다. 예종 원년(1469)에 지금의 여주시 영릉으로 천장遷葬하다

저자 **한 영 우** 약력

주요경력 서울대학교 문리과대학 사학과 졸업
서울대학교 석사·박사
서울대학교 한국문화연구소장
미국 하버드대학 객원교수
한국사연구회 회장
서울대학교 규장각 관장
서울대학교 인문대학장
한림대 특임교수
문화재위원회 사적분과위원장
이화여대 석좌교수 겸 이화학술원 원장
현 서울대 명예교수

주요수상 한국일보사 출판문화상 저작상
치암학술상
세종문화상 학술상 (대통령)
한국일보사 출판문화상 저작상
한국간행물윤리위원회 저술상
문화유산상 학술상 (대통령)
수당학술상
경암학술상
민세안재홍상 학술상

주요저서 정도전 사상연구(1973)
조선전기 사학사 연구(1981)
개정판 정도전 사상의 연구(1983)
조선전기 사회경제 연구(1983)
조선전기 사회사상 연구(1983)
한국의 문화전통(1988)
조선후기 사학사 연구(1989)
우리역사와의 대화(1991)
한국민족주의 역사학(1994)
조선시대 신분사 연구(1997)
미래를 위한 역사의식(1997)
정조의 화성행차, 그 8일(1998)
왕조의 설계자 정도전(1999)
우리 옛지도와 그 아름다움(1999)
명성황후와 대한제국(2001)
역사학의 역사(2002)
행촌 이암의 생애와 사상(2002)
창덕궁과 창경궁(2003)
조선왕조 의궤(2005)
역사를 아는 힘(2005)
21세기 한국학 어떻게 할 것인가(2005; 공저)
대한제국은 근대국가인가(2006; 공저)
조선의 집 동궐에 들다(2006)
명성황후, 제국을 일으키다(2006)
실학의 선구자 이수광(2007)
다시 실학이란 무엇인가(2007; 공저)
반차도로 따라가는 정조의 화성행차(2007)
동궐도(2007)
꿈과 반역의 실학자, 유수원(2007)
조선 수성기 제갈량 양성지(2008)
문화정치의 산실 규장각(2008)
한국선비지성사(2010)
간추린 한국사(2011)
율곡 이이 평전(2013)
과거, 출세의 사다리(2013)
　　1권 태조~선조 대　　2권 광해군~영조 대
　　3권 정조~철종 대　　4권 고종 대
미래와 만나는 한국 선비문화(2014)
조선경국전(2014; 역주)
다시 찾는 우리역사(2014)

미래를 여는 우리 근현대사(2016)
나라에 사람이 있구나 – 월탄 한효순 이야기(2016)
우계 성혼 평전(2016)
정조평전; 성군의 길(2017) 상·하권
의궤, 조선왕실문화사(2020)

외국어 번역본
韓國社會の 歷史, 2003, 日本 明石書店
　　《다시 찾는 우리역사》일본어판; 吉田光男 역
The Artistry of Early Korean Cartography, 2008,
　　미국 Tamal Vista Publications
　　《우리 옛지도와 그 아름다움》영어판; 최병현 역
A Review of Korean History, 2010, 경세원
　　《다시 찾는 우리역사》영어판; 함재봉 역
Korean History, 2010, 모스크바대학 한국학연구소
　　《다시 찾는 우리역사》러시아판; Pak Mihail 외 역
朝鮮王朝儀軌, 2012, 中國 浙江大學出版社
　　《조선왕조 의궤》중국판; 金宰民 孟春玲 역
朝鮮王朝儀軌, 2014, 日本 明石書店
　　《조선왕조 의궤》일본어판; 岩方久彦 역
An Intellectual History of Seonbi in Korea, 2014,
　　지식산업사
　　《한국선비지성사》영어판; 조윤정 역
Mit einem Bild auf Reisen gehen--Der achttagige
　　Umzug nach Hwasong unter König
　　Chongjo(1776-1800), 2016, 독일 Ostasien Verlag
　　《반차도로 따라가는 정조의 화성행차》독일어판,
　　Barbara Wall 역
A Unique Banchado: the Documentary Painting
　　with Commentary of King Jeongjo's Royal
　　Procession to Hwaseong in 1795, 2016, 영국
　　Renaissance Publishing company
　　《반차도로 따라가는 정조의 화성행차》영어판, 정은
　　선 역
新編 韓國通史, 2021, 동북아역사재단
　　《다시 찾는 우리역사》중국어판; 이준호 역